osterie
d'Italia

SUSSIDIARIO
DEL MANGIARBERE
ALL'ITALIANA

Slow Food Editore

osterie d'Italia

GUIDA 2021

CURATORI: Marco Bolasco, Eugenio Signoroni
VICECURATRICE: Daniela Battaglio
REDAZIONE: Elisa Azzimondi, Monica Mascarino, Bianca Minerdo, Grazia Novellini, Angelo Surrusca
COORDINAMENTO REGIONALE: Antonio Attorre (Marche), Cinzia Borgonovo (Umbria), Massimo Di Cintio (Abruzzo e Molise), Denise Eccher (Trentino), Nicola Fiorita (Calabria), Paolo Giolo (Veneto), Gabriele Giuga (Friuli Venezia Giulia), Cristina Gretter (Alto Adige), Nico Lusoli (Emilia-Romagna), Gian Marco Mazzanti (Toscana), Rodolfo Paternicò (Sicilia), Antonio Puzzi (Campania), Paola Rocchi Soffici (Lazio), Maurizio Stagnitto (Liguria), Salvatore Taronno (Puglia), Silvia Tropea Montagnosi (Lombardia)

Marco Bolasco dichiara un conflitto di interesse personale con la segnalazione L'Osteria di Birra del Borgo pag. 571

PROGETTO GRAFICO: Alice Iuri e Mauro de Toffol /theWorldofDot
SISTEMI INFORMATIVI, AUTOMAZIONE: Flavio Marchesini
IMPAGINAZIONE: Francesco Perona
CARTOGRAFIA: Touring Editore

Finito di stampare nell'ottobre 2020 da Rotolito S.p.A. Seggiano di Pioltello (Mi)

Slow Food Editore © 2020
Tutti i diritti riservati dalla legge sui diritti d'autore
SLOW FOOD EDITORE SRL
Via Audisio, 5 - 12042 Bra (Cn)
Tel. 0172 419611 - Fax 0172 411218
ost.info@slowfood.it
www.slowfoodeditore.it

DIRETTORE EDITORIALE: Chiara Cauda

AMMINISTRATORE DELEGATO: Carlo Bogliotti

ISBN 978-88-8499-653-4

Inserzioni pubblicitarie
Slow Food Promozione srl SB
Tel. 0172 419611
relazioniesterne@slowfood.it

Promomedia International srl
Giuseppe Stella
Tel. 348 6518130
promomediainternational@gmail.com
Skype: giuseppe.stella03

COLLABORATORI

PIEMONTE E VALLE D'AOSTA
Dario Bragaglia, Valter Cambieri, Marco Cavallotto, Daniela Corso, Pier Ottavio Daniele, Alessandro Morichetti, Paola Nano, Leopoldo Rieser, Sara Rocutto, Gabriele Rosso

LIGURIA
Luciano Barbieri, Camilla Bixio, Barbara Boero, Romolo Busticchi, Gianni Caglieris, Livio Caprile, Edmondo Colliva, Greta Contardo, Pietro Garibbo, Corrado Mazzola, Livia Merlo, Paola Origone, Marco Peluso, Enrico Sala, Gabriella Tartarini

LOMBARDIA
Alberto Alfano , Paolo Bernini , Fabio Beschi , Manuel Bonzi , Marco Mario Brando , Giuliana Butti , Giuliana Daniele , Maria Grazia Delbò , Leone Lorandi, Massimiliano Mari , Francesca Mastrovito, Antiniska Pozzi , Rolando Saccucci , Leonardo Scaglioni , Alberto Senaldi

TRENTINO-ALTO ADIGE
Rosanna Armiento, Cristina Bina, Mario Canzian, Arturo Ciman, Mario Demattè, Walter Forrer, Markus Kaspar, Tommaso Martini, Silvano Mattedi, Jaqueline Pante, Stefano Senatore, Carmen Zwick

VENETO
Rodolfo Agostini, Davide Biasco, Andrea Cesaro, Andrea Ciprian, Sandra Longo, Lorenzo Manea, Francesco Marconi, Attilio Saggiorato

FRIULI VENEZIA GIULIA
Livia Besek, Eleonora Carletti, Laura Costaglione, Daniela Doretto, Andrea Fracas, Sergio Gobet, Romana Meula, Licia Movia, Sergio Nesich, Luca Olivi, Massimo Zecchin

EMILIA-ROMAGNA
Mauro Agolini, Elisa Azzimondi, Carlo Cleri, Enrico Caldesi, Massimo Demarco, Roberto Ferranti, Michele Finelli, Laura Giorgi, Matteo Massari, Simone Rosti, Davide Rovati, Pierluigi Tedeschi, Luca Toni, Fernando Tribi

TOSCANA
Diego Calugi, Fausto Costagli, Fabio D'Avino, Paola Fatichenti, Francesco Funaioli, Paolo Pellegrini, Francesco Ranzani, Enrico Roccato, Alessandro Schena

UMBRIA
Carla Chiuppi, Sergio Consigli, Salvatore De Iaco, Elisabetta Pepponi, Piero Scotti, Maurizio Sparanide

MARCHE
Desirée Basili, Renzo Ceccacci, Alessia Consorti, Domenica Contartese, Giorgia Croce, Raniero Manfredi, Francesco Quercetti, Roberto Rubegni, Antonio Santini, Maurizio Silvestri

LAZIO
Nadia Gaetana Castellaccio, Remo Cenci, Matteo Falasca, Marco Fiorini, Fabio Fusina, Sara Guercio, Nicoletta Laurano, Danilo Mastracco, Antonio Mecozzi, Francesca Mordacchini Alfani, Alessandro Ragni, Andrea Russo, Marco Schiavello

ABRUZZO E MOLISE
Davide Acerra, Anna Berghella, Paolo Castignani, Pierluigi Cocchini, Franco Gizzi, Matteo Gizzi, Francesca Mancini, Pierluca Masciocchi, Ivan Masciovecchio, Barbara Santi

PUGLIA
Francesco Biasi, Nicola Decorato, Luca D'Andrea, Francesco Ghionda, Angelo Iaia, Cataldo Latorre, Antonio Lauriola, Leonardo Manganelli, Domenico Maraglino, Francesco Muci, Gaia Muci, Salvatore Pulimeno, Tommaso Regina, Alessandro Rizzo, Mino Tarì

CAMPANIA
Nerio Baratta, Maddalena Bovenzi, Armando Ciardiello, Marco Contursi, Giorgio Del Grosso, Carla Deo, Tonino Ferrante, Giuseppe Mandarano, Vincenzo Mandarano, Roberto Musio, Angelo Petillo, Armando Petillo, Mario Francesco Punzi, Mario Sanza, Ferdinando Rossi, Valerio Salvatore, Teresa Rea, Vito Trotta, Alfredo Uttieri

CALABRIA
Emanuela Alvaro, Alberto Carpino, Michelangelo D'ambrosio, Alessandra Molinaro, Domenico Mondella, Francesca Panebianco, Angela Sposato, Pierluigi Tavella

SICILIA
Marina Violetta Carrera, Carmelo Maiorca, Franco Motta, Francesco Pensovecchio, Giuseppe Raineri, Franco Saccà, Salvatore Spatafora

SARDEGNA
Stefano Cadoni, Donato Cancedda, Filippo Maselli, Rossella Pisano, Valentina Sulas, Manuela Vacca

SOMMARIO

OSTERIE D'ITALIA
2021

Cari lettori e cari osti,
quella che avete fra le mani è davvero un'edizione speciale di *Osterie d'Italia*. Ma non lo è per meriti di redazione bensì perché questo – lo sapete bene – è un anno speciale.

Abbiamo pensato a lungo a che cosa avremmo dovuto fare in un periodo così complesso: abbiamo riflettuto anche sulla possibilità di uscire o meno, noi che comunque ci occupiamo di critica, seppure in un modo diverso dagli altri. Come avremmo potuto farlo quest'anno? Ci siamo resi conto – e tanti di voi ce lo hanno detto forte e chiaro – che queste pagine sono una testimonianza importante di un pezzo di Paese, rappresentano una comunità fatta di osti, di territori e di appassionati avventori che le osterie le vivono. Le piccole grandi economie di territorio, fatte di gestioni familiari, di imprese agricole, di reti virtuose, hanno saputo resistere e da piccole trasformarsi e apparire grandi a chi non le conosceva ancora. Anche perché in tanti sono voluti venire da voi, cari osti, tornare a vivere con emozione la vostra tavola e convivialità: in un periodo in cui si è stati costretti a molte rinunce, il mondo delle osterie e delle trattorie ha tenuto e dimostrato di occupare un posto particolarmente rilevante nella scala di valori di buona parte degli italiani.

Per tutte queste buone ragioni ci siamo resi conto che dovevamo esserci, fare la nostra parte, dire a tutti che la nostra comunità resiliente c'è e che l'attuale è un momento in cui saprà farsi sentire anche più di prima. La nostra guida, continua a essere l'unica voce forte di una parte importante del mondo della ristorazione, è una testimonianza concreta di tutto questo.

Consentiteci solo una scelta, legata al fatto che il lavoro di quest'anno, il vostro e il nostro, non si poteva valutare nella stessa maniera di sempre. Dunque abbiamo deciso di non eliminare nessuna delle osterie presenti lo scorso anno, limitandoci a raccontare le belle novità che abbiamo incontrato sulla nostra strada. Inoltre, per scelta – politica – non abbiamo assegnato Chiocciole a nessuno. Anche perché, quest'anno, è un po' come se l'avessimo assegnata a tutte le osterie in guida.

Marco Bolasco, Eugenio Signoroni

LE BOTTIGLIE

LIGURIA

LOMBARDIA

TRENTINO

ALTO ADIGE SÜDTIROL

VENETO

FRIULI VENEZIA GIULIA

EMILIA-ROMAGNA

684. Valleverde Zi' Pasqualina
Atripalda (AV)

685. 'A Luna Rossa - Bellona (CE)

690. Tre Sorelle - Casal Velino (SA)

691. Gli Scacchi - Caserta

692. Morsi e Rimorsi - Caserta

696. La Taverna degli Antichi Sapori
Controne (SA)

697. Viva lo Re - Ercolano (NA)

699. La Pergola - Gesualdo (AV)

699. Fenesta Verde
Giugliano in Campania (NA)

700. La Marchesella
Giugliano in Campania (NA)

700. Barrasso - Grottaminarda (AV)

702. La Torre - Massa Lubrense (NA)

702. Lo Stuzzichino
Massa Lubrense (NA)

703. Antica Trattoria Di Pietro
Melito Irpino (AV)

722. Umberto - Napoli

724. Famiglia Principe 1968
Nocera Superiore (SA)

726. Osteria del Gallo e della Volpe
Ospedaletto d'Alpinolo (AV)

727. Megaron - Paternopoli (AV)

728. Nonna Luisa - Piano di Sorrento (NA)

729. Angiolina - Pisciotta (SA)

729. Perbacco - Pisciotta (SA)

730. La Bettola del Gusto - Pompei (NA)

731. Abraxas - Pozzuoli (NA)

732. La Ripa - Rocca San Felice (AV)

735. La Locanda della Luna
San Giorgio del Sannio (BN)

739. La Lanterna - Somma Vesuviana (NA)

741. I Cacciagalli - Teano (CE)

746. Il Cellaio di Don Gennaro
Vico Equense (NA)

712. Elite Rossi - Alvignano (CE)

721. Pizzeria Eden
Vallo della Lucania (SA)

BASILICATA

751. Al Becco della Civetta
Castelmezzano (PZ)

756. Da Peppe - Rotonda (PZ)

758. Luna Rossa - Terranova di Pollino (PZ)

CALABRIA

762. Il Carpaccio - Acri (CS)

765. Le Delizie della Cascina
Catanzaro

767. L'Aquila d'Oro - Cirò (KR)

774. Il Ritrovo dei Picari - Grotteria (RC)

774. Magnatum La Degusteria
Longobardi (CS)

776. Osteria del Vicolo - Mormanno (CS)

777. Calabrialcubo
Nocera Terinese (CZ)

778. Donna Nela - Polistena (RC)

779. Baylik - Reggio di Calabria

779. Timo - Reggio di Calabria

780. Tre Cipolle sul Comò - Rende (CS)

781. Le Baccanti
San Marco Argentano (CS)

785. Da Lucrezia - Trebisacce (CS)

SICILIA

792. Caico - Agrigento

793. Terracotta - Agrigento

795. Il Gelso Nero - Barrafranca (EN)

798. Nangalarruni - Castelbuono (PA)

SARDEGNA

LE OSTERIE E GLI EXTRAVERGINI

L'olio extravergine di oliva è sempre stato uno dei temi centrali per Slow Food. Di seguito, i locali che, a nostro parere, valorizzano questo importante prodotto.

PIEMONTE

Il Nuovo Parisio - Acqui Terme (AL)

'L Bunet - Bergolo (CN)

Il Moro - Capriata d'Orba (AL)

Vineria del Ristorante La Nicchia
Cavour (TO)

La Torre - Cherasco (CN)

Trattoria dello Stadio - Novara

La Taverna del Gufo
Occhieppo Inferiore (BI)

Corona di Ferro - Saluzzo (CN)

Del Belbo da Bardon
San Marzano Oliveto (AT)

Antiche Sere - Torino

Consorzio - Torino

LIGURIA

Magiargè Vini e Cucina - Bordighera (IM)

Il Genovese - Genova

La Brinca - Ne (GE)

LOMBARDIA

Dispensa Pani e Vini - Adro (BS)

Visconti - Ambivere (BG)

Al GiGianca - Bergamo

Altavilla - Bianzone (SO)

La Madia - Brione (BS)

Locanda degli Artisti
Cappella de' Picenardi (CR)

La Piana - Carate Brianza (MB)

Finil del Pret - Comezzano-Cizzago (BS)

Il Gabbiano
Corte de' Cortesi con Cignone (CR)

Da Sapì - Esine (BS)

Trattoria del Muliner - Iseo (BS)

Caffè la Crepa - Isola Dovarese (CR)

Ratanà - Milano

Trippi - Montagna in Valtellina (SO)

Clementina - Sirmione (BS)

La Miniera - Tignale (BS)

TRENTINO

Le Servite - Arco (TN)

2 Camini - Baselga di Pinè (TN)

Locanda delle Tre Chiavi - Isera (TN)

ALTO ADIGE SÜDTIROL

Pitzock - Funes (BZ)

Jora - San Candido-Innichen (BZ)

Lerchner's in Runggen
San Lorenzo di Sebato (BZ)

Roberts Stube - Tirolo (BZ)

Pretzhof - Val di Vizze (BZ)

Durnwald - Valle di Casies-Gsies (BZ)

VENETO

Da Ninetta - Annone Veneto (VE)

La Cusineta - Breganze (VI)

Alle Codole - Canale d'Agordo (BL)

Corte Vallona - Castelnovo Bariano (RO)

Moiè - Comelico Superiore (BL)

In Corte dal Capo - Conselve (PD)

Da Condo - Farra di Soligo (TV)

Enoteca della Valpolicella - Fumane (VR)

Al Peden - Limana (BL)

Gourmetteria - Padova

Da Paeto - Pianiga (VE)

Arcadia - Porto Tolle (RO)

Al Forno - Refrontolo (TV)

Al Monte - Rosolina (RO)

Ljetzan - Selva di Progno (VR)

Ai Mediatori - Tombolo (PD)

Isetta - Val Liona (VI)

Alla Borsa - Valeggio sul Mincio (VR)

Al Bersagliere - Verona

Al Parigin - Verona

Antica Trattoria Bellinazzo
Villa Bartolomea (VR)

FRIULI VENEZIA GIULIA

Ai Cacciatori - Cavasso Nuovo (PN)

Borgo Poscolle - Cavazzo Carnico (UD)

Ai Mulinars - Clauzetto (PN)

Al Castello - Fagagna (UD)

Turlonia - Fiume Veneto (PN)

Rosenbar - Gorizia

Ivana & Secondo
Pinzano al Tagliamento (PN)

Alle Nazioni - San Quirino (PN)

Devetak
Savogna d'Isonzo-Sovodnje ob Soci (GO)

Da Afro - Spilimbergo (PN)

Antica Trattoria Menarosti - Trieste

EMILIA-ROMAGNA

Alto Savio - Bagno di Romagna (FC)

Trattoria di Via Serra - Bologna

Laghi - Campogalliano (MO)

Badessa - Casalgrande (RE)

Da Faccini - Castell'Arquato (PC)

Antica Osteria Da Cencio - Cento (FE)

Ca' Murani - Faenza (RA)

La Campanara - Galeata (FC)

Virgilio - Parma

La Rocca - San Leo (RN)

Amerigo dal 1934 - Valsamoggia (BO)

TOSCANA

La Nena - Anghiari (AR)

Aiuole - Arcidosso (GR)

Osteria di Lammari - Capannori (LU)

Osteria da Mi Pa' - Capannori (LU)

Antica Fattoria del Grottaione
Castel del Piano (GR)

Bonini - Castelnuovo di Garfagnana (LU)

Il Grillo è Buoncantore - Chiusi (SI)

Pesce d'Oro - Chiusi (SI)

Taverna Pane e Vino - Cortona (AR)

Osteria del Teatro - Cortona (AR)

Cinto-Cucina in Torre - Firenze

Mangiando Mangiando - Firenze

Oste Scuro - Grosseto

Il Mecenate - Lucca

Da Roberto Taverna in Montisi
Montalcino (SI)

Belvedere - Monte San Savino (AR)

L'Oste Dispensa - Orbetello (GR)

Osteria dei Cavalieri - Pisa

Lo Scoglietto - Rosignano Marittimo (LI)

Da Gagliano - Sarteano (SI)

La Locanda di Torquato - Scansano (GR)

Locanda degli Artisti - Terricciola (PI)

La Botte Piena - Torrita di Siena (SI)

Piccola Trattoria Guastini

Torrita di Siena (SI)

Il Conte Matto - Trequanda (SI)

UMBRIA

Malvarina - Assisi (PG)

La Casareccia - Avigliano Umbro (TR)

Il Cerreto - Bettona (PG)

Lea - Città di Castello (PG)

Cucinaa - Foligno (PG)

4 Piedi & 8.5 Pollici

Giano dell'Umbria (PG)

Rosso di Sera - Magione (PG)

Tipico Osteria dei Sensi - Montone (PG)

Antica Cantina - Orvieto (TR)

La Grotta - Orvieto (TR)

Lillo Tatini - Panicale (PG)

I Birbi - Perugia (PG)

La Locanda di Colle Ombroso
Porano (TR)

Il Capanno - Spoleto (PG)

Taverna la Mola - Stroncone (TR)

Pane e Vino - Todi (PG)

Il Frantoio del Gusto - Trevi (PG)

MARCHE

La Tavola del Carmine - Ancona

La Baita - Arcevia (AN)

Il Cavaliere - Camerino (MC)

Osteria dell'Arte - Camerino (MC)

Locanda Fontezoppa
Civitanova Marche (MC)

Agra Mater - Colmurano (MC)

Da Maria - Fano (PU)

Da Maria - Genga (AN)

Maria - Mondavio (PU)

Nicolì - Monte San Giusto (MC)

Dei Priori - Monte San Martino (MC)

Ponterosa - Morrovalle (MC)

Ophis - Offida (AP)

Lorè - Porto San Giorgio (FM)

Trentasette - Porto Sant'Elpidio (FM)

Caserma Guelfa
San Benedetto del Tronto (AP)

Da Rita - San Benedetto del Tronto (AP)

La Grotta di Tufo - San Costanzo (PU)

Locanda Le Logge - Urbisaglia (MC)

LAZIO

Il Calice e la Stella - Canepina (VT)

Trattoria del Cimino - Caprarola (VT)

Locanda del Ditirambo
Castro dei Volsci (FR)

La Piazzetta del Sole - Farnese (VT)

Osteria di Maccarese - Fiumicino (RM)

Il Gatto & la Volpe - Formia (LT)

L'Oste della Bon'Ora - Grottaferrata (RM)

A Casa di Assunta - Isola di Ponza (LT)

Oresteria - Isola di Ponza (LT)

Bellavista - Picinisco (FR)

Osteria del Vicolo Fatato - Piglio (FR)

Osteria del Borgo - Roma

Da Cesare - Roma

Grappolo d'Oro - Roma

Pro Loco D.O.L. - Roma

Da Silvana - Trevi nel Lazio (FR)

Il Casaletto - Viterbo

Al Vecchio Orologio - Viterbo

ABRUZZO

La Stracciavocc - Giulianova (TE)

La Grotta dei Raselli - Guardiagrele (CH)

Corridore - L'Aquila

La Bilancia - Loreto Aprutino (PE)

Florano - Loreto Aprutino (PE)

Borgo Spoltino
Mosciano Sant'Angelo (TE)

Torre Antica - Moscufo (PE)

Al Vecchio Teatro - Ortona (CH)

Taverna de li Caldora - Pacentro (AQ)

Taverna 58 - Pescara

Font'Artana - Picciano (PE)

Il Vecchio Ristoro - Rocca Pia (AQ)

Caldora Punta Vallevò
Rocca San Giovanni (CH)

Vecchia Marina
Roseto degli Abruzzi (TE)

Marina - San Salvo (CH)

Osteria delle Spezie - San Salvo (CH)

La Piazzetta - Sant'Omero (TE)

La Corte - Spoltore (PE)

Cibo Matto - Vasto (CH)

MOLISE

Locanda Mammì - Agnone (IS)

Osteria Dentro le Mura - Termoli (CB)

PUGLIA

Le Macare - Alezio (LE)

Antichi Sapori - Andria

PerBacco - Bari

Casale Ferrovia - Carovigno (BR)

Cibus - Ceglie Messapica (BR)

La Cuccagna - Crispiano (TA)

Il Praedio della Reale - Ginosa (TA)

Canneto Beach 2
Margherita di Savoia (BT)

La Vineria di San Domenico
Molfetta (BA)

L'Antica Locanda - Noci (BA)

Peppe Zullo - Orsara di Puglia (FG)

La Piazza - Poggiardo (LE)

Botteghe Antiche - Putignano (BA)

Mezza Pagnotta - Cucina Etnobotanica
Ruvo di Puglia (BA)

La Fossa del Grano - San Severo (FG)

La Locanda di Nonna Mena
San Vito dei Normanni (BR)

Ristò dei Fratelli Pesce - Taranto

Frangipane - Trani (BT)

Ristorante Lilith - Vernole (LE)

CAMPANIA

Regio Tratturo - Ariano Irpino (AV)

Locanda San Cipriano
Atena Lucana (SA)

'A Luna Rossa - Bellona (CE)

Il Contadino - Caianello (CE)

Zi' Filomena - Caselle in Pittari (SA)

Morsi e Rimorsi - Caserta

Le Campestre - Castel di Sasso (CE)

Buca dei Ladroni - Ceppaloni (BN)

Masella - Cerreto Sannita (BN)

L'Occhiano - Felitto (SA)

Fontana Madonna - Frigento (AV)

La Pergola - Gesualdo (AV)

La Pentola d'Oro - Lioni (AV)

Lo Stuzzichino - Massa Lubrense (NA)

Antica Trattoria Di Pietro
Melito Irpino (AV)

Al Borgo - Molinara (BN)

Megaron - Paternopoli (AV)

Katakrì - Piedimonte Matese (CE)

Angiolina - Pisciotta (SA)

Perbacco - Pisciotta (SA)

Abraxas - Pozzuoli (NA)

Al Frantoio - San Mauro Cilento (SA)

I Cacciagalli - Teano (CE)

BASILICATA

Nugent - Irsina (MT)

Luna Rossa - Terranova di Pollino (PZ)

CALABRIA

Il Carpaccio - Acri (CS)
Villa Cirimarco - Bonifati (CS)

L'Aquila d'Oro - Cirò (KR)

Il Brigante - Conflenti (CZ)

La Paladina - Gasperina (CZ)

Magnatum La Degusteria
Longobardi (CS)

La Collinetta - Martone (RC)

Calabrialcubo - Nocera Terinese (CZ)

Timo - Reggio di Calabria

Trattoria dei Poeti - Rocca Imperiale (CS)

Altanum - San Giorgio Morgeto (RC)

Le Baccanti - San Marco Argentano (CS)

Le Fate dei Fiori - Santo Stefano in
Aspromonte (RC)

U Ricriju - Siderno (RC)

Da Lucrezia - Trebisacce (CS)

SICILIA

Le Boccerie - Agrigento

Terracotta - Agrigento

Il Gelso Nero - Barrafranca (EN)

U Locale - Buccheri (SR)

M.A.T.E.S. - Caltabellotta (AG)

Nangalarruni - Castelbuono (PA)

Gli Archi di San Carlo - Erice (TP)

Ciacco - Marsala (TP)

Casa & Putia - Messina

Al Bagatto - Milazzo (ME)

Dammuso - Noto (SR)

Andrea - Palazzolo Acreide (SR)

Lo Scrigno dei Sapori
Palazzolo Acreide (SR)

Dispensa - Palermo

Cucina e Vino - Ragusa

Cucina Costiera by Scjàbica
Santa Croce Camerina (RG)

Fratelli Borrello - Sinagra (ME)

Mamma Iabica - Siracusa

Cantina Siciliana - Trapani

Vultaggio - Trapani

SARDEGNA

Il Mosto - Aggius (SS)

Meridiana - Cuglieri (OR)

Ispinigoli - Dorgali (NU)

Santa Rughe - Gavoi (NU)

Oasi Blu - Isola di Sant'Antioco (SU)

Ada - San Sperate (SU)

COME LEGGERE LA GUIDA

Ordinamento
Ogni esercizio è classificato sotto il comune di appartenenza, in ordine alfabetico all'interno delle singole regioni. È inoltre indicata la frazione (o località, contrada) dove il locale ha sede.

Per chi viaggia
Le osterie che si trovano vicine a una stazione ferroviaria (a non più di 1,5 chilometri) o a un'uscita autostradale (a non più di 15 chilometri) sono evidenziate nel blocchetto anagrafico come segue.

→ 750 m dalla stazione di Aosta
  6,7 km dall'uscita A5 Aosta Est

Informazioni
Giorno di chiusura settimanale, orario di servizio, periodo di ferie sono dichiarati dai titolari degli esercizi.

Prezzi
Sono indicati secondo fasce calcolate sommando il costo medio di antipasto, primo e secondo o come costo unitario di un menù degustazione. Nel caso il prezzo faccia riferimento a un menù fisso, compare la dizione «menù fisso». Quando non compare la dizione «vini esclusi» il prezzo è comprensivo del vino della casa.

Carte di credito
American Express (AE), CartaSi (CS), Diners Club (DC), Mastercard (MC), Visa, Bancomat (BM), Satispay

Cartine

È presente almeno un locale segnalato negli **inserti**

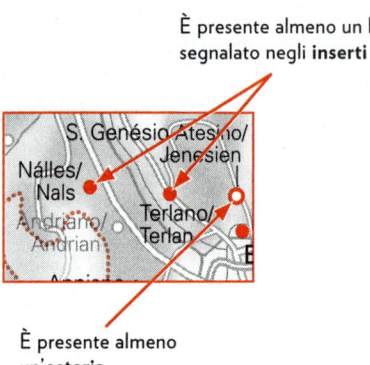

È presente almeno un'**osteria**

I SIMBOLI DELLA GUIDA

 Locale con una proposta di vini articolata, rappresentativa del territorio, con prezzi onesti

 «Locale del buon formaggio», che propone una selezione di prodotti caseari, fatta soprattutto sul territorio e raccontata al cliente

 Osteria con alloggio

 Locale che aderisce al progetto Alleanza dei cuochi di Slow Food. L'elenco completo dei locali che aderiscono al progetto si trova su: **www.fondazioneslowfood.it**

 Locale che dispone di tavoli all'aperto

 Orto di proprietà

 Menù vegetariano

 Buona scelta di vini al calice

 Proposta di birre artigianali

 Locale con un fasciatoio e baby friendly

 Parcheggio nelle immediate vicinanze

 Locale in cui gli animali, di piccola taglia, sono i benvenuti

 Locale che aderisce al progetto Alimentazione Fuori Casa dell'Associazione Italiana Celiachia: la cucina prepara anche piatti senza glutine. Prima di prenotare si consiglia di controllare sul sito (www.celiachia.it) e telefonare al locale

 Locale in possesso dei requisiti di accessibilità per quanti si muovono in carrozzella. La dichiarazione del titolare, su propria responsabilità, è il risultato di un'indagine condotta da Slow Food sui locali presenti in Osterie d'Italia in collaborazione con P.M. Vissani AISCRIS dis-SI di Confindustria e Bureau Veritas Italia

 Prezzo medio superiore a quello degli altri locali in guida

NOVITÀ Segnalazione nuova rispetto all'edizione 2020

La guida è stata chiusa in redazione il 19 ottobre 2020. Le segnalazioni non possono tenere conto di mutamenti intervenuti dopo tale data.

SEGNALAZIONI

Se vuoi collaborare alla prossima edizione compila il modulo e spediscilo a:
Slow Food Editore
Redazione di Osterie d'Italia
via Audisio, 5 – 12042 Bra (Cn)
oppure invia una e-mail a: ost.info@slowfood.it

Tra i locali segnalati in Osterie d'Italia 2021 ho visitato

Nome del locale: _____

Indirizzo: _____

Il mio giudizio è complessivamente:

☐ positivo ☐ negativo

Motivazione _____
_____
_____
_____
_____

Desidero segnalare un locale meritevole di far parte di Osterie d'Italia 2022

Nome del locale _____

Indirizzo _____

Tel. _____

Motivazione _____
_____
_____
_____
_____

Il segnalatore _____

Indirizzo _____

Città _____

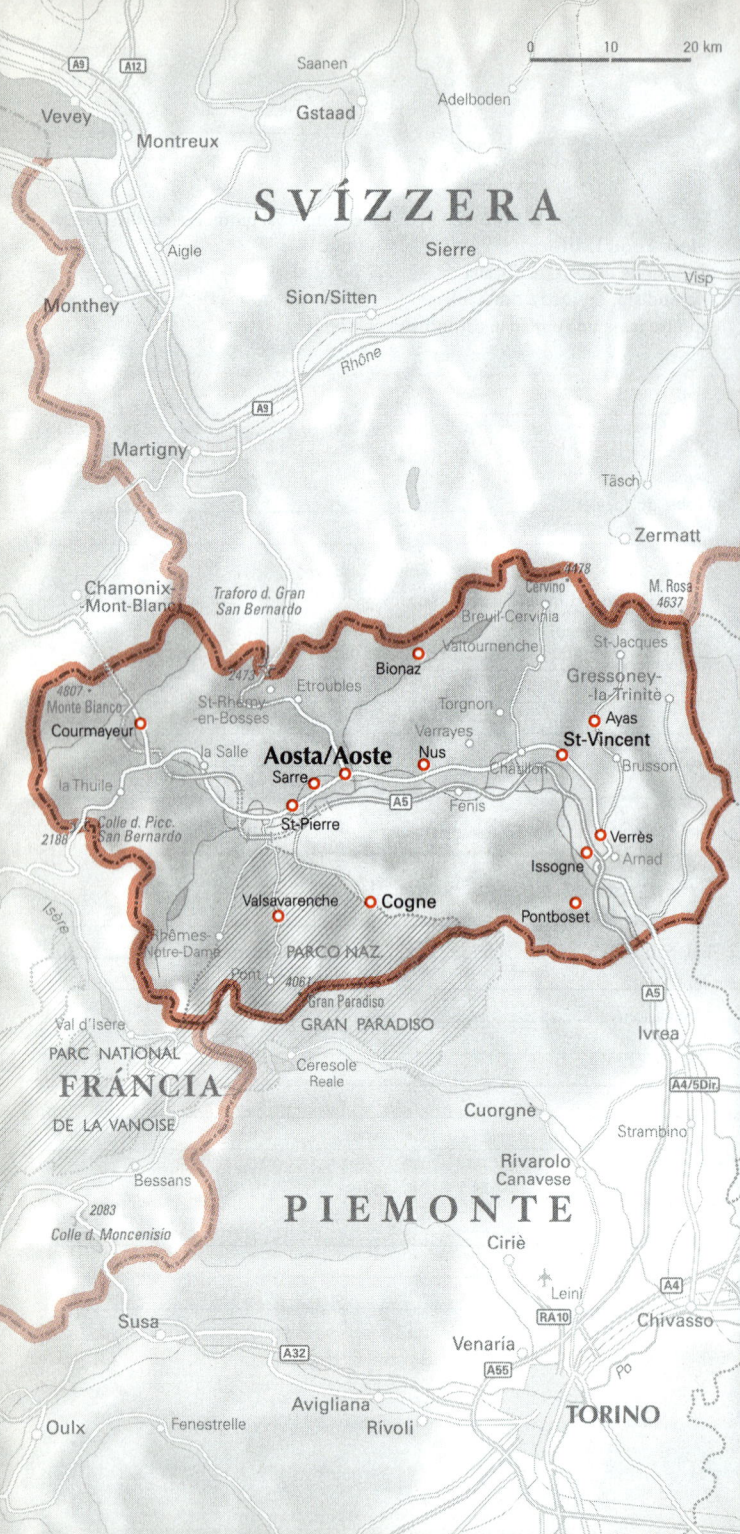

VALLE D'AOSTA

ALCUNI PIATTI DELLA TRADIZIONE

Crespelle
Frittatine sottilissime ripiene di prosciutto e fontina, ricoperte di fonduta

Fonduta
Di origine svizzera ma diffusa anche in Piemonte, è una crema di fontina, latte e tuorlo d'uovo, cotta preferibilmente a bagnomaria e servita calda

Seupa vapellenentse
Fette di pane raffermo e fontina sono poste a strati alterni in una teglia, bagnate con il brodo, coperte di burro fuso con una spolverata di cannella e cotte in forno

Carbonade con polenta
Stufato di carne di manzo, tagliata a fettine molto piccole e sottili, cotte nel vino con aromi e spezie

Frecacha
Tortino di carne bovina e patate

Polenta concia
Polenta disposta in teglia a strati alternati con fettine di fontina e irrorata con burro fuso; può poi essere gratinata in forno

Tartiflette
Tipico piatto invernale, è un pasticcio di patate, cipolle, pancetta affumicata e formaggio reblochon

Crema di Cogne
Dolce semiliquido preparato cuocendo latte, panna, tuorli d'uovo, zucchero e cacao amaro

DA NANDO

IN BREVE *Qui si propone e si racconta una cucina del territorio di grande qualità: crespelle, zuppa vapellenentse, carbonade, bourguignonne con la polenta. Ottimi i formaggi.*

Via Sant'Anselmo, 99 - Tel. 0165 44455
→ 6,7 km dall'uscita A5 Aosta Est
→ 750 m dalla stazione di Aosta
🕐 Chiuso il martedì e mercoledì a pranzo
Orario mezzogiorno e sera Ferie 10 gg in giugno-luglio, 1 settimana in ottobre
Prezzi: 35-45 euro vini esclusi
Carte di credito: AE, BM, CS, DC, MC, Visa

L'OSTERIA Seppure in una sede diversa, la storia di questa accogliente osteria dagli interni in legno scuro e dall'**arredamento sobrio ed elegante**, è iniziata nel 1957. Dal 2007 la famiglia Scarpa si è trasferita in una nuova struttura più intima, che consente di prestare ancora maggior cura ai piatti e ai clienti. In sala, premurosi e pronti a rispondere a ogni curiosità, ci sono Paolo e il padre Corrado; in cucina Franca e Michel. Molto valida la carta dei vini che raccoglie un ampio numero di produttori valdostani; **gran parte delle etichette è disponibile anche al calice**.

LA CUCINA Sebbene si conceda talvolta qualche fuga oltralpe, **la cucina dell'osteria è prettamente valdostana**, con diversi piatti tradizionali interpretati con attenzione e cura per le materie prime. *Carbonade*, fonduta, zuppa *vapellenentse*, spadellata di *saouseusse*, *boudin* sono solo alcuni esempi. Molto ben assortita la selezione dei formaggi.

I PIATTI *Carbonade*, Zuppa *vapellenentse*, Fonduta

AYAS (AO) - Champoluc

IL BALIVO

IN BREVE *Un tradizionale chalet in pietra e legno, con un caminetto che riscalda la sala e fa da piastra per le cotture di alcune carni. Il menù è quello della tradizione valligiana.*

Route Ramey, 102 - Tel. 0125 308036
🕐 Sempre aperto, set-nov aperto ven, sab e dom Orario sera, ven-dom anche pranzo
Ferie 1 maggio-15 giugno e 15 settembre-31 ottobre
💶 Prezzi: 42-45 euro vini esclusi
Carte di credito: MC, Visa

L'OSTERIA Si respira **la tipica atmosfera dei locali di montagna** in questo chalet tutto in pietra e legno, riscaldato nei freddi giorni invernali da **un bel caminetto**. Il servizio, cortese e attento, mette a proprio agio gli ospiti che possono così rilassarsi e godere di una cucina prettamente valligiana. Scelta di vini curata e dedicata soprattutto al territorio, pur con qualche etichetta, ben misurata, da fuori regione.

LA CUCINA Oltre ai diversi piatti di carne cotta su una piastra riscaldata dal calore del fuoco vivo del camino, la carta elenca una serie di **preparazioni tradizionali solo leggermente aggiornate** e rese più contemporanee. Interessante, se vi resta spazio, la selezione dei formaggi perlopiù valdostani.

I PIATTI Crêpe di farina di segale gratinate, Stinco di màiale alla birra, Faraona disossata con fichi e castagne

BIONAZ (AO) - Chez Chenoux

ALPE REBELLE

IN BREVE *Antica casa ristrutturata, con ristorante e b&b. In menù piatti locali ben presentati: peperoni arrosto e bagna caoda, valpellinentze con fondo di cavolo viola e fontina.*

Località Chez Chenoux, 1 - Tel. 0165 730941
⊙Non ha giorno di chiusura Orario mezzogiorno e sera Ferie in novembre
Prezzi: 30-32 euro vini esclusi
Carte di credito: BM, MC, Visa

L'OSTERIA Dopo aver gestito per dieci anni il rifugio Crête Sèche a 2410 metri di altitudine, Daniele Pieiller e la moglie Ilenia Perron hanno deciso di iniziare una nuova avventura. Hanno così ristrutturato la casa dei nonni di Daniele, una bella struttura proprio di fronte alla Valpelline, trasformandola in un **accogliente b&b con ristorante**, dove ora con il sorriso ricevono i loro ospiti.

LA CUCINA È il territorio con i suoi prodotti il vero protagonista della **carta**. Dagli antipasti ai secondi, infatti, le carni, i salumi, i formaggi, le erbe della valle, e spesso, del paese, sono preparati seguendo ricette più tradizionali o lasciando che la creatività abbia la meglio. Per chi non sapesse che cosa scegliere c'è anche un menù degustazione a 25 euro. La carta dei vini presenta una buona selezione di etichette valdostane e non.

I PIATTI Sformatino di cavolo viola su salsa di bleu d'Aoste, Polenta grassa, *Carbonade*

COGNE (AO)

LA BRASSERIE DU BON BEC

IN BREVE *Una brasserie di montagna dove trovare trota di Lillaz affumicata in casa, polenta alla valdostana con burro e fontina, specialità come frecacha, tartiflette, pierrade*

Via Bourgeois, 72 - Tel. 0165 749288
⊙Chiuso il lun, mai luglio-agosto e Natale
Orario mezzogiorno e sera Ferie variabili
€ Prezzi: 40-42 euro vini esclusi
Carte di credito: AE, BM, CS, MC, Visa

L'OSTERIA Inserita nello splendido contesto dell'hotel Bellevue di Cogne, la Brasserie du Bon Bec è **un'intima e calorosissima bomboniera**. Le pareti completamente rivestite di legno scuro, i ritratti di antichi notabili alle pareti, un piccolo banco bar e un arredamento al contempo minimale e caldo fanno da cornice a **ciò che ci si aspetta da una tipica serata in montagna**.

LA CUCINA Nell'ampio menù **si trovano molte specialità della regione**, preparate con ingredienti scelti con cura sul territorio. Trota affumicata con salsa al rafano, minestra di orzo e legumi, *frecacha* (un piatto di recupero a base di carne di vitello, cipolle e patate ripassate in padella), gratin di patate e formaggio sono solo alcune delle proposte. Carta dei vini con tante etichette locali e qualche bottiglia dal resto d'Italia.

I PIATTI Trota affumicata con salsa al rafano, Minestra di orzo e legumi, *Frecacha*

LES PERTZES

IN BREVE *Un ristorante-enoteca con una bella cantina costituita prevalentemente di etichette valdostane. In tavola, oltre ai grandi classici della tradizione, carpaccio di trota salmonata di Lillaz e ravioli di trota.*

Rue Grappein, 93 - Tel. 0165 749227
🕐 Chiuso martedì e mercoledì, mai d'estate
Orario mezzogiorno e sera
Ferie 1-15 giugno, novembre
Prezzi: 35-40 euro vini esclusi
Carte di credito: BM, CS, DC, MC, Visa

L'OSTERIA Una **calda osteria di montagna tutta legno e cotto**, con un bel caminetto a rendere ancora più suggestiva l'atmosfera. Sono i coniugi Comiotto a prendersi cura degli ospiti, lui cucinando i **piatti della tradizione valdostana**, lei consigliando in sala le proposte del giorno e i migliori vini disponibili in carta. La cantina è stata da poco ristrutturata e accoglie un'ampia selezione di produttori del territorio e alcune etichette da fuori regione.

LA CUCINA **Carne, formaggi e pesce di acqua dolce** – in particolare le trote di Lillaz – rappresentano gli ingredienti base di una cucina che, pur non rinunciando a qualche tocco innovativo, ha radici ben piantate nella tradizione. Si può così assaggiare, per iniziare, il carpaccio di trota salmonata. Tra i primi, buoni i ravioli oppure gli gnocchi di castagne; quanto ai secondi si trova spesso carne di selvaggina locale.

I PIATTI Carpaccio di trota salmonata, Zuppa di cipolle gratinata, Lombatina di agnello

LOU RESSIGNON

IN BREVE *Il locale, gestito dai fratelli Allera, propone una cucina di stampo tradizionale: tartare alla gressonara con giardiniera fatta in casa, carni e pesci d'acqua dolce grigliati.*

Rue des Mines, 22 - Tel. 0165 74034
🕐 Chiuso martedì e mercoledì, mai in alta stagione Orario mezzogiorno e sera Ferie metà aprile-metà giugno e novembre
€ Prezzi: 40-50 euro vini esclusi
Carte di credito: BM, CS, MC, Visa

L'OSTERIA Da oltre cinquant'anni la famiglia Allera gestisce questa struttura che, oltre a essere un apprezzato ristorante, dispone anche di cinque camere per la notte e di una taverna dove rilassarsi davanti al camino. Davide è in cucina, mentre la sorella Elisabetta si occupa delle **sale arredate in modo caldo e tradizionale**.

LA CUCINA Il menù elenca i piatti che ci si aspetta di trovare in un'osteria di montagna: ampio spazio è dato a formaggi – una ricca e non banale selezione di prodotti valligiani è sempre disponibile –, carni e zuppe. Tra queste sono sicuramente da provare la *seupetta à la cogneintse* e la *seupa à la vapellenentse*. Tra i secondi, tagli di agnello e manzo; negli antipasti, i salumi e alcune insalate sono il cuore della proposta.

I PIATTI *Seupetta à la cogneintse, Seupa à la vapellenentse, Carbonade* di guanciotto di manzo e polenta rustica

BAITA ERMITAGE

IN BREVE *Tipica baita di montagna con il massiccio del Bianco che domina sullo sfondo. Tra i piatti grandi classici come la polenta in vari modi, crêpe e scaloppa alla valdostana.*

Località Ermitage - Tel. 0165 844351
🕐 Chiuso il mercoledì, mai in luglio e agosto
Orario mezzogiorno e sera
Ferie giugno e novembre
Prezzi: 30-35 euro vini esclusi
Carte di credito: BM, CS, MC, Visa

L'OSTERIA Il locale è una **tipica baita di montagna** arredata con i toni caldi del legno, ma è fuori dalle ampie finestre che si trova il vero spettacolo. L'osteria, infatti, immersa nei boschi a 1450 metri d'altitudine, permette di godere di una **splendida vista sul Monte Bianco** mentre si sta consumando il pasto. Nelle belle giornate, in estate come d'inverno, è possibile accomodarsi sulla terrazza panoramica, che rende l'esperienza davvero indimenticabile.

LA CUCINA La **cucina è quella più autenticamente valdostana**, fatta di zuppe, crêpe, salumi, formaggi e variazioni sul tema della polenta, qui proposta in moltissime versioni: *concia*, con salsiccia, con *carbonade*, in stagione con i funghi. Per concludere buoni e semplici dolci. La carta dei vini è piccola ma sufficiente ad accompagnare il percorso.

I PIATTI Crêpe alla valdostana, Zuppa dell'Eremita, Polenta concia

---

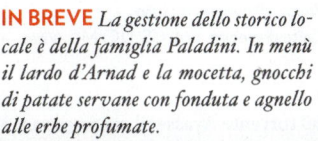

ISSOGNE (AO)

AL MANIERO

IN BREVE *La gestione dello storico locale è della famiglia Paladini. In menù il lardo d'Arnad e la mocetta, gnocchi di patate servane con fonduta e agnello alle erbe profumate.*

Frazione Pied de Ville, 58 - Tel. 0125 929219
→ 2,6 km dall'uscita A5 Verrès
→ 1 km dalla stazione di Verrès
🕐 Chiuso il lunedì, mai in agosto Orario mezzogiorno e sera Ferie 15-30 giugno
Prezzi: 32-35 euro vini esclusi
Carte di credito: BM, CS, DC, MC, Visa

L'OSTERIA Proprio all'ingresso del paese, la famiglia Paladini gestisce con amore questo ristorante con alcune camere per la notte. La **grande sala** è arredata in modo sobrio.

LA CUCINA È **l'orto gestito dalla famiglia** a rifornire la cucina, soprattutto durante i mesi estivi, con verdure di stagione che concorrono a comporre un menù che, a fianco ai **grandi classici** della cucina regionale – *carbonade*, zuppa *vapellenentse*, fonduta – propone preparazioni di fantasia sempre legate al territorio. È il caso, per esempio, dell'agnello alle erbe profumate. Tra gli antipasti vale la pena assaggiare i buoni salumi. Carta dei vini incentrata soprattutto su Valle d'Aosta e Piemonte, con alcune interessanti deviazioni francesi e tedesche.

I PIATTI Zuppa *vapellenentse*, Fonduta, Agnello alle erbe profumate

---

MAISON ROSSET

IN BREVE *Il menù fisso segue i ritmi stagionali e le ricette sono realizzate principalmente con i prodotti della propria azienda. Il pane, cotto nel forno a legna, è fatto in casa come pure il gelato.*

Passaggio Rosset, 1 - Tel. 0165 767176
→ 3 km dall'uscita A5 Nus
→ 300 m dalla stazione di Nus
🕐 Chiuso il lun Orario sera, dom e sab d'estate, anche pranzo Ferie in gennaio
Prezzi: 35 euro menù fisso
Carte di credito: BM, CS, MC, Visa

L'OSTERIA La struttura che un tempo serviva da mensa per gli operai dell'azienda agricola ospita oggi un ristorante, **alcune camere per la notte** e i locali di trasformazione delle carni, del latte e di tutto ciò che in questa fattoria viene prodotto. A governare l'intero progetto è Camillo Rosset, appassionato e rigoroso oste e produttore.

LA CUCINA Il menù, che varia spesso e cambia a pranzo e a cena, è fisso e ha un costo di 35 euro (15 per i bambini sotto i 12 anni). Al momento della prenotazione potrete chiedere qualche modifica. Vi si trovano in successione **moltissimi prodotti trasformati in azienda**, utilizzati per comporre piatti eseguiti con mano sicura e leggera – è il caso delle frittelle o dei flan di verdure, dei ravioli o della carne al ginepro con polenta – oppure proposti in purezza come nel caso dei formaggi e dei salumi. I vini sono quelli aziendali e sono compresi nel prezzo.

I PIATTI Salumi della casa, Formaggi Maison serviti con patate, Polenta cotta sul fuoco a legna con carne al ginepro

PONTBOSET (AO) - Savin

LE MOULIN DES ARAVIS

IN BREVE *Azienda agrituristica gestita dalla famiglia Gontier. Il menù è fisso e varia con le stagioni: sformato di verdure con bagna caoda, castagne con burro e brossa, coniglio alla lavanda.*

Frazione Savin, 55
Tel. 0125 809831-329 8013184
🕐 Sempre aperto su prenotazione
Orario mezzogiorno e sera Ferie variabili
Prezzi: 29 euro menù fisso
Carte di credito: BM, CS, DC, MC, Visa

L'OSTERIA **Un angolo di pace a fianco del torrente Ayasse**, il cui scrosciare è spesso è l'unico rumore che si riesce a percepire. È qui che la famiglia Gontier, nel 2001, ha voluto costruire la propria azienda, ristrutturando un **antico mulino che è stato rimesso in funzione** e viene utilizzato ancora oggi per macinare la segale autoprodotta e impiegata per la produzione del pane. Oltre ai locali per mangiare, ci sono alcune stanze per la notte e un'attrezzata zona benessere.

LA CUCINA L'azienda agricola produce patate, piccoli frutti, ortaggi, segale, castagne, e alleva maiali, tacchini, galline e conigli. Proprio queste materie prime sono alla base del **menù fisso** che cambia quasi quotidianamente e ha il principale obiettivo di valorizzarne profumi e aromi. Zuppe, risotti, secondi di carne impreziositi da spezie, che provengono da lontano, si susseguono in un menù ricco, che consente davvero di godere dei frutti di questa regione.

I PIATTI Crêpe di farina di castagne con pere e blue d'Aosta, Risotto con funghi e mirtilli, Coniglio alla lavanda

VETAN

IN BREVE *Un ristorante in gradevole stile valdostano. Il menù è fisso e varia in base alle stagioni: sformatino di verdure con crema al bleu d'Aosta, zuppa di Vetan, crostoni di polenta concia con boudin.*

Frazione Vetan Dessous, 77
Tel. 0165 908830
Aperto ven, sab e dom, sempre lug-ago e festività Orario mezzogiorno e sera
Ferie variabili
Prezzi: 28-30 euro menù fisso vini esclusi
Carte di credito: BM, CS, DC, MC, Visa

L'OSTERIA Un **piacevole ristorante in stile montanaro** dove verrete accolti dal sorriso di Elida e Antonella Montrosset, madre e figlia, impegnate quotidianamente a valorizzare al meglio i prodotti del loro territorio e le **verdure raccolte nell'orto di proprietà**. È gradita la prenotazione.

LA CUCINA Nel **menù a prezzo fisso**, oltre agli immancabili salumi della Valle, diverse portate cambiano spesso a seconda della disponibilità e della stagione. Si trovano inoltre sformati di verdure arricchiti dal locale formaggio blue d'Aosta, zuppe, polenta *concia* ad accompagnare carni o il tipico *boudin*. La selezione dei vini è minima e comprende, tra le altre, anche le etichette della casa.

I PIATTI Zuppa di Vetan, Polenta *concia*, Torta amor polenta

SAINT-VINCENT (AO)

LE BON PLAISIR

IN BREVE *L'elegante cucina parla, in gran parte, attraverso i prodotti del territorio: crespelle alla valdostana, carbonade di manzo con polenta concia, fonduta con crostini.*

Via Marconi, 1 - Tel. 347 5745331
→ 3,1 km dall'uscita A5 Saint-Vincent
Chiuso il mercoledì e giovedì a pranzo, mai agosto e periodo natalizio Orario mezzogiorno e sera Ferie variabili
€ Prezzi: 45-50 euro vini esclusi
Carte di credito: BM, CS, DC, MC, Visa

L'OSTERIA Sandra Lomello e Vincenzo Atzei sono i titolari, lei in sala e lui in cucina, di questa piacevole attività ristorativa nel centro di Saint-Vincent. Le sale dagli **arredi di un tempo** sono piacevolmente accoglienti.

LA CUCINA Come dichiarato dagli stessi titolari, la volontà è quella di non limitarsi ai sapori della Valle ma, sempre utilizzando materie prime locali, di **spaziare in altre cucine** della nostro Paese. Il primato è comunque lasciato alle **preparazioni valdostane**. Si possono così trovare elencati in carta la fonduta con crostini, la *carbonade* di manzo, la polenta *concia* o, se è stagione, l'insalata di funghi. La carta dei vini, così come il menù, parte dal territorio per poi allargarsi su tutto il territorio nazionale.

I PIATTI *Carbonade* di manzo, Fonduta valdostana con crostini, Polenta *concia*

SARRE (AO)

TRATTORIA DI CAMPAGNA

IN BREVE *Negli ambienti ricavati all'interno di un'antica dimora, da oltre quarant'anni si realizzano piatti tipici valdostani: gnocchi di patate con pomodoro e fontina, fonduta, polenta concia e formaggi della Valle.*

Frazione San Maurice, 58
Tel. 0165 257448-348 9317353
→ 2 km dall'uscita A5 Saint-Pierre
⏱ Chiuso martedì sera e il mercoledì
Orario mezzogiorno e sera
Ferie 1 settimana a fine giugno, 1 in ottobre
Prezzi: 32-35 euro vini esclusi
Carte di credito: AE, BM, CS, MC, Visa

L'OSTERIA Dal 1976 la famiglia Cortese si occupa di accogliere gli ospiti e di offrire loro il **meglio che la tradizione valdostana sia in grado di proporre**. La cucina è affidata a Sabrina, mentre in sala si muovono con cortesia e professionalità Enrico e la figlia Beatrice. È proprio quest'ultima a consigliare i vini elencati in una carta di grande interesse, sia quando guarda al territorio sia quando mette la testa fuori regione.

LA CUCINA Oltre ai **classici salumi regionali**, presenza irrinunciabile nelle osterie della Valle, il menù si compone di diverse preparazioni tutte confezionate con **materie prime reperite localmente**. Tortelli e gnocchi sono fatti in casa e valgono l'assaggio. Tra i secondi non è raro trovare la trota alle mandorle e la polenta *concia* con fontina. Meritevole di attenzione la selezione dei formaggi.

I PIATTI Polenta *concia* con fontina, Tortelli di ricotta e spinaci con crema di blue d'Aoste, Filetto di trota alle mandorle

VALSAVARENCHE (AO) - Maisonasse

L'HOSTELLERIE DU PARADIS

IN BREVE *Locale nato nel 1932 e da sempre gestito dalla famiglia Dayané. La cucina è di territorio: flan con fonduta, favò, carbonade di manzo, filetto di trota e formaggi di alpeggio.*

L'Eau-Rousse, 18 - Tel. 0165 905972
⏱ Non ha giorno di chiusura Orario mezzogiorno e sera Ferie 7-29 gennaio
Prezzi: 35-40 euro vini esclusi
Carte di credito: BM, CS, MC, Visa

L'OSTERIA **Nel bel mezzo del Parco del Gran Paradiso** si trova questa struttura ricettiva, che ospita al suo interno anche un ristorante. **L'arredamento è semplice**, quasi spartano ma perfettamente adatto a questi luoghi. A gestirlo, dal 1932, la famiglia Dayane.

LA CUCINA **La cucina è prettamente di territorio** e diverse sono le preparazioni tipiche della Valle. Ampio l'utilizzo di formaggi, di carni e, in stagione, di castagne, erbe spontanee e frutti del bosco. Dalle zuppe agli gnocchi, fino alle pappardelle, tutti i primi meritano un assaggio. Con la sola eccezione di alcuni piatti di trota, i secondi sono di carne. La carta dei vini presenta una buona selezione di etichette locali.

I PIATTI Flan con fonduta, *Favò*, *Carbonade* di manzo, Filetto di trota

VALTOURNENCHE (AO) - Breuil-Cervinia

ALPAGE

IN BREVE *Il ristorante, con una spaziosa sala dagli arredi rustici, realizza ricette della tradizione regionale: polenta valdostana, zuppa con pane, fontina, cavolo e brodo, scaloppa alla valdostana.*

Località Lago Blu, 4
Tel. 0166 949398-338 9227366
🕐 Non ha giorno di chiusura
Orario mezzogiorno e sera Ferie
maggio-giugno, settembre-ottobre
💶 Prezzi: 40-45 euro vini esclusi
Carte di credito: BM, CS, DC, MC, Visa

L'OSTERIA Collocato ai piedi del Cervino, questo affascinante rifugio gode di un fascino straordinario legato anche alla posizione privilegiata. All'interno sembra di essere in un tipico salotto di una casa di montagna: pietra, legno, un bel caminetto e tanto tanto calore. Quando la stagione lo consente, un **bel dehors permette di pranzare davanti a un panorama bellissimo**.

LA CUCINA **La carta è ricca di piatti tradizionali,** tutti preparati con materie prime reperite a livello locale. Si va dall'immancabile selezione di salumi a un'ampia proposta di primi che annovera, oltre alla fonduta, ravioli, zuppe, crespelle. I secondi sono all'insegna della carne cucinata semplicemente alla piastra o frutto di lunghe cotture in umido. Una parte del menù della sera è dedicata a pietanze più particolari, dalla *bourguignonne* alla *raclette*. La carta dei vini spazia dalla Valle d'Aosta al resto d'Italia con diverse etichette da agricoltura biologica.

I PIATTI Fonduta di fontina con crostini dorati, *Carbonade* con polenta rustica, *Raclette*

VERRÈS (AO) - Omens

OMENS

IN BREVE *L'osteria è gestita da Elvia Bertolin con l'aiuto del padre, esperto preparatore di polente. Secondo stagione si trovano seupa vapellenentse, cotechino con patate e bagnet verd, formaggi locali.*

Località Omens, 1
Tel. 0125 929410-347 4775334
→ 5,5 km dall'uscita A5 Verrès
🕐 Aperto, pranzo e sera, sab e dom e festivi; luglio-settembre chiuso il lunedì
Ferie variabili
Prezzi: 18-25 euro vini esclusi
Carte di credito: nessuna

L'OSTERIA Elvia Bertolin continua a portare avanti l'attività fondata nel 1974 dallo zio Pino: un **luogo semplice e accogliente**, con una luminosa veranda, un parco per i bambini e uno spazio per giocare al *palet* valdostano.

LA CUCINA Il menù non è particolarmente ampio ma questo è garanzia di qualità delle materie prime utilizzate. Vi si trovano **diverse preparazioni tradizionali**, dalla *seupa* valdostana, che cambia al variare delle stagioni (in inverno con il cavolo verza e in estate con le zucchine), alla polenta *concia* con o senza salsiccia, fino a un piatto tipicamente montanaro come le castagne con lardo e burro. La carta dei vini è piccola e soprattutto locale.

I PIATTI *Seupa* valdostana, Polenta *concia*, Castagne con lardo e burro

PIEMONTE

ALCUNI PIATTI DELLA TRADIZIONE

Acciughe al verde
Acciughe dissalate e coperte da una salsa a base di prezzemolo, aglio e peperoncino tritati, tuorli d'uovo sodi schiacciati, aceto e olio extravergine

Bagna caoda
Salsa calda a base di aglio, acciughe e olio extravergine, nella quale intingere verdure crude o bollite

Vitello tonnato
Fette di girello brasato servite fredde con una salsa ottenuta con fondo di cottura del vitello, acciuga, tuorli d'uovo, capperi, prezzemolo, succo di limone e olio extravergine

Agnolotti dal plin
Tipici dell'alta Langa, si distinguono per le piccole dimensioni: la sfoglia molto sottile è chiusa con un pizzicotto (*plin*)

Panissa
Risotto del basso Vercellese preparato con fagioli borlotti, cotica di maiale e *salam d'la doja* sbriciolato

Tajarin
Pasta fresca preparata con farina e molte uova, lunga e sottilissima; si condisce perlopiù con burro e salvia, sugo d'arrosto e, in stagione, tartufo

Bollito misto
Servito con varie salse fra le quali *bagnet verd* e *ross*, cognà e mostarda, è composto tradizionalmente da sette pezzi: muscolo di spalla, biancostato, testina, lingua e coda di bovino, gallina, cotechino

Finanziera
Storico piatto di frattaglie di vitello e di pollo, saltate nel burro e unite in un intingolo insaporito da porcini, Marsala, aceto o vino bianco

ACQUI TERME (AL)

BO RUSS

IN BREVE *In un territorio a cavallo tra Piemonte e Liguria l'osteria propone piatti di entrambe le regioni con buona attenzione per le materie prime. A pranzo la proposta è semplicissima e molto economica.*

Via Garibaldi, 88 - Tel. 0144 321682
→ 750 m dalla stazione di Acqui Terme
⊙ Chiuso martedì sera e il mercoledì
Orario mezzogiorno e sera Ferie variabili
Prezzi: 29-32 euro vini esclusi
Carte di credito: BM, CS, MC, Visa

L'OSTERIA Si trova all'ingresso della bella città termale, poco lontano dalla famosa fontana della Bollente. I gestori, Eugenio e Pier Carlo, sono due amici che alcuni anni fa hanno deciso di intraprendere l'attività di ristorazione. La sala dalle **ampie vetrate** e dai colori tenui affaccia sulla via che conduce al centro storico.

LA CUCINA I piatti preparati da Flavio appartengono al bagaglio gastronomico della tradizione locale a cavallo **tra Piemonte e Liguria**. Gli ingredienti vengono reperiti prevalentemente da **fornitori della zona**. Non mancano mai gli agnolotti e la farinata, così come lo stoccafisso all'acquese. Buona la selezione di salumi, attenta la scelta dei tagli di carne di vitello di razza piemontese. A pranzo si propone un piccolo menù a 13 euro.

I PIATTI *Plin* al sugo di arrosto, Stoccafisso all'acquese, *Bonet*, Panna cotta al forno

ACQUI TERME (AL)

IL NUOVO PARISIO

IN BREVE *Evoluzione di uno storico ristorante acquese. Nicolò interpreta garbatamente le ricette del nonno: quinto quarto di capretto, agnolotti monferrini, capretto al forno, stoccafisso all'acquese.*

Piazza Verdi, 3 - Tel. 0144 442196
→ 350 m dalla stazione di Acqui Terme
⊙ Chiuso il mercoledì
Orario mezzogiorno e sera Ferie non ne fa
Prezzi: 33-35 euro vini esclusi
Carte di credito: AE, BM, CS, DC, MC, Visa

L'OSTERIA Parisio è sinonimo di tradizione e cucina di qualità. Nicolò appartiene a una **famiglia storica di ristoratori** che hanno sempre esercitato la loro professione nel centro storico di Acqui Terme. Salendo fra le case arroccate del borgo Pisterna scorgerete il palazzo, di cui il locale occupa due piani; dispone di due belle sale ampie e luminose.

LA CUCINA Semplici proposte, ben presentate e cucinate con professionalità, per un piacevole itinerario attraverso la **cucina monferrina**. Gli ingredienti, ben selezionati, vengono forniti da **piccoli agricoltori** della zona. Non mancano mai i cannelloni, piatto tramandato di generazione in generazione dai Parisio, così come gli agnolotti e la torta di nocciole, che merita una particolare menzione. Disponibile un menù degustazione a 35 euro. Ampia carta dei vini con bottiglie piemontesi, nazionali ed estere, proposte con ricarichi corretti.

I PIATTI Finanziera, Agnolotti con il sugo d'arrosto, Stoccafisso all'acquese

LA PIOLA

Piazza Risorgimento, 4 - Tel. 0173 442800
→ 750 m dalla stazione di Alba
🕐 Chiuso la dom, ott-nov dom sera
Orario mezzogiorno e sera Ferie variabili
€ Prezzi: 42-47 euro vini esclusi
Carte di credito: AE, BM, CS, MC, Visa

IN BREVE *Moderna osteria dove i classici piemontesi sono proposti con estrema attenzione alla qualità e tecnica impeccabile: vitello tonnato, insalata russa, giardiniera, tajarin, agnolotti dal plin, bonet.*

L'OSTERIA Il nome potrebbe confondere perché non siamo esattamente nell'osteria di paese delle Langhe che furono. Al centro di Alba, ormai quindici anni fa i Ceretto – noti produttori di vino – decisero di investire sull'accoglienza enogastronomica in grande stile. Al piano inferiore dello stesso palazzo che ospita il ristorante stellato Piazza Duomo, La Piola macina quotidianamente numeri e alta qualità in pari misura. **Soluzioni d'arredo eleganti, piatti d'artista e grande professionalità** sono la cifra distintiva di una proposta curata in tutti i dettagli. Carta dei vini centrata sulle etichette Ceretto con qualche referenza di produttori amici.

LA CUCINA Il menù è indicato su una grande lavagna e propone **piatti tradizionali e alcune contaminazioni** con Piazza Duomo. L'insalata russa è da manuale, così come la carne cruda di fassona. Di notevole qualità la pasta fresca, in particolare i *tajarin*. Agnello al forno con patate o tagliata di fassona per proseguire.

I PIATTI Vitello tonnato, Agnolotti dal *plin*, Torta di nocciole con zabaione al Moscato

---

OSTERIA DEL VICOLETTO

Via Bertero, 6 - Tel. 0173 363196
→ 500 m dalla stazione di Alba
🕐 Chiuso il mer e sab a pranzo, mai ottobre-novembre Orario mezzogiorno e sera
Ferie in gennaio e in luglio
Prezzi: 35-38 euro vini esclusi
Carte di credito: BM, CS, MC, Visa

IN BREVE *Solida cucina di tradizione interpretata e proposta con passione e professionalità in un ambiente sobrio. Un indirizzo sicuro e validissimo.*

L'OSTERIA Nel centro di Alba, non lontano dalla via Maestra, l'osteria della famiglia Sandri è un **approdo sicuro per chi sia alla ricerca dei sapori più tradizionali di questa zona** di Piemonte, divenuta celebre in tutto il mondo per la sua cucina e i suoi prodotti, vini e tartufi su tutti. In sala sono Matteo e Valentina a consigliare gli ospiti sui piatti e i vini da abbinare.

LA CUCINA La cucina è solidamente nelle mani di Daniele, un passato ai fornelli di alcune delle più importanti osterie del territorio, e una notevole capacità di **interpretare con rispetto i piatti della tradizione**. Le paste fresche – *tajarin* e agnolotti su tutte – sono imperdibili, così come i secondi di carne. La carta dei vini offre un bel repertorio delle produzioni più significative, soprattutto della Langa e delle denominazioni vicine.

I PIATTI Vitello tonnato, *Tajarin* 40 tuorli, Faraona arrosto al rosmarino

OSTERIA DELL'ARCO

Piazza Ferrero, 5 - Tel. 0173 363974
→ 350 m dalla stazione di Alba
🕐 Chiuso domenica, mai da settembre a dicembre Orario mezzogiorno e sera
Ferie Natale e Capodanno
Prezzi: 35-38 euro vini esclusi
Carte di credito: AE, BM, CS, DC, MC, Visa

IN BREVE *Se si è alla ricerca dei sapori della tradizione langhetta più autentica, l'Arco è certamente uno dei migliori indirizzi. Tutte le paste fresche sono di produzione propria.*

L'OSTERIA Piazza Ferrero, già piazza Savona, è sempre gremita di gente e cuore pulsante della città. Qui, appena a due passi dalla folla, un placido cortile custodisce un locale simbolo della **tradizione langhetta più autentica**, quanto a proposta gastronomica e ospitalità. La sala, arredata con cura in stile classico, è gestita con professionalità e **attenzione mai invadente**.L'ottima carta dei vini presenta anche un'interessante scelta di etichette al calice.

LA CUCINA I must della tradizione ci sono tutti, con qualche eccezione *foresta*, specie fra gli antipasti. Tutte le paste fresche sono di produzione propria: difficile scegliere tra i favolosi *plin* e gli altrettanto ottimi *tajarin* 40 tuorli. Per chi ama le interiora, a seguire meritano senz'altro le animelle di vitello. Decisamente molto fornito il **carrello dei formaggi**. In chiusura montebianco, tiramisù, *bonet*.

I PIATTI Vitello tonnato, *Tajarin* 40 tuorli con sugo di salsiccia, Brasato al Barolo

FILIPPO OSTE IN ALBARETTO

Via Umberto I, 12
Tel. 338 8871155-345 2953736
🕐 Chiuso lun e mar Orario sera, dom anche a pranzo Ferie variabili in inverno
💶 Prezzi: 43-50 euro vini esclusi
Carte di credito: BM, CS, MC, Visa

IN BREVE *Il menù comprende pochi ma riuscitissimi piatti che ben rappresentano il territorio e la cultura culinaria, con cui è cresciuto Filippo, figlio del celebre chef Cesare Giaccone.*

L'OSTERIA Filippo Giaccone gestisce questa **piacevole osteria** dal fresco e verdeggiante dehors in una zona di Langa, dove le colline sono coltivate perlopiù a nocciole. Due le sue evidenti passioni: la cucina – ereditata dall'altrettanto celebre papà Cesare, fantasioso e noto chef – e Vasco Rossi, cui ha dedicato una particolare insalata con erbe spontanee e fiori, condita con una salsa "segreta". Ai tavoli sarete accuditi, con fare gentile, dalla moglie Silvia. La prenotazione è obbligatoria.

LA CUCINA I piatti che ruotano, secondo stagione e disponibilità del mercato, non sono moltissimi ma sono davvero **curati e ben centrati**, rappresentando *comme il faut* **il territorio e la cultura culinaria** dello chef. Fra le proposte più frequenti, lo scenografico quanto ottimo coniglio allo spiedo che, come recita il menù, sarà servito solo dopo le 21.30, quando avrà terminato il suo tempo di cottura nel camino che campeggia all'ingresso. Bella carta dei vini con i migliori produttori locali e non solo.

I PIATTI *Tajarin* al ragù classico, Coniglio allo spiedo, Galletto al Barolo

AI BINARI

IN BREVE *Un'osteria accogliente, ubicata in un ex casello ferroviario, dove gustare vitello tonnato alla maniera antica, acciughe con bagnetto verde, tajarin con sugo di salsiccia, coniglio di Carmagnola.*

Frazione Mombarone, 145-ss Asti-Chivasso
Tel. 0141 294228
→ 10 km dall'uscita A21 Asti Ovest
Chiuso domenica sera, lunedì e martedì
Orario sera, sabato anche pranzo, domenica e festivi solo pranzo Ferie tra gennaio e febbraio, dopo Ferragosto
Prezzi: 31-35 euro vini esclusi
Carte di credito: BM, CS, MC, Visa

L'OSTERIA In frazione Mombarone, pochi chilometri fuori dal centro di Asti, questa accogliente osteria è **ospitata in una struttura, che un tempo fungeva da casello ferroviario.** Tre sale, arredate con cura, dove Mara racconta ai clienti il menù e descrive i vini presenti in una ricca lista, che comprende soprattutto etichette del territorio.

LA CUCINA Da quest'anno sono stati eliminati i menù degustazione ed è quindi possibile ordinare esclusivamente scegliendo dalla carta, che elenca **tutti i piatti che ci si può aspettare da una classica osteria astigiana.** Claudio in cucina prepara paste all'uovo, ripiene e non; le carni sono il cuore di antipasti e secondi. Davvero buono il coniglio preparato in modo tradizionale. Per chiudere, valida la selezione dei formaggi.

I PIATTI *Tajarin* con sugo di salsiccia, Coniglio arrosto, Acciughe con il bagnetto verde

ASTI

IL BRILLO PARLANTE

IN BREVE *Un piccolo locale del centro che propone piatti della tradizione piemontese e qualche pietanza di mare. Il tovagliato è molto semplice e non si paga il coperto.*

Via Garetti, 26 - Tel. 0141 598637
→ 5,2 km dall'uscita A21 Asti Ovest
→ 700 m dalla stazione di Asti
Chiuso il lunedì Orario sera, domenica anche pranzo Ferie variabili in agosto
Prezzi: 34-36 euro vini esclusi
Carte di credito: BM, CS, DC, MC, Visa, Satispay

L'OSTERIA Nel centro di Asti, questa osteria arredata con cura e semplicità è, dal 2008, un indirizzo sicuro per mangiare una cucina tradizionale ben fatta in un **ambiente cordiale e rilassato.** A gestirla Sara Perroncito e Federico Abbracchio, lei in sala a raccontare piatti e vini, lui in cucina.

LA CUCINA Il menù è una rassegna di preparazioni volte a valorizzare prodotti che provengono soprattutto dal territorio, con qualche valida concessione extraregionale soprattutto per quel che riguarda alcuni formaggi e salumi. Determinante il ruolo giocato dallo scorrere delle stagioni che, oltre a essere ben visibile nella scelta delle verdure, influenza anche la tipologia delle carni, elemento dominante della carta. Il passato da enoteca fa sì che la proposta dei vini sia ampia e intelligente.

I PIATTI Cardo gobbo con fonduta e nocciole, Ravioli dal *plin* alle tre carni in brodo ristretto, Finanziera

OSTERIA DEL DIAVOLO

Piazza San Martino, 6 - Tel. 0141 30221
→ 4,9 km dall'uscita A21 Asti Ovest
→ 900 m dalla stazione di Asti
🕒 Chiuso la domenica Orario sera, sabato
anche pranzo Ferie 2 settimane in agosto
Prezzi: 35-38 euro vini esclusi
Carte di credito: CS, MC, Visa

IN BREVE *Piatti della tradizione piemontese e alcune ricette della cucina ligure proposti con stile e ponderata innovazione in un locale, che presenta all'interno tre salette molto accoglienti.*

L'OSTERIA L'osteria è incastonata nel cuore del centro storico, in mezzo a palazzi d'epoca. Il nome deriva dal soprannome attribuito allo storico ciclista astigiano Giovanni Gerbi. A gestirla, la giovane e brava Ilaria Barberis. L'ambiente è formato da **tre salette ben arredate**; in estate si offre la possibilità di mangiare all'esterno in un curato e spazioso dehors.

LA CUCINA Le proposte sono perlopiù tradizionali, **con alcune divagazioni che prendono spunto dalla vicina Liguria**. Gli ingredienti, ben selezionati, vengono acquistati localmente; tra questi non mancano alcuni Presìdi Slow Food. Tra i piatti sempre presenti in carta, la carne cruda di razza piemontese battuta al coltello, il *brandacujun*, le acciughe fritte.

I PIATTI Funghi fritti, Fonduta con il cardo gobbo di Nizza, *Plin* alle tre carni con il midollo di manzo

TASTÉ VIN

Via Vassallo, 2 - Tel. 0141 320017
→ 2,9 km dall'uscita A21 Asti Ovest
→ 1,2 km dalla stazione di Asti
🕒 Chiuso lunedì e martedì, sabato e domenica a pranzo Orario mezzogiorno e sera
Ferie 10 gg in gennaio, 2 settimane in agosto
Prezzi: 27-30 euro vini esclusi
Carte di credito: BM, CS, DC, MC, Visa

IN BREVE *Ottima combinazione tra vineria e osteria dall'atmosfera piacevole e allegra, con un menù ricco e sfizioso esposto su una lavagna. Carta dei vini nazionale e internazionale.*

L'OSTERIA Su corso Alfieri affacciano i palazzi nobiliari, compreso quello del famoso poeta astigiano. Quasi al fondo, in un vicoletto, si cela un accogliente locale dove sarete accolti con cortesia e fatti accomodare in una delle **salette con volte a botte** in mattoni.

LA CUCINA Il menù del giorno è indicato sulle lavagne che campeggiano sulle pareti. La rotazione dei piatti è frequente, ma fra gli antipasti non manca mai il tris di carne cruda battuta al coltello; in stagione sono da provare i cardi gobbi con uova al tegamino, fonduta di toma e tartufo nero. La cucina di Claudio Canazza punta a valorizzare **preparazioni semplici** ma sempre apprezzate, come le acciughe con bagnetto verde. La vitella piemontese è protagonista fra le carni. Il locale, **a metà fra vineria e osteria**, propone una carta dei vini ben strutturata (anche al bicchiere), incentrata sulle etichette regionali. Da segnalare l'attenzione per birre artigianali e distillati.

I PIATTI Tris di carne cruda, Tagliolini con fonduta di toma d'alpeggio, cardo gobbo e tartufo nero, Stracotto di fassona con polenta di mais ottofile

LA VECCHIA POSTA

Via Montebello, 2 - Tel. 0131 876254
Aperto ven e sab sera, dom a pranzo
Ferie gennaio e settembre
Prezzi: 40 euro menù fisso
Carte di credito: BM, MC, Visa

IN BREVE *Un agriturismo in posizione panoramica, che si caratterizza per la cura degli ambienti e la qualità della cucina. Di propria produzione tante materie prime nonché i vini.*

L'OSTERIA L'agriturismo gestito da Roberto Semino si trova in **posizione panoramica sui colli tortonesi** e si caratterizza per la cura degli ambienti e la qualità della cucina, dove predominano le materie prime dell'azienda.

LA CUCINA Il **ricco menù fisso varia secondo stagione** e include i vini biologici di propria produzione, fra i quali spicca un eccezionale Timorasso. Normalmente si comincia con tre antipasti, cui seguono due primi, che comprendono sia pasta fresca sia buoni risotti. Il secondo, di carni rosse o bianche, è accompagnato da ricchi contorni di verdure. In autunno i tartufi costituiscono un ulteriore spunto per la proposta gastronomica. Per dessert, piacevoli torte e dolci al cucchiaio come il tiramisù alla siciliana con pistacchio e arancia al naturale.

I PIATTI *Bagna caoda* e spuma di peperoni, Risotto alla zucca con i funghi, Manzo al forno

BEL DEUIT

Via Superga, 58 - Tel. 011 9407736
Chiuso lun, mar e mer
Orario sera, sab e dom anche pranzo
Ferie in gennaio e in settembre
Prezzi: 35-37 euro vini esclusi
Carte di credito: BM, CS, MC, Visa

IN BREVE *Atmosfera rilassata e cordiale, cura nei dettagli, una buona cucina, che gioca sulla tradizione e sulle tipicità, sono le cifre di questo locale sulla collina della basilica di Superga.*

L'OSTERIA Ci troviamo **sulla collina della basilica di Superga** che domina Torino. Il locale deve il suo nome a una tipica espressione della zona, che si può tradurre come "bel garbo"; se si vuole comprendere davvero il significato di questa espressione, che non è solo compostezza ma un modo d'essere tutto sabaudo, un pasto qui vi farà raggiungere lo scopo. Capirete molto dall'**atmosfera rilassata e cordiale**, dal buon cibo, dalla cura ai dettagli.

LA CUCINA **Tradizione e tipicità** sono le cifre della proposta. Sul cambio di menù molto fa l'alternarsi delle stagioni: in primavera, ad esempio, meritano gli ottimi asparagi di Santena con fonduta. Bella scelta di primi nonché di succulenti secondi di carne. La lista dei dessert è ricca e golosa, ma la scelta a nostro parere è molto facile: torta di nocciole con zabaione caldo fatto al momento.

I PIATTI Agnolotti di carne al sugo d'arrosto, Stracotto di fassona al Barbera, Torta di nocciole con zabaione

BELLINZAGO NOVARESE (NO) - Badia di Dulzago

SAN GIULIO

IN BREVE *In un borgo del XII secolo, un locale che rimanda alla classica trattoria di una volta. Abbondanza e tradizione nei piatti: paniscia, agnolotti, sella di maialino al forno, coscia d'anatra.*

Località Badia di Dulzago
Tel. 331 6318747-0321 98101
Chiuso domenica sera, lunedì e martedì
Orario mezzogiorno e sera
Ferie in agosto e nel periodo natalizio
Prezzi: 30-38 euro vini esclusi
Carte di credito: BM, CS, MC, Visa

L'OSTERIA È una **classica osteria di campagna** – anche nell'arredamento – quella che si presenta all'avventore, magari giunto qui per ammirare il piccolo borgo medievale di Badia di Dulzago: **tavoli apparecchiati con tovaglie a quadri, sedie di legno, una bella veranda**. L'accoglienza informale e molto cordiale è affidata al titolare Andrea Guglielmetti, la cucina è nelle mani sicure della moglie Nadia Garzolini.

LA CUCINA L'obiettivo dichiarato dagli osti è di preservare e proporre i piatti della tradizione novarese nella loro interpretazione più fedele, senza innovazioni o ritocchi. Il piatto più rappresentativo è probabilmente la paniscia, una ricca preparazione a base di riso condito con minestrone di verdure, che cambia al variare delle stagioni, salame della *duja*, soffritto di lardo e mortadella di fegato. Sono però molto valide anche le altre portate, dai salumi ai formaggi, fino alla buonissima coscia d'anatra arrosto profumata con timo e limone. Piccola selezione di vini, tutti disponibili anche al calice.

I PIATTI Paniscia, Peperoni con *bagna caoda*, Trippa alla parmigiana, Coscia d'anatra timo e limone

BELVEDERE LANGHE (CN)

TRATTORIA DEL PESO

IN BREVE *Un'autentica trattoria casalinga dove la qualità delle materie prime e l'attenzione agli accostamenti sono alla base di una cucina semplice e dai sapori decisi.*

Via Merlati, 36
Tel. 0173 743009-340 6481820
Chiuso il sabato
Orario solo a mezzogiorno Ferie in gennaio
Prezzi: 30 euro menù fisso vini esclusi
Carte di credito: BM

L'OSTERIA Dal 1912 la famiglia Schellino gestisce questa trattoria, che rappresenta senza dubbio alcuno **un frammento di Langa autentica**. Nelle due sale arredate in stile un po' retrò, nelle quali si respira una palpabile sensazione di casa, hanno mangiato generazioni di famiglie, lavoratori, viaggiatori. La prenotazione è caldamente consigliata. All'osteria è annesso un piccolo emporio di paese.

LA CUCINA Sapori decisi, attenzione agli accostamenti, materie prime di qualità, molte delle quali reperite in zona: queste le cifre di una cucina solida, semplice, di tradizione. **La pasta fresca è fatta in casa**. Nei giorni feriali il menù, al prezzo fisso di 12,50 euro, prevede antipasto, primo, secondo con contorno, formaggio, frutta e caffè; la domenica il costo del pranzo è di 30 euro per un'offerta decisamente più ricca. Nel prezzo è sempre incluso il vino, Arneis o Dogliani.

I PIATTI Agnolotti dal *plin*, Stracotto, *Bonet*

BERGOLO (CN)

'L BUNET

IN BREVE *Un'istituzione dell'alta Langa dove provare moltissimi classici della cucina piemontese, tra cui spiccano le paste fresche. Validissima la selezione dei formaggi, ricca la carta dei vini.*

Via Roma, 24 - Tel. 0173 87013
Non ha giorno di chiusura
Orario mezzogiorno e sera Ferie variabili
Prezzi: 30-35 euro vini esclusi
Carte di credito: AE, BM, CS, MC, Visa

L'OSTERIA Bergolo, paesino dell'alta Langa a pochi chilometri da Cortemilia, offre l'occasione di godere di una stupenda vista del Monviso e dei noccioleti che lo circondano. 'L Bunet si trova al centro del paese e dispone anche di otto camere per il pernottamento. Vario l'**assortimento di olio extravergine**, una quarantina di etichette, usato sia in cucina sia a disposizione del cliente. Strutturata la carte dei vini, con proposte che coprono tutto il territorio piemontese.

LA CUCINA Uno spaccato della cucina tradizionale piemontese con **interessanti rielaborazioni** delle materie prime locali. Un ruolo importante ha l'**orto** in cui, d'inverno come d'estate, Emilio Banchero coltiva gran parte delle verdure e delle erbe usate in cucina. La pasta è fatta in casa: da provare i *macaron del fret* e i ravioli dal *plin*. Ricca selezione dei migliori prodotti caseari della regione. Tra i dolci merita un posto d'onore la mousse di nocciola al fondente fuso.

I PIATTI *Macaron del fret* al ragù di salsiccia, Arrotolato di coniglio, Mousse di nocciola al fondente fuso

BIELLA - Piazzo

DUE CUORI

IN BREVE *Nello stesso edificio di un forno ottocentesco, un ristorante che propone piatti tradizionali basati su selezionate materie prime, meglio se locali e prodotti dei Presìdi Slow Food.*

Piazza Cisterna, 11
Tel. 015 30145-347 7867894
Chiuso il lun Orario sera, sab, dom e festivi anche a pranzo Ferie variabili
Prezzi: 38-40 euro vini esclusi
Carte di credito: BM, CS, DC, MC, Visa

L'OSTERIA Anna Maria Della Valle gestisce questo **piacevole e intimo ristorante** nel borgo di Piazzo, tre chilometri sopra il centro di Biella. Il locale è ospitato **nell'edificio di un antico forno** dove, già nel 1859, si preparavano pane e torcetti. Nella bella stagione sono disponibili anche alcuni tavoli sotto i portici di piazza Cisterna. Si prenderanno cura di voi Rossana e Franco.

LA CUCINA Marco Pellizzaro prepara piatti tradizionali, utilizzando diverse **materie prime locali** nonché alcuni prodotti dei Presìdi Slow Food. Gustosi, per cominciare, i peperoni conservati sotto mosto e abbinati a una leggera *bagna caoda*. Difficile scegliere fra le ottime paste fresche. In autunno merita l'assaggio il merluzzo con le piccole mele presec di Coggiola. I formaggi sono tutti d'alpeggio e della zona. In chiusura non perdete lo zabaione con i torcetti.

I PIATTI Vitello tonnato vecchia maniera, Agnolotti dal *plin* burro e salvia, Coscia di faraona con castagne e polenta

BORGOMANERO (NO)

TRATTORIA DEI COMMERCIANTI

Via Cornice, 35
Tel. 0322 841392-333 3400724
→ 5,6 km dall'uscita A26 Borgomanero
→ 650 m dalla stazione di Borgomanero
⏱ Chiuso il martedì Orario mezzogiorno e sera Ferie 3 settimane in agosto
€ Prezzi: 40-44 euro vini esclusi
Carte di credito: AE, BM, CS, DC, MC, Visa

IN BREVE *Locale storico, nel centro della città, dall'atmosfera tranquilla. Cucina caratterizzata da diversi piatti di carne equina – tapulone su tutti – e di animali da cortile. Bellissima la selezione dei formaggi.*

L'OSTERIA Mauro Agazzone e la moglie Lucia gestiscono questo ristorante, punto di riferimento gastronomico per il territorio, nel centro di Borgomanero. Il locale, **fondato nel 1911**, conta diverse sale, in cui la disposizione dei tavoli garantisce un'atmosfera tranquilla.

LA CUCINA Un tempo questa zona era luogo di transito per i commerci fra montagna e pianura: ne sono testimonianza nel menù alcuni piatti tradizionali di **carne equina** come il tapulone, tipico stufato di carne d'asino finemente tritata e cotta nel vino, accompagnato dalla polenta. Notevole la **selezione di formaggi**, fra i quali uno strepitoso gorgonzola affinato, abbinato a vini da dessert. Disponibili un menù vegetariano e una piccola carta dedicata alle pietanze di pesce, fra le quali spicca il filetto di persico dorato proveniente dai vicini laghi d'Orta o Maggiore.

I PIATTI Agnolotti d'arrosto nel suo sugo, Paniscia, Tapulone

BOSCO MARENGO (AL)

LOCANDA DELL'OLMO

Piazza Mercato, 7
Tel. 0131 299186-338 6034321
→ 7,5 km dall'uscita A7 Novi Ligure
⏱ Chiuso il lunedì e martedì sera
Orario mezzogiorno e sera Ferie variabili
Prezzi: 31-35 euro vini esclusi
Carte di credito: BM, CS, MC, Visa, Satispay

IN BREVE *Tradizione aggiornata con sensibilità contemporanea, che si esprime in ottimi piatti di contaminazione fra Liguria e Piemonte in un ristorante a gestione familiare.*

L'OSTERIA Aperto da ventitré anni, il ristorante affaccia sulla piazza. Gianni, in cucina, e la moglie Michela, in sala con il cognato Andrea, gestiscono questo locale le cui caratteristiche sono l'**accoglienza amichevole** e la passione per la **cultura gastronomica del territorio**. Territorio che, con la vicina Liguria, ha sempre avuto legami forti di appartenenza e di scambio.

LA CUCINA Il segreto dell'alta qualità dei piatti sta nella **cucina espressa**. Tutto si fa al momento, anche le preparazioni più complicate. I piatti sono talmente apprezzati e richiesti, che consentono poche variazioni del menù: è il caso della carne cruda, delle acciughe fritte, dello stoccafisso, del vitello tonnato. Le verdure dell'orto di proprietà determinano le varianti. Gli agnolotti sono fatti a mano; d'estate si trasformano in ravioli liguri, con più verdura e meno carne nel ripieno.

I PIATTI Vitello tonnato, Acciughe fritte, Agnolotti, *Rabaton*

DA POLITANO

Via Santuario, 125 - Tel. 0171 380383
Chiuso lunedì e martedì
Orario mezzogiorno e sera Ferie variabili
€ Prezzi: 39-47 euro vini esclusi
Carte di credito: BM, CS, DC, MC, Visa

IN BREVE *Accogliente ristorante-albergo a gestione familiare. Il breve menù, esposto a voce, riflette una cucina piemontese rinnovata nelle cotture e nelle presentazioni.*

L'OSTERIA Il ristorante della famiglia Politano è annesso all'albergo della piccola frazione di Fontanelle, e può essere considerato **uno dei luoghi-simbolo dell'accoglienza e della tradizione gastronomica** da queste parti. Ci troviamo a due passi da Boves, cittadina medaglia d'oro della Resistenza. I Politano, con Claudio in cucina e la moglie Ivana Bottasso in sala, sono saldamente al comando, ma la novità importante è l'ingresso, avvenuto a gennaio 2020, del figlio Luca: cuoco giunto da importanti esperienze in ristoranti stellati, ha portato **un'importante ventata di rinnovamento**.

LA CUCINA Il focus è sempre la classica cucina del Piemonte meridionale, che qui è di casa, insieme a uno **straordinario lavoro sulla selezione delle materie prime**. L'arrivo di Luca ha però assottigliato il menù e aggiunto qualche spunto più innovativo, in un contesto che unisce coerenza con il passato e sguardo rivolto al futuro.

I PIATTI Raviolo alle tre carni con fondo bruno, Pollo alla Marengo, Fassona con bietola e lumache

BRA (CN)

BATTAGLINO

Piazza Roma, 18 - Tel. 0172 412509
→ 100 m dalla stazione di Bra
Chiuso domenica sera e lunedì
Orario mezzogiorno e sera
Ferie 2 settimane in gennaio, 3 in agosto
Prezzi: 36-38 euro vini esclusi
Carte di credito: BM, CS, MC, Visa

IN BREVE *In un ambiente curato, informale e moderno la famiglia Battaglino porta avanti da cento anni il suo ristorante. Trippa, finanziera, plin e tajarin sono imperdibili.*

L'OSTERIA Superati fieramente i **cento anni di vita**, questo bel ristorante rappresenta la granitica certezza di un luogo, dove gustare piatti eccellenti e curati in un'**atmosfera rilassata e amichevole**. Merito di Alessia, che ha saputo fare tesoro della **lunga esperienza familiare**. Ad affiancarla, il compagno di vita Michele Martinelli. Con la bella stagione merita accomodarsi ai tavoli in cortile, all'ombra di un glicine rigoglioso.

LA CUCINA I capisaldi imprescindibili comprendono vitello tonnato, carne cruda, *plin*, *tajarin*, trippa, bollito in stagione.Non manca qualche proposta alternativa: sempre presenti una zuppa e alcuni piatti, altrettanto gustosi, adatti a vegetariani e vegani. In chiusura formaggi a latte crudo o la mitica crema Battaglino. Si organizzano periodicamente serate a tema. Intelligente carta dei vini centrata sul territorio e a prezzi corretti: affidatevi a Michele, saprà indicarvi la bottiglia più adatta.

I PIATTI Agnolotti dal *plin*, Trippa, Finanziera

BRA (CN)

BOCCONDIVINO

Via della Mendicità Istruita, 14
Tel. 0172 425674
→ 700 m dalla stazione di Bra
🕐 Chiuso domenica, mai in aprile, maggio, settembre-novembre
Orario mezzogiorno e sera Ferie non ne fa
Prezzi: 34-36 euro vini esclusi
Carte di credito: AE, BM, CS, DC, MC, Visa, Satispay

IN BREVE *Ospitata nella bella casa di ringhiera, dove si trova anche la sede di Slow Food, è uno dei luoghi che più ha contribuito a codificare l'idea moderna di osteria e la cucina tipica piemontese.*

L'OSTERIA Fondata nel 1984 dalla cooperativa I Tarocchi, ha contribuito a determinare i tratti dell'**osteria moderna**. È ospitata nella bella **casa di ringhiera**, dove si trova anche la sede di Slow Food. Gli spazi sono organizzati in una sala più ampia, con un armadio-frigorifero che contiene gran parte della selezione di vini (splendida la parte dedicata al Piemonte), tre più piccole e un ampio cortile per i pasti estivi.

LA CUCINA Uno dei migliori luoghi per godere i classici della cucina piemontese preparati con **attenzione per le materie prime** – i Presìdi Slow Food non si contano – e seguendo le ricette più tradizionali. Non mancano mai gli agnolotti, i *tajarin* (con 40 tuorli d'uovo), il coniglio. Una menzione d'onore va alla panna cotta che qui trova una delle sue espressioni più alte. Valida la selezione dei formaggi.

I PIATTI Vitello tonnato, *Tajarin* al ragù di salsiccia, Panna cotta

BUSCA (CN) - Castelletto di Busca

FUORIMANO

Via Monastero, 161 - Tel. 320 1132721
🕐 Chiuso mar e mer Orario sera, sab e dom anche pranzo Ferie variabili
Prezzi: 29-43 euro menù fisso vini esclusi
Carte di credito: AE, BM, CS, MC, Visa

IN BREVE *Il locale è gestito con precisione ma in modo informale. La cucina, attenta alle materie prime stagionali e di territorio, propone anche abbinamenti e sapori insoliti ma mai artificiosi.*

L'OSTERIA Alex e Alfio Dutto, impegnati rispettivamente in cucina e in sala, sono i due fratelli alla guida di questa osteria buschese, che fin dalla sua nascita, nel 2017, ha sparigliato le carte, proponendo piatti di territorio in **una chiave inusuale, curiosa e irriverente**: la nouvelle vague del basso Piemonte ha trovato una nuova insegna da seguire con attenzione. Agli spazi interni curati si aggiunge un dehors ampio e ben concepito. La carta dei vini, con tantissimi naturali, spazia dalle etichette locali a quelle di diverse regioni italiane, con qualche puntata all'estero, Francia in primis.

LA CUCINA **Quinto quarto e utilizzo dell'animale intero**, tanti prodotti dell'orto coltivati direttamente, un'attenzione estrema alla stagionalità e alla freschezza degli ingredienti: sono questi i capisaldi della cucina di Alex, **una cucina "di dispensa"**, che oggi si traduce in un menù fisso ma flessibile e a sorpresa di tre, quattro o cinque portate.

I PIATTI Faraona con cavolo rapa, uva e senape al miele, Melanzana arrostita con scamorza affumicata e ristretto di pomodoro, Asparago con *ajòli*, pane croccante e uovo

---

CALAMANDRANA (AT) - Valle San Giovanni

VIOLETTA

IN BREVE *Famiglia, territorio, autenticità: Violetta è davvero una perla del Monferrato astigiano. La pasta è esclusivamente fatta a mano.*

Via Valle San Giovanni, 1 - Tel. 0141 769011
🕐 Chiuso martedì sera, il mercoledì e domenica sera
Orario mezzogiorno e sera Ferie gennaio
Prezzi: 35-40 euro vini esclusi
Carte di credito: BM, CS, MC, Visa

L'OSTERIA Da non molto qui si è festeggiato un compleanno importante: Maria Lovisolo, caposaldo di questa osteria di campagna a metà strada fra Canelli e Nizza, ha compiuto novant'anni. Il locale ha mantenuto intatto lo stile sobrio ed essenziale degli esordi. Nella bella stagione è possibile mangiare all'esterno. Carlo, figlio di Maria, accoglie gli ospiti con la misurata **cortesia tipica di queste parti**. La buona carta dei vini dà giusto rilievo alla Barbera d'Asti.

LA CUCINA **La cucina è di tradizione** e rispettosa della stagionalità. Accanto ai più usuali antipasti della zona, merita l'aspic di verdure. La pasta, come orgogliosamente dichiarato nel menù, è esclusivamente fatta a mano: troverete sia i *plin* sia gli autentici agnolotti quadrati monferrini. La carne proviene dalla **macelleria di famiglia**. In chiusura, semifreddo al torrone, panna cotta, *bonet*.

I PIATTI Agnolotti monferrini, *Tajarin* al sugo di funghi, Finanziera

CALLIANO (AT) - San Desiderio

SANTISÉ

IN BREVE *Qui si respira atmosfera di festa: è generosa l'attenzione verso i commensali, in pieno spirito monferrino. Il menù segue la tradizione ma non rinuncia a interessanti rielaborazioni.*

Strada Castelletto, 2
Tel. 0141 928747-347 9763247
🕐 Chiuso il mer, in estate solo a pranzo
Orario mezzogiorno e sera Ferie fine febbraio
Prezzi: 32-36 euro vini esclusi
Carte di credito: BM, CS, MC, Visa

L'OSTERIA In **posizione decisamente panoramica** sulle colline astigiane, il Santisé si trova in una **struttura dei primi dell'Ottocento** adibita a ristorante dopo un sapiente restauro. Tre le sale, più una veranda che dà sul giardino, dove in estate è situato il dehors. L'ampia carta dei vini, oltre a privilegiare i locali Barbera, Grignolino e Ruché, copre tutto il territorio piemontese con interessanti puntate nel resto d'Italia.

LA CUCINA La famiglia Scanavino definisce la propria **cucina "piemontese contemporanea"** per i pochi grassi impiegati e per qualche riuscita rivisitazione. Le proposte sono d'impianto regionale, stagionali e attente alla peculiarità del territorio. In autunno e in inverno non si possono perdere la finanziera nobile all'astigiana e – su prenotazione – la *bagna caoda* e il fritto misto alla piemontese.

I PIATTI Agnolotti ai tre arrosti, Finanziera nobile, Meringozzo

CALOSSO (AT)

LA CROTA 'D CALOS

IN BREVE *Nel palazzo dove ha sede la cantina comunale, un'osteria di stretta cucina tradizionale: vitello tonnato, peperone ripieno, ravioli dal plin, gnocchi al castelmagno, tajarin.*

Via Cairoli, 7 - Tel. 0141 853232
🕐 Chiuso mercoledì, aprile-ottobre anche martedì Orario mezzogiorno e sera
Ferie 7 gennaio-10 febbraio, prima sett di settembre
Prezzi: 25-30 euro vini esclusi
Carte di credito: AE, BM, CS, DC, MC, Visa

L'OSTERIA Patrizia in cucina e Sebastiano in sala ormai da anni gestiscono questo autentico punto di riferimento per il paese. L'osteria è ospitata nei locali della Bottega del Vino di Calosso. Distribuita in alcune salette con bei soffitti dai mattoni a vista, è dotata di un **suggestivo *crotin*** (cantinetta) scavato nel tufo. Durante la bella stagione c'è la possibilità di accomodarsi in un piacevole dehors, godendo del notevole panorama della vallata.

LA CUCINA Ben selezionate le materie prime, che vanno a impreziosire una **cucina di stampo tradizionale**, con non pochi capisaldi quali i peperoni ripieni, i *plin*, i *tajarin*. Aziende locali e **piccoli agricoltori** riforniscono la dispensa. La proposta dei vini è ampia e di buona qualità. Oltre che alla carta si può scegliere un menù degustazione a 28 euro vini esclusi, che prevede due antipasti, primo, secondo e dolce corrispondenti ai piatti del giorno.

I PIATTI Vitello tonnato, Gnocchi al castelmagno, Torta di nocciole

CANELLI (AT)

OSTERIA DEI MERAVIGLIATI

IN BREVE *In un palazzo dell'Ottocento, una nuova osteria le cui cifre si possono riassumere in poche, esaurienti parole: poesia, arte, vini e piatti della tradizione astigiana.*

Via Giuliani, 29 - Tel. 392 2224171
🕐 Non ha giorno di chiusura
Orario pranzo e sera, lun e mar solo pranzo
Ferie non ne fa
Prezzi: 35-38 euro vini esclusi
Carte di credito: Visa

L'OSTERIA Il ristorante si trova in pieno centro storico. Accedere nel locale è **come entrare in un'opera d'arte**: le pareti e le volte sono splendidamente affrescate dall'artista Antonio Catalano; sul piccolo palco si alternano musica e poesia. I proprietari Elena e Fabio contribuiscono, con gentilezza e cordialità, ad accrescere la **bella atmosfera** di cui è intriso il locale. Bellissimo il cortile interno in cui è posizionato il dehors. Ampia la carta dei vini, con un'esaustiva selezione delle produzioni della zona.

LA CUCINA Il menù rispecchia la tradizione culinaria locale. I prodotti stagionali sono declinati in una serie di **piatti di assoluta semplicità**, nel riuscito intento di valorizzarli al meglio. Le carni provengono dall'azienda agricola di famiglia. Disponibile anche un menù degustazione a 30 euro vini esclusi.

I PIATTI Insalata russa, Vitello tonnato, Ravioli dal *plin*, Brasato di vitello al Barbera Superiore d'Asti

CANTALUPO LIGURE (AL) - Pessinate

BELVEDERE 1919

IN BREVE *Da cento anni la famiglia Rebollini propone una genuina cucina di territorio: zuppa di cipolle, bagna caoda, agnolotti con fondo di manzo, bollito di testa di bue.*

Località Pessinate, 53 - Tel. 0143 93138
Chiuso il lunedì
Orario mezzogiorno e sera Ferie non ne fa
Prezzi: 38-40 euro vini esclusi
Carte di credito: BM, CS, DC, MC, Visa

L'OSTERIA Risalendo la Val Borbera, a Cantalupo Ligure si imbocca una strada piuttosto impervia, che conduce alla frazione di Pessinate. Qui troviamo il ristorante che all'esterno tradisce un'impronta da pensione anni Ottanta: non fermatevi alla prima impressione, la sala è molto accogliente e arredata con stile. La signora Marisa segue gli ospiti con garbo e cordialità. La carta dei vini è ampia e copre tutto il territorio nazionale, con possibilità di consumare anche al bicchiere. D'impatto la vetrata che permette la vista della cucina.

LA CUCINA La proposta è **ricca di fantasia, legata alla stagione** e al territorio, in una zona dove si incontrano tre diverse tradizioni, piemontesi, liguri e lombarde. Le materie prime utilizzate sono della valle, **gli ortaggi e la frutta autoprodotti**. Ottimi il risotto al montébore e il bollito di testa. Il coperto è gratuito. Previsto anche un menù degustazione a 32 euro.

I PIATTI Risotto al montébore, Bollito di testa, *Gratin* di porcino e montébore con uovo alla coque

CAPRIATA D'ORBA (AL)

IL MORO

IN BREVE *Bell'indirizzo dove gustare, in un ambiente familiare e raffinato, i grandi classici piemontesi. L'annessa enoteca-vineria ospita una notevole selezione di etichette della zona.*

Piazza Garibaldi, 6 - Tel. 0143 46157
Chiuso lun; ottobre-Pasqua mar-gio sera solo su prenotazione, dom sera chiuso
Orario mezzogiorno e sera Ferie 10 gg in giugno, 1 settimana dicembre-gennaio
Prezzi: 38-40 euro vini esclusi
Carte di credito: BM, CS, DC, MC, Visa

L'OSTERIA Locale storico, ubicato **in un palazzo del Seicento**, affacciato sulla piazza principale del paese. Simona in cucina e Claudio in sala lo gestiscono con passione e professionalità dal 1999. L'ambiente è **familiare e raffinato** al tempo stesso. Distribuito fra quattro salette interne e un ampio dehors estivo, il Moro è caratterizzato da uno spazio enoteca-vineria che ospita una notevole selezione di etichette della zona, Dolcetto in primis.

LA CUCINA Uno dei posti ideali dell'alto Monferrato per godere dei piatti della tradizione preparati con gusto e maestria. Le materie prime vengono scelte con cura. Tra le varie proposte si fanno ben ricordare gli immancabili agnolotti al tocco, anche acquistabili da asporto. La degustazione di formaggi è accompagnata da mostarda d'uva.

I PIATTI Agnolotti al tocco serviti "a culo nudo", Guancino di fassone con i peperoni, Semifreddo alla nocciola con il cioccolato fondente

CARAGLIO (CN) - Paschera San Defendente

PASCHERA DAL 1894

IN BREVE *In questa semplice e tradizionale trattoria a gestione familiare la specialità della casa è il piccione, da ordinare al momento della prenotazione. Il menù è fisso.*

Frazione Paschera San Defendente, 62
Tel. 0171 817286-335 8099056
Chiuso il lunedì Orario mezzogiorno e sera su prenotazione Ferie in luglio
Prezzi: 35 euro menù fisso vini esclusi
Carte di credito: BM, CS, MC, Visa

L'OSTERIA Un presidio di tradizione come ce ne sono ormai pochissimi: l'osteria gestita da cinque generazioni dalla famiglia Rovera (è nata nel 1894) è una sorta di **rifugio dal sapore accogliente e casalingo**. Siamo vicini a Caraglio, a poca distanza dal Filatoio: qui troviamo la cuoca Manuela Rovera e suo marito Carlo Rocca ad accogliere i clienti in un'atmosfera informale, che trasuda tradizione. Il tutto mettendo al centro un prodotto, il piccione o *culumbot*, che è diventato il simbolo di casa e viene immancabilmente proposto al momento della prenotazione telefonica. Ridotta ma di bella espressione territoriale la carta dei vini.

LA CUCINA Dicevamo del *culumbot*, offerto nel ragù dei *tajarin* e cotto in casseruola sulla stufa a legna, ma anche gli altri piatti parlano la lingua della tradizione casereccia locale, con **ingredienti nobili** come l'aglio storico di Caraglio (Presidio Slow Food) e le acciughe della vicina Valle Maira. Il pane è fatto in casa.

I PIATTI *Tajarin* al ragù di *culumbot*, *Culumbot* in casseruola sulla stufa a legna, Gnocchi di patate con il *bur brusà*, Coniglio alla provenzale

CAREMA (TO)

RAMO VERDE

IN BREVE *In una trattoria a gestione familiare, rustica e piacevole, una cucina locale dai sapori semplici ma netti, moderna nel suo modo originale di reinterpretare la tradizione.*

Via Torino, 42 - Tel. 0125 811327
→ 2,3 km dall'uscita A5 Pont-Saint-Martin
Chiuso lun e mar, sab a pranzo e dom sera
Orario mezzogiorno e sera
Ferie 2 settimane in luglio, 1 in settembre
Prezzi: 30-35 euro vini esclusi
Carte di credito: BM, CS, DC, MC, Visa

L'OSTERIA Dal 1989 Fabrizio e Graziella Vairetto gestiscono questa osteria sita in una casetta di inizio Novecento, sulla strada principale dalla quale si raggiunge Donnas, il primo comune della Valle d'Aosta. La carta dei vini rende naturalmente omaggio al Carema: la coltivazione eroica delle vigne su terrazzamenti è valsa la Doc e la tutela come Presidio Slow Food.

LA CUCINA La cucina è schietta e soddisfacente. Il menù propone i **piatti della tradizione ed è soggetto a cambiamenti nel corso dell'anno**. In stagione spiccano gli asparagi con lo zabaione salato e i vari sformati di verdura, poi agnolotti al sugo d'arrosto, la tradizionale zuppa di ajucche nei mesi di aprile e maggio, mentre in autunno e inverno è il momento della robusta tofeja canavesana con fagioli e maiale. Da segnalare anche il capretto al forno, le preparazioni di carne al Carema e gli eccellenti dolci.

I PIATTI Zuppa di ajucche, Guancia di vitello stracotta al Carema, Torta di nocciole allo zabaione

CARRÙ (CN)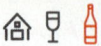

OSTERIA DEL BORGO

IN BREVE *In questo ristorante familiare si viene soprattutto per sua maestà il bollito misto alla piemontese, preparato tutto l'anno e accompagnato da sette salse.*

Via Garibaldi, 19 - Tel. 0173 759184
→ 4,6 km dall'uscita A6 Carrù
⏱ Chiuso mar sera e mer Orario mezzogiorno e sera Ferie 1 mese tra giugno e luglio
Prezzi: 34-36 euro vini esclusi
Carte di credito: BM, CS, MC, Visa

L'OSTERIA I fratelli Daniele e Paolo Lubatti gestiscono con **grande senso dell'accoglienza** questo ristorante al centro di Carrù, patria storica del bue grasso al quale, nel mese di dicembre, è dedicata una famosa e antica fiera. Le salette del locale propongono un **ambiente elegante ma familiare**. Ottima la carta dei vini.

LA CUCINA Il **bollito misto alla piemontese** è il perno su cui ruota tutto il resto. Qui si prepara tutto l'anno, agosto compreso. Accanto ai sette tagli classici, trovano posto sul carrello il salamino e la gallina; sette anche le salse, dal bagnetto verde alla rubra, dalla cognà alla salsa con il rafano, tutte fatte in casa. Non mancano valide alternative, quali la frittura di cervella di manzo piemontese, le paste fatte in casa, i bocconcini di coniglio al forno. Da non perdere la torta di nocciole accompagnata da uno strepitoso zabaione caldo.

I PIATTI *Tajarin* al sugo di funghi, Bollito misto, Torta di nocciole

CARTOSIO (AL)

CACCIATORI

IN BREVE *L'arte della cucina e dell'accoglienza al suo massimo livello. Cacciatori è una autentica perla nascosta nell'Appennino ligure.*

Via Moreno, 30 - Tel. 0144 40123
⏱ Chiuso mercoledì e giovedì
Orario mezzogiorno e sera Ferie tra giugno e luglio, 26 dicembre-20 gennaio
Prezzi: 35-40 euro vini esclusi
Carte di credito: BM, CS, MC, Visa

L'OSTERIA La famiglia Milano gestisce il locale **da più di duecento anni**. Siamo sulle colline che da Acqui Terme salgono verso l'Appennino e la vicina Liguria. Un tempo questa era un'importante via di comunicazione fra il Piemonte e il Ponente ligure, e la cucina di Federica Rossini, moglie di Massimo Milano (che si occupa della sala), riflette queste contaminazioni. L'ambiente è elegante, arricchito da opere d'arte.

LA CUCINA Al centro di tutto c'è la **stufa a legna** che Federica governa con maestria dopo averne appreso i segreti dalla suocera. La cucina dei Cacciatori è da generazioni **improntata al femminile**. Imprescindibili i piatti di pasta fresca e il pollo alla cacciatora, ma il menù subisce sempre continue piccole aggiunte che non ne snaturano l'identità. Stretto il rapporto con i fornitori locali di verdure, frutta, carni. La carta dei vini è veramente notevole, e la scelta non si ferma solo ai grandi piemontesi; interessante la selezione di mezze bottiglie.

I PIATTI Tagliolini con pomodoro, prezzemolo e aglio, Pollo alla cacciatora, Capretto di Roccaverano al forno

CASALE MONFERRATO (AL)

AMAROTTO

Via Cavour, 53 A - Tel. 0142 781281
→ 3,5 km dall'uscita A26 Casale Monferrato Sud
→ 500 m dalla stazione di Casale Monferrato
🕒 Chiuso lun e mar Orario mezzogiorno e
sera Ferie 2 settimane in gennaio, 2 in luglio
Prezzi: 30-40 euro vini esclusi
Carte di credito: BM, CS, MC, Visa

IN BREVE *Ristorante classico e informale, dove si respira un'atmosfera rilassante e casalinga. La cucina ricalca le specialità della tradizione monferrina con qualche sobria rivisitazione.*

L'OSTERIA Il ristorante affaccia su una delle strade del centro storico di Casale. L'ambiente è accogliente, l'arredo classico, con tavoli ben distanziati distribuiti in una sala più grande e altre salette adiacenti. Piero Amarotto, storico patron del locale, è adesso affiancato dalle due figlie Elisa e Pamela, che lavorano in cucina insieme al cuoco Emanuele Zerbin e al suo aiuto Simone Campana.

LA CUCINA D'inverno, nel fine settimana, per i casalesi è tradizione andare da Amarotto a gustare il bollito misto di sette tagli diversi, servito in sala con il carrello. Il fritto misto, la *bagna caoda* e la finanziera sono anch'essi tra i piatti forti del locale, ma vengono preparati su prenotazione. In stagione, tante le proposte a base di tartufi, bianchi e neri, e funghi. In cantina 250 etichette piemontesi con qualche escursione in Toscana, Sicilia e Francia. Disponibile un menù degustazione a 35 euro.

I PIATTI Agnolotti monferrini, Bollito misto, Fritto misto, Finanziera

CASTAGNITO (CN)

OSTU DI DJUN

Via San Giuseppe, 1 - Tel. 0173 213600
→ 4,5 km dall'uscita A33 Castagnito
🕒 Chiuso la dom Orario solo la sera Ferie 1
settimana in agosto, tra Natale ed Epifania
Prezzi: 34-36 euro vini esclusi
Carte di credito: nessuna

IN BREVE *Una particolare osteria a conduzione familiare, dove il menù è fisso e viene raccontato man mano. Non c'è carta dei vini ma diversi magnum di bianchi e rossi locali girano fra i tavoli.*

L'OSTERIA È il regno di Luciano Marsaglia, oste burbero e umorale. In un cascinale del minuscolo comune di Castagnito, **ogni serata dall'Ostu è una festa** all'insegna di caos e allegria. Nell'ampia sala troverete un pianoforte, una Harley-Davidson parcheggiata di fronte al bancone e foto dappertutto. Da bere ci sono solo **magnum provenienti da Langa e Roero**, che passano da un tavolo all'altro, rendendo l'**atmosfera autenticamente informale** e coinvolgente. Attenzione: si paga solo in contanti.

LA CUCINA Non esiste un menù scritto, si sceglie a voce tra le proposte del giorno. Immancabili le bagasce (pasta di pane fritta) e il prosciutto crudo come entrée, i classici antipasti locali quali vitello tonnato, carne cruda e insalata russa, i *tajarin* al ragù e i ravioli dal *plin* a seguire. Vari i secondi, tra i quali spiccano il coniglio al forno e le lumache al verde. Prima del dolce, rituali un cucchiaio di gorgonzola e il torrone "rotto" scenograficamente al tavolo.

I PIATTI Vitello tonnato, *Plin* burro e rosmarino, Coniglio al forno

IL MULINO DELLE FUCINE

Via Bellino, 20 - Tel. 0175 95307
🕐 Chiuso il martedì
Orario mezzogiorno e sera Ferie variabili
Prezzi: 21-30 euro vini esclusi
Carte di credito: AE, BM, CS, DC, MC, Visa

IN BREVE *In un'atmosfera semplice e rilassata, qui si possono gustare i piatti della tradizione di montagna, proposti con taglio schietto, sincero e goloso.*

L'OSTERIA Katia Giordanino e suo marito Sergio Ruà hanno aperto la parte ristorativa dell'agriturismo Il Mulino delle Fucine nel 1999, diventando nel tempo un punto di riferimento gastronomico riconosciuto per l'alta Valle Varaita. In un'atmosfera semplice e rilassata, si possono gustare **i piatti della tradizione di montagna, proposti con taglio schietto, sincero e goloso**. Sono numerosi (e buonissimi) i prodotti dell'orto utilizzati, e la selezione dei vini è netta e centrata: solo etichette delle vicine colline saluzzesi.

LA CUCINA **Siamo nel regno delle** *ravioles*, e quelle di Katia sono un must: oltre a essere filologiche in quanto a fattura, sono davvero buonissime, al punto che venire in valle senza passare da qui è un sacrilegio. Per il resto la cucina ruota intorno ai piatti della tradizione e all'uso degli ingredienti e degli ortaggi coltivati localmente.

I PIATTI *Ravioles* dell'alta Valle Varaita, Coniglio alla menta, *Bonet*

CASTELL'ALFERO (AT) - Perno

RISTORANTE DEL CASOT

Regione Perno, 76 - Tel. 0141 204118-204114
→ 11,3 km dall'uscita A21 Asti Est
🕐 Chiuso mar e mer
Orario pranzo e cena Ferie 15-31 gennaio
€ Prezzi: 38-42 euro vini esclusi
Carte di credito: AE, BM, CS, DC, MC, Visa

IN BREVE *Curato e decisamente ben condotto questo locale a gestione familiare. Solida proposta di territorio con gnocchi al castelmagno, tagliolini 40 rossi, agnolotti quadrati, fritto misto.*

L'OSTERIA Il locale, molto curato e decisamente ben gestito dalla famiglia Cussotti, sebbene non sia troppo lontano dalla città, **si trova nel verde più fitto delle colline astigiane**. I genitori si occupano della sala, il figlio della cucina. La carta dei vini è molto varia e spazia anche fuori dal Piemonte.

LA CUCINA Oltre che alla carta, si può scegliere un menù degustazione da 45 euro. **Le materie prime locali di qualità** sono presenti già tra gli antipasti: basti pensare, in stagione, al peperone quadrato di Motta. Classici i primi, quali gli gnocchi al castelmagno, i tagliolini 40 rossi al ragù o con il sugo di funghi primaverili e, ovviamente, gli agnolotti quadrati alla moda astigiana. Carni succulente fra i secondi, oltre all'appetitoso piccolo fritto misto alla piemontese. In chiusura si consigliano il goloso tortino dal cuore morbido al cioccolato fondente e il rinfrescante sorbetto.

I PIATTI Agnolotti quadrati al sugo di arrosto, Stinco di vitello al Barbera d'Asti, Piccolo fritto misto alla piemontese

LA TERRAZZA DA RENZA

Via Vittorio Emanuele, 9 - Tel. 0173 62909
Chiuso il martedì Orario 12.00-20.00
Ferie febbraio e la settimana di Ferragosto
Prezzi: 22-28 euro vini esclusi
Carte di credito: BM, CS, Visa

IN BREVE *Sotto al castello, una terrazza mozzafiato dalla vista ipnotica. Ci si può sedere a qualsiasi ora dalle 12 alle 20 per gustare preparazioni molto semplici e godibili.*

L'OSTERIA Un posto anomalo e unico. Nel cuore di Castiglione Falletto – proprio sotto al castello, con vista su quello di Serralunga d'Alba – **una terrazza mozzafiato dalla vista ipnotica**. Ci si può sedere a qualsiasi ora dalle 12 alle 20 (stagione permettendo) e lasciare che il potere del luogo faccia il resto. A guidare le danze c'è Fabrizio Cavalli (per tutti Dj Pony), figlio di Renza che è la vera celebrità. **All'interno pochi tavoli utilizzati giusto in inverno**, perché andare da Renza significa andare in terrazza: una volta seduti sarà tutto chiaro. La lista dei vini è equilibrata, per soddisfare esigenze diverse con attenzione alle etichette locali. La prenotazione è necessaria.

LA CUCINA Da Renza **non c'è** una vera e propria cucina: si assemblano e si servono cibi preparati altrove e solo antipasti freddi con formaggi delle valli limitrofe. La scelta preferibile è il menù del giorno, quattro piatti a 25 euro da consumare senza alcuna fretta. Tutte le preparazioni sono semplici e godibili.

I PIATTI Carne cruda con tartufo, Insalata di sedano, toma e noci, Carpione di uova e zucchine

CAVATORE (AL)

DA FAUSTO

Località Valle Prati, 1 - Tel. 0144 325387
Chiuso lun e mar, d'estate lun e mar a pranzo Orario mezzogiorno e sera
Ferie 1 gennaio-12 febbraio
Prezzi: 35-40 euro vini esclusi
Carte di credito: BM, CS, DC, MC, Visa

IN BREVE *Accogliente ristorante-relais in posizione panoramica. La cucina di Rosella è di territorio con qualche elemento "esotico". Gli agnolotti al bue grasso valgono il viaggio.*

L'OSTERIA Pressoché al confine con la Liguria, Cavatore è un piccolo comune nelle colline dell'Alessandrino. Il **ristorante-relais** si trova in una posizione panoramica da cui si gode una **vista mozzafiato**. La sala, in vetro e pietra, è accogliente oltre che fresca d'estate e calda d'inverno.La carta dei vini proposta da Fausto, oste attento ed energico, è ben fornita di etichette nazionali e internazionali.

LA CUCINA L'influenza di confine e qualche elemento "esotico" caratterizzano la cucina di Rosella che, di base, è comunque territoriale: per capirci, il basilico che impreziosisce i primi piatti ha tutto **il profumo della Liguria**. Elemento molto piemontese è senz'altro il bue, protagonista dei secondi e di un sugo che è un sensazionale condimento per gli agnolotti: un piatto che vale il viaggio. Tra i dolci, tutti golosi, è perfetta la panna cotta.

I PIATTI Agnolotti al bue grasso, Gnocchi di patate al basilico, Costine di agnello scottadito

CAVOUR (TO)

VINERIA DEL RISTORANTE LA NICCHIA

Via Roma, 9 - Tel. 0121 600821
🕐 Chiuso mercoledì e giovedì a pranzo
Orario mezzogiorno e sera
Ferie 2 settimane in agosto
Prezzi: 25-35 euro vini esclusi
Carte di credito: BM, CS, MC, Visa, Satispay

IN BREVE *Di fianco a un elegante ristorante, stessa gestione per una vineria informale, che basa il suo menù di tradizione sui più interessanti e spesso poco noti prodotti del Pinerolese.*

L'OSTERIA La vineria è uno **spazio appartato e intimo**, di fianco al più elegante e formale ristorante La Nicchia; un indirizzo sicuro per chi voglia provare una **cucina piemontese fatta con cura e con amore per le materie prime**. A portare avanti con energia e abnegazione questi indirizzi Franco Turaglio, oste appassionato di buon cibo e buon vino. A renderlo evidente, se ce ne fosse bisogno, è la bellissima carta dei vini che elenca diversi produttori di assoluto valore, del territorio ma non solo.

LA CUCINA Accanto a una **notevole selezione di salumi e formaggi**, la carta della Vineria, che varia spesso a seconda della disponibilità del mercato, prevede diversi piatti della tradizione piemontese: dal vitello tonnato all'insalata russa, dagli gnocchi di pane alla finanziera, alla trippa.

I PIATTI Gnocchi di pane, Insalata russa, Trippa

CESSOLE (AT) - Madonna della Neve

MADONNA DELLA NEVE

Località Madonna della Neve, 2
Tel. 0144 850402
🕐 Chiuso il giovedì e venerdì a pranzo
Orario mezzogiorno e sera Ferie variabili
Prezzi: 28-32 euro vini esclusi
Carte di credito: AE, BM, CS, DC, MC, Visa

IN BREVE *Dal 1952 l'atmosfera del locale e la sublime bontà delle paste ripiene fanno di questo ristorante con alloggio un luogo di grande piacere gastronomico.*

L'OSTERIA Madonna della Neve è **un piccolo borgo dominato dalla chiesa**, alla quale l'omonimo ristorante con alloggio quasi si addossa. Lo gestisce dal 1952 la famiglia Cirio; nato come semplice osteria di campagna è diventato nel tempo una meta importante della gastronomia locale. La sala, arredata in stile classico, comunica piacevoli sensazioni di serenità e di bellezza; nella bella stagione merita il dehors.La carta dei vini è interessante e completa.

LA CUCINA **Molte materie prime giungono dal ricco territorio circostante**, compreso il proprio orto.Il menù è illustrato a voce dal personale, mentre al tavolo viene lasciato solo l'elenco dei prezzi. Le **paste ripiene** sono un must del locale: i *plin* al tovagliolo, in particolare, sono di indubbia bontà. Tra le carni spiccano senz'altro i secondi di capretto e agnello di Roccaverano allevati localmente. Curata l'offerta dei formaggi locali, dolci ben fatti.

I PIATTI *Plin* al tovagliolo, Vitello tonnato, Agnello di Roccaverano

CHERASCO (CN)

LA TORRE

IN BREVE *Una tappa sicura per chi sia alla ricerca della cucina di Langa preparata con attenzione per le materie prime e mano sicura. Chiocciole, carni, paste fresche: tutto è buonissimo. Molto valida anche la carta dei vini.*

Via dell'Ospedale, 22 - Tel. 0172 488458
→ 2,3 km dall'uscita A33 Cherasco
⏱ Chiuso il lunedì Orario mezzogiorno e sera Ferie 15 giorno in luglio, 15 a Natale
€ Prezzi: 43-50 euro vini esclusi
Carte di credito: AE, BM, CS, DC, MC, Visa

L'OSTERIA Ormai da anni l'indirizzo di Marco Falco è uno dei posti del cuore di chi voglia gustare un **cucina di territorio preparata con mano sicura** e prestando grande attenzione alle materie prime (sempre locali). Gli spazi sono piacevoli e accoglienti, compresa una piccola area in un cortile interno. Molto valida la proposta dei vini, che spazia in tutta la Langa con etichette ricercate e curiose.

LA CUCINA **Tutti i classici di Langa** sono presenti in carta, ma Marco non rinuncia a rileggerli, alleggerendoli o aggiungendovi un tocco di contemporaneità. In stagione i funghi, proposti in diverse portate, sono imperdibili, così come le **chiocciole** (lumache), prodotto simbolo di Cherasco. Molto buoni i primi, e i secondi di carne. Talvolta fanno capolino in menù anche alcuni piatti di pesce.

I PIATTI Raviolini dal *plin* al fondo bruno, Agnello arrosto, Chiocciole in clorofilla e coste *marià*

CHERASCO (CN)

PANE E VINO

IN BREVE *Le proposte di questa piacevole trattoria sono focalizzate su classiche ricette regionali: vitello tonnato, tajarin 30 rossi, brasato, lumache, bonet.*

Via Vittorio Emanuele, 18
Tel. 0172 489108-328 8634448
→ 2 km dall'uscita A33 Cherasco
⏱ Chiuso lun e mar Orario mezzogiorno e sera Ferie 2 settimane in gennaio, 2 in agosto
Prezzi: 35-40 euro vini esclusi
Carte di credito: BM, CS, Visa

L'OSTERIA Flavio Marengo ed Emiliana Morino gestiscono questa **piacevolissima osteria** nel centro di Cherasco. Superato l'ingresso in cui è esposta una motocicletta d'epoca, potrete accomodarvi in una delle due sale. Caratteristica anche la scala dove campeggiano bottiglie di vino in grandi formati.La selezione enoica è piuttosto interessante; le grandi etichette sono suddivise per annate.

LA CUCINA Le **classiche ricette regionali** sono proposte perlopiù secondo tradizione. Si sceglie alla carta o fra due menù degustazione da 40 euro, uno dei quali dedicato alle celebri **chiocciole** di produzione locale: da provare almeno una delle tante, gustose preparazioni che le vedono protagoniste. Fra le altre proposte, difficile rinunciare al vitello piemontese (tonnato, battuto al coltello, sotto sale con crema di toma e salsiccia di Cherasco) o all'ottimo brasato. Bella la selezione di formaggi.

I PIATTI *Tajarin* 30 rossi al ragù di salsiccia, Costata *madama piemonteisa, Bonet*

LA BARITLERA

Via Baritlera, 10 - Tel. 339 253 0403
→ 4 km dall'uscita A32 Chianocco
🕐 Chiuso lun, mar, mer Orario sera, dom
anche pranzo Ferie settembre
Prezzi: 32-35 euro vini esclusi
Carte di credito: BM, CS, MC, Visa

IN BREVE *Una piacevole trattoria in stile montanaro nella quale si interpretano con passione i piatti del territorio, rivisitati con un tocco di fantasia. Di grande interesse la carta dei vini.*

L'OSTERIA Andrea Chianale e Giorgia Ravizza hanno gestito per anni il bar di un rifugio a San Giorio di Susa, trasformandolo poi in osteria. Quindici anni fa, scesi a valle, hanno continuato il medesimo percorso, aprendo La Baritlera in **un rustico di legno e pietra** nell'omonima borgata vicino a Chianocco. Due graziose salette all'interno e una bella balconata in legno accolgono i numerosi appassionati, che affollano il locale nei fine settimana.

LA CUCINA I **piatti di montagna** sono alleggeriti e reinterpretati in chiave moderna, ben abbinati a **vini naturali** (o vivi, come preferiscono chiamarli), che compongono una carta decisamente originale. Tutte le materie prime sono di provenienza locale o comunque regionale; l'elenco dei fornitori viene indicato sul menù e sul sito web. È possibile mangiare alla carta oppure seguire due percorsi tematici flessibili di sei portate, entrambi a 30 euro: uno di stampo tradizionale, l'altro vegetariano.

I PIATTI Ravioli dal *plin* di coniglio e fondo bruno, Brasato di manzo piemontese, Panna cotta profumata alla lavanda

LA LOCANDA ALPINA

Via Provinciale, 71
Tel. 0171 738287-366 7102711
🕐 Chiuso il mar e mer, mai luglio e agosto
Orario mezzogiorno e sera Ferie febbraio
Prezzi: 23-31 euro vini esclusi
Carte di credito: BM, CS, DC, MC, Visa

IN BREVE *Tradizionale e accogliente locanda, è il classico luogo di riposo e di ristoro per gli escursionisti in visita al Parco Naturale del Marguareis e in cerca della cucina di tradizione.*

L'OSTERIA Un ristoro di timbro classico, un punto di sosta utile per chi si avvicina al Parco Naturale del Marguareis, un luogo in cui apprezzare la cucina locale, fatta di **grandi ingredienti della tradizione contadina e pochi fronzoli**: sono questi i punti fermi che meglio descrivono la Locanda Alpina. Il locale si trova in frazione San Bartolomeo, sul ciglio della strada che sale verso le montagne. I fratelli Natascia (in sala) e Gianfranco (in cucina) Lebra formano una squadra ormai rodatissima, il cui lavoro restituisce una tavola accogliente e misurata.

LA CUCINA L'impianto classico si traduce in piatti tradizionali realizzati senza sbavature né velleità, che potrebbero portare fuori strada. La mano di Gianfranco, esperta e ragionata, disegna un menù solido che ben rappresenta la **cucina tipica di questo angolo di Piemonte**, con attenzione alla stagionalità e alla qualità delle **materie prime di derivazione locale**.

I PIATTI Vitello tonnato, Gnocchi al raschera, Brasato all'Arneis, Semifreddo alla menta con crema di caffè

CISSONE (CN)

LOCANDA DELL'ARCO

Piazza dell'Olmo, 1 - Tel. 0173 748200
🕐 Chiuso il martedì e mercoledì a pranzo
Orario mezzogiorno e sera Ferie febbraio
Prezzi: 35-40 euro vini esclusi
Carte di credito: BM, CS, MC, Visa

IN BREVE *Sono moltissimi i motivi per salire fino a Cissone: la cucina magistrale, l'ambiente rilassato e accogliente, la cantina con pochi eguali per ampiezza e profondità.*

L'OSTERIA Sulla piazzetta di Cissone, piccolo borgo in pietra dell'alta Langa, questa bella struttura accoglie gli ospiti nei **rustici saloni** interni con mattoni a vista e soffitti a volta. Nei mesi estivi ci ci può accomodare nell'ampio spazio esterno attiguo al locale con vista sul borgo. **L'atmosfera è cordiale e familiare**.

LA CUCINA Tradizione, territorio e stagionalità caratterizzano la cucina della Locanda, con il giusto e non stucchevole inserimento di elementi innovativi e di **un tocco di leggerezza**. Le materie prime provengono quasi esclusivamente dai produttori locali. Da segnalare l'attenzione alla carta dei vini con le sue circa 500 etichette. Tre i menù degustazione: uno da 38, due da 45 euro.

I PIATTI Battuta al coltello, Fettuccine di grano saraceno, Zabaione con schiacciatina di nocciole

---

CISTERNA D'ASTI (AT)

RAS-CIAMURAJE

Piazza Rossino, 5 - Tel. 0141 979330
🕐 Chiuso lunedì-mercoledì Orario sera, venerdì-domenica anche pranzo
Ferie tra gennaio e febbraio
Prezzi: 25-30 euro vini esclusi
Carte di credito: AE, BM, CS, DC, MC, Visa

IN BREVE *Osteria informale, dispone di un elegante dehors. Il menù, di stampo perlopiù tradizionale, varia secondo stagione. Le materie prime sono reperite da produttori locali.*

L'OSTERIA Tra dolci colline coperte da vigneti e boschi, giungerete nel paese di Cisterna salendo da Asti. Sulla piazzetta centrale affaccia il locale, che nella bella stagione dispone di un **elegante dehors**. L'ambiente è informale, il **servizio solerte e gentile**. L'ampia carta dei vini riserva un congruo spazio alle produzioni della zona.

LA CUCINA L'alternarsi delle stagioni e le **materie prime reperite da produttori locali** dettano un menù in gran parte di tradizione. Dopo lo stuzzichino di benvenuto potrete scegliere l'antipasto tra polpettine fritte di baccalà, flan di carciofi con fonduta al raschera, insalata di gallina, carne cruda, filetto al sale, piccola *bagna caoda* senza aglio. Soddisfacente la proposta dei primi con le classiche paste fresche, oltre a una buona zuppa di fave. Tante e variegate le proposte di carne. Da non trascurare l'ottima selezione di formaggi locali. Validi e vari anche i dolci.

I PIATTI *Bagna caoda*, *Tajarin*, Agnello all'Arneis

LA CASA DI BACCO

IN BREVE *Le due salette sono molto accoglienti, con bottiglie di vino a vista. La carta varia mensilmente e a caratterizzarla sono alcuni classici della tradizione regionale. Validissima selezione di formaggi.*

Via Verdi, 67 - Tel. 011 4154879
→ 1,4 km dall'uscita A55 Corso Francia
→ 1 km dalla stazione di Collegno
🕐 Chiuso la domenica Orario pranzo, giovedì-sabato anche sera
Ferie Capodanno-Epifania, 10 gg in agosto
Prezzi: 32-35 euro vini esclusi
Carte di credito: BM, CS, MC, Visa

L'OSTERIA La trattoria, ubicata in una parallela di corso Francia, non lontano dal Parco della Certosa, è stata aperta dalle sorelle Ernesta e Silvana Borgogno nel 2005. Le **due belle salette** hanno ampi scaffali ricolmi di svariati prodotti di qualità e molteplici bottiglie, in prevalenza piemontesi e trentine, disponibili anche per l'acquisto.

LA CUCINA Ramona Ferraudo privilegia la cucina piemontese, con particolare attenzione alle **carni di alta qualità** (le sorelle Borgogno sono figlie di un macellaio): tra queste spiccano il vitello tonnato, la carne alla tartara (preparata con il tradizionale condimento alla francese), il fricandò di vitello, la finanziera all'antica. Molto interessante il carrello dei formaggi. Da segnalare tra i dolci la torta di nocciole con zabaione al Moscato. In autunno e in inverno riscuotono un ottimo successo le **serate tematiche** dedicate al bollito, al fritto misto e alla *bagna caoda*.

I PIATTI Vitello tonnato, Carne cruda di fassone alla tartara, Fricandò di vitello

TRATTORIA DEL POZZO

IN BREVE *Trattoria a gestione familiare ricavata in un ex fienile. Il menù è fisso, ricco e sostanzioso, la cucina è quella locale, con qualche variazione un po' più creativa.*

Via Pozzo, 30 - Tel. 0141 765201
🕐 Chiuso dom sera e il lun Orario sera, sab e dom anche pranzo Ferie variabili
Prezzi: 35 euro menù fisso vini esclusi
Carte di credito: BM, CS, Visa

L'OSTERIA I fratelli Paolo e Stefano, insieme ai genitori Angela e Alberto, gestiscono l'osteria che, **ricavata in un ex fienile**, nel 2021 festeggerà i vent'anni d'attività. Ci si accomoda nelle semplici sale o in un piacevole e spazioso porticato. La piccola selezione di vini locali è proposta con ricarichi corretti.

LA CUCINA Stefano si occupa anche dell'azienda agricola di famiglia, dalla quale proviene parte delle materie prime; gli altri ingredienti sono in gran parte locali. **Il menù è fisso, ricco, sostanzioso** e comprende tre antipasti, due primi, il secondo, un tris di dolci. La cucina è quella della zona, con qualche variazione un po' creativa. Le paste sono fatte in casa: spiccano gli agnolotti, sia dal *plin* sia quadrati. Tra i sostanziosi secondi, consigliamo di prenotare la finanziera e il fritto misto.

I PIATTI Vitello tonnato, Agnolotti dal *plin*, Guancia di vitello brasata

COSTIGLIOLE D'ASTI (AT)

CAFFÈ ROMA

Piazza Umberto I, 14 - Tel. 0141 966544
→ 6 km dall'uscita A33 Costigliole-Govone
🕐 Chiuso il lunedì Orario mezzogiorno e sera Ferie 2 settimana in febbraio
Prezzi: 28-32 euro vini esclusi
Carte di credito: AE, BM, CS, DC, MC, Visa

IN BREVE *Sapori decisi, porzioni abbondanti e prezzi onesti: è la cifra di questa osteria a gestione familiare. Piatti della tradizione più profonda, carta dei vini fortemente locale.*

L'OSTERIA I coniugi Anna Roggero e Gino Risso conducono, dal 1984, lo storico Caffè Roma sotto al castello di Costigliole d'Asti. Nel corso degli anni, grazie anche al coinvolgimento nell'attività dei figli Alessio e Simone, il locale è diventato **un'autentica enoteca con cucina** di ottimo livello.

LA CUCINA Cucina accessibile a tutti i palati e a tutte le tasche, porzioni abbondanti e prezzi onesti. **I piatti del territorio la fanno da padrone** ma non è esclusa qualche incursione fuori zona, a ulteriore testimonianza dell'attenzione della famiglia Risso alla tradizione e all'evoluzione dei gusti e delle aspettative in campo enogastronomico. Una particolarità: la carta dei dolci associa a ciascuna proposta il componente della famiglia che se ne occupa. Buona la proposta dei vini focalizzata sul Monferrato.

I PIATTI Insalata russa, Ravioli dal *plin* nel tovagliolo, *Bonet*

COSTIGLIOLE D'ASTI (AT)

CASCINA COLLAVINI

Strada Traniera, 24 - Tel. 0141 966440
→ 7,1 km dall'uscita A33 Costigliole-Govone
🕐 Chiuso mar sera e il mer Orario mezzogiorno e sera Ferie in gennaio e in agosto
Prezzi: 29-33 euro vini esclusi
Carte di credito: BM, CS, MC, Visa

IN BREVE *Osteria con alloggio ubicata in un casolare di collina, propone piatti che raccontano il territorio. Le materie prime sono locali, le verdure provengono dal proprio orto.*

L'OSTERIA Il ristorante è un bel locale, con possibilità di alloggio, gestito da molti anni dalla famiglia Collavini. Entrando nelle due **sale arredate con gusto** vi troverete subito a vostro agio, accolti con professionalità e calore dalla figlia Cristina. I genitori e il fratello Gianpiero si occupano della cucina. Un **ampio e curato giardino** ospita, nella bella stagione, il dehors. Nella carta dei vini Langhe, Roero e Monferrato la fanno da padroni; occhio di riguardo ai produttori della zona.

LA CUCINA Il menù è quello tipico del luogo: ricette regionali con particolare attenzione alle tradizioni monferrine. Le materie prime sono reperite sul territorio e **le verdure provengono dal proprio orto**. I piatti sono semplici e ben eseguiti. Ottima l'insalata russa alla vecchia maniera, imperdibile la guancia di vitello al Barbera. Disponibile un menù degustazione a 32 euro.

I PIATTI Insalata russa alla vecchia maniera, Ravioli dal *plin*, Guancia di vitello al Barbera

---

RISTORANTE DEL MERCATO DA MAURIZIO

Via Einaudi, 5 - Tel. 0173 855019
🕐 Chiuso il mercoledì e giovedì a pranzo
Orario mezzogiorno e sera
Ferie 7 gennaio-15 febbraio
Prezzi: 32-35 euro vini esclusi
Carte di credito: BM, CS, DC, MC, Visa

IN BREVE *Ristorante-albergo che, fin dagli arredi, dà la sensazione di essere proiettati in un tempo che fu. Le materie prime del territorio regalano pietanze dagli antichi sapori.*

L'OSTERIA Nel cuore della Valle Belbo, dal 1902 la famiglia Robaldo gestisce questo ristorante, un tempo unica locanda del paese, particolarmente affollata nei giorni di mercato: da qui il nome che ancora l'accompagna. Gli arredi riportano anch'essi a un tempo antico.

LA CUCINA La moglie di Maurizio, Pinuccia, è autrice di una **cucina casalinga e familiare**, basata su materie prime del territorio: i suoi piatti ricordano i **sapori di un tempo**, pur rivisitati secondo le inclinazioni attuali. Imperdibili le pietanze a base di funghi e tartufi quando è stagione. Strepitoso carrello dei formaggi, particolare attenzione alla **nocciola locale** nella preparazione dei dolci. La carta dei vini presenta un'ampia scelta di aziende piemontesi e qualche etichetta fuori regione.

I PIATTI Tortino al formaggio di Murazzano, Agnello dell'alta Langa al forno, Bavarese alla nocciola con salsa di fragole

CRODO (VB) - Viceno

EDELWEISS

Località Viceno, 7 - Tel. 0324 618791
🕐 Non ha giorno di chiusura
Orario mezzogiorno e sera
Ferie 2 settimane in gennaio, 3 in novembre
Prezzi: 36-40 euro vini esclusi
Carte di credito: AE, BM, CS, DC, MC, Visa

IN BREVE *In un panoramico borgo alpino, questo storico albergo-ristorante, propone, in un'atmosfera familiare, la cucina del territorio con attenzione alle produzioni della valle.*

L'OSTERIA Una strada tortuosa sale da Crodo, centro della turistica val d'Ossola, verso l'**incantevole frazione di Viceno**: un panoramico borgo alpino, autentico buen retiro, dove si trova lo storico ristorante-hotel della famiglia Falciola, una struttura che, a dispetto di ogni moderno comfort, **conserva intatta la semplicità originaria**.

LA CUCINA In un'atmosfera familiare, **gusterete piatti del territorio** realizzati con diverse produzioni della valle. Vari e convenienti i menù degustazione, altrimenti si sceglie alla carta. Si comincia con la mocetta di cervo, il prosciutto di cinghiale, i salami oppure la frittata al bettelmatt (eccellente formaggio locale). Tutti consigliabili i primi piatti casalinghi. Tra i secondi, ampia scelta di carni e selvaggina con polenta. Infine la selezione di formaggi ossolani o la proposta di semplici dessert. Scelta dei vini adeguata al contesto.

I PIATTI Ravioloni con ripieno di patate e bettelmatt, Pappardelle al sugo di cervo, Selvaggina con polenta

CUNEO

ROMA

Via Roma, 14 - Tel. 0171 791007
🕐 Chiuso il lunedì e giovedì a pranzo
Orario mezzogiorno e sera Ferie variabili
Prezzi: 36-40 euro vini esclusi
Carte di credito: BM, CS, MC, Visa

IN BREVE *Approdo sicuro per chi voglia gustare una cucina tradizionale ben fatta, radicata e confortevole, il locale è una trattoria elegante come il palazzo storico che la ospita.*

L'OSTERIA Percorrendo via Roma, valorizzata dalla pedonalizzazione, si raggiunge il locale condotto da sei anni a Cuneo (prima erano a Castelletto Stura) dalla famiglia Rabbia: Annalisa e la figlia Marianna in cucina, il marito Davide in sala. Si entra al fondo di un cortile che in estate diventa un piacevole dehors. Gli interni curati ne fanno un **ristorante accogliente**. Il servizio è attento e professionale.

LA CUCINA Il menù propone sei piatti per ogni tipologia di portata. La filosofia del Roma è esplicitata dal **dettagliato elenco di fornitori** locali inserito nella carta, utile elemento informativo per la scelta. Verdura e frutta sono acquistate dai piccoli produttori presenti nel vicino mercato di piazza Virgilio. **Il pane e la pasta sono fatti in casa**. Tra le eccezioni non piemontesi, il burro delle Ardenne condisce i ravioli ai due arrosti, uno dei piatti più apprezzati. Chi preferisce il pesce alla carne, troverà il baccalà. Ampia la carta dei vini.

I PIATTI Gnocchi di montagna al castelmagno, Ravioli ai due arrosti con burro delle Ardenne, Baccalà mantecato

CUNEO

SENZA FRETTA

Via Dronero, 3 Bis
Tel. 0171 489174-335 6664576
→ 1,3 km dalla stazione di Cuneo
🕐 Chiuso il lunedì Orario sera, sabato e domenica anche pranzo Ferie variabili
€ Prezzi: 38-43 euro vini esclusi
Carte di credito: AE, BM, CS, MC, Visa, Satispay

IN BREVE *Tre linde salette, un fresco dehors e, all'ingresso, un invitante carrello dei formaggi. Scegliete girello con salsa tonnata, gnocchi al castelmagno, coniglio grigio di Carmagnola.*

L'OSTERIA Uno dei punti fermi e dei primi alfieri (dal 2012) della renaissance gastronomica di Cuneo vecchia, Senza Fretta ha resistito all'alternarsi di locali nella zona. Oggi i proprietari Marco Bertorello e Daniela Marchisio possono dirsi soddisfatti nell'avere trovato la stabilità agognata: merito delle **spiccate capacità nell'accoglienza** in capo a Marco, che è anche sommelier di buongusto, come testimonia l'interessante carta dei vini, e della piacevolissima cucina, opera delle mani precise e curiose di Daniela.

LA CUCINA La cucina è un'altalena tra i piatti della tradizione, spesso oggetto di **sottili slanci interpretativi**, e altri, più di prodotto e di territorio, che incontrano la personale sensibilità culinaria di Daniela. Il giusto peso alla forma e la **precisione tecnica** completano un quadro che fa di Osteria Senza Fretta una certezza.

I PIATTI Ravioli ripieni di ricotta e menta con polvere di pomodoro, Gnocchi al castelmagno e pere, Torta di nocciole con gelato alle nocciole e lamponi

LA CAPUCCINA

IN BREVE *Azienda agricola, elegante locanda e ricercato ristorante nel verde della campagna. Il ricco menù fisso comprende tre o quattro antipasti, due primi, un secondo e il dessert.*

Strada Cappuccina, 7 - Tel. 0322 839930
→ 4,2 km dall'uscita A26 Borgomanero
🕐 Chiuso lunedì e mercoledì Orario sera, domenica a pranzo Ferie 1-15 gennaio
€ Prezzi: 44 euro menù fisso
Carte di credito: AE, BM, CS, DC, MC, Visa, Satispay

L'OSTERIA Immersa nel verde della campagna novarese, troviamo una bellissima cascina ristrutturata con **gusto contemporaneo e rispetto per il passato**. Al suo interno ospita un'**azienda agricola, un ristorante e un piccolo resort** con una grande piscina. A portare avanti tutte le attività è Raffaella Foglietta.

LA CUCINA La prematura scomparsa di Gianluca Zanetta, avvenuta la scorsa estate, ha portato profonda tristezza ma non impedisce alla brigata di continuare a proporre le sue idee in fatto di cucina, la sua passione. **Le materie prime provengono in massima parte dall'azienda stessa**: le verdure (in particolare la cipolla bionda, Presidio Slow Food), le carni, la frutta, il vino. Il menù, fisso a 44 euro, comprende due antipasti, due primi, un secondo, un dolce, e cambia spesso a seconda della stagione. Oltre alle etichette aziendali, la carta elenca, anche al calice, diversi vini del territorio.

I PIATTI Agnolotti al ripieno di arrosti, Maialino mele e scalogno, Riso al profumo di agrumi

DRONERO (CN)

ROSSO RUBINO

IN BREVE *Il locale è curato e accogliente, a gestione familiare. La cucina è perlopiù piemontese, con qualche guizzo creativo e alcune puntate fuori regione, specie d'estate.*

Piazza Marconi, 2 - Tel. 0171 905678
🕐 Chiuso lunedì e martedì
Orario mezzogiorno e sera Ferie variabili
Prezzi: 34-40 euro vini esclusi
Carte di credito: AE, BM, CS, DC, MC, Visa

L'OSTERIA La ricchezza di acqua rende Dronero, graziosa cittadina che si trova all'imbocco della Val Maira, verde e ricca di orti. Nel **locale, curato e accogliente**, spiccano i fiori che abbelliscono i tavoli. Il signor Albino accoglie gli ospiti con gentilezza. Il figlio Roberto Eandi, in cucina con la mamma Maria, dimostra grande abilità nel valorizzare i **prodotti delle montagne circostanti** e non solo.

LA CUCINA Ampio spazio alla cucina piemontese, ma non manca **qualche guizzo creativo** e alcune puntate fuori regione, soprattutto d'estate. Qualche esempio? Trota affumicata con crema di yogurt, uovo cotto a bassa temperatura su fonduta di formaggio nostrale, morone al vino bianco con verdure. Pane, pasta e focaccia sono preparati in casa. Gran finale con il *bonet*. La carta dei vini privilegia il territorio ma non mancano etichette di altre regioni.

I PIATTI Cappelletti in brodo di gallina, Ravioli ai tre arrosti, Finanziera

FABBRICA CURONE (AL) - Selvapiana

LA GENZIANELLA

IN BREVE *Nelle due sale rustiche e accoglienti di questo ristorante con alloggio a gestione familiare, il menù è di territorio con alcune rivisitazioni, e varia frequentemente.*

Via Forotondo, 7 - Tel. 0131 780135
Chiuso lunedì e martedì, mai d'estate
Orario mezzogiorno e sera Ferie settembre
Prezzi: 30-35 euro vini esclusi
Carte di credito: BM, CS, MC, Visa

L'OSTERIA Nella pittoresca frazione di Selvapiana, in alta Val Curone, al confine tra Piemonte e Lombardia, la **famiglia Rolandi gestisce questo ristorante da tre generazioni**. Le due sale sono arredate in stile piacevolmente rustico; ad accogliervi troverete Cristiana. Particolare l'attenzione ai vini del territorio, cui si aggiungono etichette di altre zone del Piemonte e di alcune regioni italiane. Disponibili anche dieci camere per il pernottamento.

LA CUCINA **La proposta è di territorio, con alcune rivisitazioni**, e varia frequentemente. L'abbondante menù degustazione a 40 euro è composto da antipasti, due primi, due secondi, tre dolci, e comprende la Barbera della casa; in alternativa si sceglie alla carta. Fra le materie prime utilizzate ci sono i prodotti dell'orto di proprietà e le erbe spontanee; in stagione da non perdere le preparazioni a base di funghi e tartufi. Di produzione propria anche i salumi. Buona selezione di formaggi.

I PIATTI Polenta di castagne, Lonza di maialino al latte, Peperonata

FARIGLIANO (CN)

LA SPERANZA

IN BREVE *Mano solida, valorizzazione dei prodotti locali, spirito d'accoglienza in un'osteria piemontese di sobria eleganza.*

Piazza Vittorio Emanuele II, 43 Bis
Tel. 0173 76190
Chiuso mercoledì e giovedì
Orario mezzogiorno e sera Ferie variabili
Prezzi: 38-40 euro vini esclusi
Carte di credito: BM, CS, MC, Visa

L'OSTERIA Maurizio Quaranta, ai fornelli, e la moglie Sabrina, in sala, hanno un solido trascorso nell'alta ristorazione, che si vede e si sente. Il loro **ristorantino di sobria eleganza, ubicato al centro di Farigliano,** è un'oasi di piacere. La carta dei vini annovera 300 etichette locali e non solo.

LA CUCINA Il menù degustazione di quattro portate a 35 euro è molto conveniente; in alternativa si sceglie alla carta. Consigliatissimo per iniziare il tris di antipasti, per non perdere nessuna delle prelibatezze proposte. Anche **la pasta fresca qui è un must**. Curati i secondi di carne. Accanto alla cucina di tradizione non mancano proposte alternative come il baccalà mantecato, le tagliatelle con carbonara di asparagi e guanciale, il cappuccino ghiacciato per dessert. Coperto 3 euro.

I PIATTI Tagliolini al coltello con ragù, Cubotti di scamone di vitello con panatura di grissini, Cosciotto di agnello sambucano disossato al forno

SEBASTIANO E STEFANIA

Via Paolo Ercole, 59
Tel. 338 9256426-0131 791758
→ 2,5 km dall'uscita A21 Felizzano-Quattordio
→ 900 m dalla stazione di Felizzano
⏱ Chiuso martedì e mercoledì
Orario mezzogiorno e sera Ferie agosto
Prezzi: 34-40 euro vini esclusi
Carte di credito: BM, CS, MC, Visa

IN BREVE *In questo grazioso ristorante, dove si respira aria di famiglia, Sebastiano interpreta la cucina di territorio non disdegnando alcune rivisitazioni personali.*

L'OSTERIA Sebastiano, in cucina, e Stefania, in sala, sono l'affiatata coppia che gestisce questo **piccolo ristorante** nel centro del paese. Il locale si compone di un'unica sala adiacente alla cucina. Stefania racconta con passione la loro filosofia di ricerca della qualità nelle materie prime, **prevalentemente da filiera corta** ma con inserimenti di qualche ingrediente straniero, come il maiale iberico o le acciughe del Mar Cantabrico. È consigliata la prenotazione.

LA CUCINA In cucina si presta **grande attenzione alla salute**, per questo sono stati completamente eliminati le farine e gli zuccheri raffinati; le cotture sono quasi tutte al vapore. Presenza costante nel menù i *tajarin*, impastati solo con i rossi delle uova, e il coniglio grigio di Carmagnola, di cui sono apprezzate la coscia al forno o la versione alla ligure. Meritevole, in chiusura, la torta di nocciole di Langa. La carta dei vini è ampia, con etichette piemontesi, di altre regioni italiane e internazionali.

I PIATTI *Tajarin* con le acciughe, Coniglio alla ligure, Vitello tonnato, Insalata russa

I CHIMI

Via Vecchia, 39 - Tel. 0175 976241
⏱ Chiuso il mercoledì Orario pranzo e sera
da giovedì e domenica, inverno lun e mar
solo pranzo Ferie variabili
Prezzi: 28-32 euro vini esclusi
Carte di credito: AE, BM, DC, MC, Visa

IN BREVE *In questo bel ristorante ricavato in antichi locali ristrutturati con gusto, Simone valorizza carni e verdure della vallata e prepara piatti tradizionali, anche vegetariani.*

L'OSTERIA Bel **ristorante con alloggio**, ricavato in antichi locali ristrutturati con gusto. All'ingresso un piccolo banco bar, quindi il forno a legna, la cantina con il pozzo, la sala con una quarantina di coperti. Chiara e Aurora sapranno consigliarvi nella scelta dei cibi e dei vini. A questo proposito, la carta comprende etichette locali e regionali; valide proposte al bicchiere, mezze bottiglie e vini della casa a prezzi contenuti.

LA CUCINA Riscoprendo le radici della **gastronomia occitana**, fatta di materie prime semplici di qualità e di piatti dai sapori della tradizione montanara, Simone e Mohamed valorizzano **carni e verdure locali** e preparano pietanze tradizionali, alcune vegetariane. Immancabili quanto gustose, fra i primi, le *ravioles*. Manzo, coniglio, capretto ma anche selvaggina, quando è stagione, per secondo. Ricco l'assortimento di formaggi locali. Irresistibile, in chiusura, la torta al cioccolato con fragole e panna.

I PIATTI *Ravioles*, Costine di capretto, Coniglio in tre cotture

FRASSINO (CN)

REIS CIBO LIBERO DI MONTAGNA

Borgata Meira Brancia, 1 - Tel. 347 2138035
🕐 Chiuso martedì e mercoledì
Orario sera; sab, dom, d'estate lun e ven, anche pranzo Ferie variabili
Prezzi: 30-38 euro vini esclusi
Carte di credito: BM, CS, MC, Visa, Satispay

IN BREVE *Un'osteria modello se si vuole capire che cosa significa valorizzare il proprio territorio attraverso la cucina. Da Reis si cucinano solo materie prime della valle, in gran parte autoprodotte.*

L'OSTERIA **Juri Chiotti è un narratore**. Racconta la Valle Varaita attraverso le carni degli animali che alleva, le erbe e i funghi custoditi da prati e boschi, le verdure che nascono abbondanti negli orti di proprietà, i formaggi di piccoli artigiani. Reis è una bella casa di montagna, pietra a vista e legno, con un ampio spazio all'aperto. A completare il piacere di una delle soste più godibili ed educative che possiate fare in regione, una carta dei vini non estesa ma ben costruita, con etichette di produttori naturali.

LA CUCINA Ad affiancare Juri in cucina da qualche tempo c'è **Paolo Meneguz, egregio interprete di una cucina di prodotto**, che punta a valorizzare le note, talvolta più morbide altre più pungenti, degli ingredienti. Così, se il risotto all'aglio orsino è diventato quasi un piatto-firma del locale, il resto delle proposte cambia quotidianamente. Si trovano spesso carni straordinarie, verdure semplicemente ripassate in padella e piatti di quinto quarto.

I PIATTI Tartara di capriolo con maionese di sambuco e nasturzio, Risotto all'aglio orsino, Collo di cervo con spinaci di montagna

GATTINARA (VC)

LA BRIOSKA

Corso Valsesia, 1 - Tel. 0163 835163
→ 7,7 km dall'uscita A26 Romagnano Sesia-Ghemme
🕐 Chiuso martedì e mercoledì
Orario mezzogiorno e sera
Ferie 10 giorni in gennaio e in giugno
Prezzi: 35-40 euro vini esclusi
Carte di credito: CS, DC, MC, Visa

IN BREVE *Il menù giornaliero viene predisposto secondo la disponibilità stagionale ma sempre seguendo la tradizione locale. Il risotto al Gattinara è a buon diritto uno dei piatti più richiesti.*

L'OSTERIA Sotto i portici del centro di Gattinara, ai piedi della Valsesia, da tredici anni Pinuccia, in cucina, e il marito Celestino, in sala, sono un riferimento della tradizione vercellese nonché del **racconto enologico locale**: all'osteria è infatti associata un'enoteca con un'importante selezione, che ben rappresenta le molte piccole cantine della Docg Gattinara. Gusterete il vostro pasto in un unico **ampio salone** arredato in modo classico.

LA CUCINA La cucina si fonda su materie prime locali: i formaggi ossolani e valsesiani quali il frachet, il riso e, quando è stagione, le rane o le lumache. Le verdure per la **bagna caoda**, il coniglio e i salumi tipici sono una deliziosa cartina di tornasole della **cura nella scelta degli ingredienti**. Allergie e intolleranze sono trattate con attenzione.

I PIATTI Risotto al Gattinara, Ravioli di brasato, Coniglio all'Erbaluce

GOVONE (CN)

PAUTASSI

IN BREVE *Vicina al castello, la trattoria è distribuita su due comode salette, con una bella terrazza. Nei piatti, semplici e curati, si assapora il gusto della tradizione piemontese.*

Via Boetti, 21 - Tel. 0173 58010
→ 5,1 km dall'uscita A33 Costigliole-Govone
⏱ Chiuso dom sera, lun e mar, d'inverno anche mer Orario sera, sab e dom anche pranzo Ferie 20 dicembre-14 febbraio
Prezzi: 28-35 euro vini esclusi
Carte di credito: BM, CS, DC, MC, Visa

L'OSTERIA Incastonato tra le colline del Roero e dominato da un imponente castello che fa parte del sito delle residenze sabaude iscritto alla lista del patrimonio dell'umanità Unesco, Govone è un borgo che vale già una visita. La trattoria, è un valore aggiunto non da poco: **situata a ridosso del maniero**, è distribuita su due comode salette con una bella terrazza che permette di godere il panorama del paese. Interessanti i vini di Langa e Roero.

LA CUCINA Si può scegliere alla carta o un ricco menù degustazione da 30 euro composto da tre antipasti, primo, secondo, dolce e caffè. Monica prepara con estro **piatti semplici e curati, dove ritrovare il gusto della tradizione piemontese**. Fra le proposte, vitello tonnato, acciughe al verde, trippa ai pinoli, in stagione gnocchi al radicchio, d'estate il carpione. Per chiudere in dolcezza, torta di grano saraceno, cassata Pautassi e freschi sorbetti.

I PIATTI Agnolotti dal *plin*, Tajarin 40 tuorli al ragù, Muscolo al Nebbiolo

GREMIASCO (AL)

BELVEDERE

IN BREVE *Ristorante a gestione familiare, si trova dopo il ponte di Gremiasco, sull'omonimo torrente. La cucina segue il ritmo delle stagioni e si avvale di prodotti del territorio.*

Via Cavalier Bonfiglio Dusio, 5
Tel. 0131 787159
⏱ Chiuso lunedì e martedì
Orario pranzo e sera, d'inverno sera solo venerdì-domenica Ferie variabili
Prezzi: 30-33 euro vini esclusi
Carte di credito: BM, CS, Visa

L'OSTERIA L'antico castello dei Malaspina, eretto a difesa della valle, domina dall'alto mentre gusterete cucina tipica in questo ristorante ubicato in alta Val Curone, dopo il ponte di Gremiasco, sull'omonimo torrente. **Da oltre quarant'anni** lo gestisce la famiglia Delucchi. **L'ambiente è accogliente, rilassante e curato.** La lista dei vini è incentrata sul territorio, con diverse proposte al bicchiere.

LA CUCINA Il sabato e la domenica **è proposto un menù a 35 euro piuttosto ricco**. La cucina segue il ritmo delle stagioni e si avvale di prodotti del territorio. Difficile elencare le tante proposte, fra le quali potreste trovare insalata russa, ravioli al sugo di stinco, taglierini ai funghi, agnolotti di brasato al Barbera, gnocchi di patate e zucca, coniglio al Timorasso, galletto al limone, coniglio ai porcini. Disponibili, avvisando, menù per vegetariani e celiaci. Originali, tra i dolci, le mousse di frutta di stagione come quella di castagne.

I PIATTI Taglierini ai funghi, Agnolotti di brasato al Barbera, Coniglio al Timorasso

GUARENE (CN)

OSTERIA IMPERFETTA

IN BREVE *Materie prime di livello, cucina raffinata di tradizione e non, servizio attento e gradevole in questa moderna osteria dall'arredamento minimalista ma ricercato ed elegante.*

Via Martiri della Libertà, 19 - Tel. 0173 611522
→ 5 km dall'uscita A33 Castagnito
🕐 Chiuso il martedì Orario sera, domenica anche pranzo; in autunno anche sabato a pranzo Ferie in febbraio e in settembre
€ Prezzi: 42-50 euro vini esclusi
Carte di credito: BM, CS, DC, MC, Visa

L'OSTERIA **Gestione giovane ed entusiasta** per questa osteria moderna in posizione panoramica, con una terrazza affacciata sulla vicina Alba. Le pareti in mattoni e l'arredamento minimalista ma elegante conferiscono al locale una bella personalità. Le due sale sono separate da un caratteristico arco. L'**ampia parete soppalcata coperta di vini** dà già l'idea della selezione, da cui attingere: la carta è corposa, importante, attenta ai produttori della zona e alle loro etichette più prestigiose; non mancano referenze di altre regioni. Il servizio è attento.

LA CUCINA Con **materie prime di livello e un tocco di raffinatezza** si preparano piatti della tradizione ma anche alcune pietanze originali. Così, accanto al vitello tonnato potreste trovare in carta le cappesante, le raviole quadre ma anche gli gnocchetti di patate con i calamari. Succulenti i secondi di carne. I formaggi sono proposti con il miele.

I PIATTI Vitello tonnato, Raviole quadre ripiene di seirass ed erbette, Capretto di Langa al forno con aglio e rosmarino

LA MORRA (CN) - Santa Maria

L'OSTERIA DEL VIGNAIOLO

IN BREVE *Osteria rustico-elegante con splendido dehors panoramico, propone una cucina sia tradizionale sia creativa. Consigliatissimo il menù degustazione.*

Regione Santa Maria, 12 - Tel. 0173 50335
→ 10 km dall'uscita A33 Alba
🕐 Chiuso mercoledì e giovedì Orario mezzogiorno e sera Ferie fine dicembre-gennaio, 2 settimane in estate
Prezzi: 34-36 euro vini esclusi
Carte di credito: BM, CS, MC, Visa

L'OSTERIA Salendo verso La Morra, lungo una strada immersa tra i vigneti, a metà collina, in frazione Santa Maria, c'è il regno di Luciano Marengo: un'osteria con camere dove **non ci si annoia mai**, e l'oste presidia con disinvoltura sala e cucina. **L'ambiente è rustico-elegante**, con due sale e un dehors delizioso. Carta dei vini notevole per estensione e profondità, con particolare attenzione per i produttori di Barolo di La Morra.

LA CUCINA **Proposta divertente e variegata** quella del Vignaiolo: a piatti classici come vitello tonnato e ravioli dal *plin* si affiancano preparazioni calibratamente meno tradizionali senza mai strafare. Consigliatissimo il menù degustazione, che permette di scegliere dalla carta due antipasti, primo, secondo e dolce. Qualche suggerimento: anguilla in carpione, lasagne di pasta fresca gratinate ai funghi porcini, costolette di agnello alla griglia.

I PIATTI Uovo impanato e fritto con porcini trifolati e fonduta, Tagliolini tagliati al coltello con ragù di salsiccia, Coscia d'anatra stufata all'Arneis

LOCANDA FONTANAZZA

Strada Fontanazza, 4 - Tel. 0173 50718
→ 8,2 km da uscita A33 Cherasco
🕐 Chiuso lunedì e martedì
Orario mezzogiorno e sera
Ferie 15 febbraio-15 marzo, 1-15 settembre
Prezzi: 32-34 euro vini esclusi
Carte di credito: BM, CS, DC, MC, Visa

IN BREVE *Locanda accogliente e curata, ha un dehors con vista che lascia senza fiato. Il menù parte dai classici di zona rielaborandoli con materie prime ben scelte e mano sicura.*

L'OSTERIA Poco fuori dal centro di La Morra, tra i vigneti del Barolo (siamo vicinissimi ai famosi cru Brunate e Cerequio), questa osteria con camere ha una **vista letteralmente mozzafiato**. Se la sala su due livelli con camino al centro è accogliente e curata, il dehors è proprio spettacolare. A tutto il resto pensano Mattia, oste burbero e preparato, e Valentina, la compagna che si occupa prevalentemente delle camere. **Lista dei vini ampia e divertente**, con qualche chicca da fuori regione.

LA CUCINA Pasta fresca, pane e focaccia sono fatti in casa. Il menù, essenziale ma dinamico, è centrato su ottime **materie prime in perenne dialogo con la tradizione**, come nel caso delle alici marinate con pesto di pomodori secchi o dei ravioli dal *plin* ripieni di pomodoro su crema di melanzane e ricotta affumicata. Ottimi anche i dolci fatti in casa, tra cui la crostatina con fichi e crema pasticcera.

I PIATTI *Caponet* di verdure su crema di parmigiano, *Tajarin* burro, acciughe e pangrattato, Pancia di maiale con salsa alla senape, chutney di peperoni e cicoria scottata

MORE E MACINE

Via XX Settembre, 18 - Tel. 0173 500395
→ 7,7 km dall'uscita A33 Cherasco
🕐 Non ha giorno di chiusura Orario mezzogiorno e sera Ferie 2 settimane a febbraio
Prezzi: 28-33 euro vini esclusi
Carte di credito: BM, CS, MC, Visa

IN BREVE *In questa osteria informale e accogliente, la cucina è sincera, senza fronzoli, di sostanza. Lascia senza fiato la scelta dei formaggi, monumentale la carta dei vini.*

L'OSTERIA Osteria del centro storico, presenta un **contesto informale e moderno** adatto per un pranzo, una cena o un semplice aperitivo. A gestirla ci sono Fabrizio "Ito" Borgogno e Stefano Carbone, la cui conoscenza enogastronomica è enciclopedica. Il locale dispone di un'ampia sala all'ingresso e di uno spazio più rustico con mattoni a vista nel seminterrato. Durante la stagione estiva ci si può accomodare sulla terrazza.

LA CUCINA La proposta è tradizionale, **senza fronzoli** e perlopiù casalinga. Molta l'attenzione alle materie prime del territorio. La pasta è fatta in casa. Lascia senza fiato il **carrello dei formaggi**, degno di nota per scelta e qualità. L'attenzione alla scelta dei vini è testimoniata, oltre che dalla carta di notevoli dimensioni, dall'esposizione di bottiglie distribuita ovunque nel locale.

I PIATTI Carne cruda, *Tajarin* al ragù o burro e salvia, Panna cotta

LA MORRA (CN)

OSTERIA VEGLIO

IN BREVE *Una delle terrazze più belle di Langa in una bella osteria moderna dall'arredamento minimale. Preparazioni tradizionali cucinate con sapienza e capacità. Carta dei vini ampia e molto fornita.*

Frazione Annunziata, 9 - Tel. 0173 509341
→ 10 km dall'uscita A33 Cherasco
⊙ Chiuso dom e lun Orario mezzogiorno e sera Ferie 3 settimane in agosto e in febbraio
Prezzi: 36-40 euro vini esclusi
Carte di credito: BM, CS, MC, Visa

L'OSTERIA Da qualche anno questa storica osteria dell'Annunziata è stata sapientemente ammodernata dalla nuova gestione di Emanuel Marengo, Massimo Corso, Cristina Dal Zotto e Katharina Zahn. Se la stagione lo consente si può godere, dall'ampia terrazza, di **una delle viste più belle che si possano avere sui vigneti delle Langhe**. Nei periodi più freddi, invece, potrete rifugiarvi al calore della sala dall'arredamento minimale ma accogliente.

LA CUCINA Il menù si compone **principalmente di piatti della tradizione piemontese**, sebbene non manchino mai **alcune proposte**, molto ben cucinate, **di pesce**. Restando sul classico vale la pena provare gli agnolotti dal *plin* o l'agnello arrosto cucinati con sapienza e mano leggera. A completare l'esperienza una buona selezione di formaggi. La carta dei vini, ampia e profonda, oltre ad abbracciare in modo completo le Langhe e il resto della regione, si concede qualche gita fuori porta di pari livello.

I PIATTI Agnolotti dal *plin*, Agnello arrosto con patate, Trippa

LU (AL) - Borghina

LA COMMEDIA DELLA PENTOLA

IN BREVE *Osteria ubicata in un'ex cantina dal grande voltone a botte, con arredi disuguali e bicchieri colorati. La cucina propone sapori tradizionali e qualche nuova preparazione.*

Frazione Borghina, 1
Tel. 0131 741706-339 8833626
⊙ Chiuso il lunedì Orario sera, sabato e domenica anche a pranzo Ferie non ne fa
Prezzi: 35-40 euro vini esclusi
Carte di credito: AE, BM, CS, DC, MC, Visa

L'OSTERIA L'osteria è ricavata da una vecchia cascina situata in una frazione di poche case. D'estate si mangia in un grande **dehors sulla cima della collina**, davanti a un bel panorama e a bordo piscina; d'inverno ci si accomoda in quella che era la grande cantina, con volta a botte e un **tocco di originalità** sia nell'arredo sia nell'apparecchiatura.

LA CUCINA Mauro gestisce questo locale, la cui cucina si inserisce nella **tradizione monferrina con rivisitazioni moderne**. I fornitori sono in massima parte piccoli produttori; in particolare, la carne bovina arriva da allevatori locali attenti alla qualità e al benessere animale. Non a caso sono da non perdere la guancia di fassone al vino e la carne cruda. La nocciola di produzione locale trova spazio in diversi abbinamenti. Per scegliere il vino si va in cantina, piccola ma molto ben fornita, con etichette del territorio e una propensione per quelle naturali.

I PIATTI Agnolotti ai tre arrosti, Guancia di fassone al vino, Tagliatelle alla finanziera

MARMORA (CN) - Finello

LOU PITAVIN

IN BREVE *A oltre 1200 metri di quota, grande accoglienza e una cucina sublime, territoriale, golosa, centrata nei dettagli e per nulla scontata o banale.*

Borgata Finello, 2 - Tel. 0171 998188
Non ha giorno di chiusura
Orario sera; sab, dom, festivi e agosto anche pranzo Ferie 4 novembre-26 dicembre, 7 gennaio-Pasqua
Prezzi: 33-36 euro vini esclusi
Carte di credito: BM, CS, MC, Visa, Satispay

L'OSTERIA Di certo non è semplice fare ristorazione in un contesto, come quello delle montagne cuneesi, segnato dall'abbandono delle vallate e da un turismo inevitabilmente stagionale. Marco Andreis, protagonista della sala, e Valeria Ariaudo, indiscussa padrona della cucina, hanno tuttavia trovato la ricetta giusta unendo **grande accoglienza e una cucina sublime**, territoriale, golosa, centrata nei dettagli e **per nulla scontata o banale**. Agli oltre 1200 metri di quota di Marmora non ci si arriva per caso né solo per qualche escursione: si viene anche per mangiare da Lou Pitavin. La carta dei vini, ampia e ben selezionata, è un plus non da poco.

LA CUCINA **I piatti parlano la lingua di queste montagne** in modo chiaro: il burro d'alpeggio, i cereali locali, le carni, i formaggi, le erbe spontanee, tutto è scelto per realizzare una cucina attuale e focalizzata sullo spirito contadino e artigiano di questi luoghi. A pranzo c'è un menù fisso.

I PIATTI *Ravioles* con burro e panna, *Plin* di fonduta di nostrale, Coniglio arrosto con ginepro, Cinghiale alle prugne

MASERA (VB) - Cresta

DIVIN PORCELLO

IN BREVE *Un rustico ristorante a gestione familiare, punto di riferimento per chi sia alla ricerca di ospitalità e sapori autentici.*

Borgata Cresta, 11
Tel. 0324 35035-348 2202612
Chiuso il lunedì Orario mezzogiorno e sera Ferie seconda metà di gennaio
Prezzi: 33-36 euro vini esclusi
Carte di credito: AE, BM, CS, DC, MC, Visa

L'OSTERIA Ristorante con alloggio a gestione familiare, si trova nel cuore della Val Vigezzo. Se ne occupa Massimo Sartoretti, il quale sa come renderlo un punto di riferimento per chi sia alla ricerca di **ospitalità e sapori autentici**. Alle sale in stile rustico si aggiungono la **suggestiva cantina** e la veranda esterna. La carta dei vini, degna di nota, presenta un'ampia e interessante selezione di etichette italiane e internazionali.

LA CUCINA Sono presenti, oltre alla carta, due menù degustazione da 45 e 50 euro. Tra gli antipasti spiccano salumi quali *jambun* di Masera, bresaola ossolana, lardo alla erbe, tonno di maiale. A seguire **primi sostanziosi e secondi non banali** come la lausciera, ovvero filetto e lonza di maiale cotti al tavolo su pietra ollare e serviti con patate al forno e salse casalinghe. Da non sottovalutare la selezione di formaggi ossolani e le pietanze di pescato di lago.

I PIATTI Gnocchi all'ossolana, Lausciera, Costata di cervo alla grappa

MASIO (AL) 🍷

ANTICA TRATTORIA LOSANNA

Via San Rocco, 40 - Tel. 0131 799525
→ 7,1 km dall'uscita A21 Felizzano-Quattordio
🕐 Chiuso domenica sera e lunedì
Orario mezzogiorno e sera
Ferie agosto, 15 giorni dopo Natale
Prezzi: 30-32 euro vini esclusi
Carte di credito: AE, BM, CS, MC, Visa

IN BREVE *Storica trattoria in attività dal 1912, è semplice e accogliente. Il servizio è preciso e professionale, la cucina di tradizione.*

L'OSTERIA Affacciato sulla strada tra il centro abitato di Masio e Oviglio, questo casolare ospita una trattoria la cui attività risale a **oltre un secolo fa**. Le sale sono arredate con semplicità. Il servizio è professionale, la cucina di tradizione, l'**accoglienza cordiale**.

LA CUCINA Dopo un benvenuto a base di focaccia e salame potrete scegliere alla carta o uno dei due menù degustazione. Il titolare Franco Barberis, detto Scarpetta, famoso in zona anche per i suoi catering, offre la possibilità di assaggiare notevoli piatti con **solidissime radici territoriali**: imperdibili gli agnolotti alla monferrina con il sugo del brasato e il manzo al cucchiaio, ovvero cotto lentamente e marinato con il Barbera finché non diventi tenerissimo. In stagione meritano i piatti di funghi e tartufi. La carta dei vini annovera etichette soprattutto monferrine e di altre zone del Piemonte.

I PIATTI Agnolotti alla monferrina, Manzo al cucchiaio, Torta di pere e cioccolato

MAZZÈ (TO) 🍷

SANTA MARTA

Via delle Scuole, 2
Tel. 011 9835616-348 2636372
→ 8,2 km dall'uscita A4 Rondissone
🕐 Chiuso il lunedì Orario sera, sabato e domenica anche pranzo Ferie variabili
Prezzi: 36-38 euro vini esclusi
Carte di credito: BM, CS, DC, MC, Visa

IN BREVE *Piccolo ristorantino moderno collocato all'interno di una chiesa sconsacrata, intimo e accogliente. La cucina fa tesoro dei prodotti del territorio, aggiungendo un po' di innovazione.*

L'OSTERIA L'ambiente è molto affascinante e insolito: a due passi dal castello cittadino, è un ristorante moderno che si sviluppa su due piani **dentro una chiesa sconsacrata**, un tempo dedicata a Santa Marta. La cucina è curata da Marinella Toscani. La figlia Ilaria Lauricella, maître e sommelier, mette immediatamente a proprio agio con un'**accoglienza cortese** e molto informale.

LA CUCINA Il menù prevede per ogni portata, cinque scelte che seguono attentamente la **tradizione canavesana** e piemontese; unica eccezione al territorio è un piatto di mare. Tra gli antipasti notevole il misto Tre modi per dire vitello composto da vitello tonnato, battuta con robiola, salsiccia di Bra. A seguire pasta ripiena, *tajarin*, lasagnette. Tra i secondi spiccano classici come la guancia e la finanziera. Da segnalare infine gli ottimi gelati e sorbetti fatti in casa. Esiste un menù degustazione con diverse opzioni. Buona carta dei vini, con proposte del territorio e di altre regioni italiane e francesi.

I PIATTI Vitello tonnato, Agnolotti dal *plin* ai tre arrosti, Finanziera

MOMBARUZZO (AT)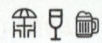

LA MARLERA

IN BREVE *In un vicolo un po' nascosto del centro, un'osteria accogliente la cui proposta di territorio è arricchita da qualche piacevole rielaborazione e da alcune ricette della vicina Liguria.*

Via Marlera, 35 A - Tel. 338 4442560
🕐 Chiuso lunedì e martedì Orario mezzogiorno e sera Ferie 1 gennaio-14 febbraio
Prezzi: 28-36 euro vini esclusi
Carte di credito: BM, CS, DC, MC, Visa

L'OSTERIA Un'**osteria intima**, arredata con gusto, gestita in modo **attento ed elegante**: è questa l'impressione che si prova entrando nel locale. Vittorio, perfetto padrone di casa, con la moglie Mariangela ai fornelli, interpreta con raffinatezza la cultura dell'osteria. La carta dei vini ospita prevalentemente etichette locali; interessante la piccola selezione di birre artigianali.

LA CUCINA Il menù, basato sui piatti del territorio, varia periodicamente. Pietanze mai banali, con evidente cura dei particolari, che coniugano **modernità, tradizione e qualità delle materie prime** locali; queste ultime sono indicate in carta con chiarezza e precisi riferimenti anagrafici. Ottimo il pane di produzione propria così come la pasta. Meritano l'assaggio la finanziera nobile all'astigiana e il pollo alla Marengo, qui interpretati ai massimi livelli. Disponibile anche un menù degustazione a 32 euro.

I PIATTI Vitello tonnato all'antica, Ravioli dal *plin*, Finanziera all'astigiana

MOMBERCELLI (AT)

LOCANDA FONTANABUONA

IN BREVE *Osteria di campagna, dispone di una terrazza ombreggiata. In carta non mancano mai buoni agnolotti dal plin e la carne cruda di vitello piemontese battuta al coltello.*

Via Nizza, 595 - Tel. 0141 955477
→ 15 km dall'uscita A33 Isola d'Asti
🕐 Chiuso martedì e mercoledì Orario sera, sabato e domenica anche pranzo Ferie 3 settimane dopo Natale, 1 tra giugno e luglio
Prezzi: 32-35 euro vini esclusi
Carte di credito: BM, CS, MC, Visa

L'OSTERIA Alla cima di una collina a ridosso del paese, incontrerete questa **osteria in aperta campagna**. Comoda da raggiungere, è ospitale fin dagli arredi. Potrete accomodarvi in una grande sala o in una terrazza panoramica ombreggiata. Lara e Daniele ricevono gli avventori con garbo e con la giusta competenza. La lista dei vini è divisa per regioni, con particolare attenzione alla produzione locale.

LA CUCINA Le preparazioni sono ricercate ma cucinate nel solco della tradizione. La scelta delle **materie prime acquistate in loco** è attenta. In carta non mancano mai buoni agnolotti dal *plin* e la carne cruda di vitello piemontese battuta al coltello. Valida la selezione dei formaggi, altrettanto buona la carta dei dolci, alcuni preparati al momento. Si può scegliere il menù degustazione a 32 euro o lasciarsi tentare dalla proposta alla carta.

I PIATTI Tagliolini all'ortica con burro e menta, Stracotto di vitello, Zabaione al Moscato d'Asti

MONCALIERI (TO)

LA CADREGA

Piazza Vittorio Emanuele II, 5 A
Tel. 011 19764794

→ 2,2 km dall'uscita A6 Villastellone
→ 600 m dalla stazione di Moncalieri
🕐 Chiuso il lunedì
Orario mezzogiorno e sera Ferie variabili
Prezzi: 32-35 euro vini esclusi
Carte di credito: BM, CS, MC, Visa

IN BREVE *In un palazzo d'epoca, una trattoria con annessa gastronomia. Le materie prime sono selezionate in piccole aziende, quando è possibile di territorio. Le ricette sono classiche con qualche rivisitazione.*

L'OSTERIA Nel cuore di Moncalieri, prospiciente all'edificio che ospita il Comune, La Cadrega si trova **in un palazzo d'epoca**. Aperto insieme a mamma e papà da Giorgio Picco, laureato a Pollenzo in Scienze Gastronomiche, il locale è un insieme di gastronomia e di trattoria tradizionale. All'ingresso campeggia la vetrina per la vendita dei prodotti, mentre la sala da pranzo principale è al primo piano, **arredata con semplicità** e ispirata al nome del locale (in italiano la sedia).

LA CUCINA La linea gastronomica si avvale delle competenze accademiche di Giorgio e mantiene i piatti principali nell'alveo della **cucina piemontese** della zona, rinnovata ma con molta misura. Le materie prime comprendono prodotti locali e Presìdi Slow Food tra i quali, ultimo in ordine di tempo, il cavolfiore di Moncalieri. Da segnalare, quando è stagione, le preparazioni di peperoni della vicina Carmagnola e le cene tematiche dedicate a funghi e asparagi. Selezione di vini di piccoli produttori.

I PIATTI Battuta di fassone alle tre salse, Tonno di coniglio, Agnolotti con salsiccia di Bra e porri

MONCALIERI (TO) - Revigliasco

LA TAVERNA DI FRA FIUSCH

Via Beria, 32 - Tel. 011 8608224
→ 6,8 km dall'uscita A6 Villastellone
🕐 Chiuso il lun Orario sera, sab, dom e festivi anche pranzo Ferie non ne fa
€ Prezzi: 40-45 euro vini esclusi
Carte di credito: AE, BM, CS, DC, MC, Visa

IN BREVE *Un locale dal clima piacevole e una cucina in equilibrio fra tradizione locale e ricerca. Il menù alterna grandi classici piemontesi e piatti con abbinamenti più creativi.*

L'OSTERIA Fra' Fiusch, il mago alchimista alla continua ricerca della pietra filosofale, ha ispirato Ugo Fontanone nel 1997 per l'apertura di questo ristorante nel cuore del borgo di Revigliasco. Il locale, sorto al posto di un'osteria di paese, si sviluppa su due piani. Sotto due sale, di cui una attigua alla cucina, sopra due salette di cui una gode di una **splendida vista** sulle colline circostanti.

LA CUCINA Negli anni la cucina di Ugo si è evoluta, pur rimanendo nell'alveo della tradizione piemontese. Oltre a mantenere **intramontabili classici**, come la finanziera e il vitello tonnato, e a proporre agnolotti nel vino come nelle tipiche osterie, si servono anche **piatti più moderni**, come le pesche di vigna e i porcini (in omaggio allo chef Cesare Giaccone) e la faraona con le ciliege dedicata alla vicina Pecetto. Il Piemonte in bocca è un dessert che racchiude in un unico piatto i classici piemontesi. La carta dei vini rispecchia la passione del patron, con un numero di referenze e annate in continua progressione.

I PIATTI Agnolotti d'asino in salsa al Barbera, Finanziera, Piemonte in bocca

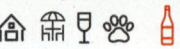

REPUBBLICA DI PERNO

IN BREVE *Il luogo giusto per provare i grandi classici della cucina di Langa eseguiti con grandi materie prime e con una tecnica che ha pochi pari. Vitello tonnato, agnolotti, trippa, lumache sono solo alcune delle proposte.*

Vicolo Cavour, 5 - Tel. 0173 78492
🕐 Aperto giovedì, venerdì e sabato, in agosto anche domenica sera Orario pranzo e sera Ferie Natale-31 gennaio
€ Prezzi: 38-42 euro vini esclusi
Carte di credito: BM, CS, MC, Visa

L'OSTERIA Una **piccola e accogliente osteria** sviluppata su due piani: a quello superiore pochi tavoli, casse di vino e ampie vetrate, sotto la cucina e un tavolo conviviale. A gestirla Marco Forneris, in cucina, ed Elena Miori, in sala. Per chi volesse fermarsi per la notte da qualche tempo sono disponibili anche quattro camere accoglienti.

LA CUCINA Dalla cucina escono **tutti i classici della tradizione di Langa magistralmente eseguiti**. Difficile suggerire un piatto rispetto a un altro, anche perché la **proposta cambia quasi giornalmente a seconda della spesa**: così si possono trovare elencati in carta il vitello tonnato o i *caponet*, ma anche degli straordinari agnolotti dal *plin* o profumate lumache con polenta. Bella la selezione dei formaggi, vocata soprattutto al territorio la carta dei vini, che elenca i migliori produttori di Langa.

I PIATTI Frise di testine con giardiniera, Agnolotti dal *plin* al tovagliolo, Coscia di coniglio farcita

---

MONTEMARZINO (AL)

DA GIUSEPPE

IN BREVE *Fermarsi per un pasto da Giuseppe vuol dire celebrare la grandezza gastronomica di questo angolo dell'Alessandrino. Il formaggio montébore entra nella preparazione di diversi piatti.*

Via IV Novembre, 7 - Tel. 0131 878135
🕐 Chiuso martedì e mercoledì
Orario mezzogiorno e sera
Ferie 1 settimana in gennaio, 1 in settembre
Prezzi: 35-40 euro vini esclusi
Carte di credito: BM, CS, MC, Visa

L'OSTERIA Sin dal 1963, anno della fondazione, questo ristorante posto tra le valli Grue e Curone è un **punto di riferimento per coloro che sono alla ricerca di sapori autentici** e di una cucina preparata con competenza e amore per il territorio. Oggi a condurre le danze c'è Silvio Davico, figlio del Giuseppe che dà il nome al locale. Dalle finestre dalla sala si può ammirare la valle e percepirne le tante produzioni, dalla frutta – qui vicino si raccolgono straordinarie pesce e ciliegie – al vino.

LA CUCINA La cucina propone **piatti della tradizione del basso Piemonte**, ma il pasto non può che cominciare con il **salame**: in questa zona se ne realizza una delle migliori interpretazioni nazionali. Il pasto può quindi procedere con gli agnolotti ripieni di stracotto o la galantina di faraona. Se è stagione non perdete i funghi panati. Per accompagnare il pasto, la carta dei vini offre molte etichette locali (oltre a quelle della famiglia Davico).

I PIATTI Agnolotti ripieni di stracotto, Galantina di faraona, Coniglio panato con giardiniera

MONTEU ROERO (CN) - San Grato

BELVEDERE ROERO

Frazione San Grato, 47 - Tel. 0173 99007
🕐 Chiuso lun sera e il mar Orario mezzogiorno e sera Ferie 3 settimane in febbraio
Prezzi: 32-38 euro vini esclusi
Carte di credito: BM, CS, MC, Visa

IN BREVE *Un'osteria piacevolissima, con una cucina semplice, tradizionale, sostanziosa che non lesina le proposte di carne. La sala più invernale ha il camino, l'altra una gradevole terrazza.*

L'OSTERIA Se la piacevole osteria della famiglia Sperone si chiama Belvedere il motivo c'è, e ve ne accorgerete stando in terrazza; in alternativa, è altrettanto accogliente la **sala con il camino**. La gestione in sala, tutta al femminile, è **all'insegna del garbo** e di una discrezione molto piemontese.

LA CUCINA La cucina è quella classica, presentata con **cura e semplicità**. Si sceglie alla carta o ci si affida a un menù da 35 euro che, considerata l'abbondanza, ha un eccellente rapporto tra qualità e prezzo. Molti i punti fermi come il *friciulin* di patate fra le entrée, le paste fresche, le tante carni fra i secondi, compresi animali "poco praticati" altrove, quali il piccione e, in stagione, la selvaggina. Quando è il periodo, i funghi – fritti o nel sugo di *tajarin* – valgono il viaggio. D'inverno, poi, c'è il *potagé*, mitico stufato di carne e verdure. La corposa carta dei vini, perlopiù di territorio, è attenta al resto d'Italia e alla Francia; interessanti le proposte al bicchiere.

I PIATTI Vitello tonnato, *Tajarin* ai funghi, Bollito misto

MONTEU ROERO (CN) - Villa Superiore

CANTINA DEI CACCIATORI

Località Villa Superiore, 59 - Tel. 0173 90815
🕐 Chiuso il lunedì e martedì a pranzo
Orario mezzogiorno e sera
Ferie 10 giorni in gennaio, 10 in luglio
Prezzi: 30-38 euro vini esclusi
Carte di credito: AE, BM, CS, MC, Visa

IN BREVE *Cucina tradizionale roerina in questa bella osteria di campagna ospitata in un bel casolare arredato con sobria eleganza.*

L'OSTERIA La famiglia Forno è un'**istituzione di questo territorio**. Ormai da moltissimi anni gestisce questo bel casolare di campagna con una **grande stanza arredata con sobria eleganza e una bellissima cantina** in mattoni, dove sono custodite bottiglie che raccontano il territorio roerino e quelli vicini. L'accoglienza è cordiale e sempre sorridente: non manca mai qualche parola per spiegare piatti, vini e formaggi, che compongono l'offerta.

LA CUCINA La cucina è **quella semplice e tradizionale delle case roerine**, ma è eseguita in modo impeccabile e con buone materie prime. Seduti ai tavoli di questo locale vi sembrerà di partecipare a un lauto pranzo della domenica, dove si susseguono i classici e numerosi antipasti piemontesi – insalata russa, carne cruda, vitello tonnato –, ottimi primi di pasta fresca e secondi soprattutto di carne di manzo o di animali da cortile. Buoni, se avete ancora spazio, i dolci.

I PIATTI Insalata russa all'antica, *Tajarin* con ragù di salsiccia di Bra, Brasato al Nebbiolo

MORANO SUL PO (AL) - Due Sture

TRE MERLI

IN BREVE *Una trattoria vecchio stile dalla calda atmosfera. Il menù è fisso e va deciso al momento della prenotazione. I piatti sono ricchi, sostanziosi e decisamente ben cucinati.*

Via Dante, 18 - Tel. 0142 85275-340 3939820
→ 15 km dall'uscita A26 Casale Monferrato Nord
⏱ Sempre aperto su prenotazione
Orario mezzogiorno e sera Ferie variabili
Prezzi: 27-31 euro vini esclusi
Carte di credito: BM, MC, Visa

L'OSTERIA Storica osteria tra quattro case e le risaie intorno, nella pianura che dalle colline del Monferrato casalese si estende fino al Po: una casa, semplice e immersa nella suggestiva atmosfera di un borgo contadino d'altri tempi, al suo interno svela al pianterreno una **saletta dalle pareti di mattoni** a vista e un bel camino. Al piano superiore se ne trova una più grande dall'**atmosfera casalinga**.

LA CUCINA In cucina Massimo Bobba, in sala la moglie Elena per una cucina tra le più tradizionali, espressione di un territorio, tra Alessandria e Vercelli, in cui si sente **la presenza del fiume**. La clientela torna volentieri per mangiare la panissa (fagioli, riso e salame), le rane che popolano le risaie da luglio fino all'autunno, le lumache raccolte nelle colline circostanti. In autunno polenta, trippa, cotechino, verza con *bagna caoda*, d'estate pesci in carpione e piccole carpe che i figli di Massimo catturano nei fossi quando si toglie l'acqua dalle risaie.

I PIATTI Panissa alla vercellese, Lumache al verde, Verze in *bagna caoda*, Pesci in carpione

NEIVE (CN)

L'AROMATARIO

IN BREVE *Un palazzetto del Seicento ospita questo piacevole ristorantino con alloggio. La proposta gastronomica è in gran parte tradizionale, con qualche variazione e, a volte, qualche pietanza di pesce.*

Piazza Negro, 4
Tel. 0173 677206-349 8086005
→ 5,7 km dall'uscita A33 Castagnito
⏱ Chiuso la sera di dom e mer e il gio
Orario mezzogiorno e sera Ferie in gennaio
Prezzi: 35-40 euro vini esclusi
Carte di credito: BM, CS, MC, Visa

L'OSTERIA Osteria con alloggio, nel centro di Neive, in **un bel palazzo secentesco**, la cui facciata è pressoché totalmente ricoperta di edera. Il locale è organizzato in salette con gran parte dei vini presenti in carta esposti sugli scaffali alle pareti. Un piccolo dehors che affaccia sul **panorama vitato** può essere sfruttato nella bella stagione.

LA CUCINA Ci si può affidare a un menù fisso da 40 euro, che comprende due antipasti, primo, secondo e dessert, altrimenti si sceglie alla carta. **La cucina, di stampo tradizionale, è rivisitata con originalità** dalla giovane chef Beatrice. Frutta e verdura provengono dai contadini locali, le carni e i formaggi dai produttori della zona. Insieme alle classiche proposte del territorio, è da segnalare la presenza di alcune pietanze di pesce.

I PIATTI Vitello tonnato della tradizione, Brasato al Barbaresco, *Bonet*

BUN BEN BON

Strada Vecchia d'Asti, 66
Tel. 0141 726347-340 2595948
🕐 Chiuso mar sera e il mer, ott-feb anche dom sera Orario mezzogiorno e sera Ferie variabili
Prezzi: 30-33 euro vini esclusi
Carte di credito: BM, CS, MC, Visa

IN BREVE *Daniele utilizza prodotti tipici del territorio, seguendo stagioni e tradizione, per realizzare piatti buoni ed eleganti. Daniela, perfetta padrona di casa, mette i clienti a proprio agio.*

L'OSTERIA L'osteria è ormai un punto di riferimento nella ristorazione nicese: se cercate un **locale accogliente e familiare**, con cucina monferrina, questo è il posto giusto. Daniela e Daniele vi sapranno guidare nella scelta dei piatti e dei vini con un **servizio preciso** e attenzione a ogni particolare. Carta dei vini con un'esaustiva selezione di Barbera d'Asti e Nizza, e un'occhio di riguardo agli altri rossi piemontesi.

LA CUCINA I classici della cucina piemontese sono preparati con cura e una particolare attenzione alle **materie prime della zona** e ai Presìdi Slow Food. Si può scegliere alla carta o il menù degustazione a 35 euro comprendente tre antipasti, un primo, un secondo e il dolce. Immancabili gli agnolotti, i *tajarin*, la finanziera. Ottima la torta di nocciole, dolce piemontese che qui trova una delle interpretazioni più riuscite.

I PIATTI Agnolotti, Tagliata di fassona, Guanciotti d'asino stufati con cipolle dolci

NIZZA MONFERRATO (AT)

LE DUE LANTERNE

Piazza Garibaldi, 52 - Tel. 0141 702480
→ 850 m dalla stazione di Nizza Monferrato
🕐 Chiuso lun sera e il mar Orario mezzogiorno e sera Ferie 20 giorni tra luglio e agosto
Prezzi: 33-35 euro vini esclusi
Carte di credito: AE, BM, CS, DC, MC, Visa

IN BREVE *Il ristorante ha il sapore dei tradizionali locali di paese. Buone le preparazioni con cardo gobbo, i tagliolini e gli agnolotti dal plin, lo stracotto alla Barbera, il coniglio all'Arneis.*

L'OSTERIA Aperto da molti anni, questo locale continua a essere una meta fissa per i nicesi e un punto di riferimento per i turisti che vogliono avere un assaggio del **patrimonio culinario piemontese-monferrino**. Merito del grande lavoro della famiglia Ivaldi nella ricerca accurata delle materie prime e nel proporre piatti ben eseguiti e saporiti, scelti da una carta solida dall'**ottimo rapporto tra qualità e prezzo**. Curata e corposa la lista dei vini, incentrata su Barbera d'Asti e Nizza, con una carrellata del migliore Piemonte enologico e buone proposte dal resto d'Italia.

LA CUCINA La cucina fa tesoro dei prodotti del territorio e della loro stagionalità, aggiungendo **un po' d'innovazione** che rende i piatti sempre attuali. Interessante, in stagione, il modo in cui viene utilizzato il cardo gobbo di Nizza (Presidio Slow Food) nei vari antipasti: sotto forma di flan, con fonduta o con la *bagna caoda*. Il gran menù degustazione da 45 euro permette un assaggio esaustivo dei piatti più significativi.

I PIATTI Vitello tonnato, Stracotto di manzo al Nizza, *Bonet*

TRATTORIA DELLO STADIO

IN BREVE *Ivan cucina piatti della tradizione piemontese ma anche di altre regioni, in base alle stagioni e alla disponibilità delle materie prime, utilizzando qualche ingrediente di propria produzione.*

Via Sottile, 2 C - Tel. 0321 1645288
→ 7,3 km dall'uscita A4 Novara Ovest
→ 1,2 km dalla stazione di Novara
🕐 Chiuso domenica sera e lunedì
Orario mezzogiorno e sera Ferie variabili
Prezzi: 32-38 euro vini esclusi
Carte di credito: AE, BM, CS, DC, MC, Visa

L'OSTERIA Questa accogliente e ordinata trattoria dall'**ambiente classico** in cui domina il legno, come si evince dal nome si trova nei pressi del vecchio stadio del Novara Calcio. La cantina ospita un'interessante selezione di etichette prevalentemente locali in offerte alternativa al vino di propria produzione.

LA CUCINA Ivan Traverso cucina piatti della **tradizione piemontese ma anche di altre regioni**, utilizzando qualche materia prima autoprodotta. Le proposte variano in base alle stagioni e alla disponibilità degli ingredienti. Il pane, le paste fresche e i dolci sono tutti fatti in casa. In apertura, la tradizionale panissa novarese è un'ottima alternativa ai salumi delle colline locali. A seguire è **il risotto il grande protagonista**, e la carta elenca alcuni ottimi produttori di riso, dai quali il locale si approvvigiona. Da un fornitore di fiducia arriva il pescato per qualche periodico piatto di mare.

I PIATTI Agnolotti al burro d'alpeggio ed erbette, Risotto, Coniglio con olive taggiasche

CASCINA DEGLI ULIVI

IN BREVE *La cucina di questa osteria immersa nel verde è semplice e gustosa, ricca di piatti di verdure di stagione coltivate nell'orto, rigorosamente in biodinamico.*

Strada Mazzola, 14 - Tel. 0143 744598
→ 9,6 km dall'uscita A7 Serravalle Scrivia
🕐 Aperto da venerdì sera a domenica a pranzo Ferie non ne fa
Prezzi: 20-25 euro vini esclusi
Carte di credito: BM, CS, MC, Visa

L'OSTERIA Questa cascina immersa nel verde è da decenni un simbolo della **produzione biodinamica**. Fondata dal compianto Stefano Bellotti, oggi l'azienda agricola, di cui osteria e agriturismo sono parte integrante, è portata avanti dalla moglie Zita e dalla giovane figlia Ilaria nel segno della più rigorosa continuità. Lo spazio esterno è piacevolissimo così come l'interno, **caldo e accogliente**.

LA CUCINA L'eccezionale punto di forza di questo posto è che le materie prime (verdura, frutta, uova, grani e farine, carni) compiono un percorso dal campo alla tavola di qualche decina di metri. Il sapore dei piatti, semplici e tradizionali, è intenso e deciso come solo **ingredienti di assoluta freschezza e autenticità** possono dare. Il pane è ottenuto con lievito madre centenario e farine di cereali antichi. Il vino è da sempre antesignano del concetto di "naturale".

I PIATTI Agnolotti, Zuppa di legumi, Stracotto

OCCHIEPPO INFERIORE (BI)

LA TAVERNA DEL GUFO

Via Caralli, 6 - Tel. 015 590051
🕐 Chiuso lunedì e martedì
Orario sera, sab e dom anche pranzo
Ferie 1 settimana in giugno, 2 in settembre
€ Prezzi: 38-40 euro vini esclusi
Carte di credito: BM, CS, DC, MC, Visa

IN BREVE *Prodotti selezionati con attenzione al territorio e alla qualità della filiera, con predilezione per piccole aziende e Presìdi Slow Food, in questa spaziosa villetta in mezzo alla vegetazione.*

L'OSTERIA Occhieppo Inferiore è un comune poco fuori Biella. In una villetta immersa nel verde, Stefania Mosso e Vittorio Borgato hanno, ormai da qualche anno, dato vita alla propria osteria. Le pareti colorate e il recupero di vecchi mobili hanno reso **l'atmosfera del locale particolarmente accogliente**. Nelle belle giornate estive si può mangiare nel giardino e provare a sfuggire alla calura.

LA CUCINA **Grande attenzione per le materie prime**, evidenziata anche dall'utilizzo di Presìdi Slow Food. Il rapporto con i fornitori locali è costante e dà modo a Stefania e Vittorio di comporre la carta a seconda della stagione. In menù, diverse preparazioni che raccontano il territorio in modo semplice e non banale, come nel magatello al rosa con funghi e cipollotto o degli gnocchi di patate con ragù piemontese. Altre proposte pescano da produzioni più lontane, sempre scelte con criterio. La carta dei vini è perlopiù territoriale.

I PIATTI Magatello al rosa con funghi e cipollotto, Risotto ai funghi porcini, Costolette di agnello in panure aromatica

ORIO CANAVESE (TO)

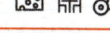

BARBA TONI

Via Torino, 9 - Tel. 011 9898085
→ 4,7 km dall'uscita A5 San Giorgio
🕐 Chiuso dom sera e il lun Orario sera, sab e dom anche pranzo Ferie variabili
€ Prezzi: 38-43 euro vini esclusi
Carte di credito: BM, CS, MC, Visa

IN BREVE *Un'osteria orientata al biologico, ai coltivatori oriesi e ai casari delle valli Orco, Chiusella e Aosta. Il menù è ispirato alla tradizione ma con un tocco di innovazione.*

L'OSTERIA Nel 2001 Alain Zanolo ha aperto questo locale in **una villetta** del centro di Orio. La dedica è al precedente abitante della casa: zio (*barba* in dialetto) Antonio, prozio della moglie Sara Ponzetti, che cura l'accoglienza con garbo. Particolare attenzione ai produttori ortofrutticoli locali biologici e ai giovani vigneron sotto i trent'anni, le cui bottiglie rendono **assai originale una carta dei vini** che vanta circa 350 etichette.

LA CUCINA Alcuni piatti sono continuamente richiesti dai frequentatori: tra questi la battuta di fassone al coltello, i tagliolini del Barba Toni al doppio uovo e brick di mocetta, lo zabaione. Interessanti le **carni cotte a bassa temperatura**, tra le quali il petto d'anatra con composta di ciliege e la fassona con riduzione al Neretto. Da segnalare il tagliere di formaggi locali. Fritto misto e *bagna caoda* sono disponibili nei mesi invernali su ordinazione.

I PIATTI Battuta di fassone con gelato alla robiola o al peperone, Tagliolini del Barba Toni, Zabaione al passito di Caluso

ORMEA (CN)

IL BORGO

Via Roma, 120 - Tel. 0174 391049-339 3046716
🕐 Aperto da venerdì sera a domenica sera,
luglio e settembre gio-dom, agosto mar-
dom Ferie variabili in novembre
Prezzi: 28-35 euro vini esclusi
Carte di credito: BM, CS, DC, MC, Visa

IN BREVE *La trattoria esprime bene la ricchezza del territorio con ricette semplici e ben eseguite, che portano il segno della contaminazione gastronomica fra la montagna piemontese e l'entroterra ligure.*

L'OSTERIA Dal 2015 la gestione di questa **storica osteria di Ormea**, grazioso paese della Val Tanaro, è nelle mani di Massimo Coccalotto e di Cinzia e Sandra Ricci. È quest'ultima a prendersi cura dei clienti nell'**unica, accogliente, sala dalla volta a botte in mattoni**, mentre Massimo e Cinzia pensano a coccolarli con piatti che guardano sia alla cu*cin*a piemontese di montagna sia al vicino entroterra ligure.

LA CUCINA La valle è foriera di diverse materie prime utilizzate in cucina. A seconda della stagione, vengono utilizzati funghi, castagne, erbe, patate, rape, in particolare quelle di Caprauna, Presidio Slow Food. La cucina è semplice ma ben eseguita. Vari i piatti tipici del territorio, dalle fozze di Ormea, sorta di focacce servite con il lardo, al tortello con il *cin* (tipico ripieno con patate ed erbe). Tra i secondi carni di vitello, agnello, selvaggina.

I PIATTI Tortello con il *cin*, Brasato di vitello al vino Ormeasco, Panissa di ceci

ORTA SAN GIULIO (NO) - Legro

IL CUCCHIAIO DI LEGNO

Via Prisciola, 10 - Tel. 339 5775385
→ 650 m dalla stazione di Orta Miasino
🕐 Chiuso lunedì e martedì Orario sera,
sabato e domenica anche pranzo
Ferie 1 mese tra gennaio e febbraio
€ Prezzi: 40-50 euro vini esclusi
Carte di credito: BM, CS, DC, MC, Visa

IN BREVE *Non distante dal centro, un agriturismo con camere dove le pietanze della tradizione sono realizzate con prodotti locali, oltre che propri. Ottimi i diversi tipi di pane.*

L'OSTERIA Nella frazione di Legro, a pochi metri dalla stazione ferroviaria, si trova l'agriturismo della famiglia Allegranza, gestito da Maria Piera. **Arredato con cura e impreziosito da un verde spazio esterno**, è il luogo giusto per conoscere i sapori del territorio.

LA CUCINA **La carta elenca innanzitutto i tanti artigiani**, dai quali la cucina si rifornisce. Salumi, formaggi e carni locali compongono gran parte degli antipasti. Tra i primi, paste secche e gnocchi o un divertente arancino dell'orto preparato con le verdure coltivate in loco. I secondi sono, invece, soprattutto di carne, con una presenza quasi fissa di preparazioni di quinto quarto come la trippa o il diaframma. **Curiosa la proposta di panini** realizzati con i lievitati di un forno locale nato durante il periodo di lockdown primaverile. La carta dei vini, non estesa, privilegia i piccoli produttori regionali. Molto bella la selezione delle birre artigianali con alcuni dei principali interpreti della zona.

I PIATTI Magatello di vitello cotto a bassa temperatura, Gnocchi di patate e monococco, Trippa di vitello

PAESANA (CN) - Calcinere Inferiore

OSTERIA ALPINO

Calcinere Inferiore, 40
Tel. 0175 987238-348 7422315
🕐 Chiuso martedì e mercoledì, mai in agosto Orario mezzogiorno e sera
Ferie 15 gennaio-15 febbraio
Prezzi: 30-33 euro vini esclusi
Carte di credito: AE, BM, CS, DC, MC, Visa

IN BREVE *Un locale in cui regnano la tradizione e la stagionalità. Fra le ottime materie prime utilizzate, la gallina bianca di Saluzzo, le patate di Calcinere, le trote del Po.*

L'OSTERIA Siamo in frazione Calcinere, all'imbocco della Valle Po, con il Monviso ben visibile sullo sfondo. I punti fermi del locale di Clelia Carle sono la tradizione, la stagionalità, la cucina casereccia, la **capacità di selezionare alcuni dei migliori prodotti del territorio**, la calorosa gestione della sala. Carta dei vini ampia, perlopiù classica, con qualche isolata incursione fra quelli naturali.

LA CUCINA Fra le ottime materie prime utilizzate, la gallina bianca di Saluzzo (proposta come antipasto in tre versioni), le **patate di Calcinere protagoniste di ottimi gnocchi**, le trote del Po. Altre proposte: il tris della tradizione (carne cruda battuta al coltello, insalata russa e acciughe al verde), lo scamone panato, i *subrich* di patate e i semolini fritti, il tiramisù. Se capitate nel periodo giusto, ricordatevi di ordinare i piatti a base di funghi.

I PIATTI Tagliolini 30 tuorli ai funghi porcini, *Subrich* di patate, Trota in padella

PAROLDO (CN)

SALVETTI

Via Coste, 19 - Tel. 0174 789131-347 8904709
→ 9,7 km dall'uscita A6 Ceva
🕐 Chiuso lunedì e martedì
Orario mezzogiorno e sera Ferie variabili
Prezzi: 32 euro menù fisso vini esclusi
Carte di credito: BM, CS, DC, MC, Visa

IN BREVE *Qui si respira l'atmosfera che dell'autentica piola di Langa. La cucina è familiare, il menù fisso, i piatti raccontano molto di questa terra e della sua gente.*

L'OSTERIA L'atmosfera che si respira in questa osteria dell'alta Langa **è quella tipica delle piole di campagna**: semplice, calda e accogliente. A portarla avanti, da tre generazioni, la famiglia Salvetti che le dà anche il nome.

LA CUCINA Il **menù fisso** (32 euro) è una **successione dei piatti più significativi di queste terre**, proposti con rispetto per la tradizione e per le materie prime selezionate sul territorio. Salumi, formaggi, frittelle, i tipici antipasti piemontesi, paste fresche e arrosti di carni, perlopiù di cortile, compongono la serie di proposte che variano con la stagione. Per iniziare viene offerto un calice di Alta Langa, il resto si può scegliere da un piccola carta.

I PIATTI Vitello tonnato all'antica maniera, Tagliatelle all'antica maniera, Faraona al forno

LECTOR IN TABULA

IN BREVE *Locale giovane e fresco, dall'ambiente estremamente piacevole. La carta è semplice, con pochi piatti cucinati bene. Ingredienti e ricette locali accompagnano qualche piacevole evasione.*

Via Canoreto, 1 - Tel. 327 0067319
Chiuso lun- mer Orario sera, dom a pranzo Ferie ultima settimana di agosto
Prezzi: 27-30 euro vini esclusi
Carte di credito: BM, MC, Visa

L'OSTERIA Milena Lazier ha deciso di unire le sue due passioni, la cucina e i libri, aprendo nel 2018 un **locale giovane** dove, oltre a gustare i piatti che lei stessa prepara, è possibile sfogliare e acquistare i libri di alcune piccole case editrici. **La sala è moderna e luminosa** grazie ad ampie vetrate, che affacciano sul giardino esterno ed esaltano così i colori delle sedie e il tono caldo del legno di pareti e pavimenti. Da gennaio 2021 il locale sarà ampliato con un'altra sala, nel medesimo stile, al piano superiore.

LA CUCINA Per garantire un'adesione vera e costante a ciò che la stagione mette a disposizione, **il menù cambia spesso e non si presenta troppo esteso**. La tradizione è un riferimento costante, anche se i piatti che siamo abituati a trovare nelle osterie piemontesi qui sono la minoranza. La maggior parte delle preparazioni, che guardano al territorio, sono infatti frutto della creatività della cuoca. Ci sono tante verdure ben cucinate, primi piatti di pasta fresca, secondi di carne.

I PIATTI Flan di zucca con fonduta al blu d'Alpe, Pappardelle ai funghi profumati alla salvia, Spezzatino di coniglio

PORTACOMARO (AT) - Migliandolo-Cornapò

BANDINI

IN BREVE *Ristorante moderno e arredato con originalità, propone cucina di tradizione realizzata con ottime materie prime. Imperdibili le paste fresche e la bistecca di razza piemontese.*

Via Cornapò, 135 - Tel. 0141 299252
→ 4,8 km dall'uscita A21 Asti Est
Chiuso il lunedì
Orario pranzo e cena Ferie 1-20 gennaio
Prezzi: 35-40 euro vini esclusi
Carte di credito: AE, BM, CS, DC, MC, Visa

L'OSTERIA Un edificio poco appariscente all'esterno, ma accogliente, luminoso e ben arredato, ospita un'osteria di prim'ordine. Il nome Bandini, che si deve al protagonista della saga romanzesca di John Fante, scrittore statunitense di cui è l'alter ego, è stato scelto dai gestori, Massimo Rivetti e Antonello Bera, il primo ai fornelli, il secondo in sala, appassionati di letteratura e di moto. In sala e nel dehors i tavoli sono apparecchiati in modo semplice, con **grande cura dei dettagli**.

LA CUCINA **Impeccabile esecuzione** dei piatti della tradizione accanto a preparazioni più creative, tutte realizzate con materie prime selezionate da **fornitori locali** e secondo stagione. Sempre in menù alcuni piatti di pesce. Carta dei vini notevole, con un occhio di riguardo per i naturali e ricarichi corretti.

I PIATTI Cardi con *bagna caoda*, *Tajarin* con ragù, Cervella, Rollata di coniglio, *Bonet*

AL CHERSOGNO

Borgata Allemandi, 6 - Tel. 0171 99223
🕐 Non ha giorno di chiusura Orario sera, domenica anche pranzo Ferie variabili
Prezzi: 25 euro menù fisso vini esclusi
Carte di credito: AE, BM, CS, MC, Visa, Satispay

IN BREVE *Agriturismo, dotato anche di belle stanze, con una cucina casereccia, costruita intorno alle materie prime autoprodotte e alla selezione dei migliori ingredienti che la montagna occitana sa offrire.*

L'OSTERIA Quello di Al Chersogno è un microcosmo che ruota intorno all'attività agricola, facendo ricezione in chiave occitana. La base di tutto è la coltivazione di tantissime varietà di patate di montagna, segale, ortaggi, frutta, oltre alla produzione di miele, confetture, pane, e alla raccolta di erbe spontanee. Nell'agriturismo, dotato di belle e confortevoli stanze, c'è anche il ristorante, con una **cucina casereccia**, costruita intorno alle **materie prime autoprodotte** e alla selezione dei migliori ingredienti che la montagna occitana sa offrire. La prenotazione è obbligatoria.

LA CUCINA La **semplicità prima di tutto**: i prodotti dell'agriturismo sono i protagonisti indiscussi, e vale davvero la pena soffermarsi sulle patate di montagna, di cui Daniele Landra e famiglia coltivano diverse varietà, anche in vendita. Il menù è fisso, disegnato sul giorno e la stagione, con possibilità di piccole variazioni.

I PIATTI *Cruset*, Toma con patate ed emulsione al miele, Coniglio con patate al forno, Panna cotta al miele di ciliegio

LOCANDA OCCITANA CA' BIANCA

Strada Luisa Paulin, 53
Tel. 0171 918500-338 1974015-328 1324790
🕐 Chiuso la domenica Orario pranzo, venerdì anche a cena Ferie variabili
Prezzi: 25-30 euro vini esclusi
Carte di credito: BM, CS, MC, Visa, 8

IN BREVE *L'atmosfera è familiare, la cucina genuina, le porzioni abbondanti, i prezzi più che onesti. Da non perdere le specialità occitane quali le ravioles, la supa mitonà, la döba.*

L'OSTERIA Una piacevole e semplice sosta di bontà e serenità: potrebbe essere riassunta così l'esperienza dalle sorelle Emanuela e Chiara Isaia a Roccabruna, in Val Maira. Oltre a un'ampia sala interna, la struttura, dispone di qualche stanza per il pernottamento e di un dehors.

LA CUCINA Cucina genuina e **porzioni abbondanti, piatti tradizionali** e nessun orpello. Per cominciare il suggerimento è di assaggiare le acciughe tricolore, dedicate alla via del Sale che passava proprio da qui. Una volta omaggiata la storia della valle, potrete procedere come più vi aggrada sapendo che **tutti i classici sono ben eseguiti**, dal vitello tonnato alla *döba* (uno spezzatino speziato al vino rosso), fino alle *ravioles* (gnocchi dalla forma affusolata).

I PIATTI Acciughe tricolore, *Döba*, *Ravioles*

ROCCAVERANO (AT)

DEL BRAMANTE

IN BREVE *Gli ambienti dell'osteria sono accoglienti, intimi, ricavati all'interno di una vecchia casa. La conduzione è familiare, l'offerta tipica di Langa. Disponibili anche alcune camere.*

Piazza Barbero, 6 - Tel. 0144 93046
🕐Chiuso il martedì Orario pranzo e cena
Ferie 15 giorni in febbraio
Prezzi: 28-32 euro vini esclusi
Carte di credito: BM, CS, DC, MC, Visa

L'OSTERIA La trattoria si trova a Roccaverano che, con i suoi 765 metri di altitudine, è il comune più alto dell'Astigiano. A poche decine di metri potete visitare la torre del castello, da cui godrete di un panorama mozzafiato. Il locale, molto semplice, è gestito da anni dalla famiglia Nervi che, con **passione e gentilezza**, contribuisce a rendere l'**atmosfera amichevole e accogliente**. La carta dei vini propone una convincente selezione di produttori astigiani e delle Langhe.

LA CUCINA **La cucina è genuina**, espressione del territorio. Meritano una segnalazione le robiole di Roccaverano (Presidio Slow Food) nelle varie stagionature. Considerato che per la produzione della robiola si usa il latte delle capre di razza locale, non può mancare, in stagione, il capretto al forno. Possibilità di ordinare due menù degustazione, a 30 e 35 euro, scegliendo i piatti.

I PIATTI Vitello tonnato, Gnocchi alla robiola, Arrosto di maiale alla tonda gentile delle Langhe

ROCCHETTA TANARO (AT)

DA TASCHET

IN BREVE *Classica trattoria di paese annessa al bar, propone piatti della cucina piemontese: insalata russa, vitello tonnato, agnolotti quadrati, trippa astigiana, merluzzo al verde.*

Piazza Piacentino, 11 - Tel. 0141 644424
→ 12,3 km dall'uscita A21 Asti Est
🕐Chiuso il mer Orario sera, sab, dom e festivi anche pranzo Ferie in febbraio
Prezzi: 25-30 euro vini esclusi
Carte di credito: BM, CS, DC, MC, Visa

L'OSTERIA Nel paese che ha contribuito più di tutti alla rinascita della Barbera, questa **vineria con cucina** gestita da Carlo Bo, detto Taschet, ormai da un quarto di secolo è un buon indirizzo per assaggiare **piatti di chiara matrice astigiana** preparati con buone materie prime.

LA CUCINA Sin dagli antipasti la proposta gastronomica di Giovanni, coadiuvato in cucina dalla madre, si mostra per quello che è la più **semplice e autentica tradizione**. Si susseguono così vitello tonnato, insalata russa, cruda di fassone. Tra i primi *plin* e *tajarin*, mentre, per secondo, vale la pena provare la trippa con fagioli. In chiusura goloso il *bonet*. La carta dei vini è soprattutto territoriale.

I PIATTI Vitello tonnato, Trippa con fagioli, Peperone arrostito e farcito

QUALITÀ DAL 1926

34,5 mg/l **RESIDUO FISSO**

PH NEUTRO

0,8 mg/l **SODIO**

1,4 mg/l **NITRATI**

OGNI
GOCCIA
CONTA

DESIGN BY GIUGIARO

105 GOCCE LITRO 1l

105 GOCCE 75cl

88 GOCCE 50cl

71 GOCCE 33cl

S.Bernardo

La **DOPPIA NATURA** del *Gusto*

SALVIA & LIMONE

PENTOLE AGNELLI
PROFESSIONAL COOKWARE
MADE IN ITALY

*Chi le sceglie
ha un anima da Chef*

#NONTOCCATEMILAPADELLA

Agnelli
SINCE 1907

Varietà, passione, piacere.

ROCCHETTA TANARO (AT)

I BOLOGNA

IN BREVE *In questo ristorante di sobria eleganza, curato nei dettagli, a gestione familiare, il cuore del menù è la solida tradizione piemontese, alleggerita e vestita a festa.*

Via Sardi, 4 - Tel. 0141 644600
→ 11,6 km dall'uscita A21 Asti Est
⏱ Chiuso il martedì **Orario** pranzo e sera, d'estate pranzo su prenotazione
Ferie 1 mese in gennaio-febbraio
€ Prezzi: 46-48 euro vini esclusi
Carte di credito: BM, CS, MC, Visa

L'OSTERIA Quanta storia tra i tavoli di questo ristorante alle porte di Rocchetta Tanaro! La famiglia Bologna – di cui Giacomo fu grande alfiere con la cantina Braida – è garanzia di qualità fin dai tempi della fondatrice, mamma Caterina. Il nipote Beppe, in cucina, e la moglie Cristina, in sala, sono perfetti padroni di casa, la cura dei dettagli trasmette un'**eleganza sobria e avvolgente**. Scelta dei vini di impianto classico, con etichette di Monferrato e Langa, oltre ovviamente a tutta la gamma di famiglia.

LA CUCINA Non c'è un menù scritto e i piatti vengono elencati sempre a voce. **La cucina è curata, solida**, presentata in maniera molto invitante. La signora Mariuccia – madre di Beppe – è un punto fermo del locale e si occupa due volte al giorno delle **paste fresche** con attenzione certosina: un must assoluto. I piatti rileggono e ingentiliscono la tradizione, a partire da antipasti di rara godibilità: vitello tonnato e cruda di fassona battuta al coltello sono da manuale.

I PIATTI Tris di peperone, Agnolotti piemontesi, Ossobuco di vitello

RODDINO (CN)

DA GEMMA

IN BREVE *Un'osteria tipica, dall'atmosfera familiare e dai prezzi contenuti. Il menù è fisso e comprende tutti i classici: insalata russa, vitello tonnato, ineccepibili plin e tajarin, bonet.*

Via Marconi, 6 - Tel. 0173 794252
⏱ Chiuso lunedì e martedì **Orario** pranzo, venerdì-domenica anche sera **Ferie** variabili
Prezzi: 28-30 euro menù fisso
Carte di credito: BM, CS, DC, MC, Visa

L'OSTERIA Non ci fosse Gemma, Roddino sarebbe un piccolo paese poco trafficato dal cuore langhetto. **Gemma Boeri è un'autentica istituzione** della tradizione piemontese, a partire dalle paste tirate a mano: questo è un luogo di culto e funge anche da bar di paese, in cui gli anziani giocano a carte. **Porzioni abbondanti, prezzi accessibili** e tanto calore misto alla confusione dei luoghi affollati faranno il resto. Daniele, il figlio di Gemma, gestisce il servizio. Pochi e ben scelti i vini, perlopiù territoriali. Il consiglio è prenotare con largo anticipo, specie per i weekend.

LA CUCINA Il menù è fisso. Si inizia sempre con salame crudo e cotto, carne cruda macinata, vitello tonnato e insalata russa: attenti a non esagerare con gli antipasti. Ravioli dal *plin* e *tajarin* sono imperdibili. Coniglio arrosto o brasato saranno il degno proseguimento prima del tris di dolci. In alternativa al Dolcetto della casa qualche buona etichetta locale.

I PIATTI *Tajarin* al ragù, Agnolotti dal *plin*, Arrosto di vitello

ROMAGNANO SESIA (NO)

ALLA TORRE

Via I Maggio, 75 - Tel. 0163 826411
→ 3,5 km dall'uscita A26
   Romagnano Sesia-Ghemme
🕐 Non ha giorno di chiusura Orario pranzo,
venerdì-domenica anche sera Ferie gennaio
Prezzi: 33-36 euro vini esclusi
Carte di credito: AE, BM, CS, DC, MC, Visa

IN BREVE *In questo ristorante ubicato sotto la torre, l'ambiente è caldo come l'accoglienza, riservata ma al tempo stesso familiare. Gli ingredienti sono acquistati da contadini e artigiani locali.*

L'OSTERIA Nel 2021 compirà trent'anni questo **accogliente locale posto al piano terra della torre quattrocentesca** di Romagnano Sesia. A gestirlo da sempre Andrea Capitanio e Lucia Guglielmetti. Andrea è un profondo conoscitore di vino e vale davvero la pena farsi consigliare da lui su quali siano le etichette più adatte per l'abbinamento con i piatti: non avrete problemi a trovare quello che fa per voi, lui è bravissimo e la carta è ben costruita, sul territorio dell'alto Piemonte ma non solo.

LA CUCINA La cucina parte dalle materie prime, in gran parte del territorio, utilizzate in **piatti spesso creativi**, che hanno però sempre un **aggancio solido con la tradizione**. Il menù è piuttosto ampio e annovera grandi classici ottimamente eseguiti come il vitello tonnato o i *tajarin* al ragù marinato nel Ghemme. Tutti buoni i secondi. Vale la pena tenersi uno spazio per i formaggi: la selezione è davvero interessante.

I PIATTI Vitello tonnato, *Tajarin* al ragù marinato nel Ghemme, Faraona disossata alle mele renette

SALUZZO (CN)

CORONA DI FERRO

Via Martiri della Liberazione, 48
Tel. 0175 218975
→ 500 m dalla stazione di Saluzzo
🕐 Chiuso il mercoledì
Orario mezzogiorno e sera Ferie variabili
Prezzi: 34-38 euro vini esclusi
Carte di credito: AE, BM, CS, MC, Visa

IN BREVE *La qualità inappuntabile della cucina e un servizio di alto livello fanno della Corona di Ferro una tappa imperdibile.*

L'OSTERIA Nel centro di Saluzzo, un'**elegante casa con un ampio cortile** – che nella bella stagione funge da piacevolissimo dehors – ospita un'**accogliente e tradizionale osteria**. Accanto, a novembre 2019, è stata aperta una gastronomia dove è possibile acquistare alcuni piatti, vini e prodotti. A questo proposito, la ricca cantina ben rappresenta il Piemonte, con alcune valide incursioni fuori zona.

LA CUCINA I **piatti della tradizione piemontese sono preparati con grande attenzione** per le materie prime e presentati con cura. Talvolta la cucina si concede qualche tocco più creativo ma l'impianto resta soprattutto classico. Come sempre in questa regione, sono protagoniste le carni preparate in molti modi diversi: crude, battute al coltello, arrosto, bollite, brasate. Notevoli anche gli antipasti e i primi di pasta fresca.

I PIATTI Battuta di fassona, Agnolotti dal *plin*, Lumache in porchetta

SAMBUCO (CN)

OSTERIA DELLA PACE

IN BREVE *Osteria annessa all'omonimo albergo, è un baluardo dei sapori della Valle Stura. L'agnello di Bartolo è assolutamente imperdibile.*

Via Umberto I, 32 - Tel. 0171 96628
🕐 Chiuso il lunedì
Orario pranzo e cena Ferie 15 gg in giugno,
1 mese in ottobre-novembre
Prezzi: 27-33 euro vini esclusi
Carte di credito: BM, CS, DC, MC, Visa

L'OSTERIA L'osteria si trova nel centro di Sambuco, borgo fra i più belli della Valle Stura di Demonte, nello stesso edificio che ospita, dal 1882, anche l'albergo. Manuela, la figlia di Bartolo, il cuoco che ha tenuto viva in cucina la tradizione dell'**agnello sambucano**, rappresenta la **quinta generazione della famiglia Bruna**. In sala è assistita dal marito Raffaele Delfino, sommelier. Ampia carta dei vini, con attenzione ai naturali.

LA CUCINA La Valle Stura è situata **nel cuore della "piccola patria occitana"**, e le sue tradizioni si riflettono anche in cucina. Bartolo Bruna lavora la trota salmonata per ottenere un paté che serve con pan brioche fatto in casa. Fra le verdure predilige le zucchine in carpione, leggermente infarinate a metà cottura, ricetta della mamma. E se i *cruzet* con i porri di Cervere e l'agnello spadellato sono classici imperdibili, non devono essere trascurate altre carni come lo stracotto di *brut e bun* e tra i dolci le bavaresi alle fragole o ai mirtilli.

I PIATTI *Cruzet*, Agnello spadellato, Baccalà mantecato con olive e pomodorini

SAN MARZANO OLIVETO (AT) - Valle Asinari

DEL BELBO DA BARDON

IN BREVE *Una proposta soprattutto di carne e di tradizione quella di questa vera e propria istituzione piemontese, uno dei migliori esempi di che cosa possa significare stare bene a tavola.*

Via Valle Asinari, 25 - Tel. 0141 831340
🕐 Chiuso mercoledì e giovedì, domenica
sera in inverno Orario mezzogiorno e sera
Ferie 22 dicembre-22 gennaio
Prezzi: 36-38 euro vini esclusi
Carte di credito: AE, BM, CS, MC, Visa

L'OSTERIA Un **bel casale di campagna**, immerso tra le vigne a una ventina di chilometri da Asti, recentemente ristrutturato rendendo le **sale luminose e fresche**: è questo il luogo dove la famiglia Bardon, da generazioni, delizia i propri ospiti e ha fatto della gioia dell'accogliere il proprio marchio di fabbrica. Qui, infatti, non si viene solo per la **straordinaria interpretazione della cucina piemontese più tradizionale**, anche perché questo è **uno dei migliori esempi di che cosa possa significare stare bene a tavola**. A rendere l'esperienza completa, una selezione di vini, soprattutto del territorio, ampia e approfondita, con appassionate fughe verso la Francia.

LA CUCINA Una proposta innanzitutto di carne e di tradizione esce dalle cucine di questa vera e propria istituzione piemontese. Inutile elencare le innumerevoli preparazioni cucinate quotidianamente, certamente vale la pena suggerire – se presenti – il bollito misto, la finanziera, le carni arrosto o brasate. Ottimi i salumi e i primi piatti di pasta fresca.

I PIATTI Bollito misto, Finanziera, Stinco arrosto

LA TAVERNA DEI TRE GUFI

Via Devietti Goggia, 71
Tel. 011 9247047-333 6530396
🕐 Chiuso il giovedì Orario sera, domenica a pranzo Ferie 2 settimane in agosto, 15 giorni dopo Santo Stefano
Prezzi: 35-38 euro vini esclusi
Carte di credito: BM, CS, MC, Visa

IN BREVE *Un locale dall'ambiente semplice e casalingo nelle vicinanze dell'aeroporto di Caselle. Il menù è legato alle stagioni e le verdure arrivano dall'orto di famiglia.*

L'OSTERIA In un'**ex casa contadina** di una piccola borgata vicina all'aeroporto di Caselle, questa accogliente osteria è costituita da tre ambienti più raccolti e da un grande salone. La famiglia di Adriano Grasso gestisce il locale da venticinque anni: in sala il figlio Alessandro, in cucina la figlia Elisabetta. Dall'**orto di famiglia** arrivano le verdure utilizzate in cucina. Di recente apertura il Nido dei Gufi: ricavato nell'ex fienile di fronte all'osteria, dispone di sei camere per il pernottamento.

LA CUCINA La famiglia è originaria di Ivrea e in cucina tende a valorizzare i prodotti e le **ricette del Canavese e della bassa Valle d'Aosta**. Ne sono un esempio il sempre disponibile *salignun* con crostini e miele, e la carne salata fatta in casa e condita con un infuso di finocchietto. Oltre a una buona selezione di vini, soprattutto piemontesi, e a qualche bottiglia di Champagne proposta a prezzi interessanti, c'è anche una carta delle birre artigianali.

I PIATTI Risotto al pesto di aglio orsino con scaglie di testun, Guancia di fassone cotta 12 ore al Nebbiolo, Trippa alla canavesana con fagioli borlotti

CORONA

Via Vittorio Emanuele, 14 - Tel. 0131 786203
🕐 Chiuso lun e mar Orario mezzogiorno e sera in estate, gli altri mesi a cena, merc e gio solo pranzo Ferie da Natale a Pasqua
Prezzi: 32-35 euro vini esclusi
Carte di credito: AE, BM, CS, DC, MC, Visa, Satispay

IN BREVE *Nata come locanda nel 1702, questa osteria a gestione familiare propone una cucina stagionale, che si basa su materie prime coltivate nel raggio di pochissimi chilometri.*

L'OSTERIA Un tempo San Sebastiano Curone rappresentava un luogo di sosta privilegiato per coloro che si trovavano a transitare sulla via del Sale che da Genova portava verso il Nord. Per questo, nel 1702 (non abbiamo sbagliato... proprio nel 1702) la famiglia Fontana, oggi giunta alla **dodicesima generazione**, aprì la propria locanda, tappa di ristoro per i tanti viaggiatori che qui giungevano stanchi e potevano così godersi qualche momento di piacere e di riposo.

LA CUCINA Immersi nel **fascino delle antiche sale**, assaporerete diverse portate che si rifanno a una **cucina tradizionale** preparata con materie prime provenienti in grandissima parte dalla Val Curone, a pochissimi chilometri da qui. Ottima la pasta fresca, buonissimi i salumi di apertura che accompagnano torte salate, insalata russa e tanto altro. Tra i secondi, soprattutto carne di manzo o di animali di cortile. Valida la selezione dei formaggi, minuta, locale e attenta quella dei vini.

I PIATTI Insalata russa, Gnocchi con crema di latte, Trippa con fagiolane

SERRALUNGA DI CREA (AL)

RISTORANTE DI CREA

Piazza Santuario, 7 - Tel. 0142 940108
Non ha giorno di chiusura Orario mezzogiorno, sera su prenotazione Ferie variabili
Prezzi: 35-40 euro vini esclusi
Carte di credito: BM, CS, DC, MC, Visa

IN BREVE *Il ristorante si trova proprio sulla piazza vicina al santuario e dispone di più sale con molti posti. Le materie prime sono reperite da fornitori della zona.*

L'OSTERIA Nei pressi della piazza del santuario ammesso dall'Unesco tra i Patrimoni mondiali dell'umanità, si trova questo **ampio ristorante** gestito da un gruppo di amici. Diverse sale e un ampio dehors fanno da cornice a una **cucina rispettosa della tradizione**. È sempre gradita la prenotazione.

LA CUCINA Sono i **classici delle case monferrine e piemontesi** ad animare il menù del ristorante. Le materie prime sono scelte con attenzione, soprattutto in zona. *Tajarin*, insalata russa, agnolotti alla monferrina alcuni dei piatti sempre in carta. Da provare il fritto misto preparato secondo il codice dell'Accademia della Fricia. Diverse le etichette di Grignolino locale elencate in una carta che ben rappresenta la regione.

I PIATTI Fritto misto, *Tajarin* 30 tuorli, Agnolotti alla monferrina

SERRALUNGA D'ALBA (CN)

CASCINA SCHIAVENZA

Via Mazzini, 4 - Tel. 0173 613115
Chiuso il mar Orario pranzo, ven e sab anche sera Ferie da fine giugno a fine agosto
Prezzi: 32-35 euro vini esclusi
Carte di credito: BM, CS, DC, MC, Visa

IN BREVE *Piacevole osteria a gestione familiare, si trova ai piedi del castello di Serralunga. I piatti sono abbondanti, di tradizione, preparati con ingredienti eccellenti.*

L'OSTERIA La trattoria è adiacente all'azienda che possiede vigne a Serralunga e Monforte, e produce Barolo, Dolcetto, Barbera d'Alba e altri vini. La bella posizione, in basso rispetto allo scenografico castello, ne fa una piacevole destinazione, resa ancora più gradevole nella bella stagione dalla **panoramica terrazza**. La gestione è familiare, affidata a Maura che in cucina è affiancata dalla figlia Emanuela e in sala dalla sorella Enrica.

LA CUCINA Qui si apprezza la tipica **cucina familiare di Langa**, grazie alla bontà delle materie prime e alla schiettezza delle preparazioni. Tutta la pasta è fatta in casa: **molti clienti vengono proprio per gustare** *plin* e *tajarin*. I condimenti variano secondo stagione e, tra autunno e inverno, contemplano anche una passata di tartufo. Oltre al classico brasato, meritano tra le carni il coniglio alle erbe e il pollo alla cacciatora. La *cognà* fatta in casa è un altro dei punti forti, assieme agli ottimi gelati, fra i quali spiccano quello al Barolo chinato e quello alla menta.

I PIATTI *Tajarin*, *Plin*, Insalatina di galletto

CENTRO STORICO

Via Roma, 6 - Tel. 0173 613203
🕐 Chiuso lunedì e martedì Orario mezzogiorno e sera Ferie metà gennaio-metà febbraio e 1 settimana in agosto
Prezzi: 35-40 euro vini esclusi
Carte di credito: BM, CS, MC, Visa

IN BREVE *Sotto al castello di Serralunga, un'osteria con due piccole sale di cui una, all'ingresso, è una piccola bomboniera di grandi bottiglie, salumi e altre golosità.*

L'OSTERIA Questo è il regno di Alessio Cighetti, oste appassionato e all'apparenza ruvido, profondo conoscitore di materie prime e di vini. **La sua osteria**, due piccole sale e un altrettanto minuto dehors, **deborda di bontà**. Basta entrare per accorgersene: prosciutti italiani e spagnoli, salami appesi sopra il bancone, formaggi in bella mostra in una piccola vetrinetta, bottiglie di vino ovunque.

LA CUCINA **La cucina è semplice ma di grande qualità.** Oltre a salumi e formaggi si possono scegliere acciughe al verde o battuta di fassona al coltello. Tra i primi oltre, al classico duo *plin* e *tajarin*, c'è sempre una scelta di pasta secca. Secondi di carne cotta espressa o in lunghe cotture. La carta dei vini è enciclopedica, con tutta la Langa che conta, tante bollicine (sopratutto Champagne) e altre etichette provenienti da ogni angolo del Paese.

I PIATTI Vitello tonnato, *Tajarin* al ragù, *Bonet*

TRE CASE

Via Roma, 36 - Tel. 0173 613290
🕐 Chiuso mar e mer Orario pranzo e cena
Ferie due settimane in febbraio
💶 Prezzi: 40-45 euro vini esclusi
Carte di credito: AE, BM, CS, MC, Visa

IN BREVE *Circondato dalle colline vitate, un locale accogliente ed essenziale, gestito da due giovani entusiasti amanti della tradizione, che rivisitano in modo delicato.*

L'OSTERIA Un'**osteria minimale e contemporanea** nel centro di Serralunga, proprio ai piedi del castello. A gestirla, Marco Ruata e Veronica Petti, lui in cucina e lei in sala, **giovani e appassionati** osti che ogni giorno portano in tavola **piatti della tradizione** e nuove interpretazioni, preparati a partire dalle migliori materie prime che il territorio mette a disposizione. La terrazza è il luogo giusto per godersi i giorni più miti.

LA CUCINA Marco non rinuncia a qualche piatto più creativo anche di pesce, ma sono i **piatti della tradizione** (raccolti anche in un menù degustazione a 40 euro) a fare la parte del leone. Le verdure e la frutta provengono da un fornitura di fiducia del Roero. Battuta di fassona, *tajarin* 30 tuorli con ragù di salsiccia, finanziera sono quasi sempre presenti e preparati con grande tecnica e intensità gustativa. Una selezione di formaggi ben composita chiude il pasto. Carta dei vini con il meglio del territorio, anche al calice.

I PIATTI Battuta di fassona, *Tajarin* 30 tuorli con ragù di salsiccia, Costine di maiale arrosticciate

SERRAVALLE LANGHE (CN)

LA COCCINELLA

IN BREVE *Una tappa al confine del-*
le Langhe semplicemente imperdibile.
Ambiente curato e classico, grande
cortesia, carta dei vini articolata e la
possibilità di spaziare tra carne e pesce.

Via Provinciale, 5 - Tel. 0173 748220
🕐 Chiuso il martedì e mercoledì a pranzo
Orario mezzogiorno e sera Ferie 10 genna-
io-10 febbraio, seconda metà di giugno
💶 Prezzi: 44-48 euro vini esclusi
Carte di credito: BM, CS, DC, MC, Visa

L'OSTERIA Questa è una delle tappe obbligate in alta Langa. Là dove le dolci colline vitate lasciano spazio alla nocciola tonda e gentile, i fratelli Dellaferre-ra – Massimo in cucina, Alessandro e Tiziano in sala – offrono la possibilità di **spaziare tra mare e monti** con pari sicurezza, nonostante il cuore intima-mente langhetto. **Ambiente curato e classico**, grande cortesia, carta dei vini articolata per poter spaziare su entrambi i percorsi, sono una costante.

LA CUCINA Alla Coccinella – e non capita spesso in zona – c'è davvero l'imba-razzo della scelta. Sia tra il menù di carne e quello di pesce, sia all'interno delle singole liste: sembra ci siano due ristoranti in uno ed è difficile scegliere. Due i menù degustazione, a 49 e 58 euro. Materie prime freschissime e paste tirate a mano fanno la differenza. In stagione, **fuori carta a base di funghi** con *tajarin* e frittura da applausi.

I PIATTI Insalata di petto d'anatra con lamponi, mele e scaglie di parmigiano, *Tajarin* al ragù di coniglio grigio di Carmagnola, Agnello dell'alta Langa arroto-lato con patata ripiena di cipollotti e pancetta

SESSAME (AT) - Giardinetto

IL GIARDINETTO

IN BREVE *Due sale, una grande e lu-*
minosa e una più piccola, sono il cuore
pulsante di questa bella osteria di confine,
dove trovare piatti di Langa e della vici-
na Liguria. Potrete spaziare dalla battu-
ta di fassona al minestrone genovese.

Strada Provinciale Valle Bormida, 241
Tel. 338 9559489
🕐 Chiuso il giovedì Orario sera, sabato e
festivi anche pranzo Ferie variabili
Prezzi: 30-35 euro vini esclusi
Carte di credito: BM, CS, MC, Visa

L'OSTERIA Siamo a cavallo tra le valli Belbo e Bormida. Percorrendo la statale che da Acqui Terme raggiunge Cortemilia, in frazione Girardinetto di Sessame troverete questo piacevole ristorante. Il locale, su due piani, è accogliente, con **ampie vetrate affacciate sul giardino**, in cui è posizionato il dehors estivo. La carta dei vini non delude: le migliori etichette piemontesi, con un'attenzione particolare al Barbera d'Asti e Nizza, e una buona scelta delle altre regioni.

LA CUCINA Il menù trae spunto dalle **tradizioni piemontesi e liguri**: da queste parti quando soffia il *marin* si respira aria salata. Gli ingredienti sono del territo-rio, le verdure coltivate nel **grande orto di proprietà**. Il carrello dei formaggi comprende una buona selezione di robiola di Roccaverano (Presidio Slow Food). Oltre alla carta sono disponibili due menù degustazione da 30 e 35 euro.

I PIATTI Polpettine in carpione, Stracotto al Nizza, Torta di nocciole

SIZZANO (NO)

IMPERO

IN BREVE *Elegante ristorante, punto di riferimento indiscusso per scoprire la cultura gastronomica dell'alto Piemonte. All'Impero si viene per la paniscia, la gallina ripiena e i vini.*

Via Roma, 13 - Tel. 0321 820576
→ 5,5 km dall'uscita A26
  Romagnano Sesia-Ghemme
🕐 Chiuso dom sera e lun Orario mezzogiorno e sera Ferie 8-31 agosto, 26/12-7/1
€ Prezzi: 40-50 euro vini esclusi
Carte di credito: AE, BM, CS, MC, Visa

L'OSTERIA Emanuela e Paola Naggi, la prima in sala e la seconda in cucina, portano avanti con professionalità, passione e personalità questo **tempio della cultura gastronomica dell'alto Piemonte**. Fondato nel 1934 dai nonni Vittore e Cesarina, l'Impero, con le sue **sale eleganti** e il **servizio impeccabile** di Emanuela, è diventato un punto di riferimento per tutti gli appassionati di buon cibo e buon vino. La carta dei vini, oltre a offrire una panoramica ampia e approfondita del territorio, consente ai più curiosi di spaziare nel resto della Penisola.

LA CUCINA Paola conosce le materie prime a menadito e le trasforma in piatti che rendono il giusto merito a una tradizione che, come i suoi vini, è ingiustamente meno celebrata e nota di altre. In menù si susseguono preparazioni classicissime, ricche e saporite. Se la paniscia, la gallina disossata e farcita alle tre carni, la frittura alla novarese sono imperdibili, tutto il resto della carta è da provare e di pari valore. Validissima anche la scelta dei formaggi.

I PIATTI Paniscia, Gallina disossata e farcita alle tre carni, Frittura alla novarese

SOLERO (AL)

DUMA C'ANDUMA

IN BREVE *Semplice osteria nel verde, ubicata in un bellissimo castello settecentesco. La cucina è di tradizione: imperdibili i tanti tipi di agnolotti, i salamini di Mandrogne, la trippa, la finanziera.*

Via Faà di Bruno, 27
Tel. 0131 222994-340 5666480
→ 8,9 km dall'uscita A21 Felizzano
→ 900 m dalla stazione di Solero
🕐 Chiuso il lun Orario sera, dom e festivi anche pranzo Ferie 10 giorni in gennaio
Prezzi: 29-35 euro menù fisso
Carte di credito: BM, CS, MC, Visa

L'OSTERIA Maurizio e Federico Giusio gestiscono questo locale nel **castello settecentesco** di Solero. Gli spazi sono assai ampi sia all'interno, dove si utilizzano una grande sala e tre salette più raccolte, sia all'esterno dove un accogliente dehors è **circondato da numerosi spazi verdi**. Vi consigliamo l'accesso dal lato di via XX Settembre, dove trovate anche un ampio parcheggio.

LA CUCINA Gli **agnolotti**, in una decina di tipologie (ai tre arrosti, allo stufato alessandrino, alla Barbera, di magro...), rimangono il piatto forte. Progressivamente l'osteria ha ampliato l'offerta e propone anche ottimi antipasti di tradizione, come il vitello tonnato alla moda antica, l'insalata russa e alcuni piatti divenuti icone del ristorante: i salamini di Mandrogne bolliti con il bagnetto, la finanziera, la trippa con i fagioli, il *bonet* e il goloso mattone monferrino. Buona selezione di formaggi. La carta dei vini raccoglie etichette di territorio e regionali.

I PIATTI Agnolotti, Salamino di Mandrogne, Finanziera

ANTICHE SERE

Via Cenischia, 9 - Tel. 011 3854347
🕐 Chiuso la domenica
Orario solo la sera Ferie 2 sett in agosto, 1 a
Natale, Pasqua e Pasquetta
Prezzi: 30-35 euro vini esclusi
Carte di credito: BM, CS, MC, Visa

IN BREVE *Trent'anni di attività per una delle più autentiche osterie piemontesi della città: ottima cucina, accoglienza familiare, sincera e affettuosa.*

L'OSTERIA **Trent'anni di attività** nel cuore di borgo San Paolo e trent'anni di un successo che tutte le sere riempie **una delle più autentiche osterie piemontesi della città**. Il successo di Daniele Rota ai fornelli, e della sorella Antonella con la moglie Klaudia in sala, è dovuto, oltre che all'ottima cucina, alla loro accoglienza familiare, sincera e affettuosa. Il piacevole pergolato estivo, che si affianca alle tre rustiche salette interne, rappresenta un'ulteriore attrattiva.

LA CUCINA La cucina è di stampo prettamente regionale, con una buona attenzione ai prodotti e ai **piatti della provincia novarese**, di cui i Rota sono originari. Il menù, scritto a mano, propone solitamente un assaggio dei cinque antipasti del giorno e la scelta tra quattro primi, altrettanti secondi e una sfilza di dolci casalinghi (*bonet* e panna cotta rivaleggiano con i migliori dolci dell'intera regione). I formaggi e molte delle carni sono selezionati tra i prodotti tutelati dai Presìdi Slow Food.

I PIATTI Gnocchi al gorgonzola, Stinco di maiale al forno, Panna cotta

TORINO

CONSORZIO

Via Monte di Pietà, 23 - Tel. 011 2767661
🕐 Chiuso sabato a pranzo e domenica
Orario mezzogiorno e sera
Ferie variabili in agosto
💲 Prezzi: 40-45 euro vini esclusi
Carte di credito: BM, CS, MC, Visa, Satispay

IN BREVE *Prototipo dell'osteria contemporanea, propone in un ambiente rilassato e informale cucina di territorio con tanti piatti a base di quinto quarto, qualcuno della tradizione e alcuni guizzi fuori regione. Straordinaria carta dei vini.*

L'OSTERIA A oltre dieci anni dall'apertura, la creatura di Pietro Vergano e Andrea Gherra è un'istituzione cittadina; il **prototipo dell'osteria moderna**, che fa delle materie prime il proprio credo e dell'**informalità colta** il modo di portare avanti la sala. La scelta dei vini, anche al calice, è una delle più divertenti e intelligenti che si possano trovare in Italia, con etichette che dal Piemonte spaziano nella vicina Francia e guardano quasi esclusivamente al mondo cosiddetto naturale. Per chi lo desideri, c'è anche qualche sidro e qualche birra artigianale.

LA CUCINA Qui si viene per provare **una cucina che parte dal territorio ma non ha paura di farsi contaminare** con prodotti e profumi lontani. Da qualche mese a guidare la brigata c'è Valentina Chiaramonte, la quale ha portato una ventata di Sud (è di origine siciliana) a profumare anche i piatti più consolidati. Sempre ampia la proposta di pietanze a base di quinto quarto, solide le proposte più tradizionali (*ravioles* e ravioli su tutti), ottime le divagazioni sul pesce.

I PIATTI Animella alla brace e uva, Ravioli di finanziera, Faraona tonchese croccante

L'ACINO

Via San Domenico, 2 A - Tel. 011 5217077
Chiuso la domenica
Orario solo la sera Ferie gennaio e agosto
Prezzi: 35-40 euro vini esclusi
Carte di credito: AE, BM, CS, MC, Visa, Satispay

IN BREVE *Piccolo ristorante a gestione familiare, è un sicuro riferimento per chi voglia gustare piatti della tradizione culinaria piemontese preparati con grande attenzione alle materie prime.*

L'OSTERIA Due piccole sale dall'atmosfera accogliente ospitano questa osteria tradizionale e informale che è, ormai da qualche anno, un approdo sicuro per coloro che si trovino nella zona del Quadrilatero Romano. All'Acino, oltre che per mangiare una **cucina piemontese ben fatta**, si viene per la cantina che ospita un'ampia selezione di etichette: oltre che guardare, come è ovvio che sia, al Piemonte, spazia con la giusta curiosità nella vicina Francia, in particolare in terra di Champagne.

LA CUCINA Il numero di piatti in carta è piuttosto ristretto, ma questo è segno di **attenzione verso le materie prime**, ogni giorno fresche e ricercate con cura. I classici della tradizione ci sono praticamente tutti, dai tomini al verde alle acciughe, fino al vitello tonnato e a una buona cipolla ripiena. Le paste fresche, ripiene e non, caratterizzano i primi, mentre tra i secondi è la carne a giocare la parte di protagonista. Per chiudere, accanto a qualche dolce, una valida selezione di formaggi.

I PIATTI Cipolla ripiena, Gnocchi di patate, Stracotto al Roero

LE PUTRELLE

Via Valperga Caluso, 11 - Tel. 011 6599630
→ 1,1 km dalla stazione di Torino Porta Nuova
Chiuso sabato a pranzo e domenica
Orario mezzogiorno e sera
Ferie 3 settimane in agosto, 1 in gennaio
Prezzi: 30-37 euro vini esclusi
Carte di credito: BM, CS, MC, Visa

IN BREVE *Buone maniere e buone materie prime, senza civetterie, in un locale in cui si mangia bene e si spende il giusto, tra autenticità piemontese e contaminazioni pugliesi.*

L'OSTERIA Un'osteria **senza fronzoli e con tanta sostanza** in quel borgo San Salvario dove si respira l'aria popolare di quartiere. Un **piacevole cortile** per la bella stagione, una trentina di coperti nelle due salette interne rivestite con bottiglie di vino, mattoni a vista e tanto legno: qui, dal 2010, Giovanni Foresto ha creato un'atmosfera calda, cordiale, conviviale.

LA CUCINA Autenticità piemontese e contaminazioni pugliesi è il mix che rende affidabile e originale la proposta di Martino Blonda, molto attento alla qualità e alla provenienza delle materie prime. Accanto ai piatti tradizionali e rassicuranti del territorio troviamo altrettante prelibatezze che rivelano le origini del cuoco: battuta di fassona, gnocchi con salsiccia al Barbera e fonduta di gorgonzola, arrosto di maiale alle nocciole ma anche capocollo di Martina Franca e spaghetti alla chitarra con ragù di pecora. Ottimi i dolci casalinghi. La carta dei vini è locale.

I PIATTI Agnolotti alle tre carni, Gnocchi con salsiccia al Barbera e fonduta di gorgonzola, Torta alle nocciole con zabaione

LE RAMIN-E

IN BREVE *Nella piccola sala dall'aria familiare e accogliente, Steven Lazzarin, cuoco e oste, propone un menù stagionale e ispirato alla tradizione, che cambia sei-sette volte l'anno.*

Via Isonzo, 64 - Tel. 011 3804067
Chiuso sabato a pranzo e domenica
Orario mezzogiorno e sera Ferie in agosto
Prezzi: 33-35 euro vini esclusi
Carte di credito: AE, BM, CS, DC, MC, Visa

L'OSTERIA Locale informale dove si respira un'**atmosfera da vera osteria** nel popolare borgo San Paolo. Lo chef, Steven Lazzarin, non disdegna le uscite al banco per preparare l'assaggio di ottimi formaggi. Da quando ha aperto il locale, undici anni fa, la sua idea è stata quella di proporre in città la cucina del suo territorio. A pranzo prevale la frequentazione di gente del quartiere o che lavora nei dintorni, con un menù più ristretto ed economico a 12 euro; la sera l'offerta si amplia e, oltre alla carta, sono disponibili due menù a 29 euro.

LA CUCINA In base alla stagione e al mercato, si sceglie fra numerosi piatti che si ispirano alle **tradizioni del Pinerolese e della Val Chisone**, di cui lo chef è originario. Le carni arrivano da Cavour, le farine dal mulino di Osasco, le trote da Perosa, i funghi dai boschi delle valli valdesi. Il pane, la pasta e i gelati sono fatti in casa. Buona selezione di vini, con prevalenza di rossi piemontesi.

I PIATTI Battuta di carne cruda con funghi, sedano rosso e robiola, Gnocchi di patate e zucca con toma erborinata, Rotolo di coniglio profumato al caffè con patate e funghi

 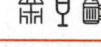
LE VITEL ÉTONNÉ

IN BREVE *Una curata osteria moderna la cui offerta gastronomica varia spesso e si regge su un'attenta selezione delle materie prime. In cantina centinaia di etichette, molte disponibili al calice.*

Via San Francesco da Paola, 4
Tel. 011 8124621
→ 1,2 km dalla stazione di Torino Porta Nuova
Chiuso domenica sera e lunedì
Orario 12-23,30 Ferie ultima sett di gennaio
Prezzi: 35-38 euro vini esclusi
Carte di credito: BM, CS, MC, Visa

L'OSTERIA Per molti torinesi, questa popolare **osteria moderna** a cinque minuti da piazza Castello, è semplicemente Il Vitello. Vista la felice ubicazione, il locale è molto apprezzato anche dai turisti. Lo spazio interno è suddiviso fra i tavoli e la cucina a vista, dove vengono preparati pasta fresca, pane, focacce (con servizio di delivery e take away). Il **suggestivo locale al piano inferiore** funge anche da cantina: centinaia le etichette in esposizione. Luisa Pandolfi è, fin dal 2001, l'anima del locale, affiancata da Massimiliano Brunetto in cucina e da Bruna Pogliano in sala.

LA CUCINA Pur rimanendo nel solco della **solida cucina piemontese**, che ha fatto la fortuna del locale, da quando ha preso il comando dei fornelli, lo chef Brunetto ha posto ulteriore attenzione alle scelte vegetariane e vegane: esemplari a questo proposito i ravioli in sfoglia di basilico ripieni di zucchine e il budino di peperoni. Non mancano mai proposte di pesce.

I PIATTI Vitello tonnato, Agnolotti gobbi torinesi con sugo d'arrosto, Coda di vitello brasata con polenta di pignoletto rosso

PARLAPÀ

IN BREVE *Qui l'atmosfera è piacevolmente vivace. Il menù ha un'ampia proposta, le specialità della casa sono i piatti tradizionali che utilizzano parti meno nobili dell'animale.*

Corso Principe Eugenio, 17 - Tel. 011 4365899
→ 650 m dalla stazione di Torino Porta Susa
🕐 Chiuso la domenica
Orario mezzogiorno e sera Ferie agosto
Prezzi: 35-40 euro vini esclusi
Carte di credito: BM, CS, MC, Visa

L'OSTERIA Indirizzo ormai solido della proposta tradizionale torinese, Parlapà è una **piacevole osteria** dove il vino, praticamente onnipresente, gioca un ruolo centrale anche nell'arredamento, poiché diverse bottiglie sostano su scansie alle pareti. Cortese e informale il servizio, che sa consigliare i piatti del giorno e i migliori abbinamenti.

LA CUCINA **La proposta è quella solida e tradizionale** piemontese, con **diversi piatti di carne e di quinto quarto**, elemento che qui si esprime in modo decisamente sapiente. I primi sono di pasta fresca, gli antipasti numerosi e classici: spiccano il vitello tonnato e la battuta di fassona. Se è presente, non perdete la grissinopoli, una cotoletta impanata con grissini spezzati invece che con il pangrattato.

I PIATTI Vitello tonnato vecchia maniera, Grissinopoli, Rognone trifolato

SCANNABUE

IN BREVE *Moderno bistrot nel cuore di uno dei quartieri più animati della città. La carta è molto ampia e permette una scelta fra piatti classici piemontesi e di pesce.*

Largo Saluzzo, 25 H - Tel. 011 6696693
→ 500 m dalla stazione di Torino Porta Nuova
🕐 Non ha giorno di chiusura
Orario mezzogiorno e sera Ferie 25, 26 e 31 dicembre, 1 gennaio, Pasquetta
💶 Prezzi: 38-40 euro vini esclusi
Carte di credito: AE, BM, CS, MC, Visa

L'OSTERIA Al centro dell'animato quartiere di San Salvario, Scannabue è un approdo sicuro per torinesi e turisti. Paolo Fantini (in cucina) e Gigi Desana (in sala) hanno saputo trovare un equilibrio di successo fra **gli interni che riprendono quelli di un bistrot francese** e un'offerta gastronomica che, pur con molte eccezioni, è saldamente legata alle tradizioni piemontesi. La novità è lo spazio gastronomia, che separa Scannabue dal ristorante di pesce La Gallina Scannata, nato dalla collaborazione con Beppe Gallina.

LA CUCINA La ricerca sulle materie prime e il legame costante con i produttori sono da sempre fondamentali nella cucina di Paolo Fantini. Adesso a Cinaglio c'è anche un **piccolo orto**, punto di partenza per avere verdura ed erbe di produzione propria. Continua la ricerca sui formaggi italiani e stranieri che i clienti, se gradiscono, possono andare a scegliersi direttamente nello spazio gastronomia. La **cantina, fra le migliori in città**, vanta più di 800 etichette.

I PIATTI Vitello tonnato, Agnolotti dal *plin* ai tre arrosti, Guancia brasata al Barbera su purè di patate di montagna

TORINO

SORIJ

IN BREVE *Accogliente e semplice piola dove recarsi per gustare classici della tradizione piemontese e nuove creazioni, tutto cucinato, con sapienza e cura per gli ingredienti.*

Via Matteo Pescatore, 10 C - Tel. 011 884143
Chiuso dom sera e il lun
Orario sera, sab e dom anche pranzo
Ferie 1 settimana in agosto
Prezzi: 38-42 euro vini esclusi
Carte di credito: BM, CS, MC, Visa, Satispay

L'OSTERIA Piola ormai storica dietro a Piazza Vittorio, il Sorij ha assunto nuovamente la sua denominazione originaria, abolendo l'aggettivo "nouveau" che ne aveva caratterizzato la discontinuità di gestione. Alla guida rimangono Piero Primatesta e la moglie Silvia Rivolti, eccellenti padroni di casa cui chiedere un consiglio per orientarsi nell'**ampia carta dei vini**, che offre circa 350 etichette. La cucina di Andrea Fasano **alterna piatti classici a riuscite innovazioni**.

LA CUCINA Oltre al vitello tonnato che qui non manca mai, gli antipasti prevedono piatti di carpione in estate, acciughe, antipasto piemontese, insalata russa: il tutto può costituire anche una soddisfacente **merenda** *sinoira*. Seguono *plin* con erbe aromatiche, risotti e classici *tajarin*. Tra i secondi, oltre a preparazioni di carne bovina e ovina, non manca mai una proposta di pesce. I classici dolci al cucchiaio sono sempre ben eseguiti.

I PIATTI Vitello tonnato, *Plin* alla maggiorana e ortiche, *Bonet* al caramello salato

TORINO

SOTTO LA MOLE

IN BREVE *Ristorante raffinato nella sua semplicità, propone una curata cucina di tradizione: rabaton, tajarin, agnolotti, trippa, finanziera, panna cotta, bonet.*

Via Montebello, 9 - Tel. 011 8179398
Chiuso domenica sera e lunedì
Orario mezzogiorno e sera Ferie variabili
Prezzi: 39-45 euro vini esclusi
Carte di credito: BM, CS, MC, Visa

L'OSTERIA Con la sua imponente leggiadria, la Mole Antonelliana svetta proprio davanti all'ingresso di questo **elegante bistrot cittadino**, le cui pareti sono impreziosite da manifesti di antiche pubblicità legate al mondo del cibo.

LA CUCINA È la **cucina soprattutto di tradizione** a dominare le pagine del menù: pasta fresca ripiena e non, carni innanzitutto di fassona piemontese, qualche proposta di quinto quarto, quando è stagione funghi sono la base della proposta di Sotto la Mole. Una menzione particolare va agli agnolotti pizzicati a mano particolarmente ben fatti. Molto interessante anche la proposta dei **formaggi serviti insieme alla classica** *cognà*, una salsa a base di mosto cotto. La carta dei vini è perlopiù piemontese.

I PIATTI Flan di peperoni su salsa di acciuga, Agnolotti pizzicati a mano, Spadellata di rognone e funghi porcini

NOVITÀ

SPAZIO MOUV

Via Silvio Pellico, 3 - Tel. 011 6693880
→ 700 m dalla stazione di Torino Porta Nuova
⏱ Chiuso il lunedì Orario sera, domenica
anche pranzo Ferie variabili
€ Prezzi: 38-40 euro vini esclusi
Carte di credito: BM, CS, MC, Visa, Satispay

IN BREVE *Una semplice osteria di città dall'atmosfera piacevole, dove trovare una cucina piemontese preparata con sensibilità e tecnica. Dal vitello tonnato ai tajarin la proposta convince dal primo boccone.*

L'OSTERIA Un piccolo locale – due stanzette e un banco da bar – dove si organizzano eventi e mostre. Da qualche mese, in cucina c'è Mauro Virdis, bravissimo cuoco a lungo in un altro noto indirizzo della città e oggi al timone di questa insegna. Il servizio è attento e cordiale, semplice e senza sbavature, l'**atmosfera tra la piola e il bistrot parigino**. Selezione dei vini minima ma centrata.

LA CUCINA **La cucina è soprattutto quella piemontese, preparata con rara sensibilità e tecnica**, ma di tanto in tanto Virdis non rinuncia a qualche piatto più personale e creativo, senza mai cercare l'effetto wow ma puntando piuttosto su un'intensità e un equilibrio gustativo, che fanno venire voglia di fare la scarpetta. Vitello tonnato, *tajarin* burro e alici, tarte Tatin sono già dei classici da non perdere. Tutto il resto è almeno buonissimo.

I PIATTI Vitello tonnato, Gnocchi al castelmagno, *Tajarin* burro e alici, Tarte Tatin

VINOLENTO

Via Corte d'Appello, 13 - Tel. 011 19508801
→ 1,3 km dalla stazione di Torino Porta Susa
⏱ Chiuso il lunedì Orario la sera, sab-dom
anche a pranzo Ferie variabili
Prezzi: 33-36 euro vini esclusi
Carte di credito: AE, BM, CS, MC, Visa,
Satispay

IN BREVE *Enoteca con cucina in cui tutto è piacevole: l'atmosfera rilassata, l'arredamento minimal, la cortesia del personale, la proposta gastronomica all'altezza delle materie prime.*

L'OSTERIA Cresce e si consolida l'osteria di Enrico Scavarda e Giulia Brunasso Cipat. Sin dall'apertura nel 2015, **uno dei punti di forza del locale è stata la proposta di vini**, fortemente personale, improntata verso etichette biologiche e biodinamiche da bere in un ambiente rilassato e curato. L'accoglienza sorridente di Enrico mette a proprio agio fin dal primo momento.

LA CUCINA La cucina, che si è andata definendo anno dopo anno, è nelle mani di Giulia, e passa in rassegna i **piatti tradizionali del Canavese**, come i ravioli di carne con burro alle erbe, accanto a **proposte vocate principalmente a mettere in risalto le verdure e carni**, che arrivano da allevatori e agricoltori locali o dal vicino mercato di Porta Palazzo.

I PIATTI Vitello tonnato, Ravioli di carne con burro alle erbe, Fressa con polentina e cipolla caramellata

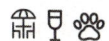
MONTECARLO

IN BREVE *Ristorante a gestione familiare, raffinato e ben arredato, vanta una storia secolare. La cucina è perlopiù di tradizione ma non mancano interessanti variazioni.*

Strada Provinciale per Villaromagnano, 17
Tel. 0131 889114-340 3709043
→ 8,6 km dall'uscita A7 Tortona
🕐 Chiuso lunedì sera e martedì
Orario mezzogiorno e sera Ferie 1-20 agosto
€ Prezzi: 39-43 euro vini esclusi
Carte di credito: AE, BM, CS, DC, MC, Visa

L'OSTERIA Poco fuori dal centro di Tortona, una bella casa ospita questo ristorante divenuto un sicuro punto di riferimento per il buon cibo e la calorosa accoglienza. All'interno di **una sala luminosa, elegantemente arredata, con grandi e colorate opere d'arte contemporanea** alle pareti, la famiglia Cuniolo, dal 1962, celebra il piacere della tavola. Il curioso nome è legato a un passato in cui, in questo luogo, proprio come a Montecarlo, si veniva per giocare a carte (ma anche alle più locali bocce).

LA CUCINA **Cucina di tradizione proposta in modo raffinato** sin dalla presentazione. I prodotti del territorio sono valorizzati in diverse preparazioni. Se **sono i classici a giocare il ruolo da protagonisti** – carpione, gnocchi di patate, fritto misto alla piemontese, guancia brasata con purè, agnolotti –, non si rinuncia comunque a proporre anche qualche preparazione di pesce. La carta dei vini elenca i più importanti produttori dei Colli Tortonesi e si concede poche ma misurate fughe fuori provincia.

I PIATTI Agnolotti di stufato, Gnocchi ripieni di montébore, Aspic di Moscato

TRAVERSELLA (TO)

LE MINIERE

IN BREVE *Albergo-ristorante a gestione familiare, propone piatti d'impronta tradizionale e altri più audaci e moderni, sempre basati su molte materie prime locali.*

Piazza Martiri, 4 - Tel. 0125 749005
🕐 Chiuso lunedì e martedì, mai d'estate
Orario mezzogiorno e sera
Ferie 7 gennaio-14 febbraio
Prezzi: 33-36 euro vini esclusi
Carte di credito: AE, BM, CS, MC, Visa

L'OSTERIA Dopo averne affrontato molte curve per arrivare fino a Traversella, la Valchiusella si può finalmente ammirare dalle **vetrate delle curate ed eleganti sale** di questo ristorante annesso all'albergo, che la famiglia Arsini gestisce da oltre sessant'anni.

LA CUCINA La proposta della cucina da un lato annovera piatti saldamente ancorati alla tradizione valligiana, dall'altro si concede **preparazioni più creative**, che hanno comunque il merito di dare risalto alle tante produzioni agricole e artigianali locali. Pesci d'acqua dolce, erbe spontanee, funghi (in stagione), carni e formaggi si alternano in menù ora a cotture classiche, come la polenta *concia* o la spalla di vitello brasata al Nebbiolo, ora a varianti più contemporanee, come la cheesecake di trota salmonata. La carta dei vini è soprattutto locale.

I PIATTI Polenta *concia*, Tagliolini della casa ai funghi porcini, Lumache in guazzetto

OSTERIA DELL'UNIONE

Via Alba, 1 - Tel. 0173 638303
🕐 Chiuso il lunedì
Orario mezzogiorno e sera Ferie febbraio
Prezzi: 35-40 euro vini esclusi
Carte di credito: BM

IN BREVE *Entrare in questa storica osteria è come accomodarsi in un salotto di casa. Tra i classici da gustare, lingua in salsa verde, vitello tonnato, agnolotti dal plin, pollo alla cacciatora.*

L'OSTERIA La targhetta accanto alla porta d'ingresso parla chiaro: «In questa osteria, nei primi anni Ottanta del secolo scorso, un gruppo di amici ideava e pensava il movimento Slow Food». Siamo a pochi chilometri da Alba, praticamente sulla piazza di Treiso: qui si respirano i profumi della tradizione di Langa appena varcata la soglia. Fabio in sala è un **oste cordiale e discreto**, la moglie Rezi in cucina ha una mano sicura e affidabile. La lista dei vini è contenuta e focalizzata sulle produzioni del territorio.

LA CUCINA Qui si gusta uno spaccato della **cucina classica senza rivisitazioni**: la scelta dei piatti ruota intorno alle preparazioni più tipiche con poche variazioni. Imperdibili le frittatine dell'osteria, il vitello tonnato della tradizione, gli agnolotti dal *plin* e il pollo alla cacciatora, sempre disponibili. **Sapori netti e porzioni confortanti** rendono la sosta imprescindibile. Il menù completo a 45 euro è davvero imponente.

I PIATTI Lingua in salsa verde, *Tajarin* al ragù di salsiccia, Coniglio con i peperoni cotto nel Barbaresco

RISORGIMENTO

Viale Rimembranza, 14 - Tel. 0173 638195
🕐 Chiuso il lunedì Orario pranzo, venerdì-domenica anche sera Ferie variabili
Prezzi: 30-32 euro vini esclusi
Carte di credito: BM, CS, MC, Visa

IN BREVE *La trattoria è piccola, rustica, con l'atmosfera di una piola d'altri tempi: uno spaccato di autentica tradizione langarola, dall'antipasto al dessert.*

L'OSTERIA Treiso è un piccolo comune dall'alta concentrazione di buone tavole e il Risorgimento è una tradizionale piola di Langa. **Da oltre trent'anni** la famiglia Colonna gestisce la trattoria, comunicante con bar e tabacchi di paese. **L'atmosfera è autenticamente casalinga e informale**. La carta dei vini è ben fornita e centrata prevalentemente sulle etichette di Langa.

LA CUCINA I piatti sono scritti su due lavagne, una all'esterno del locale e l'altra che gira tra i tavoli. La proposta è incentrata sui classici piatti di Langa, con particolare attenzione alle **paste tirate a mano**. Un altro must è l'antipasto misto, con cinque assaggi davvero notevoli, tra i quali non mancano mai carne cruda, vitello tonnato e giardiniera. Nei mesi invernali, una menzione speciale merita il calendario del gran fritto alla piemontese, qui eseguito a regola d'arte: croccante, asciutto, digeribile. Il coperto non si paga.

I PIATTI Cruda di fassone, *Plin* al burro e salvia, Stracotto di vitello

VALDIERI (CN)

LOCANDA DEL FALCO

Piazza Regina Elena, 22 - Tel. 0171 976720
🕐 Chiuso il mercoledì, mai luglio e agosto
Orario mezzogiorno e sera
Ferie sempre aperto
Prezzi: 28-36 euro vini esclusi
Carte di credito: BM, CS, MC, Visa, Satispay

IN BREVE *Qui la tradizione di montagna non è semplice riverenza verso il passato: piuttosto si scrivono pagine nuove, cui si uniscono un servizio puntuale e una carta dei vini di altissima qualità.*

L'OSTERIA Il risveglio gastronomico delle montagne cuneesi ha nella Locanda del Falco di Valdieri uno dei suoi protagonisti più brillanti. L'osteria di Alessandro Re negli ultimi tempi è diventata ancora più solida e rodata: oggi la novità è l'ingresso in società di Luca Baccanelli (in sala) e di Luca Bocchiardo, che già si dava da fare in cucina. Qui la **tradizione di montagna** non è semplice riverenza verso il passato: piuttosto si scrivono pagine nuove, cui si uniscono un servizio puntuale e una carta dei vini di altissima qualità, con tanti naturali.

LA CUCINA I prodotti della montagna sono al centro di ogni piatto, e vengono valorizzati con cotture ben gestite e una riuscita **ricerca della leggerezza** gustativa. I formaggi, le patate, la selvaggina, le trote di fiume, la pasta fatta in casa, il **quinto quarto** e l'uso dell'animale intero formano un caleidoscopio di sapori, una festa gastronomica che celebra queste vallate.

I PIATTI Toma con *subric* di patate e *ajòli*, *Fischirol* di segale con ragù di agnello sambucano, Trota spaccata

VERCELLI

PAOLINO

Piazza Cavour, 5 - Tel. 0161 214790
→ 9,8 km dall'uscita A26 Vercelli Est
→ 800 m dalla stazione di Vercelli
🕐 Chiuso domenica sera e lunedì
Orario mezzogiorno e sera Ferie 1 settimana in gennaio, 3 settimane in agosto
Prezzi: 35-40 euro vini esclusi
Carte di credito: BM, CS, MC, Visa

IN BREVE *L'apparecchiatura, l'arredamento e le pietanze tradizionali (il piccolo menù varia settimanalmente) contribuiscono a rievocare l'atmosfera di un'autentica e moderna trattoria di provincia.*

L'OSTERIA L'insegna, la boiserie, l'arredamento di un tempo che fu danno l'impressione di entrare in una vecchia trattoria di città: siamo invece in **una delle osterie contemporanee più interessanti e vivaci del territorio** vercellese. A gestirla, con piglio e personalità, Paolo Talarico.

LA CUCINA La carta non è ampia e varia ogni settimana per seguire **ciò che il mercato e la stagione rendono disponibile**. Imperdibili i **risotti** che, oltre alla tradizionalissima panissa vercellese, raccontano al meglio le tante produzioni locali. Tutti i primi sono comunque estremamente validi così come i secondi, spesso dediti alla valorizzazione delle carni di cortile e del quinto quarto. Semplici ma ben fatti i dolci. La carta dei vini narra con attenzione le produzioni più significative della regione.

I PIATTI Panissa, Coscia d'anatra al forno, Lumache in guazzetto, Cervello fritto al limone

VERDUNO (CN)

CA' DEL RE

IN BREVE *Una casa rurale, con un ampio giardino, dove mangiare d'estate, e un camino acceso nelle sere invernali. Si propone una cucina dalle radici solide e una collaudata cultura dell'accoglienza.*

Via Umberto I, 14 - Tel. 0172 470281
Chiuso il martedì Orario sera, sabato e domenica anche pranzo
Ferie 2 dicembre - 28 febbraio
Prezzi: 25-36 euro vini esclusi
Carte di credito: BM, CS, DC, MC, Visa, Satispay

L'OSTERIA Salendo verso il castello di Verduno, sede di una splendida e importante cantina, si trova questa **bella casa in mattoni rossi** che, nella sua grande e accogliente sala nei mesi più freddi o nell'elegante giardino interno nelle stagioni calde, ospita l'osteria che la famiglia Bianco gestisce con cura e amore per l'ospitalità e il buon cibo.

LA CUCINA I piatti sono curati e cucinati con **sapienza e tecnica**. In carta si alternano **proposte più strettamente tradizionali** e altre che, seguendo la stagione, valorizzano le materie prime del territorio. Accanto ai classici vitello tonnato, carne cruda, *tajarin*, si possono assaggiare così un ottimo panino con spalla sfilacciata (il panino del Re), gnocchi di castagne con fonduta, lumache con fondo bruno. La carta dei vini, oltre alle etichette della casa, elenca alcuni piccoli produttori dei territori vicini scelti con cura.

I PIATTI Panino del Re, *Tajarin* ai fegatini di coniglio, Lumache con fondo bruno

VEZZA D'ALBA (CN)

DI VIN ROERO

IN BREVE *Di fronte a un panorama di boschi e vigne, questa osteria con camere a gestione familiare propone una solida cucina casalinga piemontese: piatti sostanziosi, sinceri e con pochi fronzoli.*

Piazza San Martino, 5 - Tel. 0173 65114
Chiuso il lunedì
Orario sera, sab e festivi anche pranzo
Ferie 1 settimana in gennaio, 1 in estate
Prezzi: 22-26 euro vini esclusi
Carte di credito: BM, CS, DC, MC, Visa

L'OSTERIA Nella parte alta del paese, circondato dalle belle colline del Roero, sulla piazza principale troviamo questa **osteria a conduzione familiare** che, oltre al ristorante, dispone di alcune camere per il pernottamento con prima colazione. Il servizio ai tavoli è coordinato da Marco Grasso coadiuvato dalla figlia Milena; in cucina la moglie Rosa è aiutata da Marisa.

LA CUCINA Qui si trova una cucina tradizionale, casalinga, semplice e solida, realizzata con le **buone materie prime che il territorio fornisce**. Attenta la selezione delle ottime carni che provengono da un macellaio nelle vicinanze, buoni gli ortaggi che, soprattutto nel periodo estivo, arrivano anche dall'orto di proprietà. Il menù, di regola, è fisso – quattro antipasti, un primo, un secondo e un dolce – ma chi desiderasse un numero inferiore di portate potrà scegliere e pagare di conseguenza. La carta dei vini privilegia i produttori locali.

I PIATTI Tagliata sotto sale con erbe aromatiche, Gnocchi al raschera, Guancia di vitello al *civet*, *Bonet*

CA' PRAUDIN

IN BREVE *A 1000 metri, nel verde della Valchiusella, un ristorante con alloggio che propone piatti tipici della tradizione preparati con le migliori materie prime delle aziende agricole locali.*

Località Praudino - Tel. 347 8234733
⏱Aperto ven-dom, in estate chiuso solo lunedì e martedì **Orario** mezzogiorno e sera
Ferie 1 gennaio-Pasqua
Prezzi: 27 euro menù fisso vini esclusi
Carte di credito: AE, BM, CS, MC, Visa

L'OSTERIA Bisogna arrampicarsi fino a 1000 metri di altitudine, nel cuore della Valchiusella, per raggiungere la baita di famiglia che Monica Vallesa ha ristrutturato con cura, trasformandola in un'**accogliente osteria con camere** dove fermarsi per gustare una cucina autentica e territoriale, e godere di un **magnifico panorama**.

LA CUCINA Il menù è fisso – ma se ne può scegliere anche solo una parte – e si compone di una serie di piatti semplici, cucinati utilizzando il meglio che questo territorio è in grado di fornire. La totalità delle materie prime proviene da allevatori, raccoglitori e contadini della valle. **Diverse le erbe spontanee impiegate**, a cominciare dalle rare ajucche che in primavera sono la base di una buonissima zuppa. Tra le carni è la selvaggina a farla da padrona. Una menzione d'onore va alla selezione dei formaggi che, oltre all'immancabile cevrin, elenca alcune tra le migliori produzioni casearie di questo angolo di Piemonte. Piccola carta dei vini con possibilità di bere al calice.

I PIATTI Zuppa di ajucche, Polenta *concia*, Castagne e burro

VIGNALE MONFERRATO (AL)

UNIVERSO

IN BREVE *La cucina di questa classica osteria segue le stagioni e basa la scelta delle materie prime su risorse locali. Il menù è fisso.*

Via Bergamaschino, 19 - Tel. 0142 933052
⏱Chiuso lun e mar **Orario** su prenotazione
Ferie 2 settimane in agosto,
2 in gennaio
Prezzi: 34 euro menù fisso vini esclusi
Carte di credito: BM, CS, MC, Visa

L'OSTERIA Vignale è bel paese arroccato in cima a una collina, da cui si gode un panorama campestre piacevolissimo, fatto di un armonioso susseguirsi di vigneti, campi e boschetti. Nelle immediate vicinanze dell'antico palazzo Callori, una casa signorile ospita questo ristorante che si articola in tre sale arredate in stile classico. **L'ambiente è luminoso e piacevole**. Il servizio non è più al vassoio come un tempo, il menù – a prezzo fisso – è sempre recitato a voce.

LA CUCINA La cucina è in **stile tradizionale** piemontese. I must ci sono tutti, come la carne cruda battuta al coltello, gli agnolotti monferrini alle tre carni, il vitello tonnato, i *tajarin*. Specialità della casa, molto apprezzata tra gli antipasti, è la crostata di porri, che in stagione non manca mai. Un dolce diventato con il tempo la bandiera del locale è senz'altro la **torronata**, morbido composto di panna, torrone e meringa.

I PIATTI Vitello tonnato, Agnolotti monferrini alle tre carni, Torronata

DA MARIA

Via Roma, 131 - Tel. 0141 902035-340 8067831
Chiuso il mercoledì
Orario pranzo e cena Ferie variabili
Prezzi: 30-35 euro vini esclusi
Carte di credito: BM, CS, MC, Visa

IN BREVE *Il locale della famiglia Penna si trova in un'ampia cascina con un bel cortile. La cucina, di stampo tradizionale, pone un'autentica attenzione alle materie prime stagionali e locali.*

L'OSTERIA Una bella cascina ospita questa osteria aperta nel 1954 dalla famiglia Penna, che da allora la gestisce con passione e competenza. Diverse le **stanze dalle pareti vivacemente colorate e arredate con semplicità**, oltre a una bella cantina in mattoni. Per la bella stagione sono disponibili un cortile e un porticato.

LA CUCINA La cucina è tipica e preparata secondo i canoni della tradizione. **Tutti i classici astigiani e, più in generale piemontesi, sono presenti in carta**, dalla carne battuta al coltello agli agnolotti fatti a mano, fino al fegato di coniglio con cipolla. Su prenotazione è possibile assaggiare il fritto misto e la finanziera. Carta dei vini non troppo estesa, incentrata soprattutto sul territorio.

I PIATTI Agnolotti alle tre carni, Vitello tonnato, Finanziera

VILLANOVA MONDOVÌ (CN)

CAVALLO ROSSO

Via Orsi, 15 - Tel. 0174 597611
Chiuso lun e mar Orario mezzogiorno e sera Ferie 1 settimana in gennaio, 1 in luglio
Prezzi: 30-35 euro vini esclusi
Carte di credito: AE, BM, CS, MC, Visa

IN BREVE *Un locale che ha come missione la valorizzazione della cucina tradizionale del basso Piemonte, senza troppi fronzoli, con un ottimo rapporto tra la qualità e il prezzo.*

L'OSTERIA Elisa Massa e Silvio Fenoglio ormai undici anni fa hanno aperto nel centro del paese questo bell'indirizzo. Vecchie fotografie alle pareti, arredi in legno scuro e qualche oggetto della civiltà contadina che fu rendono l'**atmosfera piacevole e calorosa**. Un ampio spazio esterno è disponibile per i mesi più caldi.

LA CUCINA La cucina guarda principalmente alla **tradizione del basso Piemonte** ma non rinuncia a **qualche deviazione verso il mare** – che in linea d'aria non è poi così lontano – con piatti ben preparati, che hanno come principale obiettivo quello di valorizzare con semplicità la materia prima. Molto valida la selezione di formaggi, che annovera alcune delle migliori produzioni di zona e non solo.

I PIATTI *Brandade*, Pappardelle al grano saraceno con ragù di salsiccia, Faraona all'arancia

VISCONTI

Via Anfosso, 69 - Tel. 010 9601139
🕐 Chiuso lunedì e martedì Orario pranzo, venerdì e sabato anche sera
Ferie variabili in gennaio e in luglio
Prezzi: 32-35 euro vini esclusi
Carte di credito: BM, CS, MC, Visa

IN BREVE *Aperto dalla fine dell'Ottocento, il ristorante della famiglia Cavo, caldo e accogliente, propone cucina tipicamente di confine, con influenze sia liguri sia piemontesi.*

L'OSTERIA Le osterie di confine hanno sempre un loro **particolare fascino**. Sono, infatti, l'immagine plastica di come le identità si possano mescolare e influenzare a vicenda pur restando legate alle proprie origini. Un tempo luogo di cambio dei muli e successivamente punto di ristoro, Visconti si trova al confine tra Piemonte e Liguria. A gestirla è la famiglia Cavo, oggi rappresentata dalle sorelle Cinzia e Monica che hanno raccolto l'eredità di papà Giulio (mancato qualche anno fa) e mamma Rosalia, presenza solida del locale.

LA CUCINA **Cucina di confine** si diceva, e così in carta compaiono i ravioli con il *tuccu* (un sugo di carne) e le torte salate di tradizione genovese accanto a portate di fassona piemontese. Interessantissime le proposte preparate con gli **ingredienti del bosco**, dai funghi ai tartufi, alla selvaggina, che diventa la base di golosi secondi o del sugo di tagliatelle e altri formati di pasta fatta a mano. Decisamente ben fatta la carta dei vini.

I PIATTI Crêpes con funghi trifolati, Ravioli con il *tuccu*, Filetto di fassona alla Visconti

LIGURIA

ALCUNI PIATTI DELLA TRADIZIONE

Minestrone alla genovese
Pasta secca corta (bricchetti o *scucuzzu*) cotta in brodo vegetale insieme a
verdure di stagione: si condisce con il pesto genovese

Ravioli al tocco
Ravioli quadrati serviti con un sugo di manzo o vitello ricavato cuocendo la
carne a lungo con molti aromi, vino bianco, funghi secchi, pomodoro

Trofie al pesto
Piccoli gnocchi attorcigliati di farina e acqua, conditi con la celebre salsa a
base di basilico, pinoli, aglio, parmigiano e pecorino sardo grattugiati, olio
extravergine di oliva, sale

Brandacujun
Tipico dell'Imperiese: stoccafisso e patate, lessati e spezzettati, sono amal-
gamati e insaporiti con un trito di aglio, prezzemolo e pinoli emulsionato con
olio, succo di limone e tuorlo d'uovo

Cappon magro
Piatto sontuoso composto da strati di verdure e pesce (nonché crostacei e
frutti di mare), posti su una base di galletta

Lattughe ripiene in brodo
Cuori di lattuga romana farciti con un composto di carni legate da uovo e
parmigiano, cotti in brodo di carne (di cima nel periodo pasquale)

Stoccafisso accomodato
Stoccafisso (ammollato e spinato) cotto in umido con pomodoro, olive
taggiasche, pinoli e patate

Tomaxelle
Involtini di vitello dal ricco ripieno (carne, funghi secchi, pinoli, uova, parmigiano, maggiorana, aglio) cotti in padella con sugo di manzo

Trippa in umido
Trippa cotta con le patate (o con i fagioli bianchi) in brodo e passata di
pomodoro

Panera
Storico gelato genovese, si ottiene portando a bollore panna liquida in cui si
sciolgono zucchero, uovo (facoltativo) e caffè macinato

I MATETTI

IN BREVE *L'osteria, che è un angolo di tradizione e memoria ligure, propone un ristretto ma significativo ventaglio di ricette della cucina di tradizione, realizzate con eccellenti materie prime.*

Viale Hanbury, 132 - Tel. 0182 646680
→ 7 km dall'uscita A10 Albenga
→ 650 m dalla stazione di Alassio
◷ Chiuso il lunedì, mai in luglio e agosto
Orario mezzogiorno e sera Ferie variabili
Prezzi: 28-35 euro, vini esclusi
Carte di credito: BM, CS, DC, MC, Visa

L'OSTERIA La posizione del locale, in un anonimo palazzo che prospetta sulla trafficata via Aurelia, non gli rende merito: all'interno apprezzerete l'atmosfera delle osterie liguri di una volta, con tavoli essenziali, sedie in legno, giochi, curiosità e foto in bianco e nero dei *matetti* (i bambini) che decorano le pareti. Anche **lo spirito dei due gestori**, Giovanni Formento e Giorgio Mordente, **è volutamente informale e talvolta irriverente** ma sempre bonario.

LA CUCINA Qui si mangiano piatti della tradizione ligure freschi e ben cucinati, con **porzioni abbondanti e a prezzi onesti** (soprattutto se si considera di essere in una delle località più rinomate della Riviera di Ponente). Il menù, scritto in dialetto su una grande lavagna di ardesia, varia giorno per giorno. Nota di merito per la **farinata** e le frittelle di mele, che arrivano in tavola offerte dalla casa rispettivamente all'inizio e a fine pasto.

I PIATTI Insalata di seppie, Gasse al pesto, Polpo in umido con le patate

PUPPO

IN BREVE *Un piccolo locale dove gustare la farinata, fare un pasto veloce oppure una cena più articolata con tante sfiziosità liguri ma anche proposte insolite e originali.*

Via Torlaro, 20 - Tel. 0182 51853
→ 4 km dall'uscita A10 Albenga
→ 850 m dalla stazione di Albenga
◷ Chiuso domenica e lunedì, d'estate solo lunedì Orario mezzogiorno e sera, d'estate solo la sera Ferie 10 gg in nov, 10 tra giu-lug, 1 sett feb-mar
Prezzi: 25-30 euro, vini esclusi
Carte di credito: nessuna

L'OSTERIA A chi non conosca Albenga consigliamo di prendersi un po' di tempo per visitare l'antico borgo, uno dei più suggestivi e ben conservati della Riviera ligure di Ponente, per gran parte ancora attorniato da mura e nel quale si ergono torri, palazzi e altre pregevoli architetture risalenti al Medioevo. È qui, in uno dei carruggi del centro storico, che trovate il piccolo locale della famiglia Ghigliazza, una certezza per chi voglia gustare **piatti di schietta semplicità e genuinità a prezzi corretti**.

LA CUCINA Il locale nasce come farinotto, dunque il cavallo di battaglia non può che essere la **farinata di ceci all'albenganese** (che prevede l'aggiunta di un trito di rosmarino), sfornata in continuazione dai due forni a legna, utilizzati anche per la cottura di torte della tradizione e verdure ripiene. La cucina offre anche una valida proposta territoriale: accanto ai piatti sempre presenti in carta esiste un menù del giorno legato alla stagione e alla disponibilità del mercato.

I PIATTI Farinata di ceci all'albenganese, Insalata tiepida di polpo, Sarde ripiene

ALTARE (SV)

SAN ROCCO

IN BREVE *Una moderna osteria con alloggio, curata in ogni particolare, nel cui menù si alternano mare e terra, Liguria e qualche incursione in altre regioni. In stagione, da non perdere i funghi.*

Via Restagno, 1 - Tel. 019 58256
→ 2,7 km dall'uscita A6 Altare
→ 900 m dalla stazione di Altare
🕐 Chiuso lunedì e mercoledì Orario sera domenica solo pranzo Ferie 1 settimana in gennaio, 2 in settembre
Prezzi: 32-36 euro, vini esclusi
Carte di credito: BM, CS, MC, Visa

L'OSTERIA Altare, in passato famosa per le fornaci dedicate alla lavorazione del vetro, è un borgo di origini medievali. Nel crocevia di sentieri escursionistici dell'Alta Via dei Monti Liguri, la locanda è gestita da Graziella e Marino con vibrante energia. La moderna osteria è **curata nei minimi dettagli**. Al piano superiore sono disponibili quattro camere per il pernottamento.

LA CUCINA Aprendo il menù possiamo leggere «Ricorda, se hai fretta questo posto non fa per te»: già da questa frase possiamo intuire come Marino e Graziella abbiano impostato la loro locanda. Il cliente deve avere il tempo per ambientarsi e per rendere conviviale il suo pasto. Naturalmente il tempo serve anche per la preparazione dei piatti. Cucina ligure, ma con **divagazioni nel vicino Piemonte** e in qualche altra regione italiana. Da segnalare, in stagione, i **funghi** serviti fritti oppure come condimento per la pasta fresca fatta in casa. La carta dei vini è generosa e ha ricarichi onesti.

I PIATTI Acciughe fritte, *Brandade* di baccalà, Buridda di stoccafisso

ARENZANO (GE)

OCHIN DE MA

IN BREVE *Osteria a gestione familiare, è un ittiturismo: qui si mangia solo quello che i titolari pescano nel mare di Arenzano. La cucina è molto semplice e varia in base alle stagioni.*

Via Sauli Pallavicino, 21 - Tel. 348 0097616
→ 2 km dall'uscita A10 Arenzano
→ 600 m dalla stazione di Arenzano
🕐 Chiuso lunedì, martedì e mercoledì, mai d'estate Orario sera, in inverno anche sab e dom pranzo Ferie gennaio e febbraio
Prezzi: 30-33 euro, vini esclusi
Carte di credito: MC, Visa

L'OSTERIA I pescatori Andrea e Davide gestiscono l'osteria moderna dividendosi equamente i compiti in sala e in cucina, con il prezioso supporto di mamma Angela. L'ambiente è semplice ed essenziale ma gradevole. La location in riviera permette di mangiare nell'**ampio giardino** pressoché tutto l'anno.

LA CUCINA Poche **portate**, **a miglio zero**, realizzate con quello che i titolari catturano nel golfo con il loro peschereccio. Come antipasto, insalata di polpo con patate o il tortino di acciughe. È disponibile un unico primo piatto di pasta condito con un gustoso sugo di pesce. Per il secondo ci si affida alla generosità del mare e alla stagionalità: una ricca frittura di paranza, il pesce del giorno cucinato in vari modi, la buridda di seppie. Dolci al cucchiaio e crostate di frutta fatti in casa per finire. Discreta la carta dei vini e la selezione di birre artigianali.

I PIATTI Tortino di acciughe, Spaghetti con sugo di pesce, Fritto di paranza

BADALUCCO (IM)

CIAN DE BIÀ

IN BREVE *I piatti di Franca si rifanno alla tradizione ligure e sono preparati con ottime materie prime, quasi tutte provenienti dall'azienda agricola di proprietà o da produttori della zona.*

Via Silvio Pellico, 14 - Tel. 320 6622079
Sempre aperto solo su prenotazione
Orario mezzogiorno e sera Ferie variabili
Prezzi: 35 euro menù fisso vini esclusi
Carte di credito: BM, CS, DC, MC, Visa

L'OSTERIA L'osteria si trova in un tipico carruggio ligure a Badalucco, in Valle Argentina. Ivo Orengo, coadiuvato dal figlio Matteo, vi introdurrà con passione e cordialità nelle accoglienti **sale con pietra a vista arredate con eleganza**; in cucina, con mano felice e sicura opera la moglie Franca Lanteri. Ampia e curata la carta dei vini, completa la selezione dei liguri, onesti i ricarichi.

LA CUCINA I **piatti di Franca si rifanno alla tradizione ligure e badalucchese** e sono preparati con prodotti quasi tutti provenienti dall'azienda agricola di proprietà o da produttori della zona. Spiccano i fagioli di Badalucco, Presidio Slow Food. Il **menù è fisso** e composto da quattro antipasti, due primi, due secondi e il dolce. Da segnalare il *brandacujun*, piatto ormai inflazionato in Liguria ma qui eseguito alla perfezione con ingredienti equilibrati e olio di prima qualità. Inoltre, su prenotazione, vista la lunga ed elaborata ricetta, si può richiedere il tipico stoccafisso alla baucogna.

I PIATTI *Brandacujun*, Coniglio alla ligure, Stoccafisso alla baucogna

BORDIGHERA (IM)

A SCIBRETTA

IN BREVE *In questa osteria, recentemente ampliata, Piero Guglielmi prepara piatti della tradizione ponentina con qualche divagazione piemontese. Da non perdere i ravioli al sugo di carne.*

Via Bastioni, 93 - Tel. 0184 267093-335 310923
→ 1,4 km dalla stazione di Bordighera
Chiuso il mercoledì e il giovedì, mai in agosto Orario mezzogiorno e sera Ferie 30 gg tra ottobre e novembre
Prezzi: 28-37 euro, vini esclusi
Carte di credito: BM, CS, MC, Visa

L'OSTERIA In un carruggio della città alta appena oltre la porta del Capo, incontrerete questo piccolo locale i cui muri sono in pietra a vista e i solai voltati in mattoni. Rustico ed essenziale, offre all'avventore **un ambiente accogliente e caldo**, dove con gentilezza vi riceverà Patrizia Modaffari. Il nome Scibretta deriva dal soprannome del ficus secolare che si trova nella piazzetta antistante: in dialetto bordigotto significa letteralmente fischietto.

LA CUCINA Strettamente legata al territorio e alla stagionalità della materia prima, **la cucina**, al cui timone è il patron Piero Guglielmi, **trae ispirazione dalle ricette materne**. Fra i piatti spiccano il *brandacujun* accompagnato dalla *panissa*, i ravioli ripieni di verdure e carne conditi al sugo oppure con olio e salvia, il coniglio al Rossese di Dolceacqua.

I PIATTI Acciughe fritte, Trofie al pesto, Seppie in umido, Budino all'acqua di fiori d'arancio amaro di Vallebona

BORDIGHERA (IM)

MAGIARGÈ VINI E CUCINA

Piazza Giacomo Viale, 1 - Tel. 0184 262946
🕐 Chiuso il lunedì Orario pranzo e sera
luglio e agosto solo sera Ferie variabili
€ Prezzi: 40-46 euro, vini esclusi
Carte di credito: BM, CS, MC, Visa

IN BREVE *Un'osteria ospitale, con salette dai colori caldi e vivaci, e soffitti voltati, dove gustare preparazioni di terra e di mare tipiche della Liguria di Ponente.*

L'OSTERIA Nell'incantevole centro storico di Bordighera, a ridosso della piazza centrale, scoprirete **un locale ospitale**, con salette dai colori caldi e vivaci e soffitti voltati. Sarete accolti da un oste di grande capacità ed esperienza, Mauro Benso, che dal 1996 gestisce questa osteria il cui nome, nel dialetto locale, significa smargiassa, svergognata.

LA CUCINA Il menù, privo di contaminazioni "foreste", offre **un accurato insieme di preparazioni locali tra terra e mare**, tipiche della Liguria di Ponente, profumate e gustose espressioni del territorio, dei suoi prodotti e della sua storia. Consigliabile il menù degustazione a 28 euro. I dolci sono tutti fatti in casa. La cantina riunisce **un vasto tesoro di bottiglie** che spaziano dai prodotti locali a quelli esteri.

I PIATTI Cappon magro, *Brandacujun*, Ciuppin, Coniglio nostrano al Pigato

CALICE LIGURE (SV)

LOCANDA PIEMONTESE

Piazza Massa, 4 - Tel. 019 65463
→ 6,6 km dall'uscita Finale Ligure della A10
🕐 Chiuso lunedì sera, mai d'estate, e martedì
Orario mezzogiorno e sera Ferie 15 giorni
in novembre
Prezzi: 30-35 euro, vini esclusi
Carte di credito: AE, BM, CS, DC, MC, Visa

IN BREVE *Il locale della famiglia Viola ha la particolarità di proporre parecchi piatti della tradizione piemontese, oltre ad alcune pietanze di mare. Le verdure arrivano dall'orto di proprietà.*

L'OSTERIA Questa osteria immersa in un tipico paesaggio dell'entroterra ligure è **gestita dalla famiglia Viola dal 1870**. Molta storia di Calice è passata di qui, soprattutto artisti che hanno animato la vita del paese a partire dagli anni Sessanta. Roberto in cucina e Luca in sala, coadiuvati dalle mogli, vi accolgono nei locali dall'atmosfera calda e informale. Particolare la cantina, al cui interno si può ammirare un antico pozzo, ampia la carta dei vini improntata su Piemonte e Liguria.

LA CUCINA Il locale propone **piatti della tradizione piemontese e ligure** preparati con cura, utilizzando le verdure dell'orto di proprietà, il pesce fresco proveniente da Finale Ligure e carni piemontesi di primissima scelta di piccoli allevatori. La pasta fresca è fatta in casa: spiccano gli *spelinseghi*, farfalle di farina integrale condite con pomodoro ed erbette. Gelati, semifreddi e dolci sono tutti di produzione propria.

I PIATTI Spelinseghi alla ligure, Frittura mista di mare, *Bagna caoda*, *Bonet*

CALIZZANO (SV)

MSE TUTTA

Via Garibaldi, 7 - Tel. 339 3199648
Chiuso il lunedì Orario mezzogiorno e
sera Ferie variabili
Prezzi: 30-35 euro menù fisso vini esclusi
Carte di credito: BM, MC, Visa

IN BREVE *Immersi in un'atmosfera
da vecchia osteria a gestione familiare, gusterete piatti della tradizione e
accostamenti innovativi realizzati con
materie prime di prossimità.*

L'OSTERIA Dal mare di Albenga, attraversando caratteristici paesini, si arriva a
Calizzano: qui, nel centro storico, una piccola insegna indica il locale gestito da
anni dalla famiglia Nari-Ravera. Saliti al primo piano dell'edificio, l'**atmosfera
da vecchia osteria** vi conquisterà grazie agli arredi, al pavimento in legno, alla
delicata illuminazione. Sandro ed Eugenio accolgono i clienti in sala, in cucina
opera con estro e sapienza Maria Grazia. Limitata ma curata la proposta dei vini.

LA CUCINA Uno dei motti del locale è «**Usiamo solo prodotti che possiamo
procurarci in una giornata di cammino a piedi**»: le materie prime del Caliz-
zanese vengono elaborate e valorizzate, anche con **accostamenti innovativi**
sempre coerenti con la tradizione culinaria dell'entroterra ligure. Ottimi i dolci,
accurata la presentazione dei piatti. A pranzo, nei giorni feriali, è presente
un interessante menù fisso a 15 euro.

I PIATTI Carpaccio tiepido di baccalà, Polenta affumicata nei tecci con toma
dei ribelli di Bardineto, Coniglio ripieno con patate di Calizzano

CAMPO LIGURE (GE)

CACCIA C'A BUGGE

Via Trieste, 28 - Tel. 010 920999
→ 650 m dalla stazione di Campoligure Masone
Chiuso il mercoledì Orario mezzogiorno
e sera Ferie variabili
Prezzi: 26-30 euro, vini esclusi
Carte di credito: BM, CS, Visa

IN BREVE *Nel locale gestito da Andrea
e Fabio troverete piatti semplici, frutto di
materie prime reperite da aziende locali:
da provare torte di verdure, ravioli alla
genovese, coniglio alla ligure.*

L'OSTERIA La squadra oramai è rodata: Fabio Seggi in cucina e il figlio Andrea
in sala hanno creduto da subito alle potenzialità di questa piccola e giovane
osteria nel cuore del borgo di Campo Ligure, al confine fra Liguria e Piemonte.
L'ambiente è semplice e tradizionale, e tanta è la voglia di fare assaggiare
gli antichi sapori di una volta.

LA CUCINA Il menù segue le stagioni e comprende **contaminazioni piemontesi**. Le **materie prime** sono **reperite da piccoli produttori** della zona.
La pasta fresca è fatta in casa: da ricordare i ravioli alla genovese, gli gnocchi
al pesto, gli agnolotti alla piemontese. Per le portate di mare, ottimi i calamari
ripieni in umido e le acciughe ripiene al forno. Per finire, sempre notevoli i baci
di dama e i canestrelli di Montebruno cotti nel forno a legna.

I PIATTI Verdure ripiene, Tomaxelle alla genovese, Trippe accomodate con le
fagiolane, *Mandilli* al pesto

ANTICA LOCANDA LUIGINA

Via Aurelia, 182 - Tel. 0187 893683
Non ha giorno di chiusura;
Orario mezzogiorno e sera Ferie non ne fa
Prezzi: 30-36 euro, vini esclusi
Carte di credito: AE, BM, CS, DC, MC

IN BREVE *Classico ristorante-albergo dall'ambiente familiare, propone la cucina dell'entroterra ligure, realizzata con produzioni di eccellenza a chilometro zero.*

L'OSTERIA A cinque chilometri dal casello autostradale di Carrodano, lungo la via Aurelia in direzione di Genova, in località Mattarana incontriamo l'Antica Locanda Luigina nata nella metà del XIX secolo e, dai primi anni Sessanta del Novecento, anche locanda. **Il locale è d'atmosfera**, con il tipico arredamento della vecchia osteria dell'entroterra. Messi a vostro agio dalla cordialità e professionalità dei titolari Gianpaolo e Antonina, sceglierete fra le diverse proposte di **pietanze della val di Vara** e, più in generale, della Liguria.

LA CUCINA Il menù presenta piatti tipici locali realizzati con **produzioni di eccellenza a chilometro zero.** L'antipasto comprende salumi e preparazioni uniche come i *gattafìn*. La pasta è fatta a mano: da provare gli gnocchetti in salsa di noci. Ottima la tagliata di manzo biologico al rosmarino. Sfizioso il tris di formaggi, anch'essi bio, accompagnato da mieli. I dolci sono casalinghi. La carta dei vini ha ricarichi onesti ed è ricca di referenze locali.

I PIATTI Minestrone alla genovese, Fritto misto, Coniglio in umido

ARMANDA

Piazza Garibaldi, 6 - Tel. 0187 674410
Chiuso il mercoledì, mai in luglio e agosto
Orario pranzo e sera; d'estate sera, sab e festivi anche pranzo Ferie 24 dicembre-8 gennaio
Prezzi: 32-35 euro, vini esclusi
Carte di credito: BM, CS, DC, MC, Visa

IN BREVE *Piccolo locale nato nel 1908 come mescita di vino. Luciana è riuscita a fondere le articolate tradizioni di confine con la Toscana e l'Emilia, creando quasi una nuova identità gastronomica.*

L'OSTERIA La storia di questo locale risale al 1908: nacque come mescita di vino. Si trova all'ingresso dell'arroccato borgo di Castelnuovo Magra. La trattoria è diventata negli anni, grazie alla passione espressa nei piatti dalla signora Luciana, **un riferimento gastronomico per tutta la zona** e non solo. La carta di vini è improntata principalmente sul territorio.

LA CUCINA Non troveremo mai portate realizzate con materie prime fuori stagione: **quello che la natura dà viene trasformato senza alterarne il sapore**. Al confine con la Toscana e l'Emilia, questa pezzo di Liguria ha subito diverse contaminazioni, e **Luciana è riuscita a fondere le articolate tradizioni**, creando quasi una nuova identità gastronomica. Tra le particolarità della zona, spiccano la prosciutta castelnovese e i panigazzi con olio e formaggio o pesto. I dolci casalinghi meritano uno spazio a fine pasto.

I PIATTI Lattughe ripiene in brodo, Maltagliati di farina di castagne al pesto, Trippa in umido, Cima ligure ripiena, Semifreddo di zabaione e pinoli

IL CASTAGNETO

IN BREVE *Un agriturismo vero, in cui l'orto fornisce molti degli ingredienti usati in cucina. Si producono olio e vino, si servono piatti, semplici ma ricercati, della tradizione ligure e, a volte, romana.*

Strada Provinciale 523 km 86
Tel. 0185 408136-347 4702278
→ 9 km dall'uscita A12 Sestri Levante
🕐 Non ha giorno di chiusura Orario sera, sabato e domenica anche pranzo Ferie variabili
Prezzi: 30-40 euro, vini esclusi
Carte di credito: BM, CS, MC, Visa

L'OSTERIA Energia, amore e natura: le caratteristiche di **un agriturismo vero e accogliente**, la cui azienda agricola rispetta e rispecchia la Val Petronio. Il Castagneto è genuino nello spirito come nelle produzioni: verdure fresche e trasformate, olio, miele e un vino speciale, il Sanpé, salino e tenace uvaggio a bacca bianca ricavato da vigne locali che hanno ottant'anni di vita.

LA CUCINA **La proposta gastronomica è casalinga e autentica.** Natalia e Irene (cuoche e contadine) valorizzano le peculiarità delle materie prime di terra e di mare. Semplice e mai banale, curata, concreta, variabilissima secondo natura, la carta è un turbinio di tradizioni italiane e liguri, con le **erbe aromatiche a farla da padrone**. Valida la selezione di formaggi a latte crudo accompagnata da miele e composte agropiccanti autoprodotte. La carta dei vini presenta 80 ricercate referenze naturali; particolare riguardo alle etichette liguri.

I PIATTI Ravioli di patate e prescinsêua, Cappon magro, Corxetti con salsa di nocciole, Torta di cipolla, prescinsêua e maggiorana

---

LUCHIN

IN BREVE *Da 114 anni questa osteria a gestione familiare propone piatti, che rispettano antiche ricette, in un ambiente semplice e conviviale. Il cavallo di battaglia è sempre la farinata.*

Via Bighetti, 51 - Tel. 0185 301063
→ 3,6 km dall'uscita A12 Chiavari
→ 350 m dalla stazione di Chiavari
🕐 Chiuso la domenica e i festivi Orario mezzogiorno e sera Ferie variabili
Prezzi: 30-35 euro, vini esclusi
Carte di credito: BM, CS, DC, MC, Visa

L'OSTERIA Ci sono cose che non cambiano mai: Luchin è una di queste. **Autentica osteria tradizionale** ligure dal 1907, si trova nel centro di Chiavari. A conduzione familiare, è un'esperienza culturale: ambiente rustico con tovagliette di carta, storia fotografica alle pareti, **forno a legna** che incanta con il cerimoniale di una **farinata** che sembra non finire mai.

LA CUCINA Tutte le mattine si accende il ronfò – focolare in muratura tipico delle case liguri – e vi si cuociono per ore, lentamente, le minestre. Le ricette sono sempre le stesse, intramontabili: stessi ingredienti, metodologie e sapori, **piatti veraci, senza compromessi**, liguri e genuini. Il menù è sulla lavagna all'ingresso e viene ripetuto come un mantra dai ragazzi in sala. Cantina ben fornita con molte etichette della regione; molto valida la Bianchetta della casa.

I PIATTI Farinata, Ravioli al tocco, Cima, *Capponada* di mare

CORNIGLIA (SP)

A CANTINA DE MANANAN

Via Fieschi, 117 - Tel. 0187 821166
🕐 Chiuso il martedì Orario mezzogiorno e sera Ferie variabili
💶 Prezzi: 40-45 euro, vini esclusi
Carte di credito: AE, BM, CS, DC, MC, Visa

IN BREVE *Un locale molto piccolo e caratteristico, dove gustare una cucina basata in prevalenza su pesce locale.*

L'OSTERIA L'osteria si trova **nel carruggio principale di Corniglia**, località turistica nel cuore delle Cinque Terre. Si sviluppa in un'unica sala con volte di pietra e mattoni. All'interno tavoli di legno e sedie impagliate; le pareti sono piene di quadri, disegni e vecchie fotografie del paese. Il menù si può consultare su una lavagna appesa. Sono proposti vini locali di buona qualità. È vivamente consigliato prenotare.

LA CUCINA Quasi tutte le portate sono a base di pesce. **I piatti della tradizione vengono preparati secondo l'offerta del mercato**, con un occhio di riguardo ai prodotti del territorio. Di buon livello il ricco antipasto di mare. La pasta è fatta in casa: si consigliano i taglierini con scampi, cicale e calamari, e i pansoti di magro in salsa di noci. Quasi sempre presenti sia l'orata in padella sia le gustose acciughe di Monterosso al limone. In conclusione, dolci casalinghi innaffiati dallo Sciacchetrà di Corniglia.

I PIATTI Ravioli di borragine, Taglierini ai frutti di mare, Muscoli alla marinara, Pesce alla ligure, Coniglio alla ligure

DOLCEACQUA (IM)

A VIASSA

Via Liberazione, 13 - Tel. 0184 206665
🕐 Chiuso il lunedì Orario mezzogiorno e sera Ferie 2 settimane in febbraio, 2 in novembre
💶 Prezzi: 38-40 euro, vini esclusi
Carte di credito: AE, BM, CS, MC, Visa

IN BREVE *Un accogliente ristorantino arredato con cura, la cui proposta gastronomica è il frutto della combinazione tra fresche materie prime locali e tradizione rivisitata.*

L'OSTERIA Questo accogliente ristorantino, ubicato in una via laterale del centro di Dolceacqua, prende il nome dall'appellativo, in dialetto locale, della prima nuova strada di una certa ampiezza fuori dai carruggi di questo bel borgo medievale. L'ambiente è unico, con cucina a vista: mise en place moderna e fotografie d'autore alle pareti. In sala opera con **garbo e professionalità** Stefano Cassini, mentre Aimone Cassini è il collaudato e affidabile titolare dei fornelli.

LA CUCINA La proposta gastronomica è il frutto della combinazione tra fresche materie prime locali e tradizione rivisitata. **I prodotti orticoli provengono da coltivazioni della zona** e alcuni di loro sono Presìdi Slow Food (fagioli di Pigna, aglio di Vessalico, carciofi di Perinaldo). Si sceglie alla carta oppure il menù degustazione a 32 euro, comprensivo di due antipasti, un primo, un secondo e il dessert.

I PIATTI *Brandacujun* alla dolceacquina, Tagliatelle al polpo con pomodoro e basilico, Coniglio al Rossese di Dolceacqua

I FARINOTTI

La ricetta della farinata è semplicissima: farina di ceci, olio extravergine di oliva, acqua, sale. Cotta in forno in grandi teglie di rame stagnato a bordi bassissimi, rinforzati robustamente, va mangiata appena fatta, ben calda, spolverata di pepe nero. Adatta alle stagioni fredde, è proposta anche in versioni più ricche: con il rosmarino, il cipollotto fresco, i carciofi. Non si tratta di una specialità esclusivamente ligure: nel Nizzardo, con gli stessi ingredienti si prepara la zocca, tra Pisa e Livorno la cecina. Ma per i liguri, *a fainà* (chiamata frisciolata nell'Imperiese) è una vera e propria istituzione. Se ne considerano, se non gli inventori, quantomeno i codificatori. I locali che la preparano, un po' in tutta la regione, sono spesso senza nome, con pochi tavoli o magari dotati di appena qualche sgabello vicino al bancone, dove consumare un rapido spuntino accompagnandolo (quando c'è) con il vino offerto alla mescita. C'è chi, per fare fronte alla domanda si è un po' allargato preparando tranci di pizza o trasformandosi in un ibrido tra friggitoria e tavola calda. Assediati dalle pizzerie, incalzati da nuove abitudini alimentari, sono quasi in via di estinzione. Ma in quanto testimoni di un'antica cultura del cibo, sono un patrimonio da salvare. Ecco una panoramica dei migliori, da Ponente a Levante.

CAIRO MONTENOTTE (SV)
DA LUCIANO

Piazza della Vittoria, 54 - Tel. 334 8003120
Non ha giorno di chiusura - Ferie: variabili
Orario: sera, giovedì anche pranzo

È sempre una garanzia di qualità questo farinotto ultrasessantenne che, oltre a una strepitosa farinata, propone anche un'eccellente pizza al tegamino. Interessante selezione di birre artigianali del panorama nazionale e non. Pochi i tavoli a disposizione.

CHIAVARI (GE)
DA VITTORIO

Via Bighetti, 33 - Tel. 0185 305093
Chiuso il giovedì - Ferie: variabili
Orario: 12.00-14.00/19.00-22.00

Tra i farinotti storici di Chiavari, Da Vittorio, con quasi un secolo di attività, continua a proporre inesorabile i classici dello street food genovese. Nel forno a legna vengono preparate farinate, torte di verdura e di riso, minestrone alla genovese, polpette di baccalà. È possibile consumare le portate anche da seduti, nello spazio del carruggio adiacente al locale.

GENOVA
ANTICA SCIAMADDA

Via San Giorgio, 14 R - Tel. 010 2468516
Chiuso dom e festivi - Ferie: in luglio e in agosto
Orario: 10.00-14.30/17.30-19.30

Vicino al Duomo, il farinotto da più di un secolo prepara quotidianamente, oltre alla classica farinata, asciutta e croccante, frittelle di baccalà, ottime torte di verdure e di riso, minestrone, polpettoni. Immancabile al venerdì il baccalà in umido. I posti a sedere sono solo sei.

L'ANGOLO DELLA FARINATA

Via Boccadasse, 67 R - Tel. 010 3760174
Chiuso sabato e domenica - Ferie: agosto
Orario: 10.00-14.30/17.00-20.30

Gli attuali titolari, Daniele e Maria, proseguono la tradizione di famiglia di quest'ultima attività, derivante da una analoga in via di Santa Zita. Il locale non è in una zona di passaggio intenso, eppure a sera le teglie sono tutte vuote, e ciò è sinonimo di innegabile qualità e di apprezzamento da parte della clientela. La "regina del banco" è sicuramente la farinata (insieme alla cugina panissa, sia fritta sia da cuocere). Disponibili le principali proposte della cucina di strada genovese: *frisceu*, frittelle di baccalà, polpettone con patate e fagiolini, verdure ripiene, torta di bietole e prescinsêua oltre alle altre tipiche torte salate. Per concludere in dolcezza, lasciate un piccolo spazio per il castagnaccio, specialità della casa.

LA SPEZIA
CAPOLINEA

Via Rebocco, 57 - Tel. 0187 701250
Chiuso il lun - Ferie: 2 settimane tra luglio e agosto
Orario: mezzogiorno e sera, luglio e agosto solo sera

Pur essendo conosciuta più come pizzeria, ci si va soprattutto per la farinata, di solito servita liscia, ma disponibile anche con cipolline, formaggio, carciofi, lardo. Il forno a legna è gestito con cura. Effettua anche servizio da asporto.

LA PIA

Via Magenta, 12 - Tel. 0187 739999
Chiuso la domenica - Ferie: variabili
Orario: 10.00-22.00

Da più di cento anni, questo locale è un'istituzione. La farinata è proposta in versione classica ma anche in tante varianti, fra le quali quella con pesto, gorgonzola e cipolle. Si preparano anche torte di verdure, focacce e pizzette. Si può consumare all'interno nella grande sala oppure portare via. Sono stati aperti altri punti vendita in città, Sarzana, Monterosso e persino a Londra.

PIETRA LIGURE (SV)
DA VIRGINIA

Via Mazzini, 70 - Tel. 019 615755
Chiuso dom, mai d'estate - Ferie: in ottobre
Orario: 17.00-20.00, in estate festivi anche 11.00-13.00

Un secolo e mezzo di tradizione, un punto di riferimento a Pietra Ligure. Anna, custode della ricetta di famiglia dal 1870, sforna decine e decine di testi di farinate tutti i giorni. Disponibili anche varie torte di verdure. All'esterno del locale c'è qualche tavolino per consumare le prelibatezze da seduti.

SANREMO (IM)
PASTA MADRE

Via Corradi, 54 - Tel. 338 3559955
Chiuso la dom - Ferie: 4 settimane tra ottobre e novembre
Orario: 7.00-20.00

Nel centro storico, a pochi passi dalla cattedrale di San Siro, la panetteria della famiglia Silvano offre buoni prodotti sia da portare via sia da consumare sul posto, nelle comode salette interne o nel piccolo dehors di via Corradi. Oltre all'ottima sardenaira troverete farinata, torte di verdure secondo stagione (zucca, carciofi, bietole, zucchine trombette), focacce, dolci da forno e qualche piatto caldo ispirato perlopiù alla tradizione ligure.

SAVONA
CASA DELLA PANIZZA

Vico dei Crema, 4 - Tel. 349 1960736
Chiuso la dom - Ferie: giugno-settembre
Orario: 8.00-13.30/15.30-20

Locale storico nel centro di Savona, questo farinotto aperto nel 1860 continua a essere la meta ideale per chi voglia assaggiare una delle migliori panizze della città, da mangiare "liscia" oppure in mezzo alle fugassette (panini morbidi). Degne di note le frittelle di baccalà e il castagnaccio. Nel periodo di Carnevale ottime le bugie.

CASAEBOTTEGA

Piazza Garibaldi, 2
Tel. 0184 205038-340 5665339
🕐 Non ha giorno di chiusura Orario pranzo
ven e sab anche sera; d'estate pranzo e sera
Ferie variabili
💶 Prezzi: 38-40 euro, vini esclusi
Carte di credito: AE, BM, CS, MC, Visa

IN BREVE *Valeria guida uno staff giovane, la cucina si ispira alla tradizione ponentina con qualche concessione alla creatività. Disponibili tre menù degustazione, oltre alla carta.*

L'OSTERIA Una rarità. Quando l'oste è "la" oste. Eclettica, fascinosa, volitiva, discreta, acuta, di esperienza: Valeria. Si muove con sicurezza circondata dall'aiuto dei familiari. Il locale è accogliente, caldo, una **sapiente mescolanza tra stile industriale e tradizione**. Ogni complemento d'arredo e design è in vendita.

LA CUCINA Nel regno di Fabrizio, le **materie prime**, scelte con attenzione, sono **per la maggior parte territoriali**, con qualche deroga d'eccellenza. Ne deriva una serie trasversale di proposte, di terra e di mare, che alternano reminiscenze familiari all'apporto di elementi nuovi. La carta dei vini rispetta l'eclettismo dei piatti, proponendo contemporaneamente bottiglie indigene e foreste.

I PIATTI *Brandacujun*, Spaghetti alle vongole veraci, Coniglio al Rossese, Polpo alla piastra, Torta stroscia

AI CUATTRU CANTI

Via Torcelli, 22 - Tel. 019 680540
→ 3 km dall'uscita A10 Finale Ligure
🕐 Chiuso il lunedì Orario mezzogiorno e
sera Ferie 15 giorni a febbraio
Prezzi: 30-33 euro, vini esclusi
Carte di credito: nessuna

IN BREVE *Piccolo locale per il quale è consigliabile prenotare con anticipo. Dalle lavagnette appese si possono scegliere piatti tradizionali e stagionali.*

L'OSTERIA Un'osteria a **gestione familiare**, situata all'interno delle mura medievali, quindi raggiungibile solo a piedi. Anima del piccolo locale è Roberta Drago. **Il servizio è semplice e veloce**. Il buon vino sfuso affianca qualche etichetta locale. È sempre consigliato prenotare.

LA CUCINA Dalle lavagnette appese si possono scegliere piatti tradizionali e stagionali della **cucina ligure sia di terra sia mare**. L'antipasto misto della casa prevede farinata di ceci e grano, varie torte di verdure. Da non perdere i *prev* e le lattughe ripiene, tra i primi i tagliolini e gli gnocchi. Poi si potrà scegliere tra acciughe fritte e coniglio alla ligure, e ottimi dolci della casa.

I PIATTI *Mandilli de sea* al pesto, Tortino di acciughe, Seppie con zucchine trombetta, Polpo con patate e melanzane bianche

FINALE LIGURE (SV)

LA GIOIOSA

IN BREVE *Ristorante-albergo a gestione familiare. Il menù è composto da pochi piatti ma tutti di qualità: acciughe ripiene, ravioli di magro al ragù di coniglio, cima alla genovese.*

Via Manie, 55 - Tel. 019 601306
→ 6,5 km dall'uscita A10 Finale Ligure
🕐 Chiuso il martedì, mai d'estate Orario mezzogiorno e sera Ferie ultime 3 sett di novembre, 15 gennaio-15 marzo
Prezzi: 35-40 euro, vini esclusi
Carte di credito: BM, CS, MC, Visa

L'OSTERIA Il ristorante e l'albergo sono gestiti dalla famiglia Ganduglia: in cucina troviamo l'esperta Luigia, in sala il cortese Flavio. Potrete accomodarvi nella sala interna o nel dehors con una **meravigliosa vista sul mare**. La carta dei vini, suddivisa tra "importanti" e "da spendere poco", non comprende molte referenze ma ha interessanti etichette, soprattutto di produttori liguri e piemontesi.

LA CUCINA **La cucina è di stampo casalingo**, con piatti stagionali sia di pesce sia di carne. In attesa del pasto viene offerto un piatto di verdure dell'orto di proprietà e paté di olive di produzione propria. L'antipasto della casa, con assaggi misti di pesce e torte di verdure, è molto abbondante. Da non perdere la **pasta fresca fatta in casa**. Pochi ma buoni i dolci casalinghi.

I PIATTI Trenette alle acciughe, Ravioli di magro al ragù di coniglio, Coniglio alla ligure, Cima alla genovese

FINALE LIGURE (SV) - Monte

LA REALIDAD

IN BREVE *Una casa di campagna, da cui si gode una splendida vista, dove gustare piatti basati su tante materie prime autoprodotte e sul pesce che arriva dalla Cooperativa di Noli.*

Via Manie, 51-53 - Tel. 019 600455
→ 7,6 km dall'uscita A10 Finale Ligure
🕐 Chiuso lunedì e martedì Orario solo la sera Ferie da novembre a metà marzo
Prezzi: 25-35 euro, vini esclusi
Carte di credito: BM, CS, MC, Visa

L'OSTERIA Sulle alture di Finale Ligure troviamo questa azienda agrituristica, **ubicata in un'ammirevole posizione panoramica**, che offre una cucina sincera e legata al territorio. In una sala arredata con semplicità, da cui si può godere una deliziosa vista mare, sarete accolti con gentilezza e cortesia, anche per una piacevole sosta notturna nelle sette camere a disposizione degli ospiti.

LA CUCINA **Legata alle materie autoprodotte**, la cucina serve le eccellenze della tradizione ligure senza concedere spazio a inutili fronzoli, nel tentativo di riportare nel piatto la genuinità e i sapori della materia prima con cui sono elaborati. Di mirabile fattezza le tomaxelle (involtini di carne di vitello). Ottimo **il pescato proveniente dalla Cooperativa di pescatori di Noli**. Discreta la scelta dei vini con prevalenza di etichette locali.

I PIATTI Lasagnette alle erbe, Ravioli di verdura, Coniglio alla ligure, Tomaxelle

DA Ö COLLA

Via alla Chiesa di Murta, 10 - Tel. 010 7408579
🕐 Chiuso lunedì e martedì Orario sera, domenica solo pranzo Ferie variabili in gennaio e in estate
Prezzi: 32-35 euro, vini esclusi
Carte di credito: BM, CS, MC, Visa

IN BREVE *La storica osteria dei fratelli Risso si trova sulle alture di Bolzaneto e propone la tradizionale cucina genovese: focaccia, lasagnette al pesto, ravioli al tuccu, verze ripiene.*

L'OSTERIA È una storica attività di ristorazione, esistente dal 1810, rilevata a fine anni Novanta dai fratelli Andrea e Mauro Risso: il primo in cucina, il secondo a gestire servizio e cantina, **sono originari della zona, quindi ottimi conoscitori delle risorse e delle tradizioni locali**. Ci troviamo sulla collina di Murta, sopra le alture della Val Polcevera, con vista sul nuovissimo ponte progettato da Renzo Piano, un simbolo di ripresa, ripartenza, nuove occasioni di incontro e relazioni, perché no anche a tavola.

LA CUCINA Pur concedendo qualche divagazione a piatti un po' più innovativi, non sempre esclusivamente ispirati agli ingredienti e alle materie prime del territorio, **l'osteria propone in gran parte ricette della tradizione dell'entroterra**, sostenuta anche dai prodotti provenienti dall'orto di famiglia e da aziende del circondario. **In stagione, grande attenzione a funghi, tartufo e selvaggina**; nel mese di novembre, in concomitanza con la ultratrentennale mostra che si svolge a Murta, è protagonista la zucca.

I PIATTI Verdure ripiene, Crocchette di baccalà, Riso arrosto alla genovese, Stoccafisso accomodato

DA PIPPO

Salita Chiesa di Fontanegli, 13 R
Tel. 010 809351
🕐 Chiuso il lunedì Orario mezzogiorno e sera Ferie variabili
Prezzi: 30-33 euro, vini esclusi
Carte di credito: AE, CS, DC, MC, Visa

IN BREVE *Antica osteria di campagna che propone varie ricette di tradizione quali acciughe fritte, ravioli al tuccu, lasagne al pesto, cima, fritto misto.*

L'OSTERIA In Val Bisagno, imboccata la strada per Bavari, dopo poche curve strette si entra sulla destra nel piccolo borgo immerso nel verde di Fontanegli. Christian è il titolare di questa osteria in attività dal 1870: dalla famiglia ha ereditato i saperi della tradizione proiettandoli verso il futuro. L'ambiente offre due sale confortevoli e un grande pergolato dove godere al fresco i pasti estivi.

LA CUCINA **L'aria che si respira**, anche se si è a pochi minuti dal centro città, è **quella tipica del paesino di campagna**, dove il tempo scorre alla giusta velocità, senza frenesia. Un ritmo che si percepisce anche a tavola. Nel menù l'alternanza delle stagioni regna indiscussa. Mani sapienti impastano la pasta fresca, come i *pansoti* da condire con la salsa di noci e i ravioli con il *tuccu*. Imperdibile il fritto misto alla genovese, una sequenza infinita di portate, dalle verdure al latte dolce fritto, come da tradizione. Enoteca ben fornita, **oste molto competente**.

I PIATTI Stoccafisso con patate, Agnello con carciofi, Tartare di fassona

IL GENOVESE

Via Galata, 35 R - Tel. 010 8692937
→ 400 m dalla stazione di Genova Brignole
⊙ Chiuso la domenica, mai in dicembre
Orario mezzogiorno e sera Ferie variabili
Prezzi: 30-35 euro, vini esclusi
Carte di credito: AE, BM, CS, DC, MC, Visa

IN BREVE *Un'osteria accogliente e informale, sempre attenta alle tradizioni. Gusterete un eccellente pesto, i pansoti in salsa di noci, le polpette al tuccu, lo stoccafisso accomodato.*

L'OSTERIA Aperta alla fine degli anni Novanta dai fratelli Roberto e Sergio Panizza al posto di una storica *sciamadda* (un locale con forno a legna per la preparazione della farinata), l'osteria propone i tipici piatti della tradizione genovese con un **particolare cura nella scelta delle materie prime**. Situata in pieno centro, dispone di **una sala accogliente** al piano terra e una più piccola al piano superiore.

LA CUCINA **Ricette della tradizione** che si stavano perdendo e attenzione massima agli ingredienti: questi i punti di forza dell'osteria. Il pesto è ottenuto da basilico genovese Dop, i ravioli *au tuccu* sono ripieni di carne della razza autoctona cabannina, lo stoccafisso è della pregiata specie *Gadus morhua*. La carta dei vini propone ottime etichette liguri ma non mancano incursioni in altre regioni; presente anche una buona selezione di birre artigianali.

I PIATTI Trippe fritte, Minestrone alla genovese, Ravioli *au tuccu*, Stoccafisso accomodato, Latte brusco

IL MICHELACCIO

Via Frugoni, 49 - Tel. 010 5704274
→ 850 m dalla stazione di Genova Brignole
⊙ Chiuso la domenica Orario mezzogiorno
e sera Ferie variabili
Prezzi: 32-40 euro, vini esclusi
Carte di credito: BM, CS, Visa

IN BREVE *Con materie prime reperite nello storico Mercato Orientale e da piccoli produttori, questo bistrot coniuga tradizione e innovazione in un ambiente originale e informale.*

L'OSTERIA Più che un'osteria un bistrot, anche se Fabio Fauraz conosce perfettamente tutte le ricette della cucina tradizionale genovese, ligure e non solo. L'ambiente, piacevole, è volutamente **vintage**. I tavoli ben distanziati favoriscono tranquille conversazioni. Ampia la scelta dei **vini naturali e biodinamici**, serviti anche al bicchiere. Molto interessante la collezione dei distillati, anche rari, per miscelare ottimi cocktail.

LA CUCINA Sulla lavagna troviamo il menù del giorno che comprende sempre le imperdibili focacce stirate, seguite da panissa e crostini burro e acciughe. La cucina di Fabio non conosce compromessi, si ama oppure si odia per la schiettezza dei sapori come per le originali rivisitazioni di alcune ricette: esemplari, fra queste ultime, i ravioli al vapore conditi con il *toccu* così come la focaccia al formaggio di totani. Tra i dolci, la *panera* genovese vi stupirà. **Ogni piatto è frutto di ricerca**, ma senza mai alterare il gusto della materia prima.

I PIATTI Lattughe in brodo, Zeraia, *Brandacujun*, Calamari in buridda con piselli

LA FORCHETTA CURIOSA

IN BREVE *Osteria semplice e informale, propone buoni vini naturali, piatti di tradizione ma anche un po' di fantasia. La pasta fresca è fatta in casa.*

Piazza Negri, 5 R - Tel. 010 2511289
→ 1,4 km dalla stazione di Genova Brignole
🕐 Non ha giorno di chiusura Orario mezzogiorno e sera Ferie variabili
Prezzi: 36-42 euro, vini esclusi
Carte di credito: AE, BM, CS, DC, MC, Visa

L'OSTERIA Questo locale incentra la sua impostazione sui piatti della tradizione rivisitati con estro e competenza. La posizione nel centro storico di Genova garantisce un buon afflusso turistico, ma la cucina di Roberto Gillo è molto apprezzata anche dagli abitanti della città della Lanterna. L'ampia **offerta di vini naturali, sia biologici sia biodinamici**, rappresenta il frutto di passione e ricerca del titolare.

LA CUCINA **Differente la proposta tra il pranzo e la cena**: semplice la prima con offerte che cambiano tutti i giorni (trovate gli aggiornamenti sul sito internet), più elaborata la seconda. **I piatti di pesce predominano**. Tra i secondi l'immancabile cappon magro e la frittura. Completano l'offerta i dolci classici e un'intrigante mousse di prescinsêua con salsa ai frutti rossi.

I PIATTI Ravioli ripieni di pesto alla crema di pinoli, *Ciuppin* di pesce, Branzino alla ligure, Panera

LA LANTERNA

IN BREVE *Storica osteria con una cucina prevalentemente di mare, con qualche incursione di terra. L'ambiente è semplice.*

Salita San Siro, 12 R - Tel. 010 4075543
→ 900 m dalla stazione di Genova Piazza Principe
🕐 Chiuso la domenica Orario pranzo, gio ven sab anche sera Ferie un mese tra luglio e agosto
Prezzi: 30-35 euro, vini esclusi
Carte di credito: BM

L'OSTERIA Nella zona del Porto Antico, vicino a piazza Fossatello, in questo locale, a metà del secolo scorso, si riunivano i camalli in attesa della chiamata per andare a scaricare le navi, che arrivavano con merci da tutto il mondo. Andrea Cogorno, dopo esperienze lavorative in città e all'estero, lo ha rilevato. **L'ambiente è semplice**: due salette, pochi tavoli ben distanziati, molta professionalità da parte del patron e dei suoi ragazzi.

LA CUCINA **Il legame con il territorio è sempre stretto**, ma si passa da piatti riprodotti fedelmente secondo le ricette originali a pietanze rivisitate, vista la buona tecnica, senza alterare le sensazioni gustative degli originali. **La cucina è prevalentemente di mare** con qualche incursione di terra. Pane e focaccia genovese (sempre presente) sono preparati in casa utilizzando farine biologiche macinate a pietra. Panissette e cuculli danno il via alle danze, quindi paste fatte a mano, pescato del giorno e gli immancabili canestrelli allo zabaione.

I PIATTI Frittelle di baccalà, Minestrone con pesto e *scuccuzù*, Ravioli di pesce, Coniglio alla ligure, Stoccafisso accomodato, Trippe

MANGIABUONO

Vico Vegetti, 3 R - Tel. 010 2530501
→ 1,4 km dalla stazione di Genova Brignole
🕐 Chiuso sabato a pranzo e domenica
Orario mezzogiorno e sera Ferie 1 settimana
in agosto, 1 in inverno
Prezzi: 30-35 euro, vini esclusi
Carte di credito: nessuna

IN BREVE *Nelle due belle, semplici salette, la tradizione è rispettata e, a seconda dell'umore mattutino, cambia il menù giornaliero. La cucina chiude alle 23.30.*

L'OSTERIA Classica osteria del centro storico genovese, che la famiglia Tavella gestisce con semplicità ed efficiente professionalità. Nelle due salette si possono gustare i capisaldi della cucina della Superba preparati con **grande cura e attenzione**. La vicinanza alla cattedrale, al Palazzo Ducale e all'Acquario garantiscono una costante affluenza di turisti, ma purtroppo non è possibile prenotare. Buona selezione di vini, disponibilità di una carta extra per etichette di pregio.

LA CUCINA Maurizio Tavella apparentemente è il classico burbero genovese: scontroso, ma genuino e sincero come la sua cucina. La tradizione è rispettata e, a seconda dell'umore mattutino, cambia il menù giornaliero. Le materie prime sono di qualità. **Le verdure sono sempre presenti** per preparazioni di ripieni, minestrone e dell'**ottimo pesto**; l'offerta di pesce è incentrata su acciughe, stoccafisso e calamari.

I PIATTI Ravioli al *tuccu*, Minestrone alla genovese con pesto, *Bagnun* di acciughe, Trippe accomodate, Lattughe ripiene in brodo

OSTAIA A RIBOTTA

Salita San Gerolamo, 2 R - Tel. 010 2513828
🕐 Chiuso il lunedì Orario sera, sabato
e domenica anche pranzo Ferie 10 gg
gennaio-febbraio. una sett in agosto
Prezzi: 35-40 euro, vini esclusi
Carte di credito: BM, CS, DC, MC, Visa

IN BREVE *Gianluca e Michela, compagni nella vita e tra i fornelli, hanno ricreato l'ambiente vivace delle vecchie osterie. La proposta gastronomica spazia dalla tradizione genovese ai piatti del vicino Piemonte.*

L'OSTERIA Aperta dal 2013, l'osteria si trova nel cuore della città e ha conquistato la fiducia e la simpatia dei genovesi. Gianluca Tortone e Michela Guglielmi, compagni nella vita e tra i fornelli, hanno semplicemente ricreato **l'ambiente vivace delle vecchie osterie**, informali e da *ribotta* (fare baldoria, lasciarsi trasportare a tavola senza freni). All'interno semplici tavoli ben distanziati e un **ampio dehors** sotto un glicine per la bella stagione.

LA CUCINA La proposta gastronomica, semplice e ben curata, spazia **dalla tradizione genovese ai piatti del vicino Piemonte**, zona di origine di Gianluca. Le materie prime sono reperite presso il Mercato Orientale, famoso nella storia di Genova per i banchi con prodotti di altissima qualità, dalle verdure al pesce. La pasta fresca è tutta fatta in casa: notevoli i ravioli di ombrina in brodo di pesce. La cantina conta più di 200 etichette del panorama nazionale ed estero.

I PIATTI Cappon magro, Ravioli di borragine al tocco, Uccelletto di calamari con porcini e patate

OSTAIA DE BANCHI

Vico Denegri, 17 R - Tel. 010 8540468
→ 1,1 km dalla stazione di Genova Piazza Principe
Chiuso domenica sera e lunedì Orario mezzogiorno e sera Ferie fine agosto, 10 giorni in gennaio dopo l'Epifania
Prezzi: 30-35 euro, vini esclusi
Carte di credito: BM, MC, Visa

IN BREVE *Nelle due salette con muri di pietra e volte di mattoni, gusterete un menù improntato su stagionalità e tipicità.*

L'OSTERIA Vicino alla storica piazza Caricamento, motore dell'economia della Repubblica Marinara in cui convivevano mercanti e camalli, troviamo questa piccola **osteria che continua la sua attività dal XVI secolo**. Due sale arredate semplicemente, volte in mattoni e una piccola cucina a vista fanno di questo locale un angolo veramente caratteristico. Bella la carta dei vini improntata su etichette del territorio e non; **buona presenza di vini naturali**.

LA CUCINA Stefano in cucina e Sergio in sala hanno creduto fin dall'inizio nel loro progetto. Dopo alcune esperienze importanti, il grande passo di rilevare questa osteria. **La squadra, giovane e affiatata,** trasmette un'energia positiva. Il pesce, freschissimo, è esaltato da cotture sapienti. Le paste fresche sono tutte fatte a mano, come i setosi mandilli al pesto. Da piccoli allevatori proviene il coniglio servito alla ligure.

I PIATTI *Brandade* di baccalà, *Pansoti* al sugo di noci, Cappon magro, Tagliolini erbette e prescinsêua, Biancomangiare alla panera

ROSMARINO

Salita del Fondaco, 30
Tel. 010 2510475-339 8301524
→ 1,2 km dalla stazione di Genova Brignole
Chiuso la domenica Orario mezzogiorno e sera Ferie 1 sett in luglio, 1 in gennaio, Natale e Pasqua
Prezzi: 30-35 euro, vini esclusi
Carte di credito: BM, CS, MC, Visa

IN BREVE *Di fianco a Palazzo Ducale, un locale elegante e movimentato. La cucina, in bilico tra modernità e tradizione, propone il menù a seconda della disponibilità del mercato.*

L'OSTERIA A pochi metri da piazza de' Ferrari, **nel cuore di Genova**, Alessandro in cucina e Felice, patron della sala e della cantina, hanno fatto di questa osteria un crocevia di tradizione e di modernità, sempre in stretto legame con il territorio. **Sulle lavagne appese ai muri troverete il menù** e le proposte della giornata, variabili secondo la stagionalità. La cantina meriterebbe un ulteriore implemento visto l'estro in cucina di Alessandro.

LA CUCINA **La dispensa viene riempita quotidianamente**, e a seconda della disponibilità del mercato, viene deciso il menù. Alessandro ha la capacità di cucinare gli ingredienti senza stravolgerne il sapore. Nei primi in evidenza le trofie al pesto e i taglierini di borragine con galletti e totanetti. Tra i secondi merita senz'altro una menzione lo stracotto di guancia di cabannina (Presidio Slow Food). Nella sezione dolci spiccano il tipico biancomangiare e la sacripantina.

I PIATTI *Brandacujun, Cundigiun,* Zuppetta di gallinella, mazzancolle e salicornia

SA PESTA

IN BREVE *Dal grande forno a legna all'ingresso di questa storica osteria si sforna una buonissima farinata. Diverse e valide le pietanze della cucina genovese, compresa un'ottima sacripantina.*

Via dei Giustiniani, 16 R - Tel. 010 2468336
→ 1,4 km dalla stazione di Genova Piazza Principe
🕐 Chiuso la domenica Orario solo a mezzogiorno Ferie agosto
Prezzi: 23-28 euro, vini esclusi
Carte di credito: BM, CS

L'OSTERIA A indicarne le antiche origini, il nome Sa Pesta riporta alla memoria i tempi in cui il sale grosso veniva pestato nel mortaio e poi venduto. Fin dal secondo dopoguerra la famiglia Benvenuto gestisce con **passione e dedizione** questa osteria a pochi passi dal Porto Antico. Il **grande forno a legna** all'ingresso, i soffitti a volta e le piastrelle bianche delle sale ricordano i classici luoghi della Genova portuale. Paolo, Antonella e Cinzia curano con attenzione il forno, la sala e la cucina. Semplice la scelta dei vini, in linea con il locale.

LA CUCINA Paolo è il "re del forno": fiamma viva e brace per creare sempre il calore perfetto per le varie cotture, teglie che entrano ed escono con le **immancabili farinate** e torte di verdura. Ma Sa Pesta non è solo un farinotto: sono presenti nel menù anche diversi e validi primi e secondi piatti della cucina genovese. Si conclude con un'ottima sacripantina, servita alla temperatura corretta come raramente avviene altrove.

I PIATTI Farinata, Cima fritta, Acciughe fritte e ripiene, Trofie al pesto

TRATTORIA DELLE GRAZIE

IN BREVE *Al bancone conviviale, o ai pochi tavoli arredati con semplicità, gusterete la vera cucina genovese: lattughe ripiene, mandilli de sea, stracotto alla genovese, acciughe impanate.*

Via delle Grazie, 48 - Tel. 010 8698240
→ 1,5 km dalla stazione di Genova Piazza Principe
🕐 Chiuso lunedì e martedì a pranzo e il mercoledì Orario mezzogiorno e sera Ferie variabili
Prezzi: 28-33 euro, vini esclusi
Carte di credito: BM, MC, Visa

L'OSTERIA Porto Antico e piazza Cavour sono i due riferimenti per trovare questa trattoria che si sviluppa in **una grande sala con volte di mattoni** e muri in pietra. Il servizio gestito da Massimo è puntuale e cordiale. L'offerta della cucina genovese è ampia e rappresentata con correttezza, abbinata a una scelta di vini coerente con il territorio e con la tipologia del locale, anche nei prezzi.

LA CUCINA I **piatti, semplici e sinceri**, che parlano di Genova e della sua storia culinaria, vengono preparati da Manuel. Reperite nel mercato locale, sempre fresche le acciughe, proposte fritte, ripiene o all'*aggiadda*. Una rarità le lattughe ripiene che vengono condite con il *tuccu* di carne invece dell'usuale brodo. **La pasta fresca è fatta in casa.** Una certezza lo stoccafisso vecchia Genova. Ottimi i canestrelli.

I PIATTI Frittelle di baccalà, Cappon Magro, Minestrone, Taglierini al nero di seppia con sugo di muscoli, *Mandilli de sea* al pesto

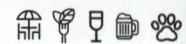

VEGIA ÒSTÀIA DA O PÖULU

Via Superiore Gazzo, 30 - Tel. 392 9473588
→ 4,2 km dall'uscita A10 Genova Pegli
→ 220 m dalla stazione di Genova
Costa di Sestri Ponente
🕐 Chiuso dom sera e mar Orario sera, sab
e dom anche pranzo Ferie tra agosto e
settembre, 3 settimane dopo Capodanno
Prezzi: 33-35 euro, vini esclusi
Carte di credito: BM, CS, MC, Visa

IN BREVE *Ideale per una piacevole serata tra amici, è un'osteria immersa nel verde. La cucina è casalinga: cuculli, trenette al pesto con patate e fagiolini, stoccafisso accomodato, coniglio alla ligure.*

L'OSTERIA Sopra le alture di Sestri Ponente, **circondata dal verde**, troviamo questa osteria che la famiglia Gaione al gran completo gestisce con cura e semplicità. Ai fornelli ci sono mamma Giuliana e papà Gianfranco. Roberto accoglie i clienti e propone il menù scritto su una lavagna di ardesia, Maurizio è l'assoluto maestro del forno a legna. Possibilità di mangiare sul curato prato attiguo al locale.

LA CUCINA **Il menù viene cambiato spesso** e dipende dalle materie prime reperite nei vari mercati. È proposta una **cucina semplice ma ricca di contenuti** e di storia genovese. Il forno a legna permette di gustare oltre al pane, servito sempre caldo, la tipica farinata in vari modi. Le panissette e i cuculli sono certamente un buon inizio. La pasta è tirata a mano: superlativi i ravioli, un autentico viaggio nel passato, con il tocco "tirato" all'antica. Dolci fatti in casa, ottimi i canestrelli cotti a legna.

I PIATTI Cappon magro, Spaghetti alla chitarra al sugo di polpo, Seppie con carciofi, Baccalà al verde

DALLA PADELLA ALLA BRACE

Via Ospedale, 31 - Tel. 0183 294159
→ 4,1 km dall'uscita A10 Imperia Est
→ 290 m dalla stazione di Imperia Oneglia
🕐 Chiuso il lunedì Orario sera, ven, sab e
dom anche pranzo Ferie variabili
💶 Prezzi: 38-45 euro menù fisso vini esclusi
Carte di credito: AE, BM, CS, MC, Visa

IN BREVE *In un carruggio di Oneglia, un locale moderno in cui provare rivisitazioni di piatti liguri e del basso Piemonte, grigliate di pesce, carne e verdure dell'orto di proprietà.*

L'OSTERIA Ubicata in un carruggio della parte storica di Oneglia, questa accogliente osteria, ben gestita da Andrea Richero in cucina e dalla madre Silvia, **strizza l'occhio alle brasserie d'Oltralpe** in un indovinato connubio di modernità e tradizione. L'accoglienza informale e una cucina che offre pietanze differenti tra il pranzo e la cena ne fanno **una sosta piacevole e intrigante**.

LA CUCINA Oltre a un menù a prezzo fisso di 35 euro, di ottimo livello e con piatti della tradizione sapientemente rivisitati, la carta comprende anche proposte più particolari come il crudo di pesce con cipolla rossa di Teco e maionese allo zenzero, il gazpacho con cozze e prescinsêua. Materie prime locali scelte con grande attenzione, mescolate a sapori regionali e d'oltralpe, regalano una **cucina saporita ma equilibrata**, forgiata dalla giovane ma sapiente mano dello chef.

I PIATTI *Brandacujun*, Cappon magro, Turle al ragù di polpo, *Zemin* di fagioli di Conio

LA MOLINELLA

IN BREVE *Un agriturismo attento alle materie prime (coltivate nei terreni circostanti) e alla tradizione, rivisitata con un tocco di estro: tutto l'orgoglio dell'entroterra e delle sue ricette.*

Via Aldo Moro, 10 - Tel. 0184 208163
🕐 Aperto venerdì e sabato sera, domenica a pranzo; giugno-ottobre tutte le sere
Ferie variabili tra novembre e febbraio
Prezzi: 30 euro menù fisso
Carte di credito: BM, CS, DC, MC, Visa

L'OSTERIA Immersa nel verde della Val Nervia, tra boschi e oliveti, lontana dagli echi dell'affollata riviera, un'azienda agrituristica in cui trova spazio una **cucina di territorio, a chilometro zero**, genuina e gustosa. L'**ambiente, semplice ma curato** nel tovagliato e nel servizio, accoglie l'ospite in **salette dai toni avvolgenti e caldi**. Una vera oasi di pace in cui si può anche pernottare.

LA CUCINA Come da vera tradizione ligure, la cucina trae maggior ispirazione dalla terra e non dal mare, in una spirale di sapori che intreccia il *brandacujun* e lo stoccafisso alla frantoiana, il *fugassun* (tortino di erbette, carciofi e uova), le cordelle di San Martino (tagliatelle di farina di castagne condite con il pesto), i *barbagiuai* (ravioloni fritti ripieni di zucca e ricotta piccante di capra). Fornita e di ampia ispirazione locale la carta dei vini.

I PIATTI Verdure ripiene, Ravioli col *pesigu* ripieni di borragine e maggiorana, Stoccafisso mantecato, Coniglio alla ponentina, Coscia di agnello al forno

LA SPEZIA - Marola

PICCIARELLO

IN BREVE *Un ex negozio di alimentari ospita da vent'anni questa osteria a gestione familiare. Pescatori locali riforniscono la cucina.*

Viale Fieschi, 300-302
Tel. 0187 779237-338 1939131
→ 8 km dall'uscita A15 Lerici-Porto
🕐 Chiuso il lunedì Orario mezzogiorno e sera Ferie variabili
Prezzi: 34-42 euro, vini esclusi
Carte di credito: BM, CS, Visa

L'OSTERIA Sulla strada per Portovenere, Stefano Poles insieme a Lara Borsi gestisce da una ventina d'anni questa piccola osteria ricavata da un vecchio negozio di alimentari. **Stefano incarna il ligure per eccellenza**, quello dal carattere burbero, ma buono e sincero. In un ambiente semplicemente arredato vivrete un'esperienza gastronomica schietta e genuina. L'ampia presenza di vini naturali è frutto della passione e della curiosità del patron.

LA CUCINA Pescherecci locali provvedono all'approvvigionamento della cucina. **Preparazioni semplici e cotture veloci per non alterare il sapore di mare**, piatti della tradizione in versione classica ma con qualche rivisitazione. Le verdure sono sempre presenti e in buona parte provengono dall'orto di proprietà. Sempre in menù i muscoli ripieni, piatto tipico spezzino. Le paste fresche come i dolci sono preparati da Lara.

I PIATTI Sugarelli in scabeccio, Moscardini in umido con patate, Frittura di paranza, Tortino di acciughe e patate

LAVAGNA (GE) - Cavi

RAIEÜ

IN BREVE *"Trattoria con pescheriec-cio" dal 1962, è un locale a gestione familiare che propone una cucina di mare mai banale. Ortaggi, olio e alcuni vini provengono dall'azienda di famiglia.*

Via Milite Ignoto, 25 - Tel. 0185 390145
→ 6,2 km dall'uscita A12 Lavagna
🕐 Chiuso il lunedì Orario mezzogiorno e sera Ferie novembre
€ Prezzi: 40-45 euro, vini esclusi
Carte di credito: AE, BM, CS, DC, MC, Visa

L'OSTERIA Raieü è una **"trattoria con pescheriec-cio"** dal 1962, un monumento gastronomico della Riviera di Levante. La troviamo nel centro di Cavi Borgo: gli interni sono di legno in **stile marinaro**, le lampare utilizzate come lampade, tante fotografie raccontano gli oltre cinquant'anni di storia della famiglia Bo-Dasso.

LA CUCINA Lorenzo, nipote di Giulio, detto Raieü, tutti i giorni va a pescare proprio come faceva il nonno. In cucina Carla, Grazia e Lorenzo valorizzano quello che ha donato il mare alla maniera ligure che meglio si addice. Il menù comprende diversi evergreen, cui si aggiungono, illustrati sulla lavagna, alcuni piatti più legati all'alternarsi delle stagioni. Tutta la pasta fresca è fatta in casa. **Ortaggi, olio e alcuni vini provengono dall'azienda di famiglia** Senaxi; in alternativa, prevalenza di bottiglie liguri e naturali.

I PIATTI Acciughe al limone, Gnocchi di pesce alla vongole, Zuppa di pesce, Buridda di seppie e verdure, Sacripantina

LEVANTO (SP) - Lavaggiorosso

ANTIGA USTAIA ZITA

IN BREVE *L'atmosfera del locale è chiara: familiare e accogliente. Spicca la tradizione con trofie al pesto, ravioli alle erbe di campagna, pesce povero.*

Via Cristoforo Colombo, 20
Tel. 0187 800158-338 2398374
→ 11 km dall'uscita A12 Carrodano-Levanto
🕐 Chiuso il lunedì Orario mezzogiorno e sera Ferie 10-30 novembre
Prezzi: 24-27 euro menù fisso
Carte di credito: BM, CS, DC, MC, Visa

L'OSTERIA **Un'osteria vera** nella sua semplicità, che interpreta e identifica da oltre sessant'anni (ininterrotti) la **cucina dell'entroterra** di Levanto: un luogo intatto, fatto di orti e case agglomerate attorno alle ville delle famiglie nobili, che hanno popolato un territorio davvero unico e raro per bellezza e per stato conservativo.

LA CUCINA La cucina, gestita dalla mamma Nadia e dal figlio Luca, esprime piatti quotidiani della tradizione. In sala l'atmosfera che si respira è semplice e serena; il **servizio** prestato dalla figlia Lorena è **discreto e puntuale**, certo non invasivo, tipico delle genti liguri. **Due menù fissi** a 24 e a 17 euro. Dopo un antipasto di salumi misti e gli imperdibili *gattafin*, sceglierete fra proposte prevalentemente di terra, anche se non manca qualche piatto di mare. Le porzioni sono abbondanti. Il vino, bianco o rosso, è solo quello della casa, servito in caraffa.

I PIATTI Trofie di farina di castagne al pesto, Coniglio alla ligure, Cima, Acciughe ripiene

PIATTI SPAIATI
LE MARIONETTE

Via Stella, 34 - Tel. 349 5593472
→ 5,4 km dall'uscita A10 Borghetto Santo Spirito
→ 750 m dalla stazione di Loano
🕐 Chiuso il martedì, inverno lunedì-mercoledì Orario sera, inverno nei festivi anche pranzo Ferie novembre
Prezzi: 30-40 euro, vini esclusi
Carte di credito: AE, BM, CS, DC, MC, Visa

IN BREVE *Colorato locale del centro con ampio spazio dedicato ai bambini. La proposta è incentrata soprattutto su pietanze di mare, ma non perdete le lasagne al pesto e la cima di coniglio.*

L'OSTERIA Avete sempre pensato che i locali per famiglia non siano anche quelli dove mangiare bene? Una sosta in questo ristoro dello splendido centro di Loano vi farà cambiare idea, perché i colori che animano l'ambiente della sala si fondono perfettamente con una cucina che ama rendere omaggio al territorio. E mentre **i più piccoli potranno divertirsi a tavola con il menù e i giochi a loro dedicati**, i più grandi potranno godersi **un'offerta culinaria onesta e ben calibrata**.

LA CUCINA Il protagonista della cucina è il **pesce**: crudo o cotto viene servito rispettando ciò che la natura offre, senza snaturarlo con inutili artifici. Ottima scelta sono il *brandacujun*, piatto tipico del Ponente ligure, le acciughe servite in diverse modalità, il misto mare, la succulenta buridda di stoccafisso. Carta dei vini onesta e concentrata sulle etichette locali.

I PIATTI Cozze alla marinara, Lasagne al pesto, Cima di coniglio

LUMARZO (GE)

LIGAGIN

Via Recroso, 229 - Tel. 0185 94047
🕐 Chiuso lunedì e martedì Orario mezzogiorno e sera Ferie in febbraio
Prezzi: 30-35 euro, vini esclusi
Carte di credito: BM, CS

IN BREVE *Trattoria in attività da più sessant'anni, utilizza da sempre la cucina economica a legna. L'orto di famiglia fornisce le verdure, la carne è reperita da macellai della zona.*

L'OSTERIA Osteria fondata nel 1959 dal bisnonno Ligagin, oggi è gestita da mamma Tina e dalle due figlie, Barbara addetta alla sala e alla molto ben fornita cantina, Marika con mansioni di cucina e regina assoluta della pasticceria. **Il locale è immerso nel verde** di una zona poco urbanizzata. La nota distintiva fondamentale, pressoché unica nel panorama regionale attuale, è la **cottura** di tutte le pietanze **sulla stufa a legna** con piastra di ghisa in superficie risalente al 1970. Tanto impegno, molta poesia, risultati evidenti e apprezzatissimi.

LA CUCINA La proposta è quasi esclusivamente di territorio. In aggiunta alle tradizionali preparazioni della cucina ligure (focaccine e fritti vari, paste ripiene, animali da cortile, in stagione funghi in tutte le versioni possibili), buona scelta di salumi artigianali e carni bovine reperite da macellai della zona. Per quanto riguarda frutta e verdura, l'approvvigionamento si basa sull'**orto di proprietà**. Ribadiamo infine una menzione speciale ai dolci di Marika.

I PIATTI Ravioli al sugo di carne, Fritto misto alla Ligagin, Baci di dama

DA FIORELLA

Via per Nicola, 46
Tel. 0187 66857-331 7451707
→ 6,7 km dall'uscita A12 Carrara
🕐 Chiuso il giovedì Orario mezzogiorno e
sera Ferie in gennaio e in settembre
Prezzi: 28-35 euro, vini esclusi
Carte di credito: AE, BM, CS, DC, MC, Visa

IN BREVE *In questa celebre osteria la cura per la materia prima rimane indubbiamente al primo posto. L'ingresso del giovane Matteo in cucina sta portando nuove tecniche e idee nel menù.*

L'OSTERIA Nicola è un piccolo borgo medievale dal quale si ammira un **incantevole panorama** sulla piana del Magra. L'osteria si trova appena fuori le mura. I suoi piatti tradizionali negli anni hanno convinto, facendosi apprezzare, turisti di passaggio come persone del luogo: merito di Fiorella che, ancora oggi, nella sua cucina sovrintende e consiglia chi si appresta a divenire il nuovo artefice di un successo consolidato nel tempo.

LA CUCINA In cucina la **cura per la materia prima** rimane indubbiamente sempre al primo posto nella scala dei valori che hanno guidato la famiglia negli anni. L'ingresso del giovane Matteo sta portando **nuove tecniche e idee** nel menù: speriamo non stravolga troppo la vera essenza dell'osteria. Ottimi quando disponibili, la trota di Equi marinata e la polenta incatenata, i panigacci al pesto o con olio e parmigiano, il baccalà marinato alla carrarina. I dolci sono casalinghi. Buona selezione di vini locali e nazionali.

I PIATTI Agnello di Zeri fritto, Piccione alla griglia, Muscoli ripieni, Ravioli al ragù di carne

MAGLIOLO (SV)

OSTERIA DEL CANTONIERE

Via Colle del Melogno, 31 - Tel. 339 6360137
🕐 Chiuso lunedì e martedì Orario mezzogiorno e sera Ferie variabili
Prezzi: 30-35 euro, vini esclusi
Carte di credito: nessuna

IN BREVE *A 1000 metri di altitudine, un ottimo rifugio dalle spiagge assolate. La cucina propone alcuni piatti di mare e numerose proposte di terra. Carni alla griglia e pasta fresca le specialità.*

L'OSTERIA Sembra di stare sopra al mondo, una volta arrivati a Magliolo, piccolo borgo rurale della Val Maremola. Dai quasi mille metri di altitudine, si vedono tutte le colline sottostanti e, in fondo, il mare. Questa piccola osteria, dove **dominano il legno e la pietra**, **sembra un rifugio**: l'arredamento è semplice, essenziale ma pieno di calore e umanità. All'esterno ci sono panche e tavolacci per godersi la **splendida vista**.

LA CUCINA La scelta di Sabrina e Maurizio di aprire e gestire un locale fuori dai giri turistici dell'affollata riviera è stata coraggiosa ma vincente. Nella loro cucina si percepisce **semplicità e genuinità**. La specialità è la pasta fresca, che si può condire con pesto, ragù e selvaggina. Le carni alla griglia cotte nel forno a legna sono succulente, di ottimo livello, cucinate in modo perfetto. Il tutto è innaffiato da un vino sfuso più che dignitoso; presente anche una piccola selezione di bottiglie se si vuole qualcosa di più ricercato.

I PIATTI Farinata, Tagliolini al ragù di coniglio, Buridda di stoccafisso

MANAROLA (SP)

CAPPUN MAGRU

Via Riccobaldi, 1 - Tel. 0187 760057
→ 500 m dalla stazione di Manarola
⊕ Chiuso il lunedì Orario mezzogiorno
e sera Ferie in novembre e in marzo
Prezzi: 33-37 euro, vini esclusi
Carte di credito: AE, BM, MC, Visa

IN BREVE *Un bar, enoteca e osteria aperto dal mattino fino alle 19.30. I piatti variano secondo stagione e l'ispirazione dello chef. Ovviamente da provare il cappun magru che dà il nome al locale.*

L'OSTERIA Una piccola realtà ristorativa nel cuore delle Cinque Terre. Nello splendido paese di Manarola l'osteria si compone di due spazi: uno interno di 12 posti e uno esterno di 8. I cibi, quelli tipici della tradizione locale, sono realizzati con prodotti di ottima qualità. **Si è accolti con gentilezza e serviti con professionalità**. Interessante la proposta di vini del territorio anche al bicchiere. Il menù varia di giorno in giorno in base all'offerta del mercato.

LA CUCINA Il turismo avrebbe potuto cambiare la filosofia del locale, ma qui la parola d'ordine è "qualità a ogni costo". Cappun Magru è un incrocio fra un'osteria, una paninoteca e una gastronomia, ed **è un locale per tutte le tasche**. Per un appetito non eccessivo sono ideali i "panini marini" a base di pesce fresco, battezzati con il nome dei paesi delle Cinque Terre e preparati espressi. Si consiglia ovviamente la specialità che dà il nome al locale, per la quale è consigliata la prenotazione.

I PIATTI Tortino di acciughe di Monterosso, *Bagnun* di acciughe, Ravioli di magro con ragù bianco di coniglio

MASONE (GE)

DA PIPPI

Via Roma, 94 - Tel. 010 9269126
→ 2 km dall'uscita A26 Masone
⊕ Chiuso lun e mar Orario mezzogiorno e
sera Ferie fine agosto e primi di settembre
Prezzi: 35-40 euro, vini esclusi
Carte di credito: AE, BM, CS, DC, MC, Visa

IN BREVE *Il curato locale della famiglia Macciò è un perfetto compromesso tra la cucina ligure e quella piemontese: minestrone alla genovese e bollito misto, cima e zabaione.*

L'OSTERIA La famiglia Macciò gestisce questo locale al confine tra la Liguria e il Piemonte con professionalità e competenza, coniugando le tradizioni delle due regioni. Nella **sala a volte in pietra e mattoni** Gianni coordina il servizio, consigliando con attenzione ottime **etichette, disponibili anche al bicchiere**, custodite all'interno dell'originale cella frigorifera da macellaio.

LA CUCINA Pippi è molto legata alla cucina di una volta, quella degli ingredienti semplici, facilmente reperibili in zona – verdure, formaggi e **carni prodotte da piccoli allevatori** – che, seguendo il ritmo delle stagioni, scandiscono i menù durante l'anno. Menù interessanti già dagli antipasti: battuta di fassona al coltello, sformati di verdure, insalate di funghi in stagione, vitello tonnato. Lasciate uno spazio per i dolci da forno accompagnati da un profumato zabaione all'antica casalingo.

I PIATTI Cima alla genovese, Ravioli al *tuccu*, Minestrone alla genovese, Bollito misto con salsa verde, Faraona al forno

BACCICIN DU CARU

IN BREVE *Rosella armeggia con sapienza in cucina preparando piatti quasi esclusivamente di territorio e tradizione. Buoni salumi di produzione propria, molto curati i dolci.*

Via Fado, 115 - Tel. 010 631804
→ 9 km dall'uscita A10 Genova Pra'
🕐 Chiuso lunedì, martedì e mercoledì
Orario pranzo e sera, domenica solo pranzo
Ferie 2 settimane in agosto e in gennaio
Prezzi: 30-35 euro, vini esclusi
Carte di credito: BM, CS, MC, Visa

L'OSTERIA Locale tipico dell'entroterra ligure, **rilassante e accogliente**: si incontra in località Fado, lungo la strada che da Voltri sale verso il Passo del Turchino. Era un cambio cavalli con ristoro alla fine dell'Ottocento, cui successivamente si affiancò la mescita vini. Oggi in sala trovate Gianni, mentre la sorella **Rosella armeggia con sapienza in cucina**.

LA CUCINA Rosella si definisce una specialista delle "ricette a occhio" e questo la dice lunga sulla sua sicurezza nella preparazione dei piatti, quasi esclusivamente di territorio e tradizione. Oltre alle pietanze classiche (paste fresche, stoccafisso e baccalà in varie versioni, trippe accomodate, funghi in stagione), si possono assaggiare **salumi di produzione propria** serviti con le focaccine di patate, il flan di *micci* (cavolo navone), il *menestrun cun u gruppu* (minestrone con la trippa), le lumache. Molto curati i dolci.

I PIATTI *Brandacujun*, Gnocchi di patate quarantine con pesto al mortaio, Coniglio alla ligure, Torta sabbiosa con lo zabaione

OSTERIA DELL'ACQUASANTA

IN BREVE *In questa tipica osteria di campagna, semplice e accogliente, Marco e Alessandro propongono cucina tipica del territorio con un pizzico di fantasia e qualche piccola "evasione".*

Via Acquasanta, 281 - Tel. 010 638035
→ 7,4 km dall'uscita A10 Genova Pra'
→ 850 m dalla stazione di Genova Acquasanta
🕐 Chiuso il lunedì Orario mezzogiorno e sera Ferie variabili in gennaio
Prezzi: 28-35 euro, vini esclusi
Carte di credito: BM, CS, MC, Visa

L'OSTERIA Dirimpetto al rinnovato complesso termale di Acquasanta, questa storica osteria, coetanea della nostra guida, ha festeggiato trent'anni di attività la scorsa estate. Dei tre soci fondatori, rimangono alla conduzione del locale Marco Gallo, responsabile di tutta la linea di cucina, e Alessandro Castiglioni, specialista della pasticceria e di alcune preparazioni mirate. **L'ambiente è semplice e genuino**, il servizio informale ma cortese.

LA CUCINA È il regno di **Marco, cuoco di sostanza e di territorio**, con qualche concessione alla fantasia e ad alcune ricette extraregionali. Le materie prime principali (carne e verdure) provengono da una locale macelleria di fiducia e dai contadini circostanti. Il **pesto, realizzato con basilico di Pra'**, serve a condire la pasta fatta in casa. Notevole il minestrone estivo. Menzione a parte merita il cappon magro, il piatto preferito da Marco. Per finire spicca il semifreddo all'apprezzato torrone di Visone. Discreta selezione di vini prevalentemente liguri.

I PIATTI Polenta incatenata, Fricassea di castrato, Stoccafisso accomodato

OSTERIA DEL RODODENDRO

Via IV Novembre, 4
Tel. 0183 752530-347 4514631

IN BREVE *In questa elegante osteria, Barbara prepara le tradizionali ricette della "cucina bianca": piatti semplici, elaborati con materie prime locali genuine e arricchiti da gustose erbe spontanee.*

⏱ Aperto ven sera, sab e dom a pranzo, altri giorni su prenotazione; estate sempre aperto tranne lun Ferie 15 giorni in settembre
Prezzi: 27 euro menù fisso
Carte di credito: BM, CS, MC, Visa

L'OSTERIA Siamo in alta Valle Arroscia, in un piccolo, antico e ben conservato borgo montano abbarbicato alle pendici del Monte Monega, **a oltre 700 metri di quota**. L'osteria, situata nel centro del paese in una vecchia casa sapientemente restaurata, è gestita da Barbara Cordeglio, coadiuvata in sala e in cucina dagli altri membri della famiglia.

LA CUCINA Il locale è un sicuro punto di riferimento per chi voglia conoscere la **"cucina bianca"**, incentrata su ingredienti quali la farina di grano, i latticini, il cavolo bianco, i porri, l'aglio, le rape e le patate. Notevole l'attenzione prestata alle materie prime, con l'impiego di verdure dell'**orto di casa**, di erbe spontanee, di formaggi e **carni acquistate da produttori vicini**. Compreso nel prezzo un onesto Ormeasco di propria produzione, altrimenti si può scegliere da una piccola selezione di cantine della zona.

I PIATTI Coniglio croccante, Taglierini al sugo di stoccafisso, Lumache al profumo di menta

NE (GE)

LA BRINCA

Via Campo di Ne, 58 - Tel. 0185 337480

IN BREVE *Nel locale della famiglia Circella la cucina innova, esaltandola, la tradizione. Le verdure arrivano dall'orto di proprietà. Da quest'anno fa capolino qualche piatto di pesce.*

⏱ Chiuso il lunedì Orario sera, sab, dom e festivi anche pranzo Ferie variabili
💶 Prezzi: 38-45 euro, vini esclusi
Carte di credito: AE, BM, CS, DC, MC, Visa

L'OSTERIA In Val Graveglia questa osteria è un punto di riferimento e il posto ideale per chi voglia gustare una cucina tradizionale che valorizza la zona e i suoi prodotti. **La famiglia Circella rende ogni visita unica**. Simone in cucina con mamma Pierangela e lo zio Roberto, Matteo in sala con papà Sergio, innovano, esaltandola, la tradizione.

LA CUCINA Simone ha certamente una grande responsabilità ai fornelli: cucinare piatti che oramai fanno parte della storia de La Brinca, ma anche proporre altri, sempre della tradizione, con nuova linfa ed energia, come il delicato *brandacujun*. **Le verdure** per il minestrone alla genovese e le lattughe in brodo **arrivano dal loro orto**. Il pesto è ancora fatto nel mortaio che si può vedere esposto. **Le paste fresche tirate a mano sono sempre gustose**, persino senza condimento. Immensa carta dei vini, liguri e non; notevole selezione di distillati.

I PIATTI *Prebugiun* di Ne, *Cuniggiu* magro, Torta baciocca, Ravioli di erbette c*u tuccu* di cabannina, Tomaxelle, Panera

OSPEDALETTI (IM)

LA PLAYA

IN BREVE *Piccolo ristorante di pesce, propone pietanze preparate con ingredienti genuini: trofie con calamari, pomodorini e olive taggiasche, fritto misto di paranza, acciughe ripiene.*

Via XX Settembre, 153
Tel. 0184 688045-328 5823845
→ 7,5 km dall'uscita A10 Sanremo
⏱ Chiuso il martedì, mai d'estate **Orario** solo a mezzogiorno **Ferie** ottobre-novembre, 1 settimana in maggio
€ Prezzi: 42-48 euro, vini esclusi
Carte di credito: BM, MC, Visa

L'OSTERIA Il locale, parte integrante dell'omonimo stabilimento balneare, si trova nel tipico borgo di Ospedaletti, tra il mare e la ormai famosa pista pedociclabile Riviera dei Fiori. È bello pranzare nell'**ombreggiato dehors** o nella sala interna con vetrata **vista mare**. La famiglia Incerti, Fabrizio in sala, Paola con la cognata Liliana Vegetta in cucina, gestisce con passione il ristorante dal 1979.

LA CUCINA Dell'approvvigionamento ittico si occupa Fabrizio. Il pesce la fa da padrone nelle pietanze preparate con materie prime fresche e stagionali: accostato a verdure ed erbette locali, è cucinato con **maestria ed esperienza**. Il menù comprende piatti legati alla tradizione ligure accanto ad altri innovativi. Ottima la proposta di dolci e gelati. Carta dei vini improntata sul Ponente ligure, onesti i ricarichi.

I PIATTI Acciughe ripiene con caponatina, Polpo con patate e colatura di alici, Trofie con calamari, pomoorini e olive taggiasche, Fritto misto di paranza

PIANA CRIXIA (SV)

TRIPOLI

IN BREVE *Sulla strada che da Acqui Terme va verso il mare, l'osteria sfama i viaggiatori da 120 anni: peperoni al bagnetto verde, trippa con i fagioli, polenta con lo spezzatino.*

Via Chiarlone, 2 - Tel. 019 570028
⏱ Chiuso il mercoledì, mai in luglio e agosto
Orario mezzogiorno e sera
Ferie non ne fa
Prezzi: 25-30 euro, vini esclusi
Carte di credito: BM, CS, DC, MC, Visa

L'OSTERIA Un casone giallo, sulla strada che da Acqui Terme scende verso le spiagge, ospita l'osteria che la stessa famiglia gestisce ormai **da circa 120 anni**. Alle spalle la Langa dei noccioleti e dei grandi vini rossi, davanti, dopo poche curve, il mare. **D'estate si mangia sotto la pergola**, all'ombra della vite rampicante. Il listino prezzi è presente all'ingresso, scritto con il pennarello.

LA CUCINA Il menù è semplice e legato all'avvicendarsi delle stagioni. Se volete qualche piatto particolare, chiamate per tempo Alessandra Dogliotti, l'ostessa, e sarete accontentati. **La cucina sente l'influenza piemontese**: i ravioli di verdure, serviti al burro ed erbe aromatiche oppure al ragù di carne, ricordano i pansotti pur mantenendo una loro "sabaudità". Quand'è inverno non mancate la polenta con lo spezzatino. In chiusura, spicca il tiramisù. Discreta carta dei vini con ricarichi onesti, grappe e amari si scelgono dal vecchio bancone.

I PIATTI Peperoni al bagnetto verde, Trippa con i fagioli, Salsiccia con le patate

PIGNA (IM)

TERME

IN BREVE *Un ristorante d'albergo, illuminato da grandi finestre, dove gustare la cucina dell'entroterra dell'estremo Ponentino: ricette tradizionali tramandate di madre in figlia.*

Località Madonna Assunta
Tel. 0184 241046
🕐 Chiuso il mercoledì **Orario** mezzogiorno e sera **Ferie** 15 gennaio-15 febbraio
Prezzi: 32-38 euro, vini esclusi
Carte di credito: BM, MC, Visa

L'OSTERIA La famiglia Lanteri-Rossi gestisce questo albergo-ristorante da **oltre mezzo secolo** e siamo arrivati alla terza generazione. Il locale si compone di **una grande rustica sala** e di un fresco dehors per la bella stagione. Ampia carta dei vini con importanti etichette del panorama ligure e nazionale; curata la selezione di quelli naturali.

LA CUCINA È uno dei migliori luoghi per gustare **piatti tipici dell'alta Val Nervia** e del Ponente ligure, preparati con ottime materie prime, perizia e passione. Sempre presenti fra le entrée i *barbagiuai*, ravioli fritti di zucca e formaggio *brussu*, insieme ad altre costanti della tradizione e a proposte meno legate al territorio come la tagliata di manzo alla griglia. I fagioli di Pigna (Presidio Slow Food) sono classicamente abbinati alla capra in un ottimo stufato.

I PIATTI Lattughe ripiene, *Gran pistau*, Raviolini con *u pesigu* di carne e verdure, Coniglio alla ligure

PORTOVENERE (SP)

ANTICA OSTERIA DEL CARUGIO

IN BREVE *Gusto e semplicità negli arredi come nei piatti: Daniela prepara ricette della tradizione ligure, a volte rivisitate ma mai stravolte, fedeli ai sapori tipici delle borgate marinare di Levante.*

Via Capellini, 66 - Tel. 0187 790617
🕐 Chiuso il gio **Orario** mezzogiorno e sera
Ferie 15 giorni a novembre e 15 a gennaio
Prezzi: 30-38 euro, vini esclusi
Carte di credito: BM, CS, MC, Visa

L'OSTERIA L'osteria si trova nel carruggio centrale della bellissima Portovenere. Esiste dalla fine dell'Ottocento e gli attuali titolari, Antonella e Alessandro mantengono fede alla tradizione. Stupendi le **antiche volte in mattone rosso** e i pavimenti in pietra. Qui si respira una vera **aria marinaresca**.

LA CUCINA Il Carugio propone, con poche varianti, il menù classico che l'ha reso famoso: sono presenti tutte le ricette della tradizione del Levante ligure più semplici e popolari. Eccellente la materia prima grazie all'**orto di proprietà curato in modo certosino**. Tra gli antipasti non mancano mai i *gattafin* e una selezione di salumi e formaggi biologici della val di Vara. A seguire, tra i primi come tra i secondi ampio spazio è dato ai muscoli. Buona la selezione di vini del territorio.

I PIATTI Minestrone alla genovese, Trofie al Pesto, *Mes ciua*, Latte fritto

LORENZO TURCO

Via Bertone, 7 A - Tel. 019 9250445-347 3584646
→ 4 km dall'uscita A10 Savona
⊙ Chiuso lunedì, martedì e mercoledì
Orario la sera, domenica anche pranzo
Ferie variabili
Prezzi: 35-45 euro, vini esclusi
Carte di credito: BM, CS, DC, MC, Visa

IN BREVE *In questa curata azienda agricola, la vecchia stalla è diventata un locale di raffinata cucina tradizionale. L'attenzione alla qualità delle materie prime è il valore aggiunto.*

L'OSTERIA Troviamo l'osteria dell'azienda agricola Turco in un carruggio nel centro storico di Quiliano, paesino dell'entroterra savonese circondato da vigneti e oliveti, famoso per la produzione di vino Granaccia. L'accurato servizio viene svolto nell'unica, **rustica e accogliente sala con volte in pietra** e mattoni. Nella bella stagione si può godere della buona cucina in un fresco giardino.

LA CUCINA Il menù è costituito in prevalenza da **piatti della tradizione ligure e piemontese**. Oltre che alla carta, si può approfittare di un menù degustazione da 35 euro comprendente un tris di antipasti, un primo, un secondo e dolce. Il primo e il terzo giovedì del mese, è proposto il menù Fame di focaccia con antipasto ligure, focaccia al formaggio, dessert e vino alla mescita (28 euro). La piccola carta dei vini vede la prevalenza delle proprie etichette.

I PIATTI Frittelle di baccalà, Insalata di gallina, *Brandacujun*, Coniglio alla ligure, Cima

RAPALLO (GE) - San Massimo

U GIANCU

Via San Massimo, 78 -
Tel. 0185 260505-261212
→ 2,6 km dall'uscita A12 Rapallo
⊙ Chiuso il mercoledì, mai d'estate
Orario sera, dom anche pranzo, mai luglio-agosto Ferie in gennaio
€ Prezzi: 38-43 euro, vini esclusi
Carte di credito: BM, CS, MC, Visa

IN BREVE *Un locale in cui è massima l'attenzione nei confronti dei bambini. In cucina è rispettata la tradizione della riviera, seguendo stagionalità e vicinanza dei produttori.*

L'OSTERIA Il locale che Fausto Oneto gestisce con la famiglia è sinonimo di naturalezza, **accoglienza e genuinità**. Massima attenzione per i bambini, a cui è dedicata un'area giochi, grande collezione di fumetti e benevola disponibilità verso gli animali soddisfano tutti. L'ampia carta dei vini è gestita da Martino, le birre artigianali, i gelati e i sorbetti sono realizzati dal vulcanico Emanuele, che si diletta anche nella coltivazione di peperoncini.

LA CUCINA In cucina, sempre sotto la direzione di Fausto, detto Giancu, è rispettata la **tradizione della riviera**, seguendo stagionalità e vicinanza dei produttori. Antipasti classici, paste ripiene e non fatte in casa, **molte preparazioni vegetali,** quali sformati e zuppe, ma anche tanti piatti di carne (tagliate, carni bianche in casseruola). Il *prebugiun* (tipica insalata di erbe e fiori) è ricavato dalle materie prime che Fausto raccoglie personalmente tutti i giorni.

I PIATTI Focaccette fritte ripiene al formaggio, Taglierini avvantaggiati al sugo di funghi, Coniglio alla ligure, Cosciotto di agnello

SANREMO (IM)

IPAZIA CIBI E LIBRI

Via Corradi, 64 - Tel. 340 1559205
→ 7,5 km dall'uscita A10 Sanremo
→ 1,1 km dalla stazione di Sanremo
⊙Chiuso dom e lun a pranzo Orario 12.00-14.00/19.30-22,00 Ferie variabili
Prezzi: 30-35 euro, vini esclusi
Carte di credito: BM, CS, MC, Visa

IN BREVE *Un locale caratteristico, accogliente, attuale e non banale. Pochi piatti e molta cura: tagliatelle di borragine, ravioli di magro, cappon magro, brandacujun, coniglio alla sanremasca.*

L'OSTERIA In una delle vie più antiche di Sanremo, in questo locale originale, semplice ma curato e accogliente, si combinano la letteratura e la cucina. L'atmosfera è **giovane, gradevole e informale**. In una piccola sala dal soffitto a volta, circondati da scaffali dove si alternano libri di autori locali e qualche bottiglia, gusterete i piatti confezionati dallo chef e patron Marco Cassini, dal 2015 al timone della cucina, dove opera con mano di anno in anno più sicura.

LA CUCINA Il menù rispecchia l'animo dello chef: grande attenzione per la provenienza e la stagionalità degli ingredienti, **amore per la tradizione** ma anche un'interessante apertura a **innovative tecniche di cottura**. Tra i classici del Ponente ligure, eseguiti con cura e presenti pressoché tutto l'anno, segnaliamo il delicato *brandacujun*, i *previ* (verze ripiene), i ravioli di ricotta e spinaci conditi con olio extravergine di oliva taggiasca e timo. Piccola carta dei vini prevalentemente locale dai ricarichi corretti.

I PIATTI Trofie al pesto, Cappon magro, Coniglio di Carmagnola alla sanremasca

SARZANA (SP)

IL VIANDANTE

Via Rossi, 3/7 - Tel. 0187 305868
⊙Chiuso il mercoledì Orario 12.00-16.00 e 19.00-24.00 Ferie gennaio
Prezzi: 30-38 euro, vini esclusi
Carte di credito: BM, CS, MC, Visa

IN BREVE *Osteria del centro storico, propone piatti della tradizione locale cui si affiancano alcune pietanze campane in omaggio alla terra di origine dei titolari.*

L'OSTERIA Osteria del centro storico, dispone di un unico **ampio locale, luminoso e piacevole**, arredato in modo semplice ed essenziale. I tavoli sono ben distanziati, anche nel dehors che costituisce un'**oasi fresca e ombrosa** durante l'estate. Scordatevi il menù e affidatevi a patron Egidio, il titolare, che descriverà con cura tutti i piatti.

LA CUCINA La cucina è improntata ai piatti della tradizione locale, cui si affiancano **alcune pietanze del Sud** in omaggio alle origini ischitane dei titolari. È Emilia a prepararli nel pieno rispetto delle materie prime; molte di queste provengono dal Mercato della Terra e da produttori locali, compresi l'olio e l'ottima selezione di vini. La proposta, soprattutto per i secondi, varia in base al pescato del giorno. I dolci sono tutti casalinghi: tra questi un sontuoso babà e un sorbetto al limone di rara bontà.

I PIATTI Testaroli al pesto, Minestrone alla ligure, Spaghetti alle cicale, Moscardini alla luciana, Frittura di paranza, Coniglio ripieno

PALAZZO SALSOLE

Piazza Concezione, 1 - Tel. 019 724359
🕐 Chiuso lun, inverno aperto fine settimana e festivi Orario mezzogiorno e sera
Ferie gennaio
Prezzi: 30-35 euro, vini esclusi
Carte di credito: AE, BM, CS, MC, Visa

IN BREVE *Un curato ristorantino in cui molte delle materie prime giungono dall'orto di proprietà. Da provare i peperoni con bagna caoda, i ravioli lunghi con u tuccu, l'insalatina tiepida di stoccafisso.*

L'OSTERIA Salsole è il nome che Ottone I, imperatore del Sacro Romano Impero, aveva dato nel 967 a questo paesino sull'Appennino al confine fra Liguria e Piemonte. Una decina di anni fa, Daria e Michele Ferrando hanno creduto da subito nel progetto di questa osteria, in cui **coniugare la cucina ligure con quella del basso Piemonte**. In un palazzo dell'Ottocento, lasciando **antichi arredi e boiserie**, hanno creato un ambiente unico e incontaminato dai tempi attuali.

LA CUCINA Oltre al buon cibo, il messaggio che la famiglia Ferrando vuole trasmettere è quello della condivisione e della conoscenza di quanto si mangia, le storie e gli aneddoti che raccontano le materie prime che utilizzano, storie di uomini e di fatica. Le farine impiegate per la pasta fresca provengono da coltivazioni limitrofe e sono macinate a pietra. L'**orto di famiglia** copre buona parte delle necessità della cucina.

I PIATTI *Sbira*, Ravioli lunghi non ripieni, Tomaxelle, Cima alla genovese, Semifreddo al chinotto

DA ORESTE

Vico del Gallico, 11-13 R - Tel. 346 7173148
→ 1,2 km dalla stazione di Savona
🕐 Chiuso dom sera e mar, in estate dom a pranzo e mar Orario mezzogiorno e sera
Ferie 2 settimane in novembre e Capodanno
Prezzi: 30-38 euro, vini esclusi
Carte di credito: AE, BM, CS, MC, Visa

IN BREVE *Due piccole sale spartane ma con elementi eleganti che rendono l'ambiente caldo e piacevole. Il menù prevede diversi classici della tradizione eseguiti con cura e attenzione alla stagionalità.*

L'OSTERIA Ci troviamo a pochi metri dall'area del porto, vicino alla torre medievale del Brandale (XII secolo). L'osteria vanta **una tradizione lunga 130 anni** e oggi è gestita dagli eredi del fondatore. Fausta si occupa dei fornelli, Cesare, appassionato di vinili e buona musica, cura con professionalità e riservatezza il servizio nelle due piccole sale arredate con boiserie antiche, lampadari a goccia e sedie in stile Thonet: sembra davvero che qui il tempo si sia fermato. Nella bella stagione è possibile mangiare nel dehors.

LA CUCINA Le materie prime reperite quotidianamente, di ottima qualità, sono trasformate con maestria e delicatezza da Fausta che sa come esaltarne il gusto. **Il menù propone i piatti del circondario con qualche rivisitazione**. Iniziare con panissa e baccalà fritti è quasi d'obbligo. La zuppa di pesce è disponibile su prenotazione. La cantina non ha molte referenze. I dolci sono fatti in casa.

I PIATTI *Brandacujun*, *Bughe* in carpione, Minestrone, Ravioli al tocco, Buridda di stocco

OSTERIA DELLE MANCINE

Via Baglietto, 26 R - Tel. 342 9398222
→ 5,9 km dall'uscita A10 Savona
🕐 Chiuso il lunedì, d'estate anche martedì a pranzo Orario mezzogiorno e sera
Ferie 2 settimane tra febbraio e marzo
Prezzi: 35-40 euro, vini esclusi
Carte di credito: BM, CS, MC, Visa

IN BREVE *Piccolo locale a conduzione familiare. Molte verdure arrivano dalla campagna di Quiliano. Gustate le sarde ripiene, il brandacujun, la pasta fatta in casa, la trippa in umido con i fagioli.*

L'OSTERIA Nella vecchia darsena del porto di Savona, passeggiando fra i locali della movida e i vari pescherecci ancorati sul molo, troviamo l'osteria gestita dalla famiglia Veronesi. Il nome deriva dalle vecchie gru utilizzate per le operazioni di carico-scarico dei mercantili. Il locale è piccolo, i tavoli esterni con **vista sul porticciolo** si trovano accanto a un vecchio troeggio (lavatoio).

LA CUCINA La cucina proposta da Massimo Veronesi e dal figlio Edoardo è tipica della **tradizione savonese e ligure**. Il menù non ha moltissime portate, ma sono quelle che più rappresentano il territorio. **Le materie prime sono di prossimità**: le verdure provengono dai contadini della zona di Quiliano, famosa anche per il vino Buzzetto; per il pescato si attinge invece dalla flotta di pescherecci proprio di fronte all'osteria. Per iniziare è una buona scelta il *brandacujun* con panizza fritta. Le paste fresche sono fatte in casa: ottimi gli *zembi d'arzillo* al sugo di muscoli (ravioli ripieni di pesce e verdure).

I PIATTI Lattughe ripiene in brodo di cappone, Sarde ripiene al forno, Cima alla savonese

SESTA GODANO (SP)  NOVITÀ

CANTARANA

Via Roma, 56 - Tel. 0187 891436
→ 11 km dall'uscita A12 Brugnato
🕐 Chiuso il mercoledì Orario pranzo, sab e dom anche sera; d'estate pranzo e sera Ferie prima settimana di gennaio
Prezzi: 19-25 euro, vini esclusi
Carte di credito: BM, CS, MC, Visa

IN BREVE *Genuina trattoria a gestione familiare, propone la tipica cucina locale dei giorni di festa. Le verdure provengono dell'orto di proprietà.*

L'OSTERIA Un'**autentica trattoria** a gestione familiare. Per arrivare alle due salette da pranzo si deve obbligatoriamente passare davanti al bancone del bar, dove Stefano propone come aperitivo un *gianchettu* (bianchino) insieme a buone torte di riso preparate da Sandro, fratello e cuoco.

LA CUCINA Semplice, pulita e onesta offerta di cibi legati alla locale tradizione della **cucina delle feste**. Si inizia con ottimi salumi e una giardiniera fatta in casa come da usanza locale, per proseguire con i primi serviti nelle tipiche fiammanghille. I secondi sono tutti accompagnati da patate arrosto e **verdure dell'orto di proprietà**. Dolci ottimi, come il "vero" crème caramel, la torta di Sandro e lo squisito gelato artigianale alla crema mantecato in cucina. Accompagnano il pasto solo due vini sfusi: il rosso e il *gianchettu* di cui sopra.

I PIATTI *Mandilli de sea* al pesto, *Capelassi* al pesto, *Pansoti* al sugo di noci, Cima levantina

SESTRI LEVANTE (GE)

LA PICCOLA

IN BREVE *I piatti ricordano quelli della nonna, ma con un pizzico d'innovazione. Eccellenti le paste fresche (ripiene e non), l'asado di vitello, l'arrosto di coniglio alla piemontese, il fritto di pesce.*

Via Nazionale, 280 - Tel. 0185 022860
→ 1,3 km dall'uscita A12 Sestri Levante
→ 1,4 km dalla stazione di Sestri Levante
🕐 Chiuso il mercoledì Orario mezzogiorno e sera Ferie in novembre e in maggio
Prezzi: 30-35 euro, vini esclusi
Carte di credito: AE, BM, CS, DC, MC, Visa

L'OSTERIA Osteria casalinga nella prima periferia di Sestri Levante, facilmente raggiungibile dal centro con una passeggiata di dieci minuti. **La sala è curata e molto colorata**, con pareti dipinte che ritraggono la baia di Sestri. Di recente è stato aggiunto il dehors, un po' rumoroso perché sulla strada, comunque piacevole.

LA CUCINA Ornella è una **cuoca tuttofare, umile, appassionata**, dalla mano sensibile. La sua cucina è il **giusto compromesso fra la tradizione ligure e l'interpretazione personale** dei sapori del luogo, senza fronzoli, quella di una mamma che cucina con amore per la propria famiglia. Terra e mare si alternano equamente in un menù, cui giornalmente si aggiungono alcuni fuori carta che variano secondo la disponibilità del pescato. Ottimi i dolci, tutti fatti in casa. Cantina contenuta, con etichette di qualità consolidata.

I PIATTI Trofiette al pesto, Risotto di mare con pomodorini e pesto, Coniglio alla ligure, Cavagnetto di terra e mare

SORI (GE) - Capreno

DA DRIN

IN BREVE *Immersi nel verde, ma senza rinunciare alla vista del mare, gusterete la tipica cucina genovese di terra.*

Frazione Capreno, 66 - Tel. 0185 782210
🕐 Chiuso il mer Orario mezzogiorno e sera
Ferie metà settembre-metà ottobre, Natale
Prezzi: 25-32 euro, vini esclusi
Carte di credito: BM, CS, MC, Visa

L'OSTERIA Nel paesino di Capreno, piccola frazione sulle alture di Sori, l'osteria è gestita da quattro generazioni dalla famiglia Castagnola. Attualmente la cucina è il regno di mamma Marilva, coadiuvata dai figli Gabriele e Gianni che si alternano anche in sala. Curatissimo l'orto di proprietà. Dalla **splendida veranda** si ammira il tipico paesaggio ligure, con il mare ma anche olivi e macchia mediterranea.

LA CUCINA I piatti sono quelli della tradizione, cucinati con semplicità nel rispetto delle stagioni e serviti in **porzioni generose**. Le materie prime, tutte di altissima qualità, vengono trasformate senza alterarne il **sapore genuino**. Consigliabile per cominciare l'antipasto misto. Le paste fresche sono fatte a mano: spiccano le trofie condite classicamente con il pesto. Le carni provengono da **piccoli allevatori** della zona. Lo stoccafisso con le patate è presente il venerdì. I dolci sono tutti fatti in casa.

I PIATTI Fugassette fritte al formaggio, Verdure ripiene, *Pansoti* al sugo di noci, *Mandilli* al pesto, Fritto misto alla genovese

GLI AMICI

Via Garibaldi, 80 - Tel. 0187 842139
Chiuso il mer, mai d'estate Orario mezzo-
giorno e sera Ferie 15 dicembre-15 gennaio
Prezzi: 30-35 euro, vini esclusi
Carte di credito: BM, CS, MC, Visa

IN BREVE *Storico albergo-ristorante del primo Novecento, curato nei dettagli. La cucina è improntata non solo alla genuinità e alla tradizione, anche alla leggerezza.*

L'OSTERIA Nel cuore della val di Vara, Gli Amici è una perla della **cucina ligure classica e genuina**. La famiglia Marcone porta avanti con passione e professionalità l'opera gastronomica iniziata in quella struttura nel lontanissimo 1760. La sala, signorile e ordinata, catapulta in una **dimensione retrò** affascinante e accogliente.

LA CUCINA Piatti tradizionali della cucina ligure, prevalentemente di terra, con attentissima selezione delle materie prime, provenienti da **piccole aziende agricole biologiche della valle**. Il menù varia quotidianamente in favore della stagionalità. Immancabili i celebri croxetti di Varese Ligure al battuto di pinoli, legati alla memoria di Piero Picetti, uno degli ultimi intagliatori di stampi recentemente scomparso. Carta dei vini piuttosto ampia, con etichette principalmente regionali e qualche bottiglia nazionale.

I PIATTI Torte di verdura, Ravioli con *u tuccu*, Cima alla genovese, Stecchi e crocchini

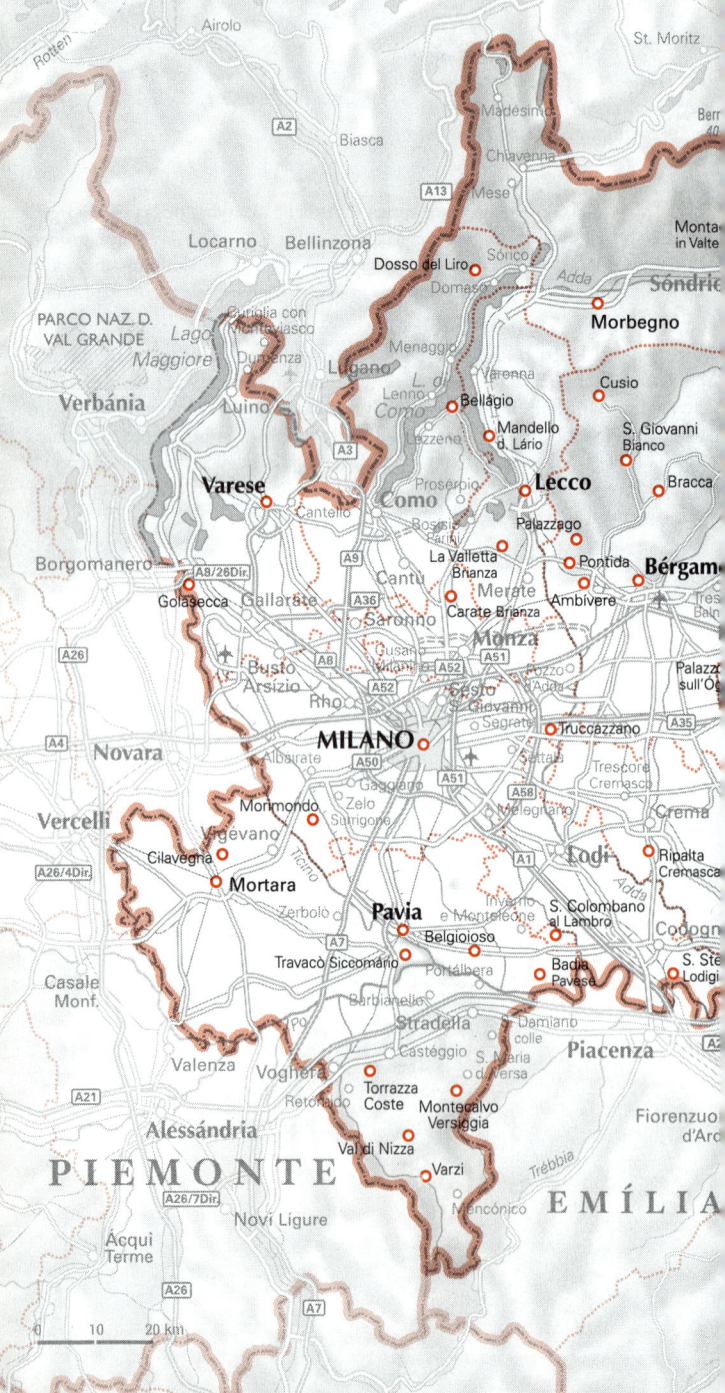

LOMBARDIA

ALCUNI PIATTI DELLA TRADIZIONE

Casoncelli
Pasta la cui forma e il ricco ripieno variano secondo che ci si trovi nel Bergamasco o nel Bresciano

Pizzoccheri
Corte tagliatelle di grano saraceno e frumento, cuociono con patate e verdure, poi sono condite a strati con un formaggio semigrasso e irrorate con abbondante burro

Risotto alla milanese con ossobuco
Uno dei piatti più noti della tradizione lombarda: il risotto, preparato con midollo, brodo di carne, burro, formaggio grattugiato e zafferano, è servito insieme all'ossobuco cotto in umido

Sorbir d'agnoli
Pasta ripiena cotta in brodo e servita in tazza come entrée: chi vuole può aggiungervi il vino

Tortelli di zucca
Pasta all'uovo ripiena con zucca, mostarda, amaretti, formaggio grattugiato, sale e noce moscata

Casoeûla
Piatto invernale milanese preparato con verze e vari tagli di maiale quali costine, cotiche, testina, piedini, salamino verzino

Costoletta panata
Costoletta di vitello con l'osso, passata nell'uovo battuto, poi nel pangrattato, infine fritta

Luccio in salsa
Pesce lessato, condito a strati con una salsa di olio extravergine, aceto, capperi, aglio, prezzemolo e acciughe salate

Sbrisolona
Torta secca mantovana con mandorle tritate e vaniglia, che ha la caratteristica di sbriciolarsi

AL PONTE

Via del Ponte Oglio, 1312
Tel. 0376 727182-348 6716953
🕐Chiuso lunedì sera e martedì, mai nei festivi Orario mezzogiorno e sera
Ferie 9-18 gennaio, 16-29 agosto
Prezzi: 32-35 euro vini esclusi
Carte di credito: BM, CS, MC, Visa

IN BREVE *Un locale dall'atmosfera romantica e in qualche modo antica. Menù non ampio ma di qualità. Splendido il cestino del pane.*

L'OSTERIA Il luogo sembra fuori dal tempo, come uscito da un quadro: una piccola casetta su una stradina ombrosa, **all'imbocco di un ponticello sul fiume**. Oltre l'Oglio, la zona del Parco. Insomma, vale la pena fermarsi qui, sul confine tra Mantova e Cremona, e pagare il pedaggio a Dario e Lorena per gustare la loro cucina e concedersi un momento di vero relax.

LA CUCINA Si lavora il più possibile su **materie prime locali**, il vero chilometro zero, selezionando produttori di fiducia e coltivando in **proprio un curato orto**. Molti ingredienti sono biologici. Per questo, il menù non è mai ampio e cambia di frequente, a seconda della disponibilità e della stagione. Il pane, contenuto nel bellissimo cestino è tutto fatto in casa, così come la pasta e i dolci. Anche la carta dei vini pone l'attenzione sulle etichette della zona, suddividendole per aree geografiche.

I PIATTI Frittura di *saltaréi* e zucchine, Tortelli di zucca al soffritto di pomodoro, Filetto di salmerino grigliato

ADRARA SAN MARTINO (BG)

AI BURATTINI

Via Madaschi, 45
Tel. 035 933433-328 4286581
🕐Chiuso mar sera e mer Orario mezzogiorno e sera Ferie prima settimana di giugno
Prezzi: 35-42 euro vini esclusi
Carte di credito: BM, CS, MC, Visa

IN BREVE *Un'osteria che in carta porta la tradizione bergamasca con salumi nostrani, casoncelli al burro di alpeggio, baccalà con polenta e formaggi del territorio.*

L'OSTERIA Salendo dalla bella cittadina lacustre di Sarnico si giunge ad Adrara San Martino. Qui Marco Bellini con una sapiente ristrutturazione, ha rivalutato il locale, di proprietà della sua famiglia da generazioni, realizzando un'osteria con **locanda accogliente e dal fascino antico**. La struttura dispone anche di alcuni tavoli all'aperto nella corte dove, si tenevano gli spettacoli dei burattini.

LA CUCINA Nella cucina a vista si vede lo chef Michael Capoferri preparare quotidianamente pane, grissini, pasta e i piatti della tipica tradizione bergamasca. **L'elenco dei produttori**, con presenza di alcuni Presìdi Slow Food, è riportato su una lavagnetta appesa. Davvero eccellenti i salumi prodotti localmente e le paste: casoncelli bergamaschi e *scarpinocc de arr* (tipici ravioli di magro). Privilegiata la scelta dei formaggi del territorio e buona la selezione dei vini anche al calice.

I PIATTI Bresaola di pecora gigante bergamasca, Casoncelli con burro di alpeggio, Baccalà in umido con polenta di Rovetta

ADRO (BS) - Torbiato

DISPENSA PANI E VINI

Via Principe Umberto, 23 - Tel. 030 7450757
→ 4,1 km dall'uscita A4 Rovato
🕐 Chiuso il lunedì e le sere di martedì e mercoledì Orario mezzogiorno e sera
Ferie una settimana in gennaio
💶 Prezzi: 40-45 euro vini esclusi
Carte di credito: AE, BM, CS, MC, Visa

IN BREVE *Un'osteria in stile moderno, collegata a ristorante, enoteca e servizio catering. Eccellenti le materie prime: salumi, formaggi e verdure dell'orto biologico sapientemente selezionati.*

L'OSTERIA Tante sono le anime di questo locale: osteria, ristorante, enoteca, catering. L'interno stupisce per la **calda ambientazione** creata con scaffali ricchi di eccellenti bottiglie e vetrine di salumi, formaggi e tanti Presìdi Slow Food. Una piacevole sorpresa visto che la Dispensa è collocata in un piccolo complesso commerciale posto, però, nel bel mezzo dei vigneti della Franciacorta.

LA CUCINA In cucina uno chef ormai famoso: Marco Acquaroli. La sala è seguita da Daniele Merola e dall'attento Marco Zampedri. Tutto parte dalle **materie prime**, selezionate con cura e trasformate in **piatti della tradizione sapientemente rivisitati**. Imperdibili il persico dorato del lago d'Iseo e la guancetta di vitella brasata al Curtefranca rosso. È sempre protagonista l'orto biologico della Dispensa: un must le verdure al vapore. Pane, pasta e dolci sono fatti in casa.

I PIATTI Carpaccio di storione insalata russa e maionese alle alghe, Cavatelli con ragù di pesci del lago d'Iseo, Manzo all'olio

AMBIVERE (BG)

VISCONTI

Via De Gasperi, 12 - Tel. 035 908153
→ 650 m dalla stazione di Ambivere
🕐 Chiuso martedì e mercoledì
Orario mezzogiorno e sera
Ferie ultima sett di febbraio-prima di marzo
Prezzi: 33-44 euro vini esclusi
Carte di credito: BM, CS, DC, MC, Visa

IN BREVE *Una famiglia con un unico obiettivo: il benessere dell'avventore. Dall'accoglienza alla carta dei vini, dall'orto alla scelta dei prodotti e alla cucina, tutto è curato nei minimi particolari.*

L'OSTERIA Dal 1932 questa trattoria è nel cuore della famiglia Visconti Caccia: ben **quattro generazioni** hanno lasciato il segno nella storia della gastronomia bergamasca. Per raggiungerla si attraversa la parte nuova di Ambivere, a 10 chilometri da Bergamo e all'imbocco della Valle San Martino. Arrivati nel centro antico del paese, si è accolti da un vasto cortile, affiancato dagli orti e poi dalle grandi sale, rustiche ed eleganti allo stesso tempo, con un bel giardino.

LA CUCINA I **sapori orobici** sono di casa, con un buon tocco di raffinatezza che dona eleganza alla robusta vena alpina e contadina. I classici della cucina tradizionale sono preparati valorizzando **le materie prime**, molte a chilometro zero, in cui compaiono vari Presìdi Slow Food. Tra le proposte non mancano mai casoncelli, brasati, polenta con mais della zona, salumi e formaggi locali selezionati. Sono tre i menù degustazione: vegetariano, della tradizione e del bollito. Grande carta dei vini, che include etichette italiane ed estere.

I PIATTI Selezione di salumi nostrani, Casoncelli della nonna Ida, Guancetta di manzo brasata con polenta

ARTOGNE (BS)

LE FRISE

IN BREVE *Un agriturismo modello: tutto proviene dall'azienda ed è elaborato con cura in piatti semplici per raccontare cosa sia la montagna bresciana.*

Località Rive dei Balti, 12
Tel. 0364 598298-598285
🕐 Aperto sabato sera e domenica a pranzo, gli altri giorni solo su prenotazione per gruppi Ferie in gennaio
Prezzi: 35 euro menù fisso vini esclusi
Carte di credito: BM, CS, DC, MC, Visa

L'OSTERIA Una stradina tra i boschi porta a questa indimenticabile osteria che la famiglia Martini ha ricavato dalla propria antica azienda agricola: ogni particolare parla di rispetto consapevole della **cultura di montagna** ed emana una sensazione di profondo benessere. Gualberto è un rinomato casaro, Luigi prepara gli insaccati, Emma raccoglie e cucina erbe spontanee.

LA CUCINA Splendidi i sapori dei piatti, frutto di antiche conoscenze, di ottima **materia prima prodotta o allevata in azienda**, di grande esperienza culinaria e di necessaria stagionalità. Il menù fisso permette comunque la scelta di primo, secondo e dessert. Immancabili in carta i malfatti alle erbe spontanee, il risotto con fatulì (Presidio Slow Food), arrosti o umidi di capra, oca, selvaggina ed eccellenti formaggi. Anche la carta dei vini si compone di un'offerta molto interessante.

I PIATTI Malfatti di consolida (*Symphytum officinalis*), Arrotolato di coniglio, Sorbetti ai frutti di stagione

BADIA PAVESE (PV)

AI DUE TAXODI

IN BREVE *Una vera impresa familiare, con allevamento di chianine e orto, che nell'osteria propone, con un menù fisso, piatti del territorio realizzati con i prodotti aziendali.*

Cascina Pezzanchera, 3 - Tel. 0382 728126
🕐 Aperto da ven sera a dom a pranzo su prenotazione, gli altri giorni solo per gruppi di 6-8 persone Ferie prima sett di gennaio, ultima di luglio-prime 2 di agosto
Prezzi: 28 euro menù fisso vini esclusi
Carte di credito: BM, CS, DC, MC

L'OSTERIA In un **tipico cascinale della pianura lombarda**, risalente al Quattrocento e ben restaurato, la famiglia Capelli offre ai clienti del proprio agriturismo la possibilità di una fuga nel verde, all'ombra di grandi alberi, tra i quali i due taxodi. Si mangia all'interno, nella grande sala con mobili antichi, o sotto il portico affacciato sul giardino. L'azienda produce riso, verdure, frutta, alleva chianina, vende carne e i propri prodotti, che trovano altresì spazio nei piatti dell'osteria. È necessaria la prenotazione.

LA CUCINA In un ambiente cortese e sereno è proposto un menù fisso, adattabile su richiesta preventiva a bambini e a persone con intolleranze alimentari. Tutto è **genuino, stagionale**, cucinato con pregevole semplicità per esaltare la materia prima. Anche gli ottimi insaccati sono fatti produrre con una percentuale di carne dell'allevamento. Punti stabili nella proposta, i risotti di carnaroli aziendale, il roastbeef di chianina e il gelato al fiordilatte della casa.

I PIATTI Ravioli di brasato, Brasato di Chianina, Gelato fiordilatte

BELGIOIOSO (PV)

OSTERIA DEL ROGGIOLO

IN BREVE *Un luogo autentico, che si basa su ottimi prodotti e piatti della schietta tradizione piacentina e pavese, due realtà confinanti.*

Via Fratelli Strambio, 59 - Tel. 0382 969128
→ 550 metri dalla stazione di Belgioioso
Chiuso lunedì e martedì
Orario sera, domenica e festivi pranzo
Ferie 10 giorni in gennaio, 10 in agosto
Prezzi: 20-31 euro vini esclusi
Carte di credito: AE, BM, CS, DC, MC, Visa

L'OSTERIA In una corte alle spalle del castello, nel centro cittadino, trova spazio un'osteria a **conduzione familiare**, rustica, accogliente, composta da tre sale con tavoli di legno decorate con oggetti vintage alle pareti. Da soli o in compagnia, è facile sentirsi a proprio agio, sempre ben accolti e seguiti con gentilezza e attenzione da Monica in sala. Qui si scopre il piacere di **mangiare bene a un prezzo onestissimo**. Dato il numero limitato dei coperti, è consigliabile la prenotazione.

LA CUCINA In cucina Alessandro Aglieri che, con una materia prima ben selezionata nel pieno rispetto della stagionalità, prepara con perizia piatti della **schietta tradizione piacentina e pavese**, due realtà confinanti. Pane, pasta e dolci sono opera sua. Sempre presenti in carta lo gnocco fritto caldo ad accompagnare l'antipasto di salumi, spaghettoni tagliati al coltello con funghi e ragù, battuta di fassona piemontese della macelleria Cazzamali.

I PIATTI *Pisarei e fasoi*, Gnocchi con sughi di stagione, Magatello al rosa, Salame di cioccolato

BELLAGIO (CO) - San Giovanni

ITTITURISMO MELLA

IN BREVE *Un approdo sicuro per quanti vogliano gustare piatti di pesce di lago: missoltini con polenta e riso con filetto di pesce persico.*

Piazza San Giovanni Battista, 6
Tel. 031 950205-329 0740268
Chiuso il martedì Orario pranzo e cena
Ferie novembre-metà febbraio
Prezzi: 38-43 euro vini esclusi
Carte di credito: AE, CS, MC, Visa

L'OSTERIA **La trattoria è a pochi passi dal lago di Lario**, in un piccolo nucleo di case storiche attraversate da viottoli in acciottolato. L'ambiente è semplice, curato negli arredi in stile lacustre. La saletta ristorante è al primo piano, con un finestrone vista porticciolo. Alessandro Sala, pescatore professionista dal 1980, ogni giorno getta le reti e il pesce catturato è cucinato e servito ai tavoli del locale. Gli ospiti in sala sono seguiti da Rosy.

LA CUCINA Il menù propone principalmente **piatti di pesce di lago** e qualche pietanza di carne. Negli antipasti: bruschetta all'agone al sale, insalata del Lario con caviale di salmerino, missoltini con polenta. Tra i primi, riso e filetto di pesce persico e risotto alla grosgalla (con il pescato). Da non perdere il fritto misto del lago o il lavarello alla griglia. Tra i dolci della casa, sempre presente la storica miascia.

I PIATTI Missoltini con polenta, Riso e filetto di pesce persico, Fritto misto del lago

BERGAMO

AL GIGIANCA

IN BREVE *Trattoria con un'accogliente e curata sala da pranzo e un servizio professionale adeguato. Tecniche di cottura antiche e moderne si alternano per alleggerire piatti indimenticabili.*

Via Broseta, 113 - Tel. 035 5684928
→ 4,2 km dall'uscita A4 Bergamo
🕐 Chiuso la domenica
Orario sera, il sabato anche a pranzo
Ferie 1 settimana in gennaio, 2 in luglio
💶 Prezzi: 40-42 euro vini esclusi
Carte di credito: AE, BM, CS, DC, MC, Visa

L'OSTERIA Gigi in sala e Alessia in cucina trasformano il locale in un **luogo caldo e accogliente** grazie a un'attenta cura degli ospiti. Ottima la selezione di formaggi bergamaschi e di salumi. Notevole la carta dei vini curata da Gigi.

LA CUCINA Alessia, alla costante ricerca di **materie prime poco conosciute**, le accoglie in esperimenti nella sua adorata cucina e crea ricette che, partendo dalla tradizione, volano in combinazioni talvolta inusuali ma sempre molto interessanti. **Tecniche di cottura antiche e moderne** si alternano per alleggerire piatti indimenticabili, come gli gnocchi di polenta con porri e con la sarda del lago d'Iseo Presidio Slow Food, il cervo marinato con cracker all'aglio orsino e cavolo cappuccio, la pecora come ragù di tagliatelle fresche o in polpette con broccoli e aioli.

I PIATTI Casoncelli di Alessia secondo la ricetta di mamma Sandra, Agnoli di piccione, Pastrami di pecora gigante bergamasca con crema di carote e topinambur

BIANZONE (SO)

ALTAVILLA

IN BREVE *I piatti simbolo della cucina valtellinese e i loro intensi e profondi sapori sono rappresentati al meglio nei piatti di Anna Bertola.*

Via Ai Monti, 46 - Tel. 0342 720355
→ 1,3 km dalla stazione di Bianzone
🕐 Chiuso lun, mai in agosto; inverno anche mar a pranzo Orario mezzogiorno e sera
Ferie variabili
Prezzi: 34-43 euro vini esclusi
Carte di credito: AE, BM, CS, MC, Visa

L'OSTERIA In piena Valtellina, in mezzo ai vigneti di Chiavennasca, si trova Bianzone, piccolo paese a mezza costa. Una bella casa con terrazza, e un grande **panorama sulla valle**, ospita la trattoria gestita da Anna Bertola, una signora con un deciso carattere che gestisce il locale garantendo un'ottima cucina valtellinese.

LA CUCINA Ingredienti freschi scelti ogni giorno e grande tipicità sono le caratteristiche principali della cucina: si parte con un bellissimo cestino di pane misto, prodotto da un fornaio locale, accompagnato da una selezione di oli extravergini. Procedendo, è un susseguirsi di **grandi prodotti locali**, dalla bresaola alla farina di grano saraceno, fino ai formaggi: ottimi i caprini e la selezione di bitto. Due interessanti menù degustazione completano l'offerta. Anche la **ricca cantina** è selezionata da Anna e raccontata al tavolo a voce, per cui è opportuno verificare i prezzi. Buono il vino della casa.

I PIATTI *Sciàtt* con la cicoria, Pizzoccheri alla maniera di mamma Lucinda, Costine di maialetto alla senape dolce e birra alla segale

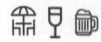

OSTERIA NUMERO 2

Via Ghisiolo, 2 A
Tel. 0376 45088-348 7000176
→ 3,2 km dall'uscita A22 Mantova Nord
🕐 Chiuso il martedì e sabato a pranzo
Orario mezzogiorno e sera
Ferie 1 settimana in gennaio, 2 in agosto
Prezzi: 30-35 euro vini esclusi
Carte di credito: BM, CS, MC, Visa

IN BREVE *Osteria con un bel giardino, dove la selezione di materie prime è molto scrupolosa. Tradizione e nuovi abbinamenti in menù.*

L'OSTERIA A poca distanza dal casello autostradale di Mantova Nord, questo locale è una bella sorpresa: oltre a una buona cucina del territorio, il patron Moreno Sgarbi e i suoi collaboratori sanno stupire per la **simpatica accoglienza**. È il regno delle birre artigianali, ma la lista dei vini, specialmente del territorio, non è da meno. Si organizzano anche serate a tema, mostre d'arte, musica dal vivo e incontri letterari.

LA CUCINA **Cucina del territorio ma non solo**, dove primeggiano salumi selezionati, riso alla pilota con ragù di pesce gatto e pesce persico, tartare di filetto di manzo, baccalà in padella e cuscus olive, patate e ceci. Tra i dessert, curioso il tiramisù in versione birramisù.

I PIATTI Selezione di salumi con gnocco fritto e tigelle, Bigoli alle sardelle dell'Osteria, Luccio in salsa con polenta

BORNO (BS)

AL CANTINÌ

Via Vittorio Emanuele, 15 - Tel. 0364 310728
🕐 Chiuso il lunedì, mai lug-ago e 20 dic-10 gen Orario sera, sab-dom e lug-ago anche pranzo Ferie non ne fa
Prezzi: 35-43 euro vini esclusi
Carte di credito: AE, BM, CS, MC, Visa

IN BREVE *Uno staff giovane e dinamico con un servizio professionale e accogliente. Nei piatti si mescolano territorio, ricerca e creatività.*

L'OSTERIA Suggestivo locale rustico ma ricercato; le **sale con volte in pietra** sono curate in ogni dettaglio. Il servizio è puntuale e garbato. Frutto di un'attenta scelta delle materie prime, nel menù spiccano **piatti tipici e proposte gourmet** con sapori ricercati e mai banali, anche per chi abbia intolleranze alimentari. A**mpia carta dei vini** con etichette locali e birre artigianali.

LA CUCINA Tra gli antipasti spiccano alcuni piatti come il formaggio di malga al forno e la rapa rossa cotta al sale con caprino, cipolla bruciata e coriandolo. Come primi i ravioli d'anatra con burro acido, limone nero e salvia, oltre ai tipici *casonsei* alla bornese. A seguire guancetta di manzo brasata con patata, basilico, prezzemolo e polenta di mais, poi tartare di salmerino alpino, cetriolo, sedano, yogurt e lime. Ottimi i dolci, come il gelato al latte di montagna o cioccolato bianco Waina, finocchio e vaniglia del Madagascar.

I PIATTI Formaggio di malga al forno, *Casonsei* alla bornese, Guancetta di manzo brasata con patata, basilico, prezzemolo e polenta di mais

BRACCA (BG)

DENTELLA

Via Dentella, 25 - Tel. 0345 97105
Chiuso lunedì sera, mai d'estate
Orario mezzogiorno e sera
Ferie fine giugno e 1 settimana in gennaio
Prezzi: 34-38 euro vini esclusi
Carte di credito: AE, BM, CS, MC, Visa

IN BREVE *Una trattoria a gestione familiare dove si trovano passione per il territorio, ricerca di ottime materie prime e cucina di tradizione. Da non perdere i casoncelli, su ricetta di mamma Natalina.*

L'OSTERIA A Bracca i Dentella sono un'istituzione. Maurizio, in cucina, Wilma, Renata e Pasquina, in sala, creano un ambiente accogliente in un locale che sa di famiglia. Bellissima la vista sui monti circostanti e sulla **vetrina dei formaggi**.

LA CUCINA Formaggi e salumi rigorosamente di piccoli produttori bergamaschi, che Renata visita settimanalmente, tartufo di Bracca, erbe spontanee dei boschi circostanti, farina di mais di fondo valle, selvaggina locale, conigli e animali di bassa corte delle vicine cascine entrano nella cucina di Maurizio, sempre sorridente, che li trasforma in **piatti della tradizione semplici e gustosi**. Tra questi, sformatino di zucchine e salsa al caprino, casoncelli storici, gnocchi alle ortiche o alla zucca, coniglio alle erbe aromatiche o con le castagne, o cinghiale brasato. I dolci sono fatti in casa.

I PIATTI Risotto al tartufo di Bracca e *formai de mut*, *Nosecc* o involtini di verza, Guancialino di maiale al Valcalepio

BRESCIA

AL BIANCHI

Via Gasparo da Salò, 32 - Tel. 030 292328
→ 1,2 km dalla stazione di Brescia
Chiuso martedì e mercoledì
Orario mezzogiorno e sera
Ferie ultima sett di luglio-prima di agosto
Prezzi: 33-35 euro vini esclusi
Carte di credito: BM, CS, MC, Visa

IN BREVE *Una meta obbligata per la gente del posto: piatti legati al territorio e menù che varia spesso. Tra i pilastri della cucina bresciana, casoncelli, malfatti e guanciale in umido con polenta.*

L'OSTERIA Un'antica trattoria nel centro storico di Brescia che mantiene il **fascino dei locali di una volta**, punto di ritrovo di avventori per una partita a carte e per un calice, o un *pirlo*, lo spritz bresciano, accompagnato da uova sode o *bertagnì*, il baccalà fritto. Nella bella stagione si apparecchiano i tavoli sulla via Gasparo da Salò, dove si comprende appieno il senso del **clima conviviale** bresciano.

LA CUCINA I piatti della cucina variano a seconda della stagione e della disponibilità sul mercato dei prodotti, ma rispettano tutti la **classica cucina locale**: dai casoncelli burro e salvia alle pappardelle, dal manzo all'olio alle lumache in umido. Ottima la mousse allo zabaione per finire il pasto in bellezza.

I PIATTI Malfatti agli spinaci, Stracotto d'asino, Baccalà con polenta

BRIONE (BS)

LA MADIA

IN BREVE *Una profonda e inedita rappresentazione del contesto bresciano, una cucina intensa e di ricerca in un'osteria vera.*

Via Aquilini, 5 - Tel. 030 8940937
⏱ Chiuso lunedì e martedì
Orario sera, sab e dom anche pranzo
Ferie 15 giorni in febbraio, 10 in agosto
Prezzi: 33-45 euro menù fisso vini esclusi
Carte di credito: AE, BM, CS, DC, MC, Visa

L'OSTERIA Fantasia, studio, tecnica, manualità e curiosità portano lo stravagante cuoco della Madia a **rivedere le ricette di un tempo** o a crearne di nuove. Michele Valotti si diverte: fermenta, affumica, analizza e combina materie prime che ben conosce. Non c'è da spaventarsi delle sue talvolta sconcertanti proposte; fidatevi e fatevi guidare in un viaggio che non avrà uguali da Silvia e Michela, che sapranno svelarvi i segreti di questa fantastica esperienza.

LA CUCINA Bell'atmosfera nella cucina di Michele. Lui ci lavora intensamente con una squadra che lo segue e lo sprona. **Strumenti e tecniche antichi e moderni** vengono alternati nel trasformare prodotti locali, talvolta desueti, in abbinamenti anche arditi, che soddisfano il palato in un piacevole gioco dei cinque sensi. I curiosi possono addentrarsi nelle proposte più audaci, ma alcuni piatti cardine di questa insolita cucina vanno provati. Al momento la proposta si articola esclusivamente su tre menù degustazione a 33, 38 e 45 euro.

I PIATTI Casoncelli con rape rosse e fatulì, Cappelletti in brodo di miso, Maiale con le sarde essiccate del lago d'Iseo

CAPPELLA DE' PICENARDI (CR)

LOCANDA DEGLI ARTISTI

IN BREVE *Un'accuratissima scelta delle materie prime e una straordinaria capacità di trasformarle in grandi prodotti e piatti rendono la Locanda una sosta imperdibile.*

Via XXV Aprile, 13
Tel. 0372 835576-335 6040738
→ 15 km dall'uscita A21 Cremona
⏱ Chiuso domenica sera e lunedì
Orario mezzogiorno e sera Ferie 2 sett in gennaio-febbraio, 2 in giugno-luglio
€ Prezzi: 38-43 euro vini esclusi
Carte di credito: AE, BM, CS, DC, MC, Visa

L'OSTERIA In questa trattoria informale la famiglia Carboni trasforma ad alto livello materia prima di qualità con ricette della **tradizione cremonese** e innovazione. Il locale rimanda alla vecchia cascina con i suoi arredi tradizionali. Una sala è adibita a **ricca cantina** dei vini, a disposizione degli ospiti per una scelta autonoma o guidata; qui è inoltre possibile passare in esame la selezione di formaggi Presìdi Slow Food. Grande cortesia e attenzione sono poste nel servizio.

LA CUCINA **Materie prime di qualità** sono alla base del vasto menù, variato ogni 40 giorni ed eseguito in modo impeccabile. Pane, pasta, salumi, mostarde e dolci sono della casa. Non mancano mai il risotto ai formaggi lombardi, i marubini ai profumi dell'orto e le lumache in varie cotture.

I PIATTI Luccio in salsa cremonese con polentina, Schiena di coniglio ripiena, Guancialino stufato con polenta rustica

CARATE BRIANZA (MB)

LA PIANA

IN BREVE *Un locale ospitato in un edificio del centro con una carta dei vini ben studiata e ottime selezioni di formaggi e salumi.*

Via Zappelli, 15 - Tel. 0362 909266
→ 600 m dalla stazione di Carate-Calò
🕐 Chiuso dom sera e lun Orario mezzogiorno e sera Ferie ultime 2 settimane di agosto
Prezzi: 30-40 euro vini esclusi
Carte di credito: BM, CS, MC, Visa

L'OSTERIA La Piana è un luogo ricco di suggestioni, non solo per il palato. In un edificio del centro con un bel cortile, Gilberto Farina accoglie gli avventori con una conoscenza rara del territorio e delle sue tradizioni, che si traduce in piatti mai banali, capaci di nobilitare le materie prime più semplici, e in una carta dei vini pensata in ogni dettaglio e **attenta alle cantine lombarde**.

LA CUCINA La **tradizione culinaria brianzola** si esprime in una carta dei piatti variegata, che utilizza prodotti d'eccellenza sia di carne che di pesce. Luganega monzese, lumache della Brianza, patata di Oreno, cipolla bionda di Cureggio e Fontaneto, *missultitt*: tanti sono i protagonisti di una cucina capace di valorizzare con amore i **frutti del territorio**, senza mai stancare. Da non perdere il gran bollito misto (ogni giovedì e venerdì) e la strepitosa selezione di formaggi. Notevole la grande carta dei vini.

I PIATTI Petali di cipolla bionda di Cureggio e Fontaneto con tortino di patate di Oreno, Riso al salto alla milanese, Mondeghili con purè di patate di Oreno

CASALBUTTANO ED UNITI (CR)

IL POETA CONTADINO

IN BREVE *Un bel cascinale tipicamente lombardo ospita questo ristorante. In menù affettati con verdure in agrodolce e ottimi formaggi accompagnati da mostarda e confetture.*

Via per Bordolano - Tel. 0374 361335
🕐 Chiuso dom sera e lun, giugno-agosto solo lun Orario mezzogiorno e sera
Ferie prime 2 settimane di settembre
Prezzi: 32-37 euro vini esclusi
Carte di credito: BM, CS, DC, MC, Visa

L'OSTERIA Immersa nel silenzio della **campagna cremonese**, spunta inattesa una trattoria a conduzione familiare. Oltre alle due sale interne, semplici e ben curate, nel periodo estivo è piacevole mangiare nel grande giardino. Il personale è preparato, attento agli ospiti. Lo chef Marco Nobile elabora con cura e originalità **piatti della tradizione lombarda**, che variano a seconda delle stagioni. Quando presenta il menù, riesce a trasmettere la sua passione per la buona cucina.

LA CUCINA Tutta la pasta, i dolci e la mostarda sono fatti in casa. Tra gli antipasti spiccano il misto di affettati tipici, il filetto di luccio e il trancio di anguilla in carpione, il fegato grasso d'oca con mostarda e pane all'uva passa; tra i primi, le tagliatelle con ragù d'anatra e il risotto al ristretto di Nebbiolo; nei secondi il carrè di maialino arrosto e il cotechino con le lenticchie. Da non perdere la degustazione di **formaggi accompagnati da mostarda** e la sbrisolona con zabaione di Moscato.

I PIATTI Filetto di luccio e trancio di anguilla in carpione, Tagliatelle al ragù d'anatra, Carrè di maialino arrosto con patate al forno

CASTEL D'ARIO (MN)

STAZIONE

Viale Rimembranze, 56 - Tel. 0376 660217
→ 13 km dall'uscita A22 Mantova Nord
→ 20 m dalla stazione di Castel d'Ario
🕐 Chiuso lunedì sera e martedì
Orario pranzo e cena Ferie non ne fa
💶 Prezzi: 38-43 euro vini esclusi
Carte di credito: BM, CS, MC, Visa

IN BREVE *Molte delle materie prime impiegate in cucina provengono dall'azienda agricola di famiglia. Fiore all'occhiello del locale sono i primi: la sfoglia viene tirata a mano quotidianamente.*

L'OSTERIA Un locale di antica tradizione, accogliente, moderno ed elegante nasconde l'anima inscalfibile di una **classica osteria mantovana**. Materie prime da filiera cortissima: Alberto e Teresa, poi Cristina e Marcello gestiscono un'azienda agricola dalla quale arrivano molti dei prodotti non solo serviti in tavola, anche utilizzati come arredo della trattoria secondo un progetto davvero interessante.

LA CUCINA Grande qualità sia nei piatti tipici sia nelle nuove proposte. La carta è redatta con grande cura e attenzione. **La pasta è rigorosamente stesa a mano**. Il pilota è una delle migliori espressioni di questo tipico piatto di riso (coltivato in proprio) che possiate trovare nel circondario. Bellissima la proposta dei vini, con bottiglie prodotte dall'azienda di famiglia.

I PIATTI Luccio alle erbe fini e agrumi con polenta di mais marano molita a pietra, Riso alla pilota *col puntèl* di costine, Tortelli di zucca alla mantovana

CASTIGLIONE DELLE STIVIERE (MN)

HOSTARIA VIOLA

Via Verdi, 32 - Tel. 0376 670000
→ 11 km dall'uscita A4 Desenzano del Garda
🕐 Chiuso domenica sera e lunedì
Orario mezzogiorno e sera
Ferie 25 dicembre, 28 dicembre-3 gennaio e
Prezzi: 35-40 euro vini esclusi
Carte di credito: AE, BM, CS, DC, MC, Visa, Satispay

IN BREVE *Tutta la tipicità della cucina mantovana moderna in un menù di poche ma significative portate: sformatino di polenta consa alla zucca, luccio in salsa, capunsei, stinchetto di maiale.*

L'OSTERIA In una zona decentrata di Castiglione, Hostaria Viola occupa il piano terra di un'antica costruzione con un bel cortile apparecchiato nel periodo estivo. L'interno è **essenziale, semplice, elegante** come la cucina di Alessandra, quarta generazione dei Viola. La carta dei vini è seguita dal marito, Paolo Socini, e offre 120 etichette con **grande attenzione ai naturali** e un'ampia scelta al calice.

LA CUCINA Alessandra interpreta mirabilmente i piatti di questa particolare area del territorio mantovano. Tanta tradizione, quindi, innovata con equilibrio ed elaborata con materie prime di grande qualità: assieme a Paolo scova con fiuto da segugio le migliori **piccole produzioni sul territorio**. I piatti da consigliare sono tutti quelli presenti in carta. Imperdibili lo sformatino di polenta alla zucca, l'insalata di faraona alla Stefani, i bigoli alle sardine essiccate (Presidio Slow Food), lo stinchetto di maiale al forno, la meringata al cucchiaio. Sono inoltre presenti piatti per vegetariani e vegani.

I PIATTI Trittico di paste ripiene, Faraona alla Stefani, Luccio in salsa alla mantovana

CERVENO (BS)

CONCARENA

IN BREVE *Un'osteria in cui la Val Ca-monica è protagonista, espressa con vigore nella scelta delle materie prime, dei piatti proposti e dell'accogliente ospitalità.*

Via Sonvico, 1 - Tel. 0364 434646
Chiuso il lunedì
Orario mezzogiorno e sera Ferie variabili
Prezzi: 33-35 euro vini esclusi
Carte di credito: AE, BM, CS, DC, MC, Visa

L'OSTERIA Tra le montagne sacre al popolo camuno sorge Cerveno, uno di quei luoghi che raccontano e aiutano a comprendere la storia locale. Passeggiando per le piccole vie in ciottolato e pietra, si arriva al **piccolo ma accogliente ristorante** Concarena, gestito dai coniugi Flavia Rebuffoni e Alessandro Gallo. Un locale semplice collegato a un **antico mulino** che si consiglia di visitare.

LA CUCINA Quasi tutti i prodotti provengono dalla Val Camonica, da un casei-ficio e da un piccolo agricoltore della zona. Da provare le bruschette di pane di segale con guanciale e miele o scarola e fatulì; inoltre, ci si può abbandonare a ottimi taglieri di salumi e formaggi locali. La **pasta è fatta in casa**: da provare le tagliatelle verdi con crema di silter (quello di pascolo è un Presidio Slow Fo-od) e pancetta croccante, e i casoncelli di Flavia, la cuoca. Tra i secondi di carne si distingue il grill dell'oste con cipolle caramellate. I dolci al cucchiaio e le torte sono rigorosamente fatti in casa.

I PIATTI Bruschette di pane di segale con guanciale e miele, Tagliatelle verdi con crema di silter, Dolci con confetture di frutti locali

CILAVEGNA (PV)

TENUTA MOLINO TAVERNA

IN BREVE *Un agriturismo con punto vendita dei prodotti aziendali e un lo-cale per la ristorazione. Il menù è fisso e legato ai cicli produttivi.*

Strada Vicinale della Galliana, 1
Tel. 0381 969155-331 3034031
Aperto ven-dom, mar-gio solo su preno-tazione Orario pranzo e sera, domenica solo pranzo Ferie gennaio e agosto
Prezzi: 33-37 euro vini esclusi
Carte di credito: BM, CS, MC, Visa

L'OSTERIA Nella propria azienda in Lomellina la famiglia Banfi ha affiancato alle attività di coltivazione agraria, allevamento e vendita dei propri prodotti un'interessante proposta di ristorazione, sostenuta dalle competenze culinarie ed enologiche di Giulietta. Il passato affaccia nel ben conservato mulino del Quattrocento e negli attrezzi agricoli, che arredano lo spazio interno dell'oste-ria, il presente è nella **sobria eleganza della sala**, accogliente e luminosa, e nell'**accurata presentazione dei piatti**.

LA CUCINA La cucina utilizza quasi esclusivamente produzioni aziendali ed è un tuffo nella tradizione del territorio con la creatività di chi la domina senza limitarsi a riproporla. **Ottimi i piatti che soddisfano occhi e palato**. I ri-sotti sono sempre presenti nel menù della settimana, arricchiti da ingredienti stagionali, così come gli gnocchi di patate e verdure del periodo, e l'oca in au-tunno e in inverno.

I PIATTI Risotto ai fagioli di Gambolò, Fritto misto di pesciolini e rane, *Ragò* d'oca

COLLIO (BS)

TAMÌ

IN BREVE *In una bella casa di famiglia, Michele e Mauro propongono una cucina che fonde nuovo e antico con sensibilità, in piatti dove la materia prima locale è protagonista assoluta.*

Piazza Zanardelli, 9
Tel. 030 927112-335 6846358
🕐 Chiuso lunedì e martedì, mai in agosto
Orario mezzogiorno e sera Ferie variabili
💶 Prezzi: 40-45 euro vini esclusi
Carte di credito: BM, Visa

L'OSTERIA Il locale guarda sulla piazza principale, dalla quale si possono ammirare le belle montagne circostanti. In un ambiente caldo e ben curato, si è accolti dalla cortesia di Mauro ed Enrica, sempre presenti e attenti. I piatti preparati dallo chef Michele, con un sapiente tocco innovativo e una grande attenzione alla qualità degli ingredienti, sono un viaggio nei sapori della **tradizione culinaria della Val Trompia**. Si accompagnano con una valida selezione di vini locali e birre artigianali.

LA CUCINA La **cucina è molto curata**. Grissini, pane, pasta sono fatti in casa. Il pasto è aperto da una gradita entrée e chiuso da coccole finali. Si può iniziare con la boccia di cotechino gigante o l'ovetto con il tartufo, proseguendo con i tortellini dal *plin*. Tipici i malfatti alla bagossa con scaglie di bagòss. Squisite la faraona dolceamara, le guancine brasate, la tagliata Tamì con foie gras, il "porco" coniglio e l'*osel scapat*. Deliziosi tutti i dolci e il gelato con latte di malga.

I PIATTI Ovetto con il tartufo, Malfatti alla bagossa con scaglie di bagòss, "Porco" coniglio

COMEZZANO-CIZZAGO (BS)

FINIL DEL PRET

IN BREVE *Una curata osteria, immersa in un'ambientazione suggestiva, che racconta nei suoi piatti la storia del territorio in chiave moderna e attualizzata.*

Via Montello, 9 - Tel. 030 972300
→ 7 km dall'uscita A35 Chiari Est
🕐 Chiuso mar, mer e dom sera, d'estate anche a pranzo Orario mezzogiorno e sera
Ferie 2 settimane centrali di ago e in gen
💶 Prezzi: 38-42 euro vini esclusi
Carte di credito: BM, CS, MC, Visa

L'OSTERIA L'osteria si trova a metà strada tra Bergamo e Brescia, in mezzo alla campagna, in quello che fu il un fienile di un prete. Una **bella cascina ben ristrutturata**, arredata con gusto. D'estate è possibile mangiare sotto al porticato. Ad accogliervi Simone Binchetti e in cucina la sua amica di sempre, Silvia Loda. Assieme hanno realizzato questo splendido sogno nel cassetto.

LA CUCINA **Piatti semplici, ben preparati** e presentati in porzioni abbondanti. Molti i Presìdi Slow Food tra cui il fatulì della Val Saviore, la sarda essiccata del vicino lago d'Iseo, i mieli di montagna e la cicerchia. Ottimi i risotti. Grande attenzione alle carni di cortile fornite da piccoli produttori. Buonissimi i dolci. La carta dei vini comprende 230 etichette, di cui una settantina del **territorio bresciano**. Consigliabili i menù degustazione: della tradizione di cinque portate a 30 euro, legato ai prodotti del territorio, e da sei portate a 40 con interessanti contaminazioni.

I PIATTI Carciofo ripieno con fatulì della Val Saviore, Pecora gigante bergamasca e fumo, Tortelli patate e rosmarino con crema di taleggio

OSTERIA DEL MAISTRÌ

IN BREVE *Ampie vetrate che offrono un affascinante scorcio sul parco delle colline a pochi chilometri da Brescia. Cucina tradizionale e stagionale, prodotti tracciati, servizio informale.*

Località Stella, 1 - Tel. 030 8982272
→ 13 km dall'uscita A4 Brescia Ovest
🕐 Chiuso lun, mar e mer
Orario sera, sab e dom anche pranzo
Ferie 2 sett dopo l'Epifania, 26 giugno-10 luglio
Prezzi: 33-36 euro vini esclusi
Carte di credito: BM, CS, MC, Visa

L'OSTERIA Ampie vetrate che offrono un affascinante scorcio sul parco delle colline a pochi chilometri da Brescia, tavoli con bianche tovaglie, menù scritto su lavagna e al muro fotografie in bianco e nero di città lontane. Così si mostra questa osteria **a conduzione familiare** all'ombra del santuario della Madonna della Stella.

LA CUCINA La cucina è **semplice e curata**. Parte della frutta e della verdura provengono direttamente dall'azienda agricola di famiglia, accanto all'osteria stessa. Ai fornelli Steve Maestrini, che con il locale condivide il soprannome del nonno paterno, prepara personalmente gnocchi, primi di pasta fresca e torte. Stuzzicanti in autunno le **proposte a base di funghi**, tra le quali segnaliamo lo stracotto di capra con porcini. Interessante la selezione di etichette di vini locali e di birre artigianali.

I PIATTI Caramelle al bagòss con fonduta al bagòss e rosmarino, Coniglio arrosto come *ghè piasìa à* lo zio Piero, *Sguansù* di manzetta brasato al Cellatica

---

CORTE DE' CORTESI CON CIGNONE (CR)

IL GABBIANO

IN BREVE *Una trattoria con cucina semplice e stagionale abbinata ai vini della bella cantina. Protagonista del menù l'oca (salumi, ragù e secondi).*

Piazza Vittorio Veneto, 10
Tel. 0372 95108-347 8745100
🕐 Chiuso il giovedì Orario mezzogiorno e sera Ferie fine dicembre-inizio gennaio
💶 Prezzi: 39-44 euro vini esclusi
Carte di credito: BM, CS, MC, Visa

L'OSTERIA Pare che Corte de' Cortesi in epoca medievale fosse apostrofata come **"il paese delle oche e dei poeti"**, per sottolineare il gran numero di oche allevate dalla nobile famiglia Cortesi nella sua aia, l'attuale piazza Vittorio Veneto, dove ora affaccia l'osteria gestita dal 1983 dalla famiglia Fontana. Siamo alla seconda generazione che vede i fratelli Stefania e Andrea in sala e la moglie Elena in cucina.

LA CUCINA **Semplice e tradizionale la cucina** di questo locale: l'oca è regina in molti piatti, a partire dagli antipasti con il tagliere Gabbiano. Piatto antico è il *gòsafèr*, una crema di sardine essiccate del lago d'Iseo (Presidio Slow Food). La tradizione propone gli gnocchi conditi secondo stagione, i classici marubini e la scaloppa di fegato d'oca. Tra i dolci superbi, spunta la coppa Tognazzi. Bellissima la carta dei vini curata da Andrea.

I PIATTI Gnocchi rosa al sugo d'anatra e funghi chiodini, Faraona 1983, Coscia d'oca cotta a 75 °C

CORTE FRANCA (BS)

CENTOTTANTA

Via Enrico Mattei , - Tel. 347 1278891
→ 10,5 km dall'uscita A4 Rovato
🕐 Aperto la sera gio e ven, sab pranzo e sera, dom a pranzo, gli altri giorni su prenotazione Ferie variabili
€ Prezzi: 38-42 euro vini esclusi
Carte di credito: BM, CS, DC, MC, Visa, Satispay

IN BREVE *Un'osteria che ha a cuore di un progetto sociale doppiamente buono, con vini biologici di produzione propria e un menù che cambia a seconda della disponibilità dell'orto interno.*

L'OSTERIA Centottanta è un agriturismo con ristoro in Franciacorta, parte del Consorzio Cascina Clarabella che si occupa, tra le altre attività, di inserimento lavorativo di persone con disabilità psichiche e fisiche. Il nome è un omaggio alla legge 180 che dispose la chiusura dei manicomi, come un invito ad abbattere i muri e i pregiudizi. Potrete accomodarvi nel grande **parco tra i vigneti** e lo stagno o nella sala arredata con semplice eleganza.

LA CUCINA Sarete accolti dal bravo Max Metelli che vi illustrerà il menù. Il cuoco Francesco Pezzaioli è affiancato da alcuni dei ragazzi della Comunità. Ottimo il pane preparato da loro. Il menù cambia settimanalmente e **trova i suoi ingredienti nell'orto dell'agriturismo**, dai pescatori, all'Agroittica che confeziona pesci di lago marinati, affumicati o essiccati, e da piccoli produttori per le carni e gli animali da cortile. Paste, gnocchi e dolci sono fatti in casa. Il vino biologico, naturalmente, è di Cantina Clarabella.

I PIATTI Risotto con porcini, Tortelloni al profumo di lago, Frittura di lago e verdure dell'orto

CUSIO (BG) - Piani dell'Avaro

RISTOROBIE

Località Piani dell'Avaro - Tel. 338 8734535
🕐 Chiuso lun-gio solo aprile-maggio e ottobre-novembre
Orario mezzogiorno e sera Ferie non ne fa
Prezzi: 33-35 euro vini esclusi
Carte di credito: BM, CS, MC, Visa

IN BREVE *Un'osteria in perfetta simbiosi con l'ambiente che la circonda. La montagna si esprime negli ingredienti, nei piatti e nell'accogliente locale.*

L'OSTERIA Il Monte Avaro, altopiano di prati verdi estivi, ricoperti di bianco in inverno, non ha bisogno solo di essere visto e goduto. Il locale che si inserisce perfettamente nell'ambiente è confortevole e caldo. Lo staff familiare accoglie e guida tra le attrazioni del luogo. D'estate è possibile consumare direttamente **in mezzo ai prati dell'alpeggio** le prelibatezze della cucina in comode scatole d'asporto. È consigliata la prenotazione per la cena.

LA CUCINA **La montagna è presente in tutti i piatti**, a cominciare dall'antipasto con salumi e ottimi formaggi d'alpeggio locali; notevoli il ragù di selvaggina, la tartare di cervo e il grande impiego di porcini. Molti i piatti tradizionali come la polenta taragna, i *nosecc*, ovvero gli involtini di verza, la zuppa del *carpen*, soprannome degli abitanti di Cusio con riferimento al loro carattere forte come il legno dell'albero carpino. I dolci sono rigorosamente fatti in casa.

I PIATTI Fusilotti al ragù di cervo, Zuppa del *carpen* ai porcini, Tartare di cervo

AQUILA D'ORO

IN BREVE *Un bar-trattoria punto di ritrovo degli abitanti della valle e meta degli estimatori della cucina del territorio, espressa in salumi e formaggi locali, pasta fresca con vari sughi.*

Via Civano, 1 - Tel. 0344 85882-334 3838043
Chiuso il martedì
Orario mezzogiorno e sera
Ferie 1 sett dopo Pasqua, prime 3 di novembre
Prezzi: 33-37 euro vini esclusi
Carte di credito: AE, BM, CS, DC, MC, Visa

L'OSTERIA Da Gravedona la strada tortuosa conduce fino a una vista spettacolare sul Lario. L'Aquila d'Oro si trova all'inizio del paese, immersa in un'atmosfera bucolica con tanto di lavatoio pubblico. Dispone di un angolo bar, della sala ristorante e di un dehors. Oltre ad accogliere avventori con la ristorazione tradizionale e territoriale, il locale è un vero e proprio **ritrovo per gli abitanti**.

LA CUCINA Plinio Bosso, proprietario alla terza generazione, si dedica con competenza alla cucina, in cui fanno ingresso anche i prodotti stagionali del suo orto. L'offerta comprende **sia carne sia pesce di lago**, con piatti come la selezione di bresaola in tre tagli con burro, la trota marinata locale con acetosella, i maltagliati verdi al ragù di ossobuco, il cervo con polenta e le costolette d'agnello. Nella selezione di formaggi è possibile trovare il raro vaccino semuda *del doss*. I dolci sono casalinghi. la carta dei vini è ben assortita con **etichette lariane e valtellinesi**.

I PIATTI Gnocchetti di patate, Bocconcini di cinghiale brasati alla birra, Cervo con polenta

LA CORTE DI BACCO

IN BREVE *In un palazzo, che era sede di una storica cantina, c'è ora questo ristorante, che offre un ricco menù con salumi nostrani, minestra mariconda e arrotolato di coniglio.*

Via Privata Mottinelli, 1 D
Tel. 0364 72025-338 5282541
→ 500 metri dalla stazione di Edolo
Chiuso domenica sera e lunedì
Orario mezzogiorno e sera Ferie 1 settimana in gennaio, 1 in giugno, 1 in settembre
Prezzi: 44-50 euro vini esclusi
Carte di credito: BM, CS, MC, Visa

L'OSTERIA Fino agli anni Settanta era la Cantina Mottinelli, che per oltre un secolo dal centro di Edolo ha venduto vino buono al circondario. Oggi Marco e Daniela l'hanno trasformata nella loro osteria, mantenendone l'aspetto e la tipicità: è affascinante e curioso mangiare seduti all'interno di una **vecchia botte di vino**. Con la bella stagione ci si siede anche all'esterno in una piazzetta tranquilla.

LA CUCINA La cucina è curata e attenta agli ingredienti: da qui la ricerca dei **migliori produttori locali**. Troverete quindi ottimi salumi e formaggi, funghi, lumache e selvaggina, miele e carne locali. Si lavora con un **occhio alla tradizione**, usando fantasia e creatività. Date queste scelte, il menù cambia a seconda delle stagioni dell'anno. La carta dei vini rispecchia la stessa idea, con una serie di etichette camune da provare.

I PIATTI Sformatino al silter con melanzane e cialda di mais e saraceno, Ravioli di castagne con farcia di cervo al burro di malga alle noci, Zabaione al Passito di Val Camonica e frutti di bosco

DA SAPÌ

Via Mazzini, 36 - Tel. 0364 46052
Chiuso il lunedì
Orario mezzogiorno e sera Ferie variabili
Prezzi: 38-40 euro vini esclusi
Carte di credito: AE, BM, CS, DC, MC, Visa, Satispay

IN BREVE *Mauro descrive la Val Camonica con piatti che condensano tradizione e prodotti del territorio, Daniela li racconta e li riempie di storia.*

L'OSTERIA L'interno del locale, moderno, essenziale ed elegante, sorprende piacevolmente. i materiali naturali, il bel camino e il bancone in granito dell'Adamello arricchiscono un **arredamento piacevolmente sobrio**. Sapì era chiamato nonno Giulio per la forma a zappettino del suo naso. Ora a condurre il locale è Daniela Foppoli, quarta generazione della famiglia.

LA CUCINA Mauro Vielmi, marito di Daniela, è un cuoco vero che ben sa raccontare **il territorio della Val Camonica** e i suoi prodotti. Mai banale o ripetitivo, crea **equilibrio in ogni portata**, innovandola in modo sapiente, come per i tortelli al cacao ripieni di selvaggina, i lombetti di pecora cotti al sale aromatizzato al fieno, la selvaggina in umido, il gelato al fieno. Interessante il menù degustazione di dieci portate, dal lago alla montagna, a 50 euro.

I PIATTI Trota di montagna marinata e affumicata, Kefir e pino, Spaghetto con le sarde di Monte Isola e il loro gelato

LA CANTINA

Via IV Novembre, 7 - Tel. 0364 46317
Aperto venerdì, sabato e domenica
Orario sera, sabato e domenica anche pranzo Ferie 3-4 settimane in luglio
Prezzi: 28-32 euro vini esclusi
Carte di credito: BM, CS, MC, Visa

IN BREVE *Trattoria, un tempo stazione di posta per cavalli, con un menù che cambia secondo stagione e disponibilità di materie prime.*

L'OSTERIA Situata in una dimora del Cinquecento nel centro storico del paese, la trattoria è gestita amabilmente da Giacomo e Oriana, che hanno fatto del **recupero di antiche tradizioni** gastronomiche uno stile di vita. I prodotti sono naturalmente del territorio e i piatti vi saranno spiegati con maestria dal patron.

LA CUCINA Oriana, regina della cucina, vi accompagnerà con i suoi piatti in un percorso di riscoperta di antiche ricette camune, utilizzando **ingredienti poveri ma molto gustosi**. Troverete la selezione di salumi con frittata alle erbe spontanee, giardiniera e una superlativa ricotta di capra. Erbe spontanee anche nell'orzotto o a condire ravioli, *foiade*, tagliatelle e gnocchi, tutto di propria produzione, e d'inverno minestre, zuppe, trippa e creme vegetali. Poi ancora *capù*, ovvero involtini nella foglia di bietola, e animelle, lumache, brasati, selvaggina, pollame, funghi del bosco e trote del vicino ruscello. I vini sono prevalentemente del territorio.

I PIATTI Orzotto all'aglio orsino, Funghi ripieni al forno, Frittura di capretto

GOLASECCA (VA)

TENUTA TOVAGLIERI

Via Porto della Torre, 18 - Tel. 0331 959062
🕐 Chiuso lunedì-mercoledì e domenica sera
Orario pranzo e sera, domenica solo pranzo
Ferie variabili
Prezzi: 32-34 euro vini esclusi
Carte di credito: BM, CS, MC, Visa

IN BREVE *Lunghi filari di vigneti abbracciano questo agriristoro attento alla qualità e alla stagionalità degli ingredienti, molti dei quali provenienti dal proprio orto.*

L'OSTERIA Gli amanti dell'archeologia e dell'età del Ferro conoscono la cultura di Golasecca. Nello stesso borgo, troviamo la curata tenuta vitivinicola che da 15 anni offre un'ottima ristorazione, con gran parte delle **materie prime autoprodotte**. Per comprendere appieno la filosofia della tenuta e di Giuliana, che ha la regia del complesso, si consiglia il rilassante percorso di visita proposto. In estate si può mangiare all'esterno con vista sui vigneti e in inverno nell'elegante locale dell'antica cascina. In carta i buoni **vini ricavati dai vigneti di proprietà**.

LA CUCINA L'offerta segue la stagionalità, con elaborazioni leggere durante l'estate e piatti più sostanziosi nel periodo invernale. Invitante l'antipasto misto. Ottime le **paste fatte in casa**, come le tagliatelle al ragù di luganega; buone le carni allevate in proprio. Tra i dolci deliziosi il tiramisù e le torte. In inverno imperdibili *bruscitt* e *caseoûla* con polenta.

I PIATTI Ravioli ripieni, Maialino in bassa cottura, Fagottini di manzo ripieni

GUSSAGO (BS)

ANTICA TRATTORIA PIÈ DEL DOS

Via Forcella, 4-6
Tel. 030 2185358-339 4286462
→ 9,6 km dall'uscita A4 Ospitaletto
🕐 Chiuso il mer, sab a pranzo e dom sera Orario
mezzogiorno e sera Ferie 3 settimane in agosto
Prezzi: 37-40 euro vini esclusi
Carte di credito: AE, BM, CS, DC, MC, Visa,
Satispay

IN BREVE *Affascinante locale dove nella bella stagione è possibile sostare all'ombra di un maestoso glicine centenario. Proposta di piatti di carne e di pesce del vicino lago d'Iseo.*

L'OSTERIA Ai piedi del colle (il *dos* appunto) della Madonna della Santissima, in una cascina con corte tipicamente lombarda, troverete questa osteria dai **sapori antichi e sinceri**. Un poderoso glicine profuma il porticato, dove in primavera e in estate si può gustare il pasto. All'interno due salette colorate e accoglienti con arredi antichi.

LA CUCINA Stefano Pazzaglia e sua moglie Resi Martinotti hanno il piacere di offrire buon cibo. Nei piatti si sente la passione che mettono nella loro attività, **il rispetto che hanno delle materie prime e del lavoro di chi le produce**. Il menù è ricco di proposte che possono accontentare tutti i palati: paste fatte in casa, carni, pesci del vicino lago d'Iseo, funghi, tartufi locali e formaggi squisiti. Le ricette sono quelle tradizionali: dalla lingua salmistrata agli gnocchi, dalle tagliatelle con ragù di pecora al baccalà. La carta dei vini ben rappresenta il territorio della Franciacorta ma offre anche numerose etichette nazionali.

I PIATTI Coniglio sott'olio, Spaghetto nero con sarde, broccoletti e briciole, Pecora all'olio con polenta

ISEO (BS) - Clusane

TRATTORIA DEL MULINER

Via San Rocco, 16 - Tel. 030 9829206
→ 10 km dall'uscita A4 Palazzolo sull'Oglio
🕐 Chiuso il martedì Orario mezzogiorno e sera Ferie 15 giorni in febbraio
Prezzi: 35-48 euro vini esclusi
Carte di credito: BM, DC, MC, Visa

IN BREVE *Il ricco menù di questa accogliente e curata trattoria rispetta la tradizione. Il pesce di lago di Monte Isola è l'ingrediente di quasi tutti i piatti.*

L'OSTERIA Un'osteria luminosa e pulita a pochi passi dal lago, dove la cura non è solo negli arredi e nei dettagli ma anche nell'accoglienza degli avventori. Il tutto, fondato su uno stretto **rapporto con il territorio** circostante, Iseo e Monte Isola, con i loro pescatori e con l'eccellente materia prima che Andrea nobilita nella sua cucina, accompagnata in tavola con un racconto sempre corretto e discreto.

LA CUCINA **Pesce di lago**, fresco di giornata: agoni, lucci, coregoni, tinche, salmerini. È lunga la lista delle materie prime che si avvicendano nella carta del Muliner. Sempre sottoposte a **trasformazioni delicate**, che rispettano la freschezza e la tradizione, e che fanno del rapporto col territorio un punto di forza: anche l'olio è quello del Sebino o dei laghi lombardi; immancabile, variamente declinata, la sardina essiccata (Presidio Slow Food).

I PIATTI Insalata di tinca con cipolla rossa di Tropea, patata viola e olio Dop del Sebino, Spaghetti alla chitarra con sardina essiccata del lago d'Iseo, Tinca al forno con polenta macinata a pietra

ISOLA DOVARESE (CR)

CAFFÈ LA CREPA

Piazza Matteotti, 14 - Tel. 0375 396161
🕐 Chiuso lunedì e martedì Orario mezzogiorno e sera Ferie seconda sett di gennaio, terza di settembre, prima di luglio
€ Prezzi: 38-41 euro vini esclusi
Carte di credito: AE, BM, CS, DC, MC, Visa, Satispay

IN BREVE *Un'isola felice che offre un'esperienza gastronomica ricca di emozioni, preparata e servita da tre generazioni della famiglia Malinverno.*

L'OSTERIA Isola Dovarese è un piccolo paese cremonese, poco distante da Mantova, costruito su una striscia di terra tra due rami dell'Oglio. Nella piazza principale, che riporta all'epopea delle famiglie Dovara e Gonzaga, si trova il Caffè La Crepa, nelle mani della famiglia Malinverno dal 1969. Un locale dalle **tante anime**: ristorante, bar, enoteca, gelateria.

LA CUCINA In cucina Franco, che procura le materie prime setacciando il territorio, e la moglie Laura, **impareggiabile sfoglina**. In sala il figlio Federico, sommelier aiutato dalla moglie Greta e dallo zio Fausto, storico di Isola. La pasta viene tirata tutti i pomeriggi, le verdure sono del **grande e ben curato orto**. Indimenticabili i tortelli amari all'erba di San Pietro, delicati e persistenti. Inoltre meritano il viaggio la trilogia di baccalà, gli spaghetti all'uovo con carbonara di anguilla, lo storione in padella e il cappone ripieno. Ottimi i gelati, primo amore dei Malinverno. Interessante il menù degustazione da 60 euro che prevede otto piatti con vino in abbinamento.

I PIATTI Marubini ai tre brodi, Trippa, Oca in terragna

LA VALLETTA BRIANZA (LC) - Rovagnate

CASCINA GALBUSERA NERA

IN BREVE *Una bella cascina, con vista panoramica sulle colline, dove si preparano piatti legati alla tradizione che cambiano ogni mese, tra cui salumi, tortelli di patate e spinaci, maialino croccante.*

Via Galbusera Nera, 2 - Tel. 039 5312218
Chiuso martedì e mercoledì Orario pranzo, venerdì e sabato anche sera Ferie prime 2 settimane di gennaio e 1 in ottobre
Prezzi: 30-38 euro vini esclusi
Carte di credito: AE, BM, CS, DC, MC, Visa

L'OSTERIA Galbusera Nera è collocata in una bella cascina, ristrutturata in modo attento, immersa nel Parco di Montevecchia e della Valle del Curone. È parte dell'azienda agricola della famiglia Crippa, situata sul crinale di un terreno morenico terrazzato e ben esposto. Vigneto, cantina moderna e cascine antiche si integrano in modo armonioso anche nelle produzioni.

LA CUCINA In cucina opera una **brigata giovane** guidata da Alessandro Trivella. Ottime le selezioni di salumi proposte con conserve della casa e di formaggi con ottimi caprini e altre tipologie del Parco o Presìdi Slow Food di alpeggio. Spicca un **sapiente utilizzo del pesce d'acqua dolce e delle verdure**. La lista dei vini, essenziale, raccoglie le etichette prodotte, che si distinguono per un ottimo rapporto tra qualità e prezzo. Obbligatoria la prenotazione.

I PIATTI Ravioli di mozzarella, pomodorino confit e basilico, Maltagliati con pesce di lago, Crostata integrale con confettura di susine

LECCO - Acquate

ANTICA OSTERIA CASA DI LUCIA

IN BREVE *L'osteria è ospitata in un'antica casa dedicata alla Lucia di manzoniana memoria. Il menù varia a seconda del pescato; sempre presenti i piatti di carne.*

Via Lucia, 27
Tel. 0341 494594-333 4728989
Chiuso il lunedì, sabato a pranzo e domenica sera Orario mezzogiorno e sera
Ferie le 2 settimane centrali di agosto
Prezzi: 38-40 euro vini esclusi
Carte di credito: BM, CS, MC, Visa

L'OSTERIA L'osteria, in via Lucia, è dedicata alla protagonista dei Promessi Sposi, che si narra fosse vissuta proprio in questo quartiere. La casa è secentesca con un verdeggiante bersò all'esterno. L'interno è sobrio e rustico, e in una delle tre sale, svetta un grande camino da ammirare in tutta la sua maestosità.

LA CUCINA Pur restando presente con occhio vigile, Carlo ha passato le redini della cucina al figlio Giulio, che ha mantenuto salda la **linea tradizionale** e la scelta di **prodotti locali** come i missoltini, Presidio Slow Food. Il menù **varia a seconda del pescato**, ma troverete sempre riso con il pesce persico, casoncelli, brasato al Nebbiolo della Valtellina, coniglio con le olive. Ottimi i salumi morbidi e profumati. Ampia la scelta dei vini, anche al calice.

I PIATTI Tagliolini con lavarello del lago di Lecco e la sua bottarga, Tagliatelle con i porcini, Faraona disossata ripiena

AL RESÙ

IN BREVE *Situata tra le montagne della Val Camonica, questa osteria ne celebra i profumi e i frutti in piatti, mai banali, preparati facendo affidamento sulle memorie di famiglia.*

Via Diaz, 25 - Tel. 335 315631
🕐 Aperto ven-dom, sempre d'estate; settembre chiuso il mar Orario mezzogiorno e sera Ferie gennaio e febbraio
Prezzi: 35-40 euro vini esclusi
Carte di credito: BM, CS, DC, MC, Visa

L'OSTERIA Qui la natura entra nel piatto. Resù è il toponimo di questo luogo magico situato tra le montagne della Val Camonica. Potrete gustare **piatti memorabili in terrazza** o nelle due salette arredate con mobili di caldo legno. Ad accogliervi Natale e Maria Grazia con la figlia Sara.

LA CUCINA In cucina c'è Greta Gemmi, la più giovane della famiglia. Dire che è brava è davvero troppo poco. Ama il suo lavoro e si capisce benissimo da quello che realizza. Studia i prodotti e approfondisce le sue conoscenze; prova e riprova fino a raggiungere la perfezione. Interpreta al meglio **profumi, sapori, colori delle sue belle montagne** e li abbina, in modo talvolta inconsueto ma molto piacevole anche per il palato di nonna Angela, che di tradizione se ne intende. **Pani che profumano di antico**, gnocchi morbidi e consistenti al contempo, carni succulente e dolci inebrianti. Carta dei vini ampia con ricarichi corretti.

I PIATTI *Gnöc dè cöla*, Lichene con salmerino e mela, Lombata di cervo con cagliata di capra al levistico e sciroppo alla lavanda

SALI E TABACCHI

IN BREVE *Un'osteria con bar annesso dove sono proposti pesci di lago, carni, formaggi, polenta e pasta fresca. Due i menù degustazione: di lago e di terra.*

Plazza San Rocco, 3 - Tel. 0341 733715
🕐 Chiuso lunedì e martedì
Orario mezzogiorno e sera
Ferie 2 sett dopo l'Epifania, 2 dopo Ferragosto
€ Prezzi: 38-41 euro vini esclusi
Carte di credito: BM, CS, MC, Visa

L'OSTERIA Mandello del Lario fa pensare subito a storici rombi di motori ma è degno di nota anche per il locale prezioso, che sorge nel borghetto appollaiato sulla montagna. Un connubio di **familiarità e ospitalità** accoglie l'avventore tra amici di sempre e nuovi commensali, accomunati dalla curiosità di assaggiare piatti davvero gustosi.

LA CUCINA Le proposte rispecchiano rigorosamente la stagionalità, **pesce di lago in primis**, pertanto potrete iniziare con l'antipasto misto di lago. Il lavarello è anche ingrediente di squisiti ravioli. Ottimi, inoltre, il petto d'anatra affumicato con insalatina di noci e il carpaccio di bresaola chiavennasca. Tra i secondi di pesce notevoli i filetti di trota in crosta di mandorle con verdure di stagione. Accattivante la selezione di formaggi con noci e miele. Bella scelta di vini locali e valtellinesi con un buon rapporto tra qualità e prezzo.

I PIATTI Antipasto misto di lago con lavarello, cavedano e missolini, Pasta ripiena di lavarello affumicato con la sua bottarga, Filetti di trota in crosta di mandorle

MANERBA DEL GARDA (BS)

DALIE E FAGIOLI

IN BREVE *Fabio, il cuoco, con pochi ingredienti di bravi produttori crea piatti della tradizione ben innovati. Bella proposta di pesce di lago.*

Via Campagnola, 45 - Tel. 0365 1903311
🕐 Chiuso il gio, in agosto mer e gio a pranzo
Orario mezzogiorno e sera Ferie non ne fa
€ Prezzi: 39-44 euro vini esclusi
Carte di credito: BM, CS, MC, Visa

L'OSTERIA Locale elegante ma informale che fa sentire a casa. Un senso di pace e tranquillità è dato di giorno dalla natura godibile attraverso le grandi vetrate e di sera dalle luci soffuse. Lo staff, preparato, competente e appassionato è pronto a guidarvi in una storia di **cucina gardesana** lunga oltre trent'anni.

LA CUCINA La cucina rispecchia la tradizione bresciana di lago e di terra con un'importante **presenza delle verdure**. Oltre alla tinca tiepida alla gardesana e al tonno di coniglio sono consigliati, tra i primi, i Tanto fumo e... (fusilli di grano arso con spuma di carbonara e formaggella). **Pesce di lago a volontà** con coregone "incavolato" (al forno con crema di broccoli, cavoli e cime di rapa). Tra i deliziosi dolci fatti in casa spicca la torta extrafondente. Ottima la selezione di vini, con attenzione al territorio.

I PIATTI Tinca tiepida alla gadesana, Costine fondenti, Coregone "incavolato"

MANTOVA

AI GARIBALDINI

IN BREVE *Un locale storico di nome e di fatto, dove i piatti tradizionali della cucina mantovana trovano nuova linfa grazie all'uso di ingredienti eccellenti e di giovane creatività.*

Via San Longino, 7 - Tel. 0376 224526
→ 900 m dalla stazione di Mantova
🕐 Chiuso mercoledì e domenica sera
Orario mezzogiorno e sera
Ferie 20 giorni tra luglio e agosto
Prezzi: 34-39 euro vini esclusi
Carte di credito: AE, BM, CS, DC, MC, Visa, Satispay

L'OSTERIA È il più antico ristorante di Mantova in attività. La sua storia ha origini nel Settecento. Quando nel 1860 il nipote dell'allora gestore seguì Garibaldi e i suoi Mille iniziò a chiamarsi con il nome che l'osteria porta ancora oggi. Si è accolti in un grande salone affrescato, in sale interne con il camino e in un bellissimo patio ombreggiato da una vite americana secolare, la cui uva serve per produrre un ottimo liquore. In cucina il giovane cuoco Danilo Ferraro, che ogni giorno accetta la responsabilità di esprimere tanta **storia e tradizione**.

LA CUCINA Nel menù trovate tutte le più importanti specialità della **cucina mantovana**, realizzate con cura e con materie prime di qualità, a prezzi più che adeguati. Un interesse evidente per la tradizione è affiancato da una vena creativa in piatti sempre interessanti. Pasta e dolci sono fatti in casa, carne e pesce sono cotti alla brace. La carta dei vini conta etichette locali e corretti ricarichi, il servizio è cordiale e informale.

I PIATTI Tortelli di zucca al burro e salvia, Stracotto d'asino con polenta, Semifreddo al pistacchio e croccante salato

ANTICA OSTERIA AI RANARI

IN BREVE *Un ambiente accogliente, un servizio gentile e discreto, un menù che parla di tradizione mantovana. Da non perdere il sorbir d'agnoli; ottima la proposta di salumi e formaggi.*

Via Trieste, 11 - Tel. 0376 328431
→ 6,8 km dall'uscita A22 Mantova Nord
→ 1,3 km dalla stazione di Mantova
🕐 Chiuso il lunedì
Orario mezzogiorno e sera Ferie variabili
Prezzi: 30-36 euro vini esclusi
Carte di credito: BM, CS, MC, Visa

L'OSTERIA Vicino all'antico porto di Mantova risiede questa osteria, che conta nella sua storia più di cent'anni. Quasi un'istituzione, quindi, una presenza familiare nello storico quartiere di Fiera-Catena. Recentemente rimodernata, conserva comunque il suo carattere: nella saletta con le colonne ci si accomoda a tavoli di legno apparecchiati con tovagliette all'americana, avvolti da un'**atmosfera rustica e accogliente**.

LA CUCINA Tanta **tradizione mantovana** nel menù: in carta sono presenti i piatti più tipici tanto quanto altri, meno facili da trovare. Da provare il fritto di rane, perfetto per un locale il cui nome omaggia i pescatori di batraci, e ancora *agnoli* e tortelli da accompagnare con un buon Lambrusco, presente nella carta dei vini assieme ad altre selezionate **etichette locali**.

I PIATTI *Sorbir d'agnoli* in brodo, Maccheroncini con stracotto di cavallo, Luccio in salsa mantovana con polenta

---

DUE CAVALLINI

IN BREVE *In una via stretta e tranquilla si trova questo locale accogliente, informale e arredato sobriamente. Ottimi la pasta fatta in casa e il bollito misto con mostarda artigianale.*

Via Salnitro, 5 - Tel. 0376 322084
→ 6,4 km dall'uscita A 22 Mantova Nord
→ 1,5 km dalla stazione di Mantova
🕐 Chiuso lunedì sera e martedì
Orario mezzogiorno e sera Ferie 30 gennaio-13 febbraio, 25 luglio-24 agosto
Prezzi: 33-35 euro vini esclusi
Carte di credito: BM, CS, DC, MC, Visa

L'OSTERIA In un quartiere appartato, lontano dai fasti gonzagheschi del centro storico, questa trattoria è un punto fisso dal 1939, sempre gestita dalla stessa famiglia da diverse generazioni. L'atmosfera è quella tipica: tre salette con tavoli in legno, sedie impagliate, tovaglie bianche. Un bel cortile interno, fresco e accogliente. Insomma, un **locale tradizionale** come la sua cucina.

LA CUCINA Una certezza: pura **cucina mantovana casereccia**. La pasta fresca è fatta a mano: è il posto giusto per provare il *bevr 'in vin*, un buon *sorbir d'agnoli* cui è aggiunto, direttamente nella tazza, il Lambrusco nero della casa, o gli immancabili tortelli di zucca. Poi ancora bolliti misti e arrosti, magari con la mostarda di mele, quella tradizionale. I dolci tradizionali parlano del territorio: è possibile assaggiare torta elvezia, sbrisolona e semifreddi.

I PIATTI Maccheroni al torchio con lo stracotto, Coniglio in umido, Faraona arrosto

ALLA GRANDE

Via delle Forze Armate, 405
Tel. 02 48911166
🕐 Chiuso domenica e lunedì
Orario mezzogiorno e sera Ferie in agosto
Prezzi: 32-35 euro vini esclusi
Carte di credito: nessuna

IN BREVE *L'osteria si trova nel nucleo storico di Baggio, con la sua chiesa e le viuzze lastricate. I piatti tipici della cucina meneghina sono sempre presenti.*

L'OSTERIA Un'osteria situata in una zona di Milano che pare non appartenere alla metropoli. Oggetti del passato riempiono tutti gli spazi delle pareti delle due sale. Ad accogliervi lo Smilzo, il proprietario, artefice di un'atmosfera unica che vi regalerà un'**esperienza** umana autentica, **d'altri tempi**.

LA CUCINA Tradizione al cento per cento quella servita in tavola da Elena, detta Santa Pazienza. Sono sempre presenti i piatti tipici della **cucina meneghina**: risotti, trippa, cotoletta e gnocchi, fatti rigorosamente a mano. La *casoeûla*, davvero cucinata secondo la ricetta antica, che include codino e orecchio, è da prenotare. I dolci sono la classica torta di mele o quella con cioccolato e pere, sfornati sempre da Elena.

I PIATTI Brasato, Rognoncino trifolato, Ossobuco con polenta

DA MARTINO

Via Carlo Farini, 8 - Tel. 02 6554974
→ 550 m dalla stazione di Milano Porta Garibaldi
🕐 Chiuso il mercoledì
Orario mezzogiorno e sera Ferie agosto
Prezzi: 35-40 euro vini esclusi
Carte di credito: BM, CS, MC, Visa

IN BREVE *Una semplice osteria nel cuore della nuova Milano dove mangiare piatti di tradizione italiana o alcuni dei classici meneghini. Buonissima la cotoletta con l'osso, imperdibili i fritti.*

L'OSTERIA Una certezza in città: non lontano dal centro, pochi posti e atmosfera davvero casalinga. Nata come friggitoria toscana, l'osteria è oggi gestita da Sergio (figlio di Martino) e da sua moglie con sapienza e gentilezza. Dalla cucina, Diego fa uscire le celebri cotolette, gli ottimi fritti e molti altri piatti, che rendono il locale una sosta di grande qualità: dall'antipasto agli ottimi dolci, un luogo di cibo vero e **convivialità senza fronzoli**.

LA CUCINA La cucina di Sergio corre su due binari paralleli: una ripetizione mai stanca dei classici della **cucina meneghina** (su tutti la cotoletta, una delle più famose della città) e la reinvenzione quotidiana di piatti che valorizzano i **migliori prodotti dei territori** della penisola, con abbondanza di Presìdi Slow Food. Fra gli antipasti non mancano mai ottimi fritti, spesso di verdure. Il tutto sempre accompagnato da etichette ben scelte.

I PIATTI Pizza fritta con melanzana confit e provola delle Madonie, Cotoletta con l'osso con misticanza e pachino, Battuta di fassona con capperi di Salina

L'OSTERIA DEL TRENO

Via San Gregorio, 46-48 - Tel. 02 6700479
→ 700 metri dalla stazione Milano Centrale
⏱ Chiuso la domenica e sabato a pranzo
Orario mezzogiorno e sera Ferie 20 gg a
Ferragosto, tra Natale e Capodanno
Prezzi: 35-38 euro vini esclusi
Carte di credito: BM, MC, Visa

IN BREVE *Trattoria ospitata nei locali di un ex dopolavoro dei macchinisti della ferrovia. Tra i piatti in menù le tradizionali casoeûla e buseca, e una bella selezione di formaggi.*

L'OSTERIA È la **Milano di un tempo** quella che si respira all'Osteria del Treno. Nella sede che fu nel 1877 della Società di mutuo soccorso dei ferrovieri, la famiglia Bissolotti gestisce da oltre trent'anni le sale della trattoria e lo splendido salone liberty. Qui buon cibo, vino, musica, balli e cabaret si fondono in serate indimenticabili all'insegna del motto: «Sempre più osteria».

LA CUCINA La linea della cucina è ancora quella indicata da Angelo Bissolotti e dai suoi fratelli, Anna e Paolo: bontà delle materie prime rigorosamente del territorio e **semplicità in cucina**. Una scelta di successo che i nipoti portano avanti con rigore. Da suggerire il cappuccio del *magutt* e il misto milanese. Grande presenza di Presìdi Slow Food nelle selezioni di formaggi e salumi. Il manzo della Granda è così declinato: marinato, battuto, brasato e tonnato. La carta dei vini offre un'ampia scelta anche al calice. Ottimo il menù di lavoro.

I PIATTI Lonza tonnata alla vecchia maniera, Paté di fegato di vitello alla milanese con composta di agrumi, Risotto con zucchine, fiori di zucca e stracchino

MILANO

MIRTA

Piazza San Materno, 12
Tel. 02 91180496-338 6251114
⏱ Chiuso sab e dom Orario mezzogiorno e sera Ferie agosto, 2 settimane a Natale
€ Prezzi: 40-45 euro vini esclusi
Carte di credito: BM, CS, MC, Visa

IN BREVE *Juan e Cristina trasmettono la cultura del mangiare bene e dello star bene a tavola attraverso una cucina che, come spesso avviene nelle grandi città, si lascia contaminare dalla diversità che incontra.*

L'OSTERIA Una vera trattoria, un angolo dove rifugiarsi dalla caotica atmosfera milanese e volare verso lidi più calmi, accompagnati dalla fantasia del cuoco che alla mamma, Mirta, ha dedicato il locale.

LA CUCINA Un pasto da Mirta è il racconto della **stratificazione di cultura enogastronomica** innescata dal magico incontro tra Cristina Borgherini, in sala, e il marito urguaiano Juan Lema in cucina. Tradizione, tecnica e inventiva si mescolano in creazioni sempre perfette che cambiano di settimana in settimana. **Cucina di terra** con tanti Presìdi Slow Food, come fave, capperi e pomodorini, che stimolano la creatività di Juan. Pane, pasta e dolci sono fatti in casa. La proposta si differenzia tra pranzo e cena. Bella la carta dei vini, proposti anche al calice.

I PIATTI Pasta, fagioli e cicoria, Crespelle ripiene di patate, fagiolini e bitto, Galletto disossato cotto alla brace servito con purea di patate

RATANÀ

Via De Castilla, 28 - Tel. 02 87128855
→ 700 m dalla stazione di Milano Porta Garibaldi
⏱ Non ha giorno di chiusura
Orario mezzogiorno e sera
Ferie 2 sett centrali di agosto, 1-10 gennaio
€ Prezzi: 45-60 euro vini esclusi
Carte di credito: AE, BM, CS, MC, Visa

IN BREVE *Ratanà continua a proporre una cucina milanese moderna nell'assoluto rispetto degli ingredienti e con un'immutata voglia di ricerca.*

L'OSTERIA Un edificio storico del primo Novecento a cavallo tra il quartiere Isola e Porta Nuova, un tempo deposito delle ferrovie Garibaldi, ristrutturato e arredato in modo superbo **legando passato e presente**, ospita questa osteria moderna che nel nome dialettale ricorda il paese di origine di un noto prete guaritore degli umili. In cucina la brigata è guidata da Cesare, in sala Caterina organizza il servizio e Federica è la sommelier della ricchissima cantina.

LA CUCINA La schietta **cucina tradizionale meneghina, rivisitata** in tanti piatti con raffinatezza, confluisce in vere eccellenze per occhio e palato. La materia prima è scelta con scrupolosa attenzione e da sola è garanzia di genuinità, il talento dello chef fa il resto. Tante le squisite proposte: sempre in carta i mondeghili, l'ossobuco con risotto alla milanese, la tartare di trota. Disponibile a pranzo la tradizionale *schiscéta* con tre piatti a 19 euro.

I PIATTI Trippa con fagioli, Pollo di cascina marinato con purea di borlotti, Torta cioccolato e albicocche

MILANO - Brenta

SOTTOBOSCO

Piazza San Luigi - angolo Via Don Bosco, 5
Tel. 02 39289510
⏱ Chiuso la domenica Orario mezzogiorno e sera Ferie 24-26 dicembre, 31 dicembre-6 gennaio, 2 settimane centrali di agosto
Prezzi: 30-38 euro vini esclusi
Carte di credito: AE, BM, CS, MC, Visa

IN BREVE *Lorenza e Giorgio, giovani osti di Sottobosco, sono riusciti nell'impresa di regalare un'osteria di quartiere fatta di ritmi lenti e cucina autentica alla frenetica città di Milano.*

L'OSTERIA Sottobosco va dritto al punto, libero da fronzoli, sovrastrutture ma anche stereotipi, ritenuti ormai necessari per la sopravvivenza nel marasma dell'offerta di Milano. La cucina parla di nonne, cotture lente e ricette appuntate su fogli di carta. Giorgio è un **instancabile oste** e narratore, in grado di intrattenersi al tavolo fino a chiusura. Una formula perfetta per un'osteria che parla al quartiere.

LA CUCINA La cucina non si lega alla bandiera della tradizione di una sola regione, prendendone il meglio da ognuna. **I sapori sono autentici**, così come devono essere, per cui non bisogna farsi intimorire davanti a un risotto giallo mantecato con il midollo. La struttura originale del **menù presenta i piatti per tipologia**: il sottobosco, la pasta fresca (fatta a mano da Lorenza), il quinto quarto, il sott'acqua. Sarà poi Giorgio a illustrare al tavolo le proposte quotidiane dello chef Federico Boni per ogni categoria. A pranzo è disponibile un menù fisso a 10 euro.

I PIATTI Sottobosco, Tagliatelle alle ortiche con ragù di coda alla vaccinara, Finanziera, Crostata con confettura di fichi

TRATTORIA DEL NUOVO MACELLO

Via Cesare Lombroso, 20 - Tel. 02 59902122
Chiuso sab a pranzo e tutta la dom
Orario pranzo e cena Ferie 10-31 agosto
Prezzi: 45-50 euro vini esclusi
Carte di credito: AE, BM, CS, DC, MC, Visa

IN BREVE *Accogliente osteria che la stessa famiglia tramanda di generazione in generazione. Immancabili i mondeghili.*

L'OSTERIA Correva l'anno 1959 quando nonna Maddalena prese possesso della cucina di questa **autentica trattoria meneghina** già attiva dal 1928. In sala nonno Giovanni teneva a bada gli affamati avventori, tutti lavoratori del nuovo macello molto attenti alla qualità delle materie prime. Alcuni oggetti presenti nella sala riportano a quei tempi, come la pietra d'ingresso, incavata profondamente, che evidenzia il tempo passato. La terza generazione è ora in prima linea, con Paola in sala e Giovanni in cucina.

LA CUCINA Sono i **piatti di una volta**, con materie prime ben scelte. La **presentazione è moderna**, talvolta i piatti sono scomposti e ricomposti ma al naso e in bocca arrivano profumi e sapori del tempo che fu: intensi, netti, persistenti e al contempo leggeri e ben digeribili. Nel piatto Assaggiando Milano potrete gustare alcuni momenti di storia culinaria: mondeghili, trippa e nervetti. Il risotto con gli stimmi di zafferano e la *coteletta* valgono il viaggio. Ottimo il menù da lavoro. Interessante la carta dei vini.

I PIATTI Assaggiando Milano, Ravioli di doppio baccalà mantecato, *Coteletta*

TRIPPA

Via Vasari, 1 - Tel. 327 6687908
Chiuso la domenica Orario solo la sera
Ferie 1 settimana a Natale, ultime 2 di agosto
Prezzi: 42-48 euro vini esclusi
Carte di credito: AE, BM, CS, MC, Visa

IN BREVE *L'esuberanza e la straordinaria capacità tecnica di Diego Rossi e della sua squadra hanno portato Trippa a diventare un punto fermo nella ristorazione milanese.*

L'OSTERIA Questo minuscolo locale in Porta Romana ha avuto da subito un successo senza uguali. Due amici hanno realizzato un sogno comune trovando la formula del successo in un'**autentica osteria**. Sono Diego Rossi, cuoco veneto con importanti frequentazioni culinarie passate, e Pietro Caroli, bocconiano orgogliosamente pugliese. Un'unica piccola sala interna con due vetrine e qualche tavolino all'esterno sono presi d'assalto a ogni servizio, per cui è indispensabile passare per la prenotazione on line.

LA CUCINA La cucina è **senza fronzoli ma di sostanza**, basata su prodotti di grande qualità e ricette della tradizione, eseguite magistralmente senza eccessive trasformazioni ma con una particolare cura alla presentazione. Il menù è breve ma ben strutturato. Da non perdere il risotto allo zafferano con midollo, i mondeghili, i tagliolini con il ragù di faraona, il brasato con polenta e le lumache. I dolci sono tutti fatti in casa. La carta dei vini è studiata e non banale, con ricarichi corretti.

I PIATTI Vitello tonnato cotto a bassa temperatura, Trippa fritta, Midollo alla brace

TRIPPI

IN BREVE *Un bellissimo indirizzo per una cucina di montagna vera con i classici del territorio, preparati con attenzione per la materia prima. L'accoglienza è cordiale e semplice.*

Via Stelvio, 297 - Tel. 0342 615584
🕐 Chiuso la domenica
Orario pranzo e cena Ferie 10 giorni a Natale
€ Prezzi: 40-50 euro vini esclusi
Carte di credito: AE, BM, CS, DC, MC, Visa

L'OSTERIA Un ottimo posto dove gustare la cucina della Valtellina, quella vera. In una graziosa villetta sulla strada che porta a Sondrio vi accolgono Gianluca ed Elena, che gestiscono con passione questo ormai storico ristorante, attivo dagli anni Settanta. Ogni particolare del locale è indicativo della cura e dell'amore per il loro lavoro e per la tradizione del territorio.

LA CUCINA Grande **attenzione per le materie prime** contraddistingue il menù, con la scelta di molti piccoli produttori. Alta qualità per ogni piatto: pane fatto in casa con grani antichi e pasta madre, pizzoccheri da non perdere, salumi speciali e ottimi dolci fatti in casa. Buona la selezione dei formaggi. Disponibili un **menù del territorio** e due proposte per il pranzo di lavoro a mezzogiorno. Ampia e interessante la carta dei vini, da provare quello della casa.

I PIATTI Bresaola artigianale al naturale, Pizzoccheri, Trippa del Trippi

MONTE ISOLA (BS) - Carzano

LOCANDA AL LAGO

IN BREVE *Una bellissima terrazza affacciata sulla sponda bresciana del lago d'Iseo è il luogo adatto per gustare pesci d'acqua dolce trasformati in piatti semplici e buoni.*

Frazione Carzano, 38
Tel. 030 9886472-347 9186478
🕐 Chiuso il martedì, mai d'estate Orario mezzogiorno e sera Ferie Epifania-ultima settimana di febbraio
€ Prezzi: 40-43 euro vini esclusi
Carte di credito: BM, CS, DC, MC, Visa

L'OSTERIA A pochi minuti dal pontile di Carzano l'osteria si protende nelle acque del Sebino con la **terrazza sospesa su palafitte**. La famiglia Soardi da decenni gestisce il locale: in sala Stefania, ai fornelli il marito Sandro Bettoni e tra reti e barche il fratello Andrea, che rifornisce la cucina con pescato di ottima qualità.

LA CUCINA Il **pesce di lago è il protagonista** indiscusso di un menù ancorato alla tradizione locale ma colorato da alcuni elementi di innovazione, come nella millefoglie di filetti della sardina essiccata tradizionale del lago d'Iseo alternati a scaglie di polenta croccante. Oltre alle proposte ittiche, degna di nota la presenza di salumi locali, tra i quali il tradizionale salame di Monte Isola ottenuto da tagli nobili del maiale lavorati al coltello. Selezione di lago è l'**antipasto di riferimento** per gustare le varie preparazioni. Imperdibili il risotto di pesce con bottarga e le trenette alla pescatora. Ottima tra i secondi la delicata frittura mista di filetti di lago.

I PIATTI Selezione di lago, Trenette alla pescatora, Frittura mista di filetti di lago

MONTECALVO VERSIGGIA (PV) - Crocetta

LA VERDE SOSTA

Frazione Crocetta, 2 - Tel. 0385 99734
🕐 Chiuso lunedì e martedì Orario mezzogiorno e sera Ferie 15-30 agosto luglio e 15 giorni dopo l'Epifania
💶 Prezzi: 38-42 euro vini esclusi
Carte di credito: BM, CS, DC, MC, Visa

IN BREVE *Trattoria dagli interni d'antan, che riportano a un'epoca passata. Tra i piatti storici ravioli con patate, salsiccia e semi di papavero.*

L'OSTERIA Siamo nel cuore della produzione di Pinot nero dell'Oltrepò Pavese dove, secondo la miglior tradizione, **la trattoria è posta sul crocevia** di strade che salgono e scendono le colline. Il locale, davvero ben curato e accogliente, riflette la personalità del patron Pino che con la moglie Grazia lo gestisce da più di cinque lustri. Materie prime del territorio e l'**orto di proprietà** garantiscono prodotti stagionali e di qualità.

LA CUCINA Si comincia con un antipasto della tradizione composto da salumi tipici dell'alta Valle Versa, verdure in agrodolce casalinghe accompagnate dalla schitta, focaccia di antica ricetta locale. Si prosegue con degli ottimi ravioli con patate, salsiccia e semi di papavero; a seguire un ganascino di manzo al Buttafuoco con polenta macinata a pietra. Disponibili una degustazione di formaggi a latte crudo e gustosi dolci della casa. Nella lista dei vini si nota una prevalenza di **etichette del territorio**.

I PIATTI Ravioli con patate, salsiccia e semi di papavero, Ganascino di manzo al Buttafuoco con polenta, Stinchetto di maialino da latte al forno con crema di zucca e patate

MONTECALVO VERSIGGIA (PV) - Versa

PRATO GAIO

Località Versa, 16 - Tel. 0385 99726
🕐 Chiuso lunedì e martedì Orario mezzogiorno e sera Ferie tra gennaio e febbraio
💶 Prezzi: 46-55 euro vini esclusi
Carte di credito: BM, CS, MC, Visa

IN BREVE *Giorgio Liberti gestisce il locale con passione e competenza per portare avanti la tradizione di famiglia. Piatti curati e grande attenzione alle materie prime.*

L'OSTERIA Immerso nella tranquillità delle colline della Valle Versa, lungo la Via del sale, Giorgio Liberti gestisce il locale con passione e competenza per portare avanti la tradizione di famiglia. L'ampia sala interna è arredata come un **elegante salotto d'altri tempi** con tanto di libri, abat-jour, stufe necessarie per l'inverno e mobili antichi che rendono l'ambiente accogliente e rilassante.

LA CUCINA La raffinatezza del locale si riscontra anche nella **cura dei piatti** proposti dalla cucina, che pone grande attenzione alla qualità delle materie prime e alla tradizione del **territorio dell'Oltrepò Pavese**. Emblematico il *duls in brusc*, cioè il petto di pollo in salsa agrodolce, loro piatto simbolo. Buoni i primi preparati a mano e le carni che privilegiano gli animali da cortile. La carta dei vini è espressione completa di tutte le più valide produzioni del territorio.

I PIATTI Degustazione di tre antipasti con *duls in brusc*, *Sorbir* di agnoli, Baccalà in crosta di mais

MORBEGNO (SO)

OSTERIA DEL CROTTO

IN BREVE *I pizzoccheri del Crotto valgono da soli il viaggio. La rigorosa selezione delle materie prime e una grande capacità di servire piatti gustosi fanno il resto.*

Via Pedemontana, 22 - Tel. 0342 614800
→ 1,3 km dalla stazione di Morbegno
🕐 Chiuso domenica sera e lunedì
Orario mezzogiorno e sera
Ferie 2 settimane tra agosto e settembre
Prezzi: 35-40 euro vini esclusi
Carte di credito: AE, BM, CS, DC, MC, Visa

L'OSTERIA Un crotto naturale, datato 1814: attaccato alla montagna, proprio come i piatti serviti da Maurizio, in cucina con Carlo, e da Teresa, in sala. Poco fuori dal centro e con vista su Morbegno, l'osteria è un punto di riferimento della **cucina tradizionale valtellinese**, un luogo dove scoprire al meglio sapori semplici e a lungo tramandati: anche merito di una **materia prima eccellente** e selezionata.

LA CUCINA Il menù conta non troppi piatti, tutti fortemente relazionati con il territorio: salumi e formaggi di qualità eccellente sono protagonisti, sia da soli come antipasto o chiusura, sia nella trasformazione in **primi e secondi di gran gusto**. Impossibile non menzionare gli straordinari pizzoccheri. Non mancano incursioni di lago, che completano una cucina dedita al territorio ma mai autoreferenziale.

I PIATTI Strudel di grano saraceno, verdure e mascherpa con fonduta al bitto storico ribelle, Pizzoccheri di farina di castagne, patate, verze e latteria stagionato, Tagliata di cervo con salsa ai frutti rossi

MORIMONDO (MI) - Caselle

TRATTORIA CASELLE

IN BREVE *Cucina lombarda attenta alla stagionalità e un'accoglienza gentile e aggraziata: questi gli ingredienti che rendono unica la trattoria di Morimondo.*

Via Lattuada, 3 - Tel. 02 940 7335
🕐 Chiuso lun e mar Orario mezzogiorno e sera Ferie 7-17 gennaio e 15-31 agosto
Prezzi: 24-30 euro vini esclusi
Carte di credito: BM, CS, DC, MC, Visa, Satispay

L'OSTERIA A breve distanza dell'abbazia di Morimondo, nasce dall'entusiasmo di due giovani che hanno voluto tenere vivo lo spirito della trattoria ottocentesca. Alfredo si occupa della cucina e Nadia della sala. Il locale piace subito per la sua grazia: è luminoso, semplice ma curato nei particolari, fa sentire a casa. La sala interna in estate è supportata da un ampio e gradevole cortile esterno. I due osti sono cordiali e disponibili a spiegare la loro cucina e a proporre le diverse etichette di vini, prevalentemente dell'Oltrepò Pavese.

LA CUCINA Viene proposta la **cucina lombarda** con un occhio di riguardo per i risotti e, in stagione opportuna, per la *casoeûla* e i pesci d'acqua dolce. Il menù cambia con le stagioni, non è molto ricco ma soddisfa i diversi gusti. Alfredo cura anche la **produzione di salami**, ottimi per una sosta all'ora della merenda.

I PIATTI Tagliatelle fresche al ragù di cortile, *Casoeûla*, Lavarello burro e salvia, Salame al cioccolato

MORTARA (PV) - Guallina

GUALLINA

IN BREVE *Cultura e cucina della Lomellina. Roccaforte del gusto della pianura di confine tra Lombardia, Piemonte, Liguria ed Emilia. Un monumento della tradizione dell'oca.*

Via Molino Faenza, 19 - Tel. 0384 91962
🕐 Chiuso lunedì sera e martedì
Orario mezzogiorno e sera
Ferie 3 settimane tra giugno e luglio
€ Prezzi: 47-51 euro vini esclusi
Carte di credito: AE, BM, CS, MC, Visa

L'OSTERIA L'insegna dell'oca posta sull'angolo di una graziosa villetta annuncia la protagonista del menù che troverete da Elena Desù. Mobili antichi e calde pareti gialle con quadri, che riportano alla campagna esterna, vi accompagneranno in un'**esperienza quasi casalinga** con tutti i profumi della Lomellina. Gli ambienti si arricchiscono con un nuovo spazio esterno. Consigliabile la prenotazione.

LA CUCINA Oca, ma anche rane, baccalà, anatra, agnello, asparagi di Cilavegna, cipolle di Breme, paste ripiene e tanto riso compongono i **quattro menù stagionali**. I piatti sono cucinati da Edoardo Fontana in modo semplice per esaltare al meglio la materia prima. Eccellente la scelta di formaggi. La carta dei vini è molto ben studiata; interessante la selezione di distillati.

I PIATTI Misto di salumi d'oca, Ravioli d'oca, *Ragò*, Bottaggio d'oca con polenta ottofile e marano

PALAZZAGO (BG) - Burligo

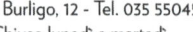

BURLIGO

IN BREVE *Semplicità, piatti della tradizione e profonda conoscenza dei migliori artigiani sono le strade che ormai da anni segue con successo questa osteria.*

Via Burligo, 12 - Tel. 035 550456
🕐 Chiuso lunedì e martedì
Orario sera, festivi anche a pranzo
Ferie 1-15 settembre, prima sett dell'anno
Prezzi: 30-35 euro vini esclusi
Carte di credito: BM, CS, MC, Visa

L'OSTERIA Burligo è una piccola frazione di Palazzago a circa 20 chilometri da Bergamo. Una posizione fin dall'epoca romana considerata strategica, perché posta sulla via di collegamento di Bergamo con Como e con i paesi nord-occidentali della provincia lungo la Strada della Regina. Attualmente l'unica regnante è Norma, regina dei fornelli, che da oltre venticinque anni gestisce questa accogliente trattoria insieme al marito Felice.

LA CUCINA Gente bergamasca: poche parole e molti fatti. Impegno, ricerca continua delle migliori materie prime e **grande aderenza al territorio** fanno di Burligo un indirizzo sicuro per conoscere **cucina e prodotti delle valli bergamasche**. Quache esempio: la gallina proviene dal vicino cortile, i formaggi dalle valli bergamasche, i salumi sono di un norcino locale, lamponi, fragole e asparagi della vicina Albenza, il gelato della pluripremiata vicina Pasqualina. Felice, grande seguito di vino, vi proporrà bottiglie di piccole produzioni a un ottimo prezzo.

I PIATTI Orzotto, Gnocchi di pane al pesto e fagiolini, Insalatina di gallina dell'Albenza

PALAZZOLO SULL'OGLIO (BS) - Calci

OSTERIA DELLA VILLETTA

Via Marconi, 104 - Tel. 030 7401899
→ 3,5 km dall'uscita A4 Palazzolo sull'Oglio
→ 130 m dalla stazione di Palazzolo sull'Oglio
🕐 Chiuso domenica e lun; mar e mer sera
Orario mezzogiorno e sera Ferie ultime 3
settimane d'agosto, 25 dicembre-2 gennaio
Prezzi: 33-35 euro vini esclusi
Carte di credito: AE, BM, CS, MC, Visa

IN BREVE *Da trent'anni Maurizio Rossi e la sua famiglia propongono i piatti della tradizione bresciana in una delle più belle e rappresentative osterie della regione.*

L'OSTERIA La famiglia Rossi vi accoglie nella loro villetta in stile liberty situata a fianco della stazione ferroviaria di Palazzolo sull'Oglio. Le due sale e il pergolato esterno sono arredati sobriamente, in modo essenziale, con alcuni mobili di famiglia e fotografie che rendono l'ambiente piacevole.

LA CUCINA È la cucina **casalinga bresciana** quella proposta da Maurizio, alla quarta generazione di osti, e da sua moglie Grazia, che a breve verrà affiancata dal figlio Jacopo. I piatti richiedono lunghe preparazioni ma un'esecuzione semplice: bolliti, stracotti, stufati, una fantastica trippa e polpette, che arricchiscono il menù di portate non solo di pesce di lago. Tra i **prodotti, tutti del Bresciano**, alcuni Presìdi Slow Food. Tanto arriva dal proprio Orto del Terzo Paradiso, un progetto che unisce arte e impegno sociale. Bella la carta dei vini con ampia scelta di locali.

I PIATTI Polpette, Involtini di verza e guanciale di manzo in salsa verde, Riso con salsiccia e verdure saltati in padella, Lingua di vitello con giardiniera nostrana

PAVIA

OSTERIA DELLA MADONNA DA PEO

Via dei Liguri, 28 - Tel. 0382 302833
→ 1 km dalla stazione d Pavia
🕐 Chiuso il lunedì Orario sera, sabato e
domenica anche pranzo Ferie variabili
Prezzi: 35-42 euro vini esclusi
Carte di credito: AE, BM, CS, DC, MC, Visa

IN BREVE *Originale osteria di antica tradizione familiare, con bancone bar all'ingresso e tavolini rustici collocati in piccole sale. Buoni i risotti e i tradizionali secondi.*

L'OSTERIA Tra piazza del Duomo e Lungo Ticino, tra i vicoletti antichi di Pavia, Valentina gestisce l'osteria di famiglia, **ormai un'istituzione in città**. Il locale, con le salette arredate con tavoli di rustica semplicità, ricordi del passato alle pareti e una leggera musica di vinili in sottofondo, mette a proprio agio ogni avventore. Il servizio è cortese, attento ai tempi dei commensali e a rispondere a ogni domanda.

LA CUCINA Lo chef Tino propone la tradizionale **cucina delle osterie pavesi** accanto a piatti innovativi, sempre con attenzione alle materie prime e ai **prodotti del territorio**, soprattutto nei salumi. Sono tipici del locale la pasta e fagioli alla Peo, la cotoletta di vitello alla milanese e il baccalà gratinato. Ai vini dell'Oltrepò se ne affiancano alcuni delle regioni italiane più vocate alla viticoltura.

I PIATTI Risotto con seppia e limone candito, Faraona ripiena, Pasticcio di melanzane e cioccolato

TRATTORIA DELL'ALBA

Via del Popolo, 31 - Tel. 0375 98539
→ 1 km dalla stazione di Piadena
🕐 Chiuso domenica sera, il lunedì e martedì
sera Orario mezzogiorno e sera Ferie ultime
2 sett di giugno, prime 2 di agosto, Natale
€ Prezzi: 40-45 euro vini esclusi
Carte di credito: BM, CS, MC, Visa

IN BREVE *Onore al merito ai due fratelli che con passione e continua ricerca fanno della sosta nella loro trattoria un'esperienza indimenticabile. I salumi e l'oca valgono il viaggio.*

L'OSTERIA Nata nel 1850 come ristoro e posto per il cambio dei cavalli, questa osteria è il luogo giusto dove ricaricare le batterie dell'anima e ripartire. Omar e Ubaldo, alla sesta generazione della famiglia Corbani, trasmettono la loro gioia nell'accompagnarvi con semplicità nei sapori della migliore **tradizione cremonese**.

LA CUCINA Omar vi proporrà l'antipasto della trattoria: salumi di lunga stagionatura e giardiniera, accompagnati da altri sfizi. Nelle **paste, tutte fatte in casa**, si sente la mano sicura di Ubaldo: tagliatelle, bigoli e paste ripiene, ma anche zuppe e minestre. Pollo in agresto o vitello tonnato all'antica d'estate, bollito, stufato, guanciale e lingua, nelle stagioni fredde, sono alcune delle proposte per i secondi. Ottimi i formaggi e i dolci fatti in casa. Il pane mantovano a pasta dura è di un'antica forneria locale. Carta dei vini a livello dei piatti: grandiosa.

I PIATTI Marubini in brodo, Anguilla al forno con erbette dell'orto, Coscia d'anatra cotta nella cenere, Tortelli di zucca al soffritto dolce di Piadena

CAVALIER SALTINI

Piazza XXIII Aprile, 10 - Tel. 338 6121332
🕐 Chiuso il lunedì Orario mezzogiorno e
sera Ferie 15 luglio-14 agosto
Prezzi: 30-36 euro vini esclusi
Carte di credito: BM, CS, MC, Visa

IN BREVE *Una storica osteria dove fermarsi per gustare i piatti della cucina mantovana. Alcuni sono decisamente da assaggiare, come il celebre luadel.*

L'OSTERIA Siamo nella Bassa mantovana, terra di Lambrusco e grandi salumi, a due passi dal Po. Per cogliere appieno l'atmosfera è d'obbligo una visita alla famiglia Saltini, che gestisce questa trattoria nel centro storico di Pomponesco, quasi un monumento della piccola cittadina. Sotto il portico ombreggiato, tavoli in legno e boiserie alle pareti vi offrono il fascino di un'**autentica osteria padana**.

LA CUCINA Il menù non presenta grandi variazioni sul tema: solo **pura tradizione** fatta come si deve e tutta in casa. Alcuni piatti sono decisamente da assaggiare, come il celebre *luadel*, sfoglia salata dalla ricetta segreta con eccellenti salumi, o le rane col *tabarein*, vale a dire intabarrate, impanate col formaggio e fritte. C'è insomma da fare i conti con l'imbarazzo della scelta. La carta dei vini, prevalentemente rossi, propone un'interessante **selezione di Lambruschi**. Il servizio è informale.

I PIATTI Tagliatelle al ragù di anatra, Lumache in umido, Sbrisolona

PONTI SUL MINCIO (MN) - Corte Ca' Nova

DUE LAGHI

IN BREVE *Un agriturismo con ristoro accoglie gli avventori in un ambiente autentico e li accompagna in un viaggio alla scoperta dei gusti e dei prodotti della zona.*

Strada Gabbione, 33 - Tel. 045 755 0760
→ 7 km dall'uscita A4 Sirmione
🕐 Chiuso martedì e mercoledì Orario mezzogiorno e sera Ferie dicembre-gennaio
Prezzi: 35-37 euro vini esclusi
Carte di credito: AE, BM, CS, DC, MC, Visa

L'OSTERIA A pochi minuti dal casello autostradale di Peschiera del Garda, sul confine provinciale tra Verona, Brescia e Mantova, c'è questo piccolo agriturismo gestito da Nadia e Paolo che con professionalità e simpatia vi proporranno un'**autentica cucina del territorio**. L'azienda produce anche vino, olio e frutta.

LA CUCINA La cucina spazia tra **ricette veronesi e mantovane**. Ottima la giardiniera fatta in casa che accompagna salumi selezionati. Si continua con il risotto con tinca o i tortelli di stracchino e zucchine. Come secondi, notevoli il fegato di vitello alla veneziana e la sella di agnello in crosta. Tra i formaggi sono presenti alcuni Presìdi Slow Food. I dolci sono fatti in casa.

I PIATTI Insalata di gallina alla mantovana, Spaghetti di Gragnano con *sardene*, Trancio di storione con verdure croccanti

PONTIDA (BG) - Riviera

POLISENA
L'ALTRO AGRITURISMO

IN BREVE *Agriturismo con arredamento elegante e vista sulle vigne. Pane, grissini, pasta, verdura, frutta, confetture e vino sono di produzione biologica interna.*

Via Cà di Maggio, 333 - Tel. 035 795841
→ 3 km dalla stazione di Pontida, disponibile servizio di navetta
🕐 Chiuso lun e mar Orario mezzogiorno e sera Ferie seconda settimana di gennaio
Prezzi: 35-40 euro vini esclusi
Carte di credito: BM, CS, MC, Visa

L'OSTERIA È incastonata tra le vigne di famiglia, in posizione panoramica, questa struttura agrituristica voluta da mamma Tosca e papà Marco, frutto del sapiente **restauro ecocompatibile** di un complesso monastico settecentesco. Come da tradizione, tra i vigneti brucano le pecore giganti bergamasche e razzolano le galline. Nella proprietà si coltiva mais, poi macinato a pietra per l'eccellente polenta, oltre a verdura, frutta, miele di acacia e millefiori.

LA CUCINA Sono vent'anni che con passione, impegno, amore, rispetto per la natura e per il territorio la famiglia Locatelli ha fatto delle **produzioni bio** la sua legge di vita. In cucina Ezio Gritti, cuoco navigato, trasforma i prodotti che quotidianamente l'azienda fornisce. Ottimi i **vini dell'azienda** che vi saranno illustrati dal figlio Mainardo: Valcalepio e Terre del Colleoni Doc, tutti bio, come vuole la famiglia.

I PIATTI Casoncelli della Polisena, Pecora gigante bergamasca in due cotture, Lumache in umido con porcini e polenta

RIPALTA CREMASCA (CR) - Bolzone

VIA VAI

Via Libertà, 18 - Tel. 0373 268232
🕐 Chiuso mar e mer **Orario** sera, sab e dom
anche pranzo **Ferie** agosto
💶 Prezzi: 38-42 euro vini esclusi
Carte di credito: BM, CS, MC, Visa

IN BREVE *Trattoria ospitata in una casa contadina ben ristrutturata. Ciò che qui conta è il cibo cucinato con maestria seguendo le stagioni. Da non perdere la lingua di vitello salmistrata.*

L'OSTERIA L'osteria è ubicata in una bella casa gialla contornata da un glicine, **in un piccolo paese della pianura cremasca**. All'interno si svela un ambiente in tutta la sua semplicità. Il colore giallo alle pareti, che richiama l'esterno della casa, e le vele al soffitto rendono l'atmosfera accogliente. Vi è anche una bellissima veranda che dà sul retro della casa. Stefano Fagioli, patron e chef vi guiderà nella scelta dei vini, con proposte per niente banali, disponibili anche al calice.

LA CUCINA **Classica cucina del territorio** presentata e cucinata in modo ineccepibile con alcuni classici che spiccano tra gli altri, quali tortelli e agnolini in brodo, sempre presenti. Grande **spazio è dedicato all'oca e all'anatra** in tutto il menù, dagli antipasti ai primi, fino ai secondi. Meritevole l'utilizzo, ben specificato nella carta, delle nocciole dell'alta Langa nei dessert. Organizzate anche serate con menù a tema.

I PIATTI Tortelli cremaschi al burro e salvia, Cosciotto d'anatra in confit

RONCOFERRARO (MN) - Villa Garibaldi

PORCALORA

Via Cesare Battisti, 215
Tel. 380 3572418 - 342 0243231
→ 6,9 km dall'uscita A22 Mantova Nord
🕐 Chiuso lunedì, martedì e mercoledì
Orario sera, domenica a pranzo **Ferie** variabili
Prezzi: 30-38 euro vini esclusi
Carte di credito: BM, CS, MC, Visa

IN BREVE *Una casa ben ristrutturata, al centro della pianura mantovana, è la sede di questo agriturismo con allevamento sostenibile di suini e produzione di salumi.*

L'OSTERIA Il locale è molto semplice e rustico. Sul retro vi è un ampio spazio recintato dove si vedono scorrazzare alcune anatre, mentre i maiali si nascondono all'ombra – *a l'ora* in mantovano. Al piano terra c'è un piccolissimo spazio dove acquistare i **salumi prodotti dallo stesso agriturismo**.

LA CUCINA Il menù è completamente **incentrato sul maiale** in tutte le possibili varianti di stagionatura e cottura. Da provare il piatto Porcalora con salumi cotti, lingua in vescica, spaziale spalla al forno di maiale al pascolo con senape, pancetta, coppa e salame. Immancabile il riso alla pilota, ottimi gli gnocchi di zucca e il risotto con le lumache. Particolare l'ossocollo con verze e squisito il cotechino. Buona selezione di formaggi e dolci, tra cui svetta la cheesecake. Ottima scelta di Lambruschi e liquori casalinghi. Una nota positiva sul **pane di grani antichi** fatto dai giovani ragazzi della panetteria Rio di Mantova; tra gli ingredienti il grano San Pastore prodotto da Porcalora.

I PIATTI Piatto Porcalora, Gnocchi di zucca, Cheesecake

SAN COLOMBANO AL LAMBRO (MI) - Mostiola

SANT'AMBROGIO

IN BREVE *Un'osteria dove il tempo sembra essersi fermato. La specialità della casa è la carne alla griglia ma sono da provare anche gli anolini di brasato in brodo.*

Frazione Mostiola, 8 - Tel. 0371 898675
⏱ Chiuso lunedì e martedì **Orario** mezzogiorno e sera **Ferie** in agosto e in gennaio
€ Prezzi: 38-43 euro vini esclusi
Carte di credito: AE, BM, CS, MC, Visa

L'OSTERIA Ci si imbatte nell'osteria percorrendo la provinciale 234 Pavia-Cremona. L'ambiente rustico è composto da una sala con un grande camino, che il patron Donato usa per la cottura alla griglia eseguita magistralmente, una saletta superiore e il dehors. Accoglienza familiare e simpatia accompagnano gli ospiti, che a tavola trovano una cucina tradizionale attenta alla **qualità dei prodotti**, in particolare delle carni.

LA CUCINA Tra gli antipasti spiccano gli spiedini caldi di lardo e provolone e il tomino lardellato alla brace. Tra i primi, gli anolini di brasato in brodo di carne e le pappardelle al ragù di scottona. La **cucina alla brace** fa da padrona: imperdibili il filetto e la costata di scottona lodigiana, le costine di maiale e il rognoncino grigliati. Su prenotazione le lumache trifolate. Tra i dolci fatti in casa, notevoli la zuppa inglese, lo *strachin gelad* e la macedonia di frutta. La carta dei vini è essenziale. Si può anche optare per un menù degustazione di quattro portate.

I PIATTI Pappardelle al ragù di scottona, Rognoncino trifolato, Zuppa inglese

SAN GIOVANNI BIANCO (BG) - Oneta

TAVERNA DI ARLECCHINO

IN BREVE *In una suggestiva antica casa in pietra e legno, Franco propone i piatti e la cucina della tradizione. La polenta bergamasca, densa e profumata, accompagna tutti i secondi di carne.*

Frazione Oneta
Tel. 0345 42458-338 7600882
⏱ Chiuso lunedì sera e martedì, mai in agosto **Orario** mezzogiorno e sera **Ferie** variabili
Prezzi: 34-38 euro vini esclusi
Carte di credito: BM, MC, Visa

L'OSTERIA Andare a Oneta è un'esperienza indimenticabile. Il **piccolissimo borgo** è restato quello dei mercanti che passavano dalla via Mercatorum, che costeggia l'osteria. Viuzze in selciato, edifici con ballatoi in legno e archi creano un'atmosfera magica. Nel Palazzo Grattaroli, nobile casato della valle, si trovano la taverna, il museo e, secondo la tradizione, la **casa natale di Arlecchino**.

LA CUCINA In cucina Franco Moreschi, in sala Nicoletta Aderenti. La cucina propone i **classici della tradizione bergamasca**. Verdure dell'orto in agrodolce davvero squisite accompagnano il profumatissimo salame a grana grossa. Seguono i casoncelli e la pasta fresca condita con i porcini locali o con il ragù di coniglio o di selvaggina. La polenta bergamasca, densa e profumata, accompagna tutti i secondi di carne: aletta di vitellone, coniglio ripieno, brasato al Valcalepio. I dolci sono preparati in casa. Interessante la carta dei vini.

I PIATTI Ravioli di grano saraceno con patate, formaggio di monte e fonduta di strachitunt, Coniglio alla casalinga con rosmarino, *Nosecc* (involtini di verza) con ripieno di magro

SANTO STEFANO LODIGIANO (LO) - Chiavicone

IL BARCAIOLO

Località Chiavicone, 3
Tel. 0377 379300-3668188255
→ 10,5 km dall'uscita A1 Basso Lodigiano
🕐 Chiuso domenica sera e lunedì
Orario pranzo, venerdì e sabato anche sera
Ferie 2 settimane centrali di agosto
Prezzi: 26-30 euro vini esclusi
Carte di credito: BM, CS, DC, MC, Visa

IN BREVE *Un locale semplice per una piacevole cena o anche solo per un aperitivo o una gustosa merenda. Ottimi gli affettati.*

L'OSTERIA In passato i barcaioli del Po, che scorre poco lontano, si ritrovavano qui, ma oggi non si servono specialità ittiche, bensì i gustosi **piatti di maiale della terra padana**. Alice e Rosella si prendono cura degli ospiti nella luminosa sala dall'arredamento essenziale, mentre in cucina Rosy e Antonio elaborano i prodotti tipici del basso Lodigiano. L'agriturismo è il punto di vendita dell'azienda agricola dei fratelli Lodigiani che alleva maiali con mais senza Ogm e produce salumi dal gusto autentico. Buona la selezione di vini dai giusti ricarichi.

LA CUCINA La scelta dei piatti è limitata per **privilegiare la qualità e la stagionalità delle proposte**. Dal martedì al venerdì è disponibile solo il menù fisso di lavoro, mentre è possibile scegliere alla carta il venerdì a cena, tutto il sabato e domenica a pranzo. Ottimi gli affettati, gli gnocchi cacio e pepe, le costine alla diavola. Si termina con uno squisito salame al cioccolato.

I PIATTI Risotto ai carciofi e salsiccia, Stinco di maiale, Crostata di mele

SERLE (BS) - Castello

CASTELLO

Via Castello, 38 - Tel. 030 6908114-6910001
🕐 Chiuso il martedì
Orario pranzo e cena Ferie variabili in estate
Prezzi: 29-39 euro vini esclusi
Carte di credito: BM, CS, MC, Visa

IN BREVE *Non distante da Brescia c'è questa tipica trattoria di paese. Provate la ricca selezione di salumi e non perdete lo spiedo bresciano.*

L'OSTERIA La famiglia Zanola gestisce da quattro generazioni questo locale posto in **posizione amena e attorniata da natura lussureggiante**, che si attraversa durante la lunga ma piacevole strada in salita. La trattoria, composta da quattro sale, si trova a ridosso delle rovine di un vecchio maniero: da qui il nome. Una bella terrazza è apparecchiata durante il periodo estivo.

LA CUCINA I piatti sono della **tradizione con qualche concessione alla fantasia**. Siamo nel regno dello **spiedo bresciano**, mirabilmente cucinato da Lorena. **Salumi di produzione propria** introducono a un pasto ricco di sapori del territorio. Cacciagione e funghi, ma anche amarene e marroni. Ottimi i dolci. La cantina è curata da Emilio, esperto sommelier, che custodisce sia vini del territorio che eccellenze italiane ed estere. Notevole la selezione di distillati.

I PIATTI Zuppa di porcini, Casoncelli al bagòss, Spiedo bresciano

CLEMENTINA

Piazza Rovizzi, 13 - Tel. 030 9196663
→ 5,5 km dall'uscita A4 Sirmione
Chiuso il martedì
Orario sera, sabato e festivi anche pranzo
Ferie 20 gg in novembre
Prezzi: 30-36 euro vini esclusi
Carte di credito: BM, CS, MC, Visa

IN BREVE *Una trattoria che merita sicuramente una sosta: servizio attento, prodotti di territorio, pasta fresca fatta a mano, piatti di carne e di pesce d'acqua dolce.*

L'OSTERIA Poco distante **dalle sponde del lago**, in uno stabile molto semplice, si trova Clementina. Due salette arredate con gusto e, sul retro, uno spazio all'aperto. In sala Francesco Targa, nipote di Clementina. Molto precisa la spiegazione dei piatti.

LA CUCINA In cucina Maurizio Franzese, cuoco con grande esperienza sul **pesce di lago** e sui piatti tipici, anche a base di **carne alla gardesana**. La pasta e i dolci sono tutti fatti in casa. Ottime le zuppe. Le **ricette sono tradizionali e gustose**: persico in *saor*, carpaccio di trota e insalata di luccio. Imperdibili i bigoli con le sarde di lago. Attento l'uso dei limoni del Garda che profumano molte preparazioni. Da assaggiare i dolci. La carta dei vini è completa e si presenta con un eccellente rapporto tra qualità e prezzo, proprio come quella dei piatti.

I PIATTI Pappardelle con ragù di coniglio, Tagliolini alla tinca, Brasato al Groppello

SOLFERINO (MN)

TRATTORIA DELLA PACE

Via Garibaldi, 35 - Tel. 0376 854966
Chiuso il giovedì Orario sera, sabato e domenica anche pranzo Ferie non ne fa
Prezzi: 32-35 euro vini esclusi
Carte di credito: BM, CS, MC, Visa

IN BREVE *René, proprietario e cuoco del locale, accoglie con calore gli ospiti nella sua raccolta trattoria. Il menù prevede alcuni capisaldi della cucina tradizionale mantovana, come il luccio in salsa con polenta.*

L'OSTERIA Intimo e familiare sono senza dubbio gli aggettivi che meglio descrivono l'osteria di René, gestore e autentico mattatore di questo bel locale ai piedi della rocca di Solferino, **in un ambiente caldo**, dall'arredo anni Cinquanta, con le pareti abbellite da vecchie fotografie.

LA CUCINA La cucina è autentica, senza fronzoli. Tutto l'anno agli ospiti viene offerto il medesimo menù, con **alcune proposte fuori lista** che variano a seconda della stagione e della fantasia dell'oste. Piatto tipico i bigoli con le sardelle, cucinati con l'aggiunta di pomodorini. Deliziosi i *capunsei* di Solferino, ovvero gnocchi di pane con burro fuso e salvia, e le tagliatelle 1859 ispirate al tricolore rinascimentale. Caposaldo della cucina è il luccio in salsa con polenta. Sono proposti, inoltre, ottimi tagli di manzo di produttori locali cotti alla griglia. Come epilogo del pasto si consiglia la sbrisolona. La carta dei vini prevede poche etichette, che ben descrivono la **tradizione vitivinicola locale**.

I PIATTI Bigoli con le sardelle, *Capunsei* di Solferino, Luccio in salsa con polenta

STAGNO LOMBARDO (CR)

LAGO SCURO

IN BREVE *La materia prima di propria produzione è cucinata con sapienza e fantasia, dando vita a piatti notevoli. Accoglienza e ospitalità convincono a ritornare.*

Via Pagliari, 54 - Tel. 0372 57487
→ 15 km dall'uscita A21 Cremona
🕐 Aperto venerdì e sabato la sera, domenica a mezzogiorno
Ferie agosto, Natale-Capodanno
Prezzi: 35 euro menù fisso vini esclusi
Carte di credito: BM, CS, MC, Visa

L'OSTERIA Il lago scuro c'è davvero: si trova sul retro dell'affascinante casa padronale dall'aspetto di un castelletto, prospiciente un'ampia corte. Segni di un antico monastero sono la chiesetta dismessa e un piccolo chiostro. Qui Fabio e Paola, oltre trent'anni fa, hanno deciso di creare un'**azienda agricola biologica** e sostenibile. Allevano maiali di razze antiche, galline, capi di bruna italiana e con il loro latte producono ottimi formaggi. L'arredo nelle sale della villa padronale è molto piacevole: tovaglie lunghe, apparecchiature eleganti ma sobrie, proprie di chi sa riconoscere il bello nel semplice.

LA CUCINA Ad accogliervi il figlio Luca, **chef contadino**, e sua moglie Federica. Pane, grissini e focacce sono fatti in casa. Il menù fisso a 35 euro si compone di antipasti, due primi, un secondo, dessert, e varia a seconda della disponibilità delle **materie prime della stessa azienda e di piccoli produttori selezionati**. La carta dei vini è degna di nota per il suo buon rapporto tra qualità e prezzo.

I PIATTI Torta di rose con lardo, Tortelli ai formaggi pomodoro confit e maggiorana, Reale alla brace

STAGNO LOMBARDO (CR) - Brancere

LIDO ARISTON SALES

IN BREVE *Un locale in stile anni Settanta, familiare, piuttosto grande, informale. Si possono gustare piatti di pesce di fiume.*

Via Isola Provaglio, 8 - Tel. 0372 57008
→ 13 km dall'uscita A21 Cremona
🕐 Chiuso lunedì e martedì Orario mezzogiorno e sera Ferie febbraio
Prezzi: 32-38 euro vini esclusi
Carte di credito: BM, CS, MC, Visa

L'OSTERIA Il locale prende il nome dialettale del grande salice prossimo all'osteria, situata **sulle rive del Po**, un tempo frequentata dai bagnanti. Le acque del Grande Fiume, che battezzarono l'inaugurazione del locale a fine anni Cinquanta allagandolo, riempiono gli occhi attraverso le grandi vetrate e ispirano la cucina. L'osteria è spaziosa, arredata con semplicità, indifferente alle mode, informale. Ci si va per stare in compagnia, magari all'ombra degli alberi, trascorrere una giornata sulla riva del fiume e soprattutto per mangiare bene, serviti con garbo.

LA CUCINA Il **pesce d'acqua dolce** sia del Po che di allevamento caratterizza molte preparazioni della cucina, tanto che non è così raro assistere all'arrivo della materia prima appena pescata. Non mancano comunque proposte alternative. Si trovano sempre i marubini ai tre brodi, i tagliolini al ragù di anatra e il fritto misto di fiume con pesciolini, anguilla e pesce gatto. Il sabato e la domenica si può gustare la **torta fritta con i salumi**.

I PIATTI Bigoli con baccalà e seppie, Storione alle erbe, Filetti dorati di persico

LA CORNA

Via Chiesa, 9 - Tel. 0342 786105
Chiuso il lunedì
Orario pranzo e cena Ferie inizio giugno
Prezzi: 33-38 euro vini esclusi
Carte di credito: AE, BM, CS, MC, Visa

IN BREVE *Una salda presa sul passato e sulla tradizione quella di Piergiorgio, che dall'apertura del ristorante propone la migliore versione di cucina valtellinese e un'atmosfera ospitale.*

L'OSTERIA Una salita tortuosa conduce alla frazione San Giacomo, dove dal 1959 sorge l'osteria. Piergiorgio Pola, classe 1940, la gestisce con orgoglio e passione sin dalla sua fondazione. Si è accolti in una bella sala con arredi e tovagliato vintage, un ambiente gradevole dal passato remoto; ci sono inoltre un piccolo dehors e una propria vigna di Valgella. Piergiorgio si divide tra gli ospiti e la cucina, dove si occupa in prima persona dei pizzoccheri, fatti come si deve. Viene proposta una **cucina tipica tradizionale** e ricca di prodotti locali.

LA CUCINA Si comincia con bresaole di manzo, cervo e cavallo servite con burro d'alpeggio. A seguire i tipici *sciàtt*, gli imperdibili pizzoccheri, il risotto con funghi e gli gnocchi di grano saraceno. Sempre in carta la **selvaggina** di cervo, cinghiale e pernice, oltre a carni di manzo e agnello con polenta taragna. Sorbetti e dessert sono artigianali, affiancati da una selezione di formaggi della valle. Nella carta dei vini, molte **etichette valtellinesi** e il proprio Valgella Docg.

I PIATTI Bresaole miste, Pizzoccheri, Costatine di cervo

LA MINIERA

Via Chiesa, 9 A - Tel. 0365 760225
Chiuso il mar Orario mezzogiorno e sera
Ferie novembre, in gennaio dopo le festività
Prezzi: 33-38 euro vini esclusi
Carte di credito: BM, CS, MC, Visa

IN BREVE *Osteria accogliente dove la qualità del cibo e il conto ritemprano lo spirito e il corpo. Piatti di montagna e di pesce del Garda.*

L'OSTERIA Nella piccola frazione Gardola, a picco sul lago con una vista spettacolare, questa tipica osteria sembra sia stata ricavata da una miniera. Oltre che nelle sale interne, è piacevole mangiare nell'ampio giardino. **Il servizio è attento e preparato** per accogliere richieste di restrizioni alimentari.

LA CUCINA Il pane e i dolci sono fatti in casa. Qui si gustano squisiti piatti locali con **materie prime del territorio** conditi con l'ottimo olio extravergine di Tignale. Si inizia con pesce di lago carpionato, carne salata con tombea e crocchette ai fagioli. Si prosegue con *bigoi* con tartufo nero e crema al formaggio garda stagionato, crema di fagioli della Valvestino e gnocchi di patate con ragù di coniglio, pomodorini passiti, olive e garda. Disponibili **secondi di carne e pesce**, tra cui bocconcini brasati di cervo al Groppello e luccio del Garda *en cunsa* all'extravergine di Tignale. La domenica, spiedo bresciano. La cantina è fornita con chicche non solo locali.

I PIATTI Carne salata con tombea e crocchette ai fagioli, Bigoi con tartufo nero e crema al garda stagionato, Luccio del Garda *en cunsa*

TORRAZZA COSTE (PV)

OSTERIA DEL CAMPANILE

IN BREVE *Trattoria con annesso bar, che conta pochi tavoli ben apparecchiati. Alcuni piatti sono sempre disponibili, come i ravioli di brasato.*

Via Cadelazzi, 1 Tel. 0383 77393-347 8452526
→ 11 km dall'uscita A21 Casteggio-Casatisma
⏱ Non ha giorno di chiusura Orario pranzo, venerdì-domenica anche sera Ferie 2 sett centrali di agosto, tra gennaio-febbraio
Prezzi: 32-37 euro vini esclusi
Carte di credito: BM, CS, MC, Visa

L'OSTERIA Nella piazzetta della chiesa, l'osteria di Manolo è anche bar e tabaccheria, quindi frequentazione quotidiana della piccola comunità locale. La cucina, la ricerca di **ottime materie prime** del territorio e una **lista di buoni vini** hanno contribuito a renderla meta per buongustai che desiderano visitare l'Oltrepò e gustare ricette che ne esaltino le tradizioni. Le sale, una a pianterreno e due al primo piano, sono curate, ben arredate, accoglienti. Il servizio è puntuale e attento nel consigliare gli ospiti.

LA CUCINA **Il menù varia** a seconda della stagionalità e della disponibilità delle materie prime, tutte tracciabili. Alcuni piatti sono sempre in menù, come i ravioli di brasato di carne varzese Presidio Slow Food, la tartare e la tagliata di fassona piemontese o della Valle Ardivestra, lo squisito tiramisù della casa. La carta dei vini consente di conoscere la miglior produzione delle cantine oltrepadane.

I PIATTI Risotto con peperone di Voghera, Brasato in riduzione di Buttafuoco, Baccalà in umido

---

TRAVACÒ SICCOMARIO (PV) - Battella

L'USTARIA DI GIUGATON

IN BREVE *Osteria con un vecchio banco bar, stufa in ghisa e tavoli apparecchiati con semplicità. Salumi, pisarei e fasoi, manzo all'olio e storione sono alcuni dei piatti proposti.*

Via Battella, 65 - Tel. 0382 571040
→ 15 km dall'uscita A7
   Groppello Cairoli-Pavia Sud
⏱ Chiuso lunedì a pranzo e il giovedì Orario mezzogiorno e sera Ferie ultime 2 sett di gennaio, di luglio e prima di agosto
Prezzi: 30-35 euro vini esclusi
Carte di credito: BM, CS, MC, Visa

L'OSTERIA Percorrendo l'alzaia del Ticino, con i campanili di Pavia sullo sfondo, si arriva a **una vecchia casa appena sotto l'argine**, sede dell'osteria. Sia la posizione che gli arredi interni e i tavoli apparecchiati con semplicità riportano a una atmosfera d'altri tempi, molto accogliente. A questo concorre anche il simpatico uso, al posto del bicchiere, del *baslòt*, la tazza in ceramica.

LA CUCINA Piatti tipici che **rispettano la tradizione**, cucinati e presentati con cura, dove salumi, risotti e *pisarei* sono protagonisti, non da meno il classico antipasto. Non mancano piatti speciali quali lo storione e le lumache, provenienti quest'ultime da un vicino allevamento. Le proposte dei dolci, che si rifanno sempre alla tradizione, sono una perfetta conclusione. Varia la carta dei vini, con alcune **etichette interessanti**, accompagnata da un vino sfuso molto buono.

I PIATTI Risotto al salto con pasta di salame, *Pisarei e fasoi*, Lumache trifolate

TREVISO BRESCIANO (BS) - Vico

LAMARTA

IN BREVE *Oltre cento anni e cinque generazioni di dedizione alla cucina del territorio si percepiscono in piatti semplici e accurati.*

Via Tito Speri, 56 - Tel. 0365 83390
🕐 Chiuso il giovedì, mai d'estate
Orario mezzogiorno e sera Ferie variabili
Prezzi: 30 euro menù fisso vini esclusi
Carte di credito: AE, BM, CS, DC, MC, Visa

L'OSTERIA È qui da più di cento anni questo locale, al centro di boschi ombrosi e bellissimi panorami, gestito sempre dalla stessa famiglia: Graziella e Dario con i figli Rubina e Alessio sono le ultime due generazioni attualmente in avanscoperta. Il posto conserva la sua atmosfera di trattoria tipica, semplice e accogliente, rustica e sincera. Sembra di **pranzare in famiglia**.

LA CUCINA Se siete in cerca della classica **cucina montanara del Bresciano**, questo è decisamente il posto giusto. Il menù, a prezzo fisso, è raccontato a voce: si mangia quello che la stagione propone e che la cucina prepara a seconda della disponibilità. Tanti **prodotti del posto**, elaborati secondo tradizione. Buon vino per accompagnare, anche quello della casa. Pasta e dolci sono fatti in casa.

I PIATTI Salumi misti propri con giardinera, Puntarelle dell'orto e stracchino di capra, Ravioli al bagòss e finferli neri, Carne alla griglia

TRUCCAZZANO (MI) - Albignano

LE DUE COLONNE

IN BREVE *Un palazzo settecentesco ospita il ristorante. Tra le proposte salumi con gnocco fritto o formaggi locali, risotti e l'immancabile cotoletta alla milanese.*

Largo Conti Anguissola, 3 - Tel. 02 9583025
→ 13 km dall'uscita A4 Cavenago-Cambiago
🕐 Chiuso le sere di lunedì e martedì
Orario mezzogiorno e sera
Ferie 16 agosto-2 settembre, 6-16 gennaio
€ Prezzi: 42-55 euro vini esclusi
Carte di credito: AE, BM, CS, DC, MC, Visa

L'OSTERIA Nella villa del Settecento dei conti Anguissola, la famiglia Invernizzi tramanda da generazioni la **gestione attenta di questo locale**, composto da un salone ampio e da diverse sale appartate.

LA CUCINA Corrado, ex macellaio e salumiere, pone molta **attenzione a carni e salumi**. La sua cucina lo testimonia: salumi con gnocco fritto, o formaggi locali, e una sempre presente tartare di manzo fanno gli onori di casa. **Tanti i risotti** con carne, verdure, zafferano o porcini. Ottimi gli gnocchi al ragù di coniglio. Oltre all'immancabile cotoletta alla milanese, tra i secondi, tutti comprensivi di contorno, spiccano il guancialino di vitello, la costata di prussiana e la faraona ripiena disossata. In inverno viene proposto anche un indimenticabile bollito misto. Buoni i formaggi di capra e i dolci fatti in casa. Interessante la carta dei vini, con possibilità di bere al calice.

I PIATTI Risotto con guancialino, Bollito misto, Sfogliatina con fichi e crema di mascarpone

PAPPA E CENA

Via alle Scuole, 15
Tel. 0383 541560-347 2244964
🕐 Aperto nel fine settimana e festivi o su prenotazione, giu-ago chiuso lun e mar
Orario mezzogiorno e sera Ferie non ne fa
Prezzi: 28-33 euro vini esclusi
Carte di credito: BM, CS, DC, MC, Visa, Satispay

IN BREVE *La vecchia scuola di pietra del piccolo borgo ospita questa trattoria. I piatti sono saporiti ma leggeri e il menù cambia quotidianamente.*

L'OSTERIA Nella vecchia scuola di pietra che domina Val di Nizza, l'osteria di Walter e Luisa è un luogo di autentico benessere, dove ci si sente accolti con gentilezza e attenzione, e si percepisce l'amore dei proprietari per una cucina che trasforma i prodotti dell'orto, del bosco e di quanto essi allevano. **Un'oasi di pace in cui immergersi** per vivere con gusto una bella esperienza gastronomica.

LA CUCINA La cucina offre piatti molto digeribili, di **tradizione locale e non solo**, raccolti in un menù poco ampio a garanzia dell'attenzione per la stagionalità e della valorizzazione del **lavoro di coltivazione e di allevamento**. Pane, pasta, dolci sono della casa, l'antipasto è offerto. Sempre presenti ravioli di brasato, arrosti e brasati di bassa corte, mousse di cioccolato fondente. Essenziale la carta vini.

I PIATTI Ravioli alle erbe spontanee, Anatra disossata, Manzo arrosto cotto a bassa temperatura

IRMA

Via al Belvedere, 17 - Tel. 0332 229125
🕐 Chiuso il martedì Orario mezzogiorno e sera Ferie una settimana dopo Ognissanti
Prezzi: 32-42 euro vini esclusi
Carte di credito: BM, CS, DC, MC, Visa

IN BREVE *Storica osteria rilevata nel 2017 da Paolo e Laura che la gestiscono con passione. I fornitori delle materie prime sono prevalentemente agricoltori del posto.*

L'OSTERIA Un locale storico che risale al 1949. Siamo a Campo dei Fiori, la montagna di Varese, alla fine di una strada tortuosa che sale tra i boschi sopra il Sacro Monte, meta ideale per escursioni. Paolo e Laura hanno rilevato la gestione nel 2017 dando continuità all'osteria con una cucina tradizionale, favorendo la stagionalità e l'utilizzo di **prodotti locali**. Oltre alla sala ristorante è possibile sedersi in uno splendido dehors.

LA CUCINA Cucina con prodotti di piccole aziende locali, come quelli del tagliere di salumi e formaggi. Le **ricette sono semplici, di famiglia**: vellutata di funghi con crostone al lardo, maccheroncini alla maniera *del me pà*, spaghettone in carbonara della Irma e squisite pappardelle rustiche al cinghiale. Prevalgono le carni nei secondi: costoletta di agnello, filetto di cervo o di cinghiale. I dessert sono fatti in casa. Essenziale la carta dei vini, con etichette nazionali e Igt Ronchi Varesini.

I PIATTI Tagliere di salumi e formaggi della valli varesine, Pappardelle rustiche al cinghiale, Filetto di cinghiale al gin con salsa al Nebbiolo, mirtilli e funghi

BUSCONE

Località Bosmenso Superiore, 41
Tel. 0383 52224
🕐 Chiuso il lunedì Orario pranzo, venerdì e sabato anche sera; d'estate pranzo e sera
Ferie variabili
Prezzi: 30-40 euro vini esclusi
Carte di credito: BM, CS, MC, Visa

IN BREVE *Un locale rustico e molto accogliente. In menù salumi prodotti in proprio, paste fatte in casa e verdure dell'orto. Non perdetevi l'assaggio del salame di Varzi.*

L'OSTERIA La stradina in salita che porta al locale sembra quella di un borgo di montagna. Una targa accanto all'ingresso segnala che **qui si produce il salame di Varzi Dop**. Due graziose sale, una con camino, l'altra con una stufa e il bancone bar, insieme alla cortesia e alla disponibilità del personale, renderanno subito gradevole l'attesa del pasto.

LA CUCINA C'è un menù degustazione **adatto ad appetiti robusti** dall'eccellente rapporto tra qualità e prezzo: 35 euro per antipasto, due assaggi di primi e due di secondi, dessert, caffè, acqua e mezzo litro di vino della casa. È comunque possibile scegliere alla carta, che si basa su un tripudio di salumi prodotti in proprio, di pasta fatta in casa e di verdure dell'orto. Nell'offerta di vini si nota una predominanza del territorio e di etichette di piccoli produttori di qualità.

I PIATTI Salame di Varzi, Ravioli di carne, Cinghiale con polenta

DA BORTOLINO

Via al Ponte, 6 - Tel. 0375 82640
🕐 Chiuso giovedì sera
Orario mezzogiorno e sera Ferie non ne fa
Prezzi: 35-38 euro vini esclusi
Carte di credito: AE, BM, CS, DC, MC, Visa

IN BREVE *Un'osteria ricavata in una minuscola casa non può che essere accogliente. Il menù è scritto su una lavagna che passa tra i tavoli. Culatello, buone verdure, tortelli, carne d'oca sono sempre presenti.*

L'OSTERIA Questa casetta di legno nella golena del Po ha un fascino d'altri tempi. Da oltre un secolo offre ristoro, prima a pescatori e taglialegna, poi anche a viandanti. La trattoria è sempre stata qui, a presidio di una cucina di **confine tra più province e regioni**, attingendo qualcosa da ognuna. il menù è scritto col gesso su lavagnette che vi verranno portate al tavolo. **Gentili e professionali** il patron e i suoi collaboratori, che sapranno raccontarvi con cura i piatti.

LA CUCINA **Salumi e culatello sono imperdibili** per chi viene da lontano. Merita particolare attenzione il flan di amaranto, seguito da agnoli in brodo o eccellenti bigoli con ragù d'anatra. Tenerissimo il guanciale con polenta, sontuosa la coscia d'oca con patate. Di intramontabile bontà il cotechino con purè. Ottima la scelta di formaggi. Da una lavagnetta più piccola si scelgono i dessert, sui quali domina la sbrisolona con mascarpone.

I PIATTI Culatello, Agnoli in brodo, Coscia d'oca

CAVALLINO

Via Trieste, 57 - Tel. 0364 94188
🕐 Chiuso il martedì Orario mezzogiorno e sera Ferie non ne fa
Prezzi: 32-40 euro vini esclusi
Carte di credito: BM, CS, MC, Visa

IN BREVE *Una trattoria con alloggio, che funge anche da bar del paese. Le materie prime provengono dall'orto di famiglia, da piccoli produttori locali e, in stagione di funghi, dai boschi circostanti.*

L'OSTERIA Nel centro di Canè, lungo la via principale che attraversa il paesino, è piacevole la sosta dalla signora Ernesta e dalla sua famiglia: i Tomasi gestiscono questo luogo di ristoro dal 1950, garantendo un'**ottima accoglienza di generazione in generazione**. Mangerete bene e potrete anche fermarvi a dormire, ammirando la valle e le montagne dall'alto.

LA CUCINA **Piatti tipici camuni** realizzati con cura, partendo da prodotti locali: molti degli ortaggi sono coltivati direttamente nell'**orto del ristorante**; con la propria frutta si realizzano confetture e dolci. Dal circondario, in stagione, arrivano funghi, erbe aromatiche e ortiche. Ottimi gli antipasti misti, buone le frittate e la bresaola. Non mancano polenta, selvaggina e formaggio fuso. Nella carta dei vini trovate diverse proposte, tra cui etichette locali.

I PIATTI Bresaola in carpaccio con silter, Gnocchetti di patate con funghi porcini, Costatine di cervo al ginepro e mirtillo

TRENTINO

ALCUNI PIATTI DELLA TRADIZIONE

Carne salada
Carne di manzo aromatizzata con sale, pepe, aglio, rosmarino, alloro e
bacche di ginepro, che viene fatta stagionare per due settimane: si mangia
cruda, condita con olio e limone, scottata nel burro o, ancora, insieme ai
fagioli

Salmerino in saor
Pesce posto in una tipica marinatura preparata con cipolle imbiondite
nell'olio, vino e aceto

Tortel di patate
Schiacciata cotta al forno, o fritta in padella, di patate lesse lavorate con
uova, fecola e trentingrana grattugiato

Canederli
Grossi gnocchi di pane di varie aromatizzazioni e dimensioni: in rapporto a
queste, si servono in brodo, come contorno o asciutti

Orzetto alla trentina
Orzo perlato cotto a lungo con carote, patate e, spesso, un osso di prosciutto o un piedino di maiale

Rufioi
Grossi ravioli quadrati farciti con verdure, formaggio affumicato, sale, pepe,
lessati e serviti con burro fumante, salvia e formaggio grattugiato, oppure
con sugo di carne

Baccalà dei frati
Stoccafisso tagliato a piccoli pezzi e cotto in forno con verdure, patate,
latte, acciughe, aglio, prezzemolo

Tonco de pontesel
Intingolo brodoso ottenuto cuocendo uno spezzatino di carne mista rosolato
con lardo, cipolla e lucanica, che accompagna la polenta di mais e patate

ARCO (TN) - San Giorgio

LE SERVITE

IN BREVE *Bel locale, con origini antiche, frutto dell'attento restauro di una vecchia stalla. Cucina tradizionale con interessanti variazione quotidiane.*

Via Passirone, 68 - Tel. 0464 557411
Chiuso il lun, 1/10-31/03 anche dom e mar
Orario solo la sera
Ferie in febbraio e in novembre
Prezzi: 35-42 euro, vini esclusi
Carte di credito: BM, CS, DC, MC, Visa

L'OSTERIA Immersa nelle campagne di Arco a due passi dal lago di Garda, con il castello ben in vista, Le Servite nasce da un'idea di Alessandro Manzana, che ha trasformato una casa rurale nell'attuale osteria. Le due sale da pranzo sono arredate con gusto e **sobrietà tipicamente campagnola**, mentre nel periodo estivo ci si può accomodare nel giardino **all'ombra di viti decennali**.

LA CUCINA **Il lago di Garda non può che essere la fonte di approvvigionamento** di materia prima: lavarelli, sarde, lucci sono sempre presenti in menù. Non mancano piatti di terra con riferimento alle produzioni locali: conigli, capretto, volatili di corte, manzo. Per ogni piatto viene consigliato un bicchiere di vino in abbinamento. La scelta comprende una nutrita batteria di bottiglie nazionali e non, tante provenienti da piccoli produttori.

I PIATTI Manzo con salsa verde e cipolla agra aromatizzato all'aceto di lamponi, *Bigoi* con le sarde, Salmerino alla griglia con polenta

---

BASELGA DI PINÈ (TN)

2 CAMINI

IN BREVE *In una sala dominata da un imponente camino, Franca propone un menù in cui si alternano piatti trentini e rielaborazioni franco-piemontesi.*

Via 26 Maggio, 65 - Tel. 0461 557200
Chiuso domenica sera e lunedì, mai in alta stagione Orario mezzogiorno e sera
Ferie variabili
Prezzi: 30-37 euro, vini esclusi
Carte di credito: AE, BM, CS, MC, Visa

L'OSTERIA Non lasciatevi fuorviare dalla sala un po' retrò, con il bancone all'ingresso, tanto legno e l'imponente camino: Franca Merz riesce sempre a stupirvi con **una proposta sì della tradizione ma fresca e giovanile**. È anche per questo che tanti commensali abitualmente tornano a farle visita. La passione per l'olio extravergine di oliva si intuisce nell'interessante selezione da abbinare ai piatti. Il tocco della titolare si percepisce anche nella carta dei vini.

LA CUCINA I prodotti regionali, e dell'altopiano in particolare, sono i protagonisti delle proposte culinarie. In alcuni piatti poi si ritrovano le **origini franco-piemontesi** della madre di Franca: peperoni grigliati con tonno e acciughe o l'insolito *bonet*. È una **cucina essenziale, leggera** che trasforma con consapevolezza le ottime materie prime in pietanze che esprimono davvero tanto. Disponibile un menù vegetariano.

I PIATTI Paté di cervo con pane alle pere, Tagliolini con funghi porcini, Formaggio tosella spadellato su verdure dell'orto

BRENTONICO (TN) - Palù

MASO PALÙ

Via Graziani, 56 - Tel. 0464 395014
🕐 Chiuso il martedì Orario mezzogiorno
e sera Ferie non ne fa
Prezzi: 35-40 euro, vini esclusi
Carte di credito: AE, BM, CS, DC, MC, Visa

IN BREVE *In un rustico maso troviamo l'osteria della famiglia Girardelli. Il menù è fisso, i prodotti utilizzati in cucina arrivano dal territorio.*

L'OSTERIA L'osteria è ospitata in un **maso rustico** arricchito con antichi attrezzi contadini. A gestirla da tempo la famiglia Amadori-Girardelli: Emiliana in cucina e i figli, Tobia e Camilla, in sala. Per arrivare si sale da Rovereto verso i bastioni del Monte Baldo, massiccio che divide il lago di Garda dalla Vallagarina, noto come *Hortus Europae*: qui si trovano infatti ambienti molto diversi, da quelli submediterranei sulle rive del lago a quelli alpini sopra i 2200 metri di quota.

LA CUCINA Da un territorio così ricco arrivano i prodotti utilizzati in cucina per preparare **piatti della tradizione**. Cardine della proposta è il menù degustazione che varia di mese in mese e permette di apprezzare **la prosperità della natura circostante**. Non manca qualche offerta alla carta. Interessanti i vini, con una buona selezione di etichette della Vallagarina.

I PIATTI Tartara di manzo, Ravioli con coniglio, zucchine e zafferano del Baldo, Roastbeef con erbette e tartufo del Baldo

CADERZONE (TN) - Pan

MASO PAN

Località Pan - Tel. 0465 804500
🕐 Chiuso il mercoledì, mai in alta stagione
Orario pranzo, venerdì e sabato anche sera;
in alta stagione pranzo e sera
Ferie giugno e novembre
Prezzi: 30-35 euro, vini esclusi
Carte di credito: BM, CS, MC, Visa

IN BREVE *Agriturismo a gestione familiare in cui si producono latte, carni e formaggi. Paste fresche e polenta primeggiano nella proposta insieme alla carne salada.*

L'OSTERIA Da tre generazioni la famiglia Polla produce formaggi in un bel maso immerso nei verdi prati della Val Rendena. Nel grande edificio, che ospita il caseificio e le camere, c'è anche il **ristorante, semplice e familiare**, in cui si possono assaggiare le produzioni del maso. Chiedete di visitare il museo che la famiglia ha costruito al piano superiore con antichi attrezzi agricoli e della vita contadina di montagna. Il maso è raggiungibile anche a piedi con una piacevole passeggiata dal centro del paese.

LA CUCINA La scelta dei piatti è limitata ad alcuni **grandi classici della tradizione trentina**, preparati con la semplicità propria della cucina montana. I formaggi utilizzati sono ottenuti con il latte delle vacche di razza rendena Presidio Slow Food. Anche la carne suina giunge dal proprio allevamento. Da provare la polenta nelle preparazioni tipiche della valle.

I PIATTI Polenta concia, Carne *salada*, Spezzatino di manzo

CALDES (TN) - San Giacomo

SOLASNA

IN BREVE *Classica osteria rustica all'interno di un agriturismo votato alla sostenibilità ambientale. Polenta, tortel di patate, formaggio di propria produzione da non perdere.*

Via della Villa, 14 - Tel. 0463 902073
🕐 Aperto da venerdì a domenica, sempre in luglio, agosto e Natale
Orario mezzogiorno e sera Ferie variabili
Prezzi: 25-27 euro, vini esclusi
Carte di credito: BM, CS, MC, Visa

L'OSTERIA Solasna deriva da *sol n'asena* (solo un'asina), nome con cui venne ribattezzato l'abitato di San Giacomo. La leggenda narra infatti che nel Medioevo, in seguito a un'epidemia di peste, nel paese rimase solo quel povero animale. L'agriturismo è ospitato in un **tipico maso di montagna**: nelle vecchie stalle sono state ricavate le sale da pranzo e d'estate ci si può accomodare nell'**antica corte esterna**. La sostenibilità qui non è solo un vezzo, ma il filo conduttore dell'intera esistenza dell'azienda.

LA CUCINA La cucina, di stampo casalingo, utilizza quasi esclusivamente **materie prime autoprodotte** e propone piatti della tradizione solandra, per cui il menù è corto e varia assai spesso. Notevoli le conserve fatte in casa, disponibili per l'acquisto. Diverse le attività proposte in quanto fattoria didattica.

I PIATTI *Tortel* di patate, Zuppa di renette e topinambur, Polenta di mais spin con *ossi enfumegadi e codeghin*

CANAL SAN BOVO (TN) - Zortea

MASO SANTA ROMINA

IN BREVE *Caldo e accogliente, il maso di Mirella e Luigi è uno dei pochi locali dove gustare ancora un'autentica cucina di montagna.*

Località Santa Romina, 80 - Tel. 0439 719459
🕐 Aperto ven, sab, dom e festivi; sempre in estate Orario mezzogiorno e sera
Ferie variabili
Prezzi: 35-38 euro, vini esclusi
Carte di credito: BM, MC, Visa

L'OSTERIA Santa Romina si trova nella verde valle del Cismon, su un pendio a 1200 metri di quota. È un maso tradizionale dalla facciata in pietra con il balcone fiorito, e una **terrazza panoramica** dalla quale è possibile ammirare lo spettacolare paesaggio sottostante. Anche nelle **rustiche sale interne** si ritrova la tradizionale architettura di montagna preservata nella ristrutturazione. L'accoglienza è informale e gentile: Luigi in sala illustra il menù e consiglia l'abbinamento con i vini del territorio, per i quali non è presente una carta.

LA CUCINA Mirella, in cucina, trasforma con gusto le **materie prime provenienti in gran parte dall'azienda agrituristica**, dai boschi circostanti o da piccoli produttori limitrofi. Molteplici i classici della cucina trentina. Tra i principali ingredienti non mancano le erbe di montagna, i formaggi, il pesce d'acqua dolce e la selvaggina. Da non perdere l'antipasto di ricotta con panna e frutti di bosco.

I PIATTI Tris di pesce d'acqua dolce, Canederli, *Tonco de pontesel*

COSTA SALICI

Via Costa dei Salici, 10 - Tel. 0462 340140
Chiuso il lunedì, mai in alta stagione
Orario mezzogiorno e sera Ferie variabili
Prezzi: 40-50 euro, vini esclusi
Carte di credito: BM, CS, MC, Visa

IN BREVE *Ristorante a gestione familiare, propone piatti in cui si combinano tradizione e modernità. Immancabili le pietanze con cacciagione e, in stagione, funghi.*

L'OSTERIA Ci troviamo poco sopra Cavalese. Il bel giardino introduce a questo ristorante con una **splendida vista** sulla catena del Lagorai. Le accoglienti sale sono nel tipico **stile alpino**, con arredi in legno di cirmolo. La famiglia Tait lo gestisce dal 1998: Rosalba, la madre, vi accoglie in sala insieme alla figlia Valeria, sommelier; il figlio Stefano si occupa della cucina. La scelta di piatti è limitata ma il menù cambia frequentemente. Molto apprezzata la possibilità di ordinare porzioni più abbondanti con un leggero sovrapprezzo.

LA CUCINA Stefano affianca a preparazioni tradizionali alcune interpretazioni più creative e personali, come l'originale risotto all'abete bianco e tosèla, piatto simbolo del ristorante creato con le gemme di abete raccolte nei boschi. Immancabili i piatti di **cacciagione** e, in stagione, di funghi. Le materie prime provengono da selezionati fornitori locali. Il pane è fatto in casa. Carta dei vini principalmente mirata sulle valide etichette regionali.

I PIATTI Carne *salada*, Carré di cervo con polenta mora, Salmerino al fumo

TROTICOLTURA VINANTE

Via Chiesa, 2 - Tel. 0462 340367-334 9310311
Chiuso il lun, dicembre-giugno aperto
ven, sab e dom Orario pranzo e sera
mercoledì e sabato solo sera Ferie novembre
Prezzi: 34-37 euro, vini esclusi
Carte di credito: nessuna

IN BREVE *In un locale essenziale, con tavoli e sedute di legno massiccio, si gusta una genuina cucina contadina, basata sui pesci d'acqua dolce allevati nelle fredde acque della val di Fiemme.*

L'OSTERIA Poco fuori Cavalese, in un bel paesaggio agreste dove pavoni e galline si aggirano indisturbati nel verde, si trova questa azienda ittica a conduzione familiare. Fondata agli inizi del Novecento da Agostino Vinante, è portata avanti dalla figlia Tullia con il marito Valerio. Nelle vasche alimentate da fresche acque di sorgente si allevano salmerini e trote fario, che si possono gustare in un piccolo locale rustico ma confortevole, ricavato nell'edificio attiguo alla troticoltura. I clienti sono accolti con cortesia e disponibilità da Amneris, la figlia di Tullia. È possibile acquistare filetti di pesce fresco e affumicato, preparati nel piccolo laboratorio allestito accanto alla cucina.

LA CUCINA Con sapienza, Larisa, figlia di Amneris, crea piatti semplici e genuini a base di salmerini e trote allevati in loco; su richiesta, però, è possibile prenotare un menù per "non pescetariani". La carta dei vini propone una selezione di etichette trentine; sono disponibili birre artigianali di Fiemme.

I PIATTI Trota fario marinata, Risotto con salmerino affumicato, Polpette di salmerino

CIVEZZANO (TN) - Seregnano

MASO AL SOLE

Via alla Cavada, 12 - Tel. 340 2301441
🕐 Aperto dal venerdì alla domenica
Orario mezzogiorno e sera Ferie variabili
Prezzi: 28-35 euro, vini esclusi
Carte di credito: AE, BM, CS, MC, Visa

IN BREVE *In un agriturismo tutto legno e bioedilizia, con terrazza e vista sulla valle, Paola trasforma quasi soltanto i prodotti biologici dell'azienda: ortaggi, frutta, grano, uova, polli.*

L'OSTERIA Seregnano è una piccola frazione a pochi minuti da Trento. Dalla piazza, una stradina vi porterà nell'angolo di campagna curato da Stefania Gaiotto e dal marito Renato, che vi accoglieranno con **gentilezza e familiarità** raccontando i piatti del giorno. Nel 2019 integrano il loro avviato allevamento di polli e galline ruspanti, creando l'**agriturismo tutto legno e bioedilizia**, con terrazza e vista sulla valle. Alcune stanze dalla vista mozzafiato sono anche un buon rifugio per la notte.

LA CUCINA La sorella e cuoca Paola trasforma quasi soltanto i **prodotti biologici dell'azienda**: ortaggi, frutta, grano e, naturalmente, uova e polli; propone un menù spesso variabile a garanzia di genuinità e freschezza. Si può iniziare con la carne *salada* e le verdure marinate oppure con il tagliere di salumi e formaggi. In alternativa al pollo, è di sicuro interesse il filetto di salmerino. La carta dei vini, essenziale e locale, comprende buone etichette e un Rebo fatto con l'uva delle vigne di proprietà.

I PIATTI Canederlotti vegetariani in tre modi, Risotto al Rebo, Tagliata di pollo

COMANO TERME (TN) - Poia

OSTERIA DELLA LOCANDA FIORE

Via Mazzini, 22 - Tel. 0465 701401
🕐 Chiuso il lunedì, mai in alta stagione
Orario mezzogiorno e sera Ferie variabili
Prezzi: 32-38 euro, vini esclusi
Carte di credito: BM, Visa

IN BREVE *Lasciatevi sorprendere da Silvio, un vero oste ed esperto conoscitore del territorio, con cui piccoli contadini locali hanno fatto rete in questi anni.*

L'OSTERIA Ci troviamo nel Bleggio, tra la Val Rendena e il lago di Garda: un territorio ricco di terme, castelli, borghi, ma anche di allevamenti e aziende agricole (soprattutto di mais e patate). Da Comano Terme si sale verso una delle tante frazioni abbarbicate sui pendii e si arriva a Poia. L'osteria è molto conosciuta e punto di riferimento per residenti e turisti abituali. Un bel giardino alberato fa da cornice all'**albergo costruito nel 1863**. Silvio e la sua famiglia vi condurranno alla scoperta di piccoli produttori della zona e dell'orto diffuso curato assieme a una **rete di contadini locali**.

LA CUCINA Protagonisti in cucina i **prodotti del Bleggio**: salumi, formaggi, ortaggi, pesce d'acqua dolce. In stagione, da non perdere la *ciuiga*, salume simbolo della tradizione povera realizzato con carne suina e rape bianche. Se disponibile, assaggiate il particolare tiramisù di patate.

I PIATTI Tagliere di salumi e crauti crudi, *Na feta e en gnoc*, Carne *salada* cotta con fagioli

ISERA (TN)

LOCANDA DELLE TRE CHIAVI

Via Vannetti, 8 - Tel. 0464 423721
→ 3,9 km dall'uscita A22 Rovereto Nord
🕐 Chiuso domenica sera e il lunedì
Orario sera, sabato e domenica
anche pranzo Ferie non ne fa
€ Prezzi: 41-43 euro, vini esclusi
Carte di credito: AE, BM, CS, DC, MC, Visa

IN BREVE *Sergio e Annarita sono maestri nell'accoglienza, cultori della cucina trentina e ambasciatori del territorio. Una sosta da loro è uno dei migliori modi per cogliere l'anima di questa regione.*

L'OSTERIA Siamo in Vallagarina, sulla fascia collinare della destra Adige rinomata per la coltivazione dell'uva marzemino. Vicino, poco più in alto, si ergono le suggestive rovine di Castel Corno. Qui, l'antico borgo di Isera, circondato dalle vigne, ospita uno dei templi della cucina trentina, fondato più di vent'anni fa da Sergio, l'oste, e dalla sua compagna Annarita, la cuoca. Un luogo permeato da un'**eleganza calda e sobria**, in cui spiccano gli arredamenti tradizionali in legno, le luci delicate, i cristallini riflessi delle bottiglie di distillati, il curato accostamento di oggetti di artigianato locale con quadri e fotografie moderni a tema gastronomico.

LA CUCINA Una **cucina di elevata qualità**, che riesce a valorizzare e a rendere iconici i piatti della tradizione trentina grazie all'ottima preparazione e a un **misurato tocco di originalità**. Grande l'attenzione alle materie prime del territorio. Ampia, curata e intrigante la proposta dei vini trentini.

I PIATTI Trittico di pesci del lago di Garda trentino e di montagna, *Casonzei* di segale ripieni di crauti, patate e ginepro, Puntine di maiale

LEVICO TERME (TN)

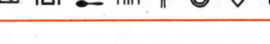

BOIVIN

Via Garibaldi, 9 - Tel. 0461 701670
🕐 Chiuso il lun, mai in agosto
Orario sera, luglio e agosto anche pranzo
Ferie 3 sett in novembre, Epifania-14 febbraio
€ Prezzi: 38-44 euro, vini esclusi
Carte di credito: BM, CS, DC, MC, Visa

IN BREVE *Umiltà e accoglienza, abbinati a una cucina di ottimo livello, che riesce a raccontare la tradizione valsuganotta e trentina con rispetto e intelligenza.*

L'OSTERIA Nel centro storico di Levico Terme, il Boivin – termine dialettale che rievoca il «ribollir de' tini» – è stato ricavato negli ampi avvolti che ospitavano le **storiche cantine dell'albergo di famiglia**. Riccardo Bosco, cuoco e patron, conduce l'osteria con sempre rinnovate curiosità e passione. Notevole la selezione dei vini raccolti in una suggestiva cantina, molto valida l'offerta al calice.

LA CUCINA La cucina rispecchia la personalità di Riccardo, ben **radicata nel territorio** ma con le antenne sempre sintonizzate verso nuove proposte, che si tratti di materie prime, ricette o tecniche di cottura. **Il menù varia spesso** in base alla disponibilità degli ingredienti. Ne è un esempio la zuppetta fredda di amarene con panna acida: si può assaggiare solo per un paio di settimane tra giugno e luglio, quando i frutti giungono a maturazione.

I PIATTI Fiori di zucchina ripieni e fritti, Ravioli verdi di mortandela di Caldonazzo, Capretto di pezzata mochena in tre cotture

LUSERNARHOF

IN BREVE *Tradizione cimbra e trentina con tocchi di modernità, ricette originali o dimenticate, come la patàtana korschentz, in un piccolo locale a strapiombo sulla vallata.*

Via Tezze, 43 - Tel. 347 1824006
Chiuso il martedì, mai in alta stagione
Orario pranzo e sera, sabato e domenica solo pranzo Ferie novembre-febbraio
Prezzi: 37-45 euro, vini esclusi
Carte di credito: BM, CS, MC, Visa

L'OSTERIA Ci troviamo nel cuore del territorio cimbro, isola culturale e linguistica tra le province di Trento e Vicenza. La famiglia Zotti gestisce da circa vent'anni un'**accogliente ristorante con alloggio** ricavato dalla ristrutturazione di tre antiche case. La sala da pranzo è nel sottotetto, dove una volta aveva sede il fienile. Dalla veranda si può ammirare il paesaggio sulla val d'Astico e il forte Belvedere, baluardo austroungarico della prima guerra mondiale.

LA CUCINA In cucina la **tradizione cimbra** e trentina si uniscono ad ampi **tocchi di modernità**. Accanto a preparazioni classiche, come i canederli, troviamo così proposte innovative, per esempio la carbonara di montagna realizzata con speck croccante, ricotta affumicata e polvere di ginepro. Fra i dessert merita menzione il dolce tipico di Luserna: la *patàtana korschentz* caramellata. Discreta la selezione di vini regionali.

I PIATTI Canederlotti trentini, Pappardelle al cervo e mirtilli, Ossobuco di cervo con polenta

OSSANA (TN)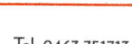

ANTICA OSTERIA

IN BREVE *Ristorante con alloggio ubicato all'interno di un palazzo ottocentesco, propone piatti regionali a base di salumi, verdure, carni e formaggi di provenienza locale.*

Via Venezia, 11 - Tel. 0463 751713
338 5679258-334 3537525
Chiuso il mercoledì, mai in alta stagione
Orario sera; estate e inverno, fine settimana anche pranzo Ferie non ne fa
Prezzi: 39-45 euro, vini esclusi
Carte di credito: BM, CS, MC, Visa

L'OSTERIA Il ristorante è ospitato nell'**edificio ottocentesco** di un piccolo paese della Val di Sole dominato dal suggestivo Castel San Michele. Si sviluppa in tre sale, che sono uno dei punti di forza del locale: calde, romantiche ed eleganti creano la perfetta atmosfera montana, facendoci fare un salto nella storia delle valli alpine. L'intera famiglia Delleva è occupata nella gestione. Mariano è impegnato ad accogliere i clienti e a coccolarli da bravo oste, in cucina il giovane figlio Luca dà spazio al proprio estro creativo.

LA CUCINA Gli ingredienti locali e le ricette della tradizione evolvono in preparazioni originali, realizzate utilizzando anche tecniche moderne. Grande attenzione alla selezione dei **fornitori, spesso a chilometro zero**. Assaggerete il più classico dei *tortei* di patate della Val di Sole e ottima cacciagione. Ricca e sfiziosa la proposta dei dolci. La ricca carta dei vini dedica ampio spazio all'offerta regionale.

I PIATTI Risotto con frutti di stagione, Tagliatelle al cervo e funghi, Selvaggina

ANDAR PER MALGHE

In Trentino le malghe rappresentano sempre più uno strumento utile ai fini della sopravvivenza della zootecnia nelle valli, della tutela del territorio e, infine, di una proposta turistica assai particolare, motivata dalla ricerca di autenticità e naturalità che solo la montagna può offrire. Per fronteggiare la tendenza all'abbandono degli alpeggi rilevata negli ultimi decenni, la Provincia Autonoma di Trento, in particolare, ha messo in atto incentivi a sostegno del recupero, della conservazione e dell'adeguamento igienico-sanitario delle strutture, finalizzando il tutto al benessere dell'uomo e dei pascoli. In tutte la valli trentine sono presenti alpeggi, con maggiore frequenza nelle zone montane più estese: Adamello-Brenta, alta Val di Sole, Lagorai, Monte Baldo. Attualmente sono attive circa trecento malghe, di cui un'ottantina dedita alla trasformazione del latte direttamente in alpeggio, mentre le altre lo conferiscono ai caseifici di valle. Trenta, più o meno, offrono anche servizio di agriturismo: quelle che qui vi presentiamo sono luoghi dove acquistare e assaggiare eccellenti produzioni.

Denise Eccher

BEDOLLO (TN)
STRAMAIOLO
Tel. 320 2357902-340 5428531

A oltre 1600 metri di quota, la malga è gestita da Andrea Giovannini che trasforma in proprio il latte di vacche grigio alpine. Offre possibilità di ristorazione e alloggio.

BRENTONICO (TN)
MORTIGOLA
Tel. 0464 391555

Sul Monte Baldo, a circa 1200 metri di quota, la famiglia Bongiovanni trasforma il latte delle proprie bovine alimentate con graminacee ed erbe di montagna. È possibile gustare e acquistare i prodotti aziendali e qualche specialità tipica.

BRESIMO (TN)
BORDOLONA
Tel. 348 3695792

Nel cuore della catena delle Maddalene, la malga è gestita dalla famiglia Alessandri che, con il latte delle vacche in alpeggio, produce burro, ricotte, formaggi freschi o stagionati, come il casolét e il nostrano. La cucina propone piatti della tradizione.

CANAL SAN BOVO (TN)
FOSSERNICA
Tel. 334 2969085

Nel cuore della valle del Vanoi, due malghe a un'ora di cammino l'una dall'altra: Fossernica di Fuori, dove si produce il botìro di Primiero di malga (Presidio Slow Food), e Fossernica di Dentro, in cui si propone una cucina che lo valorizza assieme ad altri prodotti del territorio.

CASTELLO TESINO (TN)
VALFONTANE
Tel. 349 5622048

Si trova sul passo Brocon, tra la valle del Vanoi e l'altopiano del Tesino, e da più di quarant'anni è gestita dalla famiglia Stroppa. Molto buoni i formaggi di malga, venduti con uno, due o tre anni di stagionatura. L'annesso agriturismo propone alcuni piatti della tradizione dai sapori semplici e autentici.

CLOZ (TN)

CLOZ

Tel. 340 5993647-349 2484637

Vacche allo stato brado, maiali e galline allevati in questo lembo di montagna (siamo a oltre 1700 metri di quota) quasi in provincia di Bolzano. La famiglia Floretta offre una buona cucina tipica.

PRIMIERO SAN MARTINO DI CASTROZZA (TN) - Tonadico

JURIBELLO

Tel. 348 8925841

Nel Parco Paneveggio Pale di San Martino, è una delle malghe gestite direttamente dalla Federazione provinciale allevatori. Qui pascolano circa 140 vacche da latte e si organizzano dimostrazioni di caseificazione di formaggi, quali la freschissima tosèla e il nostrano di Primiero.

RABBI (TN)

STABLASOLO

Tel. 388 8639582

Una delle malghe più antiche, legata agli usi e ai costumi locali. Si raggiunge a piedi o con il bus navetta dal parcheggio Coler, e propone una buona cucina di territorio. È un punto di partenza per facili escursioni.

SÈN JAN DI FASSA (TN)
Pozza di Fassa

CONTRIN

Tel. 334 8244446

In questa malga nel cuore della Marmolada – si raggiunge in due ore a piedi dal parcheggio della funivia del Ciampac – Konrad Haselrieder lascia pascolare giorno e notte oltre 200 capi di bestiame, di cui 30 vacche da latte, dal quale ricava formaggi e altri prodotti càseari.

SPORMAGGIORE (TN)

SPORA

Tel. 339 2787980

Siamo nel cuore del Parco Adamello Brenta. Isolata e in posizione spettacolare – almeno due ore di strada a piedi, partendo da Andalo o dal rifugio Grostè, sopra Madonna di Campiglio – la malga trasforma il latte delle vacche in alpeggio e offre la possibilità di pernottare.

TENNO (TN) NOVITÀ

MISONE O DI TENNO

Tel. 328 5810533

Sulle pendici del Monte Misone, a 1500 metri di quota, la malga è raggiungibile a piedi da Fiavè o da Tenno. La gestiscono Oscar e Chiara, che curano l'allevamento, la caseificazione e un piccolo servizio di ristorazione basato sui loro formaggi e salumi. È possibile trovare burro, ricotta, formaggi vaccini, caprini e a latte misto, ottenuti con latteinnesto autoprodotto. È consigliabile prenotarli in anticipo.

TORCEGNO (TN)

CASAPINELLO

Tel. 333 4974342

In questa malga nella Val Cavè si allevano vacche, maiali, capre, galline e cavalli. Enrico Caumo trasforma il latte vaccino in formaggi e altri prodotti caseari. A disposizione anche qualche piatto tipico.

TUENNO (TN)

TUENA

Tel. 347 1701201

La malga, all'interno del Parco Adamello Brenta, si raggiunge a piedi in circa mezz'ora di cammino. Con il latte delle capre in alpeggio si producono formaggi, ricotte e yogurt; disponibili anche alcuni piatti tipici e dodici posti letto.

VALLARSA (TN)

ZOCCHI

Giazzera - Tel. 333 6753947

Sul Monte Pasubio, a circa 1700 metri di quota, questa malga è raggiungibile dalla località Giazzera con una suggestiva camminata di mezz'ora in mezzo a boschi e prati. Con il latte delle vacche al pascolo la famiglia Iseppi produce buoni formaggi. Propone inoltre qualche piatto della tradizione.

ZIANO DI FIEMME (TN)

SADOLE

Tel. 348 7120227

La malga è seguita da Fabio Vinante, gestore dell'omonima azienda agricola, che d'estate porta le sue bovine da latte in alpeggio a 1650 metri di quota. È possibile gustare i prodotti aziendali e qualche piatto tipico.

OSTERIA STORICA MORELLI

IN BREVE *Salumi prodotti in casa, formaggi stagionati in proprio e una ricerca continua per la valorizzazione dei piccoli produttori locali.*

Piazza Petrini, 1 - Tel. 0461 509504-347 4447150
Chiuso il lun Orario sera; sab, dom, in agosto e Natale anche pranzo Ferie variabili
Prezzi: 38-44 euro, vini esclusi
Carte di credito: AE, BM, CS, MC, Visa

L'OSTERIA Probabilmente non vi capiterà di passare per caso da Canezza: vi consigliamo di andarci appositamente per godere non solo della proposta gastronomica che non delude mai, ma anche per l'autentica **atmosfera d'antan** di questa storica osteria, sempre **calda e accogliente**. L'arredo è rimasto quello degli anni Cinquanta: il bancone per la mescita all'ingresso, una sala attigua con un camino a vista e, al piano di sotto, una *stube* per tavolate numerose. Attenta al territorio ma non solo la selezione dei vini, di cui è particolarmente apprezzabile l'offerta al bicchiere, di caraffe e mezze bottiglie.

LA CUCINA Fiorenzo ai fornelli e Antonella in sala sanno proporre una **cucina trentina genuina,** particolarmente legata alle materie prime locali. Sono di produzione propria i salumi inseriti fra gli antipasti, accompagnati da croccanti sottaceti fatti in casa. Le verdure arrivano dagli orti di proprietà.

I PIATTI Salumi, Gnocchi di polenta con ragù di selvaggina, *Gröstl*

ALLA PINETA

IN BREVE *Cucina tradizionale con interessanti innovazioni, realizzata con molte materie prime autoprodotte, in un'accogliente osteria a gestione familiare immersa in un paesaggio da fiaba.*

Via Santuario, 17 - Tel. 0463 536866
Non ha giorno di chiusura
Orario mezzogiorno e sera
Ferie 3 settimane in giugno, 3 in novembre
Prezzi: 38-45 euro, vini esclusi
Carte di credito: AE, BM, CS, DC, MC, Visa

L'OSTERIA Il ristorante si inserisce in un più **ampio progetto di ospitalità** legato alla natura e alla sostenibilità, creato dalla famiglia Sicher: disposto come un piccolo villaggio, è **immerso nei boschi** e comprende camere, chalet alpini e centro benessere. Il ristorante è aperto anche a chi non è ospite della struttura e propone un menù molto ricco.

LA CUCINA La cucina del giovane Mattia è attenta al territorio e alle materie prime locali, elaborate in modo fresco e originale: nascono così **piatti leggeri e gustosi**. Per cominciare merita una menzione il *tortel de* patate con salumi, formaggi, insalatine e delizie sott'olio, adatto per due persone. Ricercata l'offerta di formaggi locali. A cena è disponibile anche un menù degustazione a 35 euro. Bella la varietà dei dessert. Importante la selezione dei vini, con una buona scelta anche al bicchiere.

I PIATTI Talleri di patate ripieni di casolét, Ravioli con funghi porcini e pancetta croccante, *Tortel de* patate

'L BORTOLETO

IN BREVE *Costola di un'apprezzata e storica macelleria, il ristorante, a gestione familiare, propone ovviamente ricche pietanze a base di carne: vitello, manzo, maiale, capretto.*

Via Cavour, 2 - Tel. 0462 500261
Chiuso il lunedì Orario mezzogiorno e sera Ferie variabili
Prezzi: 33-40 euro, vini esclusi
Carte di credito: BM, CS, DC, MC, Visa

L'OSTERIA Nel cuore di Predazzo la famiglia Dellantonio gestisce dagli inizi del Novecento una macelleria assai nota nella val di Fiemme. 'L Bortoleto è il soprannome dato alla famiglia e da queste parti è sinonimo di carne buona. Il ristorante è un'idea recente dei giovani dell'ultima generazione, e nasce come **"estensione" della macelleria**. Il locale si contraddistingue per un arredamento moderno in cui prevale il legno. **L'accoglienza è informale e vivace.**

LA CUCINA La cucina propone i piatti classici della **tradizione fiammazza**, con qualche poco ortodossa divagazione. Protagonista, ovviamente, la carne in tutte le sue forme e cotture. Non mancano i formaggi, il pesce d'acqua dolce e la pasta di un noto, vicino pastificio. Interessanti, in chiusura, i mini dessert.

I PIATTI *Tortel di patate, Canederli, Gulasch di manzo*

MIOLA

IN BREVE *Maso immerso nel verde, si avvale delle migliori materie prime locali per elaborare ricette di tradizione. Un'intera sezione del menù è dedicata ai secondi di polenta.*

Località Miola, 1
Tel. 0462 501924-340 3761958
Chiuso il mar, primavera e autunno lungo Orario mezzogiorno e sera Ferie variabili
Prezzi: 30-38 euro, vini esclusi
Carte di credito: AE, BM, CS, MC, Visa

L'OSTERIA Al limitare del bosco, lungo la strada che da Predazzo porta alla malga Valmaggiore, questo ristorante è ospitato in un vecchio **maso risalente all'Ottocento**. Elisabetta Dellantonio, cuoca e titolare, insieme al marito continua la **gestione familiare** che si perpetua da alcuni decenni. Dall'ampia terrazza è possibile godere di una bella vista sulla val di Fiemme. Nei mesi invernali ci si può scaldare al crepitio del camino nella sala interna.

LA CUCINA La cucina affonda le sue radici nella **tradizione fiammazza**: è dalla valle che arrivano le materie prime attentamente selezionate da Elisabetta. Il menù è ampio e diversificato, a volte anche tanto. Curata la scelta dei formaggi di caseifici sociali e di piccoli produttori locali, alcuni anche Presìdi Slow Food. Buona l'offerta di vini e birre locali.

I PIATTI Tagliatelle ai porcini, Canederli con speck e gulasch, Polenta

PRIMIERO SAN MARTINO DI CASTROZZA (TN) - Val Canali

CANT DEL GAL

IN BREVE *Un rifugio-albergo dove gustare quanto di meglio produce il Primiero: salumi e formaggi tipici e tanti sostanziosi secondi di carne.*

Località Sabbionade, 1 - Tel. 0439 62997
Chiuso il martedì, mai in alta stagione
Orario mezzogiorno e sera Ferie novembre 10 giorni in giugno
Prezzi: 28-37 euro, vini esclusi
Carte di credito: AE, BM, CS, MC, Visa

L'OSTERIA Raggiungibile da un agevole collegamento stradale, il Cant del Gal è ospitato in **un rifugio immerso nel paesaggio montano** della Val Canali, già frequentato da personaggi famosi come base per le loro uscite alpinistiche e tuttora punto di partenza per splendide passeggiate, adatte alle famiglie come agli esperti escursionisti. L'**albergo-ristorante** è gestito da tempo da Marzia e Nicola. Ci si può accomodare in una delle due *stube* tradizionali o, d'estate, nel giardino con vista sulle maestose Pale di San Martino. Valida la carta dei vini, onesti i ricarichi.

LA CUCINA La **cucina, di stampo classico** trentino, valorizza in particolar modo le materie prime del Primiero, territorio di alpeggi e produzioni casearie ma anche di salumi e prodotti del sottobosco. Da provare la carne *fumada* di Siror, il botìro di malga (Presidio Slow Food) e l'immancabile tosèla di Primiero.

I PIATTI Gnocchi di mais sponcio con botìro e ricotta affumicata, Tosèla di Primiero con polenta, Capriolo in salmì

PRIMIERO SAN MARTINO DI CASTROZZA (TN) - Fiera di Primiero

LA DOGA

IN BREVE *Moderno locale con il bar al piano terra e il ristorante a quello superiore. Le birre di casa entrano anche in alcune ricette, la cucina è sostanziosa, curata, con un tocco di innovazione.*

Via Giuseppe Garibaldi, 27 - Tel. 0439 763959-349 1424845
Chiuso il lunedì, maggio e novembre aperto sabato e domenica
Orario mezzogiorno e sera Ferie non ne fa
€ Prezzi: 38-45 euro, vini esclusi
Carte di credito: BM, CS, DC, MC, Visa

L'OSTERIA Siamo nel centro storico di Fiera di Primiero, in un palazzo ristrutturato dalle fattezze moderne in cui le barrique rappresentano complementi d'arredo. La Doga è **ristorante, birroteca, enoteca**: alla buona cucina si affianca una ricca lista di vini trentini e di birre alla spina e in bottiglia del birrificio locale Bionoć. Ristorante e cucina, a vista, sono ospitati al piano superiore; al piano terra si trova il bar in cui dominano otto spine. In estate alcuni tavoli sono disposti all'esterno.

LA CUCINA Luca Simoni elabora **piatti classici** della cucina trentina cui abbina qualche proposta creativa e moderna. Utilizza materie prime locali come formaggi, carne, verdure. **Anche la birra è un ingrediente** versatile per alcune preparazioni, tra le quali il tortino al cioccolato e malto vienna con cuore morbido.

I PIATTI Carpaccio di trota salmonata e salmerino alpino affumicati, Tortelli di finferli e fontal al burro versato, Baccalà con polenta

RUATTI

IN BREVE *Le verdure, i salumi, i formaggi e la carne prodotti qui costituiscono gran parte del menù, fatto di preparazioni casalinghe e genuine.*

Frazione Pracorno, 95 - Tel. 0463 901070
⏱ Chiuso lun-gio, mai in alta stagione e festività Orario sera, domenica anche pranzo
Ferie tra maggio e giugno
Prezzi: 22-28 euro, vini esclusi
Carte di credito: BM, CS, MC, Visa

L'OSTERIA All'imbocco della val di Rabbi, l'agriturismo è **un punto di riferimento per la produzione di formaggi a latte crudo** tra cui il casolét Presidio Slow Food, nonché di buone carni. La famiglia Ruatti, infatti, gestisce anche un macello e realizza salumi senza conservanti. Severino, la moglie, i figli Maurizio, Filippo e Michela gestiscono tutte le attività e vi garantiscono di mangiare in un ambiente semplice e familiare. La proposta dei vini è ristretta ad alcune etichette trentine, il menù è presentato a voce.

LA CUCINA I piatti della semplice **cucina contadina** sono realizzati quasi esclusivamente con ingredienti di produzione propria. Da giugno a dicembre anche l'orto, situato a 900 metri di altezza, dà i suoi frutti. L'offerta di carne varia in base alla disponibilità del macello. Da non perdere la caratteristica torta di patate. I dolci sono fatti in casa, il caffè con la caffettiera.

I PIATTI Canederli, Minestra d'orzo, Grigliata mista

RIVA DEL GARDA (TN) -  NOVITÀ

EDEN MARONE

IN BREVE *Immerso nella campagna di proprietà, un agriturismo caldo e accogliente: il menù, che varia secondo stagione, si avvale di materie prime proprie e locali.*

Via Marone, 23 - Tel. 0464 521520-328 5620746
⏱ Non ha giorno di chiusura
Orario sera, sab e dom anche pranzo
Ferie 3 settimane tra febbraio e marzo
Prezzi: 35-40 euro, vini esclusi
Carte di credito: BM, CS, DC, MC, Visa

L'OSTERIA L'agriturismo si trova **sulla collina di Riva del Garda** e nasce nel 1985 per volontà degli attuali gestori Valter e Wania Girardelli. **Immerso nella campagna** di proprietà, dispone di una grande terrazza con vista godibile nella bella stagione. Gli arredi in legno delle sale creano un ambiente caldo e accogliente. Il servizio è cortese e corretto nei tempi.

LA CUCINA Valter, che è anche il cuoco, propone un **menù che varia secondo stagione**. Si può iniziare con un buon antipasto di pesce di lago o con il carpaccio di carne *salada* con verdure agrodolci; buono anche il filetto di maiale con la composta di cipolle. Tra i dolci, la panna cotta con composta di frutti di bosco e lo strudel di mele e cannella con salsa alla vaniglia. La carta dei vini comprende diverse etichette importanti del Trentino; un vicino, piccolo produttore vinifica inoltre le loro uve, ricavandone due piacevoli blend.

I PIATTI Strangolapreti burro e salvia, Carne *salada* e *fasoi*, Guanciale di manzo brasato al Rebo e polenta integrale

NERINA

IN BREVE *Amore e rispetto per il cliente sono legge non scritta ma religiosamente praticata dalla famiglia Di Nuzzo, in sala come ai fornelli.*

Via De Gasperi, 31 - Tel. 0463 510111
Chiuso il martedì, mai in luglio e agosto
Orario mezzogiorno e sera
Ferie le ultime 2 settimane di ottobre
Prezzi: 35-40 euro, vini esclusi
Carte di credito: AE, BM, CS, MC, Visa

L'OSTERIA Fondata nel 1969, l'osteria rimane tuttora uno dei migliori indirizzi per scoprire la **cucina della Val di Non**. Merito della famiglia Di Nuzzo: mamma Nerina e i quattro figli in tutti questi anni hanno attivato progetti e creato relazioni con il territorio circostante in modo continuativo. L'ambiente è rimasto immutato così come l'insegna all'esterno, rappresentata da una forchetta, simbolo del buon mangiare e riconoscibile da lontano.

LA CUCINA L'**albergo-ristorante** propone uno spaccato delle migliori materie prime della zona con un **tocco partenopeo**, dato dalle origini paterne, che contamina lo stile culinario. Diverse le materie autoprodotte o stagionate in proprio, molte le sperimentazioni portate avanti. Merita una menzione la selezione dei formaggi di malga. Lasciate un posticino per il dolce. Notevole la carta dei vini con ricarichi corretti e una predilezione per i rossi.

I PIATTI Schiacciatina, Tagliolini alle erbe aromatiche, Guanciale di manzo brasato al Teroldego

SANZENO (TN)

CASA DE GENTILI

IN BREVE *Un cinquecentesco palazzo ospita questa osteria arredata con gusto e linearità. Sempre presenti salumi e formaggi nostrani.*

Piazza della Fontana, 3 - Tel. 0463 434136
Chiuso il lunedì Orario mezzogiorno e sera Ferie 10 giorni in giugno, 10 in ottobre
Prezzi: 34-40 euro, vini esclusi
Carte di credito: BM, CS, MC, Visa

L'OSTERIA L'osteria nasce dalla passione di Ivano per i migliori ingredienti del territorio, soprattutto i formaggi e i vini. Il ristorante è ospitato in un edificio storico di Sanzeno, diventato un centro culturale in cui **si incontrano buona cucina, arte e storia**. L'ambiente coniuga in modo armonioso il minimalismo dell'arredo con le bianche volte cinquecentesche delle antiche stalle del palazzo. Fatevi consigliare per la scelta dei vini.

LA CUCINA Nel menù di Ivano non troviamo semplicemente i piatti tradizionali trentini ma alcune **ricette storiche della Val di Non**, riscoperte e rielaborate: pietanze gustose che raccontano molto del territorio e della sua storia. Presente anche una proposta di pesce di lago. Bella la selezione iniziale di salumi e formaggi nostrani.

I PIATTI *Gnòci smauzàdi*, Trippe dell'eremita, Lumache alla trentina

TERRAGNOLO (TN) - Geroli

IL MASETTO

IN BREVE *Un luogo tranquillo, isolato, pacifico dove si dorme, ci si diverte in mezzo alla natura e si gusta una cucina schietta, genuina, semplice ma curata, fatta di materie prime locali.*

Località Maso San Giuseppe - Tel. 349 2962189
🕐 Sempre aperto pranzo e sera giugno-settembre, sab-dom maggio e ottobre
Prezzi: 27-33 euro, vini esclusi
Carte di credito: nessuna

L'OSTERIA Il Masetto si trova nel bosco di Terragnolo, una ripida valle situata a est di Rovereto. È **un progetto articolato e complesso, di attivazione e sensibilizzazione culturale**. L'osteria è ospitata al pianterreno di un **maso di montagna**; al piano superiore ci sono due ampie sale studio. Accanto una foresteria dove soggiornare e una chiesta settecentesca tutelata dalla Provincia Autonoma di Trento. Parte integrante della proposta un ricco programma di attività sulle quali consigliamo di informarvi.

LA CUCINA La cucina è strumento di conoscenza e valorizzazione della regione, dei territori montani, della valle. Gianni seleziona con estrema attenzione le storie di prodotti e produttori, cui dare voce. Citiamo il **fanzelto**, un tipo particolare di pane preparato con la farina di grano saraceno, la cui coltivazione è stata recentemente ripresa dalla comunità locale.

I PIATTI Canederli, Strangolapreti su fonduta di casolét, Polenta e lucanica

TRENTO - Piedicastello

IL LIBERTINO

IN BREVE *Ristorante-enoteca, punto di riferimento in città per chi voglia gustare la cucina trentina. Da provare le diverse specialità di pesce d'acqua dolce.*

Piazza di Piedicastello, 4-6
Tel. 0461 260085-339 5008672
→ 3,6 km dall'uscita A22 Trento Centro
→ 800 m dalla stazione di Trento
🕐 Chiuso il martedì
Orario mezzogiorno e sera Ferie in luglio
💰 Prezzi: 38-44 euro, vini esclusi
Carte di credito: AE, BM, CS, DC, MC, Visa

L'OSTERIA Il Libertino affaccia sulla piazzetta di Piedicastello, unico quartiere di Trento sulla sponda destra dell'Adige. Ospitato in una struttura che fu in passato rivendita di carbone, vede convivere in sé due anime: è innanzitutto **enoteca**, con una scelta tra numerose etichette, di cui molte anche al bicchiere, ma è anche un ristorante, punto di riferimento in città per chi voglia gustare una **buona cucina trentina**. All'ingresso un bancone per la mescita e qualche tavolo per le degustazioni, accanto le sale da pranzo, in cui vi farà accomodare Luca Maurina.

LA CUCINA Assunta Martignoni seleziona con cura le materie prime che poi trasforma con esperienza seguendo le ricette classiche e lasciando spazio alle proprie **interpretazioni sobrie e moderne**. Lasciatevi tentare da un dolce. Valida la selezione di formaggi sia trentini che foresti.

I PIATTI Salmerino marinato, Tagliolini al ragù di anatra, Trilogia di lago in panatura aromatica

RIFUGIO MARANZA

IN BREVE *Rifugio a più di 1000 me-tri d'altezza, moderno ed elegante. Il menù si basa sui piatti della tradizione con interessanti reinterpretazioni, la cucina è aperta tutto il giorno.*

Strada per Maranza, 23 - Tel. 0461 1862998
🕐 Aperto pranzo e sera di ven, sab e fest
sempre a Natale e da giugno a settembre
Ferie 10 gennaio-13 febbraio
Prezzi: 35-37 euro, vini esclusi
Carte di credito: BM, CS, MC, Visa

L'OSTERIA Il rifugio si trova sulla Marzola, montagna a est di Trento, **a poco più di 1000 metri di quota**. È raggiungibile in auto, accedendo dal passo del Cimirlo, ed è punto di arrivo di numerosi sentieri. Ristrutturato nel 2008, presenta due sale con travi a vista e ampie vetrate, un piccolo soppalco e una grande **terrazza affacciata sulla valle**. La gestione è affidata a Paolo Betti, appassionato del suo lavoro, che si prende cura anche dell'orto e di alcuni animali.

LA CUCINA La proposta è incentrata sui **piatti classici della cucina trentina** realizzati con attenzione per le materie prime; tra queste non mancano diversi Presìdi Slow Food. Disponibili alcuni piatti vegetariani preparati con i prodotti dell'orto. Valida la selezione di formaggi di malga, in parte stagionati in casa. Interessante la nuova idea delle focacce gourmet. La lista dei vini, semplice ma curata, è prevalentemente di territorio.

I PIATTI Carne *salada*, Canederlotti, Polenta *e cunel*

TRENTO

RIFUGIO PINO PRATI AI BINDESI

IN BREVE *I piatti proposti da questa osteria, poco fuori città, sono quelli tradizionali che ci si aspetta da un rifugio, ma la loro preparazione è curata, fresca, innovativa.*

Strada dei Bindesi, 14
Tel. 0461 923344-392 6133730
→ 7 km dall'uscita A22 Trento Sud
🕐 Chiuso lunedì e martedì, d'estate solo lunedì Orario pranzo e sera, domenica solo pranzo Ferie un mese dopo l'Epifania
€ Prezzi: 36-44 euro, vini esclusi
Carte di crediM, CS, DC, MC, Visa

L'OSTERIA La visita al rifugio rappresenta un'ottima occasione per una gita fuori porta nei dintorni di Trento, sopra l'abitato di Villazzano. Si raggiunge a piedi o in macchina ed è punto di partenza per diverse escursioni, nonché **luogo panoramico** da cui si può ammirare tutta la valle dell'Adige sottostante. **L'accoglienza è informale**, giovane e gentile, accompagnata da un interessante sottofondo musicale.

LA CUCINA Federico Weber, in cucina, propone **piatti della tradizione, delicati ed equilibrati**, spesso rivisti attraverso una lente alternativa e più moderna. Non manca qualche piatto vegetariano. Notevole attenzione per le materie prime, in gran parte di provenienza locale e biologica. Consigliamo di iniziare con lo speck riserva, il rafano e i sottaceti della casa. Piccola carta dei vini, con presenze biologiche e di piccoli produttori.

I PIATTI Risotto all'aglio orsino selvatico con zucchine e pinoli, Puntine con polenta e insalata di cavolo cappuccio, *Tonco de pontesel*

SANT'ANNA

Strada del Monastero di Sant'Anna, 37
Tel. 0461 1860370
Chiuso domenica sera e il martedì
Orario 09.30-22.00 Ferie ultima settimana di ottobre e ultima di febbraio
Prezzi: 33-35 euro, vini esclusi
Carte di credito: BM, CS, DC, Visa

IN BREVE *In un ex complesso monastico immerso nel verde, un locale sobrio e accogliente, dove gustare una cucina tradizionale che esalta le materie prime locali.*

L'OSTERIA L'osteria è situata alle pendici del Monte Bondone, su un vasto pianoro verde circondato dai boschi e affacciato − con una vista suggestiva − sulla valle dell'Adige. A ospitarla è una **casa padronale del Seicento**, recentemente ristrutturata nel rispetto dei canoni stilistici tradizionali. Daniela, cuoca e ostessa, vi accompagnerà volentieri a visitarla, fin dentro la bella **cantina in pietra**.

LA CUCINA Il menù è incentrato sui **piatti tipici della tradizione trentina, semplici, curati** e realizzati con ampio ricorso alle produzioni locali. Protagonisti sono quindi i salumi, la carne, i formaggi e le verdure del territorio. Meritano una menzione anche i dolci, tra cui la panna cotta con riduzione di vino. È disponibile un menù degustazione stagionale al costo di 25 euro. La lista dei vini è interessante e interamente regionale.

I PIATTI Canederli alla trentina, Polenta di Storo con salsiccia, crauti, *sguazet* e funghi, Spezzatino di manzo

VALFLORIANA (TN)  NOVITÀ

FIOR DI BOSCO

Località Sicina, 55 - Tel. 0462 910002
Chiuso lunedì-giovedì, mai d'estate
Orario mezzogiorno e sera
Ferie ottobre-novembre
Prezzi: 35-40 euro, vini esclusi
Carte di credito: BM, CS, MC, Visa

IN BREVE *Ristorante con annesso caseificio, propone una versione più delicata dei piatti tipici trentini. Salumi e formaggi sono realizzati partendo da materie prime autoprodotte.*

L'OSTERIA Ci addentriamo per qualche chilometro nella verde Valfloriana per scoprire questo **caseificio con annesso ristorante**. Qui la famiglia Lozzer alleva bovini di razza grigio alpina (Presidio Slow Food) e realizza formaggi a latte crudo. L'interno è un accogliente **ambiente montano**, mentre sulla valle affaccia una terrazza vetrata più moderna. I piatti sono raccontati con cura, i vini in abbinamento nascono dalla collaborazione con alcune cantine trentine. Da non perdere una visita al caseificio con l'istrionico Graziano e il giovane Emil.

LA CUCINA Una cucina tradizionale ben eseguita che rende più delicati i sapori dei piatti tipici trentini. Tra gli antipasti spiccano **i salumi e i formaggi autoprodotti**, compresa un'imperdibile ricotta. Seguono paste fresche con sughi di cacciagione e ricette classiche, come orzotto e strangolapreti. Oltre alla carne di grigio alpina, anche quella suina proviene dal proprio allevamento.

I PIATTI Gnocchi con finferli e lucanica, Tagliata di grigio alpina, Braciolona alla griglia

VALLELAGHI (TN) - Covelo

NOVITÀ

CA' DEI GIOSI

Via Villa Alta, 9 - Tel. 0461 862110
🕐 Chiuso lunedì e martedì Orario sera,
saba e dom anche pranzo Ferie variabili
Prezzi: 32-40 euro, vini esclusi
Carte di credito: BM, CS, DC, MC, Visa

IN BREVE *Circondato da prati e boschi, è un locale rustico e accogliente dove la famiglia Verones, con cortesia e disponibilità, propone una cucina tipica, genuina e saporita.*

L'OSTERIA L'osteria, situata a Covelo, piccola frazione di Vallelaghi, è **circondata da prati**, boschi e sentieri frequentati dagli amanti del trekking. Si presenta come un **locale rustico e accogliente**, connotato da caratteristici avvolti in pietra e arredamento in legno. Ricavata nella casa costruita dal nonno Giosafate, è gestita dalla famiglia di Germano Verones che, con cortesia e disponibilità, accoglie gli ospiti in sala e descrive i piatti. Ben fornita la cantina, che propone una buona selezione di vini trentini, anche al bicchiere, in caraffa o in mezza bottiglia.

LA CUCINA **La cucina è tipica, genuina e saporita**; le porzioni sono decisamente abbondanti. Da non perdere l'antipasto Cà dei Giosi: ottimi affettati, frutta fresca e giardiniera, con il classico *tortel* di patate. A seguire trota o salmerino locali, bollito misto, rotolo di coniglio disossato. Per dessert, quando disponibile, non perdete il *rhumtopf*.

I PIATTI *Tortel* di patate, Canederli all'ortica, Tonco *de pontesel*

VILLE DI FIEMME (TN) - Varena

LA CANTINETTA

Via Val del Ru, 11 - Tel. 0462 342695
🕐 Chiuso il lunedì Orario mezzogiorno e
sera Ferie variabili
Prezzi: 30-35 euro, vini esclusi
Carte di credito: BM, CS, MC, Visa

IN BREVE *Osteria a gestione familiare, propone una cucina trentina sostanziosa e servita in porzioni generose.*

L'OSTERIA Sulla strada che da Cavalese sale verso il passo di Lavazé, un **grazioso ristorante** che dispone di un giardino e di una piccola sala tradizionale. I fratelli Alice e Jacopo Bellante sapranno ben consigliarvi; sul menù troverete l'elenco dei produttori delle materie prime.

LA CUCINA Gli ingredienti utilizzati in cucina sono selezionati con attenzione: ci sono anche Presìdi Slow Food come, in stagione, il raro botìro di malga. Non manca qualche pietanza di **pesce proveniente dal lago di Garda** o da un allevamento locale. Particolare attenzione alle carni: bovini e suini, acquistati interi da fornitori sostenibili e attenti al benessere animale, sono lavorati in cucina da Tommaso e dalla madre Giuliana, utilizzando anche i tagli meno nobili. Disponibili anche gustose pizze. La carta dei vini non è molto ricca ma le bottiglie sono presentate con cura.

I PIATTI Carne *salada*, Canederli di formaggio, pere, noci e cipolla, *Gröstl*

NATIONALPARK
HOHE TAUERN

Matrei in Osttirol

FRIÚLI VENÉZIA GIULIA

Á U S T R I A

S. Cándido/Innichen
Sesto/Sexten
Valle di Casies/Gsies
Dobbiaco/Toblach
Sillian
Auronzo di Cadore

Pieve di Cadore

Cortina d'Ampezzo

PARCO NAZ DOLOMITI BELLUNESI

Rasun Anterselva/Rasen Antholz
Campo Tures/Sand in Taufers
Percal/Percha
Marebbe/Enneberg
Badia/Abtei
Corvara in Badia/Corvara

Valle Aurina/Ahrntal
Brunico/Bruneck
Falzes/Pfalzen
Kiens
S. Lorenzo di Sebato/St. Lorenzen

V É N E T O

Agordo

Marmolada 3343

Marèo

S. Martino di Castrozza

Vandóies/Vintl
Chiusa/Klausen
Fúnes/Villnöss
Ortisei/St. Ulrich
Selva di Val Gardena/Wolkenstein in Gröden
Canazei

Passo d. Brénnero/Brennerpass
A13
A22
Val di Vizze/Pfitsch
Vipiteno/Sterzing
Varna/Vahrn
Bressanone/Brixen
Laion/Lajen
Fiè a. Scliar/Völs am Schlern
Renón/Ritten
Bolzano/Bozen

Anterivo/Altrei
Cavalese

S. Leonardo in Passiria/St. Leonhard in Passeier
S. Martino in Passiria/St. Martin in Passeier
Rifiano/Riffian
Scena/Schenna
Villandro/Villanders
S. Genésio Atesino/Jenesien
Terlano/Terlan
Montagna/Montan
Salorno/Salurn
A22

S. Leonardo in Passiria/St. Leonhard in Passeier
Tirolo/Tirol
Merano/Meran
Lagundo/Algund
Nalles/Nals
Appiano s. Strada del Vino/Eppan
Cortáccia s. Strada d. Vino/Kurtatsch

Sölden

S. Pancrazio/St. Pankraz
Castelbello-Ciárdes/Kastelbell-Tschars
Lana
S. Pancrazio/St. Pankraz
Ultimo/Ulten
Laurégno/Laurein
Cáldaro s. Strada d. Vino/Kaltern
Cles

Pfunds

Silandro/Schlanders
Adige/Etsch
Málè

Prad

Résia/Reschen
Mailes Venosta/Mals im Vinschgau
Lasa/Laas
PARCO NAZ
Martello/Martell
Solda/Sulden
2758
P.so d. Stélvio/Stilfserjoch

T R E N T I N O

S V Í Z Z E R A
Scuol/Schuls
PARC NAZ SVIZZER

PARCO NAZ DELLO STÉLVIO

Bórmio

L O M B A R D I A

Sondalo
Adda

10   20 km

ALTO ADIGE SÜDTIROL

ALCUNI PIATTI DELLA TRADIZIONE

Gerstensuppe
Zuppa d'orzo con carni affumicate e verdure

Knödel
Grossi gnocchi di pane raffermo, farina, latte e uova, aromatizzati con formaggio, spinaci, speck, pancetta, fegato o altri ingredienti: si gustano asciutti, in brodo o come contorno

Schlutzkrapfen di spinaci e ricotta
Ravioli di farina di segale e di grano tenero, a forma di mezzaluna, si condiscono con burro fuso e formaggio grattugiato

Spätzle
Gnocchetti di pasta all'uovo, si servono in brodo o – lessati e ripassati nel burro – come contorno, soprattutto di piatti di selvaggina

Erdäpfelblattlen
Frittelle di pasta di patate, servite in genere con i crauti

Gulaschsuppe
Al gulasch vengono aggiunti acqua, farina di grano tenero e patate a dadini, continuando la cottura per almeno un'ora

Apfelstrudel
Sottilissimo involucro di pasta (farina, zucchero, uova, burro, latte) arrotolato su un ripieno di mela e nocciole, cotto in forno

Kaiserschmarren
Omelette dolce, si serve, calda o tiepida, spolverata di zucchero a velo con una composta o una confettura di frutta

Kniakiechl
Frittelle farcite con confettura di albicocche o di mirtilli

ANTERIVO-ALTREI (BZ) - Guggal

KÜRBISHOF

IN BREVE *Piatti della tradizione conditi da un briciolo di innovazione, ricerca dell'eccellenza, coraggio e semplicità, il tutto reso unico con un brivido d'alta quota.*

Frazione Guggal, 23 - Tel. 0471 882140
🕐 Chiuso il martedì e mercoledì a pranzo
Orario mezzogiorno e sera
Ferie novembre, 4 settimane dopo Pasqua
€ Prezzi: 38-42 euro vini esclusi
Carte di credito: BM, CS, MC, Visa

L'OSTERIA Siamo ad Anterivo, 400 abitanti, paesino incastonato tra boschi di larici e campi coltivati a grano saraceno e lupino, dal quale si ricava un celebre surrogato di caffè. Il Kürbishof è un'**impresa familiare**. Il cuore della locanda è la famiglia Varesco: Hartmann e la figlia Angelika governano le due *stuben* ristrutturate mentre Sara e il figlio Matthias regnano in cucina. La *gasthaus* è stata ricavata dal fienile, parte integrante dell'**edificio datato 1772**.

LA CUCINA La cucina è genuina e realizzata con **materie prime locali**. Indimenticabili il risotto all'erba cipollina con le animelle, la trota e il salmerino cotti a basse temperature. I canederli, che variano secondo stagione, sono accompagnati da verdure dell'orto. Ottimi i dolci e la selezione di formaggi vaccini e caprini locali con mostarde fatte in casa. La cantina custodisce oltre 100 etichette; da quest'anno si è aggiunto il Solaris, ricavato da uve resistenti ai funghi (piwi).

I PIATTI Testina di vitello, Arrosto di agnello, Variazione di dolci al caffè di Anterivo

BADIA-ABTEI (BZ)
Pedraces-Pedratches

RUNCH HOF

IN BREVE *Immerso nel verde, un maso a gestione familiare, piccolo baluardo della più schietta cucina di tradizione della Val Badia: panicia, turtres, cajincì t'ega, stinco di maiale.*

Località Runch, 11 - Tel. 0471 839796
🕐 Chiuso la dom Orario sera, luglio e agosto anche pranzo Ferie ottobre-novembre
Prezzi: 35 euro menù fisso vini esclusi
Carte di credito: BM, CS, MC, Visa

L'OSTERIA Maso del Settecento, tipico dell'Alta Badia, comprende anche un vecchio mulino, un parco giochi e una fattoria con pony, galline, conigli, pecore e caprette; è inserito in oltre 70 ettari tra boschi e prati, di cui una buona parte oltre i 2000 metri di altitudine. La struttura comprende, sia al pianterreno sia al piano superiore, cinque *stuben* che una volta erano soggiorno e camere da letto della casa. **La gestione è familiare**: Maria ed Enrico Nagler sono aiutati dai figli Christian, Tommy, Evelyn, Stefanie e Karin.

LA CUCINA Il menù è fisso, la prenotazione obbligatoria. Al Runch Hof si pongono da sempre l'obiettivo di preservare l'autenticità dell'antica **cucina ladina**, povera, basata su materie prime fresche dell'Alto Adige. Dopo i classici primi, gusterete costine di maiale o stinco, quindi chiuderete con strudel o frittelle di mele. Curata la carta dei vini.

I PIATTI *Panicia, Turtres, Cajinci t'ega*

BRUNICO-BRUNECK (BZ)
Ameto-Amaten

OBERRAUT

IN BREVE *Un elegante maso con intorno l'orto, la stalla e gli animali che la popolano. Il pane e la pasta sono realizzati con i cereali coltivati nei campi della struttura, la carne di manzo è del proprio allevamento.*

Località Ameto, 1
Tel. 0474 559977-348 2290615
Chiuso il giovedì
Orario mezzogiorno e sera Ferie le ultime 2 settimane di gennaio, giugno e novembre
Prezzi: 46-50 euro vini esclusi
Carte di credito: BM, CS, MC, Visa

L'OSTERIA Oberraut è immersa nel verde, ma dista pochissimo da Brunico, capoluogo della Pusteria, valle incastonata fra tre parchi naturali. A oltre 1200 metri la famiglia Feichter gestisce **da generazioni** il maso e il ristorante. Il processo di lavorazione dal campo al piatto, con le materie prime a **chilometro zero**, è ben visibile: l'orto, la stalla, i campi coltivati a cereali per il pane fatto in casa sono visitabili. Le sale sono accoglienti, in estate si mangia al fresco in terrazza.

LA CUCINA L'agnello è sempre presente, così come la **selvaggina**, in particolare il cervo. Ottime le proposte a base di patate, quali frittelle pusteresi con i crauti e ravioli ripieni di erbette e formaggio. I canederli sono serviti con il gulasch di manzo delle proprie stalle. Tra i dolci spiccano le frittelle di mele e i canederli dolci con albicocche e prugne.

I PIATTI Sella di agnello alle erbe, Frittelle di patate con crauti, *Zwetschkenknödel*

CAMPO TURES
SAND IN TAUFERS (BZ)

DRUMLERHOF

IN BREVE *Albergo-ristorante aperto nel Settecento, da tempo sensibile ai temi della sostenibilità. Stefan produce molti degli ingredienti che utilizza in cucina per i suoi piatti della tradizione.*

Piazza Municipio, 6 - Tel. 0474 678068
Non ha giorno di chiusura
Orario mezzogiorno e sera Ferie 6 aprile-13 maggio e 7 novembre-18 dicembre
Prezzi: 43-47 euro vini esclusi
Carte di credito: AE, BM, CS, DC, MC, Visa

L'OSTERIA Storica **locanda del Settecento**, Drumlerhof propone una ristorazione attenta al benessere comune, oltre che ai desideri del cliente. Ristrutturato pochi anni fa, non ha perso la sua anima di locanda di montagna nonostante lo stile moderno. Qui troverete piatti della tradizione realizzati con materie prime sostenibili fino al dettaglio, oltre che davvero a **chilometro zero**.

LA CUCINA Stefan Fauster, che gestisce il locale con la moglie Ruth Innerhofer (podista ed esperta di benessere e di cucina senza glutine), è un sostenitore delle colture naturali; insieme ad altri albergatori, ha dato vita a un **orto comune** che fornisce più di 100 tipologie di verdure e ortaggi e contrasta la monocoltura del mais in Valle Aurina. Lo speck e le carni provengono da produttori locali, molti biologici. Da provare i piatti a base di selvaggina e di formaggio graukäse. La carta dei vini è in linea con la filosofia dell'osteria.

I PIATTI Canederli di speck, Gnocchi con le verdure dell'orto, Gulasch di manzo con cipolla fritta

CORTACCIA SULLA STRADA DEL VINO
KURTATSCH AN DER WEINSTRAßE (BZ)
Penon

TORGGLHOF

IN BREVE *Una delle ultime osterie di paese di questa zona, ha visto rifiorire la sua cucina grazie al giovane Alex Kaspareth: piatti curati e attenti alla tradizione.*

Via Kauderle, 6 - Tel. 0471 880021
Chiuso il giovedì Orario mezzogiorno e sera Ferie 3 settimane a gennaio, 2 in estate
Prezzi: 38-40 euro vini esclusi
Carte di credito: BM, CS, MC, Visa

L'OSTERIA C'è un angolo poco noto e frequentato dell'Alto Adige turistico. Sul versante ombreggiato della Bassa Atesina, all'inizio dell'Oltradige, per raggiungere Penon si percorrono in quota strette stradine tra i boschi. Qui troviamo meleti e vigneti curati con amore quasi filiale da generazioni di viticoltori, che si sono succedute in un duro ma orgoglioso lavoro. Il *gasthaus* Torgglhof ne è uno dei ritrovi: è infatti in primo luogo **l'osteria del paese**, una delle poche ancora in attività nella zona.

LA CUCINA Il locale, celebre per la **terrazza panoramica** e gli appassionati tornei di carte, ha visto da qualche tempo rifiorire la sua cucina grazie ad Alex Kaspareth. Rientrato in casa dopo una gavetta nei ristoranti della regione, il cuoco venticinquenne ha dimostrato subito di avere le idee chiare, portando nelle tre sale un po' retrò una **piatti curati e legati alla tradizione**. I vini sono altoatesini, proposti anche al calice e con bassi ricarichi.

I PIATTI Sella di vitello con *schupfnudeln* all'aglio orsino, Filetto di salmerino su insalata di erbe selvatiche, *Kaiserschmarrn*

DOBBIACO-TOBLACH (BZ) - Gandelle-Kandellen

SEITERHOF

IN BREVE *L'osteria propone una cucina tipica tirolese da gustare nelle due piccole sale, molto caratteristiche. Graukäse, pasta fatta in casa e carne alla griglia sono alcuni dei piatti in menù.*

Località Gandelle-Kandellen, 7
Tel. 0474 976330
Chiuso il martedì, mai in alta stagione
Orario mezzogiorno e sera Ferie novembre
Prezzi: 33-37 euro vini esclusi
Carte di credito: BM, CS, MC, Visa

L'OSTERIA Vale davvero la pena prenotare un tavolo in questo bel maso sui monti di Dobbiaco: impresa non facile, visto la lunga lista d'attesa e il tutto esaurito quasi costante. L'edificio si trova in località Gandelle, sulla strada che si diparte a sinistra lungo la Valle San Silvestro, e propone una **cucina autentica**, fatta di **materie prime del maso di famiglia**, ottima carne, verdure dell'orto e altri prodotti delle realtà contadine locali.

LA CUCINA **Piatti classici** fin dagli antipasti, come la zuppa di vino e il graukäse con cipolla, olio e aceto. A seguire risotti e pasta fatta in casa con funghi o ragù di selvaggina. Ottima la tartara preparata direttamente al tavolo da Sieglinde Kamelger; il marito Herbert si occupa delle grigliate. In chiusura, frittelle di mele o mirtilli. Interessante la scelta dei vini: affidatevi ai consigli dell'oste.

I PIATTI Minestra contadina con le cipolle, Fegato di vitello con le mele, *Kaiserschmarren*

FIÈ ALLO SCILIAR
VOELS AM SCHLERN (BZ)
Novale di Presule

ALTER FAUSTHOF

IN BREVE *Un posto dove si viene coccolati e si percepisce l'attenzione nel rendere ogni piatto un po' speciale, utilizzando prodotti del territorio.*

Località Novale di Presule-Via Tires, 3
Tel. 0471 601141-333 3057339
→ 7,4 km dall'uscita A22 Bolzano Nord
🕐 Chiuso la domenica Orario solo la sera su prenotazione Ferie variabili
€ Prezzi: 40 euro menù fisso vini esclusi
Carte di credito: BM

L'OSTERIA Immersa nel verde lussureggiante durante i mesi più miti, la terrazza dell'osteria Alter Fausthof colpisce per l'atmosfera incantata, fatta di seggiole e mobiletti colorati, piccoli oggetti ornamentali, tovaglie leggere e candele profumate, il tutto in una perfetta armonia di stili e colori. L'accoglienza rispecchia l'**atmosfera, calda e piacevole**. L'intima *stube* mette immediatamente a proprio agio: pochi coperti, un pianoforte a muro, libri sopra la stufa, **aria di casa**. Tre graziose stanze per l'eventuale pernottamento completano la struttura.

LA CUCINA La prenotazione è d'obbligo, il menù potrebbe essere concordato già telefonicamente. La cucina dell'Alter Fausthof è davvero speciale. **Le pietanze sono impeccabili** al palato e i differenti servizi di piatti si abbinano armoniosamente al cibo servito. Dall'antipasto al caffè l'esperienza è senz'altro memorabile. Da non perdere i tanti tipi di canederli.

I PIATTI Stinco cotto al forno, Costine di maiale, Torta al papavero

FUNES (BZ) - San Pietro-Sankt Peter

PITZOCK

IN BREVE *La tradizione si gusta fin dalla prima portata, tra prodotti locali di qualità e impegno nel trasmettere i giusti valori, in cucina e non solo.*

Via Pizack, 30 Tel. 0472 840127-347 1911604
→ 12 km dall'uscita A22 Chiusa Val Gardena
🕐 Chiuso il mer, gio a pranzo e dom sera
Orario mezzogiorno e sera Ferie 2 sett in febbraio, 2 a fine giugno, 2 in novembre
€ Prezzi: 43-47 euro vini esclusi
Carte di credito: BM, CS, MC, Visa

L'OSTERIA Nella splendida val di Funes, la piccola frazione di San Pietro ospita una **raffinata e moderna osteria** gestita in modo impeccabile, che propone pietanze e prodotti locali descritti al tavolo con passione dallo chef Oskar Messner. Oltre alle accoglienti salette interne, una piccola terrazza permette agli ospiti di godere il panorama della valle. La cortesia, le materie prime di alta qualità e il calore dell'ambiente concorrono a creare una particolare armonia.

LA CUCINA Le pietanze proposte sono quelle della tradizione, ma rivisitate con **un pizzico di innovazione e fantasia**. Protagonista di alcune proposte del locale è l'agnello allevato in valle di razza villnösser brillenschaf (pecora dagli occhiali della val di Funes), un Presidio Slow Food seguito con passione da Oskar. Buona la scelta dei vini.

I PIATTI Cappuccino di asparagi con spuma di aglio orsino, Tagliatelle con il ragù di agnello, Prosciutto di agnello

OBERLECHNER

IN BREVE *In posizione panoramica sopra Lagundo, un tipico ristorante tirolese a gestione familiare. Vari tipi di canederli e sostanziosi piatti di carne sono le proposte principali.*

Località Velloi-Vellau, 7 - Tel. 0473 448350
🕐 Chiuso il mer Orario mezzogiorno e sera
Ferie 15 gennaio-15 marzo, 2 settimane in luglio
€ Prezzi: 39-45 euro vini esclusi
Carte di credito: BM, MC, Visa

L'OSTERIA Affacciato sulla splendida città di Merano, il ristorante si presenta in tutto il suo fascino, a partire dalla graziosa e curata **terrazza panoramica** ornata da pergole di gelsomini, che circondano i tavoli sobri ma eleganti. Le sale sono quelle classiche delle *stuben* sudtirolesi, con l'immancabile stufa che arreda e riscalda la stanza nei mesi più freddi. Molto **attenti all'accoglienza**, i gestori e lo staff rendono piacevole e serena la permanenza nel locale.

LA CUCINA Il menù è composto da pietanze della tradizione altoatesina abbinate a qualche proposta più innovativa. I piatti sono curati nei minimi dettagli e offrono un **piacere alla vista prima ancora che al palato**. Le portate sono impreziosite cromaticamente dai fiori ed esaltate dai profumi delle piante aromatiche raccolte nel vicino orto. La carta dei vini offre molteplici etichette locali.

I PIATTI Canederli di speck in brodo, *Schlutzer* con ricotta ed erbette, Arrosto di manzo con salsa al Lagrein

LAGUNDO-ALGUND (BZ)
Plars di Sopra-Oberplars

SCHNALSHUBERHOF

IN BREVE *Ad accogliervi Christian Pinggera, che vi racconterà la pluricentenaria storia del maso. In menù piatti altoatesini e non. Buoni anche i vini e i succhi di frutta autoprodotti.*

Plars di Sopra-Oberplars, 2
Tel. 0473 447324-335 5878822
🕐 Chiuso lunedì, martedì e mercoledì
Orario sera, su prenotazione; durante i mercatini di Natale anche pranzo Ferie dopo la terza dom di Avvento-febbraio, 23 luglio-8 agosto
Prezzi: 31-35 euro vini esclusi
Carte di credito: nessuna

L'OSTERIA Nei vigneti, nel frutteto, nell'orto, in cucina la parola d'ordine, che è anche una filosofia di vita, è "biologico". È il giovane Christian Pinggera a gestire lo Schnalshuberhof, ma i genitori Rosa e Hans continuano a dare una mano. Tra mura del Seicento tutelate dalle Belle Arti troviamo un'insolita *stuben* tappezzata di vecchi giornali. Un particolare punto di attrazione è la bottega del maso, dove fanno bella mostra di sé i diversi prodotti aziendali.

LA CUCINA La cucina, regno di Margherita, è di schietta **impronta tradizionale** ma non disdegna le novità, soprattutto nella grande varietà di canederli. Su prenotazione, disponibili gli *schupfnudel* (un particolare tipo di gnocchi). In autunno, da non perdere le salsicce di produzione propria con i crauti. Nel vigneto viene coltivato il più antico vitigno autoctono sudtirolese, il **frauler**, da cui si ricava un bianco leggero che, insieme alla Schiava e al Pinot Bianco, è il vanto della casa. In alternativa, tanti succhi della casa: mela, ribes, sambuco, melissa, menta piperita.

I PIATTI *Schlutzer*, Canederli, Costine di maiale

LASA-LAAS (BZ) - Alliz

SONNECK

IN BREVE *Atmosfera familiare e cucina tipica di montagna in questo gasthaus in cui domina il legno. Da provare lo schlachtplatte, lo speck prodotto in proprio, i funghi quando è stagione.*

Località Alliz, 11 - Tel. 0473 626589
🕐 Chiuso il martedì
Orario pranzo e sera Ferie febbraio e marzo
Prezzi: 33-37 euro vini esclusi
Carte di credito: BM, CS, MC, Visa

L'OSTERIA La Val Venosta è famosa per la produzione di frutta. Oltre alle colture estensive di mele, resiste una piccola e pregiata produzione di albicocche intorno alla località di Lasa. Qui, nel paesino di Allitz, affacciato sul massiccio dell'Ortles, l'osteria Sonneck fa bella mostra di sé con **un tocco moderno ma un'anima antica**. A condurla da oltre trent'anni Herberth Thanei, che si occupa della cucina. Nella bella stagione, in questo angolo incantato tra i boschi e gli erti prati lavorati dai contadini, potrete accomodarvi **sotto il grande albero frondoso** sui semplici tavolini del cortile.

LA CUCINA Assaggiate alcuni dei piatti della tradizione che Herbert cura con passione. Dopo il tagliere di speck e formaggi, da provare i canederli, la zuppa di crauti, l'agnello stufato. Da non perdere, in stagione, i canederli dolci alle albicocche.

I PIATTI Canederli, Zuppa di crauti, *Marillenknödel*

LAUREGNO-LAUREIN (BZ) - Gosseri-Gassern

SONNE

IN BREVE *Osteria a gestione familiare, con un'atmosfera che riporta indietro nel tempo. Il menù è semplice e genuino. Latte, carne e verdure arrivano da allevamento e orto propri.*

Via Gassern, 11 - Tel. 0463 530280
🕐 Chiuso il mer, mai in agosto
Orario mezzogiorno e sera
Ferie 2 settimane in novembre
Prezzi: 28-32 euro vini esclusi
Carte di credito: BM, CS, MC, Visa

L'OSTERIA Nella parte alta della Val di Non, troviamo uno dei tre comuni di lingua tedesca della zona, Lauregno, un incantevole paesino di 350 abitanti, raggiungibile sia dalla Val d'Ultimo sia dal passo delle Palade. Accanto alla chiesa, ecco l'osteria gestita dalla famiglia Ungerer. La signora Rosa vi accoglierà in un **ambiente tipico familiare** che riporta alla mente tempi passati; protagonista un menù casalingo fatto di ingredienti semplici e genuini.

LA CUCINA Grazie ai **prodotti dell'orto** e agli **animali allevati in proprio**, la qualità e la freschezza delle pietanze sono garantite. In primavera da non perdere le preparazioni con tarassaco raccolto nei campi vicini, mentre in autunno si possono gustare piatti con il radicchio rosso di campo e funghi di bosco, oltre a un tenero cavolo cappuccio.

I PIATTI Canederli di tarassaco al burro fuso, Gulasch di manzo, *Roulade* con frutti rossi

GARSUN

IN BREVE *In questa osteria familiare, il menù non esiste e le portate le scelgono la padrona di casa o il primo che prenota. La cucina è quella genuina dai sapori e dai profumi tradizionali.*

Località Mantena-Welschmontal, 9
Tel. 0474 501282
⏱ Chiuso il lunedì
Orario mezzogiorno e sera Ferie 15 maggio-30 giugno, 15 ottobre- 30 novembre
Prezzi: 26 euro menù fisso vini esclusi
Carte di credito: MC, Visa

L'OSTERIA All'ingresso di San Vigilio, lungo la strada principale, questa osteria quasi non si nota ma la sosta è d'obbligo. Si tratta di un luogo un po' fuori dal coro qui, in una delle rotte più turistiche dell'Alto Adige. Si mangia in **stanze rivestite di legno di cirmolo**, con tende e tovaglie le cui trame richiamano disegni della **tradizione ladina**. La proprietaria e le sue figlie sono sempre molto attente e pronte a condividere con gli ospiti storie e ricette di cucina. Unica accortezza è prenotare per tempo, altrimenti si fatica a trovare posto.

LA CUCINA Qui tutto è fresco e **preparato al momento**. Il menù è fisso, al costo di 26 euro a persona; per i bambini ne è disponibile uno ridotto, senza lo stinco, a 18 euro. I piatti sono quelli della **tradizione ladina**, proposti con passione e rispetto delle ricette. L'acqua di rubinetto è servita in caraffa. Il vino è un eccellente Lagrein.

I PIATTI *Turtres* agli spinaci, *Panicia*, *Cancjincì*

WALDHEIM

IN BREVE *Albergo-ristorante a 1500 metri di quota. Fra le specialità, la trota pescata in loco e lo speck, entrambi affumicati in proprio.*

Località Santa Maria in der Schmelz, 16
Tel. 0473 744545
⏱ Non ha giorno di chiusura Orario mezzogiorno e sera Ferie 2 settimane in novembre
Prezzi: 33-37 euro vini esclusi
Carte di credito: BM, CS, MC, Visa

L'OSTERIA Ci troviamo nel Parco Nazionale dello Stelvio, a **1530 metri di altitudine**, in un'ottima posizione per accedere a passeggiate e piste da fondo. La locanda, rinnovata da poco, presenta un **ambiente accogliente e familiare**. La gestione è affidata ai Mair, con Herrmann in cucina e i figli in sala. Apprezzabile carta di vini, soprattutto locali.

LA CUCINA La **trota** fresca, affumicata in casa al momento, è una delle specialità del locale, così come la selvaggina acquistata dai cacciatori locali. La carne di maiale, con la quale si produce lo speck affumicato, stagionato almeno sei mesi, proviene da allevatori biologici. Le carni di agnello, capretto e bovini a marchio Laugenrind giungono da allevatori locali, come anche i formaggi, il pane e le celebri fragole della Val Martello.

I PIATTI Trota affumicata, Bistecca di cervo, *Schlutzer*, Strudel di mele

GREITERHOF

Via Castel Verruca, 13 - Tel. 0473 244687
Chiuso lun e mar Orario mer-dom pranzo;
cena su prenotazione
Ferie 10 giorni in giugno e in settembre,
3 settimane in gennaio
Prezzi: 38-48 euro vini esclusi
Carte di credito: BM, MC, Visa

IN BREVE *Un maso, gestito con passione, a 600 metri a picco sopra Merano, in cui le materie prime, se non sono realizzate in proprio, arrivano da selezionati contadini della regione.*

L'OSTERIA Merano è una ridente cittadina del Burgraviato, circondata da vigneti, meleti e qualche maso. Uno di questi è il Greiterhof, dove Alex e Reinhild coltivano orti, segale, orzo e grano saraceno, allevano bovini, ovini, maiali e tacchini. Il maso è gestito in modo da avere pressoché completa autonomia: è **quasi al 100% autarchico**, con pochissime materie prime acquistate da fornitori regionali. Dal maso si gode un **bellissimo panorama** della valle e si respira un'atmosfera di altri tempi, dove ciò che la natura crea si trasforma naturalmente in qualcosa di sano e buono.

LA CUCINA Le proposte del menù si basano sulla **carne dei propri allevamenti**. Sono tutte lavorate da Alex, così come alcuni formaggi affinati che si possono assaggiare con il tagliere corredato dalle verdure fermentate. Ottime la zuppa d'orzo e la pasta fatta in casa con erbe spontanee. Altra specialità sono i crauti di rapa. Ottime le variazioni di grano saraceno per i dolci. Pochi e ben selezionati i vini biologici dell'Alto Adige.

I PIATTI *Kniekiechl*, Sella d'agnello alla brace, Crêpe di grano saraceno

MONTAGNA-MONTAN (BZ)
Casignano-Gschnon

LOCANDA ALPINA DORFNER

Località Casignano, 5 - Tel. 0471 819924
→ 12,5 km dall'uscita A22 Egna Ora-Termeno
Chiuso il lunedì Orario mezzogiorno e sera Ferie marzo e novembre
Prezzi: 38-42 euro vini esclusi
Carte di credito: BM, CS, MC, Visa

IN BREVE *Un ambiente tranquillo ed elegante immerso nel verde, in cui si preparano tante ottime pietanze tradizionali, soprattutto di carne, con molte materie prime autoprodotte.*

L'OSTERIA L'osteria si trova in una zona da scoprire, incastonata nel verde, vocata alla naturale bontà, una valle tranquilla e isolata che sale al Parco Naturale Monte Corno. Il locale è stato ristrutturato mantenendo il filo conduttore del legno, con molta **eleganza**, modernità e buon gusto, senza rinnegare le proprie origini.

LA CUCINA La cucina del territorio proposta dallo chef Anton fa perno su una serie di ingredienti di prima qualità reperiti da piccoli produttori locali e dall'**azienda di famiglia**. Salumi di propria produzione, speck, salsicce e pancetta di maiali allevati nella vicina stalla sono preludio di una **cucina semplice, genuina ma anche innovativa**. Ampia carta dei vini con prevalenza di quelli locali e, in particolare, di Blauburgunder (Pinot Nero).

I PIATTI Ravioli al prezzemolo, *Gröstl* di patate, Torta di grano saraceno

PERCA-PERCHA (BZ)
Vila di Sopra-Oberwielenbach

MOAR

IN BREVE *In una stube del XIII se-colo o in una veranda con bella vista, gusterete piatti tradizionali di carni locali o del proprio allevamento e, d'e-state, di verdure dell'orto.*

Via Sankt Nikolaus, 6 - Tel. 0474 430530
Chiuso lun e mar Orario pranzo, sera su prenotazione Ferie in settembre e dicembre
Prezzi: 30-36 euro vini esclusi
Carte di credito: BM, CS, MC, Visa

L'OSTERIA Le attestazioni scritte più antiche relative al Moarhof sono datate 1296. Nel Medioevo, era considerato una sorta di "amministratore del paese", svol-gendo un ruolo essenziale nella vita della comunità come testimonia il cognome Mayr dato alle famiglie che svolgevano questa funzione. Da oltre **venti generazio-ni** il Moarhof è della stessa famiglia che ne divenne proprietaria nel 1413, facendone **uno dei più antichi e longevi masi aviti** dell'Alto Adige.

LA CUCINA Gli esordi come trattoria sono riconducibili alla fine dell'Otto-cento. L'attuale proprietario Peter Mayr è subentrato nella gestione del locale nel 1983. Nella *stube* vengono servite le caratteristiche specialità della **cucina pusterese**. Tra i piatti più apprezzati, il classico antipasto di graukäse con ci-polla, olio, sale e pepe, i canederli sia in brodo sia con il burro e formaggio grattugiato, il ragù di capriolo, il rotolo di grano saraceno con mirtilli rossi e panna leggera. Buona la selezione di vini regionali.

I PIATTI Tagliatelle ai funghi porcini, Gulasch di manzo, Torta Linzer

PERCA-PERCHA (BZ) - Sopranessano-Aschbach

NIEDRISTHOF

IN BREVE *Un'autentica hofschänke che fa dell'autarchia il proprio motto: il formaggio e le carni vengono dalle stal-le del maso, le verdure sono dell'orto, il pane è cotto nel forno di casa.*

Località Sopranessano-Aschbach, 2
Tel. 0474 401163
Chiuso il lunedì Orario pranzo e sera
Ferie 6 gennaio-20 febbraio
Prezzi: 30-34 euro vini esclusi
Carte di credito: BM, CS

L'OSTERIA Raggiungibile al rientro dalla passeggiata alle piramidi di terra di Perca, o semplicemente in macchina, uscendo dalla statale della Val Pusteria per la località Sopranessano-Aschbach, il maso Niedristhof vi accoglie con i proprietari Margareth e Paul Niederwolfsgruber. I gestori puntano all'autosuf-ficienza energetica, alimentando la stufa con il legno del bosco di famiglia e catturando l'energia solare per soddisfare ben l'80% del proprio fabbisogno. Gli ospiti possono accomodarsi nell'accogliente e intima *stube* o, tempo per-mettendo, al tavolo del **giardino che affaccia sui monti** della Val Pusteria.

LA CUCINA La particolarità del maso è la **totale produzione casalinga** dei prodotti offerti: dal formaggio alle carni di vitello e di maiale, dalle verdure dell'orto al pane e ai succhi di frutta. In questa autentica *Hofschänke* troverete anche i *niggilan*, gli ormai rari dolci tipici fritti della valle proposti con i semi di papavero. Cantina limitata.

I PIATTI Canederli di speck, Gulasch di manzo, *Niggilan*

RASUN ANTERSELVA
RASEN ANTHOLZ (BZ)
Anterselva di Mezzo-Antholz Mittertal

EGGERHÖFE

Località Masi Egger, 42 - Tel. 0474 493030
Chiuso il lunedì, mai in luglio e agosto
Orario mezzogiorno e sera
Ferie 31 ottobre-15 maggio
Prezzi: 27-32 euro vini esclusi
Carte di credito: BM, CS, MC, Visa

IN BREVE *Marlies e Christian propongono ospitalità di tipo moderno in un'accogliente stube all'antica. I piatti sono quelli classici della valle, realizzati con molti prodotti del maso.*

L'OSTERIA Antico e moderno si sposano bene in questa casa di Anterselva, la verde valle laterale della Val Pusteria. Le eccellenze gastronomiche sono garantite da una rete di **piccoli produttori e allevatori**, che sfruttano le ricchezze del territorio con un lavoro di grande qualità e intelligenza.

LA CUCINA Marlies e Christian Leigeb propongono da una decina di anni ospitalità e un'ottima espressione della cucina locale in un'accogliente ***stube all'antica***. Il semplice menù comprende preparazioni tipiche della valle realizzate con molte materie prime del maso, a partire dagli affettati misti con il graukäse di propria produzione. Pochi ma sostanziosi i primi e i classici piatti unici della zona. La lista dei vini è limitata: una buona occasione per provare i **succhi di frutta** del maso, fra cui la menta e il sambuco.

I PIATTI Minestra di patate, Gulasch di manzo, *Kaiserschmarrn* con i mirtilli rossi

RENON-RITTEN (BZ) - **Signato-Signat**

PATSCHEIDERHOF

Località Signato, 178 - Tel. 0471 365267
→ 8,3 km dall'uscita A22 Bolzano Nord
Chiuso il martedì Orario solo a pranzo
Ferie tra gennaio e febbraio, in luglio
Prezzi: 35-40 euro vini esclusi
Carte di credito: AE, CS, DC, MC, Visa

IN BREVE *Un locale accogliente, gestito dalla famiglia Rottensteiner, riscaldato da una bella stufa a legna. Consigliamo di non perdere gli schlutzer e il tris di canederli.*

L'OSTERIA Sull'altopiano del Renon, raggiungibile tramite una strada panoramica, dalla quale si ammira lo splendore del gruppo montuoso del Catinaccio, troviamo il Patscheiderhof. Il maso, gestito dalla famiglia Rottensteiner, presenta alcune **soleggiate terrazze** nel cortile interno alla struttura. Nel locale troviamo un'**antica *stube*** in legno con tavoli sobriamente apparecchiati e una bella stufa a legna.

LA CUCINA I piatti preparati dal cuoco Alois esprimono tutta la genuinità degli ingredienti tipici altoatesini, alcuni dei quali provenienti dal proprio **orto**. Anche i vini sono di produzione propria, come il Vernatsch. Succulenti i piatti di carne, a cominciare dalla prelibata testina di vitello servita come antipasto. A conclusione del pasto concedetevi una fetta di torta morbida e succosa: non ve ne pentirete.

I PIATTI *Kalbskopf*, Tris di canederli, Costine di maiale

RENON-RITTEN (BZ) - Signato-Signat

SIGNATERHOF

IN BREVE *Maso dall'atmosfera tradizionale: legno a vista, una bella stube, vestiti tipici. Il menù si basa prevalentemente sui piatti della tradizione con interessanti variazioni.*

Località Signato, 166 - Tel. 0471 365353
→ 8,1 km dall'uscita A22 Bolzano Nord
🕐 Chiuso domenica sera e lunedì
Orario mezzogiorno e sera
Ferie 07/01-11/02 e 07/06-08/07
€ Prezzi: 40-44 euro vini esclusi
Carte di credito: BM, CS, MC, Visa

L'OSTERIA Il Signaterhof, nell'omonima località di Signato, si raggiunge imboccando una tortuosa stradina a metà della strada che porta a Renon. Qui scoprirete uno dei paesaggi più idilliaci dell'Alto Adige. **Vicino alla chiesetta da cui si dipanano piacevoli sentieri** per passeggiate postprandiali e pomeridiane, Günther Lobiser e la moglie Erika conducono da più di vent'anni questa osteria impreziosita al secondo piano da una splendida *stube* del XVIII secolo.

LA CUCINA I piatti ruotano intorno alla classica **proposta della tradizione** fin dagli antipasti: provate a questo proposito il salame di cervo con finferli sott'olio e la testina di vitello con cipolla. In stagione non perdete gli asparagi freschi con prosciutto cotto, patate e salsa bolzanina. Lista dei vini curata nella sua semplicità, interessante selezione di formaggi.

I PIATTI *Schlutzkrapfen*, *Gröstl* con insalata di cappuccio e speck, *Kaiserschmarren* con prugne arrostite

SALORNO-SALURN (BZ) - Cauria-Gfrill

FICHTENHOF

IN BREVE *Ingrid, seguace convinta del concetto di chilometro zero, propone maltagliati fatti in casa con i funghi, schlutzer ripieni di ricotta e verdure selvatiche, gulasch di cervo.*

Località Cauria, 23
Tel. 342 0715788-0471 889028
🕐 Chiuso il lunedì, gen-feb aperto ven, sab e dom su prenotazione Orario mezzogiorno e sera Ferie 15/11-24/12
€ Prezzi: 38-42 euro vini esclusi
Carte di credito: BM, CS, MC

L'OSTERIA Situata a 1328 metri di quota, in prossimità del Parco Naturale Monte Corno e immersa nel silenzio del bosco, la trattoria Fichtenhof esiste da 56 anni, mentre il maso che la ospita ha oltre tre secoli di storia. All'interno un **ambiente tradizionale e caloroso** in cui sentirsi a proprio agio, all'esterno panche e tavoli di legno con vista sulla vallata dell'Adige e i suoi vigneti. È presente anche un **piccolo parco giochi** attrezzato per i bambini.

LA CUCINA Qualità e gusto genuino delle materie prime, cura e passione nel lavorarle sono gli ingredienti della cucina gestita da Ingrid. Le verdure provengono dal proprio orto o da **agricoltura biologica e biodinamica**, le carni da allevamenti, locali e regionali, in cui gli animali vivono all'aperto. Piccola ma curata la carta dei vini.

I PIATTI Tortelloni di segale ripieni di ricotta di capra e origano selvatico, Canederli di ortica, mentuccia e basilico, Agnello al timo con tortelli di patate

SAN CANDIDO-INNICHEN (BZ)

JORA

IN BREVE *Nel suo bel rifugio, Markus Holzer propone ricette e prodotti autentici della cucina di montagna con un approccio moderno che non tradisce la tradizione.*

Monte Baranci - Tel. 335 6561256
🕐 Non ha giorno di chiusura Orario solo a mezzogiorno Ferie aprile-maggio e tra ottobre e novembre
€ Prezzi: 38-40 euro vini esclusi
Carte di credito: BM, CS, MC, Visa

L'OSTERIA Dalla partenza della seggiovia del Monte Baranci, su un facile sentiero, in circa mezz'ora a piedi si raggiunge questo **rifugio a due passi dalle piste da sci**, dove si può godere di una delle più creative e interessanti cucine della Val Pusteria.

LA CUCINA Markus Holzer, con la passione per la cucina italiana e quella del territorio, **propone ricette originali** utilizzando prodotti, molti biologici, dei contadini della zona indicati in calce al menù. Si sceglie alla carta o tra uno dei menù degustazione: vegetariano, gourmet, della malga. Periodicamente si dedicano serate alla pasta fresca (grande passione di Markus che ci ha anche scritto un libro) e alla cucina gourmet. Nella carta dei vini alcune tra le più interessanti etichette altoatesine.

I PIATTI Caprino alla griglia con insalata d'orzo, Tagliatelle al carbone con formaggio erborinato e tartufo, Frattaglie di capretto con canederli alle punte di abete

SAN GENESIO ATESINO JENESIEN (BZ) - Valas

LANZENSCHUSTER

IN BREVE *Una classica osteria di montagna dall'arredamento ai buonissimi piatti preparati con ottime materie prime. Un bellissimo indirizzo per passare ore piacevoli.*

Via Lanzen, 12 - Tel. 0471 340012
🕐 Chiuso il lunedì Orario mezzogiorno e sera Ferie 3 settimane tra febbraio e marzo
€ Prezzi: 37-40 euro vini esclusi
Carte di credito: BM, CS, Visa

L'OSTERIA A pochi chilometri da Bolzano, circondato da splendidi prati e fitti boschi di larici troviamo il Lanzenschuster. L'ambiente è quello classico, con legno a vista e arredamento tipico; nei giorni soleggiati si può approfittare della **terrazza panoramica**. L'imponente struttura dispone anche di fienile, stalla, un attrezzatissimo parco giochi per bambini e un piccolo "zoo".

LA CUCINA Molta della carne (buoi, vitelli e capretti) utilizzata in cucina arriva dai **propri allevamenti**. Il proprietario Christian Pircher cura la cucina, lavora e affumica il manzo, la selvaggina e salumi come i *kaminwurzen*. Margret, la moglie, oltre a occuparsi della sala, è un'**esperta raccoglitrice di erbe** e piante selvatiche. La lista dei vini è semplice, curata, di territorio.

I PIATTI Brasato di bue, Ravioli di capretto e di agnello, Strudel di mele

TÖRGGELEN E CIBO NOSTRANO

Migliaia di case contadine rendono indimenticabile il paesaggio dolomitico. Masi, piccole aziende agricole, luoghi isolati divenuti singolari osterie contadine, dove sono proposti piatti semplici, con ingredienti di produzione propria. E nei buschenschank, subito dopo la vendemmia, si può far *törggelen*, ovvero girovagare per i masi assaggiando il mosto, il *nuien*, mangiando castagne arrostite, gustando speck e altre pietanze nostrane.

APPIANO SULLA STRADA DEL VINO-EPPAN AN DER WEINSTRASSE (BZ)
Missiano-Missian

BURGSCHENKE HOCHEPPAN

Via Castel Appiano, 17 - Tel. 333 6698212
Chiuso il mercoledì - Ferie: variabili
Orario: 10.00-18.00

Una suggestiva meta estiva che richiede 30 minuti di cammino su un sentiero mediamente impegnativo. Una volta arrivati, però, la vista è eccezionale: si apre sulla conca di Bolzano e si intravedono anche le prime cime dolomitiche. Gusterete specialità locali tra cui il bis di canederli al burro fuso servito in pentolini di ferro, taglieri di speck e formaggi e l'ottimo *strauben*, un dolce fritto servito con confettura di mirtilli rossi.

APPIANO SULLA STRADA DEL VINO-EPPAN AN DER WEINSTRASSE (BZ)
Predonico-Perdonig

WIESER

Strada Predonico, 29 - Tel. 0471 662376
Chiuso il mercoledì
Orario: 17-22, sabato e domenica 12.00-14.00 e 18.00-20.00, d'inverno sabato solo sera

Risalendo la strada di Appiano Monte, troverete nella frazione di Predonico, circondato da alberi e prati fioriti, questo piccolo e accogliente albergo con terrazza e veranda panoramica. Un buon tagliere di salumi locali anticiperà il tris di canederli o il gulasch con la polenta. Una buona proposta di dolci e, in autunno, il *törggelen* completano la proposta.

BOLZANO-BOZEN
STEIDLERHOF

Località Obermagdalena, 1 - Tel. 0471 973196
Chiuso lun, mar e mer, in autunno lun e mar
Ferie: tra dicembre e marzo, tra giugno e settembre - Orario: 11.00-24.00, in autunno mer-gio 17.00-24.00, ven-dom 11.00-24.00

Appena sopra Bolzano, in località Santa Maddalena, con una bellissima vista sui vigneti e sulla città, il maso Steidlerhof, gestito da Claudia e Rudy Gasser, propone piatti della tradizione locale tra cui *schlutzkrapfen*, gnocchi di formaggio o di spinaci, stinco e costine di maiale, gulasch di manzo all'agro, canederli di fegato in brodo. Ottimi i dolci, tutti fatti in casa, tra cui la torta di vino e cioccolato, i krapfen, il *kaiserschmarren* con la confettura di mirtilli rossi. Di propria produzione i vini, tra cui il Moscato Giallo e il Cabernet.

BRESSANONE-BRIXEN (BZ)
GUMMERERHOF

Località Pinzagen, 18 - Tel. 0472 835553
Chiuso mer e gio - Ferie: primi di marzo-fine settembre, primi di dicembre-inizio gennaio
Orario: 15.00-24.00, domenica 12.00-24.00

Non lontano da Bressanone, in mezzo a castagneti e vigneti, spicca il Gummererhof, un luogo ideale per organizzare castagnate e *törggelen*. Si è accolti dai proprietari con genuina cordialità. Fra i tipici piatti locali, zuppa d'orzo e di trippa, canederli allo speck o pressati di grano saraceno, costine di maiale, caldarroste, krapfen. Il vino è di propria produzione, i prezzi sono molto contenuti.

HUBERHOF

Località Elvas, 3 - Tel. 0472 830240
Ferie: 15 maggio-18 settembre, 28 novembre-31 marzo - Orario: sab-dom pranzo e sera, in autunno lun-gio pranzo, ven sera, sab-dom pranzo e sera

Un maso che trasforma il meglio della propria produzione in piatti altoatesini: canederli, crauti, salsicce, carne di maiale e dolci tipici. La cucina è in mano alla signora di casa. Da consigliare, durante la stagione autunnale, il *törggelen*.

CASTELBELLO-CIARDES KASTELBELL-TSCHARS (BZ)
NIEDERMAIRHOF

Località Trumsberg, 4 - Tel. 0473 624091
Chiuso il giovedì, 15 giugno-15 agosto anche la domenica - Ferie: 20 dicembre-primi di aprile
Orario: pranzo, sera su prenotazione

L'osteria si trova in località Trumsberg, sopra Castelbello, a un'altitudine di 1300 metri. Si raggiunge in 15 minuti percorrendo una strada abbastanza stretta e tortuosa, ma si viene premiati con una vista su tutta la vallata. Il locale è antico e ha una *stube* bicentenaria. La famiglia Kaserer, proprietaria del maso da diverse generazioni, accoglie gli ospiti con cordialità. Si possono gustare piatti tipici come i salumi e lo speck di produzione propria, il gulasch, il formaggio della malga Stelvio (dove pascolano le mucche in estate), l'ottimo *kaiserschmarrn*. Si bevono succhi di sambuco e di lamponi oltre al vino di propria produzione.

LAION-LAJEN (BZ)
BUCHNERHOF

Località Ried, 144 - Tel. 0471 655829
Chiuso il lunedì, gennaio-aprile anche martedì
Ferie: maggio-agosto - Orario: 16.00-24.00, settembre-dicembre 12.00-24.00

L'autunno è la stagione del tradizionale *törggelen* e in questo maso, nella bella stube del XVII secolo, il vino novello viene servito insieme allo speck affumicato e ai *kaminwurzen*, classici salamini affumicati. Durante l'inverno si possono gustare piatti sostanziosi della cucina contadina altoatesina.

NALLES-NALS (BZ)
NALSERBACHERKELLER

Via Prissian, 1 - Tel. 0471 678661
Chiuso lunedì-mercoledì, da agosto a dicembre martedì e mercoledì
Ferie: metà dicembre-aprile, luglio-agosto
Orario: solo la sera

Che sia estate o inverno questa osteria è sempre una conferma. All'interno del rustico locale o sulla terrazza gusterete buoni piatti della tradizione altoatesina: testina di vitello all'agro, speck, zuppa d'orzo, costine con patate o insalata di cavolo cappuccio, tutto accompagnato da pane caldo e da un buon vino rosso di propria produzione. Come dolce non possono mancare lo strudel e i krapfen con confettura di albicocche o castagne. Gli ingredienti sono tradizionali e genuini, i gestori gentili e simpatici.

SCENA-SCHENNA (BZ)
ZMAILERHOF

Località Schennaberg, 48 - Tel. 0473 945881
Chiuso il ven - Ferie: dicembre-metà marzo
Orario: solo a mezzogiorno

Dopo aver percorso una tortuosa strada di montagna, si arriva al maso Zmailerhof, da cui si gode una splendida vista sulla valle dell'Adige. Sulla terrazza assolata oppure nella *stube* accogliente gli ospiti possono gustare squisite specialità contadine. Ottimi gli arrosti di carne. In primavera erbe spontanee e cicoria imprezziosiscono l'insalata di patate e uova. Da non perdere, infine, lo *schmarren* con confettura di mirtilli.

TERLANO-TERLAN (BZ)
OBERLEGAR

Via Meltina, 2 - Tel. 0471 678126-334 3189520
Chiuso il martedì
Orario: sera, 15 marzo-31 maggio e fine settembre-8 dicembre domenica anche pranzo

Sulla strada che da Terlano conduce a Meltina, dopo quattro chilometri di curve, trovate sulla destra il maso. Ci si può accomodare sulla terrazza oppure in una delle due calde *stuben*. Il maso è semplice e accogliente. La famiglia Schwarz si adopera per offrire prodotti di stagione e di prima qualità: pane fatto in casa, formaggi acquistati dai masi vicini, speck e *kaminwurzen*, zuppa d'orzo, ravioli di zucca, gnocchi al formaggio e, quando disponibile, il capretto. In autunno è eccellente

lo *schlachplatte*; in inverno gustate il raro cavolo navone, magari abbinato alla zucca. Il locale è famoso anche per gli asparagi. Eccellenti infine i krapfen di mirtilli, di prugne e di castagne. Si beve principalmente Sauvignon, Schiava e Lagrein.

VARNA-VAHRN (BZ)

HUBENBAUER

Vicolo Ombroso, 12 - Tel. 0472 830051
Chiuso mar e mer - Ferie: 15 dicembre-15 aprile
Orario: 14.00-21.00, sab e dom 12.00-21.00

Questa osteria contadina è a conduzione familiare. La quasi totalità delle materie prime utilizzate in cucina proviene dal maso, da orto e vigne di proprietà o da aziende limitrofe. Degna di nota la birra di produzione propria. Durante l'estate ci si può accomodare in giardino.

VILLANDRO
VILLANDERS (BZ)

RÖCKHOF

Località San Valentino, 9 - Tel. 0472 847130
Chiuso lunedì-mercoledì
Orario: 16.00-24.00, ottobre e novembre domenica anche pranzo

Quando le giornate si fanno più corte e il paesaggio si trasforma in una tavolozza di colori, si festeggia il periodo delle tradizionali castagnate. Una splendida escursione attraverso i boschi, passando davanti a castelli e masi, con le vette dei monti illuminate dalla luce del tramonto, conduce al maso Röckhof, rinomato per i suoi vini, i canederli e i *gröstl*. La prenotazione è obbligatoria.

SAN LORENZO DI SEBATO (BZ)
Ronchi-Runggen

LERCHNER'S IN RUNGGEN

IN BREVE *Osteria calda e accogliente con stube in legno e tipica stufa tirolese. Il menù è curato nei dettagli e comprende gran parte delle ricette della tradizione locale.*

Via Ronchi, 3 - Tel. 0474 404014
Chiuso lunedì e martedì Orario mezzogiorno e sera Ferie 2 settimane in luglio
Prezzi: 37-45 euro vini esclusi
Carte di credito: BM, CS, Visa

L'OSTERIA Nella meravigliosa Val Pusteria troviamo questa classica osteria sudtirolese. L'ambiente, tutto arredato in legno, è dotato di una bella *stube* con stufa e **finestre luminose** abbellite da un alternarsi di orchidee, bambole di stoffa e altri oggetti curiosi. La terrazza nella bella stagione offre agli ospiti la possibilità di godere la frescura della valle.

LA CUCINA Johannes Lerchner affumica salumi di anatra, cervo e agnello, e prepara piatti della tradizione locale, anche recuperando **antiche pietanze** quali la *muas* (polentina di farina di mais condita con burro fuso) e la *sauersuppe* (zuppa di trippa con i cetriolini sotto aceto). D'inverno ottime le **zuppe**, tra le quali quella di grano saraceno, patate e castagne caramellizzate. In chiusura deliziosi dolci tipici accanto a qualche proposta più creativa.

I PIATTI *Schwoassnudl*, Tagliata di bue, *Kniachl*

SAN MARTINO IN PASSIRIA
SANKT MARTIN IN PASSEIER (BZ)

LAMM MITTERWIRT

IN BREVE *Storica locanda sulla piazza principale di San Martino in Passiria. Dai formaggi al salmerino, quasi tutti i prodotti provengono da allevatori e coltivatori della valle.*

Via del Villaggio, 36 - Tel. 0473 641240
Chiuso dom sera, mai d'estate, e lun
Orario mezzogiorno e sera Ferie variabili
Prezzi: 36-40 euro vini esclusi
Carte di credito: BM, CS, MC, Visa

L'OSTERIA La **storica locanda** sulla piazza principale di San Martino in Passiria viene menzionata sin dal XVII secolo come luogo d'incontro e crocevia di personaggi e avvenimenti fondamentali nelle vicende storiche del Tirolo e dell'Alto Adige. Qui è passato anche l'eroe dell'insurrezione popolare contro i francesi, Andreas Hofer, che era di casa da queste parti. Oggi, negli storici locali Arnold Fontana e il figlio Alexander servono nella *stube* **risalente al 1777**, mentre la moglie Hildegard aiutata dal figlio Thomas governa la cucina.

LA CUCINA Si perpetuano in cucina riti e tradizioni della cultura locale. Dai formaggi al salmerino, **quasi tutti i prodotti provengono da allevatori e coltivatori della valle**. Tra i piatti segnaliamo l'esemplare trippa all'agro e le golose pappardelle al rosmarino con sugo di capriolo e finferli. Lasciatevi consigliare sul migliore abbinamento tra cibo e vino, la scelta di etichette è ampia e curata.

I PIATTI Salmerino affumicato su mousse di rafano e rape rosse, Tagliatelle alle castagne con ragù di mele caramellate e formaggio di capra, Stinco di agnello brasato al Lagrein

FINAILHOF

Vernago, 9 - Tel. 346 6174980
🕐 Non ha giorno di chiusura Orario mezzogiorno e sera Ferie 11 gennaio-6 febbraio
Prezzi: 29-33 euro vini esclusi
Carte di credito: BM, CS, MC, Visa

IN BREVE *La famiglia Gurschler vive e lavora al maso da quattro generazioni. Tra le specialità, imperdibili gli arrosti di montone, agnello o capra.*

L'OSTERIA Con i suoi 1973 di quota, il Finailhof è stato considerato fino alla metà degli anni Sessanta il più alto maso cerealicolo dell'arco alpino. Oggi l'attività si concentra soprattutto sull'allevamento della pecora della Val Senales e sull'**attività agrituristica** stagionale. La famiglia Gurschler, che vive e lavora al maso da quattro generazioni, dà molto valore alla **gestione tradizionale e sostenibile** della propria attività, nonché all'accoglienza degli ospiti.

LA CUCINA La prenotazione è obbligatoria e la cena ha inizio entro le 19. Sia nella *stube* sia sulla **terrazza panoramica** si serve tutto quello che viene prodotto nel maso: uova, latte, formaggio di malga, carne, speck. Tra le specialità, imperdibili gli arrosti di montone, agnello o capra. Alcune buone bottiglie di vino prodotto in Val Senales e le grappe di casa completano un quadro davvero idilliaco.

I PIATTI *Schöpsernes*, Quinto quarto di pecora in umido, *Kaiserschmarren* con confetture di albicocche e mirtilli

OBERRAINDLHOF

Località Raindl, 49 - Tel. 0473 679131
🕐 Non ha giorno di chiusura Orario mezzogiorno e sera Ferie 15-30 novembre
€ Prezzi: 40-46 euro vini esclusi
Carte di credito: BM, CS, MC, Visa

IN BREVE *In una stube luminosa, decorata con eleganza, gusterete piatti basati per la maggior parte su materie prime della valle: carne, verdure, frutta.*

L'OSTERIA Tra le montagne del Parco Naturale del Gruppo di Tessa, in Val Senales, si trova questo **ristorante gestito già dai primi del Novecento dalla famiglia Raffeiner**. La struttura, che comprende anche un hotel e un'area benessere, ospita diverse *stuben* elegantemente arredate e decorate con elementi tipici della tradizione altoatesina.

LA CUCINA In cucina spicca l'attenzione per i **prodotti della Val Senales**, come i saporiti formaggi e l'ottimo agnello. La ricerca della tradizione si evince chiaramente sfogliando le pagine di un menù, che presenta anche qualche proposta più moderna. I dolci, imperdibili, sono quelli classici della zona. Particolarmente **curata la carta dei vini**, che merita di essere spulciata con attenzione pagina dopo pagina.

I PIATTI *Schlutzer* d'agnello, Carne *salada* d'agnello, *Schöpsernes*

WALDRUHE

Via Monte di Fuori, 6
Tel. 0474 710512-348 5657027
🕐 Chiuso il lunedì, mai in agosto e a Natale
Orario mezzogiorno e sera Ferie Pasqua-fine maggio, metà ottobre-7 dicembre
Prezzi: 28-32 euro vini esclusi
Carte di credito: BM, CS, MC, Visa

IN BREVE *La cura e l'attenzione per i particolari sono il tratto distintivo di questa realtà rispettosa del territorio e dei suoi prodotti.*

L'OSTERIA La *gasthaus* si trova **alle pendici di Monte Elmo**, da cui si domina la valle di Sesto con panorami spettacolari. La terrazza vi farà vivere momenti indimenticabili grazie ad aria pulita, profumi naturali e piatti genuini. All'interno l'ambiente è curato, caldo e dall'inconfondibile **profumo di legno**: il perfetto habitat per chi voglia farsi coccolare dalle prelibatezze culinarie di Stefan.

LA CUCINA **La cucina è tradizionale e molto curata** nelle preparazioni e nella presentazione. Il piatto forte è lo stinco, morbidissimo e aromatico, ma più in generale tutte le pietanze sono ottimamente cucinate. Nelle giornate di giovedì e venerdì è possibile ordinare la trota al forno. I dolci, tutti fatti in casa, includono il *kaiserschmarren* e lo strudel di mele. La carta dei vini propone apprezzate etichette locali.

I PIATTI Pappardelle con i porcini, Stinco di maiale con canederli allo speck e crauti cotti, Strudel di mele con panna

TIROLO (BZ)

ROBERTS STUBE

Via Monte San Zeno, 14 - Tel. 338 8055956
🕐 Chiuso la domenica
Orario la sera, su prenotazione
Ferie 2 settimane in febbraio, 2 in luglio
€ Prezzi: 43-47 euro vini esclusi
Carte di credito: BM, CS, DC, MC, Visa

IN BREVE *L'osteria ha una splendida saletta scavata nella roccia. Il menù comprende piatti locali e di carattere nazionale.*

L'OSTERIA Il ristorante si raggiunge con una comoda passeggiata dal centro storico di Merano o in auto dalla strada che porta a Tirolo. **L'accoglienza è calorosa**, cordiale, gentile e accorta. Il nome completo del locale comprende "im Felsenkeller": difatti l'ambiente, caratterizzato dagli arredi in legno, merita in particolare per la splendida **saletta scavata nella roccia**.

LA CUCINA La **cucina, d'impronta locale con incursioni nazionali**, è seguita personalmente da Robert, molto attento anche a intolleranze alimentari, e offre alternative nutrizionalmente equilibrate per vegetariani e vegani. La pasta e il pane sono fatti in casa. Molti i Presìdi Slow Food utilizzati. Disponibili, oltre alla carta, due menù degustazione da tre e quattro portate, rispettivamente a 38 e 44 euro.

I PIATTI *Spätzle* allo speck, Carpaccio di canederli con graukäse e speck, Fegato di vitello alla contadina con patate saltate

VAL DI VIZZE (BZ) - Tulve

PRETZHOF

IN BREVE *Da oltre quarant'anni un esempio di imprenditoria contadina virtuosa all'interno di un maso del 1299: orto, ristorazione tradizionale, produzione di salumi e formaggi.*

Frazione Tulve, 259 - Tel. 0472 764455
→ 8,4 km dall'uscita A22 Vipiteno
🕐 Chiuso lunedì e martedì **Orario** pranzo e sera, domenica fino alle 18.00 **Ferie** variabili
€ Prezzi: 46-50 euro vini esclusi
Carte di credito: BM, CS, MC, Visa

L'OSTERIA Da Vipiteno si entra nella val di Vizze e, dopo pochi chilometri, si arriva a un **imponente maso del 1299**. Karl Mair e la moglie Ulli lo hanno ristrutturato e, con l'aiuto di tutta la famiglia, hanno affiancato con successo all'attività contadina questa osteria. È stata anche avviata la **produzione di speck, salumi e formaggi** di malga, proposti insieme a confetture, succhi e altre prelibatezze nella simpatica bottega annessa.

LA CUCINA La cucina, basata sulla produzione casalinga di pasta e conserve, è seguita da Ulli. Le materie prime provengono **dai contadini della zona e dall'orto di casa**; funghi, erbe e piccoli frutti arrivano dai campi e dai boschi circostanti. Non c'è un menù scritto: i piatti sono raccontati e, ovviamente, variano secondo stagione.

I PIATTI Prosciutto di cervo affumicato, Tris di canederli, Spezzatino di bue

VALLE AURINA-AHRNTAL (BZ)
Rio Bianco-Weissenbach

MÖSENHOF

IN BREVE *Albergo-trattoria con trecento anni di storia, propone una cucina di tradizione, di cui il graukäse è il protagonista principale. Si organizzano spesso invitanti settimane gastronomiche.*

Kirchgasse, 13 - Tel. 0474 671768
🕐 Chiuso il martedì **Orario** la sera
Ferie in giugno e in dicembre
Prezzi: 34-38 euro vini esclusi
Carte di credito: BM, CS, MC, Visa

L'OSTERIA Costruito oltre trecento anni fa, lo **storico albergo-ristorante** si trova nella piazzetta principale del borgo di Rio Bianco. È amorevolmente gestito con cura e attenzione dalla famiglia Kirchler. Alcune camere per soggiornare e una cucina improntata alla tradizione e ai prodotti locali costituiscono la cifra della casa. Il locale apre alle ore 16 per spuntini e merende e dalle 18 alle 20,45 per la cena.

LA CUCINA Se la sala è il regno di Helene, in cucina Hartman Kirchler si dimostra un cuoco di buona mano, che guarda anche oltre la valle organizzando invitanti **settimane gastronomiche** dedicate alla cucina salutare, alla pasta, alla carne alla griglia. Molto importante, nel mese di novembre, quella della cucina contadina in cui non mancano tutti i **piatti tipici della Valle Aurina**, tra cui la golosa zuppetta di graukäse, dai profumi inebrianti, accompagnata dal pane di segale.

I PIATTI Zuppetta di graukäse con pane di segale, *Schlutzkrapfen* di segale e ricotta agli spinaci, *Gröstl*, Canederli di albicocche

VALLE DI CASIES-GSIES (BZ)
Planca di Sotto-Unterplanken

DURNWALD

IN BREVE *Cambiano le generazioni ma la missione della famiglia Mayr è quella di proporre piatti della tradizione locale con un'attenzione maniacale per le materie prime.*

Via Amhof, 6 - Tel. 0474 746886
Chiuso il lunedì Orario mezzogiorno e sera Ferie giugno, 2 settimane in dicembre
Prezzi: 40-43 euro vini esclusi
Carte di credito: BM, CS, DC, MC, Visa

L'OSTERIA Partendo da Bolzano seguiamo la bella strada, fatta di dolci curve e fiabeschi castelli, che lentamente ci immerge in una natura forte e viva. Tra queste verdi sfumature troviamo Durnwald: l'impressione iniziale subito rinfranca dal viaggio non breve. Entrati, veniamo accolti con calore e premura dalla famiglia Mayr, **quarant'anni di esperienza** nella ristorazione. Legno chiaro, candide tovaglie e una grande *stube* sono un ottimo biglietto di presentazione.

LA CUCINA Saldamente basato su piatti e **sapori della tradizione**, lo stile culinario rispecchia pienamente lo spirito d'insieme. Lodevole e attenta la selezione delle materie prime, più locali e stagionali possibili, stemma e coronamento di un lungo percorso di ricerca di **eccellenza e tipicità**. Curata la lista dei vini, ampiamente territoriale ma non solo. Interessante la proposta dei formaggi.

I PIATTI Testina di vitello con cipolla, *Pressknödel*, Gulasch di cervo

VIPITENO-STERZING (BZ)
Novale di Sotto-Ried

SCHAURHOF

IN BREVE *Storico ristorante, propone varie occasioni a tema ma anche specialità ricorrenti, come zuppa di pane di segale, tris di canederli, bauerngröstl di manzo e patate, arrosto di agnello.*

Località Novale di Sotto-Ried, 20
Tel. 0472 765366
→ 4,8 km dall'uscita A22 Vipiteno
Chiuso il martedì, mai in luglio e agosto
Orario mezzogiorno e sera
Ferie 2 settimane in primavera, 1 settimana in giugno, 2 in novembre
Prezzi: 36-40 euro vini esclusi
Carte di credito: BM, CS, MC, Visa

L'OSTERIA In pochi minuti dall'uscita Vipiteno dell'autostrada del Brennero, si raggiunge questo **storico ristorante-albergo**. La famiglia Steurer, da generazioni a capo della struttura, coccola particolarmente i propri ospiti, prendendoli non solo per la gola ma garantendo loro diverse comodità, tra le quali il giardino attrezzato con sdraio e il parco giochi per i più piccoli. Rilassanti il percorso a piedi nudi e il ruscello Kneipp.

LA CUCINA La particolarità del ristorante è quella di proporre, accanto alle specialità ricorrenti, un'**offerta culinaria a tema** che varia secondo stagione. Segnaliamo l'arrosto della domenica nei mesi invernali e le cosiddette "**ricette dei tempi della nonna**", a marzo, con specialità tipiche della Valle Isarco. D'estate predominano i piatti vegetariani, in primavera il pesce di fiume, in autunno è immancabile il classico *törggelen*. Non tralasciate di gustare gli ottimi dessert.

I PIATTI *Schlutzkrapfen*, *Gröstl*, Arrosto di agnello

VENETO

ALCUNI PIATTI DELLA TRADIZIONE

Bigoli al torchio
Grossi, ruvidi spaghetti trafilati al bronzo, si condiscono solitamente con le
sarde o con il ragù d'anatra

Pasta e fagioli
Minestra della tradizione contadina: nella versione veneta si utilizzano perlopiù i borlotti secchi, in genere conditi con lardo, pancetta o cotenna

Baccalà alla vicentina
Stoccafisso cotto per quattro ore a fuoco lento su un fondo di cipolla, aglio,
prezzemolo, acciughe dissalate, con l'aggiunta di latte e formaggio grattugiato; si serve con la polenta

Bisato in tecia
Anguilla rosolata in un soffritto, spruzzata con aceto e vino rosso, coperta di
salsa di pomodoro e trasferita in forno

Faraona in salsa peverada
Faraona arrosto accompagnata da un'antica salsa veneta a base di fegatini di
pollo, sopressa, acciughe dissalate, aceto e abbondante pepe

Fegato alla veneziana
Tagliato a fettine sottili, il fegato bovino è marinato in acqua e aceto, quindi
cotto brevemente con una pari quantità di cipolla bianca

Sarde in saor
Infarinati e fritti, i pesci sono lasciati per almeno due giorni in una tipica
marinatura preparata con cipolle imbiondite nell'olio, vino e aceto

Seppie in umido con polenta
Seppie cotte in umido con pomodoro e il loro nero, poi servite con polenta,
tradizionalmente morbida e bianca

ALLA ROSA

IN BREVE *La trattoria di campagna della famiglia Rigoni ha ambienti semplici come la cucina: diretta e senza fronzoli, a volte essenziale. L'offerta è limitata a pranzo, più ampia la sera.*

Strada Tre Ponti, 8 A - Tel. 0426 41300
Chiuso il lunedì
Orario mezzogiorno e sera Ferie 15-31 luglio
Prezzi: 22-25 euro vini esclusi
Carte di credito: BM, CS, DC, MC, Visa

L'OSTERIA D'estate la campagna inghiotte questo posto, che sparisce dietro interminabili file di mais; d'inverno la terra è spoglia e si avvista da lontano, ma sempre dopo aver attraversato dei canali. Molto **frequentato dagli abitanti del luogo**, tutti sanno dov'è la famiglia Rigoni: Maria Romana ai fornelli e le ragazze in sala.

LA CUCINA I menù, perché di questo si tratta, ruotano con il passare dei mesi: uguali ma sempre con qualche extra. La **cucina è semplice e immediata**, come il locale; pochi fronzoli, soprattutto a pranzo, quando chi lavora ha meno tempo. Tornano i salumi di casa, i risotti, le minestre, gli animali da cortile, qualche dolce anche tradizionale. Da bere semplice vino sfuso, ma c'è qualche bottiglia.

I PIATTI Giardiniera fatta in casa con affettati e frittatina, Minestra di fagioli e maltagliati, Anatra e faraona al forno

CÀ SCIROCCO

IN BREVE *Qui tutto rimanda alla classica osteria di una volta. I generosi piatti sono preparati con prodotti prevalentemente del territorio per valorizzare ricette, sapori e cultura locali.*

Via Voltascirocco, 3 - Tel. 0426 22417
Chiuso la sera di lunedì e martedì Orario mezzogiorno e sera Ferie 10 giorni variabili
Prezzi: 25-30 euro vini esclusi
Carte di credito: BM, CS, DC, MC, Visa

L'OSTERIA Lungo la strada di passaggio, tra Loreo e Adria, Cà Scirocco sembra una fattoria come le altre. Nasconde però il **calore delle vecchie case coloniche**: mattoni in terra e legno sui soffitti, oggetti strani e foto che portano ad altri tempi. Mirko Zanella, come sempre in cucina, e Ramiz Musaraj, nuova presenza in sala.

LA CUCINA In certi periodi l'umidità si fa sentire e le giornate sono più pesanti, però queste terre sono generose di una **buona cucina, a metà strada tra la campagna e un accenno di modernità**. Affettati di casa, verdure delle terre sabbiose, pasta e pane fatti a mano. Gli immancabili bigoli, le tagliatelle, le grigliate e le carni bianche. Tanti i piatti che danno soddisfazione, come qualche buon dolce casalingo. Carta dei vini limitata ma con spunti interessanti.

I PIATTI Bigoli con l'anatra, Coniglio in casseruola, Zuppa inglese

AGNA (PD)

CAMPAGNON

IN BREVE *Un bel ristorante di campagna che propone una cucina prettamente di carne, preparata con il meglio che il territorio sa offrire.*

Via Campagnon, 56 - Tel. 049 9515298
🕐 Chiuso mar sera e mer Orario mezzogiorno e sera Ferie una settimana dopo l'Epifania
💶 Prezzi: 38-45 euro vini esclusi
Carte di credito: BM, MC, Visa

L'OSTERIA Da circa tre anni Dennis Albertin ha preso in mano la gestione di questo **elegante ristorante della Bassa padovana**. Marina Traverso, la moglie, accoglie con cura gli ospiti nell'ampia sala di ingresso, dove fanno bella mostra alcuni prodotti di **artigiani del territorio, con i quali il ristorante ha sviluppato un rapporto di collaborazione**.

LA CUCINA La **cucina, prettamente di carne**, propone una serie di piatti contenuta, ma varia e arricchita quotidianamente da diversi fuori menù. Ampia è la rete dei produttori con i quali il ristorante lavora costantemente, dai produttori di formaggi e farine agli allevatori fino ai viticoltori dei vicini Colli Euganei.

I PIATTI Gallina con verdure all'agro e caprino al Friularo con miele, Bigoli di farina di farro e grano macinato a pietra con ragù di anatra, Trilogia di anatra, petto all'arancia, coscia al miele, sovraccoscia in porchetta

ALPAGO (BL) - Pieve d'Alpago

AL RIFUGIO CAROTA

IN BREVE *In questa struttura confortevole si è accolti con professionalità in un ambiente rustico ma curato. La cucina sforna le più tradizionali ricette locali, alleggerite e rese attuali.*

Località Carota, 2 - Tel. 0437 478033
🕐 Chiuso lunedì-giovedì, mai in agosto
Orario mezzogiorno e sera Ferie variabili
Prezzi: 32-34 euro vini esclusi
Carte di credito: BM, MC, Visa

L'OSTERIA Inaugurrato nel 1970, il ristorante Al Rifugio Carota è, oggi come allora, un **punto di riferimento per gli amanti della montagna** e dei suoi sapori. Siamo alle pendici del Monte Dolada, in Alpago, in una terra ricca di tradizioni culinarie che la famiglia Pellegrinotti, da sempre titolare del locale, ama proporre a chi sale fino a questo altopiano, a 1000 metri di quota. All'interno l'ambiente è rustico e curato, all'esterno c'è il confortevole **terrazzo che regala un vista da cartolina sui monti** circostanti.

LA CUCINA Daniele in cucina cura con puntiglio la scelta delle materie prime provenienti perlopiù da piccoli produttori della valle e del Bellunese. Il menuù offre i **piatti tipici della tradizione locale**, serviti con garbo da Luca, al quale ci si può affidare anche per i consigli sugli abbinamenti con il vino. La domenica sera si mangia solo la pizza.

I PIATTI Lumache gratinate in crema bourguignonne, Lasagna di cinghiale e funghi, Agnello d'Alpago con polenta

ALTISSIMO (VI)

LAITA LA CONTRADA DEL GUSTO

Via Laita Righello, 3 - Tel. 0444 429618
Chiuso lunedì e martedì Orario sera, sabato e domenica anche a pranzo
Ferie 2 settimane in gennaio, 2 in settembre
Prezzi: 38-40 euro vini esclusi
Carte di credito: AE, BM, CS, DC, MC, Visa

IN BREVE *In una piccola contrada dei Monti Lessini, un'osteria a gestione familiare, dove si propongono piatti saporiti, realizzati utilizzando materie prime locali in maniera originale.*

L'OSTERIA Ci si arriva da Crespadoro per una strada non certo agevole che la bellezza del luogo, la pace che vi regna e la bontà dei piatti fanno presto dimenticare. A condurre l'osteria, da circa vent'anni la famiglia Bertinazzi: papà Giancarlo e la figlia Anna in sala, Francesco, Sara e mamma Rosanna in cucina. È merito loro se questa contrada, appoggiata al monte e immersa nella natura, ha ricominciato a vivere grazie a un ristorante, una bruschetteria e una gelateria.

LA CUCINA Dappertutto la stessa filosofia: **attenzione al prodotto**, valorizzazione del territorio e delle sue radici, **recupero di piatti di origine cimbra**. La spesa è il frutto di un'approfondita ricerca di piccoli artigiani locali, che mettono a disposizione carni, erbe, frutti e trote. In menù piatti semplici preparati partendo da queste materie prime, dai sapori intensi e riconoscibili. Nella carta dei vini tante etichette naturali.

I PIATTI Lumache in umido, *Prajo*, Coniglio alla birra

ANNONE VENETO (VE)

DA NINETTA

Via Postumia, 19 - Tel. 0422 1696116
→ 9,8 km dall'uscita A4 San Stino di Livenza
Chiuso lunedì e martedì Orario mezzogiorno e sera Ferie variabili
Prezzi: 35-50 euro vini esclusi
Carte di credito: BM, CS, MC, Visa

IN BREVE *Un locale dal bell'arredo vintage, in cui l'atmosfera è piacevole. La cucina è sia di terra sia, maggiormente, di mare con il pesce che arriva da Chioggia, Caorle, Grado e dalla Croazia.*

L'OSTERIA L'osteria era già un'istituzione ad Annone Veneto quando si chiamava Grappolo d'Uva. Oggi è un **bel locale**, arioso, con ampi spazi, luminoso, dall'arredo anni Sessanta, che riporta a un passato **dalla piacevole atmosfera**. A gestirlo Ferdinando, il proprietario che, dopo una lunga esperienza come chef in un noto ristorante della zona, oggi vigila sulla propria cucina e si propone alla clientela come gastronomo di sala, coadiuvato da Flavia.

LA CUCINA **Mare e terra** forniscono le materie prime del territorio, in gran parte pesce dell'alto Adriatico e verdure. La pasta e i dolci sono fatti in casa. Per iniziare si può assaggiare il tonno a vapore con yogurt, timo e maggiorana, i calamari con fiori di zucca ripieni alle verdure e ricotta. Tra i primi, *bigoi* in salsa, risotto ai fasolari e tagliatelle al sugo di *canocie*. Non può mai mancare il fritto di pesce. Tra le carni pollo marinato cotto ai ferri. Vini del Triveneto.

I PIATTI *El bisat* (anguilla) del Livenza *co i amoi*, *Tecia de cape* (cozze, vongole, *bevarasse* con salsa di pomodoro), Baccalà mantecato, alla vicentina e in umido

ARCUGNANO (VI) - Lapio

ZAMBONI

IN BREVE *Storico locale e punto di riferimento per gustare la cucina della provincia vicentina. Le verdure e le carni da cortile provenienti dalle vicine campagne sono alla base di piatti semplici e curati.*

Via Santa Croce, 73 - Tel. 0444 273079
→ 11,8 km dall'uscita A4 Vicenza Ovest
🕐 Chiuso lunedì e martedì
Orario mezzogiorno e sera
Ferie 1 settimana in gennaio, 1 in agosto
Prezzi: 35-40 euro vini esclusi
Carte di credito: AE, BM, CS, DC, MC, Visa

L'OSTERIA A pochi chilometri da Vicenza, sulle colline che la circondano, questo storico locale continua a essere una valida testimonianza della cucina vicentina. La calorosa accoglienza di Lucia e Oreste, in sala, e il **panorama che si gode dalle ampie vetrate** sono bonus irrinunciabili che, uniti ai piatti, rendono piacevole ogni visita. Il ristorante è disposto su due piani, con sale che possono essere anche frazionate a seconda delle esigenze. Carta dei vini di tutto rispetto, sia per proposte che per rapporto tra qualità e prezzo.

LA CUCINA La cucina è il regno di Giuseppe che elabora **piatti tradizionali di carne e di verdure,** e continua con entusiasmo il lavoro iniziato dal padre Severino. Il menù varia costantemente e valorizza quello che offrono la natura e il territorio. Il pane, la pasta e i dolci (veramente notevoli) sono prodotti in casa, diversi i Presìdi Slow Food utilizzati.

I PIATTI Sformatini di stagione, Maltagliati al ragù bianco, Petto di faraona con tartufo

ASIAGO (VI) - Pennar

CA' SORDA AI PENNAR

IN BREVE *Tipico agriturismo di montagna: legno a vista, calde stufe, porzioni abbondanti. Gustate la zuppa di porcini, i bigoli al ragù di anatra, i bocconcini d'asino, il gulasch.*

Via Cassordar, 55 - Tel. 0424 64031
🕐 Aperto venerdì, sabato e domenica
Orario pranzo e sera, venerdì solo sera
Ferie ottobre, metà giugno-metà luglio
Prezzi: 20-25 euro vini esclusi
Carte di credito: BM, Visa

L'OSTERIA Un **caldo locale di montagna** con alcune confortevoli camere ai piani superiori, un bel paesaggio attorno, tanto legno a vista, la stufa: ecco la giusta atmosfera per assaporare con calma le **generose porzioni** che arrivano sulla tavola. Qui tutto descrive il territorio e la famiglia Rigoni riesce, con i piatti, a trasmettere la cultura, la passione e il grande amore per questi luoghi e per il proprio lavoro, al punto da chiudere in giugno e ottobre per dedicarsi all'azienda agricola.

LA CUCINA In qualità di soci fondatori di un'associazione che propone un'alimentazione sana, da sempre offrono **carni e verdure della propria azienda** o di agricoltori amici che condividano la loro filosofia. In cucina, oltre ad Anna Maria opera il figlio Vittorio, da alcuni anni impegnato a valorizzare la cucina del territorio. Sarà per questo che, dalla bresaola, con le carni dei loro bovini, fino al gelato, prodotto con il latte delle loro mucche, ogni sosta in questo locale diviene memorabile?

I PIATTI Pappardelle tastasale e asiago vecchio, Musso con polenta, Piatto del malgaro

ASOLO (TV) - Pagnano

LA TRAVE

IN BREVE *Un'osteria tranquilla dove la proposta gastronomica è di sostanza, ancorata al territorio senza seguire le mode, rispettosa della tradizione ma con mano leggera e delicatezza.*

Via Bernardi, 15 - Tel. 0423 952292
🕐 Chiuso il lunedì **Orario** mezzogiorno e sera **Ferie** 2 settimane in inverno, 2 in estate
Prezzi: 32-35 euro vini esclusi
Carte di credito: BM, CS, MC, Visa

L'OSTERIA Il **tempo sembra essersi fermato** in questa accogliente osteria della campagna asolana. Si è accolti nelle sale dagli arredi rustici e impreziositi da mobili e oggetti d'epoca (come le antiche stufe a legna), dove si respira un'atmosfera rilassata e conviviale, oppure nella comoda veranda che d'inverno viene chiusa. Un ambiente in perfetta armonia con la **cucina che racconta le tradizioni del territorio**, affiancata dalla cantina che, seppur non particolarmente vasta, offre spunti interessanti per chi voglia assaggiare i vini prodotti in regione.

LA CUCINA Guido Serafin e i giovani Paolo e Andrea puntano sui **grandi classici della gastronomia locale**. Locali sono anche gli ingredienti – sia di terra, sia di mare – selezionati per la preparazione di piatti generosi e saporiti. Il servizio, curato dalle sorelle Franca e Veronica, è cordiale e prodigo di consigli sulla scelta delle pietanze.

I PIATTI Lumache alla bourguignonne, *Sopa coada*, Faraona in salsa *peverada* con polenta

AURONZO DI CADORE (BL)

AI LARES

IN BREVE *Un accogliente agriturismo immerso nel verde dove provare, in un ambiente rustico e caloroso, una cucina basata sulle carni allevate in aziende e le verdure del proprio orto.*

Località Stabiorco - Tel. 334 797 0400
🕐 Aperto venerdì sera, sabato e domenica pranzo e sera; sempre d'estate e a Natale
Ferie novembre
Prezzi: 25-27 euro vini esclusi
Carte di credito: BM, CS, DC, MC, Visa, Satispay

L'OSTERIA Salendo da Auronzo verso il passo Sant'Antonio, dopo alcuni tornanti si incontra questo **accogliente agriturismo immerso nel verde**. A pochi passi c'è la primaria fonte di materie prime per la cucina, ovvero la fattoria dove si allevano maiali, pecore alpagote, mucche da carne e conigli. Il **locale, rustico e dai classici arredi in legno**, è stato creato nel 1993 dai cognati Luigi Larese e Alberto Molin ed è condotto insieme alle rispettive famiglie. All'esterno c'è un piacevole dehors coperto.

LA CUCINA Il menù si compone di **piatti gustosi che esaltano la genuinità degli ingredienti**: oltre alle carni di propria produzione si possono assaggiare ottimi formaggi e altre bontà delle montagne bellunesi. Così il pranzo e la cena diventano una degustazione di salumi, primi fatti in casa e carni a chilometro zero. Golosi i dolci caserecci. Da bere vini sfusi, rossi (anche biologici) e bianchi.

I PIATTI Tagliere di salumi e formaggi, Tagliolini al guanciale, Cotechino con purè, Stinco di maiale

BAONE (PD)

BAR VENIER

IN BREVE *Paron Toni, ai fornelli, e la brava figlia Valentina, in sala, propongono una vera cucina di territorio, semplice, schietta e in sinergia con piccoli produttori locali.*

Piazza XXV Aprile, 26 - Tel. 0429 4766
→ 8,5 km dall'uscita A13 Monselice
⊙ Chiuso il martedì Orario sera, sabato e festivi anche pranzo Ferie variabili
Prezzi: 22-24 euro vini esclusi
Carte di credito: BM, CS, MC, Visa

L'OSTERIA Non è molto appariscente questo locale, forse perché è situato in un palazzo del XVI secolo, che si fa notare ben di più: un **bar trattoria, con il bancone all'ingresso** e le salette per mangiare defilate. Semplice e piacevole. Antonio, in cucina, e la figlia Valentina, in sala, sono una coppia affiatata. A due passi il Molino degli Euganei, che fornisce la pasta e la polenta; le **carni provengono invece dagli allevamenti vicini** e le verdure arrivano dai dintorni.

LA CUCINA In un menù soprattutto di carne è doveroso ricordare i piselli – la festa dei Bisi di Baone si tiene a cavallo tra maggio e giugno –, quindi i *risi e bisi*. La pasta è prevalentemente casalinga e condita con sughi intensi e dai sapori autentici. Tra i secondi, il cinghiale, presenza ormai fissa di queste terre.

I PIATTI Fettuccine casalinghe con ragù o con verdure dell'orto, Spezzatino di cinghiale, Trippa

BORCA DI CADORE (BL)

CIANZIA

IN BREVE *Ristorante a gestione familiare, propone piatti locali (alcuni anche difficili da trovare altrove), preparati soprattutto con materie prime di piccole aziende della zona.*

Via Cavour, 83 - Tel. 0435 482119
⊙ Chiuso il mar e mer sera, mai in alta stagione Orario mezzogiorno e sera Ferie ultima sett di giugno-prima di luglio, ottobre
Prezzi: 33-35 euro vini esclusi
Carte di credito: BM, CS, DC, MC, Visa

L'OSTERIA Un locale dall'atmosfera familiare e calorosa che accoglie gli ospiti nei suoi **ambienti arredati in stile montano**, tra pareti e soffitti rivestiti in legno. La gestione è tutta al femminile: ai fornelli c'è Bruna, mentre Marta e Alice si occupano della sala con garbo e gentilezza. All'esterno c'è il **comodo terrazzo**, dove è un piacere fermarsi nella bella stagione. La piccola cantina, orientata soprattutto sui vini del Nordest, offre un'interessante selezione di birre artigianali.

LA CUCINA Nel menù dalla **decisa vocazione territoriale** viene dato grande risalto alle materie prime del Cadore, acquistate da piccole realtà agricole. Ai grandi classici della tradizione si aggiungono antiche ricette meno note, come gli *gnoche da dota* (pasta a base di erbette e uova), che in passato venivano preparati nelle case del paese.

I PIATTI Sformatino alle erbette di campo con pecorino e Sauris, *Casunziei* di rape rosse con burro fuso e ricotta affumicata, Gulasch di manzo con polenta

BREGANZE (VI)

LA CUSINETA

IN BREVE *Storico locale a gestione familiare, propone i piatti tipici della tradizione breganzese. Fra le specialità c'è senza dubbio il torresano allo spiedo con la polenta fritta.*

Via Pieve, 19 - Tel. 0445 873658
→ 9,8 km dall'uscita A31 Dueville
⏱ Chiuso domenica sera e lunedì *Orario* mezzogiorno e sera *Ferie* in estate
Prezzi: 36-40 euro vini esclusi
Carte di credito: AE, BM, CS, DC, MC, Visa

L'OSTERIA Uno storico locale, nel centro del paese del vino, famoso per cabernet e pinot, vespaiolo e torcolato. Non è quindi un caso che la cantina offra una panoramica piuttosto completa dei produttori della zona, oltre a deviazioni enologiche su diverse regioni italiane. L'**ambiente interno è raccolto**, ma accogliente e ben presentato. A gestire questa realtà Terenzio e la moglie Marzia in cucina, mentre la figlia Chetti si occupa della sala.

LA CUCINA Cucina veneta e breganzese, in cui spiccano **salumi** come la soppressa e il crudo, bigoli e tortelloni ripieni. Da citare la *sopa coada* e il torresano (colombo) allo spiedo. Piacevoli gli abbinamenti con i vini della zona. Qualche dolce della casa. Apprezzabile l'attenzione ai produttori locali di verdure e altri prodotti freschi.

I PIATTI Bigoli alla breganzese, Torresano allo spiedo, Tris di baccalà

BRENTINO BELLUNO (VR) - Belluno Veronese

AL PONTE

IN BREVE *Niente fronzoli, solo sostanza in questa semplice osteria. Il menù è genuino ed essenziale, sempre attento alle stagioni, alla tradizione e all'utilizzo delle ottime materie prime locali.*

Piazza Vittoria, 12 - Tel. 045 7230109
→ 9,8 km dall'uscita A22 Ala-Avio
⏱ Chiuso martedì sera e mercoledì *Orario* mezzogiorno e sera *Ferie* 3 settimane tra luglio e agosto
Prezzi: 26-30 euro vini esclusi
Carte di credito: AE, BM, CS, DC, MC, Visa

L'OSTERIA Nella piccola frazione di Belluno Veronese, questa storica osteria merita sicuramente una sosta se ci si trova a percorrere la val d'Adige. Il tempo sembra essersi fermato in questo luogo e il titolare Stefano propone una **cucina schietta, senza fronzoli** ma con molta sostanza. In sala troviamo anche la moglie Monica e la sorella Grazia, che offrono un servizio semplice e garbato. La cantina non molto ampia rappresenta prevalentemente il territorio veronese; più che dignitoso lo sfuso della casa.

LA CUCINA I piatti sono il frutto delle tradizioni veronese e gardesana, con importanti influenze dal Trentino, che si trova a soli due chilometri. I primi prediligono le paste fatte in casa con i sughi della tradizione o di verdure; tra i secondi, oltre alla classica trota al forno, possiamo trovare carni particolari come l'asino o la capra. Stefano arricchisce le pietanze con le **verdure provenienti dai suoi orti** (ottima la giardiniera della casa). Buonissimi i dolci di produzione propria, dal tiramisù alla classica sbrisolona.

I PIATTI Trota in salsa con polenta, Bigoli con le *sardele*, Stracotto d'asino

BRENZONE (VR) - Porto di Brenzone

TAVERNA DEL CAPITANO

Via Lungolago, 11 - Tel. 045 7420101
🕐 Chiuso il martedì, mai luglio e agosto
Orario mezzogiorno e sera
Ferie 8 dicembre-domenica delle Palme
€ Prezzi: 38-45 euro vini esclusi
Carte di credito: AE, BM, CS, DC, MC, Visa

IN BREVE *La signora Gianlucia è specializzata nella cucina del pesce del lago di Garda. Il marito e i figli guidano in sala i clienti alla scoperta delle ricette della tradizione.*

L'OSTERIA Merita un sincero apprezzamento la famiglia Brighenti per l'impegno, ormai più che cinquantennale, nel **valorizzare il pesce di lago** attraverso ricette dell'antica tradizione gardesana. Il loro locale è quasi una terrazza protesa sul lago. Il consiglio è quello di lasciarvi guidare da Bortolo che, con il figlio Francesco, sarà ben felice di spiegare e consigliare i piatti preparati dalla moglie Gianlucia e dall'altro figlio Alessandro. Cantina in prevalenza veronese, con attenzione per le regioni limitrofe.

LA CUCINA Menù improntato sul pesce di lago, reperito localmente ogni giorno e proposto: fritto, marinato o alla griglia, a partire dal corposo antipasto. La **cucina è senza fronzoli**, semplice ma intensa, giusta per enfatizzare il sapore del pescato. Pane, pasta e dolci sono di propria produzione; quest'ultimi molto interessanti, se avanza posto, viste le porzioni.

I PIATTI *Sisam* (antica ricetta del 1200 a base di cipolle e pesce essiccato), Bigoli con le *àgole*, Lavarello ai ferri

CAMPODARSEGO (PD) - Sant'Andrea

DA NALIN

Via Bassa Prima, 117 - Tel. 049 5564177
→ 11,9 km dall'uscita A4 Padova Ovest
🕐 Chiuso martedì sera e mercoledì sera
Orario mezzogiorno e sera
Ferie 15 giorni in agosto
€ Prezzi: 38-40 euro vini esclusi
Carte di credito: AE, BM, CS, DC, MC, Visa

IN BREVE *La famiglia Nalin gestisce questa la trattoria da più di cent'anni con un'impronta inconfondibile. Il menù è ampio e include pietanze di terra e di mare.*

L'OSTERIA In questa parte della provincia padovana, che presenta ancora evidenti tracce del graticolato romano, da oltre cent'anni la famiglia Nalin, giunta ormai alla quarta generazione, guida questo locale situato alla periferia del paese. Ad accogliere gli ospiti nelle due ampie sale o nell'ombreggiato spazio esterno, Nicola, bravo a dispensare suggerimenti sui piatti che Fabio licenzia dalla cucina. **Bellissimo l'imponente camino nel salone a piano terra**, dove Denis da sfoggio della sua bravura con carni e pesci.

LA CUCINA Il menù, che varia con cadenza quasi mensile, è molto legato alla tradizione anche se non mancano continue innovazioni; vista la relativa vicinanza con il mare, sono da **sempre presenti numerose proposte ittiche**. Una cosa è certa, regna tanta serietà, che va dalla selezione dei fornitori alla disposizione degli spazi, dal mantenimento di piatti storici fino all'attenzione nei confronti delle intolleranze alimentari.

I PIATTI Zuppa di verdura con trippa, Baccalà alla vicentina, Carni alla griglia

CANALE D'AGORDO (BL)

ALLE CODOLE

IN BREVE *Prodotti del bosco, carni e formaggi sono la trave portante di questa osteria di montagna che, a fianco di preparazioni filologicamente tradizionali, propone riuscite e sobrie rivisitazioni in un ambiente caldo e familiare.*

Via XX Agosto, 27 - Tel. 0437 590396
Chiuso il lun, mai luglio-agosto, Natale e Pasquetta Orario mezzogiorno e sera
Ferie 3 settimane in giugno-luglio, novembre
Prezzi: 36-38 euro vini esclusi
Carte di credito: BM, CS, MC, Visa

L'OSTERIA Dolomiti, Papi e arte della ristorazione, in una parola, le Codole. Il curioso nome deriva da un termine dialettale, ciottoli, probabile epiteto delle tre sorelle che fondarono il locale nel 1973. Gestito oggi da tre fratelli, Livia in sala, Diego in cantina e Oscar in cucina, non ha perso l'originario spirito e il sentore squisitamente familiare. Entrati si è avvolti dal chiaro e morbido calore del legno che, assieme al candore delle tovaglie, rende l'ambiente piacevolmente elegante.

LA CUCINA La cucina verte sui **piatti della tradizione** alternati a interessanti innovazioni. **Prodotti del bosco, carni e formaggi** sono la trave portante della proposta. Lodevole l'uso di molti Presìdi Slow Food e l'accurata selezione degli ingredienti, il più locale e stagionale possibile. Ricca la selezione di **formaggi** ed esaustiva la carta dei vini, simbolo e segno di dedizione e d'affetto per il grande patrimonio nazionale.

I PIATTI Speck e carne *salada*, Canederli, Cervo in salmì

CASTELFRANCO VENETO (TV)
Treville

PIRONETOMOSCA

IN BREVE *Locale moderno e dinamico, estremamente attento alle materie prime che utilizza e che provengono quasi totalmente da allevamenti e coltivazioni biologiche. Tutta naturale la carta dei vini.*

Via Priuli, 17 C - Tel. 0423 472751
Chiuso lunedì e martedì Orario mezzogiorno e sera Ferie 2 settimane in agosto
Prezzi: 38-40 euro vini esclusi
Carte di credito: AE, BM, CS, DC, MC, Visa

L'OSTERIA Dei due soci iniziali, ora è rimasto solo il Mosca: Moreno Cattapan, sempre presente in sala, appassionato narratore dei piatti cucinati dal figlio Luca. In questo edificio, frutto della sapiente ristrutturazione di un'antica stalla, è **grande l'attenzione agli ingredienti**, tutti provenienti da **produzioni biologiche certificate**. Vige lo stesso principio anche in cantina, con una carta di soli vini naturali.

LA CUCINA Proprio con lo scopo di garantire una migliore qualità e una maggiore attenzione al cliente, si è preferito ridurre il numero delle proposte in carta, che abbracciano molti dei **classici della cucina padovana** e, più in generale, veneta. Spazio quindi a preparazione in *saor*, al baccalà e a secondi a base di animali di cortile. Pasta e dolci sempre di propria produzione.

I PIATTI Tagliatelle col ragù tagliato a coltello, Trippa alla parmigiana, Petto di garronese al forno

CASTELNOVO BARIANO (RO) - Vallona

CORTE VALLONA

IN BREVE *In mezzo alla campagna, un maestoso edificio del Seicento ospita questo ristorante a gestione familiare. Da provare l'anguilla.*

Via Cavetto Nappi, 548 - Tel. 0425 87656
🕐 Chiuso il lunedì e martedì a pranzo
Orario mezzogiorno e sera
Ferie 15-31 agosto
Prezzi: 30-35 euro vini esclusi
Carte di credito: BM, CS, MC, Visa

L'OSTERIA Una corte padronale, qual era nel Seicento, è ora un ristorante molto interessante che propone i migliori piatti delle province di Rovigo, Mantova e Ferrara. Il merito è della famiglia Ravagnani, Giorgio in sala e la moglie Elvira in cucina con il figlio Michele. L'ambiente, semplice e tranquillo, vanta anche **un ampio dehors coperto**, mentre l'aia in mattoni ricorda l'antica vocazione della villa. La struttura, immersa nella campagna polesana, consente di passare momenti di vero relax.

LA CUCINA Il menù, molto corposo per il vero, evidenzia le differenti influenze regionali ma non manca qualche tocco di innovazione. Dal Ferrarese gnocchi fritti e tigelle accompagnano gli antipasti, il Mantovano si mostra con i tortelli, mentre i risotti, tipicamente veneti, sono declinati in una quindicina di varianti. Sapori quasi dimenticati arrivano, infine, dal vicino Po, dove **fidati pescatori procurano l'anguilla e il raro pesce gatto**. Presente qualche proposta di mare.

I PIATTI Saltarelli con cipolle e carote, Tortelli di zucca, Anguilla alla griglia

CAVAION VERONESE (VR) - Villa

VILLA

IN BREVE *Immersa nel verde e dotata di un'ampia terrazza, questa trattoria a gestione familiare propone piatti della tradizione, quali luccio in salsa, bigoli con le sarde di lago, baccalà con la polenta.*

Strada Villa, 32 - Tel. 045 7235426
→ 4,7 km dall'uscita A22 Affi-Lago di Garda
🕐 Chiuso il lunedì
Orario mezzogiorno e sera Ferie variabili
Prezzi: 30-32 euro vini esclusi
Carte di credito: BM, CS, DC, MC, Visa

L'OSTERIA L'entroterra del lago di Garda, disseminato di vigneti e olivi, è un angolo tranquillo in cui riposare e indugiare a tavola. Questo locale, poco distante dalla frenesia dell'autostrada e delle rive del lago, è il **luogo giusto per godersi qualche momento di pace**. Le sorelle Mazzi accolgono gli ospiti e cucinano con attenzione e cordialità. Nella bella stagione, la **grande terrazza** rende la sosta ancora più piacevole.

LA CUCINA La cucina unisce i **piatti del lago ai classici della trattoria di campagna**, con tante paste fatte in casa condite con ragù e sughi di stagione. Le carni bianche di corte sono a volte proposte al forno, altre alla griglia. Anche i dolci sono fatti in casa. Buona la carta dei vini, soprattutto del territorio.

I PIATTI Luccio in salsa, Bigoli con le sarde di lago, Agnello al forno

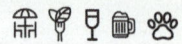
LOCANDA ZANELLA

IN BREVE *Un tradizionale ristorante di laguna con mattoni a vista e tovaglie a quadri. Cucina di mare e di laguna, soprattutto, anche se non mancano piatti di carne.*

Piazza Santissima Trinità, 5-6
Tel. 041 5301773
🕐 Chiuso dom sera e lun, mai d'estate
Orario mezzogiorno e sera Ferie variabili
€ Prezzi: 45-50 euro vini esclusi
Carte di credito: AE, BM, CS, DC, MC, Visa

L'OSTERIA Nel cuore di Treporti, in uno degli angoli più suggestivi della Laguna Nord, ecco l'antica locanda gestita con competenza e passione dalla famiglia Mavaracchio. Luca, Renzo e Marco accolgono gli ospiti nelle sale dagli arredi classici e dall'ambiente conviviale oppure nella **bella veranda estiva**. Il servizio è cortese e premuroso, pronto a dare il giusto consiglio per gli abbinamenti con il vino, pescando da una ricca cantina particolarmente attenta alle produzioni biologiche.

LA CUCINA In cucina si selezionano le migliori materie prime locali, dal **pesce, che arriva fresco dal mercato**, alle **verdure coltivate dai contadini della zona** (castraùre, asparagi, lattuga o pomodori). Più rare ma comunque felici le incursioni nell'entroterra con qualche ricetta di carne. Non mancano neppure le opzioni vegetariane e vegane.

I PIATTI Sarde in *saor*, Tegame di cozze e vongole con pomodoro, Spaghetti con seppie nere in *tecia*, Filetto di san pietro con cardi

OSTERIA DAL PUPI

IN BREVE *La semplice trattoria di Lucia Zanella esprime quanto di meglio offra la cucina di laguna: pesce sempre freschissimo, così come molluschi e crostacei.*

Località Saccagnana-Via del Pra, 1
Tel. 041 5301989
🕐 Chiuso il lunedì Orario mezzogiorno e sera Ferie gennaio e febbraio
€ Prezzi: 38-42 euro vini esclusi
Carte di credito: AE, BM, CS, MC, Visa

L'OSTERIA Siamo nella Laguna Nord, comune di Cavallino-Treporti. Lio Piccolo è un antico borgo, quasi disabitato, con la settecentesca chiesetta di Santa Maria della Neve, il Palazzo Boldù e poche altre abitazioni. Un ambiente naturale unico per paesaggi ed ecosistemi, circondato da canali e barene, dove si possono avvistare aironi cinerini, garzette, fenicotteri rosa. In questo paradiso troverete il ristorante-osteria, un **locale tradizionale, sobrio, dall'aria lagunare**. Lo gestisce con curiosità e passione, da quasi 20 anni, Lucia Zanella, figlia del Pupi.

LA CUCINA Massimo Ballan, che si occupa della cucina, propone i **piatti della tradizione con il pescato locale e le verdure di Ca' Savio**: sarde in *saor*, spaghetti con scampi alla busara, risotto di *gò* (ghiozzo), fritto di *moeche* (granchi quando perdono il carapace), baccalà in umido con polenta e insalatina di *castraùre* (Presidio Slow Food). Vino sfuso e qualche bottiglia veneta completano l'offerta.

I PIATTI Frittura di pesce, Spaghetti con vongole, Spaghetti *co e masenete* (femmine di granchi in periodo fecondo)

CHIES D'ALPAGO (BL) - San Martino

SAN MARTINO

IN BREVE *Gestione tutta al femminile per questa osteria semplice ma ben curata. Alla base dei piatti ci sono ingredienti "ruspanti" e locali, ingentiliti nelle preparazioni e nelle presentazioni.*

Via Don Ermolao Barattin, 23
Tel. 0437 470191-40111
🕐 Chiuso lunedì e martedì sera e il mercoledì Orario mezzogiorno e sera
Ferie una settimana dopo l'Epifania
Prezzi: 35-38 euro vini esclusi
Carte di credito: AE, BM, CS, DC, MC, Visa

L'OSTERIA Una trattoria di lunga tradizione e dalla solida gestione familiare, luogo di ritrovo sia per gli abitanti del paese sia per i turisti. In un ambiente allo stesso tempo semplice, ospitale e curato, le sorelle Gabriella e Norina Barattin propongono una **cucina strettamente legata al territorio**. L'apporto della nuova generazione è sempre più importante con Giulia (in cucina), Alice (sommelier) e i bravi Paolo Speranzon (chef cresciuto nella vicina e stellata Locanda San Lorenzo) e Alberto Zoppè (in sala).

LA CUCINA Il menù è un **inno alle bontà bellunesi**, in particolare a quelle dell'Alpago, dal prelibato agnello (Presidio Slow Food) ai formaggi, sino alle verdure e al pesce dei torrenti: i piatti sono realizzati con cura, traendo spunto dalle ricette locali, e piacevoli anche nelle presentazioni. Carta dei vini pensata con competenza e in costante crescita.

I PIATTI Tartare di manzo nostrano con burro di malga, Tagliatelle all'uovo con ragù di capriolo, Agnello dell'Alpago al forno

CHIOGGIA (VE) - Sottomarina

ALL'ARENA

IN BREVE *Un ristorante in cui il protagonista assoluto è il pesce fresco di laguna e di mare. Lavora solo su prenotazione e il menù varia in base all'offerta del mercato ittico locale.*

Via Vespucci, 4
Tel. 041 5544265-328 9180220
🕐 Chiuso lunedì e martedì Orario pranzo e sera solo su prenotazione
Ferie 1 settimana in gennaio, 1 in settembre
💶 Prezzi: 45-49 euro vini esclusi
Carte di credito: AE, BM, CS, DC, MC, Visa

L'OSTERIA Nell'affollata zona residenziale di Sottomarina, a due passi dalle spiagge, il locale quasi si confonde. All'interno però i fratelli Scuttari, Alessio in cucina e Diego in sala, non si confondono e continuano il lavoro dei genitori con le stesse idee di sempre: solo **pesce fresco di laguna e di mare**, menù giornaliero scritto sulla lavagna all'ingresso, **prenotazione necessaria**.

LA CUCINA In base alla disponibilità del vicino mercato di Chioggia si può provare dal bollito misto al *saor* di sarde, ad altri piatti della tradizione come il risotto di *gò* (ghiozzo). Il pescato del giorno, fritto o alla griglia, è sempre una scelta sicura. La passione per il Giappone porta i titolari a proporre il pesce locale preparandolo secondo i canoni di quel paese; attenzione che i prezzi salgono un po'. La lista dei vini è decorosa con buone etichette al bicchiere.

I PIATTI Bollito misto di pesce, Risotto di *gò*, Pescato del giorno

CISON DI VALMARINO (TV) - Rolle

ANDREETTA

IN BREVE *Ristorante confortevole e curato, dove i piatti, molto legati al territorio e mai banali, sono preparati con materie prime fresche coltivate nelle vicinanze.*

Via Enotria, 7 - Tel. 0438 85761
🕐 Chiuso mer, luglio-agosto mer e gio a pranzo Orario mezzogiorno e sera
Ferie prime 3 settimane di gennaio
Prezzi: 35-37 euro vini esclusi
Carte di credito: AE, BM, CS, DC, MC, Visa

L'OSTERIA L'ambiente caldo e l'atmosfera familiare, il servizio cordiale e premuroso, la **bella terrazza che affaccia sulle colline coltivate a vigneto** sono i punti di forza del locale della famiglia Andreetta, un'insegna che dagli anni Settanta è un **baluardo della tradizione culinaria trevigiana** più autentica. Ai fornelli c'è Anna Maria, mentre il marito Alberto dirige il servizio in sala e la cantina, generosa per numero di etichette e profondità di annate.

LA CUCINA La ricerca dei migliori prodotti locali, selezionati da piccole aziende contraddistingue ogni ricetta, dalle carni ai formaggi, fino alle erbette spontanee. Il tutto nel rispetto dello scorrere delle stagioni. I piatti rendono onore alle **materie prime della zona**, trattate con competenza e cotture attente.

I PIATTI Oca del Mondragon su castagnaccio e salsa veneziana, Sformato al ragù di coniglio, Faraona con salsa *peverada*, Crostata con marmellata casalinga

CISON DI VALMARINO (TV) - San Boldo

LA MUDA DI SAN BOLDO

IN BREVE *Punto di ristoro dal 1470, è ritenuta la più antica osteria del Veneto. Il menù varia seguendo le stagioni e presenta tanti spunti stuzzicanti.*

Passo San Boldo, 2 - Tel. 0437 757253
🕐 Chiuso il mercoledì
Orario mezzogiorno e sera Ferie variabili
Prezzi: 29-31 euro vini esclusi
Carte di credito: BM, CS, MC, Visa

L'OSTERIA In cima al passo San Boldo, la storica via di collegamento tra l'Alta Marca e il Bellunese, si incontra **la più antica osteria del Veneto**. Fondata nel lontano 1470, dal 2014 è gestita da una coppia di giovani: Enrico Perin (in cucina) e Federica Romitelli (in sala). Gli ambienti rustici e accoglienti delle sale (quella principale è dotata di un **grande e caratteristico focolare**) e il piccolo dehors sono luoghi gradevoli per una piacevole sosta, che offre anche l'occasione di gustare i vini di una lista ben pensata e orientata a nordest.

LA CUCINA Le verdure e i frutti dell'orto, il miele del proprio apiario e le materie prime acquistate da piccole realtà della zona vengono utilizzate per realizzare piatti gustosi, preparati con cura e serviti con gentilezza. Il **menù varia seguendo le stagioni** e presenta tanti spunti stuzzicanti a cominciare dai vari tipi di pasta fatti in casa.

I PIATTI Funghi porcini con formaggio piave oro e polenta di mais sponcio, Pasta fresca al sugo di lepre, Roastbeef di manzo della Valbelluna

COMELICO SUPERIORE (BL) - Padola

MOIÈ

IN BREVE *Un ristorante di montagna a gestione familiare, caloroso e ospitale, dove gustare canederli, casunziei, gulasch, krestel e altri sostanziosi piatti tipici.*

Via Valgrande, 54 - Tel. 0435 470002
Aperto venerdì sera, il sabato e la domenica solo su prenotazione
Ferie 3 settimane in giugno, 3 in novembre
Prezzi: 27-30 euro vini esclusi
Carte di credito: BM, MC, Visa

L'OSTERIA A una manciata di chilometri da Padola, nell'incantevole scenario naturale di Valgrande, un agriturismo accogliente ricavato dal sapiente restauro di un antico fienile, del quale è stata preservata la struttura con i muri in pietra e in legno. Al centro della sala la **grande e tipica stufa a legna** attorno alla quale sono posizionati i tavoli. In un ambiente conviviale e familiare si assapora **una cucina gustosa**, opera della signora Loretta, con la possibilità di abbinare i piatti ai vini di cantine della regione o a birre artigianali.

LA CUCINA Il marito Germano si occupa dell'**azienda agricola, primaria fonte di materie prime** per le ricette che compongono un menù rispettoso delle stagioni: nella sua fattoria alleva bovini e animali da cortile, oltre a curare l'orto. **Salumi, primi della tradizione e piatti di carne dominano la scena**, senza dimenticare gli sfiziosi dessert casereccí.

I PIATTI Tagliere di affettati e formaggi della casa, Canederli in brodo o al burro fuso, Gulasch con polenta

CONA (VE) - Conetta

AL PORTICO

IN BREVE *Un'osteria curata e accogliente che propone la tradizionale e genuina cucina veneta: tra le specialità della casa, i risotti, il baccalà, le rane fritte.*

Via Leonardo da Vinci, 16 - Tel. 0426 509178
Chiuso il mercoledì Orario mezzogiorno e sera Ferie 15 giorni tra luglio e agosto
Prezzi: 32-35 euro vini esclusi
Carte di credito: AE, BM, CS, MC, Visa

L'OSTERIA Una trattoria ben radicata in questo angolo della Bassa veneziana: la famiglia Vegro ora conta sui figli, Francesca in sala e Giovanni in cucina, ma la soddisfazione dei frequentatori non è diminuita. Una **trattoria d'un tempo, piacevole e alla mano**. L'interno è stato arricchito con un forno per le pizze.

LA CUCINA **Cucina tradizionale** fatta di grande attenzione per le materie prime. Già dagli affettati si capisce la ricerca costante tra tanti piccoli produttori. La pasta è fatta in casa e i risotti, soprattutto di rane, si fanno ricordare. La trippa e il baccalà non sono da meno. I dolci, naturalmente, sono casalinghi. Una ventata di gioventù alla sera, con le pizze. Oltre ai vini, veneti e friulani, qualche birra artigianale.

I PIATTI Risotto con le rane, Baccalà al Portico, Trippa alla parmigiana

CONCORDIA SAGITTARIA (VE)

AL CACCIATORE

IN BREVE *Una semplice osteria di paese, dove gustare ombre e cicheti ma anche validi piatti di cucina di pesce, preparati con sapienza e proposti a prezzi ragionevoli.*

Via Cavanella, 453 - Tel. 0421 703550
Chiuso martedì sera e il mercoledì
Orario mezzogiorno e sera
Ferie 12 giorni in settembre, 5 in gennaio
Prezzi: 30-35 euro vini esclusi
Carte di credito: BM, CS, MC, Visa

L'OSTERIA La **classica trattoria di paese**, gestita dalla famiglia Bon, con il bancone per i *cicheti* e le *ombre*, una **cucina semplice e concreta** curata da Donatella: il marito Arriego al banco e la figlia Debora in sala. Un menù a prezzo fisso a pranzo (12 euro) e qualche piatto di carne arricchiscono la **carta, prevalentemente di pesce**.

LA CUCINA Oltre al pesce reperito ogni giorno localmente, vi è ampio rifornimento da produttori locali di verdure, carne e pane. La pasta a volte è fatta in casa, per esempio gli gnocchi. Tra le proposte risaltano il *saor*, il baccalà, mantecato o in umido, le seppie servite con polenta gialla. Qualche dolce casalingo. Vino sfuso o carta dei vini del territorio.

I PIATTI Sarde in *saor*, Spaghetti con le vongole, Baccalà in umido con polenta

CONSELVE (PD)

IN CORTE DAL CAPO

IN BREVE *La trattoria si caratterizza per il rispetto delle tradizioni, la stagionalità, i piatti abbondanti, il clima familiare. I grandi caminetti sono molto utilizzati nelle grigliate.*

Via Padova, 38 - Tel. 049 5384021
Chiuso lunedì sera e martedì
Orario mezzogiorno e sera
Ferie 1-6 gennaio, prime 3 sett di agosto
Prezzi: 36-40 euro vini esclusi
Carte di credito: AE, BM, CS, MC, Visa

L'OSTERIA Conselve è un piccolo e tranquillo paese nella Bassa padovana, dedito prevalentemente all'agricoltura e agli allevamenti. Merita comunque una visita, se non altro per questo locale, divenuto un punto fermo nella gastronomia del posto, che i coniugi Ostellari, Maurizio in sala e Marina in cucina, gestiscono da oltre vent'anni. Due spaziose sale e una **luminosa veranda** sono sempre ben frequentate da famiglie e lavoratori, indice di buoni piatti e prezzi corretti. La modesta cantina non permette di proporre vini al calice ma si sopperisce con un buono sfuso.

LA CUCINA All'ingresso è sempre esposto un menù che elenca i classici dell'osteria, ai quali si aggiungono costantemente altre proposte sulla base di quanto offre la natura e il mercato. Non manca mai la pasta e i dolci (a volte anche il pane) fatti in casa, le **carni alla griglia**, cotte nei caminetti presenti nelle sale, e il pollo fritto, per il quale il locale è noto e apprezzato.

I PIATTI Bigoli in salsa, Musso in *tocio* (spezzatino d'asino), Pollo fritto

CORNEDO VICENTINO (VI)

LA CORTE

IN BREVE *In cucina Enrico rivisita la tradizione locale, inserendo qualche prodotto di qualità proveniente da altre regioni.*

Via Volta, 2 B - Tel. 0445 952910
Chiuso domenica sera e il giovedì
Orario mezzogiorno e sera
Ferie 10 gg in agosto, 1 sett dopo Natale
Prezzi: 32-36 euro vini esclusi
Carte di credito: AE, BM, CS, DC, MC, Visa

L'OSTERIA Nell'edificio che un tempo ospitava una locanda di posta, da circa trent'anni esiste questa enoteca con cucina. La struttura è pressoché rimasta uguale nel tempo: un fresco portico, il fienile, dove si può ammirare un'esposizione di calessi, e le salette interne. L'arredamento è restato fedele alla storia della struttura, con mobili antichi e scaffali che oggi ospitano numerosi prodotti e bottiglie di vino, scelte con cura tra i migliori vignaioli della zona.

LA CUCINA Marisa, in sala, illustra il **menù che cambia quasi quotidianamente**, subordinato da quello che Enrico trova al mercato e da ciò che arriva dall'orto e dai fornitori abituali. **Proposte di terra** che bene esprimono la passione del cuoco nella ricerca dei migliori prodotti del territorio e nel recupero di piatti storici, come la torta casalinga.

I PIATTI Fornelletto al pomodoro con capperi, Risotto La Corte, Spalla di maialino da latte al forno

CORREZZOLA (PD)

LA FAMIGLIA

IN BREVE *Luminosa trattoria che propone cucina perlopiù di pesce, nel segno della stagionalità e della considerazione per le materie prime locali, fra cui il pesce che arriva dal mercato di Chioggia.*

Viale Melzi, 6 - Tel. 049 9760059
Chiuso martedì sera e mercoledì
Orario mezzogiorno e sera
Ferie prime 3 settimane di luglio
Prezzi: 35-40 euro vini esclusi
Carte di credito: BM, CS, DC, MC, Visa

L'OSTERIA La gestione del locale è ormai saldamente nelle mani di Cristiano, che ha ereditato il mestiere dal padre. È lui ad accogliere i commensali per accompagnarli nella luminosa sala con ampie **vetrate, che danno sulla famosa corte benedettina del XVI secolo**. Interessante e variegata la proposta di vini, in bella mostra negli scaffali all'ingresso.

LA CUCINA La vicina **provincia di Venezia influisce nelle proposte**, che spaziano dalla carne, in parte di produttori locali, al pesce, proveniente dal vicino mercato di Chioggia. Il menù è molto vario e sicuramente dà lustro alla fantasia di Cinzia, moglie del patron; modificato e arricchito mensilmente sulla base di quanto offre il mercato e la natura, è attento a chi soffre di intolleranze alimentari e ha sempre alcune pietanze vegetariane e vegane. Ancora, i diversi tipi di pane, la pasta, i dolci sono di propria produzione E da qualche anno è presente una valida selezione di pizze.

I PIATTI Piovra tostata, Gnocchi di patate con asiago e verdure, Tonno ai pistacchi

LOCANDA BENETTI

Via Romana, 62 - Tel. 0444 971052
→ 13 km dall'uscita A31 Vicenza Nord
🕐 Chiuso il mercoledì e giovedì a pranzo
Orario mezzogiorno e sera Ferie 3 settimane
in agosto, 25 dicembre-2 gennaio
Prezzi: 34-36 euro vini esclusi
Carte di credito: BM, CS, DC, MC, Visa

IN BREVE *Albergo-ristorante a gestione familiare, ha la capacità di evocare ricordi attraverso i piatti che propone. Pane, pasta fresca, dolci e salumi sono di propria produzione.*

L'OSTERIA È sempre bello quando i figli continuano la tradizione familiare pur apportando le giuste variazioni dettate dalle attuali esigenze. Siamo in un ristorante con albergo a pochi chilometri dalla città di Vicenza, ampio, con diverse salette e un piacevole giardino, ora gestito dai fratelli Fabio e Federico, sempre presenti in sala ma giustamente coadiuvati dai genitori. In cucina, Roland, storico collaboratore, a conferma della continuità e del rispetto delle tradizioni.

LA CUCINA **Cucina che valorizza la tradizione vicentina** e mette in risalto in particolare le **carni di cortile**, dal pollo alla faraona. Tanta attenzione alla qualità e il desiderio di valorizzare i numerosi prodotti che la zona offre. Pane, pasta fresca (buonissima), dolci e salumi sono di propria produzione. Un'interessante cantina che ha un occhio di riguardo per i piccoli produttori del Triveneto.

I PIATTI Fettuccine fegatini e durelli, Ravioli ripieni di faraona, Pollastrello in *tecia*

CROCETTA DEL MONTELLO (TV) - Ciano

LOCANDA SANTA MAMA

Via D'Annunzio, 10 - Tel. 0423 84141
🕐 Chiuso mar, gennaio-giugno anche mer
Orario mezzogiorno e sera Ferie non ne fa
Prezzi: 25-30 euro vini esclusi
Carte di credito: nessuna

IN BREVE *Locale semplice e genuino, adatto per il pranzo della domenica o per una cena fuori porta e senza fronzoli tra amici. La cucina è di tradizione; da non perdere i funghi.*

L'OSTERIA Il Montello, la lunga collina di verde boschivo tra Montebelluna e il Piave. In questa zona, immerso in un paesaggio naturale dove regnano il ritmo e la tranquillità della natura, questo alloggio per viandanti fin dall'Ottocento è gestito dalla famiglia Martinelli. Oggi l'ospitalità è limitata alla ristorazione, in un **ambiente familiare e ben curato** con arredamento rustico e semplice. Nei mesi più caldi sono disponibili **alcuni tavoli all'aperto**.

LA CUCINA La **proposta mette in rilievo il territorio** con i salumi, le carni, gli animali da cortile e i funghi del Montello. Troverete sopressa con chiodini sott'olio e polentina, gnocchetti di patate al ragù, arrosto di faraona, tacchinella con porcini e finferli. Molto utilizzati i funghi: in questo territorio, fin dagli anni Sessanta, alcuni imprenditori diedero avvio alla coltivazione di un fungo bianco tipo prataiolo. Vini prevalentemente di Valdobbiadene e del Montello.

I PIATTI Zuppa di funghi, Coniglio al forno, Tiramisù

SETTE TESTE

Piazza San Marco, 20 - Tel. 0424 490112
🕐 Chiuso mercoledì e giovedì, mai d'estate
Orario mezzogiorno e sera Ferie variabili
Prezzi: 28-30 euro vini esclusi
Carte di credito: BM, Visa

IN BREVE *Classica osteria a gestione familiare, dagli arredi in legno tipici della montagna. La cucina è semplice, attenta nella scelta dei prodotti e accurata nelle esecuzioni.*

L'OSTERIA Vale la pena conoscere Roberto, patron di questa storica trattoria e locanda, che incarna la vera figura dell'oste: schietto, sincero e follemente innamorato del territorio e dei suoi prodotti. Ancora oggi porta avanti, in collaborazione col figlio Luca in cucina, la tradizione di questo luogo, ritrovo abituale di quanti scendevano dalle contrade e sancivano gli affari mangiando e bevendo assieme. Il giusto approccio si ritrova anche all'interno: tre piccole salette con pochi tavoli in modo da seguire bene la clientela e una meditata offerta di vini delle province circostanti.

LA CUCINA Visto l'estro dei cuochi, c'è **grande fantasia sulla tavola**. Infatti, a parte alcuni piatti quasi inamovibili dal menù – soprattutto a base di carni da cortile e di prodotti del bosco – la **proposta varia frequentemente**, sulla base di quello che offre la natura o gli allevatori amici.

I PIATTI Asagnoni di buonenrico e polvere di barboni, Bocconcini di reale alla Walter, Trippe in umido

FALCADE (BL) - Caviola

TABIÀ

Località Feder, 13 - Tel. 0437 590434
🕐 Chiuso il martedì, mai in luglio e agosto
Orario mezzogiorno e sera
Ferie 15-30 giugno, ottobre
Prezzi: 30-32 euro vini esclusi
Carte di credito: BM, CS, MC, Visa

IN BREVE *L'osteria ha sede in un vecchio fienile (in dialetto tabià) ristrutturato, rustico e accogliente. La gestione è familiare, i piatti sono quelli tipici del Bellunese.*

L'OSTERIA Nel cuore di Feder, piccola località di Falcade, il locale è ospitato in uno dei *tabià* del paese, antichi edifici costruiti in legno e pietra, che un tempo fungevano da fienili. Gli interni rustici e semplici sono arredati in legno, nel classico stile montano. Da un anno (ottobre 2019) **una delle sale è stata adibita a minimarket**, dove si vendono prodotti tipici quali salumi, formaggi, marmellate, vini e grappe locali. All'esterno, nella bella stagione, viene allestito il **terrazzo**.

LA CUCINA In cucina c'è sempre Amalia Pescosta, cuoca esperta e profonda conoscitrice dei prodotti autoctoni e delle ricette del posto. Le elabora **rispettando fedelmente la tradizione** e proponendo dei classicissimi che, come ricorda il menù, qui venivano preparati fin dall'anno di apertura, il 1973. Interessante la selezione di formaggi prodotti tra i monti dell'Agordino e serviti con miele bellunese o composte di frutta.

I PIATTI Zuppa d'orzo, Canederli in brodo o al burro, Polenta con *pastin* e funghi

DA CONDO

IN BREVE *Il ristorante dispone di quattro accoglienti salette e di una veranda, da cui ammirare il paesaggio circostante. Le pietanze sono di territorio, le materie prime di provenienza locale.*

Via Fontana, 134 - Tel. 0438 898106
Chiuso martedì sera e mercoledì
Orario mezzogiorno e sera Ferie luglio
Prezzi: 28-32 euro vini esclusi
Carte di credito: AE, BM, CS, DC, MC, Visa

L'OSTERIA Enrico, dopo alcune belle esperienze giovanili presso ristoranti affermati, è ritornato sui suoi passi e ha ripreso il locale che suo nonno Giocondo, detto il Condo, aveva aperto agli inizi del Novecento. Ora è lui, coadiuvato dalla moglie Beatrice che lo assiste in sala, a gestire la cucina in questo edificio che un tempo fungeva anche da albergo. Le diverse sale, ricche di mobili, oggetti e quadri, ben testimoniano la storia e il vissuto di questo luogo.

LA CUCINA È una **cucina che rimanda alle radici trevigiane** con i suoi profumi, i suoi prodotti e i suoi sapori. Molti piatti, particolarmente apprezzati dai commensali e che riportano a un'atmosfera di festa, sono sempre presenti nel menù. Tra questi meritano di essere assaggiate le **paste fresche**, gli arrosti di carni bianche e lo spiedo.

I PIATTI Salame fresco all'aceto e cipolla, Pasta e *fasioi*, faraona in salsa *peverada*

FOLLINA (TV)

DAI MAZZERI

IN BREVE *In un ambiente di rustica eleganza i fratelli Mazzero propongono una cucina tradizionale che valorizza le materie prime provenienti da alcuni dei migliori artigiani della zona. Lo spiedo - in autunno e primavera – vale il viaggio.*

Via Pallade, 18 - Tel. 0438 971255
Chiuso il lunedì e martedì a pranzo
Orario mezzogiorno e sera
Ferie ultime 2 settimane di febbraio
Prezzi: 45-50 euro vini esclusi
Carte di credito: AE, BM, CS, MC, Visa

L'OSTERIA Accanto alla splendida abbazia e all'interno di un grande palazzo settecentesco si incontra l'osteria dei fratelli Mazzero, qui dal 2006. Gli ambienti, dallo stile rustico-elegante, preservano il fascino antico della struttura. Nelle sale dalle pareti con le pietre a vista e ai tavoli del grazioso spazio esterno si è accolti con calore da Mauro. Valide e curate la selezione di formaggi e la cantina con la sua bella scelta di vini, soprattutto regionali.

LA CUCINA In cucina c'è il fratello Vito, autore di una **proposta basata sulla tradizione**, eseguita con passione e competenza. La scelta delle materie prime verte su due cardini: **stagionalità e territorio**. Molte verdure arrivano dal proprio orto, invece per carni, formaggi e altri ingredienti ci si rivolge a piccole aziende della zona. Lo **spiedo** (da fine settembre sino a primavera inoltrata) è un vanto della casa, ma tutto il repertorio di piatti tipici è di grande gusto e piacevolezza.

I PIATTI Polenta con sopressa e porcini al forno, Ravioli al ragù d'anatra e funghi, Spiedo misto, Quaglia in casseruola con *peverada*

FUMANE (VR)

ENOTECA DELLA VALPOLICELLA

Via Osan, 45 - Tel. 045 6839146
→ 14 km dall'uscita A22 Affi-Lago di Garda
🕐 Chiuso domenica sera e lunedì
Orario mezzogiorno e sera Ferie variabili
€ Prezzi: 40-42 euro vini esclusi
Carte di credito: AE, BM, CS, DC, MC, Visa

IN BREVE *Un'enoteca che affianca a una proposta di vino tra le migliori in regione, e non solo, una solida cucina che pesca nella tradizione con piatti pensati in chiave moderna, mai banali.*

L'OSTERIA Ci troviamo nel cuore della Valpolicella, in un'antica casa padronale. Da più di vent'anni Ada, ai fornelli, e Carlotta, in sala, propongono la loro idea di enoteca. Lo staff di supporto è più che valido, in particolare Serena sa guidare sapientemente il cliente alla scoperta dell'enciclopedica carta dei vini. Al suo interno, infatti, troviamo tutte le cantine più rappresentative del territorio, ognuna delle quali ha una sezione dedicata. Nota di merito per la **possibilità di degustare al calice anche alcuni vini di un certo pregio**.

LA CUCINA La cucina pesca a piene mani dalla **tradizione veronese**, ma i piatti sono presentati in chiave moderna e mai banale. I primi sono costituiti principalmente da **paste fresche fatte in casa** (da segnalare l'ottimo ragù di cortile). Fra i secondi prevale la carne, talvolta impreziosita nella cottura da qualche vino locale. Nel menù è possibile trovare alcuni Presìdi Slow Food.

I PIATTI Broccoletto di Custoza con uovo e acciughe, Tagliatelle al ragù di cortile, Stracotto di manzo all'Amarone

GARDA (VR)

CAFFÈ AMARO

Piazzale Roma, 2 - Tel. 346 6332296
→ 14 km dall'uscita A22 Affi-Lago di Garda
🕐 Chiuso il lunedì
Orario mezzogiorno e sera Ferie 2 sett novembre-dicembre, 1 gennaio-febbraio
Prezzi: 30-32 euro vini esclusi
Carte di credito: nessuna

IN BREVE *Piccolo e accogliente ristorante a gestione familiare, propone una cucina genuina sia di terra sia di pesce, ancora legata alla tradizione ma con alcune sorprese.*

L'OSTERIA Collocato in un tranquillo angolo del lago di Garda, **questo ristorantino è aperto dal 1964**. Un tempo si chiamava Osteria dei Platani per le due piante secolari che si trovano di fronte al locale. Nel 2007, con il cambio di gestione si è modificato anche il nome in onore a una delle canzoni più celebri degli anni Sessanta. A gestirlo sono Emi, Bruno e il figlio Andrea. Tavoli disposti all'interno e all'esterno, fronte lago, in un'ampia piazzetta, dove godersi i pasti dalla primavera all'autunno.

LA CUCINA **Terra e lago nel rispetto della tradizione veronese**. Carni della zona e pesce del lago (purtroppo alcune specie si stanno estinguendo per condizioni ambientali negative). Tra le proposte, di rilievo lo stracotto d'asino, il brasato all'Amarone, il baccalà in umido con polenta e le diverse preparazioni con il pesce di lago. Tra i dessert, il cheesecake ai frutti di bosco e la torta al cioccolato. Qui si bevono sopratutto i vini del Veronese e regionali.

I PIATTI Pasta e *fasioi*, Carne di cavallo (tartare o tagliata), *Bigoi* con sarde del lago

LAZISE (VR)

IL PORTICCIOLO

Lungolago Marconi, 22 - Tel. 045 7580254
→ 8,8 km dall'uscita A22 Affi-Lago di Garda
🕐 Chiuso il martedì Orario mezzogiorno e sera Ferie 23 dicembre-1 febbraio
Prezzi: 35-40 euro vini esclusi
Carte di credito: BM, CS, MC, Visa

IN BREVE *Alla fine del lungolago, un locale dove non sentirsi un semplice turista di passaggio ma un cliente abituale. In cucina la fa da padrone il pesce d'acqua dolce.*

L'OSTERIA Siamo al termine del lungolago pedonale di Lazise, all'altezza della statua di una fanciulla che scruta la riva bresciana del lago di Garda. Il Porticciolo è dotato di una veranda esterna e di un bel giardino che offre la possibilità, nella bella stagione, di godersi l'aria aperta. Salta all'occhio in entrata la **grande griglia sempre accesa** sulla sinistra e la collezione di aceti balsamici, vanto del titolare.

LA CUCINA Nel menù la fanno da padrone **pesci di lago** quali il lavarello e il salmerino, gli agoni e le sarde, la trota e il luccio, il persico, la tinca e lo storione, che si possono gustare tra i numerosi antipasti, nei risotti e sapientemente grigliati. La buona accoglienza fa sentire i clienti benvenuti e non turisti occasionali, come spesso accade in molte località.

I PIATTI Luccio alla gardesana, Risotto alla tinca, Polenta con il baccalà

LIMANA (BL) - Valmorel

AL PEDEN

Via Peden, 6 - Tel. 0437 918000
🕐 Chiuso lunedì e martedì, mai d'estate
Orario mezzogiorno e sera
Ferie 15 gennaio-28 febbraio
Prezzi: 33-35 euro vini esclusi
Carte di credito: BM, CS, DC, MC, Visa

IN BREVE *La cucina si basa sulle materie prime di queste splendide montagne, delle quali Massimo è un profondo conoscitore, dai formaggi alle verdure, dalle carni ai funghi.*

L'OSTERIA L'osteria sorge in una posizione invidiabile, su un assolato colle della pittoresca Valmorel. Qui Massimo Cazzaro prosegue una tradizione di famiglia avviata alla fine degli anni Settanta da nonna Ersilia e dalla madre Bertilla. La sala offre un **ambiente caldo e ospitale**, ideale per gustare i piatti e i vini della generosa cantina, che il ristoratore cura personalmente. In estate è un piacere sostare al fresco nella terrazza all'esterno.

LA CUCINA In cucina Massimo punta sui prodotti del territorio con ottimi risultati, alternando **garbate rivisitazioni delle ricette tipiche a idee tutte sue**, sempre con l'obiettivo di valorizzare, nel rispetto della stagionalità, quanto di buono è offerto dall'orto, dal bosco e dai piccoli produttori che lavorano vicino a lui.

I PIATTI Salumi di propria produzione, Tortino di patate e cipolle avvolto dalla pancetta, Stracci di pasta fresca al ragù di frattaglie, Agnello d'Alpago arrosto e ai ferri

LOREGGIA (PD)

LOCANDA AURILIA

Via Aurelia, 27 - Tel. 049 5790395
🕐 Chiuso il martedì
Orario pranzo e sera Ferie 15 gg in agosto
Prezzi: 32-35 euro vini esclusi
Carte di credito: AE, BM, CS, MC, Visa

IN BREVE *Una sosta mai banale per un bel viaggio nella gastronomia locale fatta di cibi ben preparati, spesso utilizzando il quinto quarto. Cantina davvero invidiabile.*

L'OSTERIA Locale classico, dall'**ambiente semplice e *d'antan***. Ferdinando e Lucia in sala sono ottimi padroni di casa, mentre Onorio in cucina si dedica ai piatti di tradizione e non. Parecchie le serate a tema organizzate dalla locanda e divenute famosissime, a cominciare da quelle dedicate a formaggi e vini. Molto suggestiva la cantina.

LA CUCINA Il menù, importante, è stato un po' snellito ma **la tradizione è sempre presente**: la differenza la fanno le materie scelte e l'estrema conoscenza del proprio territorio. Accanto a piatti più tradizionali, come il baccalà mantecato, **qualche proposta più innovativa**, come le trippe alla menta e formaggio. Accanto ai risotti e ai bigoli, ancora il baccalà e qualche taglio di carne alla griglia, con notevoli degustazioni di formaggi. Insomma, una cucina classica che cerca nuove strade, con dolci sia semplici che elaborati. Notevole la scelta dei vini.

I PIATTI Baccalà mantecato, Tagliatelle con sugo di stagione, Rognone di vitello al Friularo

LOZZO DI CADORE (BL)

LA FAVORITA

Via Giouda, 226 - Tel. 0435 76142
🕐 Chiuso lun sera Orario pranzo e sera
Ferie 2 settimane in gennaio, 1 in ottobre
Prezzi: 33-35 euro vini esclusi
Carte di credito: BM, CS, MC, Visa

IN BREVE *Andrea e Alessandro conducono con passione l'attività iniziata negli anni Settanta dai genitori. Una cucina che si basa sui prodotti di questo territorio e resta semplice anche quando cerca vie più contemporanee.*

L'OSTERIA Nel cuore antico del paese, uno storico palazzo ospita questa osteria da sempre condotta dalla famiglia Forni. Oggi il timone è nelle mani dei fratelli Alessandro e Andrea: il primo cura la preparazione delle pizze, il secondo dirige la cucina. La sala è stata totalmente rinnovata e ora offre un **ambiente che combina le linee pulite di un design moderno** ed essenziale al **calore del legno che riveste il soffitto e le pareti**. Nella bella stagione ci si può accomodare ai tavoli della veranda esterna. In cantina una piccola selezione del Nordest.

LA CUCINA Prima di tornare stabilmente nel suo paese, Andrea ha maturato importanti esperienze lungo lo Stivale – tra le più significative quelle alla Locanda San Lorenzo nel vicino comune di Alpago e al ristorante Dal Pescatore a Canneto sull'Oglio – ma qui ha scelto una **cucina semplice, realizzata con cura e in sintonia con l'ambiente**.

I PIATTI Tagliere di salame di Lozzo con caciotta di capra, cetriolo e polenta, Gnocchi di rape rosse con crema di spinaci, Costicine d'agnello

LUSIA (RO) - Bornio

AL PONTE

IN BREVE *Una sosta necessaria se si è curiosi di conoscere i prodotti e la cucina della provincia di Rovigo. Carni, pescato locale, verdure sono la materia grezza che la famiglia Rizzato trasforma in piatti dai sapori antichi e moderni al tempo stesso.*

Via Bertolda, 27 - Tel. 0425 669890
→ 7,5 km dall'uscita A13 Lendinara-Rovigo Centro
⏱ Chiuso il lunedì Orario mezzogiorno e sera Ferie una settimana in agosto
Prezzi: 33-36 euro vini esclusi
Carte di credito: AE, BM, CS, DC, MC, Visa

L'OSTERIA Definirla trattoria di campagna è riduttivo: **un punto di riferimento per questo territorio**, dove storia e tradizione incontrano il quotidiano e la modernità dell'oggi. Ormai sono i figli, Silvia in sala ed Enrico in cucina, a riproporre i piatti della famiglia Rizzato. Con calore e immediatezza, in questa zona di eccellenze ortofrutticole, con uno sguardo alle ricette di famiglia ma anche all'evoluzione della cucina italiana: esempio di un passaggio generazionale ben riuscito.

LA CUCINA Una serie di **piatti che valorizzano le verdure, a volte come contorni, a volte da sole**. Dagli affettati, selezionati con cura nelle vicine fattorie, alle carni e al pescato: ogni materia è scelta e proposta secondo tradizione, ma rinnovata con una piacevole leggerezza. Anche i vini regalano molte soddisfazioni, dai vicini Colli Euganei fino a terre più lontane.

I PIATTI *Bigoi* con le sarde, Oca in onto, Faraona al forno

LUSIANA-CONCO (VI) - Rubbio

MILLELUCI

IN BREVE *Elvis e il figlio portano in tavola i sapori del territorio, impreziositi da ciò che il bosco circostante offre in quel momento, con un tocco di modernità e grande attenzione per i dettagli.*

Contrà Rossi, 17 - Tel. 0424 709433
⏱ Chiuso lunedì e martedì
Orario mezzogiorno e sera Ferie variabili
€ Prezzi: 40-45 euro vini esclusi
Carte di credito: AE, BM, CS, DC, MC, Visa

L'OSTERIA Il locale prende il nome dalla moltitudine di luci della pianura sottostante; un grande spettacolo che si ripete ogni sera, visibile dalle **ampie vetrate** di questo locale posto all'inizio dell'altopiano di Asiago. All'interno, un **ambiente caldo** con tavoli ben disposti, dove Elvis Pilati e il figlio Giacomo hanno modo di far apprezzare tutto il loro amore per questa terra, mescolando i prodotti di cui è ricca con le diverse erbe raccolte nei boschi circostanti.

LA CUCINA È questa una **cucina nella quale convivono due anime**: da una parte, forti rimandi al passato e alla tradizione, dall'altra una costante innovazione unita a una notevole creatività. Interessante dualità: Giacomo, con la sua volontà di scoprire, di sperimentare, Elvis con l'esperienza, la conoscenza e l'attenta ricerca di prodotti d'eccellenza. Anche la cantina, pertanto, gode di tutto ciò, proponendo una vasta scelta di vini veneti ma anche italiani ed esteri.

I PIATTI Tortello con verdure, Lumache con erbe spontanee e burro, Non è un tiramisù

ANTICA OSTERIA DELLA VALPOLICELLA

Via Monti Lessini, 33 - Tel. 045 7755010
🕐 Chiuso lunedì e martedì
Orario sera, sabato e domenica anche pranzo
Ferie 1 settimana in giugno, 2 in gennaio
Prezzi: 30-36 euro vini esclusi
Carte di credito: BM, CS, DC, MC, Visa

IN BREVE *L'osteria è piacevole e calda. Il menù, semplice, è composto da pochi piatti preparati con prodotti di qualità della zona. La cantina sotterranea è quella che ognuno vorrebbe per sé.*

L'OSTERIA Bella osteria nel cuore della Valpolicella classica. Salendo la strada che dal territorio pedemontano s'innalza in un verde mare fatto di viti e ciliegie, troviamo la piccola frazione di San Rocco. In un'abitazione storica, osteria da più di settant'anni, nel 2016 cominciò l'avventura di Alberto con la nuova gestione. Fondamentale fu l'incontro con Stefano che regge con grande capacità la cucina. Il **locale semplice e curato** nasconde uno dei suoi pezzi forti: la cantina.

LA CUCINA Lo stile culinario si basa sui piatti e sui **sapori della tradizione fatta di paste fresche, carni di cortile, lumache, trippe**. Vecchie ricette, gelosamente custodite dalla famiglia, vengono tramandate e ripetute, aggiungendo sempre un tocco di modernità. Ovviamente rigorosa la scelta degli ingredienti di origine locale. Non delude le aspettative l'ampia lista dei vini.

I PIATTI Gallina della Lessinia in *saor*, Pasta all'uovo casereccia, Polenta e lumache

ANTICA OSTERIA PAVERNO

Via Paverno, 9 - Tel. 045 6837199
🕐 Chiuso il giovedì Orario mezzogiorno e sera Ferie fine agosto-inizio settembre
Prezzi: 30-35 euro vini esclusi
Carte di credito: BM, MC, Visa, Satispay

IN BREVE *In questa osteria curata e accogliente, Paola e Lucio danno il meglio di sé nella preparazione di piatti della tradizione realizzati con prodotti del territorio ricercati con passione.*

L'OSTERIA Storica osteria nel cuore della Valpolicella classica nell'omonima frazione di Marano. Arrivati si respira subito l'atmosfera del locale autentico; verdi viti, bianca pietra, volti sorridenti e profumo d'antiche tradizioni. Lucio, occhio esperto e ampio sorriso, accoglie l'ospite e Paola ne delizia poi il palato. L'arredamento semplice e curato e un'atmosfera resa calda dal bel fuoco del camino. Piacevolissima, nella stagione calda, la **pergola esterna**.

LA CUCINA Lo stile culinario si basa sui **sapori della tradizione, soprattutto di terra**, arricchiti ed esaltati da un valido e sapiente uso diprodotti di grande qualità tra i quali spiccano alcuni Presìdi Slow Food. Lodevole l'ampia carta vini che esprime l'amore per il ricco territorio circostante.

I PIATTI Polenta *brustolà* con salumi locali, Tortelli al monte veronese e pera misso, Stracotto di musso (asino)

MAROSTICA (VI)

MADONNETTA

Via Vajenti, 21 - Tel. 0424 75859
Chiuso il giovedì Orario 10.00-15.00
e 18.00-24.00 Ferie Pasqua, Ferragosto,
Ognissanti, Natale e Capodanno
Prezzi: 23-25 euro vini esclusi
Carte di credito: AE, BM, CS, DC, MC, Visa

IN BREVE *Un'istituzione regionale questa osteria che dal 1904 propone i piatti della tradizione vicentina in un ambiente piacevole e caldo.*

L'OSTERIA Difficile condensare in poche battute l'amore che traspare in ogni particolare di questo locale, **gestito dalla stessa famiglia sin dal 1904**, quando Giuseppe Polita rilevò l'edificio del Seicento a pochi passi dalla celebre piazza degli Scacchi. Vi si respira la storia, testimoniata da mobili, stampe, focolare, oggetti ma si gode anche il calore che i tre fratelli Barbara, Sandro e Wladimiro dispensano nelle sale mentre la madre, Anna Maria, aiutata da una brigata internazionale di ragazzi giovanissimi e motivati, porta avanti la cucina.

LA CUCINA Legata al territorio e alle proprie origini, **la cucina propone molti piatti della tradizione vicentina**, con le giuste variazioni dovute alla stagionalità, grazie al grande orto di famiglia e ai prodotti che arrivano da fornitori locali selezionati con cura nel corso degli anni. Bella l'idea di offrire **tutta la propria carta dei vini anche a calice**. Per finire, notevole proposta di distillati.

I PIATTI Formaggio e sopressa con verdure in agrodolce, Bigoli *co l'anàra*, Coniglio al mirto

MASI (PD)

ALLA NAVE

Via Garibaldi, 2 - Tel. 0425 51764
Non ha giorno di chiusura
Orario mezzogiorno e sera
Ferie prima settimana di gennaio
Prezzi: 28-30 euro vini esclusi
Carte di credito: AE, BM, CS, DC, MC, Visa

IN BREVE *Ristorante-albergo a gestione familiare, ha una storia centenaria. Oggi, in un ambiente semplice e curato, vecchie e nuove ricette vengono eseguite con un tocco d'innovazione.*

L'OSTERIA Un classico della Bassa padovana, le campagne, l'Adige, un piccolo paese. Questo locale ha lasciato il segno ma si è fatto conoscere per i **piatti delle vecchie nonne**, i **pesci ormai quasi introvabili**, i mestieri che sopravvivono nei ricordi. Camere per dormire e grandi sale per mangiare, oggi anche una buona pizza. Filippo ha ereditato questo mondo, che un po' subisce, un po' rinnova con ricerche e piccole rivisitazioni.

LA CUCINA La cucina è di tradizione, con **tante verdure dei vicini orti**, con le paste fatte in casa, le carni della corte e − con un pizzico di fortuna − i pesci gatto e le anguille del fiume che mai si ferma. Se un **piatto di trippe può valere il viaggio**, tanti altri sono da scoprire e molti da ricordare. Vini locali in abbinamento, anche naturali. Da sottolineare un menù vegetariano.

I PIATTI Tagliatelle con faraona e verdure, Baccalà alla veneta, Anguilla e pesce gatto fritti, Trippa

MEOLO (VE)

ROMA

IN BREVE *Accogliente trattoria di un tempo, dove fare anche solo quattro chiacchiere davanti a un'ombra e a un cicheto. Ottima la cucina di mamma Rosanna: tradizione con un tocco originale.*

Riviera 18 Giugno, 24 - Tel. 0421 61280
→ 2,6 km dall'uscita A4 Meolo
→ 950 m dalla stazione di Meolo
🕐 Chiuso martedì sera e il mercoledì
Orario mezzogiorno e sera Ferie variabili
Prezzi: 23-25 euro vini esclusi
Carte di credito: BM, CS, MC, Visa

L'OSTERIA Una lunga storia per questo locale: la **trattoria del paese**, riferimento per la comunità e per i tanti avventori che tornano con le chiacchiere e le emozioni. Un bancone con i *cicheti* per le *ombre*, le sale interne e una **pergola godibile nella bella stagione**. Bella accoglienza di Barbara e Cristiano, Mamma Rosanna è ai fornelli: nota dolente la presenza di cimeli del Ventennio.

LA CUCINA Cucina gustosa, con tante materie prime del posto e tanta esperienza: dai *cicheti* al *saor*, ai nervetti. Gnocchi e crespelle, animali da cortile e cacciagione, spesso preparati come tradizione vuole. Pasta e dolci fatti in casa. Il vino della casa o qualche bottiglia per i più esigenti.

I PIATTI Sarde in *saor*, Gnocchi con ragù o sugo, Faraona con *pevarada*, Anatra al forno

MIRANO (VE) - Scaltenigo

IL SOGNO

IN BREVE *Un locale che esalta la cucina di campagna veneta, con piatti semplici ma cucinati con mano sicura e senza eccessivi fronzoli. Immancabile il bollito.*

Via Vetrego, 8
Tel. 041 5770471-347 8197037
→ 2,4 km dall'uscita A57 Mirano-Dolo e 5,5 km dall'uscita A4 Spinea
🕐 Chiuso domenica sera e lunedì
Orario mezzogiorno e sera Ferie non ne fa
Prezzi: 30-34 euro vini esclusi
Carte di credito: AE, BM, CS, MC, Visa

L'OSTERIA La campagna veneziana brulica di movimento, tra le autostrade e i campi coltivati: sembra incredibile, ma **qui si può trovare la quiete**. Silvano accoglie con simpatia e competenza, in cucina Marco prepara ottimi piatti. La sala, impreziosita da un bello spazio esterno, è sobria e accogliente, il servizio sempre accompagnato da un sorriso.

LA CUCINA **Tradizione e novità**, piatti vecchi e nuovi che ne invogliano l'assaggio. Gallina padovana, *bigoi* con le tre salse, un poderoso carrello dei bolliti, insomma, tutto il repertorio della cucina di campagna veneta è elencato nella carta dell'osteria. Da segnalare la polenta di mais biancoperla (Presidio Slow Food). Buoni i dolci della casa. Vini scelti con attenzione da Silvano, prevalentemente nel Triveneto.

I PIATTI Gallina padovana in *saor*, *Bigoi* alle tre salse, Zuppa di trippe, Carrello dei bolliti

MOGLIANO VENETO (TV) - Marocco

AL TURBINE

IN BREVE *All'interno di questa moderna osteria Martina e Andrea spendono passione e lavoro per migliorare costantemente, rivisitando la tradizione con un approccio fresco e personale.*

Via Marignana, 124 - Tel. 041 5937077
Chiuso la domenica e lunedì a pranzo
Orario mezzogiorno e sera Ferie settimana di Carnevale, le prime 2 di agosto
Prezzi: 33-36 euro vini esclusi
Carte di credito: AE, BM, CS, MC, Visa, Satispay

L'OSTERIA Turbine, il vecchio e fidato mulino d'inizio Novecento, oggi è consacrato in toponimo. L'osteria, nata come semplice ristoro per braccianti, è oggi un locale raffinato che ben coglie le sfide della modernità abbracciandone le forme e lo stile. Dopo un lungo cammino fatto di studio, ricerca e sperimentazione, troviamo oggi le figure di Andrea, in cucina, e Martina, in sala, attuali gestori ed artefici di questo rinnovamento. Molto bello lo spazio esterno immerso nel verde; **un sicuro rifugio estivo**.

LA CUCINA La cucina offre piatti e soprattutto sapori della tradizione, sempre alla ricerca di un difficile quanto delicato equilibrio tra rispetto e modernità. Importante utilizzo di carni da piuma, tra le quali emergono il fagiano e il colombo. Meritevoli di una citazione **lo spiedo e il sapiente utilizzo della griglia**. Lodevole l'uso di ingredienti locali e selezionati, il tutto immerso in un'atmosfera informale e rilassata a tratti onirica. Lista dei vini semplice e curata.

I PIATTI Porchetta, *Sopa coada*, Carni alla brace

MONFUMO (TV) - Castelli

DALL'ARMI

IN BREVE *L'osteria, aperta nel 1850, ha una gestione familiare tutta al femminile e propone una cucina autenticamente casalinga, semplice e onesta, con materie prime fresche proprie o locali.*

Via Chiesa Castelli, 1 - Tel. 0423 560010
Chiuso martedì e mercoledì
Orario mezzogiorno e sera Ferie ultima sett di agosto-prime 2 di settembre, 1 in maggio
Prezzi: 20-27 euro vini esclusi
Carte di credito: BM

L'OSTERIA Un'insegna di lunghissima tradizione nello splendido paesaggio collinare che circonda la vicina Asolo. Fondata nel 1860, l'osteria è gestita da generazioni dalla famiglia Dall'Armi. È ospitata in una caratteristica casa di campagna della quale è stato preservato l'**ambiente rustico e retrò**. Anna e le figlie Elisa e Silvia accolgono con gentilezza gli ospiti nelle sale e nell'accogliente pergola, da cui si ammirano i colli.

LA CUCINA Vero must, qui, sono le *fortaie*, ossia le gustose **frittate servite in tavola per più commensali** (due o più) da dividere come in famiglia. Il resto del repertorio è fatto di **pochi altri piatti, semplici, schietti** e preparati con ingredienti genuini e di stagione: una **cucina casalinga che assicura conforto continuo e pieno**. In abbinamento il vino prodotto in proprio e qualche etichetta locale.

I PIATTI Piatto di affettati e sottaceti, Sgombro con cipolle di Tropea, Pasta con verdure di stagione, Frittata con sopressa e cipola

MONTEGALDA (VI)

CULATA

IN BREVE *In questa trattoria casa-linga dal tipico arredo familiare, è il baccalà a farla meritatamente da pa-drone, fra gli antipasti come tra i primi e i secondi.*

Via Roi, 47 - Tel. 0444 636033
🕐 Chiuso la domenica Orario pranzo, mer-coledì e venerdì anche sera Ferie agosto
Prezzi: 34-36 euro vini esclusi
Carte di credito: BM, CS, Visa

L'OSTERIA In questa zona ricca di ville, anche palladiane, questo esercizio, aperto quasi novant'anni or sono, condivide le pareti con la storica distilleria Brunello. Ora è un **rinomato punto di riferimento per quanti vogliono gustare uno dei più famosi piatti della cucina** vicentina: il baccalà. Vin-cenzo, in sala con la figlia Laura, sa ben spiegare la ricetta tramandatagli dal suocero, il famoso Culata che da il nome del locale, e che ora è preparata dalla moglie Carla. Nell'ingresso, in ricordo dei tempi passati quando l'osteria era anche *casolin* (negozio di alimentari), c'è un'interessante proposta di eccellenze del territorio e della Sardegna, in omaggio alle origini di Vincenzo.

LA CUCINA È una **vera trattoria casalinga**, a gestione familiare, semplice. Come detto è il baccalà a farla da padrone sebbene l'intera proposta, sia di grande valore. A completare l'offerta carni alla brace e verdure, in gran parte provenienti dall'orto di famiglia.

I PIATTI Tagliolini baccalà e bottarga, Baccalà alla vicentina, Carni alla brace

NEGRAR (VR) - Mazzano

ALLA RUOTA

IN BREVE *Il locale è moderno, ben curato, dotato di un'ampia terrazza con vista. Le proposte sono ricercate nella presentazione ma salde nel rapporto con le materie prime locali e la stagio-nalità.*

Via Proale, 6 - Tel. 045 7525605
🕐 Chiuso lunedì e martedì Orario mezzo-giorno e sera Ferie variabili
€ Prezzi: 38-40 euro vini esclusi
Carte di credito: BM, CS, MC, Visa

L'OSTERIA Tanta luce attraverso le vetrate del salone, da cui si può ammirare il caratteristico paesaggio della Valpolicella pieno di olivi, ciliegi e viti. L'ambiente è ben curato e raffinato ma non mette in soggezione grazie anche al calore di Stefano, che si muove tra i tavoli pronto a decantare i piatti molto ben presen-tati e che mantengono i sapori e la sostanza della tradizione grazie a Renza e a Odilla in cucina. Insomma un **bell'esempio di trattoria moderna**.

LA CUCINA Merita il coperto composto da pane e grissini fatti in casa, come del resto la pasta. Bella idea la proposta della degustazione di tre primi piatti con crespelle, bigoletti e minestre, che variano con i prodotti freschi di sta-gione. Ottima la selezione dei formaggi Presìdi Slow Food. In conclusione una **cucina di raffinata semplicità**.

I PIATTI Crespelle al monte veronese con verze e salsiccia, Filetto di baccalà e aglio nero, Agnello arrosto

NEGRAR (VR) - Torbe

CAPRINI

IN BREVE *Semplice osteria a gestio-ne familiare, dove provare i classici della tradizione: paparele in brodo con i fegatini, coniglio in teja, brasato al Valpolicella. Ricca e scenografica la cantina.*

Via Zanotti, 9 - Tel. 045 7500511
Chiuso il mercoledì
Orario mezzogiorno e sera Ferie non ne fa
Prezzi: 30-33 euro vini esclusi
Carte di credito: BM, CS, MC, Visa

L'OSTERIA In una piccola piazza che guarda la valle di Negrar, nella frazione di Torbe, in un locale che una volta era una panetteria (*pistoria*), si trova la tratto-ria Caprini. Si può mangiare in una grande sala comune oppure in una saletta ben arredata con **vista panoramica**. Infine nella ben fornita cantina ci sono due tavoli accanto all'antico forno del pane. La lista dei vini fa onore alla zona della Valpolicella classica, in particolare alle cantine più vicine.

LA CUCINA Il **menù è semplice e rappresenta i piatti del territorio**. Tutta la pasta è fatta in casa. Ottime le carni alla brace. Il vino Valpolicella ritorna come ingrediente per la preparazione delle carni in teglia e al forno. Eccellenti i dolci del cuoco semplici e ben eseguiti. È disponibile anche un invitante menù degustazione.

I PIATTI Antipasto di polenta, sopressa, lardo e giardiniera della casa, *Paparele* in brodo con i fegatini, Coniglio in *teja*

NERVESA DELLA BATTAGLIA (TV)

LA PANORAMICA

IN BREVE *La semplicità e il gusto ca-ratterizzano le varie salette del locale, il cui menù, perlopiù tradizionale, è quasi esclusivamente di terra. Cantina invidiabile.*

Via VIII Armata, 28 - Tel. 0422 885170
Chiuso lun e mar Orario mezzogiorno e sera Ferie 15-30 gennaio e 15-30 luglio
Prezzi: 33-36 euro vini esclusi
Carte di credito: BM, CS, MC, Visa

L'OSTERIA La Panoramica: verdi vigne ondeggianti, mormorio del Piave, vista mozzafiato. **Osti da tre generazioni**, i Furlan seguono con amorevole cura il locale oggi condotto da Eddy. Come s'intuisce sia dalla vicinanza del colle del Montello, sia per l'ampio parco vitato circostante, l'altra grande passione della famiglia è il mondo del vino. Entrati l'atmosfera è calda e accogliente; nella bel-la stagione l'ampio e scenografico spazio esterno permette di godere appieno il fresco respiro della natura.

LA CUCINA La cucina si basa sui **sapori della tradizione trevigiana e vene-ziana**, proposti anche con interessanti variazioni. I piatti, quasi esclusivamente di terra, vantano una selezione d'ingredienti il più stagionale e locale possibile. Carta dei vini e cantina curate con premuroso affetto da Eddy in persona.

I PIATTI Baccalà mantecato, Agnolotti con formaggio casatella, Filetto di bue al Margottino (vino della casa)

ANTICA OSTERIA DAL CAPO

IN BREVE *Michele ha caratterizzato l'osteria con una cucina spiccatamente di tradizione, usando materie prime locali. L'ambiente è molto piccolo e si consiglia sempre la prenotazione.*

Via degli Obizzi, 2 - Tel. 049 663105
🕐 Chiuso la domenica e lunedì a pranzo
Orario mezzogiorno e sera Ferie 1 settimana dopo l'Epifania, le 2 centrali di agosto
Prezzi: 33-37 euro vini esclusi
Carte di credito: BM, CS, MC, Visa

L'OSTERIA Un piccolo locale nel cuore del centro storico padovano, a ridosso delle piazze, vero cuore pulsante della città, circondato dal vecchio ghetto ebraico, dal Duomo e da importanti palazzi cittadini. Michele lo valorizza acquistando molte materie prime nei negozi vicini e proponendo piatti ben eseguiti. Considerate le dimensioni del locale, meglio prenotare.

LA CUCINA Una cucina senza pretese, con **tanti piatti tradizionali**, apprezzati sia dai turisti che dagli studenti: dal *saor* ai bigoli, dagli gnocchi alle tagliatelle. D'obbligo il baccalà e la trippa ma sono **tanti i piatti che ruotano quasi quotidianamente**. Qualche dolce casalingo e qualche bottiglia, soprattutto dei vicini Colli Euganei.

I PIATTI Baccalà mantecato, Bigoli con ragù di coniglio, Seppie in umido con polenta

GOURMETTERIA

IN BREVE *Prima di essere un locale gourmet o un'osteria, questo posto è la realizzazione del sogno di Daniele Bovolati: far conoscere sapori tipici usando materie prime selezionate.*

Via degli Zabarella, 23 - Tel. 049 659830
→ 1,2 km dalla stazione di Padova
🕐 Non ha giorno di chiusura Orario mezzogiorno e sera Ferie Natale
Prezzi: 35-38 euro vini esclusi
Carte di credito: BM, CS, DC, MC, Visa

L'OSTERIA Un locale atipico, un po' trattoria e un po' bottega, semplice ma ben confortevole. Nel cuore di Padova, a due passi dalle mostre di Palazzo Zabarella, Daniele Bovolato e i suoi ragazzi vi accoglieranno con simpatia. L'occhio si perde piacevolmente tra scatole e bottiglie, dall'Italia e non solo. Molto frequentato e pieno di iniziative a tema, anche in città.

LA CUCINA Un menù da leggere e studiare, se ve n'è il tempo e la voglia: sicuramente pieno di **piatti interessanti che attraversano il Veneto e le sue tante tradizioni**. Sarde, bigoli, baccalà, gallina padovana e quant'altro fanno gioire la mente e il palato. In alternativa, gli hamburger o le pizze, anch'essi di stampo veneto; pure i dolci tengono il passo. Notevole l'offerta di vini, anche bio e di piccoli produttori, e di birre artigianali. Bisogna riconoscere a Daniele una grande capacità di dedicarsi al locale con ricerca e passione.

I PIATTI Gallina padovana, Bigoli in salsa, Oca *in onto*, Tiramisù con *fugazza* veneta

PADOVA

L'ANFORA

Via dei Soncin, 13 - Tel. 049 656629
🕐 Chiuso la domenica Orario 9.00-23.00
Ferie la settimana di Ferragosto
Prezzi: 32-35 euro vini esclusi
Carte di credito: AE, BM, CS, MC, Visa

IN BREVE *È un vero piacere sostare a uno dei tavoli nell'unico e caratteristico ambiente, tra i tanti habitué e turisti, per un semplice cicheto e n'ombra de vin oppure per pranzare o cenare.*

L'OSTERIA Se non l'unica, sicuramente **una delle ultime vere osterie in Padova**. Situata nel ghetto, a pochi passi dal mercato di piazza delle Erbe, fornitore ufficiale e giornaliero del cuoco, Alberto Grinzato. L'interno è quello classico, legno, scaffali con tanti vini in bella mostra, angolo dei libri e sempre un gran via vai di persone, che Giorgio serve con la consueta maestria. Habitué, massaie, universitari qui si danno appuntamento a tutte le ore per un'*ombra* di vino e uno *spuncioto*, bene in vista nelle vetrinette, o nelle ore canoniche per un pasto. Ottima la proposta di vini, molti del territorio.

LA CUCINA A parte **qualche piatto della tradizione** storicamente inamovibile, **il menù varia giornalmente** ed è creato al termine della consueta passeggiata al mercato tra i propri fornitori abituali di fiducia. Si trova esposto all'entrata e dà modo di apprezzare la bravura di Alberto, che attinge a piene mani nella tradizione, mediandola con la sua fantasia.

I PIATTI Sarde in *saor*, Pasta e fagioli, *Straeca* di cavallo

PIANIGA (VE)

DA PAETO

Via Patriarcato, 78 - Tel. 041 469380
🕐 Chiuso lun e mar Orario pranzo e sera, settemina di Ferragosto solo sera Ferie non ne fa
Prezzi: 35-38 euro vini esclusi
Carte di credito: BM, CS, MC, Visa

IN BREVE *I classici di pesce della tradizione veneziana ci sono tutti in questa sobria osteria. Ottima selezione di ingredienti e bella carta dei vini. Tappa sicura per chi voglia un baccalà mantecato come si deve.*

L'OSTERIA Storico locale dell'entroterra veneziano in attività da più di ottant'anni. Curioso il nome che sembra derivare dall'antica usanza di esporre un piccolo palo, il *paeto*, per indicare la possibilità di mangiare, dormire e cambiare i cavalli. L'ambiente, sobrio e accogliente, è curato con gusto e semplicità. Dal 2006 troviamo Tommaso, in sala, e Eddy, in cucina. **Su tutto regnano la serenità e l'armonia** che solo la presenza dei due osti, vivaci senza essere invadenti, sa creare.

LA CUCINA Il menù elenca **molti piatti della tradizione**, soprattutto di pesce, quasi assurti a culto dell'eccellenza identitaria territoriale. La continua ricerca di tipicità e stagionalità porta a una selezione, tanto curata quanto amorevole, delle materie prime. Coronamento di questo lungo percorso è il sapiente uso di molti Presìdi Slow Food e l'adesione al rituale della Confraternita doganale del baccalà mantecato. Lista dei vini semplice e curata.

I PIATTI Sarde in *saor*, *Bigoi* in salsa, Baccalà mantecato

PIEVE DEL GRAPPA (TV) - Crespano

SAN MARCO

IN BREVE *In questa tipica osteria familiarità, simpatia e sorriso accompagnano la presentazione dei piatti: tutti tipici della tradizione veneta, senza fronzoli, puliti, gustosi, saporiti.*

Piazza San Marco, 12 - Tel. 0423 539217
Chiuso lunedì sera e il martedì Orario mezzogiorno e sera Ferie terza e quarta settimana di gennaio, 10 gg in giugno
Prezzi: 27-30 euro vini esclusi
Carte di credito: BM, MC, Visa

L'OSTERIA Accoglienza tutta veneta in questa **piccola trattoria-enoteca**: una lavagna per i vini al calice e una per i piatti del giorno, che variano spesso. **Ottima l'accoglienza** di Tosca e Roberto, lei in sala, lui in cucina e al bar. Facile trovare gente del luogo che si ferma per un'*ombra* e un *cicheto*.

LA CUCINA Pochi piatti, della tradizione, semplici e gustosi, ben presentati da Tosca, dal baccalà alle sarde in *saor*, dai bigoli alla trippa. Tutto è preparato con materie prime scelte preferibilmente in zona. Qualche dolce e vini del Triveneto completano l'offerta.

I PIATTI Crostini di baccalà, Pasta e fagioli, Baccalà alla vicentina, Trippe alla parmigiana

POLVERARA (PD)

L'OPERAIO DEI FORNELLI

IN BREVE *Osteria dal clima familiare, accogliente, ordinata, raccolta. Partendo da prodotti del territorio, la cucina guarda alla tradizione con elaborazioni bilanciate e mai azzardate.*

Via Trieste, 16 - Tel. 049 5855363
Chiuso il mer Orario mezzogiorno e sera
Ferie prima settimana di gennaio, 2 in agosto
Prezzi: 32-35 euro vini esclusi
Carte di credito: BM, CS, DC, MC, Visa

L'OSTERIA La campagna veneta è generosa di trattorie, dove mangiare le materie del posto trasformate in piatti che si rifanno alla **tradizione più consona al luogo**: questa non fa eccezione. Non è grande ma è ben curata, piacevole da vedere e da gustare. Una cucina sobria che Federico confeziona, servita in sala da Marzia ed Emma.

LA CUCINA La **gallina padovana** (qui di Polverara) la troviamo negli antipasti e nei primi, insieme alla pasta fatta in casa con sughi di stagione. Da ricordare gli insaccati, fatti in proprio, con carne di maiali allevati da amici. Gli altri protagonisti sono i classici della campagna: carni bianche, musso (asino) e baccalà. Buona la carta dei vini, dove non mancano le bottiglie biologiche e biodinamiche.

I PIATTI Insalata di **gallina padovana**, Fettuccine con più farine e ragù di più carni, Musso in *tocio* al Friularo

PONTECCHIO POLESINE (RO)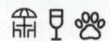

MORIN

Piazza Matteotti, 151 - Tel. 392 6550534
Chiuso il martedì
Orario mezzogiorno e sera Ferie variabili
Prezzi: 30-35 euro vini esclusi
Carte di credito: BM, CS, DC, MC, Visa

IN BREVE *Una trattoria a gestione familiare con due graziose salette. I piatti sono caratterizzati da una certa ricercatezza, che si coglie anche nella descrizione del menù.*

L'OSTERIA I muri sono rimasti quelli del Vecio Morin, che legò il nome al locale, negli anni sede di più ristoranti. Oggi Stefano segue le due salette, dal carattere di un tempo ma estremamente piacevoli. Il figlio Luca è l'anima dei fornelli, creatore dei piatti e della **innovativa interpretazione della cucina tradizionale**.

LA CUCINA Già nel menù, con descrizioni che ricordano i libri illustrati, si coglie il contrasto tra il luogo, semplice e rassicurante, e i **piatti, perlopiù fantasiosi e ricchi di gusto e sperimentazioni**. Le materie prime sono selezionate con attenzione. Accanto a un flan di zucca o a un tortino di verdure, troviamo le classiche tagliatelle con ragù di carni bianche, ma anche un filetto di maiale laccato al miele. Validi i dolci della casa, così come la snella carta dei vini, che si arricchisce di anno in anno.

I PIATTI Salumi di campagna con gnocco fritto, Tagliatelle al ragù di coniglio, Misto di bolliti polesani

PORTO TOLLE (RO) - Santa Giulia

ARCADIA

Via Longo, 29 - Tel. 0426 388334-347 7476359
Chiuso il mer e dom sera, inverno aperto solo nel fine settimana Orario mezzogiorno e sera Ferie fine gennaio-primi di febbraio
Prezzi: 35-37 euro vini esclusi
Carte di credito: BM, CS, DC, MC, Visa

IN BREVE *In una delle aree più affascinanti del nostro Paese, Pamela e la mamma Arcadia propongono il pesce allevato e catturato dal resto della famiglia. Preparazioni semplici ma piene di tradizione e di gusto.*

L'OSTERIA Arrivare qui è un'esperienza da ricordare: si fa un po' di strada ma ne vale la pena. Il locale non è grande, quindi bisogna prenotare, ma è molto curato pur nella semplicità. Siamo a ridosso dell'argine del Po di Gnocca e vicini alla Sacca di Scardovari, che si pregia dell'unica cozza a denominazione protetta. Come spesso da queste parti, **tutta la famiglia ha a che fare con la pesca**: Pamela e la mamma Arcadia stanno in sala e in cucina, gli altri si dedicano all'allevamento di **cozze e vongole**, alla pesca e al turismo. Mai ferme queste donne: le due camere diventeranno presto sette e la bottega di alimentari annessa al locale, al mattino è un punto ristoro per colazioni e pranzi veloci.

LA CUCINA **La cucina esalta il pesce locale**, **cozze e vongole** della Sacca e di mare in primavera ed estate, e le ostriche rosa. Da provare il risotto di pesce all'Arcadia e il frequente *bisato* (anguilla). In cucina griglia, forno, umido e frittura, in tavola calore e materie prime del territorio. La carta dei vini migliora ogni anno.

I PIATTI Cozze in varie cotture, Risotto al sugo di pesce, *Bisato* in umido

PORTO TOLLE (RO) - Bonelli

DA RENATA

IN BREVE *Siamo sul Delta del Po e l'osteria esalta al meglio i prodotti di questo magico luogo: crostacei, molluschi, anguilla, tutti freschissimi, di pescatori e allevatori locali, dominano il menù e sono cucinati con semplicità.*

Via del Mare, 2 - Tel. 0426 389322-89024
⊙ Chiuso il mercoledì Orario mezzogiorno e sera Ferie non ne fa
Prezzi: 35-40 euro vini esclusi
Carte di credito: BM, CS, MC, Visa

L'OSTERIA La trattoria si trova lungo un argine in località Bonelli di Porto Tolle. Siamo in una zona molto pregiata per la produzione di vongole, cozze e da alcuni anni anche per le ostriche rosa. Dal 1950 nel locale, abbellito da foto alle pareti che raccontano di pesca e di lavoro nelle paludi, **si respira l'aria del Delta del Po**. La carta dei vini privilegia i bianchi veneti.

LA CUCINA **In cucina i pesci e i crostacei provengono da pescatori e allevatori locali**, per cui la freschezza e i sapori dei piatti sono garantiti. La degustazione degli antipasti è una rassegna davvero completa dei migliori prodotti del Delta. Il piatto che spicca rimane l'anguilla di mare alla brace.

I PIATTI Antipasto con canocchie, polpo, gamberi e alici, Teglia di cozze in rosso, Anguilla di mare alla brace

PORTO VIRO (RO) - Ca' Cappello

LA CORTE

IN BREVE *Il ristorante, lindo e raccolto, si distingue per la gentilezza nell'accoglienza. Pur trovandosi in una zona di mare, per scelta il menù non include piatti di pesce, tranne uno di baccalà.*

Via Cà Cappello, 38
Tel. 0426 321711-346 4032460
⊙ Chiuso il lunedì Orario pranzo, venerdì e sabato anche sera Ferie agosto
Prezzi: 30-35 euro vini esclusi
Carte di credito: BM, CS, DC, MC, Visa

L'OSTERIA **Un locale semplice** nel piccolo borgo di Porto Viro, grande paesone lungo la statale Romea. Piacevole fermarsi per una sosta tranquilla, accolti da Sara e dal marito Vanni, in cucina.

LA CUCINA Nonostante siamo vicini al mare, qui i **piatti sono prevalentemente di carne** e di terra: affettati, verdure pastellate, fettuccine e cappellacci, cotechino, grigliate e baccalà. Una **cucina senza fronzoli**, piatti generosi. Il vino è quello della casa. Interessante il caffè, di una vicina torrefazione.

I PIATTI Verdure pastellate, Fettuccine al ragù, Grigliata di carne

PORTOGRUARO (VE)

VENEZIA

IN BREVE *Ristorante elegante ed essenziale, diviso in due piccole sale. Il pesce, indiscusso protagonista del menù, è quotidianamente acquistato nel vicino mercato di Marano Lagunare.*

Viale Venezia, 10-12 - Tel. 0421 275940
→ 5,8 km dall'uscita A4 Portogruaro
⏱ Chiuso la dom Orario mezzogiorno e sera
Ferie dopo Natale, tra agosto e settembre
€ Prezzi: 40-45 euro vini esclusi
Carte di credito: AE, BM, CS, DC, MC, Visa

L'OSTERIA In posizione leggermente defilata rispetto al centro storico di Portogruaro, il desco dei fratelli Trevisan è **un sicuro approdo per gli appassionati della cucina marinara**. Nelle due salette elegantemente arredate, Claudio presenta con garbo e cordialità i piatti preparati dal fratello Renzo e i vini della valida cantina, che offre una bella selezione di etichette del Nordest.

LA CUCINA La materia prima è selezionata con cura dai mercati più vicini e trattata con delicatezza per portare in tavola tutti i **sapori e i profumi dell'alto Adriatico**. Il più delle volte il cuoco prende spunto dalla tradizione, senza negarsi **qualche idea moderatamente creativa**. Si può sempre fare affidamento sulle classiche ricette della laguna, così come sulle gettonatissime proposte alla griglia. Golosi i dolci della casa.

I PIATTI Seppia cotta a bassa temperatura con granita di *mussoli*, Sarde in *saor*, Spaghetti neri con guancette di coda di rospo, Pesce alla griglia (sogliole, orate, branzini)

POSINA (VI)

AL GARIBALDINO

IN BREVE *Aperta nel 1890, questa osteria-albergo è arredata con semplicità. Gli gnocchi la fanno da padrone in molte versioni; buoni il capriolo, il baccalà, il galletto alla brace.*

Via Sareo, 5 - Tel. 0445 748023
⏱ Chiuso il mercoledì, mai d'estate Orario
mezzogiorno e sera Ferie variabili
Prezzi: 28-32 euro vini esclusi
Carte di credito: AE, BM, CS, MC, Visa,
Satispay

L'OSTERIA Seguendo le sinuose curve che costeggiano l'Astico si ha l'impressione di viaggiare, oltre che nello spazio, anche nel tempo. Si rivivono il passato e la storia della nostra nazione partendo dal Risorgimento, fino ad arrivare ai luoghi della Grande Guerra. Con questo spirito ci accoglie l'insegna del locale, aperto nel 1890, arrivato oggi alla quinta generazione di osti. Leggendaria la figura del fondatore, Giovanni, attendente personale dell'eroe dei due mondi. Molto bella la **terrazza panoramica**.

LA CUCINA Entrati, l'atmosfera è quella di un **tipico locale montano**: curato, semplice, schietto. Impressione confermata dalla cucina incentrata su sapori, profumi e tempi della tradizione. **Lodevole l'uso di ingredienti legati alla stagionalità**, il più locali possibile. Tra tutti spiccano sicuramente gli gnocchi di patata, rigorosamente fatti a mano, con ampia scelta di sughi e con possibilità di menù degustazione dedicato.

I PIATTI Gnocchi, Baccalà, Cacciato del giorno

LOCANDA SOLAGNA

IN BREVE *Accoglienza, professionalità, calore, attenta scelta delle materie prime, cucina che riesce a essere tradizionale ed estrosa al tempo stesso e senza sforzi. Se cercate un autentico locale di montagna questo è il luogo che fa al caso vostro.*

Piazza I Novembre, 2 - Tel. 0439 788019
Chiuso il martedì sera e il mercoledì
Orario mezzogiorno e sera Ferie non ne fa
Prezzi: 40-42 euro vini esclusi
Carte di credito: BM, CS, DC, MC, Visa

L'OSTERIA Pace e armonia. Due parole a volte possono bastare. È il caso di questa locanda (dispone di otto camere) posta nel centro del paese ai piedi delle Dolomiti Bellunesi. Nella quiete del borgo, l'edificio, frutto di un sapiente quanto rispettoso recupero, si apre su due sale dove sono presenti testimonianze della sua storia, come la pesa, e prodotti locali, in vendita sugli scaffali. In sala, Andrea si dimostra un appassionato illustratore delle proposte che Raffaele licenzia dalla cucina. Nei periodi caldi, ci può godere il fresco dehors posto a fianco del **ricco orto di famiglia**. Cantina notevole.

LA CUCINA A pranzo, la proposta è più limitata, adatta a un pasto veloce com'è nella tradizione dell'osteria; la sera, invece, l'offerta si fa più articolata, con **piatti di grande spessore che uniscono la tradizione all'estro**, nel pieno rispetto delle stagioni, utilizzando prodotti del proprio orto e di piccoli fornitori locali.

I PIATTI Risotto cacio e pepe, *Conicio in tecia* alla birra, Semifreddo al cioccolato

PICCOLE DOLOMITI

IN BREVE *Rifugio al passo di Campogrosso, è un locale schietto, dall'accoglienza sincera. Il menù di territorio è proposto in ottime e generose porzioni. Da non perdere gli gnocchi con la fioreta.*

Strada di Campogrosso, 3300 - Tel. 0445 75257
Chiuso lunedì sera e martedì, mai d'estate
Orario mezzogiorno e sera Ferie 1-10 giugno
Prezzi: 28-31 euro vini esclusi
Carte di credito: BM, MC, Visa

L'OSTERIA Già lo splendido panorama che si presenta sulle Piccole Dolomiti merita il viaggio. Siamo a 1163 metri, sulla strada per Campogrosso, e il **rifugio è proprio come si immagina**: accogliente, caldo, tanto legno, piatti veraci, generose porzioni. Nel salone principale (vi è anche una sala più piccola) Giovanna, sempre cordiale e gentile nell'accoglienza, è pronta a illustrare le pietanze preparate dal figlio Filippo.

LA CUCINA Anche se, come in tutti i rifugi, si può sostare per un veloce panino e un sorso di vino, magari sulla terrazza esterna, si consiglia di trovare il tempo per un pasto. Per le verdure e le carni, provenienti da produttori locali collaudati nel tempo, per i formaggi, tutti dalle malghe circostanti, per il **largo utilizzo di erbe spontanee**, offerte a piene mani dalla natura circostante e reperibili, vista l'altitudine, fino ai mesi estivi. Per finire, dopo l'impegnativo carrello dei dolci, una notevole selezione di grappe.

I PIATTI Gnocchi con la *fioreta*, Pasta e fagioli alla veneta, Spezzatino di cervo

REFRONTOLO (TV)

AL FORNO

IN BREVE *Una delle osterie più antiche della provincia mantiene il carattere e il calore dei locali di un tempo. Cucina tradizionale con molti piatti tipici preparati con materie prime scelte tra i migliori artigiani della zona.*

Viale degli Alpini, 15 - Tel. 0438 894496
→ 11,5 km dall'uscita A27 Vittorio Veneto Sud
🕐 Chiuso lunedì e martedì
Orario pranzo, fine settimana anche sera
Ferie agosto, 15 gg dopo l'Epifania
Prezzi: 32-35 euro vini esclusi
Carte di credito: AE, BM, CS, DC, MC, Visa

L'OSTERIA **Uno dei più antichi locali della provincia di Treviso**, gestito da oltre due secoli dalla famiglia Piol. Sorge nello stabile che originariamente ospitava il vecchio forno del paese e al suo interno conserva il fascino senza tempo della storica dimora grazie agli arredi d'antan, a tanti oggetti d'epoca e al caratteristico focolare ancora utilizzato per cuocere le carni. Non manca un bel dehors coperto dal pergolato.

LA CUCINA In tavola le **ricette del territorio** abilmente interpretate da Nicola, cuoco e collaboratore dei titolari, i fratelli Mario e Rosita. Si prediligono i prodotti di rigorosa provenienza locale, quali le **carni, le verdure e le erbe stagionali**, con un occhio di riguardo per le produzioni biologiche. Golosi i dolci della casa, ben pensata la piccola selezione di vini della zona.

I PIATTI Lumache con polenta, *Pastìn* all'aceto balsamico, Bigoli al ragù d'anatra, Ravioli con ripieno di speck e mirtilli, Faraona in salsa *peverada*

RONCÀ (VR) - Terrarossa

 NOVITÀ

ANTICA TRATTORIA FATTORI

IN BREVE *Una trattoria di campagna, verace e autentica, dove andare a provare una cucina semplice ma non banale, tradizionale ma non irrigidita. Un bell'indirizzo per godere i sapori di un tempo.*

Via Piazza Terrossa, 36 - Tel. 045 7460133
🕐 Chiuso il martedì sera e il sabato a pranzo
Orario mezzogiorno e sera
Ferie 15 agosto-settembre e a Capodanno
Prezzi: 22-26 euro vini esclusi
Carte di credito: AE, BM, CS, DC, MC, Visa

L'OSTERIA Salendo la bella e sinuosa strada che dal fondovalle porta alla val d'Alpone, troviamo la frazione di Terrossa. Immersa in una rigogliosa quanto scenografica natura, la trattoria Fattori ci attende **schietta, verace e con un sentore di antica signorilità**. Il locale, da sempre presente e inserito nella realtà del territorio, arriva oggi alla quarta generazione di osti. Entrati, si confermano le iniziali impressioni di semplicità, genuinità e autenticità: qualità e beni così rari da essere ormai quasi solo un ricordo.

LA CUCINA Lo stile è come appare: **bancone in legno, tavoli semplici e curati, ritmo lento e rilassato**, il tutto avvolto da quell'inconfondibile profumo di **buona cucina campestre**. Il menù si basa sui piatti della tradizione, curati ma non irrigiditi, classici ma non scontati. Tra i molti ingredienti locali spicca l'ampia scelta di formaggi, della Lessinia e non, e l'ottima cacciagione. Lista dei vini semplice e curata con prodotti prevalentemente del ricco territorio.

I PIATTI Formaggio e sopressa, Gnocchi, Coniglio al Soave

RONCO ALL'ADIGE (VR)

SOFIA

Via Baldo, 12 - Tel. 045 6615407
🕐 Chiuso le sere di dom e lun e il mar
Orario mezzogiorno e sera Ferie in agosto
Prezzi: 20-28 euro vini esclusi
Carte di credito: BM, CS, MC, Visa

IN BREVE *Il posto profuma di trattoria di una volta. La proposta è schietta e si basa soprattutto su alcuni consolidati piatti di territorio. Interessanti i menù a tema stagionale.*

L'OSTERIA Sofia se ne è andata a inizio 2020, ma l'osteria che porta il suo nome continua a essere una garanzia. Entrati, si respira subito quell'aria familiare fatta di casa della nonna, **buona cucina e semplice genuinità** del locale di paese. Sicuramente molto di più di un semplice ristorante.

LA CUCINA Lo stile culinario si basa principalmente sui **piatti della tradizione**. Lodevole la grande attenzione alla stagionalità e alla tipicità degli ingredienti, cardine e perno fondamentale di tutta la complessa costellazione di proposte gastronomiche. Interessanti il menù per pranzo lavorativo e le serate a tema con preparazioni speciali come zucca, rane e *pessi bauchi* (pesci delle risaie). Carta dei vini con prodotti prevalentemente del territorio.

I PIATTI Tagliatelle caserecce, Bollito con *pearà*, Baccalà alla vicentina

ROSOLINA (RO) - Volto

AL MONTE

Via Venezia, 34 - Tel. 0426 337132
🕐 Chiuso lun e mar Orario pranzo e sera
Ferie 2 settimane in gennaio, 2 in settembre
€ Prezzi: 40-42 euro vini esclusi
Carte di credito: BM, CS, MC, Visa

IN BREVE *Qui si mangia del buon pesce: piatti semplici ma sempre piacevoli. Il locale, a gestione familiare, è accogliente e luminoso. Quando disponibile provate l'ostrica rosa del Delta del Po.*

L'OSTERIA Il riferimento è l'incrocio per Rosolina Mare, sulla Romea: se all'esterno colpisce il traffico pesante, all'interno la semplice quiete del locale conforta. Stefano Grossato lo sa, **qui si viene a mangiare il pesce**, sfornato dalla cucina sotto l'attenta direzione della moglie Melita e del figlio Enrico.

LA CUCINA Il **pesce arriva dai vicini mercati**, infatti non è raro trovare diverse proposte di crudo, comprese le ormai famose **ostriche rosa del Delta**, vera chicca per gli appassionati. Il locale si fa ricordare soprattutto per i secondi: rombo e branzino in testa, cucinati al forno o sulla griglia e accompagnati da qualche verdura dei vicini orti sabbiosi. Anche l'anguilla non è da meno. Tra i vini in carta, tante le bollicine.

I PIATTI Spaghetti alle vongole, Ostriche rosa del Delta del Po, Rombo al forno o alla griglia

AI TRANI

Via Cavour, 30 - Tel. 0425 25109-331 9265354
→ 1,3 km dalla stazione di Rovigo
🕐 Chiuso il mercoledì
Orario mezzogiorno e sera **Ferie** non ne fa
Prezzi: 30-32 euro vini esclusi
Carte di credito: AE, BM, CS, DC, MC, Visa, Satispay

IN BREVE *Vecchia, semplice osteria a gestione familiare, è un punto di riferimento per la cucina tradizionale locale: luccio in saor, bigoi in salsa, baccalà alla polesana, fasioi in potacin.*

L'OSTERIA Un locale storico ha saputo reinventarsi per attrarre una clientela nuova. Organizzata su due piani, questa semplice osteria è così organizzata: **al primo piano** i titolari, Livio e Mariarosa Conforto, propongono **la cucina tradizionale**, mentre **al piano terra**, i figli Andrea e Fabrizio, si dilettano con **cocktail e calici di vino**. Un passaggio generazionale ben riuscito e gestito con passione e intelligenza.

LA CUCINA La cucina è quella solida della tradizione, magari a volte un po' saporita, ma ben fatta ed estremamente piacevole. *Saor*, luccio, *bigoi* e baccalà, trippa e fegato: ampia scelta, arricchita da una lista dedicata agli hamburger (il classico è da provare). Buona la scelta dei vini, spesso impreziosita da qualche rarità.

I PIATTI Luccio in *saor*, Risotto ai fegatini o al tastasale, Baccalà alla polesana

ROVOLON (PD)

VECIO VENETO

Via San Giorgio, 27-31 - Tel. 049 9910971
→ 14 km dall'uscita A31 Agugliano
🕐 Chiuso il lunedì **Orario** sera, sabato e domenica anche pranzo **Ferie** 15 giorni tra giugno e luglio
Prezzi: 22-25 euro vini esclusi
Carte di credito: BM, CS, MC, Visa, Satispay

IN BREVE *Un locale che ricorda la tradizione della vecchia osteria, con i suoi ritmi e le sue caratteristiche. I classici piatti locali sono preparati senza fronzoli e seguendo le stagioni.*

L'OSTERIA Salendo le curve che portano al piccolo comune di Rovolon, si resta incantati dai verdi Colli Euganei. Arrivati in paese, proprio davanti alla chiesa di San Giorgio, troviamo l'osteria, un tempo tipico e onnicomprensivo negozio di paese, il *casolin*. Fautori e artefici della svolta furono, una decina d'anni fa, Roberto e Laura. Con rispetto e gentilezza hanno saputo **conservare l'anima e lo spirito originali**, trasformando l'attività in un sicuro rifugio per gli amanti della buona cucina.

LA CUCINA **Piatti della tradizione, elaborati in modo semplice e gustoso**, con un'attenta ricerca di stagionalità e tipicità, sono la base della proposta gastronomica incentrata soprattutto su preparazioni di terra e di carne. La lista dei vini si compone di prodotti prevalentemente del territorio. Molto bello, nella stagione calda, lo spazio esterno che affaccia sulla piazza del paese.

I PIATTI Pasticcio di cipolle, Musso (asino) con la polenta, Pollo fritto

DA GIOVANNI

IN BREVE *Un ristorante che, nonostante i grandi numeri, mantiene una qualità alta e un'accoglienza di tipo familiare. La cucina è perlopiù tradizionale, varie le proposte con l'anatra.*

Piazza XXIX Aprile, 213 - Tel. 049 5994390
🕐 Chiuso le sere di lunedì, martedì e mercoledì **Orario** mezzogiorno e sera
Ferie 1 settimana in gennaio, 3 in agosto
Prezzi: 32-35 euro vini esclusi
Carte di credito: BM, MC, Visa

L'OSTERIA Giovanni ha saputo crescere bene il figlio Martino, che ha ormai preso le redini del ristorante rinnovandolo, nel rispetto della tradizione, con freschezza e con rinnovata passione. Il locale è dotato di un ampio salone e di stanze più raccolte, oltre che di un grande giardino estivo, offrendo diverse possibilità di convivio. L'accoglienza è gentile, premurosa e il personale competente e disponibile. La carta dei vini è soprattutto regionale.

LA CUCINA Tradizione e innovazione, le **carni di cortile e degli allevamenti nostrani** ma anche i piatti vegetariani e vegani, per accontentare tutti i gusti e le diverse scelte. **Bello e grande lo spiedo**, sempre in funzione con enormi pezzi di vitello, costante la presenza dell'anatra e dell'oca in varie proposte e di altre carni alla griglia. Ma anche piatti con zucca, verdure, ceci e altri legumi, orzo e farro, soia e quinoa. La provenienza delle materie prime è per la gran parte dal territorio circostante.

I PIATTI Gnocchi di patate con pomodoro fresco, burrata e pesto, Vitello allo spiedo, Anatra al forno

SAN NICOLÒ DI COMELICO (BL)

BOTON D'ORO

IN BREVE *Fiore all'occhiello di un'azienda agricola, il locale sorge all'interno di un vecchio fienile. Le gustose ricette si ispirano alla tradizione e valorizzano le materie prime prodotte in casa.*

Via Costa, 5 - Tel. 346 2439423
🕐 Chiuso lun-mer, mai d'estate e nel periodo natalizio **Orario** mezzogiorno e sera
Ferie 2 sett a novembre, 10 giorni a giugno
Prezzi: 32-34 euro vini esclusi
Carte di credito: AE, BM, CS, DC, MC, Visa

L'OSTERIA Un antico fienile sapientemente ristrutturato, che si erge su un ripido pendio con vista sulle vette del Comelico. È questo il suggestivo contesto nel quale la famiglia Costan, nel 2012, ha inaugurato il suo agriturismo, che si sviluppa su tre livelli: al piano terra il bar e la cucina, al primo piano la caratteristica sala da pranzo e, sopra, le camere semplici e accoglienti. Poco lontano l'azienda agricola dove si allevano mucche, maiali, animali da cortile, vacche di razza highlander e si producono latticini.

LA CUCINA Il locale è gestito da Giovanni e dalla madre Rossella, che si avvalgono della collaborazione del cuoco Lorenzo Cesco Gaspere. Da sette anni è lui che propone i **saporiti piatti della tradizione, preparati con i prodotti che arrivano direttamente dalla stalla e** dal caseificio dei Costan.

I PIATTI Tagliere di salumi e formaggi, Minestra d'orzo, crauti e fagioli, Tagliata di scottona, Frico di patate con polenta e cappucci al cumino

SANDRIGO (VI)

ZOLIN LUIGI CIBO

IN BREVE *Non vi lasciate ingannare dall'insegna che riporta ancora la scritta Ferramenta, tra le mura di questa osteria si mangia la vera cucina veneta preparata con materie prime ricche di sapore.*

Via Roma, 14 - Tel. 0444 750542
→ 5,2 km dall'uscita A31 Dueville
⏱ Chiuso domenica sera e lunedì
Orario mezzogiorno e sera
Ferie 2 settimane in agosto, 1 in gennaio
Prezzi: 28-30 euro vini esclusi
Carte di credito: AE, BM, CS, DC, MC, Visa

L'OSTERIA Qui regna sovrana un'idea che governa tutte le scelte: rispetto per quello che è stato. Già si intuisce dalla **storica insegna in ferro battuto** che riporta la scritta Ferramenta Colori, ricordando la vita precedente del negozio. Poi, all'interno, nelle due salette dominate dal bianco, ma rallegrate dai numerosi prodotti in vendita esposti sugli scaffali (tanti Presìdi Slow Food), c'è lui, Luigi, con la sua verve e la gioia nell'illustrare i piatti che la sorella Giuseppina prepara nella cucina a vista.

LA CUCINA Nell'ottica di sostenere la cucina italiana valorizzando il territorio, tutti i piatti richiamano alla cultura e alla storia di questa famiglia. La stessa Giuseppina non smette di ricercare **ricette di piatti locali ormai dimenticati**, come l'oca in pignatta che sta recuperando ora. È ammirabile questo loro impegno, il desiderio di crescere, migliorando l'offerta e ponendo sempre maggior attenzione nella scelta dei prodotti da utilizzare.

I PIATTI Gnocchi di patate col *pestat*, Pollastrello col *pestat*, Baccalà alla vicentina

SANT'AMBROGIO DI VALPOLICELLA (VR)
San Giorgio di Valpolicella

DALLA ROSA ALDA

IN BREVE *In questo storico locale a gestione familiare, troverete un panorama mozzafiato e ricette di tradizione connotate da una curata selezione di materie prime del territorio.*

Strada Garibaldi, 4 - Tel. 045 7701018
⏱ Chiuso dom sera e lun **Orario** mezzogiorno e sera **Ferie** tra gennaio e febbraio
Prezzi: 30-33 euro vini esclusi
Carte di credito: AE, BM, CS, DC, MC, Visa

L'OSTERIA Siamo a San Giorgio di Valpolicella in uno dei Borghi più belli d'Italia, **accanto a una pieve medievale** (Ingannapoltron) di rara bellezza, con un piazzale con vista sul lago di Garda, sulle vigne e i ciliegi della valle sottostante. Il locale, costruito con la pietra tipica delle abitazioni della zona, è piacevole dentro e fuori. Bella la piccola cantina fornita di una buona scelta di vini dei viticoltori locali, ben declinata dal figlio del titolare appassionato del buon bere.

LA CUCINA Qui si **mangia davvero come una volta** senza spazio ai fronzoli. La base dei piatti è fortemente legata ai prodotti di questa terra: il Valpolicella per i risotti e per i brasati, i formaggi di malga della Lessinia, le marasche che accompagnano il gelato. Lascia meravigliati vedere la pentola di rame, che ha più di cento anni, ancora usata per fare il dolce della casa.

I PIATTI *Paparele* con i fegatini di pollo, Tagliatelle *embogoné* con i fagioli, *Pissotta co' l'oio*

SAONARA (PD)

ANTICA TRATTORIA AL BOSCO

Via Valmarana, 13 - Tel. 049 640021
→ 4,5 km dall'uscita A13 Padova-Zona Industriale
🕐 Chiuso il martedì
Orario mezzogiorno e sera
Ferie 10 giorni dopo Natale
Prezzi: 35-38 euro vini esclusi
Carte di credito: AE, BM, CS, DC, MC, Visa

IN BREVE *Una ex stazione di posta è oggi una bella osteria, dove gustare i piatti più tradizionali della cucina padovana a cominciare dalla carne di cavallo, qui ancora molto diffusa.*

L'OSTERIA Un po' trattoria, un po' villa di campagna: l'edificio, che un tempo svolgeva il ruolo di stazione di sosta e cambio di cavalli, ne riporta ancora alcuni elementi. Negli anni ha trovato la vocazione del ristorante e ha ormai una **fama consolidata, soprattutto per la carne di cavallo**. Stefania lo conduce con mano esperta, dividendosi tra l'accoglienza e i consigli in cucina.

LA CUCINA Una **cucina solida, con radici nelle ricette padovane** e venete, che non si ferma sugli allori o sul passato. Non mancano mai i piatti della tradizione, come baccalà o bigoli, pasta e fagioli o faraona. Naturalmente la carne è regina, di cavallo in particolare, in questa zona del Veneto piuttosto diffusa. Anche i dolci non deludono. La carta dei vini è notevole e presenta una bella selezione al calice.

I PIATTI Carne di cavallo essiccata, affumicata e sfilata a mano con polenta, Pasta e fagioli, Coniglio *in tecia* ai funghi, *Straeca* di cavallo

SCHIO (VI) - Magrè

ALL'ANTENNA

Via Raga Alta, 4 - Tel. 0445 529812
🕐 Chiuso il martedì Orario solo la sera
Ferie 20 gg tra agosto e settembre
Prezzi: 35-38 euro vini esclusi
Carte di credito: BM, MC, Visa

IN BREVE *Un bel ristorante in collina, dall'atmosfera rilassata e raffinata. I piatti raccontano la tradizione culinaria scledense interpretata in chiave moderna.*

L'OSTERIA Se anche l'occhio vuole la sua parte, allora questo è il posto giusto: grazie alle **ampie vetrate** delle due sale, si ha una magnifica vista delle Piccole Dolomiti e della vallata sottostante. L'elegante locale, evolutosi nel tempo, propone ora una cucina che sa mescolare sapientemente i sapori di un tempo con le attuali innovazioni. Merito dei piatti di Giovanni Dal Santo e del suo team, ben illustrati in sala dalla moglie Laura e dal figlio Massimiliano. Cantina di tutto rispetto con vini sia italiani sia esteri.

LA CUCINA Grazie al **costante apporto dei contadini del territorio**, il menù varia frequentemente, sebbene alcuni piatti, tipici della cucina di Schio, siano sempre disponibili. Sono degni di una particolare menzione i dessert.

I PIATTI Polenta e *scopetòn*, Gargati col consiero, Coniglio alla valleogrina

SEDICO (BL) - Mas

ALLA STANGA

IN BREVE *Un bel posto dove fermarsi per uno stuzzichino e un bicchiere di vino o per mangiare i piatti che valorizzano i prodotti del territorio e quelli dell'orto di casa.*

Via La Stanga, 24 - Tel. 0437 87611
Chiuso il lunedì Orario mezzogiorno e sera Ferie giugno e novembre
Prezzi: 29-32 euro vini esclusi
Carte di credito: BM, CS, MC, Visa

L'OSTERIA Un **locale storico della montagna bellunese**, dai primi dell'Ottocento punto di passaggio, allora per la posta e il cambio dei cavalli, oggi per il buon mangiare e magari per dormire: tre stanze a disposizione. Il ristorante si articola in due sale, gestite da Patrizia, mentre il marito Luca è in cucina. Da un paio d'anni si è affiancata una piccola gastronomia. Prima del pasto si può indugiare in un'*ombra* e un *cicheto*, come le caratteristiche polpette.

LA CUCINA **Menù con prevalenza di carne, porcini, cinghiale, cervo e, immancabile, zabaione.** I piatti rispettano le ricette di un tempo, ma ci sono accostamenti più contemporanei. Alcuni piatti, come il cervo in salmì e la tagliata di manzo non possono mai mancare, altri ruotano periodicamente. Vini un pò da ogni regione, con prevalenza del Triveneto, diversi proposti anche al calice.

I PIATTI Crostini al lardo bianco, Tagliatelle al ragù di cinghiale, Cervo in salmì con polenta

SELVA DI PROGNO (VR) - Giazza

LJETZAN

IN BREVE *La cucina propone piatti della tradizione e prodotti fatti in casa come la pasta fresca, confetture e una croccante giardiniera. Accoglienza e cortesia sono la regola.*

Piazza Don Domenico Mercante, 6
Tel. 045 7847026
Chiuso lun e mar sera e il mer, mai luglio-agosto
Orario mezzogiorno e sera Ferie variabili
Prezzi: 28-30 euro vini esclusi
Carte di credito: AE, BM, CS, DC, MC, Visa

L'OSTERIA Nella storica piazza di Giazza, punto di partenza per escursioni e uno dei luoghi in cui i veronesi cercano riparo dalla calura estiva, si trova questo locale gestito dall'instancabile oste Giorgio Boschi. La **tradizione cimbra**, antica popolazione germanica, fa da padrone in questa osteria con **piatti dai sapori decisi ma presentati con cura ed eleganza**. La piccola cantina è principalmente legata al territorio; buona la selezione di birre artigianali.

LA CUCINA **Molte sono le specialità autoprodotte**: la croccante giardiniera, le paste fresche, le confetture e perfino il carbone per le braci. Grande attenzione per i prodotti della Lessinia: oltre a salumi e formaggi, menzione d'onore meritano la pecora brogna e la gallina grisa. I primi piatti sono arricchiti da verdure di stagione o erbe spontanee. Per i secondi Giorgio vi delizierà con le cotture *in teja* (tegame) o alla brace. Non mancano gli ottimi dolci fatti in casa, tra cui la torta cimbra alle noci.

I PIATTI Salumi e formaggi di pecora brogna, Zuppa di fagioli alla catena, Trota ai ferri

SAN SIRO

Via San Siro, 8 B
Tel. 0439 44628-389 6794152
🕐 Aperto sabato sera e domenica a pranzo
Ferie 25/12-15/1, settimana di Pasqua, prime
2 di luglio, 2 in agosto-settembre
Prezzi: 28 euro menù fisso vini esclusi
Carte di credito: nessuna

IN BREVE *Un bell'agriturismo che propone diversi piatti della tradizione cucinati quasi esclusivamente con i prodotti che provengono dall'azienda.*

L'OSTERIA Nella tranquilla valle di Seren, Janine Frison e il marito Ivano Strapazzon gestiscono con dedizione e competenza l'agriturismo di famiglia, fondato nel 2006. Nel weekend accolgono con calore gli ospiti nella loro casa di campagna, caratterizzata da ambienti semplici ma confortevoli. Il resto della settimana è dedicato principalmente al lavoro nell'azienda agricola. Viene proposta una **lunga degustazione** (una decina di proposte tra antipasti, primi, secondi e dessert) da abbinare al vino della casa o ad alcune etichette locali.

LA CUCINA Molto curata, anche esteticamente, la preparazione dei **piatti, che variano con la stagione dando risalto a quanto viene prodotto in proprio**: dagli ortaggi (fagioli, patate, zucche, cipolle e scalogni) ai frutti, fino alle carni (allevano animali da cortile).

I PIATTI Bignè salato con funghi porcini, morlacco del Grappa, lattuga e guanciale, Canederli con erbe al burro, speck e ricotta affumicata, Coniglio disossato in porchetta

SOLAGNA (VI)

DA DORO

Via Ferracina, 38 - Tel. 0424 816026
→ 300 m dalla stazione di Solagna
🕐 Chiuso lunedì e martedì Orario mezzogiorno e sera su prenotazione Ferie variabili
Prezzi: 35-37 euro vini esclusi
Carte di credito: AE, BM, CS, DC, MC

IN BREVE *Storica osteria del centro dove provare piatti che mettono in risalto i prodotti del territorio e realizzati con grande attenzione. La scelta non è ampia ma consente di soddisfare le diverse esigenze.*

L'OSTERIA Ha compiuto settant'anni questa trattoria, aperta dalla famiglia Scapin in un palazzetto del Settecento nel centro del paese e ancora oggi gestita con immutata passione. Certamente, nel tempo sono cambiati i protagonisti, i prodotti e forse le ricette, è rimasta però uguale la **volontà di proporre piatti semplici, gustosi, rispettosi della tradizione e della stagionalità**. Giovanni e Anna si alternano tra la cucina e le due salette, arredate in modo semplice ma ricche di testimonianze dei tempi passati.

LA CUCINA Nel menù, che varia con le stagioni, la **scelta è limitata a poche portate**, che coprono comunque le diverse esigenze: carne, pesce e verdure, con ingredienti che provengono da piccoli produttori del territorio oculatamente selezionati. Pane, pasta e dolci sono tutti di loro produzione e, cosa di non poco conto, c'è tanta leggerezza nei piatti dovuta all'assenza di panna e burro. Carta dei vini piccola ma non banale.

I PIATTI Zuppa di cipolle, Baccalà alla vicentina rivisitato, Trota al cren

SOMMACAMPAGNA (VR)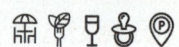

AL PONTE

IN BREVE *Una vera trattoria in cui si dà ampio spazio alle ricette tradizionali: piatti semplici e abbondanti, con grande rispetto per i prodotti locali e costante attenzione alle stagioni.*

Via Corrobiolo, 38 - Tel. 045 8960024
→ 1,5 km dall'uscita A4 Sommacampagna
⏱Chiuso le sere di domenica e lunedì e il martedì Orario mezzogiorno e sera
Ferie Natale, Pasqua e agosto
Prezzi: 28-32 euro vini esclusi
Carte di credito: AE, BM, CS, MC, Visa

L'OSTERIA La **vera osteria come ormai non se ne trovano più**! Bancone e arredamento datato, con le tavolate, a volte rumorose, dei frequentatori locali e – quello che più interessa – con i **piatti della tradizione veraci, gustosi, abbondanti**. Nelle due stanze luminose, che si aprono dopo l'ingresso, c'è sempre Carlo, ora rimasto solo, che si divide tra le sale e la cucina in aiuto alla mamma, Valeria, vera artefice di tutta la pasta fresca presente nelle portate.

LA CUCINA In base alla regola "squadra che vince non si cambia", il menù varia di poco nel corso dell'anno, sicuramente si alternano i ragù e i contorni con il susseguirsi delle stagioni, grazie anche all'attenzione e alla competenza di Valeria. Da segnalare, infatti, la costante presenza di verdure fresche che accompagnano i piatti, come pure meritano una menzione particolare le sue **finissime e splendide tagliatelle** e i tradizionali tortellini della festa.

I PIATTI Luccio in salsa, Tagliatelle di casa ai vari ragù, Tortellini di carne

SOSPIROLO (BL) - Mis

ALLA CERTOSA

IN BREVE *In questa piccola e originale osteria il menù prevede primi obbligatoriamente uguali per tutto il tavolo e nessun secondo. Lodevole l'uso di ingredienti selezionati, alcuni dell'orto di proprietà.*

Via Mis, 83 - Tel. 0437 843143
⏱Chiuso lunedì-mercoledì Orario sera, domenica anche pranzo Ferie 1 mese in febbraio-marzo, 1 in settembre-ottobre
Prezzi: 20-25 euro vini esclusi
Carte di credito: BM, CS, MC, Visa

L'OSTERIA Particolare questa osteria posta all'inizio del Parco delle Dolomiti Bellunesi. Per molti motivi: la scelta di Casimiro e Nadia di non proporre secondi per non gravare sui costi, la volontà di offrire qualità nelle portate con un **ampio utilizzo di verdure** di stagione, in buona parte provenienti dai propri orti e, non per ultimo, la cultura e la passione riversata nei piatti e nella vasta scelta dei vini, italiani o esteri, bene in mostra sugli scaffali.

LA CUCINA In sala, una grande lavagna riporta le proposte del giorno (ma è decisamente un piacere sentirle declamare e descrivere in maniera colorita da Casimiro) con un **menù che varia con frequenza**, nel quale sono presenti anche carni provenienti da fidati fornitori locali. Si inizia con una bella selezione di antipasti e, a seguire, un primo che, a parte le zuppe, deve essere unico per tutta la tavola. Nessun secondo ma una bella selezione di formaggi italiani ed esteri. Per finire, ottimi dolci.

I PIATTI Zuppa di cipolle, Pappardelle ai funghi, Zuppa d'orzo e fagioli

SUSEGANA (TV) - Musile

BORGOLUCE

Via Morgante II, 34 - Tel. 0438 981094
→ 11,3 km dall'uscita A27 Conegliano
🕐 Chiuso lunedì e martedì
Orario mezzogiorno e sera Ferie non ne fa
Prezzi: 33-35 euro vini esclusi
Carte di credito: AE, BM, CS, DC, MC, Visa

IN BREVE *A Borgoluce si respira il gusto per il buono e il bello. Le ricette nascono dalle materie prime dell'omonima azienda agricola. Il dehors affaccia sul verde intenso della Valgranda.*

L'OSTERIA Il locale sorge in posizione panoramica su uno dei dolci colli che caratterizzano il paesaggio di questo splendido angolo della Marca. In una terra votata da tempo immemore all'agricoltura, la famiglia Collalto prosegue con passione l'attività della propria azienda dalla storia secolare. Nelle sale che conservano il fascino agreste del luogo, curate in ogni dettaglio, o ai tavoli dell'ampio dehors si è serviti con cortesia e si gustano i migliori prodotti che crescono tra queste colline.

LA CUCINA **Salumi, carni, formaggi, funghi e ortaggi sono protagonisti** di un menù legato alla tradizione, non privo di qualche idea innovativa, pensata per **valorizzare al meglio le bontà locali** con accostamenti a volte inediti, ma mai azzardati e piacevoli nelle presentazioni.

I PIATTI Insalata dell'orto biodinamico con formaggio mandre, noci, fichi e salame di bufala, Tagliatelle all'uovo con ragù di maiale, Tagliata di manzo alla piastra con patate al forno

---

TARZO (TV) - Arfanta

DA TULLIO

Via alla Chiesa, 27 - Tel. 0438 587093
→ 11,7 km dall'uscita A27 Vittorio Veneto Sud
🕐 Chiuso il lun, d'estate lun a pranzo
Orario pranzo e cena Ferie gennaio e febbraio
Prezzi: 27-33 euro vini esclusi
Carte di credito: AE, BM, CS, DC, MC, Visa

IN BREVE *Tradizione e territorio nei piatti di questa osteria in posizione panoramica, dove ci si sente come a casa propria. Da non perdere l'ottimo spiedo cotto sul larin.*

L'OSTERIA La trattoria affaccia su un rilassante panorama delle colline trevigiane, con **una bella terrazza con vista sui vigneti**. I fratelli Roberto e Nadia gestiscono questa autentica osteria, dove si può anche pernottare. Un locale rustico con rivestimento in legno, in bella mostra un **caminetto centrale per lo spiedo**, che nella Pedemontana Trevigiana rappresenta un'esemplare espressione culinaria ed è il frutto di secolari saperi e sapori di donne e uomini.

LA CUCINA Una **cucina che rispetta la tradizione della Marca Trevigiana**. Tra gli antipasti troverete *muset* con purè e il carpaccio. Nei primi, pasta fatta in casa, *bigoi* all'anitra, tagliatelle con porcini, pasta e fagioli e, in primavera, risotto con bruscandoli o asparagi. Passando ai secondi, faraona in salsa *pevarada* e, nel periodo dei funghi, campanello di vitello con i finferli o cosce di coniglio in salsa di porri. Buona la selezione dei formaggi. Vini del Triveneto.

I PIATTI Lumache al tegamino, Spiedo di carni miste, Radici e *fasioi*

TARZO (TV) - Arfanta

MONDRAGON

Via Mondragon, 1 - Tel. 0438 933021
→ 11,5 km dall'uscita A27 Vittorio Veneto Sud
⏱ Aperto ven sera, sab e dom o su prenotazione Orario mezzogiorno e sera
Ferie una sett tra fine giugno e inizio luglio
Prezzi: 24-27 euro menù fisso vini esclusi
Carte di credito: BM, CS, MC, Visa

IN BREVE *Agriturismo arredato in un modo che ricorda le vecchie case di campagna. Nel menù, che è fisso, il piatto forte è l'oca, presentata in numerose versioni.*

L'OSTERIA Nella propria azienda agricola di lunga tradizione, **la famiglia Tessari alleva maiali, asini e soprattutto oche.** Specialità della casa sono quindi le carni che Manuela, affiancata dalla mamma Tina, prepara ispirandosi alle ricette della tradizione, che possono essere gustate nel weekend (oppure su prenotazione), quando le sale di questa rustica casa di campagna immersa nel verde vengono aperte per accogliere gli avventori. Come piacevole alternativa si può optare sui tavoli all'esterno.

LA CUCINA **Piatti saporiti** e realizzati con mano felice allietano la sosta: il menu è fisso (a 24 o a 27 euro) ed è composto da quello che viene cucinato giornalmente. Dopo gli ottimi salumi, i classici primi o le zuppe di verdure, si passa alle ricette a base di oca, vero fiore all'occhiello: imperdibile l'oca in onto (Presidio Slow Food), preparata secondo un'antica tecnica di conservazione. Da provare i vini rossi prodotti in casa.

I PIATTI Tagliatelle al ragù d'oca, Pasticcio di asparagi, Oca in onto, Carni allo spiedo

TOMBOLO (PD)

AI MEDIATORI

Via Roma, 2 - Tel. 049 5969541-338 4362832
⏱ Chiuso lunedì sera e il martedì
Orario mezzogiorno e sera Ferie 2 settimane a Ferragosto, 1 dopo l'Epifania
Prezzi: 34-42 euro vini esclusi
Carte di credito: BM, MC, Visa

IN BREVE *Trattoria aperta da più di un secolo. L'interessante menù valorizza sia i tanti prodotti locali, fra cui il pescato procurato nella vicina Chioggia, sia la bravura dei cuochi.*

L'OSTERIA Da sempre questa parte della provincia di Padova è terra di agricoltori e allevatori, di conseguenza di mediatori che qui arrivavano anche da altre nazioni in occasione del mercato del bestiame, come attestato da numerose fotografie presenti nelle due sale del locale. **Il ristorante** si apre sulla piazza che un tempo era il luogo di contrattazione ed **esiste da oltre 120 anni**; negli ultimi 20 anni è gestito dalla famiglia Antonello: Simone e la moglie Stefania nelle sale, mentre la cucina è di competenza dei figli Fabio e Federico.

LA CUCINA Fedele alle tradizioni, **il menù, pur con qualche modifica, mantiene sempre la medesima impostazione**: pasta fatta in casa, baccalà, carni che arrivano da allevatori locali, verdure fresche, in parte del proprio orto o procurate presso piccoli agricoltori della zona, pesce della vicina Chioggia al venerdì, e, come una volta, trippe, tradizionalmente usate per suggellare un affare.

I PIATTI Tagliatelle Ai Mediatori, Baccalà alla vicentina, Carni alla griglia

TORREGLIA (PD)

LA TAVOLOZZA

Via Boschette, 2 - Tel. 049 5211063
🕐 Chiuso il mercoledì e giovedì a pranzo
Orario mezzogiorno e sera
Ferie 1 settimana in febbraio, 1 a fine luglio
Prezzi: 35-38 euro vini esclusi
Carte di credito: BM, CS, DC, MC, Visa

IN BREVE *Ospitata in un bel casale ristrutturato con ampia vetrata che dà sul giardino, l'osteria è da oltre venticinque anni un punto di riferimento per il buon mangiare tradizionale.*

L'OSTERIA Il **casale di campagna è accogliente, con la bella vista sul giardino:** siamo nel cuore dei Colli Euganei. Paolo, in sala, e Fabio, in cucina, hanno ormai una storia consolidata: si sente nei piatti che valorizzano l'attenta scelta di materie prime e i produttori locali.

LA CUCINA **Cucina classica della campagna veneta,** in particolare dei Colli. Verdurine fritte e salumi locali – come il crudo della vicina Montagnana – seguiti da diversi piatti di pasta, a cominciare dai bigoli. **I secondi puntano su animali da cortile** e qualche taglio ai ferri, anche se non mancano mai i richiami alla tradizione. Dolci decisamente validi e carta dei vini articolata, a cominciare dalla zona dei Colli.

I PIATTI Salumi locali e crudo di Montagnana, Tagliatelle con verdure di stagione, Piccione al forno

TREVENZUOLO (VR) - Fagnano

LA PERGOLA

Via Nazario Sauro, 9 - Tel. 045 7350073
🕐 Chiuso domenica e lunedì Orario mezzogiorno e sera Ferie 3 settimane in luglio
Prezzi: 33-35 euro vini esclusi
Carte di credito: AE, BM, CS, MC, Visa

IN BREVE *Siamo in provincia di Verona, ma al confine mantovano, e i piatti sposano entrambe le tradizioni. Le portate, decisamente abbondanti, non smentiscono le origini contadine.*

L'OSTERIA Nonostante sia fuori dai circuiti turistici, questo storico locale (nato come *casolin* più di cento anni or sono) merita sicuramente una sosta, anche solo per ritrovare quella dimensione umana che sta via via scomparendo. Un'unica sala, con tavoli ben separati e posti limitati, per garantire la giusta attenzione a tutti i commensali e **belle porzioni**. Questa è la filosofia adottata dalla famiglia Bresciani: Stefano, sempre presente in sala a presentare e descrivere quanto esce dalla cucina, Ornella, la moglie, regina dei fornelli.

LA CUCINA Si potrebbe definire una cucina di confine. Infatti, la vicinanza alla provincia di Mantova influisce in maniera considerevole nelle proposte, in modo particolare nei primi, con la pasta tutta di casa. Tra i secondi, primeggiano giustamente il memorabile **carrello dei bolliti**, sempre da accompagnarsi alle tradizionali salse, e quello sicuramente non meno interessante degli **arrosti**. Infine, anche il terzo carrello, quello dei dolci, merita un plauso.

I PIATTI Risotto all'isolana, Tortellini di zucca, Carrello dei bolliti e degli arrosti

VAL LIONA (VI) - Grancona

ISETTA

IN BREVE *Una storica locanda, oggi gestita dalle sorelle Gianesin, che portano avanti la tradizione di famiglia. Si viene soprattutto per la carne ala griglia e la cacciagione*

Via Pederiva, 96 - Tel. 0444 889521
🕐 Chiuso martedì e mercoledì
Orario pranzo e sera, giovedì e venerdì solo sera Ferie variabili
€ Prezzi: 45-50 euro vini esclusi
Carte di credito: AE, BM, CS, MC, Visa, Satispay

L'OSTERIA Si va in casa di amici quando si entra in questa locanda, situata nella Val Liona, gioiello sconosciuto ai più nel Sud dei Colli Berici. Qui, in un **ambiente luminoso e accogliente**, le sorelle Gianesin, Manuela in sala e Monica in cucina, continuano a proporre una cucina di qualità nel solco di una storia iniziata settant'anni or sono da nonna Isetta. Bellissima la cantina, scavata nella roccia, con una notevole e qualificata offerta di vini italiani ed esteri.

LA CUCINA Tradizione, passione e valorizzazione del territorio sono i cardini su cui ruotano tutti i piatti che escono dalla cucina, con Monica che non ha certo dimenticato gli insegnamenti di papà Galdino, adeguandoli, però, alle attuali esigenze. Di sicuro meritano una menzione le **carni rosse alla griglia e la cacciagione**, ma non sono da dimenticare le tante proposte con Presìdi Slow Food, erbe e tartufi dei colli circostanti. Dolci e sorbetti di ottimo livello.

I PIATTI Gnocchi di patate e tartufo dei Colli Berici, Faraona alle prugne, Lepre in *dolzegarbo*

VALDAGNO (VI) - Contrà Maso

HOSTARIA A LE BELE

IN BREVE *In un ambiente caldo e accogliente proverete pietanze proposte nel pieno rispetto della tradizione e delle stagioni, anche se non mancano mai alcune ricette di mare.*

Via Maso, 11 - Tel. 0445 970270
🕐 Chiuso il lunedì Orario sera, sabato e domenica anche pranzo
Ferie 1 settimana in gennaio, 2 in agosto
Prezzi: 33-35 euro vini esclusi
Carte di credito: BM, CS, DC, MC, Visa

L'OSTERIA Siamo nelle colline sopra Valdagno, dove in questa antica stazione di posta un tempo venivano gli avventori per soddisfare il palato grazie ai manicaretti preparati da *le bele*, le due sorelle, antiche proprietarie. Il **locale è raccolto e caldo**, con bei mobili e pareti di marmo rivestite da antiche foto. Da molti anni Vittorio e Paolo gestiscono con sapienza ed eleganza questa **trattoria, vecchia e moderna al tempo stesso**, dove ci si sente ben accolti.

LA CUCINA I piatti proposti seguono alcune parole d'ordine: stagionalità, tradizione rivisitata senza stravolgimenti e bella presentazione. La **cucina vicentina** trova espressione nei salumi, nel baccalà, nelle erbette, nei piselli, nei funghi e nei tartufi, nei diversi risotti sempre presenti e nelle carni alla brace. Ottime alternative i piatti di pesce, anch'essi ben eseguiti.

I PIATTI Risotto alle erbette, Risotto ai funghi, Baccalà alla vicentina

ALLA BORSA

Via Goito, 2 - Tel. 045 7950093
→ 10,7 km dall'uscita A4 Peschiera del Garda
⏰ Chiuso il mercoledì
Orario mezzogiorno e sera Ferie variabili
💶 Prezzi: 42-45 euro vini esclusi
Carte di credito: BM, MC, Visa

IN BREVE *Ristorante a gestione familiare, è uno dei punti di riferimento per il tortellino detto "nodo d'amore". Oculata la scelta delle materie prime utilizzate.*

L'OSTERIA Nel cuore di Valeggio sul Mincio, a pochi minuti dall'incantevole frazione di Borghetto, **dal 1959 il locale è gestito dalla famiglia Pasquali**: gli instancabili Alceste e la moglie Albina sono spesso ancora presenti in sala, ma la gestione ora è affidata ai figli Nadia e Mirko, coadiuvati da un valido staff di cuochi e camerieri. La carta dei vini rispecchia in pieno il territorio, con possibilità di acquistare anche ottime mezze bottiglie.

LA CUCINA La posizione di questo ristorante ma, soprattutto, l'abilità dei gestori hanno permesso di fondere sapientemente le tradizioni veronese, mantovana e del lago di Garda, creando una combinazione unica nel suo genere. **Qui si viene per degustare il piatto principe della tradizione valeggiana: il classico tortellino** ripieno di carne "nodo d'amore". Non mancano altre paste fresche con ripieni di verdure di stagione. A completare il menù, buonissimi piatti di carne, pesce di lago o vegetariani.

I PIATTI Tortellini di carne "nodo d'amore", Anatra ripiena all'arancia, Luccio con polenta

VALEGGIO SUL MINCIO (VR)
Santa Lucia ai Monti

BELVEDERE

Località Santa Lucia ai Monti, 12
Tel. 045 6301019
→ 10,7 km dall'uscita A4 Peschiera del Garda
⏰ Chiuso mer e gio Orario mezzogiorno e sera Ferie in febbraio e in novembre
Prezzi: 27-34 euro vini esclusi
Carte di credito: BM, CS, MC, Visa

IN BREVE *Punto di riferimento della gastronomia di Valeggio, il ristorante è immerso nel verde, in un'invidiabile posizione panoramica. La proposta culinaria è prettamente di territorio.*

L'OSTERIA Merita sicuramente una sosta questo albergo ristorante, posto su una collinetta da cui si gode una splendida veduta sulla pianura circostante. Qui, **la famiglia Bressanelli opera da oltre 110 anni**, ora con Sara, sempre presente in sala, mentre il fratello Marco cura personalmente le carni alla brace e dirige la squadra in cucina. All'interno, due eleganti sale che si aprono sul fresco giardino alberato.

LA CUCINA A parte qualche modifica dovuta alle diverse stagionalità, il menù è pressoché uguale nel corso dei mesi e beneficia della contaminazione delle due province sulle quali insiste: Verona e Mantova. La qualità e l'attenzione rivolte alle proposte, come **gli insaccati e la pasta di propria produzione**, o la cura nella cottura delle carni ai ferri, lo rendono una meta ambita e apprezzata, da intere generazioni, prima come figli, ora come padri o, addirittura, come nonni.

I PIATTI Luccio in salsa, Tortellini "nodo d'amore" con burro e salvia, Pollo ai ferri

AL DIPLOMATICO

Via Della Sortita, 17 - Tel. 338 8706955
→ 3 km dall'uscita A57 di Venezia Mestre
→ 1,4 km dalla stazione di Venezia Mestre
⏱ Chiuso domenica sera e il lunedì
Orario 10.30-21.30 Ferie variabili
Prezzi: 30-32 euro vini esclusi
Carte di credito: AE, BM, CS, DC, MC, Visa

IN BREVE *Un'osteria antica nelle mura ma giovane nell'anima che ha fatto dei cicheti – i piccoli piattini tipici delle osterie veneziane – il proprio punto di forza. Ottimi i piatti con il pescato locale.*

L'OSTERIA **Osteria giovane e informale**, fuori dal caos della zona turistica, dal servizio spiccio e schietto tipicamente veneziano: siamo a Marghera, e all'interno i clienti abituali sono gli abitanti del posto. I due soci Matteo e Alessandro hanno creato un ambiente dove **ci si può recare per un aperitivo oppure un pasto completo**. La cantina offre ottimi vini biologici da tutta Italia, prevalentemente da Veneto e Friuli Venezia Giulia, che si sposano perfettamente con il menù. Buona anche la selezione di birre artigianali.

LA CUCINA Il punto di forza sono senza dubbio i *cicheti* di tutti i tipi, che possono essere consumati al banco o comodamente seduti al tavolo: i grandi classici sono la mozzarella in carrozza con alici, il baccalà mantecato e le sarde in *saor*. Il menù offre anche primi e secondi piatti preparati con il pescato del giorno, con un ottimo rapporto tra qualità e prezzo. Immancabile la frittura di calamari e mazzancolle. Ottimi i dolci al cucchiaio fatti in casa.

I PIATTI Mix di *cicheti*, Spaghetti con le *bevarasse* (vongole), Frittura di calamari e mazzancolle

VENEZIA

CÀ D'ORO ALLA VEDOVA

Cannaregio, 3912-ramo Ca' d'Oro
Tel. 041 5285324
→ 1,3 km dalla stazione di Venezia Santa Lucia
⏱ Chiuso mercoledì a pranzo e il giovedì
Orario 11.30-14.30/18.30-22.30 Ferie variabili
Prezzi: 36-38 euro vini esclusi
Carte di credito: AE, BM, CS, DC, MC, Visa

IN BREVE *Un luogo d'altri tempi, un tipico bàcaro arredato con mobilio in legno, tanti oggetti in rame, luci basse, dove prendere un'ombra e un cicheto o sedersi per un tradizionale pasto completo.*

L'OSTERIA **Uno dei più famosi** *bàcari* **di Venezia**, in un locale storico che non passa inosservato, nel trafficato sestiere Cannaregio. Molta confusione, oggetti in rame alle pareti e luci basse, eppure è estremamente piacevole, anche perché ci imbatte in un'umanità molto varia. In sala troviamo Mirella e oggi anche i nipoti. Durante il giorno *cicheti* e *ombre*, accompagnati da tante *ciàcole*, a pranzo e cena però si mangia seriamente e ci si mette tranquilli.

LA CUCINA Come consuetudine, sul bancone in bellavista i *cicheti*: **una carrellata di bontà**, dalle sarde in *saor* alle famose polpette (ogni *bàcaro* ha una specialità). I piatti della tradizione non mancano mai, dai bigoli al baccalà, solo per dare l'idea. Tanto vino sfuso e al calice, ma anche qualche buona bottiglia.

I PIATTI *Cicheti*, Polpette, Bigoli in salsa, Baccalà mantecato con polenta

VENEZIA: PAR BÀCARI, A CICHETI E OMBRE

Se da un lato la vecchia tradizione veneziana di *far do ciacole* gustando un *cicheto* e bevendo un'*ombra* è andata via via scemando, dall'altro alcuni giovani ristoratori attenti, curiosi e innamorati di Venezia stanno tentando di riproporre quelle abitudini tradizionali con uno spirito più moderno e, soprattutto, con un'attenzione alla qualità dei prodotti spesso ignorata in passato. Allora, anche se non sempre si trova la *spienza* (milza) o la *coradea* (coratella), gustare il mezzo uovo con l'acciuga, il *folpeto* lesso, le sarde in *saor*, le seppioline alla griglia, il baccalà è sempre un'esperienza piacevole. Anche uno spiedino di gamberi alla griglia o di verdure fritte aiuta a rallentare il ritmo, a gustarsi attimi rubati alla frenesia, specie se accompagnato da uno degli ottimi vini del Triveneto ormai presenti nelle cichetterie più attente con una qualità media molto alta. Trovare, riconoscere e segnalare i *bàcari* che stanno, con fatica, rinnovando la tradizione, è un impegno anche di questa guida. Le nuove esigenze del piccolo pasto in pausa pranzo possono trovare nei *cicheti* una valida risposta, tanto più se allargata a qualche piatto come i bigoli in salsa, gli spaghetti con le vongole, i *peoci saltai*, la zuppa di trippe, i nervetti con la cipolla, le *masanete conse*, i *bovoleti agio e ogio*. Certo, si trovano anche le mozzarelle in carrozza e i panini con gli affettati, ma se sono preparati con pane buono e non surgelato, con salumi e formaggi di qualità, magari con qualche Presidio Slow Food, meritano lo stesso rispetto del crostino di baccalà mantecato o della polenta abbrustolita con la fetta di musetto caldo. Di seguito i locali che ci convincono di più.

Rodolfo Agostini

VENEZIA
AL PORTEGO

Castello, 6015-San Lio - Tel. 041 5229038
Non ha giorno di chiusura - Ferie: variabili
Orario: 10.30-15.00/17.30-22.00

Un tuffo nella cucina tradizionale veneziana declinata attraverso i *cicheti*. Dalle sarde in *saor* al fegato alla veneziana, al *folpeto* lesso, fino alle polpette o agli spiedini di fritto, il bancone è un tripudio di offerte golose. C'è la polentina con le *schie*, il baccalà nelle varie proposte, le seppioline fritte. Non mancano mai qualche primo e qualche insalata, cozze o vongole saltate e crostini con salumi o verdure alla griglia. Il tutto accompagnato da vini del Veneto. Nella piccola sala, specie di sera, è possibile mangiare alla carta.

ALL'ARCO

San Polo, 436-Rialto - Tel. 041 5205666
Chiuso il mercoledì - Ferie: variabili
Orario: 9.00-14.30

È un piccolo *bàcaro* nella una zona turistica di Rialto, con un bancone pieno di squisitezze che ogni giorno vengono aggiornate. Si va dai classici crostini con baccalà mantecato o alla vicentina, al *folpeto* lesso o, in stagione, alla *spienza* (milza) con polenta e musetto. Oppure qualcosa di più creativo come i fiori di zucca ripieni di baccalà o i crostini col pesce crudo, ma anche con prosciutto e fichi o con le *canoce* (cicale di mare). Non mancano mai tramezzini gustosi e panini con ricercati affettati. Vini al calice da poche ma selezionate etichette del Veneto e qualche birra tedesca.

CANTINONE
GIÀ SCHIAVI

Dorsoduro, 992-San Trovaso - Tel. 041 5230034
Chiuso la dom - Ferie: 3 settimane in agosto
Orario: 8.30-20.30

È la signora Alessandra la creatrice dei crostini (le cui ricette sono raccolte in un libretto)
che si possono degustare in questa antica
vineria diventata anche un *bàcaro*. Le vetrine
sopra al bancone sono un trionfo di proposte
che vanno dai crostini di baccalà a quelli con
verdure, con le sarde in *saor*, con i gamberetti
o le acciughe. Ma anche con eccellenti salumi
e formaggi oppure con le uova. Si può bere
l'*ombra* della casa oppure un calice delle molte proposte scelte tra le tantissime etichette
in vendita all'interno del locale. Volendo,
all'esterno si può stare in riva del canale che
guarda l'antico squero di San Trovaso.

CICHETTERIA
VENEXIANA
DA LUCA E FRED

Cannaregio, 1518-Rio Terà San Leonardo
Tel. 041 716170
Chiuso il mar, solo in gennaio
Ferie: 1 settimana in gennaio, 1 in luglio
Orario: 9.00-21.30

Cicheti di tutti i tipi in questo tradizionale
bàcaro che mantiene in carta i piatti venezia-
ni, anche quelli dimenticati, per esempio la
spienza (milza) o i *barbussi* (sottomento). Si
trovano i nervetti con la cipolla, le seppioline, le sarde in *saor*, il fegato alla veneziana,
le polpette di carne e di pesce. In stagione
la polenta col musetto, i fiori di zucca e le
melanzane ripiene, ma anche le mozzarelle in
carrozza, i panini con salumi o formaggi, le
verdure grigliate, i *folpeti* lessi, gli spiedini di
fritti. La cucina propone inoltre qualche primo. Vino della casa oppure qualche etichetta
veneta.

CODROMA

Dorsoduro, 2540-Fondamenta Briati
Tel. 041 5246789
Chiuso dom e lun - Ferie: 2 settimane in
gennaio, 2 in agosto
Orario: 11.00-15.30, gio-sab anche 18.00-23.00

Storico *bàcaro* veneziano, dove i classici *cicheti* ci sono tutti, buoni e ben preparati. Seduti ai tavoloni interni o all'esterno di fronte
al canale, si possono assaggiare i *folpeti* lessi,
le polpette di carne e di pesce, le seppioline
alla griglia, i crostini di baccalà, le sarde in
saor, il mezzo uovo con l'acciuga o gli spiedini di gamberi. Ci sono anche paninetti con
ricercati salumi e i classici tramezzini oppure
le mozzarelle in carrozza. Da bere un'*ombra*
di vino di selezionate cantine venete e qualche birra.

COVINO

Castello, 3829 A-Calle del Pestrin
Tel. 041 2412705
🕐 Chiuso martedì e mercoledì
Orario mezzogiorno e sera Ferie variabili
Prezzi: 36-40 euro vini esclusi
Carte di credito: BM, CS, MC, Visa

IN BREVE *Un locale raccolto e intimo in stile parigino. La formula è a menù fisso, la prenotazione obbligatoria. Lo stile culinario è d'impronta moderna, con lodevole uso di ingredienti locali.*

L'OSTERIA **Covo degli amanti del vino** o piccolo locale intimo e appartato? Probabilmente l'originale nome è una fusione di queste due idee, quasi trafugate, da un parigino amore dal fondatore Andrea. Aperto nel 2013 dopo una sapiente ristrutturazione, questo piccolo covo vicino all'Arsenale non delude le aspettative. L'ospite può sentirsi avvolto in un morbido abbraccio, che profuma di laguna e Ville Lumière. Attenzione, la prenotazione è d'obbligo.

LA CUCINA **Piatti della tradizione, non solo locale, con interessanti interpretazioni.** Lodevole l'uso di molti Presìdi Slow Food e curiosa la scelta esclusivamente di menù variabilmente fissi. Come atteso, la lista dei vini non delude: ampia la scelta di prodotti locali, nazionali e d'oltralpe.

I PIATTI Ricciola con porcini e tartufo, Panzanella di coniglio, Cefalo locale con zucca e bottarga

DALLA MARISA

Cannaregio, 652 B-Fondamenta San Giobbe
Tel. 041 720211
→ 800 m dalla stazione di Venezia Santa Lucia
🕐 Chiuso le sere di dom, lun e mer
Orario pranzo e sera Ferie in agosto e a Natale
€ Prezzi: 40 euro menù fisso vini esclusi
Carte di credito: nessuna

IN BREVE *In cucina si utilizzano il pesce del mercato di Rialto e le verdure degli orti della laguna. A pranzo un pasto veloce, a cena un più sostanzioso menù fisso di carne o di pesce.*

L'OSTERIA **Autentica trattoria veneziana**, vicino all'Università e poco distante dal Ghetto ebraico. Pochi i posti a disposizione all'interno del locale, ma la piacevolezza di un buon pasto avviene in riva al canale, con 40 coperti, dalla primavera all'autunno. Un menù fisso a 18 euro per gondolieri, operai, studenti a pranzo e, alla sera, una proposta fissa di pesce o di carne (in inverno) a 40. A gestire questo magico luogo è Anna, per tutti Wanda. Servizio schietto con molta "venezianità".

LA CUCINA **Ampia gamma di piatti della cultura gastronomica veneziana** vengono qui riproposti seguendo la stagionalità del pescate delle verdure del mercato di Rialto. In inverno si trovano facilmente le frattaglie, molto usate nella tradizione veneziana, oggi meno frequenti nelle osterie. Qui potrete gustare: *sguassetto alla bechera*, trippa, nervetti, fegato alla veneziana, tagliatelle al ragù o sugo d'anatra, pollame arrosto.

I PIATTI Branzino marinato con rucola e peperoni, Folpetti in umido, Risotto *co' e secoe* (pezzettini di carne tagliata a mano tra gli interstizi delle vertebre del manzo)

LA BITTA

IN BREVE *Il locale, intimo e accogliente, è ospitato in un palazzo del 1530. Il menù è imperniato su tradizione e ricette di famiglia. Per scelta non si cucinano pietanze di pesce.*

Dorsoduro, 2753 A-Calle Lunga San Barnaba Tel. 041 5230531
→ 1,3 km dalla stazione di Venezia Santa Lucia
🕐 Chiuso la domenica Orario 19.00-22.00
Ferie 2 settimane in luglio, 2 prima di Natale
€ Prezzi: 41-43 euro vini esclusi
Carte di credito: BM, MC, Visa

L'OSTERIA Osteria piacevolmente scostata dal grande frastuono turistico. Dallo scenografico Canal Grande arriviamo alla fermata Ca' Rezzonico, ammiriamo brevemente l'omonimo palazzo e percorriamo la lunga calle fino ad arrivare all'appartato campo San Barnaba. **In uno storico palazzo del XVI secolo** troviamo il locale di Debora e Marcellino che, da una ventina d'anni, accoglie con **intimo calore** l'avventore. L'ambiente in stile veneziano, curato e contenuto, è arricchito da un piacevole spazio esterno.

LA CUCINA Perno e guida della cucina è la ricca e lunga tradizione di terra. Gelosamente custodite e tramandate, **vecchie ricette di famiglia** sono seguite e rispettate. Lodevole l'attenta selezione degli ingredienti, il più locale e stagionale possibile, che si concretizza in una scelta molto variabile quanto piacevolmente contenuta di portate. Ricca la scelta di formaggi e lista dei vini con prodotti prevalentemente locali.

I PIATTI Carpaccio di manzo, Tagliatelle *col rosto* (sugo d'arrosto), Coniglio *in tecia* (stufato)

AL BERSAGLIERE

IN BREVE *La tipica osteria di Verona. Piatti ricchi, semplici senza essere banali, e cucinati con amore e rispetto per le materie prime. Una piacevole sosta nel centro della città.*

Via Dietro Pallone, 1 - Tel. 045 8004824
🕐 Chiuso lun e festivi, d'estate anche sabato sera Orario mezzogiorno e sera
Ferie 2 settimane tra luglio e agosto
Prezzi: 35-40 euro vini esclusi
Carte di credito: AE, BM, CS, MC, Visa

L'OSTERIA Un locale pieno di storia: questo è Al Bersagliere, una **trattoria storica ed elegante nel centro città**. Le stanze sono ben arredate e le pareti una vera mostra fotografica di auto d'epoca, del calcio cittadino e di immagini del passato. Leo sa essere piacevolmente accogliente anche se talvolta appare un pò scontroso, ma tant'è, l'esperienza vale la pena. La carta dei vini è ottima e merita visitare la bella cantina per ammirare il meglio della Valpolicella.

LA CUCINA La signora Marina in cucina dimostra grande esperienza e passione, oltre alla sapienza nella ricerca degli ingredienti che usa per i suoi piatti. La **tradizione della cucina veronese** qui trova una sicura interpretazione. Ogni proposta offre la garanzia di ritrovare i gusti e i sapori del passato.

I PIATTI Pasta e fagioli alla veneta, Baccalà alla bersagliera, *Pastizada de caval*

VERONA - Trezzolano

AL PARIGIN

IN BREVE *Osteria semplice e austera in cui il tempo pare si sia fermato. Il menù comprende piatti di stagione e altri sempre presenti. Da non perdere d'inverno il bollito con la peàrà.*

Via Trezzolano, 13 - Tel. 045 988124
🕐 Chiuso il mercoledì Orario mezzogiorno e sera Ferie 3 settimane dopo Ferragosto
Prezzi: 21-25 euro vini esclusi
Carte di credito: BM, Visa

L'OSTERIA Piccola trattoria in collina, fuori dal centro di Verona, lontano dal caos della città. Da diversi anni la famiglia Zamboni conduce questa attività con semplicità e passione per i sapori di una volta. L'atmosfera che si respira è quella di un tempo, con il bancone del bar all'ingresso e la **sala in cui il tempo sembra essersi fermato**. Il pergolato esterno nei mesi estivi offre una piacevole atmosfera sotto una vecchia vigna. Piccola ma attenta la selezione di vini. Merita una menzione l'olio autoprodotto.

LA CUCINA Semplicità è la parola d'ordine nella cucina della famiglia Zamboni: i piatti sono privi di fronzoli ma ricchi di sapori: ogni elemento viene valorizzato, dalla semplice verdura alla carne più gustosa. I primi sono costituiti da paste fresche abbinate ai sughi della tradizione (ragù classico o di anatra da provare). Fra i secondi, oltre ai tipici tagli di carne alla brace, possiamo trovare gustosi piatti in umido accompagnati da polenta. I dessert sono i classici rigorosamente fatti in casa, tra cui l'ormai raro zuccotto.

I PIATTI Bigoli all'anatra, Lepre in salmì, Lumache in umido

VERONA

ALL'ISOLO

IN BREVE *Tra i pochi "ristoranti tipici" riconosciuti dal comune, All'Isolo, propone, in un ambiente di calore e convivialità, piatti della tradizione che seguono l'andamento stagionale.*

Piazza Isolo, 5 A - Tel. 045 594291
→ 6,5 km dall'uscita A4 Verona Sud
🕐 Chiuso le sere di mercoledì e domenica
Orario mezzogiorno e sera Ferie 1 o 2 settimane in agosto
Prezzi: 28-30 euro vini esclusi
Carte di credito: AE, BM, CS, DC, MC, Visa

L'OSTERIA Siamo nel centro antico, a Veronetta, a ridosso dell'ansa dell'Adige, nella grande piazza (che funge anche da parcheggio) dove si trova questa bella osteria. **Un luogo semplice, da quartiere**, ideale per capire la vita che gli scorre intorno. Silvana e la figlia Michela, in cucina, il marito Enzo e l'altra figlia Sabrina, in sala, accontentano tutti.

LA CUCINA Cucina saporita, come a casa dei nonni, dove si apprezzano le tante materie prime veronesi: il monte veronese, i bigoli, la *peàrà*, la *pastissada*. Completano il quadro le verdure dal negozio vicino, i vini veronesi, i dolci fatti in casa. Un menù a prezzo fisso a pranzo (13 euro) o a cena (18 euro), per chi non voglia mangiare alla carta.

I PIATTI Luccio in *saor*, Bigoli con la sardella, Bollito con la *peàrà*, *Pastissada de caval*

VILLA BARTOLOMEA (VR) - Carpi

ANTICA TRATTORIA BELLINAZZO

Via Borgo Chiesa, 20 - Tel. 0442 92455
Chiuso lunedì e martedì
Orario mezzogiorno e sera Ferie agosto
Prezzi: 26-28 euro vini esclusi
Carte di credito: AE, BM, CS, DC, MC, Visa

IN BREVE *Immersa nella campagna della pianura veronese, una trattoria in cui gli arredi molto classici e i sapori di una volta scaldano il cuore e fanno sentire a casa.*

L'OSTERIA Si viene qui, in mezzo alla pianura veneta, perché c'è la famiglia Bellinazzo che **dal 1885** (siamo alla quinta generazione!) **propone con perseveranza, orgoglio e passione il proprio menù tradizionale** «per far conoscere la cucina autoctona del territorio» senza cedere a facili compromessi. La contentezza che traspare sul volto della clientela è il giusto premio per Chiara, che prepara i piatti e per il marito Daniele, grande estimatore di vini e formaggi, che li presenta. Carta dei vini importante, veronese, con ricarichi corretti.

LA CUCINA Giusta la scelta di riproporre i piatti della propria cultura, con salumi e prosciutti stagionati secondo antichi metodi tramandati dai nonni, recuperando gusti semplici, veraci, troppo spesso sacrificati sull'altare della comodità e della velocità. Qui si rispettano le vecchie regole: pasta fatta in casa con buone farine, proposte rispettose delle stagioni, con le verdure dei propri orti e attenzione per i clienti.

I PIATTI Risotto alla veneta, Pasta e *fasoi*, Stracotto d'asina

VILLADOSE (RO) - Canale

DA NADAE

Via Garibaldi, 371
Tel. 0425 476082-349 2866157-349 2866159
→ 11,6 km dall'uscita A13 Boara-Rovigo Nord
Chiuso il mar Orario mezzogiorno e sera
Ferie 1 settimana in gennaio, 16-31 agosto
Prezzi: 27-32 euro vini esclusi
Carte di credito: BM, CS, DC, MC, Visa

IN BREVE *Una trattoria di campagna con il piccolo bancone all'ingresso e tre semplici salette. Pochi piatti nel menù ma sempre ricchi di una solida tradizione, semplici e veraci.*

L'OSTERIA L'entrata, quasi anonima, non rende merito a questa trattoria di campagna avviata oltre sessant'anni or sono dal nonno Natale. Ora, giunti alla terza generazione, la gestione è nelle capaci mani delle sorelle Borsetto, Mariuccia in sala e Gabriella in cucina, che portano avanti la tradizione in **piatti che svelano la vera anima della tradizione polesana**. Il locale, dopo il bancone di mescita, si divide in tre salette dove la clientela, prevalentemente del luogo, viene volentieri proprio per ritrovare i propri piatti della memoria.

LA CUCINA Pochi voli pindarici nelle proposte, siano esse di carne o, specialmente nei fine settimana, di pesce. Sicuramente, qualsiasi sia la scelta, è frutto di un'**attenta selezione dei prodotti**, che arrivano da fidati pescatori o da produttori locali. Nei mesi meno caldi, l'offerta si sposta anche sulle **carni di cinghiale e capriolo**. Da segnalare, infine, il baccalà che, su ordinazione, può essere cucinato in quattro versioni.

I PIATTI Bigoli con le sarde, Trippa alla parmigiana, Baccalà

VITTORIO VENETO (TV) - Serravalle

HOSTARIA VIA CAPRERA

Via Caprera, 23 - Tel. 0438 57520
→ 2,4 km dall'uscita A27 Vittorio Veneto Nord
⏱ Chiuso dom sera e il lun
Orario pranzo e cena Ferie la sett di Ferragosto
Prezzi: 33-35 euro vini esclusi
Carte di credito: AE, BM, CS, MC, Visa

IN BREVE *In un'antica e caratteristica casa, due amici hanno dato vita a un'osteria dall'ambiente familiare, dove gustare ricette tipiche realizzate con ingredienti locali accuratamente selezionati.*

L'OSTERIA In un'antica via della pittoresca Serravalle, un'accogliente osteria dalla rodata e solida gestione familiare. La regia è di Gan Paolo Balbinot e Roberto Casagrande, i due amici che hanno fondato il locale nel 1994. Con loro c'è Daniela Spianto (moglie di Gian Paolo), impegnata ai fornelli. L'ambiente si sviluppa tra le **graziose salette disposte su più piani e il gradevole spazio all'aperto**.

LA CUCINA Il **menù è scritto in dialetto e annovera i grandi classici della tradizione veneta** e in particolare trevigiana. Si può iniziare dai tipici *cicheti* per proseguire con varie preparazioni che variano con la stagione, sempre a base di prodotti del territorio. Per l'intera proposta sono previsti il servizio da asporto e la consegna a domicilio.

I PIATTI Sarde in *saor*, Bigoli al ragù d'oca, Seppie in umido con polenta, Spezzatino di cinghiale

VODO CADORE (BL)

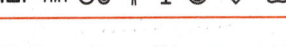

IL CAPRIOLINO

Via Nazionale, 108 - Tel. 0435 489207
⏱ Chiuso martedì a pranzo, mai ago, feb e Natale Orario mezzogiorno e sera
Ferie maggio, 2 settimane in novembre
€ Prezzi: 40-45 euro vini esclusi
Carte di credito: AE, BM, CS, MC, Visa, Satispay

IN BREVE *Gestione familiare, l'ambiente suggestivo di un'autentica casa dell'Ottocento, una cucina che valorizza le bontà del territorio provenienti, perlopiù, dai contadini.*

L'OSTERIA Pensando al Cadore si immaginano alte montagne, sinuose strade, verdi alberi, chiaro legno e ottima cucina. Esattamente quello che troviamo entrati in questo bel locale. **Lo stabile racconta una storia che parte da lontano**; frammenti di divise bianche e rosse, ampi favoriti, stazioni postali, guerre, unità nazionale ma, soprattutto, la storia della famiglia Gregori. Curiosa anche la doppia anima del locale, declinato in una variante più tradizionale, il Capriolino, e una più sofisticata, il Capriolo.

LA CUCINA Il menù si basa sui **piatti della tradizione con interessanti novità e interpretazioni**. Gli ingredienti sono selezionati con amorevole attenzione e spesso prodotti direttamente in loco. Il tutto è impreziosito dall'uso sapiente di molti Presìdi Slow Food. Come suggerisce il nome, **largo alla cacciagione**! Lodevoli la cura, l'attenzione e la disponibilità di vini sia nazionali che d'oltralpe.

I PIATTI Hamburger di cervo, Pappardelle alla selvaggina, Bocconcini di capriolo

VOLPAGO DEL MONTELLO (TV)

BOSCO DEL FALCO

IN BREVE *Semplice, appetitosa, in grado di valorizzare le selezionate materie prime e i propri prodotti: la cucina di Elena Bordin varrebbe da sola il viaggio nei boschi del Montello.*

X Presa Via Battisti, 25 - Tel. 0423 619797
⏱ Aperto venerdì sera, sabato pranzo e sera, domenica pranzo
Ferie 3 settimane in gennaio, 2 in agosto
€ Prezzi: 40 euro menù fisso vini esclusi
Carte di credito: BM, CS, MC, Visa

L'OSTERIA Ambientazione scenografica per questo agriturismo immerso nel dolce paesaggio collinare del Montello. Proprio in cima a un colle, all'interno di un grande parco circondato dal bosco, il locale sorge in un'autentica casa rurale ottocentesca. Il **terrazzo panoramico** e le tre sale – una intima, un'altra più ampia, caratterizzata dalla *stube*, e la terza, ancor più spaziosa, al piano superiore dove c'era il granaio – sono il luogo ideale per gustare in tutto relax la cucina di Elena Bordin.

LA CUCINA Elena è una **fedelissima della tradizione locale** che interpreta con ingredienti di stagione, selezionati con cura e passione, riservando il ruolo di assoluti protagonisti a quelli della propria azienda, ovvero ortaggi, animali da cortile e frutti. Del parco si occupa il marito Paolo, mentre in sala e in cantina (fornita soprattutto di vini locali) c'è il fratello Frank.

I PIATTI Polentina di mais biancoperla (Presidio Slow Food) con chiodini del Montello, Gnocchetti di patate, pere e montasio, Gallo in *tecia* al Prosecco

ZERO BRANCO (TV) - Scandolara

BRUNELLO

IN BREVE *Da cinquant'anni la signora Franca prepara con ottime materie prime piatti tipici rivisitati con garbo. Interessanti i formaggi, sorprendente la cantina.*

Via Scandolara, 35 - Tel. 0422 345106
⏱ Chiuso il lunedì
Orario mezzogiorno e sera Ferie in estate
Prezzi: 34-36 euro vini esclusi
Carte di credito: AE, BM, CS, DC, MC, Visa

L'OSTERIA Varcato l'ingresso del bar, sembra di ritornare agli anni Settanta, ma l'atmosfera cambia radicalmente nell'ariosa sala da pranzo, dove, nel mezzo, troneggia un **imponente e coreografico caminetto**. Andrea, ottimo padrone di casa, bravissimo a instaurare un bel clima familiare è sempre prodigo di consigli sulle proposte del giorno e anche sui formaggi, dei quali è un grande estimatore; anche la cantina, che cura personalmente ed è ben visibile dalla sala, rispecchia la sua grande cultura e attenzione.

LA CUCINA In cucina da oltre cinquant'anni, Franca, sua madre, continua **nel solco della tradizione trevigiana** anche se non mancano continue e piacevoli innovazioni. Se si dovesse descrivere il locale con tre parole, queste potrebbero essere: stagionalità, ben rappresentata nelle diverse e curate proposte, qualità, merito di una costante ricerca nel territorio, utilizzando anche Presìdi Slow Food, e **cacciagione**, di pelo o di piuma, presente spesso nel menù. Dolci di grande piacevolezza.

I PIATTI *Sopa coada*, Zuppa di trippa, Faraona in salsa *pevarada*

FRIULI VENEZIA GIULIA

ALCUNI PIATTI DELLA TRADIZIONE

Cjarsons
Ravioli carnici dal sapore dolce-salato e dalla forma a mezzaluna, sono serviti con burro, ricotta affumicata grattugiata, cannella; il ripieno varia di paese in paese

Crespella con sclopit
Versione italiana della crêpe salata francese, qui farcita con silene rigonfia, una gustosa pianta erbacea spontanea

Frico
In versione morbida è una sorta di frittata di formaggio con patate e cipolla, mentre quello croccante è preparato con formaggio grattugiato lasciato rapprendere a fuoco vivo

Gnocchi al montasio
Gnocchi di patate conditi con una salsa a base di latte, farina, formaggio montasio e noce moscata

Musetto e brovada
Rape macerate nelle vinacce, cucinate a lungo in pentola con olio extravergine e alloro insieme al musetto, il tipico cotechino locale confezionato con molte parti del muso di maiale

Pitina all'aceto
Polpetta affumicata ricavata da carne di capriolo, pecora o capra, tagliata a fette, rosolata nel burro e sfumata con l'aceto

Petuccia di Claut con zuf di polenta
Pitina aromatizzata con finocchio selvatico e bacche di ginepro, servita con una polentina morbida di farina di mais e frumento, preparata con acqua e latte

Radicchio col poc
Radicchio invernale caratterizzato da foglie verdi e gambo bianco, ripassato solitamente in padella con i ciccioli e un po' di aceto

Sarde in savor
Infarinati e fritti, i pesci sono lasciati per almeno due giorni in una tipica marinatura preparata con cipolle imbiondite nell'olio, vino e aceto

Toc in braide
Al centro di una polenta molto morbida si pone un po' di fonduta a base di latte e formaggio, quindi si condisce con farina di mais rosolata nel burro

CASTELNOVO DEL FRIULI (PN)
Vigna

 NOVITÀ

TRATTORIA VIGNA

Borgata Vigna, 3 - Tel. 0427 90182
Chiuso il martedì
Orario pranzo; giovedì, venerdì e sabato
anche sera Ferie una settimana in settembre
Prezzi: 28-33 euro vini esclusi
Carte di credito: BM, MC, Visa

IN BREVE *Un'osteria moderna nel concetto, antica nella sua collaudata esperienza: piatti del territorio, materie prime d'eccellenza e una sapiente unione fra tradizione e creatività.*

L'OSTERIA Gestita dalla famiglia Colledani da **cinque generazioni**, questa trattoria, che nell'Ottocento accoglieva abitanti delle valli circostanti ed emigranti in uno dei borghi satelliti di Castelnovo del Friuli, ora spalanca le sue porte a una clientela che cerca sapori autentici. L'ampia ed elegante sala all'ingresso affaccia sull'orto che fornisce profumi e ingredienti alla cucina; d'estate è molto gradevole anche il giardino con i tavoli sistemati sotto il pergolato.

LA CUCINA Mirella Colledani fa gli onori di casa, mentre la cucina è il regno di Mady che unisce territorio, tradizione e stagionalità a un gusto moderno e a una grande attenzione ai Presìdi Slow Food. Ne risultano **piatti moderni e originali, ben calati nella gastronomia tipica**: *toc in braide* e *çuç di mont*, riso con fico moro di Caneva, frico e cipolla di Cavasso sono esempi di territorialità e perfetta realizzazione. Fornita la cantina, buono lo sfuso prodotto in casa.

I PIATTI Sformatino di zucca, taleggio e sfoglie di pitina, *Cjarsons*, Guancia di manzo al Refosco e fondente di patata

CAVASSO NUOVO (PN)

AI CACCIATORI

Via Diaz, 4 - Tel. 0427 777800
Chiuso domenica e festivi la sera, il lunedì e il martedì Orario mezzogiorno e sera
Ferie 10 gg dopo Epifania, 3 sett in luglio
Prezzi: 32-35 euro vini esclusi
Carte di credito: AE, BM, CS, DC, MC, Visa

IN BREVE *Un avamposto di cura e attenzione, non solo verso la clientela ma anche al territorio e ai suoi piccoli operatori del gusto, di cui da sempre l'osteria è fotografia e promozione.*

L'OSTERIA Da decenni l'osteria di Daniele Corte, Danèl per chi ha un po' di confidenza, è tra i riferimenti irrinunciabili di un modo di interpretare **ospitalità, cucina di tradizione e buon bere**, con pochi rivali in regione. Ai piedi delle Dolomiti friulane, è un avamposto di accoglienza e calore che già all'ingresso lascia trasparire la passione del patron e della moglie Angelina: bottiglie e quadri di pregio invitano alla calma e alla contemplazione.

LA CUCINA Tradizione, territorio e artigianalità sono i cardini di una cucina che può felicemente fare affidamento su **una rete di artigiani del gusto** che popolano la valle pordenonese. Casari e norcini, letteralmente sotto casa, forniscono la materia prima di piatti che conquistano già dai primi profumi: accade nello sformatino di zucchine o, semplicemente, nell'uovo con tartufo, quando ce n'è. Tagli di varie carni per secondo, anche di faraona, e tiramisù caldo per chiudere.

I PIATTI Sformatino di verdure e *formai tal cit*, Zuppa di cipolla di Cavasso, Filetto di maiale con mele antiche e cipolla caramellata

CAVAZZO CARNICO (UD)

BORGO POSCOLLE

IN BREVE *Un vero percorso gastronomico nelle più integre e meno conosciute tradizioni gastronomiche della regione. Materie prime d'eccellenza, esecuzione perfetta, proposte di carne e di pesce.*

Via Poscolle, 21 A - Tel. 366 4915854
→ 4,9 km dall'uscita A23 Carnia-Tolmezzo
🕐 Chiuso lunedì sera, martedì e mercoledì
Orario mezzogiorno e sera
Ferie 1 sett in gennaio-febbraio, 1 in ottobre
Prezzi: 33-38 euro vini esclusi
Carte di credito: AE, BM, CS, DC, MC, Visa

L'OSTERIA Un'oasi **nel verde della campagna carnica**, a una manciata di minuti dall'uscita autostradale di Tolmezzo, appena superato il letto del Tagliamento e il centro cittadino. Conduzione familiare da tredici anni, sogno ambizioso e realizzato di Lucio e Rita, ai quali ora si affianca la figlia Caterina, che offre all'ospite la rara occasione di prendere parte a un percorso di **conoscenza delle tradizioni e della cultura** di una delle zone ancora schive e sorprendenti della regione.

LA CUCINA Non solo gusto per l'arte e la letteratura, suggerita da libri e quadri che abbelliscono la sala, ma grande **attenzione al biologico e alla materia prima del territorio**, carni comprese, rendono la sosta a Borgo Poscolle una lezione di cucina e di vita. Antipasti, anche di pesce, e *cjarsons* da non perdere, serviti in stagione con fichi e scalogno. Molto elegante il filetto di salmerino con verdure, notevole la selezione dei formaggi. Una menzione speciale per la carta dei vini.

I PIATTI Tonno di coniglio, Tagliolini con gambero e scorfano, Petto di faraona

---

CLAUZETTO (PN)

AI MULINARS

IN BREVE *Una cucina fortemente legata al territorio per questa osteria gestita dalla famiglia Moruzzi, che offre un ottimo ventaglio di materie prime dell'entroterra, carni e funghi compresi.*

Via della Val Cosa, 83 - Tel. 0427 80684
🕐 Chiuso il lunedì
Orario mezzogiorno e sera Ferie variabili
 Prezzi: 38-40 euro vini esclusi
Carte di credito: AE, BM, CS, MC, Visa

L'OSTERIA Percorrendo la strada provinciale 22, prima che si inerpichi per la Val Cosa, il ristorante Ai Mulinars è **esempio di eleganza e tradizione**. L'ingresso al piano terra conduce alle due sale con immancabile *fogolar*, che fa subito accoglienza e famiglia. Nella bella stagione, altrettanta cura nel cortile esterno. L'attenzione ai dettagli, non solo nei piatti, mostra che qui nulla è lasciato al caso.

LA CUCINA La **cucina, esclusivamente di terra**, è governata da Ottavio e dalla moglie Angela. Della sala si occupano i figli René e Gian Claudio, che curano anche l'importante carta dei vini. Tra i vari antipasti, meritano attenzione gli assaggi Ai Mulinars: **un viaggio tra i sapori della stagione**. Alla tradizione di famiglia appartengono i ravioli con porcini freschi e le crêpe con ricotta di Pradis e spinaci, ma per sperimentare di più è possibile scegliere il menù dello chef per tutta la tavola.

I PIATTI Pitina di montone, Involtini di melanzane con speck e montasio, Cervo al mirtillo selvatico

OSMIZE SUL CARSO

I ricordi della presenza austriaca a Trieste sono ancora vivi, uno dei lasciti più popolari e diffusi è la concessione dell'*osmiza*, ovvero la possibilità data ai contadini di vendere i prodotti agricoli in azienda per un periodo di otto giorni. È una tradizione diffusa e caratteristica del territorio, cara sia alla gente del posto, che ben la conosce, sia ai turisti che apprezzano sorpresi questa speciale tipologia di esercizio. La normativa attualmente concede alle *osmize* più aperture durante l'anno, ciò fa sì che ve ne siano di aperte in qualsiasi stagione. L'orario è continuato, in genere da metà mattina fino a sera tardi. Oltre al vino, in esse è concesso servire pane, formaggio, affettati e prodotti dell'orto sott'olio, ma nessun cibo cucinato. Da qualche tempo, però, alcuni proprietari esercitano anche sotto forma di agriturismo in periodi alternativi, ampliando così la loro proposta gastronomica. Le *osmize* spesso sono ubicate in luoghi panoramici dell'altopiano, ma ve ne sono anche nelle zone agricole a ridosso del centro urbano. Alcune sono veri e propri cult per gli appassionati, in virtù della bellezza del luogo, della effettiva bontà dei prodotti, della goliardica simpatia, saggezza e cultura dei titolari. Da notare che da alcuni anni certe *osmize* del Carso, in particolare se collegate alle cantine più blasonate, sono diventate ambienti raffinati e curati, quindi il prezzo dei vini e del cibo è lievitato. Le date di apertura possono subire talvolta qualche modifica: per sicurezza è meglio telefonare o consultare il sito www.osmize.com La loro presenza è segnalata dalla caratteristica frasca.

Sergio Nesich

DUINO- AURISINA DEVIN-NABREŽINA (TS)
RADETIC

Frazione Medeazza-Medjavas, 10
Tel. 040 208987
Aperto 3 settimane tra maggio e giugno e le prime 3 settimane di luglio

Medeazza, è un piccolissimo borgo carsico, circondato da boschi, con una pregevole vista sulla laguna gradese. Qua opera, con la famiglia, Sidonja Radeti. La piccola stalla offre eccellenti formaggi a latte crudo vaccino, freschi o di media stagionatura, e altri prodotti derivati dal latte, da accompagnare ai caratteristici vini tipici carsolini dei vigneti limitrofi. Quando l'*osmiza* non è in funzione, si pratica nei fine settimana attività agrituristica, con offerta di piatti caldi tradizionali.

DUINO-AURISINA DEVIN-NABREZINA (TS)
Prepotto-Prapot
IVAN GABROVEC [NOVITÀ]

Frazione Prepotto-Prapot, 15
Tel. 349 3857943
Aperto in maggio, luglio e agosto

Prepotto, bellissimo borgo e paese vinicolo per eccellenza, ospita l'*osmiza* di Ivan Gabrovec. Una classica corte con attorno le case di famiglia: alcune stanze, che conservano arredi e cimeli del passato, costituiscono un mini museo carsolino. Un enorme noce, al centro del cortile, dona ombra e riparo ai clienti che sostano ai tavoli gustando una buona scelta di salumi e formaggi, strudel salato, vino sfuso e sin bottiglia, oltre agli originali aperitivi da infusi di erbe del Carso. L'accoglienza e il servizio, riservato ma cordiale, tipico delle genti del posto, suggella una visita interessante. Un po' di pazienza nei momenti di affollamento verrà ripagata dalla qualità dell'offerta.

DUINO-AURISINA
DEVIN-NABREŽINA (TS)
ZIDARICH

Frazione Prepotto-Praprot, 23
Tel. 040 201223
Aperto 2 settimane a marzo, 2 a luglio,
primi 10 giorni di dicembre

La suggestiva terrazza con vista sul golfo, sovrastante la cantina di Beniamino Zidarich, è nota in tutta la Mitteleuropa. Di pari interesse i suoi vini macerati, oggetto di culto per gli appassionati del genere. Non potevano trovare migliore collocazione i vigneti che li generano, ricamati sulla caratteristica terra rossa, accarezzati o talvolta sferzati dalla bora, e in ottima esposizione. Tutta la famiglia è impegnata nel servizio nei periodi di apertura, non lesinando informazioni su formaggi e salumi che servono a rifocillarsi, magari dopo una passeggiata per i sentieri limitrofi del borgo.

SAN DORLIGO DELLA
VALLE - DOLINA (TS)
PAOLO PAROVEL   NOVITÀ

Località Mackolje, 33 - Tel. 339 780042
Aperto nel periodo pasquale, tra fine agosto e settembre e alcuni giorni in dicembre

Caresana è un piccolo e piacevole paesino di provincia, adagiato sul versante soleggiato della valle dell'Ospo: poche case, un tempo divise tra Venezia e Austria. Nella parte "austriaca", in un minuscolo borgo curato e con vista panoramica, Paolo e Barbara gestiscono questa nota *osmiza*. Piccoli caseggiati uniti da un portico ospitano due belle corti, da cui si scorgono il mare, le vigne e i boschi limitrofi, ovviamente degustando i salumi e i formaggi locali, oltre ai vini delle vigne di proprietà, sfusi e in bottiglia. Se la sosta è molto piacevole e faticate ad abbandonare la quiete e l'atmosfera rilassante, alcune comode camere dell'annesso b&b permettono di apprezzare al meglio queste zone.

TRIESTE
FERLUGA

Località Lajnari-Via dei Molini, 26
Tel. 040 417649
Aperto le prime 3 settimane di maggio e le prime 2 di dicembre

Anche quando lavorava in ferrovia, Silvano Ferluga ha sempre tenuto un piede nelle sue campagne, dedicandovi molta attenzione e producendo olio, vino, salumi e ortaggi sott'olio. La vista imperdibile sul porto vecchio, le rive triestine e le coste istriane non può che esaltare l'assaggio dei suoi vini sfusi o in bottiglia, accompagnati dalle tipiche specialità dell'*osmiza*. La particolarità di Lajnari è di essere a pochi minuti dal centro città, ma immersa nella verde valle che collega il Carso a Trieste. Data la tortuosità delle strade, l'*osmiza* può essere raggiunta a piedi scendendo dalla nota trenovia che dal centro sale all'altopiano.

TRIESTE
Contovello-Kontovel
KAMENCE

Località Contovello-Kontovel, 224
Tel. 349 4342293
Aperto 10-15 giorni, a cavallo tra i mesi, da aprile a settembre

Contovello è una delle perle della costa triestina: una parte è panoramica sul golfo, l'altra, più interna, lambisce il borgo di Prosecco. Qui l'*osmiza* della famiglia Praselj è nota ai più come Kamence (pietraia), in ricordo delle lavorazioni dei tipici muri a secco diffusi in zona. Ampia con spazi comodi e un bel porticato, alberi di grande fusto e molto verde, offre i classici vini autoctoni carsolini, frutto di alcune migliaia di piante coltivate in proprio; i vigneti prendono nome da vecchi toponimi in tipico stile clos borgognone. Oltre ai vini, troverete prosciutto crudo, salame, formaggio, pancetta e uova sode, serviti dalla famiglia sempre molto disponibile.

DUINO-AURISINA
DEVIN-NABREZINA (TS) - Slivia-Slivno

SARDOC

IN BREVE *Accoglienza familiare nella storica trattoria Sardoc. Qui si viene per mangiare i cibi tipici locali proposti nelle vesti più classiche della cucina della festa.*

Località Slivia-Slivno, 5 - Tel. 040 200146
🕐 Aperto da giovedì a domenica
Orario pranzo e sera, inverno dom solo pranzo Ferie agosto
Prezzi: 30-34 euro vini esclusi
Carte di credito: BM, CS, DC, MC, Visa

L'OSTERIA Immerso nell'entroterra del Carso triestino, si arriva al locale percorrendo stradine costeggiate da muretti in pietra e avvolte nei profumi della natura. Quiete insolita a così pochi minuti dal centro città e **un'impareggiabile sensazione di pace** fanno da sfondo all'accoglienza dell'osteria, ricercata dai triestini anche per pranzi domenicali con la famiglia.

LA CUCINA **Atmosfera familiare** anche nel menù, che offre piatti che compaiono quotidianamente sulla tavola di chi abita il Carso. Jota, per esempio, qui nella versione con crauti, fagioli e patate, rotoli di ricotta e gnocchi di pane. Il piatto più richiesto è il pollo fritto insieme alla *ljublianska* ma, fra i secondi, sono ottime anche le carni arrosto o alla griglia. Materie prime semplici e genuine, grazie anche all'**orto di proprietà**. Dolci di casa ben fatti che rimandano ai ricordi di bambino: strudel e pasta crema sono conclusione obbligata.

I PIATTI Jota, Pollo fritto, Pasta crema

FAGAGNA (UD)

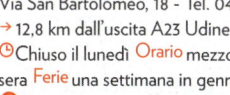

AL CASTELLO

IN BREVE *Un locale a tuttotondo per un'esperienza gastronomica di grande valore: prodotti della zona e fantasia si fondono in una cucina garbata e riuscita, senza dubbi.*

Via San Bartolomeo, 18 - Tel. 0432 800185
→ 12,8 km dall'uscita A23 Udine Nord
🕐 Chiuso il lunedì Orario mezzogiorno e sera Ferie una settimana in gennaio
💶 Prezzi: 38-40 euro vini esclusi
Carte di credito: AE, BM, CS, DC, MC, Visa

L'OSTERIA Ambiente di alto livello e cucina mai banale sono il biglietto da visita di questo locale, dove apprezzare **il piacere del relax oltre all'ottima qualità del cibo**. Curiosità e attenzione sono la chiave della continua ricerca di cui Angelo e Stefano Negrini da anni si sono fatti garanti con risultati eccelsi, offrendo una cucina tradizionale capace di stupire.

LA CUCINA Le specialità locali si alternano in una danza stagionale che veste le materie prime di **nuovi accostamenti** mai scomposti e sempre riusciti. Ne sono esempio la petuccia di Claut marinata con aceto balsamico e l'uso diffuso dei **funghi** in preparazioni originali ed equilibrate. Pasta all'uovo fra i primi e secondi all'insegna della terra e del mare: filetto di suino e seppioline dell'Adriatico accompagnano fumanti piatti di polenta. Dolci piacevoli e sorprendenti, così come la cantina e la selezione dei formaggi, con il meglio del territorio.

I PIATTI Mousse di jamar con radicchi e ciccioli, *Cjarsons* con formadi frant noci e patate, *Pan de mei* con mele e salsa di prugne speziate

CASALE CJANOR

Via Casali Lini, 9 - Tel. 0432 801810
Chiuso martedì e mercoledì Orario
mezzogiorno e sera Ferie non ne fa
Prezzi: 30-33 euro vini esclusi
Carte di credito: BM, CS, DC, MC, Visa

IN BREVE *In un ambiente agreste, questo locale di provata esperienza offre un'accoglienza calda e familiare insieme a una buona cucina di tradizione contadina. Ottime le minestre.*

L'OSTERIA Nel grazioso borgo collinare di Fagagna, le quattro sorelle Missana gestiscono da oltre trent'anni l'azienda agricola e l'attività di ristorazione. Un'**accoglienza familiare e schietta** vi accompagnerà nella sala con il tipico *fogolar* o, d'estate, sotto il bel pergolato nell'aia del casale.

LA CUCINA La cucina, di **solida tradizione contadina**, utilizza quasi esclusivamente **materie prime di produzione propria**. Gli animali da cortile e il *pestàt* (Presidio Slow Food), prodotto con lardo fresco, verdure, spezie ed erbe, sono alla base di molti piatti del menù. Il pane e le paste sono fatti in casa, come pure l'orto sotto vetro servito tra gli antipasti. Tra le specialità più note vi sono i piatti a base di oca, mentre, tra i primi, sono ben rappresentate zuppe e minestre di orzo e farro. Dolci casalinghi con le uve locali ed etichette principalmente regionali con qualche referenza nazionale.

I PIATTI *Pestàt* con pomodoro e crostini, Gnocchi con sugo d'oca, Sorbetto con uve clinton

TURLONIA

Corso Italia, 5 - Tel. 0434 561586
→ 1,4 km dall'uscita A28 Portogruaro-Conegliano
Chiuso domenica sera e lunedì
Orario mezzogiorno e sera Ferie variabili
Prezzi: 27-37 euro vini esclusi
Carte di credito: BM, CS, MC, Visa

IN BREVE *Il locale è ospitato in un bell'edificio dei primi del Novecento. In menù tante specialità locali che animano una cucina tradizionale ma dinamica come il giovane patron.*

L'OSTERIA Il locale, ospitato in un vecchio bar ristrutturato, è dal 2009 il regno di Federico Mariutti, giovane chef giunto agli onori della cronaca televisiva senza aver perso **sincerità, estro e passione**, che lo accompagnano fin dagli anni della gavetta col padre e nelle successive esperienze nazionali e londinesi. Ambiente elegante e accogliente, grazie anche alla professionalità della moglie Isabella, perfetta responsabile di sala.

LA CUCINA La cucina è quella **friulana tradizionale**, declinata in preparazioni raffinate ma non modaiole, con qualche incursione in mondi gastronomici diversi. Ricerca appassionata di **materie prime di qualità da piccoli produttori locali** (con diversi Presìdi Slow Food) e rigorosa stagionalità sono la cifra più ricercata. Da sottolineare l'offerta degli extravergini e la pregevole carta dei vini, con interessanti degustazioni di etichette regionali e del territorio circostante.

I PIATTI Tagliere di salumi e formaggi, Frico di latteria turnaria con polenta, Baccalà alla friulana con polenta

ROSENBAR

Via Duca d'Aosta, 96 - Tel. 0481 522700
→ 3,5 km dall'uscita A34 Gorizia
→ 750 metri dalla stazione di Gorizia
🕐 Chiuso domenica sera e lunedì; dom a pranzo su prenotazione Orario mezzogiorno e sera Ferie 1 settimana in inverno, 1 in estate
💶 Prezzi: 38-45 euro vini esclusi
Carte di credito: AE, BM, CS, DC, MC, Visa

IN BREVE *Un locale perfetto sotto ogni punto di vista, elegante ma con calore, e una cucina che mescola senza errori culture e prodotti di una affascinante terra di confine.*

L'OSTERIA L'ambiente elegante e la cura dei dettagli fanno presagire lo spirito con cui Michela e Piero interpretano da oltre trent'anni questa bella avventura. Seduti ai tavoli del loro raffinato locale non distante dal centro storico, è possibile viaggiare tra i sapori con **piatti che raccontano in modo schietto il territorio**. La carta dei vini, ricca di etichette regionali sia e vicina Slovenia, è curata da Piero, attento nel consigliare l'abbinamento ideale.

LA CUCINA La cucina locale è il risultato della **mescolanza di culture e tradizioni**, che caratterizzano una città di confine come Gorizia. A Michela il pregio di saper proporre questi sapori, interpretando le ricette con soluzioni di sicuro interesse, frutto di una **costante ricerca** e di un'indiscutibile passione che si palesano sincere nel piatto. Il menù è attento alla stagionalità, ai prodotti locali, ai Presìdi Slow Food e al pesce della vicina costa adriatica.

I PIATTI Rosa di Gorizia con le frizze, Sardoni impanati con radicchio e fagioli, Gnocchi ripieni di susine

GRADO (GO)

AGLI ARTISTI

Campiello Porta Grande, 2 - Tel. 0431 83081
🕐 Chiuso lun e mar, maggio-settembre mer a pranzo Orario mezzogiorno e sera
Ferie tra dicembre e gennaio
Prezzi: 35-38 euro vini esclusi
Carte di credito: BM, CS, MC, Visa

IN BREVE *Grazioso ristorante situato in una via pedonale di Grado, in pieno centro storico. Menù basato sul pescato locale con tutti i grandi classici della cucina regionale.*

L'OSTERIA A gestire questo grazioso ristorante situato in una via pedonale, in **pieno centro storico**, ci sono le sorelle Franca (ai fornelli) e Lisa Longo, coadiuvate in sala dal figlio di quest'ultima, Alessio, mentre in cucina troviamo lo chef Alessandro Corazza. Le sorelle gestiscono anche l'Osteria de Mar, gradevole locale sul porto mandracchio per aperitivi e stuzzichini.

LA CUCINA Il **menù è basato sul pescato locale** presentato nelle più classiche ricette territoriali: buon **pesce azzurro** marinato, frutti di mare grigliati, fritture e calda polenta. Primi piatti semplici, con gustosi ragù di mare o vongole, e fra i secondi la specialità della casa, il *boreto*. La zuppa di pesce si veste, in questo territorio, di piccante con una buona dose di pepe e aceto, che la rendono assolutamente originale. Vini incentrati nella zona del Collio e dei Colli Orientali che ben sposano il menù, giusti i ricarichi.

I PIATTI Crudo di pesce del giorno, Paccheri di Gragnano con sugo di *boreto*, Tortino al cioccolato

AI CIODI

Località Anfora
Tel. 335 75222097-338 5679822
🕐 Non ha giorno di chiusura Orario 11.30-
19.00 Ferie metà ottobre-vigilia di Pasqua
💶 Prezzi: 35-48 euro vini esclusi
Carte di credito: BM, MC, Visa

IN BREVE *L'osteria si trova sull'isola di Anfora. Per arrivarci occorre quindi prendere la barca o la motonave. La cucina in parte attinge al proprio pescato e a quello locale, in parte al mercato di Grado.*

L'OSTERIA Nel tragitto in barca, da Grado o da Marano, lasciatevi sedurre dal fascino placido della laguna, tra isolotti verdeggianti e casoni dai tetti in cannucciato. Innamorato di questi paesaggi, dal 1976 Mauro Tognon ha scommesso sull'isola di Anfora, dove è nato, offrendo un approdo per **pranzare all'aperto fino al tramonto**. Oggi il recupero della vecchia scuola ospita anche le sei camere dell'albergo diffuso. Da aprile a ottobre qui lavora tutta la famiglia, quando un posticino sulla riva è assai ambito.

LA CUCINA La cucina è **esempio di semplicità**, attingendo perlopiù al **proprio pescato** e a quello locale – cefali, volpine, *gò*, branzini, seppie –, e in parte al mercato di Grado. Si viene qui per gustare un generoso piatto di molluschi – cozze, vongole, cappelunghe – un buon *fritolîn* o una variegata grigliata di pesce. Non mancate di assaggiare il *boreto*: la gustosa zuppa con aceto e parecchio pepe cucinata nella tradizionale casseruola di ghisa.

I PIATTI Cappelunghe grigliate, Bavette con il *gransoporo*, *Boreto*

ZERO MIGLIA

Riva Dandolo, 22 - Tel. 0431 80287
🕐 Chiuso il mar, mai 1 giugno-15 settembre
Orario mezzogiorno e sera
Ferie 7 gennaio-28 febbraio
💶 Prezzi: 38-50 euro vini esclusi
Carte di credito: BM, CS, DC, MC, Visa

IN BREVE *La cooperativa di pescatori di Grado ha aperto un suo ristorante ristrutturando l'ex magazzino adiacente alla pescheria. Sapore e qualità del pesce emergono in maniera netta.*

L'OSTERIA Proprio di fronte alla pescheria, in un ex magazzino ristrutturato una decina d'anni fa dalla **cooperativa dei pescatori di Grado**, questa osteria mostra subito la sua naturale vocazione a tramandare la storia della cucina gradese, che ha una sua identità molto spiccata. **Solo pesce di cattura**, non serve dirlo, seguendo la stagione che determina offerte e quantità.

LA CUCINA In cucina la mano è quella di Pino, in sala il menù e le ragioni delle scelte gastronomiche le racconta Luisa. Qui non ci sono sorprese, ma i tanti validi piatti delle **ricette domestiche**: dalle sarde in *savor* alle cozze con una buona disponibilità di crudità e marinati in aggiunta. Primi nel solco della tradizione con spaghetti alle vongole, sarde o *busara di canoce*. Secondi grigliati o in frittura chiudono un'esperienza valida e schietta. Vino sfuso della vicina Aquileia e una buona alternativa di bottiglie ben selezionate.

I PIATTI Marinato agli agrumi e insalatina di finocchi, Bavette al nero di seppia, *Boreto* alla gradese e polenta

ALLA FRASCA VERDE

Via Capoluogo, 64 - Tel. 0433 74122
⏱ Chiuso il lun Orario mezzogiorno e sera
Ferie 3 settimane in settembre, 1 in giugno
💶 Prezzi: 38-45 euro vini esclusi
Carte di credito: AE, BM, CS, DC, MC, Visa

IN BREVE *Ristorante gestito dalla famiglia Gressani che propone la cucina tradizionale della Carnia con l'esaltazione dei prodotti del territorio e qualche piacevole contaminazione.*

L'OSTERIA La famiglia Gressani resta fedele all'impegno preso esattamente sessant'anni fa: gestire con continuità e coerenza questo **avamposto di territorialità e gusto** nel ristorante annesso all'albergo del paesino carnico di Lauco. Atmosfere calde e familiari, tanto legno e antica cura della tavola.

LA CUCINA Tradizione carnica, con l'uso dei **prodotti del territorio**, e qualche bella influenza esterna caratterizzano la cucina del locale. Materie prime scelte con cura lasciano ampio spazio alla parte vegetale, che anima molti dei piatti d'ingresso, cui fanno da contraltare buone carni di **selvaggina**, come il classico carpaccio di cervo. Paste artigianali ripiene con i golosi formaggi locali e ancora carne fra i secondi, manzo e cinghiale su tutti. Dolci al cucchiaio di casa, con un ottimo tiramisù, e importante carta dei vini, con le migliori referenze regionali e non solo.

I PIATTI Polentina con formaggi carnici, Fettuccine di segale, crema al rosmarino e ragù di cervo, *Cjarsons*

MARIANO DEL FRIULI (GO) - Corona

AL PIAVE

Via Cormons, 8 - Tel. 0481 69003
→ 5,3 km dall'uscita A34 Gradisca d'Isonzo
⏱ Chiuso il mar Orario mezzogiorno e sera
Ferie 10 giorni a fine febbraio, 10 in luglio
Prezzi: 27-32 euro vini esclusi
Carte di credito: BM, CS, DC, MC, Visa

IN BREVE *Ecco un bell'esempio di osteria dove tradizione e accoglienza si esprimono in maniera esemplare. Da non perdere le paste all'uovo fatta a mano e le carni.*

L'OSTERIA Il nome di questa trattoria, tra le **più antiche della regione**, rimanda alla storia, così comune da queste parti, che ha segnato il primo Novecento italiano. L'**accoglienza discreta e attenta** suggerisce una informalità che mette subito a proprio agio, come a casa propria, per intenderci, o nel salotto di un caro amico.

LA CUCINA La cucina rispetta la tradizione dei piatti che un tempo scandivano la settimana, determinati dalle stagioni e dalle abitudini. Con gli anni le ricette tradizionali hanno trovato una nuova forza in **preparazioni aggiornate, attente agli equilibri**, mai eccessive e con un deciso sguardo al futuro. Oltre ai salumi – da provare il prosciutto di cinghiale – e ai vari tagli di suino e di cervo, meritano, in stagione, gli gnocchi di susine e, in generale, le buone paste fatte in casa. Casalinghi i gelati e da non perdere lo strudel di mele. Cantina eccellente con il meglio della produzione regionale.

I PIATTI Petto d'oca affumicato, Tagliolini con salsiccia e *ruscolins*, Tiramisù con caffè

MEDUNO (PN)

LA STELLA

IN BREVE *Un locale elegante e accogliente che propone una solida cucina friulana fatta di sapori decisi e materie prime genuine, in gran parte prodotte in proprio.*

Via Principale, 38 - Tel. 0427 86124
🕐 Chiuso il mercoledì, sabato a pranzo e domenica sera **Orario** mezzogiorno e sera
Ferie fine agosto-settembre, gennaio
Prezzi: 32-40 euro vini esclusi
Carte di credito: BM, MC

L'OSTERIA In un palazzo ottocentesco dall'aspetto nobile e solo apparentemente austero, quasi all'angolo della piazza di Meduno, imbocco naturale della Val Tramontina, si trova il regno di Regis e Giuliana. Elegante la sala all'ingresso, più familiare e informale lo spazio nel cortile adiacente. Arredi in legno si mescolano a quadri e opere d'arte moderna, testimoniando la solida presenza della famiglia Cleva, che gestisce il locale da tempo e **produce parte degli ingredienti impiegati** in cucina.

LA CUCINA Giuliana interpreta, con molta esperienza e la raffinatezza tipica delle persone discrete e sensibili, i **fondamentali della cucina friulana**, aggiungendo un tocco personale che regala modernità. Salumi, frico, polenta, gallo in *tecia*, finferli, porcini e galletti, quando è stagione di **funghi**, ma anche la selvaggina sono fra i suoi piatti forti. Da provare la pitina di produzione propria. Cantina importante, curata da Regis, che serve in sala con garbo tipico friulano.

I PIATTI Gnocchi al ragù di piccione, Gallo in *tecia*, torta di mele.

MOSSA (GO)

BLANCH

IN BREVE *Trattoria che da oltre un secolo è gestita dalla famiglia Blanch. I loro blecs al sugo di gallo sono una specialità che trasmette calore familiare, cura e sapori introvabili.*

Via Blanchis, 35 - Tel. 0481 80020
→ 9,1 km dall'uscita A34 Gorizia
🕐 Chiuso martedì sera e mercoledì **Orario** mezzogiorno e sera **Ferie** 1 settimana fine febbraio, 2 tra agosto e settembre
Prezzi: 26-31 euro vini esclusi
Carte di credito: AE, BM, CS, DC, MC, Visa

L'OSTERIA Da questa osteria sono passate le storie, felici e crude, che segnano le zone di confine. Gestita da oltre un secolo dalla famiglia Blanch, immersa nel verde delle colline goriziane, a un passo dalla vecchia frontiera con la Slovenia, è **un luogo che invita alla quiete e alla serenità**. Il profumo delle vigne e del bosco circostante completano un quadro sempre suggestivo.

LA CUCINA Ci si viene spesso qui, soprattutto per i *blecs*, una pasta fresca simile ai maltagliati realizzata tradizionalmente e servita con il sugo di gallo. Non è però da meno tutto il menù che riserva le mille sorprese della **secolare raccolta di ricette familiari**. Gnocchi, tagliolini e crespelle servite con erbe selvatiche, *sclopit* e verdure. Sempre alla tradizione appartengono le preparazioni che animano i secondi, perlopiù a base di carni di vitello o di baccalà, tra la pochissime concessioni fatte al sapore del mare.

I PIATTI Affettati misti, *Blecs* al sugo di gallo, Stinco di vitello

AL CORRIDOIO

IN BREVE *Un locale che parla di pesca e tradizione popolare: qualità della materia prima, ricette casalinghe, piatti espressi e molto abbondanti. Mauro, pescatore, rifornisce la cucina ogni giorno.*

Via Dante Alighieri, 27 - Tel. 040 2452124
Chiuso il mercoledì
Orario mezzogiorno e sera Ferie non ne fa
Prezzi: 30-47 euro vini esclusi
Carte di credito: BM, CS, MC, Visa

L'OSTERIA Il locale si trova nella zona pedonale della cittadina istro-veneta, alle spalle del duomo e a un tiro di schioppo dal caratteristico mandracchio. **Esempio sopravvissuto di trattoria popolare**, è meta di frequentatori locali (in particolare nella pausa pranzo) e di avventori alla ricerca di una cucina schietta. La titolare Sabrina, in base all'estro e alla disponibilità del pescato (grazie anche al figlio Mauro, pescatore), regala un'offerta varia e godibile. Piacevole la sosta nel dehors ospitato nella calle centrale.

LA CUCINA La cucina, semplice ma non banale, presenta una serie di proposte fondamentali ancorate alla **tradizione marinara locale**: antipasti e primi di pesce, con un menù che varia secondo il bottino quotidiano. Sempre interessante, se disponibile, la scelta dei **secondi basati sulle catture del figlio** Mauro. Porzioni più che generose, da accompagnare con lo sfuso della casa e con qualche dolce casalingo.

I PIATTI Sardoni *in savor*, Spaghetti ai frutti di mare, Pesce del giorno

OVARO (UD) - Applis

APLIS

IN BREVE *Un hotel con un'accogliente sala da pranzo in legno e pietra. Qui Roberto prepara piatti curati nella scelta delle materie prime e rispettosi della tradizione carnica.*

Località Applis, 2 C - Tel. 0433 619008
Chiuso il lunedì, mai d'estate e periodo natalizio Orario mezzogiorno e sera
Ferie 2 settimane dopo l'Epifania
Prezzi: 30-35 euro vini esclusi
Carte di credito: AE, BM, CS, DC, MC, Visa

L'OSTERIA Vicino agli impianti del monte Zoncolan, la struttura, una segheria settecentesca ristrutturata, è gestita dalla famiglia Filaferro. Collocata in **un contesto incantevole**, con laghetti, parco faunistico e un'ampia area verde, ha tutte le caratteristiche per viziare chi ama, o è anche solamente curioso, di scoprire le bellezza della Carnia.

LA CUCINA **Cucina casalinga e tradizione** sono le parole d'ordine di Roberto Filaferro, ai fornelli, aiutato dal sapiente approvvigionamento di materie prime di qualità. Mano attenta e piatti che spiccano anche per raffinatezza. Strudel di speck o il tipico *toc in braide*, per iniziare. La **pasta fresca**, come *cjarsons* e gnocchi, costituisce il cuore dell'offerta dei primi piatti, mentre i secondi aprono a vari tagli di carne (anche selvaggina) e alla ricca offerta casearia. Dolci elaborati con i frutti del bosco e, in cantina, qualche etichetta regionale per chi non voglia lo sfuso.

I PIATTI *Toc in braide* alle noci, Gnocchi di ricotta ai funghi, Millefoglie di vitello alle verdure

PASIANO DI PORDENONE (PN)
Villotta di Visinale

DA CARMELO

Via Villotta, 41 - Tel. 0434 620259
→ 12,1 km dall'uscita A28 Pordenone-Portogruaro
⏱ Chiuso martedì e mercoledì Orario mezzogiorno e sera Ferie 1 settimana in gennaio, ultima di giugno-15 luglio
Prezzi: 30-35 euro vini esclusi
Carte di credito: BM, MC, Visa

IN BREVE *In un'antica spezieria è stato ricavato questo locale ben curato, familiare. Piatti di spiccata tradizione domestica che sanno di festa, di allegria e del piacere di ritrovarsi.*

L'OSTERIA Il locale si trova **in aperta campagna**, a 15 minuti di auto da Pordenone: una casa accogliente, calda e bella, piena di oggetti della cucina e della vita di altri tempi. Dopo la trasformazione da consorzio agrario e spaccio in osteria, il fondatore, Carmelo, ha ceduto le redini al figlio Gabriele, lo chef, ben coadiuvato in sala dalla moglie Lisa, che racconta i piatti e i vini del territorio. Nella bella stagione si mangia nel pergolato sotto la vite.

LA CUCINA La preparazione che più rappresenta la cucina, è il gallo in *tecia*: una **ricetta tramandata da generazioni** e servita nella pentola di cottura posta al centro della tavola. Si tratta di un'antica tradizione contadina in larga parte perduta che qui, invece, trova ancora spazio e raccoglie larghi consensi. Il **recupero dei sapori** resta comunque il focus intorno al quale ruota l'intero menù, che Gabriele interpreta con eleganza, senza stravolgimenti, con mano leggera e fiducia nella continua ricerca di materie prime eccellenti.

I PIATTI Tagliatelle al sugo di gallo, Gallo in *tecia*, Coniglio arrosto

PINZANO AL TAGLIAMENTO (PN)
Manazzons

IVANA & SECONDO

Via Manazzons, 62 - Tel. 0432 950003
⏱ Chiuso domenica sera e lunedì
Orario mezzogiorno e sera
Ferie ultima di ottobre-prime 2 di novembre
Prezzi: 32-35 euro vini esclusi
Carte di credito: BM, CS, DC, MC, Visa

IN BREVE *Una osteria collaudata a gestione familiare: piatti dal gusto deciso, materie prime locali o autoprodotte per un'esperienza gastronomica di alto livello.*

L'OSTERIA La val d'Arzino, oltre alle bellezze naturali, ospita questa osteria ben condotta dalla **seconda generazione di osti**: Giulia e Luca, in sala, Pietro, in cucina. Sobria e discreta, è composta da una sala con bancone per i pranzi più semplici e una seconda adatta a occasioni più importanti. Una terrazza panoramica permette, in estate, di mangiare godendo del panorama sulla valle. Buona accoglienza e attenzione al cliente sono la cifra del locale.

LA CUCINA La cucina è fondata su **preparazioni dal gusto deciso**, stagionalità e corretto reperimento delle materie prime lungo tutto l'arco dell'anno, grazie a fornitori locali e al proprio orto, che regala la gran parte delle verdure. La scelta dei piatti in carta è giustamente articolata, con **proposte molto equilibrate e differenziate secondo stagione**: oramai un must l'assaggio dei vari antipasti. Notevole e ampia la carta dei vini e di pari livello quella dei distillati.

I PIATTI Raviolo con burrata di ricotta di Socchieve con tartufo nero, Ossobuco di cervo con burro al pino mugo, Millefoglie con crema e fragole

LA FERRATA

Via Gorizia, 7 - Tel. 0434 20562
→ 500 metri dalla stazione di Pordenone
🕐 Chiuso il mar Orario sera, sab e dom
anche pranzo Ferie 1 luglio-20 agosto
Prezzi: 32-35 euro vini esclusi
Carte di credito: BM, CS, MC, Visa

IN BREVE *In questa vivace osteria, nel cuore della città, la proposta è incentrata sui classici della tradizione popolare friulana e veneta rinnovati mensilmente.*

L'OSTERIA L'osteria è un piccolo affresco di **vitalità e dinamismo**: ambiente frizzante, cura degli arredi dal sapore un po' vintage, grande via vai di persone. Fondato nel 1889, il locale mantiene il **sapore vero delle osterie popolari** e allegre di un tempo, compreso qualche piccolo ingolfamento della cucina nelle ora di punta, assolutamente controbilanciato dall'atmosfera unica e dal servizio cortese.

LA CUCINA La proposta è incentrata sui **classici della tradizione friulana e veneta**. Salumi e formaggi restano un'ottima chiave di apertura, accompagnati da pane casereccio e varie mostarde. Nei primi piatti di pasta fresca è concesso spazio agli ortaggi, ai latticini, ai porcini e alle erbe spontanee. Fra i secondi si trovano buone preparazioni a base di baccalà e un uso diffuso di tagli di carne di profilo minore, qui sapientemente esaltate in lunghe cotture in umido. Carta dei vini ampia e bilanciata fra piccoli produttori e cantine blasonate, anche al calice.

I PIATTI *Toc in braide* con cappello di porcini e morchia, *Sopa coada*, *Palacinka* triestina.

ALLO STORIONE

Piazza Mazzini, 41 - Tel. 0434 626028
→ 11,3 km dall'uscita A28 Cimpello
🕐 Chiuso il lun e sab a pranzo Orario mezzogiorno e sera Ferie 15-20 giorni in agosto
€ Prezzi: 38-40 euro vini esclusi
Carte di credito: AE, BM, CS, DC, MC, Visa

IN BREVE *Elegante locale storico, ricco del calore tipico del fogolar, propone un menù che varia con frequenza, valorizzando stagioni, tradizioni, prodotti locali e rifuggendo la banalità.*

L'OSTERIA Lo storione che popolava le acque dei vicini fiumi Meduna e Livenza dà il nome a questo locale storico di Ghirano gestito dalla famiglia Buzzi. Ora in cucina c'è Giacomo, che interpreta la **tradizione in chiave moderna** con esperienza e passione. Il bel *fogolar*, attorno al quale si può mangiare, rende calda e accogliente la spaziosa sala.

LA CUCINA Stagionalità e reperibilità delle materie prime dettano un menù ricco di tradizione che vede, fra gli antipasti, la variegata proposta di salumi accompagnati da latticini freschi, come ricotta di capra, e verdure. I primi piatti danno nuovo **risalto alla componente vegetale**, protagonista nelle zuppe invernali e nei ripieni delle paste fresche, spesso abbinate a eccellenze casearie come il montasio stravecchio. I secondi aprono alle carni: agnello d'Alpago e coniglio sono serviti con polenta e salsa *peverada*. Dolci meritevoli di produzione casalinga e buona selezione di vini del territorio.

I PIATTI Salumi misti con giardiniera, *Blecs* con battuta di coniglio, Baccalà bianco in *tecia*

PRATO CARNICO (UD) - Pesariis

SOT LA NAPA

IN BREVE *Un curato locale dove Eliana e la figlia Silvia propongono piatti che affondano salde radici nella tradizione carnica, materie prime stagionali e autoprodotte.*

Frazione Pesariis, 61 - Tel. 0433 695103
🕐 Aperto ven sera, il sab e la dom, sempre dal 1/7 al 31/8 e nel periodo natalizio
Ferie 1 novembre-23 dicembre,
7 gennaio-tutto febbraio
Prezzi: 30-32 euro vini esclusi
Carte di credito: AE, BM, CS, DC, MC, Visa

L'OSTERIA Il locale, ospitato in un edificio del Seicento splendidamente restaurato, si trova a Pesariis, nel comune di Prato Carnico, località famosa per la produzione degli orologi, di cui potrete ammirare qualche esempio di particolare interesse storico lungo le strade cittadine. Le quattro sale dell'osteria rimandano alle **atmosfere familiari delle belle case**: tanto legno e il *fogolar*, tipico delle abitazioni carniche.

LA CUCINA La cucina è basata sull'utilizzo di materie prime di prossimità: a **carni, verdure e ortaggi in larga parte prodotti in proprio**, e perlopiù certificati biologici, si aggiungono erbe e frutti spontanei raccolti personalmente dai gestori. Ne nasce una **proposta fresca e stagionale**, che tiene i piedi saldi nelle ricette tradizionali declinandole con sobrietà e rispetto. Tra i piatti che più incarnano la cifra del menù vanno ricordati i *blecs* e il frico.

I PIATTI *Blecs* all'anatra, *Cjarsons*, Frico di patate con polenta

PULFERO-PODBONESEC (UD)
San Giovanni d'Antro-Landar

GASTALDIA D'ANTRO

IN BREVE *Accogliente trattoria situata in un edificio storico, dove il profumo dei cibi è affidato alle erbe spontanee che l'esperto Maurizio raccoglie. Pane e paste sono fatti in casa.*

Via Antro, 179 - Tel. 0432 709247
🕐 Chiuso lunedì e martedì
Orario mezzogiorno e sera
Ferie 2 settimane in gennaio, 2 in settembre
Prezzi: 25-30 euro vini esclusi
Carte di credito: BM, CS, DC, MC, Visa

L'OSTERIA L'osteria si trova a San Giovanni d'Antro, piccolo abitato nel comune di Pulfero, non lontano dall'omonima grotta di notevole interesse storico. Ospitato in un pregevole edificio risalente al Seicento, in una **posizione panoramica straordinaria**, il locale si compone di due sale ben arredate, un gradevole loggiato esterno e un belvedere utilizzati durante la bella stagione.

LA CUCINA Il fulcro delle proposta giornaliera è strettamente legato al periodo stagionale: molti dei piatti sono realizzati con l'uso di erbe spontanee e con **quanto prodotto nel proprio orto**. Paste fresche ripiene sposano verdure e formaggi locali, mentre i secondi sono all'insegna di carni selezionate dalle cotture lente, spesso accompagnate da polenta fumante. Fra le specialità più rappresentative che denotano l'uso dei prodotti locali ricordiamo i *blecs* all'aglio orsino e la minestra di San Martino, con castagne e funghi. Ristretta, ma piacevole, la proposta enologica.

I PIATTI *Blecs* all'aglio orsino, Minestra di San Martino con castagne e funghi, Costicine di maiale in brodo di polenta

BELLAVISTA

Via Roma, 22 - Tel. 0433 66089
🕐 Chiuso il giovedì **Orario** mezzogiorno e sera **Ferie** 1 mese in aprile, 1 in novembre
Prezzi: 28-35 euro vini esclusi
Carte di credito: BM, MC, Visa

IN BREVE *Albergo e ristorante gestito dalla famiglia De Infanti. I piatti prestano attenzione alla stagionalità e alla tradizione, che trova qui un valido interprete.*

L'OSTERIA Lo scenario che ci regalano le Alpi Carniche è decisamente suggestivo. Alzando gli occhi dal tavolo, **il panorama è di quelli che restano a lungo impressi**: prati verdi e fitti boschi che salgono verso il Monte Zoncolan. Nel periodo estivo è possibile usufruire della bella terrazza esterna. La montagna a due passi offre mille occasioni per varie attività all'aperto: Piero, che gestisce il locale assieme alla moglie Dina, è un ottimo consigliere.

LA CUCINA La cucina della Carnia sa essere ricca nei sapori e nelle proposte, e Dina è certamente una validissima **ambasciatrice del gusto e dell'offerta di questo territorio**. Con il suo lavoro, ha saputo promuovere i piatti della tradizione, a volte rivisitati, interpretando al meglio le materie prime che questa terra regala. Erbe spontanee raccolte nei prati circostanti, un ricco orto di proprietà e una rete di piccoli produttori locali sono garanzia di un'offerta sempre all'altezza delle aspettative. Prenotazione consigliata.

I PIATTI *Cjarsons* di Monai, *Toc in braide*, Bocconcini di cervo con polenta di Socchieve

AI CACCIATORI

Via Pradamano, 28 - Tel. 0432 670132
→ 9,8 km dall'uscita A23 Udine Sud
🕐 Chiuso lun e mar **Orario** mezzogiorno e sera **Ferie** agosto, dopo Natale e Capodanno
Prezzi: 20-22 euro vini esclusi
Carte di credito: BM, CS, DC, MC, Visa

IN BREVE *Tipica osteria, semplice e popolare a gestione familiare: cucina di casa, pochi piatti tradizionali e ben fatti che tramandano, senza sorprese, tutto il gusto del territorio.*

L'OSTERIA Leonida, con i suoi familiari, è l'anima di questa osteria della periferia udinese, molto semplice, **tipicamente popolare**: un comodo parcheggio attiguo al campo da bocce, due ampi spazi interni, trofei di caccia alle pareti. Il bancone è meta di clienti storici e di frequentatori di passaggio. Un paio di tavolini esterni permettono una sosta veloce per un *tajut*. Cordialità e simpatia nel servizio sono costanti sia a tavola sia per un bicchiere di vino, limitato al buon sfuso della casa.

LA CUCINA Qui si tramanda un'accoglienza antica: **pochi piatti, ben fatti**, tanta tradizione e simpatia. Non si viene per cercare lunghi menù e proposte variegate, quanto per assaggiare la veracità della **cucina di casa friulana**. Alcune specialità, per consolidata abitudine, sono presenti tutto l'anno, proprio per venire incontro a una clientela che ricerca il gusto dei piatti della propria memoria. Uno su tutti: il frico, qui preparato nella versione gonfia e croccante.

I PIATTI Frittata con erbe, Minestra con orzo e fagioli, Brovada e musetto

LA FUÊO

IN BREVE *Un ambiente rurale ricco di fascino, nel cuore della Alpi Carniche, dove gustare i piatti tipici di questa zona di montagna: erbe spontanee e carni in primo piano.*

Località Varzella - Tel. 329 9754530
Aperto venerdì sera-domenica, sempre 25/12-6/1 Orario mezzogiorno e sera
Ferie novembre-maggio
Prezzi: 28-32 euro vini esclusi
Carte di credito: AE, BM, CS, MC, Visa

L'OSTERIA Sulla strada che percorre la Val Duga, prima di arrivare al centro abitato di Ravascletto, non si può non notare lo stavolo recuperato con intelligenza e coraggio da Tiziano Gortan Cappellari. Un lavoro meticoloso, **legno e pietra restituiti a nuova vita**, simbolo del quotidiano per chi vive in questa montagna. Confortevole lo spazio interno, ma ad agosto, se non fa freddo, mangiare all'aperto con il bosco intorno è un'esperienza da non perdere.

LA CUCINA Territorio, **profumi e sapori sono un tutt'uno** qui. Scelta che sintetizza il progetto di Tiziano: recuperare i modi di stare a tavola nelle case carniche. Le **erbe spontanee** sono ingredienti di flan e contorni, non mancano i *cjarsons*, gli gnocchetti alle ortiche, le pappardelle con sughi di stagione, il risotto allo *sclopit*. Secondi di carne, con costolette d'agnello e spiedino di maiale fra i più riusciti. Pochi dolci ben fatti e gradevole lo sfuso, ma ci sono anche alcune etichette, principalmente del Collio.

I PIATTI Affettati misti con *radic di mont*, Pappardelle al ragù di cervo, Spiedino di filetto di maiale

L'OSTERIA DI TANCREDI

IN BREVE *Lo spirito è quello semplice e accogliente di un'osteria vecchia maniera, il menù è quello tipico del territorio con tanti ingredienti genuini e piatti dai gusti decisi.*

Via Monte Sabotino, 10 - Tel. 0432 941594
Chiuso il mercoledì Orario sera, sabato e domenica anche pranzo Ferie variabili
Prezzi: 30-35 euro vini esclusi
Carte di credito: BM, CS, MC, Visa

L'OSTERIA Questo si può definire un luogo predestinato: fino al 1976 il locale, a due passi dal duomo, ospitava un piccolo panificio, oggi è uno spazio accogliente e curato, impreziosito da colonne cinquecentesche in pietra e travi in legno. Il servizio è premuroso e gentile. Accurata la **selezione dei formaggi del territorio**, proposti con mostarde e composte di propria produzione. Valida la carta dei vini locali con mescita anche al calice.

LA CUCINA Il menù fa perno sulla preparazione di piatti tradizionali utilizzando le due principali risorse territoriali: **la trota e il prosciutto di San Daniele**, selezionato con meticolosa attenzione al produttore. Pietanze tipiche felicemente rivisitate che Guendalina, la cuoca, figlia d'arte e patronne, elabora nella cucina a vista. Brovada e frico non mancano mai, ma non si fanno attendere neppure primi di **pasta fresca**, ripiena e non, buone carni e salumi.

I PIATTI Tagliolini alla San Daniele, *Cjalsons*, Frico morbido di patate

SAN GIORGIO DELLA RICHINVELDA (PN) - Rauscedo

IL FAVRI

IN BREVE *Attiva da più di un secolo, un'osteria dove provare cucina friulana e non solo. Buoni lo zuf e le guancette di maiale in umido.*

Via Borgo Meduna, 12 - Tel. 0427 949828
🕐 Chiuso domenica sera e lunedì
Orario mezzogiorno e sera Ferie variabili
Prezzi: 26-40 euro vini esclusi
Carte di credito: AE, BM, CS, MC, Visa

L'OSTERIA La storia ha voluto, in modo quantomai opportuno, che questa osteria, situata nelle campagne pordenonesi, di norma più vocate al vino, diventasse da oltre un secolo **punto di riferimento per la buona cucina**. Due sale al piano terra, la seconda più ampia, elegante e rustica, in linea con lo spirito del luogo. Nella bella stagione si può mangiare all'aperto nel curato giardino su cui si apre la sala da pranzo.

LA CUCINA Le ragioni per fermarsi da Mauro, oste nel pieno senso della parola, sono almeno due: i **piatti della tradizione locale**, principalmente a base di carne, e una cantina non comune tra le osterie della zona. Formaggi delle latterie turnarie, prosciutto di San Daniele, zuppe di cereali e legumi, pasta fresca e carni in umido, o alla brace, sono alla base dell'offerta. Non manca mai la polenta che accompagna le carni o qualche stagionale piatto di pesce.

I PIATTI *Zuf* con spuma di latte e ricotta affumicata, Orzotto con mele nostrane, Guancette di maiale in umido con purè

SAN LEONARDO (UD) - Clastra

IL MELO INNAMORATO

IN BREVE *Un'azienda agrituristica immersa nel silenzio. La cucina è improntata alla schiettezza, gli ingredienti vengono in gran parte dall'orto, l'accoglienza è familiare e cordiale.*

Frazione Clastra, 1 - Tel. 0432 723532
🕐 Aperto da venerdì a domenica
Orario mezzogiorno e sera
Ferie gennaio e una sett a fine settembre
Prezzi: 30-35 euro vini esclusi
Carte di credito: BM, CS, MC, Visa

L'OSTERIA Nel cortile dell'agriturismo c'è un affascinante melo dal tronco attorcigliato, che dà il nome a questa bella **azienda agricola**, gestita da Luca Coccolo e dalla moglie Daniela, di cui l'osteria utilizza i prodotti per la preparazione della maggior parte dei piatti. Il locale, caldo e accogliente, si compone di piccole sale e di un bel pergolato esterno, da cui si gode una vista strepitosa sulle valli del Natisone. Buoni i vini sfusi.

LA CUCINA La cucina si caratterizza per la **schiettezza e la genuinità delle materie prime**, tutte locali o acquistate nei dintorni. Il menù, ricco e interessante, offre il meglio di ogni stagione, con particolare **attenzione alle verdure**, che costituiscono l'ingrediente principale di numerose preparazioni. Altro pregio che arricchisce l'esperienza gustativa è il buon pane fatto in casa. Tra le specialità ricordiamo i salumi, le verdure in agrodolce e i *kipfel* di patate aziendali.

I PIATTI Polentina con funghi, speck e montasio, Antipasto della casa, Sfogliatina con crema pasticciera e lamponi

SAN QUIRINO (PN)

ALLE NAZIONI

IN BREVE *A un menù fortemente identitario si abbinano vini in modo assolutamente impareggiabile. Piatti dai gusti decisi per una cantina da manuale.*

Via San Rocco, 47 - Tel. 0434 91005
Chiuso domenica sera e il lunedì
Orario mezzogiorno e sera
Ferie 15 gg in gennaio, 3 settimane a luglio
Prezzi: 28-32 euro vini esclusi
Carte di credito: AE, BM, CS, MC, Visa

L'OSTERIA A San Quirino, nella zona dei Magredi e nei pressi dei torrenti Meduna e Cellina, dal 1993 la famiglia Canton, titolare del noto e blasonato ristorante La Primula, ha preso in gestione **questa storica osteria** di fronte alla chiesa di San Rocco. Piatti eccellenti e locali in un ambiente tradizionale più informale.

LA CUCINA **Territorio e stagionalità** sono le linee guida di un menù che, coniugato alle abili tecniche di cucina, si esprime in piatti di terra e di mare, perfetta **sintesi fra tradizione e ricerca**. Tra gli antipasti, merita particolare menzione l'insalatina tiepida di pesce, ma sono molte le proposte legate a ingredienti terragni come il guanciale di Sauris, le lumache e la polenta. La carta dei vini merita un discorso a parte per la fornitissima cantina (oltre 1700 etichette locali, italiane e straniere), condivisa con il ristorante stellato, che garantisce qualsiasi tipo di abbinamento.

I PIATTI Salmone affumicato e sesamo nero, Gnocchi di patate con burro e ricotta carnica affumicata, Maialino da latte al forno

SAURIS (UD) - Sauris di Sotto

ALLA PACE

IN BREVE *La famiglia Schneider gestisce da oltre un secolo questo ristorante-locanda, che propone una cucina in cui si intrecciano abitudini tedesche e carniche, soprattutto fra i primi piatti.*

Via Roma, 38 - Tel. 0433 86010
Chiuso martedì sera e il mercoledì, mai d'estate Orario mezzogiorno e sera
Ferie 20 giorni in giugno, 15 prima di Natale
Prezzi: 30-34 euro vini esclusi
Carte di credito: BM, CS, DC, MC, Visa

L'OSTERIA Il comune di Sauris rappresenta una di quelle oasi linguistiche di cui si pregia il nostro Paese, ricco di tradizioni e culture diverse. Diversità che fa bene anche alla cucina, regalando **prodotti riconosciuti per bontà e valore**: pensiamo al prosciutto, allo speck e alla birra artigianale, che trovano in questa terra radici profonde richiamando turisti in tutte le stagioni. La famiglia Schneider, il loro ristorante e locanda sono fiera espressione di tutto questo.

LA CUCINA Un assaggio di prosciutto di Sauris è un "obbligo" che si accetta con facilità prima di addentrarsi in una **cucina che mescola tradizioni carniche e tedesche**: vellutate e gnocchi di pane si arricchiscono delle locali erbe spontanee. Cucina misurata ma non timorosa nel proporre i **sapori decisi dei boschi**: selvaggina, funghi e formaggi sono alla base di piatti sostanziosi dalle lente cotture. Frutti di bosco fra i dolci e vini all'altezza della proposta, con un buono sfuso e un'ampia scelta di etichette e di grappe.

I PIATTI Salumi misti, Gulasch di manzo, Torta di mele

RIGLARHAUS

Località Lateis, 3 - Tel. 0433 86049
🕐 Chiuso il mar, mai d'estate **Orario** mezzogiorno e sera **Ferie** 15 gennaio-15 febbraio
Prezzi: 25-30 euro vini esclusi
Carte di credito: BM, MC, Visa

IN BREVE *Uno chalet in legno e pietra ospita questo ristorante-albergo a gestione familiare. In cucina si preparano piatti della tradizione con ingredienti del territorio.*

L'OSTERIA Ospitata in un tipico chalet di montagna, gestito da oltre trent'anni dalla famiglia Schneider – con 14 camere e area benessere –, questa osteria è meta d'obbligo per chi risalga la conca di Sauris. Non solo per amanti della montagna ed escursionisti: qui **il panorama riesce a far dimenticare il chiasso della pianura** e la maestosità delle montagne ha il potere di conquistare chiunque.

LA CUCINA La cucina fa da sempre ricorso ai **produttori del luogo**. Il bosco ha quindi raggiunto un giusto protagonismo e i suoi frutti sono alla base di molti piatti locali. In tempo di raccolta, **castagne e funghi** sono fondamentali nella preparazione di flan e tortini, i *cjarsons* e gli gnocchi sposano le erbe selvatiche, la selvaggina è protagonista dei secondi. In estate: *mues* (formaggio e farina di mais), *dunkatle* (frattaglie) e *veldee* (frittelle).

I PIATTI Carpaccio di trota affumicata, *Cjarsons* alle erbe e ricotta di malga, Filetto di maiale su letto di valeriana

SAVOGNA D'ISONZO SOVODNJE OB SOČI (GO)
San Michele del Carso-Vrh

DEVETAK

Via Brezici, 22 - Tel. 0481 882488
🕐 Chiuso lun e mar **Orario** pranzo e sera, mercoledì e giovedì solo sera **Ferie** variabili
€ Prezzi: 36-44 euro vini esclusi
Carte di credito: AE, BM, CS, DC, MC, Visa

IN BREVE *Devetak è perfetta sintesi di un territorio di confine e di una cucina tradizionale e innovativa insieme, che trova negli ingredienti locali vette di eccellenza altissima.*

L'OSTERIA La Lokanda Devetak 1870 si trova in un paesino del Carso isontino, noto per le vicende della Prima guerra mondiale e oggi tappa per escursioni in un territorio di confine, punto d'incontro tra tradizioni diverse. Al timone, il patron Augustin, coadiuvato dalla moglie Gabriella e dalle figlie, esprime un concetto di **ospitalità circolare** che comprende il ristorante-bar-osteria, l'alloggio e la fattoria della figlia Sara.

LA CUCINA L'offerta gastronomica rispecchia, con tratti di **raffinata innovazione e di altissima qualità**, le tradizioni del territorio, fra cui alcuni piatti della cucina slovena come *selinka* (minestra), *snidjeno testo* (gnocchi di pasta lievitata) e *zganci* (polenta). Ampio l'impiego di **materie prime provenienti dalla fattoria** di Sara: salumi, verdure, frutta, aromi e confetture sono prodotti di casa. Da segnalare la selezione di formaggi, i dolci e la cantina, di gran pregio sia per la selezione dei vini sia per gli ambienti in pietra che la ospitano.

I PIATTI Tagliere di salumi, Fusi luganighe e jamar, Coscia di coniglio rosolata

SGONICO-ZGONIC (TS)
Sagrado-Zagradec

MILIC

IN BREVE *Il menù di questo agrituri-smo abbraccia la cucina slovena, carso-lina e mitteleuropea: piatti vivaci, dai gusti ben definiti vi accompagneranno in una originale esperienza gustativa.*

Località Sagrado-Zagradec, 2
Tel. 040 229289
Aperto da venerdì a domenica **Orario** 12.00-22.30 **Ferie** 1 settimana in febbraio
Prezzi: 15-28 euro vini esclusi
Carte di credito: BM, CS, MC, Visa

L'OSTERIA Milic Zagrski (puntualizzazione necessaria per la diffusione del cognome) è un agriturismo immerso nella quiete del Carso, tra vigneti e una vista impareggiabile sul golfo di Trieste. La fattoria unisce le attività di viticoltura, allevamento, produzione orticola, ristorazione, vendita di prodotti e alloggio. Anima dell'azienda Andrej e la moglie Bernarda che, coadiuvati dalle figlie Lucija e Neza, offrono un'**accogliente atmosfera dal sapore sloveno**.

LA CUCINA I piatti rispecchiano le radici della famiglia e del territorio, sfruttando abilmente la **produzione autonoma di carni, frutta e verdura**: sono genuini, con pochi fronzoli e tanta sostanza. Dagli antipasti ai dolci, le preparazioni attingono alla migliore tradizione del Carso sloveno, richiamando i tratti distintivi di una **cucina povera ma non banale**, rispettosa delle materie prime e delle stagioni. In perfetta armonia con l'offerta, il vino è quello della propria cantina, sfuso o in bottiglia.

I PIATTI Salumi della casa, Gnocchi di pane, Grigliata mista

SPILIMBERGO (PN)

AL BACHERO

IN BREVE *Uno degli esempi più tipici dell'osteria di paese, dalla storia ultra-secolare, adatta per un tajut o un pasto tradizionale completo. Uno dei piatti più apprezzati è il baccalà.*

Via Pilacorte, 5 - Tel. 0427 2317
Chiuso la domenica e lunedì sera **Orario** mezzogiorno e sera **Ferie** tra giugno e luglio
Prezzi: 20-25 euro vini esclusi
Carte di credito: nessuna

L'OSTERIA In pieno centro città, al Bachero si respira l'**aria delle vecchie osterie di paese**. Fondata nel 1897 come "mescita con osteria", da 46 anni è gestita dalla famiglia Zavagno con **semplicità e schiettezza**. La ristrutturazione, realizzata con molta coerenza nel 1996, ha curato tutti i dettagli: dai tavoli originali di fine Ottocento agli interruttori in ceramica, dai mobili ai piccoli bicchieri di un tempo. Il tutto rende il locale uno tra i più frequentati della regione.

LA CUCINA Il menù, scritto sulle tovagliette, chiarisce che qui si propone una cucina di sostanza, senza fronzoli: la **semplicità dell'offerta è intesa come valore aggiunto**, come essenza dello stare bene. Il baccalà è il piatto che caratterizza la proposta dell'osteria da decenni, ma si può anche spaziare fra i vari classici friulani: sapori e profumi decisi, in pietanze di sorprendente leggerezza e digeribilità.

I PIATTI Baccalà alla vicentina e del Bachero, Frico con cipolla e speck, Trippe con polenta

SPILIMBERGO (PN)

DA AFRO

Via Umberto I, 14 - Tel. 0427 2264
Chiuso domenica sera
Orario mezzogiorno e sera Ferie non ne fa
Prezzi: 30-35 euro vini esclusi
Carte di credito: AE, BM, CS, DC, MC, Visa

IN BREVE *Un luogo dove gustare al meglio il territorio: una cucina classica ed equilibrata con materie prime selezionate e in parte allevate in proprio, a partire dalle carni.*

L'OSTERIA Passano gli anni ma Dario Martina resta un oste di **riferimento per cultura e capacità nell'accoglienza**. Da decenni alla guida dell'osteria, sempre sorridente e prodigo nell'elargire suggerimenti gastronomici, garantisce un servizio dai giusti tempi per gustare come si deve le pietanze. Il locale è di impronta classica: tre sale ampie: in quella centrale, davanti all'ingresso, il bancone per la sosta caffè, l'aperitivo o per assaggiare un vino al calice scelto dall'ampia e ben fornita cantina.

LA CUCINA La proposta è rimasta costante nel tempo, un'impostazione che privilegia le preparazioni tradizionali, talvolta rivisitate con discrezione. Cura e attenzione alla scelta delle materie prime, e l'**ampio orto a disposizione** permettono la realizzazione di piatti sempre di buon equilibrio: abbondante uso dei preziosi salumi del territorio e delle carni, con predilezione per gli animali da cortile allevati in proprio.

I PIATTI *Blecs* con ragù di animali da cortile, *Balota*, Minestra di orzo e fagioli

STREGNA-SREDNJE (UD)

SALE E PEPE

Via Capoluogo, 19 - Tel. 0432 724118
Chiuso mar e mer Orario sera, sab e dom anche pranzo Ferie variabili
Prezzi: 35-38 euro vini esclusi
Carte di credito: AE, BM, CS, MC, Visa

IN BREVE *Un locale che sembra trovarsi dentro una fiaba: location impareggiabile, cantina di alto livello e una cucina che mescola con bravura tradizione e innovazione.*

L'OSTERIA Un posto incantato dove la natura fluviale del Natisone racconta storie di fondali pescosi, prati e boschi verdi. Sale e Pepe ha sede qui. **Tre sale curate ed eleganti**, dove accomodarsi assistiti dalla premurosa professionalità di Franco, e un'offerta gastronomica intelligente e ben realizzata: Teresa, in cucina, è abile nell'**intrecciare tradizione e modernità**. Perfetta la cantina, ricca di etichette capaci di accompagnare e soddisfare ogni desiderio.

LA CUCINA Cucina libera dagli schemi seppure con i piedi ben piantati a terra: salumi, formaggi e funghi locali, freschi e sott'olio, sono cardine degli antipasti, seguiti da una proposta che si mantiene fortemente **legata alla terra, alle carni da cortile e a qualche piatto di selvaggina**, ben accompagnata dalla tradizionale polenta. Carni saporite, dalle lunghe cotture al tegame e arrosto, trovano nell'estro della chef qualche insolito e riuscito accostamento, come nella coscia d'anatra con cioccolato e cannella.

I PIATTI Orzetto con funghi o verdure, Bracioline di agnello gratinate, Catalana con confettura

SUTRIO (UD)

DA ALVISE

Via I Maggio, 5 - Tel. 0433 778692
Chiuso il mercoledì
Orario pranzo e cena Ferie 3 sett in ottobre
Prezzi: 30-35 euro vini esclusi
Carte di credito: BM, CS, DC, MC, Visa

IN BREVE *Un'osteria familiare arroccata in un paesino di montagna: calore e accoglienza sono complemento di una cucina ben fatta che utilizza il meglio dei prodotti locali.*

L'OSTERIA Una bella casa carnica nella **tranquillità di un piccolo paese montano**, questa l'osteria **gestita in famiglia da più di vent'anni**. Giacomo ha ereditato da mamma Elena l'organizzazione della cucina, mentre il babbo coordina le tre sale dal moderno arredamento in legno. Nella corte, con la bella stagione, è piacevole pranzare all'aperto. L'offerta dei vini è imperniata sui prodotti regionali, con qualche etichetta altoatesina e una buona scelta di bollicine nazionali ed estere. Ampia la possibilità di pernottamento.

LA CUCINA Tutti i sapori della Carnia con fuggevoli ispirazioni tratte anche da altre regioni, ma sempre declinate su un'attenta selezione di prodotti locali e stagionali come **funghi e selvaggina**. Dolci e pasta sono fatti in casa e quest'ultima è proposta in abbinamento alle verdure stagionali dell'orto di proprietà. Fra i piatti carnici tradizionali, vera misura del locale, particolari i *cjarsons* (ravioli alle erbe), qui serviti nella versione non dolce.

I PIATTI *Cjarsons*, Frico di patate con polenta, Capriolo in umido

TARCENTO (UD) - Zomeais

DA GASPAR

Via Gaspar, 1 - Tel. 0432 785950
Chiuso lunedì, martedì e domenica sera
Orario mezzogiorno e sera
Ferie 1-10 gennaio, 15 giugno-15 luglio
Prezzi: 33-35 euro vini esclusi
Carte di credito: BM, CS, DC, MC, Visa

IN BREVE *Locale a conduzione familiare, caldo e accogliente, propone ricette tradizionali in stile moderno: carni, zuppe e primi piatti artigianali sono la cifra della cucina.*

L'OSTERIA Il locale è **ospitato in un mulino ottocentesco** di Zomeais, nell'alta Val Torre, in un contesto ambientale suggestivo. Da generazioni l'attività è gestita dalla famiglia Boezio. Gli interni sono arredati con cura e abbondante uso del legno, che conferisce alle sale un'atmosfera calda e accogliente. Durante la bella stagione, c'è la possibilità di mangiare all'aperto nel bel dehors. Notevole la carta dei vini, con il meglio della produzione regionale.

LA CUCINA L'offerta gastronomica conserva la centralità della tradizione friulana, sebbene conosca qualche accenno di rivisitazione ma senza stravolgimenti. La posizione appartata e legata al naturale fluire del tempo ha mantenuto, qui più che altrove, un solido rapporto con la natura rafforzando i legami di prossimità: così prende vita **una cucina stagionale** che reperisce in zona, o **produce direttamente, verdure, ortaggi ed erbe aromatiche**. Caratteristici, fra le varie proposte di pasta artigianale, gli gnocchi di zucca e i *cjarsons*.

I PIATTI Gnocchi di zucca, *Cjarsons*, Coniglio in umido con polenta

TARCENTO (UD) - Loneriacco

OSTERIA DI VILLAFREDDA

Via Liruti, 7 - Tel. 0432 792153
🕐 Domenica sera e lunedì
Orario mezzogiorno e sera Ferie gennaio
Prezzi: 30-32 euro vini esclusi
Carte di credito: AE, BM, CS, DC, MC, Visa

IN BREVE *Una bella costruzione in pietra ospita questa osteria, in cui la cucina è espressione del territorio: quinto quarto, formaggi e verdure trovano qui una delle sue migliori espressioni.*

L'OSTERIA Un pregevole edificio secentesco, adiacente al borgo medievale di Villafredda, nei pressi di Tarcento, ospita questa osteria dalle **sale spaziose e arredate con cura**. Al centro, anima del locale, il caratteristico *fogolar*, tipico delle case friulane. All'esterno, un'ampia corte permette di allestire lo spazioso dehors con i tavoli utilizzati durante la bella stagione.

LA CUCINA **Piatti che si legano a doppio filo alla tradizione friulana**, qui concretamente rappresentata da materie prime strettamente stagionali, con una particolare **importanza concessa agli ortaggi e alle verdure**, reperiti esclusivamente in zona. Il menù si articola pertanto in proposte che ruotano durante l'anno con una certa frequenza, sebbene ne permangano alcune che costituiscono i cardini dell'offerta: i *cjarsons* di Villafredda e il rognone di vitello alla senape sono sempre una garanzia.

I PIATTI *Cjarsons* di Villafredda, Zuppa di orzo e fagioli, Rognone di vitello alla senape

TRAMONTI DI SOTTO (PN)
Pecol

DA FEBO

Località Pecol, 1 A - Tel. 392 8439066
🕐 Non ha giorno di chiusura, ott-nov e gen-apr aperto solo nel fine settimana
Orario mezzogiorno e sera
Ferie da febbraio a Pasqua
Prezzi: 27-32 euro vini esclusi
Carte di credito: BM, MC, Visa

IN BREVE *Un locale coraggioso e coerente, espressione della migliore tradizione locale, coniugata con esperienza e leggerezza per una proposta solida e originale, senza sbavature.*

L'OSTERIA Ci sono voluti tre anni allo chef Robert Tonial e alla sua socia Francesca Bindoni per riportare in vita l'albergo-ristorante Da Febo. Siamo nel cuore della Val Tramontina, a pochi minuti dalle pozze smeraldine. Qui si gode di una **vista impareggiabile sul lago di Redona**, che diventa ancora più suggestiva quando l'acqua fa riaffiorare i ruderi del borgo sommerso di Movada. L'arredamento utilizza splendidamente i materiali di recupero del lago e del bosco circostante.

LA CUCINA Lo chef coniuga la sua esperienza internazionale con i **sapori del territorio**, senza perdere la passione per il **profumo del mare** che caratterizza la sua cucina. Erbe spontanee e carni, anche di selvaggina, condiscono le paste fatte in casa, impreziosite, quando la stagione lo permette, da tartufo nero o *buzera*. Completa l'offerta un'importante selezione di vini, anche biologici, con etichette non solo regionali. Da poco in mescita una birra artigianale prodotta su ricetta della casa.

I PIATTI *Toc in braide*, Tagliatelle al ragù di cinghiale, Cervo in salmì con polenta

AI MAESTRI

Via della Sorgente, 6 - Tel. 040 636801
→ 1 km dalla stazione di Trieste
Chiuso domenica e lunedì
Orario mezzogiorno e sera
Ferie 1 settimana in maggio, 2 in ottobre
Prezzi: 41-52 euro vini esclusi
Carte di credito: BM, CS, DC, MC, Visa

IN BREVE *In una zona genuinamente popolare, nei pressi del mercato coperto, un'osteria a gestione familiare dall'atmosfera piacevole, che propone semplici e gustose pietanze di pesce.*

L'OSTERIA In centro, nelle vicinanze dello storico mercato coperto, Giorgio Esposito, chef e patron, e la moglie Michaela curano da quasi un decennio una piacevole offerta di piatti di pesce. Il locale si distingue per il **carattere familiare dell'atmosfera e del servizio**, eredità delle storiche osterie triestine. Vi contribuiscono il gradevole dehors nella stradina pedonale e le dimensioni minimali dell'interno, con un romantico soppalco in legno e la cucina dietro al bancone, meta dei frequentatori locali per un bicchiere e una *ciacola*.

LA CUCINA Materia prima di qualità, cura nella preparazione con la giusta dose di **ricercatezza e generosità delle porzioni**, il tutto accompagnato dallo sfuso della casa e dalla cordialità del servizio: ecco il segreto del successo. Accanto ad alcuni piatti "fissi", come i tradizionali antipasti e i primi di mare, sono da valutare le alternative offerte, di volta in volta, dal **pescato del giorno**, cotto al forno con patate o al sale. Da non perdere i dolci di casa.

I PIATTI Alici marinate, Pasta allo scoglio, Pesce intero al forno

TRIESTE - Barcola

AL SUB

Viale Miramare, 201 - Tel. 040 2039673
Chiuso domenica sera e il lunedì
Orario mezzogiorno e sera
Ferie 2-3 settimane tra luglio e agosto, 26 dicembre-5 gennaio
Prezzi: 33-38 euro vini esclusi
Carte di credito: BM, CS, DC, MC, Visa

IN BREVE *Un intimo ristorantino a gestione familiare, in cui la cucina è esclusivamente a base di pesce: tradizione e ricerca si alternano in piatti talvolta rivisitati con gusto deciso.*

L'OSTERIA Da oltre cinquant'anni questa piccola realtà offre un'**ottima esperienza enogastronomica** in città. Siamo nella frazione di Barcola, in prossimità della fontana realizzata nella pineta negli stessi anni in cui aprì i battenti l'osteria. Oggi al timone ci sono i tre fratelli Dino, Giorgio e Roberto, che portano avanti con successo l'idea lungimirante di papà Claudio. L'arredo è curato con eleganti lampade dal paralume bianco, pareti in roccia a vista e mattoni.

LA CUCINA Dalla **sala ristorante si scorge il mare** e il menù non può prescindere da questo affratellamento, proponendo una buona scelta di portate di pesce tutte da scoprire. I piatti della **tradizione triestina si alternano a interessanti preparazioni** che variano in base alla stagionalità. All'ingresso del locale, fa bella mostra di sé una lavagna con segnalati i piatti del giorno, ma seguire il consiglio dell'oste è sempre una buona idea. Piacevole il vino sfuso della casa.

I PIATTI Gratinato misto di mare, Calamarata al ragù di orata, Filetto di branzino con verdurine di stagione

BUFFET TRIESTINI

Accanto alla tradizione del caffè sopravvive a Trieste la tradizione del *rebechìn*, classico spuntino di ogni ora. Luogo di elezione per poter degnamente affrontare questo vero e proprio rito della città sono i buffet triestini. Questa presenza unica e caratteristica, che trova radici nella necessità di merende a metà mattina per i lavoratori portuali e degli opifici in periodo austroungarico (cantierini, scaricatori, operai, facchini, carrettieri...), è giunta sino ai nostri giorni mantenendo alcuni elementi principali: la presenza della caldaia in cui vengono cucinati e riscaldati vari tagli di maiale, l'offerta di un'ampia scelta di elementi che compongono il *rebechìn* e la possibilità di uno spuntino o di un pranzo veloce in piedi, al bancone o ai pochi tavoli disponibili, complici una birretta alla spina o un calice di vino. Ecco allora il principale piatto, il misto caldaia, in cui possono confluire, appena estratti da fumanti pentoloni da banco, la *porzìna* (vari tagli di bollito di maiale), le luganighe di Cragno e di Vienna, il cotechino, la lingua salmistrata, le costicine, il carré affumicato e la pancetta, serviti al piatto o in panini, rigorosamente accompagnati da *capùzi garbi* (crauti acidi stufati) e cosparsi di senape e cren (rafano grattugiato). Ancora varietà di formaggi e salumi (tra cui specialità locali come il prosciutto in crosta di pane – vero re del *rebechìn* mattutino, tagliato a mano e servito tiepido con il cren – e il cotto di Praga), *sardoni impanadi*, pesce in *savòr*, polpette, verdure impanate, tartine di baccalà in bianco (mantecato) o *liptauer* (crema di formaggi con paprica), ma anche piatti come il *golas nostràn* (rielaborazione locale del gulasch ungherese), la jota (tipica minestra di crauti e fagioli), gli gnocchi di pane, le patate in *tecia*. L'emergenza Covid, che ha penalizzato in particolare i locali con forte presenza di una clientela locale in pausa pranzo, ha accentuato in molti casi una maggior diversificazione dell'offerta culinaria. Nel periodo estivo diversi buffet hanno potuto giovarsi di un dehors, in alcuni casi almeno temporaneamente ampliato grazie alle disposizioni comunali. Nel momento in cui scriviamo queste note si percepisce chiaramente una certa incertezza circa le prospettive future dei locali, dovuta non solo alle conseguenze economiche fin qui patite e a quelle prevedibili, ma anche alle tante variabili in gioco legate all'evolversi della situazione.

Sergio Gobet

TRIESTE

AL REBECHIN   NOVITÀ

Via d'Annunzio, 69 B - Tel. 338 6964061
Chiuso la dom - Ferie: Natale e Ferragosto
Orario: 7.00-20.00, sabato 7.00-14.00

Sull'arteria che da piazza Garibaldi porta all'Ippodromo, il locale, in un'atmosfera cordiale e familiare, aggiunge alle proposte classiche da buffet i piatti della cucina tipica triestina. Piccola veranda esterna per una piacevole sosta all'insegna della tradizione.

ALLA BELLA TRIESTE

Via D'Azeglio, 19 - Tel. 040 761979
Chiuso la domenica
Ferie: 1 settimana in gennaio, 3 in agosto
Orario: 10.00-24.00, sabato 10.00-15.00

Nei pressi dell'Ospedale Maggiore, questa piccola osteria conta su un piacevole spazio

interno dal caratteristico arredamento in legno. Al banco troverete i classici del buffet triestino e piatti della tradizione locale e istriana, con qualche proposta di pesce.

BUFFET DA ROBY NOVITÀ

Via Torrebianca, 32 - Tel. 040 3720002
Chiuso la dom - Ferie: 2 settimane in luglio
Orario: 9.00-21.00, sabato 9.00-15.00

Locale piacevole con un ampio dehors in una tranquilla zona pedonale del centro. Al banco potrete scegliere fra i classici del *rebechìn*, con tante proposte sfiziose pronte da gustare al volo, e una piccola selezione dei piatti della cucina locale e nazionale.

DA PEPI

Via Cassa di Risparmio, 3 - Tel. 040 366858
Non ha giorno di chiusura - Ferie: variabili
Orario: 08.30-22.00, domenica 10.00-16.00

Buffet storico di Trieste, attivo dal 1897, che può contare su un bel dehors nella zona pedonale centrale. Ottima qualità dell'offerta, sia per i classici della caldaia che per un pasto completo, a prezzi un po' superiori alla media.

DA SIORA ROSA

Piazza Hortis, 3 - Tel. 040 301460
Chiuso domenica e lunedì - Ferie: variabili
Orario: 08.30-15.30/17.00-22.00

Alle spalle delle Rive, con un dehors affacciato sull'area pedonale cittadina, questo locale garantisce un'offerta variegata con i classici del buffet triestino, fra cui buoni prodotti della caldaia, e un ampio repertorio della cucina locale.

IL VELOCIPEDE

Via Ugo Inchiostri, 2 B - Tel. 040 382879
Chiuso la domenica solo d'inverno
Ferie: una settimana a fine agosto
Orario: 8.00-20.00

Vicino alla Risiera di San Sabba e agli impianti sportivi, questo locale è esempio di una classica osteria rionale con piatti della caldaia, stuzzichini da banco, come polpette o fritture, e proposte più articolate per un pasto completo. Caratteristico il dehors sotto il pergolato d'uva, che consente una piacevole sosta all'aperto.

L'APPRODO

Via Carducci, 34 - Tel. 040 633466
Chiuso la dom - Ferie: non ne fa
Orario: 09.00-20.00, sabato 09.00-14.00

Tra il mercato coperto e la centralissima piazza Goldoni, questa piccola realtà è uno spaccato popolare in cui godere, in piedi o sui pochi sgabelli dell'unico spazio interno a disposizione, un'offerta diversificata tra classici del *rebechìn*, con tartine e panini accompagnati da vino e birra, e una cucina locale semplice ma gustosa.

RUDY

Via Valdirivo, 32 - Tel. 040 639428
Chiuso la dom - Ferie: 3 settimane in luglio
Orario: 10.00-24.00

Fra i classici dei buffet triestini, l'offerta si basa sulla mescolanza fra la tradizione locale e quella bavarese, sia nell'atmosfera sia nella proposta gastronomica, che vede l'abbondanza di carni e di insaccati accompagnati da crauti e patate.

ANTICA TRATTORIA MENAROSTI

Via del Toro, 12 - Tel. 040 661077
→ 1 km dalla stazione di Trieste
🕐 Chiuso dom sera e il lun Orario mezzogiorno e sera Ferie 19 agosto-9 settembre
Prezzi: 35-40 euro vini esclusi
Carte di credito: BM, MC, Visa

IN BREVE *Locale storico aperto nel 1903, ha due sale simili al salotto di una casa mitteleuropea. Accogliente, classico, familiare, propone cucina tradizionale triestina di pesce.*

L'OSTERIA Trattoria dalla lunga storia a un passo dall'alberato viale XX Settembre, e a pochi altri dal centro, Menarosti è meta abituale di abitanti del quartiere e di viaggiatori esperti, tutti attratti dai **tradizionali piatti di pesce**: perché qui, da sempre, si cucina solo pesce nella più classica delle vesti triestine. Ottima la selezione dei vini curata da Fulvio Benussi, che suggerisce importanti e curiose escursioni nel Carso, anche sloveno, accanto alle etichette più famose del Collio.

LA CUCINA È ora nella mani del giovane Andrea Perossa che dimostra un non comune amore per la tradizione. I classici restano la *granseola* e il risotto di scampi, vale la pena, però, chiedere consiglio anche sul **pescato del giorno** preparato al forno, in umido o, se si tratta di calamari e sardoni, in croccanti fritti, magari accompagnati da radicchio triestino e fagioli. Dolci della storia cittadina: strudel di mele e crema bruciata. Ottima anche la selezione dei superalcolici.

I PIATTI *Granseola*, Zuppa di pesce, *Folpeti* al vapore

TRIESTE

ANTICA TRATTORIA SUBAN

Via Comici, 2 D - Tel. 040 54368
🕐 Chiuso il mar
Orario solo la sera, sab e dom anche pranzo
Ferie 1 settimana dopo l'Epifania, 3 in agosto
Prezzi: 34-43 euro vini esclusi
Carte di credito: AE, BM, CS, DC, MC, Visa

IN BREVE *Trattoria fondata a metà Ottocento, è un riferimento ineguagliato della cucina triestina e mitteleuropea: sapori definiti e appaganti per una esperienza gastronomica di alto livello.*

L'OSTERIA Il locale si è trasformato negli anni da modesta trattoria di campagna a meta gettonata del "fuoriporta" triestino, sino ad arrivare alla **fama internazionale di ristorante tipico** e tempio della cucina triestina e mitteleuropea. Gestito dal 1865 dalla famiglia Suban, vede attualmente al comando le figlie del mitico signor Mario (sempre presente in sala), Giovanna e Federica, a garantire un'offerta e un servizio di grande livello in una cornice piacevole, grazie alle diverse sale interne e al grande giardino.

LA CUCINA I piatti, principalmente di carne e verdure, si segnalano per **ricercatezza e creatività** senza eccedere in estrosità. Le ricette traggono ispirazione dalla **cucina triestina e istriana**, in primis, per accogliere accenti da quella dalmata e austroungarica. Storia ed esperienza gastronomica coniugate con l'uso di materie prime locali. Carta dei vini di grande importanza.

I PIATTI Jota carsolina, Fusi all'istriana con spezzatino di galllina, Stinco di vitello al forno

ALLA VEDOVA

Via Tavagnacco, 9
Tel. 0432 470291-339 5694240
→ 8 km dall'uscita A23 Udine Nord
🕐 Chiuso dom sera e lun Orario mezzogiorno e sera Ferie 3 settimane in agosto
Prezzi: 28-40 euro vini esclusi
Carte di credito: BM, CS, DC, MC, Visa

IN BREVE *La famiglia Zamarian gestisce questa tipica osteria dal 1879. La cucina propone antiche ricette eseguite con scrupolo filologico e piatti che variano secondo stagione.*

L'OSTERIA Un luogo antico, piacevole e ben riconoscibile. Alla Vedova offre la sua ospitale cucina fin dal 1879 e la famiglia Zamarian è da allora custode attenta e generosa di un'**accoglienza familiare e diretta**. Belli gli spazi interni, con l'imponente *fogolar* su cui sfrigolano invitanti grigliate, mentre l'ampio dehors ha un gusto retrò. Il servizio è in linea con il contesto: piacevolmente premuroso.

LA CUCINA Ricette antiche eseguite con garbo e grande rispetto per la tradizione. Si viene qui per rivivere il piacere del pranzo della festa: la pasta fatta in casa, i *cjarsons*, lo stinco al forno. L'attrattiva principale è la **selvaggina**, ma troverete tutto l'anno anche il baccalà e le carni alla brace, tra cui va forte il pollo alla diavola. Consigliamo di non mancare l'appuntamento autunnale con **funghi e tartufi bianchi**. L'azienda di famiglia, nella zona dei Colli Orientali, produce vino, olio e frutta.

I PIATTI Risotto con germano reale, Lombatine di cervo con purè di mele, Pollo alla diavola

ANTICA TRATTORIA AI FRATI

Piazzetta Antonini, 5 - Tel. 0432 506926
🕐 Chiuso la domenica
Orario mezzogiorno e sera Ferie non ne fa
Prezzi: 32-36 euro vini esclusi
Carte di credito: AE, BM, CS, DC, MC, Visa

IN BREVE *Storica osteria della città dove gustare una buona cucina tradizionale o semplicemente fermarsi per bere un calice di vino.*

L'OSTERIA Una realtà consolidata nel panorama gastronomico della città che ha saputo affermarsi come punto di **ritrovo per una clientela non solo locale**. Il merito va a Rosa Paolini e al suo staff che, da 14 anni, portano avanti l'attività mantenendo viva la cucina e le tradizioni della zona, a partire dal bancone all'ingresso dove consumare un *tajut*. I tavoli sono ospitati nelle due sale ai piani superiori e nel bel dehors estivo.

LA CUCINA La carta offre un'ampia scelta fra i **classici della cucina friulana**, come frico e polenta, con una buona presenza di **piatti di baccalà**, in versioni tradizionali – alla vicentina, mantecato – e in qualche fresca proposta stagionale. I primi lasciano posto a pasta fresca e a diverse zuppe di cereali e legumi. Materie prime che privilegiano l'entroterra, buone carni da cortile, ma si assiste anche a qualche ingresso marittimo il venerdì. Servizio puntuale e intelligente carta dei vini, perlopiù regionali.

I PIATTI Gnocchi di patate con ragù d'anatra, Musetto e brovada, Guancette di maiale con polenta

UDINE: IL RITO DEL TAJUT

I tratti del rito ci sono tutti. Tempi, modi e gesti soprattutto, svincolati da una tradizione scritta come pure da qualunque obbligo o imposizione, passano di generazione in generazione segnando un gusto solo udinese di vivere il rapporto con l'osteria, il vino, la convivialità. Il *tajut*, l'ottavino in vetro colmo di vino bianco o nero fino all'orlo, era il muto testimone e protagonista di qualunque patto, commercio, scambio avvenisse in città. Compravendite e donazioni non potevano ritenersi concluse senza il suggello di un buon bicchiere di vino, bevuto spesso in piedi ma con calma, accompagnato da qualche stuzzichino. Anche nuove amicizie, corteggiamenti, incontri fortuiti trovavano, e trovano ancora, nella celebrazione di tale rito, la conferma di un patto indissolubile. Si dice, e c'è da crederci, che anche alleanze politiche, aggressive strategie commerciali, fortune e sfortune di avversari in qualunque campo, compreso quello sportivo, siano state decise celebrando il rito del *tajut*. Come dire che più del sangue vale il vino. Chi viene da fuori percepisce subito quanto tale "cerimoniale" sia seguito e abbia forti caratteri di identità, appartenenza, esclusività. Del resto anche e, soprattutto, gli elementi figurativi del rito ci sono tutti con la medesima intensità: rispetto, ossequio e devozione, giusto per restare in un accostamento religioso che non deve apparire come sacrilego. Sarebbe un errore, infatti, confondere ciò che succede nelle osterie nel tardo pomeriggio, ma per i più "devoti" anche prima di pranzo o in altre ore del giorno, con forme che in altre città sono più diffuse, ma anche meno profonde, come il classico aperitivo. Niente di tutto questo. Anche se il basso e rude bicchiere in vetro temperato con il tempo ha lasciato il posto al più sofisticato ed elegante calice dal gambo lungo, e gli stuzzichini seguono stagione e creatività dell'oste, il carattere di sacralità è rimasto intatto. Tuttavia, ciò che non hanno fatto anni di contaminazione e omologazione, o mutazioni del tessuto sociale più o meno determinate da andamenti economici, dispersione e cambi generazionali, è ora sottoposto alle conseguenze di un'emergenza che proprio sulla convivialità, per rituale che sia, sta esercitando i suoi effetti più gravi. Va detto che il rito resiste, pur se deve trovare nuovi itinerari. Se lo spazio lo permette, ci si allontana dal bancone dell'osteria, preferendo lo spazio esterno incuranti del meteo, si mantiene il distanziamento, sempre con il calice in mano però. Le norme di tutela sono attese e commentate con partecipazione e, nel frattempo, si sta disegnando una nuova mappa delle resilienze che, all'anello centrale nel cuore di Udine, va aggiungendo altri spazi, si sposta nei quartieri adiacenti, li coinvolge e li trasforma, con un processo di mutazione che ha in sé l'istintivo scopo della sopravvivenza, indipendentemente dal resto e nonostante tutto.

Gabriele Giuga

AL CANARINO

Via Cussignacco, 37 - Tel. 0432 504715
Chiuso la domenica - Ferie: non ne fa
Orario: 08.00-23.00

Chi sceglie questo posto, sufficientemente defilato dal centro da permettere una certa quiete, lo fa da sempre e ci passa i pomeriggi a giocare a carte o a parlare di sport, di politica e delle storie fortunate o meno di amici comuni. Solo avventori abituali, pochi e privilegiati i clienti di passaggio. La cucina serve piatti della tradizione casalinga, frittate, frico, *cjalsons*. Anche in piedi si consumano polpette, sottoli, fagioli e

cipolla. Va da sé che tutto è determinato dal *tajut*, bianco o nero.

AL CAPPELLO

Via Sarpi, 5 - Tel. 0432 299327
Chiuso domenica e lunedì - Ferie: 2 settimane
in giugno-luglio, 2 in inverno
Orario: 10.30-15.00/17.30-23.00, sabato 10.00-
15.00/17.30-24.00

Anche se l'abituale e inconfondibile folla all'esterno è stata ridimensionata dalle normative emergenziali vigenti, non è difficile riconoscere questo locale, a pochi metri dalla centrale piazza San Giacomo. All'interno, neanche a dirlo, il colpo d'occhio sugli innumerevoli cappelli appesi al soffitto non lascia dubbi sulle ragioni che hanno dato il nome a una delle osterie più popolari della città, e racconta di un'umanità di avventori che qui ci passava intere giornate. Notevole e molto varia l'offerta dei vini, selezionati fra una geografia locale e oltre frontiera evidentemente infinita, così come quella di tartine, polpette e altri stuzzichini, caldi e freddi, che non permettono esitazioni.

AL PONTE NOVITÀ

Piazza Chiavris, 75 - Tel. 0432 480726
Non ha giorno di chiusura - Orario: mar-sab
7.30-15.00/17.00-23.00; dom 7.30-15.00; lun
17.00-23.00

Favorita da un ampio spazio esterno, ben riparato dal traffico della vicina piazza Chiavris, dove ci si può fermare senza l'assillo del tempo, questa osteria vanta origini settecentesche e perfino una citazione nelle memorie goldoniane. Dieci minuti a piedi dal centro, la dinamica gestione è riuscita ad attirare "fuori le mura" un pubblico giovane e non solo, grazie a intelligenti selezioni di vini locali e nazionali curate da Mattia Viviani. Tartine accattivanti e un'ampia scelta di formaggi completano l'offerta della cucina, che propone, a pranzo e a cena, curati piatti caldi legati alla tradizione locale, come gnocchi fatti in casa e lasagne con radicchio. Da non perdere le degustazioni e le serate a tema, il fritto di pesce sempre al giovedì, in stagione il bollito.

AL VECCHIO STALLO

Via Viola, 7 - Tel. 0432 21296
Chiuso il mer, luglio-agosto la dom
Ferie: 3 settimane in agosto, 2 in dicembre,
Pasqua - Orario: 11.00-15.00/19.00-24.00

Chi ama le trattorie di una volta, la loro semplicità e la comodità di non doversi allontanare dal centro città, trova Al Vecchio Stallo tutte queste qualità. Qui nessuno ha fretta, si passano ore a giocare a carte o a discutere con gli amici, vecchi e improvvisati, unico obbligo il bicchiere in mano. D'estate ci si può anche spostare nel pergolato esterno. Non solo vini e tartine al banco, qui si viene anche a pranzo o a cena, quando la cucina serve piatti che appartengono alla migliore cultura domestica.

CAUCIGH

Via Gemona, 36-38 - Tel. 0432 502719
Chiuso il lunedì - Ferie: non ne fa
Orario: 07.00-24.00

Uno dei pochi locali rimasti in città con arredi in stile liberty, non contaminato da contraffazioni recenti, deve il suo appeal proprio all'autenticità. Perfino la musica, al venerdì, è vera e dal vivo. Questo è il luogo d'elezione per studenti universitari e clienti abituali, c'è ancora spazio per leggere i giornali e, oltre a un bicchiere di onesto vino della casa, a pranzo si può mangiare qualche piatto caldo della tradizione locale. Atmosfera d'antan che permette, guardandosi intorno, di immaginarsi senza sforzo protagonisti di epoche passate.

DA POZZO

Piazzale Cella, 2 - Tel. 0432 1746350
Chiuso la dom - Ferie: 2 settimane in agosto
Orario: 09.30-22.00

Dinamica, frizzante, vivace, informale, divertente. L'aria che si respira grazie a una gestione giovane, ma per nulla acerba, ha richiamato in questa osteria dal sapore autenticamente vintage un pubblico che ha evitato al quartiere un predestinato declino. Prosciutto cotto tagliato al coltello, sottoli e sottaceti, insieme a formaggi e salumi, sono il giusto accompagnamento al buon calice di vino che qui ordinano i clienti abituali, soprattutto giovani. Frequentata anche per uno spuntino veloce a pranzo, o per un aperitivo serale, la rinnovata vitalità che ha acquistato l'osteria in questi ultimi anni si basa su una storia secolare, che si respira nei dettagli delle insegne o degli arredi da negozio di coloniali intatti come a inizio secolo scorso.

LA CIACARADE

Via San Francesco, 6 A - Tel. 0432 510250
Chiuso il martedì - Ferie: 2 settimane in luglio
Orario: 07.30-15.00/17.00-24.00

In centro e vicina un po' a tutto – duomo, uffici, stazione ferroviaria – questa osteria gode

allo stesso tempo di una posizione appartata che permette a chi viene di restarci senza fretta. A pranzo, nella grande sala al piano terra, o nel giardino esterno, troverete chi abita o lavora nelle vicinanze, ma è poco prima di cena che emerge l'anima del locale, un invito ad abbandonarsi alle chiacchierate, *ciacolade* in dialetto veneto, *ciacarade* nell'uso locale, da cui il nome. Varie etichette della zona fanno da contrappunto ai racconti, tartine e stuzzichini seguono la stagione, affettati misti, formaggi, ma anche baccalà, trippe e uova sode, completano il quadro. Occasionalmente si fanno le cose in grande e le chiacchierate si trasformano in presentazioni di libri o serate a tema.

LEON D'ORO

Via dei Rizzani, 2 - Tel. 0432 508778
Chiuso la dom - Ferie: 2 settimane in agosto
Orario: 09.00-15.00/17.00-24.00

Difficile elencare le ragioni del successo di questo locale, strategicamente situato alla stessa distanza da una libreria e da una pasticceria: di fatto gode di una clientela molto varia. Gli abituali seguaci del rito del *tajut* lo frequentano di mattina poco prima di pranzo, poi è tutto un susseguirsi di studenti universitari, uomini d'affari, impiegati. E va così fino a sera tardi. Una delle regioni è sicuramente l'ampia e solida selezione di vini, molti del territorio, ma non solo. Stuzzichini e pasti caldi, poi, contribuiscono a richiamare una clientela abituale e avventori di passaggio, attratti dall'atmosfera gioviale e dinamica, volto di una città tutt'altro che assopita.

STELLA D'ORO

IN BREVE *Un locale che è una certezza: materie prime eccellenti, in parte autoprodotte, e una fitta rete di piccoli fornitori che portano qui ingredienti rari e unici abilmente trasformati in cucina.*

Via Tolmezzo, 6 - Tel. 0433 2699
🕐 Chiuso domenica sera e lunedì, mai in agosto Orario mezzogiorno e sera
Ferie 3 settimane in febbraio
Prezzi: 30-32 euro vini esclusi
Carte di credito: BM, MC, Visa

L'OSTERIA Al giro di boa dei **130 anni di vita**, questa osteria continua a essere un riferimento per il territorio carnico. Raggiungibile in pochi minuti da Tolmezzo, o se si ha tempo dalle provinciali montane, li locale conta di un ampio terrazzo esterno, coperto dai glicini in estate. All'interno, oltre il banco, attrae l'attenzione il romantico *fogolar*, cui segue una sala interna comoda e riservata.

LA CUCINA Piatti a base di materie prime locali, grazie anche all'**orto di proprietà**, che fornisce gli ingredienti e i sapori della montagna. Una **piccola rete di casari** costituisce uno dei valori aggiunti del locale: non mancate l'assaggio della produzione artigianale quando disponibile, perché le quantità sono limitate. *Toc in braide* con funghi e ricotta affumicata sono un inizio perfetto, poi *cjarsons*, pasta fresca ai funghi e importanti carni in umido e arrosto fra i secondi. Si chiude con crostate e confetture casalinghe.

I PIATTI *Toc in braide* con funghi e ricotta affumicata, Tagliolini ai galletti e tartufo bianco, Carré d'agnello laccato al miele di Carnia

EMILIA-ROMAGNA

ALCUNI PIATTI DELLA TRADIZIONE

Anguilla marinata tradizionale
Nelle valli di Comacchio, le anguille sono cotte allo spiedo, quindi messe in una salamoia a base di aceto bianco di vino, sale marino di Cervia, acqua, alloro

Torta fritta
Piccoli rombi di pasta lievitata fritta; nelle colline modenesi se ne prepara una versione con farina integrale priva di lievito

Pisarei e fasò
Gnocchetti piacentini di pane raffermo grattugiato, ripassati in un intingolo di fagioli, salsiccia (oppure lardo e cotenna), pomodoro e aromi

Tagliatelle con ragù di salsiccia gialla
Ragù ottenuto da una particolare salsiccia di maiale aromatizzata con zenzero, cannella, chiodi di garofano, zafferano e parmigiano reggiano, perfetto per le tagliatelle

Tortello sulla lastra con giardiniera
Cotto sulla pietra o sulla graticola, è un raviolone quadrangolare ripieno di zucca e patate lesse, servito con verdure sott'olio

Cotoletta alla petroniana
Fetta di fesa di vitello con l'osso impanata e dorata nel burro, coperta di prosciutto crudo e parmigiano a scaglie e infine ripassata nel brodo

Zuppa inglese
Dolce al cucchiaio a base di latte, savoiardi, uova, alchermes e cacao

ANTICA TRATTORIA GIOVANELLI

IN BREVE *Tre sale con l'aggiunta, in estate, di un ampio dehors compongono il locale. Quotidianamente viene preparata l'ottima pasta fresca.*

Via Centrale, 5 - Tel. 0523 975209
🕐 Chiuso il lunedì, la sera di mercoledì e festivi Orario mezzogiorno e sera
Ferie 2 settimane centrali di febbraio
Prezzi: 30-35 euro, vini esclusi
Carte di credito: AE, BM, CS, MC, Visa

L'OSTERIA Un pugno di case nel cuore delle prime colline della Val Luretta e un'osteria che, dall'ultimo dopoguerra, tiene alta la bandiera di una cucina di territorio brillantemente difesa da Raffaella e dal fratello Marco che, in sala, promuove il valore dell'ospitalità. Completano l'accoglienza una **bella veranda** e una dispensa, dove acquistare i prodotti proposti anche a tavola.

LA CUCINA Le porzioni sono generose, è cosa da tenere in considerazione, ma è d'obbligo l'assaggio dei salumi stagionati in proprio. Per i primi piatti la cuoca è ancora meritoriamente affezionata al rito della **pasta tirata a mano tutti i giorni**, garantendo un goloso ventaglio dei formati piacentini più rappresentativi. Ottima la selezione delle carni, servite con le **verdure di stagione prodotte nell'orto di proprietà**. Scelte non scontate per il dolce, da accompagnare con i buonissimi passiti della zona: la cantina è dedicata alle migliori etichette piacentine.

I PIATTI Tortelli con la coda, Stinco di maiale al forno, Bollito misto

AGAZZANO (PC)
   NOVITÀ

BELRESPIRO

IN BREVE *Un locale ricco di tradizione e modernità in un angolo di tranquilla collina, cucina curata al dettaglio, eccellenti materie prime e una mano leggera che sa interpretare i grandi classici con fantasia.*

Via Neruda, 18 - Tel. 328 3157448
🕐 Chiuso lunedì, martedì e mercoledì
Orario mezzogiorno e sera Ferie le prime 2 sett di ottobre e le prime 2 di febbraio
Prezzi: 27-35 euro, vini esclusi
Carte di credito: BM, CS, MC, Visa

L'OSTERIA Sulle colline della Val Luretta, alla fine di una stradina bianca, sorge il Belrespiro. Quattro anni fa, Fabio Delledonne e Chiara Beretta decisero di intraprendere questa avventura e scelsero come luogo d'elezione questo **magico spazio situato all'interno di una vecchia corte**, abbracciata dal grande fienile in mattoni. Qui Fabio sperimenta antiche tecniche di cottura, mentre Chiara dosa e affina la propria creatività. Nelle giornate di sole è possibile apprezzare il **bel giardino** sempre vestito a festa.

LA CUCINA Utilizzando un'unica definizione per descrivere l'esperienza gastronomica a Belrespiro, si direbbe mai banale. Che si tratti dei piatti della tradizione – dai classici anolini (ricetta di mamma Francesca) alla trippa – o di quelli più moderni, la ricerca di Fabio sulle materie prime è continua per garantire **ingredienti di ottima qualità**. Contaminazioni e ispirazioni estrose sono sempre presenti, ma con un garbo che non raggiunge mai l'azzardo, in sintonia con le stagioni e le disponibilità della terra.

I PIATTI Anolini in brodo, Trippa di agnello, Costine di suino nero

ALTO RENO TERME (BO) - Porretta Terme

TRATTORIA DELLE TELE

IN BREVE *Cucina legata al territorio, con sapori decisi e mano leggera e attenta. Da non perdere i classici, come la cotoletta alla petroniana.*

Piazza Massarenti, 1 - Tel. 0534 24575
→ 300 m dalla stazione di Porretta Terme
⏱ Chiuso le sere di mar, mer e dom
Orario mezzogiorno e sera Ferie variabili
Prezzi: 32-45 euro, vini esclusi
Carte di credito: BM, CS, DC, MC, Visa

L'OSTERIA Nella località termale di Porretta, sull'Appennino, al confine tra Emilia-Romagna e Toscana, continua la tradizione della famiglia Valdisserri-Vitali, che da generazioni conduce con passione e competenza un **locale intimo e accogliente**. Le superfici in legno e il soffitto a cassettoni della sala contribuiscono a riscaldare l'atmosfera, regalando il sapore delle antiche osterie emiliane.

LA CUCINA Una cucina della tradizione che attinge a piene mani ai prodotti dall'Appennino, senza rimanervi confinata. In carta, **paste tirate a mano** come i tortelloni montanari e carni provenienti da allevamenti regionali selezionati. Ai piatti locali si affiancano proposte ispirate dalle eccellenze del territorio nazionale, con preparazioni che sono oramai vessillo dell'italianità: ne è esempio la buona carbonara con pecorino di Amatrice. Carta dei vini curata che spazia dal territoriale al nazionale, con la presenza di bottiglie di pregio e una selezione di Champagne.

I PIATTI Tortellini in brodo, Cotoletta alla petroniana, Crema di zabaione

BAGNO DI ROMAGNA (FC) - San Piero in Bagno

ALTO SAVIO

IN BREVE *In questo storico locale le arzdore Laura e Maria tirano la pasta a mano ed elaborano piatti schietti e saporiti che rispettano la tradizione. Non perdete la scottiglia, tipico piatto del Casentino.*

Via Battistini, 76 - Tel. 0543 903397
⏱ Chiuso il sabato
Orario mezzogiorno e sera
Ferie 2 sett fine agosto, 2 fra Natale ed Epifania
Prezzi: 30-33 euro, vini esclusi
Carte di credito: BM, CS, MC, Visa,
Satispay

L'OSTERIA Risalite la valle del Savio tramite la vecchia statale e godetevi gli scorci del **panorama tra boschi e campi coltivati**. Concedetevi il tempo di una pausa in questo locale dall'arredo d'*antan* e dalla cucina di sostanza e qualità, espressione di una terra di confine che si apprezza nella proposta dei vini e in qualche piatto.

LA CUCINA La cucina dà assaggio di questo **bel melange** fra due regioni fin dal benvenuto, attingendo liberamente dai due fronti senza strappi, in una pacifica e riuscita convivenza. Panzanella, raviggiolo e scottiglia convivono con la tradizionale pasta fresca all'uovo emiliano-romagnola, dando vita a un fitto scambio che conferisce vitalità e ricchezza ai primi piatti. Carni selezionate locali, anche di bassa corte, sono parte dell'offerta che fa perno sull'**artigianalità dei salumi che l'oste**, Alessandro Bravaccini, **produce e stagiona** in proprio.

I PIATTI Tagliere di salumi, Giardiniera, Scottiglia

BAGNOLO IN PIANO (RE) - Pieve Rossa

DA PROBO

Via Provinciale Nord, 13 - Tel. 0522 951300
→ 7 km dall'uscita A1 Reggio nell'Emilia
🕐 Chiuso le sere di domenica, lunedì e martedì Orario mezzogiorno e sera
Ferie seconda metà di agosto
Prezzi: 30-35 euro, vini esclusi
Carte di credito: AE, BM, CS, DC, MC, Visa

IN BREVE *Alfiere della cucina reggiana, Probo propone fedelmente i piatti che ne hanno decretato la popolarità per oltre cinquant'anni.*

L'OSTERIA Un'autentica osteria di campagna a pochi chilometri dall'uscita dell'autostrada. I titolari Gloria (in sala) e Nicola (in cucina) portano avanti la **vera tradizione della cucina reggiana**, accogliendovi in questo storico locale con cura e passione. Oltre venti Lambruschi reggiani nella ricca carta dei vini.

LA CUCINA Erbazzone e salumi con gnocco fritto sono un inizio quasi obbligatorio per calarsi appieno nella proposta gastronomica, fortemente legata alle sue radici. Ne sono esempio le **paste ripiene**, in carta fra i primi piatti, cappelletti e tortelli in linea con la migliore consuetudine emiliana. È, però, nei secondi che si raggiungono vette di piacere grazie ai ricchissimi carrelli dei bolliti e degli arrosti: un pezzo di storia della cucina che qui trova spazio e piena consacrazione. **Tagli selezionati, perfetti e succulenti**, con l'accompagnamento di salse, mostarde e purè, sono la cifra più autentica del locale.

I PIATTI Carrelli del bollito e degli arrosti, Sorbir di cappelletti e Lambrusco, Tortelli al forno, Zabaione

BELLARIA-IGEA MARINA (RN) - Igea Marina

SIROCCO

Via Nasone, 57 - Tel. 0541 331963
🕐 Chiuso il lunedì e martedì a pranzo
Orario mezzogiorno e sera
Ferie prime 2 settimane di gennaio
Prezzi: 30-35 euro, vini esclusi
Carte di credito: AE, BM, CS, DC, MC, Visa

IN BREVE *Questo ristorante nato negli anni Sessanta è in continua evoluzione sia in cucina sia in sala. Le paste, il pane e la piadina sono fatti in casa.*

L'OSTERIA Tre generazioni di osti che oggi vedono in cucina l'alternarsi di Gabriele e del padre Marco, specialista della griglia. Nel corso principale di Igea Marina, il locale ha saputo rinnovarsi nel tempo e oggi più che mai punta tutto sulla **piccola pesca** dell'Adriatico in un'ottica di territorialità e di sostenibilità fortemente perseguita.

LA CUCINA I piatti sono specchio della reperibilità giornaliera, con massima cura rivolta al **recupero di ricette dimenticate** che valorizzano pesci meno noti. D'obbligo l'assaggio di due eccellenze rappresentative del territorio, la piadina coi sardoncini e le alici marinate col formaggio di fossa, che sono capisaldi della zona. Fra i primi, oltre a quelli di mare, qualche piatto con ragù di carne di bovina romagnola, sebbene il **pescato dell'Adriatico**, anche nelle sue vesti più semplici, sia il vero protagonista del menù. Carta dei vini molto attenta alla Romagna e alle produzioni naturali.

I PIATTI Piadina con sardoncini, radicchio e cipolla, Lumachine di mare al sugo con polenta, Grigliata di pesce

ANTICA TRATTORIA DELLA GIGINA

Via Stendhal, 1 B - Tel. 051 322300
→ 11,4 km dall'uscita A14 Bologna Borgo Panigale
⏱ Non ha giorno di chiusura Orario mezzogiorno e sera Ferie 3 settimane in agosto
Prezzi: 35-40 euro, vini esclusi
Carte di credito: BM, CS, MC, Visa

IN BREVE *Poco fuori dal centro, un locale dove trovare una collaudata cucina di territorio con qualche incursione fuori regione.*

L'OSTERIA Locale storico della ristorazione felsinea, l'Antica Trattoria della Gigina ha saputo mantenersi fedele a se stessa, senza indulgere nella tentazione di stravolgere quello che è da sempre il *core* della sua proposta: **cucina tradizionale, ricca e sostanziosa** come ci si aspetta, sapori forti e netti, proposte collaudate e un servizio efficiente senza risultare sbrigativo.

LA CUCINA Carta generosa, con tutti i classici della cucina emiliana: giusto ruolo da protagonisti concesso ai primi piatti, con **pasta al matterello** in bella mostra a proporre una serie di "irrinunciabili" come le tagliatelle, che sono la storia del locale. Prossimità e tradizione anche fra gli antipasti e le carni, fulcro della proposta per i secondi, con **ricette di antica memoria locale**. I dolci sono i grandi classici bolognesi, preparati con gusto casalingo. Ampia la carta dei vini, con un'accurata selezione di etichette regionali e nazionali.

I PIATTI Lonza tonnata, Tagliatelle al ragù, Cotoletta alla petroniana

OSTERIA BOTTEGA

Via Santa Caterina, 51 - Tel. 051 585111
⏱ Chiuso domenica e lunedì
Orario mezzogiorno e sera
Ferie agosto tutto il mese,
10 giorni Natale-Epifania
€ Prezzi: 40-50 euro, vini esclusi
Carte di credito: BM, CS, MC, Visa

IN BREVE *La Bottega è l'esempio della dinamicità della buona cucina di tradizione: materie prime curatissime, cotture appropriate e una ricerca che non si ferma al meglio ma cerca l'eccellenza.*

L'OSTERIA Daniele Minarelli è un'istituzione bolognese, la sua osteria lo è altrettanto. La missione affatto nascosta della sua ristorazione è quella di dare corpo e gusto alla più **netta tradizione ma senza immobilismo** e inutili pesantezze. Dalla sua cantina escono fini bollicine francesi così come piccole sorprese tutte nostrane; allo stesso modo la sua cucina fa posto a una mortadella da mille e una notte come ad animelle in crosta di squisita raffinatezza cortigiana.

LA CUCINA Accogliente come una carezza, la cucina della Bottega sa distinguersi per l'**equilibrio fra materie prime d'eccellenza e delicatezza delle cotture**, mai soverchianti anche quando importanti. Minarelli propone piatti che hanno sempre qualcosa da insegnare, anche nell'umiltà popolare della *crescenta*, come la chiamano qui, presente nel cestino del pane. Non vuole essere una cucina lussuosa per pochi, ma una cucina verace fatta come si deve, opulenza compresa.

I PIATTI Tortellini in brodo, *Culata ed videl alla petrugnena*, Torta di riso

BOLOGNA

TRATTORIA COLLEGIO DI SPAGNA

Via Collegio di Spagna, 15 B
Tel. 051 6448825
🕐 Chiuso domenica sera e lunedì
Orario mezzogiorno e sera Ferie ultima
settimana di giugno, 1 a Ferragosto
Prezzi: 25-36 euro, vini esclusi
Carte di credito: BM, CS, MC, Visa

IN BREVE *Quella della trattoria è un'eleganza sobria e pulita, senza fronzoli. Punto forte della cucina le paste tirate al matterello: da assaggiare quelle preparate con l'ortica.*

L'OSTERIA Nel cuore della Bologna medievale, la sala della trattoria rispecchia nell'ordine semplicità e sobria eleganza, quello che è la sua proposta di cibo e vino. **Tradizione nei piatti senza fronzoli**, materie prime scelte e servizio discreto ma attento. Un posto sicuro nell'inflazionata offerta alimentare del centro.

LA CUCINA Non ci sono antipasti ma sempre una buona scelta di piatti del giorno, secondo ciò che offre il mercato. Da non mancare le **paste fatte in casa**, come le tagliatelle all'ortica, con prosciutto al ragù, così come i tortellini e le lasagne. Nel solco della tradizione anche i secondi, fra cui spiccano due grandi evergreen: la cotoletta alla bolognese e le crescentine fritte con i salumi. Trovano posto in cucina anche **piatti di ispirazione domestica**, una caratteristica autentica del locale, tanto nei secondi quanto nei dolci. Ristretta ma estremamente curata la carta dei vini.

I PIATTI Tortellini in brodo, Cotoletta alla bolognese, Zuppa inglese

BOLOGNA - Bolognina

TRATTORIA DI VIA SERRA

Via Luigi Serra, 9 B - Tel. 051 6312330
→ 14,5 km dall'uscita A14 Bologna Borgo Panigale
→ 350 m dalla stazione di Bologna
🕐 Chiuso dom sera e lun Orario pranzo e sera, mar e mer solo sera Ferie 3 sett in agosto
Prezzi: 32-40 euro, vini esclusi
Carte di credito: BM, CS, MC, Visa

IN BREVE *Una semplice, eppure speciale, trattoria di città che prepara i grandi classici della cucina emiliana utilizzando i migliori ingredienti disponibili. Ottima la cucina e sorridente l'accoglienza.*

L'OSTERIA La trattoria, nata in montagna vent'anni fa, prosegue il percorso in città nel **rispetto per la cucina del territorio**. Si privilegiano i **piccoli produttori sostenibili**, fra cui vari Presìdi Slow Food. In un ambiente accogliente, Flavio racconta i piatti in carta e nel menù del giorno. Dalla cucina Tommaso, con l'aiuto di Olga, fa uscire preparazioni dai sapori decisi ma equilibrati, che non tradiscono la tradizione e le stagioni.

LA CUCINA **Cucina di terra ben definita**, che vede nel tosone avvolto con pancetta uno dei piatti simbolo, congiuntamente ai funghi dell'Appennino. Primi che lasciano posto a tortellini e gramigna, come è giusto in terra felsinea, e un'ottima selezione di carni accompagnate da contorni curati nelle cotture e nella presentazione. Stesso rispetto per la cultura del buon vivere nei dolci e nella piccola carta dei vini, con etichette da agricoltura biologica e biodinamica.

I PIATTI Tosone di vacca bianca modenese con pancetta, Tortellini in brodo di cappone, Faraona al forno con patate

LA LANTERNA DI DIOGENE

IN BREVE *Cooperativa sociale gestita da ragazzi diversamente abili, che traggono dalla terra e dalla cucina grandi valori educativi. I piatti sono nitida espressione del territorio a cui appartengono.*

Via Argine Panaro, 20 - Tel. 059 801101
🕐 Chiuso lunedì-mercoledì, giovedì e domenica sera su prenotazione
Orario mezzogiorno e sera Ferie gennaio
Prezzi: 30-35 euro, vini esclusi
Carte di credito: AE, CS, DC, MC, Visa

L'OSTERIA Un luogo lontano dal caos immerso nella campagna della Bassa modenese. Qui opera La Lanterna di Diogene, **cooperativa sociale** gestita da ragazzi diversamente abili, che traggono dalla terra e dalla cucina grandi valori educativi. Uno dei punti fermi del progetto è Giovanni Cuocci, oste e pedagogista che ha saputo unire l'importanza del lavoro con i disabili alla passione per la valorizzazione del territorio e l'educazione al gusto.

LA CUCINA I piatti sono nitida espressione del territorio a cui appartengono, a cominciare dal ricco buffet di antipasti. Seguono i primi, con la **sfoglia tirata a mano** come grande protagonista: tagliatelle, tortellini e tortelloni di ricotta di capra e ortiche, solo per citarne alcuni. Tra i secondi, ottime le carni dei **maiali allevati nel vicino bosco** e lo sformatino di ricotta con aceto balsamico tradizionale. Ampia scelta fra i contorni, tutti dall'orto. Dolci fatti in casa.

I PIATTI Maccheroni al pettine con ragù di galletto, Gnocco fritto con i salumi, Verdure dell'orto

LE PROPOSTE

IN BREVE *In un rustico con mattoni a vista Danila, Luigi e la figlia Manuela realizzano una cucina tradizionale. Ottimi salumi, formaggi e piatti di carne.*

Frazione Corano, 35 - Tel. 0523 845503
🕐 Chiuso lunedì e martedì
Orario mezzogiorno e sera
Ferie 26 dicembre-15 gennaio, 2 sett in luglio
€ Prezzi: 40-45 euro, vini esclusi
Carte di credito: BM, CS, DC, MC, Visa

L'OSTERIA In un contesto assolutamente invidiabile, nella tranquillità di una verde vallata punteggiata da curatissimi vigneti, questo bel casale garantisce nelle sue sale e nella panoramica terrazza un'accoglienza assolutamente gratificante. L'atmosfera curata da casa in campagna, ricca di legno e oggetti appesi, valorizza la **centralità del territorio e dell'orto**, con molte proposte legate a queste due direttrici.

LA CUCINA Salumi, **paste casalinghe** e orticole sono gli assi di una carta fortemente stagionale, capace di interpretare appieno questa porzione di Emilia. Oltre alle famose eccellenze norcine, gustosi i fritti di verdure e la giardiniera di casa. Pasta tradizionale, con l'eminenza di tortelli piacentini con la coda e gnocchi di patate viola; **stagionali funghi e tartufi** affiancano carni arrosto dalle lente cotture, di preferenza di bassa corte. Buona selezione di formaggi e dolci al cucchiaio.

I PIATTI Salumi, *Pisarei e fasò*, Stufato di asinina

OSTERIA DI GUERCINORO

Piazza Marconi, 7 - Tel. 0546 80464
🕐 Chiuso il martedì Orario sera, settembre-giugno festivi anche pranzo
Ferie variabili in inverno
Prezzi: 30-37 euro, vini esclusi
Carte di credito: nessuna

IN BREVE *Grandi classici della cucina romagnola e uno sguardo alla vicina Toscana in questa piccola osteria ricavata all'interno delle mura, che sostengono la via degli Asini.*

L'OSTERIA Nel cuore della cittadina collinare, Guercinoro è una piccola osteria con **un bell'affaccio sulla piazza principale**, dove è allestita la parte esterna che permette, in estate, di mangiare all'aperto con una bella visuale sulla famosa via degli Asini. Materie prime di attenta ricerca sono il tratto principale della proposta gastronomica, accompagnate da una cucina asciutta e poco invasiva, tesa a preservare il naturale gusto dei cibi.

LA CUCINA Carta snella e in continuo cambiamento per adattarsi al meglio al mercato e alle stagioni. Piatti semplici, franchi, senza svolazzi. Si viene qui per gustare una **cucina romagnola già in odore di Toscana**, che pone attenzione ai piatti di recupero, come pappa al pomodoro e panzanella, a salumi d'eccellenza, alla **sfoglia artigianale** e a **carni importanti**: ottimi i tagli di fassona e l'agnello. Carta dei vini apprezzabile, nonostante l'alleggerimento dovuto a questi mesi difficili, con etichette bio e naturali.

I PIATTI Salumi, Tagliatelle con ragù di cinta senese, Costata di manzo

CAMPANINI

Via Roncole Verdi, 136 - Tel. 0524 92569
→ 12 km dall'uscita A1 Fidenza
🕐 Chiuso martedì e mercoledì
Orario sera, festivi anche pranzo
Ferie 2-15 gennaio, 15 luglio-15 agosto
Prezzi: 30-35 euro, vini esclusi
Carte di credito: BM, CS, DC, MC, Visa

IN BREVE *Questo è un luogo dell'anima: per accoglienza, veracità dei piatti tramandati con cura, sapienza nell'elaborazione di materie prime pregiate, che diventano nell'annesso laboratorio salumi ineguagliabili.*

L'OSTERIA A Parma, e nell'intera Emilia, tutti conoscono Campanini: non solo perché vanta oltre un secolo di vita, e per i pregiati **salumi prodotti nell'annesso laboratorio**, ma perché è un luogo dell'anima. Tra i tavoli e nell'adiacente bottega si ritrova quel mondo piccolo narrato da Guareschi, avventore della trattoria, a cui tutti ci sentiamo un po' di appartenere.

LA CUCINA Se siete arrivati fin qui il pasto deve cominciare con una degustazione dei salumi di famiglia: culatello di Zibello, spalla cruda o cotta, strolghino, tutto accompagnato da torta fritta bollente. Tra i primi restano imperdibili i più **classici formati di pasta ripiena** come tortelli e cappelletti. I secondi sono terreno delle carni, selezionate con cura e attenzione al **quinto quarto** e ai tagli minori e teneri, come la guancia di vitello, il bollito e, su tutti, la mariola con mostarda di pere. Dolci curatissimi e una meditata cantina, con etichette locali e Champagne.

I PIATTI Torta fritta con culatello, spalla cruda e strolghino, Tortelli di erbette, Zabaione caldo con biscotti

CALESTANO (PR) - Fragnolo

LOCANDA MARIELLA

Località Fragno, 59 - Tel. 0525 52102
Chiuso lunedì e martedì Orario pranzo e sera, inverno pranzo su prenotazione
Ferie variabili
Prezzi: 35-45 euro menù fisso
Carte di credito: BM, MC, Visa

IN BREVE *Una meta storica della buona cucina, dell'ospitalità generosa e del pieno rispetto per materie prime d'eccellenza, sapientemente preparate e accompagnate da vini eccezionali.*

L'OSTERIA Da quando esiste la guida *Osterie d'Italia*, questo locale è una certezza per la scelta delle materie prime e la strepitosa cantina, motivi che devono spingervi senza indugio ad affrontare i tornanti appenninici che vi porteranno all'appartata località di Fragnolo. Questo è un **luogo di sincera ospitalità** grazie ai patron Mariella e Guido, affiancati dallo chef giapponese Kuni Onuda e dall'aiuto Joyce Mazzocchi.

LA CUCINA Il 2020 ha favorito "la svolta": ridurre drasticamente i coperti fino a 15, proporre solo **tre menù degustazione**, da scegliere al momento della prenotazione (di tradizione, di terra, di pesce), accantonare la monumentale carta dei vini cartacea per attingere di volta in volta alla cantina in base al miglior accostamento fra piatto e gusto del commensale. Dagli anolini ai cappellacci di caprino, dal filetto di maiale gigante all'anguilla affumicata, fidatevi di questo luogo d'approdo.

I PIATTI Cappelletti di stracotto, Filetto di maiale gigante, Anguilla affumicata

CAMPOGALLIANO (MO)

LAGHI

Via Albone, 27-Laghi Curiel
Tel. 059 526988
→ 5,5 km dall'uscita A22 Campogalliano
Chiuso mercoledì; mar-apr e ott-nov aperto ven-dom Orario mezzogiorno e sera
Ferie gennaio-febbraio
Prezzi: 40-45 euro, vini esclusi
Carte di credito: BM, CS, MC, Visa

IN BREVE *Locale esemplare per ricerca della tradizione, artigianalità, e per una freschezza gastronomica che connota una proposta dinamica e moderna, con particolare attenzione alle verdure prodotte nel proprio orto.*

L'OSTERIA Nelle casse di espansione del Secchia, la cucina di Paolo Reggiani è garanzia di un viaggio memorabile alla scoperta dei sapori dell'Emilia attraverso **ricette antiche**, materie prime dell'orto, o accuratamente selezionate, e sapori autentici. Il personale di sala è ben preparato e conduce l'ospite in modo competente. Una carta non banale dei vini del territorio completa il percorso.

LA CUCINA Cultura storica e culinaria dello chef, creatività e stagionalità si palesano nella carta. Primi di pasta fresca che recuperano antiche ricette, come le tagliatelle con ragù di salsiccia gialla, sono emblema del locale. L'attenzione alle **verdure dell'orto** porta a soluzioni complete e gustose, così come **un pizzico di fantasia garantisce freschezza alle ricette più tradizionali** in rispettose varianti. Oltre ai dessert, un'ottima selezione di formaggi e di gelati di propria produzione arricchisce il pasto.

I PIATTI Tagliatelle con ragù di salsiccia gialla, Come orto comanda, Cotoletta alla geminiana

TRATTORIA CANTONE

Via Fornaci, 36 B - Tel. 059 664317
→ 5,3 km dall'uscita A22 Carpi
⏱ Chiuso martedì e domenica sera
Orario mezzogiorno e sera
Ferie la settimana dopo Ferragosto
Prezzi: 25-27 euro, vini esclusi
Carte di credito: BM, CS, MC, Visa

IN BREVE *Uno di quei pochi locali della provincia emiliana che ha ancora i tavoli da biliardo e gioco delle carte nella sala d'ingresso. Porzioni generose e solida cucina di territorio.*

L'OSTERIA In un angolo di campagna tra Modena e Reggio nell'Emilia, la Trattoria Cantone assolve un ruolo in passato fondamentale in queste zone: quello di **luogo di ritrovo**. Gli avventori abituali sono, infatti, persone che arrivano per un bicchiere o una sfida a biliardo e, tra una partita a carte e una discussione sui fatti del giorno, si torna indietro nel tempo.

LA CUCINA La cucina attinge alla **tradizione contadina** di questa parte del Modenese. Aprono le danze antipasti come le frittatine, il salame e i sottoli. Passando ai primi, immancabili quelli di pasta fresca quali i tortelloni di ricotta e spinaci, o di zucca, e i maccheroni al pettine. Tra i secondi, spazio alle carni, con i **tagli del maiale in grande evidenza**: guanciale, zampetti e grigliate miste. Buone anche le preparazioni arrosto e le carni di bassa corte. Essenziali la carta dei dolci e dei vini, entrambe forti espressioni territoriali con Lambruschi e zuppa inglese da manuale.

I PIATTI Tortelloni di zucca, Cotechino col purè, Torta sbrisolona

CASALGRANDE (RE) - San Donnino di Liguria

BADESSA

Via Case Secchia, 2 A - Tel. 0522 989138
→ 13,6 km dall'uscita A1 Modena Nord
⏱ Chiuso lunedì e sabato a pranzo, agosto anche dom Orario mezzogiorno e sera
Ferie 2 settimane in estate, 1 in inverno
Prezzi: 35-50 euro, vini esclusi
Carte di credito: AE, BM, CS, DC, MC, Visa

IN BREVE *Freschezza e vitalità trovano la loro sintesi in questo locale curato e moderno. La forza della cucina è quella di utilizzare materie prime autoprodotte, coniugandole con tradizione e innovazione.*

L'OSTERIA In pochi anni Luca e Alberto sono riusciti a diventare un riferimento nella cucina reggiana grazie alla ricerca sulle **eccellenze gastronomiche del territorio**, utilizzate nelle ricette tradizionali o in proposte più innovative. Nel bel ex caseificio del XIX secolo sarete travolti dall'entusiasmo dei giovani gestori. Una notevole carta dei vini completa l'interessante esperienza.

LA CUCINA Il menù varia rispettando la stagionalità e l'offerta delle **materie prime del proprio orto** utilizzate nei piatti. Allo stesso modo, al periodo si adattano le notevoli paste fresche sia nei condimenti che nei ripieni. Sempre presenti gli originali passatelli "in secca" al ragù di *barzigola*. Tra le proposte che sanno coniugare al meglio tradizione e innovazione, è esemplare la lingua madre: arrosto con salsa al rafano e ristretto di brodo. Stessa mano nei dessert, tipici e al contempo rivisitati, tra cui spicca la zuppa inglese.

I PIATTI Passatelli "in secca" al ragù di *barzigola*, Lingua madre, Zuppa inglese

CASTEL D'AIANO (BO) - Rocca di Roffeno

LA FENICE

Via Santa Lucia, 29 - Tel. 051 919272
🕐 Chiuso da lunedì a giovedì, mai d'estate
Orario mezzogiorno e sera
Ferie 1 gennaio-15 febbraio
Prezzi: 25-35 euro, vini esclusi
Carte di credito: BM, CS, MC, Visa

IN BREVE *In questo agriturismo vi faranno sperimentare l'eccellenza della collina bolognese, partendo dai salumi prodotti in casa. Semplici e buoni i primi piatti.*

L'OSTERIA Un luogo che da oltre vent'anni è garanzia di relax e vita slow. Sulle colline bolognesi, a circa 45 minuti dal centro di Bologna, questo indirizzo merita una gita, se non addirittura un soggiorno **tra le secolari mura dell'agriturismo**, gestito dai fratelli Remo e Paolo Giarandoni e da un affiatato gruppo di collaboratrici.

LA CUCINA Gli antipasti uniscono la tradizione delle torte alle erbe con i salumi prodotti con carni suine di mora romagnola da allevamento semibrado. I primi attingono alla più **autentica tradizione emiliana della pasta sfoglia** per tagliatelle o tortelli, che sposano i funghi dei boschi circostanti o le erbe selvatiche di collina. Tra i secondi, le carni di maiale e di manzo sono affiancate a quelle di coniglio e di agnello con cotture alla brace. Interessanti i dolci, con un ottimo gelato con lamponi caldi. La proposta dei vini attinge a semplici etichette del territorio che bene si abbinano ai piatti cucinati.

I PIATTI Tagliatelle alla Fenice, Casonetti, Carne alla brace

CASTEL SAN PIETRO TERME (BO)

LA CIVICHELLA

Via Viara, 5029 - Tel. 051 948533
→ 9,3 km dall'uscita A14 Castel San Pietro
🕐 Chiuso la domenica Orario pranzo, venerdì e sabato anche la sera Ferie variabili
Prezzi: 25-35 euro, vini esclusi
Carte di credito: AE, BM, CS, MC, Visa

IN BREVE *Una cucina di territorio semplice e ben fatta, con particolare enfasi per la carne. Assaggiate i salumi realizzati in proprio accompagnati dalle ficattole.*

L'OSTERIA Lasciandosi alle spalle Castel San Pietro e risalendo la collina, troverete questa **piccola osteria** condotta dalla famiglia Baldassarri. Silvano, già norcino nel capoluogo, con la moglie e le figlie ha affiancato l'attività di cucina all'apertura di una nuova bottega e salumeria che ora produce, oltre ai salumi, pasta fresca e dolci, anche per la vendita.

LA CUCINA In menù i classici di questa terra fra Romagna ed Emilia, quindi tortellini, tagliatelle col friggione (sugo di cipolla e pomodoro) e, soprattutto, tortelloni di patate o ricotta. Le carni, dal castrato al suino, sono la specialità della casa, vista l'originaria attività di famiglia, con una particolare attenzione alla salsiccia fresca. Da segnalare anche i **salumi prodotti e stagionati in proprio**, serviti in apertura del pasto con la ficattola, una versione particolare della crescentina fritta, che segnala proprio l'identità di confine.

I PIATTI Salumi e ficattola, Tortelloni di patate, Salsiccia matta ai ferri

CASTELL'ARQUATO (PC) - Sant'Antonio

DA FACCINI

IN BREVE *Gestito dalla famiglia Faccini, giunta alla quarta generazione, il locale è anche bottega. Tra le varie specialità offerte, la faraona cotta nella creta merita l'assaggio.*

Strada Provinciale 6, 1 - Tel. 0523 896340
→ 10 km dall'uscita A1 Fiorenzuola
🕐 Chiuso il mercoledì Orario mezzogiorno e sera Ferie 21-31 gennaio e 1-10 luglio
Prezzi: 35-38 euro, vini esclusi
Carte di credito: BM, CS, MC, Visa

L'OSTERIA Quasi **novant'anni di ininterrotta attività** e quattro generazioni all'opera fanno del Faccini uno dei locali storici della cucina piacentina. Era il 1932 quando il bisnonno Giacomo inaugurò la sua bottega, ancora attiva e punto di riferimento per i molti turisti di passaggio dal vicino borgo di Castell'Arquato: le nuove generazioni portano idee ed energie nel rispetto di questa lunga tradizione.

LA CUCINA La cucina è un compendio di tutte le **specialità tipiche del Piacentino**, ben esposte in una serie di proposte classiche che passano dalla pasta fresca all'uovo ai salumi accompagnati dalla *burtleina*, dalle carni, anche di bassa corte, preparate in lente cotture, ai dolci di casa che traggono ispirazione da quelli tradizionali dei giorni di festa: zuppa inglese su tutti. L'appassionata **ricerca sulle materie prime del territorio** ha ispirato anche alcune dosate composizioni più contemporanee, altrettanto riuscite.

I PIATTI Salumi con la *burtleina*, Tortelli con la coda, Faraona nella creta

CASTELNOVO NE' MONTI (RE)  NOVITÀ

DA GEREMIA

IN BREVE *Un'osteria rappresentativa del territorio collinare in cui è incastonata, materie prime d'eccellenza e una cucina solida, capace di sedurre con la sua semplicità.*

Via Franceschini, 10 - Tel. 0522 811194
🕐 Chiuso mercoledì sera e giovedì
Orario mezzogiorno e sera
Ferie 2 settimane tra giugno e luglio
Prezzi: 30-35 euro, vini esclusi
Carte di credito: BM, CS, DC, MC, Visa

L'OSTERIA Nel centro storico di Castelnuovo ne' Monti, nell'Appennino reggiano, Da Geremia è un punto di riferimento per le gite fuori città. L'ambiente curato e rustico è il regno di Massimiliano Nobili, un oste di altri tempi: simpatico, accogliente e orgoglioso di raccontare un menù di cui gli piace illustrare la provenienza delle materie prime scelte per i piatti.

LA CUCINA **Salumi di produzione propria**, formaggi e il vino "della casa" testimoniano con il loro gusto genuino l'ottimo lavoro di selezione portato avanti dal gestore. La **valorizzazione delle materie prime** e della ricchezza gastronomica del territorio reggiano trova la giusta espressione nei tortelli, i cui delicati ripieni variano a seconda della stagione. Saporiti e sempre presenti anche i cappelletti in brodo. Le carni sono gustose e ben preparate: esemplari gli arrosti che testimoniano la bravura e l'esperienza ai fornelli. Le torte casalinghe sono un'ottima conclusione del pasto.

I PIATTI Tortelli, Cappelletti in brodo, Arrosti misti

CASTIGLIONE DEI PEPOLI (BO)

TAVERNA DEL CACCIATORE

Via Cavanicce, 6 - Tel. 0534 91143-338 1253996
→ 4,5 km dall'uscita A1 Variante di Valico Badia
🕐 Chiuso il lun e dom sera (non d'estate)
Orario mezzogiorno e sera
Ferie variabili
Prezzi: 30-35 euro, vini esclusi
Carte di credito: AE, BM, CS, DC, MC, Visa

IN BREVE *Un locale perfetto per la classica gita fuori porta nell'Appennino. La cucina è tosco-emiliana; la pasta fresca e la selvaggina sono le protagoniste.*

L'OSTERIA Il ristorante è all'ingresso del paese, a pochi chilometri dal casello autostradale di Badia. Ad accogliervi un'ampia sala luminosa che permette di **ammirare la vallata e le montagne tosco-emiliane**. Questa è una trattoria storica, in attività da oltre cinquant'anni e da trenta nelle mani della volitiva Lucia Antonelli, cuoca autodidatta, forte e sincera come la sua terra.

LA CUCINA È una cucina di frontiera quella di Lucia, che valorizza materie prime e produttori del territorio. **Pasta fresca tirata a mano**, salumi artigianali, **selvaggina**: questi i cardini del Cacciatore. La proposta riesce a coniugare con disinvoltura la scuola emiliana e quella toscana, dando vita a un connubio assolutamente rappresentativo delle montagne, cui appartiene: dalla ricotta al tartufo al cinghiale sott'olio, agli strepitosi tortellini ai ciacci toscani, la sensazione è di essere a casa. Carni selezionate, funghi, tartufi e una buona cantina territoriale sono garanzia di una perfetta ospitalità.

I PIATTI Tortellini in brodo, Piccione al forno, Budino di castagne

CATTOLICA (RN)

OSTERIA DEI MURÈ

Via Lungo Tavollo, 2
Tel. 0541 831607-333 6813056
→ 3,5 km dall'uscita A14 Cattolica
→ 1 km dalla stazione di Cattolica
🕐 Chiuso il lun, mai d'estate Orario sera, in inverno sab e dom anche pranzo Ferie novembre
Prezzi: 35-38 euro, vini esclusi
Carte di credito: BM, CS, MC, Visa

IN BREVE *Al confine tra la Romagna e le Marche, l'aria del porto la ritroverete nella cucina proposta da Giovanni: solo pescato dell'Adriatico, dal sapore autentico, in diverse cotture.*

L'OSTERIA L'Adriatico unisce la Romagna alle Marche attraverso le meravigliose materie prime che sa regalare. In questa osteria sul porto le due cucine si fondono nel nome del pescato fresco del giorno. Basta sedersi a uno dei tavoli con vista sulle onde e i pescherecci, e si respira aria di mare in ogni stagione.

LA CUCINA **Cucina di mare autentica**, semplice eppure ricercata nel recupero delle ricette, che da sempre hanno saputo raccontare anche **la stagionalità del pesce**. Proprio per questo il menù varia spesso: i quadrucci in brodo di seppia li potrete trovare in inverno, le seppie coi piselli preferibilmente a primavera, la grigliata mista sempre, ma cambieranno le varietà dei pesci. Una buona cura è dedicata ai dolci fatti in casa. Il vino, che spazia tra i due fronti territoriali, ve lo suggerirà lo stesso oste, Giovanni Pritelli.

I PIATTI Quadrucci in brodo di seppia, Tagliolini al sugo rosso di vongole, Seppie con i piselli

ANTICA OSTERIA
DA CENCIO

Via Provenzali, 12 D - Tel. 051 6831880
⊙ Chiuso il lunedì, d'estate anche domenica
Orario mezzogiorno e sera
Ferie 3 settimane in agosto
Prezzi: 35-40 euro, vini esclusi
Carte di credito: AE, BM, CS, MC, Visa

IN BREVE *Un locale storico con piatti della tradizione e piccole contaminazioni ragionate. Buoni i salumi con la piadina e la selezione di formaggi.*

L'OSTERIA Nel centro storico della graziosa cittadina, Da Cencio resta un indirizzo sicuro per una **solida proposta regionale con qualche tocco di freschezza** e uno sguardo vivido e curioso, inoltre, verso materie prime d'eccellenza fuori regione. L'attenzione al territorio, anche dal punto di vista enologico, resta caposaldo di una referenza informale e piacevole, che si arricchisce, in estate, di un bel dehors nel giardino interno.

LA CUCINA Cucina schietta, che non cerca esasperati virtuosismi ma risponde positivamente alle aspettative di una clientela abituale, non solo locale. Si inizia con buoni salumi e piadina, e si prosegue attingendo da un variegato ventaglio di **paste all'uovo**, ripiene e non, che restano il cuore della proposta. Seguono carni selezionate in vari tagli, verdure e una ricca offerta di **formaggi**, con una buona panoramica di eccellenze. Dolci casalinghi di sostanza, da abbinare a uno dei passiti scelti dalla bella carta non banale.

I PIATTI Salumi, Ravioli di ricotta, Tagliata di fassona

CERVIA (RA) - Pinarella

AL DESERTO

Strada Statale 16 Adriatica, 52
Tel. 0544 976151
⊙ Chiuso lunedì, martedì e mercoledì
Orario sera, sabato e domenica anche pranzo Ferie dicembre-febbraio
€ Prezzi: 38-45 euro, vini esclusi
Carte di credito: BM, CS, MC, Visa

IN BREVE *Cucina creativa e grandi classici in questa rustica trattoria con interni vintage e un dehors che regala una inconsueta vista sul canale delle antiche saline.*

L'OSTERIA Sulla Statale Adriatica troviamo questo storico ristorante aperto negli anni Sessanta dai genitori dell'attuale gestore, Roberto Bagnolini. La struttura, un ex chiosco di piadina, si è arricchita negli anni di spazi dall'arredo familiare, con **una bellissima veranda che affaccia sulle saline** di Cerva, uno spettacolo che dà al tramonto il meglio di sé.

LA CUCINA Cucina ovviamente di mare ma ancora di più centrata sulla proposta fresca giornaliera, che trova nelle **cotture brevi e leggere** uno dei suoi tratti più apprezzati. Materie prime di valore, reperite anche fra il pescato minore, trovano accostamenti tradizionali e originali grazie a qualche dosato azzardo, come l'insalata di seppia con pere, pesto di mandorle e zenzero o il baccalà mantecato con piadina al curry. Primi piatti decisi di pasta artigianale fra i primi e la griglia protagonista dei secondi, oltre a fritture e cotture in umido. Curata e con ricarichi onesti la carta dei vini.

I PIATTI Gamberi e cicerchie profumati all'aneto, Spaghetti con vongole, uvetta e pinoli, Grigliata mista di pesce

CERINA

Via San Vittore, 936 - Tel. 0547 661115
→ 11,7 km dall'uscita A14 Cesena Sud
🕐 Chiuso lunedì e martedì Orario mezzogiorno e sera Ferie 1 settimana in gennaio, 1 in giugno, 1 dopo Ferragosto
Prezzi: 26-35 euro, vini esclusi
Carte di credito: BM, CS, DC, MC, Visa

IN BREVE *Un indirizzo prezioso per famiglie, amici e piccoli gruppi, dove gustare una cucina che ha il sapore di casa: salumi di mora, paste all'uovo, carni cotte al forno o al tegame.*

L'OSTERIA Un punto fermo della ristorazione cesenate, un riferimento per la clientela locale e di passaggio, vista la vicinanza all'autostrada e alle principali vie di comunicazione. Cerina è il nome della capostipite che, con le figlie, rilevò questa osteria a San Vittore: da allora **l'attività si è tramandata di generazione in generazione** fino ad arrivare alle salde mani di Graziella Dallara.

LA CUCINA Buone materie prime territoriali, **cucina di casa** fatta di piatti irrinunciabili che restano tutt'oggi in menù, nonostante il ridimensionamento seguito al lockdown, e sono il tratto distintivo del locale. Il buon assortimento di salumi e formaggi si conferma uno degli elementi di forza, così come le carni, anche dei Presìdi Slow Food regionali, oltre a tanta e buona pasta fatta in casa. Molte le **proposte vegetariane stagionali**, che attingono a piccoli fornitori locali, immancabile la piadina romagnola ad accompagnare ogni pasto.

I PIATTI Canolo della Cerina, Cappelletti in brodo, Faraona alle mandorle e limone

CESENA

 NOVITÀ

MICHILETTA

Via Strinati, 41 - Tel. 0547 24691
🕐 Chiuso la dom e lun a mezzogiorno Orario mezzogiorno e sera Ferie metà luglio-metà agosto e 1 settimana a metà gennaio
Prezzi: 28-35 euro, vini esclusi
Carte di credito: AE, BM, CS, MC, Visa

IN BREVE *Un gradito ritorno per una cucina terragna e romagnola: pasta all'uovo al ragù, buone carni alla griglia e, in estate, qualche misurata proposta del pescato dell'Adriatico.*

L'OSTERIA Un piacevole ritorno: Rocco e Johanna sono gli autori di quella che sarà per voi una sosta gustosa in pieno centro città. Negli anni, hanno sempre raccontato **una cucina di sostanza ma anche di intelligenza**, evolvendo con sapiente accoglienza fino a un ritorno oggi più attivo e stimolante che mai.

LA CUCINA Qui troverete **stagionalità e tradizione**, con qualche nota fantasiosa e alcuni fuori menù che ogni giorno ampliano l'offerta. Il cuore della proposta resta la sostanziosa cucina dell'entroterra romagnolo, sapori ben definiti che hanno nella **pasta all'uovo** delle tagliatelle, accompagnate con un saporito ragù di mora romagnola, uno dei grandi classici. In inverno, sempre presenti zuppe di legumi e verdure, mentre per i secondi largo a una buona selezione di carni, al tegame o alla griglia. In estate, entrano in carta diverse proposte di pesce del vicino Adriatico. Discreta la carta dei vini, con varie etichette del territorio anche al calice.

I PIATTI Stringhetti con salsiccia e spinaci, Fegatelli con rete e alloro alla griglia, Pere cotte al Sangiovese

LA SALUMA

Via dei Mille, 55 - Tel. 345 1604771
Chiuso il lunedì e il martedì
Orario mezzogiorno e sera
Ferie una settimana a febbraio
Prezzi: 40 euro menù fisso vini esclusi
Carte di credito: AE, BM, CS, MC, Visa

IN BREVE *Un'osteria di mare come un tempo: piatti semplici, menù fisso secondo il pescato quotidiano e cotture leggere per non prevaricare il gusto del pesce dell'Adriatico.*

L'OSTERIA A pochi passi dal grattacielo, Roberto e Milena vi accoglieranno con schietta genuinità nei locali dell'osteria. Qui, in estate come in inverno, si respira l'intrigante **aria marinara di Cesenatico**. Potrete scegliere il vino ma non i piatti, il menù è fisso e giostra intorno alle reperibilità del momento.

LA CUCINA Una **cucina di territorio**, senza fronzoli e nel rispetto della stagionalità. I piatti parlano di mare, di pescatori e di sapori sinceri con un pizzico di fantasia: Roberto pone grande attenzione alle provenienze locali del pescato e alla **valorizzazione di varietà minori, talvolta trascurate**. Assolutamente degne di menzione le proposte di pesce azzurro, per esempio i sardoncini marinati allo scalogno, il sapiente uso di conserve ittiche, come negli spaghetti alla bottarga, le cotture croccanti e asciutte, come il fritto del mare e dell'orto. Carta dei vini snella e ristretta, ma in evoluzione.

I PIATTI Carpaccio di cefalo, Tagliolini con moscardini e verdure di stagione, Boeri classici di ciliegie al cioccolato

CESENATICO (FC)

OSTERIA BARTOLINI

Corso Garibaldi, 41 - Tel. 0547 82474
Non ha giorno di chiusura
Orario mezzogiorno e sera Ferie non ne fa
Prezzi: 32-36 euro, vini esclusi
Carte di credito: BM, CS, MC, Visa

IN BREVE *Ammirando una splendida vista sul porto, potrete provare una cucina schietta e attenta al mercato: imperdibile il gran fritto dell'Adriatico.*

L'OSTERIA Il primo, oramai storico, indirizzo aperto dal portentoso Stefano Bartolini, che dal porto canale di Cesenatico è partito alla conquista della ristorazione regionale. Un **locale semplice e affidabile** che non teme la sfida del turismo estivo. Una bella veranda sul porto e ampie sale offrono un'ospitalità garbata e informale, un servizio rapido ma non impersonale, una **cucina di mare spiccia, sincera e senza fronzoli**.

LA CUCINA Giusto posto è riservato al pescato "minore": quello della frittura di paranza, qui chiamata gran fritto, che si accompagna a verdure di stagione e al **pesce azzurro**, offerto marinato o spinato al tegame. Le paste lisce all'uovo accompagnano sughi di mare senza scogli, il riso si offre in una veste antica con la polpa del pesce finemente tritata. Cantina snella dove non manca la possibilità di una bella bevuta, qualche etichetta di birra artigianale, dolci estremamente validi.

I PIATTI Risotto alla moda di una volta, Gran fritto dell'Adriatico, Sardoncini al tegame

DA VASCO E GIULIA

Via Muratori, 21 - Tel. 0533 81252
🕐 Chiuso il lunedì e mercoledì sera
Orario mezzogiorno e sera Ferie gennaio
Prezzi: 33-35 euro, vini esclusi
Carte di credito: BM

IN BREVE *L'indirizzo giusto dove scoprire le tipicità della cucina del Delta, in cui convivono piatti di terra, di mare e di fiume. Da assaggiare l'anguilla, vera specialità del territorio.*

L'OSTERIA Elena e Irene curano l'ospitalità iche vi verrà riservata in questa bella casa affacciata su uno dei canali del centro storico. Tre sale arredate con semplicità e l'atmosfera di un'osteria di famiglia, sorretta, in cucina, dall'esperienza della madre Giulia, che rispecchia nei piatti la **tradizione casalinga** legata alla pesca quotidiana della marina locale e della valle.

LA CUCINA Il mare e la valle sono protagonisti della carta che si lega alla **stagionalità della pesca**. I primi piatti cambiano mantenendo alcuni capisaldi come i maccheroncini con le canocchie e gli spaghetti con le vongole. Nella stagione fredda, il piatto principale diventa l'**anguilla**, proposta ai ferri, in brodetto e in umido con le verze, secondo la ricetta del posto. In alternativa, grigliate di pesce variabili a seconda del mercato. Dolci e cantina sono un sincero spaccato del territorio.

I PIATTI Anguilla ai ferri, Maccheroncini con le canocchie, Fritto misto di paranza

DA SAVINO

Via Cavallino, 32 - Tel. 0541 656206
→ 12,6 km dall'uscita A14 Rimini Sud
🕐 Chiuso il lun e il mar Orario pranzo; gio-sab anche sera, in estate domenica solo sera
Ferie variabili in inverno
Prezzi: 26-28 euro, vini esclusi
Carte di credito: AE, BM, CS, DC, MC, Visa

IN BREVE *Un locale da visitare per capire la cucina riminese di collina. Menù stagionali nei condimenti, bella selezione delle materie prime e buona pasta casalinga.*

L'OSTERIA Savino guarda alla verde collina in cui è saldamente radicato con **una proposta che tiene i piedi a terra**, con pochissime concessioni al mare. Genuina e decisa, la cucina propone carni dai sapori definiti e sinceri, come è sincera l'accoglienza familiare di chi si dedica all'ospitalità da più di una generazione. Ambienti informali e una bella terrazza sono una piacevole alternativa al caldo e all'affollamento rivierasco.

LA CUCINA Menù stagionali nei condimenti, con una grande attenzione all'extravergine locale e alla selezione delle materie prime, ma costanti nel proporre una buona **pasta casalinga**, generosa e ricca di gusto. Le carni sono protagoniste alla griglia – anche il quinto quarto, con gustosi fegatelli all'alloro – e in umido, lasciando un posto di riguardo alla **cacciagione** con proposte di cinghiale. Le verdure dei produttori locali ben si abbinano alla sottile piada riminese che accompagna le pietanze. Cantina snella, completata da uno sfuso di tutto rispetto.

I PIATTI Pappardelle con il cinghiale, Trippa, Faraona con le castagne

DA VIGION

IN BREVE *Classica trattoria, da oltre settant'anni, che offre anche alloggio, dove gustare salumi stagionati alla perfezione, buone paste ripiene, ricchi arrosti e bolliti.*

Strada Val Parma, 151 - Tel. 0521 888113
Chiuso lunedì e martedì
Orario mezzogiorno e sera
Ferie 10-20 giugno, 1-10 settembre
Prezzi: 25-30 euro, vini esclusi
Carte di credito: BM, CS, MC, Visa

L'OSTERIA Sono passati più di settant'anni da quando nonno Luigi ha iniziato l'attività qui a Ghiare, paesino arroccato sull'Appennino parmense, ma questa trattoria familiare non perde una stilla di carattere né di autenticità. Gli eredi, Carlo e Gabriella, **mantengono alta la tradizione di una grande cucina familiare**, così come la bottega annessa, la rivendita di giornali e tabacchi, le sei camere in cui pernottare.

LA CUCINA Siamo a circa 700 metri di altitudine e la storia che si racconta è quella di una robusta cucina di famiglia e di collina. **Il forte legame al territorio** significa stagionalità, soprattutto nel periodo dei **funghi**, che diventano protagonisti di saporiti sughi per la pasta fatta in casa, come da migliore tradizione emiliana, ma anche in accompagnamento a pietanze o impanati e fritti per un irresistibile sfizio. Altro cardine della cucina restano le carni, arrosto o bollite, da abbinare a una delle etichette regionali che compongono la ragionata carta dei vini.

I PIATTI Salumi, Anolini in brodo, Bollito misto

TRE SPADE

IN BREVE *Una trattoria dove si possono assaggiare i piatti della tradizione della Bassa reggiana, tra pasta fatta in casa e animali di cortile.*

Via Roma, 3 A
Tel. 0522 641500-338 9096453
→ 8,8 km dall'uscita A22 Carpi
Chiuso il mercoledì Orario mezzogiorno e sera Ferie 2 settimane centrali di agosto
Prezzi: 30-35 euro, vini esclusi
Carte di credito: BM, CS, MC, Visa

L'OSTERIA Sotto i portici del suggestivo centro storico di Correggio, l'insegna d'altri tempi dell'osteria seduce e attira subito l'attenzione. L'**atmosfera familiare** è quella dei migliori luoghi di ritrovo, la sala accogliente e il grande entusiasmo di Claudio ed Eva fanno il resto. Invitanti le pietanze sempre diverse scritte sulla lavagna.

LA CUCINA **Cucina prettamente tradizionale**, contraddistinta da sapori ben delineati e ricette ben eseguite, variabili a seconda della stagione. Il ruolo da protagonista è giustamente concesso alle **paste all'uovo**, tratto distintivo della proposta regionale, che qui trovano la migliore espressione nei tortelli di zucca e nei cappelletti in brodo. Carni ben selezionate, con una buona partecipazione di quelle di bassa corte, oltre al tradizionale zampone, sono una conferma dello spirito del locale. Degna di nota la cantina, con Lambruschi in grande evidenza e vini a rifermentazione naturale.

I PIATTI Tortelli di zucca, Cappelletti in brodo, Zuppa inglese

CA' MURANI

IN BREVE *Un'osteria vera, di tradizione, dall'atmosfera calda, con una grande sala con camino. Il menù è sintetico ma mai banale, con una giusto protagonismo concesso alle carni locali.*

Vicolo Sant'Antonio, 7 - Tel. 0546 88054
→ 8,9 km dall'uscita A14 Faenza
→ 1,3 km dalla stazione di Faenza
🕐 Chiuso il giovedì **Orario** sera, sabato e domenica anche pranzo **Ferie** variabili
Prezzi: 34-38 euro, vini esclusi
Carte di credito: BM, CS, DC, MC, Visa

L'OSTERIA Lasciatevi alle spalle la piazza principale e inoltratevi fra gli stretti vicoli del centro storico. Nell'edificio che fu un granaio e una posta per i cavalli, di cui si riconoscono i pavimenti di pietra originali, c'è oggi la "casa-cucina" di Remo Camurani e Daniela Pompili, fedeli a preparazioni casalinghe eseguite nel **rispetto delle materie prime e deilenti tempi di cottura**.

LA CUCINA Il menù sta tutto in una pagina scritta in bella grafia, e varia anche settimanalmente perché rispecchia al millimetro le stagioni dell'orto e la disponibilità di mercato. Tante le **paste fatte in casa**, come le tagliatelle, i cannelloni gratinati al forno, i manfrigoli con seppie e piselli, ma sono soprattutto le carni i capisaldi di una cucina fortemente radicata nel territorio. Arricchiscono i piatti **prodotti stagionali** come i funghi e le fresche erbe dell'orto. Vini regionali elencati a voce o visibili in dispensa.

I PIATTI Lonzino al fumo di olivo e misticanza, Cannellonigratinati al forno, Battuta di scottona con funghi di stagione

LA BAITA

IN BREVE *Un locale storico per acquistare e gustare i migliori prodotti regionali. Attenzione e cura per le materie prime e una cucina sapiente e leggera.*

Via Naviglio, 25 - Tel. 0546 21584
→ 5 km dall'uscita A14 Faenza
→ 800 metri dalla stazione di Faenza
🕐 Chiuso dom e lun **Orario** mezzogiorno e sera
Ferie 1-15 gennaio, 2 settimane a metà agosto
Prezzi: 30-35 euro, vini esclusi
Carte di credito: BM, CS, MC, Visa

L'OSTERIA La Baita è oramai consolidata come luogo del buon cibo e del buon vino, attentamente selezionato. Qui si può **mangiare e acquistare**, dato che tutto è nato intorno a un'enoteca, poi bottega. Fabio, giovane oste, ha saputo dare un'impronta personale e non banale a uno **storico locale romagnolo**.

LA CUCINA La stagione detta i ritmi della cucina, tanto che il menù cambia ogni due settimane. Il consiglio è di cominciare con una selezione di salumi o formaggi che l'oste saprà consigliarvi con competenza. Tra i primi, spazio alle **paste fatte in casa**, come gnocchi, tagliatelle e maltagliati, tutte proposte con condimenti di stagione. Sempre presente una zuppa. Passando ai secondi, ottima la selezione bovina, il capretto e il tradizionale bollito accompagnato dalle salse. Quasi sempre in carta qualche proposta di pesce dell'Adriatico. Pochi ma buoni i dolci e inappuntabile la cantina, ampia e meditata, con particolare attenzione ai piccoli produttori locali.

I PIATTI Gnocchi al friggione, Battuta di manzo, Zuppa inglese

MANUËLI

IN BREVE *Un ristorante con un'atmosfera rilassata, bonariamente chiassosa, particolarmente adatta a tavolate di amici o pranzi familiari. Tante paste fatte in casa e carne alla brace.*

Via Santa Lucia, 171 - Tel. 0546 642047
→ 8 km dall'uscita A14 Faenza
🕐 Chiuso il lunedì, il martedì e domenica sera Orario mezzogiorno e sera
Ferie 2 settimane in febbraio, 1 in settembre
Prezzi: 30-33 euro, vini esclusi
Carte di credito: BM, CS, Visa

L'OSTERIA La famiglia Guerrini è schierata al gran completo nella conduzione di questa osteria della campagna faentina, nel piccolo borgo di Santa Lucia, meta sempre molto frequentata da gruppi e famiglie. L'ambiente colorato e caldo è rimasto immutato: accogliente e movimentato.

LA CUCINA La cucina offre una grande possibilità di scelta, con un ricco menù cui si aggiunge una lista di proposte del giorno. Molti i **primi piatti di sfoglia tirata a mano** conditi con ragù di carne, verdure o funghi, secondo stagione. Le materie prime sono reperite perlopiù fra i contadini della campagna circostante. Variegata la proposta delle carni, che rappresentano l'altro polo della linea gastronomica: dalla faraona ai ferri alle **carni da cortile** al forno, fino alle tradizionali grigliate. Attenzione particolare è riservata ad alcuni prodotti tipici dell'orto come i carciofi, serviti anche crudi in insalata.

I PIATTI *Curzul* allo scalogno, Faraona ai ferri, Peschine dolci

FAENZA (RA)

MARIANAZA

IN BREVE *Trattoria antica che ha nella convivialità l'elemento distintivo. Piadina, paste fresche e carni alla brace sono i punti forti in cucina.*

Via Torricelli, 21 - Tel. 0546 681461
→ 5,5 km dall'uscita A14 Faenza
→ 1,3 km dalla stazione di Faenza
🕐 Chiuso mar e mer, da giugno a settembre mer e dom Orario mezzogiorno e sera Ferie variabili
Prezzi: 33-38 euro, vini esclusi
Carte di credito: AE, BM, CS, DC, MC, Visa

L'OSTERIA Nel cuore di Faenza, una sola grande sala, con un altrettanto ampio camino al centro, rendono questa osteria **un luogo dal sapore antico e familiare**. Lo mantengono vivo la gestione delle sorelle Natascia e Luana Cucchi e la voglia di convivialità e calore degli ospiti che lo popolano con assiduità.

LA CUCINA La **cucina, quella più tradizionalmente romagnola**, parte dagli affettati con piadina fragrante appena cotta per passare alle paste tirate al matterello, fino e giungere,, alle **carni grigliate nel grande camino**. Uno staff essenziale e tutto al femminile si divide fra sala, la griglia affidata a Luana e la cucina, dove opera Natascia. Il menù attuale è più sintetico e ancor più legato ai piatti della tradizione e ai prodotti "di casa", per rispondere efficacemente alle esigenze di tipicità e valorizzazione territoriale di cui, oggi più ancora di prima, si sente il bisogno.

I PIATTI Crostino di polenta e squacquerone, Tortelli di ricotta al ragù, Pancetta, pane abbrustolito e grigliata di carne

FARINI (PC) - Mareto

ALBERGO DEI CACCIATORI

IN BREVE *Questa locanda propone una cucina dai sapori precisi, con porzioni generose e profumi di territorio: salumi piacentini e carni di selvaggina.*

Località Mareto, 47 - Tel. 0523 915131
🕐 Chiuso il lunedì Orario mezzogiorno e sera Ferie una settimana in gennaio
Prezzi: 22-25 euro, vini esclusi
Carte di credito: BM, CS, DC, MC, Visa

L'OSTERIA A presidiare l'alta Val Nure c'è l'Albergo dei Cacciatori, circondato dal verde e dalla tranquillità. Oltre alla quiete e alla bellezza del paesaggio, vale il viaggio una visita a questa **locanda ricca di storia e di tradizioni**, con le due ampie e luminose sale, i tavoloni di legno e il crepitio del camino acceso a riscaldare le giornate più fredde. Elena e Renzo Demicheli proseguono la loro attività ristorativa e di accoglienza continuando a riservare agli ospiti i sapori e il calore di una volta.

LA CUCINA **Piatti caserecci** e gustosi dal classico antipasto di salumi piacentini, con l'immancabile torta di patate di Mareto, alla **selvaggina** cucinata come vuole la tradizione: cinghiale, capriolo e cervo sono le eccellenti materie prime con cui Elena elabora piatti perfetti in equilibrio e sostanza. Una cucina solida e franca, dai sapori netti e precisi, coerentemente inserita nel terroir di appartenenza. Menzione per i dolci: frolla e semifreddi che profumano di casa.

I PIATTI Salumi, Tortelli al burro e salvia, Cinghiale in umido con polenta

FARINI (PC) - Groppallo

FRATELLI SALINI

IN BREVE *Storico salumificio, con albergo e ristorante tradizionale, dove il clima è gioioso, accogliente. Oltre ai salumi, sfoglia tirata a mano e carni provenienti dalla macelleria di famiglia.*

Viale Europa, 46 - Tel. 0523 916104
🕐 Chiuso il mercoledì
Orario mezzogiorno e sera Ferie variabili
Prezzi: 25-30 euro, vini esclusi
Carte di credito: BM, CS, MC, Visa

L'OSTERIA Bisogna risalire la Val Nure e superare Farini per arrivare, a oltre mille metri di quota, nel borgo di Groppallo. Qui, dal 1820, la famiglia Salini gestisce una locanda con cucina e spaccio. Un **locale sobrio e alla mano**, dove è anche possibile alloggiare. Tutte le carni vengono lavorate, preparate e stagionate nel laboratorio di norcineria annesso al ristorante.

LA CUCINA D'obbligo l'assaggio dei **salumi prodotti in proprio**: coppa, salame, pancetta e mariola, per cominciare. I primi sono un ventaglio della tradizione casalinga locale, dalle paste ripiene, magari condite con un ricco ragù di maiale, ai classici *pisarei e fasò*, . Tra i secondi, generose porzioni di **carni provenienti dalla macelleria di casa**: eccellenti i grandi classici arrosto ma anche anatra e selvaggina. Crostate casalinghe, nocini e grappe chiudono il pasto. Cantina dedicata ai Colli Piacentini, con qualche etichetta nazionale. Ottimo il rapporto tra qualità e prezzo.

I PIATTI Mariola, Tortelli di patate al ragù di maiale, *Pisarei e fasò*

FERRARA

DA NOEMI

Via Ragno, 31 - Tel. 0532 769070
🕐 Chiuso il martedì
Orario mezzogiorno e sera Ferie luglio
Prezzi: 33-40 euro, vini esclusi
Carte di credito: BM, CS, DC, MC, Visa

IN BREVE *La cucina di Maria Cristina propone i più tradizionali piatti della città: cappellacci di zucca al ragù e salama da sugo con il purè.*

L'OSTERIA Fra i preziosi palazzi estensi, nella parte antica della città, Noemi è una metà molto frequentata della gastronomia cittadina. Ambiente semplice e caldo, con alcune salette che si inanellano, superato l'ingresso, riesce a coniugare il sapore rustico dell'osteria alla cura del dettaglio, per **una piacevole accoglienza adatta anche alle occasioni speciali**.

LA CUCINA Le preparazioni sono ben ancorate alla **tradizione sia nella proposta quotidiana sia nella carta stagionale**. La cantina contempla una buona selezione di etichette a livello nazionale e locale, con attenzione anche alle birre artigianali. Buona l'offerta dei salumi accompagnati dai locali *pinzini* (gnocchetti di pane fritto) fra gli antipasti, che prevedono anche sformati di verdure di stagione. Posto di primo piano ai primi, con una pasta all'uovo ricca e consistente, carni alla griglia e salama da sugo a seguire. Dolci classici di fattura casalinga.

I PIATTI Cappellacci di zucca, Salama da sugo con purè, Torta di tagliatelle

FIDENZA (PR)

LA BOSCHINA

Strada Provinciale Lodesana - Tel. 0524 83015
→ 8,5 km dall'uscita A1 Fidenza
🕐 Chiuso il lunedì
Orario mezzogiorno e sera Ferie non ne fa
Prezzi: 35-40 euro, vini esclusi
Carte di credito: BM, CS, MC, Visa

IN BREVE *Michael Belfiore è una giovane promessa che interpreta le ricette della tradizione con mano leggera e abbinamenti inconsueti.*

L'OSTERIA Alla periferia di Fidenza, Flavia e Diego gestiscono con dedizione e cura dei dettagli questa osteria. La Boschina si differenzia per un ambiente **informalmente elegante e un'offerta raffinata e attenta**, nel completo rispetto della tradizione parmense, pur restando evidente la creatività del giovane chef Michael Belfiore.

LA CUCINA Utilizzando la ricca offerta di **materie prime del territorio** accuratamente selezionate, l'osteria riesce a stupire con abbinamenti meno consueti. Le paste ripiene, come i tortelli di ricotta ed erbetta e gli anolini, sono protagoniste nell'offerta dei primi: preparazioni equilibrate e realizzate con cura. I secondi rivelano ancora di più l'elegante ricerca negli accostamenti: spicca l'utilizzo del quinto quarto in alcuni piatti simbolo del locale come la trippa. Non da meno la cantina, ben radicata nel territorio con proposte valide anche a livello nazionale.

I PIATTI Tortelli di ricotta ed erbetta, burro e parmigiano, Anolini in brodo doppio ristretto, Trippa alla parmigiana in bianco

FIDENZA (PR) - Fornio

OSTERIA DI FORNIO

Via Fornio, 78 - Tel. 0524 435209
→ 9 km dall'uscita A1 Fidenza
🕐 Chiuso lunedì sera e martedì
Orario mezzogiorno e sera Ferie 2 sett
centrali di agosto, la prima di gennaio
💶 Prezzi: 37-45 euro, vini esclusi
Carte di credito: BM, CS, DC, MC, Visa

IN BREVE *Un'oasi di pace nella campagna fidentina, dove gustare paste fresche all'uovo con condimenti stagionali e morbidi stufati.*

L'OSTERIA La Fornio è sicuramente uno dei locali dal successo più consolidato di questa zona di confine tra Parma e Piacenza. Un **casolare modernamente ristrutturato** con vista sulla cucina di Cristina Cerbi, un accogliente dehors e una cantina in sasso in cui è possibile prenotare aperitivi e degustazioni. In sala, il marito Luca Caraffini è un padrone di casa paterno e preparato, perfetto ambasciatore della ricca cantina.

LA CUCINA La cucina di Cristina è un omaggio alla **tradizione emiliana**. I **salumi sono affinati in casa**, mentre l'ampia scelta di paste fresche all'uovo è impeccabile e golosa, spesso arricchita da condimenti stagionali come i funghi o asparagi, che ben sposano la sottile sfoglia preparata secondo la ricetta di famiglia. Carne fra i secondi, con buone selezioni di tagli di suino e di agnello, preparati al forno o in morbidi stufati. Da non perdere la selezione dei dessert dell'osteria.

I PIATTI Salumi, Ravioli al culatello con fonduta al tosone, Guancialetti al forno con cipolle caramellate di Parma

FINALE EMILIA (MO) - Massa Finalese

ENTRÀ

Via Salde Entrà, 60 - Tel. 0535 97105
🕐 Chiuso lunedì e martedì Orario sera, domenica anche pranzo Ferie terza settimana di gennaio, ultime 2 di agosto
Prezzi: 35-40 euro, vini esclusi
Carte di credito: BM, CS, MC, Visa

IN BREVE *Un indirizzo che è sinonimo di grande qualità e competenza, eccellenza di cucina e vero spirito di accoglienza.*

L'OSTERIA Elvira e Antonio Previdi gestiscono con amore e passione la trattoria, trasmettendo questi sentimenti in ogni gesto e in ogni piatto. Sedendovi da Entrà vi sentirete parte di una famiglia che ha nel **rispetto del cibo**, nell'accoglienza e nella ricerca della materia prima le sue fondamenta.

LA CUCINA Cominciate il pasto con la magnifica selezione di salumi, accompagnata dalla "coppia" ferrarese e capirete subito dove vi trovate. I primi piatti trasmettono i saperi e la memoria di gesti antichi nel preparare **pasta fatta in casa ogni giorno**: indimenticabili i tortelloni di zucca. **Ricerca e attenzione al territorio e alla sostenibilità** sono gli elementi che danno vita alla proposta dei secondi: materie prime eccellenti e locali trovano nella faraona arrosto con patate il piatto-simbolo dell'osteria. Da elogio la cantina, grande amore di Antonio, che vi consiglierà sempre l'abbinamento perfetto.

I PIATTI Salumi, Passatelli in brodo di cappone, Faraona arrosto con patate

FIORENZUOLA D'ARDA (PC)

BATTIBUE

Località Battibue, 278
Tel. 0523 942314-335 5891585
→ 7 km dall'uscita A1 Fiorenzuola d'Arda
⏱ Chiuso lun e mar Orario sera, pranzo su prenotazione Ferie 2 settimane in gennaio
Prezzi: 26-32 euro, vini esclusi
Carte di credito: BM, CS, DC, MC, Visa

IN BREVE *Un'accogliente azienda agrituristica con un'offerta che rispetta il calendario delle produzioni aziendali. Sempre presenti i salumi locali.*

L'OSTERIA A un passo da Fiorenzuola d'Arda, e dal relativo casello autostradale, i locali dell'osteria sono ricavati nell'ex caseificio ottagonale dell'omonimo agriturismo. L'orto di proprietà detta i tempi della cucina di Adriano, supportato in sala da Giampietro e da Monica, responsabile anche delle camere. I **prodotti dell'azienda agricola**, oltre a una selezione di vini locali, sono disponibili anche per l'acquisto.

LA CUCINA La cucina si basa sulle **solide basi della tradizione piacentina**, utilizzando per la maggior parte materie prime autoprodotte e operando una oculata selezione di fornitori locali per il resto. La cifra della cucina si assapora nei classici della casa, con il tipico antipasto con torta fritta e salumi, i tortelli con la coda piacentini, le costine di maiale al forno. Buona la cantina, dove è possibile trovare il meglio delle quattro valli piacentine.

I PIATTI Torta fritta e salumi, Tortelli con la coda piacentini, Costine di maiale al forno

FORLÌ

DON ABBONDIO

Piazza Guido da Montefeltro, 16
Tel. 0543 25460
→ 9,6 km dall'uscita A14 Forlì
⏱ Chiuso dom sera, luglio-dicembre sab pranzo e dom Orario mezzogiorno e sera
Ferie agosto
Prezzi: 33-38 euro, vini esclusi
Carte di credito: AE, CS, MC, Visa

IN BREVE *Osteria dall'atmosfera calda e moderna. La cucina pesca dalla tradizione romagnola, ma non risparmia qualche brillante guizzo creativo.*

L'OSTERIA Quello che Simone Zoli con determinazione e intelligenza ha saputo creare con il suo Don Abbondio è una **bella casa aperta agli amici, accogliente e familiare** ma sempre curata in ogni dettaglio. La ricerca attenta della materia prima, la scelta mai banale di cantine rappresentative del territorio (e non solo), una cucina che ritrae una tradizione non immobile ma aperta al gioco e alla contaminazione sono un continuo invito che non stanca mai né il palato né gli occhi.

LA CUCINA Territorio e curiosità sono le costanti di una carta che si rinnova stagionalmente adattandosi al mercato con la necessaria flessibilità, pur mantenendo alcuni punti di forza che vertono su una buona proposta di salumi e formaggi locali, una bella scelta di vini al calice e tanta **pasta fatta in casa**, ben abbinata a verdure ed erbe spontanee. I secondi lasciano il posto a carni succulente, cotture lente e umidi importanti come la trippa e gli stracotti.

I PIATTI Polpettine di romagnola con salsa al pomodoro, Trippa fritta al pepe rosa, Stracotto al Sangiovese

FRASSINORO (MO) - Fontanaluccia

ALLA PESCHIERA

IN BREVE *Osteria autentica dal rapporto tra qualità e prezzo d'altri tempi. Da provare le immancabili tagliatelle.*

Via Ponte delle Volpi, 1 - Tel. 0536 968275
🕐 Chiuso il lunedì
Orario mezzogiorno e sera Ferie variabili
Prezzi: 25 euro menù fisso
Carte di credito: BM, CS, MC, Visa

L'OSTERIA Siamo nelle zone più remote della provincia di Modena: sulle rive del Dolo, al confine con la provincia di Reggio nell'Emilia. **Incastonata in un affascinante paesaggio naturale,** Alla Peschiera è una trattoria che è un pezzetto di storia: sia per l'aspetto e l'offerta a menù fisso, sia per l'atteggiamento cordialmente schivo del titolare Franco Manni che troverete in sala, aiutato da tutta la famiglia e, soprattutto, dalla moglie Maura in cucina.

LA CUCINA Atmosfera e servizio preservano le caratteristiche della vera tradizione montanara. **Conserve di verdure e salumi di propria produzione** sono un ottimo inizio, cui seguono paste all'uovo di fattura casalinga, lisce, come le immancabili tagliatelle, e ripiene, proposte con condimenti stagionali. Tra i secondi è d'obbligo citare il **pescato d'acqua dolce**, che trova nella trota fritta (allevata e pescata a lato del ristorante) l'indiscusso simbolo del locale. Qualche dolce al cucchiaio e una cantina ricca di buoni distillati chiudono l'offerta.

I PIATTI Tagliatelle ai porcini, Trota fritta, Zuppa inglese

GALEATA (FC) - Pianetto

LA CAMPANARA

IN BREVE *Protagonisti della buona tavola e del piacere dell'accoglienza, Roberto e Alessandra hanno realizzato nella prima collina romagnola una piccola oasi dello star bene.*

Via Pianetto Borgo, 24 A
Tel. 0543 981561-333 4073324
🕐 Chiuso il lun e mar a pranzo Orario mezzogiorno e sera Ferie prime 2 settimane di febbraio
Prezzi: 32-36 euro, vini esclusi
Carte di credito: BM, CS, MC, Visa, Satispay

L'OSTERIA Alessandra Bazzocchi e Roberto Casamenti con la loro attività tengono in vita questo piccolo borgo nella Romagna toscana, regalandoci **un'oasi di ristorazione senza tempo**.

LA CUCINA Il menù è indicativo dell'attenzione per le materie prime declinate in proposte giornaliere, che attingono ai valori della **cucina domestica**: tortello alla lastra, piada fritta e salumi di mora sono espressione di una scelta gastronomica precisa. In stagione i funghi, cucinati da manuale, danno il meglio con le paste all'uovo. Piatti attenti al recupero di tradizioni e materie prime "minori", come la salsiccia matta, gli stridoli, il **quinto quarto** e le polpette, sono insegna di una coscienza etica che sostiene il lavoro ai fornelli. Chiudete con un pezzetto di storia: la crema della nonna Lilla con ciliegie è da urlo.

I PIATTI Piada fritta con salumi di mora, Tagliatelle di castagne con salsiccia matta, Polpette a scottadito

Parmigiano Reggiano è una forma d'*arte*.

*Una forma di Parmigiano Reggiano è molto di più di una semplice forma di formaggio.
Perché il sapore inconfondibile delle diverse stagionature, dalla più delicata alla più intensa, ispira fino a creare piatti che diventano capolavori.*

PARMIGIANO REGGIANO

Quello *vero* è uno *solo*.

NATURALMENTE PRIVO DI LATTOSIO*
100% naturale
0 conservanti e additivi

parmigianoreggiano.com
Seguici sui nostri social e nel tuo punto vendita.

*Il Parmigiano Reggiano è naturalmente privo di lattosio: l'assenza di lattosio è conseguenza naturale del tipico processo di ottenimento del Parmigiano Reggiano. Contiene galattosio in quantità inferiore a 0,01 g/100 g.

Sentirsi
i benvenuti
ogni giorno.

Dietro al gruppo "Locanda Sudtirolese" ci
sono famiglie che hanno fatto dell'ospitalità
il loro stile di vita. La "Locanda Sudtirolese"
offre delizie regionali di stagione e preserva
l'antica cura gastronomica dell'Alto Adige.

www.locandasudtirolese.it

ANTICA LOCANDA DEL FALCO

Località Rivalta - Tel. 0523 978101
⏱ Chiuso lunedì sera e il martedì **Orario** mezzogiorno e sera **Ferie** 1 sett dopo Ferragosto, prime 2 di gennaio
€ Prezzi: 44-50 euro, vini esclusi
Carte di credito: AE, BM, CS, DC, MC, Visa

IN BREVE *Due anime gastronomiche ben integrate fra loro: una reale cucina di territorio, fatta di ricette familiari e materie prime di prossimità, e una dinamica e riuscita proposta di sapore internazionale.*

L'OSTERIA Il Falco è incastonato nello **splendido borgo medievale di Rivalta**, a venti minuti da Piacenza risalendo la Val Trebbia. È il feudo della famiglia Piazza, una storia iniziata nel 1975 e oggi portata avanti da Sabrina, supportata, in cucina, dai due cuochi di origini giapponesi, Yurika e Tomo, quest'ultimo titolare di un avventuroso menù degustazione.

LA CUCINA Le due anime culinarie del Falco convivono armoniosamente: da una parte quella della rigorosa tradizione piacentina e delle ricette di famiglia, incentrate principalmente su **pasta all'uovo** ripiena, *pisarei e fasò* e carni – anche di bassa corte – fra i secondi; dall'altra proposte più contemporanee, con un'evidente ispirazione mediterranea e grande attenzione alla parte vegetale, frutto di ricerca e commistioni con tradizioni e culture differenti, che hanno saputo trovare una loro composta identità.

I PIATTI *Pisarei e fasò*, Quaglia farcita con pane al prezzemolo, Carrello dei bolliti

GUIGLIA (MO)

DA GIOVANNI AL BELVEDERE

Via Roma, 22 - Tel. 059 792451
⏱ Aperto ven-dom, mer e gio solo su prenotazione **Orario** sera, festivi anche pranzo
Ferie 2 settimane in gennaio
Prezzi: 28-35 euro, vini esclusi
Carte di credito: AE, BM, CS, MC, Visa

IN BREVE *Locanda con atmosfera rilassante e familiare. Materie prime provenienti da piccoli produttori biologici, paste fresche con condimenti di stagione e carni in diverse cotture.*

L'OSTERIA All'interno del bell'**albergo di montagna** gestito da Anna Maria con i figli Margherita e Filippo, questo locale mantiene nel nome l'omaggio a Giovanni Montanari, pioniere del biologico in Italia, di cui gli eredi mantengono l'entusiasmo e la voglia di fare.

LA CUCINA Il buffet iniziale, oggi servito al tavolo, è da sempre cifra della cucina: una **selezione accurata di piccole produzioni biologiche**, prevalentemente della zona, come cereali, verdure, legumi, formaggi e salumi, si accompagnano a gnocco fritto e crescentine. I primi piatti sposano la **tradizione delle paste ripiene**, con tortellini e crespelle in prima linea. Le carni sono logico complemento di una proposta giustamente terragna: oltre alla vacca bianca modenese, la bassa corte con coniglio, oca e faraona. Merita un plauso l'offerta di vini biologici e biodinamici locali e nazionali a un eccellente rapporto tra qualità e prezzo.

I PIATTI Buffet di antipasti, Crespelle di zucca, Stracotto di bianca modenese

OSTERIA DEL VICOLO NUOVO DA ROSA E AMBRA

Vicolo Codronchi-angolo Via Calatafimi, 6
Tel. 0542 32552-338 9249555
→ 4 km dall'uscita A14 Imola
→ 1 km dalla stazione di Imola
🕐 Chiuso domenica e lunedì Orario mezzo-
giorno e sera Ferie tra luglio e agosto
Prezzi: 34-37 euro, vini esclusi
Carte di credito: AE, BM, CS, DC, MC, Visa

IN BREVE *Un'osteria dove la tradizione, il territorio e la qualità si fondono. Le proposte variano con le disponibilità di mercato, le carni provengono
da selezionati allevamenti locali.*

L'OSTERIA Nel centro di Imola vi è un'istituzione della ristorazione cittadina:
il locale di Ambra e Rosa. Nella bella stagione, la chiusura del vicolo che dà il
nome al locale permette la piacevole creazione di **una grande sala da pranzo
all'aperto**, dove è piacevole soffermarsi in totale tranquillità.

LA CUCINA Il menù, prevalentemente di terra, non dimentica la costa e cambia
sovente secondo la stagionalità dei prodotti. Al Vicolo troverete la tradizione,
quindi i **grandi classici della pasta all'uovo ripiena**, ma anche piatti con un
pizzico di creatività come i doppi ravioli con squacquerone e faraona brasata. Le
carni, da selezionati allevamenti locali, propongono un buon ventaglio di ricette
di casa. Dolci della casa con la bella riscoperta di conserve come la frutta sciroppata. Ampia la carta dei vini, con etichette nazionali e regionali.

I PIATTI Tortino di verdure e legumi, Tortellini in brodo, Zabaione con frutta
sciroppata

LAMA MOCOGNO (MO) - La Santona

MIRAMONTI

Via Giardini, 601 - Tel. 0536 45013
🕐 Chiuso il martedì, mai d'estate
Orario mezzogiorno e sera
Ferie 1 settimana tra settembre e ottobre
Prezzi: 30-35 euro, vini esclusi
Carte di credito: AE, BM, CS, DC, MC, Visa

IN BREVE *Un ambiente semplice,
ideale per un pranzo domenicale. Tutto
è fatto in casa e le pietanze arrivano al
tavolo in grandi piatti da portata. In
stagione funghi e tartufi.*

L'OSTERIA Siamo in montagna, a 1120 metri di altitudine, con il Cimone a
sorvegliare il pranzo. Un ristorante "come una volta", una piccola sala raccolta e
luminosa, un'atmosfera familiare. Vittorio Galli con la moglie Lidia lo conduce
da quasi cinquant'anni (ora sono aiutati dai figli) e il loro è ormai un **luogo
sicuro dove trovare cordialità e tradizione**.

LA CUCINA Lidia legge il menù che si compone di pochi piatti, proprio per
questo freschissimi. Si tratta di **ricette semplici, dai gusti decisi** e dalle porzioni generose. Si inizia dai primi di pasta sfoglia: tagliatelle, tortellini e tortelloni nei classici condimenti. Le carni di manzo, di maiale e di animali da cortile,
fornite in gran parte da produttori locali, regnano fra i secondi. In stagione,
funghi e tartufi arricchiscono tutte le preparazioni. Anche i dolci seguono la
tradizione, zuppa inglese e torta di cioccolato su tutti. Piccola proposta enologica in accompagnamento.

I PIATTI Tortelloni burro e salvia, Arista al forno, Faraona arrosto con patate

LANGHIRANO (PR) - Pilastro

MASTICABRODO

IN BREVE *Trattoria che propone ricette tradizionali della cucina parmense e stagionali. Da provare il prosciutto di Parma e la spalla cotta; specialità della casa i primi.*

Strada Provinciale per Torrechiara, 45 A
Tel. 0521 639110
🕐 Chiuso il lunedì
Orario mezzogiorno, ven e sab anche sera
Ferie 2 settimane in gennaio, 2 in agosto
Prezzi: 30-35 euro, vini esclusi
Carte di credito: AE, BM, CS, DC, MC, Visa

L'OSTERIA A pochi chilometri dall'affascinante castello di Torrechiara, Ida Marmiroli con la figlia Michela prosegue l'attività di famiglia con passione, nonostante la recente scomparsa del marito e chef Francesco Bigliardi a causa del Covid 19. La proposta, rispettosa della **tradizione parmigiana** e della stagionalità, è rimasta inalterata, come desiderava Francesco.

LA CUCINA Siamo nella **zona d'eccellenza per i salumi**, caratterizzati da importanti stagionature e selezionati con grande accuratezza. Fanno da contraltare i **primi piatti**, che si possono a ben ragione indicare come il caposaldo della carta del Masticabrodo: è difficile scegliere tra tortelli di erbetta e anolini in brodo, solo per fare un esempio. Variegata anche l'offerta di carni che trova nella punta al forno l'espressione più apprezzata. Dessert di produzione giornaliera e cantina che guarda soprattutto alla regione, senza dimenticare buone etichette nazionali, chiudono l'offerta.

I PIATTI Anolini in Brodo, Tortelli di erbetta, Punta al forno

LESIGNANO DE' BAGNI (PR) - Rivalta

CAPELLI

IN BREVE *La tradizione in questo locale è basata su solidi assi portanti: ottimi salumi, paste fresche, selvaggina e animali da cortile proposti in preparazioni semplici ma ben eseguite.*

Via Fossola, 10 - Tel. 0521 350122-335 6694279
🕐 Chiuso il giovedì Orario mezzogiorno e sera Ferie una settimana in agosto
Prezzi: 33-45 euro, vini esclusi
Carte di credito: BM, CS, DC, MC, Visa

L'OSTERIA Nelle colline note per la produzione del prosciutto di Parma, Capelli è una garanzia **per gustare al meglio i piatti tipici parmigiani**. Cristina, in cucina con la madre Carla, e la figlia Anna danno vita a una proposta attenta e sicura, Vincenzo, in sala, cura l'accoglienza e la selezione dei salumi.

LA CUCINA L'atmosfera di campagna e il paesaggio agricolo richiamano l'assaggio dei **prodotti di norcineria**, che sono parte importante dell'offerta. Le paste fresche sono preparate a regola d'arte, ricche e articolate nei formati: non possono mancare i tortelli (di zucca o di erbetta), le tagliatelle o gli gnocchi. Importante segnalare l'utilizzo di **carni di bassa corte** e della cacciagione, che costituiscono il cuore della valida proposta dei secondi: non si può rinunciare alle "cacciatore" con polenta, alle preparazioni arrosto e in umido di vecchia memoria, come l'ossobuco con i fagioli. Ampia la scelta dei vini, anche in accompagnamento a un goloso zabaione con le visciole.

I PIATTI Salumi, Tortelli, "Cacciatore" con polenta

LONGIANO (FC)

IL RISTORANTE DEI CANTONI

Via Santa Maria, 19 - Tel. 0547 665899
Chiuso il mercoledì Orario mezzogiorno e sera Ferie 15 febbraio-15 marzo
Prezzi: 31-42 euro, vini esclusi
Carte di credito: AE, BM, CS, DC, MC, Visa

IN BREVE *Un ristorante dove apprezzare una cucina gustosa, che guarda alla tradizione con un pizzico di originalità. La pasta fresca è tirata a mano, ottime le carni alla griglia.*

L'OSTERIA Il piccolo borgo, con suggestivi vicoli medievali e l'imponente rocca malatestiana che lo domina, è un valido motivo per una visita a Longiano, un'opportunità che dovreste cogliere prima di accomodarvi a tavola. Aperta nel 1989, l'osteria dispone di uno spazio in cui elementi del passato, come **archi e mattoni a vista**, sono elegantemente bilanciati da interventi moderni e curati.

LA CUCINA Una cucina **attenta alle sue radici romagnole**, ma non prigioniera, che sa affiancare ai piatti della tradizione proposte, che giocano con le materie prime locali e la stagionalità, per esempio nei cappellacci semiintegrali ripieni di fonduta di formaggi, dadini di zucca e pecorino di Sogliano, fatti a mano come tutte le paste. Le carni, di provenienza locale, sono in gran parte preparate alla griglia, come le tipiche costoline di castrato di Montefeltro. La carta dei vini, ampia e ragionata, racconta **l'amore per il territorio** con molte etichette anche al calice.

I PIATTI Polpettine di baccalà su salsa tartara, Passatelli in brodo all'uso di Romagna, Zuppa inglese al bicchiere

MERCATO SARACENO (FC) - Ciola

ALLEGRIA

Via Ciola, 381 - Tel. 0547 692382
Chiuso domenica sera e lunedì
Orario mezzogiorno e sera Ferie variabili
Prezzi: 25-32 euro, vini esclusi
Carte di credito: BM, CS, MC, Visa

IN BREVE *Rusticissima locanda di campagna, non facile da raggiungere, dove provare ravioli alle erbe, tagliatelle e diversi piatti di cacciagione.*

L'OSTERIA Allegria è l'omaggio alla voglia di stare a tavola fra amici, che in questa osteria è praticata fin dal 1903. Anna Caterina Cangini è custode di ricordi e di armonia messi a disposizione dei propri ospiti che raggiungono questo **angolo appartato di campagna** sui colli di Mercato Saraceno, lontano dal chiasso, sopra le righe ma con simpatia.

LA CUCINA La proposta non si è fatta snaturare dal difficile momento e resta centrata sui capisaldi territoriali: buoni salumi e formaggi locali, **primi al matterello dalle farciture stagionali a base di erbe spontanee**, che sposano condimenti con ragù, funghi, lepre o tartufo. La **cacciagione**, in umido o allo spiedo, è una delle peculiarità dell'osteria. Si diceva dell'importanza dei ricordi che qui diventano rituali: non stupitevi del cotechino coi fagioli a Ferragosto, agli amici di Anna piaceva così e lei, fedele a se stessa, lo inserisce in menù ogni anno. Ciambella, crema al limone e vini locali fanno il resto.

I PIATTI Ravioli alle erbe coi funghi, Spiedo di selvaggina, Piccione al forno

ALDINA

Via Albinelli, 40 - Tel. 059 236106
→ 8,5 km dall'uscita A1 Modena Nord
→ 1,3 km dalla stazione di Modena
🕐 Chiuso la domenica **Orario** pranzo, venerdì e sabato anche sera **Ferie** 24 dicembre-6 gennaio, agosto, Pasqua
Prezzi: 20-25 euro, vini esclusi
Carte di credito: BM

IN BREVE *Trattoria d'altri tempi, informale e rilassante, dove i primi piatti di sfoglia fresca tirata al matterello sono un caposaldo imprescindibile.*

L'OSTERIA Una trattoria senza insegna al primo piano di un palazzo di fronte al "modaiolo" mercato coperto Albinelli. **Luogo di passaggio** di generazioni di modenesi che a pranzo si ritrovano senza troppe formalità, sebbene ora sia sempre consigliata la prenotazione. Nel 1977 Aldina Ardisci ha dato al locale il nome che è rimasto ben oltre la sua presenza. Da oltre dieci anni la gestione di Gian Luca Ferri in sala e di Gaetano Strippoli, in cucina, continua a portare avanti la tradizione modenese.

LA CUCINA Menù a voce con qualche bottiglia di Lambrusco o di Pignoletto ad accompagnarlo. Come in buona parte dell'Emilia, i primi piatti di **sfoglia fresca tirata al matterello** sono un caposaldo imprescindibile: spazio a tagliatelle, quadretti in brodo e alle proposte ripiene, come i tortellini. Le carni sono la cifra dei secondi e, anche in questo caso, **le ricette sono quelle di casa**: trippa, ossobuco e, in inverno, bollito misto. Dolci al cucchiaio di tutto rispetto.

I PIATTI Tagliatelle al ragù, Tortellini in brodo, Bollito misto

MODENA

STALLO DEL POMODORO

Largo Hannover , 63 - Tel. 059 214664
→ 1 km dalla stazione ferroviaria di Modena
🕐 Non ha giorno di chiusura **Orario** mezzogiorno e sera **Ferie** variabili
Prezzi: 34-41 euro, vini esclusi
Carte di credito: BM, MC

IN BREVE *Un'osteria che è espressione di una cucina territoriale solida e accurata, materie prime di prossimità, ricette di casa, accoglienza fra amici. Modena e i suoi ricchi prodotti siedono a tavola qui.*

L'OSTERIA Nel centro città, Lo Stallo è un posto sicuro in cui trovare **grandi vini e preparazioni mai banali**. Se poi si arriva tardi la sera, un bicchiere e un piatto di buoni salumi o formaggi sono sempre garantiti. Nella bella stagione, l'ampia veranda permette di accomodarsi nell'adiacente piazzetta.

LA CUCINA Il menù risente della stagionalità e qualche fuori carta è sempre presente. **Tradizione e una straordinaria materia prima** sono il filo rosso che lega tutto, dallo gnocco fritto con i salumi alle paste ripiene tipiche del territorio. Le carni sono anima e sostanza delle pietanze, la provenienza è per tutte locale, con **attenzione ai piccoli produttori**. In carta, è sempre disponibile qualche proposta di pesce fresco o vegetale. Straordinaria la cantina, con la migliore selezione delle etichette locali e nazionali che Nunzio, oste d'esperienza, saprà consigliarvi.

I PIATTI Gnocchini fritti con i salumi, Tagliatelle con ragù di pollame, Agnello al forno

LA PIADINA, CIBO DI STRADA DELLA ROMAGNA

Ogni zona della Romagna si contraddistingue per il proprio modo di produrre la piadina in cento e più maniere diverse: nei chioschi e in qualche attento ristorante se ne trova ancora una preparazione manuale per assaporarla, in tutta la sua complessità. Per la Romagna non esiste cibo più identitario. Chi ha frequentato questa zona non può non associare monumenti e luoghi al suo profumo e alla sua fragranza. Che si chiami *pieda*, *pida*, *pié* o piada (il nome cambia a seconda della zona), le origini di questo pane povero sono le stesse. Un alimento talmente umile e così legato alla sfera domestica da non trovare citazione neppure ne *La scienza in cucina e l'arte di mangiar bene* di Pellegrino Artusi e ne *L'arte di utilizzare gli avanzi della mensa* di Olindo Guerrini. Pochi e semplici gli ingredienti che ne compongono l'impasto: acqua, farina, strutto, sale, un pizzico di lievito e di bicarbonato. A seconda della zona, possono essere utilizzati anche olio, latte, miele. Fondamentale la cottura, rigorosamente valutata ad occhio, assieme alla quotidianità di produzione e al saper fare, legato alla sapiente manualità. Un rituale che non è un ricordo del passato, ma una realtà portata avanti dalle piadaiole (o piadinaiole) nei chioschi. Agli inizi degli anni Sessanta, queste donne hanno salvato un prodotto, simbolo di questa terra, inventandosi un nuovo mestiere. In passato veniva cotta sulla teglia (*tegia*), il testo di terracotta refrattaria scaldato sulle braci, oggi su piastre di metallo, ma l'impasto è rimasto lo stesso. Cibo di strada di prim'ordine, può essere gustata con prosciutto, salame, mortadella, formaggio o con il tipico squacquerone, ma al tempo stesso non disdegna le innovazioni e la potrete trovare abbinata a tanti altri ingredienti. Allo stesso modo i crescioni, guscioni o cassoni, fatti dello stesso impasto, si possono trovare farciti, oltre che con le classiche erbe di campagna o con patate e zucca, con pomodoro e mozzarella, salsiccia, formaggio e tanto altro. Una piadina costa intorno agli 0,80-1 euro; ripiena con prosciutto sui 3,50-5 euro; un guscione alle erbe circa 3-4 euro. Eccovi qualche indirizzo dove poter fare assaggi.

Luca Toni

BERTINORO (FC)
LA CASA DELLA PIADINA

Largo Cairoli, 5 A - Tel. 340 7914950
Chiuso il lunedì
Orario: 15.00-22.00, festivi 9.00-22.00

Punto di riferimento del paese a pochi passi dal centro, con una piccola area esterna che ospita circa venti posti a sedere. L'offerta si basa sulle classiche versioni di piadina tradizionale, oltre a quelle con impasto di canapa, farro, kamut e 10 cereali. Tra le varie farciture dei rotoli, piadipizza e crescioni, gustoso quello con salsiccia, mozzarella e salsa tartufata.

CERVIA (RA)
AL PARCO

Via Salara-angolo Strada Stadale Adriatica, 12
Tel. 348 8697264
Chiuso il martedì, mai d'estate
Orario: 11.30-20.30

Una piccola oasi di piacere affacciata sulle saline di Cervia. Diverse proposte di impasto per la piadina: cereali, farro, grano saraceno e curcuma. Da provare il crescione erbe e ricotta e quello patata e squacquerone. E ancora il rotolone erbe, radicchio, gorgonzola e speck.

CERVIA (RA) - Pinarella

CHIOSCO DELLA PINETA

Via Mezzanotte-Zona Mare - Tel. 338 3256827
Aperto da aprile a settembre
Orario: 11.30-23.00

La piadina della pineta di Pinarella dal 1963 continua il percorso di tradizione iniziato con nonna Teresina e mamma Carla, con spazio all'aperto a due passi dal mare. Attenzione alle materie prime e alle diverse farciture, con la possibilità di tanti rotoli, oltre all'impasto con cereali.

CESENA - Sant'Egidio

ACQUA E FARINA DI ANDREA MONTANARI

Via Cerchia di Sant'Egidio, 2365 - Tel. 349 3173638
Non ha giorno di chiusura
Orario: 16.00-21.00, d'estate 17.00-22.00

Spazio all'aperto a ridosso di un piccolo parco pubblico e grande attenzione agli impasti, anche con farro, kamut e cereali: sono questi gli ingredienti di una piadina tradizionale e gustosa. Ottimi la piadina con verdure grigliate e pecorino e il rotolo con porchetta, bufala e zucchine.

CESENA

CHIOSKO GIARDINI SAVELLI

Viale Carducci, 20 - Tel. 0547 1951060
Non ha giorno di chiusura
Orario: 11.30-15.00/16.30-02.00,
in inverno 11.30-14.00 /16.30-21.00

Cambio di gestione per il chiosco all'interno dei Giardini Savelli in centro città: tanti posti a sedere e diverse possibilità di pasto per un pubblico sempre più giovane. Ancora attenzione agli impasti con diverse soluzioni di piadina in tante varianti di farcitura; proposte anche per vegani.

E CHIUSCHET D'LA PIDA

Via Fiorenzuola, 1250 - Tel. 333 7060121
Chiuso il sabato
Orario: 16.30-20.30 (21.00 in estate)

Una bella e gustosa conferma, con la piadina come una volta e tante proposte sfiziose. Siamo in zona ospedale, appena fuori dal centro di Cesena: in estate ci sono anche una decina di posti all'aperto. Nota di merito per i rotoli, anche con impasto integrale, come quello alle verdure. Crescioni alle erbe o di zucca e patate da provare, ma anche ai porcini oppure con verze e cotechino (in stagione).

CESENA - Macerone

E' TULIR DI FRANCESCO RICCI

Via 18 Agosto 1944, 490 - Tel. 339 1272339
Chiuso il mercoledì
Orario: 14.30-22.30

La tappa in questo chiosco è diventata un'abitudine per residenti e viandanti sia in estate (circa 60 posti all'aperto in un piccolo parco) che in inverno (circa 30 posti a sedere). Oltre alle tante preparazioni di piadina, rotoli e crescioni, da provare la *piadaza*: farcita con patata, mozzarella, fontina, pecorino, formaggio di fossa e porcini.

CESENA - San Giorgio

LA PIADINA DI GIANLUCA

Via Montaletto, 3035 - Tel. 348 5208912
Chiuso mercoledì e giovedì
Orario: 16.00- 20.30

Nei pressi del parco della frazione San Giorgio, il chiosco continua a preparare la piadina con la ricetta di famiglia. Abbinamenti di stagione e varianti con verdure sono la sua prerogativa. Da provare anche i rotoli e i crescioni: ottimi, fra questi, quelli con pancetta, radicchio, scamorza e mozzarella.

CESENA - Torre del Moro

LA REGINA DELLA PIADINA

Via San Remo, 35 - Tel. 340 3598263
Chiuso il sabato
Orario: 11.30-20.00, domenica 16.30-20.00

Una quarantina di posti a sedere e le verdure, che arrivano fresche dall'orto di famiglia, sono alcuni degli ingredienti di una piadina che si trova sia nella sua versione tradizionale che al rosmarino o con impasti alla paprica, al farro e ai cereali. Da provare il rotolo mozzarella, salame piccante e gorgonzola e i nuovi piadiroll, bocconcini di piadina in diverse farciture.

CESENA - San Carlo

MARINA GUIDAZZI

Via Castiglione, 33 - Tel. 349 7448174
Chiuso lunedì e mercoledì
Orario: 11.30-13.30, domenica 09.00-13.30/16.30-21.00

Marina vanta una delle piadine più autentiche della vallata. Il chiosco, a due passi dalla chiesa di San Carlo, da sempre è tappa anche per chi percorre il tragitto da e per Cesena. Oltre ai crescioni alle erbe o alla zucca e patate, da

provare le piadine, anche negli impasti di farina di canapa e farro biologico senza strutto.

CESENA

PIADINA DI CALABRINA

Via Dobbiaco, 50 - Tel. 347 3945545
Chiuso il lunedì e il martedì
Orario: 16.00-21.00

Il chiosco è sulla strada che collega Cesena a Cervia, a ridosso della chiesa della frazione omonima. Grande parcheggio ma pochissimi i posti a sedere. Tutto molto gustoso, sia sul fronte piadine sia su quello dei crescioni e dei rotoli, anche con farina di farro.

FORLÌ

PIADA 52

Via Andrea Dragoni, 52 - Tel. 340 3712548
Chiuso il lunedì
Orario: 07.00-23.00

Siamo in città, all'interno del Parco Area Verde di via Dragoni, dove una cooperativa sociale è impegnata nella preparazione di piadine e altri piatti anche senza glutine. Non perdete quella con burrata, prosciutto di Parma e pomodoro fresco.

FORLIMPOPOLI (FC)

TOM & JERRY

Via Armando Diaz-angolo giardini La Malfa
Tel. 339 1314711
Chiuso il sabato
Orario: 12.00-14.00/16.00-21.00, domenica 12.00-15.00

Il chiosco, a due passi dal centro della cittadina, offre una piadina tradizionale con grande attenzione alla materia prima. Oltre alle classiche farciture con prosciutto e formaggio, gustose quella con salsiccia, cipolla o peperoni e con pecorino e miele. Tra i crescioni, da provare quello con porcini, mozzarella, fontina e salame piccante.

GAMBETTOLA (FC)

80 VOGLIA DI PIADA DI ANDREA E ROBERTA

Piazza Cavour, 8 - Tel. 349 4709080
Chiuso il lunedì
Orario: 16.30-21.00

In centro a Gambettola, il chiosco si trova di fianco alla chiesa del paese. Piadina con salsiccia alla griglia e tante farciture per crescioni e piadipizza, che sono le referenze più apprezzate per un'attività diventata ormai una certezza.

MERCATO SARACENO (FC)

IL CHIOSCO DI ALESSIA

Via Pertini, 1 - Tel. 347 6881180
Chiuso il martedì
Orario: 12.00-21.30

Chiosco nei pressi del centro sportivo e dell'area sosta camper del paese. La struttura è stata appena rinnovata per una capienza di circa 40 posti a sedere. Piadina di buono spessore con farciture classiche e novità sfiziose; da provare i guscioni alle erbe o con zucca, patate e formaggio di fossa.

MERCATO SARACENO (FC) - Piavola

L'OASI DELLA PIADINA

Via Nenni, 55 - Tel. 342 5931634
Chiuso il mercoledì
Orario: 16.30-19.30, in estate 16.30-20.30

Il chiosco, con una ventina di posti a sedere, si trova vicino al centro sportivo della piccola frazione Piavola. È un pezzo di storia della piadina tradizionale, che negli anni ha inserito qualche novità. Immancabili i crescioni, nelle classiche versioni zucca e patate, erbe o salsiccia e cipolla.

MERCATO SARACENO (FC) - Bora

PIADINERIA IL MINATORE

Via Torricelli, 8 - Tel. 0547 323257
Chiuso il lunedì
Orario: 11.30-14.30/19.00-24.00

Il chiosco di una volta oggi è diventato un vero e proprio ristorante, con possibilità di pranzo e cena sia al chiuso, in inverno, sia fuori, in estate. Trovate comunque ancora piadina della tradizione farcita, con pancetta arrotolata e formaggio o salsiccia e pancetta alla griglia. Crescioni e rotoli classici con affettati, formaggi e verdure.

RAVENNA - Borgo San Rocco

PIADINA LUNA

Via Ricci, 15 - Tel. 392 2173658
Chiuso la domenica d'estate
Orario: 11.00-15.00/16.30-20.30, estate 11.00-15.00/18.00-22.00

Circa venti posti a sedere che in estate aumentano

nel bello scorcio del Borgo San Rocco, a Ravenna. Farine biologiche di diversi tipi macinate a pietra e grande attenzione alla materia prima utilizzata per le farciture. Ottimi il crescione di erbe miste e fontina con impasto di farro senza strutto, e quello di grano saraceno senza strutto con fontina, melanzane grigliate, origano e radicchio.

RAVENNA - Stadio Benelli

TRADIZIONE DOLCE & SALE

Via Cassino - Tel. 0544 400621
Chiuso il lunedì
Orario: 11.30-20.15

Il chiosco si trova nei pressi dello stadio della città. Sosta piacevole e generosa, con piadine e crescioni in diverse farciture: sempre presenti salumi in abbinamento a formaggio e verdure. Da assaggiare la piada nella versione croccante (sbriciolona).

RIMINI

BAR ILDE IL BARETTO DELLA BUONA PIADINA

Via Covignano, 245 - Tel. 0541 753274
Aperto da aprile a fine settembre
Orario: 12.00-22.30

Chiosco storico sulla collina di Covignano, che da quattro generazioni racconta i sapori della piada riminese. Aperto tutti i giorni da mattina a tarda sera, il Bar Ilde vanta tantissime farciture, tra cui diversi abbinamenti con formaggi e verdure.

DALLA LELLA   NOVITÀ

Viale Rimembranze , 74 A
Chiuso il lunedì, mai d'estate
Orario: 11.00-23.00

Dalla Lella, a Rimini, significa parlare della storia della piada, che oggi si può trovare anche all'olio, sfogliata, al kamut, di grano senatore Cappelli e altre farine. Tutte buone, con farciture classiche, come quella prosciutto, formaggio e rucola, o anche più sfiziose come quella con fichi caramellati e ricotta. Gustosi i cassoni, tra cui quello di patate, mozzarella e prosciutto cotto o l'invernale salsiccia e cavoli.

DOPPIO ZERO

Via Dario Campana, 78 B-C - Tel. 335 6575169
Chiuso il lunedì, mai d'estate
Orario: 9.00-22.00

Classica piada riminese a due passi dal centro storico della città, con tantissimi impasti alla canapa, all'ortica, al farro o alla farina di soia. Alcune farciture ricercate (da provare la piada con culatello, squacquerone di San Patrignano, pendolini scottati al basilico) affiancano le classiche versioni. Diverse le proposte di mare, come quella con sardoncini, rucola, radicchio, pomodorini e cipolla di Tropea.

RIMINI - Borgo San Giuliano

NUD E CRUD

Viale Tiberio, 27-29 - Tel. 0541 29009
Non ha giorno di chiusura
Orario: 12.00-16.00/18.00-24.00

La certezza della piada riminese a due passi dal ponte di Tiberio in uno scenario con atmosfere straordinarie. Tante le proposte, tutte a "chilometro vero", anche con utilizzo di farine di kamut e farro, senza lieviti aggiunti. Assaggiate l'ormai classico pidburger con carne di chianina e mora romagnola, crema di squacquerone, pomodoro, insalata e cipolla stufata.

SAVIGNANO SUL RUBICONE (FC)

AL GIARDINETTO DI ALESSANDRA RICCI

Via Emilia Ovest, 92 - Tel. 0541 946456
Chiuso martedì dalle ore 15.30 e il mercoledì
Orario: 12.00-21.00

Il chiosco (con circa 40 posti a sedere), situato all'ingresso del paese, testimonia già qualche influenza riminese rivelata dallo spessore più sottile della piadina. Gustoso il rotolo mozzarella, pecorino e salsiccia e la piadina con squacquerone e crudo; da assaggiare anche il crescione con erbe e formaggio di fossa.

DA GIULI E PUNDOR

Via Montepetra Piolo, 73 B - Tel. 347 2786637
Chiuso il lunedì
Orario: 14.30-22.00, nel fine settimana 11.30-22.00

A due passi dall'uscita E45 di Montecastello, il chiosco è al confine tra Sogliano al Rubicone e Mercato Saraceno. Circa trenta posti a sedere per un'attività che si conferma punto di ritrovo di due vallate. Piadine molto spesse, con affettati o salsiccia; molto validi anche i crescioni con zucca, patate e salsiccia o il semplice pomodoro e mozzarella.

TRATTORIA POMPOSA AL RE GRAS

Via Castel Meraldo 57-angolo Via del Voltone - Tel. 059 214881
→ 8 km dall'uscita A1 Modena Nord
→ 1,4 km dalla stazione di Modena
🕐 Chiuso il lunedì
Orario mezzogiorno e sera Ferie agosto
Prezzi: 28-32 euro, vini esclusi
Carte di credito: BM, Visa

IN BREVE *Un'autentica trattoria vocata esclusivamente ai piatti della tradizione modenese: gramigna con salsiccia, tortellini in brodo, zampone con lenticchie, bensone.*

L'OSTERIA Spin-off del ristorante stellato L'Erba del Re che lo chef Luca Marchini ha voluto aprire, ormai più di cinque anni fa, nell'incantevole piazza della Pomposa, uno dei luoghi più conosciuti della movida modenese. Un omaggio alla **cucina di tradizione in un ambiente semplice e funzionale**, dotato anche di una veranda estiva.

LA CUCINA Nella sala d'ingresso **si può assistere alla preparazione della pasta fresca** che, tirata a sfoglia, è la base dei tipici primi piatti emiliani. Oltre alle paste ripiene, come i tortellini, gramigna e tagliatelle al ragù modenese sono un motivo valido per una visita a questo locale. Tra i secondi, le carni, anche di bassa corte, come il pollo e il coniglio, meritano la scelta, ma è sempre presente anche lo zampone. I dolci sono quelli della tradizione fornaia, bensone su tutti. Interessante la cantina, con una bella scelta di Lambruschi locali accanto a etichette nazionali.

I PIATTI Tagliatelle al ragù modenese, Tortellini in brodo, Bensone

MONTE SAN PIETRO (BO) - Montepastore

ANTICA TRATTORIA BELLETTI

Via Lavino, 499 - Tel. 051 6767004
🕐 Chiuso domenica sera e lunedì
Orario pranzo e sera, in inverno solo pranzo e le sere di ven e sab Ferie variabili
Prezzi: 23-32 euro, vini esclusi
Carte di credito: BM, CS, MC, Visa

IN BREVE *Un locale caldo e accogliente dove apprezzare la tradizione regionale, con particolare cura dei prodotti di montagna.*

L'OSTERIA È sempre un piacere salire i tornanti che portano a Montepastore (attenti, che da Calderino manca ancora più di un quarto d'ora!), e uscire dalla calura cittadina o dal traffico invernale. Un'accoglienza al femminile da Belletti: in sala Camilla, in cucina Silvia e Cadigia. Quando la stagione lo permette, starete **nel fresco spazio esterno**, altrimenti in una delle sobrie sale interne.

LA CUCINA Tradizione regionale, con particolare cura dei **prodotti di montagna** (siamo a 600 metri d'altitudine, dopotutto), quindi non mancheranno i funghi, che potrete trovare con le tagliatelle o spadellati; sempre presenti anche i tortellini della tradizione bolognese e una selezione di carni fra i secondi. Interessante alternativa è il piatto montanaro: un piatto unico di tigelle e crescentine fritte accompagnate dal tipico pesto e da **salumi di produttori locali**. Pochi ma ben fatti i dolci, che verranno elencati a voce.

I PIATTI Tagliatelle alle ortiche con salsiccia e funghi, Coniglio arrostito al forno, Piatto montanaro

ANTICA TRATTORIA CATTIVELLI

Via Chiesa, 2 - Tel. 0523 829418
→ 5 km dall'uscita A21 di Caorso
🕐 Chiuso martedì sera e mercoledì
Orario mezzogiorno e sera Ferie 2 settimane tra luglio e agosto
€ Prezzi: 45-55 euro, vini esclusi
Carte di credito: AE, BM, CS, DC, MC, Visa

IN BREVE *Un locale eccellente sotto molti punti di vista: per la cucina, sempre in riuscito equilibrio, e la ricerca di materie prime stagionali in un territorio fragile e particolare come quello fluviale.*

L'OSTERIA Nella suggestiva Isola Serafini, l'unica abitata sul fiume Po, la famiglia Cattivelli continua a condurre sapientemente il locale aperto nel 1947. Nelle accoglienti sale e nell'ampio dehors si inizia un percorso alla scoperta del **patrimonio gastronomico del fiume e del territorio**, con materie prime accuratamente selezionate. Formaggi a latte crudo e una ricca cantina, in cui spiccano i vitigni autoctoni, completano un'offerta unica.

LA CUCINA Le antiche ricette della tradizione si mescolano a proposte moderne, in cui è sempre rispettata la stagionalità. Non mancano piatti tipici come i deliziosi *pisarei e fasò*, ma il vero protagonista è il Po: il **pesce di acqua dolce** (storione, acquadelle, anguilla, per citarne alcuni) è fondamentale fra gli ingredienti e la frittura è un gustoso esempio del suo sapiente utilizzo. La spongata di Monticelli è la conclusione degna e originale dell'esperienza gastronomica.

I PIATTI Pisarei e fasò, Frittura di **pesce di acqua dolce**, Spongata di Monticelli

NONANTOLA (MO) - Rubbiara

OSTERIA DI RUBBIARA

Via Risaia, 2 - Tel. 059 549019
→ 8 km dall'uscita A1 Modena Sud
🕐 Chiuso il martedì e le sere di domenica e lunedì Orario mezzogiorno e sera
Ferie 1 settimana a Natale, 10-20 agosto
Prezzi: 30-35 euro, vini esclusi
Carte di credito: Visa

IN BREVE *Un locale storico per chi cerca la tradizione di casa modenese. Piatti collaudati e veraci in una cornice piacevolmente informale per un pasto dai sapori netti e ricchi.*

L'OSTERIA L'osteria occupa i locali storici in cui i Benedettini, già nel Cinquecento, alloggiavano i contadini per la raccolta del riso (via Risaia, appunto). Divennero poi stazione di cambio dei cavalli sulla via da Bologna a Modena. Si beveva soprattutto, il cibo fece la sua comparsa dapprima come bottega e poi, negli anni Sessanta, con piatti veri e propri sotto la guida di Italo Pedroni, storico patron. Oggi all'accoglienza c'è il figlio Giuseppe, che cura anche l'**antica acetaia**.

LA CUCINA In cucina, con la supervisione di mamma Franca, Erika ripropone i piatti della **vera tradizione modenese**, basati su materie prime freschissime. Largo ai primi di **pasta sfoglia**: tortelloni, tortellini, tagliatelle e strichetti. Fra i secondi, buona la frittatina al balsamico, ma sono le carni a tenere banco con tagli di suino, faraona e il mitico pollo al Lambrusco. Per finire, crostate e torte casalinghe, oltre al gelato di crema. Il tutto accompagnato dai vini della casa.

I PIATTI Tortellini in brodo, Strichetti al ragù, Pollo al Lambrusco

PARMA - Coloreto

AI DUE PLATANI

Via Budellungo, 104 A - Tel. 0521 645626
→ 12 km dall'uscita A1 Terre di Canossa-Campegine
🕐 Chiuso lunedì sera e martedì Orario mezzogiorno e sera Ferie 15 febbraio-2 marzo;
15 agosto-prima sett di settembre
Prezzi: 35-40 euro, vini esclusi
Carte di credito: BM, CS, DC, MC, Visa

IN BREVE *Una cucina elegante e decisa, ben radicata nella tradizione parmense pur con margini di creatività. Materie prime selezionatissime e pasta fresca d'eccellenza ne sono la cifra.*

L'OSTERIA A pochi minuti dal capoluogo, in piena campagna, Ai Due Platani è divenuto in pochi anni un punto di **riferimento per la cucina parmigiana di qualità**. Ciò grazie all'esperienza e alla professionalità di Giancarlo Tavani, che coordina una efficiente brigata di sala. L'ambiente è informale e piacevolmente elegante, l'atmosfera rilassata. Ampio il dehors estivo. In cucina, Giampietro Stancari coniuga tradizione e innovazione, partendo da materie prime selezionate.

LA CUCINA Il ristorante è un luogo imprescindibile per chi ama la **pasta ripiena**: tortelli di zucca o di erbetta, oppure ravioli di coniglio, ancor meglio se preceduti da una impeccabile **selezione di salumi**. A seguire i secondi di carne ,in cotture rispettose delle tradizioni locali, al forno e alla griglia. Non mancano alcune proposte di pesce. Giusto spazio è concesso ai dolci, curati e golosi. Bella e oculata la scelta di buone etichette non solo regionali.

I PIATTI Selezione di salumi con torta fritta, Tortelli di zucca, Petto e coscia di piccione con agretti

PARMA

VIRGILIO

Strada Inzani, 3 B - Tel. 0521 1999966
→ 6,4 km dall'uscita A1 Parma
🕐 Chiuso la domenica Orario mezzogiorno e sera Ferie 10-20 agosto, 24-27 dicembre, Capodanno e Pasqua
Prezzi: 33-37 euro, vini esclusi
Carte di credito: BM, CS, DC, MC, Visa

IN BREVE *In questo accogliente locale, le ottime materie prime danno vita a un menù che presenta tutti i classici della tradizione.*

L'OSTERIA Bella novità entrata in guida nel 2020, che si riconferma senza incertezze. Accogliente locale nel quartiere definito da tutti i parmigiani Oltrettorrente, sottintendendo che il torrente in questione è il Parma, probabile origine del nome della città stessa. Quartiere popolare e spesso in rivolta che ben si addice all'oste Virgilio Buratti Zanchi e alla sua affiatata brigata di collaboratori: «Dal 2013 **oste resistente alle mode** e alle omologazioni».

LA CUCINA La selezione dei **salumi emiliani** va a strutturare l'imprescindibile antipasto, in cui possono trovare posto raffinate e freschissime proposte di formaggi italiani e non. Cuore della cucina emiliana i primi piatti e le **paste ripiene** in particolare, come in questo caso i tortelli di erbette o gli anolini in brodo. Poi, tra i secondi, non solo il manzo, anche la pecora di Corniglio, il cavallo (crudo e cotto) e la trippa alla parmigiana. Semplici e di casa i dolci. Raffinata e adeguata alla cucina la carta dei vini.

I PIATTI Antipasto di salumi, Tortelli d'erbetta, Tagliata di pecora di Corniglio

PAVULLO NEL FRIGNANO (MO) - Querciagrossa

LA TANA DI CHARLY

Via Signorelli, 1 - Tel. 0536 324329
🕐 Chiuso il giovedì e le sere dei festivi
Orario mezzogiorno e sera
Ferie variabili fra giugno e settembre
Prezzi: 30-34 euro menù fisso vini esclusi
Carte di credito: BM, CS, DC, MC, Visa

IN BREVE *In questo locale le verdure e gli ortaggi arrivano dall'azienda di famiglia, le carni e i formaggi in gran parte da produttori appenninici. Il menù, composto da sei portate, è fisso.*

L'OSTERIA A breve distanza da Pavullo nel Frignano, Carlo Romani con la moglie Annunziata e la figlia Maribelle conducono il ristoro che ha come punto di forza la provenienza locale delle materie prime impiegate: verdure e ortaggi dell'azienda di famiglia, **carni e formaggi di produttori della zona**.

LA CUCINA Alla sera e nei fine settimana, un menù fisso di sei portate, che varia con la stagione e l'offerta delle materie prime, è il modo attraverso cui l'osteria fa assaporare le **tipicità dell'Appennino** con ricette consolidate, semplici e ben eseguite. Spiccano le zuppe di cereali e verdure preparate con i prodotti dell'orto, non mancano le tradizionali paste fresche, magari con gli stagionali funghi prugnoli. Degni di nota gli arrosti misti tra i secondi. Crostate di frutta e il sorbetto di mirtilli selvatici chiudono, secondo tradizione, il pasto.

I PIATTI Zuppe di cereali e verdure, Arrosti misti, Crostate di Frutta

PIACENZA

DA MARCO OSTERIA DEL TRENTINO

Via del Castello, 71 - Tel. 0523 324260
→ 8,8 km dall'uscita A1 Piacenza Sud
🕐 Chiuso la domenica
Orario mezzogiorno e sera Ferie non ne fa
Prezzi: 33-37 euro, vini esclusi
Carte di credito: BM, CS, MC, Visa

IN BREVE *Osteria ultracentenaria che ha servito generazioni di piacentini in uno storico rione popolare. I piatti sono quelli della tradizione: spiccano le preparazioni con la carne.*

L'OSTERIA Intima e raccolta, l'osteria gestita dalla famiglia Piazza offre un **interessante spaccato della cucina piacentina**, con particolare attenzione alle carni nei loro tagli meno nobili. Nella bella stagione è possibile accomodarsi ai tavoli allestiti all'aperto.

LA CUCINA Il consiglio è di cominciare con gli ottimi salumi piacentini selezionati con cura: coppa, pancetta e crostini caldi con il lardo. Passando ai primi piatti, la cucina conferma il protagonismo della **sfoglia all'uovo**, che sposa brodi di terza o ricchi ragù di salsiccia. Non mancano *pisarei e fasò* in una versione particolare, ma sono i secondi la vera cifra dell'osteria, con il **quinto quarto a fare da padrone**: dal misto di cuore, animelle e rognone al fegato, fino alla cervella fritta. Degni di nota anche il guanciale di maialino e alcuni tagli di manzo con verdure di stagione. Dolci al cucchiaio e ottima cantina con le migliori etichette locali e nazionali.

I PIATTI Salumi piacentini, Anolini in brodo di terza, Cuore, animelle e rognone

PIACENZA

ENOTECA DA RENATO

Via Roma, 24 - Tel. 0523 325813
→ 6,1 km dall'uscita A1 Piacenza Sud
→ 1,1 km dalla stazione di Piacenza
⏱ Chiuso domenica sera, lunedì e martedì
Orario mezzogiorno e sera
Ferie 10 giorni in gennaio, 10 in agosto
Prezzi: 34-38 euro, vini esclusi
Carte di credito: BM, CS, MC, Visa

IN BREVE *Si può venire qui per un bicchiere o per un pasto completo. Grande attenzione è dedicata ai salumi, spesso di produzione propria o affinati in casa.*

L'OSTERIA Una piccola istituzione per gli appassionati di vino nel pieno centro di Piacenza. Un'ingresso minuscolo con il fascino d'altri tempi, un ambiente raccolto in cui si è circondati da una **curata selezione di bottiglie** con una buona scelta al calice. Dal banco, la solerte Tiziana Morisi garantisce un'atmosfera accogliente, con un assaggio dell'ottima coppa appena affettata.

LA CUCINA La proposta parte, si è capito, da una **grande attenzione dedicata ai salumi**, spesso di produzione propria o affinati in casa, accompagnati da formaggi selezionati in tutta Italia, tra i quali capita di imbattersi in prodotti molto ricercati. Proseguono sotto le stesse insegne **impeccabili classici della cucina locale:** pasta casalinga, in brodo con gli anolini o asciutta, succulente carni al tegame e una ristretta ma intelligente offerta ittica.

I PIATTI Anolini asciutti con tartufo e funghi, Faraona alla diavola, Ganassino brasato

PIACENZA

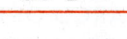

SAN GIOVANNI

Via Garibaldi, 49 - Tel. 0523 321029
→ 7,3 km dall'uscita A1 Piacenza Sud
→ 1,5 km dalla stazione di Piacenza
⏱ Chiuso domenica sera, d'estate anche a pranzo **Orario** sera, sabato e festivi anche pranzo **Ferie** 2 settimane in luglio
Prezzi: 35-40 euro, vini esclusi
Carte di credito: BM, CS, MC, Visa

IN BREVE *In un ambiente sobriamente elegante si elaborano piatti in equilibrio fra tradizione e ricerca. Da assaggiare i salumi accompagnati dalla giardiniera fatta in casa.*

L'OSTERIA Nel cuore della città, alle spalle della pregevole piazza Cavalli, Roberto (in cucina) e Carla (in sala) tengono viva la tradizione gastronomica piacentina attraverso coraggiosi e ben dosati elementi di modernità e di innovazione, rintracciabili anche all'interno nel riuscito accostamento fra antichità delle mura e arredo attuale: proponendosi così come **una vera e propria osteria contemporanea**.

LA CUCINA Il menù cambia secondo le stagioni, l'offerta del mercato, l'estro dell'oste, e c'è sempre qualche sorpresa fuori carta. Il percorso gastronomico non può non passare attraverso i **salumi tradizionali**, vera bandiera del territorio, e i *pisarei e fasò* qui proposti nella versione originale *basott*. La cucina guarda anche oltre confine con i testaroli pontremolesi, e si arricchisce di piatti di quinto quarto e di qualche proposta di pesce d'acqua dolce come il salmerino. Valida la selezione di formaggi, splendida e meditata la cantina con ricarichi corretti.

I PIATTI *Pisarei e fasò*, Panzerotti gratinati al forno, Rognoncini di vitello

PIACENZA

SANTO STEFANO

IN BREVE *Un'osteria moderna ben salda sulle sue radici: piatti curati, materie prime selezionate e uno sguardo sempre curioso verso l'esterno. Una referenza affidabile all'insegna della buona tavola.*

Via Santo Stefano, 22 - Tel. 0523 327802
→ 6,1 km dall'uscita A1 Piacenza Sud
→ 1 km dalla stazione di Piacenza
⏱ Chiuso domenica e lunedì
Orario mezzogiorno e sera Ferie agosto
Prezzi: 30-40 euro, vini esclusi
Carte di credito: BM, CS, DC, MC, Visa

L'OSTERIA A due passi dal duomo, un'**osteria dallo stile moderno** con arredi vintage. Il pavimento in legno regala al locale un'atmosfera familiare, così come il cortiletto interno: un'angolo verde tra le vecchie mura. Amelia e Davide sapranno orientarvi nella scelta dei piatti, mentre il figlio Francesco vi guiderà alla scoperta della cantina con nuove proposte intriganti.

LA CUCINA I **piatti della tradizione** non mancano mai: la storica bomba di riso di memoria farnesiana, i salumi piacentini selezionati personalmente da Davide al giusto grado di stagionatura e una corretta attenzione al **quinto quarto**. Il menù contiene anche incursioni culinarie nella vicina Liguria con il *brandacujun* e il cappon magro. In cantina, alcune tra le miglior etichette di vini naturali scovate da Francesco fra piccole e piccolissime produzioni.

I PIATTI Battuta di fassona al coltello servita con midollo tiepido, Bomba di riso, Trippa

PIANORO (BO) - Rastignano

OSTERIA NUMERO SETTE

IN BREVE *Osteria sulle prime colline alle porte di Bologna, che propone una solida cucina tradizionale. La sfoglia è tirata a mano e il pane è di produzione propria.*

Via Andrea Costa, 7 - Tel. 051 742017
→ 6 km dall'uscita A14 San Lazzaro
→ 270 m dalla stazione di Rastignano
⏱ Chiuso domenica sera e lunedì
Orario mezzogiorno e sera Ferie 1 settimana dopo l'Epifania, 1 in agosto
Prezzi: 30-40 euro, vini esclusi
Carte di credito: AE, BM, CS, MC, Visa

L'OSTERIA La trattoria è alle porte di Bologna, appena imboccata la statale che porta alla Futa. All'ingresso ecco il bancone del bar, poi due sale raccolte, arredate con semplicità ma con gusto e personalità. L'**atmosfera è piacevole e familiare** grazie alla cordialità di Matteo, da vent'anni nel settore, che vi saprà consigliare proponendovi in accompagnamento al menù una personale e oculata selezione di etichette e una bella gamma di distillati.

LA CUCINA Maria Elena è anima della cucina e artefice di ottimi piatti della tradizione bolognese, che rispettano le stagioni. La **sfoglia è tirata a mano** e il pane è di produzione propria. Un'invitante selezione di salumi precede i tortellini in brodo, la gramigna o le classiche tagliatelle, da prassi emiliana. A seguire una selezione di carni ben elaborate, che non disdegnano **ricette casalinghe** come il polpettone. Dolci al cucchiaio da menzione speciale.

I PIATTI Coppa di maiale cotta a bassa temperatura con emulsione di agrumi, Tagliatelle bianche con cipolla, Cotoletta alla bolognese

PODENZANO (PC) - Gariga

OSTRERIA PAVESI

Località Gariga, 8 - Tel. 0523 524077
→ 9,9 km dall'uscita A21 Piacenza Ovest
🕐 Chiuso lunedì e martedì
Orario mezzogiorno e sera Ferie non ne fa
€ Prezzi: 38-50 euro, vini esclusi
Carte di credito: BM, CS, MC, Visa

IN BREVE *Un piccolo gioiello di tradizione e innovazione, una cucina sempre dosata e una ricerca per la materia prima encomiabile, abbinata alla valorizzazione del territorio e delle piccole produzioni artigianali.*

L'OSTERIA I fratelli Pavesi con passione e competenze hanno valorizzato al meglio con la loro Ostreria con annessa bottega, la corte della Faggiola e la ricchezza gastronomica del territorio piacentino. La **stagionatura in proprio** di una superba selezione **di salumi** conferisce ulteriore pregio all'offerta. L'accurata scelta di fornitori e piccoli produttori, inoltre, si esplicita in una pregevole selezione di formaggi e in una ricca carta dei vini con cospicua presenza di naturali.

LA CUCINA Oltre al rispetto della stagionalità, la carta dell'Ostreria è caratterizzata dal riuscito **connubio tra tradizione e innovazione**. In questo senso, è degno di menzione, per originalità della proposta, il cappon magro di fiume. Le ricette del territorio sono realizzate nella versione più autentica, ma con sguardo contemporaneo e mano raffinata in cucina. Ne sono esempi alcuni piatti come la bomba di riso con piccione e porcini e la selvaggina alla brace.

I PIATTI Cappon magro di fiume, Bomba di riso con ripieno di piccione e porcini, Selvaggina alla brace

POGGIO TORRIANA (RN) - Montebello

PACINI

Via Castello di Montebello, 6
Tel. 0541 675410
🕐 Chiuso il mercoledì, mai in luglio e agosto
Orario mezzogiorno e sera
Ferie 2 settimane tra gennaio e febbraio
Prezzi: 28-35 euro, vini esclusi
Carte di credito: AE, BM, CS, MC, Visa

IN BREVE *In un borgo all'imbocco della Valmarecchia, un pasto ricco e abbondante a base di tagliatelle e salumi locali di buona fattura.*

L'OSTERIA Sui pendii dell'entroterra riminese, in una zona ricca di sapere gastronomico e tradizionalmente molto attiva, l'osteria è proprio di fronte al castello che domina il borgo. Il paesaggio è unico, lo sguardo si allunga sulla vallata godendo del fresco refrigerio collinare. Pacini è **una bella casa aperta al mondo**: atmosfera familiare, servizio puntuale, capiente sala finestrata e dehors che preparano a una sosta rilassata e piena di gusto.

LA CUCINA Sapori ben definiti per **una cucina fermamente ancorata a terra**: salumi locali di buona fattura, **pasta all'uovo casalinga**, animali di fattoria sono il cuore della proposta. Ragù ed erbe spontanee entrano nei condimenti di tagliatelle e strozzapreti, il brodo sposa cappelletti e passatelli, mentre le carni trionfano fra i secondi con un buon coniglio in porchetta, ma anche piccione e agnello. I dolci sono quelli tradizionali: menzione per il locale porcospino. Cantina regionale adeguata.

I PIATTI Cappelletti in brodo, Coniglio in porchetta, Porcospino

BELLARIA

Località Biana, 17 - Tel. 0523 878333
Chiuso il giovedì *Orario* mezzogiorno e sera *Ferie* prime 3 settimane di settembre
Prezzi: 32-36 euro, vini esclusi
Carte di credito: BM, CS, MC, Visa

IN BREVE *Nella trattoria della famiglia Trecordi si propone una cucina locale che non disdegna concetti contemporanei. Salumi piacentini con burtlèina e tante carni in diverse cotture.*

L'OSTERIA Siamo nella valle del Nure, dove Ponte dell'Olio prende il nome dall'omonima costruzione realizzata per facilitare i commerci, soprattutto quelli dell'olio, dalla vicina Liguria. Il locale esiste dalla metà dell'Ottocento e la famiglia Trecordi lo gestisce dal 1972. La **cucina è legata al territorio e alla stagionalità**, ma non mancano **proposte innovative** sempre offerte con gentilezza e cortesia.

LA CUCINA Da segnalare la frittatina tipica del Piacentino chiamata *burtlèina*, servita con salumi piacentini e crostini, mentre i primi piatti sono legati alla tradizionale **pasta all'uovo tirata al matterello**, anche con l'uso di farine particolari come quella di castagne impiegata per le pappardelle. Grandi classici fra i secondi con la *picula ad cavàl* (carne di cavallo tritata e cotta in umido) e vari arrosti di carni, anche di bassa corte. La carta dei vini è adatta alla cucina, con ampia offerta di vini piacentini.

I PIATTI *Burtlèina*, Tortelli con la coda, Anatra brasata

QUATTRO CASTELLA (RE) - Montecavolo

CATTINI

Via Filippo Re, 20 - Tel. 0522 880037
Chiuso lunedì e martedì *Orario* solo pranzo; mer, ven e sab anche sera *Ferie* metà luglio-metà agosto
Prezzi: 33-35 euro, vini esclusi
Carte di credito: BM

IN BREVE *Le golosità reggiane sono una cosa seria e Cattini ne è un interprete rigoroso dal 1961: i cappelletti in brodo, il monumentale carrello di arrosti e bolliti, la celeberrima zuppa inglese.*

L'OSTERIA Dopo una esperienza ventennale nella trattoria del padre, Monica Cattini decise, nel 1985, di acquistare e ristrutturare una stalla poco lontano dal paese. Così nacque Cattini, un ristorante che nel tempo ha fatto **dell'accoglienza e della convivialità la sua caratteristica distintiva**, unita a un rispetto rigoroso per i piatti della tradizione reggiana. L'ambiente è caldo e l'atmosfera familiare: ci si sente davvero a casa.

LA CUCINA Al tavolo vi dà il benvenuto una ciotola di ciccioli, salame o polpettine piccanti. Poi la fanno da padroni i piatti di **pasta foglia**, soprattutto ripiena, fra cui spiccano cappelletti e tortelloni. In inverno, troverete sempre una calda minestra, mentre fra i secondi non ci si può sbagliare: qui si viene per il **carrello dei bolliti e degli arrosti**, accompagnati da verdure e salse casalinghe freschissime. Obbligatorio chiudere con la celebre zuppa inglese. Un buon Lambrusco accompagnerà una piacevole sosta.

I PIATTI Cappelletti in brodo, Carrello dei bolliti e degli arrosti, Zuppa inglese

ARROGANT PUB

Via Luca della Robbia, 24 D
Tel. 338 1314307
→ 7,3 km dall'uscita A1 Reggio Emilia
🕐 Chiuso lunedì e martedì Orario sera,
sabato anche pranzo Ferie variabili
Prezzi: 25-33 euro, vini esclusi
Carte di credito: BM, CS, MC, Visa

IN BREVE *Un pub che, grazie a una se-lezione accuratissima di carni, salumi e for-maggi dei migliori artigiani del territorio, è diventato un punto di riferimento nazionale di fare cucina in un ambiente informale.*

L'OSTERIA Come evidente dal nome, **ci troviamo al cospetto di un pub**: arredamento semplice, un grande bancone, informalità nel servizio e musica metal (di sottofondo). Negli anni Alessandro Belli, anima e titolare, ha fatto diventare questo luogo un punto di riferimento nazionale. **Da bere solo birra**: il meglio della produzione nostrana e internazionale con piccoli gioielli che Belli scova durante i suoi viaggi.

LA CUCINA Se l'atmosfera è quella del classico pub, lo stesso non si può dire della cucina. Mancano le classiche paste fresche, ma il territorio è valorizzato attraverso l'utilizzo di carni, soprattutto bovine e ovine, **acquistate da allevatori di fiducia** – viene lavorato il capo intero – e di verdure provenienti in gran parte da un orto di proprietà. Strepitose le proposte di tagli crudi di pecora cornella bianca, le fritture di interiora, le fiorentine. Inoltre un'ampia selezione di burger e fritti. Da non perdere i **salumi e i formaggi**, anch'essi scovati tra i migliori artigiani della zona.

I PIATTI Marinata di rossa reggiana, Fiorentina di cornella bianca, Frittelle di cervello e funghi

CANOSSA

Via Roma, 37 - Tel. 0522 454196
→ 4,5 km dall'uscita A1 Reggio nell'Emilia
→ 800 metri dalla stazione di Reggio nell'Emilia
🕐 Chiuso il mercoledì
Orario mezzogiorno e sera Ferie agosto
Prezzi: 35-40 euro, vini esclusi
Carte di credito: BM, CS, MC, Visa

IN BREVE *Grazie alle sfogline che operano nella bella cucina a vista, gusterete tortelli, tagliatelle e cappelletti prima di passare al sontuoso carrello dei bolliti e degli arrosti.*

L'OSTERIA Dal 1971 i fratelli Calò sono alla guida del Canossa: un vero tributo alla tradizione reggiana, che sembra immutabile nel tempo. Siamo in pieno centro, all'interno della prima cerchia di mura della città, ed è qui che Giovanni, Nicola e Silvio officiano i **riti della grande cucina locale**, dalle paste ripiene al celebre carrello dei bolliti, orgoglio dello chef Giuliano.

LA CUCINA Il cuore della carta del Canossa è il **carrello dei bolliti e degli arrosti** con relative salse e contorni che, per varietà dei tagli, cottura e rarità della pietanza nella comune offerta ristorantizia, ha reso questo locale un vero luogo di pellegrinaggio. Fieri di questa lunga tradizione, i Calò servono in sala piatti magistralmente porzionati e allestiti con ogni cura. Non manca mai, nel buon corredo della linea di cucina, un variegato ventaglio di **paste fresche** tirate ogni giorno da abili sfogline e proposte nelle vesti più classiche. Dolci e vini del territorio.

I PIATTI Tortelli d'erbetta alla reggiana, Carrello di bolliti e arrosti, Zuppa inglese

IO E SIMONE

Piazzetta Teatini, 3 - Tel. 0541 709742
→ 400 metri dalla stazione di Rimini
🕐 Chiuso la domenica
Orario mezzogiorno e sera Ferie non ne fa
Prezzi: 32-38 euro, vini esclusi
Carte di credito: AE, BM, CS, DC, MC, Visa,
Satispay

IN BREVE *Un'osteria romagnola dove provare gli ottimi primi di pasta sfoglia, qui offerti anche in abbinamento a sughi di pesce.*

L'OSTERIA Massimo Zangheri, con la sua grande esperienza, i figli Simone e Giacomo veleggiano tra gli ambienti e il dehors di questo locale, dispensando consigli, sorrisi e battute, con la discrezione, **la misura e la competenza che caratterizzano i veri osti**.

LA CUCINA Siamo in Romagna, quindi si parte con ottimi primi di **pasta sfoglia**, oltre a formati classici come passatelli e strozzapreti, qui offerti anche in abbinamento a sughi di pesce preparati nel rispetto della stagionalità. Altro **elemento di forza i salumi**, vari e selezionati con cura: da quelli di mora romagnola a quelli avicoli. C'è posto anche per le carni da cuocere alla griglia e per il bollito, che racconta la passione di Massimo per il Piemonte. Ben curati i contorni e i dolci: non fatevi sfuggire il latte *brûlé* quando disponibile. Lista vini basata sulla Romagna e qualche grande rosso. Piccola selezione di birre artigianali e distillati.

I PIATTI Strozzapreti al ragù, Bollito misto, Latte brulé

RIMINI

LA MARIANNA

Via Tiberio, 19 - Tel. 0541 22530
→ 12 km dall'uscita A14 Rimini Nord
→ 1 km dalla stazione di Rimini
🕐 Non ha giorno di chiusura
Orario mezzogiorno e sera Ferie non ne fa
Prezzi: 30-40 euro, vini esclusi
Carte di credito: AE, BM, CS, DC, MC, Visa

IN BREVE *Trattoria di tipica cucina marinara da oltre un secolo, propone tanti antipasti caldi o freddi, pasta tirata al matterello, fritti e grigliate che variano in base al pescato.*

L'OSTERIA A due passi dal millenario ponte di Tiberio, La Marianna ha alle spalle una lunga storia legata al mare. Espressione di un progetto imprenditoriale che coinvolge diversi soci, Enrica Mancini e il marito Giuliano Canzian, insieme a Mirco Monari, fanno parte di un circuito di quattro locali che valorizzano la cultura marinara riminese in un'**atmosfera contemporanea**.

LA CUCINA La **stagionalità del pesce** appena catturato e la sfoglia tirata a mano sono i due capisaldi di questa trattoria che offre una cucina marinara verace. Al tavolo arrivano proposte che contemplano sempre le poveracce, ovvero le piccole vongole locali, le cozze di Cattolica, il **pesce azzurro** cotto sulle teglie di terracotta di Montetiffi e alcune ricette di casa come seppie e piselli. Le paste all'uovo sono servite, in inverno in minestra con legumi, ma dalla cucina arrivano anche piatti riscoperti, come la polenta con le vongole. Vini territoriali e birre artigianali completano il quadro.

I PIATTI Sardoncini marinati all'aceto, Pasta battuta ceci e vongole, Sardoncini fritti con salicornia

OSTERIA DË BÖRG

Via Forzieri, 12 - Tel. 0541 56074-56071
→ 7 km dall'uscita A1 Rimini Sud
→ 1 km dalla stazione di Rimini
⏰ Non ha giorno di chiusura
Orario mezzogiorno e sera Ferie non ne fa
Prezzi: 30-40 euro, vini esclusi
Carte di credito: AE, BM, CS, DC, MC, Visa

IN BREVE *Osteria dall'atmosfera popolare dove gustare piadina romagnola e tanta pasta fatta in casa, liscia o ripiena.*

L'OSTERIA Il quartiere di San Giuliano, oltre al ponte romano di Tiberio, è forse l'elemento più caratteristico del centro riminese. Fatevi una passeggiata tra i numerosi locali e i bei murales prima di arrivare a questa osteria, molto bene arredata, che rappresenta un approdo solido e sicuro per gustarsi al meglio la **locale cucina di terra**.

LA CUCINA La piadina, qui un po' più spessa con l'aggiunta di un pizzico di lievito, accompagna al meglio i salumi di mora. Tra i primi, neanche a dirlo, tanta **pasta fatta in casa, liscia o ripiena**, come i cappelletti alle carote, uno dei piatti forti dell'osteria. Le carni di mora romagnola e di castrato sono protagoniste dei secondi per le **cotture alla brace**, ma dalle ricette casalinghe arrivano anche zucchine ripiene e polpette. Degna chiusura un calice di Albana dolce con gli etruschi o la zuppa inglese.

I PIATTI Strozzapreti con pomodorini, salsiccia e stridoli, Misto di mora romagnola alla brace, Gratinati misti al forno

CAFFÈ GRANDE

Piazza Paolo, 8 - Tel. 0523 958524
⏰ Chiuso martedì, in inverno anche lunedì
Orario mezzogiorno e sera Ferie 20 gg in gennaio, 1 settimana a fine settembre
€ Prezzi: 38-42 euro, vini esclusi
Carte di credito: BM, CS, DC, MC, Visa

IN BREVE *Operativo da oltre un secolo, il locale trova un degno equilibrio tra cucina di territorio e innovativa. Bella selezione di salumi piacentini.*

L'OSTERIA In un pregevole palazzo neoliberty, nella piazza di Rivergaro, la famiglia Bertuzzi gestisce il locale dal 1875. All'interno di un **ambiente elegante ma informale**, Fabrizio in sala e Betty, in cucina, portano avanti la tradizione familiare con una proposta che riesce a coniugare piatti tipici e innovazione.

LA CUCINA Per chi ama assaporare le ricchezze del territorio, l'offerta è piuttosto ampia: dai salumi piacentini accuratamente selezionati a **primi piatti della tradizione casalinga** come anolini, *pisarei e fasò*. La carta dei secondi è variabile, con abbinamenti non scontati, e mostra in modo evidente la mano elegante e capace della cucina, che sa valorizzare anche tagli "minori" con accostamenti equilibrati e profumi di territorio: esemplare la trippa con fagioli bianchi di montagna. La proposta dei dolci è ricca e varia, con un giusto protagonismo dato alla locale sbrisolona. Cantina che guarda alla zona di appartenenza con accurate scelte.

I PIATTI Salumi piacentini, Anolini in brodo, Sbrisolona

RONCOFREDDO (FC)

OSTERIA DEI FRATI

Via Romolo Comandini, 149
Tel. 0541 949649
🕐 Chiuso il martedì **Orario** sera, sabato e domenica anche pranzo **Ferie** variabili
Prezzi: 37-42 euro, vini esclusi
Carte di credito: BM, CS, MC, Visa

IN BREVE *Un luogo accogliente, dall'atmosfera intima. Piatti freschi e leggeri, interpretati con sicurezza; l'attenzione al territorio è costante e la stagionalità testimoniata da un menù che cambia mensilmente.*

L'OSTERIA Nella parte alta del borgo di Roncofreddo, nel regno del formaggio di fossa, l'Osteria dei Frati è un luogo accogliente, dall'**atmosfera intima e quasi romantica** (splendida la veranda estiva). Valentina vi segue in sala con competenza e simpatia, il marito Giorgio in cucina elabora piatti tipici della cucina romagnola, reinterpretati con misura e leggerezza.

LA CUCINA L'attenzione al territorio è costante e la stagionalità testimoniata da un **menù che cambia mensilmente**. Ricerca nella selezione dei fornitori e nella ricettistica del patrimonio locale sono elementi centrali per la messa a punto di pietanze che sanno sempre stupire per eleganza ed equilibrio nella loro semplicità: finta carbonara e manfettini ne sono un valido esempio. Accurato sguardo al territorio anche nella bella selezione di **formaggi e latticini**, che resta uno dei punti a favore dell'offerta, grazie alla locale fossa dell'Abbondanza per la stagionatura. Ampia e curata la carta dei vini.

I PIATTI Manfettino risottato, Guancia brasata al Sangiovese, Gelati e sorbetti casalinghi

RUSSI (RA) - Ponte Vico

DA LUCIANO

Via Montone, 1 - Tel. 0544 581314
→ 13,5 km dall'uscita A14 Faenza
🕐 Chiuso lunedì sera e martedì
Orario pranzo e cena **Ferie** 27 luglio-15 agosto
Prezzi: 26-33 euro, vini esclusi
Carte di credito: AE, BM, CS, MC, Visa

IN BREVE *Questa storica trattoria rurale racconta un percorso plurisecolare nella cucina tradizionale: il menù del giorno vi sarà da guida.*

L'OSTERIA Spesso si identifica la Romagna con la costa adriatica, ma così non è. Sedetevi a uno dei tavoli di questa storica trattoria di campagna e capirete dalle battute degli avventori, dal carattere di chi vi servirà al tavolo e dai piatti che assaggerete le **tante sfumature di una terra generosa e ospitale**.

LA CUCINA Il menù del giorno vi sarà da guida: qui è **la stagione a dettare le scelte della cucina**. La carta si apre con antipasti rustici come crostini di fegatini, funghi fritti e piadina calda. Sono, però, i primi il vero piatto forte, tutti fatti in casa come i tortelli di zucca o alle erbe di fiume. Tra i secondi, tante ottime carni – anche di bassa corte – che privilegiano perfette cotture arrosto o alla brace. Le verdure arrivano direttamente dall'orto: fresche e preparate al momento. Attenzione anche ai vegetariani, con un paio di piatti senza carne e qualche formaggio. Dolci di casa e una cantina incentrata sul territorio.

I PIATTI Crostini di fegatini, Tortelli alle erbe di fiume, Faraona arrosto

SALA BAGANZA (PR)

MILLA

IN BREVE *In questa osteria, Luciano e Catia propongono classici del territorio. Valgono la visita la sola torta fritta e la buona selezione di salumi nostrani.*

Via Maestri, 40 - Tel. 0521 833267
🕐 Chiuso da lunedì a giovedì
Orario pranzo, sabato e domenica anche sera Ferie 1-15 gennaio, 15 giorni in agosto
Prezzi: 30-33 euro, vini esclusi
Carte di credito: BM, CS, DC, MC, Visa

L'OSTERIA Siamo a poca distanza dal **Parco dei boschi di Carrega**, in una trattoria che ha le sue origini nei primi anni del Novecento. Diventa "Milla" nel 1947, quando la capostipite della famiglia Affanni prende posto in cucina, dove lavorerà per oltre mezzo secolo, prima di lasciare le redini al figlio Luciano e alla moglie Catia.

LA CUCINA Siamo nella **piena e concreta cucina di territorio**. Valgono la visita la sola torta fritta e la buona selezione di salumi nostrani, ma la genuinità della proposta sta anche nelle conserve di verdure artigianali e nella grande varietà di **paste fresche preparate** in loco. Ovvio primato è concesso a quelle ripiene con erbe stagionali, che colorano anche l'impasto per le tagliatelle. Tra i secondi piatti, menzione particolare per tagli minori come il guancialino di maiale e, nel periodo invernale, per il bollito con le salse. Una fetta di sbrisolona per chiudere e una buona scelta di etichette regionali ad accompagnare il pasto.

I PIATTI Torta fritta, Tortelli d'erbetta, Guancialino di maiale

SALSOMAGGIORE TERME (PR)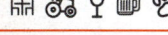

OSTERIA DEL CASTELLAZZO

IN BREVE *Un'osteria con un bel bancone in legno all'ingresso e alcune stanzette, spartane e accoglienti. Piatti pensati per raccontare le materie prime.*

Borgo Castellazzo, 40 - Tel. 0524 578218
→ 1 km dalla stazione di Salsomaggiore
🕐 Chiuso il mercoledì
Orario mezzogiorno e sera Ferie variabili
Prezzi: 37-40 euro, vini esclusi
Carte di credito: BM, MC, Visa

L'OSTERIA Laura e Davide sono i due motori che, con passione trascinante, animano questa osteria nel pieno centro di Salsomaggiore. Insieme condividono una **filosofia di totale integrità e rispetto dei prodotti**: lui raccontando con competenza una rara selezione di vini naturali, lei attraverso una cucina materica e garbata, da quest'anno arricchita dall'orto di proprietà.

LA CUCINA L'implementazione dell'orto ha ulteriormente stretto il legame tra i piatti di Laura e la materia prima, di cui è sempre stata interprete rispettosa e attenta, nella stagionalità così come nell'utilizzo di erbe e orticole locali, sfruttandone appieno tutte le potenzialità. Oltre ai grandi classici parmigiani – dai salumi, ai tortelli d'erbetta – che restano una garanzia, consigliamo le preparazioni a base di **carni di bassa corte**, come anatra e faraona. Al servizio di pranzo e cena si affianca una interessante proposta di aperitivo. È consigliata la prenotazione.

I PIATTI *Pisarei e fasò*, Pancia di maiale a bassa temperatura, Sbrisolona

SAN LEO (RN)

LA ROCCA

Via Leopardi, 16 - Tel. 0541 916241
🕐 Chiuso il lunedì, mai in luglio e agosto
Orario mezzogiorno e sera
Ferie 8-25 dicembre, 7 gennaio-13 febbraio
Prezzi: 30-33 euro, vini esclusi
Carte di credito: BM, CS, MC, Visa

IN BREVE *Un ristorante semplice, con vista sulla rocca di San Leo, dove assaggiare salumi locali, primi fatti in casa, buone carni alla brace e una curata selezione di formaggi locali.*

L'OSTERIA La famiglia Rossi gestisce con professionalità, **da oltre cinquant'anni**, questa osteria dalla quale si gode una delle più suggestive viste sulla Rocca di San Leo. In estate, l'ampia terrazza offre refrigerio e magnifiche cene sotto le stelle.

LA CUCINA Sono gli ottimi salumi, come il locale **prosciutto di Carpegna**, a offrire il giusto spunto per iniziare pasto. I primi celebrano la tradizionale pasta fresca, con menzione particolare per l'uso di farine meno frequentate, come il farro per gli strozzapreti, e di eccellenze territoriali, come il formaggio di fossa e il **tartufo** ad accompagnare tortelli e passatelli. Territorialità anche fra i secondi, con carni nostrane in umido o alla brace, fra le quali svettano quelle ovine. Interessante la scelta dei formaggi, trovandoci in una sensibile zona di produzione. Curata la cantina, con numerose etichette del luogo e proposte nazionali.

I PIATTI Tortelli di San Leo con olio e formaggio di fossa, Cosciotto di agnello al Sangiovese, Panna cotta

SAN PROSPERO (MO)

BISTRÒ

Via Canaletto, 38 A - Tel. 059 906096
🕐 Chiuso il mercoledì
Orario mezzogiorno e sera
Ferie 15-31 agosto, 24 dicembre-4 gennaio
Prezzi: 32-36 euro, vini esclusi
Carte di credito: BM, CS, DC, MC, Visa

IN BREVE *Da oltre trent'anni, cucina di territorio contaminata dalle origini bolognesi e veronesi dei nonni. La pasta fatta in casa è la regina dei primi piatti.*

L'OSTERIA Siamo nel territorio di elezione del Lambrusco di Sorbara, e qui sorge questo **locale informale ospitato all'interno di una palazzina ristrutturata**, che affaccia sulla strada principale. La gestione, da oltre trent'anni, è nelle mani della famiglia Fregni.

LA CUCINA Oltre a una buona pizza cotta nel forno a legna, la **cucina casalinga** si esprime al meglio testimoniando il legame con i prodotti di questa terra. Tra gli antipasti, spazio agli affettati con gnocco fritto, a polenta fritta e frittelle di baccalà. La pasta fatta in casa è la regina dei primi piatti, anche ripiena con materie prime stagionali come la zucca e con condimenti interessanti come l'aceto balsamico o le carni di bassa corte. La carne dei secondi attinge da tradizioni antiche: somarino e quinto quarto occhieggiano in tante preparazioni. Nella carta dei vini una discreta selezioni di Lambruschi locali.

I PIATTI Insalata di nervetti con cannellini e cipolla di Tropea, Maccheroni al pettine con sugo di coniglio, Noce di vitello arrosto

IL PODERONE

Via Poderone, 64 - Tel. 0543 980069
Non ha giorno di chiusura
Orario mezzogiorno e sera Ferie variabili
Prezzi: 25-35 euro menù fisso vini esclusi
Carte di credito: AE, BM, CS, DC, MC, Visa

IN BREVE *Antico casolare tra pascoli e boschi. Il Poderone propone piatti che sanno di Romagna e di Toscana. Il menù è fisso.*

L'OSTERIA L'esperienza al Poderone è forse unica nel panorama delle osterie emiliano-romagnole. Si tratta di una vera e propria casa in mezzo alle montagne casentinesi, **un rifugio lontano dai luoghi comuni**, dalle auto, dove ci si riappropria di una naturale semplicità. Lo stesso vale per l'accoglienza schietta della gente di montagna, che Nicola e Lorenzina riservano alla clientela, con pernottamento e pasti scanditi dall'incedere del sole: si pranza alle 13 e si cena alle 20, stop.

LA CUCINA Siamo al confine **fra Romagna e Toscana**, e la proposta giornaliera gioca attraversando e ritornando sul confine. Le porzioni sono abbondanti, si parte con buona pasta fresca, ripiena e non, con eccellenti funghi locali, e si prosegue con carni ben cotte sulla griglia. Umidi e arrosti con **materie prime reperite dagli allevatori della vallata** e dolci di memoria familiare, perlopiù al cucchiaio con qualche buon biscotto casalingo. Il vino è il Sangiovese della casa.

I PIATTI Tagliatelle al ragù, Coniglio arrosto, Grigliata mista

SANTARCANGELO DI ROMAGNA (RN)

LA SANGIOVESA

Piazza Balacchi, 14 - Tel. 0541 620710
Non ha giorno di chiusura
Orario sera, domenica e festivi anche pranzo
Ferie vigilia di Natale, 1 gennaio
Prezzi: 35-40 euro, vini esclusi
Carte di credito: AE, BM, CS, MC, Visa

IN BREVE *Entrare qui significa attraversare la tradizione romagnola di un tempo. La cucina diretta da Massimiliano Mussoni parte dalle materie prime prodotte nell'azienda di proprietà.*

L'OSTERIA Nel cuore di Santarcangelo, in uno dei migliori scorci del borgo segnato ancora dalla presenza di Tonino Guerra, La Sangiovesa è un **punto di riferimento per la cultura del cibo** e per la Romagna, gestito con cura e senza mai lasciarsi distrarre dai molti riconoscimenti ottenuti.

LA CUCINA La cucina diretta da Massimiliano Mussoni parte dalle **materie prime prodotte nell'azienda di proprietà** Tenuta Saiano, sui colli di Montebello. Piadina, salumi e latticini sono la cifra più autentica dell'inizio pasto, congiuntamente a confetture rare come quella di pera cocomerina. Tagliatelle e lasagne verdi si accompagnano a minestre contadine, come le zuppe di pasta e legumi. Carni bianche e rosse garantiscono una variegata offerta anche fra i secondi: si raccomandano quelle da cortile, il quinto quarto e quelle di mora romagnola. Ciambella e scroccadenti possono accompagnare un calice di vino dolce, scelto nell'ampia carta dei vini territoriali.

I PIATTI Tagliatelle della Minghina, Pasta e fagioli all'antica, Trippa di scottona alla contadina

SAVIGNANO SUL RUBICONE (FC)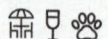

TRATTORIA DELL'AUTISTA

Via Cesare Battisti, 20 - Tel. 0541 945133
🕐 Chiuso sabato sera e domenica
Orario mezzogiorno e sera Ferie 3 settimane in agosto, 2 a fine dicembre
Prezzi: 25-30 euro, vini esclusi
Carte di credito: AE, BM, CS, DC, MC, Visa

IN BREVE *Osteria rustica in cui si vive la Romagna verace: il menù si compone di specialità collaudate ma mai stancamente ripetute.*

L'OSTERIA Una Romagna sincera, familiare e contadina è l'insegna di una trattoria nata negli anni Trenta e ancora fedele a se stessa. La storia della famiglia Gobbi è tutta nelle mura e nella cura di questo locale, ed è quella nitida di gente che generazione dopo generazione prosegue nel solco dei padri, garantendo la sopravvivenza di un piccolo emblema: **ospitalità territoriale, schietta e asciutta**, e una cucina senza deroghe.

LA CUCINA Seduti ai tavoli di sala o nel dehors esterno, si può attingere a un menù composto di specialità collaudate ma mai stancamente ripetute: tortelloni di ricotta, tagliatelle epassatelli traducono l'offerta dei primi, dopo un assaggio di piadina, salumi e formaggi freschi. Piacevoli conferme anche nei secondi con carni locali ben preparate secondo le **ricette classiche dell'entroterra**: fegato con la rete, coniglio e grigliate miste sono una sicurezza. Dolci sostanziosi, di casa come i vini, piccolo affresco del territorio.

I PIATTI Tortelloni di ricotta, Coniglio arrosto, Zuppa inglese

SISSA TRECASALI (PR) - Viarolo

LA PORTA A VIAROLO

Via Provinciale Viarolo, 103
Tel. 0521 836839
🕐 Chiuso il mercoledì e domenica sera
Orario mezzogiorno e sera Ferie variabili
Prezzi: 30-35 euro, vini esclusi
Carte di credito: BM, DC, MC, Visa

IN BREVE *Servizio cortese, senza fronzoli per una cucina tradizionale e innovativa. Tra i primi vanno segnalati i classici formati di pasta ripiena.*

L'OSTERIA Con qualche concessione all'innovazione, questo è il locale adatto per scoprire la cucina parmigiana. L'atmosfera che si respira all'interno, grazie al bancone del bar, agli arredi e ai tavoli ancora occupati dai residenti per un bicchiere e una partita a carte, è quella di **un posto di famiglia**. In sala Paola vi accoglie con un servizio cortese e senza fronzoli, in cucina Nicole mette a punto i suoi piatti.

LA CUCINA Vale un assaggio fantasia di salumi, in particolare la **spalla cruda** di Palasone accompagnata da un cestino della tipica torta fritta parmigiana. Tra i primi piatti vanno segnalati i classici formati di **pasta ripiena**, come gli ottimi tortelli, che convivono con equilibrati azzardicome le tagliatelle al cioccolato. Tra i secondi le carni sono in primo piano: punta di vitello, trippa, cotechino e stinco di maiale, tra i più gettonati. La carta dei vini presenta, accanto a una selezione di etichette della zona, un'ampia proposta nazionale.

I PIATTI Spalla cruda di Palasone, Tortelli d'erbetta al burro fuso, Punta di vitello

SISSA TRECASALI (PR) - Gramignazzo

LAGHI VERDI

Via Co' di Sotto, 74 - Tel. 0521 879028
🕐 Chiuso lunedì, martedì e mercoledì a pranzo Orario mezzogiorno e sera
Ferie metà di dicembre-febbraio
Prezzi: 33-36 euro, vini esclusi
Carte di credito: BM, CS, DC, MC, Visa

IN BREVE *Un'osteria di campagna che è anche luogo di aggregazione e relax. Si mangia immersi nel verde, vicino ai laghetti di pesca sportiva, ma non mancano le specialità di terra.*

L'OSTERIA I membri della famiglia Demaldé possono a buon diritto definirsi i "re del pesce gatto". Ne hanno iniziato l'allevamento nel 1995, con alle spalle già più di trent'anni di storia ristorativa. Qui è possibile gustare questo ingrediente preparato con maestria in una moltitudine di ricette. Si mangia **immersi nel verde**, vicino ai laghetti di pesca sportiva che rendono il motto «dall'acqua alla padella» davvero rispettato, ma non mancano le specialità di terra parmigiane.

LA CUCINA Protagonista di questi undici specchi d'acqua, vero grimaldello per ogni occasione e piatto del menù è lui, il pesce gatto. Dagli antipasti alle portate principali, lo troverete in una moltitudine di ricette tradizionali e golose, accanto a tipiche preparazioni a base di rane, storioni e altri esemplari d'**acqua dolce**. Molto curata anche l'offerta di terra, con una scelta completa dei grandi classici parmigiani.

I PIATTI Pesce gatto marinato, spaghetti al ragù di pesce gatto, pesce gatto fritto

TRAVERSETOLO (PR) - Castione de' Baratti

LO SCALOCCHIO

Via Provinciale, 50 - Tel. 0521 842500
🕐 Chiuso lunedì e martedì, d'inverno anche dom sera Orario mezzogiorno e sera
Ferie fine febbraio-inizio marzo e fine settembre
Prezzi: 30-35 euro, vini esclusi
Carte di credito: BM, CS, MC, Visa

IN BREVE *Atmosfera accogliente, accurata selezione di materie prime e grande utilizzo di erbe selvatiche. Notevoli le tagliatelle.*

L'OSTERIA Incontrate questo accogliente casolare risalendo la strada che, chiusa tra la Val d'Enza e la Val Parma, porta verso l'Appennino parmense. Siamo a Castione de' Baratti, e proprio da quei Baratti, feudatari medievali di questo lembo di terra, discendono le sorelle Emanuela e Lorenza Baricchi. La prima in cucina, la seconda ottima padrona di casa e responsabile di un'**accorta selezione di vini**.

LA CUCINA Emanuela è appassionata ed esperta di *foraging*, che è sempre stata una pratica diffusa per chi conosce e sa utilizzare le risorse, anche selvatiche, del proprio territorio. Ricette impreziosite, quindi, da **erbe spontanee, foglie, bacche e frutti** che insaporiscono i **piatti della cucina locale**, dalle paste all'uovo alle carni dei secondi, con interessanti risultati che regalano sfumature e aromi legati alla stagione e all'estro.

I PIATTI Tagliatelle ai fegatini di coniglio e acciughe, Coniglio in bianco al tegame, Agnellone cornigliese alla maniera dei lupari

VALSAMOGGIA (BO) - Savigno

AMERIGO DAL 1934

Via Marconi, 14-16 - Tel. 051 6708326
🕐 Chiuso lunedì e martedì Orario sera, festivi e prefestivi anche pranzo Ferie variabili
💶 Prezzi: 45-55 euro, vini esclusi
Carte di credito: AE, BM, CS, DC, MC, Visa

IN BREVE *Un locale che è una vera miniera di saperi, cultura enogastronomica e preparazioni assolutamente perfette. Una cucina solida, di tradizione e di innovazione, basata su materie prime impeccabili.*

L'OSTERIA Che cosa non manca mai nel centro di un paese? La chiesa, il municipio, la farmacia, il bar Centrale. A Savigno c'è anche la trattoria Amerigo, ormai luogo istituzionale. Da nonno Amerigo Alberto Bettini ha ereditato passione e amore per questa terra e la vecchia osteria di paese, ora diventata un ristorante famoso e **tappa obbligata per "assaggiare" questi territori**. Al piano terra una sala con arredi antichi e lo storico bancone del bar, al primo altre due comode e accoglienti sale.

LA CUCINA Una **cucina solida, di tradizione e di innovazione**, basata su materie prime impeccabili. Sapori autentici, dai calzagatti arrostiti alla cruda di bianca modenese con tartufo, ai primi di pasta sfoglia: eccellenti i tortellini in brodo e i ravioli di friggione. Fra le carni, ottime quelle ovine e di bassa corte, oltre al pesce di collina: il baccalà. D'obbligo finire con il gelato di crema. Ampia e rappresentativa la carta dei vini.

I PIATTI Tigelle con gelato al parmigiano e aceto balsamico tradizionale, Tagliatelle al ragù, Coscia di daino con erbe, funghi e frutti

VALSAMOGGIA (BO) - Monteveglio

DAI MUGNAI

Via Mulino, 11 - Tel. 051 6702003-347 7702479
🕐 Chiuso il lunedì Orario pranzo; martedì, venerdì e sabato anche sera Ferie 1-15 gennaio, le 2 settimane centrali di agosto
Prezzi: 30-35 euro menù fisso vini esclusi
Carte di credito: AE, BM, CS, DC, MC, Visa

IN BREVE *Trattoria dall'atmosfera familiare, propone una cucina centrata sul territorio e la sua campagna. La pasta sfoglia è tirata a mano.*

L'OSTERIA Stefano Parmeggiani discende da una stirpe di mugnai, gestori del vecchio mulino già nel 1873. Vent'anni fa nello storico edificio, con l'aiuto della moglie Serena, e ora della figlia Martina, il patron ha aperto questa trattoria, **specchio fedele della cucina di territorio**. L'ambiente è accogliente, l'atmosfera cordiale e le materie prime sono quelle dei **piccoli produttori circostanti**.

LA CUCINA Ingredienti sempre freschissimi, senza alcuna scorta di magazzino, sono la base di una cucina centrata esclusivamente sui piatti della tradizione bolognese. Le crescentine con salumi emiliani precedono primi di **pasta sfoglia tirata a mano** (tortelloni, tortellini e tagliatelle al ragù su tutti). Sapori decisi fra i secondi, tutti a base di carne: stufati di salsiccia, friggione e petroniana fra gli esempi più costanti. Dolci invitanti e una carta dei vini che offre un panorama esaustivo dei Colli Bolognesi.

I PIATTI Tortelloni di ricotta con crema di parmigiano e balsamico, Farfalle verdi con zucchine, gambuccio e zafferano, Guanciale di vitello con patate

VALSAMOGGIA (BO) - Bazzano

LA ZAIRA

Via Borghetto di Sotto, 6 - Tel. 051 832187
→ 7,5 km dall'uscita A1 Valsamoggia
→ 550 metri dalla stazione di Bazzano
⊙ Chiuso sabato a pranzo e la domenica
Orario mezzogiorno e sera
Ferie 1 settimana fra Natale e Capodanno
Prezzi: 32-35 euro, vini esclusi
Carte di credito: BM, MC, Visa

IN BREVE *Nel suo piccolo locale, Belinda Cuniberti prepara piatti con materie prime provenienti principalmente da fornitori locali. Consigliamo l'assaggio dei fegatini di pollo dell'Artusi.*

L'OSTERIA Il nome del locale rende omaggio alla nonna, da cui Belinda Cuniberti ha ereditato passione per la cucina e determinazione. In un ambiente raccolto, circondato da scaffali con la bella selezione dei vini, comprenderete subito l'idea che anima Belinda: **esaltare e valorizzare i prodotti della Valsamoggia**, tanto che il locale è anche punto di raccolta per piccoli gruppi d'acquisto. D'estate si mangia nel vicoletto chiuso al traffico.

LA CUCINA La filosofia del locale è stata perfettamente recepita e tradotta da Mirela e Juliana in piatti semplici, dai sapori schietti e appaganti. I crostini con fegatini di pollo, o con caciotta di bianca modenese, aprono la strada a primi di **pasta sfoglia tirata a regola d'arte**, che si lega a fragranti ragù o al brodo buono per i tortellini. Carni arrosto, la classica cotoletta e le ottime risorse dell'orto e dei boschi animano secondi variegati, che cambiano secondo stagione. Dolci casalinghi a chiudere l'offerta.

I PIATTI Crostini con fegatini di pollo, Passatelli asciutti con ragù di coniglio, Piatto dell'orto e del bosco

VALSAMOGGIA (BO) - Savigno

MASTROSASSO

Via Scardazzo, 292 - Tel. 051 6708552
⊙ Chiuso lunedì e martedì Orario mezzogiorno e sera Ferie 2 sett fine settembre, 2 in gennaio dopo le festività
Prezzi: 34-39 euro, vini esclusi
Carte di credito: BM, CS, MC, Visa

IN BREVE *Curato agriturismo con azienda vinicola, offre una cucina semplice di tradizione. Da provare i passatelli in brodo.*

L'OSTERIA Mastrosasso guarda la vicina Savigno da sotto la vigna della cantina Torricella, sempre del patron Alessandro Bartolini. Con la bella **stagione**, l'aia permette di far accomodare anche brigate numerose, mentre in inverno accolgono gli ospiti due sale. Oltre alla vigna, Mastrosasso **ha ulteriormente allargato l'orto** per raggiungere l'autosufficienza, quasi l'autarchia.

LA CUCINA Pochi piatti, ben preparati da Luca Fava e serviti dai proprietari, con il patron a sovrintendere anche alla griglia. Le paste della tradizione, come tortellini e tagliatelle, la fanno da padrone, ma sono da provare anche i passatelli. Il grande camino propone ottime **carni alla brace**, anche di antica memoria, come il fegato steccato con rete di maiale e alloro. Quando è stagione, questa è una delle migliori zone per la raccolta di **tartufi e funghi** di qualità, di cui la cucina fa ampio uso. I vini sono ovviamente quelli della propria cantina.

I PIATTI Tosone fritto e friggione, Tortellini in brodo, Fegato nella rete di maiale e alloro cotto alla brace

VALSAMOGGIA (BO) - Monteveglio

TRATTORIA DEL BORGO

Via San Rocco, 12 - Tel. 051 6707982
🕐 Chiuso il martedì Orario solo sera, festivi anche pranzo Ferie 2 settimane in gennaio, prime 2 di settembre
Prezzi: 33-40 euro, vini esclusi
Carte di credito: AE, BM, CS, DC, MC, Visa

IN BREVE *In un contesto che da solo sembra essere un quadro, il locale è espressione di una profonda conoscenza del territorio e delle sue risorse: piatti curati e verdure prodotte in proprio.*

L'OSTERIA Siamo nel Parco di Monteveglio, proprio accanto all'abbazia francescana: **un luogo di pace e tranquillità** in ogni stagione. Paolo e Alessandra vi accolgono con garbo e cortesia, affiancati da giovani collaboratori altrettanto capaci.

LA CUCINA L'ampio uso di vari Presìdi Slow Food e l'impiego importante di **ingredienti che nascono nell'orto**, e si trasformano in fritti perfetti e abbondanti, sono garanzia di una cucina fresca e ben fatta. I primi sono all'insegna di un bel **connubio fra tradizione e stagionalità**: oltre ai tortellini in brodo, fanno il loro ingresso le tagliatelle verdi con ragù e *arvaja* (piselli) o ai porcini. Carni succulente e leggere, anche nelle cotture più impegnative, sono la cifra dei secondi, così come è la curata selezione dei tre menù degustazione: tradizionale, funghi e tartufi, vegetariano. Ampia e ragionata la selezione dei vini del territorio.

I PIATTI Millefoglie di lingua di manzo con salsa verde classica, Tortellini in brodo, Ganassino

VERGHERETO (FC) - Alfero

LANZI

Via Don Babbini, 10 - Tel. 0543 910024
🕐 Chiuso il mercoledì
Orario mezzogiorno e sera Ferie febbraio
Prezzi: 28-32 euro, vini esclusi
Carte di credito: AE, BM, CS, MC, Visa

IN BREVE *Sobria cucina montana che vede quali ingredienti principali le carni e i prodotti del sottobosco. Menù collaudato e fondato sull'eccellenza degli ingredienti.*

L'OSTERIA Infaticabile, Giovanni Maria Lanzi continua a interpretare egregiamente il suo doppio ruolo di oste e uomo di cucina. È lui a occuparsi di ogni aspetto in questa **sobria trattoria d'Appennino**.

LA CUCINA Nella cosiddetta Romagna-Toscana si entra già a pieno titolo in un'atmosfera montana. L'Appennino, ricco di funghi e di molti altri frutti del bosco, è alla base di un menù collaudato e fondato sull'eccellenza degli ingredienti, garantiti anche da piccoli fornitori locali. I **funghi porcini** qui sono di casa. Le **paste fatte in casa** si imperniano su tagliatelle e tortelli, le carni, con buon protagonismo per quelle da cortile come faraona e coniglio, trovano nelle cotture al tegame o arrosto la loro veste più riuscita. Non sono da meno agnelli e bovini di allevamento locale. Dolci casalinghi, con particolare menzione per la crostata di mele calda.

I PIATTI Tortelli di patate al ragù, Tagliatelle ai porcini, Agnello al forno

TRINITÀ

IN BREVE *Una perfetta integrazione tra il classico e qualche apertura alla modernità. Assaggiate l'eccellente selezione di salumi, con le tre specialità piacentine (salame, coppa e pancetta) preparate in casa.*

Località Trinità, 16
Tel. 0523 898133-333 8392331
🕐 Chiuso il mercoledì e giovedì a pranzo
Orario mezzogiorno e sera
Ferie 3 settimane da metà agosto
Prezzi: 24-38 euro, vini esclusi
Carte di credito: BM, CS, MC, Visa

L'OSTERIA Familiare è il termine che viene in mente per descrivere l'atmosfera che si respira in questa storica osteria dei Colli Piacentini. La famiglia Solari, dal 1973, perpetua una tradizione fatta di **scrupolosa aderenza alle ricette locali**. In cucina troverete due generazioni, mamma Ornella con Cristian, mentre in sala vi attenderanno il patron Giovanni con il figlio Filippo, responsabile anche della bella carta dei vini.

LA CUCINA Arrivare qui significa assaggiare l'eccellente selezione di salumi, con le tre specialità piacentine (**salame, coppa e pancetta**) **sono preparate in casa**. Pronti al taglio anche altri ottimi esempi di norcineria come il lardo di pata negra e la spalla cotta di San Secondo. Tradizionali i formati di pasta fresca, dai tortelli con la coda ai *pisarei e fasò*, a cui fanno seguito secondi ricchi di carni di bassa corte, dal pollo alla faraona. Fra i vini locali, Ortrugo, Malvasia e Gutturnio sono produzioni di famiglia.

I PIATTI Salumi con torta fritta e bortellina, Tortelli con la coda ricotta e spinaci, Pollo fritto

VIGNOLA (MO)

OSTERIA DELLA LUNA

IN BREVE *La storia di questa osteria è vecchia di un secolo. Tra le varie portate del menù tradizionale, buone tigelle con salumi e formaggi.*

Piazza Boncompagni, 3 - Tel. 059 764670
🕐 Chiuso il lunedì Orario sera; domenica, maggio-giugno anche sab, a pranzo
Ferie prima settimana di febbraio
Prezzi: 25-35 euro, vini esclusi
Carte di credito: BM, DC, MC, Visa

L'OSTERIA Nei pressi della Rocca di Vignola, uno **storico locale** dove la tradizione culinaria si mescola con la cultura del buon bere (ottima la carta), grazie all'oste patron Antonio Tondelli. È sempre lui a guidare le danze in sala con un giovane staff. Il locale è rustico e disposto in salette raccolte con un suggestivo spazio all'aperto.

LA CUCINA Il menù è ricco e ospita un'apprezzabile lista dei fornitori, tutti locali. Salumi e formaggi con tigelle sono uno dei classici immancabili, ma qui siamo anche nella patria dell'aceto balsamico tradizionale di Modena, che ritroviamo in varie preparazioni, come negli gnocchetti con crema di parmigiano. **Corroboranti i secondi**, perlopiù di carne con contorni stagionali, e grande spazio dedicato a dolci casalinghi, come le pesche all'alkermes e la **torta Barozzi**, vanto della città di Vignola.

I PIATTI Gnocchetti in crema di parmigiano reggiano e balsamico tradizionale, Polpette al forno, Torta Barozzi

IL CANTACUCCO

Via Montalbano, 5500 B - Tel. 059 985067
Chiuso il giovedì
Orario mezzogiorno e sera
Ferie 15 giorni in giugno, 15 in settembre
Prezzi: 30-40 euro, vini esclusi
Carte di credito: BM, CS, DC, MC, Visa

IN BREVE *Osteria di collina la cui proposta è seducente come quella di un bistrot cittadino. Le risorse dei boschi e della collina trovano ampio spazio nel menù.*

L'OSTERIA Immerso fra i castagneti secolari dell'alta valle del Panaro, il Cantacucco è un rifugio sicuro per chi cerca materia prima selezionata, **piatti fedeli alla tradizione e una cantina colta**, che dà risalto al Modenese e al Bolognese, offrendo una bella panoramica di etichette nazionali.

LA CUCINA In sala, Roberto e Daniela sono ambasciatori degli ottimi piatti di Carla. Per immergervi nel territorio, cominciate dai borlenghi o dalle crescentine accompagnate dai salumi di mora romagnola. Buoni i primi, dalle classiche tagliatelle ai tortellini, fino agli gnocchi preparati con le celebri patate di Montese. Le risorse dei boschi e della collina trovano ampio spazio – cinghiale, pollo nostrano – ma anche **funghi e tartufi** sono ben rappresentati in carta con preparazioni misurate e riuscite. Meditata la degustazione dei formaggi selezionati da Roberto. Tutti fatti in casa i dolci, dai semifreddi alle torte: indimenticabile quella di tagliatelle.

I PIATTI Crescentine con salumi di mora, Gnocchi di patate al tartufo, Pollo alla cacciatora

TOSCANA

ALCUNI PIATTI DELLA TRADIZIONE

Pappa al pomodoro
Zuppa di pane toscano cotto in una salsa a base di pomodori passati, cipolla, sedano e carota

Pici all'aglione
Grossi spaghetti rustici e irregolari conditi con un sugo di aglio e pomodoro

Ribollita
Zuppa di pane raffermo, verdure e fagioli, bollita due volte e irrorata di olio extravergine

Testaroli
Dischi di pasta cotti nel testo; quelli artigianali pontremolesi sono tutelati da un Presidio Slow Food; rinvenuti brevemente in acqua bollente salata a fuoco spento, sono tagliati a losanghe e conditi con pesto genovese o formaggio

Tortelli di patate
Ravioloni di pasta all'uovo con un ripieno di patate bollite, formaggio, aglio e prezzemolo

Cacciucco
Zuppa ottenuta con pesci a lisca, molluschi, crostacei, pomodoro, aromi e vino

ABETONE CUTIGLIANO (PT) - Cutigliano

DA FAGIOLINO

Via Carega, 1 - Tel. 0573 68014
🕐 Chiuso lunedì sera, mar e mer, mai in agosto
Orario mezzogiorno e sera Ferie novembre
Prezzi: 33-38 euro vini esclusi
Carte di credito: BM, CS, MC, Visa

IN BREVE *Nell'ultracentenaria trattoria della famiglia Innocenti, già bottega con mescita, piatti veraci della montagna, con tanta carne e tanti funghi.*

L'OSTERIA Nel centro del bel borgo montano la famiglia Innocenti è lì da inizio Novecento, nel locale che fu una bottega con mescita tenuta da Fagiolino, detto così perché secco e smilzo, e diventato trattoria ormai settant'anni fa. Luigi in cucina con Ovidio, la moglie Paola con le ragazze in sala sono le anime di una trattoria curata, dal **tono vintage**, tempio di sapori veraci delle **tradizioni di montagna**.

LA CUCINA **Piatti di gusto pieno** in un ampio menù con tanta carne, da boschi e stalle appenninici, come di montagna sono i **funghi per i quali Fagiolino è famoso**. Gradevole partenza con il petto d'oca con sedano rapa, tartufo nero e scaglie di parmigiano o con la lingua salmistrata. Maccheroni all'anatra o al coniglio tra i primi, oppure il tortellone ai funghi gratinato; dopo, tagliata di funghi, bistecca di cervo, cervello fritto, trippa, scaloppa ripiena di formaggio e mortadella con funghi trifolati, ma anche trote. Ampia cantina, con tanta Toscana.

I PIATTI Maccheroni all'anatra, Agnello o capretto arrosto, Cervello fritto

---

ABETONE CUTIGLIANO (PT) - Abetone

LA CASINA DI ABETONE

Via Brennero, 245 - Tel. 0573 60073
🕐 Chiuso martedì e mercoledì, mai in inverno Orario mezzogiorno, maggio-ottobre anche sera Ferie 2-3 settimane dopo Pasqua, 2 in novembre
Prezzi: 28-30 euro vini esclusi
Carte di credito: BM, CS, MC, Visa

IN BREVE *Accogliente locale, con il classico aspetto di chalet di montagna, dove viene proposta una gustosa cucina prevalentemente montanara. Immancabile la polenta con funghi.*

L'OSTERIA Ad Abetone, la località sciistica più rinomata della Toscana, l'osteria si trova sulla strada principale, che in inverno è assiduamente frequentata. Per questo da dicembre ad aprile il locale – un classico chalet di montagna – apre solo a pranzo, con le modalità del self-service. Ma la limitazione non sminuisce la qualità della **cucina** di Enrica Zanni, **curata e gustosa**.

LA CUCINA A una **cucina** di **schietto stampo montanaro** si affianca una proposta di **pasticceria**, che in tutto l'arco della giornata è a disposizione degli sciatori e di chiunque senta il bisogno di una sosta rifocillatrice. In menù ci sono sempre crostoni e taglieri; da non perdere la polenta con funghi e i tortellacci (fatti in casa) con il ragù. Tra i secondi spiccano il peposo e il cinghiale con polenta. In mescita a bicchiere sei vini rossi e altrettanti bianchi.

I PIATTI Polenta con funghi, Tortellacci al ragù, Cinghiale con polenta

ABETONE CUTIGLIANO (PT) - Cutigliano

NONNO CIANCO

IN BREVE *Il locale si trova in prossimità della funivia per la Doganaccia. Il menù è caratterizzato dalle carni di selvaggina e dai funghi, forniti da raccoglitori della zona.*

Viale Europa, 23 - Tel. 0573 68041
⏰ Chiuso mercoledì sera e giovedì
Orario mezzogiorno e sera
Ferie 15-30 giugno, 15-31 dicembre
Prezzi: 30-35 euro vini esclusi
Carte di credito: BM, CS, DC, MC, Visa

L'OSTERIA Il locale è situato ai piedi della funivia per la Doganaccia ma si può raggiungere comodamente anche dal centro di Cutigliano. Andrea, in cucina, e la moglie Tatiana, in sala, lo conducono da parecchi anni. La ricerca di prodotti locali e di selvaggina è molto attenta, preferendo aziende rispettose dell'ambiente e carni provenienti da abbattimenti selezionati. L'ambiente è **arredato con gusto e molto curato**.

LA CUCINA **La cacciagione e i funghi** caratterizzano il menù. Come antipasto è proposta anche una interessante selezione di salumi di selvaggina. Tra i primi, i tagliolini ai funghi (la tipologia cambia con le stagioni) non mancano mai; da provare le ottime gonfiate, finissimi gnocchi di patate della zona. Per il secondo ci si può sbizzarrire nell'assaggio di **carni altrove difficilmente reperibili**, come per esempio il cervo o il capriolo. In alternativa si può optare per un più classico filetto di manzo. Buona la carta dei vini.

I PIATTI Gonfiate con salsa di formaggio, Selezione di salumi di selvaggina, Raveggiolo con salsa di lamponi

ANGHIARI (AR)

LA NENA

IN BREVE *Ristorante con un terrazzino che consente belle vedute sul centro storico. Menù ampio e territoriale: carpaccio di chianina, pappa al pomodoro, bringoli al sugo finto.*

Corso Matteotti, 10-14 - Tel. 0575 789491
⏰ Chiuso il lunedì Orario mezzogiorno e sera Ferie variabili in inverno
Prezzi: 35 euro vini esclusi
Carte di credito: AE, BM, CS, DC, MC, Visa

L'OSTERIA Ad Anghiari, amena località della Valtiberina e Cittaslow, La Nena è situata nella parte alta del centro storico (uno dei Borghi più belli d'Italia), sul quale affaccia con un panoramico terrazzino. L'arredamento del locale, diviso in salette, è rustico, con tanti **libri e foto del passato** alle pareti. È **un posto accogliente**, il personale è gentile e si prende cura del cliente.

LA CUCINA Il menù, tradizionale, è ampio. Le materie prime sono scelte con attenzione e reperite perlopiù nel territorio circostante. Molti piatti hanno come protagonisti **selvaggina e funghi** di stagione, come da tradizione della verde Valtiberina. Grande e meritato spazio è dato alla **carne di chianina**, importante e pregevole razza bovina autoctona. I primi spaziano dalla classica pappa al pomodoro agli eccellenti bringoli al sugo finto.

I PIATTI Bringoli con sugo finto, Sformato di selvaggina, Pappardelle con ragù di selvaggina

ARCIDOSSO (GR) - Bivio Aiole

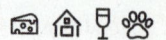

AIUOLE

IN BREVE *Un hotel-ristorante dove incontrare la meticolosa conoscenza del territorio e dei piccoli produttori locali, alla luce di una consumata esperienza ancora intrisa di voglia e passione.*

Località Bivio Aiole - Tel. 0564 967300
🕐 Chiuso dom sera, in inverno anche lun
Orario mezzogiorno e sera Ferie in gennaio
Prezzi: 28-33 euro vini esclusi
Carte di credito: AE, BM, CS, MC, Visa

L'OSTERIA L'hotel-ristorante, posto tra Arcidosso e Santa Fiora, si trova al centro di un ideale percorso tra le potenzialità storico-artistiche, paesaggistiche e spirituali che caratterizzano il Monte Amiata. Ugo e Lionella **da oltre cinquant'anni accolgono "il mondo"**, dai turisti ai residenti, dai camionisti ai vip. Amore per la cultura del territorio, ricerca e uso dei prodotti tipici, rispetto per le tradizioni, una cucina che esprime l'esaltazione dei sapori sono i fattori che rendono la visita imperdibile.

LA CUCINA La gastronomia amiatina raggiunge **alte vette di gusto e tradizione** con piatti esclusivi: polenta di farina di castagne con animelle al sugo e ricotta, fiocchi di neve, *gnudi* con ricotta e ortica; carni di cervo, capriolo, cinghiale, maiale, vitellone, coniglio. **Tempistiche veloci** grazie a un'efficiente organizzazione in cucina, rodata ormai da decenni. Ugo consiglia il rosso della casa e altri vini che sceglie con particolare cura.

I PIATTI *Gnudi* con ricotta e ortica, Coniglio alle erbette, Torta di pere e cioccolato

AREZZO (AR)

ANTICA FONTE

IN BREVE *Un ristorante che per l'atmosfera cordiale e il tipo di cucina può considerarsi un'osteria moderna. La pasta fresca è tutta fatta a mano.*

Via Porta Buia, 18
Tel. 0575 28038-333 4621295
→ 1,2 km dall'uscita A1 Arezzo
→ 700 m dalla stazione di Arezzo
🕐 Chiuso il martedì Orario mezzogiorno e sera Ferie 1 settimana in gennaio, 1 in agosto
Prezzi: 32-35 euro vini esclusi
Carte di credito: AE, BM, CS, DC, MC, Visa

L'OSTERIA L'impronta del locale è più da ristorante, ma l'atmosfera cordiale e il tipo di cucina ci ricordano una vera osteria modernamente intesa. In altre parole **un tocco di raffinatezza** a completamento dell'**anima popolare** che caratterizza la proposta culinaria.

LA CUCINA In cucina **mani esperte lavorano la pasta fresca**, come i pici e i tortelli che nel menù variano spesso i condimenti a seconda della stagione. Si inizia con un paté di fegatini con gelatina al Vin Santo oppure con uno degli sformati di verdure. Si prosegue con i pici al ragù di anatra, i tortelli al lardo e rosmarino o i rigatoni con la tarese. Tra i secondi in umido troviamo quasi sempre il peposo e lo stracotto del Chianti; non mancano mai bistecca e tagliata. Buona anche la selezione di formaggi affinati nel territorio. Dolci tutti fatti in casa.

I PIATTI Pici al ragù di anatra, Peposo, Stracotto del Chianti

BAGNO A RIPOLI (FI) - Grassina

OSTERIA DEL ROSSO

Via Costa al Rosso, 20 - Tel. 055 640240
→ 3,6 km dall'uscita A1 Firenze Sud
⏱ Chiuso la domenica Orario mezzogiorno
e sera Ferie 2 settimane in agosto
Prezzi: 27-30 euro vini esclusi
Carte di credito: AE, BM, CS, MC, Visa

IN BREVE *Un ristoro collocato nel retrobottega di una gastronomia, come usava una volta, che propone i classici della cucina toscana di terra e di mare, con qualche escursione extraregionale.*

L'OSTERIA Un tempo era il forno del paese, poi il dinamico proprietario Paolo Sani ne ha fatto una ricca gastronomia, cui si è aggiunta nel retrobottega, all'uso delle vecchie osterie, una saletta da pranzo, supportata anche da tavoli all'esterno. Paolo guida la sala con la mamma, in cucina ci sono sempre i fedelissimi Gino e Boris per una proposta improntata a stagionalità e tradizione.

LA CUCINA C'è la carne e c'è il pesce, ci sono salumi e formaggi in un carta **all'insegna della semplicità**. Così, accanto ai taglieri del contadino o del montanaro ci sono pesci poveri (aringhe, acciughe) marinati o affumicati. Toscana e altro tra i primi: ecco i pici sul cinghiale, gli gnocchi al pesto fresco o, perché no, la fileja calabrese con peperoncino e pecorino. Non mancano mai la tagliata di manzo e la trippa, si assaggiano ottimi fegatelli di maiale ma anche uno **spiedino di mare**. Per il vino, etichette da scegliere sugli scaffali del negozio e buona offerta al calice.

I PIATTI Pasta al ragù di carne e selvaggina, Tagliata di manzo, Trippa alla fiorentina

BAGNONE (MS)

LA LINA

Piazza Marconi, 1
Tel. 0187 429069-347 0959026
⏱ Chiuso il giovedì
Orario mezzogiorno e sera Ferie non ne fa
Prezzi: 24-26 euro vini esclusi
Carte di credito: BM, CS, MC, Visa

IN BREVE *La cucina della Toscana settentrionale di confine ottimamente eseguita e presentata in una economica trattoria-locanda a schietta gestione familiare.*

L'OSTERIA Le salette dal simpatico gusto retrò tappezzate con carta da parati, il caminetto e i vecchi lampadari danno un **piacevole senso di accoglienza**. La locanda è un po' lo specchio di Bagnone, paese arroccato su un poggio della Lunigiana, con radici che affondano in un passato antico (anche se la celebrità era arrivata da un Superenalotto milionario): **regna la tradizione**, che può sembrare spicciola e rude, ma saprà conquistare cuore e palato.

LA CUCINA Piatti semplici ma ricchi di sapori in un menù recitato a voce. Impossibile non lasciarsi ammaliare dal sontuoso antipasto tradizionale con salumi, sottoli, pattona (latte e farina di castagne), torta *d'erbi* e la speciale barbotta alla cipolla di Treschietto. Duro scegliere tra tante variazioni di ravioli, qualcuna stagionale: con l'ortica all'olio, con le castagne e la salsa di noci, ripieni di erbette con il ragù di chianina o il tartufo. Non manca l'agnello: fritto, al tegame, la coscia disossata al forno. Finale con la tipica torta alle mandorle.

I PIATTI Antipasto con salumi e torte di verdura, Testaroli al pesto o all'olio, Agnello in varie cotture

BARBERINO DI MUGELLO (FI)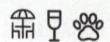

LA BOTTEGA DEL CORNOCCHIO

Località Cornocchio, 13 - Tel. 055 8420107
→ 4 km dall'uscita A1 Barberino
🕐 Chiuso il lunedì
Orario solo a mezzogiorno Ferie variabili
Prezzi: 30-33 euro vini esclusi
Carte di credito: BM, CS, MC, Visa

IN BREVE *Se avete il desiderio di mangiare un bel piatto di tortelli mugellani siete nel posto giusto: si trovano serviti con ragù classico e al pomodoro o nella più originale versione cacio e pepe.*

L'OSTERIA Cornocchio è una piccola località di Barberino, sulla strada tra il Mugello e Calenzano. Una strada che una volta era percorsa da carretti trainati da cavalli, oggi da un traffico automobilistico di gitanti e da qualche tir che evita la vicina A1. La Bottega rimane comunque un **posto tranquillo** dove è piacevole fare sosta, anche per godere della cucina, adibita anche a **negozio di alimentari**.

LA CUCINA La proposta è una garanzia per chi ama la cucina di tradizione. Immancabili i noti tortelli di patate (**specialità mugellana**) e la ancora più famosa bistecca alla fiorentina. Nel menù, che varia mensilmente, anche i tortelli cacio e pepe e gli gnocchi al ragù d'anatra. Come secondo il galletto alla griglia, la tagliata al rosmarino, la trippa alla fiorentina. Tra i dolci, fatti in casa, merita l'assaggio lo zuccotto della zia.

I PIATTI Tortelli di patate al ragù, Tagliata al rosmarino, Galletto alla griglia

BIBBIENA (AR)

IL TIRABUSCIÒ

Via Rosa Scoti Franceschi, 12
Tel. 0575 595474
→ 1,3 km dalla stazione di Bibbiena
🕐 Chiuso lunedì a pranzo e martedì
Orario mezzogiorno e sera Ferie variabili
Prezzi: 36-39 euro vini esclusi
Carte di credito: AE, BM, CS, MC, Visa

IN BREVE *Nel centro storico, i sapori tradizionali del Casentino cucinati con garbo e gusto contemporaneo*

L'OSTERIA Nella storica parte alta del paese c'è una via stretta con un delizioso antico teatro. Lì davanti, il locale di Alberto e Marinella Degl'Innocenti, lui in cucina, lei in sala: un "tempietto" gastronomico dove la **cultura dei sapori del Casentino** si rivela in una **scelta accurata di prodotti locali**, dall'orto alla vigna, dall'ovile alla stalla, fino alle birre artigianali. I fornitori sono tutti indicati.

LA CUCINA Tradizione e storia cucinate con **garbo e gusto contemporaneo**: ecco il segreto dei piatti di Alberto, da cui traspare un'indubbia capacità di fare e pensare. Una riprova è il petto di piccione arrostito con le cosce farcite del suo fegato e scalogno glassato; la stagione suggerisce varianti a piatti must, come il "vestito" del carpaccio di trota fario, anch'essa sempre del Casentino. Da non perdere la degustazione di formaggi. Bella cantina, e si sbicchiera con piacere.

I PIATTI Battuta di chianina Igp con giardiniera e acciugata, Tortelli di patate del Casentino con ragù di maiale grigio, Piatto di quinto quarto

BIBBIENA (AR) - Soci

LA BUCA

IN BREVE *Un ristorante in cui si respirano forti il calore di casa e l'attaccamento ai sapori del Casentino: crostini, tortelli di patate, pici al ragù di chianina, cinghiale alla cacciatora.*

Piazza Garibaldi, 24 - Tel. 0575 560094
→ 5 km dalla stazione di Bibbiena
Chiuso mer, inverno anche dom sera
Orario mezzogiorno e sera Ferie 2 settimane tra luglio e agosto, 25/12-2/1
Prezzi: 30-35 euro vini esclusi
Carte di credito: AE, BM, CS, MC, Visa

L'OSTERIA Qui sono di casa la professionalità e l'esperienza della famiglia Nardini, che del Casentino conosce tutte le opportunità gastronomiche, pari alla bellezza dei luoghi. Il **luminoso locale** è arredato con cura, il servizio sempre attento, anche nel dare consigli per apprezzare tutte le proposte, che hanno nella **pasta tirata a mano** una delle caratteristiche principali.

LA CUCINA In apertura potrete assaggiare la selezione di affettati locali, anche tagliati al coltello, che compongono gli antipasti assieme a crostini misti, speck d'anatra al finocchio selvatico, pecorino di fossa. Le paste sono tutte fatte in casa: tortelli di patate casentinesi, pappardelle al sugo di cinghiale, pici al ragù di chianina. Potrete poi gustare un'ottima battuta di manzo al coltello, il cinghiale alla cacciatora o varie carni cotte alla brace. Ampia la scelta dei vini, con molte etichette del territorio.

I PIATTI Antipasto casentinese, Tortelli di patate del Casentino, Peposo al coccio

BUTI (PI)

PACCÌ

IN BREVE *In ambienti affollati, con un servizio efficiente e rapido, si servono piatti abbondanti e saporiti: stringozzi al ragù di cinta, pappardelle al ragù di cervo, cinghiale in salmì, trippa alla butese.*

Via Roma, 5 - Tel. 0587 722162-320 0371577
Chiuso il mercoledì Orario mezzogiorno e sera Ferie non ne fa
Prezzi: 27-30 euro vini esclusi
Carte di credito: BM, CS, MC, Visa

L'OSTERIA Il piccolo e interessante borgo di Buti ospita questa osteria, che ha il suo punto di forza in piatti che non badano alla sobrietà ma al **sapore, sempre caratteristico e potente**. Il locale, dall'arredo semplice, è diviso in due sale (una più intima) e uno spazio esterno. Servizio sempre attento e veloce, pur nell'affollamento e nella vivacità dei commensali.

LA CUCINA L'offerta è improntata alla semplicità con **poche variazioni su piatti consolidati**. Gli antipasti sono di terra o vegetariani, i primi abbondanti e gustosi, come il primaverile risotto agli asparagi o le pappardelle al ragù di cervo. I secondi, con ampia offerta di contorni, consentono di scegliere tra tagliata di maiale di cinta, cinghiale in salmì o trippa alla butese, ma anche frittura di mare. Classici i dolci, a partire dalla zuppa inglese. Vino della casa e poche etichette.

I PIATTI Tagliolini ai funghi porcini, Stringozzi al ragù di cinta, Trippa alla butese

IL CHIOSCO NEL BOSCO

Via Trescolli, 1546 - Tel. 0584 988016
🕐 Chiuso il mer e gio a pranzo, inverno lun-gio a pranzo
Orario mezzogiorno e sera Ferie Non ne fa
Prezzi: 26-30 euro vini esclusi
Carte di credito: BM, CS, DC, MC, Visa

IN BREVE *Accoglienza amichevole, con consigli e informazioni sui molti ingredienti locali. La cucina è genuina: panzanella, pasta fatta in casa, cacciucco di montagna.*

L'OSTERIA Bello arrivarci di sera come a un rifugio alto sulle colline che guardano il mare, si provenga dalla Versilia o da un'escursione sulle Apuane. Ambiente **caldo e accogliente**. Servizio alla velocità giusta e cura amichevole della squadra in sala, con consigli e informazioni sui molti ingredienti locali. Dal menù in poi tutto mette a proprio agio: **un'osteria come te la aspetti**.

LA CUCINA **Poche voci ma buone**. Gli antipasti di panzanella, formaggi e salumi della zona vanno via veloci, poi arriva la pasta (fatta in casa, si sente sotto i denti): tordelli di carne, intriganti maccheroncini all'aglio orsino e borragine (finché ce n'è) o un "cacciucco di montagna" (zuppa di bietola e ceci). Tra i secondi un croccante pollo fritto, l'arrosto di maiale cotto con latte e pistacchi, il baccalà con i porri. Lasciate il posto per il dolce del giorno o il sempreverde dessert Versilia. Lista dei vini semplice e buona, come lo sfuso della casa. Prezzo che aumenta il sorriso.

I PIATTI Tordelli, Pollo fritto, Baccalà con i porri

LA LOCANDA DI SIMONE

Via Arginvecchio Nord, 655
Tel. 0584 915905
→ 8 km dall'uscita A12 Versilia
🕐 Chiuso il martedì, mai luglio-agosto
Orario mezzogiorno e sera Ferie variabili
Prezzi: 30-35 euro vini esclusi
Carte di credito: BM, CS, DC, MC, Visa

IN BREVE *Ristorantino con pizzeria dall'accoglienza cordiale. Il menù è doppio, uno con i piatti praticamente sempre disponibili, prevalentemente di carne, e uno giornaliero di terra e di mare.*

L'OSTERIA Ci troviamo a Capezzano Pianore, località orticola a pochi chilometri dal centro di Camaiore e dal Lido. Qui, da una decina d'anni, Simone Benedetti e la moglie Dona Tehorz hanno aperto questo **ristorantino con pizzeria**. L'accoglienza è cordiale, i piatti sono espressi per cui a volte i tempi di attesa non sono brevi. Piuttosto ampia la carta dei vini – prevalentemente toscani ma con escursioni in altre regioni italiane –, alcuni ordinabili anche al calice e in mezze bottiglie.

LA CUCINA **Due i menù**, uno con preparazioni pressoché sempre disponibili e **uno giornaliero, di terra e di mare**, che cambia secondo la reperibilità degli ingredienti (i prezzi in questo caso potrebbero lievitare). Per quello che riguarda le pietanze di terra consigliamo di guardare alle carni locali come il galletto e il gran fritto. Per quelle di mare, validi gli gnocchi agli scampi e il baccalà al cartoccio. Buona la scelta dei dolci fatti in casa.

I PIATTI Tordelli al ragù di carne, Risotto al piccione, Gran fritto di pollo e coniglio

CAMAIORE (LU) - Pieve

LA PIEVE

IN BREVE *Un ristorante-pizzeria con l'atmosfera della trattoria. Menù tipicamente di terra. Da non perdere l'antipasto della casa, che comprende molte specialità del territorio.*

Via San Giovanni Battista, 33
Tel. 0584 988962
🕐 Chiuso il martedì Orario sera
fine ottobre-giugno dom anche pranzo
Ferie 15 giorni in novembre
Prezzi: 30-32 euro vini esclusi
Carte di credito: BM, CS, DC, MC, Visa

L'OSTERIA Non siamo in una classica osteria, piuttosto in un ristorante-pizzeria. Ma l'atmosfera è quella della trattoria toscana, con **camino-forno** al centro di una delle due salette.

LA CUCINA Nonostante il locale sia a pochi chilometri dalle spiagge della Versilia, il menù è tipicamente di terra. Conviene iniziare con l'antipasto misto, che prevede molte specialità del territorio. I tordelli al ragù sono il primo piatto più rappresentativo, ma potremmo trovare anche i taglierini co' fagioli e le pappardelle al cinghiale. Valida la proposta di carni alla griglia, in stagione anche di **selvaggina. Sempre in carta** il pollo fritto con verdure e la trippa. Dolci fatti in casa, da assaggiare il dessert Versilia.

I PIATTI Tordelli al ragù, Pollo fritto, Trippa

CAMPIGLIA MARITTIMA (LI)
Venturina Terme
 NOVITÀ

IL VECCHIO BORGO

IN BREVE *Antonella Giomi, maremmana doc, gestisce la trattoria destreggiandosi tra fornelli e tavoli. Il pesce arriva dal porto di Piombino, le verdure dagli orti vicini, l'olio dalle piante attigue al locale.*

Lumiere-Via Aurelia Nord, 39
Tel. 0565 846620
🕐 Chiuso il mercoledì
Orario mezzogiorno e sera
Ferie in novembre
Prezzi: 35-40 euro vini esclusi
Carte di credito: BM, CS, DC, MC, Visa

L'OSTERIA Una **tipica trattoria maremmana**. Questo è il Vecchio Borgo, gestito da 24 anni da Antonella Giomi, maremmana doc, che si divide tra cucina e sala proponendo una cucina tradizionale e suggerendo ai clienti i piatti del giorno. I suoi acquisti sono **quasi tutti a chilometro zero**: il pesce dal porto di Piombino (da non perdere le cozze), l'olio dalle piante della sorella attigue al locale, le verdure dagli orti limitrofi.

LA CUCINA È di mare e di terra. Il menù terragno vive quasi esclusivamente di chianina certificata (tortelli con ragù di chianina, tagliata o bistecca). Ma è il **menù di pesce** che ha una marcia in più: cacciucco, tagliolini con la gallinella, gnocchetti ai frutti di mare, frittura di alici o di paranza, grigliate miste di pescato del giorno. Piatto simbolo lo schiaccino, fatto rigonfiare in forno con una favolosa zuppetta di vongole e cozze all'interno. Nella valida carta dei vini, solo etichette del territorio.

I PIATTI Schiaccino ripieno, Tagliolini con la gallinella, Frittura di paranza

CANTAGALLO (PO) - Migliana

LA CASTAGNA

Via della Casaccia, 6
Tel. 0574 981791-339 6240278
🕐 Chiuso lunedì e martedì; in inverno anche mercoledì e giovedì Orario sera, sabato e festivi anche pranzo Ferie variabili in inverno
Prezzi: 25-30 euro vini esclusi
Carte di credito: BM, CS, DC, MC, Visa

IN BREVE *Tra i boschi dell'Appennino, una cucina di montagna non sterilmente appiattita sulla tradizione ma animata dalla passione per i prodotti del territorio.*

L'OSTERIA Arrivarci non è facile, distanze e viabilità non sempre incoraggiano. Eppure Migliana, 400 anime tra i boschi dei contrafforti appenninici, ha il **fascino della montagna** e delle sue tradizioni. Ci sono il "sentiero dei tabernacoli" e quello dei presepi ma anche **sapori forti e riconoscibili**, di cui Paolo e Claudia sono ottimi interpreti: lui in cucina, di marcate e riconoscibili radici emiliane, lei in sala, con tutta la passione per i prodotti della sua terra.

LA CUCINA La Castagna, *nomen omen*. Nella stagione propizia è l'ingrediente che trionfa in piatti di territorio, non appiattiti su una tradizione senza idee. Ecco i tortelli ripieni di castagne e pancetta con burro, salvia e alloro, gli gnocchi di patate e farina di castagne con radicchio rosso, noci e pinoli, l'arista. Naturalmente non mancano le carni, le salsicce, i **funghi dei boschi** e per finire i classici necci con la ricotta. Si beve bene, da una carta piccola ma curata.

I PIATTI Tortelli di castagne e pancetta, Arista con castagne e cipollotti, Necci con la ricotta

CAPANNORI (LU) - Gragnano

OSTERIA DA MI PA'

Via della Chiesa di Gragnano, 65
Tel. 0583 975010-349 2118273
→ 8,9 km dall'uscita A11 Capannori
🕐 Chiuso il lun, inverno anche mar mai luglio-agosto
Orario mezzogiorno e sera Ferie variabili
Prezzi: 30-33 euro vini esclusi
Carte di credito: MC, Visa

IN BREVE *In un antico casolare della bella campagna lucchese Luca e Matteo Perelli propongono una cucina familiare a base di ottimi prodotti di territorio e di stagione.*

L'OSTERIA Le campagne intorno a Lucca sono tra le più belle della Toscana, e **il bello diventa anche buono** quando ci si ferma in questa osteria ubicata in un antico casolare. Gli arredi e l'atmosfera sono familiari e, non a caso, anche la scelta dell'insegna, Osteria da Mi Pa', richiama a una cucina domestica che Luca Perelli e il figlio Matteo sanno ben personificare.

LA CUCINA Luca e Matteo si occupano di selezionare in prima persona i prodotti, di territorio e di stagione, che il team di cucina usa per allestire un menù in cui prevale **l'espressione della cucina lucchese**. I tordelli, di pasta fatta a mano come da tradizione, sono conditi con il ragù o rielaborati con un ripieno di trippa; da non perdere, inoltre, i maccheroni intordellati. Tra i secondi, i fegatelli di maiale e il fritto misto dell'aia. Come dolce vale la sosta il tiramisù al buccellato.

I PIATTI Tordelli al ragù, Maccheroni intordellati, Fritto misto dell'aia

CAPANNORI (LU) - Lammari

OSTERIA DI LAMMARI

IN BREVE *Un'osteria-bar-enoteca che ha conservato l'atmosfera delle antiche origini. Cantina sorprendente, ottima cucina a base di prodotti selezionati con la massima cura.*

Via Lombarda , 143 - Tel. 0583 962011
→ 6,8 km dall'uscita A11 Capannori
🕐 Chiuso la domenica Orario pranzo, ven (luglio-agosto mer-ven) anche sera
Ferie variabili in giugno-luglio
Prezzi: 30-33 euro vini esclusi
Carte di credito: BM, CS, MC, Visa

L'OSTERIA Ai primi del Novecento era un punto di ristoro per viandanti e barrocciai diretti alle colline e alle ville dei nobili lucchesi, e ha conservato l'atmosfera di allora. All'entrata il bancone del bar e alcuni tavolini per bere un caffè, leggere il giornale e, perché no, farsi una partitina a carte. Un'atmosfera di altri tempi, mentre nella saletta retrostante si scopre **una delle cantine più sorprendenti della zona**, con una ricca selezione di vini biologici e biodinamici del territorio.

LA CUCINA Non è scontato ma, se c'è buon vino, in genere c'è buona cucina. Dal 2010 nell'osteria si ricreano le ricette della tradizione con prodotti accuratamente selezionati da Dino e Cristina, compresi gli **ortaggi coltivati in proprio con metodi biologici**. Tra i piatti i tordelli lucchesi e il baccalà in umido sono i must del locale, ma non sono da meno i ravioli di bufala e ortica, le zuppe di stagione, il coniglio stufato con le olive, la trippa in umido. In chiusura, la tradizionale torta co' becchi.

I PIATTI Tordelli, Baccalà in umido, Trippa

CARMIGNANO (PO)

SU PE' I' CANTO

IN BREVE *Storica gestione familiare in questa osteria, dove si possono gustare piatti della più schietta tradizione e altri rielaborati con un pizzico di originalità.*

Piazza Matteotti, 25-26 - Tel. 055 8712490
→ 11,2 km dall'uscita A11 Prato Ovest
🕐 Chiuso il lunedì
Orario mezzogiorno e sera Ferie agosto
Prezzi: 32-34 euro vini esclusi
Carte di credito: BM, MC, Visa

L'OSTERIA Una conduzione familiare e una gestione storica fanno di questa osteria un punto fermo nella ristorazione di Carmignano. Francesco si occupa della sala, i genitori sono ai fornelli: una **squadra affiatata** che garantisce una cucina di tradizione e un'accurata ricerca di prodotti del territorio.

LA CUCINA il menù varia anche un paio di volte la settimana e si adegua alla più **rigorosa stagionalità**. La tradizione è presente con la lingua in dolce e forte, il lampredotto con i carciofi, la ribollita, i pici al ragù, il piccione in casseruola, il fritto di pollo, il peposo, mentre emerge un pizzico di originalità in piatti come il coniglio con pere e fichi, gli spaghetti all'aringa, la zuppa di verza, porri e pinoli, le crespelle con la borragine. I dolci sono fatti in casa. L'**interessante carta dei vini** spazia in tutto il mondo, offrendo anche una bella selezione di etichette di Carmignano, zona vocata alla produzione enologica.

I PIATTI Lingua in dolce e forte, Pici al ragù, Pollo fritto con verdure

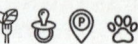
LOCANDA APUANA

IN BREVE *Nella frazione di Colonnata, dove il lardo stagiona nelle conche
di marmo, un'osteria classica e accogliente. Ill menù è incentrato sul prodotto locale (Igp) più famoso.*

Via Comunale, 1 - Tel. 0585 768017
🕐 Chiuso domenica sera e lunedì
Orario mezzogiorno e sera
Ferie Natale-fine gennaio
Prezzi: 28-32 euro vini esclusi
Carte di credito: AE, BM, CS, DC, MC, Visa

L'OSTERIA Per arrivare alla Locanda Apuana ci si inerpica **tra le cave di marmo** sulla strada che parte da Carrara. Ne vale la pena, sia per la bellezza del paesaggio sia per le eccellenze in menù: il lardo e quanto ci gira intorno. La famiglia
Guadagni ha iniziato con la produzione del famoso lardo per poi intraprendere
l'attività di ristorazione, condotta con competenza e passione: troverete un'o-
steria classica e accogliente.

LA CUCINA In cucina **il lardo di Colonnata fa da padrone**. Si può iniziare
con la degustazione Lard'oro o con l'antipasto misto della casa, servito con
focaccina calda. Proseguendo si può optare per le tagliatelle con vergazzata e
pomodorini, i tipici tordelli al ragù o i testaroli al pesto. Tra i secondi, il coniglio
disossato e lardellato o, in alternativa, la tagliata al lardo. Come dolce da provare la torta carrarina di riso. La carta dei vini è dedicata ai locali; valido quello
della casa, bianco o rosso dei Colli di Luni.

I PIATTI Degustazione di lardo, Tagliolini con la vergazzata, Tagliata al lardo

VENANZIO

IN BREVE *Nell'anfiteatro delle cave
più famose del mondo, un tempio del
lardo di cui Colonnata è la patria. Lardo in tutti i modi, con altri piatti della
tradizione.*

Piazza Palestro, 3
Tel. 0585 758033-366 5635877
🕐 Chiuso il giovedì e domenica sera
mai in agosto Orario mezzogiorno e sera
Ferie 22 dicembre-15 gennaio
Prezzi: 35 euro vini esclusi
Carte di credito: CS, DC, MC, Visa

L'OSTERIA La conca è una delle più famose della Toscana e del mondo intero,
e Colonnata la **patria del lardo Igp** che stagiona nella salamoia **dentro le conche
di marmo**, estratto dalle cave che fanno da anfiteatro al paese. Venanzio è uno
degli artefici di questo prodotto, che ha conquistato i palati di tutto il pianeta.

LA CUCINA **Lardo indiscusso protagonista**, quindi, di tutto il menù. A partire
dai tanto semplici quanto gustosi crostini, sui quali si accompagna alla freschezza
dei pomodorini o al sapido gusto delle acciughe, ma si adagia bene anche sulle po-
lentine fritte, magari con il radicchio, e sulla carne salata. Tra gli antipasti spicca
un classico della cucina apuana, la torta *d'erbi*. Lasagnette di borragine per continuare e il coniglio disossato al lardo farcito con verdure e lamelle di mandorle.
Torta di mele per concludere. Si beve da una ben fornita cantina.

I PIATTI Crostino al lardo con pomodorini, Ravioli di carne ed erbette di montagna in salsa di pomodoro fresco, Coniglio disossato al lardo farcito con mandorle e verdure

CASTAGNETO CARDUCCI (LI)
Bolgheri-Vallone dei Messi

MAGONA

Via Bolgherese, 199 - Tel. 0565 762173
🕐 Chiuso il lunedì *Orario* mezzogiorno e sera *Ferie* 20 gennaio-fine febbraio
€ Prezzi: 40-43 euro vini esclusi
Carte di credito: AE, BM, CS, MC, Visa

IN BREVE *Alta cucina fatta di grande tecnica e materie prime eccellenti. Menù ispirato alla tradizione con apprezzabili tocchi di originalità. Carta dei vini extralusso ma democratica.*

L'OSTERIA Omar Bargiacchi ha fatto di questa **casa di campagna** un tempio di alta cucina, dove la sua tecnica si sposa con materie prime di eccellente qualità e ingredienti locali frutto di un'attenta ricerca. Il menù richiama alla tradizione, con **rivisitazioni intelligenti** e tocchi personali azzeccatissimi. **Cantina sconfinata**, comprendente tanta produzione di Bolgheri su più annate, Supertuscans e altre etichette toscane, oltre a parecchie francesi.

LA CUCINA Tra gli antipasti, tortino di erbette di campo con lardo di cinta senese, poi maltagliati caserecci con ragù di chianina o *gnudi* con lardo di cinta senese. Si può continuare con la ciabattina al pastrami con salsa tartara o le costolette d'agnello con fior di sale e timo, ma anche con panzanese, bistecca o lombata, magari accompagnate da un Supertuscan al bicchiere. Al termine, biancomangiare alle mandorle o zuppa inglese.

I PIATTI Crudo di carne, Tagliolini di grano antico verna all'uovo con sugo di colombaccio, Guancia di manzo su purea di patate

CASTEL DEL PIANO (GR) - Montenero

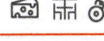

ANTICA FATTORIA DEL GROTTAIONE

Via della Piazza, 1
Tel. 0564 1827081-320 0636757
🕐 Chiuso il lunedì *Orario* mezzogiorno e sera *Ferie* metà gennaio-metà febbraio
Prezzi: 35-42 euro vini esclusi
Carte di credito: AE, BM, CS, MC, Visa

IN BREVE *Flavio Biserni, cuoco e patron, è sempre alla ricerca di prodotti di qualità a distanza ridotta che propone con bella tecnica e in ricette mai scontate.*

L'OSTERIA I borghi e le pievi, i castelli patrimonio Unesco, le splendide vigne del Brunello e del Montecucco: la val d'Orcia scorre come in una magica sequenza di quadri macchiaioli dalle finestre della terrazza. E la sala regala **richiami alla cultura locale e alla storia personale**, lunga e appassionata, di Flavio Biserni, cuoco e patron, sempre alla ricerca di prodotti di qualità a distanza ridotta, che propone con **bella tecnica** e in **ricette mai scontate**.

LA CUCINA La lavagnetta del giorno invita ad assaggi gustosi, ma in menù non manca mai il corposo tagliere di bruschette, torte salate, salumi e formaggi. Proseguendo, per chi ama il pesce tagliolini al nero di seppia con bottarga e gamberetti e baccalà arrostito con crema di ceci di Montenero, ma domina la carne con la bistecca alla fiorentina e il reale di maremmana ripieno di verdure e pecorino. **Molto fornita la cantina**, con tanti vini locali.

I PIATTI Zuppa amiatina di ricotta e bietola, Peposo di maremmana, Gelato di ricotta e olio extravergine di olivastra seggianese

TRATTORIA IN CAMPAGNA

Località Poggio Rineschi, 64 A
Tel. 340 4143731

🕐 Chiuso mar, inverno aperto la dom, ven e sab sera *Orario* sera, luglio-agosto anche mezzogiorno
Ferie febbraio, 15 giorni in novembre
Prezzi: 23-28 euro vini esclusi
Carte di credito: Visa

IN BREVE *Accoglienza garbata e ottima cucina di territorio a prezzi più che onesti nella trattoria di Loris e Stefania, su un crinale panoramico alle pendici dell'Amiata.*

L'OSTERIA In bella **posizione panoramica**, Loris Chieregatti e Stefania Gibelli vi accolgono con garbo, per un'esperienza gastronomica improntata alla qualità, che nasce dall'uso sapiente di materie prime locali e sostenibili, e dalla **riscoperta di erbe spontanee e ingredienti in disuso**. Il tutto in continua evoluzione, frutto di un'attenta e costante ricerca nel territorio.

LA CUCINA **Interessanti le proposte di degustazione** a 23 euro per due portate e a 28 per tre, compresi dolce, acqua e caffè. Altrimenti, nel menù stagionale descritto a voce, ci possono essere l'antipasto misto toscano con salumi, pecorino e giardiniera, il carpaccio di carne chianina marinata e salata, pici all'aglione, pappardelle con sugo d'anatra al finocchietto, peposo. Si chiude con cantucci e Vin Santo o la crostata con confettura di fichi e mandorle. Buona la scelta di etichette locali.

I PIATTI Pici al vino con sugo bianco di cinghiale, agnello e manzo, Tagliatelle di farina di castagne con ragù bianco di cinta senese, Guancia di maiale con verdure ed erbe aromatiche

LOCANDA FONTE ALLO SPINO

Strada Regionale 70 della Consuma, 92
Tel. 0575 581528

🕐 Chiuso il lunedì *Orario* mezzogiorno e sera *Ferie* 7-31 gennaio
Prezzi: 35-39 euro vini esclusi
Carte di credito: BM, CS, DC, MC, Visa

IN BREVE *Molti piatti di carne – anche di cacciagione e di pollame – nel ristorante casentinese della famiglia Martini. In stagione si possono gustare funghi in varie preparazioni.*

L'OSTERIA Sulla strada che dal passo della Consuma porta al Casentino, troverete sulla sinistra un casolare isolato con un ampio parcheggio. La famiglia Martini, dalla **lunga esperienza nel settore**, gestisce dal 2010 il locale. L'attenzione nella scelta delle materie prime e la **cura nella preparazione dei piatti** evidenziano la passione e l'entusiasmo che animano l'attività.

LA CUCINA Il menù è dedicato **prevalentemente alla carne**. C'è una buona scelta di primi – la pasta fresca è fatta in casa – conditi con sughi di cacciagione, e ci sono carni che non si trovano spesso nei ristoranti, come l'anatra e la faraona. Da non perdere il filetto al Brunello di Montalcino e, per gli amanti dei funghi, il tortino servito come antipasto. I funghi sono presenti anche nei primi, con i tortelli, e nei contorni, con il fritto. Dolci casalinghi e vini in carta quasi solo rossi, toscani e non solo.

I PIATTI Pici all'anatra, Piccione al forno, Filetto al Brunello di Montalcino, Funghi fritti

CASTELNUOVO BERARDENGA (SI) - Vagliagli

LA TAVERNA DI VAGLIAGLI

Via del Sergente, 4 - Tel. 0577 322532
🕐 Chiuso il mar Orario sera, sab e dom
anche pranzo Ferie 1 settimana in novembre
e 2 settimane tra gennaio e febbraio
Prezzi: 30-35 euro vini esclusi
Carte di credito: AE, BM, CS, DC, MC, Visa

IN BREVE *Andrea Nassi si muove tra la cucina e la griglia. Alla brace cuociono meravigliose bistecche ma anche il piccione; in alternativa, fragranti fritti e il carré di agnello croccante.*

L'OSTERIA Siamo nella campagna del Chianti, non lontano da Siena. Il locale si articola in due sale raccolte e una piacevole **terrazza**. Il valido lavoro di Andrea Nassi, che si muove tra la cucina e l'antistante **braciere**, è ben visibile fin dall'ingresso.

LA CUCINA Ingredienti stagionali e **minuziosa selezione delle materie prime** fanno di questa osteria un punto di riferimento per la zona. Si comincia molto bene: collo di gallina ripieno con salsa verde e frittatina di cipolle, spiedino di lumache e pancetta, tonno di coniglio con cipolla rossa. Seguono in crescendo pici arzilli con pecorino di fossa, pappardelle alla lepre, ravioli della casa con − in stagione − tartufo scorzone. La classica bistecca è affiancata da fritto di coniglio, cervello e verdure, carré di agnello croccante, piccione alla brace. In carta alcuni dolci a cui non è possibile dire di no.

I PIATTI Collo di gallina ripieno, Pappardelle alla lepre, Bistecca, Fritto di coniglio, cervello e verdure

CASTELNUOVO DI GARFAGNANA (LU)

BONINI

Strada Provinciale per Monteperpoli, 147
Tel. 0583 639425
🕐 Chiuso lunedì sera e martedì Orario mezzogiorno e sera Ferie in gennaio-febbraio
Prezzi: 30-35 euro vini esclusi
Carte di credito: AE, BM, CS, DC, MC, Visa

IN BREVE *Un vecchio locale di ristoro felicemente trasformato in moderna osteria. Il menù alterna piatti tradizionali con sfizi per curiosi viaggiatori del gusto.*

L'OSTERIA Rilevare un vecchio locale e dargli un'impostazione da moderna osteria non è facile, ma la scommessa è stata vinta dalla lungimiranza di Pier, in sala, e dalla **mano felice di mamma Leda in cucina**. Il menù alterna la tradizione con sfizi per curiosi viaggiatori del gusto. Locale **accogliente e ben arredato**, collaboratrici preparate e attente in aiuto.

LA CUCINA Si comincia assaggiando l'ottimo olio extravergine in tavola. Già all'antipasto si può essere colti da un dubbio: **chilometro zero o no?** Carpaccio di trota affumicata della Garfagnana o acciughe del Cantabrico con mozzarella di bufala? Prosciutto bazzone o jamon de bellota? Tra i primi, classici tortelli di patate e, in stagione, tagliolini al tartufo. Poi, costolette d'agnello con verdurine saltate ma anche polpo spadellato con fagioli. Dolci raffinati, come il buccellato garfagnino di mele con gelato alla crema. Bella carta dei vini e un buon sfuso.

I PIATTI Carpaccio di trota affumicata della Garfagnana, Tortelli di castagne, Costolette di agnello con salsa al timo

CASTELNUOVO DI GARFAGNANA (LU)

IL VECCHIO MULINO

Via Vittorio Emanuele, 12
Tel. 0583 62192-347 3664566
🕐 Chiuso il lun Orario 11,00- 02,00, il gio
apre alle 7.00 Ferie tra ottobre e novembre
Prezzi: 18-28 euro vini esclusi
Carte di credito: BM, CS, MC, Visa

IN BREVE *Il locale di Andrea è sempre pronto per chi abbia voglia di un boccone preparato con i sapori offerti da una terra ricca di spunti negli allevamenti, nei campi, nei boschi.*

L'OSTERIA Da un anno all'altro Andrea Bertucci imbianchisce ma non perde nulla del suo spirito, sempre pronto a guidare la battaglia per i prodotti della Garfagnana. Il Vecchio Mulino, al margine del borgo antico di Castelnuovo, è **un locale unico**, gustoso come l'oste pronto a un'**accoglienza schietta e amichevole**.

LA CUCINA Il menù è quello di sempre. **Poco di cucinato, tanta artigianalità**: sontuosi taglieri di salumi tipici – belli rustici come la mondiola, il biroldo, il prosciutto bazzone –, da gustare con il pane di patate, magari assieme ai formaggi, anch'essi di zona, tra i quali spiccano ottimi caprini, e i tradizionali crostini. Spazio alle torte di pasta sfoglia con ricotta e verdure, alle chicche di mamma Rosa, ciotole di insalata di farro con verdure e formaggi, al "boccone del buttero", spalletta stagionata con olive. Tante bottiglie in bella vista sugli scaffali: nei calici ottima Garfagnana e non solo.

I PIATTI Torte di pasta sfoglia, Boccone del buttero, Salumi e formaggi con pane di patate

CASTIGLIONE D'ORCIA (SI) - Vivo d'Orcia

LA TAVERNA DEL PIAN DELLE MURA

Via delle Casine, 12
Tel. 0577 874009-330 289297
🕐 Chiuso il lunedì Orario sera, sabato e
festivi anche pranzo Ferie variabili
Prezzi: 34-39 euro vini esclusi
Carte di credito: AE, BM, CS, DC, MC, Visa

IN BREVE *Un ristorante accogliente, dove pare essere ospiti di amici. Il menù è descritto dettagliatamente: insalate di fiori e carpacci di chianina, acquacotta, agnellone amiatino.*

L'OSTERIA Luisa in cucina e Nadia in sala, coadiuvate da Umberto, conducono questo delizioso locale dove si usano in larga parte **prodotti biologici e biodinamici** certificati, con impiego di sole **farine di grani antichi** per la pasta e per il pane. Inoltre, Luisa è una grande **esperta di erbe spontanee**, di cui fa un uso sapiente nei suoi piatti. Tra gli ingredienti, anche prodotti di Presìdi Slow Food.

LA CUCINA Carpaccio di chianina, salumi di cinta senese, la Fantasia della Taverna, che varia nella composizione secondo il periodo dell'anno, sono alcuni degli antipasti. Tra i primi, tortelli al ragù, pici all'aglione o al sugo bugiardo, ma anche con altri condimenti di stagione. Poi, fegatelli di cinta e agnellone amiatino. Si chiude con ricciarelli caldi con crema inglese o biscotti dei poveri con Vin Santo. Adeguata la scelta di vini del territorio.

I PIATTI Minestra di pane con erbe spontanee, Tortino di miglio e ricotta su crema di ortica, Caffè in forchetta con zabaione

LECCIO MORO

Piazza del Popolo, 3 - Tel. 0564 945836
Chiuso il lunedì
Orario mezzogiorno e sera Ferie febbraio
Prezzi: 25-30 euro vini esclusi
Carte di credito: BM, CS, MC, Visa

IN BREVE *Un ambiente informale, con arredi semplici e banco bar all'ingresso. In menù piatti di terra e qualche proposta di mare (su prenotazione anche il cacciucco).*

L'OSTERIA Il locale si trova nella piazzetta principale di Tirli e, pur nascosto sulla collina tra i boschi, usufruisce dell'indotto turistico della costa tirrenica tra Follonica e Castiglione della Pescaia. È un bar-ristorante-pizzeria la cui conduzione tutta familiare riporta all'**atmosfere delle osterie di una volta**. Il patron Tonino accoglie i clienti con verve e personalità, prerogative che lo rendono simpatico e partecipe senza essere invadente.

LA CUCINA La cucina, **di terra con alcuni piatti di pesce**, si caratterizza per la grande qualità dei prodotti del territorio, selezionati con cura, il rispetto della cultura gastronomica maremmana e un'ottima manualità ai fornelli. Corroboranti zuppe (da assaggiare l'acquacotta) si alternano a saporiti primi asciutti di pasta fatta in casa, come i dolci e le confetture; corposi e saporiti i secondi. Le tempistiche del servizio sono adeguate alla preparazione di piatti espressi. **Eccellente rapporto tra qualità e prezzo.**

I PIATTI Tortelli al ragù, Cinghiale con le mele, Torta della nonna

MACCHIASCANDONA

Via Castiglionese - Tel. 0564 944127
Chiuso il martedì
Orario mezzogiorno e sera Ferie gennaio
Prezzi: 28-33 euro vini esclusi
Carte di credito: BM, CS, DC, MC, Visa

IN BREVE *Locale in aperta campagna che ricorda la trattoria di un tempo, propone una cucina di impronta maremmana, mantenendo negli anni gli stessi fornitori fidati, tutti del Grossetano.*

L'OSTERIA Dal 1970, quando il ristorante-albergo ha assunto la configurazione attuale, Milena Marchetti ha continuato a proporre la sua cucina di impronta maremmana, mantenendo negli anni gli stessi **fornitori fidati, tutti del Grossetano**. Il locale, **in aperta campagna**, ricorda la trattoria di un tempo, ma adeguata alla nostra epoca.

LA CUCINA Menù stagionale con **pochi piatti ben eseguiti**. Come antipasto, crostini toscani, misto di salumi, peperoni o cipolline in agrodolce. I primi, di pasta fatta in casa, allineano tortelli di ricotta e spinaci, gnocchi o tagliolini al ragù, al burro e salvia, al pomodoro o al cinghiale, acquacotta. A seguire, coniglio o faraona in bianco, cinghiale alla cacciatora, peperoni ripieni, maialino arrosto, bistecca di maiale o di vitella. Si chiude con il carrello dei dolci fatti in casa (possibile anche averne più assaggi), tra cui zuppa inglese, cheesecake, latte alla portoghese, torta di cioccolato e peperoncino. Ottimo il vino della casa, un Ciliegiolo di una vicina cantina sociale.

I PIATTI Tortelli maremmani, Acquacotta, Cinghiale in umido

CERTALDO (FI)

LA SALETTA

IN BREVE *Chiedete consiglio sui piatti e sui vini a Giampiero, il dinamico patron. La pasta dei primi è fatta in casa e i dolci provengono dal laboratorio artigianale di famiglia.*

Via Roma, 4 - Tel. 0571 668188
→ 300 m dalla stazione di Certaldo
🕐 Chiuso il martedì, mai gennaio-settembre
Orario mezzogiorno e sera
Ferie variabili in autunno
Prezzi: 36-38 euro vini esclusi
Carte di credito: AE, BM, CS, MC, Visa

L'OSTERIA Il ristorante-enoteca, disposto su due livelli, molto curato e accogliente, è nella parte bassa di Certaldo, **vicino alla funicolare** che porta al nucleo antico. Lo gestisce il dinamico Giampiero Niccolini, con la mamma Eda che cucina **piatti della tradizione contadina toscana** con ingredienti stagionali di qualità.

LA CUCINA Tradizione e ricerca di prodotti di qualità si trovano in tutti i piatti, a partire dagli antipasti, con la selezione di salumi, sottoli e crostini. I primi sono di pasta fatta in casa: ne sono un esempio i pici al coniglio ubriaco e i tagliolini con la quaglia. Da non perdere l'ottima zuppa di cipolle di Certaldo (Presidio Slow Food). Tra i secondi, la trippa alla fiorentina, la bistecca, il baccalà al vapore. I dolci variano con le stagioni, a parte l'ottima selezione di pasticceria secca del **laboratorio di famiglia**. La carta dei vini, esauriente e ben bilanciata, lascia trasparire la passione di Giampiero.

I PIATTI *Gnudi* di ricotta con salsa di noci e parmigiano, Pici al coniglio ubriaco, Coniglio in agrodolce

CHIANNI (PI)

LOCANDA DEL GALLO

IN BREVE *Il menù del rustico locale gestito dal giovane Simone, oste consapevole e appassionato, rivela una grande attenzione per il territorio e i fornitori locali.*

Via Castellinese, 9 - Tel. 335 6195858
🕐 Chiuso lunedì-giovedì, mai d'estate
Orario sera, domenica anche a pranzo
Ferie variabili
Prezzi: 28-33 euro vini esclusi
Carte di credito: BM, MC, Visa

L'OSTERIA Nel 2005 il giovane Simone Poggetti ha deciso di cambiare lavoro per dedicarsi alla ristorazione, un mestiere nel quale ha subito dimostrato di saperci fare. Convinto che le osterie siano «l'ultimo baluardo sul territorio delle nostre tradizioni», è consapevole che quando gli avventori si alzeranno da tavola porteranno con sé qualcosa della terra che li ha ospitati. Il cibo è un fatto culturale e «**spiegare è già metà del sapore**».

LA CUCINA Il menù rivela una grande attenzione per il territorio e i fornitori locali. Tra i primi va assolutamente provata la **pasta fresca** (fatta quotidianamente in cucina), per esempio i tortelli con fonduta di pecorino. Come secondo la trippa alla pisana, variante meno nota ma apprezzabile del piatto tradizionale. Si finisce con un gelato ai frutti antichi. La lista dei vini è composta esclusivamente da etichette di produttori entro i 15 chilometri, con un occhio di riguardo per i **vini naturali**.

I PIATTI Lesso in insalata con salsa verde, Tortelli con fonduta di pecorino, Trippa alla pisana

IL GRILLO È BUONCANTORE

Piazza XX Settembre, 10
Tel. 0578 20112-335 8716238
→ 5 km dall'uscita A1 Chiusi-Chianciano Terme
🕐 Chiuso il lunedì Orario mezzogiorno e sera Ferie 10 giorni in novembre
Prezzi: 35-38 euro vini esclusi
Carte di credito: BM, CS, MC, Visa

IN BREVE *Come il grillo della composizione quattrocentesca, Tiziana Tacchi rimane ben salda nel suo concetto di cucina. Il risultato è di alta professionalità.*

L'OSTERIA «El grillo è buon cantore... ma non fa come li altri uccelli, come li han cantato un poco, van' de fatto in altro loco, sempre el grillo sta pur saldo». Così la canzone di Josquin Desprez (circa 1450-1521) e il "grillo" (Tiziana Tacchi) continua a essere "buon cantore", rimanendo ben salda nel suo concetto di cucina («Non c'è amore più sincero di quello per il cibo»). La novità è che al ristorante-pizzeria-enoteca si è affiancata, nello storico Palazzo Paolozzi, una **struttura ricettiva** di 12 camere in cui l'accoglienza familiare e genuina si rispecchia nella colazione del mattino con lo stesso stile dell'osteria.

LA CUCINA Una cucina vocata alla **qualità dei prodotti** e alla **personale conoscenza dei produttori**, sempre attenti e scrupolosi, non può che dare un risultato di alta professionalità. Vi concorrono anche l'accoglienza cordiale e la disponibilità a raccontare storia e caratteristiche degli ingredienti e dei piatti.

I PIATTI Pici all'aglione, Cannelloni al biancostato di maremmana, Coniglio in porchetta, Pollo cotto nella creta

LA SOLITA ZUPPA

Via Porsenna, 21
Tel. 0578 21006-349 8173286
→ 5 km dall'uscita A1 Chiusi-Chianciano Terme
🕐 Chiuso il martedì Orario mezzogiorno e sera Ferie tra gennaio e febbraio 3 gg di riposo infrasettimanale
Prezzi: 28-33 euro vini esclusi
Carte di credito: AE, BM, CS, DC, MC, Visa

IN BREVE *La Solita Zuppa non stanca mai: in un luogo accogliente Andrea e Lorella propongono con amabile professionalità piatti storici e più estrosi, sempre riusciti.*

L'OSTERIA Un luogo accogliente dove si respira la sostanza forte del piacere del lavoro, prima di ricerca, poi di costruzione del gusto in cucina. L'ambiente, gli arredi, l'amabile professionalità di Andrea e Lorella sono il viatico per una degustazione di piatti storici e di nuove proposte, che hanno nella **solidità dei sapori** il loro punto di forza.

LA CUCINA La sosta nel locale consente di sperimentare tutta la gamma di prodotti di quest'area della Toscana centrale. La cucina attinge a **ottime materie prime**, come i legumi cotti nel forno a legna o in forma di zuppe sapide e ricche. Da assaggiare in apertura la lingua salmistrata, tra i primi le tagliatelle al ragù d'anatra o i pici al sugo di uova d'aringa, tra i secondi il cinghiale in salmì o il coniglio allo zenzero. **Ricca selezione di etichette del territorio** e un Rosso di Montalcino come vino della casa.

I PIATTI Pici all'aglione, Cacciucco di ceci, Coniglio allo zenzero

CHIUSI (SI)

PESCE D'ORO

Località Sbarchino, 36 - Tel. 0578 21403
→ 10 km dall'uscita A1 Chiusi-Chianciano Terme
🕐 Chiuso il martedì **Orario** mezzogiorno e sera **Ferie** metà febbraio-metà marzo
Prezzi: 35 euro vini esclusi
Carte di credito: AE, BM, CS, MC, Visa

IN BREVE *Storico ristorante che delizia gli avventori con due menù: uno di pesce d'acqua dolce, catturato esclusivamente tra il lago di Chiusi e il vicino Trasimeno, l'altro con piatti della cucina toscana di terra.*

L'OSTERIA È un ristorante storico, situato **sul lago di Chiusi**, allo Sbarchino, ritrovo di pescatori ma anche luogo di sosta per chi voglia ascoltare il canto degli uccelli palustri, per chi cerchi la tranquillità. **Un'oasi di pace**, un'area protetta di interesse locale e una zona di ripopolamento ittico. Il locale è semplice e il servizio ottimo, curato da Simone, sommelier, e dalla sorella Elisabetta, sempre sorridente e gentile.

LA CUCINA Gianna delizia gli avventori con due menù: uno di **pesce d'acqua dolce**, catturato esclusivamente tra il lago di Chiusi e il vicino Trasimeno, l'altro con piatti della cucina toscana di terra. Dopo la tartara di chianina, una selezione di cinta senese o un tortino di verdure di stagione, ecco i tagliolini al persico reale, eccellenti. A seguire non si può non assaggiare il brustico, pesce arrostito sui cannicci e condito con limone e olio extravergine di minuta di Chiusi, o il tegamaccio. Ottime anche bistecche e tagliate.

I PIATTI Tagliolini al persico reale, Brustico, Tegamaccio

CIVITELLA PAGANICO (GR) - Civitella Marittima

LOCANDA NEL CASSERO

Via del Cassero, 29-31
Tel. 0564 900680-338 3030033
🕐 Chiuso il mar, autunno e primavera anche gio pranzo **Orario** mezzogiorno e sera
Ferie tra dicembre e marzo
Prezzi: 32-35 euro vini esclusi
Carte di credito: AE, BM, CS, DC, MC, Visa

IN BREVE *Incastrata nelle mura di Civitella Marittima, la bella trattoria di Alessandro Prosperi offre piatti cucinati con maestria, che rispettano la tradizione locale.*

L'OSTERIA **Borgo medievale fortificato** e capoluogo del comune sparso di Civitella Paganico, Civitella Marittima non è in riva al Tirreno ma **su un'altura** (Marittima equivale a maremmana). Nel cassero (dongione) delle mura troviamo la bella trattoria dello chef Alessandro Prosperi. In sala, Paola vi guiderà nella scelta in un menù che riflette la tradizione locale.

LA CUCINA Alla base dei piatti ci sono **materie prime sostenibili e di qualità**. Quasi obbligatorio iniziare con il rivolto del Cassero (una crêpe farcita con caciotta e pancetta), ma in stagione potreste trovare anche i fiori di zucca ripieni di ricotta e basilico o le alici gratinate. Tra i primi pappa al pomodoro, zuppa civitellina, pici all'aglione; per continuare, pollo al tegame con cipolle o gran fritto di verdure in pastella. Sempre in menù i cantucci da intingere nel Vin Santo. Carta dei vini piccola ma di un certo interesse.

I PIATTI Rivolto del Cassero, Pollo al tegame con cipolle, ginger e zafferano, Piccione farcito

CORTONA (AR)

OSTERIA DEL TEATRO

Via Maffei, 2 - Tel. 0575 630556
Chiuso il mer Orario mezzogiorno e sera
Ferie 2 settimane in novembre
Prezzi: 36-40 euro vini esclusi
Carte di credito: AE, BM, CS, DC, MC, Visa

IN BREVE *Piatti originali che raccontano la storia del territorio e fornitori attentamente selezionati, il tutto servito in un suggestivo palazzo del Cinquecento.*

L'OSTERIA La location è splendida: un **palazzo del Cinquecento** a pochi passi da piazza Signorelli, dove affaccia il teatro omonimo. L'ambiente è curato, suddiviso in tre salette di tono diverso, una con le pareti tappezzate da ricordi delle visite di personaggi famosi e da locandine di spettacoli teatrali. Il proprietario-chef, Emiliano Rossi, racconta con soddisfazione dei **25 anni del locale**, festeggiati nel 2020.

LA CUCINA Il menù è ampio e a volte la scelta è difficile perché si vorrebbe provare tutto. Da assaggiare in apertura lo scrigno di chianina agli aromi mediterranei o lo sformatino di asparagi con carne affumicata. Come primo (la pasta fresca è fatta in casa) consigliamo i pici al ragù di chianina e funghi porcini o le caramelle di chianina al profumo di limone. Tra i secondi, una personale interpretazione del filetto alla Rossini e il baccalà su salsa di piselli. Casalinghi e squisiti i dolci. **Carta dei vini importante**, come quella dei distillati.

I PIATTI Pici al ragù di chianina, Filetto alla Rossini, Baccalà su salsa di piselli

CORTONA (AR)

TAVERNA PANE E VINO

Piazza Signorelli, 27
Tel. 0575 631010-347 3493583
Chiuso il lunedì Orario mezzogiorno e sera Ferie Ultime due settimane di giugno
Prezzi: 30-35 euro vini esclusi
Carte di credito: AE, BM, CS, MC, Visa

IN BREVE *Osteria dalla bella rusticità toscana. Ci si può fermare anche solo per uno spuntino, ben consigliati su etichette e calici dal patron Arnaldo Rossi.*

L'OSTERIA L'osteria per eccellenza, quale uno si immagina. Nel centro storico di Cortona, rinomata per la bellezza, la storia e la posizione panoramica, è un locale rustico, accogliente, curato ma non "leccato", con **volte ad arco, tavoli di legno, sedie impagliate**. Arnaldo Rossi, che l'ha aperto come enoteca nel 1996, **grande appassionato ed esperto di vini**, saprà consigliarvi i migliori abbinamenti.

LA CUCINA È un locale dove, oltre che per un pranzo completo, si sta volentieri a **sorseggiare un buon bicchiere**, magari davanti a un tagliere di salumi selezionati, o con un misto di bruschette. Ottimo servizio e ampia scelta anche di vini al calice. Se poi decidiamo di fermarci più a lungo, potremo pernottare nel b&b di famiglia a breve distanza dall'osteria.

I PIATTI Pici alle molliche di pane con acciughe e peperoncino, Tagliatelle al ragù di tre carni, Bocconcini di chianina brasati al Syrah di Cortona

FIESOLE (FI) - Pian di San Bartolo

TREMOTO

IN BREVE *A prima vista un emporio di paese, nel retro due salette apparecchiate con semplicità. Menù senza sorprese, improntato alla più classica tradizione popolare toscana.*

Via Bolognese, 16 - Tel. 055 401425
🕐 Chiuso il mercoledì
Orario solo a mezzogiorno Ferie agosto
Prezzi: 25-30 euro vini esclusi
Carte di credito: AE, BM, CS, DC, MC, Visa

L'OSTERIA **Nasce come bottega di alimentari,** tradizione mantenuta fino a oggi: entrando ci troviamo davanti il banco dei salumi e dei formaggi, con tanti prodotti di qualità e alcune preparazioni pronte per l'asporto. Di fianco al negozio, due salette apparecchiate con le **classiche tovagliette a quadri bianco-rossi** e le stoviglie di ceramica spessa tipiche delle trattorie di una volta.

LA CUCINA Il rispetto della tradizione è evidente anche nel menù, più o meno **il solito da sempre.** Gli antipasti sono i tipici toscani: salumi (eccellente la finocchiona) e crostini. Tra i primi suggeriamo i tortelli mugellani al ragù e le tagliatelle condite con il cinghiale o (in stagione) funghi porcini. Fegato alla salvia, pollo fritto, braciola fritta con pomodoro sono i piatti semplici della vera cucina fiorentina, ai quali si affiancano la classica bistecca e un intrigante maialino al forno. Da non perdere in chiusura la torta con le mele.

I PIATTI Tortelli al ragù, Pappardelle al cinghiale, Maialinio al forno

FIESOLE (FI) - Montebeni

TULLIO

IN BREVE *Trattoria nata dall'ampliamento della bottega del borgo, propone un menù tradizionale che mantiene in carta la famosa ribollita, puntando prevalentemente sulle carni alla brace e fritte.*

Via di Ontignano, 48
Tel. 055 697799-697354
➜ 9,6 km dall'uscita A1 Firenze Sud
🕐 Chiuso il lunedì Orario sera, sabato e domenica anche pranzo
Ferie una settimana in febbraio, agosto
Prezzi: 32-35 euro vini esclusi
Carte di credito: AE, BM, CS, MC, Visa

L'OSTERIA La borgata di Montebeni, poche case a pochi chilometri dal centro di Fiesole e da Firenze, fin dal 1958 è stretta intorno alla vecchia bottega di ortofrutta, poi trasformata in trattoria. **Tutto cominciò con la pasta fatta in casa e la ribollita** richieste dagli operai che lavoravano in zona, piatti ancora oggi in carta accanto a una ricca proposta di carni alla brace e fritte. Da semplice bottega e luogo di ristoro per operai, si è passati a una trattoria frequentata dai fiorentini.

LA CUCINA Nel locale della famiglia Bacciotti la tradizione viene rispettata e **non ci sono evoluzioni gastronomiche.** Si comincia con un antipasto misto di salumi, formaggi e crostini, per poi passare a primi come i tortelli di patate alla mugellana o la famosa ribollita. Tra i secondi magnifiche bistecche e costate; in alternativa, il peposo o il fritto misto di pollo e coniglio, ma anche cervello fritto e fegato alla salvia. Vini della casa a consumo e buone bottiglie esposte sugli scaffali della sala.

I PIATTI Ribollita, Tortelli mugellani, Peposo

AL TRANVAI

Piazza Tasso, 14 R - Tel. 055 225197
→ 6 km dall'uscita A1 Firenze Impruneta
→ 1,3 km dalla stazione di Firenze
  Santa Maria Novella
🕐 Chiuso la domenica e lunedì a pranzo
Orario mezzogiorno e sera
Ferie la settimana di Natale
Prezzi: 25-30 euro vini esclusi
Carte di credito: AE, BM, CS, MC, Visa

IN BREVE *Ci si sente davvero in un tram d'altri tempi, fra panche, tavoli ravvicinati e una clientela variegata. Cucina dai sapori intensi e sinceri nel popolare quartiere di San Frediano.*

L'OSTERIA L'identità di questa osteria emerge dalla contaminazione della **cucina tradizionale toscana con una sfumatura umbra**. L'atmosfera è davvero quella di un antico tranvai (tram) fra panche, tavoli ravvicinati e una clientela variegata di **fiorentini e turisti** seduti fianco a fianco. Proprio ciò che ci si aspetta da un locale ubicato in San Frediano, uno dei quartieri più autenticamente popolari di Firenze.

LA CUCINA Graziano, il patron, spiega che un'osteria deve restare sempre fedele a se stessa, proponendo piatti della tradizione e concentrandosi sulla qualità delle materie prime e sui modi di elaborarle. Queste parole trovano riscontro in **una cucina dai sapori intensi e sinceri**. Le penne alla chiantigiana sono cotte per metà nel vino e condite con un ragù di salsiccia e carne di manzo. Buono lo sfuso della casa, di origine umbra.

I PIATTI Penne alla chiantigiana, Cervello fritto con fiori di zucca, Rognone trifolato, Peposo

BALDINI

Via Il Prato, 96 R - Tel. 055 287663
→ 850 m dalla stazione di Firenze
  Santa Maria Novella
🕐 Chiuso sab e dom, d'estate il sab e dom sera
Orario mezzogiorno e sera Ferie in agosto
Prezzi: 30-36 euro vini esclusi
Carte di credito: BM, CS, MC, Visa

IN BREVE *La trattoria Baldini ha attraversato gli anni restando fedele a se stessa. Nell'ampio menù anche piatti difficili da trovare altrove.*

L'OSTERIA Un viaggio nella ristorazione fiorentina di un tempo. La trattoria esiste dal 1924 ma solo dopo la tragica alluvione del 1966 assume l'aspetto odierno, mantenuto come fedeltà a una linea troppo spesso andata perduta in città.

LA CUCINA Non correrete mai il rischio di non trovare un piatto cui siete affezionati: **il menù è una certezza tutto l'anno**, la tradizione e il rispetto delle ricette di un tempo sono le fondamenta di questa trattoria storica. Nell'ampia carta figurano i piatti per cui vale la pena sedersi in un ristorante fiorentino. Ai tipici antipasti toscani seguono ribollita, pappa al pomodoro, pappardelle al ragù di cinghiale e quelle pietanze del **quinto quarto**, tipiche quanto introvabili. Immancabile la bistecca. Tra i dolci tipici, zuccotto e cantucci con il Vin Santo. Ampia disponibilità di vini toscani tra i più conosciuti, con un paio di referenze biologiche o biodinamiche.

I PIATTI Pappardelle al ragù di cinghiale, Bistecca, Fegato alla salvia, Cervello fritto con fiori di zucca

CASA DEL VINO

Via dell'Ariento, 16 R - Tel. 055 215609
→ 650 m dalla stazione di Firenze
Santa Maria Novella
🕐 Chiuso la dom **Orario** 10.00-15.30, ven e
sab 10.00-15,30, 19.00-22.00 **Ferie** agosto
Prezzi: 10-15 euro vini esclusi
Carte di credito: BM, MC, Visa

IN BREVE *Una vineria dal sapore antico animata da una convivialità moderna. Non ci sono cibi cucinati ma nessun rimpianto: si esce sazi e appagati.*

L'OSTERIA Volete un esempio di vera osteria? La Casa del Vino lo è: locale piccolo dagli arredi in legno stracolmo di bottiglie di vino (e **che bottiglie!**), atmosfera rilassata ma vivace, com'è logico sia in un ambiente dove si beve e si mangia, stuzzichini, taglieri e quant'altro si possa accompagnare a un buon calice di vino, che Gianni Migliorini saprà consigliare con passione e professionalità.

LA CUCINA Il menù, precisiamolo subito, è da vecchia osteria, ovvero **piatti freddi, taglieri e panini** con prodotti tutti di ricerca, che si accompagnano a un buon vino, come dice Gianni «no barrique, sì naturale». Tra i taglieri, significative le proposte di salumi di eccellenti aziende artigiane e di formaggi. Inoltre, crostini di fegatini o con burro e acciuga e, soprattutto, **panini con ingredienti originali e sfiziosi** come le acciughe, lo sgombro, l'aringa, abbinati a salse fatte in casa, uova sode, burrata.

I PIATTI Taglieri di salumi o formaggi, Crostini di fegatini, Panini con acciughe, sgombro, aringa

CINTO-CUCINA IN TORRE

Via Matteo Palmieri, 35-37 R - Tel. 055 245430
→ 1,5 km dalla stazione di Firenze
Santa Maria Novella
🕐 Chiuso lunedì-giovedì a pranzo
Orario mezzogiorno e sera **Ferie** variabili
Prezzi: 30-38 euro vini esclusi
Carte di credito: BM, CS, MC, Visa

IN BREVE *Una gestione giovane per una cucina di alto livello, tradizionale ma aperta alla sperimentazione, concentrata su prodotti toscani.*

L'OSTERIA Dà fiducia vedere che una generazione giovane si mette in gioco per affrontare l'avventura della ristorazione. In questo locale si pratica una cucina di alto livello, sempre attenta alla **qualità delle materie prime**. Cucina in parte classica toscana ma con la volontà di aggiungere qualche **piatto nuovo per una clientela non solo di turisti**.

LA CUCINA Si concentra su prodotti toscani, anche di Presìdi Slow Food. Nel menù, che cambia con le stagioni, la professionalità delle preparazioni si coniuga con con la familiarità caratteristica del locale. Gli antipasti offrono il tagliere della Garfagnana o un involtino di carpaccio di manzo garfagnino, mentre tra i primi figurano le lasagnette al ragù di mora romagnola e le penne con sugo di trippa. Ottima, come secondo, la rostinciana ripiena di purè di patate. Attenta selezione dei vini, con offerte anche a calice.

I PIATTI Tortelli mugellani di patate, Penne con sugo di trippa, Guancia di maiale brasata al miele

DA BURDE

Via Pistoiese, 6 R (154)
Tel. 055 311329-317206
🕐 Chiuso la domenica Orario pranzo e ven
sera, altre sere su prenotazione
Ferie la settimana di Ferragosto
Prezzi: 30-35 euro vini esclusi
Carte di credito: AE, BM, CS, DC, MC, Visa

IN BREVE *Il prototipo dell'osteria vera, antica e moderna allo stesso tempo, dove si sta davvero bene. La bistecca non manca mai e la selezione che Paolo propone è sempre di alto livello.*

L'OSTERIA Quando nel 1901 nonna Irene cominciò a servire, dal bancone della sua vineria, alcuni piatti caldi ai viaggiatori che arrivavano o partivano da Firenze, probabilmente non immaginava che i bisnipoti Andrea e Paolo sarebbero stati annoverati **tra i più noti ristoratori e sommelier d'Italia**. Il bancone c'è sempre e sempre nella bottega si possono acquistare formaggi, salumi e altre specialità toscane e non, ma la vera esperienza si fa a tavola. Paolo è un centre Andrea non finisce di stupire per la sua preparazione sui vini.

LA CUCINA Ogni stagione ha i suoi piatti tradizionali: tra le tante zuppe, la ribollita, la farinata con il cavolo nero, la pappa al pomodoro. La bistecca non manca mai e la selezione che Paolo propone è sempre di alto livello. Tra i secondi, anche trippa alla fiorentina, peposo, stracotto, bollito misto. **La carta dei vini è tra le più qualificate d'Italia**, quindi cascate in piedi.

I PIATTI Ribollita, Stracotto, Bistecca

IL CIBREO TRATTORIA

Via de' Macci, 122 R - Non ha telefono
🕐 Chiuso il lunedì Orario mezzogiorno
e sera Ferie Pasqua, agosto, Natale e
Capodanno
Prezzi: 35-38 euro vini esclusi
Carte di credito: AE, BM, CS, DC, MC, Visa

IN BREVE *Una delle interpretazioni più interessanti della tradizione familiare fiorentina in una tavola semplice e accessibile: tovagliette di carta, menù detto a voce o scritto su un foglio volante, servizio veloce.*

L'OSTERIA Un modello di osteria fiorentina è senz'altro identificabile in questa trattoria, detta anche Cibreino, **espressione più popolare dello storico ristorante Cibreo**, ideata e fortemente voluto dall'istrionico Fabio Picchi, che in zona ha completato la sua proposta con il Teatro del Sale, il Caffè Cibreo, il Cibleo (cucina tosco-orientale) e il C.Bio (bottega di prodotti biologici). Al Cibreino ci si accomoda **senza poter prenotare** e il locale ha l'impostazione tipica delle trattorie fiorentine: tovagliette di carta, menù detto a voce, servizio veloce.

LA CUCINA Il menù in generale non si scosta dalla tradizione, ma si possono trovare anche il budino alla curcuma, la gelatina di pomodoro, lo sformato di patate e ricotta con il ragù, che affiancano **piatti classici ma non scontati** come il collo di pollo ripieno, la minestra di pane, le polpette di pollo e ricotta, il polpettone con la maionese, il coniglio farcito. Semplice ed essenziale la carta dei vini.

I PIATTI Minestra di pane, Collo di pollo ripieno, Torta al formaggio

LA CASALINGA

Via dei Michelozzi, 9 R - Tel. 055 218624

→ 1,4 km dalla stazione di Firenze Santa Maria Novella

IN BREVE *In un ambiente semplice e familiare, la classica cucina popolare fiorentina. Piatti tradizionali costruiti con ingredienti di qualità.*

⏱ Chiuso la domenica **Orario** mezzogiorno e sera **Ferie** 3 settimane in agosto
Prezzi: 26-30 euro vini esclusi
Carte di credito: BM, CS, DC, MC, Visa

L'OSTERIA Qui potrete assaggiare una classica cucina toscana, in un ambiente schietto nei piatti e nell'accoglienza familiare. **Casalinga di nome e di fatto**, è una trattoria che ha scelto di rimanere fedele alle sue caratteristiche, che si esprimono in **piatti tradizionali semplici** nella struttura e costruiti con **ingredienti di qualità**.

LA CUCINA Le proposte possono variare stagionalmente ma alcuni piatti non mancano mai. Potrete iniziare con crostini misti toscani o, in estate, con prosciutto, salame e fichi per poi provare, tra i primi, i tortellini panna e prosciutto o i fusilloni del pastore. Secondi classici: arista al forno, lingua o bollito con salsa verde, peposo, trippa alla fiorentina. Chianti della casa e una buona selezione di etichette della regione.

I PIATTI Ribollita, Bollito con salsa verde, Peposo dell'Impruneta

MANGIANDO MANGIANDO

Via Poliziano, 7 R - Tel. 055 4935302

→ 1,3 km dalla stazione di Firenze Santa Maria Novella

IN BREVE *Bistecca e non solo nell'osteria fiorentina di Salvatore Toscano, gemella dell'omonimo locale di Greve in Chianti.*

⏱ Chiuso la domenica e sabato a mezzogiorno **Orario** mezzogiorno e sera
Ferie variabili ad agosto
Prezzi: 36-39 euro vini esclusi
Carte di credito: BM, CS, MC, Visa

L'OSTERIA Quando Salvatore Toscano ha accettato la sfida di tornare a Firenze con la sua esperienza di oste e di cuoco «di bottega» (come ama definire la sua osteria di Greve in Chianti), ha voluto da subito dare un segnale forte di come si debba concepire la ristorazione in città: passione, sacrificio, prodotti di alta qualità, ricerca delle tradizioni. Ed è per questo che la bistecca doveva essere di razza chianina certificata. Ma, non ancora contento, a garanzia della conservazione del prodotto ecco il "maturatore" di carne, per effettuare una **frollatura di qualità** in perfetta biosicurezza.

LA CUCINA La cucina di Salvatore non è solo bistecca. Le sue **tecniche di cottura lenta** le ritroviamo nel ragù in bianco di cinta senese, che può stare sul fuoco anche quattro ore, nello stracotto di guancia di chianina, nel peposo. Le paste sono artigianali, preparate con farine di grano senatore Cappelli. I secondi comprendono sempre un contorno e i dolci sono tutti fatti in casa.

I PIATTI Pappardelle al sugo di cinta, Bistecca di chianina, Stracotto di guancia

I TRIPPAI DI FIRENZE

Quella dei trippai è stata una delle corporazioni più importanti a Firenze per quanto riguarda il settore delle carni, seconda solo a quella dei macellai (i beccai di una volta). Solo i trippai potevano, dopo averle acquistate dai macellai stessi, vendere le frattaglie sui banchi dei mercati o anche in maniera ambulante, grazie alla spinta di un vetusto triciclo o di una sgangherata bicicletta... in poche parole un'anteprima dello street food tanto di moda ai giorni nostri. Ancora oggi questa tradizione è viva e i trippai di oggi sono ben conosciuti dai fiorentini, ma anche da una clientela eterogenea che non fa distinzioni di nazionalità. Dal trippaio si va soprattutto per mangiare il panino con il lampredotto: ma come si prepara? Il lampredotto (l'abomaso bovino) viene bollito con tutti gli odori per parecchie ore; quindi il trippaio ne prende un pezzo con il forchettone e lo taglia a striscioline; una volta tagliato viene messo dentro a un panino (di solito una rosetta) e condito con sale, pepe, salsa verde e olio piccante. Buon appetito!

Gian Marco Mazzanti

AURELIO

Piazza Tanucci - Tel. 338 7052990
Chiuso la domenica - Ferie: agosto
Orario: 09.30-19.30, sabato 09.30-16.00

È il trippaio storico del Romito, quartiere fiorentino di periferia. Il suo è un banco, anzi un furgone – dalle notevoli dimensioni – di trippaio evoluto, dove la specialità del quinto quarto sono presenti in varie ricette, affiancate da altri tipi di piatti, compresa una squisita porchetta di Norcia.

IL LAMPREDOTTORE

Largo Brambilla-angolo via Cecioni
Chiuso la domenica - Ferie: agosto
Orario: 10.00-18.00, sabato 10.00-15.00

Panini con il lampredotto o con la trippa, stracotto di guancia, francesina (lesso rifatto): sono i ricostituenti-panacea somministrati da Mamo, "dottore" specializzato in quinto quarto, nel suo chiosco collocato davanti all'ospedale Careggi. Tra i "pazienti", medici, infermieri, visitatori, studenti del vicino polo universitario e molta gente di passaggio.

IL TRIPPAIO DI SAN FREDIANO

Piazza de' Nerli
Chiuso la domenica - Ferie: agosto
Orario: 10.00-19.00, sabato 10.00-15.00

Il più venduto è il panino con il lampredotto "liscio", cioè semplice (bollito, poi condito con salsa verde, sale e pepe), ma non sono da meno le insalate di nervetti e con la poppa, la trippa alla fiorentina, il lampredotto all'uccelletto.

LA TRIPPERIA DELLE CURE

Piazza delle Cure-Mercato Rionale delle Cure
Chiuso la dom - Ferie: 2-3 settimane in agosto
Orario: 08.00-15.00

Un indirizzo storico nel Mercato delle Cure, dove a dominare l'offerta sono le interiora e i tagli meno nobili dei bovini cucinati secondo tradizione. Poche e ben riuscite le varianti alle ricette classiche. Ottimi i panini con il lampredotto: le strisce dell'abomaso, lessato e condito secondo i desiderata del cliente, sono avvolte in fragranti rosette. Servizio rapido e sorridente.

Misura 3 - "Regimi di qualità dei prodotti agricoli e alimentari" Sottomisura 3.2
"Attività di informazione e promozione" - Beneficiario: ChiantiClassico DO

CHIANTI CLASSICO.
UNICO COME LA SUA TERRA.

ZOWART

LE TRIPPAIE

Piazza Dalmazia
Chiuso la domenica - Ferie: in agosto
Orario: 08.30-14.30/17.00-20.00, sab 08.30-
14.30; giugno-agosto, lun-ven 08.30-14.30

Gestione tutta "rosa" (la signora Lucia con le
figlie Silvia e Ilaria) in questo chiosco di piazza Dalmazia, frequentata perché capolinea di
molti autobus e vicina alla stazione ferroviaria di
Rifredi. Le preparazioni del trio femminile sono
classiche: tra tutte, da segnalare il panino con il
bollito e il lampredotto con i carciofi.

LEONARDO TORRINI

Piazzetta del Bandino
Chiuso la dom - Ferie: agosto
Orario: 09-14.30/16-19.30, sab 09-14.30, luglio
09-14.30

Senza il trippaio di Gavinana (alias Leonardo
Torrini), piazza del Bandino sarebbe come piazza della Signoria senza il Biancone. Leonardo e
la moglie Silvia sono un pezzo di storia dei trippai fiorentini. Nel loro gazebo si trova il meglio
(e solo quello) di quanto si può fare con trippa
e altre frattaglie: lo stracotto di lampredotto ne
è un esempio.

LUPEN E MARGÒ

Via dell'Ariento-angolo via Sant'Antonino
Chiuso la domenica, mai ottobre-marzo
Ferie: 2 settimane in agosto
Orario: 09.00-18.30

Passano gli anni ma per Beatrice Trambusti
sembra che il tempo si sia fermato. Sempre presente e sempre sorridente, propone in maniera
rigorosa le classiche ricette del quinto quarto:
lampredotto bollito, trippa alla fiorentina, bollito misto sia nel panino sia in vaschetta.

MARCO BOLOGNESI

Via Gioberti (all'altezza del civico 133 R)
Chiuso la domenica - Ferie: agosto
Orario: 08.00-20.00

Chiosco storico, nonostante la giovane età di
Marco Bolognesi, propone ai clienti, nella trafficata zona di piazza Beccaria, varie specialità tra
cui la tradizionale trippa alla fiorentina e il su-
perclassico panino con il lampredotto. Da non
perdere il "bollito erotico" composto da lingua,
poppa e matrice di vacca.

MARIO TATO

Piazza Alberti-angolo via Aretina
Chiuso la domenica - Ferie: agosto
Orario: 09.00-19.00, giugno-luglio 09.00-16.00

Mario Tatini, in arte Tato, si destreggia sul
suo furgoncino per proporre trippa e lampredotto in ogni versione. Gli abbinamenti (con
fagioli, carciofi e altre verdure) cambiano
quotidianamente facendo venire voglia di
tornare tutti i giorni.

ORAZIO NENCIONI

Loggia del Porcellino
Chiuso la domenica - Ferie: febbraio
Orario: 10.00-19.00

Forse è il chiosco più conosciuto, specie dai
turisti, di Firenze. I pochi metri che lo separano
dalla famosa Fontana del Porcellino (Loggia del
Mercato Nuovo), ne fanno un luogo dalla visi-
bilità indiscussa. Ma la fama è meritata soprattutto per le preparazioni di Orazio Nencioni,
panino con il lampredotto e trippa in primis. Da
non perdere la zuppa di cipolle con il lampredotto sbucciato.

SERGIO E PIER PAOLO POLLINI

Via de' Macci-angolo borgo La Croce
Chiuso la domenica - Ferie: agosto
Orario: 10.00-20.00

Se il quartiere di Sant'Ambrogio fosse rappresentato da una foto, ci sarebbe quella del fur-
gone-chiosco della famiglia Pollini. Su quell'angolo la figura del trippaio c'è sempre stata, e
ancora oggi propone uno dei panini con il lampredotto più buoni della città; da non perdere
anche quello con lo stracotto di guancia.

MARIO

Via della Rosina, 2 R - Tel. 055 218550
→ 800 m dalla stazione di Firenze
Santa Maria Novella
🕐 Chiuso la domenica e i festivi Orario mezzogiorno, merc-sab anche sera Ferie agosto
Prezzi: 20-25 euro vini esclusi
Carte di credito: nessuna

IN BREVE *È un indirizzo sicuro questo storico locale popolare, guidato dalla famiglia Colzi, che offre pappa al pomodoro, zuppa di cavolo nero e fagioli, ribollita e bistecca alla fiorentina.*

L'OSTERIA Ci si va per provare lo spirito della vita e della cucina di Firenze: vicino al Mercato di San Lorenzo, è un piccolo locale dove si possono assaggiare piatti che hanno **nella sapidità e nella schiettezza la loro forza**. Sono lo specchio della tradizione e a volte la qualità non è eccelsa, ma **tutto è semplice e autentico**, come il servizio.

LA CUCINA Se non volete ordinare la bistecca, principale vanto della trattoria, potrete conoscere altre specialità della cucina fiorentina, sempre **in porzioni abbondanti e ricche di sapore**. Per esempio, tra i primi, la pappa al pomodoro, la ribollita o le maniche al ragù, tra le carni il bollito misto, l'arista al forno o la braciola in salsa. La schiacciata alla fiorentina con crema addolcisce il finale. Limitata offerta di vino a calice o sfuso, schietto come tutto il resto.

I PIATTI Ribollita, Bollito misto, Arista al forno

NERBONE

Piazza Mercato Centrale, interno Mercato
Tel. 339 6480251
→ 650 m dalla stazione di Firenze
Santa Maria Novella
🕐 Chiuso la domenica Orario 08.00-14.00
Ferie in febbraio
Prezzi: 18-25 euro vini esclusi
Carte di credito: nessuna

IN BREVE *In funzione già alle 8 del mattino all'interno del Mercato Centrale, questo posto di ristoro copre con un menù tradizionalissimo la fascia oraria della pausa pranzo fino al primo pomeriggio.*

L'OSTERIA Un posto semplice, collocato all'interno del Mercato Centrale di San Lorenzo: non una vera e propria osteria, ma **un punto di ristoro con una cucina schiettamente tradizionale**. Si ordina alla cassa e **si può mangiare al bancone o ai tavolini**, sempre presi d'assalto, disposti di fronte alla cucina. Chiaramente non si prenota e il servizio è solo a pranzo, ma già alle 8 del mattino potrete fare un'insolita colazione: panino con lo stracotto di guancia o piattino con il bollito.

LA CUCINA In un **ambiente molto informale**, una cucina sicuramente rappresentativa dei piatti della tradizione fiorentina. Sul menù, appeso dietro alla cassa, compaiono spesso voci come le penne strasciate, l'arista con le patate, il peposo, la ribollita in inverno, la pappa al pomodoro. I panini sono un altro must di questo posto originale: da assaggiare quelli con il lampredotto, con il bollito di manzo e – spettacolare – con lo stracotto.

I PIATTI Ribollita, Peposo, Stracotto

OSTERIA DELL'ENOTECA

Via Romana, 70 R - Tel. 055 2286018
🕐 Chiuso il martedì Orario pranzo e sera;
d'estate solo sera, dom anche pranzo
Ferie tra gennaio e febbraio
Prezzi: 33-38 euro vini esclusi
Carte di credito: AE, BM, CS, DC, MC, Visa

IN BREVE *Nata da una costola dell'E-*
noteca Pitti, propone un menù attento
al territorio e basato su materie prime
di qualità. Ampio spazio alla griglia e
alcuni piatti leggermente rielaborati.

L'OSTERIA Una trattoria vera in un quartiere vero di Firenze. Tutto sa di vero... dalla spigliatezza dei quattro soci all'atmosfera che si respira nella sala principale con rossi mattoni e soffitto a volta. Un'esperienza che **nasce da un'altra esperienza vera**, quella dell'Enoteca Pitti Gola e Cantina, da anni una realtà fiorentina dove si vende e si beve vino.

LA CUCINA La cucina di Nicola Chiappi si basa molto sulla tradizione, con **ampio spazio alla griglia** (da segnalare il diaframma di vacca calvana), e su alcuni piatti leggermente rielaborati, come la crema di cavolfiore con calamari marinati. Da provare la terrina di fegatini con riduzione di Vin Santo, le tagliatelle con ragù in bianco di coniglio, gli spaghetti ai carciofi o ai tre pomodori. Importante la selezione di bistecche di carni pregiate. Un'enorme vetrina a temperatura controllata raccoglie **vini di tutti i tipi e per tutte le tasche**.

I PIATTI Terrina di fegatini con riduzione di Vin Santo, Tagliatelle con ragù di coniglio e pinoli tostati, Diaframma di calvana alla griglia

SERGIO GOZZI

Piazza San Lorenzo, 8 R
Tel. 055 281941-338 7213618
→ 700 m dalla stazione di Firenze
  Santa Maria Novella
🕐 Chiuso la dom e i festivi Orario solo a mezzogiorno Ferie 2 settimane tra luglio e agosto
Prezzi: 25-30 euro vini esclusi
Carte di credito: BM, CS, MC, Visa

IN BREVE *Una trattoria a pochi passi*
dalla chiesa di San Lorenzo e dal Merca-
to Centrale. Locale spartano dove si sta in
fila per strada e si mangia velocemente.
Prezzi incredibilmente bassi per Firenze.

L'OSTERIA A pochi passi dal Mercato Centrale di San Lorenzo c'è un posto che **cent'anni fa era un locale per gli ultimi del popolo** e oggi ospita anche le più alte cariche dello Stato. È la trattoria intitolata a Sergio Gozzi, caratterizzata dalla sua «cucina ignorante» (così la definiva lui e così la definiscono i figli Sandro e Andrea, attuali gestori). C'era un tempo in cui gli ingredienti poveri erano destinati ai poveri, e quella era l'unica clientela che la famiglia avesse. Anche volendo, cambiare non sarebbe facile: gli affezionati avventori valutano severamente ogni minima modifica, persino l'introduzione delle tovaglie fu vissuta come un trauma.

LA CUCINA È **un locale alla mano**, dove si attende per strada che si liberi un tavolo e si mangia velocemente, senza antipasti né dolci. I fiorentini si mescolano ai tanti turisti, dando vita a **pranzi allegri e conviviali**. Niente carne di chianina, troppo costosa, ma solo di razza limousine.

I PIATTI Lampredotto in umido con patate e cavolo nero, Minestra di fagioli e ceci, Peposo con il campanello soffritto

FOLLONICA (GR)

GROTTA FOLLIS

Via Roma, 125 - Tel. 345 2844516
→ 600 m dalla stazione di Follonica
🕐 Chiuso il lunedì Orario pranzo e sera
maggio-ottobre solo sera Ferie ottobre
Prezzi: 33-35 euro vini esclusi
Carte di credito: BM, CS, MC, Visa

IN BREVE *Nel piccolo ristorante le titolari si spendono nella costante ricerca sul territorio di materie prime eccellenti. Il menù, ogni volta diverso, è presentato e rinforzato a voce da Valeria.*

L'OSTERIA Piccolo, bel ristorante condotto da Elena Bianciardi, in cucina, e da Valeria Paradisi, in sala. Offre poche proposte giornaliere, ma tutte frutto di un'attenta ricerca sul territorio di materie prime eccellenti e del buon uso dei prodotti, anche di Presìdi Slow Food. I piatti rispecchiano la convinzione di Elena, che si può fare **tradizione anche con un tocco personale rivolto al presente**, per i piatti sia di terra sia di mare.

LA CUCINA Per cominciare, le **ottime acciughe sotto pesto con burro** ai tre pepi oppure i crostini con lardo, miele e caffè. Si può proseguire con pappa al pomodoro, pasta e fagioli alla pescatora, crespelle alla fiorentina, zuppa corsa di pesce. Poi, melanzane alla parmigiana, peposo o frittura di calamari e gamberi. I dolci, che ruotano con cadenza giornaliera, sono fatti in casa. La cantina non è vasta ma offre una panoramica esauriente delle aziende della Doc di riferimento.

I PIATTI Zuppa corsa, Pasta e fagioli con frutti di mare, Tonno del Chianti

FOSDINOVO (MS)

LA BURLANDA

Via Fabiano, 6
Tel. 0187 628286-333 6244525
🕐 Chiuso il lunedì Orario sera, venerdì-domenica anche pranzo Ferie variabili
Prezzi: 30-35 euro vini esclusi
Carte di credito: AE, BM, CS, MC, Visa

IN BREVE *In Lunigiana, territorio dove convergono culture di più regioni, La Burlanda propone il meglio delle loro tradizioni, in termini di prodotti agricoli e di piatti.*

L'OSTERIA Lunigiana, territorio toscano che non sa di Toscana... sa più di tradizioni liguri, talvolta emiliane, ma non è né Liguria né Emilia-Romagna. Un **territorio "meticcio"** (anche le lasagne sono bastarde), dove si intrecciano culture di più regioni. La Burlanda si trova al centro di questo territorio e propone il meglio delle sue culture, sia come produzioni agricole, sia come proposte gastronomiche.

LA CUCINA Luca Barli (proprietario) e Andrea Zolla (cuoco) elaborano una **cucina basata sui loro prodotti e su quelli di fornitori locali**, con l'intento di **valorizzare tutto ciò che terra e mare possono offrire**. Si inizia con gli *sgabei* (emiliani), le torte *d'erbi* (toscane) o le acciughe di Monterosso (liguri). Immancabili i delicati testaroli e, in stagione, le crespelle con asparagi e ricotta. Tra i secondi il capretto fritto e il coniglio in porchetta. Contorni di verdure dell'orto e dolci fatti in casa completano un'esperienza che non deve essere persa!

I PIATTI Testaroli, Capretto fritto, Coniglio in porchetta

GAIOLE IN CHIANTI (SI) - San Regolo

IL CARLINO D'ORO

IN BREVE *Nella trattoria-locanda della famiglia Fabbri il menù è uguale tutto l'anno, cambiano i piatti del giorno. Ribollita, tagliatelle al sugo, fegato di bove alla griglia quelli sempre presenti.*

Località San Regolo, 33 - Tel. 0577 747136
🕐 Chiuso il lunedì **Orario** solo a mezzogiorno **Ferie** 7 gennaio-febbraio e ultima settimana di luglio
Prezzi: 22-30 euro vini esclusi
Carte di credito: BM, CS, DC, MC, Visa

L'OSTERIA San Regolo è un borghetto tutto in pietra tra le vigne del Chianti, al cospetto della maestà del castello di Brolio. Qui da un quarto di secolo i fratelli Fabbri, Marco e Fabrizio, accolgono turisti e appassionati di tradizione genuina: quella che Roberta, moglie di Fabrizio, mette in tavola tutto l'anno, **attingendo ai saperi di un territorio ricco di cultura**.

LA CUCINA Il menù è semplice, ed è quello che le famiglie toscane si tramandano per i **pranzi della domenica e delle feste comandate**, con paste tirate a mano e tante carni. Allietati dalla **spettacolare vista** che si gode dalle ampie finestre, si assaggiano così antipasti tra i quali spiccano crostini e sottoli casalinghi; si mangiano tutto l'anno la ribollita e nella stagione giusta ottimi porcini con le tagliatelle. Bella selezione di carni per la fiorentina, la grigliata, il costoleccio (rosticciana) e bella scelta di formaggi. Cantina essenzialmente locale.

I PIATTI Ribollita, Pasta al ragù di cinghiale, grigliata mista con bistecca alla fiorentina

GAVORRANO (GR) - Bagno di Gavorrano

LA VECCHIA HOSTERIA

IN BREVE *Alberto Rabissi racconta in modo semplice e partecipe i sapori spesso decisi della sua Maremma. I protagonisti del menù sono i salumi e la selvaggina.*

Via del Cavallinone, 14 - Tel. 0566 844980
🕐 Chiuso il mercoledì **Orario** mezzogiorno e sera **Ferie** metà gennaio-metà febbraio
Prezzi: 30-37 euro vini esclusi
Carte di credito: BM, CS, DC, MC, Visa

L'OSTERIA Tutto intorno c'è la Maremma, un tempo amara e temibile, oggi placida e ricca, che si lascia ammirare dalle **ampie vetrate della sala** o dal grande nuovo gazebo, sotto il quale si cena in tutto relax; volendo, si può poi riposare in una delle quattro camere al piano superiore. Al timone e in cucina Alberto Rabissi dispensa la storia di questa terra, fedele al detto di Samuel Johnson: «Chi non bada a ciò che mangia difficilmente baderà a qualsiasi altra cosa».

LA CUCINA Tradizione e territorio, con i piatti del giorno indicati sulla lavagna, sono i pilastri del pasto, durante il quale si è accuditi con allegria dal personale e allietati da una **ricca proposta di vini locali**. Come locali sono la **selvaggina**, tra le bandiere della cucina di Alberto, in particolare il cinghiale, e gli allevamenti da cui provengono gli animali da cortile per il fritto, di stalla per le costate e le bistecche. Non manca mai il baccalà al forno con crema di ceci e porri. Buoni dolci casalinghi.

I PIATTI Tortelli alla maremmana, Fritto misto, Coniglio in bianco con olive

GREVE IN CHIANTI (FI)

MANGIANDO MANGIANDO

Piazza Matteotti, 80 - Tel. 055 8546372
Chiuso il giovedì
Orario mezzogiorno e sera Ferie in gennaio
Prezzi: 36-39 euro vini esclusi
Carte di credito: BM, CS, MC, Visa

IN BREVE *Un locale in cui si respira la toscanità assoluta, vero baluardo del territorio chiantigiano. Il menù varia tutti i mesi proponendo sughi e contorni realizzati esclusivamente con prodotti di stagione.*

L'OSTERIA Salvatore Toscano è un cuoco d'altri tempi e un oste consapevole. Nella sua "bottega", nella caratteristica piazza di Greve in Chianti, da anni propone una cucina di tradizione, molto **attenta alle materie prime e frutto di costanti ricerche**. Non a caso con il termine "bottega" fino al Rinascimento si intendeva un luogo dove si svolgeva un'attività artistica, e Salvatore, nella sua bottega, è un **artista del cibo**.

LA CUCINA «La stagionalità per noi è una cosa seria!». Partendo da questo concetto **il menù varia tutti i mesi** offrendo sughi e contorni realizzati esclusivamente con prodotti di stagione. Grandiose le bistecche, vero caposaldo dell'osteria, ma nel nostro cuore sono rimasti il peposo e lo stracotto di guancia. Tra i primi piatti ricordiamo i pici al sugo di guancia e le pappardelle sul coniglio, tra i secondi l'agnello alla griglia. Carta dei vini molto curata, con un'attenzione sentimentale verso piccoli produttori chiantigiani.

I PIATTI Pici al sugo di guancia, Pappardelle sul coniglio, Bistecca, Agnello alla griglia

GROSSETO - Trappola

GLI ATTORTELLATI

Strada Provinciale 40, 39
Tel. 0564 400059-328 4572663
Chiuso dom sera e lun, mai d'estate
Orario sera, sabato e domenica anche pranzo
Ferie 10 gg tra gennaio e febbraio
Prezzi: 32 euro menù fisso
Carte di credito: BM, CS, DC, MC, Visa

IN BREVE *Ristorante rurale è la giusta definizione per questo locale: salumi, sottoli, confetture, liquori sono prodotti in azienda. Il menù, fisso, lo sceglie il primo cliente che prenota.*

L'OSTERIA Un locale particolare, anche per il meccanismo di scelta del menù: è fisso, ma lo sceglie – tra una **bella rosa di piatti tradizionali** pubblicati sul sito www.gliattortellati.com – il primo cliente che prenota; costa, per nove portate, 32 euro, ma si può optare anche per versioni ridotte a 25 o 28. Siamo nel fabbricato principale dell'azienda agricola dei fratelli Pepi –Massimiliano, Cristina, Aurora e Nìcola –, ciascuno con un proprio ruolo. Il ristorante, da loro definito rurale, ha una dimensione da trattoria familiare, con salumi fatti in casa, pane del forno a fascine, verdure di produzione propria e **pasta tirata a mano in sala**, a vista.

LA CUCINA Nel menù fisso possono comparire il piattone di salumi e pecorino con confettura di fichi e crostino toscano, i tortelli maremmani al ragù di cinta, il cinghiale alla cacciatora o in dolce forte (ricetta medievale). Anche i dolci sono fatti in casa. Cantina adeguata, con prevalenza di etichette maremmane.

I PIATTI Tortelli maremmani, Cotiche trippate, Coniglio alla finta lepre

GROSSETO - Braccagni

OSTE SCURO

Via Malenchini, 38 - Tel. 339 8781794
🕐 Chiuso lunedì e martedì
Orario mezzogiorno e sera Ferie variabili
Prezzi: 35-38 euro vini esclusi
Carte di credito: BM, CS, MC, Visa

IN BREVE *Ottima cucina di stagione a base esclusivamente di prodotti eccellenti, grande competenza e professionalità anche nel servizio e nella descrizione dei piatti.*

L'OSTERIA Ezio Enrico Formica ha un bel concetto di cucina: impreziosita dall'uso considerevole di prodotti di Presìdi Slow Food, rigorosamente stagionale, con **menù in prevalenza di terra, che varia in funzione delle materie prime reperite**.

LA CUCINA I piatti del giorno, due primi e due secondi, sono segnalati sulla lavagna in bella mostra, Nel menù, a seconda della stagione troverete l'antipasto toscano merenda, le acciughe intere sotto pesto con fiocchi di burro d'alpeggio e una ben curata selezione di formaggi con miele, composte e mostarde. Poi pappardelle al ragù di chianina o fusilli integrali al sugo finto (senza carne). Per i secondi, gamberoni e farro, e un'ottima trippa alla maremmana. Alla fine i dolci del giorno. Ottima la carta dei vini, con **grande scelta di etichette a prezzi corretti**, alcune offerte al bicchiere. Vasta disponibilità anche di distillati; da segnalare la carta dei caffè.

I PIATTI Selezione di formaggi a latte crudo, Pappardelle con ragù di chianina, Trippa alla maremmana

GUARDISTALLO (PI) - Casino di Terra

DISPENSA MOCAJO

Strada Regionale 68 - Tel. 328 9429214
🕐 Chiuso il mercoledì
Orario mezzogiorno e sera Ferie in inverno
Prezzi: 25-28 euro vini esclusi
Carte di credito: AE, BM, CS, DC, MC, Visa

IN BREVE *Accanto a un celebre ristorante una piccola osteria con piatti meno elaborati ma non meno gustosi. Ottimi prodotti del territorio e ricette delle tradizioni venatorie del luogo.*

L'OSTERIA Gli incontri migliori sono quelli inaspettati. Come questo, lungo la strada che da Volterra porta al mare: c'è un ristorante famoso, gestito da Laura Lorenzini, che cucina con abilità e maestria senza rinunciare alle **suggestioni del territorio**, e dal fratello Fabrizio, che racconta i piatti e guida la sala. E c'è questa piccola osteria, con piatti meno elaborati ma non meno gustosi.

LA CUCINA **Tradizioni venatorie** importanti, in questa fetta di Toscana che si esprime con **rude semplicità** nel sapore di ricette legate a quelle tradizioni. Così in stagione di caccia non mancheranno i maltagliati al colombaccio, mentre – preceduta dai tipici crostini e pappa al pomodoro – ci saranno le pappardelle al cinghiale, che poi si ritrova anche fritto, in alternativa alla trippa alla pisana e a un ottimo peposo alla fornacina. Frittelline di farina di castagne per finire. La **carta dei vini** attinge alla ricchissima cantina del ristorante.

I PIATTI Pappardelle al cinghiale, Cinghiale fritto, Peposo alla fornacina

CECCONI

Via Ricasoli, 21 - Tel. 329 1381159
🕐 Chiuso il mercoledì, d'estate solo a pranzo
Orario mezzogiorno e sera Ferie variabili
Prezzi: 35-38 euro vini esclusi
Carte di credito: AE, BM, CS, DC, MC, Visa

IN BREVE *Calorosa accoglienza in un ambiente informale e ottima cucina. Il menù, che varia secondo pescato e stagione, fa spesso riferimento a ricette tradizionali isolane.*

L'OSTERIA Osteria arredata con uno stile tutto suo, ovvero con **materiali di recupero assemblati in maniera creativa** dall'oste Federico. Un ambiente quindi informale ma con un'accoglienza fuori del comune, che ti fa sentire a tuo agio da subito.

LA CUCINA La **vera cucina elbana** di mamma Angela vi conquisterà. Variabile secondo pescato giornaliero e stagione, potrete gustarla in tante preparazioni, scritte su lavagnette appese al muro. Tra i piatti che più ci sono rimasti impressi citiamo la panzanella di mare, le seppie con cipolle, gli spaghetti con la gallinella, il polpo alla griglia, i tradizionali gurguglione (estivo), burrita di baccalà e murena scavecciata. Dell'isola i vini, tra cui l'Aleatico che accompagna la *schiaccia briaca*.

I PIATTI Seppie con le cipolle, Polpo alla griglia con crema di patate, Spaghetti con la gallinella

ISOLA D'ELBA (LI) - Capoliveri

SUMMERTIME

Via Roma, 56 - Tel. 0565 935180-349 4384144
🕐 Chiuso martedì a pranzo
Orario mezzogiorno e sera, agosto solo sera
Ferie dicembre-febbraio
€ Prezzi: 40-50 euro vini esclusi
Carte di credito: BM, CS, MC, Visa

IN BREVE *In un caratteristico borgo di pescatori, Maurizio Tosi, appassionato di cibo e di jazz, propone un menù principalmente di mare, che include varie specie di pesce azzurro.*

L'OSTERIA Maurizio Tosi continua a puntare sulla qualità del pesce fresco e sull'accoglienza cordiale nel suo piccolo graziosissimo ristorante, dove c'è sempre un piacevole sottofondo di musica jazz (la sua seconda passione dopo il cibo). Summertime è nella via centrale di Capoliveri (**paese di pescatori** affacciato sul mare) e il **fascino dell'ambiente esterno** contribuisce a creare l'atmosfera giusta per godere appieno della sosta.

LA CUCINA Nel periodo estivo il menù ha un'impronta decisamente di mare, con piatti che spaziano dal frittino di pani e pesci alla grigliata di pesce azzurro. Si possono inoltre gustare gli spaghettoni con le acciughe e il polpo al vino bianco, entrambi **rappresentativi della cucina elbana**. In inverno il menù mantiene la stessa impostazione, ma è più soggetto alle limitazioni obbligate del pescato giornaliero. Come dessert la *schiaccia briaca*. La scelta della carta dei vini premia molte etichette del territorio.

I PIATTI Spaghettoni con le acciughe, Polpo al vino bianco, Grigliata di pesce azzurro

ISOLA DEL GIGLIO (GR) - Giglio Porto  NOVITÀ

LA GROTTA DEL PESCATORE

Via Thaon di Revel, 9 - Tel. 0564 809409
🕐 Chiuso il mercoledì, mai giugno-agosto
Orario mezzogiorno e sera Ferie in inverno
Prezzi: 35-40 euro vini esclusi
Carte di credito: BM, CS, DC, MC, Visa

IN BREVE *Qui si mangiano i pesci appena catturati dal gestore: siamo davanti, quindi, a un menù allestito con i piatti semplici della tradizione isolana.*

L'OSTERIA Il locale è in uno dei tanti magazzini usati dai pescatori sul lungomare di Giglio Porto, verso il "molo verde", vicino agli ormeggi di **una motobarca, la Santo Antonio, stessa proprietà dell'osteria**. È questo il valore aggiunto: qui si mangiano **pesci appena catturati dal gestore**. Giovanni, che ha preso le redini del locale di famiglia, è un pescatore appassionato: la mattina esce in mare con la sua barca e al ritorno offre il bottino in un menù che cambia ogni giorno.

LA CUCINA Siamo davanti, quindi, a un menù allestito con i **piatti semplici della tradizione isolana**. Per cui potremo trovare in apertura crudi, alici, crostini di seppie, razza agli agrumi, linguine allo scorfano, e come secondo pesci – capone, san Pietro, ricciola... – freschissimi, cotti all'acquapazza, al vapore o al forno. Se saremo fortunati ci capiterà di gustare astici, aragoste e cicale che ogni tanto incappano nelle reti di Giovanni.

I PIATTI Linguine con lo scorfano, Pesce all'acquapazza, Grigliata mista di pesce

LIVORNO - Antignano

IN PIAZZETTA

Piazza Bartolommei, 1 - Tel. 0586 504201
🕐 Chiuso il lunedì Orario sera, inverno dom
anche pranzo Ferie non ne fa
Prezzi: 37-40 euro vini esclusi
Carte di credito: AE, BM, CS, DC, MC, Visa

IN BREVE *Il pesce, tutto di provenienza locale, è sempre fresco, cucinato secondo tradizione o in ricette più fantasiose; due volte la settimana si può gustare anche crudo.*

L'OSTERIA Lungo l'Aurelia, alla periferia di Livorno, questa osteria dedicata al pesce, dall'arredo curato nei minimi particolari, offre **un servizio attento e un piacevole giardino**. Il pescato, tutto di provenienza locale, è **scelto accuratamente e cucinato con fantasia**, variando spesso il menù.

LA CUCINA Possiamo qui sperimentare la **semplicità di molti piatti**, che consente di apprezzare la freschezza dei pesci anche nei crudi (il giovedì e il sabato). Oltre a specialità della cucina labronica (per esempio, lo stoccafisso alla livornese), la carta può offrire flan alla ricotta con gamberi o panzanella con frutti di mare tra gli antipasti, linguine con razza e olive nere o risotto con gamberi e pomodorini dolci come primo. Tra i secondi, baccalà alla piastra e una ricca catalana di scampi e gamberi. Ampia carta dei vini, con etichette locali.

I PIATTI Fritto di gamberi e calamari, Zuppetta di cozze con pomodori e crostini, Gnocchi con sgombro

LA BARROCCIAIA

Piazza Cavallotti, 13 - Tel. 0586 882637
Chiuso il lun, d'estate anche dom a pranzo
Orario mezzogiorno e sera Ferie variabili
Prezzi: 30-35 euro vini esclusi
Carte di credito: BM, CS, MC, Visa

IN BREVE *Nella città più anomala della Toscana, questa osteria verace e vivace offre due possibilità di ristoro: ottimi panini e piatti tipici livornesi, compreso uno strepitoso cacciucco.*

L'OSTERIA Livorno è **una città singolare**, che non perde occasione di sottolineare la propria diversità anche dal resto della Toscana, sia per le genti che la popolano sia nella proposta gastronomica. Tradizioni, usi e costumi dei suoi abitanti si ripercuotono in cucina con tipicità che vanno dal *cuscussù* al cacciucco, dai piatti piccanti al pollo in galantina. Su questa linea si colloca La Barrocciaia, un'osteria verace e vivace, **frequentata da livornesi doc e da turisti** provenienti da ogni dove. Nasce da una vecchia esperienza di nonno Giovanni, mitica figura dei primi street food italiani.

LA CUCINA I panini sono ancora un must, ma oggi **si possono assaggiare tante specialità livornesi**, come le mezze maniche al granchio, il risotto di mare, uno strepitoso cacciucco, i moscardini in umido, le seppie con la bietola, il polpo cotto nel vino rosso. Ottima anche la torta pere e cioccolato da abbinare al mitico ponche livornese (molto più di un caffè corretto).

I PIATTI Cacciucco, Mezze maniche al granchio, Seppie con la bietola

MONTALLEGRO

Piazza di Montenero, 3 - Tel. 0586 579030
Chiuso il martedì
Orario mezzogiorno e sera Ferie febbraio
Prezzi: 38-42 euro vini esclusi
Carte di credito: BM, CS, DC, MC, Visa

IN BREVE *A fianco del santuario mariano di Montenero, da 130 anni c'è il ristorante-albergo della famiglia Orlandi. È il regno del cacciucco, cucinato in due modi: senza lische e tradizionale.*

L'OSTERIA C'è il santuario, con il suo flusso imponente (almeno in tempi pre-Covid) di turismo religioso, sempre a caccia di cucina tradizionale, semplice e gustosa, e ci sono le famiglie che salgono a Montenero per una **cena al fresco**. Ci sono le "bimbe" Orlandi, Francesca e Arianna, al timone del locale aperto dalla famiglia 130 anni fa, con il suo **salone liberty affrescato** e il bar al piano della strada.

LA CUCINA Montallegro è **il regno del cacciucco**, che Arianna cucina in due versioni. C'è quella classica, come Livorno comanda, con il pescato (fresco) ricco di specie liscose; e c'è quella senza lische, per bocche meno avvezze a un piatto tanto verace quanto ruvido. Il mare suggerisce poi alla cuoca una serie di suggestioni che giocano sulla disponibilità quotidiana, e ne può nascere un bel ragù per il riso di mare, oppure ci si rifugia in piatti cult come gli spaghetti cozze e capperi o acciughe e finocchietto. In autunno e inverno, un sorprendente peposo.

I PIATTI Cacciucco, Spaghetti cozze e capperi, Budino di riso

LORO CIUFFENNA (AR)
San Clemente in Valle

SAGONA

Via per San Clemente in Valle, 2
Tel. 393 8110260-370 3222170
🕐 Chiuso lun e mar, inverno anche mer
Orario sera, dom anche pranzo
Ferie 1 settimana in autunno, 1 in gennaio
Prezzi: 28 euro
Carte di credito: BM, CS, MC, Visa

IN BREVE *Daniele Corrotti, olivicoltore e vignaiolo del Pratomagno, gestisce con un gruppo di amici questa simpaticissima osteria. Ottima la cucina, basata su genuini prodotti locali.*

L'OSTERIA Tra l'antica strada dei Sette Ponti e le pendici del Pratomagno si estende un territorio ricco di spunti d'ogni genere, paesaggistici, artistico-storici e gastronomici. Di alta qualità, questi ultimi, grazie anche a gruppi come l'Associazione dei produttori del Pratomagno, di cui Daniele Corrotti fa parte. In **un delizioso casolare – con frantoio** – della sua azienda, alcuni anni fa Daniele ha aperto un'osteria, che gestisce con l'aiuto di amici.

LA CUCINA Il menù cambia spesso perché la sua composizione dipende dalla reperibilità delle materie prime, tutte **o di produzione propria o di prossimità**, e oggetto di continua, quasi maniacale ricerca. La cucina è genuina, sempre a caccia di ricette della tradizione e di prodotti tipici del luogo: i fagioli sono gli zolfini, il maiale è il grigio del Casentino; il baccalà si mangia anche in versione pappalà, pappa al pomodoro con cuore di pesce. Gradevoli vini e olio aziendali.

I PIATTI Ravioli con bietola e ricotta al burro e salvia, Groppa di manzo marinata cotta sulla piastra, Baccalà in varie cotture

LUCCA - Meati

ANTICA OSTERIA DI MEATI

Via per Gattaiola e Meati, 1237-1245
Tel. 0583 510373-347 7233179
→ 4,2 km uscita A11 Lucca Est
🕐 Chiuso il mar **Orario** sera, sab e festivi anche pranzo **Ferie** un mese dopo l'Epifania
Prezzi: 28-32 euro vini esclusi
Carte di credito: BM, CS, DC, MC, Visa

IN BREVE *In un'ex stazione di posta poco lontana dalla città, una trattoria dall'atmosfera calda e accogliente. Ottima cucina di stampo casalingo con prodotti locali e di stagione accuratamente selezionati.*

L'OSTERIA Un ambiente caldo a accogliente attende gli avventori di questa trattoria situata in un'antica stazione di posta in campagna. I proprietari conducono il locale con passione e competenza: Fabio seleziona con ammirevole cura i prodotti destinati alla dispensa, Patrizia gestisce la sala con professionalità.

LA CUCINA La cucina è di stampo casalingo, **molti piatti sono espressi** e tutti amorevolmente accuditi. Il **rispetto della stagionalità** e il reperimento di **materie prime locali** comportano frequenti variazioni del menù, portando in tavola specialità tradizionali che difficilmente si trovano altrove. Le preparazioni sono prevalentemente di carne, il pesce è rappresentato soprattutto dal baccalà alla griglia. Dolci fatti in casa e offerta di vini, discretamente ampia, dedicata ai prodotti del territorio. In alternativa al vino della casa ci sono alcune etichette disponibili anche al calice.

I PIATTI Tortelli fatti in casa (ripieno variabile nelle stagioni), Tagliata di carne di manzo, Baccalà grigliato

BUATINO

IN BREVE *Storica osteria popolare rinnovata da una gestione familiare avveduta e sapiente. La cucina abbina a tecniche moderne ricette della tradizione. Grande uso di cereali e legumi locali.*

Via Borgo Giannotti, 508 - Tel. 0583 343207
→ 4,3 km dall'uscita A11 Lucca Est
🕐 Chiuso la dom e mar sera **Orario** mezzogiorno e sera **Ferie** seconda metà di agosto
Prezzi: 32-36 euro vini esclusi
Carte di credito: BM, CS, MC, Visa

L'OSTERIA La locanda, **nata nel 1911** e raggiungibile a piedi in pochi minuti dal centro storico di Lucca, è un posto di ristoro raccomandabile da quando nel 2011 Filippo, grande direttore di sala, e Sonia, insostituibile in cucina, le hanno dato nuovo lustro.

LA CUCINA A mezzogiorno è osteria di quartiere, **punto di riferimento per la pausa pranzo** (menù completo a 10 euro per piatti semplici, ma anche alcune pietanze più elaborate con un piccolo supplemento). **La sera la cucina accende tutti i suoi fornelli**, abbinando tecniche moderne a ricette della tradizione. In estate il classico tagliere di salumi è affiancato dalla panzanella con aggiunta di acciuga. Per le minestre si fa grande uso di cereali e legumi della zona. Sempre presenti i tordelli e spesso i testaroli pontremolesi. Il coniglio in porchetta è un must tra i secondi. Una carta dei vini attenta al movimento biodinamico lucchese completa l'offerta.

I PIATTI Minestra di farro su' fagioli, Tordelli, Coniglio in porchetta

LUCCA  NOVITÀ

DA GIGI

IN BREVE *In questa trattoria del centro storico (dal dehors si ammira l'antica Torre Gunigi) gusterete una cucina dai sapori decisi e con molti piatti della tradizione locale.*

Piazza del Carmine , 7 - Tel. 0583 467266
→ 4,6 km dall'uscita A11 Lucca Est
→ 1,1 km dalla stazione ferroviaria
🕐 Non ha giorno di chiusura
Orario mezzogiorno e sera **Ferie** non ne fa
Prezzi: 32-35 euro vini esclusi
Carte di credito: BM, CS, DC, MC, Visa

L'OSTERIA Lucca è una realtà di rilievo nell'ambito della ristorazione, in particolare di quella legata al territorio e alla tradizione. Non fa eccezione questa trattoria del centro storico (dal dehors si ammira l'antica **Torre Gunigi**) che propone la **vera cucina lucchese**. Una saletta all'entrata, il bancone con esposti i prodotti del territorio e un'altra piccola sala: a gestire il tutto Carmine Mariniello, per gli amici Gigi, da sempre cuore pulsante dell'attività.

LA CUCINA Cucina **dai sapori decisi e con molti piatti della tradizione locale**. Si comincia con le polpettine di baccalà o il manzo di pozza, per poi passare agli immancabili tordelli (piatto particolarmente rappresentativo) o agli *gnudi* di ricotta. Tra i secondi è ancora la tradizione a farsi valere, con le rovelline rifatte (fettine di manzo impanate, fritte e ripassate nel sugo) e il baccalà al forno con i ceci. Valida la carta dei vini, alcuni disponibili anche al bicchiere.

I PIATTI Manzo di pozza, Tordelli al ragù di carne, Rovelline alla lucchese

LUCCA

IL MECENATE

IN BREVE *Stefano prosegue un percorso intrapreso all'insegna della tradizione lucchese. Il menù, piuttosto ampio, elenca i classici tordelli, testaroli, stracotto, bistecche, tagliate e qualche piatto di pesce.*

Via del Fosso, 94 - Tel. 0583 511861
→ 4,3 km dall'uscita A11 Lucca Est
🕐 Non ha giorno di chiusura Orario mezzogiorno e sera Ferie 10 giorni in novembre
Prezzi: 35-39 euro vini esclusi
Carte di credito: AE, BM, CS, DC, MC, Visa

L'OSTERIA Quando la passione per il proprio lavoro prevale su qualsiasi altro aspetto commerciale e burocratico, il risultato è quello che si percepisce nel ristorante di Stefano De Ranieri, un **oste che "vive del suo locale"** e trasmette agli ospiti la cultura enogastronomica assimilata in anni e anni di scoperte e conoscenze sul territorio. Un'esperienza che vale la pena condividere: **cultura del buon cibo, cultura degli ottimi vini**. Un percorso cominciato tanti anni fa con la scelta di piccoli fornitori locali di formaggi, salumi e altri prodotti di eccellenza.

LA CUCINA Premesso che è sempre presente una buona scelta di piatti vegetariani, la cucina del Mecenate propone la **vera tradizione lucchese**, a partire dai tordelli al ragù e dalle rovelline. Ampio uso anche di prodotti dei Presìdi Slow Food, come i testaroli della Lunigiana e piatti con il fagiolo rosso di Lucca. Imperdibili i ravioli di borragine, la primaverile garmugia, il settecentesco budino di pane come dolce.

I PIATTI Tordelli lucchesi, Testaroli, Rovelline lucchesi

LUCCA

OSTERIA DAL MANZO

IN BREVE *Accoglienza calorosa e servizio competente in questa storica osteria rinnovata senza stravolgerne l'identità. Il pane, la pasta e i dolci sono fatti in casa.*

Via Battisti, 28 - Tel. 0583 490649
→ 3,7 km dall'uscita A11 Lucca Est
→ 1,1 dalla stazione di Lucca
🕐 Non ha giorno di chiusura Orario sera domenica solo pranzo Ferie variabili
Prezzi: 38 euro vini esclusi
Carte di credito: AE, BM, CS, DC, MC, Visa

L'OSTERIA Nel centro di Lucca, il locale ha una **lunga storia** ed è stato rinnovato mantenendo i caratteri della sua identità. L'accoglienza è calorosa, il servizio ha un buon livello di competenza e professionalità. In cucina sono state fatto **scelte innovative**, che l'hanno aperta a proposte non solo improntate alla tradizione locale.

LA CUCINA Il menù varia stagionalmente, tranne che per alcuni piatti fondamentali. Per stuzzicare l'appetito ci sono acciughe fritte e salsa tartara o caprino e fichi. I primi parlano di tagliatelle al ragù di coniglio, paccheri alla genovese, spaghettoni al pomodoro. Per i secondi ha un ruolo importante la griglia: scamerita di maiale, tagliata di manzo ma anche pesce azzurro, polpo croccante, verdure di stagione. Si cucina anche un taglio del **quinto quarto** che è un'assoluta rarità, il diaframma. Dolci classici (fatti in casa come il pane e la pasta) e vini della Lucchesia di buon livello.

I PIATTI Polpette di cuore e cervello fritte, Tordelli al ragù, Diaframma e patate al forno

MANCIANO (GR)

DA PAOLINO

IN BREVE *All'inizio del borgo troviamo questa nota trattoria che fa della tradizione gastronomica locale il suo fiore all'occhiello: bruschette, tortelli maremmani, acquacotta, grigliate, arrosti e umidi.*

Via Marsala, 41 - Tel. 0564 629388
⏱ Chiuso il lunedì Orario mezzogiorno e sera Ferie tra gennaio e febbraio, in novembre
Prezzi: 32-35 euro vini esclusi
Carte di credito: AE, BM, CS, MC, Visa

L'OSTERIA Nella parte più meridionale della Maremma toscana c'è una trattoria (con alloggio), che è la **quintessenza della tradizione gastronomica locale**. La troviamo all'inizio del borgo collinare di Manciano, e non è un caso che sia uno dei luoghi di ristoro più antichi della zona. La gestione consolidata di Marino Pieraccini e Sabrina Benicchi, coadiuvati da una brigata di lungo corso, trasmette **passione e cultura del territorio**.

LA CUCINA È una cucina semplice, incentrata sui **sapori dei prodotti maremmani**. Il menù, tradizionale, è sempre arricchito da proposte del giorno che si adeguano alle stagioni. Gustose bruschette (chiara l'influenza laziale) fanno da apripista a piatti più impegnativi come i pici alla campagnola, i tortelli maremmani, l'acquacotta. Tra i secondi è quasi obbligatorio assaggiare il cinghiale e il maialino al forno. Meritevole la selezione di pecorini di un caseificio sociale. Degna carta dei vini, impostata soprattutto sul territorio.

I PIATTI Tortelli maremmani, Acquacotta, Cinghiale al finocchietto

MARRADI (FI)

IL CAMINO

IN BREVE *Tra Toscana e Romagna, un ristorante familiare nella gestione e nell'atmosfera, con mamma Rita in veste di azdora. Nei piatti, sapori forti ingentiliti da un tocco moderno.*

Via Beccarini, 38 - Tel. 055 8045069
→ 110 m dalla stazione
di Marradi-Palazzuolo sul Senio
⏱ Chiuso il mer Orario mezzogiorno e sera Ferie 1-10 settembre
Prezzi: 28-38 euro
Carte di credito: AE, BM, CS, DC, MC, Visa

L'OSTERIA Marradi è uno dei centri principali della Romagna toscana, che raccoglie suggestioni anche gastronomiche **dall'uno e dall'altro versante appenninico**. Ma è anche una grande famiglia, e uno dei cuori è il locale dei Bassetti, con Rita nel ruolo di *azdora*, la figlia Simona ai fornelli per secondi e dolci, Mirco in sala. E **familiare è l'atmosfera**; sul menù si legge: «L'amicizia in ogni piatto! Lasciatevi consigliare».

LA CUCINA Si lavora **sul territorio e sulla stagione**, il che vuol dire sugli ortaggi, prugnoli, porcini e marroni ma anche sulla cultura antica delle massaie, con **sapori forti ingentiliti da un tocco moderno**. Tanti i buoni piatti in carta, a cominciare dal generoso antipasto del Camino, per passare alla pasta, liscia e ripiena: passatelli in brodo, ravioli di ricotta e spinaci, tagliolini. Carni alla griglia, arrosti e brasati prima di sorseggiare il bicchierino di chiusura. Cantina con tanta Romagna.

I PIATTI Tortellini rosa con mascarpone e gorgonzola, Fritto misto all'italiana, Filetto di manzo steccato ripieno

EMMA

Via Bergiola, 14 A - Tel. 0585 41931
→ 4,8 km dall'uscita A12 Massa
🕐 Chiuso domenica sera e il martedì
Orario pranzo e sera, luglio-agosto solo sera
Ferie 2 settimane tra ottobre e novembre
Prezzi: 30-33 euro vini esclusi
Carte di credito: AE, BM, CS, DC, MC, Visa

IN BREVE *Sulla collina di Massa, una storica trattoria a conduzione familiare. Emma, affiancata dalla figlia Sara, cucina con bravura piatti tradizionali semplici e gustosi.*

L'OSTERIA Storico locale di ristoro poco sopra Massa. L'atmosfera è quella di una **trattoria di altri tempi**, semplice nell'arredamento e nell'apparecchiatura. Qui si assaporano piatti gustosi, cucinati con sapienza da Emma. La pasta è fatta in casa, con il supporto della figlia Sara, che si occupa anche della sala.

LA CUCINA Il menù rispecchia il locale, presentando **piatti dai sapori ben definiti e che seguono la tradizione**. Na avrete la prova con i panzerotti fritti dell'antipasto, seguiti dai tordelli massesi ripieni di carne o dalle tagliatelle ai funghi. **Carne e pesce** per i secondi: trippa o bistecca, frittura di mare o baccalà. I dolci sono fatti in casa: da non perdere le zeppole al forno ripiene di crema. Carta dei vini limitata, bevibile lo sfuso, rosso e bianco.

I PIATTI Tordelli massesi, Tagliatelle ai funghi, Zeppole al forno

MASSA

OSTERIA PERTINI

Via Petroniano, 4 - Tel. 0585 810880
→ 3,5 km dall'uscita A12 Massa
🕐 Chiuso il lunedì Orario sera, domenica solo pranzo Ferie non ne fa
Prezzi: 18-20 euro
Carte di credito: AE, BM, CS, DC, MC, Visa

IN BREVE *Pochi ma della più autentica tradizione massese i piatti proposti in questa osteria: tordelli e tagliatelle, fritto di pollo e coniglio, torta di riso.*

L'OSTERIA Come una casa tra le case, **familiare e alla mano**: il modello sembra proprio il presidente. A Sandro Pertini è intitolato il circolo, il cui ristoro si è evoluto nella trattoria di oggi. Non cambia la passione, non cambia la cuoca, la "zia" Piera, aiutata da uno **staff tutto femminile**, la figlia Paola e le nipoti.

LA CUCINA **Non cambia da anni neppure il menù**, evidentemente apprezzato dai molti che qui vengono per trovare proprio quello. In una sequenza ben conosciuta arrivano in tavola (non ci sono antipasti) i tordelli al sugo di carne o le tagliatelle tordellate (condite con il ripieno dei precedenti), altrimenti buone con i funghi. Secondo del cuore è il fritto di pollo e coniglio. Unica divagazione marina le polpette di baccalà. Per il dolce in pole position la torta massese al riso, sul podio anche quelle di mele e della nonna. Il vino della casa è di una pluripremiata cantina dei Colli di Luni. Menù degustazione (30 euro) per gli indecisi.

I PIATTI Tordelli al sugo di carne, Tagliatelle tordellate, Fritto di pollo e coniglio

LA TANA DEI BRILLI

Vicolo del Ciambellano, 4 - Tel. 0566 901274
🕐 Chiuso il mercoledì
Orario mezzogiorno e sera Ferie variabili
Prezzi: 32-39 euro vini esclusi
Carte di credito: nessuna

IN BREVE *Accoglienza, cortesia, scelta scrupolosa delle materie prime lavorate con bella mano sono le cifre di quella che pare sia l'osteria più piccola d'Italia. Di sicuro un locale che merita la sosta.*

L'OSTERIA Raffaella Cecchelli, con la sua storia di attenzione ai prodotti del territorio e ai Presìdi Slow Food (anche di altre zone d'Italia) raccontata anche essendo frequente ospite sui media, è la regina di questa minuscola casa del gusto – pare sia l'**osteria più piccola d'Italia** – in un vicoletto dell'elegante Massa Marittima. Una bomboniera in cui **si è saziati e coccolati**.

LA CUCINA Ciro Murolo interpreta le idee di Raffaella con un bel gioco di trasformazioni, rivolte al palato ma anche all'occhio. Il pasto regala piacevoli suggestioni, a partire dal pecorino a latte crudo con cipolla caramellata e caviale di frutta, per andare poi sugli *gnudi* di ricotta e spinaci 24 carati (serviti con foglia d'oro alimentare) in crema di parmigiano. Superbo lo stinco di maiale. "Libretto" dei vini non vasto ma frutto di scelte meditate.

I PIATTI Crostino con paté di fegatini, fico secco e Vin Santo, Tortelloni maremmani con ragù di scamerita, Stinco di maiale con erbette mediterranee e patate al vino bianco

DA ROBERTO TAVERNA IN MONTISI

Via Umberto I, 3 - Tel. 0577 845159
🕐 Non ha giorno di chiusura
Orario 12.00-14.00 e 18.00-21.00
Ferie metà novembre-metà marzo
Prezzi: 37-40 euro vini esclusi
Carte di credito: AE, BM, CS, DC, MC, Visa

IN BREVE *Nel regno di Roberto Crocenzi, «cuciniere di campagna» e oste autentico, innamorato della sua terra e grande affabulatore, vivrete un'esperienza indimenticabile.*

L'OSTERIA Roberto Crocenzi, «cuciniere di campagna» come ama definirsi, non ha collaboratori: **fa tutto da solo**, in sala e in cucina. Un caso più unico che raro, ma Roberto, con le sue capacità e la sua **conoscenza di prodotti e produttori**, ci riesce benissimo, tanto che vi sembrerà di essere seguiti da uno stuolo di cuochi, camerieri e sommelier. Forse i tempi di attesa si dilateranno un po', ma l'esperienza sarà indimenticabile. **Si consiglia la prenotazione** perché Roberto tiene chiuso se non trova i prodotti necessari alla sua cucina.

LA CUCINA I piatti sono rigorosamente espressi. Dopo gli antipasti (salumi e formaggi del territorio, crostini di vario genere) si passa a primi quali i pici con ragù di maremmana o le caserecce di farro con ragù bianco di salsiccia. Tra i secondi, meritano l'assaggio soprattutto lo spezzatino di maremmana e il polpettone di cinta senese. Da non perdere la selezione di formaggi. Ottima carta dei vini.

I PIATTI Pici con ragù di maremmana, Polpettone di cinta senese, Stracotto di chianina

MONTALCINO (SI)

OSTERIA DI PORTA AL CASSERO

Viale della Libertà, 9-Via Ricasoli, 32
Tel. 0577 847196
🕐 Chiuso il mercoledì Orario mezzogiorno e sera Ferie gennaio, 1 settimana in novembre
Prezzi: 23-28 euro vini esclusi
Carte di credito: BM, CS, MC, Visa

IN BREVE *Questa originale osteria, ricavata in vecchie stalle, è a gestione familiare. Menù robusto: zuppe e pinci all'aglione, scottiglia di cinghiale, coniglio in arrosto morto e fagioli all'uccelletto.*

L'OSTERIA Trattoria ultraventennale situata in posizione strategica tra la fortezza e il centro storico di Montalcino, ben gestita e curata da Silvia Cecchini. **Da antiche stalle** è stato ricavato un bell'ambiente, caldo e accogliente.

LA CUCINA È caratterizzata dall'uso di **materie prime di qualità della zona**, trasformate in **piatti semplici molto curati**. Antipasti di salumi e crostini, poi pinci (il nome locale dei pici) alle briciole, all'aglione, al ragù, zuppa di pane con brodo di fagioli e verdure di stagione o pappa al pomodoro. A seguire, scottiglia di cinghiale o salsicce con fagioli all'uccelletta, polpette con patate, coniglio in arrosto morto, lingua in salsa verde o fegato con cipolle. Si chiude con zuppa inglese o panna cotta, nei mesi invernali anche crostate e mantovana. La bella cantina comprende una panoramica completa di Rosso e di Brunello di Montalcino, cosa non così scontata.

I PIATTI Polenta con cinghiale, Pappa al pomodoro, Trippa alla montalcinese con zafferano

MONTALE (PT) - Fognano

IL FIENILE

Via Martelli - Tel. 0573 590624
→ 8,5 km uscita A11 Agliana
🕐 Chiuso il mar, mai luglio-agosto e mai 10-31 dicembre Orario mezzogiorno e sera
Ferie in settembre
Prezzi: 32-35 euro vini esclusi
Carte di credito: BM, MC, Visa

IN BREVE *L'osteria dei fratelli Monticelli è sicuramente un posto dove rilassarsi, gustando cibi e vini della tradizione del territorio. Non perdete l'assaggio dell'aristina messa sott'olio in casa.*

L'OSTERIA In una zona residenziale di Montale, un fienile ristrutturato con gusto moderno è il teatro della cucina tradizionale di Tommaso e Francesco. I fratelli Monticelli negli anni hanno saputo intrecciare una **rete di rapporti con i produttori di zona**, che danno sostanza e sapore alla loro cucina. Al Fienile si respira un'**atmosfera familiare**, che mette l'ospite a proprio agio.

LA CUCINA Il menù, contenuto, è costituito da **piatti semplici**, che esprimono con nettezza i caratteri peculiari della cucina locale. Da assaggiare in apertura la mortadella di Prato, Presidio Slow Food. Tra i primi, i maccheroni al sugo di anatra, in inverno la farinata di cavolo nero con formentone ottofile, in estate la pappa al pomodoro (il pane è la bozza di Prato del Presidio Slow Food). In alcuni periodi dell'anno si possono gustare il baccalà alla livornese o il coniglio al Barco Reale (la riserva di caccia medicea nel Montalbano). Apprezzabile la selezione di vini del territorio.

I PIATTI Maccheroni al sugo di anatra, Farinata di cavolo nero, Peposo di Carmignano

MONTE SAN SAVINO (AR) - Bano

BELVEDERE

IN BREVE *In un ambiente di grande fascino, Massimo Rossi esprime in una ricca offerta di piatti la sua passione per il territorio. Pasta, pane, aceti e salse sono fatti in casa.*

Località Bano, 226 - Tel. 0575 844262
→ 7 km dall'uscita A1 Monte San Savino
🕐 Chiuso lunedì e martedì, inverno lunedì-giovedì Orario mezzogiorno e sera
Ferie ultime 3 settimane di novembre
Prezzi: 27-33 euro vini esclusi
Carte di credito: AE, BM, CS, MC, Visa

L'OSTERIA Sono un piacere per la vista **lo spazio aperto verso la vallata** e gli ambienti luminosi, ed è un piacere per il palato la ricca offerta di piatti che Massimo Rossi continua a costruire attingendo alla sua esperienza e alle materie prime della zona, integrate da pasta, pane, aceti e salse fatti in casa.

LA CUCINA Il menù, che cambia in rapporto alle stagioni e a ciò che offre il territorio, ha solide basi fatte di **equilibrio e solidità professionale**. Crostini e salumi come antipasto, poi tagliatelle al ragù di chianina, risotto ai funghi di bosco o una delle tante zuppe. Tra i primi, petto d'anatra al caviale di more e succulente tagliate. Possibilità di piatti vegani. Alto il livello della carta dei vini, in gran parte del territorio.

I PIATTI Battuta di chianina con salse, Pici all'aglione, Coniglio in salmì alle olive nere

MONTEPULCIANO (SI)

OSTERIA DELL'ACQUACHETA

IN BREVE *L'aspetto è quello dell'osteria di una volta: tavoli di legno dall'apparecchiatura spartana, in un'unica sala dove troneggia il forno a legna per la cottura di magnifiche bistecche.*

Via del Teatro, 22 - Tel. 0578 717086
🕐 Chiuso martedì, novembre-giugno anche mercoledì Orario mezzogiorno e sera Ferie la settimana di Natale, 15 gennaio- 31 marzo
Prezzi: 28-32 euro vini esclusi
Carte di credito: BM, CS, MC, Visa

L'OSTERIA Nell'affascinante centro storico di Montepulciano, l'Acquacheta è **un esempio di come erano le osterie una volta**: lunghi tavoli di legno, apparecchiatura spartana con un solo bicchiere per acqua e vino, e piatti di ceramica spessa. La sala è unica, non molto grande, con un **bellissimo forno a legna** per la cottura delle succulente bistecche esposte in bellavista su un tagliere.

LA CUCINA È di **impostazione decisamente tradizionale**. Si comincia con taglieri di salumi, vassoi di crostini al sugo o una valida selezione di pecorini locali. Si prosegue con i pici all'aglione o al ragù di agnello, le tagliatelle con i carciofi oppure una zuppa, la carabaccia o quella di ceci e bietole. Tra i secondi, oltre alle già citate bistecche, lo stracotto di vitello alla fiorentina, lo spezzatino di agnello e il capretto al tegame; originale il pecorino al forno con le pere. Buoni i dolci, casalinghi, piacevole il vino sfuso.

I PIATTI Pici all'aglione, Zuppa di ceci e bietole, Spezzatino di agnello con patate

MONTERIGGIONI (SI)
Abbadia a Isola

FUTURA OSTERIA

IN BREVE *In un delizioso borgo medievale, Nicola e Samuele hanno messo a frutto importanti esperienze nell'intento di delineare un modello di "osteria nuova", con risultati più che convincenti.*

Località Abbadia a Isola, 7 - Tel. 0577 301240
🕐 Chiuso lunedì e martedì
Orario mezzogiorno e sera
Ferie fine gennaio-metà febbraio
€ Prezzi: 38-42 euro vini esclusi
Carte di credito: AE, BM, CS, DC, MC, Visa

L'OSTERIA Un tentativo – riuscito – di delineare un **modello di osteria nuova**. La cornice è unica: le **cantine di un monastero millenario** intorno al quale si sviluppò, lungo la via Francigena, il delizioso borgo di Abbadia a Isola. Il luogo merita di per sé una visita, resa indimenticabile per i gourmet dalla sosta nel laboratorio del gusto di Samuele Bravi, chef con esperienze internazionali, e Nicola Saporito, maître in ristoranti stllati.

LA CUCINA Ha **un'impronta decisamente toscana non priva di rivisitazioni oculate** e basata su una meticolosa ricerca delle materie prime, selezionate da fornitori del territorio. Si inizia con lo sformato di porri e ricotta o il pasticcio di fegatini. Singolari i tortellini aglio, olio e peperoncino, più tradizionali i tagliolini al ragù di trippa. Tra i secondi la tagliata di manzo e il porcello tonnello. Per finire un'ottima selezione di formaggi o un dolce casalingo. Molti i vini naturali, in una carta ampia e curata.

I PIATTI Pasticcio di fegatini, Tagliolini al ragù di trippa, Porcello tonnello

MONTERONI D'ARBIA (SI)
Ville di Corsano

IL RISTORO

IN BREVE *Entrando nel Ristoro si nota il bancone con formaggi e salumi per i panini, che è possibile ordinare anche in orari diversi dai pasti principali. La pasta è fatta a mano in casa.*

Via Corsano Grotti, 574 - Tel. 0577 377912
🕐 Chiuso il lunedì e martedì a pranzo Orario mezzogiorno e sera Ferie ultima sett di set 1 in nov e 1 in feb, nei gg del Palio di Siena
Prezzi: 30-32 euro vini esclusi
Carte di credito: BM, MC, Visa

L'OSTERIA A Ville di Corsano, frazione di Monteroni in val d'Arbia, poco distante da Siena, Il Ristoro è **un'osteria di campagna** con cibi a chilometro zero (cinta senese, vitellone nostrale, legumi locali...), spesso **da agricoltura biologica** (caprini, farro, farine di grani antichi). Le proprietarie sono Larissa, che si occupa della sala, e Elisa, regina ai fornelli.

LA CUCINA È tipica toscana ma i piatti sono resi unici da tocchi personali e talvolta si dà spazio a **qualche preparazione extraregionale**. Molti ingredienti sono forniti da produttori di Presìdi Slow Food: tarese del Valdarno, mortadella di Prato, fagioli di Sorana sono presenze fisse, alle quali via via se ne alternano altre. Vini di pochi piccoli produttori della zona.

I PIATTI Straccetti di pasta bio senatore Cappelli al ragù di cinta senese, Fritto misto di carne (pollo, coniglio, agnello), Torta di prugne e crème caramel

LE MURA DEL CASSERO

Piazza Vittorio Veneto, 14 A - Tel. 055 0463031
🕐 Chiuso sab e dom a pranzo, inverno sab a pranzo e dom sera
Orario mezzogiorno e sera Ferie non ne fa
Prezzi: 32-35 euro vini esclusi
Carte di credito: BM, CS, DC, MC, Visa

IN BREVE *Il menù di questo locale è in continua evoluzione per meglio seguire le stagioni dei prodotti e le quotidiane proposte del mercato.*

L'OSTERIA «La mattina mi alzo e vado a fare la spesa». Così si presenta Francesco Pasquini, cuoco dal 2017 di questa osteria che gestisce **dopo anni di varie esperienze**, anche in un ristorante di alto livello a Honk Kong. La sua passione per il cibo, il territorio, la stagionalità l'hanno convinto a tornare in patria per aprire un locale proprio dove **cucina ciò che trova giorno dopo giorno facendo la spesa**.

LA CUCINA Il menù è **in continua evoluzione** per meglio seguire le stagioni dei prodotti e le offerte del mercato. Si può iniziare con tarese e pecorino in salsa etrusca. Molta pasta dei primi è fatta in casa, come quella alla salvia con fegatini e acciughe o le pappardelle con uova d'oca al ragù del Cassero (carne di maiale macinata con salumi). Tra i secondi sono quasi sempre disponibili il peposo e la nana (anatra) in porchetta, talvolta anche la faraona al Vin Santo e la trippa alla fiorentina. Nella valida la carta dei vini, alcune espressioni del territorio.

I PIATTI Pappardelle al ragù, Peposo, Nana in porchetta

MONTIERI (GR) - Boccheggiano

LA CIOTTOLONA

Piazza Diaz, 11 - Tel. 0566 998216
🕐 Chiuso il mercoledì, mai d'estate
Orario sera, su prenotazione anche pranzo
Ferie 6 gennaio-20 febbraio
Prezzi: 32-34 euro vini esclusi
Carte di credito: BM, CS, DC, MC, Visa

IN BREVE *in un'ex macelleria, un piccolo locale a gestione familiare, intimo e accogliente. Il giovane cuoco Duccio Frullani fa ampio uso di risorse locali di stagione, compresi funghi e castagne.*

L'OSTERIA Ricavato da un'antica macelleria, di cui sfrutta quelle che erano le superfici di vendita e di lavorazione su piani sfalsati, è un **piccolo locale intimo e accogliente**. Qualità al giusto prezzo è il motto di Sandro Frullani, che si avvale del figlio Duccio in cucina; **ampio uso di risorse locali di stagione**, su tutte funghi e castagne, con quattro piatti per portata che ruotano mensilmente.

LA CUCINA Improntata al territorio e alle sue risorse, molto attenta alla tradizione ma anche desiderosa di concedersi qualche rivisitazione, la cucina offre **piatti di terra e di mare**. Tartare di manzo, carpaccio di branzino affumicato, tortelli ripieni di cacio e pepe o di gamberi e limone, pancia di cinghiale con salsa ai frutti di bosco, misto mare su crema di cacciucco sono alcuni dei piatti che potreste trovare. Dolci tutti fatti in casa, come il semifreddo al Vin Santo con crema di cantucci.

I PIATTI Insalata tiepida di seppie su crema di topinambur, Tagliatelle al cinghiale con spuma di pecorino, Coniglio in porchetta

MURLO (SI)

IL LIBRIDINOSO

IN BREVE *Un locale unico, imperdibile per l'ubicazione, la conduzione rigorosa e appassionata, i ritmi distesi, l'ottima cucina.*

Via delle Carceri, 13 - Tel. 0577 046541
🕐 Chiuso il lunedì **Orario** mezzogiorno e sera **Ferie** ultime 2 settimane di gennaio
Prezzi: 33-36 euro vini esclusi
Carte di credito: BM, CS, DC, MC, Visa

L'OSTERIA L'insegna è una crasi tra libri e libidine, tra **cultura e gusto**. All'interno delle mura di Murlo, un locale imperdibile per l'ubicazione, la **conduzione rigorosa e appassionata** di Donatella e Marisa, i ritmi distesi, l'ottima cucina. Gli spazi sono piccoli, disposti su tre livelli, pieni di pitture, graffi, libri; un autentico gioiello la **terrazza**, che offre uno **stupendo panorama** sulle colline senesi. Il menù e i principi seguiti sono spiegati con accuratezza.

LA CUCINA Troverete prodotti del territorio, scelti tra le eccellenze locali, in tutti i piatti, anche nei vegetariani, come la bavarese di peperoni, il tortino di salvia, i pici di farina di lenticchie con mozzarella di bufala, scalogno, capperi e rosmarino. Per gli amanti della carne le pappardelle al sugo bianco di cinghiale o la tagliata di manzo maremmano. Carta dei vini non ampia ma rispettosa del territorio e del biologico.

I PIATTI Soppressata di cinta senese agli agrumi, Gnocchi di patate con crema di pecorino e spezie del panforte, Cinghiale in umido

ORBETELLO (GR)
Giannella

L'OSTE DISPENSA

IN BREVE *La cucina di Stefano Sorci, delicata ma incisiva, esalta le caratteristiche del pesce di laguna. Una tappa ineludibile sul percorso Firenze-Roma.*

Via Provinciale Giannella, 113
Tel. 0564 820085-331 4234669
🕐 Chiuso il mer, mai d'estate **Orario** mezzogiorno e sera **Ferie** 22 dicembre-15 febbraio
Prezzi: 35-37 euro vini esclusi
Carte di credito: BM, CS, MC, Visa

L'OSTERIA Mentre la guida esce, il locale di Stefano Sorci è ancora chiuso per ristrutturazione, ma aprirà di nuovo alla fine di febbraio 2021. Stefano è un'istituzione della cucina di pesce toscana. La conoscenza della laguna lo ha portato, assieme alla moglie Francesca, a spostare il baricentro viabilistico dell'asse Firenze-Roma: vietato non fare tappa a Orbetello per assaggiare **piatti che valorizzano al meglio il pesce locale**.

LA CUCINA Le lagune possono essere equiparate ai territori di confine. Stefano, con una **cucina delicata ma incisiva**, specchio del suo modo di essere, ne esalta in pieno le caratteristiche. Due i menù degustazione, a 25 e 35 euro. In alternativa, dalla carta, il nudo e crudo comprende l'essenza del pescato del giorno. Testarolo pontremolese con filetto di celeta (cefalo della laguna) e pesto di erbe aromatiche tra i primi. Come secondo il filetto bruschettato o la frittura di paranza. Cantina molto ben fornita.

I PIATTI Spaghetti in carbonara di cozze e bottarga, Filetto bruschettato, Frittura di paranza

LA BOTTEGA DEI PORTICI

Piazza Garibaldi, 3 - Tel. 055 8046580
Chiuso il lunedì Orario mezzogiorno e sera Ferie 10 giorni a settembre
Prezzi: 30-32 euro vini esclusi
Carte di credito: BM, CS, DC, MC, Visa

IN BREVE *Bottega-osteria a gestione familiare con un'offerta versatile, dalla merenda al pasto completo. Nei piatti convergono tradizioni toscane e romagnole.*

L'OSTERIA Bel paese sui monti dell'Appennino tosco-romagnolo, Palazzuolo sul Senio ospita nel centro del borgo **questa piccola bottega che diventa osteria nella sala limitrofa** e, quando la stagione lo consente, si espande nella piazza retrostante. Dal 1994 Francesco Piromalli, in sala, moglie e figlia in cucina, accolgono i visitatori con un'offerta che va dalla merenda al pasto completo.

LA CUCINA Il menù attinge dalle due regioni prodotti e ricette. Come antipasto una panzanella molto curata, in stagione di funghi il tomino con porcini, d'estate lo sformato di peperoni. **Unici nel loro genere i passatelli asciutti** con prosciutto e zucchine. Per il secondo, tutto l'anno si trovano costate di manzo, anatra al forno e trippa alla fiorentina. Notevole la selezione dei formaggi, che affianca la proposta di dolci della casa. I vini, bene in vista, sono rappresentativi del territorio, con qualche divagazione estera.

I PIATTI Passatelli asciutti con prosciutto e zucchine, Anatra al forno, Trippa alla fiorentina

PEPOSO

Via Arginello, 24 - Tel. 348 3343715
Chiuso mar sera e il mer, mai d'estate
Orario mezzogiorno e sera Ferie in inverno
Prezzi: 32-37 euro vini esclusi
Carte di credito: BM, CS, DC, MC, Visa

IN BREVE *Trattoria campagnola in cui la semplicità dell'arredamento rispecchia lo stile di cucina del patron Manuel Di Gregorio, sempre attento ai prodotti del territorio.*

L'OSTERIA Poco fuori dal centro di Pietrasanta, una **trattoria stile campagna toscana** in cui la semplicità dell'arredamento rispecchia lo stile di cucina praticato da dodici anni a questa parte da Manuel Di Gregorio che, spalleggiato in sala da Alessandra, ha creato un'**atmosfera piacevole e conviviale**.

LA CUCINA Il menù, che segue le stagioni, affianca a classici della cucina regionale, un buon numero di piatti della tradizione locale, con **attenzione ai prodotti del territorio** tra i quali una varietà pietrasantina di cavolo e gli asparagi selvatici raccolti dall'oste. La carta, prevalentemente di terra, si apre con i cardi in umido ripieni di carne o le bruschette con salsicce e bietole gratinate. Per proseguire, paste fresche come i tordelli ma anche bavette alle arselle. Tra i secondi il baccalà San Giovanni con cipolle e polenta, l'ottimo pollo fritto o al mattone. I vini in bottiglia si scelgono dallo scaffale, se non si vuole optare per lo sfuso della casa.

I PIATTI Tordelli, Pollo fritto, Baccalà con cipolle

PIEVE FOSCIANA (LU)

IL POZZO

Via Europa, 2 A - Tel. 0583 666380
🕐 Chiuso il mercoledì
Orario mezzogiorno e sera Ferie variabili
Prezzi: 33-35 euro vini esclusi
Carte di credito: BM, CS, DC, MC, Visa

IN BREVE *Storico ristorante, vasto ma accogliente, con un ampio giardino per l'estate. Il menù rivela una grande attenzione alle eccellenze del territorio, in particolare ai formaggi,*

L'OSTERIA Continua a essere **un punto di riferimento in Garfagnana** il ristorante gestito da più di trent'anni da Giordano e Maurizio. Il locale è vasto ma accogliente, e d'estate è piacevole stare al fresco nell'ampio giardino. Nella sala principale troneggia il **forno a legna** per le pizze, valida alternativa alle proposte della cucina.

LA CUCINA Il menù è **classico toscano**, spesso integrato da **piatti del giorno** che si alternano secondo stagionalità e reperibilità. Rivela una grande attenzione alle eccellenze del territorio, in particolare ai formaggi, che si possono assaggiare in un piatto degustazione. Un prodotto particolarmente amato è il manzo di pozza, servito come antipasto. Tra i primi, da non perdere la minestra di farro e i tortellacci alla garfagnina. Come secondo, trota della Garfagnana al forno o filetto di maiale in crosta di pistacchi. Sempre presente la grigliata mista di carni. Ampia scelta di vini al bicchiere.

I PIATTI Minestra di farro, Manzo di pozza con grana, Filetto di maiale in crosta di pistacchi

PIOMBINO (LI)

IL GARIBALDI INNAMORATO

Via Giuseppe Garibaldi, 5
Tel. 0565 49410-329 9634748
→ 450 m dalla stazione di Piombino
🕐 Non ha giorno di chiusura
Orario mezzogiorno e sera Ferie variabili
Prezzi: 33-39 euro vini esclusi
Carte di credito: AE, BM, CS, DC, MC, Visa

IN BREVE *Palamita, ricciola, acciughe: Roberto ama e sa come trattare il pesce povero, fulcro di un menù ogni giorno diverso, di cui è possibile ordinare più combinazioni.*

L'OSTERIA La passione di Roberto "Pippo" Filippeschi è il pesce povero, che tratta in maniera semplice, riuscendo sempre a valorizzarlo al meglio, soprattutto a non stravolgerlo. Qui **ci si può accomodare per ordinare anche un solo piatto**, così come sono possibili diverse combinazioni, per esempio otto assaggi di antipasti a 20 euro, antipasto e primo a 30 e numerose altre.

LA CUCINA **In funzione del pescato del giorno**, nella selezione di antipasti si possono trovare carpaccio di ricciola, sciabola fritta, morone alla piastra, acciughe gratinate. Tra i primi, zuppa corsa (passato di pesce con crostini di pane da comporre al tavolo), pasta con zucca e moscardini o con palamita e pesto rosso. Come secondo, acciughe fritte e cernia marinata. Si chiude con dolci fatti in casa proposti a rotazione, tra cui mousse al cioccolato e torta di pere. **Cantina notevole**, con varie proposte anche al bicchiere.

I PIATTI Zuppa corsa, Seppie su passato di ceci, Tagliolini all'ombrina e pesto di pistacchio

PIOMBINO (LI) - Populonia

LA TORRE DI POPULONIA

Via San Giovanni, 14 - Tel. 0565 1953110
Chiuso il lunedì, mai maggio-settembre
Orario mezzogiorno e sera
Ferie novembre, gennaio e febbraio
Prezzi: 40 euro vini esclusi
Carte di credito: AE, BM, CS, DC, MC, Visa

IN BREVE *Antonio Ciminelli mette a disposizione dei clienti un'esperienza maturata in anni di ristorazione. L'impegno di avere sempre prodotti freschi fa cambiare continuamente il menù.*

L'OSTERIA A Populonia, che domina lo **splendido golfo di Baratti**, il locale di Antonio Ciminelli, con la moglie Maria ai fornelli, offre una cucina di mare che valorizza il **pesce povero** con preparazioni semplici e al contempo raffinate.

LA CUCINA **Menù in continuo aggiornamento** in funzione del pescato. Tra gli antipasti, cozze in guazzetto con crostini di pane, involtini di sogliola con velo di zucchine su gazpacho di pomodoro freddo, polpo al vapore con panzanella di ortaggi e legumi. Come primo, spaghettoni con vongole e bottarga o paccheri con sgombro, pesto di zucchine, mandorle e burratina affumicata. Poi, zuppa di pesce del giorno (senza lische), conchiglie e crostacei o grande frittura di paranza (gamberi rosa, totani, triglie di fondo, pescato del giorno). Ampia e bella carta dei vini, con servizio anche al bicchiere.

I PIATTI Carpacccio di ricciola con burratina di Andria, Filetti di triglia, patate alle erbe, olive taggiasche e cialda di mais, Zuppa di pesce, crostacei, conchiglie e crostini di pane

PISA

LA GALLINA NERA

Via Cavour, 29 - Tel. 339 7697701
→ 1,2 km dalla stazione di Pisa Centrale
Chiuso il lunedì, d'estate la domenica
Orario solo la sera Ferie variabili
Prezzi: 25-30 euro vini esclusi
Carte di credito: BM, CS, DC, MC, Visa

IN BREVE *Informale, curato e accogliente questo wine bar. In menù ravioli di burrata alla pappa al pomodoro, polenta di formenton ottofile con formaggio a latte crudo e un toscanissimo peposo.*

L'OSTERIA La passione per i vini di Cinzia Trassinelli è tanto evidente che chiunque ne rimane affascinato e non esita ad affidarsi ai suoi consigli. Si può dire che in questo **accogliente wine bar del centro** di Pisa, non lontano dal Lungarno Mediceo e dall'Università, **il cibo sia in accompagnamento al vino** e non viceversa. La simpatia di Cinzia è un motivo supplementare per andarci.

LA CUCINA La cucina è essenziale, con molte proposte a buffet, taglieri e assaggi di prodotti del territorio. Da segnalare le tartare di fassona e i ravioli di burrata con la pappa al pomodoro, ma soprattutto i taglieri con i formaggi di un'azienda leader nella produzione di pecorini e caprini. Nei mesi invernali, anche piatti più elaborati, come il tradizionale peposo. **Carta dei vini** tra le più curate e ricercate della regione. Disponibili **anche per l'asporto** formaggi, pasta e una valida selezione di caffè.

I PIATTI Tartare di fassona, Tagliere di formaggi, Ravioli di burrata con la pappa al pomodoro

OSTERIA DEI CAVALIERI

IN BREVE *Nel cuore del centro storico, un locale semplice e tradizionale, perfetto per un pranzo veloce o per una cena con un menù più solido.*

Via San Frediano, 16 - Tel. 050 580858
→ 1,3 km dalla stazione di Pisa Centrale
🕐 Chiuso sab a pranzo e dom **Orario** mezzogiorno e sera **Ferie** 30 dicembre-7 gennaio
Prezzi: 30-35 euro vini esclusi
Carte di credito: AE, BM, MC, Visa

L'OSTERIA In una bella casa torre nei pressi della piazza dei Cavalieri (quelli dell'ordine di Santo Stefano fondato dal granduca Cosimo il Vecchio), questo locale mantiene la sua caratteristica di approdo sicuro sia per un pranzo veloce a mezzogiorno sia per una cena con un menù più solido. Qui troverete un servizio essenziale ma attento, un ambiente accogliente e un'offerta di **piatti legati al territorio e alle stagioni**, inframmezzati da alcuni più innovativi.

LA CUCINA La scelta è tra **un menù vegetariano, uno di terra e alla carta**. Per cominciare, pasta fritta con due prosciutti o pancotto di mare. Come primo, tagliatelle ai cannolicchi, ravioli di baccalà in sugo di pesce bianco, gnocchi ai fiori di zucca e pistacchi. Tra i secondi, tagliata di manzo, totanini alla piastra o piatti più stagionali come il timballo di acciughe. L'ampia carta dei vini è frutto di una buona conoscenza del territorio.

I PIATTI Piastra fritta con due prosciutti, Tagliatelle all'anatra, Totanini alla piastra

PISA - Coltano

RE DI PUGLIA

IN BREVE *Una cucina solida e tradizionale, basata su prodotti di stagione e di territorio. Interessanti l'antipasto di capra, formato da salumi e formaggi, e le carni cotte prevalentemente alla griglia.*

Via Aurelia Sud, 7
Tel. 050 960157-345 4390931
🕐 Chiuso lun, ottobre-maggio anche mar **Orario** sera, ottobre-maggio dom anche pranzo **Ferie** 2 settimane in gennaio
Prezzi: 28-33 euro vini esclusi
Carte di credito: BM

L'OSTERIA La storia dell'osteria inizia con una cooperativa agricola fondata negli anni Settanta e prosegue con il coinvolgimento diretto nella gestione dei giovani dipendenti. Il cuore del locale è un ampio salone dall'aspetto rustico, con travi in legno e un **grande braciere centrale**.

LA CUCINA Sergio e Beppe definiscono «casereccia» la loro cucina, basata su **ingredienti prevalentemente autoprodotti**, altrimenti provenienti dalle vicinanze. Una cucina **solida e tradizionale**, costruita con grande rispetto, oltre che del territorio, delle stagioni. Merita una citazione l'antipasto di affettati e formaggi di capra. A seguire è quasi obbligatorio assaggiare il testarolo artigianale pontremolese, Presidio Slow Food. Si finisce con un apprezzabile coniglio a modo mio. L'ampia lista dei vini offre anche un'apprezzabile selezione di vini locali.

I PIATTI Antipasto di capra, Testarolo artigianale pontremolese, Coniglio a modo mio

SANT'OMOBONO

Piazza Sant'Omobono, 6 - Tel. 050 540847
→ 1,1 km dalla stazione di Pisa Centrale
🕐 Chiuso la domenica
Orario mezzogiorno e sera Ferie variabili
Prezzi: 26-30 euro vini esclusi
Carte di credito: BM, CS, DC, MC, Visa

IN BREVE *Nell'area del mercato, che è anche quella della movida giovanile, una trattoria che rappresenta al meglio le tradizioni gastronomiche pisane.*

L'OSTERIA Siamo vicino a piazza delle Vettovaglie (costruita nel periodo mediceo), **sede del mercato** giornaliero di generi alimentari, frutta e verdura. Un rione che al mattino è molto popolare e dal pomeriggio si trasforma in **uno dei luoghi più frequentati da giovani** per gli aperitivi e per trascorrere la serata nei tanti locali della zona. Tra questi, Sant'Omobono è uno storico punto di riferimento e rappresenta al meglio le **tradizione gastronomiche pisane**.

LA CUCINA Luca Ghinzani gestisce la trattoria dal 2013. Dal suo menù possiamo scegliere una selezione di salumi e formaggi o le acciughe marinate tra gli antipasti, proseguire con le fettuccine al ragù d'anatra o le originali brachette alla renaiola (pasta condita con cime di rapa e aringa affumicata) tra i primi, la trippa alla pisana (specialità del locale), il baccalà marinato o il coniglio con le olive tra i secondi. Il vino è solo sfuso, un bianco e un rosso di Terricciola.

I PIATTI Brachette alla renaiola, Trippa alla pisana, Baccalà marinato

PISTOIA

LA BOTTEGAIA

Via del Lastrone, 17 - Tel. 0573 365602
→ 4,7 km dall'uscita A11 Pistoia
→ 800 m dalla stazione di Pistoia
🕐 Chiuso il lunedì Orario mezzogiorno e sera Ferie la settimana di Ferragosto
Prezzi: 30-35 euro vini esclusi
Carte di credito: AE, BM, CS, DC, MC, Visa

IN BREVE *Atmosfera conviviale, ravvivata dalla presenza dei proprietari, in questa trattoria con vista sul Battistero. In cucina Alessio applica cotture moderne a ricette della tradizione toscana ben interpretate.*

L'OSTERIA In un antico palazzo tra piazza del Duomo e piazza della Sala, sede del quotidiano mercato alimentare, La Bottegaia è una **trattoria dall'atmosfera vivace e conviviale**. Animano l'attività Carlo, Alessandro e Stefano, che vi accoglieranno in sala. In cucina Alessio trasforma i prodotti della stagione in **piatti tradizionali ma con caratteri di originalità**.

LA CUCINA Per esprimere tutto il gusto delle materie prime, in cucina si impiegano **metodi di cottura contemporanei**: basse temperature, roner per il sottovuoto. In apertura, tortino croccante ai porcini o cipolla fondente, tra i primi tagliatelle al ragù di chianina o sfoglie di filetto di maiale con datterini. Se preferite il pesce, insalata di mare tiepida, poi linguine con pesto di pistacchio e gamberi rossi. A seguire, guancia brasata al vino rosso, cinghiale con olive, trippa alla fiorentina, baccalà al forno. Molti vini, del territorio e non, sono disponibili anche al calice.

I PIATTI Tortino croccante ai funghi porcini, Maccheroni pistoiesi sull'anatra, Baccalà al forno

HOSTARIA DEL CECCOTTINO

IN BREVE *Un'osteria arredata con gusto, con una piccola terrazza per l'estate e i piatti tipici della Maremma: tagliatelle e pappardelle con porcini o tartufo, acquacotta, coniglio alle erbe.*

Piazza San Gregorio VII, 64
Tel. 0564 614273-393 9790069
🕐 Chiuso il giovedì Orario mezzogiorno e sera Ferie 6 gennaio-15 marzo
Prezzi: 32-38 euro vini esclusi
Carte di credito: AE, BM, CS, MC, Visa

L'OSTERIA A Pitigliano, "città del tufo", Alessandro Francardi ci guida in un percorso con rimandi anche alla **cucina goym di radice ebraica** (comunità qui storicamente ben radicata) nel suo bel locale a pochi passi dalla sinagoga.

LA CUCINA Qui si predilige la **filiera corta**, quando possibile il chilometro zero, prodotti di Presìdi Slow Food e biologici. Tra gli antipasti consigliamo la sinfonia di crostini, i salumi di cinta o le acciughe al pesto. Per il primo, tagliatelle al ragù di anatra o pappardelle al cinghiale. Come secondo, stinco di maiale al forno con patate o cinghiale alla cacciatora. Si chiude con il fagottino del Ceccottino (ripieno di pere e mele con salsa alla cannella) o con il tipico sfratto pitiglianese (pasta ripiena di noci, miele, scorza d'arancia, anice e noce moscata). La carta dei vini è interessante e completa, con numerose proposte al bicchiere.

I PIATTI Crostino pitiglianese con fegato, milza e cuore; *Gnudi* di ricotta e spinaci, Buglione di agnello

LA COLLINA

IN BREVE *A breve distanza dal borgo antico di Pitigliano, un ristoro agrituristico dove assaggiare i prodotti biologici dell'azienda: carni suine e ovine, polli, conigli, verdure.*

Strada Regionale 74 km 157, 148
Tel. 0564 616751-393 9886976
🕐 Chiuso il lunedì Orario pranzo e sera, inverno gio-dom solo sera Ferie 10 gg dopo l'Epifania, 10 gg dopo Ognissanti
Prezzi: 26-32 euro vini esclusi
Carte di credito: BM, MC, Visa

L'OSTERIA Nei dintorni di Pitigliano, splendido borgo maremmano del tufo, Alberto Chioccia, proveniente dal mondo della macelleria, e Anna Maria Catufa, figlia di uno chef stellato, hanno ristrutturato un bel casolare per impiantarvi l'agriturismo della loro azienda, che **produce carni suine, ovine, pollame, verdure e olio extravergine biologico**.

LA CUCINA **Vasta scelta di piatti**, cucinati in gran parte con materie prime di produzione propria. Si comincia con l'antipasto della casa (per due persone), selezione di formaggi con confetture o crostini misti, continuando con pappardelle al cinghiale o ravioli maremmani al ragù. Poi, cinghiale al buglione e maiale allevato brado. Tra i dolci, crema catalana, panna cotta, cantucci con il Vin Santo. Possibilità di menù a 25 euro per tutto il tavolo (cinque portate, contorno, dolce e caffè); si cuociono anche buone pizze.

I PIATTI Gnocchetti al ragù di cinta con finocchiella e arancia, Cinghiale al buglione, Maiale alla griglia

PONTASSIEVE (FI) - Molino del Piano

ARTEMIDE

IN BREVE *In estate la veranda affacciata su un grande parco, nei mesi freddi il calore dell'ambiente interno: un bel posto, con una cucina – anche vegetariana – improntata all'essenzialità.*

Via di Galiga, 21
Tel. 055 8317240 - 3394897312
🕐 Chiuso martedì e mercoledì
Orario mezzogiorno e sera
Ferie tra febbraio e marzo
Prezzi: 35-38 euro
Carte di credito: BM, CS, DC, Visa

L'OSTERIA Tra i boschi della bassa valle del Sieve, un bel posto dove godere in estate della veranda affacciata su un **grande parco**, nei mesi freddi del calore dell'ambiente interno, arredato con gusto. Il tratto caratteristico, oltre alla semplicità e validità della cucina, è l'affabilità dei proprietari.

LA CUCINA Dal ricco menù traspare una grande cura nella **ricerca di prodotti locali**, a cominciare da carni e salumi (affettati, ottime bistecche, il piccione) ma anche per gli ingredienti dei piatti vegetariani: tutto è improntato all'**essenzialità, nelle cotture e nei condimenti**. Pure dolci e gelati sono fatti in casa. La lista dei vini si concentra sull'interessante produzione locale, affiancandole etichette del resto della Toscana, di altre regioni d'Italia ed estere; buona disponibilità di liquori artigianali.

I PIATTI Cappelletti al piccione, Tortelli di patate con bardiccio, Faraona ripiena

---

PONTASSIEVE (FI)

TOSCANI DA SEMPRE

IN BREVE *«Una cucina di affetti», è così che definisce il suo lavoro il cuoco di questo bel locale. Piatti preparati con ottime materie prime acquistate direttamente dai produttori.*

Via Fratelli Monzecchi, 13 - Tel. 055 8392952
→ 200 m dalla stazione di Pontassieve
🕐 Chiuso la domenica, d'inverno solo la sera
Orario mezzogiorno e sera Ferie variabili
€ Prezzi: 38-42 euro vini esclusi
Carte di credito: BM, CS, MC, Visa

L'OSTERIA "Toscani da sempre" è di per sé una dichiarazione di intenti, ma Stefano Frassineti va oltre, offrendo ai suoi ospiti un menù caratterizzato da **una forte carica innovativa**. Secondo lui il futuro delle osterie è nei giovani, che devono trovarci una qualità non inferiore a quella di un ristorante di buon livello, accompagnata però dalla più ampia accessibilità possibile. Questa convinzione trova riscontro anche nei locali, **arredati in modo moderno e giovanile**, e in un'apprezzabile attenzione per l'impiattamento.

LA CUCINA L'osteria esibisce un menù ristretto: territoriale, stagionale, realizzato in sinergia con i produttori di zona. Alla carta si affiancano tre menù degustazione (vegetariano, di carne e di pesce). Potremmo definirla una **cucina responsabile**, messa in scena con cognizione di causa.

I PIATTI Fiori di zucca ripieni con salsa bruschetta, Spaghetti alla chitarra con pomodori verdi, gota e peperoncino fresco, Hamburger di bistecca disossata con patate all'antica

ANTICA TRATTORIA PELLICCIA

Via Garibaldi, 137 - Tel. 0187 830577
→ 2,1 km dall'uscita A15 Pontremoli
→ 800 m dalla stazione di Pontremoli
🕐 Chiuso il martedì
Orario mezzogiorno e sera Ferie variabili
Prezzi: 27-30 euro vini esclusi
Carte di credito: AE, BM, CS, MC, Visa

IN BREVE *Tre sale luminose, accoglienti e ben arredate. Piatti della tradizione resi contemporanei da precise cotture e gustosi grazie all'utilizzo di ottime materie prime. Da assaggiare i testaroli al pesto.*

L'OSTERIA «Trista è quella casa, dove la gallina canta e il gallo tace»: come in un tarocchino del Mitelli, le sferzanti illustrazioni di Lele Luzzati vi ammoniranno per chiarire dove siete. Pontremoli, porta della Toscana e capoluogo di una Lunigiana che è sì ruvida e aspra ma anche ricca come uno **scrigno di gemme preziose** da portare in tavola. E l'Antica Trattoria Pelliccia, con la cortesia della signora Veronica, ne è degna interprete.

LA CUCINA **Piatti semplici ma non banali**, che «variano – spiega Veronica – secondo quello che arriva»: in estate, per esempio, è d'obbligo cominciare con lo sformatino di melanzane alla parmigiana, in autunno ci saranno tanti funghi. Difficile però rinunciare ai piatti simbolo della **tradizione lunigianese**, a partire dal grande antipasto con salumi, frittelle, torta *d'erbi* e verdure marinate, per passare ai superclassici testaroli al pesto, quindi all'agnello di Zeri al forno con le patate. Si beve un buon Sangiovese della casa.

I PIATTI Antipasto misto Lunigiana, Testaroli, Agnello al forno con patate

CAVEAU DEL TEATRO

Vicolo Santa Cristina, 13 - Tel. 0187 833328
→ 2,2 km dall'uscita A15 Pontremoli
→ 1,5 km dalla stazione di Pontremoli
🕐 Chiuso il mer Orario mezzogiorno e sera
Ferie 10 giorni dopo l'Epifania, novembre
Prezzi: 34-40 euro vini esclusi
Carte di credito: AE, BM, MC, Visa

IN BREVE *Ambiente chic ma cucina semplice, della più autentica tradizione lunigianese, basata su ingredienti di qualità reperiti perlopiù in zona.*

L'OSTERIA Non ci si lasci trarre in inganno dall'allure chic del locale, quasi **un elegante salotto**, gestito con cura appassionata da Amedeo, in cucina, e Fernanda Poletti, sommelier, che guida la sala e consiglia con sapienza i vini. In realtà qui domina la **tradizione lunigianese**, fin dall'approvvigionamento delle materie prime, perlopiù in zona.

LA CUCINA Non sembri strano fare un tuffo nel Mar Ligure se vi va di assaggiare i muscoli (così qua si chiamano le cozze) ripieni alla spezzina: la Lunigiana ha storicamente un rapporto stretto con la costa della regione adiacente. Però alla fine ci si lascia ingolosire dalla **ruvida semplicità** di piatti che Amedeo prepara con leggerezza, come i classici testaroli o l'agnello di Zeri, la trippa con i fagioli cannellini o, in stagione, i ravioli di borragine all'olio di frantoio o il baccalà con i ceci. **Cantina ben costruita**, attenta anche ai vini da vitigni compresi nell'Igt locale.

I PIATTI Testaroli al pesto, Agnello di Zeri cotto nei testi, Baccalà con i ceci

LA VECCHIA CUCINA DI SOLDANO

Via Pomeria, 23 - Tel. 0574 34665
→ 7,2 km dall'uscita A11 Prato Ovest
→ 1,3 km dalla stazione di Prato
🕐 Chiuso domenica e festivi
Orario mezzogiorno e sera
Ferie agosto, 15 gg tra dicembre e gennaio
Prezzi: 23-28 euro vini esclusi
Carte di credito: BM, CS, MC, Visa

IN BREVE *Ambiente d'antan con tovaglie a quadri e servizio veloce per questa tradizionalissima osteria che offre a una clientela prevalentemente di habitué gustosi piatti ben collaudati.*

L'OSTERIA Entrerete in **un luogo che vive per la sua storia**: si respira nell'ambiente, nelle tovaglie a quadri vecchio stile, in un servizio veloce, nei commensali che hanno tutta l'aria di essere **avventori abituali**. Un luogo dal sapore solido e sperimentato, come la sua cucina.

LA CUCINA Per stuzzicare l'appetito non manca la mortadella di Prato (Presidio Slow Food), alla quale seguono **piatti semplici nella forma e solidi nella sostanza**. I tagliolini sui fagioli e la zuppa ceci e patate sono buone proposte tra i primi, mentre i secondi puntano sulla trippa alla fiorentina, il gran pezzo di arrosto o la costoletta di agnello, garantendo anche una ricca offerta di carni alla griglia. Semplici e abbondanti i contorni. Il vino della casa è un Chianti di Montespertoli e i cantuccini con il Vin Santo chiudono il pasto.

I PIATTI Tortelli di patate al ragù, Pollo fritto, Trippa alla fiorentina

MEGABONO

Via Ser Lapo Mazzei, 20 - Tel. 347 8908892
🕐 Chiuso domenica sera e lunedì
Orario mezzogiorno e sera Ferie una settimana in febbraio e una in agosto
Prezzi: 27-30 euro vini esclusi
Carte di credito: BM, CS, MC, Visa

IN BREVE *Un'osteria moderna con una proposta di ricerca che rispecchia le tradizioni pratesi e del resto della regione; in estate prevalgono piatti vegetariani e qualcuno di pesce.*

L'OSTERIA Un'**osteria moderna** con una proposta di tradizione e di ricerca. Potremmo sintetizzare così il locale fortemente voluto da Renzo Bellandi, che da cinque anni ha scommesso sulle sue vere passioni: la cucina e la **ricerca di prodotti tipici** del territorio e non.

LA CUCINA Rispecchia le tradizioni pratesi e del resto della regione; **in estate prevalgono piatti vegetariani e qualcuno di pesce**. Il menù è piuttosto concentrato, ma le proposte sono accattivanti e viene la voglia di assaggiarle tutte. Come antipasto il lampredotto in carrozza (una vera specialità) o un tagliere di salumi e formaggi di qualità. Per il primo c'è l'imbarazzo della scelta tra un'ottima carbonara toscana (con la soprassata al posto del guanciale), i rigatoni al ragù bianco, i paccheri con crema di zucchine e pecorino. Tra i secondi trionfano i sedani alla pratese e la francesina; originalissimi i fagioli fritti. Carta dei vini non ampia ma anch'essa di ricerca.

I PIATTI Carbonara toscana, Sedani alla pratese, Francesina

SU SANTA TRINITA

Via de' Neroni-angolo via Santa Trinita
Tel. 0574 605899-349 2956877
→ 9,4 km dall'uscita A15 Prato Ovest
→ 850 m dalla stazione di Prato
🕐 Chiuso dom e lun Orario solo la sera
Ferie una settimana in gennaio, in agosto
Prezzi: 25-35 euro vini esclusi
Carte di credito: BM, CS, MC, Visa

IN BREVE *Vivace, simpatica osteria nel centro di Prato, dove Vladimiro cucina con moderna levità piatti tradizionali, che si fanno apprezzare anche per la qualità degli ingredienti.*

L'OSTERIA Nel centro storico di Prato c'è questo vivace, allegro e simpatico locale che trasuda storia nell'ambiente, sotto **volte stuccate e affrescate** (ma gli **arredi semplici** riportano a un vissuto più quotidiano) e nella cucina di Vladimiro, a caccia di sapori tradizionali e di prodotti tipici, con belle puntate tra i Presìdi Slow Food. La sala viaggia veloce nelle mani di Benedetta e del suo staff.

LA CUCINA Menù scritti a mano, sulla carta e sulla lavagna, con un approccio confidenziale a piatti che si fanno apprezzare **per la qualità delle materie prime e per la maestria del cuoco**, che li prepara con un tocco di moderna levità. Imperdibile la mortadella di Prato con i carciofi sott'olio; in stagione, fiori di zucca fritti ripieni di mozzarella e burratina con prosciutto. La gastronomia locale trionfa nei classici sedani alla pratese e nelle polpette di sedano e vitella, alternative a saporiti piatti di cacciagione (cinghiale, capriolo, daino). Cantina interessante, anche al calice.

I PIATTI Mortadella di Prato con carciofi sott'olio, Pici su ragù di cinta senese, Peposo

PRATOVECCHIO STIA (AR) - Pratovecchio

LA TANA DEGLI ORSI

Via Roma, 1 - Tel. 0575 583377-329 8981473
🕐 Chiuso mar e mer Orario solo la sera
Ferie la settimana del Vinitaly e 1 in settembre
Prezzi: 30-36 euro vini esclusi
Carte di credito: AE, BM, CS, DC, MC, Visa

IN BREVE *Un locale unico, intimo e caldo, dove la bravura di Simone in cucina e il garbo competente di Caterina vi faranno vivere un'esperienza indimenticabile.*

L'OSTERIA Simone Maglioni in cucina, Caterina Caporalini in sala: due direttori d'orchestra che mantengono un ritmo blues per tutta la serata in una **sala calda, rivestita con legname del Casentino**, che può essere visitata per cena anche a tarda ora.

LA CUCINA È costante il connubio tra la cucina e i produttori locali (le verdure, poi, vengono dall'orto di casa). I piatti sono frutto di una cucina **eclettica e innovativa**: anche la chiusura imposta dal lockdown ha generato **nuovi impulsi e idee**. Un'icona la sfogliatina di fichi con formaggio di fossa e prosciutto crudo. Tra i primi, tortelloni di patate alla piastra con ragù di sambudello o gnocchi di patate con rigatino di grigio casentinese. Poi, tagliata di cervo, fish & chips della Tana o hamburger a chilometro zero. Gli splendidi vini possono essere degustati anche nelle serate con i produttori organizzate in ogni periodo dell'anno.

I PIATTI Sfogliatina di fichi con formaggio di fossa e prosciutto crudo, Tortelloni di patate alla piastra con ragù di sambudello, Tagliata di cervo

RADDA IN CHIANTI (SI) - Lucarelli

LE PANZANELLE

IN BREVE *Nella conca di Lucarelli, tra vigne e boschi, in un vecchio edificio ristrutturato, la trattoria offre una cucina schiettamente chiantigiana a base di ottimi prodotti locali e di stagione.*

Località Lucarelli, 29 - Tel. 0577 733511
🕐 Chiuso il lunedì
Orario mezzogiorno e sera Ferie febbraio
Prezzi: 30-35 euro vini esclusi
Carte di credito: AE, BM, CS, DC, MC, Visa

L'OSTERIA Sono cresciute Nada e Silvia, le "panzanelle" che quasi vent'anni fa diedero vita (con i fidanzati Paolo e Luigi, tuttora al loro fianco in un quartetto vincente ben supportato dai collaboratori) a questo locale in una conca **tra vigne e boschi**. Ed è cresciuto il successo: il segreto sta nell'offerta rigorosamente stagionale di prodotti locali e in una **cucina senza fronzoli, che esalta i sapori chiantigiani**.

LA CUCINA **Regna la carne**, nella cucina delle Panzanelle: al di là della moda delle tagliate, si apprezza la preparazione della bistecca come della guancia brasata, estiva agli aromi o invernale tipo peposo. Si parte bene con i crostini misti, e ci accompagna poi tutta la pasta fresca con i ragù di cacciagione (lepre, capriolo, cinghiale). Alla fine, un must è il gelato al Vin Santo. L'ampia carta dei vini spazia dall'ovvio omaggio al Chianti Classico a referenze fuori regione, comprese alcune straniere.

I PIATTI Crostini misti, Spaghetti di pesticcia (ragù di salsiccia, porcini, pomodoro), Guancia brasata

RIGNANO SULL'ARNO (FI) - Rosano

LA BOTTEGA A ROSANO

IN BREVE *Una bottega dove acquistare ottimi prodotti o spiluccare salumi e formaggi, un'osteria in cui gustare buone preparazioni (anche rare) a base soprattutto di carni di cortile e verdure.*

Via I Maggio, 10 - Tel. 055 8303013
🕐 Chiuso il lunedì Orario mezzogiorno
venerdì e sabato anche sera Ferie 3 settimane
in agosto, 10 gg a Natale
Prezzi: 30 euro vini esclusi
Carte di credito: BM, CS, DC, MC, Visa

L'OSTERIA Capire se l'osteria è più conosciuta della bottega, o viceversa, è di secondaria importanza: entrambe le attività meritano un plauso. Nella bottega, aperta tutto il giorno, c'è la possibilità di **acquistare prodotti del territorio**, in particolare formaggi e salumi, **e di fare uno spuntino** (da ricordare i giganteschi vassoi di frittelle di riso per Carnevale). L'osteria, **nata per il ristoro dei lavoratori della zona**, è aperta solo a mezzogiorno, tranne il venerdì e il sabato quando fa servizio anche la sera.

LA CUCINA Una **cucina semplice**, senza fronzoli, che prepara anche piatti ormai quasi introvabili, come il cibreo (rigaglie di pollo rosolate nel burro, poi insaporite con una salsa di tuorli d'uovo sbattuti con aggiunta di limone e brodo). Tra i primi segnaliamo gli *gnudi* burro e salvia, mentre tra i secondi primeggiano il gran fritto misto dell'aia e il coniglio in fricassea. I dolci sono fatti in casa e venduti anche nella bottega. Carta dei vini molto territoriale.

I PIATTI *Gnudi* di ricotta e spinaci, Cibreo, Gran fritto dell'aia

TRATTORIA DEL PAPERO

Via della Madonna, 8
Tel. 392 0058053-0586 699299
🕐 Chiuso il mercoledì Orario sera, venerdì-domenica anche pranzo Ferie variabili
Prezzi: 33-37 euro vini esclusi
Carte di credito: BM, CS, DC, MC, Visa

IN BREVE *Piatti di consolidata tradizione – anche di selvaggina – in questa semplice, rustica trattoria. Il menù cambia ogni giorno, per cui è scritto solo sulla lavagna.*

L'OSTERIA Nel panoramico borgo di Riparbella, a breve distanza dal mare di Cecina, vi accoglierà un **ambiente rustico con uno spiccato carattere familiare**. Il menù varia in rapporto alle stagioni e alla disponibilità degli ingredienti, per cui lo consulterete su una lavagna.

LA CUCINA È impostata su **ricette tradizionali e consolidate**, con alcuni piatti più "sperimentali", anche vegetariani. Come antipasto, prosciutto bazzone con i fichi o crostini misti. Tra i primi potrete ordinare gli *gnudi* al ragù, i tagliolini al coniglio o i ravioli di ortica, tutti curati e saporiti. Per il secondo si spazia da varie tagliate alla faraona al Vin Santo, all'anatra o al piccione alle bacche (che richiede un'attesa un po' più lunga del solito). Ricca offerta di contorni e, in stagione di caccia, di selvaggina. Interessante selezione di dolci dalla cucina. In alternativa al buon vino della casa, alcune etichette del territorio.

I PIATTI Tartaré del Papero, Gnocchi alla faraona, Gallo in umido

ROSIGNANO MARITTIMO (LI)
Rosignano Solvay

LO SCOGLIETTO

Lungomare Monte alla Rena, 13
Tel. 0586 767962
→ 1 km dalla stazione
   di Rosignano-Castiglioncello
🕐 Sempre aperto pranzo e sera; marzo e ottobre chiuso il sab e dom a pranzo
Ferie novembre-febbraio
€ Prezzi: 40-43 euro vini esclusi
Carte di credito: BM, CS, DC, MC, Visa

IN BREVE *In questa osteria sulla spiaggia di Rosignano, si può gustare una cucina tirrenica saporosa e lineare, preparata con il miglior pescato disponibile.*

L'OSTERIA È di pertinenza di uno stabilimento balneare, e quale sia la sua impostazione si intuisce dall'incipit del menù, che informa dell'uso di **prodotti freschi** e rende merito ai fornitori, del territorio e non, purché rispettosi della regola ferrea di **produrre con sani principi**. E la **cucina di pesce sincera** di Isa e Claudio Corrieri mantiene in pieno le promesse.

LA CUCINA Se ce n'è la disponibilità è possibile gustare un bel crudo, altrimenti insalata di mare al vapore, acciughe nostrali marinate, baccalà mantecato con cialda di parmigiano al nero di seppia; consigliato il misto in quattro assaggi. Poi, gnocchetti alla rana pescatrice con pomodoro fresco e zucchine o spaghetti con vongole. A seguire, frittura mista di calamari e gamberi o di sole acciughe o grigliata di pesce mista. Cantina notevole, che fa bella mostra di sé all'entrata.

I PIATTI Tartaré di palamita, Spaghetti alle vongole, Cappone all'acquapazza

SAMBUCA PISTOIESE (PT) - Pavana

CACIOSTERIA DEI DUE PONTI

Ponte della Venturina, 47 - Tel. 0573 892520
🕐 Chiuso il lunedì
Orario mezzogiorno e sera Ferie variabili
Prezzi: 33-36 euro vini esclusi
Carte di credito: AE, BM, CS, DC, MC, Visa

IN BREVE *Una rassegna straordinaria di prodotti e di piatti scelti e cucinati con cura e amore da una coppia di osti bravi come pochi.*

L'OSTERIA Non è necessario evocare Francesco Guccini per esaltare Pavana, piccolo borgo di grandi e antiche magie nel cuore dell'Appennino. Basta una sosta alla bottega-osteria-fucina alchemica di Mimmo Zummo, **mago della selezione dei formaggi** e attento cacciatore di sapori, che assieme alla moglie Betty, cuoca autodidatta, regala continue emozioni attraverso **piatti che sanno di passato ma riportano a una cucina moderna**.

LA CUCINA Salumi e formaggi, da soli o in taglieri misti, sono le bandiere della casa, con provenienze anche lontane come lo jamón ibérico de bellota. Gustosi gli *gnudi* di ricotta di bufala al pesto, ma un must tra i primi è anche il cacio e pepe al pecorino di fossa e cipolla di Tropea; quando ci sono, **sughi di funghi e tartufo dei monti**. Novità interessante tra i secondi, il tomahawk di cinta senese marinato in birra di castagne e cotto al forno. Birre artigianali, buoni vini anche al calice.

I PIATTI *Gnudi* di ricotta di bufala al pesto, Cacio e pepe al pecorino di fossa, Spezzatino di manzo speziato

SAN CASCIANO IN VAL DI PESA (FI)

CANTINETTA DEL NONNO

Via IV Novembre, 18 - Tel. 055 820570
🕐 Chiuso il mercoledì Orario mezzogiorno e sera Ferie tra gennaio e febbraio
Prezzi: 30-35 euro vini esclusi
Carte di credito: BM, CS, DC, MC, Visa

IN BREVE *Locale tradizionale, gradevole e accogliente, che nella bella stagione offre la possibilità di mangiare all'aperto. Cucina di tradizione e legata al territorio con qualche accenno di misurata innovazione.*

L'OSTERIA Nella via principale di San Casciano, tra le mete preferite delle gite fuori porta dei fiorentini, è una **trattoria vecchio stampo, con i sapori della cucina di casa**. Una sala e una saletta con annesso un giardino, per accogliere i clienti abituali e i tanti stranieri che da San Casciano partono alla scoperta del Chianti.

LA CUCINA È quella **schietta della tradizione toscana, senza orpelli e dai sapori decisi**. a cominciare dal paté di fegato di maiale e dalle bruschette con il cavolo nero o con il lardo. Tra i primi troverete sempre le penne condite con un gustoso ragù casalingo. Nei mesi estivi merita l'assaggio anche la pappa al pomodoro. Immancabili le carni alla brace, tra cui la bistecchina di cinta senese, affiancate da piatti come il peposo o la trippa alla fiorentina. I dolci sono fatti in casa. Buona la scelta di vini al bicchiere e altrettanto valida la carta, con molte etichette locali.

I PIATTI Penne al ragù casalingo, Coniglio arrosto, Bistecchina di cinta senese

DA BULE

IN BREVE *Oste che ama il suo lavoro, Daniele-Bule conduce con la moglie Sara questa simpatica trattoria di campagna sulla direttrice Firenze-Roma. Una cucina dai sapori antichi.*

Via Cassia per Siena - Tel. 055 8249489
🕐 Chiuso la domenica **Orario** mezzogiorno e sera **Ferie** variabili in gennaio
Prezzi: 28-33 euro vini esclusi
Carte di credito: BM, CS, MC, Visa

L'OSTERIA La storia del nome di questa trattoria di campagna sembra una favola: Bule, all'anagrafe Daniele Cestelli, era un ragazzino molto vivace, dalla chioma nera, che scorrazzava senza mai fermarsi, come un puledro di razza. Il Bule di allora è quello che nel 1996 apre questa trattoria con l'entusiasmo del Bule-pule-drino. Vissuto **tra i profumi e i sapori della cucina di nonna Gina**, oggi Daniele, coadiuvato dalla moglie Sara, è in sala come il tipico **oste che ama il suo lavoro**.

LA CUCINA Una cucina dai sapori antichi e **con un occhio sempre al territorio**, a cominciare dai salumi provenienti da una storica macelleria del Chianti. Al menù tradizionale se ne affianca sempre uno del giorno in cui possono comparire i rigatoni al pesto di cavolo in inverno e gli spaghetti allo scoglio in estate. I veri cavalli di battaglia sono le tagliatelle al sugo di cinghiale, i ravioli di patate al ragù, le grigliate di carne, il peposo e l'immancabile bistecca. Carta dei vini valida.

I PIATTI Ravioli al ragù, Braciole all'acciugata, Peposo

ANTICO RISTORO LE COLOMBAIE

IN BREVE *Ogni piatto rispecchia l'amore di Daniele Fagiolini per la sua terra. Al menù base si aggiungono periodicamente nuovi piatti, cucinati con sapienza e fantasia.*

Via Montanelli, 22 - Tel. 0571 484220
🕐 Chiuso il lunedì **Orario** sera, domenica anche pranzo **Ferie** 3 settimane in gennaio
Prezzi: 33-37 euro vini esclusi
Carte di credito: BM, CS, Visa

L'OSTERIA Nella campagna sotto San Miniato, un bel fienile ristrutturato, con ampio spazio esterno e interni arredati con semplicità e gusto, è la sede del ristorante di Daniele Fagiolini. Un grande bancone all'ingresso mette in mostra il lavoro compiuto negli anni dal patron, che continua a cercare **ispirazione dai prodotti locali**, cucinati con sapienza e fantasia.

LA CUCINA Negli ultimi anni la cucina si è concentrata **sempre più sul territorio**, utilizzando materie prime di tradizione ma integrando il menù con alcune novità (chiocciole in umido, piccione arrosto) e aggiungendo periodicamente nuovi piatti a quelli base (carbonara con guanciale di cinta, trippa alla fiorentina). Sempre presenti i prodotti di alcuni Presìdi Slow Food. L'articolata carta dei vini è attenta alla produzione della provincia pisana e ricca di offerta al calice.

I PIATTI Tortino di carciofi su fonduta di pecorino e fiori fritti, Testarolo pontremolese con pesto e pecorino, Rollè di coniglio

SARTEANO (SI)

DA GAGLIANO

IN BREVE *Ambiente piccolo e raccolto in un'unica sala, tipica e accogliente, dove gustare una cucina di terra preparata con prodotti provenienti dai dintorni del locale.*

Via Roma, 5 - Tel. 0578 268022
→ 7 km dall'uscita A1 Chiusi-Chianciano Terme
🕐 Chiuso mar e mer, inverno aperto solo fine settimana Orario mezzogiorno e sera
Ferie variabili in inverno
Prezzi: 30-35 euro vini esclusi
Carte di credito: BM, CS, DC, MC, Visa

L'OSTERIA La trattoria è nel centro del borgo medievale di Sarteano, **in bella posizione** su un altopiano della val d'Orcia. La gestione è familiare: Giuliano (Gagliano) si occupa della sala, la moglie Angela conduce con amore la cucina. Sì, **amore per i prodotti del territorio e continua ricerca** per offrire piatti originali, pur nel sostanziale rispetto della tradizione.

LA CUCINA Tante le proposte interessanti. La terrina di petto d'anatra o il tonno del Chianti possono essere ottime scelte per la partenza. Sono poi da provare gli originali stringozzi al ragù etrusco (di carne in bianco) o, per i vegetariani, il caccucco di ceci. Imperdibili le carni di cacciagione ripiene: noi abbiamo assaggiato la quaglia. Ottimi anche il coniglio farcito e il capocollo al forno. I dolci sono preparati in casa. La carta dei vini non è estesa ma presenta eccellenze del territorio, anche biologiche e biodinamiche.

I PIATTI Tonno del Chianti, Stringozzi con pesto di arance, mandorle e basilico, Faraona della cuoca

SCANSANO (GR) - Montorgiali

LA LOCANDA DI TORQUATO

IN BREVE *Niente antipasti ma sostanziosi primi e secondi di carne – alcuni, in stagione, di selvaggina – nell'accogliente osteria di Paola Travelli, che la conduce con entusiasmo e bravura.*

Via del Corso, 14
Tel. 0564 580170-331 7640822
🕐 Chiuso il mercoledì Orario mezzogiorno e sera, in inverno lun e mar solo sera
Ferie febbraio, 15 giorni in novembre
Prezzi: 30-35 euro vini esclusi
Carte di credito: BM, CS, DC, MC, Visa

L'OSTERIA Paola Travelli si divide tra fornelli, sale e – in estate – terrazze, offrendo **un'esperienza a tutto tondo** agli avventori, compresa la descrizione del menù a voce. La cucina ha una predilezione per la selvaggina, **la pasta è fatta in casa**, le spezie provengono dall'orto di proprietà.

LA CUCINA Una caratteristica è che non sono previsti antipasti, sostituiti da un piccolo benvenuto. Si comincia con i primi, tra cui spaghetti alla chitarra con zucca, tortelli al ragù classico o di cinta senese ma anche alla cannella, timo e menta. Tra i secondi, maialino con finocchietto, capriolo con nocciole, cinghiale in umido, trippa, stracotto di maiale, baccalà in umido. La carta dei vini, locali, è ridotta, ma il Morellino della casa supplisce ampiamente.

I PIATTI Pici al gorgonzola, guanciale e pepe, Tagliatelle con impasto di salsiccia al Vin Santo, peperoni spellati e fichi, Tortelli con ragù di cinta senese

SEMPRONIANO (GR) - Catabbio

LA POSTA

Via Verdi, 9 - Tel. 0564 986376-338 3953177
Chiuso il lunedì Orario sera, sabato e
domenica anche pranzo
Ferie 3 settimane dopo l'Epifania
Prezzi: 32-35 euro vini esclusi
Carte di credito: BM, MC, Visa

IN BREVE *La Posta è una meta gastronomica di qualità: piatti legati all'entroterra maremmano, preparati con prodotti freschi, di prossimità e di stagione. L'ambiente, arredato con elegante semplicità e armonia, rispecchia appieno il carattere della trattoria.*

L'OSTERIA A Catabbio, nella cornice della vallata di Saturnia, meta di turisti da tutto il mondo, la famiglia Pinzi-Zammarchi tramanda da generazioni, in questa che è stata una stazione di posta e poi un'osteria di paese, le **ricette tradizionali dell'entroterra maremmano**. L'ambiente, arredato con **armoniosa ed elegante semplicità**, rispecchia appieno il carattere della trattoria.

LA CUCINA La Posta è una meta gastronomica di sicura qualità, grazie a piatti ben cucinati, preparati con **prodotti freschi, di prossimità e di stagione**. Al tagliere di cinta senese a chilometro zero seguono pappardelle al cinghiale, gnocchi fatti in casa con ragù bianco di chianina, tortelli maremmani con zucchero e cannella o un'eccellente acquacotta. Nel capitolo dei secondi segnaliamo le costolette di agnello fritte e il pollo fritto. Non c'è carta dei vini: le bottiglie, prevalentemente di cantine della regione, sono tutte esposte e si scelgono dagli scaffali.

I PIATTI Pappardelle al cinghiale, Acquacotta, Costolette di agnello fritte

SESTO FIORENTINO (FI) - Cercina

   NOVITÀ

PICCOLO TRIANON

Via Dante da Castiglione, 20
Tel. 055 402007
Chiuso il lun Orario pranzo e sera, inverno
solo pranzo Ferie fine agosto-inizio settembre
Prezzi: 30-33 euro vini esclusi
Carte di credito: BM, CS, MC, Visa

IN BREVE *In un'area prediletta per le gite fuoriporta dei fiorentini, una trattoria gestita da cinque generazioni dalla stessa famiglia. Cucina autenticamente toscana, con una ricetta segreta.*

L'OSTERIA Situata sulle colline a nord di Firenze, sopra Careggi, con un **ampio giardino** godibile dalla primavera all'autunno, è una trattoria veramente casalinga. Vede all'opera la **quinta generazione della stessa famiglia** e rappresenta un punto di riferimento per le gite fuoriporta dei fiorentini.

LA CUCINA In una **cucina autenticamente toscana** spicca un piatto bandiera famoso in tutta la provincia, il fritto – di pollo, coniglio e cervello – con la ragnatela. La ricetta è tenuta segreta, quindi gli amanti del fritto dovranno recarsi in loco per provarla. Si parte con affettati, crostini di fegatini o bruschette. Tra i primi di pasta fatta in casa, pappardelle e tagliatelle con sughi di anatra, lepre o cinghiale. Come secondo si può ordinare la carne alla griglia: bistecca, tagliata, rosticciana, spiedini misti. Di contorno, verdure fritte, asciutte e croccanti. Anche i dolci sono fatti in casa. La carta dei vini è ridotta a poche etichette toscane.

I PIATTI Fritto con la ragnatela, Pappardelle sull'anatra, Zuccotto

BABAZUF

IN BREVE *A pochi passi da piazza del Campo, un bel locale che propone, a rotazione stagionale, piatti della tradizione, talvolta rivisitata in maniera intelligente.*

Via Pantaneto, 85-87 - Tel. 0577 222482
Chiuso il lunedì Orario mezzogiorno e sera Ferie variabili tra gennaio e febbraio
Prezzi: 30-35 euro vini esclusi
Carte di credito: BM, CS, MC, Visa

L'OSTERIA Giovanni Zanotto (in cucina) e Marco Coppi (in sala) sono i patron di questo bel locale non lontano dal centro nevralgico cittadino, rappresentato da piazza del Campo. La cucina ha un'impronta tradizionale ma non si sottrae a **intelligenti rivisitazioni**. Il risultato dimostra che, se una grande tecnica sposa **materie prime e ingredienti di qualità**, dall'unione possono solo nascere ottimi piatti.

LA CUCINA Si può partire con crostini di milza, torretta di melanzane al miele e aceto o terrina di coniglio e salsiccia con olive e pistacchi. Come primo, spaghetti di grano arso con sugo di baccalà o riso nero gioiello con cozze e gorgonzola. Per il secondo, galletto marinato alla senape e miele, fiori di zucca ripieni di carne o la tagliata. Si chiude con torta al cioccolato bianco e cocco o cantucci con il Vin Santo. Carta dei vini adeguata, con un buono sfuso.

I PIATTI Tortelli di salsiccia e fichi secchi con pesto al cavolo nero, Polpo croccante con salsa verde e cavolo rosso in agrodolce, Anatra all'uva

DA TROMBICCHE

IN BREVE *Nel centro di Siena, un vecchio vinaio trasformato in una bella e giovane osteria con cucina a vista e uno spazio per la degustazione dei vini. Piatti solidi e saporiti, servizio gioviale e disinvolto.*

Via delle Terme, 66 - Tel. 0577 288089
Chiuso domenica e lunedì
Orario mezzogiorno e sera Ferie non ne fa
Prezzi: 32-35 euro vini esclusi
Carte di credito: BM, CS, MC, Visa

L'OSTERIA I giovani di Trombicche (tre ragazzi, Lapo, Michele e Rodolfo, «amici e contradaioli») continuano la loro **interessante esperienza di cucina in continuo rinnovamento** in un ambiente accogliente, ora aperto anche all'esterno, con fornelli a vista e uno spazio dedicato alla degustazione dei vini. Il servizio, **gioviale e disinvolto**, contribuisce alla piacevolezza della sosta.

LA CUCINA I piatti cambiano in ragione della disponibilità ma anche della fantasia di chi cucina: proposte variabili, **originali ma sempre equilibrate**. Come antipasto una semplice tartare o il tagliere di Trombicche. I primi si concentrano su tagliatelle al ragù e tortelli con patate, prezzemolo e ricotta affumicata. Per il secondo l'offerta spazia da anatra con miele e verdure di campo alla classica tagliata di controfiletto con patate. Selezione di dolci fatti in casa. Ricca e ben costruita la carta dei vini, soprattutto del territorio senese.

I PIATTI Insalata di baccalà, ceci e mandorle, Mezze maniche e animelle, Lingua alla pizzaiola

LA SOSTA DI VIOLANTE

Via Pantaneto, 115 - Tel. 0577 43774
🕐 Chiuso la domenica Orario mezzogiorno
e sera Ferie ultime 3 settimane di gennaio
Prezzi: 33-36 euro vini esclusi
Carte di credito: BM, CS, MC, Visa

IN BREVE *Ambiente essenziale, attenta selezione delle materie prime e una cucina solida. Da assaggiare gli gnocchi, i pici, le bistecche o la bella selezione di salumi.*

L'OSTERIA Nel cuore di Siena, ma in un'area relativamente lontana dai flussi turistici più imponenti, è nata questa osteria semplice nella forma ma ricca della sostanza di **un'offerta variata e sempre improntata al territorio**. L'ambiente è caratteristico e curato, **coerente con il contesto**, il servizio attento e premuroso.

LA CUCINA Una proposta articolata evidenzia l'impegno e la professionalità di chi sta in cucina: **selezione accurata dei prodotti**, come gli affettati del bel tagliere di salumi servito come antipasto o la pappa al pomodoro con gota di cinta. Tra i primi, ricorrenti il risotto cacio e pepe con salsiccia di cinta e la zuppa di cipolle gratinate al pecorino. Ricca offerta di carni alla griglia ma anche piatti vegetariani (parmigiana di melanzane e le più estrose verdure in crosta kataifi). Piacevoli i dolci. Buono il Chianti della casa e carta dei vini orientata al territorio.

I PIATTI Tonno di coniglio tiepido alla senese, Paccheri con gota di cinta, Pollo al mattone con salsa piccante

SIGNA (FI) - Poggio a Caiano

ANTICA TRATTORIA DI' TRAMWAY

Via Pistoiese, 353-357
Tel. 055 8778203-333 4636068
→ 8,1 km dall'uscita A11 Prato Est
🕐 Chiuso domenica sera e lunedì
Orario mezzogiorno e sera Ferie in agosto
Prezzi: 26-35 euro vini esclusi
Carte di credito: AE, BM, CS, DC, MC, Visa

IN BREVE *Al Tramway si va per mangiare la pecora ma non solo. La trattoria, da sempre uguale, ha all'ingresso un banco di alimentari dove potrete acquistare prodotti locali.*

L'OSTERIA Questo **locale storico** mantiene le caratteristiche di prezioso punto di riferimento gastronomico. All'ingresso è allestito un banco per la **vendita di prodotti della zona** (mortadella di Prato e cantuccini tra gli altri), dove sono esposti anche i bei pentoloni delle pietanze servite a tavola e disponibili per l'asporto. L'oste racconta volentieri il proprio lavoro, che fa riferimento a **un concetto semplice e tradizionale del cibo**. Servizio cordiale e accurato.

LA CUCINA **Piatti saporiti e porzioni generose**, con un occhio di riguardo per un prodotto tradizionale di quest'angolo della Toscana: la carne di pecora, cucinata nei primi e, come secondo, in umido. Rivelano una costante ricerca di materie prime di qualità anche le altre preparazioni, dalla ribollita alla trippa, dalle paste asciutte al cervello fritto, sempre curate e abbondanti. Buona lista dei vini, con ampia scelta soprattutto di toscani e ricarichi corretti.

I PIATTI Penne alla pecora, Pici al papero, Pecora in umido

LUCIANO

Via La Culla, 7 A - Tel. 0584 989091
Chiuso il mercoledì Orario mezzogiorno e
sera Ferie seconda metà di novembre
o primi giorni dicembre
Prezzi: 28-32 euro vini esclusi
Carte di credito: BM, MC, Visa

IN BREVE *Una semplice trattoria di paese con bar all'ingresso e vecchie fotografie alle pareti. La cucina è fatta soprattutto di carne (in particolare di cinghiale) ed è, come ci si può aspettare, robusta nei sapori e nelle dosi.*

L'OSTERIA Se siete alla ricerca di un'osteria di paese con bar all'ingresso, fotografie che ricordano la storia del luogo e **piatti robusti nei sapori e nelle quantità**, venite da Luciano: godrete di una **splendida vista sulle Apuane** e di un ambiente improntato a schiettezza e semplicità.

LA CUCINA Qui si mangia **la sostanza della cucina di territorio**: l'antipasto misto ne riassume le proposte, che cambiano con le stagioni. La pasta è di produzione propria, a cominciare dai tradizionali tordelli conditi con ragù di carne o con i funghi. Il fritto (in padella) di pollo e coniglio con verdure dell'orto è una scelta prioritaria, ma potrete assaggiare anche il cinghiale in umido o una ricca portata di carne alla brace. Ampia l'offerta di contorni. Semplice ma interessante carta dei vini, centrata sul territorio, e sfuso delle colline circostanti.

I PIATTI Antipasto misto, Tordelli al ragù di carne, Fritto di pollo e coniglio

STAZZEMA (LU) - Pomezzana

SOTTO LA LOGGIA

Via Cadorna, 94 - Tel. 0584 777839
Aperto venerdì-domenica; d'estate chiuso
il lunedì Orario la sera; sab, dom e festivi
anche pranzo
Ferie metà gennaio-28 febbraio, novembre
Prezzi: 30-35 euro vini esclusi
Carte di credito: BM, CS, MC, Visa

IN BREVE *Una famiglia dedita al territorio e ai suoi prodotti. Il menù cambia spesso e molte materie prime arrivano dall'azienda agricola. Buone le paste fresche – anche con farina di castagne – e i secondi di carne.*

L'OSTERIA Il paesino di Pomezzana, in alta Versilia, tra i castagneti dei monti Matanna e Gabberi, meriterebbe di suo un viaggio, per respirare aria pulita e ammirare lo spettacolo delle Apuane e della costa sottostante. La sosta sarà ancora più piacevole se faremo tappa in questa **osteria gestita da anni dalla stessa famiglia**, che conduce anche un'azienda agricola, in cui si coltivano gli ortaggi utilizzati in cucina.

LA CUCINA Il menù, anche in virtù della produzione propria di verdure, segue pedissequamente le stagioni e varia spesso. Già dagli antipasti si nota una certa **attenzione ai prodotti** con gli sformatini di verdure e i salumi di una norcineria lucchese. Tra i primi, i classici tordelli al ragù, i taglierini coi fagioli e altre paste fatte in casa condite con vari sughi. Buonissimi la frittura di pollo e coniglio, la trippa in umido e gli stinchetti di maiale; in stagione anche il cinghiale in umido. Valida la carta dei vini.

I PIATTI Tordelli al ragù, Taglierini coi fagioli, Frittura di pollo e coniglio

TAVARNELLE VAL DI PESA (FI)

LA GRAMOLA

IN BREVE *Osteria tradizionale del Chianti. Il menù cambia quasi quotidianamente, secondo la disponibilità del mercato, assicurando prodotti freschi e una cucina viva e saporita.*

Via delle Fonti, 1
Tel. 055 8050321-338 6039356
→ 8,8 km dall'uscita Raccordo A1
 Firenze-Siena San Donato
Chiuso il martedì, mai in giugno-luglio
Orario mezzogiorno e sera Ferie variabili
Prezzi: 33-35 euro vini esclusi
Carte di credito: AE, BM, CS, MC, Visa

L'OSTERIA Cecilia Dei, insignita del Collegium Cocorum dalla Federazione italiana cuochi, con **ottima tecnica e preziose idee** è l'anima della cucina di questo simpatico locale nel centro del paese. A farle sponda, in sala, il marito Massimo Marzi, ottimo conoscitore del buon bere del Chianti come di tutto il mondo, ma anche dell'arte di coccolare i clienti con chicche a volte inaspettate.

LA CUCINA Prima regola ai fornelli è la stagionalità, se non addirittura la **quotidianità delle proposte più allettanti del mercato**, comunque sul plafond di un menù che mantiene in grande spolvero nel tempo molti dei suoi classici. La pappa al pomodoro e la ribollita fanno compagnia alle eccellenti pappardelle di farro sulla *nana*, nei periodi propizi tartufi e porcini impreziosiscono ravioli e tagliatelle. Non mancano la bistecca fiorentina o l'ossobuco, né i bocconcini di galletto fritto in padella. Cantina ben fornita di etichette non solo del territorio.

I PIATTI Pappardelle di farro sulla *nana*, Tagliata all'aspretto di Chianti, Peposo all'imprunetina

TERRANUOVA BRACCIOLINI (AR)
Campogialli

AGRIOSTERIA
LA CASA DEL BUONO

IN BREVE *Agriturismo gestito da un cuoco che trasforma ciò che produce in piatti che coniugano vegetali, pescato e carni in modo innovativo e mai pretenzioso.*

Via Val d'Ascione, 84 - Tel. 335 441622
Chiuso il lunedì Orario sera, domenica
e d'estate anche pranzo Ferie seconda
settimana di gennaio e di novembre
Prezzi: 35 euro vini esclusi
Carte di credito: BM, CS, DC, MC, Visa

L'OSTERIA L'insegna dell'agriturismo è appropriata, specie se per "buono" si intende non solo la qualità del cibo, ma tutto quello che lo circonda: materiali naturali, complementi d'arredo, la coltivazione della terra, insomma lo **stile di vita**. Il tutto voluto dal "gigante buono", il giovane cuoco toscano Jonathan Rampi, che ha accettato la sfida partendo proprio dalla **produzione di tante delle materie prime** che poi usa in cucina.

LA CUCINA Rispecchia la **tradizione contadina del Valdarno**. I prodotti sono a chilometro zero e questo implica una rigida attenzione alla stagionalità e al conseguente variare del menù. Il pasto può aprirsi con un pinzimonio di verdure dell'orto o con i coccoli di farina di Cetica e prosciutto. A seguire, gnocchi di patate su stracciatella di burrata, carbonara con tarese o tortelli ripieni di cremoso; di secondo, gran fritto o galletto al limone. Ottime anche le pizze cotte nel forno a legna. La carta dei vini è un vero gioiello: solo produttori locali.

I PIATTI Coccoli e prosciutto, Carbonara con tarese, Gran fritto

TERRANUOVA BRACCIOLINI (AR)

OSTERIA DE L'ACQUOLINA

Via Setteponti Levante, 3300/B
Tel. 055 977497-338 7146496
→ 9,5 km dall'uscita A1 Valdarno
🕐 Chiuso il lunedì Orario pranzo e sera
ott-mag da mart a ven solo sera
Ferie una settimana dopo l'Epifania
€ Prezzi: 37-40 euro vini esclusi
Carte di credito: AE, BM, CS, DC, MC, Visa

IN BREVE *Nel verde delle colline del Valdarno questo bel ristorante propone una cucina molto curata e profondamente legata al territorio e alle sue tradizioni.*

L'OSTERIA Dalla fine degli anni Novanta la famiglia Tizzanini offre agli avventori dell'Acquolina **l'autentica cucina tradizionale toscana**. Lo **spazio all'aperto**, tra gli olivi, e le camere per il pernottamento consentono una full immersion nel territorio del Valdarno.

LA CUCINA I terreni di proprietà danno alla cucina l'olio e le verdure di stagione, il resto arriva da aziende vicine. **Le ricette sono quelle tramandate nei secoli**, il rispetto degli ingredienti è totale. Si comincia con un antipasto la cui composizione varia secondo i periodi dell'anno. Tortelli al pecorino di Pienza con pomodoro, basilico e pinoli o tagliolini all'anatra e tartufo come primo. Tra i secondi, guanciola di vitello al Chianti e coscio di suino grigio del Casentino al forno. Piccola ma curata selezione di vini toscani, offerti al bicchiere quelli della casa.

I PIATTI Tortelli al pecorino di Pienza con pomodoro, basilico e pinoli, Guanciola di vitello al Chianti, Coscio di suino grigio del Casentino al forno con salsa all'aceto balsamico

TERRICCIOLA (PI) - Casanova

LOCANDA DEGLI ARTISTI

Via degli Artisti, 18 - Tel. 370 1328438
🕐 Chiuso lun e mar, inverno anche mer
Orario sera, apr-mag e set-ott anche dom
a pranzo
Ferie 7 gennaio-14 febbraio e novembre
Prezzi: 25 euro vini esclusi
Carte di credito: BM, Visa

IN BREVE *Cucina a vista, forno a legna, piatti a base di prodotti biologici della zona, grande attenzione alle materie prime caratterizzano questa trattoria di campagna.*

L'OSTERIA Una **cucina a vista** e un **forno a legna** sono già due elementi che ci piacciono e ci consigliano una sosta in questa trattoria di campagna. Un posto magico dove riconciliarci con il cibo e tornare a gustare i sapori veri, forse un po' dimenticati, dei prodotti del territorio. Un'iscrizione del Settecento sulla facciata del casolare dice «Alla giornata», e mai fu più azzeccata la frase se rapportata a quello che troveremo in tavola: **prodotti di giornata**, in buona parte dell'orto di proprietà.

LA CUCINA A una proposta in buona parte incentrata su taglieri, con prodotti biologici selezionati con cura e professionalità, si affiancano pizze per le quali si utilizzano farine di grani antichi locali e lievito madre. Tra i piatti di cucina, tutte le paste sono fatte in casa e le carni (arista, peposo e altro) cotte a legna. Non mancano piatti vegetariani e ottime birre artigianali. Carta dei vini con etichette tutte locali.

I PIATTI Crespelle al forno, Peposo, Arista

TORRITA DI SIENA (SI)
Montefollonico

LA BOTTE PIENA

Piazza Cinughi, 12
Tel. 389 6522511-0577 669481
→ 10 km dall'uscita A1 Val di Chiana
◷ Chiuso il mercoledì Orario mezzogiorno e sera Ferie tra gennaio e febbraio
Prezzi: 35-40 euro vini esclusi
Carte di credito: AE, BM, CS, MC, Visa

IN BREVE *Botte piena di vini (strepitosa la carta), di buon cibo di una tradizione sapientemente aggiornata, di prodotti del territorio, di sorridente attenzione agli ospiti.*

L'OSTERIA Della Botte Piena è previsto all'inizio del 2021 il **trasferimento** a Gracciano di Montepulciano (Siena), presso Villa Svetoni, via Umbria 63. Noi l'abbiamo ancora trovata nell'affascinante borgo medievale di Montefollonico, in un locale dagli **scaffali zeppi di bottiglie**, vetrina della monumentale, **strepitosa carta dei vini**.

LA CUCINA Lo chef Claudio Porro usa prodotti stagionali del territorio in rivisitazioni di piatti classici della cucina toscana con l'aggiunta spesso di **un tocco originale**, per esempio nei fegatini di pollo con Vin Santo e mascarpone o nel maialino con piselli, aglio e menta. In menù anche piatti di pesce come la palamita. Originali e particolari pure i dolci.

I PIATTI Tartare di manzo, midollo, funghi e santoreggia, Pici all'aglione con pomodorini, guanciale e fiori di zucca, Maialino di latte con piselli, aglio e menta

TORRITA DI SIENA (SI)

PICCOLA TRATTORIA GUASTINI

Via Passeggio Garibaldi, 52 A
Tel. 0577 689215
→ 6 km dall'uscita A1 Val di Chiana
◷ Chiuso il mercoledì e giovedì a pranzo
Orario mezzogiorno e sera Ferie novembre
Prezzi: 35-38 euro vini esclusi
Carte di credito: AE, BM, CS, DC, MC, Visa

IN BREVE *Valorizzare i piatti della tradizione utilizzando le migliori materie prime e aggiungendo un tocco di innovazione: ecco la missione di questa bella osteria.*

L'OSTERIA Dalla piccola trattoria di Valiano di Montepulciano a oggi acqua sotto i ponti ne è passata, ma non si è esaurita la tenacia di Emanuela Scortichini (in cucina) e del marito Davide Guastini (in sala), che con caparbia professionalità ora gestiscono un **locale raffinato nei modi ma verace nel carattere**. In coerenza con il motto di Emanuela: «La sostanza della tradizione, l'eleganza della semplicità».

LA CUCINA Pane, pasta, dolci sono fatti in casa e la filiera corta è rispettata rigorosamente: **prodotti surgelati e fuori stagione sono banditi**. Molti i piatti da consigliare, dai fegatini spadellati alla crema di piselli tra gli antipasti, dai ravioli ripieni di piccione ai pici al ragù di *ocio*, dall'anatra ai fiori di finocchio al maialino al forno. Per finire un'eccellente mousse di ricotta di pecora con cannella e pistacchi. Possibilità di pernottare nell'annesso b&b.

I PIATTI Fegatini spadellati, Ravioli ripieni di piccione, Anatra ai fiori di finocchio

TREQUANDA (SI)

IL CONTE MATTO

Via Taverne, 40 - Tel. 0577 662079
→ 6 km dall'uscita A1 Val di Chiana
🕐 Chiuso il mar, d'estate lun e mar a pranzo
Orario mezzogiorno e sera **Ferie** in inverno
Prezzi: 32-37 euro vini esclusi
Carte di credito: BM, MC, Visa

IN BREVE *In un ambiente di sobria eleganza, un ampio menù molto legato al territorio. Il patron seleziona accuratamente le materie prime e spiega minuziosamente il perché delle scelte.*

L'OSTERIA A Trequanda, piccolo borgo arroccato su una collina, Il Conte Matto è incastonato **tra le mura antiche**. Oltrepassato un **incantevole giardino**, si arriva a una delle due sale che, arredate con sobria eleganza, sono completate da una **bella terrazza panoramica**. Il patron, David Arrigucci, seleziona accuratamente tutte le materie prime della cucina e spiega minuziosamente il perché delle scelte.

LA CUCINA Il menù è ampio e molto legato al territorio, soprattutto nei secondi piatti. Come antipasto, i tipici crostini e una selezione di salumi di cinta senese. Tra i primi, oltre ai classici toscani, gli gnocchi di patate al pesto etrusco evocano una regione dalla storia antica. L'**ampia carta dei vini**, tutta toscana, dà spazio anche a piccoli produttori non blasonati.

I PIATTI Crostini con fegatini di pollo e altre frattaglie, Ravioli ripieni di maialino di cinta in porchetta ed erbe spontanee con crema di pecorino di Asciano, Bistecca di chianina

VIAREGGIO (LU)

BUONUMORE

Via Marco Polo-angolo Viale Capponi, 1
Tel. 339 6920936
→ 2 km dalla stazione di Viareggio
🕐 Chiuso lunedì e martedì, estate solo lunedì **Orario** pranzo e sera, estate mar-ven solo sera **Ferie** durante il fermo pesca (fine settembre-ottobre)
Prezzi: 35 euro vini esclusi
Carte di credito: AE, BM, CS, DC, MC, Visa

IN BREVE *Nella pineta di Viareggio, tavoli multicolori segnalano la presenza di questa trattoria dove si mangia pesce freschissimo, anche di specie misconosciute e neglette, tutto di provenienza locale.*

L'OSTERIA Il locale, ai margini della pineta di Viareggio, si riconosce dai tavoli multicolori apparecchiati nello spazio esterno. Simona Fantoni, in cucina, si occupa anche del reperimento delle **materie prime, quasi tutte della zona**; il padre Amelio guida il cliente nella scelta dei piatti. I principali ingredienti provengono esclusivamente dalle barche di pescatori del posto.

LA CUCINA I menù, scritti su grandi lavagne esposte in sala, sono due: **uno di mare, l'altro dell'orto**. Per il primo finiscono in pentola **solo pesci catturati in zona**, anche di specie misconosciute e neglette. Due le proposte degustazione di mare: la più completa (cinque portate) a 35 euro, la ridotta (tre portate) a 25, che comprendono pesci crudi, fritti e in zuppetta. Il pane e i dolci sono fatti in casa con farine di grani antichi: da non perdere la torta al cioccolato fondente all'olio extravergine. La carta dei vini è dedicata quasi totalmente al territorio.

I PIATTI Cacciucco, Frittura di pesce, Polpettine di razza

TERESA BISTROT SUL MARE

Viale Europa, 2 - Tel. 393 7128345
🕐 Non ha giorno di chiusura Orario pranzo
sab anche sera; feb-mar e ott solo sab e
dom a pranzo Ferie 1 novembre-31 gennaio
Prezzi: 35-38 euro vini esclusi
Carte di credito: BM, CS, DC, MC, Visa

IN BREVE *Ristorante di uno stabilimento balneare, dove si possono mangiare ottimi piatti di pesce preparati con prodotti locali e qualche tocco innovativo.*

L'OSTERIA Siamo nel punto di ristoro di uno stabilimento balneare, quindi sia l'apertura nei mesi invernali sia la garanzia di servizio in altri periodi sono sempre da verificare. Detto questo, aggiungiamo che ci troviamo di fronte a **una proposta moderna, in parte anche creativa**, nell'ambito di una tradizione ben rappresentata nella cucina di Cristiano Pezzini, che con la sua famiglia gestisce il bistrot da oltre quarant'anni.

LA CUCINA Già dal ricco antipasto (I magnifici cinque, assaggi di cinque portate ordinabili anche singolarmente) si capisce che **la cucina valorizza prodotti e produttori del territorio**. Tra i primi piatti troviamo i classici spaghetti allo scoglio ma anche i tortelli muscolosi (i muscoli o cozze sono la base del ripieno). Fritto misto e pescato del giorno alla griglia sono due certezze. La carta dei vini è concentrata su etichette locali.

I PIATTI Spaghetti allo scoglio, Tortelli muscolosi, Fritto misto di pesce

VOLTERRA (PI)

DA BADÒ

Borgo San Lazzero, 9
Tel. 0588 80402-342 3958385
🕐 Chiuso il mercoledì
Orario mezzogiorno e sera Ferie non ne fa
Prezzi: 30-35 euro vini esclusi
Carte di credito: BM, CS, DC, MC, Visa

IN BREVE *Un locale semplice con annesso bar, dove prendere un aperitivo. In cucina la tradizione più classica con salumi, formaggi, pappardelle alla lepre e trippa.*

L'OSTERIA Nelle immediate vicinanze del centro storico, una **trattoria casalinga** dove Giacomo Nencini offre una **cucina tradizionale**, affidata alle abili mani di mamma Lucia, con la **selvaggina in evidenza**. Oltre ai piatti in menù ci sono quelli del giorno, frutto della ricerca di materie prime valide del territorio volterrano.

LA CUCINA Gli antipasti sono costituiti da salumi locali o crostini. Tra i **primi di pasta fatta in casa**, i tortelloni al pecorino erborinato e i pici al ragù; in alternativa, la zuppa volterrana. Poi trippa, cinghiale in umido, filetto di maiale alla griglia, baccalà rifatto; salendo con il prezzo, ottime tagliata di manzo e bistecca di vitellone. Alla fine potrete optare per una selezione di pecorini o per i dolci di Lucia, come la panna cotta o la crema calda, che variano quotidianamente. La lista dei vini giustamente privilegia i piccoli produttori locali.

I PIATTI Pappardelle alla lepre, Fritto misto di terra con cervello, Trippa

LA CARABACCIA

IN BREVE *Intitolata a una zuppa della più antica tradizione toscana, una trattoria a gestione familiare che si richiama al passato, nell'ambiente come nella cucina, dai sapori semplici e schietti.*

Piazza XX Settembre, 4-5 - Tel. 0588 86239
🕐 Chiuso domenica sera e lunedì
Orario mezzogiorno e sera Ferie variabili dal 15 dicembre al 15 febbraio
Prezzi: 30-35 euro vini esclusi
Carte di credito: AE, BM, CS, DC, MC, Visa

L'OSTERIA Il trio femminile della famiglia Boldrini (Patrizia in cucina, le figlie Ilaria e Sara in sala) vi accoglierà in **un ambiente che ricorda le trattorie di una volta**, con molti richiami al passato anche negli arredi e nell'apparecchiatura, a cominciare dalle tovaglie a quadretti sui tavoli.

LA CUCINA **Tradizione pura**, portata avanti con amore e dedizione, per piatti che fanno riaffiorare il ricordo di **antichi sapori della cucina contadina**. L'antipasto comprende salumi, formaggi e bruschette. Tra i primi, pappardelle al capriolo (la pasta è fatta in casa) o la carabaccia (zuppa di cipolle, patate, sedano, carote, piselli, mandorle, uovo, cannella). Per il secondo, coniglio ripieno alle erbette o piccione al Vin Santo. Si chiude con i dolci di mamma Patrizia, tra cui crostate e castagnaccio. Come da vecchia tradizione, il venerdì è dedicato al pesce. La lista dei vini si compone di poche etichette locali, ma lo sfuso è un'ottima scelta.

I PIATTI Pappardelle al cinghiale, Piccione al Vin Santo, Coniglio alla cacciatora

UMBRIA

ALCUNI PIATTI DELLA TRADIZIONE

Strangozzi al tartufo nero
Pasta fresca di formato lungo, simile a fettucce irregolari, condita principalmente con il prezioso fungo ipogeo

Imbrecciata
Minestra di cereali e legumi ripassati in padella con un battuto di lardo e cipolla

Coratella d'agnello
Insieme di frattaglie (cuore, fegato, animelle, milza, trachea, polmoni, reni),
solitamente rosolate in padella e sfumate con il vino: può essere utilizzata
anche come condimento per la pasta

Faraona alla leccarda
L'intingolo con cui è impreziosita la carne del volatile è il suo stesso grasso,
raccolto in un recipiente sotto lo spiedo in cui cuoce

Mazzafegato
Salsiccia prodotta con tagli minori e fegato di maiale: ne esistono una versione dolce e una salata

Palombaccia alla todina
Il volatile è dapprima rosolato allo spiedo, poi eviscerato e tagliato in quarti,
ultimando la cottura in umido con le interiora

Polentina di roveja
Piatto povero ottenuto con la farina di un piccolo pisello selvatico, di colore
marrone scuro, rossiccio o verde scuro

Tegamaccio del Trasimeno
Zuppa di pesce lacustre piuttosto brodosa, con aglio, prezzemolo, olio extravergine, peperoncino e pomodori maturi, servita su fette di pane abbrustolito

Attorta
Sfoglia sottile farcita con un composto a base di frutta fresca tagliata a dadi,
gherigli di noce e pinoli tritati, zucchero, cacao e cannella; una volta arrotolato, il
dolce è cotto in forno, spruzzato di alchermes e spolverato di zucchero a velo

Pampepato
Antico dolce ottenuto da un amalgama di mosto cotto, farina, cacao, miele,
canditi, pepe nero, noci, mandorle e uvetta

AMELIA (TR)

LA GABELLETTA

Via Tuderte, 20 - Tel. 0744 981775
Non ha giorno di chiusura
Orario mezzogiorno e sera Ferie non ne fa
Prezzi: 35-38 euro vini esclusi
Carte di credito: AE, BM, CS, DC, MC, Visa

IN BREVE *Storica locanda dagli ambienti accoglienti, unisce la tradizione e il rispetto della materia prima a una buona dose di creatività. I grandi classici regionali sono sempre in menù.*

L'OSTERIA Alle porte di Amelia, sulla strada verso Todi, troviamo la Gabelletta, **una locanda storica**, le cui origini risalgono al XVIII secolo. Il locale conserva ambienti accoglienti, arredamenti sobriamente eleganti e un magnifico dehors molto curato, in cui è piacevole pasteggiare nella stagione più mite.

LA CUCINA La proposta gastronomica trova le sue radici nella solida tradizione umbra, ma rivela anche una **buona dose di creatività** e una grande attenzione alla stagionalità e alla qualità della materia prima. Ampio spazio è concesso a ingredienti che ben rappresentano l'economia e le **eccellenze del territorio**: tartufo, maiale, cinghiale e, più in generale, selvaggina, insieme alle erbe selvatiche sono la base per l'elaborazione di piatti riusciti e mai scontati. Ricette tipiche, ma con qualcosa in più, e una ammirabile carta dei vini con il meglio della produzione regionale sono gli elementi chiave dell'offerta.

I PIATTI Uovo 65 °C con crema di patate di Avezzano, grissini di farro, cialda di parmigiano e tartufo, Ciriole al rancetto, Leccarda

ARRONE (TR) - Casteldilago

OSTERIA DELLO SPORTELLO

Via della Rocchetta, 2 - Tel. 347 7336202
Chiuso il lunedì Orario sera, domenica e festivi anche pranzo Ferie non ne fa
Prezzi: 27-35 euro vini esclusi
Carte di credito: BM, CS, DC, MC, Visa

IN BREVE *Nelle intime sale, nella piazzetta attigua o nelle terrazze con vista sulla valle, gusterete una cucina forte e volitiva: quinto quarto, pasta fresca e buone carni in primo piano.*

L'OSTERIA Casteldilago è uno dei caratteristici, piccoli e suggestivi borghi della Valnerina. Qui, in un antico palazzo, si trova l'Osteria dello Sportello. Caratterizzata da **spazi raccolti e appartati**. Con il bel tempo si può anche mangiare all'esterno, nell'attigua piazzetta o sulle terrazze del locale, godendo della **vista sulla valle e sui castelli** che punteggiano il paesaggio circostante.

LA CUCINA La tradizione della Valnerina, quindi tartufo, norcineria, i prodotti della pastorizia, erbe selvatiche, legumi e verdure della montagna sono fonte di ispirazione e protagonisti della proposta gastronomica. Una fitta rete di **piccoli produttori locali** e la grande abilità di cucina garantiscono un'esperienza gastronomica di livello, che non si discosta dalla tradizione senza rimanerne per questo schiacciata. Per una piena visione dell'offerta, l'antipasto degustazione racchiude tutti i sapori e i profumi di questo territorio.

I PIATTI Strazzata al tartufo, Ciriole al tartufo, Carne alla brace

ARRONE (TR)

ROSSI

IN BREVE *Suddiviso in varie sale di gusto moderno, il locale propone un menù semplice e variegato, che rende onore ai magnifici prodotti della zona e al suo limpido fiume.*

Vocabolo Isola, 7 - Tel. 0744 388372
⏱Chiuso il venerdì
Orario mezzogiorno e sera Ferie non ne fa
Prezzi: 30-35 euro vini esclusi
Carte di credito: AE, BM, CS, DC, MC, Visa

L'OSTERIA Non lontano dalla Cascata delle Marmore, proseguendo verso il nord della Valnerina, lungo il Parco Fluviale del Nera, s'incontra questo locale gestito da diversi decenni dalla famiglia Rossi, impegnata direttamente in sala e in cucina. Le dimensioni, le molte sale e gli arredi moderni non devono spaventare, perché l'**identità territoriale** rimane ben definita e saldamente ancorata alle tradizioni.

LA CUCINA Il **tartufo la fa da padrone** nella maggior parte delle proposte: ottimo sulle bruschette e sulle paste tirate a mano, eccezionale anche in preparazioni meno consuete, come in abbinamento alle **trote del vicino fiume**. Altra specialità sempre in carta i gamberi di fiume in salsa verde, ma gli amanti della carne possono trovare anche buoni tagli alla brace. Dolci casalinghi e carta dei vini con una discreta selezione di etichette locali e nazionali.

I PIATTI Gamberi di fiume in salsa verde, Ciriole al tartufo, Faraona alla leccarda

ASSISI (PG) - Capodacqua

MALVARINA

IN BREVE *In un ambiente semplice e accogliente, una cucina di territorio rispettosa della tradizione e delle preziose materie prime locali.*

Via Pieve di Sant'Apollinare, 32
Tel. 075 8064280
⏱Non ha giorno di chiusura
Orario sera, domenica o su prenotazione anche pranzo Ferie variabili
Prezzi: 30 euro menù fisso
Carte di credito: BM, CS, MC, Visa

L'OSTERIA Immerso tra gli olivi, il bel casale in pietra che ospita **questa osteria è parte integrante dell'azienda agricola** della famiglia Fabrizi, che fornisce la gran parte delle materie prime utilizzate. Siamo in uno dei luoghi più suggestivi dell'Umbria, a poca distanza da Assisi e Spello: tutto qui riporta alla semplicità e alla tranquillità della vita di campagna.

LA CUCINA Claudio e Patrizia, con il supporto dei figli, portano avanti da molti anni questa bella realtà, dove la cucina si esprime nella genuinità e nel rispetto delle tradizioni, oltre che nella ricerca delle **antiche ricette di famiglia**. Verdure, ortaggi e olio, ma anche le gustose paste fresche sono di produzione propria, con **scelte coerenti con la stagione** e le risorse disponibili. Tra le diverse proposte, vanno citate le strappatelle: pasta tradizionale preparata con l'impasto del pane e condita, in inverno con sapidi ragù, in estate con guanciale e fiori di zucca.

I PIATTI Strappatelle con guanciale e fiori di zucca, Spalla di maiale arrosto, Gallina ubriaca

PALLOTTA

IN BREVE *Una storica trattoria ancorata alle tradizioni e alla cucina di qualità, che riserva attenzioni all'avventore accompagnato con cortesia e gentilezza nella scelta.*

Via Volta Pinta, 2 - Tel. 075 812649
🕐 Chiuso il martedì Orario mezzogiorno e sera Ferie fine febbraio-primi di marzo
Prezzi: 30-35 euro vini esclusi
Carte di credito: BM, CS, MC, Visa

L'OSTERIA Vicino alla piazza centrale di Assisi – basterà scendere le scalinate e imboccare lo stretto vicolo medievale – troverete l'ingresso di questo locale. L'ambiente curato e accogliente, diviso in due grandi sale comunicanti tra loro, è cornice di un'**ospitalità attenta e affatto frettolosa**, lontana dalla massificazione della ristorazione turistica: qui davvero potrete gustare, in pace, tutto il buono dell'Umbria.

LA CUCINA La cucina dà spazio a un'offerta diversificata, proponendo **piatti più elaborati e creativi**, come i tortelli ripieni di salsiccia e sedano nero di Trevi, e specialità tratte dai **grandi classici della regione**, con l'aggiunta di qualche sfizio che promuove ingredienti territoriali, come i supplì allo zafferano umbro. Le materie prime sono attentamente selezionate e quanto più possibile reperite fra i produttori locali, ai quali si deve una buona scelta di formaggi del territorio e una cantina ristretta ma coerente. I dolci sono quelli della casa.

I PIATTI Supplì allo zafferano, Piccione, Strangozzi alla Pallotta

LA CASARECCIA

IN BREVE *Una sala con ampie vetrate permette di ammirare la bellezza che circonda questa trattoria a gestione familiare, caratterizzata da un'attenta scelta di materie prime.*

Strada Pian dell'Ara, 79 - Tel. 0744 933482
🕐 Chiuso il lunedì
Orario mezzogiorno e sera Ferie variabili
Prezzi: 25-30 euro vini esclusi
Carte di credito: BM, CS, DC, MC, Visa

L'OSTERIA Tra il verde dei boschi, **castagneti, oliveti** e le dolci colline di una zona poco frequentata dell'Umbria, troverete la bella casa che ospita questo locale. L'aspetto esteriore è proprio quello di un'abitazione, quasi a sottolineare la conduzione familiare e l'accoglienza che vi verrà riservata. All'interno, una sala luminosa con ampie vetrate permette di ammirare la bellezza del panorama.

LA CUCINA La squadra di cucina è ormai giunta alla sua terza generazione: le **ricette di famiglia restano il centro dell'offerta**, ma negli anni si sono aggiunti un pizzico di estro e creatività. Accanto al menù tradizionale, alcune **nuove e misurate proposte** segnalate anche fra i piatti del giorno, elencati sulla lavagna in sala. Materie prime locali, buon utilizzo anche del quinto quarto e paste casalinghe dai succulenti ragù, in stagione anche di selvaggina, restano il cuore della proposta.

I PIATTI Tortino di melanzane con formaggio di bufala e pomodorini, Casarecce integrali con guanciale e basilico, Stracotto di maiale con castagne e porcini

AVIGLIANO UMBRO (TR)

LA POSTA

Via Matteotti, 21 - Tel. 0744 933927
🕐 Chiuso domenica a pranzo e il lunedì
Orario mezzogiorno e sera Ferie variabili
Prezzi: 26-32 euro vini esclusi
Carte di credito: AE, BM, CS, DC, MC, Visa

IN BREVE *Un locale accogliente in cui da oltre trent'anni si propone una cucina che si distingue per semplicità, selezione delle materie prime e piacevolezza della contaminazione.*

L'OSTERIA Un ristorante accogliente che propone ai suoi clienti affezionati e ai forestieri **una cucina che si distingue per semplicità**, dove è possibile riconoscere chiaramente l'accuratezza e la genuinità delle materie prime. Piero e Paola, da oltre trent'anni, guidano questo ristorante curato come casa propria. In estate è possibile sfruttare anche il bel dehors.

LA CUCINA In cucina, Piero propone pietanze immediate e gustose, **piatti della tradizione e alcune specialità rivisitate** con contaminazioni dalla cucina romana. Orgoglio dell'osteria **i fritti**: baccalà, pollo e verdure in tempura arrivano in tavola fragranti e asciutti. Il pane, la pizza e alcuni formati di pasta fresca sono preparati in casa, con l'utilizzo di farine biologiche; artigianalità confermata anche nelle crostate e nel gelato. Carta dei vini ben articolata, con etichette del territorio e qualche proposta fuori regione e oltre confine.

I PIATTI Supplì al pomodoro, Trippa al sugo, Baccalà fritto e verdure in tempura

BETTONA (PG)

IL CERRETO

Via Perugia, 302
Tel. 075 9869050-333 4894004
🕐 Aperto ven sera, sab pranzo e sera e dom a pranzo; gli altri giorni solo su prenotazione
Ferie 3 giorni a Natale
Prezzi: 25-35 euro vini esclusi
Carte di credito: AE, BM, CS, DC, MC, Visa

IN BREVE *Tante le materie prime autoprodotte da questo curato agriturismo sulla strada per Bevagna. I piatti (zuppe, paste fresche, carni grigliate) rispettano la tradizione contadina umbra.*

L'OSTERIA Questo agriturismo si trova tra Bettona e Bevagna, nella quieta campagna umbra. In un ambiente semplice, tranquillo ma curato, Matteo vi guiderà alla scoperta dei **prodotti dell'azienda agricola** e di come questi vengano esaltati dalla cucina nel pieno rispetto della tradizione.

LA CUCINA Gli ingredienti elaborati da Doriana e Zeffira, coadiuvate da Giovanni, hanno il pregio e la bontà dell'assoluta prossimità: verdure, ortaggi ma anche l'**allevamento di animali da cortile** – come oche, polli, piccioni – e la **lavorazione dei salumi** sono gestiti in autonomia, sfruttando fra i fornelli il prezioso frutto di questa economia circolare. Il resto lo fa l'abilità nell'interpretazione di ricette collaudate tratte dalla cucina di casa, con tante zuppe di cereali, carni alla brace e verdure a completare l'offerta. Carta dei vini regionale con l'aggiunta di qualche birra molto interessante.

I PIATTI Parmigiana di cipolle, Salumi di produzione propria, Arrosto di pollo, oca e piccione

ANTICHE SERE

IN BREVE *Piccolo ristorante curato e molto accogliente dove provare i grandi classici della cucina umbra: salumi, carni e tartufi compresi.*

Piazza Garibaldi, 10 - Tel. 0742 361938
🕐 Non ha giorno di chiusura
Orario mezzogiorno e sera Ferie non ne fa
Prezzi: 30-35 euro vini esclusi
Carte di credito: AE, BM, CS, DC, MC, Visa

L'OSTERIA Se piccolo è bello, Antiche Sere dimostra come possa essere anche buono. Siamo all'ingresso di Bevagna, bella cittadina nota per la manifestazione del Mercato delle Gaite, una curata rievocazione storica. Luciano Sabbatini e Tiziana vi accolgono illustrandovi il menù costruito sulle materie prime, che il patron acquista dai fornitori locali. Il **clima è molto familiare** e, nella bella stagione, è piacevole pranzare all'esterno, lungo la graziosa via cittadina.

LA CUCINA Proposta gastronomica saldamente ancorata al **territorio e alla stagionalità**: salumi di mora, frittata al tartufo, in primavera qualche accento toscano con la panzanella dell'orto. La **pasta fresca** è protagonista dei primi piatti che offrono cappellacci, gnocchi e qualche zuppa di cereali. Carni di bassa corte, come nella migliore tradizione regionale, si distinguono fra le pietanze, accompagnate da fresche verdure stagionali. Buono lo sfuso e curata la carta dei vini, locali e non.

I PIATTI Guancia di manzo al Sagrantino e aceto balsamico, Lumache in umido, Capellacci ripieni al tartufo

LE DELIZIE DEL BORGO

IN BREVE *Locale dalle ampie vetrate, immerso nel verde fuori dalle mura del borgo, propone piatti della tradizione e non, preparati con materie prime stagionali e locali.*

Via De Gasperi-Parco Filippo Silvestri
Tel. 327 2921066
🕐 Chiuso il lunedì Orario mezzogiorno e sera Ferie 7 gennaio-10 febbraio
Prezzi: 35 euro vini esclusi
Carte di credito: BM, CS, DC, MC, Visa

L'OSTERIA A ridosso delle mura storiche dell'antico borgo di Bevagna, nel 2016 è nato questo locale che ha la peculiarità di essere **immerso nel verde di un parco**. Simone, con la sua creatività e professionalità, si diletta in cucina, mentre Desiderio accompagna e consiglia il cliente in sala.

LA CUCINA Le materie prime utilizzate nella realizzazione dei piatti sono **prodotti di stagione** e del territorio, Simone e Desiderio si avvalgono di aziende locali che hanno loro permesso di creare **un perfetto circuito a chilometro zero**. Paste e pane sono preparati in casa e sono cifra dell'abilità professionale della cucina. In linea con la tradizione, cui si rifà la proposta gastronomica, le polpette di chianina alle erbe e il pollo alla diavola sono fra le pietanze più riuscite. Ottimi i dolci espressi e adeguata la cantina, con numerose etichette regionali e nazionali.

I PIATTI Polpetta di chianina alle erbe, Uovo morbido, Tortelli di carbonara con guanciale croccante

CAMPELLO SUL CLITUNNO (PG)

LOCANDA PETTINO

IN BREVE *Un'accogliente locanda per chi ama il tartufo, la cacciagione e i prodotti di montagna. Piatti autentici preparati quasi esclusivamente con i prodotti dell'azienda di famiglia.*

Località Pettino, 31 - Tel. 0743 276021
🕐 Aperto ven-dom, sempre d'estate
Orario mezzogiorno e sera Ferie non ne fa
Prezzi: 25-35 euro vini esclusi
Carte di credito: BM, CS, DC, MC, Visa

L'OSTERIA La Locanda Pettino è aperta dal 1968 grazie all'**avvicendarsi di tre generazioni** della famiglia Chiacchierini. Oggi c'è Massimo alla guida di questa tradizionale osteria, che può contare anche sull'adiacente azienda agricola.

LA CUCINA La cucina porta in tavola **tutti i prodotti dell'azienda di famiglia**, dalle carni degli animali allevati in libertà all'orto e al tartufo, elemento principe della zona e della maggior parte dei piatti proposti. Mamma Caterina propone **preparazioni semplici ma dai gusti forti**: paste tirate a mano e carni cotte alla brace del camino sempre acceso. Per chi ami il pregiato re dei boschi, il tartufo appunto, questo è il posto giusto per togliersi la voglia di una bella grattata al giusto prezzo. Ottimi anche i formaggi e i salumi, sempre di produzione propria. Discreta la selezione dei vini del territorio e buono lo sfuso della casa.

I PIATTI Frittata al tartufo, Strangozzi al tartufo, Grigliata mista

CANNARA (PG)

PERBACCO

IN BREVE *Ristorante curato, con un grande camino che crea atmosfera, propone piatti tradizionali con note innovative. Pane e pasta sono fatti a mano con farine biologiche.*

Via Umberto I, 16 - Tel. 0742 720492
🕐 Chiuso il lunedì Orario sera, domenica
e festivi anche pranzo Ferie 1-15 luglio
Prezzi: 30-35 euro vini esclusi
Carte di credito: BM, CS, DC, MC, Visa

L'OSTERIA A pochi passi dal ponte che contraddistingue l'ingresso al centro storico di Cannara, troverete questo grazioso ristorante. L'ambiente è curato e l'**atmosfera piacevole intorno al grande camino,**che scalda il locale nelle fredde giornate d'inverno. Ernesto Panziani, il patron, vi accoglierà in sala coadiuvato dalla moglie Simona.

LA CUCINA Cannara è nota per la produzione delle sue dolci cipolle e, in questo ristorante, potrete assaggiarle in tutte le versioni. La **cucina è quella del territorio**, con alcune note fresche e innovative. Pasta e pane sono fatti a mano con farine biologiche e il resto delle materie prime, a partire dalle carni, è reperito nel locale mercato, con una grande presenza di ingredienti forniti da **piccoli produttori di prossimità**. Durante la stagione della raccolta, un intero menù è dedicato alla signora della cucina, la cipolla, proposta dall'antipasto al dolce.

I PIATTI Frascarelli con asparagi di bosco, Zuppa di cipolle, Capocollo di maiale al forno

CASTIGLIONE DEL LAGO (PG)

L'ACQUARIO

Via Vittorio Emanuele II, 69
Tel. 075 9652432
⏱ Chiuso il mercoledì Orario mezzogiorno
e sera Ferie gennaio e febbraio
Prezzi: 30-35 euro vini esclusi
Carte di credito: AE, BM, CS, DC, MC, Visa

IN BREVE *Punto di riferimento non solo per la cucina di lago ma anche per i grandi classici regionali. Materie prime d'eccellenza e mano leggera per una esperienza gastronomica di ottimo livello.*

L'OSTERIA Castiglione del Lago è un bel borgo che affaccia sul Trasimeno. Nel suo centro storico, dal 1992, si trova questo locale: nelle sale, dagli arredi retrò, si celebra **un riuscitissimo sodalizio tra la cucina di terra e quella di lago**.

LA CUCINA Il pescato d'acqua dolce, proveniente per la maggior parte dalle **cooperative di pescatori** del Trasimeno, è alla base di proposte stagionali di grande fascino, perfettamente bilanciate da una solida controparte di animali di bassa corte, come oca e coniglio. La cucina esalta la qualità dell'ottima materia prima con capacità e ineccepibile maestria, tanto da rendere L'Acquario un punto fermo nella ristorazione locale. **Paste fresche al matterello, cotture leggere** e una valida cantina, capace di soddisfare tutte le attese, sono sintesi della sua filosofia.

I PIATTI Assaggini di lago, Chitarrini con tinca affumicata e uova di carpa, Carpa regina in porchetta

CITTÀ DI CASTELLO (PG) - San Secondo

LA MINIERA DI GALPARINO

Vocabolo Galparino, 34
Tel. 075 8540784-347 6140798
⏱ Aperto gio-sab; primavera-autunno anche dom pranzo Orario solo la sera Ferie non ne fa
Prezzi: 28 euro vini esclusi
Carte di credito: nessuna

IN BREVE *Uno spaccato del meglio dell'Umbria: prodotti genuini ben elaborati in cucina e grande attenzione al territorio. In cantina affinano formaggi e invecchiano Vino santo affumicato.*

L'OSTERIA La struttura, lontana dai circuiti turistici e immersa nel verde, circondata da boschi e prati, offre al visitatore un ambiente familiare e tranquillo. Le sale in pietra si susseguono fino alla cantina, dove viene **stagionato il formaggio e invecchiano il Vino santo affumicato** (Presidio Slow Food). All'accoglienza troverete Claudio, esperto affinatore e appassionato di vini, in cucina sua moglie Chiara.

LA CUCINA Il menù è fisso e offre un puntuale spaccato di tutto il buono che la stagione offre. Chiara elabora con grande abilità le materie prime, selezionate prevalentemente fra **piccoli produttori biologici**, creando piatti in cui si misurano con grande equilibrio tradizione e creatività. Alle paste fresche artigianali, come pici e tortelli, si affiancano carni, perlopiù di bassa corte, con un buon uso di verdure e di legumi. La carta dei vini presenta una buona selezione di etichette umbre e nazionali.

I PIATTI Pici con cinghiale, Tortelli ripieni di fagiolina, Torta di mele con mascarpone e riduzione di Vino santo affumicato

CITTÀ DI CASTELLO (PG)

LEA

Corso Cavour, 8 - Tel. 075 8521678
→ 850 m dalla stazione di Città di Castello
🕐 Chiuso il lunedì **Orario** mezzogiorno
e sera **Ferie** non ne fanno
Prezzi: 25-35 euro vini esclusi
Carte di credito: AE, BM, CS, MC, Visa
Satispay

IN BREVE *Trattoria a gestione familiare, propone una cucina legata alla tradizione. Funghi e tartufi accompagnano, nel corso dell'anno, molte delle proposte in carta.*

L'OSTERIA Istituzione storica di questa cittadina dell'alta Umbria, la bella osteria, ubicata nella centralissima via Cavour, è oggi capitanata da Cristiano e Marco, i figli della signora Lea che portano avanti la tradizione di una cucina solida, ben ancorata alle **ricette di famiglia**. L'accoglienza cordiale, professionale e attenta, e gli spazi piacevolmente suddivisi in sale arredate con gusto ne fanno una referenza molto frequentata dai residenti.

LA CUCINA La storia e la tradizione del locale sono ben rappresentate nella proposta gastronomica, con un menù articolato e ricco di portate, attento alla materia prima e alla stagionalità. Tratto distintivo della cucina le **ottime paste ripiene** fatte in casa: cappelletti, ravioli di carne e di spinaci sono portati in tavola conditi con funghi o con un ottimo ragù. Una speciale **sezione della carta è dedicata al tartufo**, bianco o nero a seconda della stagione. Curata la selezione dei vini, con etichette regionali e nazionali.

I PIATTI Cappelletti in brodo, Tagliatelle al tartufo, Agnello scottadito alla brace

CORCIANO (PG) - Chiugiana

OSTERIA DEL POSTO

Via Calderini , 15 - Tel. 075 5173778
🕐 Chiuso la domenica
Orario solo la sera **Ferie** variabili
Prezzi: 34-38 euro vini esclusi
Carte di credito: BM, MC, Visa

IN BREVE *Uso intelligente delle materie prime in un contesto particolarmente accogliente per questa moderna osteria, che guarda alla contemporaneità con lucidità.*

L'OSTERIA Nella piccolissima Chiugiana, Alessandro Casciola ha dato vita a questo locale accogliente e informale, ricavato dalla **ristrutturazione di un antico mulino**. Varcato l'ingresso, troverete una sala dall'arredamento moderno, essenziale eppure ospitale e curato. In questo contesto particolarmente riuscito, Alessandro ha iniziato un percorso originale, realizzando pietanze fortemente identitarie e personali.

LA CUCINA In cucina opera la giovane Valentina Urciuoli, valida interprete di una grande attenzione alla qualità e alla freschezza della materia prima, con l'utilizzo di **prodotti biologici provenienti da piccole aziende locali**, dichiarate in un aggiornato elenco dei fornitori. Trasparenza anche nella scelta gastronomica, che vuole promuovere il territorio e le sue eccellenze senza rigidi schemi: ne nasce una **ristorazione moderna e innovativa**, rivolta alla contemporaneità con spirito lucido e intelligente.

I PIATTI Crocchette di bollito con maionese alla paprica, Umbricelli con erbe croccanti al sugo di cinghiale, Agnello in tre cotture

CORCIANO (PG) - Solomeo

NOVITÀ

VALTER A SOLOMEO

Strada Mandoleto, 15 - Tel. 338 2158174
🕐 Chiuso il lunedì, aperto su prenotazione
Orario mezzogiorno e sera Ferie non ne fa
Prezzi: 35-40 euro vini esclusi
Carte di credito: AE, BM, CS, DC, MC, Visa
Satispay

IN BREVE *Espressione eccellente di territorialità e di economia circolare: l'azienda agricola alleva ciò che la cucina prepara con abilità e attenzione alle tradizioni.*

L'OSTERIA Prende il nome dal titolare e dalla vicinanza all'affascinante borgo medievale di Solomeo questo locale adagiato sulle dolci colline del borghetto del Mandoleto. Si pregia di **un grande camino centrale**, di pareti arredate con casse di vino delle migliori cantine umbre, e di una veranda da cui godere uno splendido panorama. Sono disponibili anche alcuni bellissimi alloggi per il soggiorno.

LA CUCINA Elena, artefice della cucina, ama definire il suo un "ristorante umbro": nei piatti troverete, infatti, accenti territoriali, sicurezza e abilità di esecuzione grazie anche all'**uso quasi esclusivo di ingredienti prodotti in proprio** o reperiti da piccole realtà locali. Le **paste sono fatte in casa** e condite con ragù di cinghiale o di piccione, in stagione con tartufo. Le carni sono cotte perlopiù alla brace, ma non mancano succulenti stufati, per esempio lo spezzatino di cinghiale. Carta dei vini che spazia soprattutto fra le etichette umbre.

I PIATTI Tagliatelle al ragù, Taglierini al persico, Piccione ripieno alla perugina

FOLIGNO (PG)

CUCINAA

Viale Firenze, 138 A - Tel. 0742 22035
🕐 Chiuso la domenica Orario pranzo, venerdì e sabato anche sera Ferie variabili
Prezzi: 30-35 euro vini esclusi
Carte di credito: AE, BM, CS, DC, MC, Visa

IN BREVE *In questa moderna osteria ogni giorno nascono, con un pizzico di creatività, piatti che rappresentano i sapori della cucina locale, tra tagliatelle al ragù di lepre e polpette di vitello al sugo.*

L'OSTERIA Locale nato da un'idea moderna di ristorazione, fruibile negli orari e **flessibile alle molteplici esigenze** che vanno dalla colazione all'aperitivo, ai pasti principali, prevedendo anche il servizio di asporto. Marco Gubbiotti e il suo dinamico team vi accompagneranno in una originale interpretazione della tradizione in chiave moderna.

LA CUCINA Come tutti i progetti alternativi, Cucinaa è sempre in continua evoluzione, alla ricerca di prodotti giusti del territorio. Ultimamente l'attenzione si è orientata sull'uso di **erbe selvatiche e antichi frutti**. Una delle elaborazioni recenti è il pesto di casselle (una sorta di radicchio selvatico) che accompagna diversi piatti, come la tartara di carne. Non mancano mai selezioni di **formaggi e salumi umbri**, una zuppa del giorno e i cappelletti in brodo. Le cene del venerdì tendono a eleggere un ingrediente principe che viene declinato in tutte le sue possibili preparazioni. Interessante e meditata la carta dei vini.

I PIATTI Cappelletti in brodo di gallina, Piccione in quattro modi, Minestrone dolce

FOLIGNO (PG)

OSTERIA CICLABILE

Via Gramsci, 60 - Tel. 0742 481967
→ 1,1 km dalla stazione di Foligno
⊘ Non ha giorno di chiusura
Orario sera, sabato e domenica anche pranzo
Ferie non ne fa
Prezzi: 25-30 euro vini esclusi
Carte di credito: BM, CS, DC, MC, Visa
Satispay

IN BREVE *Una delle migliori osterie della città, si distingue per lo spirito goliardico e l'atmosfera accogliente. Da provare le paste fresche e le carni cotte nell'imponente camino.*

L'OSTERIA La Ciclabile si trova in una delle vie più frequentate della cittadina, grazie alla presenza di molti locali che richiamano un pubblico variegato e curioso. Guidata da Fabio, Riccardo e Stefano, si articola in più **sale arredate in modo originale**, con tante foto alle pareti e uno spazio esterno molto piacevole. Pezzi di antiche biciclette ridisegnate a nuovo uso la rendono unica e accogliente.

LA CUCINA Originali gli arredi e creativa la cucina. La tradizione resta la base da cui partire per **misurate sperimentazioni**, che traggono dai prodotti stagionali e territoriali la loro principale ispirazione. Da provare le paste fatte in casa con i vari condimenti stagionali, che lasciano posto anche alla parte vegetale reperita nel locale mercato. Il **camino e il forno incardinano buona parte dell'offerta** dei secondi, con carni tenere e ottime pizze. Bella carta dei vini territoriale, con varie possibilità al calice e discreta selezione dei distillati.

I PIATTI Chips con patate di Colfiorito, Sottocosta di maiale, Rapunzoli (erba spontanea) del Subasio

GIANO DELL'UMBRIA (PG) - Bastardo

4 PIEDI & 8.5 POLLICI

Piazza del Mercato, 10
Tel. 0742 99949-333 9979958
⊘ Chiuso la domenica Orario pranzo, sera e domenica su prenotazione Ferie variabili
Prezzi: 25-30 euro vini esclusi
Carte di credito: BM, CS, MC, Visa

IN BREVE *L'arte dell'accoglienza caratterizza il locale di Laura Saleggia, ostessa gentile e appassionata. Cucina locale, sapori netti e materie prime d'eccellenza.*

L'OSTERIA Nata nel 2007 per opera e volontà di Laura Saleggia, l'osteria esprime, attraverso la **cura degli ambienti e della preparazione dei cibi**, l'anima della sua ostessa: una donna che, con creatività e profonda conoscenza professionale, accoglie e accompagna i clienti in un percorso gustativo di sicuro fascino.

LA CUCINA Il locale si avvale di un curato **orto di proprietà**, dal quale Laura ricava le materie prime di stagione utilizzate per preparare i vari piatti della cucina umbra, con una buona rilevanza data al comparto vegetale. Tutto ciò che non è prodotto in proprio è acquistato da aziende dei dintorni. Le **paste sono fatte in casa**: ottimi gli strangozzi con tartufo, verdure dell'orto o il tipico ragù. Altro piatto da assaggiare, caratteristico di queste zone, le salsicce con l'uva. Sempre presente una buona scelta di pecorini e di formaggi dei vicini produttori locali. Cantina del territorio.

I PIATTI Strangozzi al tartufo, Pollo alla cacciatora, Salsicce con l'uva

I BONCI

IN BREVE *In questo locale luminoso e accogliente, la cucina si basa su materie prime provenienti dal lago (fornite dalla cooperativa dei pescatori) e dal territorio collinare adiacente.*

Via Lungolago Alicata, 31 - Tel. 075 8479355
🕐 Chiuso il mer, mai d'estate Orario mezzogiorno e sera Ferie tra gennaio e febbraio
Prezzi: 25-35 euro vini esclusi
Carte di credito: AE, BM, CS, DC, MC, Visa

L'OSTERIA Sulle rive del Trasimeno, **con una vista incantevole sulle isole lacustri**, è ubicato il ristorante della famiglia Moschi, luminoso e accogliente. Si trova vicino alla cooperativa dei pescatori, che fornisce da sempre il pesce utilizzato in cucina secondo le ricette familiari, per dare vita a una proposta fortemente territoriale e stagionale.

LA CUCINA La **cucina di lago** è una delle carte vincenti della territorialità umbra e questo locale ne incarna perfettamente lo spirito. Ricette semplici, genuine, tese a valorizzare la freschezza della materia prima, mai soverchiata dalle cotture. La collina, con i suoi prodotti orticoli, si coniuga al pescato dando vita a **piatti schietti e ben definiti**, con un buon equilibrio fra le due componenti: pasta fresca con tinca affumicata, tegamaccio (zuppa di pesce di lago) e carpa regina in porchetta restano i capisaldi della proposta. Vini del territorio a completare l'offerta.

I PIATTI Brustico (abbrustolito) di luccio, Gnocchetti di patate alla tinca affumicata, Tegamaccio

ROSSO DI SERA

IN BREVE *Un'osteria romantica e pittoresca che affaccia sul Trasimeno. Da non perdere le specialità di pesce locale, proposto con uno sguardo attento alla tradizione e alla modernità.*

Via Fratelli Papini, 81 - Tel. 075 8476277
🕐 Chiuso il martedì e mercoledì a pranzo
Orario mezzogiorno e sera Ferie variabili
Prezzi: 25-35 euro vini esclusi
Carte di credito: AE, BM, CS, MC, Visa

L'OSTERIA Da questo locale è possibile godere di **incantevoli tramonti sul Trasimeno**, grazie anche alla veranda fruibile in ogni stagione, complice nel creare un'atmosfera intima e accogliente. Ambientazione non meno suggestiva quella della sala interna, dove è possibile pasteggiare tra i vini esposti, il banco della mescita e in alcuni angoli più defilati. L'osteria è guidata da Federica Trovati, oste e chef di lunga esperienza.

LA CUCINA Il pesce del Trasimeno è indubbiamente l'elemento portante della cucina. La proposta gastronomica si fonda sulla qualità della materia prima e sull'indiscussa abilità di cucina nell'elaborazione di vari formati di pasta fresca, proposti con ragù di pesce o di carne chianina. La **tradizione è la base da cui partono misurate sperimentazioni**, sempre rispettose del prodotto locale e della stagionalità. Il pane e i dolci sono tutti fatti in casa. Cantina ragionata e strettamente legata al territorio, di cui è fedele fotografia.

I PIATTI Antipasto di pesce di lago, Tegamaccio, Pasta con ragù di pesce di lago

MASSA MARTANA (PG)

FONTANA DELLE PERE

IN BREVE *Nelle due belle sale, una con un grande camino, la famiglia Bernardi propone con garbo e cortesia una cucina di tradizione mescolata saggiamente a qualche nota innovativa.*

Vocabolo Perticara, 138 B
Tel. 075 889506-348 6929826
⏰ Aperto sabato e domenica su prenotazione, in settimana solo per gruppi
Ferie 15-31 gennaio
Prezzi: 27-34 euro menù fisso vini esclusi
Carte di credito: BM, CS, MC, Visa

L'OSTERIA L'agriturismo, **immerso fra gli oliveti e le vigne dell'azienda**, trova nei paesaggi dei Monti Martani uno dei suoi punti di forza. La famiglia Bernardi si divide equamente i compiti di una gestione a tuttotondo: cucina, camino, norcineria, sala e accoglienza sono nel medagliere di un'attività che, negli anni, non ha conosciuto flessioni o perdita d'entusiasmo. Prodotti aziendali, sapienza e cortesia sono una certezza.

LA CUCINA Il **menù fisso** offre il meglio della produzione stagionale: prodotti aziendali legati alla terra, agli animali da cortile e all'orto, oltre agli ottimi salumi e formaggi locali, sono le costanti della proposta. La pasta fresca elaborata dalla cucina è condita con ragù d'oca e verdure, poi seguita da carni dal gusto deciso. Il grande camino è foriero di numerose **preparazioni alla brace e allo spiedo**, ma vi sono anche stufati dalle lunghe cotture. Il vino è quello della casa, come caffè e vari spiriti.

I PIATTI Pasta con sugo della battitura, Taglierini con guanciale e maggiorana, Carni alla brace

MONTEFALCO (PG)

L'ALCHIMISTA

IN BREVE *Osteria su due piani, con una piccola rivendita di prodotti locali e un bel dehors sulla piazza, propone tanti gustosi piatti di carne e paste fresche fatte in casa.*

Piazza del Comune, 14 - Tel. 0742 378558
⏰ Chiuso il martedì Orario mezzogiorno e sera Ferie 15 giorni in luglio
Prezzi: 35-40 euro vini esclusi
Carte di credito: AE, BM, CS, MC, Visa

L'OSTERIA Nella piazza centrale di Montefalco, questo tipico locale vi accoglierà con **ospitalità e familiarità**: qui si è tutti amici. L'ambiente, diviso su due piani, si propone, oltre che per l'eccellente ristorazione, come fornita enoteca e punto vendita: **si possono acquistare prodotti** nazionali e internazionali di grande pregio e qualità.

LA CUCINA L'accurata ricercatezza delle materie prime, e la professionalità del servizio, puntuale ed efficiente, permettono di gustare al meglio i **piatti della tradizione umbra**. Fra quelli più rappresentativi ricordiamo il piccione disossato e la parmigiana di verdure, declinata con le tante orticole stagionali che arrivano in cucina dal locale mercato. Pane, pasta e dolci sono fatti in casa, seguendo la creatività e le tradizioni della zona. Ragionata e territoriale la carta dei vini, con il meglio della produzione umbra ma non solo.

I PIATTI Bruschetta e guanciale, Strangozzi alla finta carbonara, Piccione disossato

MONTONE (PG)

TIPICO OSTERIA DEI SENSI

IN BREVE *Un locale che ha saputo rinnovarsi pur lasciando al centro la cura e l'amore per materie prime territoriali: una proposta creativa e una tradizionale per soddisfare tutti i palati.*

Via Roma, 3 - Tel. 075 92880409
🕐 Chiuso il lun, inverno anche dom sera; mai d'estate Orario mezzogiorno e sera
Ferie 15 giorni in febbraio, 24-27 dicembre
💶 Prezzi: 36-40 euro vini esclusi
Carte di credito: BM, CS, MC, Visa

L'OSTERIA All'interno della cinta muraria medievale, l'osteria di Paolo Morbidoni ha trovato nuova sintesi fra il legame con il territorio, i prodotti e i piatti più rappresentativi. Grazie allo *sharing restaurant*, **il locale si sdoppia**. Due sale, due diverse proposte: una più semplice e verace e una seconda – curata dallo chef Polito al piano superiore – con proposte gourmet. Ognuna conserva propri spazi e atmosfera, la scelta la fa l'avventore.

LA CUCINA La selezione di materie prime locali e veraci resta un importante punto di condivisione per entrambe le offerte, anche se con risultati molto diversi fra loro. Punto di unione, un menù dove gli **ingredienti sono quelli della terra umbra**, sebbene interpretati sia in maniera tradizionale sia con ricercata creatività. L'olio extravergine in questa osteria ha avuto sempre un posto di rilievo: le più importanti etichette umbre sono presenti e pronte per essere gustate. Ampia la scelta dei vini locali e nazionali.

I PIATTI Bringoli al tartufo, Polenta di mais quarantino con paté di fegatini e tartufo, Carré di agnello in crosta di erbette

NARNI (TR) - Schifanoia-Moricone

DA SARA

IN BREVE *Trattoria semplice e raccolta, propone piatti di tradizione preparati con materie prime locali: selvaggina, carni da cortile e paste fresche artigianali sono all'ordine del giorno.*

Strada Calvese, 55-57 - Tel. 0744 796138
→ 13,3 km dall'uscita A1 Magliano Sabina
🕐 Chiuso il mercoledì Orario mezzogiorno e sera Ferie prima settimana di luglio
Prezzi: 25-30 euro vini esclusi
Carte di credito: BM, CS, DC, MC, Visa

L'OSTERIA Aperto nel 1927 come ristoro di passaggio per i cacciatori, nonna Sara decise poi di potenziare il locale, creando un'osteria che è stata tramandata alle generazioni successive. Negli anni, le gestioni che si sono susseguite hanno continuato sulla sua impronta, creando **un locale con una propria anima**, ricco di **tradizione familiare**, con un profondo legame con il territorio.

LA CUCINA Questo è il luogo in cui trovare la tipica tradizione norcina umbra, grazie agli ottimi **salumi prodotti in casa**. I primi piatti offrono un buon ventaglio di paste artigianali, preparate secondo le ricette di famiglia: tra questi spiccano i tradizionali manfricoli, proposti con vari condimenti stagionali. Le materie prime impiegate in cucina rispondono anzitutto alla cultura gastronomica locale, con un giusto protagonismo concesso alle carni di bassa corte – principe la faraona alla leccarda – e alla cacciagione. Dolci tradizionali e carta dei vini adeguata.

I PIATTI Manfrincoli, Faraona alla leccarda, Piccione ripieno

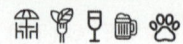
RUSTICO-GUSTO UMBRO

Via Tuderte, 350 - Tel. 338 8367495
→ 1,5 km dalla stazione di Narni-Amelia
⏱ Chiuso il lunedì Orario mezzogiorno
e sera Ferie non ne fa
Prezzi: 30-35 euro vini esclusi
Carte di credito: BM, CS, MC, Visa

IN BREVE *Lontano dai flussi turistici del centro storico, un locale giovane e allegro dove gustare piatti della tradizione arricchiti da una buona dose di creatività.*

L'OSTERIA Di rustico c'è sicuramente solo il gusto di assaggiare i piatti tradizionali umbri, genuini e schietti in questa osteria nei pressi della cittadina di Narni. Alla guida del locale, Yuri Nevi con Roberto Bernardini in cucina. Un locale dall'arredo **giovane ed essenziale** ma accogliente.

LA CUCINA La ricerca continua di materie prime e ingredienti reperiti dalle vicine campagne narnesi è la base per pensare e **rivisitare i piatti della tradizione**. Molta attenzione è dedicata alle carni degli animali da cortile e alle farine di grani antichi di un vicino molino. La proposta **cambia spesso secondo la stagione e il mercato**, sebbene restino sempre in carta alcuni intramontabili: la torretta di patate con guanciale, taleggio e tartufo, i salumi artigianali della vicina Valnerina e una buona selezione di formaggi rimangono saldi punti fermi. Buona la carta dei vini con molta attenzione alle cantine locali.

I PIATTI Torretta di patate con guanciale, taleggio e scaglie di tartufo, Tagliatelle con le rigaglie, Coniglio fritto con maionese al pepe rosa

ORVIETO (TR)

ANTICA CANTINA

Corso Cavour, 212 - Tel. 0763 344746
→ 6,3 km dall'uscita A1 Orvieto
⏱ Chiuso domenica sera e lunedì
Orario mezzogiorno e sera Ferie variabili
Prezzi: 30-35 euro vini esclusi
Carte di credito: BM, CS, DC, MC, Visa

IN BREVE *Vicina al teatro Mancinelli e frequentata da tanti artisti, questa accogliente osteria propone i grandi classici regionali interpretati fedelmente e con grande perizia.*

L'OSTERIA Piccola e accogliente osteria ubicata nelle vicinanze del teatro Mancinelli, da sempre meta **frequentata da artisti e appassionati**. Il locale si compone di due salette, arredate con gusto e semplicità, così come lo è la cucina: garbata, con tutte le **pietanze classiche della tradizione umbra** proposte con gentilezza e buona mano.

LA CUCINA Centrali nella proposta gastronomica restano il reperimento di materie prime stagionali e una ineccepibile pulizia di cucina: tutti i **sapori sono ben bilanciati e mai soverchianti**, con una grande cura dei dettagli, senza sofismi. Quella umbra è e resta una cucina di sostanza. Ombrichelli, trippa e pollo in padella sono i classici del locale, eseguiti con magistrale perizia. I dolci non si discostano dal seminato: fattura casalinga nel gusto e nell'elaborazione: da provare le ciambelline al vino rosso. Carta dei vini attenta alle produzioni locali, con una buona proposta di vino sfuso.

I PIATTI Ombrichelli alla norcina, Rigatoni al rancetto, Trippa con mentuccia

LA GROTTA

Via Signorelli, 5 - Tel. 0763 341348
→ 5,6 km dall'uscita A1 Orvieto
Chiuso il martedì
Orario mezzogiorno e sera Ferie variabili
Prezzi: 30-35 euro vini esclusi
Carte di credito: AE, BM, CS, DC, MC, Visa

IN BREVE *In una sala di origine medievale, Luca diffonde la cultura gastronomica popolare dell'Orvietano: pappardelle al cinghiale, tartufo e faraona in salmì.*

L'OSTERIA In un vicolo storico di Orvieto, a pochi passi dal Duomo, questo piccolo locale, accogliente e curato, ospita tavoli bene apparecchiati sotto la grande volta di tufo, in una suggestiva **sala di origine medievale**. Manufatti della vita rurale orvietana adornano i muri e rendono l'ambiente piacevolmente informale.

LA CUCINA L'anima della cucina risiede nell'utilizzo dei prodotti caratteristici del territorio, elaborati con professionalità e **profondo legame con le tradizioni orvietane**. Il menù è una carrellata dei grandi classici della cucina regionale, con **materie prime strettamente stagionali**, come il tartufo, che va a impreziosire primi piatti di pasta fresca artigianale. La cacciagione entra nei corposi sughi per le pappardelle, mentre la selezione delle carni riserva un posto d'onore a quelle di bassa corte in gustosi salmì. Ottimi i dolci e adeguata la cantina, con proposte anche al calice.

I PIATTI Pappardelle al cinghiale, Tagliolini al ragù di anatra, Faraona in salmì

LA PALOMBA

Via Manente, 16 - Tel. 0763 343395
→ 6,2 km dall'uscita A1 Orvieto
Chiuso il mercoledì Orario mezzogiorno e sera Ferie 2 settimane in luglio, 1 in dicembre
Prezzi: 25-35 euro vini esclusi
Carte di credito: AE, BM, CS, DC, MC, Visa

IN BREVE *Accogliente trattoria familiare, propone ricette preparate con materie prime reperite localmente. Provate le tagliatelle alle rigaglie di pollo, la palomba alla leccarda, la trippa.*

L'OSTERIA Accogliente trattoria a conduzione familiare, a pochi metri dallo splendido Duomo. La gestione è attiva dal 1965, ma il locale esiste sin dagli anni Venti. Giampiero, in sala, incarna perfettamente l'idea dell'**oste esperto e bonario**, da cui è piacevole farsi consigliare.

LA CUCINA La cucina propone **piatti della tradizione regionale imperniata su materie prime reperite localmente**. Giampiero ha fatto bandiera della "sua" carbonara con il tartufo, che lui orgogliosamente dichiara di aver proposto per primo almeno dieci anni or sono. Le ricette del menù sono quelle classiche della tradizione umbra: le tagliatelle alle rigaglie di pollo, il piccione e la palomba alla leccarda sono fra quelle più apprezzate. Una buona selezione di formaggi pecorini e caprini concludono un'offerta variegata che può contare anche su una buona scelta di vini del Centro Italia e su un buono sfuso.

I PIATTI Tagliatelle alle rigaglie di pollo, Palomba alla leccarda, Trippa della Palomba

ORVIETO (TR)

LA PERGOLA

Via dei Magoni, 9 B - Tel. 0763 343065
→ 5,4 km dall'uscita A1 Orvieto
🕐 Chiuso il mercoledì Orario mezzogiorno
e sera Ferie 3-30 novembre e febbraio
Prezzi: 30-35 euro vini esclusi
Carte di credito: BM, CS, Visa

IN BREVE *Un ambiente caldo e accogliente con un bel pergolato per l'estate, dove gustare una cucina piena e sincera, con tanti piatti della tradizione ben eseguiti.*

L'OSTERIA In questa stupenda cittadina umbra votata al turismo grazie alle meraviglie architettoniche – tra cui il magnifico Duomo –, in una delle strette stradine del centro, si trova questa osteria che ormai dagli anni Settanta personifica, con le proprie proposte, i **sapori e i profumi della tradizione locale**.

LA CUCINA All'interno, o sotto il pergolato durante la bella stagione, Martina vi guiderà alla scoperta dei piatti del giorno o delle varie pietanze in carta, declinate secondo la stagionalità e la reperibilità delle materie prime. In cucina, Enrico e mamma Orietta elaborano con passione le ricette che appartengono alla più **schietta cucina familiare**: piatti ricchi di legumi, paste artigianali dai corroboranti ragù d'anatra o di agnello, carni saporite, con un sapiente uso anche del **quinto quarto**, qualche proposta di baccalà. Degni di nota anche gli gnocchi preparati secondo la ricetta di famiglia: in bianco con pancetta, spinaci e tartufo. Bella la carta dei vini locali.

I PIATTI Umbricelli all'amatriciana, Trippa alla romana, Baccalà all'orvietana

PANICALE (PG)

LILLO TATINI

Piazza Umberto I, 13
Tel. 075 837771-329 0764614
🕐 Chiuso il lunedì Orario mezzogiorno
e sera Ferie tra gennaio e febbraio
€ Prezzi: 38-40 euro vini esclusi
Carte di credito: BM, CS, DC, MC, Visa

IN BREVE *Piccolo ristorante accogliente e molto curato, esalta la tradizione del territorio con proposte che provengono dall'entroterra come dalle acque del Trasimeno.*

L'OSTERIA Locale storico nel panorama della bella Panicale che gode di una posizione privilegiata proprio in cima alla piazza. Patrizia ha arredato lo spazio con professionalità e gusto, avvalendosi anche della **piccola ma strabiliante terrazza**, in cui è possibile pasteggiare nella bella stagione, ammirando l'intero borgo che si estende ai piedi.

LA CUCINA La cucina, seppur con qualche vezzo creativo, ha **piedi ben saldi nella tradizione**. Piatti pensati per offrire il meglio delle produzioni locali, a iniziare dall'assaggio della nota norcineria, accompagnata da pane fatto in casa. **Terra e lago caratterizzano la carta** che permette di spaziare, senza timore, fra molte proposte di primi che vedono protagonisti persico, coregone e gamberi di lago. Sempre dal lago arriva l'anguilla ripiena di uvetta e pinoli, ma dalla terra fa capolino un'ottima faraona. Attenzione particolare è riservata ai vini umbri, ma si trovano in carta anche buone etichette nazionali con giusti ricarichi.

I PIATTI Tagliatelle al ragù di cinta e chianina, Piccione alla todina, Anguilla ripiena

AL MANGIAR BENE

Via della Luna, 21 - Tel. 075 5731047
→ 3,5 km dall'uscita E45 Perugia-Prepo
🕐 Chiuso la domenica e lunedì a pranzo
Orario mezzogiorno e sera
Ferie fine giugno-fine luglio
Prezzi: 24-35 euro vini esclusi
Carte di credito: BM, CS, MC, Visa

IN BREVE *Lasciatevi sedurre dalle proposte di questa osteria, ospitata in un palazzo trecentesco: materie prime locali, buon uso del quinto quarto e molte carni alla brace.*

L'OSTERIA Un'**osteria semplice e accogliente** nei vicoletti intorno al corso principale del centro cittadino. L'atmosfera gioca tra le volte in pietra e i tavoli di legno di forme diverse, ben apparecchiati e sistemati in modo da garantire una piacevole intimità.

LA CUCINA Il menù propone ciò che Enrico e Marcella definiscono "cucina di casa", ossia i piatti cucinati con i prodotti delle aziende limitrofe tutte dichiarate e descritte nelle ultime pagine della carta. Se si vuole fare **un percorso tra i sapori umbri**, è bene iniziare con l'antipasto misto, che riserva molti assaggi di piatti della tradizione, come trippa, fagioli con le cotiche, insalate di cereali e coratella. Salumi e formaggi accompagnano l'immancabile torta al testo, ma il forno a legna offre anche buone pizze con farine macinate a pietra e lievito madre. Buona la carta dei vini del territorio e la selezione delle birre artigianali.

I PIATTI Salumi e formaggi misti, Paste al sugo d'oca, Umbricelli al rancetto

ALTROMONDO

Via Caporali, 11 - Tel. 075 5726157
→ 2,9 km dall'uscita E45 Perugia-Prepo
🕐 Chiuso la domenica Orario mezzogiorno e sera Ferie la settimana di Natale
Prezzi: 32-38 euro vini esclusi
Carte di credito: AE, BM, CS, DC, MC, Visa

IN BREVE *Curato ristorante dall'atmosfera conviviale, propone cucina di tradizione locale: pasta fresca fatta in casa e carni saporite sono i cardini dell'offerta.*

L'OSTERIA Ospitalità e accoglienza sono **da oltre sessant'anni** il tratto caratteristico di questo locale, che ha visto crescere generazioni di famiglie perugine. Ormai anche qui siamo giunti alla terza generazione, e la famiglia Castellani non si stanca di proporre, in un ambiente semplice e curato, le ricette della tradizione perugina ben coniugate con quelle più rappresentative del "mangiare italiano".

LA CUCINA La linea gastronomica si basa sul reperimento scrupoloso di materie prime prodotte localmente da piccole realtà artigianali, in linea con lo spirito familiare alla base della gestione. Le **paste all'uovo** sono tutte lavorate a mano e accompagnate da condimenti stagionali ben radicati nei tratti distintivi della cucina regionale. **Tartufo e cacciagione** sono quindi ben rappresentati nelle varie proposte in carta, accompagnati da carni locali come nel bollito misto e nelle cotolette di agnello. Ben impostata anche la selezione dei vini regionali.

I PIATTI Supplì, Pappardelle al sugo di cinghiale, Torello perugino alla ghiotta

BORGOMELA

Strada Tiberina Nord, 224/C5
Tel. 075 604245-349 2919902
🕐 Chiuso dom sera, lun e mar **Orario** sera,
domenica anche pranzo **Ferie** variabili
Prezzi: 28-35 euro vini esclusi
Carte di credito: BM, CS, MC, Visa

IN BREVE *Ristorante ubicato in una curata residenza d'epoca, propone rielaborazioni di ricette della tradizione con materie prime di eccellenza e sapiente uso anche del quinto quarto.*

L'OSTERIA Il ristorante è ubicato in **una residenza d'epoca dallo stile personale ed elegante**. Tre donne alla guida del locale: Loretta, in sala, a guidarvi nella scelta delle pietanze, Camilla ed Eugenia, in cucina, a realizzare ricette della tradizione con risultati in perfetto equilibrio fra la piena adesione e bilanciate interpretazioni personali. Ne risulta una cucina fresca e identitaria.

LA CUCINA Il buon **equilibrio raggiunto fra piatti della tradizione e una composta creatività** si misura nella varietà della carta, che testimonia l'accurata ricerca delle materie prime e l'abilità nella loro trasformazione. Pane e paste fresche sono fatte in casa, i condimenti traggono ispirazione dalla stagionalità e dalle ricette tradizionali, così come i secondi, talvolta rivisitati con leggerezza: da provare i taglierini al ragù bianco di chianina e la coratella di agnello. Carta dei vini con una buona selezione di etichette nazionali, interessante e una proposta di spiriti e di vini dolci.

I PIATTI Gnocchi al sugo d'oca, Coratella d'agnello con torta al testo, Torta di mele

PERUGIA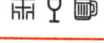

CIVICO 25

Via della Viola, 25 - Tel. 075 5716376
🕐 Chiuso la domenica **Orario** solo la sera
Ferie 15 giorni in agosto
Prezzi: 32-39 euro vini esclusi
Carte di credito: AE, BM, CS, DC, MC, Visa

IN BREVE *Cucina a vista e una grande quantità di bottiglie di vino in questa osteria piccola e accogliente la cui proposta, frutto di uno spirito innovativo, si traduce in preparazioni gustose e mai banali.*

L'OSTERIA Il locale, ospitato nel centro storico di Perugia, dispone di ambienti raccolti e accoglienti. Lo spazio interno si articola in due sale: la più grande al pianterreno di un antico palazzo, la seconda salendo pochi gradini. **Cucina a vista e la grande quantità di bottiglie** di vino esposte sono una scelta estetica, che comunica trasparenza e schiettezza: amore per ciò che si mangia, e si beve sono sotto l'occhio di tutti.

LA CUCINA Le scelte operate dalla cucina portano a una carta dove è evidente l'uso di **prodotti locali e stagionali**, declinati in preparazioni dove la tradizione resta fonte d'ispirazione, con risultati che aprono con decisione verso **pietanze moderne e perfettamente riuscite**. Qualità e cura nella presentazione si traducono in piatti gustosi e mai banali, capaci di sorprendere anche restando nel conosciuto. Completa l'offerta l'importante e studiata carta dei vini, capace di soddisfare ogni abbinamento.

I PIATTI Strapazzata al tartufo, Porcini fritti, Piccione ripieno

PERUGIA

I BIRBI

IN BREVE *Una osteria moderna piacevole e curata, dove la tradizione si mostra al meglio di sé grazie a materie prime locali e a una cucina leggera.*

Via Campo di Battaglia, 12
Tel. 075 9889041
🕐 Chiuso il mercoledì Orario sera, venerdì-domenica anche pranzo Ferie seconda sett di gennaio-prima di febbraio
Prezzi: 33-35 euro vini esclusi
Carte di credito: BM, MC, Visa

L'OSTERIA Nel cuore della bella Perugia, non distante dalle scalette di Sant'Ercolano, questa osteria dallo **spirito moderno**, e animo fedele alla tradizione, si articola in diverse **salette con muri in pietra e soffitti a volta**. L'arredo sobrio contribuisce all'atmosfera informale con cui Luca Ciabattini ama accogliere i suoi ospiti, guidandoli nella scelta delle portate preparate dalla moglie Amanda e suggerendo il giusto abbinamento enologico.

LA CUCINA La cucina lavora nel rispetto della tradizione, seppur infusa da una certa creatività, che riesce a valorizzare le ricette senza stravolgerle. La spesa quotidiana si avvale sia di prodotti locali sia di ingredienti provenienti da zone limitrofe, con attenzione ai Presìdi Slow Food. Menù stagionale fondato su un **buon uso di tecniche antiche**, come la cottura sotto la cenere, che permettono di sperimentare sapori non più comuni. Carta dei vini esemplare, con una vasta selezione delle migliori etichette nazionali e regionali.

I PIATTI Patate sotto la cenere con tartufo e formaggio fuso, Pici con tartufo, Carne alla brace

PERUGIA

LUCE

IN BREVE *Moderno ristorante del centro storico, propone cucina tradizionale interpretata in chiave contemporanea, con attenzione alle materie prime di qualità e di territorio.*

Via Rocchi, 18-20 -
Tel. 075 8500922
🕐 Chiuso il lunedì Orario sera, giov-sab anche pranzo Ferie variabili
€ Prezzi: 38-40 euro vini esclusi
Carte di credito: BM, CS, MC, Visa

L'OSTERIA A pochi passi dai luoghi simbolo del centro storico di Perugia, troverete un locale piacevole: pareti con alte volte in mattoni a vista, un'ampia e luminosa vetrata all'ingresso. L'arredo rivela un gusto **moderno ed essenziale**, con tavoli ben distanziati a garantire la giusta riservatezza e un personale efficiente e discreto.

LA CUCINA Frutto della passione per la cucina dei fratelli Francesco e Giorgio Gori, l'offerta gastronomica ha l'obiettivo di garantire, in una veste moderna e contemporanea, **il meglio dei prodotti e dell'identità regionale**. Da qui parte la cura impiegata nella ricerca di materie prime ineccepibili e una tecnica di cucina tesa a valorizzarle senza appesantimenti. Preparazioni equilibrate, prive di orpelli eppure decise e raffinate, trovano piena realizzazione in piatti che sposano la cucina di lago ma non rinunciano a proposte di carni tenere e gustose. Carta dei vini adeguata, con etichette perlopiù regionali.

I PIATTI Lingua di vitello in agrodolce, Faraona in salmì con olive e tartufo, Agnello al Sagrantino e biete

STELLA

IN BREVE *Un locale che ha fatto dell'eccellenza la sua bandiera: cucina ineccepibile, ingredienti di pregio. Quando la tradizione scrive la storia.*

Via dei Narcisi, 47 A - Tel. 075 6920002
🕐 Chiuso dom sera e il mar, lug-ago dom pranzo e il mar Orario sera, dom anche pranzo Ferie 1 settimana in gennaio, 2 in agosto
Prezzi: 32-35 euro vini esclusi
Carte di credito: BM, CS, DC, MC, Visa

L'OSTERIA Una moderna osteria caratterizzata da un **grande spirito di accoglienza** e da accuratezza nella ricerca di materie prime di alta qualità. Il ristorante-enoteca dispone anche di alcune camere per il soggiorno al piano superiore. Una tappa importante per conoscere appieno la gastronomia umbra.

LA CUCINA Cucina a vista in cui è possibile scorgere il lavoro infuso da Nicola nella preparazione dei **piatti del territorio**, che restano l'orizzonte della sua scelta gastronomica. Ingredienti di primissima scelta, Presìdi Slow Food e una **rete di piccoli produttori** con cui, negli anni, si è instaurato un rapporto di grande fiducia: sono queste le carte vincenti del locale. Il risultato è eccellente. Paste ripiene fatte a mano, paste lunghe tirate al matterello, pane preparato in casa con lievito madre e farine biologiche sono solo alcune delle certezze che troverete confermate nel piatto. Ampia e in continua crescita la cantina, con etichette regionali e nazionali di pregio.

I PIATTI Supplì, Cappellacci ripieni con carciofi, Coniglio in porchetta

PORANO (TR)

LA LOCANDA DI COLLE OMBROSO

IN BREVE *Un'azienda agricola che ha al suo interno una fucina di gusto: piatti tradizionali con grande impiego di verdure, pasta fatta in casa e carni gustose, anche di quinto quarto.*

Strada Provinciale 55, km 4,800
Tel. 0763 616588
→ 10,6 km dall'uscita A1 Orvieto
🕐 Aperto venerdì-domenica e su prenotazione Orario mezzogiorno e sera, dom solo pranzo Ferie variabili
Prezzi: 27-35 euro vini esclusi
Carte di credito: BM, CS, DC, MC, Visa

L'OSTERIA L'osteria si compone di una raccolta sala, arredata con sobrietà e cura. Siamo **all'interno dell'azienda agricola biologica** Janas, che fornisce la maggior parte delle materie prime, di cui è garantita piena tracciabilità: un motivo in più per sedersi a questi tavoli e godere di una piena esperienza gustativa.

LA CUCINA Eleonora è creatrice di piatti misurati, con salde radici nella terra che li originano. Materie prime in larga parte autoprodotte grazie ai cereali coltivati in azienda, che danno vita alle farine impiegate nella preparazione di pasta, polenta e pane. Tutto ciò che manca è reperito localmente, attraverso una **fitta rete di fornitori** amici. Le verdure dell'orto di casa insaporiscono la buona pasta casalinga, mentre carni dal gusto deciso accompagnano la selezione delle birre e dell'extravergine realizzati in loco. Cantina con le locali etichette biologiche e biodinamiche.

I PIATTI Polenta di mais con cavolo nero, pecorino di fossa e pepe rosa, Ceci neri speziati e farinata, Gnocchetti di farro con ragù di pecora e zafferano

DA ANGELINO E PEPPA

Località Poggio Spaccato - Tel. 075 8709283
🕐 Chiuso lun, nov-mag anche mar e mer
Orario mezzogiorno e sera Ferie non ne fa
Prezzi: 25 euro menù fisso
Carte di credito: AE, BM, CS, MC, Visa

IN BREVE *Osteria di montagna in cui tutto profuma di tradizione. Il menù, fisso, e include bevande e caffè. Pezzo forte della casa la coratella d'agnello.*

L'OSTERIA Sulla vetta del Monte Peglia, **all'ombra di una fitta pineta**, questa trattoria incarna la storia di queste zone. Aperta negli anni Sessanta dai genitori di Angelino, è oggi sotto la sua guida con l'aiuto della moglie Peppa. Piacevolissimo, in estate, mangiare all'aperto al fresco degli alberi del vicino bosco, che rendono questo indirizzo buono per tutte le stagioni.

LA CUCINA La **cucina è quella schietta e ruspante** di un tempo, generosa nelle porzioni che si susseguono, in un corroborante menù fisso, dall'antipasto al caffè. Basta sedersi per assaporare il profumo dei salumi, della coratella, dei fagioli con le cotiche, accompagnati da calda torta al testo, che resta la specialità di Angelino e Peppa. Un posto importante è riservato alle carni in umido e alla brace, con la possibilità di gustare anche piatti di cacciagione. Grande l'attenzione rivolta agli ingredienti locali, tutti reperiti da produttori del territorio. Il vino, incluso, è quello della casa.

I PIATTI Coratella di agnello, Tagliatelle con ragù bianco di cinghiale, Cinghiale in umido

SCHEGGINO (PG)

BACIAFEMMINE

Vico Baciafemmine - Tel. 0743 618311
🕐 Chiuso il mercoledì
Orario mezzogiorno e sera Ferie variabili
Prezzi: 28-35 euro vini esclusi
Carte di credito: BM, CS, DC, MC, Visa

IN BREVE *Un borgo pedonale e una osteria che rappresenta appieno il territorio della Valnerina: prodotti genuini e veraci dall'azienda agricola di famiglia.*

L'OSTERIA La cornice è affascinante: un borgo perfettamente conservato che gode della tranquillità di una dimensione ancora percorribile solo a piedi. Al suo interno, ospitata in antiche cantine restaurate al dettaglio, il Baciafemmine è una delle **attività più interessanti nel panorama gastronomico** della regione, nata con il preciso obiettivo di essere garante fedele della cucina tipica della Valnerina.

LA CUCINA La Valnerina è un'area fatta di montagna e di pastori, che conserva una forte identità gastronomica legata alla peculiarità del territorio e alle attività tradizionali. La di questo locale ne è uno specchio perfetto, sia attraverso i prodotti a filiera corta dell'**azienda agricola di famiglia**, sia attraverso le scelte fatte in carta, tese a esaltare, con autenticità e maestria, sapori netti e senza compromessi. Cantina adeguata con etichette non solo regionali.

I PIATTI Stringozzi con ricotta, guanciale e tartufo, Gnocchi con fonduta di capra, zafferano e tartufo, Agnello scottadito

SPELLO (PG)

LA CANTINA DI SPELLO

Via Cavour, 2 - Tel. 0742 651775
🕐 Chiuso lunedì a pranzo Orario mezzogiorno e sera Ferie non ne fa
Prezzi: 30-35 euro vini esclusi
Carte di credito: AE, BM, CS, DC, MC, Visa

IN BREVE *Costruito sui resti del Foro Romano, il ristorante propone una cucina terragna dai gusti forti e decisi: funghi, tartufi e carni sono gli elementi cardine dell'offerta.*

L'OSTERIA La cittadina di Spello ha saputo valorizzare le tradizioni del territorio, il gusto per il buon cibo e gli importanti resti archeologici che caratterizzano il centro storico. Qui, dove un tempo sorgeva il Foro Romano, troverete questo bel locale dalle **ampie sale, accogliente e informale**. La proposta gastronomica unisce creatività a un profondo legame con le tradizioni: ingredienti gli creano piatti che permettono ai commensali di fare un viaggio nei sapori umbri.

LA CUCINA Elemento centrale restano le materie prime, scelte con cura e rappresentative del territorio circostante. **Cucina di terra**, con un buon protagonismo della carne – anche nei tagli minori, come la coratella di agnello – e dei prodotti stagionali, funghi e tartufi in primis. Le paste fresche sposano condimenti saporiti, anche a base di cacciagione, mentre i secondi sono incentrati sulle **carni di bassa corte**. Ampia e completa la proposta dei vini del territorio, offerti anche al calice.

I PIATTI Tartara di manzo, Pappardelle al cinghiale, Piccione alla diavola cotto alla brace

SPOLETO (PG) - Torrecola

IL CAPANNO

Strada Statale Flaminia, 117 - Tel. 0743 54119
🕐 Chiuso il lun, inverno anche dom sera
Orario mezzogiorno e sera
Ferie 1-10 settembre
€ Prezzi: 38-42 euro vini esclusi
Carte di credito: BM, MC, Visa

IN BREVE *Un grande casale che offre il meglio del territorio: piatti semplici, ingredienti in buona parte autoprodotti e mano decisa in cucina, forte come l'Umbria.*

L'OSTERIA La famiglia Rastelli vi accoglierà nella grande e bella casa colonica finemente ristrutturata, con il grande camino, sempre acceso in inverno, a dominare l'ampia sala arredata con cura. L'offerta è quella più **tipicamente territoriale**: piatti cucinati secondo le antiche usanze e prodotti reperiti massimamente dalla **propria azienda agricola** e da quelle limitrofe.

LA CUCINA Frittata al tartufo, crostini ai fegatini e salumi della casa sono sicuramente una giusta partenza per iniziare a conoscere i sapori di questa cucina, **semplice e dai gusti decisi**. Tutte le lavorazioni sono fatte a mano, come le ottime paste ripiene che vedono anche l'uso di Presìdi Slow Food regionali, come il sedano nero di Trevi. Arrosti e carni alla brace, dalle cotture sempre perfette, sono fra le proposte più invitanti dei secondi. Molto interessante la carta dei vini, dove sono ben rappresentate varie etichette regionali e nazionali.

I PIATTI Tortellini di pecora in brodo, Fegatini nella rete, Piccione alla brace

LA RIPPJA

IN BREVE *Agriturismo rustico che accoglie con schietta semplicità e cordiale informalità. Spiccano i primi, abbondanti nelle porzioni e nel condimento, accanto alle tante carni alla brace.*

Località Mustaiole, 8 - Tel. 0743 223375
🕐 Chiuso il lunedì Orario mezzogiorno e sera Ferie seconda metà di agosto
Prezzi: 25-28 euro vini esclusi
Carte di credito: nessuna

L'OSTERIA Siamo nella più bella campagna umbra. La famiglia Cavalletti vi accoglierà con schiettezza e informalità nelle due sale di cui si compone il locale, che può contare, in estate, anche su alcuni tavoli sistemati nell'aia dell'azienda agricola. Qui **si producono buona parte degli ingredienti** magistralmente cucinati secondo le antiche ricette contadine.

LA CUCINA La proposta è ampia e **dedica molti piatti al locale tartufo**. Di regola si inizia con l'antipasto della casa, che propone assaggi delle varie tipicità del posto, dalla coratella d'agnello alla frittata al tartufo, con l'uso di vari prodotti stagionali, come i funghi, e andando a concludere con la nota norcineria. Le porzioni sono generose e le **paste fatte in casa**, accompagnate da ragù saporiti, spesso preparati con le carni degli animali allevati in azienda. La brace e lo scottadito restano il modo migliore per gustare le invitanti proposte dei secondi. Il vino è il buon sfuso della casa.

I PIATTI Gnocchi al castrato, Ravioli di ricotta e spinaci, Agnello alla brace

STRONCONE (TR)

TAVERNA LA MOLA

IN BREVE *Elegante osteria a gestione familiare, dispone di un grande camino e di una saletta scavata nella roccia. Paste fresche artigianali e carni alla brace trionfano nel menù.*

Via del Sacramento, 2
Tel. 0744 608100-328 3283301
🕐 Non ha giorno di chiusura Orario sera nelle festività anche pranzo Ferie in luglio
Prezzi: 25-30 euro vini esclusi
Carte di credito: AE, BM, CS, DC, MC, Visa

L'OSTERIA Basta entrare e si è subito avvolti dalla tradizione e dalla cultura del territorio ternano: questo è ciò che offre il **bel locale ricavato da un antico mulino**. Tre ambienti arredati con gusto, dove un'antica ghiacciaia del Cinquecento è diventata una saletta privata, il tutto impreziosito dal grande camino che è la base della cucina. Un'offerta autentica e diretta fra le belle stradine di Stroncone.

LA CUCINA Pasta tirata a mano secondo tradizione per ottime tagliatelle, ciriole e gnocchi, che sono uno dei cardini principali dell'offerta. Sapori senza tentennamenti che vedono nell'uso della carne e dei prodotti del bosco, come **tartufi e funghi**, una delle costanti di cucina. **La brace è protagonista** quasi assoluta della cottura dei secondi, che offrono variegati tagli bovini, ovini e suini. Il locale è noto per la coratella, preparazione tipica della cultura umbra. Fra i dolci, piacevoli i tozzetti, magari accompagnati con un calice scelto fra i vini regionali in carta.

I PIATTI Coratella d'agnello, Ciriole ai funghi, Scottadito di agnello

IL CONVIVIO

IN BREVE *Osteria del centro cittadino, accogliente e originale, propone piatti della tradizione e preparazioni creative, sempre utilizzando ottime materie prime.*

Via del Leone, 37 - Tel. 0744 471180
→ 1 km dalla stazione di Terni
🕐 Chiuso la domenica **Orario** mezzogiorno e sera **Ferie** Epifania e Ferragosto
Prezzi: 32-40 euro vini esclusi
Carte di credito: AE, BM, CS, DC, MC, Visa

L'OSTERIA Locale del centro storico di Terni caratterizzato da un'ambiente tradizionale, accogliente e originale. L'attenzione, la cortesia e l'ospitalità di Silvia vi guideranno in sala nella scelta dei piatti, mentre Massimo vi delizierà interpretando i **piatti della tradizione rivisitati** con un tocco di creatività personale.

LA CUCINA Le materie prime sono selezionate con grande cura e il preciso intento di promuovere il territorio, a cui tutta la filosofia di cucina resta profondamente legata. Le **paste e i dolci sono preparati in casa** e offrono un variegato connubio fra tradizione e creatività, così i tortelli farciti di faraona alla leccarda. I secondi si affidano a preparazioni perlopiù di carne: ottimi i fritti misti e l'agnello alla brace. La carta dei vini presenta una buona selezione regionale e nazionale, con ottime proposte al calice.

I PIATTI Cappellacci con ricotta ed erbe selvatiche, Cinghiale alla cacciatora, Fritti misti

LILLERO

IN BREVE *Un'osteria allegra e informale la cui proposta, dalla forte connotazione umbra (ciriole, tartufo e carni da cortile), non manca di contaminazioni.*

Via De Filis, 8 - Tel. 339 5914140
→ 850 metri dalla stazione di Terni
🕐 Chiuso la dom **Orario** mezzogiorno e sera **Ferie** 1 settimana dopo Natale, 1 in estate
Prezzi: 30-35 euro vini esclusi
Carte di credito: BM, CS, MC, Visa

L'OSTERIA Circa dieci anni fa, nel centro storico della città, Paolo Consalvi e la moglie hanno aperto questo bel locale, in cui la clientela è accolta con **allegria e calorosa ospitalità ternana**. Il menù lo trovate scritto su una lavagna che il personale vi porterà al tavolo, consigliandovi al meglio fra le varie specialità.

LA CUCINA Piatti spiccatamente territoriali che si articolano in una proposta variegata, che concede un giusto spazio alle **paste fresche**, preparate quotidianamente secondo le ricette tradizionali, fra le quali spiccano, per giusta consistenza ed equilibrio, le ciriole alla ternana. Una maggiore dose di creatività si assapora nei secondi e, soprattutto, nei dolci, che riservano golose sorprese. Carni perlopiù di bassa corte e del pregiato suino nero si alternano in cotture riuscite: succulente quelle **alla cacciatora e alla leccarda**. Si è detto di dolci favolosi, assaggiate la crescionda e lo saprete. Ottima selezione di vini nazionali e del territorio.

I PIATTI Frittata morbida al tartufo, Ciriole alla ternana, Tagliata di maiale nero

IL MEROLLO

IN BREVE *Agriturismo a conduzione familiare, immerso in un paesaggio incantevole. Secondo stagione troverete numerose pietanze tradizionali preparate con le materie prime dell'orto.*

Frazione Pesciano, 42
Tel. 075 8947079-334 5023378
⏱ Chiuso lunedì e martedì, in inverno anche mercoledì Orario sera, sabato e domenica anche pranzo Ferie variabili
Prezzi: 28-32 euro vini esclusi
Carte di credito: AE, BM, CS, DC, MC, Visa

L'OSTERIA Natura autentica, ambiente genuino, ospitalità calorosa, gentile e diretta: sono questi gli ingredienti che caratterizzano questo **agriturismo a conduzione familiare**. Carlo, presente in sala e fra i fornelli, si definisce «un contadino con la passione per la cucina» e vi regalerà momenti di grande soddisfazione e gusto prima consigliandovi nella scelta dei piatti, poi elaborando per voi ottime specialità tradizionali.

LA CUCINA Le materie prime sono quelle tratte dall'**allevamento aziendale di animali allo stato brado**, o raccolte direttamente nell'**orto di proprietà**: questi gli elementi che caratterizzano una cucina autentica e verace. Le cotture abbracciano la medesima schiettezza, con una ben riuscita aderenza alle ricette dei giorni di festa: colombaccio alla todina, spiedi di pollo e di piccione, carni alla brace si possono indicare come il cuore dell'offerta. Dolci casalinghi e discreta carta dei vini locali e nazionali.

I PIATTI Insalata di farro, Strangozzi alla contadina, Maialino in porchetta

PANE E VINO

IN BREVE *Un accogliente locale dove gustare una cucina curata e sostanziosa fatta di zuppe, paste fresche e carni, anche di cacciagione, dalle lunghe e saporite cotture.*

Via Ciuffelli, 33 - Tel. 075 8945448
⏱ Chiuso il mercoledì
Orario mezzogiorno e sera Ferie variabili
Prezzi: 28-35 euro vini esclusi
Carte di credito: AE, BM, CS, DC, MC, Visa

L'OSTERIA Pane e Vino è uno degli indirizzi più interessanti nel panorama todino. Il locale è suddiviso in diverse **salette dall'atmosfera accogliente e familiare**, grazie anche alla sapiente cucina di Loredana e all'affabilità degli osti Fabio e Veronica. Libri, oli, Presìdi Slow Food e vini disponibili alla vendita trasformano il pasto in un'opportunità per conoscere e apprezzare appieno la cultura umbra.

LA CUCINA La **cucina tradizionale** trova in Loredana una sicura e fantasiosa interprete: materie prime locali e stagionali garantiscono piatti ben riusciti e di grande sostanza. Fra quelli più significativi ricordiamo le paste fresche al tartufo e le **preparazioni di legumi**, zuppe e scafata di fave fra tutte. Le carni sono quelle della tradizione umbra: agnello, carni di bassa corte e qualche buon piatto di selvaggina in umido. Per finire, tozzetti della casa e un bicchiere di Sagrantino passito, scelto da una carta ragionata e completa.

I PIATTI Strangozzi al tartufo, Zuppa con legumi, Cinghiale alla cacciatora

TREVI (PG)

APRITI SEDANO

Via Fantosati, 30-60 - Tel. 339 6738945
🕐 Chiuso lun-mer, in estate solo il lun
Orario sera, dom anche pranzo
Ferie non ne fa
Prezzi: 35 euro menù fisso
Carte di credito: BM, Visa

IN BREVE *Osteria dall'atmosfera gioiosa, con splendida vista sulla vallata. Il ricco menù fisso propone il meglio della cucina umbra: carni succulente, tartufo e pasta fresca fra i cardini dell'offerta.*

L'OSTERIA I fratelli Brodoloni, osti di lungo corso, vi accoglieranno nel loro locale curato e suggestivo: al primo piano potrete consumare un gustoso aperitivo, al secondo, accomodati al tavolo, potrete osservare il lavoro nella bella cucina a vista e godere del panorama. **Siamo nella Fascia olivata Assisi-Spoleto**, riconosciuta dalla Fao come patrimonio agricolo mondiale.

LA CUCINA Il menù fisso è specchio della stagionalità e delle disponibilità di mercato. Le materie prime sono tutte di provenienza locale, con l'uso di Presìdi Slow Food, come il sedano nero di Trevi. Le paste fresche sono artigianali e impreziosite da un **abbondante uso del tartufo** o di saporiti ragù. Il capitolo delle carni vede un giusto protagonismo di quelle da cortile: stracotto al Sagrantino e piccione in salmì sono fra le specialità più frequentate, ma spesso disponibili anche le lumache – tipiche di questa zona – e qualche buon piatto di baccalà. Vino e caffè compresi nel prezzo.

I PIATTI Piccione all'uso di Foligno, Pasta ripiena al sedano nero, Frascarelli al tartufo

TREVI (PG) - Borgo Trevi

IL FRANTOIO DEL GUSTO

Via Flaminia Vecchia, km 141,7
Tel. 0742 78205
🕐 Chiuso la domenica Orario mezzogiorno e sera Ferie non ne fa
Prezzi: 18-25 euro vini esclusi
Carte di credito: AE, BM, CS, DC, MC, Visa

IN BREVE *Una fattoria che fa ristorazione per tutti gli amanti della carne. Sceglierete da un ampio bancone i migliori tagli di agnello, manzo, maiale da far cuocere con sapienza.*

L'OSTERIA Un locale unico nel suo genere: **una fattoria a tutti gli effetti** che offre la possibilità di assaporare la schietta e genuina ospitalità di campagna. Gli ingredienti che costituiscono l'offerta sono quelli prodotti in azienda, un vero chilometro zero che potrete testare personalmente, scegliendo fra preparazioni tradizionali, semplici ma di sostanza.

LA CUCINA L'originalità di questa formula ristorativa è di non avere un menù stabilito: è il cliente a creare autonomamente il proprio, **decidendo materie prime e cotture direttamente al bancone**. Non temete tuttavia l'abbandono: sarete abilmente consigliati dal personale per fare, della vostra, una esperienza memorabile. La cucina è, chiaramente, quella verace e schietta della tradizione domestica: carni alla griglia, salumi e formaggi prodotti in loco, paste fresche casalinghe e condite con sughi stagionali di carne e verdure sono i cardini dell'offerta. Carta dei vini territoriale e ben articolata.

I PIATTI Salumi e formaggi misti, Pasta fresca, Grigliata di carne

SAN GIORGIO

Via Mancini, 3 - Tel. 075 9412944
→ 450 metri dalla stazione di Umbertide
⊙ Chiuso il martedì
Orario mezzogiorno e sera Ferie non ne fa
Prezzi: 35-40 euro vini esclusi
Carte di credito: BM, CS, DC, MC, Visa

IN BREVE *In un accogliente ristorante arredato con gusto, l'abilità di Mirko vi sorprenderà con piatti che traggono ispirazione dalla tradizione, sperimentando anche una dosata creatività.*

L'OSTERIA Mirko e Alice sono al timone di questo bel locale del centro storico di Umbertide. **Simpatia e dosata creatività in cucina** sono le caratteristiche principali di questa osteria che fa dell'accoglienza, prima ancora di un mestiere, una reale passione.

LA CUCINA Le materie prime utilizzate evidenziano amore per le tradizioni e **conoscenza del territorio umbro**, elementi imprescindibili tanto più se la scelta di cucina cerca spazi di fantasia e sperimentazione. In carta specialità antiche mescolate a interpretazioni e accostamenti con un pizzico di originalità. Alle animelle di vitello arrostite, un classico non più così comune, si affiancano **paste fresche dai condimenti e ripieni particolari**, mai troppo lontane dal territorio di riferimento. Ottimi i dolci, accuratamente studiati come la carta dei vini, che rappresenta al meglio non solo il territorio regionale, anche quello nazionale.

I PIATTI Tartara di manzo, Mezzaluna ripiena di carbonara, Piccione arrosto

0   15   30 km

MAR

ADRIÁTICO

EMÍLIA-

Cérvia

-ROMAGNA

A14

Cesena   Rímini

Riccione

Gabicce Mare

S. Marino

Tavúllia   **Pésaro**

S. MARINO   Fano

Sassocorvaro   Colbordolo   Vallefoglia   S. Costanzo

Frontino   Serrungarina   S. Costanzo

Urbino   Mondolfo   **Senigállia**

Fermignano   **Fossombrone**   Falconara

Urbánia   Mondávio   Maríttima

Acqualagna   Morro   **ANCONA**

d'Alba   M. Cónero

Cagli   Serra   572   Sirolo

de' Conti

Frontone   Arcévia   **Jesi**

Città   Monte Roberto

di Castello   Cupramontana   Filottrano   Porto Recanati

Genga   Staffolo   Potenza Picena

Apiro   Recanati

Gúbbio   Fabriano   Cíngoli   Morrovalle   **Civitanova**

Marche

S. Severino   **Macerata**   Porto

Metélica   Marche   Monte S. Giusto   Sant'Elpídio

Castelraimondo   Urbiságlia   Porto

PERÚGIA   **Tolentino**   **Fermo**   S. Giórgio

Colmurano   Magliano   Pedaso

Camerino   di Tenna   Montefiore d'Aso

Assísi   S. Ángelo   Monterubbiano   **Cupra**

in Pontano   Orrezzano   **Marittima**

RA6   PARCO NAZ. D.   Ripatransone

Monte S. Martino   **Grottammare**

Folígno   S. Vittória in Matenano   Offida

MONTI SIBILLINI   Spinétoli

Vissa   Comunanza   Acquaviva

Montemonaco   Venarotta   Picena

Ú M B R I A   Nórcia   **Áscoli Piceno**   RA11   **S. Benedetto**

d. Tronto

Arquata   PARCO NAZ.

del Tronto

Todi   **Téramo**

Spoleto   DEL

Ameria   GRAN SASSO   A24

Terni   Gran Sasso   E MONTI

d'Itália

Orte   Terminillo   2912

2216

Rieti   D. LAGA

L'ÁQUILA

L Á Z I O

A24

ABRUZZO

A1   A25

MARCHE

ALCUNI PIATTI DELLA TRADIZIONE

Frittata in trippa
Frittata arrotolata e tagliata a striscioline, ripassate in una salsa leggera di pomodoro

Lumachine di mare in porchetta
Molluschi cotti in umido con pomodoro, mentuccia e finocchio selvatico

Olive ascolane farcite e fritte
Olive denocciolate riempite con una farcia di carne, pangrattato e formaggio grattugiato, quindi infarinate, passate nell'uovo, nel pangrattato e fritte

Vincisgrassi
Strisce di pasta all'uovo lunghe e larghe, spesso condite con le rigaglie di pollo e cotte in forno

Brodetto di pesce
Preparazione in umido diffusa in gran parte della costa adriatica con numerose varianti negli ingredienti. Tradizionalmente si usano tredici tipi di pesce, principalmente povero

Coniglio in potacchio
Coniglio cotto in umido con vino bianco, aglio, peperoncino ed erbe aromatiche

Pasticciata pesarese
Stracotto di bue al vino rosso con lardo, aglio, cannella, chiodi di garofano, salsa di pomodoro

Pollo 'ncip 'nciap
Pollo tagliato a pezzi e cotto con pomodoro, aglio, vino bianco, erbe aromatiche

Stoccafisso all'anconetana
Pesce cotto a lungo con abbondante vino bianco, pesto di acciughe, sedano, carote, cipolla, peperoncino, erbe aromatiche, pomodori pelati, olive nere, patate a tocchi

OSTERIA DEL BORGO

Via Leopardi, 11 - Tel. 347 6616060
Chiuso il lunedì, mai d'estate Orario sera,
d'estate nei fine settimana anche pranzo
Ferie non ne fa
Prezzi: 25-35 euro, vini esclusi
Carte di credito: BM, CS, MC, Visa

IN BREVE *Una saletta e in estate la terrazza aperta per questa osteria dove Gloria Gasparrini fa quasi tutto da sola, dalla spesa alla pasta fresca. Il menù è tipico, principalmente di carne.*

L'OSTERIA Sulla passeggiata circolare attorno al borgo storico troviamo questo locale raccolto, con pochi piccoli tavoli, ai quali si aggiunge nella bella stagione **un'ampia terrazza spalancata su un panorama collinare** quanto mai godibile. Gloria Gasparrini, la titolare, fa quasi tutto da sola a partire dall'approvvigionamento della materia prima, vini compresi, alla cucina e al servizio.

LA CUCINA Servizio che, in estate, richiede un impegno maggiore dato che è consuetudine abbastanza diffusa salire dalla vicina costa verso l'ora del tramonto. Ai salumi e formaggi seguono le **paste di grano duro o tirate a mano** da Gloria, in un'ampia panoramica che comprende le tagliatelle, i tortelloni e i ravioli, senza trascurare campofiloni e gnocchi. Non mancano le olive all'ascolana e buone carni proposte alla brace o, a seconda dei casi, al forno o in padella. Da prenotare brodetto di pesce in estate e baccalà con castagne in inverno.

I PIATTI Coratella di agnello, Gnocchi di patate, Castrato alla brace, Cantucci e vino cotto

ANCONA - Portonovo

EMILIA

Località Portonovo - Tel. 071 801109
Chiuso il lunedì, mai agosto
Orario mezzogiorno e sera
Ferie da ottobre a inizio aprile
Prezzi: 38-45 euro vini esclusi
Carte di credito: AE, BM, CS, MC, Visa

IN BREVE *L'osteria, affacciata sull'affascinante spiaggia di sassi bianchi, offre un menù rispettoso della tradizione anconetana con la giusta attenzione ai moscioli selvatici di Portonovo.*

L'OSTERIA La felice intuizione della fondatrice Emilia, che novant'anni fa portò per prima il mosciolo selvatico di Portonovo, Presidio Slow Food, in tavola, si è tramandata grazie alla figlia Marisina e alla nipote Federica. Oltre che nella sala interna **ci si accomoda nella bella loggia**, lambita dalle onde, con vista sull'acqua cristallina. Federica provvederà al resto in un ambiente rilassante, con un servizio spigliato e sorridente.

LA CUCINA La bontà del mosciolo, mitile selvatico pescato direttamente dagli scogli, si rivela proprio grazie a una cucina tradizionale che alla qualità della materia prima assegna un ruolo di protagonista. Gli antipasti soddisfano ogni golosità, soprattutto con i moscioli alla marinara o gratinati. **Attingendo quando più possibile dal pescato della baia**, è facile trovare la grigliata, il guazzetto e il bollito misto con maionese di casa. Selezione di vini non solo regionali.

I PIATTI Sardoncini e paccasassi, Spaghetti con i moscioli, Risotto alla marinara, Panna cotta con lonzino di fico e *sapa*

IL LAGHETTO DA MARCELLO

IN BREVE *A due passi dal mare, a volte direttamente sulla spiaggia, semplice cucina di pesce in un ambiente informale. In stagione da non perdere i piatti con i moscioli selvatici.*

Località Portonovo - Tel. 071 801183
🕐 Chiuso il mer, mai d'estate **Orario** mezzogiorno e sera **Ferie** 01 novembre-15 marzo
€ Prezzi: 45-50 euro vini esclusi
Carte di credito: AE, BM, CS, MC, Visa

L'OSTERIA Davvero a pochi passi dal **magnifico mare della baia di Portonovo** la struttura in legno colpisce per la luminosità, con grandi vetrate affacciate sulla spiaggia dove la sera vengono sistemati i tavoli. La personalità di Marcello Nicolini, affiancato in sala dal figlio Giovanni, dà stile al servizio giovane, spigliato e attento, per una convivialità autentica.

LA CUCINA Vero riferimento per la cucina di mare del Conero, Marcello si basa sul **mosciolo selvatico di Portonovo**, Presidio Slow Food, attorno al quale ruota una proposta stagionale mai banale, che si rinnova giornalmente grazie alla brillantezza del giovane staff ai fornelli. Quasi d'obbligo assaggiare i moscioli scoppiati o gratinati, ripieni oppure con gli spaghetti. Da non perdere la perfetta frittura in stile marchigiano per chiudere con il mitico *ciambellò* di Gina. Giusta e centrata la carta dei vini.

I PIATTI Moscioli gratinati, Coda di rospo in potacchio, *Ciambellò*

LA TAVOLA DEL CARMINE

IN BREVE *Un ristoro agrituristico dove godere dei prodotti dell'omonima azienda. Da non perdere la degustazione degli oli, la crescia, i salumi, i formaggi.*

Via del Carmine, 51 - Tel. 071 889403-327 9592768
→ 12,1 km dall'uscita A14 Ancona Nord
🕐 Chiuso mercoledì, d'estate anche domenica a pranzo **Orario** mezzogiorno e sera
Ferie 2 settimane in gennaio, 2 in settembre
Prezzi: 35-40 euro vini esclusi
Carte di credito: BM, CS, DC, MC, Visa

L'OSTERIA Alle porte di Ancona, venendo da nord, ma in aperta campagna, immerso in una piccola vallata, il locale è **parte dell'azienda agricola con annesso oleificio** e un complesso di ricettività agrituristica. La piccola sala a vetro, con arredi minimali, guarda la cucina a vista dove Marco Scaramucci si muove a suo agio nel valorizzare le verdure dell'orto e le carni della zona con proposte che esaltano l'olio prodotto in azienda.

LA CUCINA L'eccellente **olio è giustamente protagonista di un menù degustazione** in cui blend e monovarietali sono abbinati a cinque piatti. Dalla carta si scelgono anche altre portate sempre congeniali agli extravergini, siano primi piatti oppure secondi: in questo caso griglia e spiedo sono protagonisti con piatti quali il piccione ripieno alla marchigiana croccante e saporito, la gran grigliata mista. Da non perdere i conclusivi dessert, sempre con la presenza sorprendentemente riuscita dell'olio extravergine di casa.

I PIATTI Frascarelli con costine e salsiccia, Piccione ripieno alla marchigiana, Tortino di cioccolato all'extravergine

OSTERIA DEL POGGIO

Via Poggio, 57 - Tel. 071 2139018
🕐 Chiuso martedì, mai luglio-agosto;
Orario mezzogiorno e sera Ferie variabili
Prezzi: 30-35 euro vini esclusi
Carte di credito: BM, CS, DC, MC, Visa

IN BREVE *Una trattoria di paese con mura di pietra e un bel camino. Menù stagionale cui si aggiungono i piatti del giorno riportati sulla lavagna. Splendida la crescia con erbe di campo.*

L'OSTERIA Con una piccola deviazione dalla strada che costeggia il mare della Riviera del Conero, raggiungerete la località del Poggio, dove l'osteria da sempre è un punto di riferimento, **vivace luogo di incontro e di passaggio**, tabaccheria, bar di paese e ristorante. Un **ambiente caldo**, caratterizzato da un ampio ingresso, mura in pietra e tre salette che ospitano i tavoli, una delle quali con un suggestivo camino.

LA CUCINA L'atmosfera familiare che si respira si accosta a una grande cura nella scelta, preparazione e presentazione dei piatti. Ricette classiche e della tradizione italiana, cui viene spesso aggiunto un tocco personale con buoni e convincenti risultati. Da segnalare la capacità di gestire sapientemente la cottura delle carni.

I PIATTI Crescia con erbe di campo, Gnocchi al Rosso Conero, Costine di maiale

ANCONA

SOT'AJ ARCHI

Via Marconi, 93 - Tel. 0712 02441
→ 12,7 km dall'uscita A14 Ancona Sud
→ 800 m dalla stazione di Ancona
🕐 Chiuso la domenica Orario mezzogiorno e sera Ferie 8 agosto-8 settembre
Prezzi: 35-45 euro vini esclusi
Carte di credito: BM, CS, MC, Visa

IN BREVE *Una raffinata e popolare trattoria anconetana. Il menù prevede buoni piatti di pesce e, su prenotazione, brodetto e stoccafisso.*

L'OSTERIA Inserita in un contesto popolare, vivace e multietnico, che tutti i sabati ospita sotto i suoi portici **un bel mercato contadino**, l'osteria Sot'Aj Archi è un'istituzione ad Ancona per gli amanti della cucina di pesce. Tre salette, un arredamento marittimo giocato su diverse tonalità del bianco e un'accoglienza tutta femminile vi aspettano a pochi passi dal porto cittadino e dalla bella Mole Vanvitelliana.

LA CUCINA La cucina, che **segue quanto il mercato del pesce offre quotidianamente**, colpisce soprattutto per la capacità di saper trattare questa materia prima, con preparazioni che ne esaltano il sapore con grande semplicità. Nella stagione estiva sono sicuramente da provare i **moscioli** di Portonovo, Presidio Slow Food, nelle loro varie declinazioni di antipasti e primi. Per chi sia alla prima visita, imperdibile la buzzara, preparata con scampi, mazzancolle o astice, che in abbinamento alla pasta può fare anche da piatto unico.

I PIATTI Moscioli alla tarantina, Minestra di seppie e piselli, Buzzara di scampi e mazzancolle

APIRO (MC)

ABBAZIA DI SANT'URBANO

Contrada Sant'Urbano, 5
Tel. 0733 1960186-329 8628047
🕐 Chiuso da dom sera a gio; sempre aperto in estate Orario mezzogiorno e sera
Ferie 15 gg in novembre, 15 tra gennaio e febbraio
Prezzi: 28-32 euro vini esclusi
Carte di credito: BM, MC, Visa

IN BREVE *In uno splendido contesto, il ristorante propone una cucina della tradizione rurale semplice e sostanziosa.*

L'OSTERIA Il contesto è incantevole – **un'abbazia benedettina millenaria** in un'area molto battuta in regione – e assai interessante per via del progetto lungimirante, non limitato all'ospitalità, che ispira il restauro e l'attività.

LA CUCINA In sintonia con gli usi del monachesimo, ripropone a tavola **una cucina di impronta frugale e mezzadrile**, con largo spazio alle verdure e ai legumi ma anche alle tagliatelle *de lo vatte* (della battitura) e agli strozzapreti – in apparente contraddizione teologica – con funghi, castagne e salsiccia. Carni ovine e di animali di corte con cotture alla brace, al forno o in padella, accompagnati da Verdicchio e Lacrima di Morro sfusi, di apprezzabile qualità, oltre alla carta. A proposito: c'è anche un'intelligente carta delle paste. Da non sottovalutare i cestini per la merenda.

I PIATTI Tagliatelle *de lo vatte*, Strozzapreti con funghi, castagne e salsiccia, Coniglio in porchetta, Cicerone dell'Abbazia

---

ARCEVIA (AN) - Costa

LA BAITA

Via Monte Sant'Angelo, 115 - Tel. 0731 9424
🕐 Chiuso il giovedì, mai d'estate;
Orario mezzogiorno e sera
Ferie 2 settimane in novembre, 2 in gennaio
Prezzi: 30-35 euro vini esclusi
Carte di credito: BM, CS, MC, Visa

IN BREVE *Nel ristorante della famiglia Santini si cucinano piatti dai sapori decisi e serviti in porzioni generose, come nella migliore tradizione locale. Impeccabili le paste fatte a mano.*

L'OSTERIA Dalla bella Arcevia si sale verso Monte Sant'Angelo con breve percorso tra i boschi per raggiungere questo ampio locale che la famiglia Santini gestisce dal 1962. Da diversi anni lo ospitiamo in guida riconoscendone il valore e la **curata offerta di qualità artigianale**, a dispetto dei numeri che è in grado di fare. Sale e salette, arredi piacevolmente datati, ospitalità familiare.

LA CUCINA Materia prima accuratamente scelta per quanto riguarda salumi, carni, olio extravergine, paste tirate a mano, sia quando tagliatelle sia se farcite, come nel caso dei cappelletti o nei ravioli. **Funghi e stagioni arricchiscono l'offerta** nei periodi propizi senza pesare eccessivamente sul conto. Sempre godibili le proposte di carne, si tratti del tradizionale agnello fritto o alla brace o dell'oca con le patate o, ancora, del coniglio in porchetta. Ampia e mirata selezione di vini, con molti bio e diversi Verdicchi tra cui quello di famiglia Broccanera.

I PIATTI Cappelletti in brodo, Agnello fritto, Oca con le patate

---

ARQUATA DEL TRONTO (AP)
Pescara del Tronto

OSTERIA DEL CASTELLO

Via Salaria-Area Sae
Tel. 0736 809512-338 5993283
🕐 Chiuso il gio e dom sera Orario mezzogiorno e sera Ferie nel periodo natalizio
Prezzi: 25-30 euro vini esclusi
Carte di credito: BM, CS, MC, Visa

IN BREVE *In un locale ricavato all'interno di un'area Sae (Soluzioni abitative d'emergenza), troverete una delle migliori cucine tradizionali dell'Ascolano.*

L'OSTERIA Nel territorio montano di Arquata del Tronto che, ancora traumatizzato dal terremoto del 2016, continua a soffrire di un processo di spopolamento continuo, **l'osteria di Salvatore e Cristina è un presidio di resistenza gastronomica** che assume un valore simbolico immenso. Per di più il locale ricavato all'interno di un'area Sae (Soluzioni abitative d'emergenza), risulta un accostamento riuscito di arredo post industriale con elementi salvati (il camino tra gli altri) dalla vecchia osteria distrutta dal sisma.

LA CUCINA Qui troverete **una delle migliori cucine tradizionali dell'Ascolano**. Il consiglio è di affidarsi a Salvatore, che vi indirizzerà tra antipasti godibili a base di salumi, formaggi, verdure e sorprese di stagione quali splendide tagliatelle ai porcini locali o al tartufo. Cantina essenziale con un buon rosso sfuso del Piceno e qualche etichetta di nicchia.

I PIATTI Spaghetti all'amatriciana, Paccheri alla grigia, Baccalà in umido con patate, agnello alla griglia

ASCOLI PICENO - Piagge

C'ERA UNA VOLTA

Località Piagge, 336 - Tel. 0736 261780
🕐 Chiuso il mercoledì Orario mezzogiorno e sera Ferie in settembre e durante il Vinitaly
Prezzi: 30-35 euro vini esclusi
Carte di credito: CS, MC, Visa

IN BREVE *Un ristoro di campagna che la famiglia Vitelli conduce da anni. Tra le tante proposte, olive ascolane, fritto misto, salumi e verdure di stagione.*

L'OSTERIA «Meglio arrossire che restare a digiuno» recita in vernacolo ascolano uno dei quadretti appesi in veranda, anche se qui non c'è bisogno di imbarazzarsi e, dunque arrossire, per richiamare l'attenzione, data la solerzia del servizio e la generosità delle porzioni. In veranda, se vi riesce, sedetevi con la parete alle spalle in modo di **godere della visione di uno dei molti profili dell'Ascensione**, misterioso monte dalle sembianze umane legato alla città di Ascoli Piceno da antiche leggende e riti religiosi e pagani.

LA CUCINA Sempre in carta il fritto misto ascolano o comunque **le celebri olive farcite**, anche di contorno. Diversi i primi interessanti, di paste di grano duro e tirate a mano, seguite da carni di vario tipo e diverse cotture servite con la misticanza o verdure di stagione. Sempre disponibili piatti vegetariani, nonché la conclusiva pizza dolce ripiena. In cantina buone bottiglie di vini piceni e nazionali per tutte le tasche, con chicche anche per enofili.

I PIATTI Fritto misto ascolano, Spezzatino *xitta e magna*, Pizza dolce ripiena

OSTERIA DI NONNA NINA

Piazza della Viola, 11
Tel. 0736 251523-349 5429854
🕐 Chiuso domenica sera e lunedì
Orario mezzogiorno e sera Ferie variabili
Prezzi: 25-35 euro vini esclusi
Carte di credito: AE, BM, CS, MC, Visa

IN BREVE *Accurata accoglienza, in questa osteria di decennale attività. Tra le specialità, particolare attenzione alla frittura ascolana nelle sue varianti.*

L'OSTERIA Oltre a salette interne e **veranda coperta** d'ingresso al locale, che a metà del secolo scorso era parte dell'albergo Italia, gestito appunto da Nina, nonna degli attuali titolari, c'è il dehors direttamente sulla piazza della Viola: uno di quegli angoli del capoluogo che avrebbe senz'altro da guadagnare da una chiusura del traffico in favore di una valorizzazione attraverso spazi verdi.

LA CUCINA Gestito con entusiasmo e disponibilità da Roberto Pagnoni, offre proposte articolate, con la frittura ascolana che recita logicamente il ruolo ubiquo di piatto d'apertura, di piatto forte e volendo unico nella sua completezza, oppure di contorno con sole olive oppure olive e cremini. Diverse anche le **pietanze di sapore montano** (zuppe, paste fatte in casa con sughi di carne, verdure o in stagione funghi e tartufi) e carni di maiale, manzo, agnello. Buona scelta di vini tra Marche e Abruzzo.

I PIATTI Fritto ascolano, Gnocchi al sugo di anatra, Arrosticini, Zuppa inglese

RISTORANTE DEL CORSO

Corso Mazzini, 277 - Tel. 0736 256760
→ 850 m dalla stazione di Ascoli Piceno
🕐 Chiuso domenica sera e lunedì
Orario mezzogiorno e sera Ferie 2 sett in lug, ultime 2 di ott, 1 tra Natale ed Epifania
€ Prezzi: 38-40 euro vini esclusi
Carte di credito: CS, MC, Visa

IN BREVE *Gino conferma la sua rilassata offerta di pesce che proviene dal porto di San Benedetto del Tronto.*

L'OSTERIA Sull'arteria che attraversa il centro storico del capoluogo, come si trattasse di un vero e proprio diametro − corso Mazzini −, questo raccolto locale è una sorta di enclave di cucina di mare tra tanti indirizzi, che nelle celebri **olive ascolane e all'ascolana** trovano la propria ragione sociale.

LA CUCINA Nella sala raccolta Gino si muove con abilità consolidata da molti anni al servizio di una **cucina basata sulla fresca materia prima del porto di San Benedetto del Tronto** con poche, essenziali manipolazioni. Come le brevi marinature delle alici, la bollitura dei piccoli crostacei o la mantecata degli spaghetti nel nero delle seppie. La frittura di giornata è sempre fragrante, il guazzetto misto o di un solo pesce di una certa consistenza. Qualche etichetta locale accompagna il pasto.

I PIATTI Zuppetta di vongole e cozze, Spaghetti al nero di seppia, Frittura mista

CAMERINO (MC) - Polverina

IL CAVALIERE

IN BREVE *Un modello di conduzione familiare davvero lodevole. I salumi sono di propria produzione come pure le paste fresche. Bella e ampia la proposta di piatti di carne.*

Via Mariani, 33-35 - Tel. 0737 46128
Chiuso il lunedì Orario mezzogiorno e sera Ferie non ne fa
Prezzi: 25-30 euro vini esclusi
Carte di credito: AE, BM, CS, MC, Visa

L'OSTERIA Lungo la strada veloce che dalla costa adriatica porta in Umbria, **a poche centinaia di metri dal lago di Polverina**, questa antica stazione di posta è una tappa obbligata per chi voglia assaporare una ristorazione godibile, senza tanti fronzoli, raro esempio di una ospitalità fatta di garbo e intelligenza che la famiglia Moreni conduce da generazioni, dividendosi tra cucina e sala.

LA CUCINA Taglieri di ottimi **salumi di produzione propria** accompagnati da formaggi (presenti anche alcuni Presìdi Slow Food), bruschetta con extra-vergine di Coroncina, paste casalinghe e carni alla brace sono i protagonisti di un menù tipico, che varia in base alle stagioni. Presenti vini marchigiani, non poteva essere diversamente, con costi assolutamente corretti.

I PIATTI Tagliatelle con tartufo nero pregiato, Coratella in bianco con bucce di limone, Coniglio alla cacciatora

CAMERINO (MC) - Vallicelle

OSTERIA DELL'ARTE

IN BREVE *Simona e Paolo hanno ripreso l'attività, dopo il crollo sismico di qualche anno fa, in un modulo d'emergenza. Il menù, che varia moltissimo, è basato esclusivamente sull'approvvigionamento da produttori locali.*

Via Conti di Statte, - Tel. 339 6449239
Chiuso il martedì Orario mezzogiorno e sera Ferie 1 settimana in gennaio
Prezzi: 20-28 euro vini esclusi
Carte di credito: BM, CS, DC, MC, Visa

L'OSTERIA Va senz'altro sottolineato lo spirito e la determinazione con cui Simona e Paolo hanno trovato la forza di continuare l'attività di ristorazione in un modulo d'emergenza posto nel Vallicenter, dopo il crollo sismico di qualche anno fa che ha distrutto il loro ristorante nel centro di Camerino. **Un bell'esempio di reazione e di capacità di adattarsi alla provvisorietà.**

LA CUCINA Non solo per queste ragioni chi si ferma a mangiare qui si sente in qualche modo privilegiato anche per la validità e la freschezza della proposta: tutti i **piatti sono cucinati esclusivamente con quanto reperibile nel mercato mattutino**. Di conseguenza il menù segue una traccia basata sulla tradizione e ovviamente sull'utilizzo di ciò che è di stagione, con variabilità pressoché quotidiana della maggior parte delle ricette, se si esclude il baccalà, quasi sempre presente in varie preparazioni, e alcuni piatti simbolo del locale.

I PIATTI Baccalà con fagioli cannellini, Stringozzi ai funghi, Brasato di guancia di manzo

CASTELRAIMONDO (MC)

TRE STELLE

Via Roma, 33 - Tel. 0737 641844-329 2416127
Chiuso le sere di domenica e lunedì
Orario mezzogiorno e sera Ferie in gennaio
Prezzi: 24-32 euro vini esclusi
Carte di credito: BM, CS, MC, Visa

IN BREVE *Locale in perfetto stile anni Settanta con una cucina per tutte le tasche. Eccellente pasta fatta in casa e buoni piatti prevalentemente di carne.*

L'OSTERIA La famiglia Antonini, titolare di questo affidabile locale, nel centro del paese, dal sapore piacevolmente anni Settanta, lo acquistò nel 1979 qualificandolo come luogo di ritrovo, in cui mangiare e magari anche solo fermarsi per bere un bicchiere. La sobria ristrutturazione attuata qualche anno fa non ne ha modificato l'assetto e il carattere di **ristoro popolare dall'ambiente informale e accogliente**.

LA CUCINA Le diverse proposte di menù confermano questo carattere popolare con prezzi davvero convenienti, lodevolmente favorevoli in particolare ai bambini, e mantengono un'impronta familiare e locale ben riconoscibile sia nelle preparazioni alla griglia, con diverse carni, dal manzo al maiale, sia nelle **paste fatte in casa che restano tra i piatti migliori del locale**. Venerdì, sabato e domenica anche pesce fresco, quello che arriva, per esempio frittura mista.

I PIATTI Pappardelle al cinghiale, Coniglio con finocchio selvatico, Faraona farcita

CIVITANOVA MARCHE (MC)

LOCANDA FONTEZOPPA

Contrada San Domenico, 38 - Tel. 0733 801551
→ 4,8 km dall'uscita A14 Civitanova
Non ha giorno di chiusura
Orario mezzogiorno e sera Ferie non ne fa
Prezzi: 30-35 euro vini esclusi
Carte di credito: BM, CS, DC, MC, Visa

IN BREVE *Trattoria accogliente con una grande terrazza affacciata sulle vigne. Menù della tradizione che varia con le stagioni.*

L'OSTERIA A breve distanza dal casello autostradale, può essere considerato uno dei luoghi di ristorazione legati al vino – la locanda, che dispone anche di alcune camere, è **all'interno della fattoria e in estate la terrazza affaccia sulle vigne** – più fascinosi non solo in regione. Arredo minimale, moderno, adatto alla sosta quotidiana come a momenti conviviali mirati.

LA CUCINA La cucina riflette la disponibilità del locale a una clientela di lavoro che, in una zona dove non mancano aziende di vario tipo, gradisca una sosta di qualità ma anche, specie in occasione di serate a tema, presentazioni ed eventi stagionali, incontri conviviali. Avremo così il menù di San Martino in novembre, al tartufo nei periodi della vendemmia e proposte a base di cacciagione. I vini dell'azienda accompagnano regolarmente la cucina.

I PIATTI Galantina e insalata russa, Gnocchi con la papera, Lonza di maiale, arancia e guanciale

CIVITANOVA MARCHE (MC)

MANDÌ

IN BREVE *Un locale piccolo, una parete con vini opportunamente prezzati e una lavagna con i piatti del giorno.*

Vicolo Venere, 1 B - Tel. 0733 471503
→ 100 m dalla stazione di Civitanova
🕐 Chiuso il lunedì **Orario** pranzo e sera d'estate sera e sabato anche pranzo **Ferie** qualche giorno in novembre e in febbraio
Prezzi: 25-35 euro vini esclusi
Carte di credito: BM, CS, MC, Visa

L'OSTERIA Minimale e conviviale (quella di **angolo conviviale** è l'autodefinizione scelta dal tandem Serena e Ketty, del resto il nome Mandì sta per apparecchiare in senso ospitale), l'osteria è in pieno centro, nel dedalo di stradine che si incrociano e lo vivacizzano con una serie di localini e piccoli negozi.

LA CUCINA La lavagnetta del giorno facilita le scelte, e invogliano al calice di vino le diverse bottiglie disposte sugli scaffali con il relativo prezzo chiaramente indicato. Di regola trovate sempre piatti di fresca e stimolante impronta vegetale, quali la panzanella con cavolo rosso o altre verdure di stagione e frutta, e **proposte di schietta matrice popolare marchigiana** a base di carni di maiale, manzo, agnello. Le lasagne sono presenti anche in versione vegetale, il polpettone ha gusto e fattura casalinghi, come il pane e i dolci.

I PIATTI Panzanella con cavolo rosso, Lasagnetta vegetale, Polpettone

COLMURANO (MC)
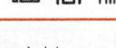

AGRA MATER

IN BREVE *Locale ospitato in un grazioso casolare, alle porte di Colmurano, che regala una vista affascinante. La cucina, legata ai sapori e alla semplicità dei piatti, è basata su materie prime eccellenti.*

Contrada Monti, 3
Tel. 0733 1898012-339 3769357
🕐 Aperto gio-dom, in estate mer-lun
Orario sera, sab e dom anche pranzo
Ferie variabili in inverno
Prezzi: 30-38 euro vini esclusi
Carte di credito: BM, CS, MC, Visa

L'OSTERIA Questo grazioso casolare alle porte di Colmurano **regala una vista affascinante sulle colline dell'entroterra maceratese**. L'esterno in pietra infonde già calore e accoglienza, confermati nella sala graziosa, semplice, con arredi minimali. In estate il gradevole dehors permette di godere dei colori offerti dalla campagna circostante e della frescura serale; un motivo ulteriore per salire fino alle porte dei Sibillini.

LA CUCINA Lara e Matteo, esperienze diverse ma comune ispirazione verso una cucina legata ai sapori e alla semplicità dei piatti. Materie prime eccellenti, con carni provenienti da artigiani locali mentre **ortaggi, verdure e frutta del proprio orto** sono la base di molte pietanze e favoriscono anche un intero percorso vegetariano. I menù variano a cadenza settimanale con rigoroso rispetto della stagionalità.

I PIATTI Vincisgrassi, Cappelletti in brodo, Agnello fritto

COMUNANZA (AP)

DA ROVERINO

Via Ascoli, 10 - Tel. 0736 844242
Chiuso la domenica Orario mezzogiorno e sera Ferie in settembre o in ottobre
Prezzi: 25-35 euro vini esclusi
Carte di credito: AE, CS, MC, Visa

IN BREVE *Nella sala piacevolmente retrò, annessa all'albergo lungo la vecchia statale, l'oste Peppe elenca i piatti del giorno.*

L'OSTERIA Attività di accoglienza sorta nel 1925 con ristorazione annessa all'albergo, negli anni diventata un riferimento nell'area dei Sibillini, presente da trent'anni su questa guida. L'ingresso, un po' datato, si scalda grazie al **grande camino sempre acceso**, a vista in sala da pranzo. Cordiale e disponibile l'oste Peppe Cutini, i cui suggerimenti sono sempre da ascoltare; in cucina lo chef Stefano Morganti.

LA CUCINA Il locale propone prevalentemente **piatti della tradizione con materie prime legate al territorio, ovvero il Parco dei Sibillini**: funghi porcini, asparagi selvatici, tartufi, cinghiale, nel rispetto della stagionalità. Su prenotazione (altrimenti di regola il venerdì) il baccalà. Nei dolci, realizzati in cucina, anche la mela rosa rosa dei Sibillini, Presidio Slow Food. Discreta selezione di vini regionali, non senza qualche etichetta nazionale.

I PIATTI Frittata funghi e tartufi, Tordi matti, Filetto di maiale insaporito al ginepro

CUPRA MARITTIMA (AP)

PEPENERO

Via Castello - Tel. 335 6115534
Chiuso lunedì, mai d'estate Orario la sera, inverno e primavera anche domenica a pranzo
Ferie non ne fa
Prezzi: 30 euro menù fisso
Carte di credito: AE, BM, CS, MC, Visa

IN BREVE *Michele Alesiani, nel suo vivace e accogliente locale, prepara piatti interessanti. Il menù è fisso e stagionale.*

L'OSTERIA Oste curioso e sempre attento alle nuove produzioni territoriali, Michele Alesiani sa raccontare al tavolo tutto ciò che vi sarà servito. Il locale si trova nel paese alto di Cupra Marittima da cui, già nel comodo parcheggio, **si gode una vista invidiabile sulla costa adriatica**. Le piccole sale sono arredate con gusto sobrio ed eclettico; a queste si aggiunge un raccolto dehors estivo.

LA CUCINA Il menù varia periodicamente e ha carattere stagionale, a partire dal reperimento di materie prime di eccellente qualità, sia locali sia nazionali. Il **vino sfuso locale è compreso nel prezzo fisso** – ma nulla impedisce, anzi, che se si vuole ci si porti qualche bottiglia da casa –, e tra ciò che si trova abitualmente c'è lo gnocco fritto accompagnato dai salumi nostrani, sempre assai piacevoli. Da non mancare le paste fatte in casa.

I PIATTI Gnocco fritto con salumi nostrani, Ravioli di rape rosse e ricotta, Coniglio nostrano in agrodolce

CUPRAMONTANA (AN)

ANITA

IN BREVE *Trattoria di paese, dove Jolanda e Donatello propongono vincisgrassi, coniglio in porchetta, pollo in potacchio. Valido il vino sfuso locale.*

Via Filzi, 5 - Tel. 0731 780311
Chiuso il martedì e domenica sera;
Orario mezzogiorno e sera Ferie 20 giorni in ottobre, 5 a Natale
Prezzi: 20-28 euro vini esclusi
Carte di credito: BM, CS, MC, Visa

L'OSTERIA Fedele alla struttura originaria, nella sua **cucina schiettamente tradizionale** come nell'assetto, questa trattoria potrebbe essere segnalata per l'inserimento nel Patrimonio mondiale dell'umanità dell'Unesco. Il calore di Jolanda, figlia di Anita, che si muove curva, svelta e leggera, e di suo marito Donatello, anche lui avanti con gli anni, fa sperare che per loro il tempo possa fermarsi.

LA CUCINA Fa piacere sentirsi come in famiglia, consigliati sui piatti della giornata e fatti partecipi della confidenza di quando è stata tirata la sfoglia o di quanto il sugo abbia bollito in pentola, o magari della provenienza del coniglio e del pollo. **Qui non ci sono concessioni alle mode dell'ultima ora**, e la cura dei particolari rende piacevoli anche i tortelloni con panna, piselli e prosciutto, tanto in voga negli anni di inizio del benessere, poi tanto abusati e banalizzati.

I PIATTI Tortelloni con panna, piselli e prosciutto, Coniglio in porchetta, Pollo in potacchio

FANO (PU)

DA MARIA

IN BREVE *Sperimenterete un'atmosfera di altri tempi, un arredamento del tutto originale. La freschezza del pesce viene esaltata anche dalle cotture brevi e dai saggi accostamenti.*

Via IV Novembre, 86 - Tel. 0721 808962
→ 3 km dall'uscita A14 Fano
→ 1,1 km dalla stazione di Fano
Chiuso la domenica, mai d'estate Orario mezzogiorno e sera Ferie Natale e Pasqua
Prezzi: 40-45 euro vini esclusi
Carte di credito: nessuna

L'OSTERIA Prenotato con buon anticipo, e sempre con la clausola «Bisogna vedere come va la pesca», intendendo con ciò l'aspetto più importante della cucina di Maria, ovvero **l'assoluta freschezza della materia prima impiegata**, sperimenterete un'atmosfera di altri tempi, un arredamento del tutto originale con lampadari anni Cinquanta, dipinti e fotografie che testimoniano molteplicità di interessi e una vita spesa nella ristorazione nonché un gusto retrò per il particolare tutto femminile.

LA CUCINA Sono infatti Maria e sua figlia Domenica ad accogliervi con **pane fatto in casa, olio extravergine di curata selezione** e una misticanza prima di predisporre un vassoio enorme, ricco di pesci, crostacei e molluschi cotti al vapore e conditi semplicemente con un filo di olio a crudo. La freschezza meravigliosa viene esaltata anche dalle altre preparazioni di giornata, brevi per cottura e sagge per accostamenti.

I PIATTI Polentina con vongole, Rombo al vapore, Tagliatelle al sugo di pesce

NADIA

Via del Bersaglio, 25 - Tel. 0721 806648
→ 5,9 km dall'uscita A14 Fano
→ 1,5 km dalla stazione di Fano
🕐 Chiuso il lun Orario solo a mezzogiorno
Ferie in settembre e nel periodo natalizio
Prezzi: 23-28 euro vini esclusi
Carte di credito: AE, BM, CS, MC, Visa

IN BREVE *Appartata trattoria con veranda, aperta solo a mezzogiorno, che propone un menù di pesce. I piatti del giorno sono chiaramente indicati nella lavagna all'ingresso del locale.*

L'OSTERIA Una passeggiata dalla stazione ferroviaria, costeggiando la spiaggia sud che i fanesi chiamano Sassonia per via della ghiaia, e raggiungerete questa gradevole e piacevolmente datata (anni Settanta) **trattoria. Aperta solo a mezzogiorno,m** conserva il nome della sua fondatrice, Nadia Mariani, i cui figli ne proseguono la conduzione.

LA CUCINA All'interno o in veranda, con i piatti del giorno chiaramente indicati nella lavagna all'ingresso del locale, **gusterete una cucina fanese di mare**, popolare, curata e basata sull'offerta di mercato giornaliera. Spazio al pesce azzurro, capitolo rilevante per la marineria della zona, come per le preparazioni peculiari localmente, dal brodetto alla *rustita* con bell'assortimento di pescato. Non mancano le tagliatelle e le altre paste casalinghe con sughi di pesce e, dopo le conclusive crostate di casa, la classica moretta.

I PIATTI Sardoncini a scottadito, Cozze gratinate, Tagliatelle al sugo di pesce

FANO (PU)

OSTERIA DALLA PEPPA

Via Vecchia, 8 - Tel. 0721 823904-331 6454088
→ 5,9 km dall'uscita A14 Fano
→ 600 m dalla stazione di Fano
🕐 Non ha giorno di chiusura Orario mezzogiorno e sera Ferie seconda settimana di gennaio e prima di giugno
Prezzi: 25-33 euro vini esclusi
Carte di credito: AE, BM, CS, DC, MC, Visa

IN BREVE *Osteria centenaria nell'accoglienza ai viaggiatori in transito, con adiacente bottega dove si possono vedere le sfogline all'opera con pasta e piadina. Il venerdì cucina di mare.*

L'OSTERIA La centenaria esperienza di ospitale luogo di sosta per viaggiatori in transito si sente piacevolmente all'interno dell'osteria, **dotata di dehors estivo e vicina bottega**, dove le sfogline tirano pasta e piadina (e che piadina!).

LA CUCINA Ereditare l'esperienza della famiglia Carloni e contare sull'apporto della madre Cinzia in cucina vuol dire per Marina **cimentarsi con perizia ben collaudata nei capisaldi della cucina terragna.** Si parte dal repertorio completo di paste tirate a mano con condimenti di carne e verdure di stagione, nonché formaggi di fossa, per arrivare alle migliori carni, a seconda dei casi cotte al forno o in padella, senza escludere proposte di pesce il venerdì, piatti di più immediata fruibilità estiva e imperdibili piadine con erbe spontanee e ingredienti locali.

I PIATTI Pasticciata alla marchigiana, Passatelli con sugo d'oca, Piadina della Peppa con erbe di campo, pecorino e salsiccia

FERMIGNANO (PU)

EL MASCARON

IN BREVE *Locale a conduzione familiare, in attività da una ventina d'anni. Le paste tirate a mano sono tra le prerogative migliori del locale, insieme alle carni da allevamenti biologici.*

Via Mazzini, 44 - Tel. 0722 331683
🕐 Chiuso a pranzo sabato e domenica
Orario mezzogiorno e sera Ferie Ferragosto
Prezzi: 25-30 euro vini esclusi
Carte di credito: AE, BM, CS, MC, Visa

L'OSTERIA A breve distanza dal Metauro e dal monumentale ponte, di probabile epoca romana, che lo attraversa, e dalla torre medievale annessa, nel centro di Fermignano questo locale a conduzione familiare è in attività da una ventina d'anni. L'originaria struttura di pizzeria, prevalente a Urbino e dintorni anche per la massiccia presenza studentesca, si è evoluta in una **ristorazione territoriale di qualità, in un contesto popolare e accogliente** di trattoria-pizzeria.

LA CUCINA Cucina territoriale e stagionale, con attenzione particolare alle materie usate, dalle farine macinate a pietra alle carni bovine di razza marchigiana, come a quelle suine semibrade, agli ortaggi, ai salumi e ai formaggi di provenienza fidata. Le paste tirate a mano, farcite e non, sono tra le prerogative migliori del locale, senza trascurare le **carni da allevamenti biologici**, il **baccalà**, la disponibilità di tartufi e funghi nei periodi propizi.

I PIATTI Cappelletti in brodo di cappone, Trippa di vitello, Porchetta di suino della Marca

FERMO

L'ENOTECA BAR A VINO

IN BREVE *Il locale, che ricorda un bistrot francese, affaccia sulla splendida piazza del Popolo. Oltre il menù degustazione, non mancano proposte di spuntini e di merende con calice di vino.*

Via Mazzini, 2 - Tel. 0734 228067
🕐 Chiuso lun e mar a pranzo, mai in agosto
Orario mezzogiorno e sera Ferie variabili
Prezzi: 30-40 euro vini esclusi
Carte di credito: CS, MC, Visa

L'OSTERIA L'intelligente decisione, ormai diversi anni fa, dell'amministrazione comunale di dare in gestione il locale con ingresso, all'interno del loggiato di San Rocco, sull'incantevole piazza del Popolo, ha permesso all'Enoteca – di accento locale ma anche di gusto francese – di diventare una **piccola istituzione cittadina**.

LA CUCINA Merito di Giuseppe e Roberta naturalmente, che ne curano cucina – a partire dalla **scelta delle materie prime e di salumi e formaggi** –, vini – per quelli naturali c'è una parete/cantina a vista, che li protegge dagli sbalzi di temperatura – e atmosfera. Oltre al menù degustazione, visto che siamo vicini al teatro dell'Aquila, non mancano proposte di spuntini pre-spettacolo o, in altri orari, di merende con calice di vino.

I PIATTI Vincisgrassi, Faraona e giardiniera fatta in casa, Polenta porri e tartufo

FILOTTRANO (AN)

GALLO ROSSO

Piazza XI Febbraio, 4 Bis - Tel. 071 7223406
🕐 Chiuso domenica sera, mai d'estate, lunedì e martedì Orario sera, sabato e domenica anche pranzo Ferie variabili
Prezzi: 35-45 euro vini esclusi
Carte di credito: BM, CS, MC, Visa

IN BREVE *Grande lavoro sulle materie prime e sulle ricette; le preparazioni riprendono lavorazioni antiche e valorizzano carni e tagli spesso considerati meno nobili.*

L'OSTERIA Prima dell'arco d'ingresso al centro trovate questa trattoria; **volte e pareti con mattoni a vista fanno da cornice a un ambiente informale** ma curato nei dettagli, che in qualche modo già anticipa la passione dei titolari per una gastronomia intesa come cultura materiale. Grande il lavoro sulle materie prime e sulle ricette, che Andrea sviluppa in cucina, mentre Gessica, in sala, le racconta arricchendole di storie sulla loro origine o di aneddoti sui produttori a cui si affidano.

LA CUCINA Le preparazioni riprendono lavorazioni antiche e valorizzano carni e tagli spesso considerati meno nobili, appartenenti alla tradizione contadina. **Ricerca e pazienza sono ingredienti importanti di questa trattoria** e le tagliatelle con *jus* di carni, ottenuto da un brodo che cuoce per due giorni, ne sono un meraviglioso esempio. Elementi chiave anche per l'attenta selezione di prodotti (ne avrete la dimostrazione già dagli antipasti con la degustazione di salumi o formaggi).

I PIATTI Selezione di salumi o formaggi, Tagliatelle Gallo Rosso, Oca cotta nel Verdicchio

FOSSOMBRONE (PU)

ZANCHETTI

Via Cesare Battisti, 1 - Tel. 349 3122567
🕐 Chiuso il mercoledì Orario sera, ven-dom anche pranzo Ferie variabili
€ Prezzi: 38-45 euro vini esclusi
Carte di credito: BM, CS, MC, Visa

IN BREVE *Magica la sosta nel raccolto dehors estivo, come pure in una delle due salette al piano terra e a quello superiore. Materie prime scelte con cura, il più possibile tra il meglio nei dintorni, dettano il menù.*

L'OSTERIA Meritano la sosta, nei dintorni, la Pineta delle Cesane, estesa su un altopiano tra i comuni di Fossombrone, Urbino e Isola del Piano, nonché l'agglomerato medievale di Torricella, prima di raggiungere l'osteria sulla breve salita alla fine del corso principale, sulla destra. **Magica la sosta nel raccolto dehors estivo**, come pure in una delle due salette al piano terra e a quello superiore.

LA CUCINA Servizio accurato e competente anche nella proposta dei vini, che privilegiano il territorio e in generale la regione, in sintonia con la cucina: **materie prime scelte con cura**, il più possibile tra il meglio nei dintorni, dettano il menù. Menù che naturalmente segue le stagioni, nelle cadenze tra "fiume e collina", come riassume una delle proposte più usuali che accostano ad esempio anguilla o salmerino a vegetali, oppure nei piatti di carne di animali da cortile.

I PIATTI Manza dell'oste battuta al coltello con giardiniera, Cappelletti chiusi a mano, Coscia di faraona in salsa

GENGA (AN) - Pierosara

DA MARIA

IN BREVE *In un ambiente dall'arredo rustico si propone una cucina locale improntata alla stagionalità. Da assaggiare le paste fatte in casa e l'ottimo piccione ripieno al forno.*

Frazione Pierosara, 67
Tel. 0732 90014-90027-339 1426246
Chiuso il giovedì, mai in agosto Orario mezzogiorno e sera Ferie 10-31 gennaio
Prezzi: 28-33 euro vini esclusi
Carte di credito: BM, CS, DC, MC, Visa

L'OSTERIA In cima al paesino di Pierosara, frazione di Genga, il cui nome è legato alla leggendaria memoria di due innamorati morti per una tragica contesa amorosa, c'è il ristorante da Maria, che già **all'esterno espone con chiarezza la tracciabilità degli animali utilizzati in cucina.** L'odore della brace, l'arredamento un po' demodé, i santini e le foto ricordo richiamano i ristori paesani d'antan, anche se poi la conduzione risulta professionale e pronta ai flussi turistici attirati dalle vicine grotte di Frasassi.

LA CUCINA Dopo gli antipasti, a base di bruschette con salumi e formaggi locali, non sono da mancare **le paste tirate a mano**, tra cui le tagliatelle, irregolari nella forma e spesse, in stagione condite con tartufo fresco o funghi porcini. Buone carni prevalentemente alla brace, ma non solo, prevalgono tra i secondi, dall'agnello a scottadito al piccione ripieno al forno. Ampia carta dei vini dai ricarichi equi, non senza adeguato assortimento di birre artigianali.

I PIATTI Tagliatelle al tartufo, Piccione ripieno al forno, Agnello a scottadito

GROTTAMMARE (AP)

CANTINA DI SANT'AGUSTINO

IN BREVE *Una cucina di orto e di mare stimolante, che include anche buone carni locali. Paste fatte a mano e menù a prezzo fisso.*

Via Sant'Agostino, 30 - Tel. 366 2314250
→ 2,2 km dall'uscita A14 Grottammare
→ 1 km dalla stazione di Grottammare
Chiuso lun, d'estate mar, in inverno anche mer Orario sera, in inverno domenica anche pranzo Ferie 2 settimane ottobre-novembre
Prezzi: 27-32 euro menù fisso vini esclusi
Carte di credito: nessuna

L'OSTERIA Nella splendida cornice del vecchio incasato di Grottammare, **l'antico convento di Sant'Agostino ora ospita l'osteria**; le volte a crociera e gli affreschi delle sale interne o il chiostro esterno rendono particolarmente suggestivo, pur nella sua semplicità, mangiare qui. Ai fornelli c'è Candida, sempre alla ricerca di nuove e gustose ricette, in sala Simone e Alessandro, che sapranno anche consigliarvi uno dei tanti distillati accuratamente selezionati, protagonisti di corsi e degustazioni.

LA CUCINA Il menù, a prezzo fisso, cambia settimanalmente secondo stagionalità, sia per i prodotti dell'orto della Cantina sia per il pescato. Pescato che si traduce in **vere e proprie chicche della tradizione marinara**, come il brodetto di pesce alla sambenedettese (su prenotazione) e le tagliatelle con farina di grani antichi, stese a mano, con ragù di cozze.

I PIATTI Baccalà in pastella con salsa al limone, Linguine al battuto di triglie, Frittura di paranza con zanchette, trigliette, merluzzi

JESI (AN)

ANTONIETTA

Via Garibaldi, 19 - Tel. 0731 207173
→ 950 m dalla stazione di Jesi
🕐 Chiuso la domenica Orario pranzo, venerdì e sabato anche sera
Ferie fine giugno-inizio luglio, 1 sett a Ferragosto
Prezzi: 25-35 euro vini esclusi
Carte di credito: BM, CS, MC, Visa

IN BREVE *Un'osteria ideale per un pasto conviviale e senza pensieri, con piatti tipici che seguono la stagionalità. Pasta fatta in casa e secondi prevalentemente di carne. Il venerdì stoccafisso all'anconetana.*

L'OSTERIA Dimensione quotidiana e **ambiente familiare oltre che affidabilità qualitativa connotano questa trattoria** che Roberta Castaldi ha rilevato qualche anno fa dalla precedente, storica conduzione. La raggiungiamo scendendo, dal teatro Pergolesi o dalla preziosa Pinacoteca, verso la circonvallazione, ovvero ai margini delle mura che racchiudono il centro storico.

LA CUCINA Nelle due sale che compongono il locale gestito da un team tutto femminile, **è costante la cura per le materie prime**, dalle verdure alle carni, dai legumi al pesce, di regola, il venerdì sia fresco di giornata sia in forma di stoccafisso preparato all'anconetana. Per non parlare delle paste tirate a mano dalla stessa Roberta: passatelli, tagliatelle, vincisgrassi, cappelletti. E dei dessert di fattura casalinga, dalle crostate ai semifreddi e allo strudel.

I PIATTI Fritto marchigiano, Minestra di fagioli zolfini con guanciale e pecorino, Coniglio alla cacciatora

MACERATA

OSTERIA DEI FIORI

Via Lauro Rossi, 61 - Tel. 0733 260142
🕐 Chiuso la domenica Orario mezzogiorno e sera Ferie da Natale all'Epifania
Prezzi: 28-33 euro vini esclusi
Carte di credito: AE, BM, CS, DC, MC, Visa

IN BREVE *In pieno centro storico, un locale raccolto con una cucina curata, che propone pietanze maceratesi ma non solo. Da non perdere la panzanella.*

L'OSTERIA Alla raccolta sala, con soffitto a volta di mattoni e affreschi, si aggiunge il piccolo dehors lungo la salita che dallo sferisterio va al centro storico. La trasversalità degli ospiti – docenti universitari e studenti, coppie giovani e famiglie – dimostrano che la formula dei fratelli Iginia, Paolo e Letizia Carducci, incentrata sulla cucina locale, **è adatta sia alla sosta di lavoro sia alla clientela più rilassata ed esigente**.

LA CUCINA Due menù degustazione ispirati alla stagionalità e alla tradizione, oltre all'ampia carta con diverse proposte interessanti. Tra queste, **piatti di cucina popolare maceratese a base di salumi o formaggi**, la panzanella con mentuccia e ciauscolo o il coniglio in porchetta. Discorso a parte meritano i vincisgrassi, qui proposti nella versione originaria codificata dal cuoco Antonio Nebbia, o i *tagliulì pelusi* (pasta di acqua e farina) al sugo finto. Proposte per celiaci, servizio informale e cortese, carta dei vini regionale con etichette locali al calice.

I PIATTI Panzanella con mentuccia e ciauscolo, Vincisgrassi, Coniglio in porchetta

MAGLIANO DI TENNA (FM)

OSTERIA DELL'ARCO

IN BREVE *In una calda atmosfera, Nataliya Havrish e Tiziano Natali propongono una cucina attenta alla stagionatà, realizzata con materie prime locali.*

Piazza Gramsci, 27 - Tel. 0734 631630
⏱ Chiuso il mer **Orario** sera, fine settimana anche pranzo **Ferie** 10-20 gennaio, 1-10 luglio
Prezzi: 35-40 euro vini esclusi
Carte di credito: AE, BM, CS, DC, MC, Visa

L'OSTERIA Saliti fino alla piazza di Magliano di Tenna, **con l'incantevole visuale tra cinta e torrioni ancora ben conservati**, trovate dell'osteria si apprezzano la piacevole architettura degli interni e la calda atmosfera (anche in senso letterale, grazie al camino peraltro fondamentale per le cotture). In cucina Nataliya Havrish, in sala Tiziano Natali, con la sua solida esperienza nel settore, che segue anche la cottura in diretta – come si diceva – di carni e verdure nel grande camino.

LA CUCINA La cucina attenta alla stagionatà, tartufi e funghi compresi, propone **piatti equilibrati di impronta prevalentemente popolare o consueti nelle trattorie borghesi d'antan**, con materie prime locali: oltre a salumi e formaggi selezionati presso piccoli produttori, ci sono le paste tirate a mano, anche ripiene, poi carni prevalentemente di marchigiana o anche di agnello dei Sibillini. Curata la selezione dei vini non solo regionali.

I PIATTI Salumi con focaccia, Tagliatelle alla salvia con pomodorini piccanti e pecorino di fossa, Galletto alla griglia con patate arrosto

MONDAVIO (PU) - Cavallara

MARIA

IN BREVE *Gabriele è un oste gentile. Dalla cucina escono piatti equilibrati e ricchi di sapore, realizzati con materie prime d'eccellenza.*

Località Cavallara, 2 - Tel. 0721 976220
⏱ Chiuso dom e mar sera e il lun, agosto solo lun **Orario** mezzogiorno e sera;
Ferie 1 settimana in marzo, 3 in luglio
Prezzi: 28-35 euro vini esclusi
Carte di credito: BM, CS, MC, Visa

L'OSTERIA Gli interni del locale di Gabriele Ceriscioli si caratterizzano per le pareti dipinte in diverse tonalità di verde, messo in risalto dai mattoni e dal legno delle travi. **L'accoglienza è cordiale**; alla maestria della cucina e alla professionalità nel perfetto servizio dei vini, proposti da una carta ampia e molto ben articolata, si aggiunge la scelta oculata degli extravergini.

LA CUCINA Una selezione dei piatti del giorno è sempre presente nel menù della tradizione come in quello degustazione, ben assemblati e a un prezzo nettamente inferiore rispetto alla somma dei singoli piatti, peraltro caratterizzati da generosità delle porzioni. Quando, dopo la scelta, si aprono le danze, **si gode di sapori schietti**, frutto di rivisitazioni sapienti dei piatti della tradizione locale, realizzati con materie prime d'eccellenza reperite con evidente cura. **Qui si torna sempre volentieri**, anche se non siamo precisamente in una località centrale: merito di una conduzione collaudata e generosa.

I PIATTI Gnocchi di patate con ragù di coniglio, Faraona alle olive nere, Cinghiale in salmì

EL GATT

IN BREVE *Una trattoria sul lungo-mare di Marotta che ha superato i vent'anni di attività. Qui si cucina solo pesce fresco; se siete in due prenotate il brodetto, un grande piatto unico.*

Lungomare Colombo, 10 - Tel. 0721 967307
🕐 Chiuso il mercoledì, mai 10 luglio-31 agosto Orario mezzogiorno e sera Ferie dall'Epifania a San Valentino o fine febbraio
Prezzi: 35-40 euro vini esclusi
Carte di credito: AE, BM, CS, DC, MC, Visa

L'OSTERIA Fresco arredo rivierasco su toni azzurri e bianchi, con pochi tavoli dentro e qualcun altro all'esterno, con **atmosfera piacevole e servizio sorridente**. La trattoria – che dispone di due stanze al piano superiore in b&b – rilevata anni fa dalle due giovani sorelle Morbidelli e impostata nel solco della **famiglia di pescatori**, che qui sul lungomare iniziò un servizio di ristorazione con il mitico gatto, di cui conserva il nome: leggenda vuole che sia sempre in attesa del ritorno della barca a riva.

LA CUCINA L'offerta è articolata e prevede diverse opzioni, a partire dall'antipasto di mare completo o dalla serie di fredde nonché singole proposte come i sardoncini scottadito che, volendo, possono fungere anche da secondo piatto. Da ordinare, per almeno due persone, le pietanze simbolo di una certa complessità quali il brodetto alla fanese, il guazzetto e lo stoccafisso, mentre sono normalmente **disponibili diversi altri piatti più o meno canonici con variazioni frequenti** dipendenti dalla disponibilità quotidiana di mercato.

I PIATTI Sardoncini scottadito, Rustita, Brodetto

MONTE ROBERTO (AN)

ROSINA

IN BREVE *Ristorante in attività dal 1971. Vi consigliamo di provare gli ottimi vincisgrassi, da prenotare, il coniglio in porchetta e la frittura marchigiana.*

Via Costa, 2 - Tel. 0731 704388
🕐 Chiuso lunedì sera-giovedì
Orario mezzogiorno e sera Ferie variabili
Prezzi: 25-30 euro vini esclusi
Carte di credito: BM, CS, MC, Visa

L'OSTERIA Nonostante le dimensioni della sala e gli arredi annuncino chiaramente un locale da banchetti, il ristorante è quanto di più verace e ospitale ci si possa auspicare se si amano **piatti sostanziosi di chiara matrice locale**. L'anima di trattoria di paese, articolata su spazi ampi, pulsa da quasi cinquant'anni; oggi è Andrea Isidori a svolgere il ruolo di protagonista. Nei giorni festivi è consigliata la prenotazione.

LA CUCINA Un luogo ideale per godere dei classici della cucina dell'areale jesino. Seguendo ricette tradizionali, Andrea Bonvecchi offre **ottime paste all'uovo fatte a mano**, in particolare ravioli di ricotta o di formaggio di fossa, oltre alle sempre buone tagliatelle, in stagione proposte anche con il tartufo. Da non perdere le carni alla griglia, e una menzione speciale per il coniglio in porchetta e la frittura marchigiana. Ampia la scelta di Verdicchio a prezzi molto economici.

I PIATTI Tagliatelle all'anatra, Coniglio in porchetta, Fritto misto marchigiano

MONTE SAN GIUSTO (MC)

NICOLÌ

IN BREVE *Trattoria accogliente e calda, con specialità pugliesi accanto ai piatti della tradizione marchigiana. La domenica l'offerta si arricchisce con preparazioni fuori menù.*

Via Circonvallazione, 208 - Tel. 0733 539156. Chiuso il lunedì e martedì sera Orario mezzogiorno e sera Ferie in agosto Prezzi: 28-35 euro vini esclusi Carte di credito: BM, CS, MC, Visa

L'OSTERIA Oltre che per una **pregevole e imperdibile Crocifissione di Lorenzo Lotto**, nella vicina chiesa di Santa Maria in Telusiano, Monte San Giusto è noto come "paese del sorriso", caratteristica riscontrata anche in questo gradevole locale, in cui ci si sente messi subito a proprio agio dall'ambiente come dalla cordialità e simpatia del personale, sempre puntuale e solerte nel servizio.

LA CUCINA Luigi Nicolì è di origine pugliese, quindi gli viene naturale **sposare prodotti e piatti della terra di origine con le tradizioni gastronomiche maceratesi**. Di conseguenza qui non ci si annoia mai, potendo comporre il percorso gastronomico con verdure o burrate pugliesi associate a salumi marchigiani, per proseguire con orecchiette fatte a mano e condite in vario modo, magari seguite dalle più tipiche tagliatelle al ragù, per poi continuare in tandem anche con i secondi – le carni sono in evidenza – e i dolci, sempre di fattura e gusto casalinghi.

I PIATTI Orecchiette con le cime di rape, Maccheroncini di Campofilone al ragù, Stracotto alla Lacrima di Morro d'Alba

MONTE SAN MARTINO (MC)

DEI PRIORI

IN BREVE *Ristorante familiare con un grande camino per la cottura delle carni in una delle due sale. I primi vengono serviti direttamente dalla padella e sono piuttosto generosi.*

Piazza XX Settembre, 5 - Tel. 0733 660209 Chiuso il mercoledì Orario mezzogiorno e sera Ferie a fine settembre Prezzi: 30-40 euro vini esclusi Carte di credito: AE, BM, CS, DC, MC, Visa

L'OSTERIA Un locale così classico e fuori moda da sembrare quasi fuori tempo, praticamente un'istituzione di questo borgo pedemontano di bellezza cristallina. È all'interno dell'edificio comunale, al piano inferiore del bar centrale, **gestito da decenni in maniera esemplare da Antonio**, che ha i modi impeccabili e discreti di un maggiordomo inglese. A corollario del pranzo, visita alla vicina chiesa di San Martino con i preziosi polittici dei fratelli Crivelli.

LA CUCINA Oltre all'antipasto misto, non mancate la coratella di agnello disponibile di solito il fine settimana. I primi vengono serviti direttamente dalla padella e sono piuttosto generosi. A base di carne i secondi, con **il grande camino all'ingresso a farla da padrone per tante carni miste** alle quali potrete aggiungere, nelle vostre scelte, piatti quali l'agnello alla cacciatora (disponibile altrimenti allo spiedo). Il discreto vino della casa è messo in bottiglia da una cantina di Offida, mentre in carta ci sono buone referenze di rossi nazionali e marchigiani.

I PIATTI Coratella di agnello, Maltagliati in brodo con i fagioli, Agnello alla cacciatora

MONTEFIORE DELL'ASO (AP)

5 COLLI

IN BREVE *Locale caratterizzato dalle pareti con mattoni a vista e volte a botte, con un menù basato su una cucina di terra. Ottime le paste fatte a mano.*

Via Leopardi, 1 - Tel. 0734 938333
🕐 Chiuso lunedì-mercoledì, mai d'estate
Orario la sera, domenica anche pranzo
Ferie tra ottobre e novembre
Prezzi: 32-36 euro vini esclusi
Carte di credito: AE, BM, CS, MC, Visa

L'OSTERIA La trattoria, che troviamo a pochi passi dall'antica Porta Aspromonte di ingresso al paese, si lascia subito apprezzare per la bella struttura architettonica costituita dall'antica ghiacciaia a pozzo, ben visibile al centro dell'unica sala. Si entra così nel clima comune alla memoria culturale di questi borghi marchigiani grazie a **un'ospitalità che accoglie gli avventori con un'anima intima e squisitamente rurale.**

LA CUCINA Il menù attinge da ciò che le stagioni offrono al cuoco Giovanni Olivieri, attento alla ricca tradizione locale. Si può iniziare con un **delizioso fritto ascolano di olive e cremini** per poi passare a paste fatte a mano con condimenti di stagione, specie se parliamo di tartufi o selvaggina. Analogo discorso per i secondi, a base di buone carni tra le quali ricordiamo la saporita quaglia ripiena di salsiccia. Dolci casalinghi e vini soprattutto regionali a prezzi convenienti.

I PIATTI Fritto ascolano di olive e cremini, Involtino di verza al forno con maiale e vitello, Quaglia ripiena di salsiccia

MONTEMONACO (AP) - La Cittadella

LA CITTADELLA DEI SIBILLINI

IN BREVE *In attesa di riparare i danni del terremoto, una struttura prefabbricata ospita il ristorante. Silvio propone un menù fisso aggiornato in base alla stagione.*

Località La Cittadella - Tel. 0736 856361
🕐 Aperto sabato e domenica, sempre luglio-agosto **Orario** mezzogiorno e sera
Ferie febbraio-marzo e dicembre
Prezzi: 25-30 euro vini esclusi
Carte di credito: nessuna

L'OSTERIA Vero presidio di resistenza umana prima che gastronomica, a fronte delle avversità della natura – ci si riferisce naturalmente al sisma del 2016 –, gestito dalla famiglia Antognozzi e come rigenerato nell'ubicazione provvisoria, a pochi chilometri dal paese, in moduli abitativi gradevolmente arredati. **Le grandi vetrate offrono un'impareggiabile vista sui Sibillini**; aspettatevi non solo buon cibo ma anche una convivialità realmente spontanea.

LA CUCINA Con coerenza e senza mollare di un centimetro, la cucina mostra le sue migliori caratteristiche **apparentemente semplici ma sempre frutto di grande ricerca e attenzione**. Ecco quindi per iniziare, in stagione, salsicce e uva o crispelle con prosciutto, poi buone paste tirate a mano. Tra i secondi non fatevi sfuggire il coniglio in porchetta e il pollo ai peperoni. Dolci classicissimi magistralmente eseguiti. Piccola carta di vini marchigiani in costante evoluzione.

I PIATTI Tagliatelle ai funghi porcini, Pollo ai peperoni, Zuppa inglese

MONTERUBBIANO (FM) - Rubbianello

LA CUCINA DI ZIA TITTA

Via Giotto, 14 - Tel. 368 3865983
🕐 Chiuso martedì sera e il mercoledì;
Orario mezzogiorno e sera Ferie non ne fa
Prezzi: 25-32 euro vini esclusi
Carte di credito: nessuna

IN BREVE *In un piccolo, gradevole complesso di recente costruzione troviamo questo accogliente locale. Zia Titta prepara, e propone ai tavoli, piatti della tradizione: paste tirate a mano, carni in varie cotture.*

L'OSTERIA Una piccola trattoria lungo la Valdaso con pochi tavoli, quelli che servono. Ambiente moderno ma la **gradevole sensazione di essere in un luogo familiare e accogliente**. Il menù è all'ingresso del locale; una volta seduti a tavola sarà Zia Titta, alias Anna Rita Di Ruscio ad elencarvi le disponibilità del giorno e aiutarvi nella scelta delle pietanze da lei stessa preparate. Poche parole, pochi fronzoli e tanta sostanza nel servizio come in cucina.

LA CUCINA Il consiglio è di scegliere il menù fisso e **lasciarvi guidare da Zia Titta**; l'abbondante antipasto è diviso in più portate, che possono andare dalla frittatina con patate e cipolla alla frittura all'ascolana. Imperdibili le tagliatelle fatte a mano, che potrete abbinare a svariati sughi, prima di passare alle selezionate carni ovine, bovine o suine alla griglia o in padella. Dolci di gusto e fattura casalinghi, vini sfusi o da scegliere in una piccola carta.

I PIATTI Tagliatelle al sugo bianco di faraona, Coniglio alla cacciatora, Frittura all'ascolana

MORRO D'ALBA (AN)

DAL MAGO

Via Morganti, 16 - Tel. 0731 63039
🕐 Chiuso il mercoledì Orario mezzogiorno
e sera Ferie 2 settimane in febbraio-marzo
Prezzi: 32-36 euro vini esclusi
Carte di credito: AE, BM, CS, DC, MC, Visa

IN BREVE *Trattoria storica con una proposta di cucina locale contemporanea. Salumi della zona, tagliatelle fatte a mano e piatti di cacciagione sono pilastri dei menù.*

L'OSTERIA Capita di salire a Morro d'Alba incuriositi dalla crescente fama del Lacrima – il profumato vino rosso ottenuto dall'omonimo vitigno, che ha dato il nome alla Doc cittadina –, per poi scoprirne il **bel centro storico**, all'interno del quale questa storica trattoria ben recita il ruolo di *genius loci*. Loris, preso il timone dalle mani del padre – e "mago" – Raul, mantiene un ottimo equilibrio tra memoria della cucina popolare locale e tono contemporaneo, non senza grande attenzione al panorama enoico.

LA CUCINA Il Lacrima, tra l'altro, entra anche in diverse preparazioni della cucina, compresi i dessert, e tiene ben salda la leadership in carta anche se, tra i vini, uno spazio non minore è giustamente attribuito ai Verdicchio. Tra i piatti sono quelli di cacciagione ad avere a loro volta un ruolo di primo piano. Senza dimenticare altre proposte godibili, per esempio la **polenta con lo stoccafisso**, specie nel periodo invernale.

I PIATTI Tagliatelle al ragù del mago, Ciavattoni al ragù di selvaggina, Fagianella in agrodolce

45 ANNI DI ESPERIENZA RENDONO FORTI

Berto's è una realtà affermata in tutto il mondo nel settore della cottura professionale per la grande ristorazione collettiva e per locali di piccole e medie dimensioni. Abbiamo alle spalle 45 anni di presenza nel mercato internazionale che ci ha permesso di costruire un know how solido per affrontare con determinazione nuove appassionanti sfide e diventare un importante punto di riferimento nel settore.

BERTO'S S.P.A.
Viale Spagna, 12 | 35020 Tribano (PD) | Italy
Tel. +39 049 958 8700

commerciale@bertos.com | **bertos.com**

MORROVALLE (MC)

PONTEROSA

IN BREVE *Una ristorazione basata su ingredienti sostenibili, provenienti da produttori vicini. In stagione, da provare i piatti con il tartufo nero.*

Contrada Montigliano, 14 - Tel. 392 9105810
🕐 Chiuso lunedì-giovedì, mai giugno-settembre Orario sera, sabato e festivi anche pranzo Ferie tra novembre-dicembre e febbraio-marzo
Prezzi: 36-45 euro vini esclusi
Carte di credito: BM, CS, MC, Visa

L'OSTERIA Osteria di campagna in casa rurale ristrutturata in bioedilizia, armonica con il paesaggio, tra i borghi medievali turriti di Morrovalle e Montecosaro. Fabrizio e Iolanda uniscono conoscenza del territorio, valorizzazione dei suoi prodotti migliori, cultura del cibo e della tavola attraverso una **proposta gastronomica con pochi piatti ma ben pensati**, i cui ingredienti di base sono prodotti in azienda. Su prenotazione, anche interessanti proposte d'asporto.

LA CUCINA La spiccata attitudine verso gli ortaggi e le verdure di produzione propria – come il pane e l'olio –, parte essenziale di tutti i piatti e delle proposte vegetariane sempre presenti, orienta il menù sempre stagionale, dove **le paste fresche sono tirate a mano** – dai ravioli di pollo in potacchio ai vincisgrassi alla maceratese –, mentre le **carni dei secondi provengono da allevatori della zona**, scelte con cura maniacale da Iolanda. Ad accompagnare il tutto le bottiglie di vino coricate nella mangiatoia, un'ottima selezione tra i vignaioli marchigiani.

I PIATTI Ravioli di pollo in potacchio, Vincisgrassi alla maceratese, Oca brasata

---

OFFIDA (AP)

OPHIS

IN BREVE *Lungo il corso principale del centro storico, l'osteria propone versioni raffinate delle tradizioni popolari locali. Imperdibile la galantina con la giardiniera.*

Corso Serpente Aureo, 54 C - Tel. 0736 889920
🕐 Chiuso il martedì Orario sera, sabato-lunedì anche pranzo Ferie ultima settimana novembre-prima dicembre
Prezzi: 25-40 euro vini esclusi
Carte di credito: AE, BM, CS, DC, MC, Visa

L'OSTERIA Lungo il corso principale del centro storico di questa città tutta da scoprire, prima di arrivare in piazza del Popolo, si apre sulla destra l'ingresso a questo locale che, nello spazio raccolto del dehors e in quello interno con **soffitto dalle volte a botte**, da cui volendo si scende anche nella preziosa cantina naturale, interpreta generosamente il ruolo di *genius loci*.

LA CUCINA Daniele Citeroni Maurizi cura da sempre l'approvvigionamento di ogni materia prima, ed è costantemente disponibile a iniziative di valorizzazione territoriale. A pochi metri dall'osteria moderna c'è un bistrot per un calice e qualcuno dei suoi piatti e, qualche passo più avanti, un b&b per il pernottamento. La cucina offre, con articolata proposta di menù, **versioni raffinate delle tradizioni popolari locali**, a partire dall'immancabile galantina con la giardiniera alle interiora d'agnello, per continuare con le paste tirate a mano e le carni in differenziate cotture, non senza godibili toni personali. Vini e dessert all'altezza.

I PIATTI Galantina con giardiniera, Coratella uova e limone, Piccione di Nespeca

ORTEZZANO (FM)

I PICENI

IN BREVE *Un raffinato riepilogo della cucina piceno-fermana, nell'ambito di una conduzione improntata a grande trasparenza.*

Piazza Savini, 1 - Tel. 0734 778000
Chiuso il martedì *Orario* sera, sabato e festivi anche pranzo *Ferie* 1 sett in settembre-ottobre, 2 in gennaio-febbraio
Prezzi: 32-35 euro vini esclusi
Carte di credito: AE, BM, CS, DC, MC, Visa

L'OSTERIA Vale la pena risalire la valle del fiume Aso per giungere al paese collinare fermano di Ortezzano, e sostare nel locale di Giampiero Giammarini. Si mangia in due piccole sale calde, accoglienti e apparecchiate con grande cura, mentre in estate è gradevole **sedersi nel dehors, immersi nel fascino del borgo cintato e della sua torre**.

LA CUCINA Ortezzano è uno dei centri marchigiani noti per la tradizione legata alla lavorazione delle carni suine, per cui l'apertura qui è affidata ai salumi, cui si aggiungono proposte nelle quali la precisione stilistica e l'equilibrio tra ricette locali e libere interpretazioni riassumono un po' il *fil rouge* della cucina. **La ricerca di ottime materie prime** si sente anche nelle altre preparazioni, in particolare nelle carni con il buonissimo piccione cucinato con il suo fegato o le animelle di vitello con i carciofi. Carta dei vini molto ampia, attenta al territorio piceno e regionale, con valide alternative nazionali.

I PIATTI Gnocchi di patate alla lepre, Piccione con il suo fegato, Animelle con carciofi

PEDASO (FM)

PENNESI

IN BREVE *Storica trattoria marinara di cucina familiare. Al tavolo sono presentati i piatti del giorno preparati con il pescato quotidiano. Spesso in menù la frittura di paranza.*

Via Cesare Battisti, 50 - Tel. 0734 931382
→ 900 m dall'uscita A14 Pedaso
→ 750 m dalla stazione di Pedaso
Chiuso domenica sera e lunedì *Orario* mezzogiorno e sera *Ferie* variabili
Prezzi: 30-35 euro vini esclusi
Carte di credito: AE, BM, CS, MC, Visa

L'OSTERIA **Due raccolte salette e una veranda** per un numero comunque contenuto di coperti, nel centro di Pedaso, che vuol dire anche a brevissima distanza dal casello autostradale omonimo e a poche centinaia di metri dalla stazione ferroviaria.

LA CUCINA La formula basata sulla **freschezza del pescato locale** e sull'economicità premia il tandem ben collaudato di Massimo in sala con sua madre Albina in cucina, e anche l'avventore affezionato a questa trattoria amichevole e affidabile. **Brevi le cotture per gli antipasti caldi**, che si aggiungono a quelli freddi e/o marinati, tra cui i crostini con uova di seppia. Fresche e gustose le combinazioni scelte per le paste asciutte, ben assortite le grigliate e la frittura di paranza che la signora Albina – ideatrice anche dell'originale parmigiana di pesce – si vanta di cuocere in padella.

I PIATTI Crostini con uova di seppia, Parmigiana di pesce, Chitarra con cicale di mare

TILT 2

Via Dante Alighieri, 13 - Tel. 0734 931916
→ 1 km dall'uscita A14 Pedaso
→ 600 m dalla stazione di Pedaso
🕐 Non ha giorno di chiusura Orario pranzo,
fine settimana e d'estate anche sera;
Ferie variabili
Prezzi: 20-30 euro vini esclusi
Carte di credito: BM, CS, MC, Visa

IN BREVE *Un piccolo locale situato dietro la parrocchiale, dove il menù varia ogni giorno. Non mancano mai le fritture e le grigliate di pesce.*

L'OSTERIA Come capita ancora, soprattutto in piccoli centri ma anche in locali metropolitani a conduzione familiare, frequentati da una clientela abituale e "di lavoro", questa trattoria è aperta di regola a mezzogiorno, salvo il periodo estivo quando accoglie anche la sera e, su prenotazione, gli altri mesi dell'anno. La trovate nel centro di Pedaso, proprio dietro la chiesa: **ingresso dal bar** e a sinistra la saletta, modesta e domestica, con pochi tavoli, una credenza e una madia non decorative, ma funzionali a tenere l'occorrente.

LA CUCINA **Principalmente a base di pesce** – locale ed economico – **le proposte**, di schietta fattura e gusto familiare, con antipasto completo oppure in singole porzioni, che possono prevedere totani con fagioli o sardoncini scottatidito tra le altre cose. Fritture e grigliate di giornata seguono le buone paste asciutte ai sughi di pesce o, specie in inverno, al sugo di stoccafisso.

I PIATTI Totani con fagioli, Maltagliati allo scoglio, Trippa di rana pescatrice

---

PESARO - Casteldimezzo

LA CANONICA

Via Borgata, 20
Tel. 0721 209017-328 7653998
🕐 Chiuso il lunedì Orario sera, festivi
e prefestivi anche pranzo Ferie variabili
💶 Prezzi: 38-42 euro vini esclusi
Carte di credito: AE, BM, CS, DC, MC, Visa

IN BREVE *Seduti ai tavoli di una delle due salette o del dehors di questa osteria moderna, si gusta una cucina di mare rispettosa del pescato locale e povero.*

L'OSTERIA Sembra di immergersi in una piccola baita di montagna entrando in questo locale, per via del bel camino che irradia di calore le due piccole sale. In realtà siamo a Casteldimezzo, **borgo a picco sul mare subito a nord di Pesaro**, e naturalmente è di mare la cucina, curata e gustosa, che si apprezza nel ristorante di Andrea Rignoli. In estate si può mangiare nella terrazza esterna, e godere della frescura serale.

LA CUCINA Questo indirizzo non è adatto a chi sia orientato verso cucine modaiole: **prima prerogativa è il sapore del pesce freschissimo**, solo locale e stagionale, molto spesso da varietà definite povere ma ricche di sapore, declinate senza leziose cornici sceniche, in modo equilibrato, per valorizzare la materia prima. Impeccabili i crudi, ottime le paste – quelle all'uovo sono tirate a mano – superbi i secondi piatti con grigliate e frittura libere da cliché.

I PIATTI Crudi del giorno, Passatelli alle canocchie, Frittura di paranza dell'Adriatico

PESABO

TAVERNA ZONGO

Via Castelfidardo, 69
Tel. 0721 67042-347 7505242
🕐 Chiuso la domenica, mai agosto e dicembre Orario mezzogiorno e sera;
Ferie variabili
Prezzi: 20-30 euro vini esclusi
Carte di credito: AE, BM, CS, DC, MC, Visa

IN BREVE *Un locale raccolto, dove si punta sulla qualità delle materie prime. Il menù, sintetico ma curato, è scritto su una lavagnetta. Paste biologiche, buoni secondi di carne e qualche proposta di mare.*

L'OSTERIA In una stradina piuttosto defilata del centro storico, e in particolare del ghetto ebraico, una bella lampada illumina l'ingresso di questo locale semplice, da cui non dovete aspettarvi una sosta gastronomica pirotecnica ma una corretta esecuzione, **con materie prime locali e perlopiù biologiche**, di ricette locali esposte sulla lavagnetta del giorno.

LA CUCINA **Poche proposte, di pesce e di carne**, sempre accompagnate da verdure di stagione, compongono l'offerta dell'osteria condotta dai coniugi Tartaglia. Tra i piatti ricordiamo i rigatoni o le tagliatelle con ragù di vitellone marchigiano, il pollo agli agrumi e la rustica di pesce, ovvero un misto di pesce bianco, ma anche acciughe, sarde, piccoli sgombri, triglie, paganelli, merluzzetti e altri pesciolini cotti al forno, spruzzati di succo di limone e coperti di pangrattato.

I PIATTI Rigatoni con ragù di vitellone, Coniglio in porchetta, Rustica di pesce

PORTO RECANATI (MC)

IL DIAVOLO DEL BRODETTO

Via Emilio Gardini, 10 - Tel. 333 1096199
→ 2,6 km dall'uscita A14 Porto Recanati
→ 500 m dalla stazione di Porto Recanati
🕐 Chiuso domenica sera e lunedì Orario mezzogiorno e sera Ferie 15 ottobre-15 novembre
€ Prezzi: 38-45 euro vini esclusi
Carte di credito: BM, CS, MC, Visa

IN BREVE *Ristorante i cui punti di forza sono l'accoglienza genuina e la cucina autentica. È possibile, su prenotazione, provare il brodetto alla recanatese, piatto unico ricco di pesci e di sapori.*

L'OSTERIA Raggiunto il lungomare, sedersi **ai tavoli in veranda**, o nella piccola sala interna di questa trattoria dal sapore simenoniano, darà l'impressione di mangiare a casa della famiglia Giri, ovvero i due fratelli Giuseppe e Piera che proseguono oggi la lunga tradizione di famiglia.

LA CUCINA La proposta della cucina non è mai troppo ampia e utilizza esclusivamente pesce fresco, con poche variazioni in funzione della reperibilità del mercato. La fama del locale è senz'altro legata a due piatti che vi consigliamo di considerare pietanza unica (e che pietanza): il **brodetto alla portorecanatese**, lievemente rosato, **nel quale è facile trovare varietà ittiche poco conosciute**, e una grigliata di pesce mai banale ma piuttosto sontuosa e assortita, secondo giornata. Non meno godibili, nella loro semplicità, preparazioni consuete quali gli spaghetti alle vongole o altre paste asciutte.

I PIATTI Spaghetti alle vongole, Grigliata di pesce, Brodetto alla recanatese

BANCO 12

Via Francesco Gentili, 7 - Tel. 0734 253444
→ 350 m dalla stazione di Porto San Giorgio
🕐 Chiuso il mer Orario mezzogiorno e sera
Ferie 10 gennaio-31 marzo
Prezzi: 25-35 euro vini esclusi
Carte di credito: AE, BM, CS, MC, Visa

IN BREVE *Un bistrot all'interno del mercato coperto della cittadina marchigiana. La cucina di pesce, ma anche di carne, asseconda il mercato.*

L'OSTERIA Sarebbe stato un banco, il dodicesimo appunto, **all'interno del mercato coperto della cittadina marchigiana**, se non si fosse rivelato adatto al progetto di bistrot con dehors, portato avanti da Nikita Sergeev (che resta saldamente in cucina nel vicino Arcade) e da Francesco Petterossi, responsabile di questa cucina.

LA CUCINA Il menù asseconda il mercato, con aggiornamento bimestrale e proposte del giorno, **piatti di pesce locale ma anche di carne**, accompagnati da una notevole selezione di vini – e di birre artigianali – tutt'altro che trascurabile. La cucina, espressa, immediata e godibile si basa sulla materia prima locale e territoriale e rilegge la tradizione popolare marchigiana, come nelle uova in trippa o nel filetto di maiale con miele di castagno e scarola imbottita, non senza ricorrere a cotture che impiegano il forno a brace e premiano la freschezza dei calamari o dei polpi di giornata.

I PIATTI Calamari arrostiti al profumo di rosmarino e crema di borlotti, Lasagnetta di seppie e patate, Filetto di maiale al miele di castagno e scarola imbottita

LORÈ

Via Giordano Bruno, 271 - Tel. 0734 673870
🕐 Chiuso dom sera, lun e mar, d'estate lun e mar a pranzo Orario mezzogiorno e sera
Ferie in settembre e in marzo
Prezzi: 30-40 euro vini esclusi
Carte di credito: AE, BM, CS, MC, Visa

IN BREVE *Qui tutto sembra scorrere con un ritmo placido, in sintonia con il filo conduttore che lega i piatti della cucina di Maria: materia prima freschissima e delicatezza nelle preparazioni.*

L'OSTERIA Locale ben inserito nell'**antico borgo marinaro**, con stradine strette e casette basse. È suddiviso in due salette molto accoglienti, chiare e luminose, caratterizzate dalle tende ricamate alle finestre e dai quadri con scene marinare alle pareti. Poi c'è la garanzia di Maria Zazzera – da quasi cinquant'anni in cucina –, ben coadiuvata dai figli che si occupano della sala con competenza e cordialità.

LA CUCINA La cucina di mare proposta ha un timbro di freschezza e un accento locale evidenti, con buona articolazione delle proposte in **una carta in grado di orientare adeguatamente**, non senza qualche ironica annotazione. Tra gli antipasti, fruibili anche come piatti singoli, non mancano i capisaldi della cucina popolare, dalla trippa di rana pescatrice al sugo ai sardoncini scottadito, né va trascurata l'attenzione agli oli e ai vini territoriali. Agli appassionati ricordiamo che **il brodetto va prenotato**.

I PIATTI Trippa di rana pescatrice, chitarrina allo sgombro, gnocchetti al sugo di scorfano

PORTO SANT'ELPIDIO (FM)  NOVITÀ

CONTROVENTO

IN BREVE *Chalet dove può capitare che vi troviate nel pieno di un torneo di briscola, boccette e freccette. Un'offerta culinaria di pesce basata su materia prima fresca e locale.*

Via Faleria, 34 B - Tel. 0734 466267
→ 3,9 km dall'uscita A14 Porto Sant'Elpidio
  850 metri dalla stazione di Porto Sant'Elpidio
🕐 Aperto da venerdì a domenica, sempre d'estate Orario mezzogiorno e sera
Ferie variabili in inverno
Prezzi: 30-35 euro vini esclusi
Carte di credito: AE, BM, CS, MC, Visa

L'OSTERIA Può capitare che, a fine agosto, qui allo chalet Controvento vi troviate nel pieno di un torneo di briscola, boccette e freccette, ovvero le competizioni che «uniscono tre generazioni», come si augurano i ragazzi di questo **vivace, amichevole locale sul lungomare, di recente apertura**. Spigliato e giovanile nello spazio interno con bancone e varie riviste, dispone naturalmente di un dehors "controvento", e si segnala per l'offerta curata e qualitativa.

LA CUCINA Prima che la cucina, infatti, apprezziamo scelte coraggiose come quella di non proporre bevande gassose di brand industriali ma solo prodotti artigianali – idem ovviamente con le birre – coerentemente con un'offerta culinaria basata su materia prima fresca e locale. **Quindi piatti di pesce ma anche diverse proposte a base di vegetali**, che parlano l'accento locale e privilegiano le cotture essenziali, dallo scottadito per il pesce azzurro alle fritture per il pescato di piccola taglia. Vini ben scelti, disponibili anche al calice.

I PIATTI Insalata di mare, Linguine alle vongole, Alici scottadito

PORTO SANT'ELPIDIO (FM)

TRENTASETTE

IN BREVE *Trattoria affacciata sul mare. Nel menù, che cambia periodicamente, frittura di paranza e un ottimo brodetto di pesce da prenotare.*

Via Faleria, 37 - Tel. 335 6638609
→ 2,7 km dall'uscita A14 Porto Sant'Elpidio
🕐 Chiuso il martedì Orario mezzogiorno e sera Ferie 2 settimane in ottobre
Prezzi: 25-35 euro vini esclusi
Carte di credito: BM, MC, Visa

L'OSTERIA Si sta quasi sul mare, o almeno se ne ha la sensazione, perché **le ampie vetrate**, che favoriscono luminosità e ariosità al locale, **incorniciano il mare che è proprio lì**, quasi senza neppure un tratto di spiaggia. L'ingresso dal lungomare sud di Porto Sant'Elpidio, che ora ha anche il suo casello autostradale, non nasconde nulla dell'interno: pochi tavoli, arredo semplice, una trattoria di mare sobria e accogliente.

LA CUCINA Stefano Alessandrini, patron della trattoria, segue con aiuti la sala e aggiorna **il menù, non ampio come si conviene**, con eventuali aggiunte di giornata al consueto basato su antipasti canonici e popolari, quali la razza bollita con verdure o lo sgombro con cipolla rossa su crostino. Alle tagliatelle alla marinara e alle altre proposte di primi piatti seguono grigliate, fritture, brodetto (che vale la pena prenotare), accompagnati da un assortimento di vini regionali. La sera, pizza.

I PIATTI Razza bollita, Tagliatelle alla marinara, Brodetto di pesce

POTENZA PICENA (MC)

OSTERIA DEL VICOLO

IN BREVE *Un'osteria in collina, che propone cucina tradizionale. Il ristorante non dispone di spazi esterni, i menù degustazione sono aperti a libere scelte di piatti.*

Via Cesare Battisti, 1 - Tel. 0733 672340
🕐 Chiuso il giovedì **Orario** mezzogiorno e sera **Ferie** 3 settimane in giugno
Prezzi: 16-33 euro vini esclusi
Carte di credito: BM, CS, MC, Visa

L'OSTERIA Riccardo Carestia gestisce con cura immutata il suo ristorante, che si trova **lungo le vecchie mura in pieno centro storico**, proponendo una cucina territoriale. Il locale è diviso in salette, con soffitti a volte e disegni stilizzati alle pareti, che ripropongono vedute di questa località, a pochi chilometri dalla costa adriatica. Non ci sono spazi esterni e la selezione dei vini è strettamente locale.

LA CUCINA I menù degustazione, che ripercorrono alcuni canoni della **tradizionale cucina di terra marchigiana**, sono aperti a libere scelte di piatti e a opzioni diversificate: con soli antipasti, senza primi o secondi, oppure nella forma della selezione completa. Il dessert, sempre di produzione propria, è previsto per queste ultime tre formule.

I PIATTI Pasta fatta in casa con funghi e tartufi, Agnello alla scottadito, Coniglio in porchetta

---

RIPATRANSONE (AP)

IERVASCIÒ

IN BREVE *Un agriturismo con orto biologico, con un servizio familiare e cortese. Il menù è fisso, la pasta tirata a mano, le verdure e le carni sono cotte, come il pane, nel forno a legna.*

Piana Santi San Michele, 18 - Tel. 0735 97936
🕐 Aperto venerdì sera, sabato mezzogiorno e sera, domenica a pranzo
Ferie prime due settimane di gennaio
Prezzi: 25-25 euro menù fisso vini esclusi
Carte di credito: BM, CS, MC, Visa

L'OSTERIA Si lascia volentieri la costa adriatica, anche in estate, per raggiungere in collina questo **gradevole agriturismo ristrutturato in maniera essenziale** e accorpato all'orto di proprietà, nel quale si pratica da sempre agricoltura con metodo biologico. L'attività è gestita dai fratelli Attilio Giannetti, che cura l'orto e dà una mano in sala, e Massimo Giannetti in cucina. L'atmosfera è familiare, il servizio cortese senza essere invadente.

LA CUCINA **Cucina nel totale segno della tradizione** con materie prime, verdura, ortaggi, pollame e vino quasi esclusivamente di propria produzione. Per i primi solo paste fresche tirate a mano, condite con ortaggi e verdure di stagione, pane realizzato con farine biologiche poco raffinate e lievito madre, **ampio uso del forno a legna**, dolci preparati con olio e confetture di propria produzione. Possibilità di menù vegetariani e vegani. Unico vino, lo sfuso della casa, peraltro più che apprezzabile.

I PIATTI Fegatini di agnello con le uova, *Taci* con verdure di stagione, Arrosto misto cotto nel forno a legna

CASERMA GUELFA

Via Caserma Guelfa, 5 - Tel. 0735 753900
→ 2,7 km dall'uscita A14 San Benedetto del Tronto
→ 800 m dalla stazione di Porto d'Ascoli
🕐 Chiuso il lunedì Orario mezzogiorno
e sera, luglio solo sera Ferie tra agosto e
settembre, 1 sett dopo l'Epifania
€ Prezzi: 38-45 euro vini esclusi
Carte di credito: AE, CS, MC, Visa

IN BREVE *Volte a botte negli spazi interni e dehors affacciato sulla corte: qui Federico Palestrini propone piatti realizzati con il pescato locale. Prenotandolo si può assaggiare il brodetto.*

L'OSTERIA **Caserma sta per dogana** in questo caso, al confine tra Stato Pontificio e Regno delle due Sicilie quando fu costruita e oggi idealmente, metro più metro meno, tra Marche e Abruzzo.

LA CUCINA La profonda conoscenza della cucina ittica e della **materia prima acquistata ogni mattina al porto** da Federico Palestini, che da quello stesso porto si è imbarcato per anni prima di aprire questo ristorante, garantisce l'assaggio di alcuni capisaldi della cucina di bordo sambenedettese, a partire da brodetto con calibrato dosaggio di aceto, peperoni e pomodori verdi. Dalle leggere marinature all'insalata di molluschi e crostacei, alle proposte a base di interiora di pesce, gli antipasti cambiano spesso, come pure i secondi da cucinare al vapore, in padella, al forno o in frittura. In estate, per asporto e consumo in loco, il locale dispone di Nudo & crudo sulla banchina del porto di San Benedetto.

I PIATTI Brodetto alla sambenedettese, Triglie marinate, Linguine con battuto di rana pescatrice

SAN BENEDETTO DEL TRONTO (AP)

DA RITA

Via Piemonte, 1 - Tel. 0735 85441
→ 7 km dall'uscita A14 San Benedetto del Tronto
→ 600 m dalla stazione di San Benedetto del Tronto
🕐 Chiuso il martedì e mercoledì a pranzo,
mai d'estate Orario mezzogiorno e sera
Ferie variabili
Prezzi: 28-35 euro vini esclusi
Carte di credito: AE, BM, CS, DC, MC, Visa

IN BREVE *Sette-otto tra tavoli e tavolini in legno, sedie colorate e spaiate per questa trattoria che propone piatti preparati con materie prime locali. Il venerdì c'è un bel menù di pesce.*

L'OSTERIA Vivace e accogliente nella saletta variopinta, preceduta all'ingresso da due tavolini adatti a un mood intimo, la trattoria corrisponde coerentemente, in cucina, a questo suo **carattere familiare, con proposte ben consolidate** e, al tempo stesso, in costante ridefinizione. La lavagna centrale riassume un po' tutto, ma Paolo è sempre disponibile per consigli e chiarimenti sulle proposte che il fratello Fabio e la madre Rita stanno preparando.

LA CUCINA Se il **pesce è prerogativa del venerdì**, con un menù completo basato su intelligente valorizzazione di varietà popolari – ad esempio alici fritte e moscardini in umido con polenta di mais quarantino –, **variano giornalmente le proposte a base di carni** selezionate con attenzione e orientamento verso il biologico, nonché di ortaggi e legumi. Molto curate le selezioni di formaggi e salumi, scelti davvero uno per uno presso piccoli produttori tra Marche e Abruzzo; il discorso vale anche per gli oli e i vini, prevalentemente da agricoltura sostenibile.

I PIATTI Alici fritte, Tagliatelle con ragù di maiale e manzo, Brasato di marchigiana

RAGNO

Via Marco Polo, 8
Tel. 0735 363386-335 1698139
→ 10 km dall'uscita A14 San Benedetto del Tronto
→ 1,1 km dalla stazione di San Benedetto del Tronto
⏱ Chiuso il lun, nov-mar anche dom sera
Orario mezzogiorno e sera Ferie non ne fa
Prezzi: 25-30 euro vini esclusi
Carte di credito: BM, CS, MC, Visa

IN BREVE *Trattoria ubicata nella zona portuale con un menù caratterizzato dal pescato locale, che può variare in base alla disponibilità del mercato.*

L'OSTERIA Si potrebbe dire che è un archetipo della trattoria di mare: in piena zona portuale, tra magazzini e depositi di materiali per la pesca, con un'offerta semplice e di dimensione quotidiana, con ovvio approvvigionamento a pochi passi dal locale. Le lancette, ovvero le imbarcazioni tipiche della marineria sambenedettese, pitturate in un murale popolare, ravvivano una parete della sala interna, alla quale si aggiungono la terrazza estiva e il **piccolo dehors all'ingresso**.

LA CUCINA La cucina, nota a una clientela abituale, è quella vernacolare di Giovanni Carmela, la cui figlia Simona si occupa della sala con sollecitudine e disponibilità. Come si diceva, pochi voli pindarici, bensì la sostanza di **piatti collaudati basati sul pescato locale** con preferenza per tipologie e pezzature economiche. Se il brodetto sambenedettese di regola è da prenotare, si trovano sempre o quasi gli antipasti di giornata, risotti o paste al pesce, poi fritture e grigliate. Vini locali e conclusivo caffè del marinaio.

I PIATTI Trippa di rana pescatrice, Ravioli ripieni di pesce, Frittura di paranza

ZIA CICCI

Via Montello, 90 A - Tel. 0735 382530
→ 450 m dalla stazione di San Benedetto del Tronto
⏱ Chiuso dom sera, d'estate a pranzo, e lun
Orario mezzogiorno e sera Ferie in novembre
Prezzi: 35-40 euro vini esclusi
Carte di credito: AE, BM, MC, Visa

IN BREVE *Pochi coperti nella saletta interna e qualche altro nel dehors estivo. Cucina di mare con un grande antipasto, paste fresche e sughi di pesce.*

L'OSTERIA Se il Tronto è il fiume toponimo della città, confine naturale con la regione abruzzese, l'Albula è il più modesto torrente, la cui foce taglia in due, per così dire, San Benedetto. Ed è proprio affacciato alla sua foce questo locale che Cinzia, con l'immancabile e prezioso aiuto di Evelina in cucina, gestisce, **approvvigionandosi presso il mercato locale** e curando la clientela distribuita tra pochi coperti, interni ed esterni.

LA CUCINA La dimensione familiare e artigianale si coglie nella **proposta strettamente di giornata** e in alcune preparazioni come le marinature – ad esempio quelle con la buccia di arancia glassata per le triglie o le più consuete alici – o anche le **paste tirate a mano**, preferibilmente senza uova, più adatte a sughi di pesce. Cinzia prepara anche il pane con lievito madre e i dolci, e per quanto riguarda i vini, affianca l'onesto sfuso locale con alcune buone etichette perlopiù regionali e abruzzesi.

I PIATTI Tagliatelle al sugo di pesce, Triglie marinate all'arancia, Zuppa di seppie con carciofi

SAN COSTANZO (PU)

LA GROTTA DI TUFO

IN BREVE *Un'osteria semplice e accogliente, ben inserita nel borgo rurale che la ospita. I piatti sono quelli della tradizione, le paste sono fatte a mano, è lodevole la cura nella scelta dell'extravergine.*

Via Stacciola Villa, 48 - Tel. 0721 930074
Chiuso lunedì-mercoledì, mai d'estate
Orario mezzogiorno e sera;
Ferie non ne fa
Prezzi: 25-35 euro vini esclusi
Carte di credito: BM, CS, DC, MC, Visa

L'OSTERIA Dopo la fase di isolamento a causa della pandemia, il ristorante di Fabio Morelli è **diventato quasi il fulcro del paesino**, specie nelle belle giornate, con i tavoli distribuiti nella piazzetta, opportunamente autorizzati. Resta peraltro molto gradevole l'atmosfera nello spazio interno del locale.

LA CUCINA La cucina è perfettamente padrona della tradizione locale, che **unisce lo stile marchigiano a qualche contaminazione romagnola**, come capita da queste parti. Poi si apprezzano gli spunti di inventiva dello chef per completare e arricchire l'esperienza, soddisfacente sul versante della delicata freschezza ma anche su quello delle proposte più sostanziose e di impronta popolare. Tra le specialità di pasta i crestata, simili a maltagliati, e i bastoni del nonno in cui lo stecco di finocchio selvatico aromatizza al meglio l'arista di maiale arrostita e avvolta insieme alla pancetta.

I PIATTI *Cresc'tajat* alla contadina, Stecco del nonno, Cinghiale al coccio

SANTA VITTORIA IN MATENANO (FM)  NOVITÀ

FARFENSE

IN BREVE *Ristorante con alloggio, sul corso principale del paese, con comodo parcheggio nei paraggi. La cucina propone i classici locali di fattura artigianale.*

Corso Matteotti, 41 - Tel. 0734 780171
Chiuso il mercoledì Orario mezzogiorno
e sera Ferie una settimana in ottobre
Prezzi: 25-35 euro vini esclusi
Carte di credito: AE, BM, CS, MC, Visa

L'OSTERIA Salendo dalla Valdaso verso l'area dei Sibillini e, in questo caso, verso il centro di Santa Vittoria, avrete ben visibile la **cinquecentesca chiesa della Madonna del Monte**, circondata dal verde boschivo, che sovrasta la vallata. Il ristorante, con alloggio, è nei paraggi, sul corso principale, con comodo parcheggio nei dintorni.

LA CUCINA Clientela abituale, e parecchi inglesi e olandesi, che negli ultimi anni si trovano frequentemente in zona, si alternano facilmente ai tavoli, **affezionati alla schietta e mai banale proposta di classici locali** di fattura artigianale, dalla galantina con insalata russa casalinga e, volendo, olive ascolane, ad altri antipasti anche vegetali, alle diverse paste fatte a mano e condite con sughi di carne o condimenti stagionali. Carni naturalmente sugli scudi anche a seguire, accompagnate da verdure di stagione e da dignitosi sfusi locali, ma anche da una serie di buone etichette prevalentemente regionali.

I PIATTI Galantina con insalata russa, Ravioli di ortica con guanciale e scalogna, Coniglio in porchetta

SANT'ANGELO IN PONTANO (MC)

DA PIPPO E GABRIELLA

IN BREVE *Uno degli indirizzi più sicuri della zona. Pippo e Gabriella propongono un menù dai sapori veri: salumi e formaggi locali, paste casalinghe, carni sapientemente cotte sulla grande griglia.*

Viale l'Immacolata, 33 - Tel. 0733 661120
🕐 Chiuso il lun, settembre-maggio anche dom sera **Orario** mezzogiorno e sera **Ferie** primi di gennaio-primi di febbraio, 1 sett in giugno
Prezzi: 25-33 euro vini esclusi
Carte di credito: BM, CS, MC, Visa

L'OSTERIA Un locale storico nell'entroterra marchigiano, gestito dalla famiglia Domizi la cui attività, iniziata con Gabriella e Pippo, prosegue grazie ai figli Fabio, in sala, e Marco ai fornelli. Gabriella tuttavia, nonostante la non più giovane età, è ancora la regina della brace, che governa con abilità. Il **locale semplice e informale non lesina buona accoglienza e calore**, regalando sempre una sosta ricca di piacere.

LA CUCINA Non si possono fare voli pindarici con i piatti di Gabriella e Marco: le pietanze sono strettamente legate alla cucina locale, con **porzioni e sapori sempre generosi**. Questo locale è il regno della carne, la brace è sempre viva per carni succulente come il fegato, le costine di maiale e le costate. **Imperdibili i primi**, con paste fresche fatte a mano (ottime le tagliatelle e i vincisgrassi), non senza carbonara e matriciana, frutto della lunga permanenza di Gabriella a Roma.

I PIATTI Galantina, Tagliatelle al ragù, Agnello alla brace

SENIGALLIA (AN)

PALAZZO BARBERINI

IN BREVE *Un locale in cui ci si sente a proprio agio, dove le materie sono di provenienza locale. Cucina di mare e di terra. Interessante lavorazione casalinga di alcuni salumi cotti.*

Via Mastai Ferretti, 19 - Tel. 071 7926703
→ 2 km dall'uscita A14 Senigallia
→ 650 m dalla stazione di Senigallia
🕐 Chiuso il lun **Orario** mezzogiorno e sera **Ferie** variabili
Prezzi: 30-35 euro vini esclusi
Carte di credito: AE, BM, CS, MC, Visa

L'OSTERIA Atmosfera familiare, **pochi tavoli dall'arredamento informale**, preparazioni semplici ma gustose, basate su materia prima locale e perlopiù biologica sono gli elementi che invitano alla sosta in questo locale, nel quale ci si imbatte passeggiando nel centro di Senigallia. A questi elementi si aggiungono l'accoglienza gentile della coppia di titolari, pronti a sciogliere eventuali dubbi sui piatti e a guidarvi nella scelta del vino.

LA CUCINA Cucina che spazia tra **proposte di mare e di terra**, includendo anche alternative vegetariane, con particolare attenzione, come si diceva, alla provenienza del prodotto di base. Sicuramente da segnalare la **produzione casalinga di salumi cotti** con il solo utilizzo di conservanti naturali; tra questi mortadella, arrosto di tacchino e wurstel di maiale e di pollo.

I PIATTI Tagliere di salumi, Paccheri alla Vinicio, Hamburger biologico con verdure di stagione

SENIGALLIA (AN)

RIMANTE

IN BREVE *Affidabile sosta per chi voglia conoscere la cucina terragna fatta di materie prime scelte con cura. Molto buoni i primi piatti, da provare il fritto misto di carne e verdure e la moretta da mangiare.*

Via Pisacane, 59 - Tel. 071 7929384-348 9301363
→ 1,6 km dall'uscita A14 Senigallia
→ 700 m dalla stazione di Senigallia
⊕ Chiuso il mercoledì *Orario* sera, in inverno la domenica solo pranzo *Ferie* variabili
Prezzi: 35-38 euro vini esclusi
Carte di credito: BM, CS, DC, MC, Visa

L'OSTERIA A pochi passi dal teatro la Fenice, adiacente a Ser Caramello, luogo ideale per chi desideri godere di golose colazioni o merende, Rimante risulta **una bella destinazione per coloro che vogliono conoscere sapori di terra** nel centro di Senigallia, città dove è diffusa prevalentemente la cucina di mare. Il locale è arredato con semplicità e li si respira un clima rilassato che introduce la vena rustica e gustosa dei piatti proposti.

LA CUCINA Materie prime del territorio, elementi della **tradizione culinaria regionale** e un piacevole tocco casalingo nelle ricette caratterizzano le preparazioni di questa trattoria. Questi presupposti sono alla base ad esempio dei passatelli alla crema di ortiche e caciotta di Urbino, presenza costante e succulenta in menù, o della polenta con condimento di stagione. Anche se c'è una carta dei vini non banale, è consentito portarsi una bottiglia da casa.

I PIATTI Polenta di mais ottofile con ragù di salsiccia, Passatelli alla crema di ortiche selvatiche e caciotta di Urbino, Fritto misto di carne

SENIGALLIA (AN)

VINO E CIBO

IN BREVE *È certamente divenuta una delle soste gastronomiche irrinunciabili per gli amanti del buon cibo. Propone piatti di pesce che variano quotidianamente.*

Via Fagnani, 16-18 - Tel. 071 63206
→ 2 km dall'uscita A14 Senigallia
→ 500 m dalla stazione di Senigallia
⊕ Chiuso il lunedì *Orario* mezzogiorno e sera *Ferie* variabili
Prezzi: 30-38 euro vini esclusi
Carte di credito: BM, CS, MC, Visa

L'OSTERIA A Senigallia, città che vanta un livello dell'offerta ristorativa mediamente alto, Vino e Cibo è certamente **una delle soste gastronomiche irrinunciabili per gli amanti del buon cibo**. Una formula semplice: locale piccolino, pochi tavoli in condivisione e servizio informale con un menù che viene scritto di giorno in giorno su una lavagna, a seconda di quanto offra il mercato, sia contadino sia ittico.

LA CUCINA L'atmosfera rilassata favorisce l'apprezzamento di piatti che, nella loro semplicità, più un punto di arrivo che di partenza, sono di carattere, per nulla banali, e rivelano una **grande conoscenza delle materie prime e sapienza nel lavorarle**. Qualità, queste, sicuramente in evidenza nel crostone con sgombro marinato che inumidisce il pane, uno dei cavalli di battaglia della trattoria che si è meritato un posto fisso tra le proposte del locale, nelle ottime paste asciutte a base di pesce di giornata, nelle brevi cotture di calamaretti o moscardini.

I PIATTI Pane e sgombro, Sardoncini scottadito, Baccalà al forno con crema di patate, melanzane e pomodorini

SERRA DE' CONTI (AN)

COQUUS FORNACIS

Via Fornace, 7 - Tel. 0731 878096
Chiuso lun e mar Orario mezzogiorno
e sera Ferie variabili gennaio-febbraio
Prezzi: 30-35 euro vini esclusi
Carte di credito: AE, BM, CS, MC, Visa

IN BREVE *Un locale dall'arredo moderno, una cucina legata a materie prime e ricette del luogo. Siamo in terra di cicerchia, non perdete quindi la zuppa in pagnotta di farro.*

L'OSTERIA Esempio di archeologia industriale magistralmente recuperata, l'ottocentesca fornace nella campagna a poca distanza dal grazioso borgo è il luogo scelto da Marco Giacomelli per rivelare il suo talento nell'interpretare la **cucina che appartiene alla memoria della civiltà contadina della zona**. I grandi e suggestivi ambienti modernamente arredati rendono adatto il locale anche a ospitare cerimonie ed eventi, senza però mai tradire la piacevole impronta rurale.

LA CUCINA Il menù trova una sorta di biglietto da visita e un'introduzione tematica alle risorse territoriali nel Presidio Slow Food della cicerchia di Serra de' Conti, proposta in zuppa dentro una pagnotta di farro. **Nel solco della tradizione i primi**, con paste di grano duro o tirate a mano e farcite, e i secondi con carni preferibilmente di animali da cortile. Si chiude con dessert al marchigianissimo mistrà Varnelli. La carta dei vini ospita tutto il meglio del Verdicchio a prezzi davvero giusti.

I PIATTI Ravioli di coniglio con guanciale, finocchietto e fave, *Cresc'tajat* con sugo finto, Coniglio in porchetta

SIROLO (AN)

IL RITORNO

Via Piani d'Aspio, 12 - Tel. 071 9331544
Chiuso il lunedì Orario mezzogiorno
e sera Ferie variabili
Prezzi: 30-35 euro vini esclusi
Carte di credito: BM, CS, MC, Visa

IN BREVE *Un agriturismo collegato a un'azienda con allevamento brado di bestiame, gestito da due fratelli che offrono una cucina di tradizione. Le paste sono fatte in casa.*

L'OSTERIA Nella campagna sulle pendici del Monte Conero, a pochi chilometri dal mare, i fratelli Clementi perseguono con piacevole riscontro il loro progetto mirato alla valorizzazione della materie prime autoprodotte o di piccoli artigiani del luogo. Travi a vista e un bel camino accolgono gli avventori in questo **casale dal classico stile marchigiano**, con un gradevole e fresco giardino che, nella bella stagione, sostituisce il calore delle due sale interne.

LA CUCINA Il menù propone paste fatte in casa e **carni bovine biologiche allevate allo stato brado** nell'azienda familiare, con ottimi risultati anche nelle pietanze giornaliere. Si inizia con salumi e formaggi ma, in stagione, non è raro trovare una notevole trippa in bianco. Dalle mani delle cuoche poi arrivano le ottime paste, quindi carne alla brace e, per concludere, il ciambellone di casa. Piccola carta dei vini del comprensorio del Conero.

I PIATTI Gnocchi ripieni di carne, Carne alla brace, Ciambellone

CENTIMETRO ZERO

IN BREVE *L'osteria fa parte di un progetto che coinvolge disabili nella produzione agricola. I prodotti dell'orto sono acquistabili sul posto, i piatti seguono il ritmo delle stagioni.*

Via Vittorio Emanuele II, 151
Tel. 0736 898688
🕐 Chiuso il lunedì **Orario** sera, sabato e domenica anche pranzo **Ferie** non ne fa
Prezzi: 28-35 euro vini esclusi
Carte di credito: AE, BM, CS, MC, Visa

L'OSTERIA A Pagliare, frazione di Spinetoli, questo bel progetto avviato nel 2015 è nato con una forte valenza sociale nell'affrontare la disabilità con il recupero creativo e l'autoproduzione, tanto che nel suo discorso di fine 2019 il presidente Mattarella ha citato **"i ragazzi della locanda" quale esempio di convivenza solidale**. Ribadita peraltro durante e dopo il lockdown, con coraggiosa ripresa nello spazio esterno, che confina con l'orto, e nelle nuove graziose salette al primo piano.

LA CUCINA Il menù proposto da Centimetro Zero **conta sull'orto che gli stessi ragazzi coltivano** e sulla rete di cooperative sociali e aziende locali; le sedie dove ci si siede, le lampade che illuminano la locanda sono state restaurate e dipinte a mano dallo staff. Staff che sembra più giusto e opportuno definire comunità, termine per una volta non abusato. Le proposte in carta sono stimolanti oltre che territoriali, e accompagnate da adeguata offerta di etichette tra Marche e Abruzzo in prevalenza.

I PIATTI Fritto misto ascolano, Ravioli rossi ai frutti di bosco, Filetto di maiale alla mela rosa dei Sibillini

VINO E CUCINA

IN BREVE *Un ambiente accogliente, con muri in pietra a vista. Vanto del locale i primi piatti, di cui potrete ordinare anche le mezze porzioni.*

Via XX Settembre, 54 - Tel. 0731 779783
🕐 Chiuso il lunedì **Orario** sera, sabato anche pranzo, domenica solo pranzo **Ferie** ultima settimana di giugno-prima di luglio
Prezzi: 30-35 euro,
Carte di credito: AE, BM, CS, DC, MC, Visa

L'OSTERIA Superata una delle porte che definiscono il centro di Staffolo, **borgo noto per la produzione vinicola**, essendo uno degli storici castelli di Jesi, troverete il grazioso ingresso di Vino e Cucina. Ambiente accogliente, con muri in pietra a vista, arredi in legno e tovagliato bianco per questo locale dalla ricca e gustosa proposta, soprattutto nei primi piatti.

LA CUCINA Nel menù sono assenti gli antipasti, per lasciare meritato **spazio alle paste fatte in casa**, pezzo forte della cucina, abbinabili a un'ampia scelta di condimenti dell'entroterra marchigiano, che prevedono per gran parte sughi di carne o di funghi. A seguire, i secondi alla brace o al forno, che includono di regola proposte a base di animali di cortile e selvaggina. Su ordinazione, anche alcune buone preparazioni di frattaglie.

I PIATTI Tagliatelle al cinghiale, Ravioli ai porcini, Oca in potacchio

D'ESTE

Via San Nicola, 48 - Tel. 0733 973050
🕐 Chiuso il lunedì Orario solo la sera
Ferie in agosto
Prezzi: 28-36 euro vini esclusi
Carte di credito: BM, CS, MC, Visa

IN BREVE *Graziosa osteria, con tavoli in legno, gestita con garbo dalla famiglia D'Este. È possibile sostare anche solo per un aperitivo o per cenare con piatti che variano secondo stagione.*

L'OSTERIA Proprio di fronte all'imperdibile basilica di San Nicola, **questo locale intimo**, **accogliente**, dall'atmosfera familiare, merita a sua volta una sosta, peraltro anche solo per un aperitivo o a dicembre per i panettoni di propria produzione. Martina, in sala, saprà consigliarvi un vino al bicchiere, magari da accompagnare ai pani sfornati caldi dal padre Stefano, ex fornaio, che insieme alla moglie Stefania cura la cucina.

LA CUCINA Il menù, giustamente non troppo ampio ma di sicura qualità, è pensato periodicamente in base alla stagionalità. Le origini romane di Stefano si ritrovano in **alcuni primi della tradizione laziale fatti come si deve**, che contrappuntano l'anima femminile della cucina orientata su sapori più delicati, come l'orzo mantecato con cavolo cappuccio o i paccheri, finocchio e arancia.

I PIATTI Strafocaccia ripiena di verdure, pomodori secchi, arrosto di maiale o tonno, Carbonara, Maiale in porchetta

RISTORANTINO

Via Nazionale, 65 - Tel. 0733 973720
🕐 Chiuso domenica sera e lunedì
Orario mezzogiorno e sera Ferie variabili
Prezzi: 35-40 euro vini esclusi
Carte di credito: AE, BM, CS, MC, Visa

IN BREVE *Un locale luminoso e accogliente nella familiare conduzione. Proposta ben articolata di pesce fresco in una città nell'interno della regione.*

L'OSTERIA Sulla via d'accesso a Tolentino centro, se si è usciti a Tolentino est o si proviene comunque dalla strada nazionale da Macerata, **il diminutivo scelto quale denominazione si spiega con l'unica sala**, peraltro luminosa grazie alle vetrate e accogliente nella familiare conduzione.

LA CUCINA A entrare nel giro di pochi anni nelle simpatie della clientela di Tolentino e dintorni ha contribuito proprio questa dimensione ospitale, oltre alla formula basata su una **proposta ben articolata di pesce fresco** – a mezzogiorno con combinazioni convenienti – in una città interna che ne sentiva l'esigenza. Proposte canoniche e fresche, con varietà di antipasti – dal crudo al cuscus di sgombro – e paste asciutte, fritture, grigliate senza trascurare il baccalà al forno o fritto. Tradizionale zuppa inglese conclusiva, accorta selezione di etichette soprattutto regionali.

I PIATTI Frittata di alici, Gnocchi ai crostacei, Spiedini di calamari e mazzancolle

LOCANDA LE LOGGE

IN BREVE *Accoglienza cordiale e servizio solerte in questo locale posizionato al centro del paese. I piatti del giorno sono distribuiti in quattro menù degustazione.*

Corso Giannelli, 34 - Tel. 0733 506788
🕐 Chiuso il mercoledì Orario mezzogiorno e sera Ferie 10-31 gennaio
Prezzi: 25-34 euro vini esclusi
Carte di credito: BM, CS, MC, Visa

L'OSTERIA Accoglienza cordiale e servizio solerte nel prestigioso Palazzo Brunelli al centro del paese, dove Andrea Tombolini e mamma Natalina hanno realizzato tre camere, bar e ristorante. Una sala rossa, l'altra di tonalità chiara con travi in legno ospitano gli avventori, oltre al **bel loggiato in mattoni per l'estate**.

LA CUCINA I piatti del giorno sono distribuiti in quattro menù degustazione ben articolati e capaci di soddisfare tutti i palati; a sottolineare la quotidianità delle proposte di cucina, la carta non descrive i piatti, sempre recitati a voce, ma i prezzi di antipasti, primi, secondi e dolci. Le materie prime sono locali, salvo inevitabili eccezioni, e i piatti principalmente di tono tradizionale con alcune sapienti elaborazioni, sempre valorizzate dall'eccellente olio extravergine di Coroncina offerto ai tavoli, oltre che dai vini e dalle birre artigianali selezionati in carta con cura e competenza.

I PIATTI Spaghettoni salsiccia e anice Varnelli, Maialino con salsa di vino cotto, Piccione arrosto

VALLEFOGLIA (PU) - Capponello

LOCANDA MONTELIPPO

IN BREVE *Un autentico agriturismo con orto, olivi, piante da frutto, api, animali di bassa corte. Da provare le pappardelle di farro al sugo di piccione e l'agnello cotto nel forno a legna.*

Via Canarecchia, 29-31 - Tel. 0721 416735
🕐 Chiuso lun pranzo e mar, inverno dom sera, lun e mar Orario mezzogiorno e sera
Ferie 1 sett in novembre, 3 dopo l'Epifania
Prezzi: 33-35 euro vini esclusi
Carte di credito: BM, CS, MC, Visa

L'OSTERIA Superata la zona industriale di Pesaro, nel territorio boschivo che attornia Vallefoglia in località Capponello questo **casolare ben ristrutturato ospita un autentico agriturismo**, a partire dalla coerenza con il contesto. Contesto che parla di api, orto, olivi, piante da frutto, fiori, il tutto ritrovato naturalmente in cucina, a cui si unisce l'offerta di alcune camere per la sosta.

LA CUCINA All'orto si aggiunge la corte, per così dire, a fornire materia prima animale oltre a quella vegetale ad Andrea Aiudi e ai suoi due menù definiti Le specialità e I classici, entrambi con proposte che attingono stagionalmente alla varietà di ortaggi e animali – da cortile e non –, disponibili. In zona non mancano coltivazioni biologiche di cereali, farro compreso, qui valorizzati nelle **paste tirate a mano**, siano tagliatelle o pappardelle o ancora, nel caso dei ravioli, con ortica nell'impasto. Buone carni in forno a legna o alla brace, dolci al cucchiaio e vini locali.

I PIATTI Gnocchi di patate al ragù bianco di lepre, Coniglio in porchetta, Tagliatelle al ragù

IL CASOLARE

IN BREVE *Ristorante con alloggio, circondato dal verde, con due salette nella tipica dimensione della trattoria di campagna. Menù stagionale e locale: olive ascolane, tagliatelle e ravioli, buone carni.*

Via Case Sparse, 31 - Tel. 0736 362162
○ Chiuso lunedì e martedì Orario mezzogiorno, venerdì e sabato anche sera;
Ferie in gennaio e a fine estate
Prezzi: 30-35 euro vini esclusi
Carte di credito: AE, CS, MC, Visa

L'OSTERIA Un ideale luogo di ristoro lungo il tratto del Cammino Francescano della Marca tra Ascoli Piceno e Assisi, in un contesto paesaggistico a tratti addirittura selvaggio, tra il massiccio oscuro dell'Ascensione e la catena luminosa dei Sibillini. Oltre la sala per cerimonie, **una bella saletta con camino**, accogliente e raccolta, con foto storiche del capoluogo alle pareti.

LA CUCINA Nella proposta gastronomica tutti **i classici della cucina picena di terra**, dalla frittura ascolana, in antipasto o come secondo piatto, a proposte più legate alla stagionalità quali le tagliatelle ai funghi porcini oppure al tartufo. Buone carni da cuocere alla brace (oppure il baccalà, sempre alla brace) prevalgono tra i secondi piatti, mentre tra i primi troviamo anche capisaldi della cucina popolare quali gli spaghetti all'amatriciana e la pasta e ceci. Non mancano contorni di verdure cotte o le gustose puntarelle con alici. Nella ben fornita cantina per gli appassionati blasonate bottiglie dell'enologia picena e abruzzese.

I PIATTI Frittura ascolana, Pasta e ceci, Agnello alla cacciatora

LAZIO

ALCUNI PIATTI DELLA TRADIZIONE

Amatriciana
Sugo realizzato con guanciale, cipolla, pomodori pelati, pecorino
grattugiato, vino bianco secco, olio extravergine di oliva, peperoncino, sale

Fettuccine con le regaje
Le rigaglie di pollo usate per il condimento della pasta sono cotte con vino
e pomodoro

Rigatoni con la pajata
Pasta, lessata e scolata, cosparsa di pecorino e ripassata nel sugo preparato
con pajata (intestino tenue di vitellino da latte o di bue), grasso di
prosciutto, spezie, vino bianco e passata di pomodoro

Abbacchio
Agnello, macellato tra i 28 e i 40 giorni di età, cotto perlopiù al forno
o a scottadito (costine da cuocere alla griglia o in padella)

Baccalà alla romana
Filetti di baccalà, infarinati e fritti, ripassati in padella con salsa di pomodoro,
sale, pepe, pinoli, cipolla, olio extravergine di oliva, uvetta

Carciofi alla giudia
Carciofi, privati delle foglie più dure e del gambo, schiacciati affinché le brattee
siano aperte a corolla; così preparati, sono fritti in abbondante olio extravergine

Coda alla vaccinara
Storica preparazione in umido dalla lunga cottura, ha subito nel tempo
alleggerimenti e una riduzione degli ingredienti: la tradizione impone che
con il sugo si condisca la pasta

Trippa alla romana
Trippa in umido con il pomodoro, aromatizzata con menta fresca e
completata con abbondante pecorino

Vignarola
Si fanno cuocere separatamente i piselli con i cipollotti, le fave con la
pancetta, i carciofi con l'aglio, la mentuccia, l'olio extravergine e il vino,
quindi si unisce il tutto

ACUTO (FR)

NU' TRATTORIA ITALIANA DAL 1960

IN BREVE *Attento conoscitore del territorio, delle materie prime, di ricette e produttori, Salvatore Tassa coinvolge amabilmente nel suo impagabile racconto.*

Via Prenestina, 21 - Tel. 0775 56372
→ 15,3 km dall'uscita A1 Anagni-Fiuggi
⏱ Chiuso dom sera (mai d'estate), lun, mar, mer Orario sera, sab e dom anche pranzo
Ferie variabili
Prezzi: 33-35 euro vini esclusi
Carte di credito: AE, BM, CS, MC, Visa

L'OSTERIA Percorrendo tra folti boschi la vallata del Sacco si arriva ad Acuto. Il locale, fuori dalla cinta muraria del paese, si trova nella parte inferiore di un edificio e affaccia su una terrazza. L'ambiente è gradevole, arricchito da quadri e oggetti storici. Entrando, la vostra attenzione non potrà che soffermarsi sulla **sfoglina** che pratica l'antico mestiere del fare la pasta in casa. **Cordiale l'accoglienza.**

LA CUCINA I piatti della cucina tradizionale sono arricchiti da **un tocco di eleganza** nella preparazione. Non esistendo un menù scritto, le proposte sono descritte a voce da Salvatore Tassa, il quale ama raccontare anche la storia delle materie prime di provenienza locale. Interessante il menù degustazione Buon Ricordo. Come nelle vecchie osterie, la carta dei vini è sulla lavagna.

I PIATTI Fini fini con pomodoro bruciato e menta, Costine di maiale glassate con le erbe ciociare, Zuppa inglese

ALLUMIERE (RM)

ORSOLA

IN BREVE *Un luogo rilassante, dove si respira l'aria familiare delle trattorie di un tempo. In menù fettuccine al ragù bianco di scottona, zuppe, trippa e coniglio alla cacciatora.*

Piazza Repubblica, 4 - Tel. 0766 96070
→ km 13,9 dall'uscita A12 Civitavecchia
⏱ Chiuso il mar Orario pranzo e sera, in inverno sera solo su prenotazione
Ferie gennaio
Prezzi: 30-33 euro vini esclusi
Carte di credito: BM, CS, MC, Visa

L'OSTERIA Nel cuore di un borgo ai confini della Maremma, Orsola è un locale conosciuto da molto tempo, una sorta di baluardo della tradizione locale. Gestione familiare e servizio informale fanno sentire subito a proprio agio, così come gli spazi interni, adatti anche a un pranzo di famiglia. Il tempo sembra essersi fermato e **tutto qui è distante dalle mode del momento**.

LA CUCINA La tradizione maremmana prevede **incontri fra ortaggi e carni** e non pietanze dal vicino mare. Qui risultano particolarmente interessanti tutti gli spunti di verdure e legumi (patate, fagioli, fave), così come quelli che comprendono la carne maremmana e quella di cinghiale. Da non perdere, quando disponibili, le saporitissime zuppe, i piatti di carciofi e quelli con i funghi. Carta dei vini con etichette regionali.

I PIATTI Mentucciata, Zuppa di fagioli, Gnocchi di patate con borragine, Cinghiale in tegame

FRASCHETTA DEL MARE

IN BREVE *Questo locale, non distante dal mare di Anzio, offre pesce locale cucinato in modo semplice e a prezzi contenuti. Alici e sgombri sono molto utilizzati per diverse e sfiziose ricette.*

Piazzale Orazio, 5 - Tel. 06 9846240
→ 750 m dalla stazione di Anzio
Chiuso il lunedì Orario mezzogiorno e sera Ferie in gennaio e in novembre
Prezzi: 16-24 euro vini esclusi
Carte di credito: BM, CS, DC, MC, Visa

L'OSTERIA I fratelli Massimo e Roberto Naciti propongono un menù giornaliero sempre diverso, tutto a base di *mazzama*, quello che in gergo locale è il freschissimo **pesce povero delle paranze** del porto di Anzio: ecco spiegato il motto della Fraschetta, ovvero «Quello che arriva da noi ha fatto poca strada». Nel locale, a due passi dal porto, si respira una piacevole **aria informale**, rimarcata anche dall'**accoglienza allegra** dei ragazzi ai tavoli. Buono il vino sfuso dei Castelli.

LA CUCINA Il menù degustazione completo è composto da tre antipasti, un primo e quattro secondi a 16 euro; ampia comunque la scelta alla carta che può comprendere anche il crudo di pesce. Le alici e gli sgombri sono molto utilizzati per diverse e sfiziose ricette. I primi del giorno, sempre abbondanti, sono quelli classici. Quanto al dessert si segnala il gelato artigianale espresso all'azoto liquido.

I PIATTI Bruschetta con burrata, alice e pomodorino, Fritturina di paranza, Spaghetti alle alici

IL GRECALE

IN BREVE *Un ingresso sulla strada principale, nell'area pedonale del porto, introduce nella piccola e ordinata sala. Il pesce è tutto locale e, in parte, fornito direttamente da alcuni amici pescatori.*

Riviera Zanardelli, 57 - Tel. 06 9846822
→ 550 metri dalla stazione di Anzio
Chiuso il mercoledì
Orario mezzogiorno e sera Ferie variabili
Prezzi: 33-35 euro vini esclusi
Carte di credito: AE, BM, CS, MC, Visa

L'OSTERIA Il ristorante si trova **vicino al porto ma in posizione defilata**. Da decenni è animato con passione dalla famiglia Gervasi, Severina tra i tavoli, Silvestro in cucina. Sarete accolti in una sala moderna con richiami marinari, mentre nella bella stagione ci si può accomodare nella veranda sul vicolo adiacente.

LA CUCINA La materia prima proviene dalla **locale marineria** e dalla piccola pesca. Lodevoli la creatività e il **rispetto delle cotture** negli antipasti, offerti in più formule, in base al numero delle portate. Tra i primi spiccano alcune specialità come i raviolini fatti in casa con ripieno di pesce. Come dolci, opera di Severina, sono consigliate la caprese e la crostata di amarene. Ragionata selezione di vini regionali e nazionali, attenta ai produttori locali, anche biologici; possibilità di mescita al calice.

I PIATTI Maltagliati con moscardini e pecorino, Gnocchetti cacio pepe e alici, Frittura di paranza

IL CASTAGNO

IN BREVE *L'osteria si trova in aperta campagna, nella tenuta dell'azienda Valle Pepe. I salumi e i formaggi sono di produzione propria, le paste fatte in casa come pure i dolci.*

Via Carpinetana Vecchia, - Tel. 0773 355635
Chiuso lunedì e martedì
Orario pranzo e sera, merc e gio solo sera
Ferie tra gennaio e febbraio
Prezzi: 36-38 euro vini esclusi
Carte di credito: AE, BM, MC, Visa

L'OSTERIA I fratelli Maronna animano con passione il locale all'interno dell'azienda Valle Pepe, sulla via Carpinetana, poco fuori Bassiano. La **sala, abbellita da un camino**, è semplice, arredata e apparecchiata in modo tradizionale; la vetrata consente di godere del panorama della campagna circostante. Nella bella stagione la veranda e il giardino offrono ristoro e, di sera, si illuminano con le luci intermittenti delle lucciole. L'accoglienza di Giorgio e dei suoi collaboratori è **cordiale, informale e attenta**.

LA CUCINA **L'azienda produce formaggi e salumi** che compongono il ricco antipasto, ma anche le carni esposte nei banchi frigo, come manzetta di scottona e bistecca di cintarella, un incrocio tra il suino di cinta senese e il nero dei Monti Lepini; la tagliata e la lombata fanno inevitabilmente lievitare il conto. Fabrizio prepara in casa tutte le paste. Buona carta dei vini regionale. Il coperto non si paga.

I PIATTI Mazzalaccardi al ragù di cintarella, Tortelli ripieni di ciauscolo, Manzetta di scottona

BOLSENA (VT) - Montesegnale

LA TANA DELL'ORSO

IN BREVE *Trattoria da cui si gode un bellissimo panorama sul lago, con la possibilità, in estate, di mangiare tranquilli in terrazza. Ribollita bolsenese e coregone cotto in padella tra i piatti in elenco.*

Località Montesegnale, 162 - Tel. 0761 798162
Chiuso dom sera e gio, mai d'estate
Orario mezzogiorno e sera Ferie non ne fa
Prezzi: 30-32 euro vini esclusi
Carte di credito: BM, CS, MC, Visa

L'OSTERIA Dalla via Cassia, all'altezza del sito archeologico le Pietre Lanciate, si sale tra gli olivi per circa 700 metri e si arriva a un bosco di castagni e alla trattoria gestita da Bruno Parrino con la moglie Rossella. **Il panorama sul lago di Bolsena è splendido**, vale il viaggio. Nella bella stagione, si gode dai tavoli all'aperto, sotto la veranda, circondati dai fiori. Semplici gli arredi: tavoli di legno, sedie impagliate, apparecchiatura con coprimacchia.

LA CUCINA **L'orto** che si vede all'ingresso del locale e l'azienda agricola della famiglia di Bruno forniscono materie prime per una cucina di **impronta casalinga**: verdure, frutta, olio. Fra i prodotti utilizzati ci sono anche eccellenze del territorio come i fagioli del purgatorio e il **pescato lacustre**. Su prenotazione, disponibili le lumache e la sbroscia, zuppa di pesce tipica del lago di Bolsena. Ai vini laziali si affianca lo sfuso della casa.

I PIATTI Gnocchi di patate con battuto di pesce di lago, Trippa bolsenese, Tarlo dell'aglio di Proceno sott'olio

BRACCIANO (RM)

FRASCHETTA LA MORETTA

Via Volpi, 9 - Tel. 06 69358855-346 3746978
→ 350 metri dalla stazione di Bracciano
🕐 Chiuso il lunedì Orario pranzo e sera; nov-feb pranzo, ven-dom anche sera
Ferie 2 settimane in gennaio, 2 in settembre
Prezzi: 13-18 euro vini esclusi
Carte di credito: BM

IN BREVE *Accoglienza cortese, atmosfera rilassata e disponibilità del servizio connotano la sosta. Qui da tre generazioni si serve un'ottima porchetta cotta ad altissime temperature in un forno a legna.*

L'OSTERIA Nel romantico borgo di Bracciano, dopo una passeggiata sul lungolago potete rifocillarvi **di fronte al castello Orsini**. Questa fraschetta, portata avanti dalla stessa famiglia **da tre generazioni**, si distingue per la sapiente preparazione della **porchetta**. La tradizione vuole che da queste parti la lavorazione sia diversa rispetto alla zona dei Castelli Romani.

LA CUCINA La **porchetta** viene conciata con aglio, finocchio selvatico, sale, pepe, e cotta tra i 200 e i 500 °C in un forno a legna del XIII secolo situato nel centro storico della città. Altre specialità norcine sono gli zampetti in salsa, la coppa e le salsicce. Disponibili due menù degustazione: della Fraschetta (14 euro) e del Norcino (17,50). Tozzetti e ciambelline completano l'offerta. Carta dei vini con etichette regionali e non.

I PIATTI Porchetta, Zampetti in salsa, Lonzino all'arancia

CAMPAGNANO DI ROMA (RM)

IOTTO

Corso Vittorio Emanuele, 96 - Tel. 06 9041746
🕐 Chiuso dom sera, d'estate anche a pranzo, e il lun Orario mezzogiorno e sera
Ferie 23/12-2/1, 1 settimana a Ferragosto
Prezzi: 30-32 euro vini esclusi
Carte di credito: BM, CS, MC, Visa

IN BREVE *L'osteria è arredata in modo essenziale, l'accoglienza premurosa. Assolutamente imperdibili i fritti, buono il baccalà in brodo di cozze e pomodorini gialli.*

L'OSTERIA Da Iotto si vive l'autentica atmosfera dell'**osteria contemporanea a gestione familiare**, in cui mangiare e bere bene. La sala, con cucina a vista, è molto semplice; a fianco c'è l'enoteca, per rifocillarsi quando l'altro spazio è pieno e per farsi raccontare e consigliare da Marco le etichette esposte sugli scaffali. La sua carta è ragionata, tendente al biodinamico, e i ricarichi sono molto onesti. All'accoglienza troviamo anche la cordiale figlia Michela. D'estate ci si può accomodare ai **tavoli sul corso principale**.

LA CUCINA Se Marco fa la spola tra sala e cucina, è Ines a regnare tra i fornelli e a preparare gustosi dolci. La tradizione romana e laziale è ben interpretata; tra le materie prime meritano una menzione i prodotti dell'**orto di famiglia**. Non si può prescindere dal gustare l'antipasto di fritti, perfetto per due persone. Talvolta sono presenti alcune proposte di pesce o qualche piatto di tradizione più ricercata, come i cannelloni alla Bonifacio VIII.

I PIATTI Fritti, Rigatoni alla vaccinara, Crostata con confettura dell'orto

CAMPODIMELE (LT) - Taverna

LO STUZZICHINO

Via Taverna, 14
Tel. 0771 598099-349 3678486
🕐 Chiuso il mercoledì, d'inverno anche domenica sera Orario mezzogiorno e sera
Ferie fine gennaio
Prezzi: 25-30 euro vini esclusi
Carte di credito: BM, CS, DC, MC, Visa

IN BREVE *Un ristorante che rappresenta un buon riferimento per chi ama la cucina e la tradizione del territorio: appena usciti avrete voglia di tornare presto.*

L'OSTERIA Sui Monti Aurunci, a pochi chilometri dal mare, il ristorante gestito dai fratelli Capirchio rappresenta da tempo un buon riferimento per chi ama la cucina e la tradizione del territorio. L'ambiente è molto semplice, suddiviso in due sale comunicanti; il **bel porticato** costituisce una gradevole alternativa per la bella stagione.

LA CUCINA Grande l'attenzione che i titolari riservano alle materie prime locali, presenti in tutte le portate; alcune di queste sono di loro produzione, come la cicerchia. La cucina è affidata a Francesco, **custode di ricette tradizionali** che non rinuncia a ottime **rivisitazioni in chiave moderna**. Intrigante il percorso dei menù degustazione: I miei primi 20 anni e La tradizione. Ampia e non scontata selezione di vini regionali e nazionali; in alternativa una discreta scelta di birre artigianali.

I PIATTI Calamarata con straccetti d'agnello e ricotta stagionata, Gnocchi di patate al ragù di cinghiale, Spezzato di capra

CANALE MONTERANO (RM)

LA LOCANDA DELLE CICALE

Via Mezzagnone - Tel. 06 99675122
🕐 Chiuso il martedì Orario mezzogiorno e sera Ferie 2 settimane in gennaio
Prezzi: 28-32 euro vini esclusi
Carte di credito: BM, CS, MC, Visa

IN BREVE *Il locale è accogliente, i proprietari sono attenti, il servizio è sempre curato e rapido. La cucina offre una scelta di piatti territoriali, alcuni dei quali a base di cinghiale.*

L'OSTERIA Un bel casale, poco distante da Canale Monterano, ospita la Locanda delle Cicale, **schietta e affidabile osteria di campagna** che si snoda fra la sala dall'arredo rustico e il portico aperto sul giardino. Il servizio è cortese. Tutto intorno, gli spazi aperti permettono ai bambini di giocare in piena tranquillità. Accanto ai piatti presenti in menù non mancano le proposte del giorno; **le porzioni sono generose**, il conto finale onesto.

LA CUCINA Il menù varia in base alla stagionalità, con alcuni piatti immancabili come le fettucine al ragù di cinghiale e il cinghiale alla cacciatora. Le carni primeggiano fra i secondi, ma non mancano opzioni vegetariane nel ricco antipasto della Locanda, che comprende anche **insaccati e formaggi locali**, e fra i primi, perlopiù a base di pasta fatta in casa, che si sposa a condimenti abbondanti e saporiti.

I PIATTI Zuppa con castagne e funghi porcini, Cinghiale alla cacciatora, Fettuccine al ragù di cinghiale

CANEPINA (VT)

IL CALICE E LA STELLA

IN BREVE *La proposta di questa oste-ria è orgogliosamente attenta alle pro-duzioni tradizionali del luogo: farina di canapa che ricorre in varie preparazioni, le nocciole, le castagne e i funghi.*

Piazza Garibaldi, 9 - Tel. 328 9024761
Chiuso lun-mer
Orario pranzo e sera, gio solo sera, dom solo pranzo Ferie gennaio
Prezzi: 33-36 euro vini esclusi
Carte di credito: BM, CS, MC, Visa

L'OSTERIA Per conoscere la **storia gastronomica della Tuscia**, in particolare della Terra Cimina, non c'è modo migliore che fare una chiacchierata con Felice Arletti, **oste appassionato** e profondo conoscitore della cultura del suo terri-torio. Accolti con il sorriso nella graziosa osteria al centro del paese, ci si lascia guidare alla scoperta di tradizioni, prodotti locali e ricette tipiche. La zona è presente anche attraverso una buona selezione di vini e di extravergini.

LA CUCINA La cucina si basa sui piatti della tradizione affiancati da propo-ste creative e originali; a caratterizzare il menù sono gli **ingredienti a filiera corta**, alcuni di produzione propria come la farina di canapa che ricorre in varie preparazioni, le nocciole, le castagne e i funghi. Altri sono reperiti presso fornitori di fiducia: piatti equilibrati e accostamenti riusciti ne sanciscono un uso consapevole e capace.

I PIATTI Fieno di Canepina al ragù, Ceciliani canepinesi, Coniglio verde leprino in porchetta

CAPRAROLA (VT)

TRATTORIA DEL CIMINO

IN BREVE *Un concentrato di gastro-nomia della Tuscia in una vecchia e accogliente trattoria. Attenzione per le materie prime, frutto di un'accurata e costante ricerca sul territorio.*

Via Nicolai, 44
Tel. 0761 646173-333 6452826
Chiuso domenica sera e il lunedì
Orario mezzogiorno e sera Ferie gennaio
Prezzi: 32-36 euro
Carte di credito: AE, BM, MC, Visa

L'OSTERIA Un luogo che dai lontani anni Quaranta ha saputo seguire le evolu-zioni della ristorazione, acquisendone gli stimoli senza perdere identità. Ospi-tata **nei locali di Palazzo Riario**, si trova a pochi passi da Palazzo Farnese. La professionalità e la simpatia di Colombo si combinano alla perfezione alla sapienza culinaria di Assunta. Il tutto è completato da una carta dei vini dav-vero interessante – studiata dal figlio Samuele – che vanta etichette non solo nazionali e riserva ampio spazio al territorio.

LA CUCINA L'attenzione per le materie prime, frutto di un'accurata e co-stante ricerca sul territorio, anima una cucina di tradizione dal **gusto deciso** e accorta nelle cotture. Tra le proposte che non mancano mai, la pasta fatta in casa e i fritti con le verdure di stagione provenienti dall'orto di proprietà.

I PIATTI Pici all'amatriciana, Coniglio verde leprino alla cacciatora, Tozzetti con le nocciole dei Monti Cimini

CASALVIERI (FR)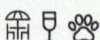

OSTERIA DEL TEMPO PERSO

Piazza San Rocco, 13 - Tel. 0776 638039
Chiuso il lunedì Orario sera, domenica e festivi anche pranzo Ferie variabili
Prezzi: 30-35 euro vini esclusi
Carte di credito: AE, BM, CS, DC, MC, Visa

IN BREVE *Mamma Sabrina, ai fornelli, e il figlio Matteo, in sala, propongono una cucina di tradizione che comprende piatti di gusto volutamente retrò: tortellini anni Ottanta con panna e speck, e polpette.*

L'OSTERIA Nella verde e fertile Val Comino, in una tranquilla piazzetta di Casalvieri, da oltre quindici anni la famiglia Iacobelli gestisce questa piccola osteria. Il locale, ben restaurato, ha un'**atmosfera calda e ospitale**, conplice una gradevole musica di sottofondo. L'accoglienza di Matteo è uno dei punti di forza del locale, unitamente al rapporto con le piccole realtà locali dei produttori.

LA CUCINA La cucina, affidata da sempre a mamma Sabrina, propone **piatti di tradizione** con **prodotti e profumi di Ciociaria**, rielaborati negli accostamenti e nelle cotture al gusto attuale. Qualcuno ha volutamente una riproposizione un po' retrò, come i tortellini con panna e speck. Quanto alla carne, carré di agnello o coniglio in porchetta. Dolci della casa e vini del territorio.

I PIATTI Tonnarelli cacio e pepe, Fettuccelle con grano solina, zucchine e caciocavallo, Baccalà con pomodoro e olive itrane

CASTELNUOVO PARANO (FR)
Castelnuovo Parano

 NOVITÀ

ANNA DOLCI & CUCINA

Strada Regionale 630 Cassino-Formia, km 15,100 - Tel. 0776 952596
Chiuso domenica sera e il lunedì
Orario mezzogiorno e sera Ferie variabili
Prezzi: 30-32 euro vini esclusi
Carte di credito: BM, MC, Visa

IN BREVE *Fondata dalla madre dell'attuale cuoca Anastasia mantiene il ruolo di ristoro per i viandanti. In tutti i piatti sono utilizzate le migliori materie prime di artigiani e contadini locali.*

L'OSTERIA Sulla strada che conduce dalle terre di San Benedetto al golfo di Gaeta, l'osteria fondata dalla madre dell'attuale cuoca Anastasia mantiene il ruolo di luogo di ristoro per i viandanti che si spostavano per lavoro o per pellegrinaggio. Il locale è ben organizzato, con una veranda esterna, uno **spazio per i bambini** e, alle pareti, foto e libri che ricordano le domeniche in famiglia e le storie locali. La carta dei vini comprende etichette di piccoli produttori della zona.

LA CUCINA La cucina di Anastasia, raccontata sapientemente da Gianluca, è un viaggio fra le **tradizioni della Terra di Lavoro**; in tutti i piatti sono utilizzate le migliori materie prime di artigiani e contadini locali; non mancano Presìdi Slow Food. Il menù si adegua alla stagionalità e soprattutto alla disponibilità delle produzioni più limitate, permettendo di gustare alcuni **sapori che rischiano di scomparire**.

I PIATTI Antipasto dell'osteria, Pasta con fagiolo badda e antichi pomodori di Napoli, Bistecca di razza cinisara

LA LOCANDA DEL RUSPANTE

Contrada Collenuovo, 1
Tel. 0775 686750-335 8238647
⏱ Chiuso martedì, mercoledì e domenica sera Orario mezzogiorno e sera Ferie ultima settimana di agosto-prima di settembre
Prezzi: 25-35 euro vini esclusi
Carte di credito: AE, BM, CS, DC, MC, Visa

IN BREVE *Un agriturismo attrezzato per soggiorno e ristoro, dove la stagionalità dei prodotti detta il menù: cicoria di campo, zuppe, abbacchio e salsicce.*

L'OSTERIA Agriturismo a conduzione familiare, immerso nella verde campagna ciociara, a pochi minuti dal borgo medievale di Castro dei Volsci e dalle grotte di Pastena. Il locale, tutto in pietra, è costituito da un ambiente principale suddiviso in più sale e da un'elegante veranda, che affaccia sul giardino e sul casale con le camere per l'alloggio. L'arredamento è gradevole, con **dettagli che richiamano la tradizione artigianale** del luogo.

LA CUCINA Le ricette raccontano l'autenticità tipica della cucina ciociara. La maggior parte delle **materie prime** è **di loro produzione**, dagli ortaggi ai salumi, alla pasta fatta in casa. Anche la carne è dei propri allevamenti: da provare il pollo, l'abbacchio, le salsicce aromatizzate all'arancia. Un trionfo di sapori decisi e genuini che difficilmente troverete altrove. Merita anche l'abbondante antipasto della casa. Piccola cantina locale.

I PIATTI Mezze maniche alla carbonara di carciofi e marzolina di capra, Paccheri con datterini e ricotta stagionata, Arrosto misto alla brace

LOCANDA DEL DITIRAMBO

Via dell'Orologio, 11 - Tel. 0775 662091
⏱ Chiuso lunedì-mercoledì
Orario sera, domenica anche pranzo
Ferie fine gennaio
Prezzi: 34-36 euro vini esclusi
Carte di credito: BM, CS, MC, Visa

IN BREVE *Locale dai forti legami con il territorio, dove mangiare ottimi piatti che permettono di cogliere l'essenza di questo angolo di Lazio.*

L'OSTERIA Questo bellissimo borgo, arroccato su un cucuzzolo, con le sue casette in pietra viva e le strade in cotto, cela tra i suoi vicoli la Locanda del Ditirambo. Un locale **familiare e accogliente**, con una raccolta corte esterna dove cenare nei mesi estivi. L'osteria, che sentirete subito identitaria, ha in mamma Daniela il suo oste: sorriso ma soprattutto impegno e determinazione, per un posto dove **il legame con il territorio è scelta di vita**.

LA CUCINA In cucina regna il giovane Antonello: propone un menù che non tradisce mai la tradizione di questa terra ciociara ma la innova e, con mano leggera, usa tante valide materie prime, compresi molti Presìdi Slow Food, cercando di esaltare e coniugare al meglio qualità, freschezza e stagionalità. Da provare, tra gli altri, i paccheri al ragù di bufalo e il cosciotto di pollo ripieno con salsiccia di maiale di Castro. Ottimi i dolci. Ampia scelta di vini, soprattutto di piccole realtà locali.

I PIATTI Cavatelli con baccalà e pistacchio, Stufato di bufaletto, Mousse di ricotta di bufala

CISTERNA DI LATINA (LT)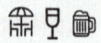

CICCIO'S

Via Nettuno, 20 - Tel. 339 2529508
→ 210 m dalla stazione di Cisterna di Latina
🕐 Chiuso il lunedì Orario sera, domenica
anche a mezzogiorno Ferie non ne fa
Prezzi: 33-36 euro vini esclusi
Carte di credito: BM, CS, MC, Visa

IN BREVE *All'ingresso un grande bancone che ha alle spalle la cucina, di cui si intravede la griglia rovente, dove si cuociono entrecôte di fassona e una succulenta coda alla vaccinara.*

L'OSTERIA Il locale si trova in una tranquilla strada fuori dal centro del paese: gli ambienti, in stile moderno, comprendono una grande sala, una più piccola e un dehors per il periodo estivo. All'ingresso ci si trova di fronte a un bancone in legno con la cucina alle spalle. **Il servizio è gentile ed efficiente**, i piatti sono descritti dal personale in modo esaustivo, venendo anche incontro a preferenze e necessità.

LA CUCINA Gli antipasti, sia caldi sia freddi, sono molto vari; spiccano le tartare e i carpacci. I primi sono basati sulla **tradizione romana**; è sempre presente un piatto del giorno, che si basa su un ingrediente stagionale. La griglia la fa da padrone nei secondi. L'offerta dei vini, in esposizione sugli scaffali, è abbastanza vasta; l'oste Stefano è pronto a consigliare in base alle preferenze.

I PIATTI Parmigiana di melanzane, Rigatoni alla carbonara, Filetto di manzo

CORI (LT) - Giulianello

OSTERIA DEL CONTADINO

Via Anita Garibaldi, 55 - Tel. 06 9665414
🕐 Chiuso il martedì e domenica sera
Orario mezzogiorno e sera Ferie in agosto
Prezzi: 26-28 euro vini esclusi
Carte di credito: BM, CS, DC, MC, Visa

IN BREVE *Un unico ambiente interno, arredato con semplicità, più una piccola veranda per la stagione calda. Zuppa di ceci e funghi o di fagioli, pannicolo brasato al vino rosso sono alcune delle proposte.*

L'OSTERIA Siamo a Giulianello, frazione di Cori; l'osteria, in posizione strategica sulla via Francigena, a pochi passi dal centro storico, è una tappa fissa per chi ama la cucina della campagna romana. A gestirla, con passione ed entusiasmo, Simonetta e il figlio Lorenzo. L'unica sala è **semplice e accogliente**; nei mesi caldi è possibile mangiare in veranda **all'ombra di un glicine** oppure nello spazio posteriore adiacente la cucina.

LA CUCINA Piatti dai gusti genuini sono realizzati esclusivamente con materie prime del territorio e dei contadini del posto. Ogni giorno il menù offre piccole variazioni e l'inserimento di qualche nuova ricetta, a seconda della reperibilità degli ingredienti. Stagionalmente è possibile mangiare **pietanze realizzate con le erbe spontanee** tipiche della campagna corese.

I PIATTI Rigatoni alla pajata, Pannicolo al vino rosso, Zuppa inglese

FARNESE (VT)

LA PIAZZETTA DEL SOLE

Via XX Settembre, 129 - Tel. 0761 458606
Chiuso il lunedì Orario sera, sabato e festivi anche pranzo Ferie variabili
Prezzi: 36-38 euro vini esclusi
Carte di credito: BM, CS, MC, Visa

IN BREVE *Antonella in cucina e Miriam in sala promuovono storia e ricchezze gastronomiche della zona. Le materie prime usate in cucina sono frutto di un'accurata ricerca tra i produttori locali.*

L'OSTERIA Nella Tuscia incontaminata, vicino al lago di Bolsena, in un grazioso paese costruito sulla roccia tufacea c'è una piccola osteria dall'ambiente semplice e curato, una sala da pranzo con mobili vintage e quadri di Alexandra Clark alle pareti. Antonella in cucina e Miriam in sala promuovono storia e ricchezze gastronomiche della zona in un'**atmosfera familiare, intima**; il servizio è cordiale, informale e competente. La carta dei vini è ricca di **etichette biologiche e biodinamiche**, soprattutto del territorio.

LA CUCINA Antonella trae **ispirazione da antiche ricette** e utilizza materie prime, frutto di un'accurata ricerca e fornite da produttori locali, per coniugare con sapienza e mano leggera tradizione e innovazione; la panzanella è presentata scomposta, la lasagnetta è di parmigiana.

I PIATTI Paté di fegatini con verza marinata, Tagliatelle di grani antichi con baccalà capperi e mollica croccante, Zuppa di cipolle e patate con pane tostato e pecorino

FIUMICINO (RM) - Maccarese

 NOVITÀ

OSTERIA DI MACCARESE

Via dei Pastori , 26 A-28 - Tel. 06 30328324
Non ha giorno di chiusura
Orario mezzogiorno e sera Ferie variabili
Prezzi: 38-40 euro vini esclusi
Carte di credito: AE, BM, DC, MC, Visa

IN BREVE *Nell'ex emporio del castello di San Giorgio c'è un'osteria curata in ogni particolare. Stefano Gismondi propone una cucina basata sulla qualità delle materie prime, molte reperite sul territorio regionale.*

L'OSTERIA Il borgo di Maccarese si trova all'interno dell'omonima azienda agricola, non lontano dal mare di Fregene. Qui, nell'**ex emporio del castello di San Giorgio**, c'è un'osteria curata in ogni particolare, dallo stile rustico ma declinato con raffinatezza, con il soffitto in mattoncini e le travi di legno. Bello lo spazio esterno: protetti dagli ombrelloni, si gode di una bella arietta. La cantina è molto fornita, anche di etichette prestigiose: domina il Lazio ma non soltanto.

LA CUCINA Stefano Gismondi propone una cucina basata sulla **qualità delle materie prime**, molte reperite sul territorio regionale. Interessanti i salumi e i formaggi Presìdi Slow Food presenti nel Tagliere d'Autore, come il caciofiore della campagna romana. I piatti si rifanno alla **tradizione anche della vicina Maremma**: ne sono un esempio i pici all'aglione. Un capitolo a parte per le carni alla griglia e i prosciutti al coltello: si spazia dal locale al nazionale, e non solo, ma il conto sale molto.

I PIATTI Fieno del Maccarese, Costine di cinghiale alla cacciatora, Baccalà dell'Osteria

FORMIA (LT) - La Mola

IL GATTO & LA VOLPE

Via Abate Tosti, 83 - Tel. 0771 21354
→ 950 metri dalla stazione di Formia
Chiuso il mercoledì, mai d'estate
Orario mezzogiorno e sera
Ferie tra Natale e Capodanno
Prezzi: 35-37 euro vini esclusi
Carte di credito: AE, BM, CS, DC, MC, Visa

IN BREVE *Cortese accoglienza del titolare, servizio professionale e cucina di pesce. Da non perdere la pasta mischiata con fagiolina di Arsoli e cozze.*

L'OSTERIA Se Formia, nomen omen, regala riparo e tranquillità (hormiae in greco) nel suo golfo, il ristorante di Antonio e Giancarlo Simeone offre un approdo sicuro per un pasto di pesce. In un vicolo del centro storico, il piccolo ingresso conduce in uno spazio che ricorda una cantina medievale, con **arcate a botte e soffitti in pietra**; nella bella stagione è disponibile un **piacevole dehors** arredato come un piccolo giardino.

LA CUCINA I menù sono stagionali come i prodotti utilizzati, ma **è la proposta ittica a dominare la cucina**. Il più rappresentativo fra gli antipasti è la degustazione Il Gatto e La Volpe. Il cliente può scegliere che cosa mangiare dal banco refrigerato; per le preparazioni alla griglia o al forno il costo sale, così come per la zuppa di pesce. Da segnalare le alici locali. In chiusura, l'ottimo giglietto di Palestrina Presidio Slow Food. La cantina propone etichette regionali e nazionali.

I PIATTI Alicette marinate, Pasta mischiata con fagiolina di Arsoli e cozze, Frittura di paranza

FRASCATI (RM)

 NOVITÀ

'NA FOJETTA

Via del Risorgimento, 4 - Tel. 06 97245420
→ 500 m dalla stazione di Frascati
Chiuso dom sera e lun, mai d'estate
Orario mezzogiorno e sera Ferie variabili
Prezzi: 38-40 euro vini esclusi
Carte di credito: BM, CS, MC, Visa

IN BREVE *Un locale molto curato in stile rustico, un ambiente informale e rilassato dove gustare una cucina regionale impreziosita da spezie ed erbe aromatiche, che sono la passione di papà Carlo.*

L'OSTERIA Talvolta organizzare una gita fuori porta coniugando gradevolezza, accoglienza e buona cucina può essere un'impresa ardua: anche per questo, l'osteria a **gestione familiare** è davvero una bella scoperta. Sarete accolti in un locale molto curato, in stile rustico. Gentilezza e discrezione nel servizio assicurano un ambiente informale e rilassato. Piacevolmente beverino il vino della casa proposto alla mescita.

LA CUCINA Ai fornelli papà Carlo si muove agevolmente proponendo una convincente cucina regionale impreziosita da **spezie ed erbe aromatiche, che sono la sua passione**. Per iniziare, vale la pena condividere l'antipasto 'Na Fojetta, per assaggiare salumi, prosciutti e formaggi di produzione propria, ma anche zuppetta di trippa, coccetto con ceci e porcini, bruschette con hummus. Secondi piatti della **tradizione romana**; molto buoni anche la tagliata e il filetto, ma il conto sale. Per finire i dolci, preparati da mamma Rossana e dal figlio Fabio.

I PIATTI Trippa alla romana, Spaghetti alla gricia, Biscotti secchi

FRASCATI (RM)

ZARAZÀ

Viale Regina Margherita, 45
Tel. 06 9422053-340 9284523
→ 450 m dalla stazione di Frascati
⏱ Chiuso lun, ottobre-maggio dom sera
Orario mezzogiorno e sera
Ferie 2 settimane in agosto, 1 in gennaio
Prezzi: 35-40 euro vini esclusi
Carte di credito: BM, CS, MC, Visa

IN BREVE *Un locale dalla gestione familiare, caldo e accogliente. Dalla cucina arrivano i profumi delle ricette tradizionali romane che connotano il menù.*

L'OSTERIA Ubicata nel centro di Frascati, sul suggestivo muraglione del Valadier, è gestita da oltre settant'anni dalla famiglia Bronzini. All'entrata una spaziosa **terrazza-dehors con vista panoramica** sulla Valle Tiburtina; all'interno diverse sale, una delle quali con camino, che contribuisce a creare un'atmosfera calda e accogliente. È un locale ordinato e pulito: nelle due sale attigue alla cucina si viene piacevolmente inebriati dai profumi delle vivande in preparazione. **L'accoglienza è molto professionale**, i tavoli ben apparecchiati, il servizio discreto e attento.

LA CUCINA Le proposte sono quelle tipiche della **cucina romana e laziale**, in alcuni piatti rivisitata e alleggerita. Il menu è stagionale, ma alcuni classici sono sempre presenti. Le materie prime sono locali e di ottima qualità. Buona selezione di vini della zona anche al calice, ottimo il bianco sfuso della casa.

I PIATTI Mezze maniche alla carbonara non carbonara, Timballo al forno, Abbacchio a scottadito

FROSINONE (FR)

INVINOVERITAS

Via Firenze, 27-31 - Tel. 0775 251354
→ 4 km dall'uscita A1 di Frosinone
⏱ Chiuso il lunedì Orario sera, sab e dom anche pranzo Ferie variabili
Prezzi: 30-32 euro vini esclusi
Carte di credito: AE, BM, CS, MC, Visa

IN BREVE *Osteria, enoteca, birreria ma anche storico negozio gastronomico. I prodotti di un allevatore e macellaio locale caratterizzano fortemente il menù. Ricco carrello di salumi e formaggi.*

L'OSTERIA Uno **spazio multifunzionale**: negozio di gastronomia, **enoteca**, birreria, osteria. Di giorno gli acquisti, e la sera, dopo l'aperitivo, il servizio di ristorazione, in uno spazio semplice ma curato, tra scaffali pieni di bottiglie di vino e carrelli di salumi e formaggi; dulcis in fundo, anche il dopocena al bancone. Paolo D'Ambrogi è l'anima del locale, dà consigli sul vino e intrattiene i clienti. L'enoteca consente di scegliere fra le tante etichette in mostra.

LA CUCINA La cucina, regno di Valentina, si basa su materie prime di qualità a cominciare da formaggi e salumi artigianali che compongono taglieri apprezzati anche prima di cena. La **carne di bufalo**, prodotto tipico della zona, è sempre presente in diverse preparazioni. Si può trovare anche un'antica quanto elaborata ricetta, il timballino di Bonifacio VIII. Pane e coperto non si pagano.

I PIATTI Timballino di Bonifacio VIII, Straccetti di bufalo, Crostata di visciole

GENZANO DI ROMA (RM)

L'ANGOLETTO VINO E CUCINA

Piazza Vittorio Buttaroni, 6 - Tel. 06 9391119
🕐 Chiuso domenica sera
Orario mezzogiorno e sera Ferie non ne fa
Prezzi: 31-33 euro vini esclusi
Carte di credito: BM, CS, MC, Visa

IN BREVE *Osteria semplice e curata che, nel periodo estivo, consente di godere di un bel pergolato. Proposta improntata soprattutto su piatti di carne, interiora e verdure, come da più classica tradizione.*

L'OSTERIA L'Angoletto è l'**ideale per un pranzo fuori porta** con la famiglia: un posto accogliente, tranquillo, con un'ottima cucina. All'angolo di una piazzetta tranquilla troviamo l'ingresso dell'osteria che, con il bel tempo, si apre sulla piazza con un delizioso e **fresco pergolato**. A gestirla c'è la famiglia Pistelli.

LA CUCINA Della cucina si occupa Mauro, della sala le figlie Margherita ed Eleonora, dei dolci la moglie Isabella. Le materie prime utilizzate sono di qualità, la cucina rispettosa del territorio e della tradizione: qui si mangia proprio bene, dall'antipasto al dolce. Suggeriamo per cominciare le coccole dell'Angoletto, un ricco antipasto da condividere. In stagione ottimi i primi di **funghi**, strepitosi i porcini arrosto. Buona selezione di vini, discreto lo sfuso della casa.

I PIATTI Gnocchetti di farro con pomodorino, guanciale e pecorino, Pannicolo, Crostata con marmellata di arance amare

GROTTAFERRATA (RM)

L'OSTE DELLA BON'ORA

Via Vittorio Veneto, 133 - Tel. 06 9413778
→ 8 km dall'uscita A1 Monte Porzio Catone
🕐 Chiuso il mercoledì e domenica sera
Orario la sera, sabato e domenica
anche pranzo Ferie variabili
💶 Prezzi: 40-42 euro vini esclusi
Carte di credito: AE, BM, CS, DC, MC, Visa

IN BREVE *L'atmosfera conviviale e l'ambiente curato si coniugano con una cucina che sa felicemente reinterpretare la tradizione in chiave moderna.*

L'OSTERIA Un'**osteria elegante**: tre sale curate nei dettagli, dalle sedie trasparenti modello Luigi XIV alle luci soffuse, dalla libreria ricca di vinili e di testi dedicati all'arte della cucina al dehors fiorito. Quando c'è l'oste Massimo, **l'accoglienza è quella informale** e cordiale di un amico che accoglie nella sua casa, coinvolge i clienti e allieta il convivio.

LA CUCINA La moglie dell'oste, Maria Luisa, dà l'impronta alla cucina, che è una **rivisitazione di quella tradizionale**: famosa la sua cornucopia di amatriciana, ora amatriciana 2.0. È sempre lei che cura la selezione delle materie prime, promuove quelle castellane e i Presìdi Slow Food. Da qualche anno è il figlio Flavio a gestire il locale e si nota la sua mano nella realizzazione di alcune proposte creative, più elaborate. La ricca carta dei vini comprende etichette prevalentemente laziali e qualche buona proposta extraregionale.

I PIATTI Carcotto, Gricia nell'orto, Crema Maria Luisa

GROTTAFERRATA (RM)

TAVERNA MARI

IN BREVE *Assaggi del norcino e sfizi dalla campagna romana aprono un pranzo all'insegna della tradizione. Nella bella stagione sono disponibili due terrazze fiorite, dove si è accarezzati dalla brezza dei Colli Albani.*

Via Piave, 29 - Tel. 06 93668261
→ 7,6 km dall'uscita A1 Roma Sud
⏱Chiuso il mercoledì Orario mezzogiorno e sera Ferie seconda metà di agosto
Prezzi: 35-40 euro vini esclusi
Carte di credito: AE, BM, CS, DC, MC, Visa

L'OSTERIA Questa accogliente trattoria è molto adatta alle famiglie ed è meta **ideale per le gite fuori porta**. Le sale sono arredate in stile rustico e nella bella stagione è possibile trovare posto sulle **ampie terrazze fiorite**. Il servizio è attento e curato.

LA CUCINA La cucina propone un'ampia scelta di piatti della **tradizione romana** oltre a una buona proposta di carne alla brace. Vale la pena iniziare con il ricco antipasto di assaggi del norcino e sfizi della campagna romana composto, tra le altre cose, da bruschetta con olio extravergine di oliva, fritti di verdure, uova con zucchine, fagioli in umido e un ottimo prosciutto tagliato al coltello. Per concludere, un'ampia scelta di dolci fatti in casa. Carta dei vini regionali e non; varie le possibilità al calice.

I PIATTI Carciofo alla giudia, Straccetti di manzo con carciofi, Saltimbocca alla romana

ISOLA DI PONZA (LT) - Ponza

A CASA DI ASSUNTA

IN BREVE *Casa e cucina di Assunta dominano Ponza e il litorale: un luogo di rara bellezza. Il menù propone pescato locale e prodotti della zona. Da non perdere i primi di pasta fatta a mano.*

Via Panoramica - Tel. 0771 820086
⏱Non ha giorno di chiusura Orario solo la sera Ferie novembre-marzo, variabili nel resto dell'anno
€ Prezzi: 45-47 euro vini esclusi
Carte di credito: CS, DC, MC, Visa

L'OSTERIA Inconsueto, ma sicuramente invitante, trovarsi lontano dal mare e dominarlo, ammirare Ponza notturna assaporando la sua cucina. La difficoltà nel raggiungere il locale sarà ripagata dalle gustose preparazioni di Assunta, che ben si accompagnano ai vini isolani.

LA CUCINA Il **sapere contadino** trasmesso da mamma Ida si sposa con l'**amore per il mare** appreso da papà Ferdinando; a tutto ciò si aggiunge un **tocco esotico** e qualche abbinamento insolito che non guastano. Si inizia con bignè alla mousse di pesce o tortino di lenticchie e zucchine. Lodevole la pasta tirata a mano, come il raviolo di cernia o Madama la Patata (pasta, patate e totanetti). Di secondo, polpo arrosto, gamberoni di Ponza grigliati, filetto di alalunga al curry, ricciola alla crudaiola. Dolci casalinghi.

I PIATTI Scarola maritata, Spaghettone con pesto di Palmarola, Sbriciolata con mousse alla ricotta e crumble integrale

ISOLA DI PONZA (LT) - Ponza

ORESTERIA

Piazza Pisacane, 51 - Tel. 338 8318003
🕐 Non ha giorno di chiusura Orario mezzogiorno e sera Ferie tra novembre e marzo
💶 Prezzi: 45-50 euro vini esclusi
Carte di credito: BM, CS, MC, Visa

IN BREVE *Lo chef Oreste Romagnolo riserva ai frutti del mare una cucina originale e genuina. Il pescato giornaliero è preparato alla siciliana, al limone o scottato in padella.*

L'OSTERIA È particolarmente gradevole accomodarsi nel dehors sul corso pedonale di Ponza. I tavoli permettono di godere della **vista del porto**, davanti a una gustosa pietanza di pesce da abbinare a un ottimo calice di vino. Valentina, moglie di Oreste, ha selezionato le migliori etichette isolane, nazionali ed estere.

LA CUCINA Lo chef Oreste Romagnolo realizza **piatti di mare** preparati con **semplice originalità**. Numerosi gli antipasti: dadolata di alalunga su letto di finocchi, pesce spada marinato con olio piccante e mollica, alici alla *scapece*. A seguire, gnocchetti cozze e pecorino, rigatoni con peperoncini verdi, pomodoro e provolone, spaghetti con vongole, mollica e finocchietto. Per secondo pescato giornaliero ben cucinato: alla siciliana, al limone o semplicemente scottato. Dai toni più forti la treccia di spigola gratinata su crema di patate. Ottimi i dolci.

I PIATTI Spaghetti con vongole, mollica e finocchietto, Alalunga in padella con caponata di verdure, Millefoglie al mascarpone

LABRO (RI)

BOCCONDIVINO

Via Garibaldi, 9 - Tel. 0746 636086
🕐 Chiuso il lunedì Orario sera, domenica e festivi anche pranzo Ferie variabili
Prezzi: 28-30 euro vini esclusi
Carte di credito: AE, BM, CS, DC, MC, Visa

IN BREVE *Un piccolissimo locale dove i piatti sono quelli di un menù da enoteca con cucina evoluta: insalata di sfilacci di cavallo, panzanella, omelette al cipollotto, bucatini all'amatriciana, baccalà.*

L'OSTERIA In un angolo della provincia di Rieti distante un po' da tutto, sorge un paesino restaurato con cura: Labro. Il Boccondivino è una parte imprescindibile di questo **borgo storico**, incastonato tra i vicoli e affascinante come tutto ciò che lo circonda. Gli spazi interni sono molto limitati, ma l'atmosfera è fatta proprio di questa intimità e fa da cornice a una proposta di cucina appassionata e originale.

LA CUCINA Pochi i piatti, realizzati ogni giorno con **ingredienti regionali** scelti con cura e rielaborati con una piccola dose di **creatività**. La scelta quotidiana segue l'offerta del mercato e le passioni del cuoco, ma è sempre molto attenta ai possibili **abbinamenti con il vino** (offerto anche al bicchiere), facendo decisamente onore al nome del locale.

I PIATTI Antipasto misto, Tagliatelle al tartufo, Baccalà con erbe, olive e ceci

TERESA

IN BREVE *Trattoria con annessa bottega, mantiene un profilo qualitativo considerevole. La sala da pranzo è ben disposta, la brace è a vista. La specialità è la carne di bufala.*

Strada Statale 148 Pontina, km 76,100
Tel. 333 9861450
🕐 Chiuso sabato a pranzo e la domenica
Orario pranzo, venerdì e sabato anche sera
Ferie 2 settimane in agosto
Prezzi: 30-35 euro vini esclusi
Carte di credito: AE, BM, CS, MC, Visa

L'OSTERIA Sono passati oltre cinquant'anni dall'apertura di questo locale gestito da Teresa e dal marito Francesco, oggi affiancati dalla figlia Ornella. Entrando ci troviamo in una **bottega** di specialità alimentari: i prodotti esposti li rintracceremo più avanti quali materie prime dei piatti dell'osteria. Ornella e Alice accolgono gli avventori, invitandoli a prendere posto nelle due sale o negli **angoletti più intimi** ricavati nelle zone di passaggio.

LA CUCINA Proveniente da allevamenti limitrofi, la **bufala è protagonista del menù**. Con carne e formaggi di questo animale Teresa provvede a creare gustosi piatti arricchiti dalle verdure che lei stessa coltiva nell'orto di proprietà. Francesco, invece, da sempre si occupa della griglia, cuocendo a vista le carni di bufala e non solo. Segnaliamo il buon tagliere di formaggi di bufala, ovini e caprini. Ampia la scelta dei vini.

I PIATTI Antipasto di bufalina, Maltagliati alla bufala, Bistecca di bufala alla brace

---

LATINA

UVA FRAGOLA

IN BREVE *Piccola osteria gestita con passione da Matteo e Chiara. In un'atmosfera gioviale e rilassante, sono serviti piatti di tradizione pontina con qualche incursione marinara.*

Via Massimo d'Azeglio, 15 - Tel. 0773 1761986
🕐 Chiuso la domenica
Orario solo la sera Ferie in gennaio
Prezzi: 28-36 euro vini esclusi
Carte di credito: BM, CS, DC, MC, Visa

L'OSTERIA **Moderna osteria** dallo stile giovanile, si trova a pochi passi dalla piazza centrale di Latina e dalla torre civica. Punti di forza: la passione e l'amore di Chiara e Matteo per i prodotti del territorio. Il locale è costituito da un unico ambiente non molto grande; nella bella stagione è possibile mangiare nel gazebo adiacente.

LA CUCINA La gustosa cucina si ispira alle **ricette locali**, con una giusta dose di innovazione che dona **freschezza e modernità** a tutti i piatti. Le materie prime sono selezionate con profonda attenzione verso la tipicità e nel rispetto delle stagioni. Le pietanze sono principalmente di terra, ma non manca qualche portata di mare. Esplicativo già l'antipasto Uva Fragola, un mix di salumi, formaggi e sfizi vari adatto a due persone. Il menù è in continuo aggiornamento.

I PIATTI Amatriciana, Baccalà con crema di ceci, Tiramisù del peccatore

LUBRIANO (VT)

IL VECCHIO MULINO

Via Marconi, 25 - Tel. 0761 780505
🕐 Chiuso il mercoledì
Orario mezzogiorno e sera **Ferie** variabili
Prezzi: 31-33 euro vini esclusi
Carte di credito: AE, BM, CS, DC, MC, Visa

IN BREVE *Osteria dove si preparano piatti semplici, casalinghi, ricette di tradizione di un territorio che confina con l'Umbria e la Toscana.*

L'OSTERIA In questo spicchio di Tuscia ai confini con Umbria e Toscana, l'osteria di Barbara Pettinelli propone piatti e sapori del territorio. L'ambiente è **semplice ed essenziale**, l'accoglienza affidata a due giovani ragazze cortesi e preparate. Il **panorama** che si può ammirare è di incomparabile bellezza: l'antica città di Civita da Bagnoregio, che svetta solitaria al centro di un anfiteatro di bianchi calanchi.

LA CUCINA La cucina ben rappresenta questa terra dove si fondono e mescolano **profumi e sapori di tre regioni**: così troviamo tra gli antipasti la pappa col pomodoro e il crostino con i fegatelli, mentre tra i primi ben figurano i maltagliati all'intingolo, le pappardelle al cinghiale, in stagione le fettuccine ai funghi porcini o al tartufo. Dolci della casa. Carta dei vini attenta al territorio e uno sfuso di buon equilibrio.

I PIATTI Maltagliati all'intingolo, Pollo alla viterbese, Cinghiale a *bujone*

MONTOPOLI DI SABINA (RI)

LA TAVERNA DEI CORSARI

Via Vittorio Veneto, 10 - Tel. 0765 279279
🕐 Chiuso lunedì-mercoledì
Orario sera, sab e dom anche pranzo
Ferie 15 giorni in novembre, 15 in febbraio
Prezzi: 25-28 euro vini esclusi
Carte di credito: BM, CS, MC, Visa

IN BREVE *Accogliente locale lungo le mura di Montopoli, dove gustosi piatti di territorio sono preparati con eccellenti materie prime locali. Molto valide anche le pizze.*

L'OSTERIA Il locale si trova lungo le mura di Montopoli e dal dehors si gode un **bel panorama**. Il proprietario è Emiliano Aureli, cuoco nonché valido pizzaiolo, aiutato in cucina dalla madre. L'apparecchiatura è **semplice e informale**, il servizio puntuale. Eccellenti le materie prime utilizzate.

LA CUCINA La cucina è in funzione nel weekend, mentre la sera si possono assaggiare **ottime pizze**, per le quali il titolare ha vinto numerosi premi. Potrete cominciare con una selezione di formaggi molto valida, servita con bruschette, burratina al tartufo e supplì. Tra i secondi spicca il baccalà alla montopolese, ovvero in umido con pomodorini, patate di Leonessa, carote e cipolla rossa. I dolci sono casalinghi. Selezione di vini laziali e non, buone birre artigianali regionali.

I PIATTI Raviolacci di ricotta di pecora con tartufo, Strangozzi cacio, pepe e guanciale, Cinghiale alla cacciatora con polenta

NETTUNO (RM)

ZERO MIGLIA

IN BREVE *Fresca e dinamica trattoria di mare, si rifornisce di pesce povero o invenduto alle aste e lo trasforma con sapienza in gustose pietanze dall'ottimo rapporto tra qualità e prezzo.*

Piazza Marconi, 3 - Tel. 06 9803030
→ 550 m dalla stazione di Nettuno
⊙ Chiuso il lunedì Orario mezzogiorno e sera Ferie 20 giorni in gennaio
Prezzi: 33-35 euro vini esclusi
Carte di credito: AE, BM, CS, MC, Visa

L'OSTERIA La strategia vincente dei fratelli Nociti sta nell'accordo con le cooperative dei pescatori della zona: acquistare il **pesce povero** o quello che rimane invenduto alle aste, portarlo in cucina e trasformarlo con sapienza in modo da proporre gustose pietanze dall'ottimo rapporto tra qualità e prezzo. Il locale, nel vecchio borgo di Nettuno, è in **stile prettamente marinaro** nei colori, con le classiche lampare al muro e, alle pareti, il menù presentato come un originale murale.

LA CUCINA Il cavallo di battaglia del locale rimane il **menù fisso**: pausa pranzo a 10 euro con tre antipasti e un primo, cena a 20 euro con sei piccoli antipasti, un primo e tre assaggi di secondi. Ottima anche la proposta alla carta, a cominciare dal ricco antipasto degustazione, che prevede dodici assaggi di pesce sia crudo sia cotto. Una menzione particolare merita il gelato all'azoto preparato al momento. Vini locali e nazionali, compreso qualche naturale; ricarichi onesti.

I PIATTI Spaghetti alle vongole veraci, Frittura di paranza, Pesce in crosta di patate

OLEVANO ROMANO (RM)

SORA MARIA E ARCANGELO

IN BREVE *Suggestivo ristorante di antica tradizione, propone una cucina capace di mescolare come poche i sapori del territorio con le tradizioni e le abitudini domestiche.*

Via Roma, 42 - Tel. 06 9564043
⊙ Chiuso lunedì e mercoledì
Orario mezzogiorno e sera Ferie 10-30 luglio
Prezzi: 35-40 euro vini esclusi
Carte di credito: AE, CS, DC, MC, Visa

L'OSTERIA Un ristorante di antica tradizione, presente nelle guide gastronomiche da decenni. **L'accoglienza è cordiale** e l'articolazione delle sale particolarmente suggestiva. La **gestione familiare** e la buona proposta enologica (che comprende anche vini biologici e naturali) lo rendono una delle mete preferite dai clienti affezionati in gita fuori porta da tutti i viaggiatori in cerca di una tavola di qualità.

LA CUCINA Una cucina, quella di Sora Maria, **capace di mescolare come poche i sapori del territorio con le tradizioni** e le abitudini domestiche: probabilmente anche per questo risulta particolarmente golosa e di conforto, in tutte le sue espressioni. Carni di qualità, ortaggi provenienti da una terra generosa e funghi porcini (in stagione) sono alla base di buona parte del menù.

I PIATTI Cannelloni della Sora Maria, Fini fini con porcini e mentuccia, Trippa in tegame con porcini

PALIANO (FR)

LA POLLEDRARA

Via Polledrara
Tel. 0775 533277-339 8680993
→ 10,3 km dall'uscita A1 Colleferro
⏱ Aperto ven-dom, maggio-settembre anche mer-gio **Orario** pranzo e cena **Ferie** gennaio
Prezzi: 33-35 euro vini esclusi
Carte di credito: BM, CS, MC, Visa

IN BREVE *In questo bell'agriturismo, la scelta della sostenibilità e la ricerca di prodotti di grande qualità sono supportate da sensibilità e capacità narrativa.*

L'OSTERIA Percorrendo una strada sterrata **all'interno della Riserva Naturale di Paliano**, si arriva a un'**azienda agricola** di grande suggestione, con un allevamento di puledri, da cui il nome Polledrara. Tre casali in pietra ospitano l'agriturismo con alloggi e piscina. Le sale dell'osteria si trovano nella struttura più grande, una con camino e una con ampie vetrate sulla campagna circostante. Spazi esterni per la bella stagione.

LA CUCINA Francesca ed Enzo perseguono la loro idea di **promozione e difesa del territorio** e dei suoi prodotti; missione espressa con grande cura soprattutto nel ricco antipasto, con molti Presìdi Slow Food, come la susianella di Viterbo e il caciofiore della campagna romana. La pasta è fatta in casa. Ottimi i dolcetti casalinghi. Vini laziali, con grande attenzione per il Cesanese; non mancano prodotti biologici e biodinamici.

I PIATTI Lasagna al ragù di verdure dell'orto, Polenta con salsicce e spuntature, Agnello brasato al Cesanese

PICINISCO (FR)

BELLAVISTA

Via Santa Potenziana, - Tel. 335 1044116
⏱ Chiuso lunedì-mercoledì, mai d'estate
Orario mezzogiorno e sera **Ferie** variabili
Prezzi: 30-32 euro vini esclusi
Carte di credito: AE, CS, MC, Visa

IN BREVE *Al confine con Abruzzo e Molise, un locale accogliente, con tanto legno nell'arredo, camino e forno a legna in sala, che propone una cucina fortemente identitaria, con mano innovativa.*

L'OSTERIA In questa terra di confine a ridosso del Parco Nazionale d'Abruzzo, si trova lo chalet della famiglia De Vittoris in cui, sia all'interno sia all'esterno, domina il legno. **Il panorama che si gode emoziona** in ogni stagione. Il forno a legna è una sorta di totem del locale. **L'atmosfera è piacevole e rilassata**; in sala, papà Mario racconta l'anima che si cela in ogni piatto.

LA CUCINA In cucina emerge prepotente la ricerca dei migliori prodotti del territorio: dal formaggio di Picinisco alle carni, dagli insaccati di suino nero alle verdure dell'orto, dalle farine di grani locali antichi all'olio di propria produzione. Con amore indiscusso verso il territorio e con **mano sicura e innovativa**, il figlio Emanuele propone piatti di indubbia bontà e pizze d'eccellenza. Dai pani alle paste e ai dolci, è tutto fatto in casa. Ottimi i vini, anche biologici, del territorio; disponibili anche birre artigianali.

I PIATTI Fettuccine all'uovo con ragù di agnello, Gnocchi di patate con orapi, Capocollo stracotto nel forno a legna

LA LOCANDA DI ARTURO

IN BREVE *Rustica trattoria nella valle di Comino: ingredienti del territorio, di produzione propria o di piccoli artigiani di fiducia, per una cucina realizzata con la spesa giornaliera.*

Piazza Capocci
Tel. 347 8314388-333 3844728
⏱ Chiuso mar, febbraio-aprile anche mer
Orario mezzogiorno e sera
Ferie in novembre
Prezzi: 31-35 euro vini esclusi
Carte di credito: AE, BM, CS, DC, MC, Visa

L'OSTERIA Picinisco si trova sulle alture della valle di Comino; troverete la Locanda di Arturo nella piazza del paese. Il **locale, a gestione familiare**, affaccia sulla vallata e ospita i propri avventori sia nella sala interna sia nella terrazza, quando il tempo lo consente. Spiccano un grande impegno per la **promozione delle produzioni locali** e un'attenzione ai vini prodotti lavorando le terre degli anziani del paese, che altrimenti rimarrebbero incolte.

LA CUCINA Il menù è un viaggio tra le migliori materie prime del territorio: formaggi, verdure, salumi e carni, reperite dai piccoli produttori della zona, nonché le **verdure del proprio orto** e le erbe spontanee del luogo. Il tutto è raccontato sapientemente da Annamaria e Davide, che allietano il pranzo con le storie locali. La pasta è fatta a mano, i dolci sono casalinghi.

I PIATTI Tagliolini con i fagioli cannellini di Atina, Gnocchi di ortiche, Bistecca di vitella locale

OSTERIA DEL VICOLO FATATO

IN BREVE *Tempi slow, cibo e vino da meditazione, grazie a una coppia geniale, emozionante per garbo e semplicità.*

Vicolo del Forno Fatato, 11
Tel. 0775 503035
→ 14,6 km dall'uscita A1 Anagni-Fiuggi
⏱ Chiuso il mercoledì e la sera dei festivi
Orario mezzogiorno e sera
Ferie 15 giorni in settembre
Prezzi: 32-34 euro vini esclusi
Carte di credito: CS, MC, Visa

L'OSTERIA Fondata vent'anni fa da Pompeo De Bellis e da sua moglie Nadia Aglitti, l'osteria rappresenta un'eccellenza per il territorio ciociaro. Il locale è una **perla retrò** ricavata tra le rocce e i pochi tavoli vanno prenotati con largo anticipo. Il patron vi accoglierà con **garbo e discrezione**, illustrandovi le proposte quotidiane. Nel tempo l'osteria è diventata un punto di riferimento per la Docg del Cesanese, proposta anche al calice.

LA CUCINA I coniugi hanno deciso di non conservare nulla e dispongono solo di un piccolo frigorifero per la quotidianità: da qui la necessità di acquistare tutto ogni giorno e di conseguenza variare il menù anche due volte al dì in base alle proposte del mercato. La maestria della cuoca sta nel realizzare **piatti sempre nuovi** ed esaltare con creatività qualsiasi ingrediente. Imperdibile il benvenuto con prosciutto di Bassiano abbinato al pane speciale della casa.

I PIATTI Maritozzo all'ortica ripieno, Fregnacce con parmigiana di pomodoro, Guanciale di maiale

POGGIO MIRTETO (RI)

LA CHIANINA

Via Matteotti, 23 S - Tel. 0765 22197
🕐 Non ha giorno di chiusura
Orario solo a mezzogiorno
Ferie ultime 2 settimane di agosto
Prezzi: 32-35 euro vini esclusi
Carte di credito: AE, BM, CS, MC, Visa

IN BREVE *Questa osteria moderna è l'ultimo frutto dell'attività agricola e artigianale di Stefano Facioni. Quasi tutte le materie prime provengono dall'azienda di proprietà.*

L'OSTERIA Stefano Facioni, mente versatile e creativa della Sabina, oltre trent'anni fa ha aperto la bottega di eccellenze gastronomiche "E non solo carne". In seguito ha dato vita ad allevamenti di bovini di razza chianina e suini di cinta senese. L'interesse nel settore lo ha portato ad avviare, oltre dieci anni fa, questa **osteria moderna**, che è diventata subito un punto di riferimento per i palati fini della zona. Dal 2013 Stefano ha ampliato il suo progetto con la coltura del grano della varietà senatore Cappelli.

LA CUCINA Le **materie prime provenienti dalle diverse proprie attività** vengono trasformate nei piatti della tradizione sabina. Per iniziare non può mancare un tagliere con salumi e formaggi selezionati. La pasta è tutta realizzata con farina di grano senatore Cappelli. Quanto ai secondi, è possibile scegliere il taglio preferito direttamente al **banco macelleria**. Buona la scelta di oli della zona. Oltre allo sfuso, si sceglie fra alcuni vini locali.

I PIATTI Tartare di chianina, Spaghettoni con carpaccio di chianina, Tagliata di chianina

POGGIO MOIANO (RI)

DA MARIA FONTANA

Viale Manzoni, 13 - Tel. 0765 876169
🕐 Chiuso il lunedì
Orario mezzogiorno, sera su prenotazione
Ferie due settimane in agosto
Prezzi: 25-28 euro vini esclusi
Carte di credito: BM, MC, Visa

IN BREVE *Cucina e servizio puntano alla sostanza in questa trattoria ospitata in un ambiente spazioso, animato e bonario. In menù bistecca, braciola, abbacchio alla scottadito cotti alla brace.*

L'OSTERIA Il ristorante si trova nel centro del paese, ai confini del Parco dei Monti Lucretili. È suddiviso in tre sale e una veranda; **l'arredamento è semplice**: sedie impagliate, tavoli con il coprimacchia bianco, scaffali con le bottiglie. L'accoglienza è garbata, spontanea e attenta, il **clima familiare** grazie ai molti clienti abituali. Il vino è quello della casa; non mancano alcune birre artigianali.

LA CUCINA I fratelli Rodolfo e Anna Rosa propongono con passione e competenza le ricette della tradizione imparate da mamma Maria. La **pasta** sapientemente **tirata a mano** rappresenta uno dei punti di forza di un menù piuttosto vasto: molto apprezzati i ravioli con ricotta e borragine per la qualità della materia prima. Rodolfo raccoglie nei campi dei monti circostanti le erbe da utilizzare: ottimo l'orapo (spinacio selvatico) all'agro. Le confetture per le crostate sono casalinghe: notevole quella di visciole.

I PIATTI Coratella di agnello, Ravioli di ricotta ed erbe, Capretto alla cacciatora

ANTONIETTA

Via San Rufo, 12 - Tel. 0746 202105
→ 600 m dalla stazione di Rieti
🕐 Chiuso lunedì e martedì *Orario* mezzogiorno, sabato anche sera *Ferie* non ne fa
Prezzi: 29-32 euro vini esclusi
Carte di credito: AE, BM, CS, MC, Visa

IN BREVE *Il menù è di stretta osservanza reatina in questo locale con una cucina di timbro contadino, ben fatta, con le verdure dell'orto di proprietà condotto in biologico.*

L'OSTERIA Ubicata nel centro storico, questa osteria si avvale dell'esperienza di due generazioni: quella di Antonietta, fondatrice del locale, e quella attuale di Guido, in sala, e Stefania in cucina. È un **luogo accogliente**, familiare, con quel **tocco di retrò** che dona intimità agli spazi.

LA CUCINA Una cucina rassicurante, che segue la linea della semplicità e della tradizione reatina. Le verdure provengono dall'**orto biologico** di proprietà e sono spesso affiancate da gustose erbe spontanee. Tra le paste fatte in casa spiccano i pizziconi, sorta di gnocchi fatti con la pasta del pane, e gli strangozzi. Alcuni piatti sono ormai diventati dei must dell'osteria: tra questi, il polpettone. Salumi, formaggi e carni provengono da aziende del territorio.

I PIATTI Pizziconi all'amatriciana, Polpettone di Antonietta, Umido misto

---

L'OSTERIA
DELLE TRE SORELLE

Vicolo Fra' Fedele Bressi, 4 - Tel. 0746 496666
→ 400 m dalla stazione di Rieti
🕐 Chiuso la domenica
Orario mezzogiorno e sera *Ferie* in luglio
Prezzi: 25-28 euro vini esclusi
Carte di credito: BM, CS, DC, MC, Visa

IN BREVE *Spazi raccolti, tavoli condivisi, in carattere con lo spirito socievole dell'osteria di un tempo. Cucina popolare romana con bucatini all'amatriciana, rigatoni con la pajata, trippa e saltimbocca.*

L'OSTERIA Sergio Mancini sarebbe senz'altro orgoglioso di vedere come le tre figlie portano avanti l'osteria da lui aperta più di 25 anni fa. Tovaglie a scacchi e ambiente rustico e caldo suggeriscono un **piacevole ambiente casalingo**. Francesca e Sole, insieme a Sara, si occupano della cucina; Cristina in sala, sempre con il sorriso, dà la giusta accoglienza a tutti, contribuendo a creare l'**atmosfera familiare**. Ottimi i vini sfusi, Passerina e Montepulciano.

LA CUCINA L'**origine romana** della famiglia risulta evidente dai piatti presenti nel menù, scritto interamente a mano nella carta paglia. Le materie prime, provenienti quasi tutte da aziende della Sabina, sono selezionate dalle sorelle in modo meticoloso. Menzione speciale per tutti i classici primi della tradizione: amatriciana, gricia, cacio e pepe, carbonara, per non dire dell'ottima pajata.

I PIATTI Insalata di nervetti e pollo, Gricia con i carciofi, Polpette alla picchiapò

RIETI

LE TRE PORTE

IN BREVE *Vendita di specialità alimentari, caffetteria, birreria, osteria, libreria, sala per incontri: un locale articolato su più aree e una cucina attenta alle varie esigenze, compresa quella vegetariana.*

Via della Verdura, 21-25 - Tel. 0746 272416
→ 850 m dalla stazione di Rieti
Chiuso il martedì
Orario mezzogiorno e sera Ferie non ne fa
Prezzi: 30-32 euro vini esclusi
Carte di credito: BM, CS, DC, MC, Visa

L'OSTERIA Tra i vicoli del centro storico, c'è un posto che mira a coniugare il "buono, pulito e giusto" della produzione locale con la cultura e la ricezione turistica. Il locale, che ha uno **stile sobrio ed essenziale**, è stato ricavato dalla riconversione di un'ex cereria di 600 metri quadrati; è articolato su due piani e per aree tematiche: trovano collocazione la caffetteria, la libreria, uno spazio importante per la vendita dei prodotti, la birreria e, infine, l'osteria, dove i tanti prodotti del territorio vengono trasformati in ottimi piatti. **Vini di piccole realtà locali**, birre artigianali.

LA CUCINA La cucina ha un'impronta locale, attenta all'origine biologica delle materie prime e alla **filiera corta**. Troviamo così fra gli antipasti, oltre alle polpette di coda alla vaccinara, una buona selezione di formaggi a latte crudo. A seguire, molto gustoso il brasato con le patate di Leonessa. La pasta fresca, così come i dolci, è fatta in casa.

I PIATTI Pizzicotti con i broccoli, Trota fritta, Budino di castagne e zabaione

RIETI

TITO

IN BREVE *Da oltre un secolo questa trattoria propone un'onesta cucina casalinga: piatti schietti e sinceri, in gran parte provenienti dalla tradizione sabina.*

Via San Rufo, 5 - Tel. 0746 201202
→ 600 m dalla stazione di Rieti
Non ha giorno di chiusura
Orario mezzogiorno e sera Ferie non ne fa
Prezzi: 25-30 euro vini esclusi
Carte di credito: AE, BM, CS, MC, Visa

L'OSTERIA Nella bella cittadina di Rieti, questo storico locale è la rappresentazione pratica di una **cucina tradizionale** attenta, viva, che non stanca mai. Le pareti raccontano una storia antica attraverso stampe, cimeli e utensili, la cura e l'ordine della bella sala principale descrivono le idee della famiglia Coletti. Conoscenza e ampia varietà nella carta dei vini, che comprende etichette di pregio, nazionali ed estere.

LA CUCINA I **piatti, schietti e sinceri**, in gran parte provenienti dalla **tradizione sabina**, sono replicati con precisione e mai approssimativi al palato. La pasta è sapientemente tirata a mano, i contorni di stagione sanno di campo. Ottima la tecnica nella realizzazione dei dolci, tra i quali la zuppa inglese.

I PIATTI Rosso d'uovo panato con fonduta al tartufo, Pizzicotti alla reatina, Tonnarelli alla Tito

AGUSTARELLO

Via Branca, 98 - Tel. 06 5746585
Chiuso la domenica Orario mezzogiorno
e sera Ferie 20 agosto-10 settembre
Prezzi: 28-30 euro vini esclusi
Carte di credito: BM, CS, DC, MC, Visa

IN BREVE *Il locale, piccolo e accogliente, con cucina a vista, ha un'unica sala con tavoli e sedie in legno. Il menù è consacrato alla tradizione romanesca con il giusto spazio riservato al quinto quarto.*

L'OSTERIA La trattoria si trova a Testaccio, quartiere del centro storico. Qui fa da padrona la cucina del **quinto quarto**, realizzata con le parti meno nobili del bovino. Alessandro Commentucci ne è un fedele interprete, continuando la tradizione familiare **da più di settant'anni**. Informale l'apparecchiatura della piccola sala, che ispira un'impronta **familiare e amichevole**. In estate si può godere di un piacevole dehors.

LA CUCINA Si può cominciare con nervetti di vitella con olive e pomodori secchi, fagioli e cotiche di maiale, la classica panzanella. Tra i primi, cavatelli cicoria, pecorino e rosmarino, rigatoni con sugo di coda alla vaccinara e i classici della cucina romana: gricia, amatriciana, carbonara. Si prosegue con coratella con cipolle, pajata arrosto, trippa alla romana, abbacchio arrosto e scottadito. Dolci casalinghi. Piccola carta dei vini prevalentemente laziali.

I PIATTI Rigatoni con la pajata, Coda alla vaccinara, Torta di ricotta al cacao e Marsala

DA ARMANDO AL PANTHEON

Salita de' Crescenzi, 31 - Tel. 06 68803034
Chiuso sabato sera e la domenica
Orario mezzogiorno e sera Ferie agosto
Prezzi: 42-44 euro vini esclusi
Carte di credito: AE, BM, CS, MC, Visa

IN BREVE *Un'osteria con cucina di qualità e accoglienza cordiale, per testimoniare una tradizione romana vivace, profonda, apprezzata nel mondo.*

L'OSTERIA Osteria storica **a pochi passi dal Pantheon**. In cucina i fratelli Fabrizio e Claudio Gargioli propongono un menù di territorio, in sala Fabiana assicura un servizio attento e competente assieme a Flavio. L'interessante carta dei vini è frutto del lavoro di ricerca del sommelier Diego: ben pensata, presenta **molte etichette naturali**. L'apparecchiatura è **semplice ma curata** nei dettagli.

LA CUCINA Tra gli antipasti troviamo mozzarella di bufala con carciofo alla romana, filetti di aringa con fagioli e cipolla di Tropea. I primi sono quelli della tradizione romana: gricia, amatriciana, carbonara, fettuccine con le *regaje* di pollo.Ogni giorno è presente un paio di zuppe. Per secondo si può scegliere fra anatra alle prugne, faraona ai funghi porcini, vitella arrosto, trippa alla romana. Piccola selezione di formaggi laziali. In chiusura maritozzo e tiramisù "a modo nostro".

I PIATTI Rigatoni alla gricia, Saltimbocca alla romana, Torta antica Roma

DA CESARE

Via del Casaletto, 45-49 - Tel. 06 536015
Chiuso il mercoledì
Orario mezzogiorno e sera Ferie in autunno
Prezzi: 35-40 euro vini esclusi
Carte di credito: AE, BM, CS, MC, Visa

IN BREVE *Frequentato da un pubblico che varia dalle famiglie agli appassionati di gastronomia, è uno degli indirizzi più interessanti della capitale. I piatti sono quelli della più autentica tradizione, dal baccalà al quinto quarto.*

L'OSTERIA Cesare si conferma uno degli indirizzi più interessanti della capitale, frequentato da un pubblico che varia dalle famiglie per il pranzo della domenica agli appassionati di gastronomia. L'accoglienza è garbata, l'**atmosfera vivace**, il vino e gli abbinamenti hanno un ruolo di primo piano, con una scelta di etichette di particolare valore.

LA CUCINA I piatti sono quelli della più **autentica tradizione capitolina**, dal baccalà al **quinto quarto**, senza svolazzi e con porzioni generose. Ogni giorno si aggiunge qualche proposta, anche di pesce, secondo la disponibilità del mercato. Si può aprire con i fritti e proseguire con un primo condito con le salse dei secondi in umido (quella di coda o degli involtini, ad esempio), ma sarebbe un peccato non lasciare un po' di spazio per i secondi, fra i quali spiccano quelli a base di interiora.

I PIATTI Polpette di bollito, Ravioli ricotta e spinaci all'amatriciana, Fegatelli di maiale nella rete

DA ENZO AL 29

Via dei Vascellari, 29 - Tel. 06 5812260
Chiuso la domenica
Orario mezzogiorno e sera Ferie in agosto
Prezzi: 35-40 euro vini esclusi
Carte di credito: AE, BM, CS, MC, Visa

IN BREVE *Non scoraggiatevi per la fila all'ingresso, una volta entrati il servizio sarà veloce e attento. Scelta dei primi e dei secondi all'insegna della più schietta cucina capitolina.*

L'OSTERIA Chi non si accontenta di visitare monumenti e basiliche ma desidera anche assaporare la **schietta romanità** attraverso i suoi fornelli, qui sarà piacevolmente accontentato. La famiglia Di Felice, composta dai fratelli Roberto, Maria Chiara e Francesco, gestisce questo locale dove **il tempo sembra essersi fermato**. Pochi coperti alimentano l'attesa, ma sarà ripagata da un **servizio rapido** che accontenterà turisti e clienti abituali. Le mensole alle pareti fanno da vetrina per alcuni prodotti in vendita.

LA CUCINA Per cominciare non deluderanno la panzanella, la ricotta con miele o confettura, la palla (patate e baccalà). Con le farine del Parco Nazionale della Majella e il guanciale di Amatrice si realizzano i primi piatti della tradizione: carbonara, gricia, cacio e pepe, amatriciana, sugo di coda. Poi immancabili trippa, coda alla vaccinara, abbacchio scottadito. Tiramisù per chiudere. Completa l'offerta un ottimo sfuso biologico laziale.

I PIATTI Carciofo alla giudia, Carbonara, Coda alla vaccinara

RIVOLUZIONE CAPITALE:
LA PIZZA AL TAGLIO E I SUPPLÌ

Pizza *a tajo* e supplì sono una tradizione nata principalmente a Roma, solo successivamente diffusa in altre città del Paese. Un rito che accomuna tutte le classi sociali: in piedi o appoggiati a un tavolino, si può trovare l'avvocato in attesa dell'udienza, i ragazzi all'uscita di scuola o la nonna con i nipotini. Che sia la bianca, *sbruciacchiata* quel tanto da renderla in parte croccante, o la rossa col pomodoro, la pizza in teglia, alla pala, accompagna i romani dal secondo dopoguerra. Suo compagno indivisibile è il supplì, possibilmente filante o come dicono i romani "al telefono", cioè con la mozzarella che fila quando si divide in due parti. Fino alla fine degli anni Novanta l'idea di pizza e fritti era strettamente legata al concetto di un prodotto economico, accessibile a tutti e. di conseguenza, anche la qualità era rimasta, salvo lodevoli eccezioni, in secondo piano. Nell'ultimo ventennio, al contrario, è esploso un movimento volto a valorizzare questa antica arte e a scardinare tutti i preconcetti attraverso scelta di materie prime di grande qualità, impasti ragionati, lievitazioni ben meditate e condimenti accattivanti e gustosi. La mollica è caratterizzata da un'alveolatura ampia, regolare e uniforme. Ha una consistenza estremamente soffice, leggermente umida e scioglievole al palato, caratteristiche dettate dall'altissima idratazione dell'impasto che, inoltre, ne determina la facile digeribilità. Sulle orme di alcuni primi e ormai ben noti personaggi apripista, in questi anni una nuova generazione di giovani pizzaioli sta rivalorizzando grandi e piccole attività di famiglia e non, dal centro storico fino alle vie dei rioni e dei quartieri della città eterna. E non solo; grande fermento anche a Fiumicino e a Viterbo. Parallelamente anche il supplì si è visto protagonista dello stesso fenomeno: qualità degli ingredienti e tecniche sempre più affinate, oltre ad azzardi ed esperimenti nella tipologia di panatura e negli abbinamenti, lasciano di stucco gli avventori, che si ritrovano di fronte all'amletico dubbio sul chiedere il "classico" o la "novità".

Nadia Castellaccio, Remo Cenci
e Matteo Falasca

FIUMICINO (RM)
SANCHO DAL 1969
Via della Torre Clementina, 142 - Tel. 338 8931807
Chiuso la domenica
Orario: 9.00-16.00, sabato 9.00-21.00, d'estate
9.00-21.00

Difficile tenere il passo del team di Sancho: le novità arrivano settimanalmente. Quasi sempre una ventata d'aria fresca, azzardate, ben studiate e golose. Discorso ancora più valido per i supplì, con i quali si sperimenta di tutto e con successo: alla pasta e fagioli, alle pappardelle, all'abbacchio in crosta di patate o cacio e pepe con le cozze; non manca il supplì al panettone.

ROMA
AGOSTINI
Via Costantino Corvisieri, 28 - Tel. 06 8611060
Chiuso la domenica
Orario: 6.30-20.00, sabato 6.30-15.00

Agostini, nato come panificio, oggi è anche pizzeria, gastronomia, pasticceria, bar: un ampio negozio nei pressi di piazza Bologna. Oltre alle immancabili classiche proposte, la pizza bianca e quella rossa croccante e sottile, meritano la pizza con patate e mozzarella, e quella pomodorini e mozzarella di bufala. Si esauriscono in fretta i supplì, fatti a mano e proposti almeno in due versioni: classico e cacio e pepe.

AL MATTARELLO D'ORO

Via della Bufalotta, 292 - Tel. 06 87141390
Chiuso domenica a pranzo
Orario: mezzogiorno e sera

Questa storica pizzeria al taglio è famosa anche oltre i confini del quartiere Talenti per i suoi squisiti supplì modellati a mano: tutti buoni e ben conditi, con un'ottima panatura, croccanti anche se mangiati freddi. Da non perdere il classico con sugo vegetariano; molto buona la versione con la 'nduja, aromatica e piccante al punto giusto, come pure il supplì cacio e pepe. Da bere solo bibite e birre.

ANTICO FORNO ROSCIOLI

Via dei Chiavari, 34 - Tel. 06 6864045
Non ha giorno di chiusura
Orario: 07.00-19.30, domenica 08.00-18.00

Da quasi mezzo secolo il forno è gestito dalla famiglia Roscioli: oggi sono Alessandro e Pierluigi a studiare impasti e lieviti per offrire pani e pizze alla pala di qualità. La proposta comprende anche i supplì, dal classico al cacio e pepe e quello sfiziosissimo alla pappa con il pomodoro. È un indirizzo valido anche per torte rustiche, dolci da forno e rosticceria.

ELETTROFORNO FRONTONI

Via Ostiense, 387 - Tel. 06 45619534
Chiuso la domenica
Orario: 10.00-22.00

Pizza bianca al sesamo con i fichi, al prosciutto e melone, con verza viola patate e zenzero... I ragazzi hanno raddoppiato in tutti i sensi: notevole salto nella proposta rispetto all'anno scorso e nuova apertura in via Eurialo, in zona San Giovanni. I supplì, tra i più variegati, sono di gran livello.

FOOD BOX

Via Franklin, 12 - Tel.
Chiuso la domenica
Orario: 10.30-15.30

Tra i box del mercato al rione Testaccio, Marco Morello sfama la nutrita clientela a suon di supplì nelle versioni tradizionali o speciali, porchetta e altri piatti tipici della cucina romanesca e non. Grandi sono l'attenzione agli ingredienti di qualità e il rispetto maniacale delle ricette tradizionali.

FORNO CAMPO DE' FIORI

Piazza Campo de' Fiori, 22 - Tel. 06 68806662
Chiuso domenica, d'estate anche sabato
Orario: 7.30-20.00

Nella storica piazza dove ogni giorno si svolge un festoso e colorato mercato, questo forno è famoso per le molte varietà di pane e per i genuini dolci da forno, ma propone anche le tradizionali pizze alla pala e quelle romane scrocchiarelle: bianca, con pomodoro e mozzarella, marinara. Molto apprezzata la bianca soffice con ripieno, soprattutto quella con la mortadella. Non mancano i supplì: gustoso il tradizionale con ragù, pomodoro e mozzarella.

GABRY

Via Santa Maria Ausiliatrice, 13 - Tel. 06 789335
Chiuso la domenica - Ferie: 4-31 agosto
Orario: 08.30-21.00

Il locale, vicino alla chiesa di Santa Maria Ausiliatrice, è piccolo e accogliente, l'atmosfera è familiare e un po' datata. Qui non si rincorrono i cambiamenti ma la pizza al taglio proposta certo non delude. La meraviglia però è nei fritti: tra questi spiccano i supplì, sempre caldi, che con la loro panatura asciutta e croccante, il riso imbevuto di ragù di carne, come una volta, muovono a un desiderio irrinunciabile.

IL FORNO DELLE MERAVIGLIE

Via Cardano, 13 - Tel. 06 5578791
Chiuso la domenica
Orario: 7.00-20.30

Indirizzo storico per gli amanti della tradizionale pizza in teglia romana, bianca e rossa, bassa e scrocchiarella. La famiglia Albanesi continua a sfornare prodotti ben fatti a prezzi onesti e supplì al ragù dalla panatura leggera e sfiziosa.

LA CASA DEL SUPPLÌ

Piazza Re di Roma, 20 - Tel. 06 70491409
Chiuso la domenica
Orario: 10.00-22.00

I fratelli Sisini hanno aperto questo arioso locale nel 1986. Da allora hanno sempre soddisfatto le aspettative di chi ama pizza e supplì e altri fritti, che rappresentano al meglio il cibo di strada dei romani. La pizza, fatta con le migliori farine, risulta croccante fuori, ben alveolata e morbida dentro: dalle classiche a quelle più legate a ingredienti stagionali, sono tutte da leccarsi i

baffi. I supplì, dal tradizionale con ragù di carne a quelli più fantasiosi, hanno come comun denominatore l'ottima panatura, il riso al dente e la gioia golosa di chi li mangia.

LIEVITO

Viale Europa, 339 - Tel. 06 69363592
Chiuso la domenica
Orario: 10.30-22.00

Continua a crescere la proposta del giovanissimo Francesco Arnesano, che ha ormai conquistato il quartiere Eur e non solo. La pizza dal magnifico magnifico equilibrio tra sofficità e croccantezza, si è arricchita di nuovi condimenti brillantemente congegnati, come fichi e tartufo, totani, piselli e menta, mortadella, limone e peperoncino. Continua felicemente la sperimentazione riguardo alle tipologie di impasti e le varianti di supplì.

LUCIANO E GIANNI

Via Albano, 39 - Tel. 06 7821192
Chiuso la domenica
Orario: 09.00-21.30

A pochi passi dalla fermata della metropolitana Colli Albani troviamo il piccolo locale in cui i fratelli Luciano e Gianni riescono, ormai da parecchi anni, a stupire i loro clienti con pizze deliziose per fragranza e bontà delle materie prime. Per accontentare proprio tutti si servono anche pasta, pomodori con il riso, gnocchi e magnifici supplì: ottimi quelli al pomodoro, con cuore filante di fior di latte, sempre preparati al momento; da menzione d'onore quelli con broccoli e salsiccia.

OTTAVI DAL 1921

Via dei Dalmati, 3 - Tel. 06 65498083
Chiuso la domenica - Ferie: variabili
Orario: 7.30-23.00

Un luogo pulito e curato in cui, dalla colazione alla cena, si possono assaggiare prodotti da forno dolci e salati. Ottimo e profumato il supplì pomodoro e basilico, molto buoni anche quelli alla carbonara e cacio e pepe. Ampia scelta di pizze, dall'impasto leggero e digeribile. Consigliamo la classica margherita e la doppia pizza farcita con mortadella, burrata e granella di nocciole. C'è anche uno spazioso dehors.

PANE E TEMPESTA

Via Giovanni de Calvi, 23 - Tel. 06 87725015
Non ha giorno di chiusura
Orario: 07.30-23.00, domenica 17.00-23.00

Le diverse consistenze e la ricercatezza degli ingredienti contraddistinguono ora anche le due "novità": la pizza in versione tonda e gli ottimi calzoni. La tecnica di panificazione resta il fiore all'occhiello di questa piccola grande bottega di Monteverde, che ha inaugurato l'anno scorso una nuova sede in zona Pisana. I supplì sono perfetti e proposti in diverse varianti.

PANELLA

Via Merulana, 54 - Tel. 06 4872435
Non ha giorno di chiusura
Orario: 07.00-22.00

Il regno del pane: classico, farcito, di tradizione laziale. Immancabile la pizza bianca con la mortadella, da provare le pizze al taglio. Disponibili diverse varianti, anche stagionali, di maxi supplì. Quello classico, al ragù, è preparato, con riso carnaroli o basmati. Buoni anche i supplì alle ortiche e con cicoria e pecorino.

PIZZARIUM

Via della Meloria, 43 - Tel. 06 39745416
Non ha giorno di chiusura - Ferie: non ne fa
Orario: 11.00-22.00, dom 12.00-16.00 e 18.00-22.00

Nel 2004, Gabriele Bonci, grande maestro della farina e del lievito, ha aperto questo piccolo spazio dove assaporare molte varietà di pizza al taglio e supplì di tutti i tipi e a tutti i prezzi. Fuori dal locale, in piedi o seduti, gusterete succulenti e iperconditi tranci di pizza, tra i quali spiccano spinaci, formaggio e fichi, patate, radicchio e tonno, e la tradizionale margherita. Oltre al supplì classico, da provare quello con la polpetta di bollito e quello "spaghetti".

POMMIDORO PIZZA E FRITTI

Via delle Acacie, 1 A - Tel. 391 1691322
Chiuso il lunedì
Orario: 11.00-22.00

In quel di Centocelle, Mirko Rizzo, infaticabile e sempre alla ricerca dell'impasto perfetto, ha dato con la sua pizza al taglio un valore aggiunto allo street food del quartiere. Tutte le materie prime sono di qualità e ogni teglia riesce a stupire e soddisfare i palati più esigenti. I fritti non sono da meno: dal supplì con il classico ragù, la panatura croccante e il cuore dolce e umoroso, a quelli speciali ispirati dall'incontenibile fantasia di Mirko. Il tutto si può innaffiare con ottime birre artigianali, magari seduti sugli sgabelli disponibili fuori.

PRELIBATO

Viale di Villa Pamphili, 214-216 - Tel. 06 93577165
Chiuso la domenica
Orario: 9.00-20.00

Piccolo panificio con cucina a Monteverde Vecchio. La pizza a lunga lievitazione (48-72 ore) presenta un'alveolatura eccellente, croccantezza ideale, ed è proposta all'amatriciana, radicchio e patate, cacio e pepe.

SFORNO

Via Statilio Ottato, 110 - Tel. 06 71546118
Non ha giorno di chiusura
 Ferie: 10 giorni in agosto
Orario: 19.45-23.30

Stefano Callegari è ormai una garanzia. Oltre alle ottime pizze, da Sforno si viene per gustare fritti goduriosi: non c'è che l'imbarazzo della scelta. I supplì sono contraddistinti da una giusta panatura asciutta e croccante: spiccano il classico al ragù e, tra gli speciali, estrosi ma sempre all'altezza, quelli alla gricia, parmigiana, carbonara e il delizioso supplì di Ariccia. Buone le birre e i vini.

SUPPLÌ ROMA

Via San Francesco a Ripa, 137 - Tel. 06 5897110
Chiuso dom e festivi - Ferie: tre settimane in agosto
Orario: 10.00-22.00

Nella piccola, storica rosticceria di Trastevere, dal 1979 Giacomo, Enrico e Loreto propongono supplì dalla panatura croccante. I ripieni si alternano (ragù di coda alla vaccinara, cacio e pepe, al limone...), ma non manca mai quello tradizionale, riso condito con ragù di carne e mozzarella filante. Molte le varietà di pizze in teglia: bianca, marinara, margherita, salsiccia e porcini, solo per citare le più gettonate. E i clienti fanno la fila anche per primi e pietanze da asporto.

SUPPLIZIO

Via dei Banchi Vecchi, 143
Chiuso la dom - Ferie: due settimane in agosto
Orario: 11.30-16.00 e 16.30-21.30

Affermato oste nel quartiere Prati, Arcangelo Dandini da sei anni ha dato vita a questo locale, coniugando il re del cibo da strada romano, il supplì, con i ricordi della sua infanzia e i fritti della tradizione. Il locale è accogliente e c'è la possibilità di stare seduti su comode poltrone o sul divano in pelle per gustare non solo il supplì classico con *regaje* di pollo, pomodoro, mozzarella e parmigiano, ma anche cacio e pepe, e burro e acciughe. Notevoli i dolci e le "altre cose buone", come recita il menù.

SUPPLIZIO AI CORONARI

Via dei Coronari, 25 - Tel. 06 68307673
Non ha giorno di chiusura
Orario: 11.00-21.30

Supplì classico, cacio e pepe, pomodoro e basilico, e non solo, in questa bella bottega di una via suggestiva del centro storico. È essenzialmente una gastronomia con possibilità di asporto, che propone piatti della tradizione, fritti come la mozzarella in carrozza, nonché la *pinsa* romana, una pizza molto digeribile conosciuta nell'antica Roma, farcita con la mortazza o con pomodoro, mozzarella e basilico. Il tutto è accompagnato da vino e birre artigianali.

TRAPIZZINO

Piazza Trilussa, 46 - Tel. 06 5817312
Non ha giorno di chiusura
Orario: 10.30-01.00

Alle spalle di piazza Trilussa e al centro della movida di Trastevere, in un ambiente giovane e festoso, oltre a gustare gli ormai famosi trapizzini, possiamo optare per i supplì, altra colonna portante dello street food capitolino: dalla panatura croccante e asciutta, declinati in tanti modi, dal classico con ragù a quello all'amatriciana o alla carbonara, sono tutti contraddistinti da buone materie prime e da una perfetta esecuzione.

VITERBO
O'SARRACINO

Via Cavour, 39 - Tel. 328 3667619
Non ha giorno di chiusura
Orario: 18.00-21,30, dom anche 12.00-14.30

Appartenente alla nuova generazione di pizzaioli della Città dei Papi, O 'Sarracino propone pizze farcite anche con Presìdi Slow Food. Un'interessante integrazione fra esperienza partenopea, tradizione romana e innovazione è costituita dalla bombetta etrusca, una rivisitazione del supplì con ripieno di susianella viterbese e ricotta, e dalle crocchette preparate con le patate dei Colli di Viterbo.

EPIRO ROMA

IN BREVE *Sorprendente la bontà di piatti ricercati e al tempo stesso popolari. L'atmosfera è conviviale, allegra, il servizio informale e molto attento.*

Piazza Epiro, 26 - Tel. 06 69317603
Chiuso il lunedì Orario sera, domenica anche pranzo Ferie variabili
Prezzi: 35-37 euro vini esclusi
Carte di credito: AE, BM, CS, DC, MC, Visa

L'OSTERIA Il "nuovo" Epiro dell'oste Matteo Baldi è splendido: coniuga la sensazione di sentirsi a casa con la sorprendente bontà di **piatti ricercati e al tempo stesso popolari**. La cucina a vista si apre sulla prima sala dalle grandi vetrate; una seconda conduce al cortile, piacevole con il clima mite. **L'atmosfera è conviviale**, allegra, il servizio informale e molto attento. Si beve bene con i vini naturali e biodinamici consigliati da Paolo.

LA CUCINA L'oste si dedica alla sala e ha lasciato la cucina nelle mani di Michele, suo aiuto cuoco. La proposta è innovativa nella tradizione, (l'ottima amatriciana estiva e la tempura di verdure) e talvolta più creativa come nel caso della pancia di maiale con bietoline e pere. È soprattutto una **cucina di mercato**, attenta alle materie prime provenienti solo da selezionati fornitori. C'è equilibrio nei piatti e passione nel raccontarli.

I PIATTI Ravioli ripieni di castelmagno, zucca e finferli, Fettina panata di vitella, Maritozzo con crumble di cioccolato e gelato alle spezie

FLAVIO AL VELAVEVODETTO

IN BREVE *Con grande rispetto per il cliente e per la materia prima, Flavio De Maio, nel suo locale al Testaccio, propone la cucina del quinto quarto ma anche della tradizione giudaico-romana.*

Via di Monte Testaccio, 97-99
Tel. 06 5744194
→ 900 metri dalla stazione di Roma Ostiense
Non ha giorno di chiusura
Orario mezzogiorno e sera
Ferie 24 e 25 dicembre sera, 31 dicembre sera
Prezzi: 38-40 euro vini esclusi
Carte di credito: AE, BM, CS, DC, MC, Visa

L'OSTERIA Osteria storica, si trova nel quartiere Testaccio. Il locale si snoda in diverse **sale scavate nel Monte dei Cocci**, una grotta che un tempo fungeva da cantina per il vino; disponibili anche una veranda e uno spazio esterno. La trattoria ha molti coperti e un nutrito personale in sala, siate dunque indulgenti sul servizio se a volte appare un po' sbrigativo. Buona la proposta dei vini, compreso quello della casa.

LA CUCINA Se avete voglia di mangiare ottimi piatti, espressione del territorio e della tradizione, in un **ambiente informale**, questo è il posto giusto. La grande attenzione che l'oste, Flavio Di Maio, pone nella scelta delle materie prime, vi terrà al riparo da trappole turistiche. Tanti, per cominciare, gli antipasti, della tradizione e non solo. Tra i primi eccellono i tonnarelli cacio e pepe, tra i migliori della città. Ottime le polpette di bollito panate e la bistecca.

I PIATTI Carciofo alla giudia, Tonnarelli cacio e pepe, Trippa alla romana

GRAPPOLO D'ORO

Piazza della Cancelleria, 80-84
Tel. 06 6897080
Chiuso mercoledì a pranzo
Orario mezzogiorno e sera Ferie non ne fa
Prezzi: 37-40 euro vini esclusi
Carte di credito: AE, BM, CS, MC, Visa

IN BREVE *A pochi passi da Campo de' Fiori, coerenza tra proposta di cucina e contesto ambientale, quanto mai romani e senza pericolo di deformazioni turistiche.*

L'OSTERIA Siamo nel cuore pulsante della città, a pochi passi da Campo de' Fiori e dal suo mercato, meta per turisti da ogni parte del mondo, desiderosi di vivere un'autentica esperienza culturale, sociale e gastronomica. Tuttavia il centro pullula di locali che nulla hanno a vedere con la tradizione: per fortuna fa eccezione questa osteria dall'**ambiente sobrio ed elegante**.

LA CUCINA Antonello Magliari e brigata cercano di non perdere di vista l'**anima romanesca** del locale, proponendo una cucina verace che, negli anni, si è leggermente adeguata alle richieste della clientela. L'antipasto misto è un piatto unico che comprende panzanella, millefoglie di burrata e alici, baccalà mantecato, parmigiana, polpetta di bollito. Seguono i classici **primi della tradizione**, quindi secondi di carne o pesce. Concludono dolci e gelati casalinghi. L'ampia carta dei vini valorizza il Lazio, non escludendo alcune rarità.

I PIATTI Polpetta di bollito, Carbonara, Agnello alla romana

L'OSTERIA DI BIRRA DEL BORGO

Via Silla, 26 A - Tel. 06 83762316
Non ha giorno di chiusura
Orario mezzogiorno e sera Ferie non ne fa
Prezzi: 38-40 euro vini esclusi
Carte di credito: AE, BM, CS, DC, MC, Visa

IN BREVE *Un locale a metà strada tra pub, osteria e pizzeria, con occhio attento anche al versante dei cocktail. Tra le variazioni settimanali, un menù dedicato alla cucina del quinto quarto.*

L'OSTERIA Il locale si è ormai affermato come uno degli indirizzi più amati da tutti gli **appassionati di malto e luppolo**. Ci sono sempre molte proposte alla spina e in bottiglia, e il personale di sala saprà aiutarvi nella giusta scelta. L'atmosfera è quella di un'**osteria contemporanea** che sa relazionarsi con i produttori del proprio territorio.

LA CUCINA Si mangiano **pizze d'autore** con diversi impasti, lievitazioni e farciture, ma tutto parla di Roma e del Lazio perché le materie prime sono quasi sempre locali e di grande qualità. Anche i piatti raccontano la capitale e la campagna circostante, rivisitando i **classici della tradizione**, con un pizzico di fantasia e secondo l'alternarsi delle stagioni.

I PIATTI Supplì, Sfera di coda alla vaccinara, Ravioli di baccalà, zucca e fava di cacao

L'OSTERIA DI MONTEVERDE

Via Pietro Cartoni, 163-165
Tel. 06 53273887
→ 1,2 km dalla stazione di Roma Trastevere
⏱ Chiuso lunedì a pranzo
Orario mezzogiorno e sera Ferie variabili
Prezzi: 35-40 euro vini esclusi
Carte di credito: BM, CS, MC, Visa

IN BREVE *Osteria che resta rispettosa del territorio e non trascura l'originaria vocazione romana e popolare. Eccellenti i primi della tradizione: cacio e pepe, schiaffoni al sugo e pajata.*

L'OSTERIA Un'unica sala con arredamenti e apparecchiatura da trattoria, un'atmosfera piacevole e gioviale, un servizio informale ma attento: questa la piccola osteria del popoloso quartiere Monteverde Nuovo. La calda accoglienza di Fabio Tenderini e la cucina di Roberto Campitelli, fatta di passione e sperimentazione, concorrono a soddisfare il cliente.

LA CUCINA La proposta è di livello ma semplice, priva di retorica. È la narrazione della storia dei due patron e delle loro esperienze: una rivisitazione della **cucina romana popolare** in chiave moderna, uno stimolante percorso della **tradizione ebraico-testaccina** e del quinto quarto, ma anche una **cucina creativa**, mai fine a se stessa, sempre rispettosa del territorio e attenta alla qualità delle materie prime. Non mancano interessanti proposte vegetariane e con pesce azzurro. Piccola ma attenta la carta dei vini e quella dei distillati; interessanti proposte di birre.

I PIATTI *Er foie gras de noantri*, Animelle glassate, Baccalà arrosto

LA TAVERNACCIA

Via Giovanni da Castel Bolognese, 63
Tel. 06 5812792
→ 400 m dalla stazione di Roma Trastevere
⏱ Chiuso il mercoledì Orario mezzogiorno e sera Ferie ultima sett di agosto-prime 2 di settembre
Prezzi: 34-40 euro vini esclusi
Carte di credito: AE, BM, MC, Visa

IN BREVE *Tavoli ben distanziati, servizio informale e spigliato, menù e piatti del giorno ben spiegati. La cucina spazia tra le diverse tradizioni italiane, con preciso privilegio di quella romana.*

L'OSTERIA Più di mezzo secolo fa Bruno e la moglie Giovanna hanno aperto questa schietta trattoria nella zona del mercato domenicale di Porta Portese. Nel bel locale dagli archi in pietra, l'atmosfera richiama i tempi passati. **La gestione è familiare**: oggi ne sono a capo le figlie del fondatore, Paola e Patrizia, la quale ha coinvolto il marito Giuseppe Ruzzettu, cuoco esperto, e il figlio Gabriele. Si bevono vini laziali, anche al calice, e birre artigianali.

LA CUCINA La cucina è quella **romana e laziale della tradizione**, schietta e gustosa. Da uno **scoppiettante forno a legna** arrivano focacce e pizze farcite con ingredienti scelti, ma anche e soprattutto il maialino e il petto di vitella, entrambi con patate arrosto, che si esprimono al meglio attraverso questa tecnica di cottura. Interessante la scelta di formaggi laziali; si travalica il confine solo per la mozzarella di bufala cilentana. Buoni i dolci casalinghi.

I PIATTI Saccoccio di fritti, Spaghettoni all'uovo alla gricia, Coniglio alla cacciatora

LO'STERIA

Via dei Prati della Farnesina, 61
Tel. 06 33218749
🕐 Chiuso il lunedì, in estate la domenica
Orario mezzogiorno e sera
Ferie 2 settimane in agosto
Prezzi: 28-32 euro vini esclusi
Carte di credito: AE, BM, CS, DC, MC, Visa

IN BREVE *Un locale ben curato e attraente nel suo stile sobrio e minimale. Il menù è legato alle materie prime del territorio, la schiettezza dei sapori richiama altri tempi con attenzione ai gusti contemporanei.*

L'OSTERIA A Ponte Milvio, nel cuore della movida, in posizione strategica e al tempo stesso defilata e tranquilla, troviamo questo bel locale **accogliente nella sua semplicità**: l'arredamento essenziale che incarna pienamente il senso di osteria contemporanea, qualche tavolo all'aperto nella bella stagione. **Il servizio è attento e cortese**. Buona la proposta di vini del territorio.

LA CUCINA Molta l'attenzione nella scelta delle materie prime per piatti che raccontano il territorio. Una cucina di buona qualità, stagionale, con un **ottimo rapporto tra qualità e prezzo**. Consigliamo di affidarvi alle proposte del giorno: leggetele sulla lavagna o, meglio, fatevele raccontare. Si può iniziare con un ricco tagliere di salumi e formaggi per due persone, servito con la tipica focaccia croccante alla romana. Valido anche il saccoccio di fritti. Lasciate un po' di spazio per assaggiare i dolci.

I PIATTI Spaghettoni con broccolo romanesco e pecorino, Polpette al sugo, Tiramisù

MENABÒ VINO E CUCINA

Via delle Palme, 44 D - Tel. 06 86937299
🕐 Chiuso il lunedì Orario sera, sabato e domenica anche pranzo Ferie 10-24 agosto
Prezzi: 32-35 euro vini esclusi
Carte di credito: BM, CS, MC, Visa

IN BREVE *In un'atmosfera tipica delle trattorie di quartiere, Daniele e Paolo offrono un menù con fegato nella rete, carbonara, padellaccia di maiale, trippa alla romana.*

L'OSTERIA Daniele, l'oste, e Paolo, il cuoco, fratelli e proprietari di questo locale a Centocelle, risolvono con semplicità disarmante il dilemma riguardo all'**interpretazione moderna della cucina d'osteria**. Sedendo nel loro locale si percepiscono **essenza e autenticità**. Cose semplici: **accoglienza impeccabile**, cura nella scelta degli ingredienti; qui nulla è finto né ostentato, nel piatto come nell'arredamento. La carta dei vini è pensata con la testa e con il cuore; bella anche la proposta al calice.

LA CUCINA Un must, per cominciare, il fegato nella rete. Buono a seguire il macco di fave, erbe ripassate e battuto rosso. Il polpo rosticciato con crema di finocchi e patate, pomodori infornati e cicoria è una chicca, altrimenti padellaccia di maiale con mele e finocchiella. Preparato con molta cura il dolce al migliaccio con fiordilatte e riduzione di vino rosso.

I PIATTI Fegato cipolla rossa e alloro, Carbonara, Trippa alla romana

OSTERIA DEL BORGO

IN BREVE *La proposta di questo ristorante è piuttosto ampia: salumi e formaggi del territorio, una buona amatriciana, abbacchio a scottadito e l'immancabile trippa alla romana.*

Via Borgo di Sopra, 21 - Tel. 06 30430023
Non ha giorno di chiusura
Orario mezzogiorno e sera Ferie non ne fa
Prezzi: 45-47 euro vini esclusi
Carte di credito: AE, BM, CS, DC, MC, Visa

L'OSTERIA In un borgo molto fascinoso, da set cinematografico, troviamo questa osteria dai **soffitti con travi in legno, un bel camino**, tanti oggetti di lavoro vintage, bottiglie sparse ovunque e, appesi alle pareti, pentole in rame e pomodorini del piennolo. I tavoli in legno hanno un'apparecchiatura semplice, con tovagliette di carta. La gestione è affidata a due fratelli, Luca in sala e Marco in cucina, insieme ad Andrea, uno dei fondatori del locale.

LA CUCINA La cucina si indirizza verso una linea da ristorante per le carni pregiate, i prosciutti artigianali tagliati a mano e le proposte gourmet: in questo caso, il prezzo è conseguente. Nel percorso degustazione, invece, piatti della tradizione, Presìdi Slow Food e preparazioni con selezionate materie prime del territorio. **La carta dei vini è molto ampia**, con uno spazio dedicato alle etichette laziali. **Interessante la selezione di oli extravergine**.

I PIATTI Antipasto del Borgo, Fieno di Cesano con ragù di quattro carni e pecorino romano, Coniglio leprino viterbese porchettato

OSTERIA DEL VELODROMO VECCHIO

IN BREVE *Storica osteria di quartiere, un po' nascosta tra i palazzi, offre una lieta sosta con pietanze imperdibili della tradizione romana. Il martedì e il venerdì il menù si arricchisce di piatti di pesce.*

Via Genzano, 139 - Tel. 06 7886793
→ 1,7 km dalla stazione di Roma Tuscolana
Chiuso domenica sera e il lunedì
Orario mezzogiorno e sera
Ferie 20 giorni in agosto
Prezzi: 30-35 euro vini esclusi
Carte di credito: AE, BM, CS, DC, MC, Visa

L'OSTERIA **Da un quarto di secolo** l'osteria gestita da Matteo Ballarini e Alessandra Sabelli propone **piatti della tradizione giudaico-romana** nel quartiere Tuscolano, dove un tempo sorgeva il motovelodromo Appio. Foto di campioni delle due ruote e illustrazioni di eventi ciclistici adornano le pareti delle due sale, arredate con semplicità fra mobili in legno e tavoli con belle tovaglie bianche. L'atmosfera tranquilla e familiare concilia il consumo di un pasto lontano dai veloci ritmi della città.

LA CUCINA Dalla cucina escono piatti tradizionali come i rigatoni al sugo di coda, la minestra in brodo di arzilla, il tortino di indivia e alici. **Attenta la selezione di formaggi**, fra i quali figurano alcuni Presìdi Slow Food come la marzolina, il caciofiore della campagna romana e il canestrato di Castel del Monte. Il martedì e il venerdì il menù si arricchisce di pietanze di pesce.

I PIATTI Tonnarelli cacio e pepe, Coda alla vaccinara, Crostata ricotta e visciole

OSTERIA DELL'ANGELO

Via Giovanni Bettolo, 24 - Tel. 06 3729470
Chiuso sabato a pranzo e domenica
Orario mezzogiorno e sera Ferie agosto
Prezzi: 32-35 euro menù fisso vini esclusi
Carte di credito: BM, CS, DC, MC, Visa

IN BREVE *Questa trattoria è un avamposto della tradizione: fagioli all'uccelletto, bruschette, tonnarelli cacio e pepe, carni, salsicce e pollo alla brace, trippa alla romana.*

L'OSTERIA La **storica osteria** di Angelo Croce è conosciuta e apprezzata da romani e stranieri. Fondata negli anni Ottanta, ha negli anni ampliato i suoi spazi: alle due salette strette e lunghe degli inizi, con le foto del patron ai tempi in cui era giocatore di rugby, è stato aggiunto un grande spazio con la brace. D'estate, disponibili tavoli all'aperto sulla strada. **L'arredamento è quello tipico**: tavoli in legno, sedie impagliate, tovaglietta di carta paglia con il menù. La sera, *se magna o nun se magna*, il prezzo è fisso. Vino sfuso della casa.

LA CUCINA La cucina, quella **tradizionale romana** da trattoria, propone piatti storici come cacio e pepe, zuppa di broccoli e arzilla, il giovedì gnocchi, il sabato rigatoni con la pajata. L'antipasto è sfizioso e vario. Tra i secondi, accanto a coda alla vaccinara e trippa, ci sono le carni alla brace; con la bistecca ovviamente il prezzo sale. Si chiude con le ciambelline e il Cesanese dolce.

I PIATTI Pesce finto, Rigatoni con sugo alla vaccinara, Spezzatino alla picchiapò

PENNESTRI

Via Giovanni da Empoli, 5 - Tel. 06 5742418
→ 600 m dalla stazione di Roma Ostiense
Chiuso il lun Orario sera, ven-dom anche pranzo Ferie variabili
Prezzi: 35-38 euro vini esclusi
Carte di credito: BM, CS, MC, Visa

IN BREVE *L'ambientazione è semplice ma calda, l'accoglienza e il servizio attenti e professionali. La cucina fa uso di ingredienti tradizionali, non senza un tocco creativo nell'esecuzione.*

L'OSTERIA È un locale amato da un'affezionata clientela per la capacità di **mescolare identità e modernità**, incarnando il concetto di vera **trattoria contemporanea**. La sala è molto accogliente e d'atmosfera, il servizio professionale e garbato. Siamo in una delle zone di Roma più affollate e ricche di indirizzi, ma per trovare posto qui è necessario prenotare per tempo.

LA CUCINA Forte di una formazione che non è solo quella tradizionale, la cucina qui vuole andare **oltre i confini delle ricette "di una volta"**. Le proposte interpretano in maniera fantasiosa i piatti di territorio. Le materie prime, legate alla stagionalità, sono scelte con cura e attingono a piene mani dal mercato locale e dai sapori romani. Ottima carta dei vini con mescita e bottiglie; interessante la selezione di produttori laziali.

I PIATTI Pizza di scarola, Pasta mista con lenticchie e aglio, Trippa al sugo con menta e pecorino

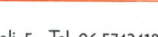

PRO LOCO D.O.L.

Via Panaroli, 35 - Tel. 06 24300765
→ km 21,2 dal Casello Roma Sud
dell'Autostrada del Sole
🕐 Chiuso la domenica Orario mezzogiorno
e sera Ferie 2 settimane in agosto
Prezzi: 32-35 euro
Carte di credito: AE, BM, CS, DC, MC, Visa

IN BREVE *Una bottega del gusto – straordinaria la selezione di formaggi e salumi – dove mangiare una cucina di mercato, ispirata dalla disponibilità stagionale.*

L'OSTERIA Le **eccellenze gastronomiche di origine laziale** (DOL appunto) sono protagoniste di questa "bottega del gusto", prima creatura nata dalla ricerca e dalla passione di Vincenzo Mancino e ormai solido riferimento di Centocelle e non solo. All'ingresso una grande stampa d'epoca con il primo tram del quartiere fa da sfondo al ricco bancone di formaggi e salumi: adiacente la sala con i tavoli sovrastati dall'enorme lavagna con il menu del giorno. Incentrata sul Lazio anche l'accurata selezione dei vini, proposti anche al calice, con qualche etichetta ospite.

LA CUCINA Si confermano **imperdibili i taglieri** di salumi come la mortadella di Mangalitza, il crudo di Bassiano e i formaggi a latte crudo, fra cui quelli di Cibo Agricolo Libero, caseificio ricavato all'interno del carcere femminile di Rebibbia. Dalla cucina piatti tradizionali o ispirati dalla disponibilità di prodotti di stagione, accostati con gusto ed equilibrio. A pranzo il conto è ridotto del 20% mentre la sera si sfornano anche pizze.

I PIATTI Mezze maniche all'amatriciana, spaghettoni con ragu di mangalitza, tartare di manzo

ROMA

PROLOCO TRASTEVERE

Via Mameli, 23 - Tel. 06 45596137
🕐 Chiuso il martedì
Orario mezzogiorno e sera Ferie variabili
Prezzi: 35-37 euro vini esclusi
Carte di credito: BM, CS, MC, Visa

IN BREVE *Ampio bancone per cocktail, classici taglieri di formaggi e salumi, servizio attento e preparato. Piatti di tradizione e anche la pizza, cotta in forno a carbone come del resto gran parte dei piatti.*

L'OSTERIA Nella turistica Trastevere, un po' di sano fondamentalismo nel richiamo alla terra e ai **saperi contadini** contrasta solo in apparenza con l'**ospitalità dinamica** e lo stile del locale. All'ingresso spiccano il bancone bar e i divanetti per bere ottimi cocktail.

LA CUCINA Salumi e formaggi sono selezionati con molta attenzione. I primi romaneschi sono preparati con **il meglio dell'eccellenza laziale**. Anche le carni sono di grande qualità; optando per il pesce, si segnala il cuore di baccalà con crema di ceci e verdure. Ottima la pizza cotta in forno a legna, realizzata con lievito madre e farine biologiche integrali, lievitata per 48-60 ore: da provare la Monti Lepini. Dolci genuini e sostanziosi. Interessante, la domenica, la proposta del brunch contadino.

I PIATTI Cocotte con pane croccante, scamorza affumicata e carciofo alla brace, Pici al ragù bianco di mangalica, Stracotto di transumanza

ROBERTO E LORETTA

IN BREVE *L'atmosfera è piacevole, la clientela molto variegata. La cucina, rispettosa della stagionalità, è basata principalmente sulla tradizione romana.*

Via Saturnia, 18-24 - Tel. 06 77201037
🕐 Chiuso il lunedì Orario mezzogiorno e sera Ferie 3 settimane in agosto
€ Prezzi: 37-40 euro vini esclusi
Carte di credito: AE, BM, CS, DC, MC, Visa

L'OSTERIA Nel popoloso quartiere di San Giovanni, il locale della famiglia Mancinelli, con Roberto e il figlio Riccardo in sala, la moglie Loretta ai fornelli, è da anni sinonimo di **buona cucina e affabile accoglienza**. L'ambiente è spazioso e rimanda a un'atmosfera di serena familiarità, con mobili d'antan e vecchie stampe alle pareti, un magnifico bancone bar e una raccolta saletta per eventi. Buona la selezione dei vini.

LA CUCINA La cucina, che Loretta guida con mano sicura e professionalità, è **nel solco della tradizione romana con qualche incursione fuori regione** e un occhio sempre vigile alla qualità dei prodotti e alla stagionalità. Le ottime paste sono rigorosamente fatte in casa: spiccano la cacio e pepe con petali di carciofo croccanti e, fuori regione, lo sformato di anellini alla siciliana. I dolci sono casalinghi.

I PIATTI Tonnarelli cacio e pepe con petali di carciofo croccanti, Fettuccine ai funghi porcini, Mousse allo zabaione.

ROMA

SANTOPALATO

IN BREVE *Le origini popolari dell'osteria sono percepibili da vari elementi di arredo. Ricerca e crescita tecnica nelle proposte, come la polpetta di coda alla vaccinara..*

Piazza Tarquinia, 4 - Tel. 06 77207354
🕐 Chiuso il lunedì
Orario mezzogiorno e sera Ferie variabili
€ Prezzi: 39-41 euro vini esclusi
Carte di credito: BM, CS, MC, Visa

L'OSTERIA Ci troviamo a due passi da piazza Re di Roma, zona storica della capitale. Un'**osteria giovane** ma con un'**aria retrò**, legata alle tradizioni gastronomiche locali. La cucina è il regno della giovane Sarah Cicolini, cuoca con diverse esperienze, ormai affermata nel contesto culinario romano. Il locale è arricchito da riferimenti futuristi legati al movimento da cui trae il nome.

LA CUCINA Le pietanze della tradizione romana sono preparate secondo ricette originali e utilizzando ingredienti di ottima qualità, a cominciare dai primi cardine quali la cacio e pepe, la carbonara, l'amatriciana. Ottimi i secondi di **quinto quarto** come la trippa, le *regaje*, la coda rivisitata in forma di polpetta. Consultate sulla lavagna i piatti del giorno. Centrata la proposta dei vini, sfusi scelti nel territorio.

I PIATTI Frittata di *regaje* di pollo, Amatriciana, Collo di maiale con cavolo nero e castagne

TRATTORIA POPOLARE L'AVVOLGIBILE

Circonvallazione Appia, 56
Tel. 06 50695104
🕐 Chiuso il lunedì Orario sera, da venerdì a domenica anche pranzo Ferie in agosto
Prezzi: 32-38 euro vini esclusi
Carte di credito: BM, CS, DC, MC, Visa

IN BREVE *Esperienza e tecnica contemporanee al servizio della tradizione di un'osteria "come una volta", senza fronzoli né rivisitazioni.*

L'OSTERIA Un'**osteria popolare** in un quartiere popolare, niente rivisitazioni o modernizzazioni: di meglio non si potrebbe chiedere. Adriano Baldassare ha messo tutta la sua esperienza per creare un locale **senza fronzoli** per portare in tavola la tradizione romana. Il personale giovane, dinamico e gentile, presente ma mai ingombrante, vi accoglie in due sale spaziose. Essere stati bene è la sensazione ricorrente quando si esce dal locale.

LA CUCINA Probabilmente uno dei migliori luoghi per godere della cucina romana: l'esperienza nell'alta cucina del cuoco trapela dall'**esecuzione impeccabile** dei piatti: robusti come da tradizione, sia quelli presenti tutto l'anno sia quelli che variano secondo stagione; a questo proposito, non perdete le pietanze a base di carciofi, puntarelle e cicorie. Ottimo sfuso laziale in alternativa a qualche bottiglia.

I PIATTI Filetto di baccalà fritto, Rigatoni all'amatriciana, Coda alla vaccinara

TRECCA-CUCINA DI MERCATO

Via Alessandro Severo, 222
Tel. 06 88650867
🕐 Chiuso sabato a pranzo e la domenica Orario mezzogiorno e sera Ferie seconda metà di agosto
Prezzi: 36-38 euro vini esclusi
Carte di credito: BM, Visa

IN BREVE *Osteria di quartiere con menù tradizionale e agile, servizio gentile e informale. Carciofo e trippa alla romana, rigatoni alla carbonara, coda alla vaccinara i classici in menù.*

L'OSTERIA Ai margini del quartiere di Garbatella, tra palazzi un po' anonimi in stile anni Sessanta, l'osteria rinnovata e gestita dai giovani fratelli Niccolo e Manuel vuole essere punto di riferimento per chi cerca l'autentica cucina locale. Il locale è abbastanza spazioso, ha **colori caldi** e rimanda, in chiave moderna, alle osterie romane di un tempo. Accanto al buon vino sfuso, sono presenti interessanti etichette biologiche e naturali.

LA CUCINA I fratelli Trecastelli, con genuino entusiasmo, propongono una **cucina schiettamente romana**. Ecco allora piatti come la coratella con i carciofi, i grandi primi della tradizione ma anche **pietanze quasi dimenticate** come il bollito alla picchiapò, i crostini di milza, le cervella fritte. Da non sottovalutare i dolci della tradizione come il maritozzetto con la panna. Molte le materie prime a filiera corta.

I PIATTI Carbonara, Coda alla vaccinara, Crostata visciole e ricotta

SABAUDIA (LT)

BUCCIA

IN BREVE *In un ambiente semplice, con elementi d'arredo che richiamano la tradizionale atmosfera d'osteria, gusterete una cucina legata al territorio ma innovativa.*

Via Litoranea km 20,600, 1668
Tel. 366 4990849
⏱ Chiuso domenica sera, lunedì e martedì, mai d'estate **Orario** sera, sabato e domenica anche pranzo **Ferie** variabili
💶 Prezzi: 40-42 euro vini esclusi
Carte di credito: BM, CS, MC, Visa

L'OSTERIA Non distante dal centro storico di Sabaudia, nota località del turismo estivo, troviamo Buccia sulla litoranea che costeggia il Parco Nazionale del Circeo. Nata da poco più di un anno, ha un ambiente semplice, con elementi d'arredo che richiamano la tradizionale **atmosfera d'osteria**. Con la bella stagione si può mangiare all'esterno. In cucina c'è Fabrizio, all'accoglienza Daniele affiancato da collaboratori preparati e puntuali. Piccola carta dei vini dai ricarichi onesti.

LA CUCINA La cucina è legata al territorio ma innovativa. Lo stretto rapporto con i produttori locali, menzionati anche sul menù, garantisce l'utilizzo costante di **materie prime del circondario**, come i formaggi e la carne. Interessanti le proposte di pesce, valorizzate da ingredienti particolari e da un tocco di creatività.

I PIATTI Fettuccine all'uovo con ragù di bufala e pistacchio, Sgombro in crosta, Crostata di visciole

SEZZE (LT)

SANTUCCIO AI COLLI

IN BREVE *Ristorante dai grandi numeri con un gradevole spazio esterno per l'estate. In stagione di carciofi sarebbe imperdonabile non fermarsi in questo tempio dell'ortaggio: a Sezze si coltiva un romanesco molto pregiato.*

Via Santi Sebastiano e Rocco, 95
Tel. 0773 888573
⏱ Chiuso il mercoledì e giovedì a pranzo
Orario mezzogiorno e sera **Ferie** non ne fa
Prezzi: 35-40 euro vini esclusi
Carte di credito: AE, BM, CS, DC, MC, Visa

L'OSTERIA Siamo sui Monti Lepini, nella pianura pontina. Santuccio è **un albergo-ristorante da sempre punto di riferimento** per gustare l'eccellenza di questo paese: i carciofi. La gestione familiare vede come al solito protagonista mamma Lina che ha avviato l'attività, ma oggi in sala ad accogliervi in maniera calorosa c'è Sisto, mentre Giannino si occupa della brace. Gli interni sono grandi e suddivisi in più sale comunicanti; d'estate è ampio lo spazio esterno.

LA CUCINA La famiglia possiede alcuni ettari di campo dove coltiva carciofi e, per esaudire le esigenze dei propri clienti, soprattutto nel periodo di aprile e maggio reperisce il prodotto anche da alcuni altri coltivatori. **Abbondantissimo** – sarebbe più che sufficiente per due – **l'antipasto**. Ottima anche la carne cotta sulla brace. Carta dei vini semplice, con qualche etichetta locale.

I PIATTI Lumache in umido, Spaghetti cacio e pepe con scaglie di prosciutto tostato, Filetto *gnorante*

TERRACINA (LT)

VINERIA CESARE 1963

Via San Francesco Nuovo, 5 - Tel. 0773 703921
🕐 Chiuso il mercoledì
Orario sera, in inverno anche domenica
pranzo Ferie 15 giorni in novembre
€ Prezzi: 49-51 euro vini esclusi
Carte di credito: BM, CS, MC, Visa

IN BREVE *In cucina, i piatti sposano la tradizione con nuovi spunti, in sala, l'accoglienza è cordiale e il servizio disponibile nel presentare ricette di pesce locale sempre freschissimo.*

L'OSTERIA L'attività di ristorazione avviata nel 1963 da Cesare è oggi gestita dal figlio Massimo. Siamo nel cuore di Terracina bassa, **a pochi passi dal mare**. Vi accomoderete in un'unica sala accogliente e arredata in stile moderno; all'esterno è possibile mangiare sotto un pergolato affiancato da un rigoglioso agrumeto.

LA CUCINA La cucina è di mare: le principali materie prime vengono quotidianamente selezionate all'**asta del pesce**. Anche le verdure sono locali e scelte con cura. Pur tenendo salde le radici nella tradizione, i piatti sono rivisitati **in chiave moderna**. Disponibile, purché tutti i commensali al tavolo siano d'accordo, un menù degustazione a 40 euro, con piatti scelti dallo chef. Curata la scelta dei vini, con giusto spazio a etichette locali e regionali.

I PIATTI Supplì di mare, Pacchetti con polpo e pecorino, Frittura di calamari e gamberi

TREVI NEL LAZIO (FR) - Altipiani di Arcinazzo

DA SILVANA

Via Sublacense, 33 - Tel. 0775 598002
🕐 Chiuso il martedì Orario pranzo, sera su prenotazione Ferie variabili
Prezzi: 30-32 euro vini esclusi
Carte di credito: BM, CS, MC, Visa

IN BREVE *Cucina montanara basata su farine, olio extravergine, carni che Giovanna si procura in zona. Grande armonia dei piatti; sono preparati in casa pane, dolci, sughi, gelati, liquori e le paste tirate a mano.*

L'OSTERIA Sugli altipiani di Arcinazzo, al termine di una serie di dolci tornanti, si arriva in questa storica osteria, attualmente gestita dalla figlia della fondatrice. Entrando si nota l'imponente bancone, dietro al quale fanno bella mostra la macchina del caffè e numerose bottiglie di distillati. L'arredamento è in legno; antiche foto e credenze d'epoca rendono l'**ambiente suggestivo e accogliente**. Nel periodo estivo c'è la possibilità di pranzare all'aperto.

LA CUCINA **I piatti sono quelli semplici e tradizionali** tipici della zona. L'attuale proprietaria esegue alcuni piatti ancora secondo le **ricette della mamma**, a cominciare dall'apprezzato coniglio alla Silvana. Le materie prime, quali i salumi dell'antipasto e le carni, sono acquistate da produttori della zona. Ottima la pasta fatta in casa. Da bere potete scegliere tra lo sfuso e una buona selezione di bottiglie locali. Meritano l'assaggio i distillati artigianali.

I PIATTI Fettuccine all'uovo con il ragù di vitello, Coniglio alla Silvana, Gelato di castagne

TÉLOS

AMARONE. SO2 FREE. VEGANO

www.so2freewine.com

Lo spirito del nostro progetto Télos, che nasce dalla volontà di fare dei vini liberi da solfiti e ad elevato impatto di salubrità si esprime anche nel vino più nobile: l'Amarone. Tutta la linea Télos si fregia infatti della **certificazione di Prodotto Vegano**. Quando le esigenze specifiche di alcuni si intrecciano con il nostro costante impegno di trovare il perfetto equilibrio tra vino e natura, essere innovativi è ancora più bello. Ne siamo, attentamente e criticamente, orgogliosi.

www.tenutasantantonio.it

GRAPPA
CULTO
Distillati di pregio

Rossi D'Asiago, quando l'arte della distillazione diventa CULTO.

Una collezione di sei pregiate grappe monovitigno tra cui spicca la Grappa di Amarone. La caratteristica nota fruttata, tipica del vitigno d'origine, e la morbidezza conferita dall'invecchiamento in legno rendono questa grappa armoniosa e avvolgente, decisa ed elegante. L'intera gamma comprende grappa di Moscato, Gewurztraminer, Barolo, Muller-Thurgau e un Distillato d'Uva.

CULTO, L'ARMONIA È NEI CONTRASTI

www.ilcultodellagrappa.it

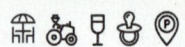
IL PORTICCIOLO

IN BREVE *Posto delizioso, special-mente con il sole, sul lago. Qui il pesce è freschissimo: coregoni, persici, persici trota, lucci, trattati con cura da una mano sapiente e ingegnosa.*

Via Settevene Palo Est, 197
Tel. 06 9999604-335 5405770
🕐 Chiuso il lunedì Orario mezzogiorno e sera Ferie 2 settimane a Natale
Prezzi: 33-35 euro vini esclusi
Carte di credito: BM, CS, DC, MC, Visa

L'OSTERIA Un luogo incantevole, soprattutto nelle belle giornate in cui si può godere del frusciare dei salici e dei suoni lievi dell'acqua, che lambisce il giardino. L'ambiente interno è curato nei dettagli; all'esterno, una bella tettoia in legno ospita i tavoli e dà la possibilità di godere appieno di **uno scorcio suggestivo** del lago di Bracciano.

LA CUCINA **Il lago è protagonista** di una cucina fortemente legata ai profumi del territorio, come quello dell'immancabile finocchiella. Il percorso gustativo realizzato da Carla si snoda tra sapori e ricette locali, con **qualche apertura creativa** giocata in particolare sugli agrumi. Accanto al pesce di lago, perno su cui ruota gran parte della proposta, trovano spazio alcuni piatti di terra.

I PIATTI Filetti di luccio alla finocchiella selvatica, Filetti di coregone alla trevignanese, Spezzatino di manzo in agrodolce

VINI E CUCINA DA GIOVANNI

IN BREVE *Appena fuori dal centro storico c'è questa piccola osteria a conduzione familiare che propone cucina tradizionale da ben 150 anni.*

Via Metabo, 42 - Tel. 06 9631232
→ 700 m dalla stazione di Velletri
🕐 Chiuso la domenica sera Orario mezzogiorno e sera Ferie variabili
Prezzi: 30-35 euro vini esclusi
Carte di credito: AE, BM, CS, DC, MC, Visa

L'OSTERIA Poco fuori dal centro, troviamo questa storica, raccolta osteria a **conduzione familiare**: la aprì 150 anni fa Giovanni, il cui nome è ancora oggi sull'insegna. La sala, divisa da due archi, è arredata come i locali di un tempo: bottiglie sugli scaffali, tavoli con coprimacchia bianchi, sedie di paglia. In cucina c'è un bel camino per i piatti alla brace.

LA CUCINA Da una quindicina d'anni Paola Bigi e il marito Nando Giammatteo propongono cucina di territorio, **semplice e genuina** come la loro ospitalità. Dopo un antipasto a base di bruschette, prosciutto di Bassiano e formaggi, si prosegue con tutti i piatti che rappresentano la cucina tipica romana, **abbondanti nella quantità e ricchi nei condimenti**. La pasta e i dolci sono fatti in casa. Il vino sfuso èveliterno; in alternativa non manca qualche etichetta dei Castelli.

I PIATTI Cellitti cacio e pepe, Spezzatino in bianco, Tiramisù

LA SEMENTA

Contrada Colle Ciaffone, 78
Tel. 0775 335969
⏱ Chiuso lun e mar, dom sera aperto su prenotazione
Orario mezzogiorno e sera Ferie variabili
Prezzi: 28-30 euro vini esclusi
Carte di credito: BM, CS, DC, MC, Visa

IN BREVE *Un granaio che è diventato una trattoria semplice e di tono rustico, con due ampie vetrate. I prodotti sono reperiti da contadini e artigiani locali, garanti dei sapori del territorio.*

L'OSTERIA A cinque minuti dall'uscita Veroli della superstrada Ferentino-Sora, Francesca e Marcello hanno ricavato un'osteria da un'antico granaio. Lei tra i fornelli, lui in sala, custodiscono le tradizioni della **cucina contadina** con orgoglio e passione. L'ambiente accogliente, illuminato da due ampie vetrate sul bel panorama dei colli ciociari, in inverno è riscaldato dal camino; nella bella stagione è disponibile una veranda. Piccola ma fiera la selezione di etichette locali e regionali, anche servite al calice; una bella scoperta l'Atina Doc Cabernet.

LA CUCINA Encomiabile l'utilizzo dei **prodotti locali**, come le **verdure dell'orto** e le farine utilizzate per le paste fatte a mano, tra le quali i tradizionali fini fini. L'ottimo antipasto-degustazione comprende un'ampia carrellata di salumi, formaggi e verdure, che costituiscono una sapiente promozione di prodotti del territorio. Le pietanze di carne sono molto saporite; alcune sono cotte su pietra lavica.

I PIATTI Sagne con monachelle e porcini, Fini fini al pomodoro fresco, Arrosticini di pecora

SORA LOCÌ

Piazza Palestrina , 3
Tel. 0775 238701
⏱ Chiuso il mercoledì
Orario mezzogiorno e sera Ferie in inverno
Prezzi: 29-31 euro vini esclusi
Carte di credito: BM, MC, Visa

IN BREVE *Un locale piccolo e accogliente; all'esterno una lavagna con il menù, variato quotidianamente, invita a entrare. Ottimi salumi e formaggi della zona e pasta fresca prodotta giornalmente.*

L'OSTERIA È una **trattoria di recente fondazione**, ma la passione di Carlo Fiorini per l'antica arte culinaria del luogo conferisce al locale, piccolo e accogliente, un **sapore d'altri tempi**. La tradizione è presente in tutti i piatti proposti, nonché nelle frasi dialettali che accompagnano il menù fisso giornaliero, affisso all'esterno su una lavagna. Due i vini sfusi, una Falanghina e un Cesanese.

LA CUCINA Carlo si interessa personalmente della selezione delle materie prime, provenienti tutte da **allevamenti e aziende della provincia**. Si sottolinea il "tagliere conviviale" come esempio di eccellenze locali accompagnate dal pane di Veroli. Tra i primi, come tradizione comanda, le paste fresche, tirate ovviamente a mano in trattoria. Sfiziosi i contorni provenienti quasi tutti da orti di proprietà. Menzione per la crostata di Sora Locì con visciole e ricotta.

I PIATTI Animelle con i carciofi, Maltagliati con i fagioli, Spezzatino in bianco

IL VICOLETTO 1563

Piazza della Repubblica, 18-19
Tel. 0761 095045
🕐 Chiuso il lun, il mar e mer sera
Orario mezzogiorno e sera Ferie non ne fa
💶 Prezzi: 40-42 euro vini esclusi
Carte di credito: nessuna

IN BREVE *Pochi tavoli apparecchiati semplicemente, servizio giovane e cortese, materie prime reperite nel territorio, a partire dalla specialità di Vignanello, il pamparito, un pane speziato all'anice.*

L'OSTERIA A Vignanello, il castello Ruspoli merita una visita; il suo giardino con parterre del XVII secolo è tra i più belli nel suo genere. A fianco della nobile dimora, trovate Il Vicoletto di Ezio Gnisci in un **edificio del Seicento**: il bel camino in sala è una testimonianza. D'estate si mangia nella piazzetta. Il servizio è **giovane e cortese**. La carta dei vini propone buone possibilità di scelta.

LA CUCINA Il menù pone l'attenzione sulle buone materie prime del territorio e sui Presìdi Slow Food, utilizzati con un **tocco innovativo e creativo**. Interessante l'hummus di ceci del solco dritto di Valentano al profumo di basilico su bocconcini di pamparito: quest'ultimo, specialità locale, è un pane speziato all'anice. Molto ricchi i taglieri di salumi e formaggi selezionati.

I PIATTI Millefoglie di pamparito di Vignanello con guanciale di Viterbo, Fieno di canepina al ragù di manzo, Coscio di pollo al profumo di limone

VITERBO

AL VECCHIO OROLOGIO

Via Orologio Vecchio, 25 - Tel. 335 337754
→ 750 m dalla stazione di Viterbo Porta Romana
🕐 Chiuso la domenica
Orario solo la sera Ferie variabili
Prezzi: 34-38 euro vini esclusi
Carte di credito: AE, BM, CS, MC, Visa

IN BREVE *Ampio e luminoso locale dalle pareti in pietra e dagli arredi moderni. Materie prime del territorio, con un'attenzione particolare alla cantina e alla produzione olearia.*

L'OSTERIA Affacciata lungo l'omonimo vicolo nel bel centro medievale di Viterbo, quest'osteria da oltre quarant'anni si fa interprete dell'enogastronomia della Tuscia. **Le sale sono ricavate da un'antica stalla**. Sulle pareti in pietra con i ganci per gli animali ancora visibili, si alternano opere grafiche e scaffali per alcune bottiglie, che compongono la vasta e dettagliata carta dei vini del territorio. Curata anche la scelta di extravergini.

LA CUCINA Il menù è suddiviso fra vecchie ricette e nuove intuizioni, proposte accomunate dall'utilizzo di **materie prime di qualità**, provenienti da produttori locali elencati al termine della carta e descritti dal personale, che svolge un **servizio puntuale e disponibile**. Meritevoli le pizze, proposte solo a cena.

I PIATTI Acquacotta, Lombrichelli all'amatriciana, Coniglio leprino viterbese in porchetta

IL CASALETTO

Strada Grottana, 9 - Tel. 0761 367077
🕐 Chiuso lunedì e martedì Orario mezzogiorno e sera Ferie 15 giorni in gennaio
Prezzi: 35-38 euro vini esclusi
Carte di credito: BM, CS, MC, Visa

IN BREVE *Dedizione quotidiana e passione rendono la sosta nell'agriturismo una vera esperienza di autenticità locale. Ottime le carni suine, fresche e insaccate, provenienti da allevamenti allo stato brado.*

L'OSTERIA Gestito con dedizione e passione da Marco Ceccobelli e Donata Baccellieri, l'agriturismo è una tappa obbligata per assaporare una **cucina solida**, realizzata con ottime materie prime di produzione propria. L'ampia sala, arredata con semplicità, affaccia su una piacevole veranda allestita durante la bella stagione. Attenta la selezione dei vini del territorio, con qualche etichetta naturale; presenti birre artigianali e un'interessante carta degli extravergine della Tuscia. La sera la proposta si arricchisce delle **prelibate pizze** di Andrea Pechini.

LA CUCINA Ampio spazio ai suini allevati allo stato brado da Stefano, fratello dell'oste, da cui si ricavano insaccati superlativi e ottimi tagli, che la cucina padroneggia con maestria. Pasta fatta in casa, carni alla brace e **verdure dell'orto non mancano mai**. Impossibile non chiudere con uno dei dolci creati dalle sapienti mani di Donata.

I PIATTI Acquacotta alla viterbese, Lombrichelli al ragù di coniglio verde leprino, Braciola di lombo di maiale con la sua cotenna

TREDICI GRADI

Via Cardinal La Fontaine, 28
Tel. 0761 305596
→ 1 km dalla stazione di Viterbo
🕐 Chiuso il mercoledì Orario mezzogiorno e sera Ferie 15 giorni in gennaio
Prezzi: 35-40 euro vini esclusi
Carte di credito: CS, MC, Visa

IN BREVE *Un'osteria dove si continua a bere bene ma si gustano anche deliziosi piatti preparati con prodotti del territorio. Da non perdere i tonnarelli con baccalà, ceci di Valentano e pomodoro.*

L'OSTERIA "Vineria con cucina" recita l'insegna di quest'osteria nata come enoteca e artefice, negli anni, di un'offerta sempre più completa e strutturata. L'ambiente è fresco e moderno, lo spazio esterno si sviluppa su una piazzetta dell'**incantevole centro storico** viterbese. **Il servizio è cordiale**, sempre disponibile a orientare i clienti nella scelta dei piatti nonché a suggerire riusciti abbinamenti con il vino, servito anche al calice.

LA CUCINA **Il menù varia spesso**, ispirato dalla disponibilità stagionale delle materie prime e dalla ricerca di spunti creativi, che si sposino con la tradizione. Il frequente aggiornamento della carta permette di apprezzare esperienze sempre diverse e non prevedibili. Fra le tante proposte segnaliamo la cacio e pepe, con fiori di zucca e tartufo della Tuscia, e il baccalà preparato secondo varie ricette.

I PIATTI Tartare di manzetta maremmana, Lombrichelli all'amatriciana, Baccalà con pomodoro, capperi, olive

ABRUZZO

ALCUNI PIATTI DELLA TRADIZIONE

Maccheroni alla chitarra
Spaghetti a sezione quadrata, lunghi circa 30 centimetri, ricavati con un
telaio rettangolare di legno sul quale sono tesi sottilissimi fili di acciaio

Ravioli di ricotta
Ripieni di ricotta ovina, possono essere conditi con sugo di carne
o semplicemente con olio extravergine locale

Scrippelle in brodo
Sottili crespelle arrotolate, condite con pecorino grattugiato e coperte di
brodo di gallina

Timballo di maccheroni alla chitarra
Scrippelle farcite con un piccolo nido di maccheroni alla chitarra già conditi
con un sugo di carne, pezzetti di scamorza e uova sode, poi cotte in forno

Virtù
Ricco minestrone di verdure e legumi con pezzetti di carne di maiale, pasta
di diversa fattura e molte erbe aromatiche

Brodetto di pesce
Preparazione in umido diffusa in gran parte della costa adriatica con
numerose varianti negli ingredienti. Tradizionalmente si usano tredici tipi di
pesce, principalmente povero

Pallotte cacio e uova
Polpette di pecorino grattugiato, pane ammollato nel latte, uova e aromi, fritte in olio

Pecora al cotturo (o alla callara)
Spezzatino di ovino adulto cotto in acqua, vino bianco, pomodoro, aromi dell'orto

Tacchino alla canzanese
Tacchino cotto a lungo in forno con acqua, aromi, ossa e cartilagini;
disossato, è lasciato raffreddare nella sua gelatina

Pizza dolce
Ciambella ottenuta amalgamando farina di frumento, zucchero, burro, olio
extravergine, latte, uova, scorza grattugiata di limone e lievito, cotta al forno
e cosparsa di zucchero a velo

ANVERSA DEGLI ABRUZZI (AQ)

LA FIACCOLA

Corso Raynaldo d'Anversa, 9
Tel. 0864 49474-329 8528958
→ 5,5 km dall'uscita A25 Cocullo
🕐 Chiuso il mercoledì, mai d'estate
Orario mezzogiorno e sera Ferie variabili
Prezzi: 25-30 euro vini esclusi
Carte di credito: BM, CS, MC, Visa

IN BREVE *Un locale rustico con un'ottima cucina tradizionale senza fronzoli. Oltre ai salumi e ai formaggi locali, da provare gli gnocchi del pastore e le carni alla brace.*

L'OSTERIA Anversa è il centro di un Abruzzo verde e verace, a poca distanza dall'uscita autostradale di Cocullo e dal lago di Scanno. L'osteria di Gino Di Cesare e Bianca Marcelli rispecchia il loro modo di fare e di essere: **semplice, accogliente e sincero**. Un posto ideale per gli amanti dei formaggi avendo in famiglia, e a pochi minuti, uno dei migliori casari d'Abruzzo.

LA CUCINA Il locale è piccolo e propone i grandi classici della **tradizione agropastorale** che si alternano durante le stagioni. Sono fissi i salumi, i formaggi e le carni biologiche serviti negli antipasti o in accompagnamento a paste fresche e verdure. La storia vuole che sia originaria di Anversa la ricetta degli gnocchi del pastore, qui serviti con formaggi di pecora e noci. Si beve vino della casa, qualche bottiglia di vino regionale e di birra artigianale.

I PIATTI Salumi e formaggi, Gnocchi del pastore, Scamorza alla brace con tartufo

CAMPO DI GIOVE (AQ)

LA SCARPETTA DI VENERE

Via Marconi, 3 - Tel. 0864 408410
🕐 Chiuso il lunedì
Orario mezzogiorno e sera Ferie variabili
Prezzi: 30-33 euro vini esclusi
Carte di credito: BM, CS, DC, MC, Visa

IN BREVE *Un ristorante con una cucina schietta e gustosa preparata con materie prime di provenienza abruzzese: provate la chitarra al ragù bianco e l'agnello cacio e uova.*

L'OSTERIA Situato a poche decine di metri della piazzetta di Campo di Giove, piccolo comune del **Parco della Majella**, questo ristorante a gestione familiare è impegnato nella ricerca di varietà autoctone e nella **valorizzazione dei prodotti e dei produttori della zona**. La maggior parte degli ingredienti sono dunque identificati nella provenienza e vanno a comporre le ricette realizzate dal giovane Massimiliano Colelli, coadiuvato dalla madre Rossella. In estate si può pranzare all'aperto, mentre le sale interne sono di ordinata e luminosa semplicità.

LA CUCINA Ricotta, scamorze e formaggi pecorini, insieme alla selezione di salumi, sono l'inizio di un viaggio che mostra qualche ingenuità negli accostamenti di alcuni ingredienti più in voga qualche decennio fa, ma la sostanza c'è e si esprime nei primi più territoriali di pasta fresca, nell'utilizzo di legumi quanto delle carni ovine e bovine, da abbinare a una decina di etichette regionali. C'è anche la pizza, oltre ai buoni dessert.

I PIATTI Pallotte cacio e uova, Cazzarelli e fagioli, Agnello alla brace

CANZANO (TE)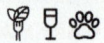

LA TACCHINELLA

IN BREVE *Accogliente trattoria dove trovare la cucina teramana autentica. Piatto simbolo del locale è il tacchino alla canzanese, disponibile anche da asporto.*

Via Roma, 18 - Tel. 0861 555107-333 6633125
🕐 Chiuso le sere di dom, lun e mar, mai luglio-agosto *Orario* mezzogiorno e sera
Ferie variabili
Prezzi: 32-35 euro vini esclusi
Carte di credito: AE, BM, CS, DC, MC, Visa

L'OSTERIA Presente ininterrottamente **nella nostra guida dal 1997**, questo storico locale dell'entroterra teramano ha saputo conquistare anche le nuove generazioni e ampliare così la propria clientela, che conta uno zoccolo duro di storici frequentatori. Non è mai cambiata la qualità dell'offerta né l'**accoglienza familiare**, sempre garbata e discreta. Recentemente rinnovata, la struttura dispone anche di una suggestiva neviera dove, su prenotazione, è possibile mangiare.

LA CUCINA La proposta culinaria rende omaggio ai classici della cucina teramana, dalle scrippelle ai maccheroni alla chitarra, fino al piatto dal quale la trattoria prende il nome, ovvero il **tacchino alla canzanese** (la carne è servita fredda ricoperta dalla pura gelatina del suo brodo filtrato) accompagnato con la giardiniera di ortaggi della casa. Attenzione alle intolleranze alimentari e, su prenotazione, menù per vegetariani e vegani. Discreta la scelta dei vini della zona.

I PIATTI Spaghetti alla lacrima, Tacchino alla canzanese, Mazzarelle

CAPESTRANO (AQ) - Capodacqua

TERRA DI SOLINA

IN BREVE *Un moderno agriturismo dove i piatti sono cucinati in gran parte con ingredienti di produzione aziendale: grani antichi, legumi, uva da vino, olive, frutti di bosco, ortaggi. Chiamate sempre per prenotare e verificare l'apertura.*

Località Nucleo Capodacqua, 4
Tel. 331 6766139-333 6666634
🕐 Chiuso lunedì-mercoledì, mai d'estate
Orario mezzogiorno e sera *Ferie* variabili
Prezzi: 30-35 euro vini esclusi
Carte di credito: BM, CS, MC, Visa

L'OSTERIA A Capestrano, lì dove è stato scoperto il Guerriero, il misterioso re italico, simbolo dell'Abruzzo conosciuto in tutto il mondo, Alfonso D'Alfonso e sua moglie Carla hanno dato vita prima all'azienda agricola Terre del Tirino, poi al **moderno agriturismo** perfettamente integrato nella splendida campagna circostante. All'ingresso c'è l'orto verticale di erbe aromatiche mentre dagli oltre 15 ettari di terreno coltivati in biologico arrivano olio, cereali, legumi, verdure, frutta e zafferano destinati alla cucina o alla vendita diretta.

LA CUCINA È sempre consigliabile chiamare e verificare l'effettiva apertura, perché in campagna c'è da fare in tutte le stagioni. E una volta arrivati conviene affidarsi alle proposte del giorno della brava Mariana per **provare la bontà di sfiziosi antipasti**, delle zuppe di legumi, della pasta fresca, di carni locali e morbidi dolci. Vino aziendale e qualche etichetta della zona.

I PIATTI Tagliatelle di grano solina e tartufo nero estivo, Agnello scottadito, Crostata di ricotta

CARAMANICO TERME (PE) - San Vittorino

LOCANDA DEL BARONE

Contrada Case del Barone, 1
Tel. 085 92584-340 5104509
🕐 Chiuso lunedì-giovedì, mai d'estate
Orario mezzogiorno e sera Ferie non ne fa
Prezzi: 30-35 euro vini esclusi
Carte di credito: AE, BM, CS, MC, Visa

IN BREVE *In un autentico paradiso naturale, nel territorio del Parco della Majella, la famiglia Bucciferro propone una cucina prettamente territoriale, talvolta delicatamente rivisitata.*

L'OSTERIA Il Monte Morrone alle spalle, davanti agli occhi il borgo di Caramanico adagiato sul fianco della Majella e nel mezzo la valle dell'Orta. È in questo autentico paradiso naturale, nel territorio del Parco della Majella, che la famiglia Bucciferro accoglie gli ospiti nella propria **locanda con sei camere** annesse. Un rifugio del gusto dove **eleganza e rusticità convivono** nella giusta armonia.

LA CUCINA L'offerta culinaria, centrata sui sapori di terra, si inserisce **nel solco della tradizione** concedendosi qualche misurato tratto di modernità, riscontrabile soprattutto nella sinfonia di antipasti ideati dallo chef e nei dolci. Le erbe dell'orto casalingo arricchiscono di profumi e sapori i primi e i secondi di carne. Disponibili anche piatti vegetariani, vegani e per chi soffra di intolleranze alimentari. Buona la scelta di vini al calice e la proposta di birre artigianali.

I PIATTI Pappardelle di grano solina con ragù di cinghiale del Parco della Majella, Agnello alla brace, Pallotte *cac' e'ove*

CASTEL FRENTANO (CH)

DA PEPPONE

Via Ripitelli, 1 - Tel. 0872 56152-348 5114870
🕐 Chiuso il martedì, mai in luglio e agosto
Orario mezzogiorno e sera
Ferie 1-7 settembre
Prezzi: 30-35 euro vini esclusi
Carte di credito: BM, CS, MC, Visa

IN BREVE *Trattoria dall'ambiente semplice e familiare, tappa obbligata per gli amanti del baccalà e dello stoccafisso, che qui troviamo proposti in molte ricette.*

L'OSTERIA Giuseppe Di Donato, il Peppone dell'insegna, e sua moglie Patrizia dal 2009 hanno avuto il grande merito di elevare Castel Frentano, già capitale indiscussa del dolce bocconotto, a luogo di autentico pellegrinaggio per gli amanti del baccalà. L'**ambiente raccolto e familiare**, unito alla simpatica schiettezza dei titolari, ha poi fatto il resto.

LA CUCINA Nel pieno rispetto della stagionalità dei condimenti qui davvero **si cucina all'impronta**, secondo estro e disponibilità del momento. **Il percorso baccalà** comprende una sinfonia di profumi e consistenze, che vanno dal carpaccio alla frittura in padella, passando per la gratinatura in forno. Su prenotazione previste anche altre specialità di mare e dell'entroterra. Imperdibile, in chiusura, il bocconotto della signora Patrizia, accompagnato da liquori e distillati locali.

I PIATTI Linguine con sugo di bottarga di baccalà, Baccalà in agrodolce con uvetta e cipolle, Bocconotto frentano

CASTELLALTO (TE) - Castelbasso

PERVOGLIA

IN BREVE *Una cucina di territorio fondata su una rigorosa selezione delle materie prime, in parte autoprodotte, che magistralmente interpretata i grandi classici della tradizione teramana.*

Via XXIV Maggio - Tel. 0861 508035-57970
🕐 Chiuso domenica sera e lunedì, mai d'estate Orario mezzogiorno e sera
Ferie non ne fa
Prezzi: 30-35 euro vini esclusi
Carte di credito: BM, CS, MC, Visa

L'OSTERIA Presente in guida da ben quindici anni e da cinque premiato con il massimo riconoscimento della chiocciola, questo locale, dalle **volte in mattoni a vista e archi in pietra**, arricchisce di gusto e bellezza il già incantevole borgo di Castelbasso, molto frequentato soprattutto d'estate per via di una delle rassegne culturali più interessanti d'Abruzzo.

LA CUCINA Interpreti esemplari di una **cucina di territorio** fondata su una rigorosa selezione delle materie prime, in parte autoprodotte, la brava Elenia Alcantarini, ai fornelli, e il marito Marco Di Stefano, in sala. Sanno come rendere felici i propri ospiti, spaziando dagli antipasti ai dolci tra i grandi classici della tradizione teramana, con un bonus dovuto alla pasta realizzata in casa e all'utilizzo di diversi Presìdi Slow Food grazie all'adesione al progetto dell'Alleanza.

I PIATTI Chitarra alla teramana con polpettine, Tortello con ragù di anatra locale, Agnello sfumato al Trebbiano con patate al coppo

CELANO (AQ)

LOCANDA MADONNA DELLE VIGNE

IN BREVE *Osteria con una cucina che si basa su ingredienti semplici, genuini, in gran parte prodotti da aziende locali. Ottimo l'agnello in casseruola.*

Vico San Michele, 8-angolo via Sant'Angelo
Tel. 393 2849854
→ 1,1 km dalla stazione di Celano
🕐 Chiuso il martedì Orario mezzogiorno e sera Ferie 10 giorni a fine settembre
Prezzi: 25-30 euro vini esclusi
Carte di credito: BM, CS, MC, Visa

L'OSTERIA Solo **dieci anni di vita e già una piacevole certezza** nel panorama gastronomico abruzzese. Una scommessa vinta dall'incontenibile Sandro Baliva, che ha simpaticamente scompaginato la rigida offerta gastronomica del bel centro storico, dominato dal castello Piccolomini che vigila sulla fiorente piana del Fucino. Un'area fortemente vocata all'orticoltura, praticata da piccoli agricoltori e grandi aziende locali, che assicura freschezza alle materie prime utilizzate in cucina.

LA CUCINA La passione di famiglia è tutta custodita in un piccolo spazio dove vengono serviti piatti nel **rigoroso rispetto della tradizione**, ma con quel tocco in più che solo la passione e l'esperienza di mamma Luisa tra i fornelli può garantire. Ottimi tutti i primi con paste fatte a mano, impreziositi dagli immancabili ortaggi e dai profumi di funghi, tartufi e zafferano. Interessante selezione di carni tra i piatti di mezzo prima di approdare ai delicati dessert.

I PIATTI Maltagliati zafferano e tartufo, Agnello in casseruola, Tiramisù

OSTERIA DELLE PIANE

Via Benedetto Croce, 496-498
Tel. 0871 551804
→ 3,9 km dall'uscita A14 Pescara Ovest-Chieti
🕐 Chiuso le sere di domenica e lunedì
Orario mezzogiorno e sera
Ferie 3 settimane in agosto, 2 a Natale
Prezzi: 32-35 euro vini esclusi
Carte di credito: BM, CS, MC, Visa

IN BREVE *Indirizzo sicuro per gli amanti di una cucina di mare genuina e di sostanza. In tavola anche pesci meno considerati dal mercato, cogliendo il giusto equilibrio tra cotture e condimenti.*

L'OSTERIA Quindici sono gli anni di attività della trattoria della famiglia Di Girolamo, situata sulla via principale che attraversa la zona dello Scalo (detta le piane), fra il polo universitario e l'area industriale. Gianfranco è da sempre in cucina, oggi con la figlia Rebecca, mentre la signora Valeria si occupa della piccola sala insieme al figlio Francesco. Un **ambiente semplice arredato in stile marinaro**, come semplice, ma di sostanza, è la cucina.

LA CUCINA Il valore è dato non solo dalla freschezza del **pescato locale**, ma anche dalla capacità di portare in tavola pesci meno considerati dal mercato, cogliendo il giusto equilibrio tra cotture e condimenti. Non a caso, a prescindere dal menù scritto, le proposte variano frequentemente, soprattutto tra gli antipasti (crudi, caldi e freddi) serviti singolarmente o sotto forma di assaggi. Le generose porzioni dei primi non devono far rinunciare a gustare pesci di spina in guazzetto, frittura di paranza, grigliata mista.

I PIATTI Sgombro e orto, Linguine allo scoglio, Frittura di paranza

---

COLONNELLA (TE) - **Rio Moro**

ZENOBI

Contrada Rio Moro, 132 - Tel. 0861 70581
🕐 Chiuso il martedì, mai in agosto Orario mezzogiorno e sera Ferie 3 settimane tra gennaio e febbraio
Prezzi: 28-35 euro vini esclusi
Carte di credito: AE, BM, CS, MC, Visa

IN BREVE *Da quasi trent'anni è uno dei pochi veri caposaldi della tradizione culinaria teramana. Materie prime di qualità ma soprattutto passione e impegno.*

L'OSTERIA Patrizia Corradetti è donna e madre di imperitura tenacia e coraggio, che da sola ha avviato la sua trattoria sulle colline della Val Vibrata. Zenobi da quasi trent'anni è uno dei pochi veri caposaldi della tradizione culinaria teramana, contaminata da delicate incursioni picene. I figli, che si dividono tra cucina e sala, sono animati dallo stesso impegno e dalla stessa curiosità. Il risultato è un **bel ristoro di campagna**, con un'ampia veranda sulle vigne e tanto verde intorno, dove il posto a sedere bisogna sempre guadagnarselo, magari con qualche giorno in più di preavviso.

LA CUCINA **La parola d'ordine è territorio**, filo rosso di tutto il menù. Ma non ci sono solo le materie prime di qualità eccelsa o la diversificata offerta dei formaggi, delle carni, dei legumi e delle verdure. C'è l'amore per il proprio lavoro e c'è il rispetto per l'altro, che sia un collaboratore, un fornitore o un cliente; sentimenti che Patrizia sta trasmettendo ai figli e che si percepiscono in ogni cosa che fa.

I PIATTI Insalata di gallina e ferratelle, Timballo alla teramana, Capra alla neretese

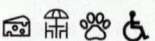
LU STREGO

IN BREVE *Storica trattoria famosa per gli arrosticini e la schietta cucina dell'entroterra. Pane, pasta e dolci sono fatti in casa, tra i secondi ottime carni ovine.*

Via Colli, 49-Strada Provinciale per Rigopiano - Tel. 085 823104-333 3054780
🕐 Chiuso lunedì-giovedì, mai in agosto
Orario mezzogiorno e sera Ferie variabili
Prezzi: 20-25 euro vini esclusi
Carte di credito: BM, CS, MC, Visa

L'OSTERIA La canonizzazione del pecorino realizzato con caglio di suino non solo ha reso omaggio a un originale formaggio che rischiava di scomparire, ma ha reso noto il borgo di Farindola e il territorio intorno al Voltigno. Qui il locale della famiglia Marzola, situato fuori dal centro, è da sempre **punto di ritrovo ancor prima che di ristoro**, elemento non secondario per chi resiste quassù nonostante le difficoltà. Il consiglio è comunque di prenotare, soprattutto nei periodi di minor flusso turistico.

LA CUCINA Tutto è preparato dalle preziose mani della signora Maria che porta in tavola, insieme a figli e nipoti, piatti genuini e schietti, che parlano di vita vissuta tra la montagna e il fiume Tavo. Affidatevi a Franco Marzola che vi inviterà a gustare le tante portate dell'antipasto, qualche primo piatto sostanzioso e autentico, le frattaglie e le carni ovine allevate nei pascoli intorno. Dalla brace arriverà, irresistibile, il profumo degli **arrosticini di pecora**, tra i migliori della zona. Beh, che cosa aspettate a mettervi in viaggio?

I PIATTI Tagliatelle con i funghi, Arrosticini, Pecora alla callara

FRESAGRANDINARIA (CH)

ANNECCHIA

IN BREVE *Nata come stazione di ristoro per viandanti, nel tempo non ha perduto nulla della semplicità e concretezza tipica del luogo. Da provare le paste tirate a mano.*

Contrada Colle San Giovanni, 9
Tel. 0873 321554
🕐 Non ha giorno di chiusura Orario mezzogiorno e sera Ferie 24 e 25 dicembre
Prezzi: 25-30 euro vini esclusi
Carte di credito: BM, CS, MC, Visa

L'OSTERIA Nasce come stazione di ristoro, quando la Trignina era ancora un'arteria brecciata che collegava la costa adriatica a Isernia. L'aspetto è quello di un **tipico casolare di campagna**, anche se rimodernato, con ampie finestre a piano terra, credenze a vista, pizzi e merletti. Due le sale, una più ampia per gruppi numerosi, l'altra più raccolta, in cui la famiglia Racano ospita avventori in grado di apprezzare la semplicità del luogo e la genuinità delle proposte.

LA CUCINA Ludovica e Carmelina **elaborano piatti del giorno** con le materie prime dell'orto e del piccolo allevamento situato sul retro. Salumi di propria produzione, paste fatte a mano e carni bianche ruspanti che per alcune preparazioni più complesse, come il pollo abbottonato (il sugo può condire anche la pasta) e il coniglio ripieno, impongono la prenotazione, così come per gustare un menù di pesce fresco o di baccalà. Dolci casalinghi, vino sfuso e poche etichette regionali.

I PIATTI Taccozze e fagioli, Arrosto misto, Celli ripieni

GIULIANOVA (TE) - Lido

LA STRACCIAVOCC

Via Trieste, 159 - Tel. 085 8005326
347 5124664-348 7243119
→ 500 m dalla stazione di Giulianova
⏰ Chiuso domenica sera e lunedì
Orario mezzogiorno e sera Ferie variabili
Prezzi: 35-40 euro vini esclusi
Carte di credito: BM, CS, MC, Visa

IN BREVE *Cucina marinara semplice e coerente con l'atmosfera allegra e cordiale. Ben presenti in menù le cicale di mare, stracciavocc', che danno il nome al locale.*

L'OSTERIA A due passi dal porto e poco distante dalla splendida chiesa di Santa Maria a Mare, questo ristorante, a gestione familiare da venticinque anni, rappresenta **un approdo sicuro** per gli amanti di una cucina marinara genuina e di qualità. Sotto l'insegna della cicala di mare – localmente chiamata *stracciavocc'* per via dei piccoli tagli che può procurare in bocca ai meno esperti – i coniugi Fabio e Monia Spitilli incentrano le proprie espressioni culinarie sulla varietà del pescato locale.

LA CUCINA Una proposta semplice, gustosa, in linea con la **tradizione marinara giuliese** e realizzata con poche elaborazioni, in abbinamento con ortaggi, patate e olive. Consigliamo il felice percorso della serie variabile di antipasti che prevede un'offerta di crudi, freddi e cotti (si possono scegliere anche singolarmente), poi un primo gustoso un pesce al forno o al tegame. Esauriente la carta dei vini con possibilità di scegliere diverse etichette al calice.

I PIATTI Brodetto alla giuliese, Chitarrina con polpettine di sgombro, Scampi all'arrabbiata

GUARDIAGRELE (CH) - Comino

LA GROTTA DEI RASELLI

Via Raselli, 146 - Tel. 0871 808292-347 8694693
⏰ Chiuso martedì sera e mercoledì
Orario mezzogiorno e sera
Ferie 15 giorni in gennaio
Prezzi: 32-37 euro vini esclusi
Carte di credito: AE, BM, CS, MC, Visa

IN BREVE *Cucina fantasiosa, carica di profumi e di sapori, tra tradizione e creatività. Il menù è molto ricco.*

L'OSTERIA Lo stile al contempo **rustico e raffinato** è la caratteristica, voluta da Franco e Anna Spadaccini, di questo gioiellino enogastronomico ai piedi della città. Due sale con pareti in pietra e con camino, o una grotta naturale accanto alla ricca e calibrata cantina, sono gli spazi dove è possibile mangiare in un'atmosfera romantica. Nello stesso stile l'annesso b&b che si trova di fronte al locale.

LA CUCINA Il menù preparato da Franco, ora coadiuvato in cucina dal figlio Saverio, è un mix di **tradizione e creatività**, sempre misurato e attento ai prodotti di stagione. Il tutto, dagli antipasti ai dolci, guarda al territorio con tocchi di ricercata e moderata contemporaneità. Originale la proposta dei primi, con le paste fatte in casa, mentre tra i secondi spiccano per bontà agnello e cacciagione. In sala, la signora Anna è affiancata dal bravo Danilo.

I PIATTI Ravioli di stracciata al tartufo, Spallotto di agnello alle mandorle e erbe aromatiche della Majella, Lumache alla guardiese

GLI ARROSTICINI

La carne ovina costituiva la base dell'alimentazione dei pastori transumanti, che dalle montagne scendevano verso il mare: il consumo di carni di agnello, pecora, castrato e capretto è da sempre molto diffuso in Abruzzo, sia nella cucina dei ristoranti sia in quella di casa. In particolare, nella zona pedemontana situata sul versante orientale del Gran Sasso è tradizione mangiare gli arrosticini o le *rrustelle*, una gustosa specialità preparata con la carne di castrato (oggi quasi esclusivamente di pecora adulta) tagliata a piccoli pezzi, infilata in spiedini di legno e cotta su un braciere stretto e lungo (la *furnacella*). Secondo la leggenda che due grandi greggi furono colti da un'improvvisa bufera di neve sull'altopiano del Voltigno e i pastori furono costretti ad alimentarsi per qualche giorno con le pecore più vecchie tagliate a pezzetti, infilzati in piccoli rami e cotti sulla brace. Il profumo della carne così invitante convinse molti abitanti della zona ad adottare quella tecnica tramandata fino a oggi. Si gustano (in numero di circa dieci per persona) nelle sagre e nelle feste patronali, in chioschetti mobili nelle fiere e nei mercati, meglio ancora in locali semplici di campagna o di montagna, accompagnati da pane unto con olio extravergine locale, qualche fetta di formaggio pecorino e di salume, vino Montepulciano d'Abruzzo. Le segnalazioni qui riportate si riferiscono a luoghi dove c'è attenzione alla materia prima e alla manifattura artigianale o casalinga.

Massimo Di Cintio

CASTILENTI (TE)
PERILLI

Contrada Casabianca-Via Quote, 1
Tel. 0861 999220
Chiuso il lunedì, mai luglio-agosto
Ferie: una settimana in settembre
Orario: solo la sera

Che posto fantastico è Casabianca! Così viene chiamato dagli autoctoni il locale gestito da Camillo Leone e dalla moglie Annamaria, sempre affiancati dai figli e da Mimmo Belisario, il genero, dedito alla preparazione dei succulenti e tenerissimi arrosticini, delle cui carni viene seguita l'intera filiera. Tre le tipologie: taglio classico, di fegato e più grande. Ottime le pizze fritte come antipasto, da accompagnare con salumi, formaggi e ortaggi sott'olio.

MONTESILVANO (PE)
LA PECORELLA

Via D'Annunzio, 57 - Tel. 085 834451-328
8094038-329 7855213
Chiuso il lunedì - Ferie: variabili
Orario: solo la sera

Monica e Cristina preparano arrosticini spettacolari di pecora dal taglio piccolo, di filetto o infilati a mano, un po' più grandi e succosi. C'è anche l'arrosticino di fegato di vitello oltre a salumi, formaggi, tagliate, salsicce e dolci casalinghi.

PESCARA
ALLA BRACE

Via Marco Polo, 12 - Tel. 085 7930067
Non ha giorno di chiusura - Ferie: variabili
Orario: solo la sera

Ottimi gli arrosticini di pecora e di fegato bovino, da mangiare in loco o da ordinare d'asporto. Nell'attesa della cottura, bruschette

e focacce farcite abbondantemente o il goloso panino con bistecca di capocollo. Piccola
scelta di vini e birre regionali.

MARGHERITA

Via Regina Margherita, 3 - Tel. 085 972204
Chiuso il lunedì
Ferie: 2 settimane agosto-settembre, 2 in
febbraio
Orario: solo la sera

Margherita è ormai un luogo sacro per i veri
amanti degli arrosticini, tanto che negli anni
sono state aperte altre sedi nel circondario
pescarese. La qualità della carne di pecora è
sempre di ottimo livello. Ad accompagnarli
bruschette miste, salsicce di carne e fegato,
vini regionali. Prenotazione consigliata, d'obbligo nel fine settimana.

VILLA CELIERA (PE)
DELLE QUERCE

Contrada Santa Maria, 202
Tel. 085 846211-333 4115769
Chiuso il martedì, mai luglio e agosto
Ferie: non ne fa
Orario: sera, domenica anche pranzo

Dalla signora Maria non ci si arriva mai per caso; servizio spartano e pochi convenevoli sono
una costante, ma che buoni gli arrosticini,
preparati ancora a mano, sia di carne di pecora
che di fegato, rigorosamente cotti alla brace.
Per iniziare pane e prosciutto tagliato a mano,
formaggi locali e verdure stagionali.

IL MANDRONE

Frazione San Pietro
Tel. 0861 976152-334 1104311
Chiuso mar, inverno anche mer,
mai in agosto Orario mezzogiorno e sera
Ferie 15-31 gennaio, 15-30 novembre
Prezzi: 22-26 euro vini esclusi
Carte di credito: AE, BM, CS, DC, MC, Visa

IN BREVE *La qualità della proposta e dell'accoglienza è da sempre segno distintivo di questa trattoria. La cucina è legata alla tradizione teramana.*

L'OSTERIA In questa piccola frazione di Isola del Gran Sasso, il Mandrone già nel nome rende merito alle tradizioni locali, semplici e genuine come la gente di montagna. Pochi fronzoli in sala, con **tavoli e tovaglie a quadri**, qualche quadro e ceramiche della vicina Castelli, famosa da secoli per la pregiata produzione artigianale come Isola lo è per le sedie e per le arche. Il menù conferma la sensazione che il tempo sembra essersi fermato a un recente passato.

LA CUCINA La cucina della signora Assunta è infatti legata alla **tradizione teramana gioiosa e abbondante**. A cominciare dagli antipasti sfiziosi che comprendono sempre una zuppa di legumi, passando per i primi di pasta casalinga e per le succulente carni di agnello. Buoni i dolci, molti dei quali realizzati con marmellate autoprodotte. Da bere qualche etichetta e un buono sfuso locale. Il sorriso sincero delle sorelle Nadia e Loredana fanno il resto.

I PIATTI Zuppa di ceci e porcini, Strongole alla barcarola, Pecora alla callara

LORETO APRUTINO (PE) NOVITÀ

FLORANO

Contrada Fiorano , 42 - Tel. 085 829 0323
Chiuso il martedì
Orario mezzogiorno e sera
Ferie variabili
Prezzi: 25-30 euro vini esclusi
Carte di credito: BM, MC, Visa

IN BREVE *Ampia scelta di primi piatti e un'ottima selezione di carne per questa bella osteria che affaccia sul territorio circostante.*

L'OSTERIA Florano (da molti avventori conosciuto anche come Loreblick) è situato **sul colle che guarda il centro storico** della splendida Loreto Aprutino, cittadina famosa per le eccellenti produzioni vinicole e olivicole provenienti dall'ampio territorio circostante. Si può ammirare dall'ampia terrazza, dalla veranda e dalle finestre che illuminano grandi saloni interni, i cui arredi hanno lo stile di qualche decennio fa.

LA CUCINA La cucina di Alessandra Speranza, figlia del fondatore Domenico, rientrata dopo alcune esperienze anche all'estero, è sincera e **territoriale**, capace di cogliere le bontà della gastronomia vestina, con incursioni in quella teramana e aquilana. C'è un'ampia scelta di primi piatti tra gnocchi, maccheroni alla chitarra, tajarelli e timballo, insieme a qualche zuppa. Buona anche la selezione di carni. Dalla cantina si possono scegliere diverse etichette regionali e un buon vino sfuso.

I PIATTI Pallotte *cac'e'ove*, Tajarelli con fagioli tondini del Tavo, Pecorino fritto in pastella

LORETO APRUTINO (PE) - Passo Cordone

LA BILANCIA

Contrada Palazzo, 11 - Tel. 085 8289321
Chiuso il lunedì
Orario mezzogiorno e sera Ferie in gennaio
Prezzi: 28-30 euro vini esclusi
Carte di credito: AE, BM, CS, MC, Visa

IN BREVE *Uno dei ristoranti più noti della zona, legato a doppio filo alla tradizione culinaria dell'entroterra pescarese. Ricette semplici e passione.*

L'OSTERIA Sergio Di Zio è un conservatore che, da quasi cinquant'anni, con la sua famiglia conduce con passione uno dei ristoranti più noti della zona, legato a doppio filo alla tradizione culinaria dell'entroterra pescarese, mai contaminata dalle mode del momento. Si intuisce già entrando in una delle sale, con gli **arredi un po' fané**, alcuni pezzi di maioliche (a Loreto c'è un museo interessante, al pari di quello dedicato all'olio), l'esclusiva collezione di bilance e l'enorme camino con le braci sempre ardenti.

LA CUCINA Ricette di una semplicità disarmante che riflettono l'**identità gastronomica locale**. La signora Antonietta tira la sfoglia a mano per timballi, tagliatelle, mugnaia e ravioli conditi con sughi importanti ma mai invadenti. C'è ampia varietà di carni, ma dell'agnello e del maiale si utilizza ogni parte, con cotture lente al tegame o al camino. Vino sfuso di qualità e buone bottiglie non solo locali.

I PIATTI Fegatini al pomodoro, *Tajarill'* con fagioli tondini del Tavo, Maccheroni alla molinara con aglio, olio e peperone trito

LUCOLI (AQ) - Casamaina

PASQUALINA

Via San Luca, 14 - Tel. 0862 73548
Chiuso domenica sera e mercoledì
Orario mezzogiorno e sera
Ferie 15-30 settembre
Prezzi: 28-30 euro vini esclusi
Carte di credito: BM, CS, MC, Visa

IN BREVE *Trattoria di paese dove Pasqualina fa gli onori di casa mentre il figlio Giuseppe, in cucina, sa unire memoria ed estro. Sempre buono l'agnello alla griglia o impanato e fritto.*

L'OSTERIA Immersa tra le montagne, non distante dal casello autostradale di Tornimparte, la piccola frazione di Casamaina ospita questa **storica trattoria, rinnovata nella proposta** con l'arrivo di Giuseppe Petricone, giovane cuoco carico di entusiasmo, mentre in sala c'è il sorriso gentile di mamma Pasqualina Iapadre.

LA CUCINA La **montagna e le sue produzioni** rappresentano il comune denominatore dei piatti, dove la tradizione gioca a rincorrersi con interessanti fuori pista meno classici e divertenti. Qualche piatto di baccalà fa da contraltare a guance, pance, filetti e costate con le loro frattaglie, dal semplice carpaccio al più classico degli stracotti, senza dimenticare i grandi tagli frollati destinati alla cottura sulla brace. Buoni anche i primi, tra paste lunghe e ripiene. Cantina con una buona scelta di etichette regionali.

I PIATTI Coratella di agnello, Ravioli con ricotta e olaci, Agnello fritto

ANTICHE MURA

Via XXV Aprile, 2 - Tel. 0862 62422
→ 2,6 km dall'uscita A24 L'Aquila Ovest
→ 600 m dalla stazione di L'Aquila
🕐 Chiuso la domenica Orario mezzogiorno
e sera Ferie variabili
Prezzi: 30-35 euro vini esclusi
Carte di credito: BM, CS, MC, Visa

IN BREVE *Un'osteria dove si respira un'atmosfera pacata. Tra i vari piatti della tradizione segnaliamo paste fatta in casa.*

L'OSTERIA Fedele negli anni alla fortunata impostazione schietta e gentile, il locale di Maurizio Videtta e Antonello De Domicis è una delle insegne più affidabili della città. I due sono osti navigati, capaci di mantenere viva una **tradizione rurale delle montagne abruzzesi**, tanto in cucina quanto per l'atmosfera, tra arredi antichi, foto e quadri alle pareti.

LA CUCINA Il **menù è narrato a voce** ma ci si affida tranquillamente perché è evidente l'attenzione e la cura per i dettagli. Così il pane, realizzato con grano duro, lievito madre e forno a legna; e così per gli altri prodotti, dai legumi alle farine, dalle verdure (dell'orto di casa) fino alle carni. Sono gli ingredienti principali delle tipiche e profumate zuppe, delle paste fatta in casa e delle preparazioni alla brace, al tegame o al forno. Cantina regionale.

I PIATTI Zuppa di lenticchie e farro, con cicoria selvatica, pane e pecorino, Polpette al sugo, Agnello *cac'e'ove*

CORRIDORE

Via Colleverde, 15 - Tel. 086 224561
🕐 Chiuso domenica sera e lunedì
Orario mezzogiorno e sera Ferie variabili
Prezzi: 25-30 euro vini esclusi
Carte di credito: AE, BM, CS, DC, MC, Visa

IN BREVE *Dopo un'attenta ristrutturazione (post terremoto), questa osteria è ridiventata un'icona dell'aquilanità più schietta. Tra i piatti, coratella di agnello e pasta fresca.*

L'OSTERIA L'avventura di Mario Corridore è iniziata nel 1964, quando la sua piccola osteria è diventata un **punto di riferimento per gli aquilani**. Nel 2015, con il restauro post sisma, è arrivata una nuova società che vede in cucina l'esperienza di Serenella Deli e in sala quelle dei bravi sommelier Andrea e Francesco. Nell'anno successivo arrivano anche cinque stanze della locanda adiacente.

LA CUCINA Pochi ma intriganti gli antipasti: affettati e piccole preparazioni di cucina, tra le quali la trippa. I primi cambiano periodicamente, **in base alla disponibilità stagionale**, ma la versione "eroica" degli spaghetti alla carbonara è sempre presente in carta, con i suoi 200 grammi di onorata cremosità (c'è anche la versione "ridotta" da 130), così come l'amatriciana e gli gnocchi di patate di montagna. Quindi tagli di manzo, maiale e agnello. Buoni i dolci, tutti fatti in casa. Bella carta dei vini abruzzesi e nazionali.

I PIATTI Coratella di agnello, Spaghetti alla carbonara, Bocconcini di maiale con patate al ginepro

DA LINCOSTA

Via Antonelli-angolo Via Sallustio, 6
Tel. 0862 204358
🕒 Chiuso domenica sera
Orario mezzogiorno e sera
Ferie 2 settimane a metà settembre
Prezzi: 30-35 euro vini esclusi
Carte di credito: BM, CS, MC, Visa

IN BREVE *Atmosfera familiare in questo ristorante del centro storico. Salumi e formaggi di produzione locale, pasta fresca fatta in casa e agnello sempre in menù.*

L'OSTERIA Romina Muzi ha scelto di restare a L'Aquila, lì dove suo padre nel 1971 aveva aperto il ristorante di famiglia, tenuto sempre con **cura e professionalità**, sia nell'accoglienza, sia nella selezione delle materie prime. Doti trasmesse di generazione in generazione (oggi con Romina collaborano anche i due figli, uno dei quali si dedica alla pasticceria). Locale davvero bello, con tocchi di eleganza anche nei piatti.

LA CUCINA Il menù unisce **ricette storiche** e altre più contemporanee, in prevalenza di terra, senza disdegnare il mare. Ci sono i formaggi e i salumi locali con alcuni Presìdi Slow Food, quali la mortadella di Campotosto e la salsiccia di fegato aquilana, e una serie di paste fresche (ravioli ripieni, maccheroni alla chitarra e pappardelle), fatte in casa come pane e dolci. Carta dei vini regionale.

I PIATTI Maccheroni alla chitarra con zucchine, ricotta e zafferano, Funghi fioroni e caciotta aquilana alla piastra, Millefoglie alla frutta

---

L'AQUILA

LA RUPE

Via San Giacomo, 7
Tel. 0862 27481-347 9044084
→ 4,1 km dall'uscita A24 L'Aquila Est
🕒 Chiuso domenica sera e lunedì
Orario mezzogiorno e sera
Ferie prime 2 settimane di luglio
Prezzi: 28-32 euro vini esclusi
Carte di credito: AE, BM, CS, MC, Visa

IN BREVE *Nella trattoria della famiglia Brocchella troverete ortaggi, carni, salumi, formaggi in vari accostamenti e preparazioni. Provate l'agnello alla brace.*

L'OSTERIA Da più di mezzo secolo la famiglia Brocchella anima con grande **passione e dedizione** questo locale, che ormai è una pietra miliare della ristorazione tradizionale aquilana, anche se è ubicato al di fuori della cinta muraria. Marco, anche sommelier, ha ereditato le redini del locale coadiuvato da sua moglie Bruna e spesso fa capolino dalla cucina per salutare i clienti storici con affabile simpatia.

LA CUCINA La cucina è schiettamente aquilana ma prende spunto da altri **piatti tipici regionali**. L'impegno, sempre rinnovato, è visibile anche nell'adozione di tecniche di cottura più contemporanee che consentono di rispettare le caratteristiche degli ingredienti e di esaltare il gusto delle preparazioni tradizionali senza snaturarle. Particolare apprezzamento, infine, per il pane fatto in casa e per i dolci preparati con autentica passione.

I PIATTI Pecorino al cartoccio, Fregnacce con pomodoro e guanciale, Agnello panato

MARCOCCI

Via Fontebella, 3 - Tel. 0862 606247
🕐 Chiuso il giovedì
Orario pranzo e sera Ferie 2 sett a giugno
Prezzi: 22-25 euro vini esclusi
Carte di credito: BM, CS, MC, Visa

IN BREVE *La signora Rosaria si divide tra la sala e la cucina dove prepara piatti montanari dai sapori forti e genuini: paste con ragù o funghi, sagne e fagioli, agnello alla cacciatora e costatine impanate.*

L'OSTERIA Filetto è una delle frazioni più lontane dal capoluogo, abbarbicata a mille metri; da qui si ammira lo spettacolo delle montagne circostanti. Marcocci dal 1972 è bar e trattoria, **una delle pochissime attività commerciali rimaste, dunque un'istituzione**, meta preferita dagli sciatori di ritorno o dagli escursionisti, anche fuori dall'orario canonico del pranzo. Un **luogo dove il tempo sembra essersi fermato**, dagli arredi essenziali. Spicca l'accoglienza della titolare Rosaria, che sovrintende tra sala e cucina.

LA CUCINA A **tavola pochi fronzoli e molta sostanza**, anche nelle porzioni. Il menù è scritto sulle lavagne appese al muro: oltre a qualche bruschetta, si possono scegliere tra un paio di zuppe di legumi e le diverse paste fatte a mano (gnocchi, fregnacce, ravioli, maccheroni alla chitarra) da abbinare liberamente a un'ampia serie di condimenti in bianco o al pomodoro. Carni o scamorze per secondo con contorni di stagione. Buoni dolci di casa e vino sfuso.

I PIATTI Gnocchi con i funghi, Fregnacce con zafferano, pancetta e ricotta, Costatine di agnello impanate

MOSCIANO SANT'ANGELO (TE)
Selva de' Colli

BORGO SPOLTINO

Strada Selva Alta - Tel. 085 8071021
→ 3,8 km dall'uscita A14 Teramo
🕐 Chiuso lunedì e martedì Orario sera, domenica anche pranzo Ferie novembre
Prezzi: 32-35 euro vini esclusi
Carte di credito: BM, CS, DC, MC, Visa

IN BREVE *Ogni cosa è al suo posto, nel servizio e nei piatti di stagione. Vigneti e oliveti fanno da cornice alla bella struttura.*

L'OSTERIA Conserva la sua magia Borgo Spoltino, la bella struttura polifunzionale **immersa tra vigneti e oliveti**. L'ampia sala in legno e vetro e la piccola chiesa sono perfette per eventi, circondate dall'orto e dall'ampio giardino, mentre l'accogliente sala da pranzo è stata ricavata nell'ala più antica del borgo. Un disegno del compianto Gabriele Marrangoni che continua nella gestione di Laura Del Vinaccio e di Gabriele Ruffini a guidare la sala e la fornita cantina.

LA CUCINA Tutto quello che proviene dall'orto passa sotto l'occhio vigile di mamma Gabriella Topitti, che ha affidato la cucina a Francesco Perfetti. Ogni cosa è al suo posto, nel servizio e nei piatti generosi: **stagionalmente si alternano le tipicità teramane**, tra virtù di maggio, paste fresche e secondi di carne, con condimenti e accostamenti classici e sempre gustosi. Dolci della tradizione.

I PIATTI Fregnacce al sugo, Costine di maiale con mostarda di cipolla rossa, Pizza dolce

MOSCUFO (PE)

TORRE ANTICA

IN BREVE *L'ideale per trascorrere qualche ora nella tranquillità della campagna. Autoproduzione e ricerca di altre materie prime locali sono alla base di tutti i piatti in menù.*

Contrada Pischiarano, 2 - Tel. 085 979346
Chiuso il martedì Orario sera, domenica anche pranzo mai luglio-agosto
Ferie tra ottobre e novembre
Prezzi: 22-26 euro vini esclusi
Carte di credito: BM, CS, MC, Visa

L'OSTERIA L'estate è di certo la stagione migliore per vivere un momento di totale relax all'ombra della torre settecentesca, che contraddistingue il ristorante della famiglia Cilli. Un ristorante cresciuto negli anni (anche nelle dimensioni) intorno al prato verde, che si trasforma in una sala all'aperto, perfetta per comitive e famiglie. In alternativa, due salette interne arredate in **stile country** che trovano sfogo nella veranda, semplice e funzionale, soprattutto in inverno.

LA CUCINA Tutti si danno da fare, Pina con Marco ed Enzo sono in cucina a curare carni e braci, Francesco invece dirige la sala. Il **menù non cambia durante il corso dell'anno**: abbondante l'antipasto della casa, che già da solo potrebbe bastare a soddisfare anche gli stomaci più voraci. Ben confezionate le paste fatte in casa, tenaci; ottima la selezione di carni da preparare alla brace o al forno su prenotazione, con gli irrinunciabili arrosticini. Vini regionali e buon assortimento di birre.

I PIATTI Cipollata, Anellini alla pecorara, Arrosto misto

OFENA (AQ)

SAPORI DI CAMPAGNA

IN BREVE *Il nome è una promessa, mantenuta senza cedimenti, dalla famiglia Di Battista: cura e qualità esprimono al meglio la tradizione agropastorale.*

Contrada Colonia Frasca, km 7,800
Tel. 0862 954253-348 4804773
Chiuso il giovedì e la sera dei festivi
Orario mezzogiorno e sera Ferie variabili
Prezzi: 30-35 euro vini esclusi
Carte di credito: AE, BM, CS, MC, Visa

L'OSTERIA Immersa tra gli oliveti, lungo la vecchia strada per Santo Stefano di Sessanio, non lontano da Ofena, l'osteria Sapori di Campagna accoglie il visitatore in uno splendido **casale in pietra**, dall'arredamento rustico e curato. Il nome è una promessa, mantenuta senza cedimenti, dalla famiglia Di Battista sin dall'inizio dell'attività. C'è Serenella in sala, con Livia che coadiuva e divide con mamma Maria Gabriella il lavoro in cucina; papà Alessio provvede ad approvvigionare la dispensa attraverso l'azienda agricola o piccoli produttori della zona.

LA CUCINA Tutto è scelto ed è fatto con cura, con l'obiettivo di rendere memorabile l'esperienza. Lo si comprende già dagli antipasti, confermati dai primi piatti della **tradizione agropastorale**, e dalle carni in diverse cotture. Un plauso va anche alla pasticceria e alla carta dei vini, abruzzesi con un occhio per le produzioni naturali.

I PIATTI Fettuccine di solina al ragù di agnello, Ravioli di ricotta la pomodoro, Millefoglie di crema pasticciera

AL VECCHIO TEATRO

Largo Ripetta, 7
Tel. 085 9064814-346 8852914

IN BREVE *Si viene qui per mangiare ottimi piatti di pesce ma merita una nota l'attenta selezione di prodotti della terra. Bello e completo il menù degustazione.*

🕐 Chiuso mer e dom sera, d'estate mer a pranzo
Orario mezzogiorno e sera Ferie non ne fa
Prezzi: 33-40 euro vini esclusi
Carte di credito: AE, BM, CS, DC, MC, Visa

L'OSTERIA Una gestione tutta familiare per un locale, affidabile e curato, che si appresta a festeggiare **un quarto di secolo di attività**. Armando Carusi e la moglie Daniela sono affiancati, rispettivamente in cucina e in sala, dalle figlie Leonora e Valentina, rientrate a Ortona dopo varie esperienze lavorative. Al Vecchio Teatro si respira un'aria pacifica e rilassata, complice la **bellissima vista panoramica sul sottostante porto** peschereccio e mercantile.

LA CUCINA Armando saprà consigliarvi a dovere su pietanze e vini. La proposta gastronomica è modulata principalmente sul **pescato locale** e su verdure che in buona parte provengono dall'orto di famiglia, ma non mancano selezionati salumi, formaggi locali e alcuni piatti dell'entroterra. Una cucina semplice, con una serie di antipasti sfiziosi, molte paste tirate a mano e condimenti stagionali.

I PIATTI Chitarrina allo scoglio sgusciato, Pescato giornaliero al forno o al sale, Nevole con gelato alla vaniglia

SAN DOMENICO

Vicolo San Domenico, 1 - Tel. 085 9066442
🕐 Non ha giorno di chiusura
Orario mezzogiorno e sera Ferie variabili
Prezzi: 30-35 euro menù fisso vini esclusi
Carte di credito: BM, CS, DC, MC, Visa

IN BREVE *Una genuina trattoria di mare, punto di riferimento per gli amanti del pesce dell'Adriatico. Il menù varia in base al pescato: ottimi il polpo scottato e le linguine con vongole e scampi.*

L'OSTERIA Il castello aragonese è qui, alla fine della Passeggiata Orientale affacciata sul porto: si ammira in estate quando il San Domenico apre una gradevole terrazza al piano strada. Anche la sala interna è caratteristica, ristretta tra le volte a mattoni. Insomma un **piccolo scrigno** di sapori gestito con maestria dallo chef Alessandro D'Ottavio.

LA CUCINA Non c'è un menù scritto e la quantità dei piatti del giorno è direttamente proporzionale alle disponibilità del mercato del pesce di Ortona e dintorni (2 portate 25 euro, 3 a 30, 4 a 38, 5 a 43). Scelte originali che assicurano **materia prima freschissima** e l'utilizzo di un'**ampia varietà di pesci** per dare vita a invitanti antipasti, solidi primi piatti, raffinati secondi. I dolci sono i superclassici della pasticceria casalinga: nevole, crostate e ferratelle, con un buon (e raro) caffè alla moka.

I PIATTI Polpo arrosto con olive, pomodorini confit e verza, Linguine alle vongole e scampi, Brodetto dell'Adriatico

OVINDOLI (AQ) - Tra Le Fosse

LA BARACCA

IN BREVE *Qui si può venire a pranzo con gli sci ai piedi o, in estate, durante una bella passeggiata. Salumi abruzzesi, formaggi locali e carni alla brace le proposte.*

Piazzale Magnola, 2 - Tel. 0863 705939
🕐 Aperto ven-dom o su prenotazione, sempre in agosto e nel periodo natalizio
Orario mezzogiorno e sera Ferie giugno
Prezzi: 33-38 euro vini esclusi
Carte di credito: BM, CS, DC, MC, Visa

L'OSTERIA Ovindoli è una deliziosa località turistica montana all'interno del **Parco regionale Sirente-Velino**, in estate punto di partenza per le passeggiate lungo l'altopiano delle Rocche, ma anche tra i più importanti riferimenti regionali degli sport invernali. A piedi, in bici o con gli sci si può arrivare fino alla Baracca, dove vi accoglieranno Luciano ed Elvio con la loro famiglia e con uno staff giovane e veloce. All'interno gli arredi sono tipici di una **baita di montagna**; nella bella stagione si mangia nella terrazza al confine con il bosco.

LA CUCINA Si apprezza una mano leggera anche nei **piatti di tradizione** più succulenti. Si possono scegliere tra bruschette, buoni salumi e formaggi, un paio di zuppe e vellutate, una serie di primi piatti davvero gustosi. Al tegame o alla brace, ci sono tagli di agnello, cinghiale e manzo. Carta dei vini a ovvia tradizione abruzzese. Dolci e gelati per concludere.

I PIATTI Timballo di crespelle al verde, Lacci con sugo di porcini, Cinghiale brasato con mele e albicocche

PACENTRO (AQ) - Passo San Leonardo

DA GUIDO AL PASSO SAN LEONARDO

IN BREVE *Un ristorante che fonda il suo successo sulla ricerca delle materie prime e sulla sincera ospitalità. In carta non manca mai l'agnello alla brace.*

Strada Statale 487, km 36,200 - Tel. 0864 41138
🕐 Non ha giorno di chiusura Orario pranzo, sera su prenotazione Ferie novembre
Prezzi: 27-32 euro vini esclusi
Carte di credito: BM, MC, Visa

L'OSTERIA L'osteria di Guido Maiorano è lo specchio di un territorio che può essere vissuto e respirato a pieni polmoni, **la natura del Parco Nazionale della Majella** con la sua straordinaria biodiversità. Arrivati fin quassù, a quasi 1300 metri, vi accoglierà l'inconfondibile costruzione rotonda in estate e in inverno, con la coerente sincerità di un rifugio di montagna, fornito anche di camere.

LA CUCINA Il menù non può prescindere da tutto quello che proviene dai vicini allevamenti ovicaprini, che regalano carni, salumi e formaggi con **il sapore delle erbe spontanee**. Le verdure sono dell'orto posto a lato del ristorante e curato dall'instancabile zio Vincenzo, ma gran parte degli ingredienti è di prossimità, dalla farina di mais peligno a quella di solina, dall'aglio rosso di Sulmona alle già citate carni. Anche per i vini rimarrete soddisfatti perché sono selezionati da Fabiola e Massimo, grandi esperti in materia.

I PIATTI Tortino di cavolo verza, Fagottini di ricotta e orapi, Agnello alla brace

PACENTRO (AQ)

TAVERNA DE LI CALDORA

Piazza Umberto I, 13 - Tel. 0864 41139
🕐 Chiuso dom sera e mar, ottobre-marzo anche lun
Orario mezzogiorno e sera **Ferie** variabili
Prezzi: 30-37 euro vini esclusi
Carte di credito: AE, BM, CS, MC, Visa

IN BREVE *Si viene qui per mangiare i piatti della tradizione agropastorale abruzzese. L'osteria della famiglia Cercone è una roccaforte gastronomica nel cuore del Parco della Majella.*

L'OSTERIA Pacentro, **nel cuore del Parco della Majella**, è uno dei Borghi più belli d'Italia, conosciuto per la magnificenza delle torri quadrate del castello Caldora e per il ristorante della famiglia Cercone. Sorridenti e disponibili Carmine e la figlia Gabriella sono in sala; in cucina invece ci sono la signora Teresa e la figlia Margherita. Il ristorante è molto caratteristico, con una sala storica e una veranda che affaccia sulla Valle Peligna.

LA CUCINA La cucina è una roccaforte a difesa della **tradizione gastronomica agropastorale** con il plus di una selezione accurata dei migliori prodotti, dai formaggi alle carni, dai funghi ai tartufi, valorizzati nei numerosi antipasti, come condimento delle paste tirate a mano o con carni e frattaglie, cotte alla brace o nei tegami di terracotta. Molto ben fornita la cantina con qualche vecchia annata di vini abruzzesi e nazionali.

I PIATTI Insalata di ovoli crudi, *Sagnette* con ricotta di capra e guanciale, Pecora al cotturo

PESCARA

TAVERNA 58

Corso Manthoné, 46 - Tel. 085 690724
→ 10,5 km dall'uscita A14 Pescara Ovest
→ 1,3 km dalla stazione di Pescara Centrale
🕐 Chiuso venerdì e sabato a pranzo e la domenica **Orario** mezzogiorno e sera
Ferie non ne fa
Prezzi: 30-35 euro vini esclusi
Carte di credito: AE, BM, CS, MC, Visa

IN BREVE *Passaggio di testimone, ma nel segno della continuità, in questo storico locale, che propone una divertente e dissacrante interpretazione della cucina abruzzese.*

L'OSTERIA Mancherà all'ingresso il sorriso del signor Giovanni, che ha deciso dopo quarant'anni di onorata carriera di godersi la pensione, ma per il resto poco è cambiato alla Taverna 58. Gabriele Di Leandro, figlio di ristoratori, ne ha **raccolto con intelligenza l'eredità** e ha mantenuto lo staff di cucina e di sala. In menù i piatti storici ci sono tutti, semmai ne sono stati aggiunti alcuni, in continuità con lo stile di uno dei più apprezzati ristoranti della città.

LA CUCINA Una divertente e talvolta un po' dissacrante **interpretazione della cucina abruzzese**, confortante per gli habitué ma tutta da raccontare ai nuovi avventori con i riferimenti territoriali dei prodotti e delle ricette, uniti a quelli culturali della parte più antica di Pescara, agli artisti che qui sono nati o hanno vissuto, da D'Annunzio a Flaiano, passando per i Cascella. Avrebbero brindato anche loro al nuovo corso con una delle buone bottiglie della cantina.

I PIATTI Fellata, Chitarrina funghi e tartufi, Zabaione caldo al Marsala

PICCIANO (PE)

FONT'ARTANA

Piazza Duca degli Abruzzi, 8 - Tel. 085 8285451
🕐 Chiuso il martedì *Orario* sera, festivi
anche a pranzo *Ferie* variabili
Prezzi: 30-35 euro vini esclusi
Carte di credito: AE, BM, CS, MC, Visa

IN BREVE *Tradizioni, stagionalità, materie prime in gran parte autoprodotte: ecco la cucina di qualità della famiglia Di Giovacchino.*

L'OSTERIA Font'Artana mantiene alta, e senza cedimenti, la bandiera della **qualità**. Un impegno che nella famiglia Di Giovacchino si tramanda di generazione in generazione. Le preziose mani di mamma Concetta, che si intrecciano con quelle dei nipoti Filippo e Saverio, passando per quelle del figlio Antonio e di sua moglie Cristina, in oltre vent'anni di attività hanno fatto di questo luogo uno dei più autentici e apprezzati della regione.

LA CUCINA Il ricco antipasto varrebbe da solo il viaggio, con tanti assaggi ispirati alle **tradizioni** dell'entroterra pescarese. C'è una rotazione stagionale di ortaggi e verdure, per la maggior parte autoprodotti, così come delle carni, tra grandi tagli e di cortile. **M**aterie prime protagoniste da sole o come accompagnamento delle paste fresche realizzate con farine locali. Tutto è semplice e genuino, anche i dolci.

I PIATTI Antipasto Font'Artana, Gnocchi al ragù bianco di coniglio, Spiedone di pecora

PINETO (TE) - Mutignano

BACUCCO D'ORO

Via del Pozzo, 8 - Tel. 085 936227-347 4787985
🕐 Chiuso il mercoledì, in inverno anche domenica sera *Orario* mezzogiorno e sera *Ferie* in febbraio
Prezzi: 25-30 euro vini esclusi
Carte di credito: BM, CS, MC, Visa

IN BREVE *Francesco Santarelli e famiglia interpretano al meglio la tradizione del territorio: erbe odorose de lu ciabbotte, chitarrina con le pallottine alla teramana e capretto al forno.*

L'OSTERIA Un grazioso locale e una bella terrazza immersi **nella quiete della prima collina** a ridosso del litorale. Giusto un paio di curve e si arriva nel regno di mamma Isolina e del figlio Francesco, l'una memoria storica e mano delicata della cucina teramana, l'altro loquace ricercatore e narratore delle produzioni spontanee e agricole della zona. Sarà lui ad accogliervi, spesso affiancato dal fratello e dalle sorelle.

LA CUCINA Si comprende subito il territorio leggendo il menù e guardando ciò che arriva in tavola: le selezioni norcine e casearie, fresche e stagionate, le zuppe e i piatti in brodo, le paste fatte in casa con condimenti del periodo e immancabili evergreen, non di rado varietà di funghi e tartufi. Poi le carni bianche e rosse al forno, in casseruola o alla brace, sempre accompagnate da una miriade di verdure di stagione. Per una ventina di giorni a cavallo del 1° maggio, da non perdere le tradizionali **virtù teramane**.

I PIATTI Maccheroni alla chitarra con sugo di pallottine, Capretto al forno, Pizza dolce

IL BORGO DEI FUMARI

Via 25 Aprile, 14 - Tel. 0862 931456-347 2718589
Chiuso domenica sera e lunedì
Orario mezzogiorno e sera
Ferie 1 settimana in luglio, 2 a fine ottobre
Prezzi: 35-40 euro vini esclusi
Carte di credito: BM, CS, MC, Visa

IN BREVE *Lino Guarascio continua a coltivare il suo sogno di ristorazione e ricettività diffusa. Imperdibili i primi piatti e, tra le carni, merita un assaggio l'agnello alle erbe aromatiche.*

L'OSTERIA Prata d'Ansidonia è un bel borgo immerso nella Valle Subequana, noto per la grande presenza di comignoli, *fumari* in dialetto, sulle case. Non è un caso dunque che ogni stanza di questo bel **casolare in pietra** ristrutturato da Lino Guarascio abbia un camino. Tanti piccoli ambienti nei quali l'atmosfera si fa intima, quasi a voler celebrare degnamente ciò che arriva in tavola.

LA CUCINA Siamo nella terra eletta dello **zafferano** ma non di meno di funghi, tartufi, legumi e specialità casearie. Così il menù può cominciare con un lungo percorso di assaggi freddi e caldi, seguiti dai primi piatti (imperdibili), prima di arrivare alle carni cucinate con ricette elaborate in forno o, più semplicemente, alla brace. Contorni di stagione e creativi dolci al cucchiaio, per concludere. Carta dei vini con una discreta selezione di etichette regionali.

I PIATTI Maccheroni alla chitarra con zucchine, guanciale e **zafferano**, Ravioli di ricotta al tartufo, Agnello alle erbe aromatiche

DA GIOCONDO

Via Suffragio, 2 - Tel. 0864 69123
Chiuso il martedì, mai in alta stagione
Orario mezzogiorno e sera Ferie variabili
Prezzi: 28-35 euro vini esclusi
Carte di credito: AE, BM, CS, MC, Visa

IN BREVE *Trattoria a conduzione familiare che da poco meno di quarant'anni è espressione genuina del territorio. I primi sono i piatti simbolo del locale; tra i secondi, menzione per l'agnello in varie cotture.*

L'OSTERIA Il buon gusto regna sovrano in questa **oasi accogliente e curata** nel cuore antico del comprensorio dell'Alto Sangro. Addentrandosi nelle rue del centro storico, non è difficile trovare la trattoria nella quale le donne di casa Gasbarro, mamma Giovanna in cucina, ed Elisa in sala, rinnovano la tradizione familiare. Il valore aggiunto è l'entusiasmo gentile che rende l'accoglienza di impronta casalinga anche nei giorni di notevole affluenza.

LA CUCINA A tavola arrivano **i grandi classici** e qualche piatto più recente, sempre basati sull'alta qualità degli ingredienti. Si parte con i formaggi prodotti in zona, anche arrostiti, per immergersi poi nei primi casalinghi che fanno riscoprire sapori d'altri tempi. Nei secondi si apprezza la qualità delle carni dei vicini pascoli, così come la fantasia nei dolci. La carta dei vini è ben fornita, grazie alla sponda dell'enoteca di proprietà situata a pochi passi.

I PIATTI *Cazzariell' e faciuol'*, Agnello arrosto, Crostata all'uva montepulciano

ROCCA DI CAMBIO (AQ)

IL CAMINETTO

IN BREVE *Piacevole atmosfera, calda e sincera, in questa trattoria che propone una cucina ben sintonizzata con il territorio. Ottimi i primi di pasta casalinga, la grigliata mista e gli arrosticini di pecora.*

Via Duca degli Abruzzi, 21 - Tel. 0862 918113
Chiuso il mercoledì, mai in alta stagione
Orario mezzogiorno e sera
Ferie 1 settimana a fine settembre
Prezzi: 33-38 euro vini esclusi
Carte di credito: AE, BM, CS, MC, Visa

L'OSTERIA È sempre bello salire ai 1434 metri di Rocca di Cambio, borgo che domina l'altopiano delle Rocche. Ci si arriva anche solo per apprezzare la calda accoglienza e la fiera e ricca cucina della famiglia Di Stefano: con Pio, considerato un vero e proprio personaggio nella zona, ci sono la moglie Anna e le figlie Federica e Novella, che con il loro lavoro fanno di questa trattoria un **luogo autentico, ospitale e popolare**, che si avvicina senza paura al mezzo secolo di vita.

LA CUCINA Piatti forgiati nel solco della tradizione, con una precisa **scelta di materie prime legata ai sapori pieni e genuini del territorio** e dei suoi sterminati pascoli. In menù una (fin troppo) lunga selezione di piatti, scelta che porta qualche volta a dover trovare risorsa, quando fuori stagione, in ingredienti di conserva. Antipasti gustosi, primi sostanziosi e morbide carni alla brace. In cantina buone etichette regionali.

I PIATTI Chitarra aquilana, Agnello scottadito, Crostatina mele e cannella

ROCCA PIA (AQ)

IL VECCHIO RISTORO

IN BREVE *Michele e Nunziatina scelgono le materie prime che cucinano secondo tradizione. Da non perdere la pasta fatta a mano; per le carni ampio assortimento tra vitello, pecora e agnello.*

Via Roma, 9 - Tel. 0864 48481
Chiuso il mercoledì, mai in agosto e feste natalizie Orario mezzogiorno e sera
Ferie non ne fa
Prezzi: 28-30 euro vini esclusi
Carte di credito: BM, CS, MC, Visa

L'OSTERIA Rocca Pia è l'ultimo nome assegnato, in ordine di tempo, a questo piccolo borgo di 178 anime **nel Parco della Majella**, chiamato prima Florina, poi Rocca Letizia e quindi Roccavalleoscura, perché è illuminato dal sole per poche ore al giorno, posizionato com'è sotto un costone montuoso. Curiosità a parte, è qui che Michele e Nunziatina, cucinieri e tuttofare, gestiscono la loro osteria.

LA CUCINA Gli appassionati di olio extravergine di oliva, seduti a tavola avranno soddisfazione nel gustare un blend di varietà rustica e gentile aquilana prodotto nella limitrofa Pettorano sul Gizio dagli stessi proprietari, ottimo sul pane di grano solina appena sfornato in accompagnamento a salumi e formaggi freschi locali. Poi tanta **tradizione agropastorale** richiamata alla memoria da farine di mais, patate di montagna e verdure selvatiche, come orapi, cascigni, matroni e tarassaco. Non mancano i dolci di casa e qualche vino della zona.

I PIATTI Ravioli alla roccolana, *Cazzarellitte de grane e grandinije*, Farrozzo

CALDORA PUNTA VALLEVÒ

S.S. 16 Adriatica Nord - Tel. 0872 609185
🕐 Chiuso domenica sera e lunedì
Orario mezzogiorno e sera Ferie non ne fa
Prezzi: 32-38 euro vini esclusi
Carte di credito: AE, BM, CS, DC, MC, Visa

IN BREVE *Ristorante di mare affacciato sui trabocchi. Cucina semplice, punta tutto sulla freschezza del pescato, interpretato in piatti tradizionali o leggermente rivisitati.*

L'OSTERIA Lì dove correva la ferrovia oggi c'è una silenziosa pista pedociclabile, che percorre uno dei tratti di litorale più belli e selvaggi d'Abruzzo. Vi si affaccia il ristorante della famiglia Caldora, guardato dall'alto dall'eremo dannunziano. Il **delizioso terrazzo estivo**, circondato dalle rose coltivate da papà Mario, ha l'affaccio privato sul mare e **vista sugli affascinanti trabocchi abruzzesi**.

LA CUCINA In sala c'è Luca, gentile e premuroso nel servizio, in cucina con mamma Ilma Marco, più riservato e concentrato sui **piatti pensati in simbiosi con le stagioni del mare**, interpretati in maniera tradizionale con tocchi leggeri di fantasia. Il pescato locale e le specie più povere si affiancano ai classici pesci di spina, accompagnati quasi sempre dai prodotti raccolti negli orti della parte collinare di contrada Vallevò. Cantina in prevalenza regionale con alcune buone etichette nazionali e francesi.

I PIATTI Merluzzo sotto sale con finocchi e agrumi, Tacconi al sugo di cozze e fagioli tondini del Tavo, Spiedone di spigola con peperoni, uva, cipolla caramellata e mosto cotto

LO SCAMORZARO

Contrada Fonte Ginepri, 4 - Tel. 0872 948441-349 5610661-333 1825905
🕐 Chiuso il mercoledì
Orario mezzogiorno e sera Ferie non ne fa
Prezzi: 25-30 euro vini esclusi
Carte di credito: AE, BM, CS, MC, Visa

IN BREVE *Un autentico agriturismo, gestito tutto al femminile. Il menù è composto da un ricco antipasto con salumi, formaggi e verdure, buoni primi e carni alla brace.*

L'OSTERIA Aperto nel 2002, Lo Scamorzaro si trova al confine tra Abruzzo e Molise, nella zona conosciuta anche per la Riserva Abetina di Rosello e per le cascate del Rio Verde. La signora Dina e la figlia Carmela lavorano in cucina, Concetta, l'altra figlia, e la cognata Pina si occupano del servizio in sala. Agli uomini è affidato il lavoro in campagna e nell'allevamento. **Un agriturismo nel vero senso della parola**.

LA CUCINA Le **proposte culinarie, semplici e tradizionali**, raccontano la fatica dell'attività contadina quasi interamente autarchica, in un territorio particolarmente vocato. In tavola arrivano porzioni abbondanti e si apprezza la fattura casalinga di paste lunghe e ripiene, e dei dolci che richiamano il ricordo delle nonne. Per i secondi, si predilige la cottura alla brace con l'agnello protagonista principale. Menù completo a 30 euro con un vino sfuso dignitoso e qualche etichetta abruzzese e molisana.

I PIATTI Agnello alla brace, Caciocavallo alla brace, Pallotte *cac'e'ove*

VECCHIA MARINA

Lungomare Trento, 37 - Tel. 085 8931170
→ 7,1 km dall'uscita A14 Roseto
→ 900 m dalla stazione di Roseto
⏱ Chiuso domenica sera e lunedì
Orario mezzogiorno e sera Ferie ferragosto-prima sett di settembre, 1-7 gennaio
€ Prezzi: 45-50 euro vini esclusi
Carte di credito: AE, BM, CS, MC, Visa

IN BREVE *Piatti di mare che non si dimenticano, grazie alla conoscenza perfetta della materia prima, al conforto della tradizione e a sapienti intuizioni.*

L'OSTERIA Questo ristorante non è solo un **luogo di pellegrinaggio** per buongustai locali, ormai è diventato un punto di riferimento lungo la dorsale del medio Adriatico. Merito dei fratelli Gennaro e Loredana D'Ignazio (ai fornelli) e dal marito di quest'ultima, Giovanni Parnanzone che vi accoglie in sala insieme alla moglie di Gennaro, Svitlana. In estate c'è il giardino, d'inverno ci si accomoda tra la sala principale e la veranda.

LA CUCINA Dalla cucina arrivano piatti che non si dimenticano, grazie alla conoscenza perfetta della materia prima, al conforto della tradizione e a sapienti intuizioni che valorizzano **la freschezza del pescato**. La lunga sequenza di antipasti crudi, freddi e caldi (con gli imperdibili scampi all'arrabbiata) basterebbero da soli, ma si farebbe torto agli eccellenti primi, tra formati casalinghi e di piccoli pastifici. Diversi i menù alla portata di tutte le tasche. Ampia la carta dei vini con giusti ricarichi.

I PIATTI Tagliolini Vecchia Marina, Guazzetto alla rosetana, Frittura di paranza

SAN SALVO (CH) - San Salvo Marina

MARINA

Via Pigafetta, 21-S.S. 16, piazzale Agip
Tel. 0873 803142-338 8170542
→ 2,2 km dall'uscita A14 Vasto
⏱ Chiuso domenica sera e lunedì Orario mezzogiorno e sera Ferie prima settimana di gennaio
Prezzi: 35-40 euro vini esclusi
Carte di credito: AE, BM, CS, MC, Visa

IN BREVE *Ristorante a gestione familiare dove ci si può rifocillare con una sana cucina di pesce curata in modo competente. Non perdetevi il brodetto alla vastese.*

L'OSTERIA Il ristorante della famiglia Raspa è posizionato strategicamente lungo la statale 16 in prossimità dello svincolo per la fondovalle Trigno, al confine tra Abruzzo e Molise. **Il mare è a poche centinaia di metri** e il locale ne diffonde i profumi e soprattutto i sapori attraverso una cucina tradizionale mai banale.

LA CUCINA Da oltre trent'anni i punti di forza sono la capacità di accoglienza da parte di Michele e un'offerta culinaria centrata sulla bontà della materia prima esaltata dall'incontro con i prodotti della terra, come nel caso di alcuni piatti simbolo. Non mancano, di tanto in tanto alcune novità che attendono l'apprezzamento della clientela per entrare definitivamente in menù. Da segnalare la **notevole selezione di extravergini abruzzesi** e molisani, consigliati in abbinamento alle pietanze in base alle specifiche caratteristiche di ognuno. Adeguata la carta dei vini.

I PIATTI Scampi con trito di peperone rosso, Gnocchi di patate con calamaretti, Brodetto vastese

SAN SALVO (CH)

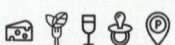

OSTERIA DELLE SPEZIE

Corso Garibaldi, 44 - Tel. 0873 341602
🕐 Chiuso domenica sera e mercoledì
Orario mezzogiorno e sera
Ferie 15 giorni in settembre
Prezzi: 30-35 euro vini esclusi
Carte di credito: AE, BM, CS, DC, MC, Visa

IN BREVE *Osteria moderna che propone la cucina di sempre, rivisitata con cotture più brevi e leggere. Pochi piatti che fanno leva sulla qualità dei prodotti.*

L'OSTERIA Da oltre vent'anni Giancarlo Cilli gestisce insieme alla moglie Giulia questo piccolo locale, ricavato da un **vecchio granaio ristrutturato** nel cuore di San Salvo. Accoglienza attenta e sobria, un ambiente capace di garantire il pieno piacere dello stare a tavola. Niente di ostentato negli arredi, nel tovagliato, ma **cordialità e passione** per il lavoro in sala, come in cucina.

LA CUCINA Il menù è composto da pochi piatti che fanno leva sulla **qualità dei prodotti**, garantita da una filiera di fornitori attentamente ricercati. Ne è un esempio la selezione di formaggi e salumi, servita come antipasto insieme a proposte calde di stagione. Primi piatti gustosi nella consistenza e nell'indovinato accostamento di ingredienti apparentemente lontani. C'è una rotazione anche nelle tipologie di carni, ognuna con cotture precise.

I PIATTI Chitarrina del trattu con cicorietta, ricotta e caciocavallo, Pennoni della Majella con mandorle, zafferano e pecorino, Prosciutto di maialino al forno con miele e ginepro

SAN VITO CHIETINO (CH) - Marina-Portelle

SOTTOSALE
OSTERIA DI MARE

Via Cristoforo Colombo, 78 - Tel. 0872 61417
🕐 Chiuso domenica sera e martedì, mai d'estate Orario mezzogiorno e sera
Ferie 1 settimana in novembre
Prezzi: 33-35 euro vini esclusi
Carte di credito: AE, MC, Visa

IN BREVE *Osteria di mare con cucina semplice, familiare. In carta anche i pesci più economici, le specie meno utilizzate come le alici, che troviamo marinate, con cipolla e peperoni fritti o scottadito.*

L'OSTERIA Antonio De Sanctis è il diretto discendente di quel Filippo che, nel secolo scorso, ha scritto un pezzo di storia gastronomica della costa teatina e d'Abruzzo. Oggi, non lontano dal ristorante di famiglia condotto da uno dei fratelli, gestisce la sua **osteria vista mare** con la moglie Patrizia. Qui si fanno piatti di pesce semplici e gustosi, serviti d'estate anche nel piccolo tratto privato di strada a ridosso del grande blu, godendo della bella vista e del buon cibo.

LA CUCINA Il menù consente la riscoperta di specie ittiche dimenticate e le ricette richiamano alla memoria i tempi in cui i piccoli pesci di spina, come le alici e i merluzzi, erano un gran tesoro nei cocci di terracotta insieme alla baraccola. Nei piatti tutta la freschezza del **pescato del giorno**, a comporre abbondanti e numerosi antipasti, primi succulenti e classici secondi da accompagnare con qualche buona etichetta di vino abruzzese.

I PIATTI Seppie e peperoni secchi, *Sagnette* con frutti di mare e ceci, Brodetto alla sanvitese

SANT'OMERO (TE)

LA PIAZZETTA

IN BREVE *Un riferimento in zona, un ristorante che propone piatti tradizionali teramani. La cucina è incentrata sul baccalà.*

Via alla Salara, 13 - Tel. 0861 88530
🕐 Chiuso la domenica **Orario** mezzogiorno e sera **Ferie** ultime 2 settimane di agosto
Prezzi: 27-33 euro vini esclusi
Carte di credito: BM, CS, DC, MC, Visa

L'OSTERIA Posto all'entrata del paese, proprio davanti all'ingresso dell'ospedale, questo **locale dall'anima familiare**, e dagli ambienti colorati, nei suoi oltre vent'anni di attività è diventato un punto di riferimento soprattutto per gli amanti del **baccalà**, alimento storicamente diffuso in zona grazie alla presenza di commercianti e importatori, celebrato in estate con una storica sagra.

LA CUCINA Particolare attenzione viene riservata all'alimento principe, qui disponibile nelle varietà norvegese, islandese, gaspè, stoccafisso ragno, arricchite da alcune gustose particolarità come la trippa di stoccafisso. Nella genuina cucina di Roberta Nepa si alternano alcuni condimenti stagionali, che si ritrovano anche nel corposo menù di carne rappresentativo dell'intero territorio abruzzese. Competente e discreto in sala, il figlio Nico completa il servizio dispensando consigli sui vini e gli oli regionali da abbinare ai piatti.

I PIATTI Trippa di stoccafisso, Linguine con ragù di **baccalà**, Baccalà con patate, ceci, zafferano e spinaci

SCANNO (AQ)

BIOAGROTURISMO VALLE SCANNESE

IN BREVE *Un ristoro dall'ambiente semplice ed essenziale, dove si possono assaggiare (e acquistare) le meraviglie a latte vaccino e ovino di Gregorio Rotolo. Pane e pasta sono fatti in casa.*

Località Valle Scannese - Tel. 086 4576043
🕐 Non ha giorno di chiusura
Orario mezzogiorno e sera **Ferie** non ne fa
Prezzi: 25-30 euro vini esclusi
Carte di credito: AE, BM, CS, DC, MC, Visa

L'OSTERIA La fama di Gregorio Rotolo precede, e di tanto, il suo passo, che è rimasto quello di pastore transumante sui monti sopra Scanno, dove vive da sempre insieme alla sua famiglia. Una scelta coraggiosa, iniziata qualche decennio fa, quando allevare pecore e produrre formaggi era una sfida ardua contro la cultura imperante. Anni per avviare l'azienda agricola, di cui oggi fa parte anche un piccolo ristoro, un **ambiente di montagna semplice**, rustico, dove si possono assaggiare e acquistare i frutti di tanto lavoro.

LA CUCINA Quanto presentato in tavola è di produzione propria, dalle farine al pane, alla pasta. In menù pochi **piatti del giorno, ricchi e ghiotti**. Il prosciutto di pecora è indescrivibilmente buono, come i formaggi a latte ovino, caprino e vaccino, tradizionali e innovativi. Le paste tirate a mano e le carni hanno un sapore autentico, i dolci richiamano ricordi d'infanzia.

I PIATTI Antipasto della casa, Tortello al gregoriano, Pecora alla brace

SCHIAVI DI ABRUZZO (CH)

ANTICA TRATTORIA VITTORIA

IN BREVE *Un percorso non facile vi farà giungere in questa trattoria, dove troverete sapori quasi dimenticati come quelli della ricotta di pecora, dei peperoni arrosto, della ventricina del Vastese.*

Località Valloni, 5
Tel. 0873 970250-338 3532484
🕐 Chiuso gio, inverno lun-mer aperto su prenotazione Orario mezzogiorno e sera
Ferie non ne fa
Prezzi: 20-25 euro vini esclusi
Carte di credito: BM, CS, MC, Visa

L'OSTERIA Ha superato il traguardo dei **novant'anni di attività** questa trattoria storica fondata nel 1929 dalla signora Di Bello, la Vittoria dell'insegna. Da venti è il nipote Vittorio Di Carlo a tramandarne la memoria, accogliendo con cura e competenza gli avventori che decidono di arrivare fin qui, **a oltre 1000 metri d'altitudine** dell'Alto Vastese, a due passi dal confine molisano.

LA CUCINA Il protagonista di questa zona è **un salume straordinario**, la ventricina del Vastese, vanto e gelosia di molte famiglie, che anche i Di Carlo producono e servono a tavola, tal quale o come condimento di primi piatti. Tra le carni, in aggiunta ai classici agnello e maiale, altra sicura motivazione di viaggio è il pollo cotto al mattone. La cantina è minima ma è gradevole lo sfuso della casa.

I PIATTI Ventricina del Vastese, *Sagne* appezzate al sugo di pomodoro, Pollo al mattone

SCURCOLA MARSICANA (AQ)

ANTICA OSTERIA TIRO A SEGNO

IN BREVE *Un caratteristico caseggiato da poco ristrutturato accoglie questa interessante osteria. La brace è il metodo preferito per la cottura delle carni.*

Strada Statale 5 Tiburtina Valeria, km 112,00
- Tel. 0863 448013
→ 3 km dall'uscita A14 Avezzano
🕐 Chiuso la domenica Orario mezzogiorno e sera Ferie prime 2 settimane di agosto
Prezzi: 28-30 euro vini esclusi
Carte di credito: BM, CS, MC, Visa

L'OSTERIA Situata sulla Via Tiburtina, tra Avezzano e Tagliacozzo, questa osteria è una **piccola oasi di ospitalità e buon gusto**. Nella bella stagione si può mangiare in veranda con vista sul giardino, mentre l'interno ha arredi e colori caldi e accoglienti.

LA CUCINA La **proposta giornaliera è basata su materie prime locali** (nel menù viene ribadita la provenienza della maggior parte degli ingredienti) con salumi, formaggi e piccole preparazioni fredde e calde. Primi e piatti di mezzo di ispirazione casalinga, spesso con accostamenti di ortaggi e verdure. La brace è il metodo preferito per la cottura delle carni, ma non mancano gustose pietanze al tegame. Buoni dessert al cucchiaio e carta dei vini a matrice regionale, anche naturali.

I PIATTI Selezione di salumi, Pancotto all'abruzzese, Agnello nostrano alla griglia

SPOLTORE (PE) - Villa Raspa

LA CORTE

IN BREVE *Grande attenzione nella selezione delle materie prime, tutte locali, per interpretare la cucina di terra, in un'autentica oasi di pace e serenità a due passi dalla città.*

Via Montani - Tel. 085 4159787-335 8487763
→ 2,1 km dall'uscita A14 Pescara
Chiuso il mar, in inverno anche dom sera, in estate dom a pranzo Orario mezzogiorno e sera Ferie variabili
Prezzi: 35-45 euro vini esclusi
Carte di credito: AE, BM, CS, DC, MC, Visa

L'OSTERIA L'incantato chiostro esterno, il morbido prato, l'**antico casolare** ammodernato rendono La Corte un'autentica **oasi di pace** e serenità a due passi dalla grande città. Alla guida c'è sempre lui, Maurizio Della Valle, vigile in cucina e presente anche in sala per spiegare con garbo la composizione dei piatti e le motivazioni della scelta degli ingredienti, tutti rigorosamente locali.

LA CUCINA Accanto alle proposte di terra che da sempre caratterizzano i menù (a 35 o a 45 euro), oggi si può optare su altrettanto buoni piatti di pesce. **Grande attenzione nella selezione delle materie prime** – sono numerosi i Presìdi Slow Food – mai troppo snaturate nella loro essenza. Tra le paste fresche fatte in casa si fanno notare i ravioli di ricotta, tra i secondi l'agnello e il baccalà. Deliziosi i dolci. Cantina regionale di buon livello.

I PIATTI Uovo croccante in purgatorio, Agnello in due cotture, Raviolo di ricotta e pomodoro alla brace

SULMONA (AQ)

CLEMENTE

IN BREVE *Un locale intimo e informale ricavato dalle scuderie di un palazzo storico. La carta varia periodicamente.*

Piazza Santa Monica
Tel. 0864 210679-342 6226522
Chiuso domenica sera e lunedì Orario mezzogiorno e sera Ferie 24-26 dicembre
Prezzi: 30-35 euro vini esclusi
Carte di credito: AE, BM, CS, DC, MC, Visa

L'OSTERIA Ricavato dalle **scuderie di un antico palazzo del centro storico**, il ristorante del cuoco Clemente Maiorano fonda il suo successo sull'autenticità. In sala, Isabella Cianferra e Gianfranco Di Cola accolgono i commensali con sincera ospitalità, guidandoli nella scelta dei vini tra etichette convenzionali e di piccoli produttori.

LA CUCINA L'amore e la dedizione per la **ricerca degli ingredienti più genuini**, selezionati a stretto contatto con i produttori locali, permettono alla cucina di essere sostanza, nutrimento di anima e corpo. I sapori e la generosità dei piatti rispecchiano la tradizione e il modus operandi dei Peligni. Tra le varie specialità è d'obbligo provare il baccalà, al quale è dedicato un intero menù infrasettimanale.

I PIATTI Agnellotto cacio e uova, Chitarrina con ricotta, guanciale e zafferano, Spalletta d'agnello al Montepulciano d'Abruzzo

LA CANTINA DI PORTA ROMANA

Corso Porta Romana, 105 - Tel. 0861 252257
→ 1,4 km dalla stazione di Teramo
🕐 Chiuso domenica sera Orario mezzogiorno e sera Ferie una settimana a fine agosto
Prezzi: 25-30 euro menù fisso vini esclusi
Carte di credito: nessuna

IN BREVE *In un ambiente piccolo in stile anni Sessanta, Marcello e Maria raccontano i piatti della tradizione teramana più pura. A maggio le virtù.*

L'OSTERIA Marcello Schillaci, è personaggio che discute e fa discutere, ma dimostra sempre grande passione per il suo lavoro di **cuciniere-cantiniere**. La sua è un'osteria che richiama quasi filologicamente le cantine che a fine Ottocento animavano la città, luoghi di ristoro di viandanti e contadini che portavano i loro prodotti al mercato. Di queste e altre contaminazioni, anche più colte, si è così arricchita la gastronomia teramana. L'ambiente è essenziale e d'estate i tavolini sono disposti sotto il porticato di fronte alla chiesa di San Domenico.

LA CUCINA Dalla piccola cucina escono piatti che hanno personalità e un prezzo fisso; il menù intero, con una selezione dall'antipasto al dolce, costa 25 euro. Si avanza così tra verdure ripiene, ventricina teramana, formaggio misto, fritti, primi della tradizione e secondi di carne e di frattaglie. Imperdibili, **le storiche virtù** che si possono gustare per un mese a cavallo del 1° maggio.

I PIATTI Ventricina teramana, Timballo di *scrippelle*, Mazzarelle

LA LOCANDA DEL PROCONSOLE

Via Vittorio Veneto, 48
Tel. 0861 241810-338 9938305
→ 4 km dall'uscita A24 Teramo Ovest
→ 1,4 km dalla stazione di Teramo
🕐 Chiuso il giovedì Orario mezzogiorno e sera Ferie 1 settimana in luglio, 1 in agosto
Prezzi: 30-35 euro vini esclusi
Carte di credito: BM, DC, Visa

IN BREVE *Il locale è informale e propone la cucina tramandata dalla tradizione rurale. Il menù prevede piatti fissi e alcune variazioni strettamente legate alle stagioni.*

L'OSTERIA Questa locanda **piccola e accogliente**, dall'arredamento informale con un'unica sala e un bancone che la divide dalla cucina, si trova nel centro storico. È stata aperta nel 2003 da Nicola Giansante, che si muove tra i fornelli e i tavoli per raccontare i piatti della ricca tradizione teramana.

LA CUCINA In cucina le principali materie prime (formaggi, salumi e carni, soprattutto quella ovina) sono scelte con attenzione e acquistate da fidati produttori della zona. Il menù, illustrato a voce, ha ovvie variazioni legate alle stagioni ma si trovano sempre alcuni must della **cucina teramana**, come i formati di pasta casalinga (rintrocilo, maccheroni alla chitarra, scrippelle per il brodo o per il timballo) e le virtù di maggio.

I PIATTI Rintrocilo con porcini e tartufo, Maccheroni alla chitarra con le pallottine di carne, Scrippelle *'mbusse*

TORANO NUOVO (TE)

LA SOSTA TORANO

Via Regina Margherita, 23 - Tel. 0861 82085-338 9500296
🕐 Chiuso martedì e mercoledì
Orario mezzogiorno e sera Ferie settembre
Prezzi: 25-30 euro vini esclusi
Carte di credito: BM, MC, Visa

IN BREVE *Un ristorante accogliente che offre la schietta cucina di tradizione. Il venerdì si trova il baccalà in umido, la domenica il timballo di scrippelle con le pallottine, sempre l'agnello alla brace.*

L'OSTERIA Nel cuore della lussureggiante Val Vibrata, tra la montagna e il mare, un'oasi di pura semplicità nel segno della più schietta cultura contadina, scandita dal rigoroso trascorrere delle stagioni. Per due giorni alla settimana, il martedì e il mercoledì, il locale chiude al pubblico per diventare laboratorio per la trasformazione di frutta e verdura di propria produzione.

LA CUCINA Tra i fornelli Francesco Luciani, patron attento e cordiale, rielabora con grande maestria gli inimitabili sapori della **tradizione teramana** per una sfida che si rinnova ogni giorno. Un approdo sicuro dove gustare senza incertezze i monumenti della memoria montanara e un'insolita quanto intrigante proposta di profumatissime zuppe, tra delicate paste fatte in casa, fragranti fritture vegetali e sontuosi arrosti.

I PIATTI Chitarra del postiglione, Spezzatino di capra alla neretese, Formaggio fritto

VASTO (CH)

CIBO MATTO

Via Crispi, 36 - Tel. 0873 370625
→ 9,7 km dall'uscita A14 Vasto Sud
🕐 Chiuso il martedì
Orario mezzogiorno e sera
Ferie 1 settimana in gennaio, 1 in novembre
Prezzi: 35-40 euro vini esclusi
Carte di credito: AE, BM, CS, MC, Visa

IN BREVE *La tradizione vastese vive in piatti gustosi e concreti, di mare e di terra, che sono lo specchio del territorio e di chi lo interpreta in cucina.*

L'OSTERIA Alle porte del centro storico di Vasto c'è l'osteria gestita dall'eclettico Jean Pierre Soria, titolare di un locale che rappresenta da anni una meta sicura per gli amanti della buona tavola marinara. Tavoli anche all'aperto in estate, mentre all'interno c'è **un'atmosfera moderna, calda e accogliente**. Il servizio è cortese ed esauriente nel racconto delle proposte in carta.

LA CUCINA Le preparazioni guidate dalle **stagioni del mare e della terra** soddisfano in pieno sia i puristi, sia chi guarda volentieri agli spunti innovativi. Lasciatevi allora conquistare dal profumo e dal sapore del brodetto servito nei cocci di terracotta, nel quale trovano la giusta combinazione pesci di spina, molluschi, crostacei, i tipici pomodori mezzotempo e il peperone dolce. Ma c'è da divertirsi tra le diverse offerte di antipasto e dei primi piatti.

I PIATTI Brodetto, *Sagnitelle* al sugo di granchi pelosi, Calamaro ripieno di ventricina e caciocavallo con cicoria e crema di borlotti

DA FERRI

Via Osca, 58 - Tel. 0873 310320-334 1203017
→ 6,9 km dall'uscita A14 Vasto Nord
Chiuso dom sera e lunedì Orario mezzogiorno e sera Ferie 2 settimane a Natale
Prezzi: 35-40 euro vini esclusi
Carte di credito: AE, BM, CS, MC, Visa

IN BREVE *Un locale incastonato in un'insenatura, con una veranda affacciata sul mare. Il menù varia quotidianamente, mantenendo piatti classici come il brodetto alla vastese.*

L'OSTERIA La vista sul faro di Punta Penna e sul porto è l'invidiabile biglietto da visita di questo storico locale della famiglia Ferri, gestito con immutata passione da Italo (in cucina) e Patrizia (in sala con il giovane figlio Nicola), che lo hanno ammodernato per darne adeguata continuità. L'atmosfera, sempre allegra e amichevole, non fa rimpiangere la vecchia trattoria di famiglia. Qui il pesce dell'Adriatico è di casa con le sue inimitabili tradizioni, impeccabilmente interpretate.

LA CUCINA I ricchi antipasti, caldi e freddi, seguono le ricette della vecchia cucina marinara, così come i primi, con le paste fatte in casa ai frutti di mare o al ragù di pesce. Tra i secondi, secondo tradizione, pesce di spina o molluschi o l'inimitabile brodetto vastese, una specialità che lascia spazio a poco altro, se non a un buon dolce al cucchiaio.

I PIATTI Cozze ripiene, Maccheroni alla chitarra con i frutti di mare, Brodetto

0 10 20 km
A14
Pescara
Francavilla al Mare
RA12
Ortona
MAR
ADRIÁTICO
Chieti
A25
Lanciano
Guardiagrele
PARCO
ABRUZZO
Vasto
NAZ.
M.gna d. Maiella
2793
Cásoli
Bomba
S. Salvo
Térmoli
A14
D. MAJELLA
Campomarino
Guglionesi
Montecilfone
Roccaraso
Capracotta
Larino
Castel di Sangro
Vastogirardi
Agnone
Trivento
Montelongo
Casacalenda
PARCO NAZ.
D'ABRUZZO,
LAZIO E MOLISE
Carovilli
Pescolanciano
Isérnia
PÚGLIA
CAMPOBASSO
Venafro
Vinchiaturo
Bojano
S. Bartolomeo in Galdo
A1
Morcone
Teano
Ariano Irpino
CAMPÁNIA
Benevento
RA9
Grottaminarda
A16
Cápua
Caserta
S. Maria Cápua Vetere
Maddaloni
Aversa
A1
A30
A16
Nola
Avellino
MAR
TIRRENO
NÁPOLI
A56
PARCO NAZ.
D.VESÚVIO
RA2

MOLISE

ALCUNI PIATTI DELLA TRADIZIONE

Acquasale
Fette di pane bagnate in acqua salata e condite con pomodori a pezzi, aglio tritato, origano, olio extravergine

Pizza e minestra
Preparazione rustica che unisce a una focaccia di granone patate e verdure lessate e condite

Cavatelli
Pasta fresca di semola di grano duro: dall'impasto si ricavano cilindretti di uno o più centimetri, trascinati sulla spianatoia esercitando una pressione con i polpastrelli

Pancotto
Antico piatto della tradizione contadina, è una zuppa di verdure con pane raffermo e guanciale

Sagne appezzate
Pasta fresca di acqua e farina di grano duro dalla forma romboidale

Baccalà arraganato
Timballo al forno a base di baccalà, mollica di pane, pomodorini, olive, uvetta e pinoli

Fegato di maiale con la rezza
Il fegato, tagliato in pezzi grossi, è avvolto con foglie di alloro nella rete di maiale e cotto a fuoco dolce

Pezzata
Agnello lattante farcito con olive, capperi, acciughe, peperoni sotto aceto, formaggio grattugiato e cotto con vino bianco

Torcinelli
Involtini di agnello: gli intestini, avvolti intorno a un ripieno di fegato e trippa, cuociono alla griglia o in forno

Triglie alla 'ngorda
Il pesce, farcito con un mix di pane raffermo, formaggio grattugiato, aglio tritato e prezzemolo, è cotto in forno

AGNONE (IS)

LOCANDA MAMMÌ

IN BREVE *La cucina creativa di Stefania Di Pasqua fonda le sue radici nel paniere di prodotti regionali di terra e di mare. Due i menù, due i viaggi attraverso il Molise.*

Contrada Castelnuovo, 86 - Tel. 0865 47379
🕐 Chiuso domenica sera e lunedì a pranzo
Orario mezzogiorno e sera Ferie 2 settimane in gennaio
Prezzi: 35-50 euro vini esclusi
Carte di credito: BM, MC, Visa

L'OSTERIA La resilienza quest'anno ha premiato anche il Molise, che del presunto isolamento geografico è riuscito a farne un punto a favore. Persa **tra verdi colline**, Agnone è conosciuta per le campane, per il caciocavallo e, da qualche anno, per il ristorantino che Stefania Di Pasquo ha aperto dopo l'accademia di Niko Romito. All'accogliente sala principale è stato aggiunto un piccolo spazio esterno in veranda, riservato e romantico.

LA CUCINA Due i menù degustazione, a 35 e 50 euro, che attraversano tutto il Molise, guadando i fiumi, demonticando, risalendo le valli e percorrendo le pianure fino al mare. Un **viaggio alla scoperta di produttori e di prodotti**, reinterpretati con **grande tecnica e uno stile proprio**. Carta dei vini interessante.

I PIATTI Tortelli di melanzane, acqua di pomodoro e spuma di pecorino, Coniglio, carote, cipolle e terra di olive, Variazione di cioccolato con lampone e gelato al caffè

BOJANO (CB) - Civita Superiore

BORGO ANTICO

IN BREVE *Una trattoria dove assaporare la tradizione gastronomica locale: trippa molisana, torcinelli, zuppa di cicerchie, agnello alla pecorara sono alcuni dei piatti in menù.*

Largo San Giovanni, 6
Tel. 348 8220215-335 6351608
🕐 Chiuso il lunedì Orario mezzogiorno e sera Ferie 1 settimana a fine settembre
Prezzi: 30-35 euro vini esclusi
Carte di credito: BM, CS, MC, Visa

L'OSTERIA Si è sempre colti da sentimenti di gratitudine e di ammirazione quando ci si trova ad avere a che fare con persone come Filindo e Antonella, titolari di questa osteria, vero e proprio avamposto di Bojano, piccolo borgo medievale abbarbicato sui monti del Matese, che non conta più di cinquanta anime. **Tutto è verace**, come Filindo, profondo conoscitore delle tradizioni del luogo, che tra un aneddoto e l'altro, illustra a voce i piatti del giorno.

LA CUCINA La cucina di Antonella è rigorosamente tradizionale e varia giornalmente in base a quanto di meglio si possa reperire in zona: salumi e formaggi vaccini, carni locali di agnello e maiale, pesci di acqua dolce, farine di grani antichi e, a seconda delle stagioni, svariati ortaggi e verdure. Il pranzo qui è una vera e propria passeggiata nel gusto che diventa ogni volta una vera e propria **riscoperta di un recente passato** che profuma ancora di buono.

I PIATTI Baccalà arracanato, Torcinelli, Fruffola

BOJANO (CB)

DA FILOMENA

Località Limpilli, 199 - Tel. 0874 773078
Chiuso il lunedì Orario mezzogiorno, sera
su prenotazione Ferie 2 settimane in luglio
Prezzi: 25-30 euro vini esclusi
Carte di credito: BM, CS, MC, Visa

IN BREVE *Storica trattoria che da cinquant'anni soddisfa i palati di molisani e avventori di passaggio. Molta sostanza nei piatti: frittata con fegatini, tagliatelle ai porcini, torcinello di agnello.*

L'OSTERIA Alle pendici del Matese, al confine tra Campania e Molise, questo borgo oltre a essere famoso per la vocazione agricola e casearia, vanta altre attrazioni come questa osteria che **da oltre cinquant'anni** rende merito alla schietta cucina territoriale. Ci si accomoda in un'unica sala ampia e luminosa, dove si attendono i piatti di Filomena.

LA CUCINA Poco spazio alla forma e molto alla **sostanza**, intesa tanto nella qualità quanto nell'abbondanza delle porzioni. A cominciare dal più classico degli antipasti, composto da diversi assaggi. Poi zuppe e primi piatti, la maggior parte dei quali con pasta fresca fatta a mano e spesso accompagnata da verdure e legumi di stagione. Sono altrettanto buone le carni locali preparate arrosto o al forno. Tra i dolci le crostate di frutta. Buono sfuso locale come alternativa a una piccola selezione di etichette regionali.

I PIATTI Frittata di fegatini, Tacconelle e fagioli, Torcinelli

CAMPOBASSO

ACINIELLO

Via Torino, 4 - Tel. 328 5585484
Chiuso la domenica Orario mezzogiorno
e sera Ferie 10-24 agosto
Prezzi: 25-30 euro vini esclusi
Carte di credito: AE, BM, CS, MC, Visa

IN BREVE *Trattoria adatta sia per una veloce pausa pranzo sia per una serata più rilassata. Pizza e minestra, cavatelli, baccalà, torcinelli di agnello tra i piatti in menù.*

L'OSTERIA Un po' appartata tra le piccole vie del centro storico della città ma ben conosciuta dagli habitué e dai buongustai, questa trattoria ha saputo mantenere il passo dei tempi (è **in attività dal 1948**) senza mai perdere identità delle tradizioni gastronomiche locali. Merito di Maria Velledda Belfiore che in cucina preparare piatti genuini e vigorosi, e dei figli Christian e Raffaele che gestiscono la sala con **sorriso e passo lieve**.

LA CUCINA Il menù è scritto a mano per facilitare il cambio di proposte in base alla **disponibilità quotidiana e stagionale**. C'è l'antipasto classico con affettati e piccole portate dalla cucina e una bella varietà di piatti di mezzo (minestre, zuppe), ci sono i primi piatti tipici e sostanziosi e qualche pietanza più contemporanea. Si torna alla tradizione con le carni e con sublimi preparazioni con le frattaglie ma anche con il baccalà. Buoni i dessert e curata la selezione dei vini in bottiglia, alternativa allo sfuso delle colline molisane.

I PIATTI Pizza e minestra, Taccozze al baccalà, Torcinelli

I PECCATI DI BACCO

Via Roma, 92 - Tel. 339 4050020
→ 650 m dalla stazione di Campobasso
⏱ Chiuso la domenica e lunedì sera
Orario mezzogiorno e sera Ferie variabili
Prezzi: 22-28 euro vini esclusi
Carte di credito: CS, MC, Visa

IN BREVE *Pochi coperti per questa osteria che merita una visita alla scoperta delle eccellenze del territorio: mussillo di vitello, vellutata di fave con cicoria, baccalà arracanato, coniglio in umido.*

L'OSTERIA La passione di Stefano Baranello è sicuramente il vino, che sa consigliare in maniera affabile e simpatica ai clienti che scelgono per aperitivo o per una buona cena il locale che gestisce insieme alla mamma Marisa, brava in cucina. Nel suo locale in pieno centro storico ci sono **pochi posti** a sedere e niente carte dei vini o delle pietanze, ma c'è una lavagna con pietanze e vini del giorno che il patron sa illustrare con il giusto savoir-faire.

LA CUCINA Nei piatti troviamo tanta **tradizione** come nel caso del mussillo (muso) e del fegato di vitello, delle carni, anche ripiene, e di alcune ricette con il baccalà. Non mancano salumi, formaggi e tartufi, tutte cose di cui il Molise è eccellente produttore, così come formati locali di pasta con condimenti leggeri e i dolci al cucchiaio. Altro pezzo forte è ovviamente la **cantina**, rifornita con il meglio della produzione molisana e del vicino Abruzzo, anche con servizio al bicchiere.

I PIATTI Uova e caciocavallo, Cavatelli al ragù molisano, Baccalà *arracanato*

LA GROTTA DA CONCETTA

Via Larino, 7 - Tel. 0874 311378
→ 500 m dalla stazione di Campobasso
⏱ Chiuso sabato, domenica e festivi
Orario mezzogiorno e sera Ferie in agosto
Prezzi: 24-28 euro vini esclusi
Carte di credito: nessuna

IN BREVE *Una storica osteria che propone la semplicità della vita contadina: i ritmi delle stagioni cadenzano i piatti della tradizione molisana.*

L'OSTERIA La storica trattoria di Concetta, dopo sessant'anni di attività, continua a essere una meta di pellegrinaggio gastronomico. **Due sale e un bel cortile** per la bella stagione accolgono autoctoni e forestieri che apprezzano la cucina sincera della casa. La signora Concetta ormai ha lasciato il passo a Lucia e a Fabio, che con orgoglio mantengono alta la barra della qualità delle materie prime e della genuinità della cucina, pur apportando piccole migliorie.

LA CUCINA Ci sono piatti che possono trovarsi in menù tutto l'anno e altri che seguono le cadenze rurali. Le paste richiamano la **tradizione contadina**, con la pizza di mais che accompagna fumanti minestre, zuppe di legumi, paste fresche e asciutte condite con ragù di carni o verdure. I secondi tradiscono la storica attività della macelleria di famiglia, prediligendo tagli straordinari, anche quando considerati di minor pregio e, talvolta, il quinto quarto. Dolci della casa e buoni vini regionali.

I PIATTI *Pizz' e' minestra*, Fegato di maiale con alloro, Bollito di vitello

CAMPOMARINO (CB)

DA NONNA ROSA

IN BREVE *Minuscola e accogliente trattoria che è diventata un'istituzione della ristorazione molisana. Una cucina di terra con salumi, formaggi, verdure sott'olio, paste fatte a mano e carni alla brace.*

Via Biferno, 41
Tel. 0875 539948-348 9040059
→ 5,9 km dall'uscita A14 Termoli
→ 950 m dalla stazione di Campomarino
🕐 Chiuso il martedì **Orario** mezzogiorno e sera **Ferie** 10 giorni in settembre, a Natale
Prezzi: 30-35 euro vini esclusi
Carte di credito: AE, BM, CS, MC, Visa

L'OSTERIA Giuseppe L'Abbate ha aperto esattamente 25 anni fa la sua minuta trattoria situata nella parte collinare di questo piccolo borgo che si affaccia sul litorale adriatico. Una passione per **la buona cucina trasmessagli dalla madre Rosa** e che lui ha saputo trasferire in una quotidianità fatta di gesti e di preparazioni semplici e di grande profondità gustativa. Giuseppe è un cuoco, nel senso più puro del termine, con una conoscenza approfondita degli ingredienti e della loro trasformazione.

LA CUCINA La sua è una cucina **solida, legata alle stagioni e alla terra** che valorizza le produzioni di questa terra di confine tra Puglia e Molise. Ci sono sempre ortaggi e verdure sottoforma di zuppe, sformati o contorni, mentre le carni ben frollate sono sapientemente trasformate in deliziosi carpacci, arrosti e ragù che condiscono le orecchiette di grano arso o le tagliatelle, sempre realizzate a mano. Merita la citazione l'ottima selezione di formaggi. Ragionata la carta dei vini.

I PIATTI Carpaccio di fesa di manzo, Orecchiette di grano arso al ragù di agnello, Arrosto misto

CAPRACOTTA (IS)

GUADO CANNAVINA

IN BREVE *Un agriturismo che presenta una schietta cucina di matrice contadina: coratella d'agnello, zuppette di legumi, pancotto, carni alla griglia, pizza di granturco.*

Contrada Macchia, 11
Tel. 0865 949135-328 7637143
🕐 Chiuso il giovedì **Orario** mezzogiorno e sera **Ferie** non ne fa
Prezzi: 20-25 euro vini esclusi
Carte di credito: BM, CS, DC, MC, Visa

L'OSTERIA Questo **agriturismo** trae linfa vitale dall'azienda agricola a vocazione zootecnica, costituita da diversi ettari di pascolo, una stalla con vacche da latte, tanti animali da corte e un orto rigoglioso. La struttura, adeguatamente ristrutturata, anche dotata di camere, conserva le essenziali caratteristiche architettoniche e funzionali degli edifici contadini, con ampie stanze sobriamente arredate.

LA CUCINA Gestisce il tutto Felice Amicone, che propone una **cucina semplice e contadina**. Il menù ha una scelta di piatti contenuta, varia con le stagioni: nei piatti, sostanziosi ed equilibrati, troviamo solo ingredienti locali e di qualità. Ne è esempio l'abbondante antipasto, con salumi e formaggi di produzione propria: salsiccia, soppressata, ricotta, caciocavallo e coratella di agnello sono imperdibili. Non meno interessanti sono le paste fatte a mano e tagli di carni cotte alla brace o al tegame.

I PIATTI L'antipasto della casa, *Sagne a pezze* al sugo di agnello, Agnello alla griglia

CAPRACOTTA (IS)

L'ELFO

Via Campanelli - Tel. 0865 949131
🕐 Chiuso il lunedì, mai in agosto o festivi
Orario mezzogiorno e sera Ferie 2 settimane
in maggio, 2 in novembre
Prezzi: 25-30 euro vini esclusi
Carte di credito: BM, CS, DC, MC, Visa

IN BREVE *Un accogliente ristorante ospitato nelle cantine di un antico palazzo signorile. Qui la tradizione apre nuovi orizzonti alla creatività della cucina.*

L'OSTERIA Un locale particolarmente piacevole, ricavato **nelle cantine di un palazzo settecentesco** del centro storico di questo borgo a 1421 metri di altitudine. Un ambiente familiare dove è facile sentirsi a proprio agio, sotto lo sguardo attento e discreto di Michele e Franca Sozio che si dividono tra sala e cucina.

LA CUCINA Il loro è un inno alla tradizione molisana, con qualche spunto creativo che esalta prodotti di indiscussa qualità. Funghi, tartufi e ottime carni fanno da solida base alle proposte, tutte caratterizzate dai sapori nitidi della **gastronomia locale**: le lenticchie coltivate nell'orto di famiglia, le paste e di dolci di casa, il tartufo bianco o nero a seconda delle stagioni che arricchisce primi piatti e, naturalmente, le sontuose carni cresciute nei vicini pascoli d'alta quota. Buona la selezione di vini prevalentemente molisani e abruzzesi.

I PIATTI Minestra, patate e lenticchie, Pappardelle al ragù di cinghiale, Cosciotto di agnello alle erbe

CAROVILLI (IS)

DA ADRIANO

Via Napoli, 14
Tel. 0865 838688-338 8887578
🕐 Chiuso lunedì sera e martedì, mai d'estate
Orario mezzogiorno e sera
Ferie 1 settimana in settembre
Prezzi: 28-33 euro vini esclusi
Carte di credito: AE, BM, CS, MC, Visa

IN BREVE *Adriano è un'istituzione da molti anni. In un ambiente rustico, la cucina ha un forte ancoraggio territoriale: formaggi locali e in stagione funghi .*

L'OSTERIA Al bando qualsiasi formalità. Accomodarsi ai tavoli di questa storica osteria nascosta tra i vicoli del piccolo borgo immerso **nel cuore dell'Appennino molisano** è davvero un'esperienza che vale il viaggio. Umorale e diretto, Adriano Scarpitti è proprio l'oste che ci si aspetta di trovare in posti come questo, capace di accogliere e intrattenere l'ospite col racconto delle proprie memorie e brindando spesso insieme tra una portata e l'altra.

LA CUCINA Non stupisca quindi l'**assenza di menù**. I piatti cambiano quasi quotidianamente attingendo a piene mani da ciò che offrono la natura e le coltivazioni circostanti, dalle verdure ai funghi fino ai buoni tartufi molisani. Unica costante, la trasversale eccellenza delle materie prime e la variegata offerta di formaggi e latticini di cui la zona è ricca: stracciata, primo sale, scamorza appassita, ricotta, caciocavallo stagionato, pecorino. Gradevole lo sfuso locale, menzione d'onore per i dolci fatti in casa.

I PIATTI Selezione di salumi e formaggi, Pappardelle con funghi porcini e tartufi, Lasagne in brodo

OSTERIA DEL BORGO

Via Cluenzio, 44 - Tel. 349 3928013
🕐 Chiuso domenica sera e il lunedì, mai d'estate Orario mezzogiorno e sera, d'estate solo sera Ferie 2 settimane a gennaio
Prezzi: 28-35 euro vini esclusi
Carte di credito: BM, CS, MC, Visa

IN BREVE *Questa graziosa osteria dispone di due salette con mattoni a vista e pochi tavoli all'aperto. Pallotte cacio e 'ova, cavatelli al ragù di ventricina del Vastese e panciotti di pampanella sono imperdibili.*

L'OSTERIA La piccola osteria di Domenico Starinieri e Assunta D'Ermes è ormai entrata tra le mete abituali dei buongustai della zona. L'**ambiente semplice e intimo**, con mattoni a vista e pochi coperti che in estate aumentano grazie allo spazio all'aperto, il garbo nell'accogliere i clienti e una cucina che prende felici spunti dalla contaminazione delle tradizioni gastronomiche dell'Abruzzo e del Molise.

LA CUCINA Il risultato è nei **sapori decisi e gustosi** dei piatti pensati da Domenico: si fa **molto uso di ortaggi e verdure di stagione**, che in estate sono tra i protagonisti principali sia in diverse proposte di antipasto sia come condimento delle paste fresche (tra le quali tra le quali meritano un posto d'onore quelle ripiene), sia come accompagnamento delle carni alla griglia. I cremosi dolci al cucchiaio sono la degna conclusione di un pasto convincente. Vini solo molisani.

I PIATTI *Ciabbotta*, Acquasale, Panciotti di pampanella

MORIELLO 2.0

Corso Nazionale, 170 - Tel. 0875 705674
→ 5,6 km dall'uscita A14 Termoli
→ 290 m dalla stazione di Termoli
🕐 Chiuso domenica sera, d'estate a pranzo, e lunedì Orario mezzogiorno e sera
Ferie variabili
Prezzi: 35-40 euro vini esclusi
Carte di credito: BM, CS, MC, Visa

IN BREVE *One man band, one man show. Leonardo Moriello è il protagonista di una cucina concreta che non transige sulla qualità delle materie prime.*

L'OSTERIA La storia di Leonardo Moriello racconta il suo ritorno a Termoli dopo diverse esperienze per aprirvi l'osteria Il Gusto. Dieci anni di attività, poi una pausa di riflessione e, dal 2016, di nuovo alla guida del suo nuovo locale arredato con **garbo moderno e cucina a vista**. One man band, one man show: è quanto si pensa vedendolo muoversi tra i fornelli e i tavoli, nel rispetto dei tempi e senza perdere d'occhio marinature o cotture, sempre millimetriche. La mano è felice non c'è che dire.

LA CUCINA Il rigore nello scegliere le **materie prima di alta qualità** da pescatori e da agricoltori locali, fa comprendere come il pesce freschissimo, unito a verdure e ortaggi, possano generare preparazioni gustose e sempre varie. Per iniziare crudi a carpaccio o a tartare, ma anche freddi e cotti; poi un buon piatto di pasta, una fragrante frittura o un arrosto di pesci di spina. Dolci al cucchiaio e ragionata la carta dei vini con predilezione per i vini naturali.

I PIATTI Carpacci del giorno, Tagliolini con le pannocchie, Frittura di paranza

OSTERIA DENTRO LE MURA

IN BREVE *Antonio Terzano propone vecchie ricette di mare, anche con specie ittiche poco note, utilizzando il pescato del giorno. Imperdibili gli spaghetti quadrati allo scoglio e il brodetto alla termolese.*

Via Federico II di Svevia, 3
Tel. 0875 705951-349 1969470
→ 6 km dall'uscita A14 Termoli
→ 900 m dalla stazione di Termoli
⏲ Chiuso il mercoledì, 1 giugno- 31 agosto la domenica Orario pranzo e sera, d'estate solo sera Ferie 10 gg tra Natale e Capodanno
Prezzi: 35-40 euro vini esclusi
Carte di credito: BM, CS, DC, MC, Visa

L'OSTERIA Da una ventina d'anni questa osteria è un preciso punto di riferimento per l'intera costa molisana. Dal 2014 il locale si è trasferito sul versante nord del borgo fortificato di Termoli, **al piano terra di un vecchio palazzo** a ridosso del castello svevo e della cattedrale. Location di gran fascino con pochi posti a sedere ma che in estate può sfruttare gli spazi esterni quasi a picco sul mare.

LA CUCINA La cucina semplice di Antonio Terzano esalta il pescato del giorno con il quale **prepara ricette marinare recuperate** e, talvolta, reinterpretate. Tra i tavoli si muove la moglie Lina, eccellente padrona di casa e sommelier brava anche nella ricerca di nuove etichette. Il menù viene riscritto quotidianamente e offre sempre una bella scelta di antipasti crudi, caldi e freddi, primi dai sapori decisi e secondi di tradizione come zuppe, arrosti e fritture.

I PIATTI Brodetto alla termolese con lo spaghettino spezzato, Parmigiana di alici, Moscardini in purgatorio

VASTOGIRARDI (IS)

SAN MAURO

IN BREVE *Lontano dalle rotte più battute, un agriturismo dove apprezzare cibi genuini. Ortaggi, pollame e salumi arrivano dall'azienda, d'inverno è disponibile il tartufo bianco locale.*

Strada Provinciale San Mauro
Tel. 0865 836147
⏲ Chiuso domenica sera e lunedì, mai in agosto Orario pranzo, luglio e agosto o su prenotazione anche sera Ferie 2 settimane in giugno e in febbraio
Prezzi: 30-35 euro vini esclusi
Carte di credito: BM, CS, MC, Visa

L'OSTERIA L'**agriturismo immerso nel verde**, a circa mille metri di altitudine, è stato realizzato da Angelo Berardi più di vent'anni fa, ed è ora gestito con cura dal figlio Gianguido e dalla moglie Federica. La struttura, dove è possibile anche pernottare, è funzionale, ampia e arredata con semplicità. Nella bella stagione si mangia fuori, al fresco tra le querce.

LA CUCINA Oltre i due terzi di quello che arriva nel piatto ha origine in azienda o nelle immediate vicinanze, dai salumi, prodotti da maiali allevati in proprio, alle pietanze a base di carne di cappone. In cucina, Gianguido, dopo studi all'istituto alberghiero e una laurea in scienze e tecnologie alimentari, sa bene come trattare le materie prime. **I suoi piatti guardano alla tradizione** raccontata con la sua tecnica e la sua personalità.

I PIATTI Salumi aziendali e formaggi vaccini, Chitarra al ragù di agnello, Arrosto misto di carni alla brace

CASALE ROSA

Contrada Monteverde, 4 A
Tel. 0874 34382-338 2846196
🕐 Chiuso il lunedì Orario mezzogiorno, sera
su prenotazione Ferie 2 settimane dopo
Ferragosto
Prezzi: 30-35 euro vini esclusi
Carte di credito: BM, CS, MC, Visa

IN BREVE *È il ristoro di un agriturismo che utilizza gran parte delle proprie materie prime. Nei piatti, cucinati dal giovane ma già celebre Luca, ci sono territorio, fantasia e nuove tecniche. In stagione provate il tartufo locale.*

L'OSTERIA Agriturismo, azienda agricola, B&B, bottega con laboratorio di ceramica. Casale Rosa riunisce **più anime in un solo luogo** geografico, immerso nel verde delle colline molisane, non lontano dal capoluogo. Pasquale e Maria Luisa supervisionano il tutto ma hanno lasciato spazio ai figli Federica, che si occupa delle coltivazioni con metodi biologici e biodinamici, e Luca che guida la cucina di tradizione locale ma con spunti di fantasia.

LA CUCINA Molte **materie prime** sono **autoprodotte** e poi trasformate in modo esemplare. Il pane accompagna salumi, formaggi e latticini locali, affiancati da confetture e conserve sott'olio (che si possono acquistare anche nella piccola bottega o tramite il sito aziendale). Poi diversi formati di fresca, anche ripiena, che nei periodi giusti si arricchiscono del tartufo molisano e bei tagli di carni ben frollate cotte alla brace o al tegame. Lasciate spazio ai dolci al cucchiaio.

I PIATTI Salumi di maiale nero, Tagliatelle al tartufo molisano, Pollo farcito

MAR

ADRIÁTICO

BARI

Mola di Bari

tritto
annicandro di Bari
cquaviva d. Fonti
Sammichele di Bari
  Turi
Castellana Grotte
Monópoli
Fasano
Putignano
sano d. Murge
Noci
Alberobello
Cisternino
Gioia del Colle
érama
lle
A14
Locorotondo
Ostuni
Carovigno
Martina Franca
S. Vito d. Normanni
Bríndisi
erza
Castellaneta
Crispiano
Céglie Messápica
Villa Castelli
Mesagne
S. Pietro Vernótico
alagianello
Massafra
Palagiano
Grottáglie
Francavilla Fontana
Latiano
S. Cataldo
nosa
Lecce
Táranto
Cavallino
Mandúria
Vernole
Metaponto
Lido
Zollino
Ótranto
Nardò
Corigliano d'Ótranto
Máglie
Golfo di
Táranto
Poggiardo
Gallípoli
Alézio
Andrano
Taviano
Tricase
Patù
S. Maria di Léuca
MAR IÓNIO
C. S. Maria di Leuca
olfo di
origliano

0   15   30 km

PUGLIA

ALCUNI PIATTI DELLA TRADIZIONE

Pitta di patate
Sformato di patate con una farcia a base di cipolle, pomodoro, pangrattato, formaggio, olive e capperi

Ciceri e tria
Pasta e ceci: la *tria* – una tagliatella di farina e acqua larga un centimetro e mezzo – è in parte lessata nel brodo di ceci, in parte fritta

Orecchiette con cime di rapa
La più tipica pasta pugliese è legata alle cime di rapa da un intingolo ottenuto sciogliendo nell'olio extravergine alcune acciughe

Pancotto
Antico piatto della tradizione contadina, è una zuppa di verdure con pane raffermo

Riso patate e cozze
Piatto unico costituito da patate, cipolle, cozze, riso, pomodoro fresco e pecorino sistemati a strati e cotti in forno

Polpo in pignata
Il mollusco è tagliato a pezzi e cotto in un recipiente di terracotta con cipolla, pomodoro e prezzemolo

Tiella di agnello o capretto con patate e lampascioni
Arrosto cotto in teglia con i tipici bulbi dal gusto amarognolo

Cartellate
L'impasto, a base di farina di frumento, olio extravergine e vino bianco secco, è modellato in conchette da friggere e immergere nel vincotto o nel cotto di fichi

ALBEROBELLO (BA)

L'ARATRO

Via Monte San Michele, 25-29
Tel. 080 4322789
Non ha giorno di chiusura
Orario mezzogiorno e sera Ferie non ne fa
Prezzi: 45-55 euro vini esclusi
Carte di credito: AE, BM, CS, DC, MC, Visa

IN BREVE *Il ristorante si compone di tre salette ricavate all'interno dei tipici trulli. Da non perdere le orecchiette con le cime di rapa o con ragù di frizzl.*

L'OSTERIA In **uno dei paesaggi unici al mondo**, quello dei trulli, L'Aratro è sempre una validissima osteria. Il locale dell'eclettico Domenico Laera si compone di tre salette ricavate in queste particolari costruzioni. Affacciandosi nel cortile si completa la visione magica del panorama.

LA CUCINA L'**attenzione maniacale alle materie prime** spicca già dagli antipasti: nel misto della casa, consigliato per due persone, se ne può assaggiare una decina, tra caldi e freddi. Un primo che non manca quasi mai è costituito dalle orecchiette con le cime di rapa. Un secondo ottimo e gustoso, nell'ampia e sostanziosa proposta di carni, è l'arrosto misto di agnello, salsiccia, costata e filetto. I vini in carta sono perlopiù pugliesi.

I PIATTI Orecchiette con ragù di *frizzl*, Filetto di vitello al vincotto, Arrosto misto di agnello

ALBEROBELLO (BA)

LA CANTINA

Vico Lippolis, 8 - Tel. 080 4323473-347 7401588
→ 950 m dalla stazione di Alberobello
Chiuso il martedì Orario mezzogiorno e sera Ferie 15 giorni in febbraio, 15 in luglio
Prezzi: 30-35 euro vini esclusi
Carte di credito: AE, BM, CS, DC, MC, Visa

IN BREVE *Un'ospitale osteria con cucina a vista, e un menù a raccontare il territorio: polpettine di pane, orecchiette con ragù e ricotta forte, trippa soffocata.*

L'OSTERIA Una **vera e propria chicca** a pochi metri dalla zona monumentale, un ristorantino assolutamente da consigliare a chi giunge in questo luogo Patrimonio dell'Unesco. Nel 2020 il locale ha festeggiato i suoi trent'anni, ricchi di successi e con tante belle gratificazioni da coloro che hanno avuto la fortuna di fermarsi a mangiare a questi tavoli. La prenotazione è consigliata.

LA CUCINA L'affascinante **cucina a vista** permette di osservare senza alcuna barriera Francesco mentre si cimenta nella preparazione delle eccellenti **prelibatezze della tradizione locale**. Il territorio si racconta partendo con i numerosi antipasti, cui seguono sformati di verdure, orecchiette al ragù e ricotta forte, fricelli con salame di cinghiale, trippa "soffocata", involtino di maiale panato. Infine rosoli e dolcetti di mandorle. Vini prettamente locali e regionali.

I PIATTI Polpette di pane, Orecchiette al sugo, Capocollo di maiale

ALEZIO (LE)

LE MACARE

Via Mariana Albina, 140 - Tel. 0833 282192
→ 1 km dalla stazione di Alezio
🕐 Chiuso il martedì, mai d'estate
Orario sera, domenica in inverno anche
pranzo Ferie 15 giorni in novembre
Prezzi: 30-35 euro vini esclusi
Carte di credito: AE, BM, CS, DC, MC, Visa

IN BREVE *Vincenzo D'Aprile è ormai una certezza nonostante la giovane età. La sua cucina è improntata su materie prime di qualità fornite da appartenenti alla rete dei Presìdi Slow Food e delle Comunità del Cibo.*

L'OSTERIA Alezio è un piccolo centro salentino poco distante da Gallipoli, centro nevralgico della movida estiva salentina. Daniela Montinaro, proprietaria storica di questa osteria, l'ha sempre gestita all'insegna della spontaneità, senza rinunciare a cortesia e professionalità, grazie anche al contributo del figlio Vincenzo in cucina e della figlia Stella in sala. Tranne che in estate, il menù viene arricchito con una selezione di pizze a lievitazione naturale, che si contraddistinguono per la buona digeribilità.

LA CUCINA L'estro dello chef **Vincenzo D'Aprile è ormai una certezza** nonostante la giovane età. La scelta delle materie prime è attenta e si prediligono **fornitori locali** appartenenti alla rete dei Presìdi Slow Food. Non perdete per cominciare gli antipasti misti. Il pane è fatto in casa. La carta dei vini dispone di poche ma selezionate etichette regionali e nazionali; presenti anche alcune birre artigianali. Da segnalare un'interessante **carta degli oli extravergini**.

I PIATTI Pasta con cozze, colatura di alici di Cetara e burro affumicato, Baccalà gratinato al forno, Spumone

ALTAMURA (BA)

ORIGINI VINO & CUCINA

Via IV Novembre, 30 C - Tel. 080 6457928
→ 900 metri dalla stazione di Altamura
🕐 Chiuso domenica sera e lunedì
Orario mezzogiorno e sera Ferie variabili
Prezzi: 30-32 euro vini esclusi
Carte di credito: AE, BM, CS, DC, MC, Visa

IN BREVE *Giovane per proposta ed età dei gestori, è un'osteria moderna dove gustare preparazioni che variano continuamente in base alle stagioni.*

L'OSTERIA L'osteria è nata solo pochi anni fa e, con impegno e dedizione, continua a puntare su **una squadra di giovanissimi** in sala e cucina. Il deus ex machina, Marco Cipriani, continua la sua crescita come oste. L'ambiente è **moderno e accogliente**, ed è un piacere avere sott'occhio tutte le bottiglie disponibili. La selezione enoica è particolarmente curata, speciale la passione per il mondo dei vini naturali.

LA CUCINA In cucina tutto gira intorno ai numerosi prodotti del territorio murgiano con un utilizzo attento delle erbe selvatiche. In carta sono spesso presenti alcune **pietanze storiche** locali, oramai divenute molto difficili da reperire altrove, con il rischio di perdere la memoria gastronomica di questo territorio. Le preparazioni variano continuamente in base alle stagioni; le carni provengono dalla storica macelleria di famiglia.

I PIATTI Spaghettoni con pomodorini, pancetta e lenticchie di Altamura, Capocollo all'arancia, Pecora cotta nel coccio

TRATTORIA VARDACELI

Via Matteotti, 3 - Tel. 389 1774580
→ 1,1 km dalla stazione di Andrano-Castiglione
🕐 Chiuso il mercoledì
Orario mezzogiorno e sera Ferie variabili
Prezzi: 30-35 euro vini esclusi
Carte di credito: BM, CS, MC, Visa

IN BREVE *Tipica trattoria a gestione familiare, ospitata negli affascinanti locali di un ex convento, propone i piatti autentici e genuini della tradizione salentina.*

L'OSTERIA Tipica osteria salentina, prende il nome dai piccantissimi peperoncini locali. Si trova in un piccolo borgo, a pochi chilometri dalla costa adriatica, ospitata negli affascinanti locali con le volte a stella di un **ex convento** adiacente alla chiesa di San Michele Arcangelo. **La gestione è familiare**: i piatti sono raccontati da Salvatore Mastria, in cucina armeggiano la moglie Rocchetta De Filippis e la figlia Manuela.

LA CUCINA I piatti sono quelli della **tradizione locale**, realizzati con materie prime reperite da produttori della zona. Molto interessante il ricco antipasto che comprende autentici classici salentini, come la pitta di patate e le pittule. Le proposte sono soprattutto di terra, ma non manca di tanto in tanto qualche eccezione marinara. Da bere alcuni validi vini del territorio e un buono sfuso della casa.

I PIATTI Maritati con le polpette di carne, Involtini di carne al sugo, Fave e cicorie

---

ANTICHI SAPORI

Piazza Sant'Isidoro, 10 - Tel. 0883 569529
→ 12,1 km dall'uscita A14 Canosa
🕐 Chiuso sabato sera e domenica
Orario mezzogiorno e sera
Ferie 3 settimane in luglio, 1 in dicembre
Prezzi: 35-38 euro vini esclusi
Carte di credito: AE, CS, DC, MC, Visa

IN BREVE *Autentico ambasciatore della cucina pugliese, Pietro Zito è anche fieramente un oste-contadino: il suo grande orto fornisce molte delle materie prime in menù.*

L'OSTERIA Una delle più grandi autorità nel suo campo, **ambasciatore della cucina pugliese** in Italia e non solo: lui è Pietro Zito, **un oste che è quasi un mito**. Per godere delle sue prelibatezze, dovrete prenotare con largo anticipo.

LA CUCINA Le verdure perlopiù provengono dall'**orto biodinamico** di proprietà, che Pietro segue con grande passione: 15 000 metri quadrati dove trovano posto diverse cultivar quasi dimenticate, in un autentico mosaico di biodiversità. Consigliatissimo il percorso completo Fai Tu, che racconta piatto dopo piatto la carriera gastronomica di Pietro. Se si preferisce scegliere alla carta, è consigliabile iniziare con la ricca carrellata di antipasti. Vista l'importanza dell'orto, sono tante le proposte vegetariane ma, ovviamente, non mancano importanti pietanze di carne, specie se di agnello. I dolci sono davvero ottimi: tra questi spicca la cassata di ricotta e mandorle. Ampia cantina con una curata e mai banale selezione di etichette regionali.

I PIATTI Ricotta al sedano dolce, Minestra con orzo, fave e carciofi, Tiella di agnello

ANDRIA - Castel del Monte

IL PINO GRANDE

IN BREVE *Masseria di grande fascino, ospita un'azienda agricola biologica e un'osteria di campagna, dove gustare piatti della tradizione. Il pane di semola servito in tavola è cotto nel forno a legna.*

Strada Provinciale 234 km 20+920
Tel. 0883 569864
🕐 Non ha giorno di chiusura
Orario mezzogiorno e sera Ferie non ne fa
Prezzi: 30-35 euro menù fisso vini esclusi
Carte di credito: BM, CS, DC, MC, Visa

L'OSTERIA Percorrendo la strada provinciale che da Castel del Monte va a Minervino, nel cuore del Parco dell'Alta Murgia, l'osteria di campagna, gestita da oltre vent'anni dalla famiglia Pavan, **è ospitata in un'antica, fascinosa masseria** che comprende anche un'azienda agricola biologica produttrice di cereali, ortaggi, frutta, legumi, spezie. L'atmosfera è rilassata e piacevole.

LA CUCINA La proposta, di terra, è legata alla stagionalità delle **materie prime perlopiù autoprodotte**. Spiccano senz'altro le preparazioni a base di agnello: arrostini, costatine, *gnmmridd* (involtini di budella di agnello ripieni di animelle). Quando disponibili, da non perdere i piatti di funghi locali. Il pane di semola è cotto nel forno a legna. Da bere alcune bottiglie del territorio e qualche birra artigianale.

I PIATTI Porchetta di maialino al finocchio selvatico e friggitelli, Cavatelli con pancetta e mandorle tostate, Macco di fave con cicorie selvatiche

ANDRIA

IL TURACCIOLO

IN BREVE *Cortesia e accoglienza vi accompagneranno per tutto il percorso degustativo. Il menù scritto sulla lavagna comprende sempre salumi e formaggi del territorio.*

Piazza Vittorio Emanuele, 4 - Tel. 388 1998889
→ 3,5 km dall'uscita A14 Andria-Barletta
→ 1,2 km dalla stazione di Andria
🕐 Chiuso la domenica
Orario solo la sera Ferie 15-31luglio
Prezzi: 28-35 euro vini esclusi
Carte di credito: BM, MC, Visa

L'OSTERIA Nella principale piazza della città, da più di dieci anni esiste questo locale che, grazie al **buon rapporto tra qualità e prezzo**, al calore dell'ambiente e all'affabilità dell'oste, è diventato una delle enoteche con cucina maggiormente frequentate nella provincia. Vi conquisteranno sia il banco frigo con salumi e formaggi in bella mostra, sia la parete con i vini. Il menù scritto sulla lavagnetta in sala cambia giornalmente, l'offerta enologica è di tutto rispetto, anche al bancone.

LA CUCINA A dirigere la cucina c'è il patron del locale Luciano Matera: esprime la sua passione con una proposta gastronomica, che varia secondo stagione e si basa su materie prime principalmente di territorio. Da buon sommelier, inoltre, **saprà consigliare la bottiglia più adatta all'occasione**.

I PIATTI Carpaccio di podolica, Pacchero farcito al ragù, Controfiletto equino con patate e carote di Polignano

MONTEGUSTO

IN BREVE *In questo ristorante con camere, in un'atmosfera rilassata, complice anche il servizio gentile e informale, si gusta una cucina frutto dell'elaborazione di materie prime locali.*

Strada Statale 170 km 1,850
Tel. 0883 569862-342 5459915
Non ha giorno di chiusura
Orario pranzo e sera, novembre-marzo solo pranzo Ferie 15 giorni in novembre
Prezzi: 35-38 euro vini esclusi
Carte di credito: BM, CS, MC, Visa

L'OSTERIA Situato ai piedi di Castel del Monte, **nel cuore del Parco dell'Alta Murgia**, il ristorante con camere, gestito da Roberto Tondolo, dispone anche di una vasta area di sosta per roulotte e camper. Se il **panorama mozzafiato** appaga la vista, la cucina pensa a soddisfare il palato degli avventori con attenzione e professionalità. Il servizio è gentile e informale.

LA CUCINA La cucina è frutto dell'elaborazione di buone **materie prime locali**. In apertura merita la selezione di salumi e formaggi con antipasti caldi di verdure stagionali. Nel periodo giusto, non mancate di assaggiare i diversi piatti che hanno come protagonista il tartufo scorzone della Murgia. I vini sono disponibili anche al bicchiere, da scegliere tra un discreto numero di etichette pugliesi.

I PIATTI Flan di peperone con salsiccia affumicata e salsa al pecorino, Tortello di burrata con pomodorino al forno, ricotta forte e crema di melanzane, Reale di puledro

DA NONNA PEPPINA

IN BREVE *Una trattoria in cui, con garbo e mano sicura, si propone cucina di territorio: pancotto, orecchiette al fegatazzo, muscisca con friggitelli e burratina.*

Corso Generale Torelli, 90
Tel. 348 4095984-0882 643150
Chiuso dom e lun sera e il mar
Orario mezzogiorno e sera
Ferie non ne fa
Prezzi: 25-35 euro vini esclusi
Carte di credito: BM, CS, DC, MC, Visa

L'OSTERIA L'osteria si trova nel centro storico di Apricena e si presenta come **un'antica dimora locale**: la sala ha le volte in pietra e il camino. Verrete accolti con gentilezza dal giovane sommelier Michele Falcone, che vi descriverà con passione le proposte del giorno e le tradizioni gastronomiche tipiche di questa zona del Nord della Puglia. Ascoltarlo è un vero piacere: affidatevi a lui anche per la scelta del vino. La selezione comprende un buon numero di etichette, in particolare per quanto riguarda il Nero di Troia, il più tipico fra i vini locali.

LA CUCINA Maria Grazia Ferrandino guida con sicurezza la cucina. In pochi anni è stata capace di creare alcune pietanze simbolo della sua filosofia ai fornelli. Citiamo ad esempio le orecchiette di grano arso al fegatazzo e un ragù di quinto quarto marinato negli agrumi. Tutto il repertorio in cucina segue le stagioni ed è rappresentato dai **piatti iconici di quest'area del Gargano**.

I PIATTI Zuppa di ceci e grano, Acquasale con granita di pomodoro, Agnello con funghi cardoncelli, crema di funghi e mele

BARI

EST!

IN BREVE *Due salette calde e accoglienti, un servizio professionale, una grande lavagna che elenca piatti di terra e di mare, una ricca selezione di vini naturali.*

Via Toma, 81 - Tel. 080 9904796-340 3405670
→ 1,5 km dalla stazione di Bari Centrale
⏰ Chiuso il lunedì a pranzo Orario mezzogiorno e sera Ferie una settimana in agosto
Prezzi: 30-35 euro vini esclusi
Carte di credito: BM, CS, MC, Visa

L'OSTERIA Un semplice incontro tra Mario e Stefania, entrambi cuochi e sommelier, ha gettato le premesse per questa osteria arredata in **stile caldo e accogliente**. Il locale, sito in una zona prossima al centro, nelle vicinanze del Campus universitario, consta di due salette, una interna, l'altra esterna, e di uno spazio soppalcato arredato in stile vintage. Su una parete troneggia una grande lavagna con l'elenco delle pietanze che variano settimanalmente e con l'alternarsi delle stagioni. Numerosi i **vini** a disposizione (più di mille): **tutti naturali**, ben in vista e classificati con ordine certosino per regioni e per nazioni, in vendita anche da asporto.

LA CUCINA La preparazione dei piatti persegue due obiettivi principali: primo, essere un luogo ideale di pausa lavorativa a pranzo o di intrattenimento serale rivolto a un pubblico anche giovane; secondo, realizzare pietanze di tradizione territoriale (con **qualche tocco innovativo**), comprese specialità a base di verdure selvatiche.

I PIATTI Orecchiette al ragù di brasciole, Tiella di patate riso e cozze, Fave e cicorie campestri

BARI

IL CANTO DEI BISCHERI

IN BREVE *Una classica osteria di cucina pugliese e toscana con un menù in cui si alternano i piatti tradizionali delle due regioni.*

Via Putignani, 93 - Tel. 328 0256168
→ 700 m dalla stazione di Bari Centrale
⏰ Chiuso lunedì e martedì a pranzo
Orario pranzo e sera, d'estate solo sera
Ferie la settimana centrale in agosto
Prezzi: 35-38 euro vini esclusi
Carte di credito: BM, CS, MC, Visa

L'OSTERIA Nel quartiere murattiano, simbolo commerciale della città, Massimo Lanini gestisce il locale con la moglie Flora, creando subito una bella sintonia con i clienti. Molto apprezzati l'ambiente e il clima che vi si respirano, tipici da **classica osteria**. Non c'è menù cartaceo, i piatti sono elencati su una lavagna appesa alla parete e raccontati a voce da Massimo e Flora. **Eccellente la scelta dei vini**: la cantina è fornitissima di referenze di qualità pugliesi e non, con preferenza per i piccoli produttori; ce n'è per tutti i gusti e tutte le tasche, e non manca una buona scelta al calice.

LA CUCINA Le **origini toscane** di Massimo si ritrovano in alcune contaminazioni già fin dall'antipasto. Il cuoco Gaetano trova però sempre il tempo per non trascurare la **tradizione pugliese**. Ottimo il risultato, che oscilla così felicemente tra crostini e orecchiette, peposo e panzanella, finocchiona e impepata di cozze.

I PIATTI Guancia di vitello stracotta, Marro al forno completato alla brace, Orecchiette con le cime di rapa

OSTERIA DELLE TRAVI

Largo Chiurlia, 12 - Tel. 339 1578848
→ 1,1 km dalla stazione di Bari Centrale
🕐 Chiuso il lun e le sere dei festivi
Orario pranzo e cena Ferie la sett di Ferragosto
Prezzi: 25-30 euro vini esclusi
Carte di credito: BM, CS, MC, Visa

IN BREVE *Un locale dall'atmosfera casalinga autentica e dallo spirito semplice come i piatti che propone.*

L'OSTERIA È passato più di un secolo dalla fondazione, da parte di un contadino barese, di questa osteria ideata come ristoro per gli avventori di un antico mercato rionale, che oggi non si svolge più. Gli eredi, Giuseppe e Gianni De Mastro, hanno lasciato quasi inalterato il locale. Le tovaglie di carta bianca e gli sgabelli in cui sedersi sono elementi identitari dell'**atmosfera casalinga** autentica e dello **spirito semplice** del locale.

LA CUCINA Contrariamente ai lontani esordi, qui non si beve più solo il vino, magari accompagnato da pane e olive, ma ci si delizia con l'**autentica cucina barese**, quella appartenente alle famiglie che abitano da sempre, amandolo, il quartiere medievale di San Nicola (comunemente conosciuto dai locali come Bari Vecchia). Limitata l'offerta dei vini, dignitoso lo sfuso della casa.

I PIATTI Orecchiette al ragù di brasciole di cavallo, *Strasc'nate* con cime di rapa, *Tiedd* di riso, patate e cozze

PERBACCO

Via Abbrescia, 99
Tel. 080 5588563-347 8957737
→ 1 km dalla stazione di Bari Centrale
🕐 Chiuso sab a pranzo e la dom Orario mezzogiorno e sera Ferie luglio e agosto
Prezzi: 35-38 euro vini esclusi
Carte di credito: AE, BM, CS, DC, MC, Visa

IN BREVE *Un apprezzato locale che da oltre vent'anni coniuga in modo vivace il rispetto per la tradizione, la promozione del territorio e la voglia di innovare.*

L'OSTERIA Ubicato nel centro storico di Bari, a due passi dal mare, da oltre vent'anni il locale si eleva dalla standardizzazione dell'offerta circostante: merito della maestria del patron Beppe Schino, che si occupa della sala e della ricerca delle materie prime, e della più che collaudata brigata di cucina. Cucina che, quasi a vista, è, insieme all'**atmosfera** che si respira, il biglietto da visita del locale del "maestro" Beppe. Alla sala, dall'**arredo semplice ma elegante**, si accede da un corridoio in cui spiccano mobili d'epoca e scaffali ricolmi di bottiglie.

LA CUCINA La tradizione viene rispettata, ma non mancano **tocchi originali di innovazione**. A questo si aggiunga la bella presentazione dei piatti, che già prima di essere gustati sono una gioia per gli occhi. L'eccellente cantina ospita referenze pugliesi, italiane e straniere. Valida anche la selezione di oli extravergine di oliva.

I PIATTI Pasta ripiena alle cime di rape con pomodorino regina di Torre Canne e acciughe, Baccalà in umido su crema di sedano rapa, Semifreddo alla liquirizia su crema di caffè

DA COSÌMINO

Via Prussiano, 40 A - Tel. 080 8976335
🕐 Chiuso domenica e martedì Orario mezzogiorno e sera Ferie 15 giorni a gennaio
Prezzi: 33-38 euro vini esclusi
Carte di credito: BM, CS, DC, MC, Visa, Satispay

IN BREVE *I piatti, preparati da Cosmo Uva basandosi sulla disponibilità del pescato locale, sono curati nei dettagli. Una cucina attenta, innovativa e al contempo tradizionale.*

L'OSTERIA **Luminoso e accogliente** nell'arredo e nella struttura, con i tavoli che affacciano **sulla strada che costeggia il mare** della seconda spiaggia di Bisceglie, il ristorante deve il nome al suo fondatore. Anche se da qualche tempo Cosimino non è più tra noi, il locale è gestito dalla stessa squadra, sia in sala sia in cucina.

LA CUCINA Si esce sempre soddisfatti da questo ristorante: merito della **cucina attenta, innovativa e al contempo tradizionale**, della qualità e della ricchezza complessiva del menù. I piatti, preparati essenzialmente basandosi sulla disponibilità del pescato locale, sono curati nei dettagli, senza mai stravolgere nulla: merito dello chef Cosmo Uva, bisceglese doc, con una lunga esperienza nella cucina di pesce e territoriale. La carta dei vini è ben strutturata: data la natura dei piatti, prevalgono etichette bianche e rosate del territorio.

I PIATTI Seppia fritta su crema di zucchine e fonduta di caciocavallo, Risotto con spigola e limone, Frittura di paranza

PEPENERO
BISTROT ITALIANO

Via Imbriani, 252
Tel. 080 3325584-347 4485239
🕐 Chiuso il mercoledì
Orario mezzogiorno e sera
Ferie prima sett di giugno, seconda di novembre
Prezzi: 25-45 euro vini esclusi
Carte di credito: AE, BM, CS, DC, MC, Visa, Satispay

IN BREVE *Daniele abbina sapientemente la cucina della campagna circostante con quella che è la sua passione: il pesce, povero e non. A cena sono a disposizione anche ottime pizze.*

L'OSTERIA Daniele Antonelli, reduce da una bella esperienza in Francia, non vuole dimenticare il suo vissuto e, per questo, ha voluto dedicare il nome dell'osteria alla sua vita passata. Non tradisce però le sue origini e ha dedicato la struttura a uso e consumo della **tradizione marinara**. Interessante la carta dei vini: sono soprattutto pugliesi ma non mancano eccellenze italiane ed estere.

LA CUCINA La voglia di legare l'osteria alla tradizione della sua terra ha indotto Daniele ad abbinare sapientemente la cucina della campagna circostante, basata su prodotti dell'orto, con quella che è la sua passione: **il pesce, povero e non**. La sua vena creativa si applica così a piatti tradizionali e innovativi. A cena sono a disposizione anche ottime pizze. I produttori delle materie prime sono in gran parte locali.

I PIATTI Spaghettoni con cipolla rossa dolce, scampo e peperoncino, Strascinate di grano arso ai frutti di mare con pesto di mandorle, basilico e pomodoro secco, Ricciola con marmellata di limone

BITRITTO (BA)

LA CAMPAGNOLA

IN BREVE *All'interno di un frantoio del Seicento, Cosimo Carrieri gestisce un'osteria, in cui gran parte delle materie prime utilizzate in cucina sono fornite da produttori locali.*

Via Nicola Fumarola, 4
Tel. 080 631642-392 8856159
🕐 Chiuso il lunedì Orario la sera, domenica anche pranzo Ferie 2 settimane a Ferragosto
Prezzi: 25-35 euro vini esclusi
Carte di credito: BM, CS, DC, MC, Visa

L'OSTERIA Cosimo Carrieri appartiene a una dinastia di cuochi: la passione è stata ereditata dal padre Franco. A Bitritto, cittadina a 10 chilometri dal capoluogo, ha restaurato **un frantoio del Seicento** arredandolo con testimonianze dell'antica civiltà contadina. Nel piano interrato ha adibito una splendida cantina dove sono presenti vini di tutta Italia, molti dei quali naturali. Discreta la scelta delle birre.

LA CUCINA Ogni sforzo è finalizzato alla conservazione della tradizione. Gran parte delle materie prime sono fornite da produttori locali, dalla carne pugliese (bovini di razza podolica) alla pasta di grano senatore Cappelli, **dai formaggi alle verdure di contadini del vicinato**. Ottimi i taglieri di salumi composti anche da eccellenze nazionali. Le pizze sono preparate con semola biologica.

I PIATTI Orecchiette al ragù di podolica con fonduta di caciocavallo, Cicorielle selvatiche con purè di fave, Pecora in *pignata*

BOVINO (FG)

LA CANTINA

IN BREVE *Nel loro piccolo locale, Agata e Nicola (cuoco, contadino e allevatore) propongono specialità locali, molte delle quali ricavate da materie prime della propria azienda.*

Via Giovanni Barone, 1
Tel. 0881 961849-389 7897956
🕐 Sempre aperto d'estate, in inverno solo nel fine settimana Orario mezzogiorno e sera Ferie ottobre
Prezzi: 30-35 euro vini esclusi
Carte di credito: BM, MC, Visa

L'OSTERIA La Cantina è uno di quei luoghi che, se non ci fosse, bisognerebbe inventarlo. Una piccola grotta, pochi coperti, **un camino che riscalda nelle giornate più fredde**. Nicola Consiglio e la moglie Agata gestiscono la loro osteria con la semplicità e l'umiltà che li caratterizza da sempre. Lavoratori infaticabili, portano avanti con successo anche l'azienda agricola che produce la maggior parte delle materie prime, soprattutto formaggi e salumi.

LA CUCINA Qui la carne suina la fa da padrone, anche perché Nicola può contare per l'approvvigionamento sull'allevamento di maiale nero che porta avanti con dedizione. Immancabili sulla tavola salsicce e capocollo. Il grande antipasto della casa contempla anche le caciotte aromatizzate, le verdure e **le mozzarelle fatte al tavolo** dal ristoratore in persona. A seguire, primi di pasta fresca con ortaggi di stagione e secondi tradizionali di maiale, coniglio e agnello. Per chiudere, ottimi dolci fatti in casa.

I PIATTI Soffritto di maiale, Fusilli con capocollo, cacioricotta e pomodoro, Coniglio al coccio

ANTICA OSTERIA
LA SCIABICA

Via Tahon De Revel, 29-33 - Tel. 0831 562870
→ 950 m dalla stazione di Brindisi
🕐 Chiuso sabato a mezzogiorno
Orario mezzogiorno e sera Ferie non ne fa
Prezzi: 32-37 euro vini esclusi
Carte di credito: BM, CS, DC, MC, Visa

IN BREVE *Ernesto Palma sa scegliere e proporre il miglior pescato della regione attraverso una cucina che ne rispetta la fragranza e ne esalta i profumi.*

L'OSTERIA Arrivati nella parte più antica del porto di Brindisi, ecco l'osteria. La sala e le suppellettili che l'arredano danno quel senso di marinaresco e contadino tipici della tradizione. E poi lui, **l'oste per eccellenza**, Ernesto Palma. Un momento è in cucina, appena dopo te lo trovi accanto, pronto a trasmetterti quella passione e quella competenza che lo contraddistinguono.

LA CUCINA Prevalgono fra le materie prime **il pesce povero** e i prodotti agricoli dell'entroterra brindisino. Aprono il pasto i "dedicati al Mar Adriatico", che variano in base alla disponibiltà del pescato. Fra le mutevoli proposte, non sottovalutate le linguine con le vongole veraci e la ricciola in guazzetto. I dessert cambiano quotidianamente e vengono enunciati a voce. Ottima la scelta di vini, anche al calice; presenza di valide birre artigianali. Al costo del pasto non è prevista l'aggiunta della voce "coperto".

I PIATTI Polpo con patate, Tortiera di riso, patate e cozze, Triglie al Verdeca

PANTAGRUELE

Via Salita di Ripalta, 1 - Tel. 0831 560605
→ 1 km dalla stazione di Brindisi
🕐 Chiuso sabato a pranzo e domenica
Orario mezzogiorno e sera Ferie variabili
Prezzi: 35-40 euro vini esclusi
Carte di credito: AE, BM, CS, DC, MC, Visa

IN BREVE *Lo storico ristorante della famiglia Palma propone, nei pressi del porto, un ricco menù di cucina pugliese di mare e di terra. I piatti, curati e bene eseguiti, variano secondo stagione.*

L'OSTERIA In **un antico palazzo vicino al porto**, questo ristorante è un punto di riferimento per i brindisini e non solo. Fabrizio, attuale rappresentante della famiglia Palma, vi farà accomodare in una delle due **salette arredate con gusto**. A seconda della stagione, la bravissima Ada Romano vi proporrà menù che non vi deluderanno affatto.

LA CUCINA Oltre ai piatti di pesce si possono trovare anche pietanze di carne e verdure. Una volta accomodati al tavolo, potrete iniziare con un antipasto di cinque portate, tra cui spicca, accanto alle tipiche fave e cicorie con agretti, l'immancabile crudo di mare (considerate che inevitabilmente sforerete sul prezzo). Originali, fra i primi, i paccheri scampi e zenzero. «C'è sempre posto per il dolce» recita il menù: quindi non tralasciate il babà sbriciolato o la ricotta ubriaca. Carta dei vini con **le migliori etichette regionali** e ottimi distillati.

I PIATTI Muggine su lampascioni, Spaghettoni cacio, pepe e moscardini, Frittura di paranzella

CAROVIGNO (BR)

CASALE FERROVIA

Strada Provinciale 34-Via Stazione, 1
Tel. 0831 990025
→ 140 m dalla stazione di Carovigno
🕐 Chiuso il lunedì, mai d'estate
Orario pranzo e cena Ferie variabili
Prezzi: 35-38 euro vini esclusi
Carte di credito: AE, BM, CS, DC, MC, Visa

IN BREVE *Un locale di sobria eleganza in cui Giuseppe e Maria trasformano eccellenti materie prime in piatti, che guardano con libertà alla tradizione e la interpretano con intelligenza.*

L'OSTERIA In un locale caratterizzato da una **eleganza sopraffina**, con un approccio minimale, linee moderne e pulite che si coniugano a elementi di antiquariato, Giuseppe Galeone e la moglie Maria Lanzillotti hanno creato quello che può essere definito **un tempio della gastronomia**. Giuseppe fa un lavoro certosino nella selezione delle materie prime, Maria crea piatti che guardano con libertà alla tradizione e la interpretano con intelligenza, suscitando grandi emozioni.

LA CUCINA **Il pescato giornaliero è una costante** e una garanzia, le carni provengono da allevamenti locali. Si può concludere con un'emozionante selezione di formaggi delle masserie limitrofe o con un ottimo dolce fatto in casa. Eccellente cantina con etichette regionali scelte con grande cura e passione. Fra gli oli c'è anche quello prodotto dalla stessa famiglia Galeone.

I PIATTI Costata di palamita scaloppata al sesamo e rape, Gnocchi di ricotta e spinaci con fonduta di parmigiano, nocciole e capocollo, Biancostato di vitello con crema di patate e cipolla affumicata

CASTELLANA GROTTE (BA)

OSTERIA DEL CAROSENO

Via Santomagno, 18 - Tel. 080 4961381
→ 500 m dalla stazione di Castellana Grotte
🕐 Chiuso mar e dom sera, luglio e agosto
mar a pranzo Orario mezzogiorno e sera
Ferie 2 settimane tra giugno e luglio
Prezzi: 30-35 euro vini esclusi
Carte di credito: AE, BM, CS, MC, Visa

IN BREVE *Un'accogliente osteria con cucina a vista, in cui il menù, sempre diverso, racconta, con una rielaborazione personale, tradizione e territorio. Il pane è fatto in casa con lievito madre.*

L'OSTERIA Dall'attento e scrupoloso restyling di **un frantoio del Settecento** nasce l'Osteria del Caroseno, gestita sapientemente, con semplicità e gentilezza, dal patron e chef Gianni Longo. Anni di esperienza, girovagando per ristoranti europei, lo hanno portato ad acquisire tecnica e competenza ben visibili nei piatti proposti, sempre molto **curati nel gusto e nella presentazione**. Segnaliamo la possibilità di alloggiare nel curatissimo b&b annesso.

LA CUCINA Il menù racconta il modo di pensare e reinterpretare i **piatti del territorio** di Gianni: ne sono la dimostrazione l'impanata di fave e cicorie ripassata, la focaccia con ricotta forte, le strascinate di grossetto (farina semintegrale) con ceci e cozze, l'agnello con capperi e origano. Di grande bontà il pane fatto in casa con farine antiche e lievito madre. Olio ed erbe spontanee provengono da terreni di proprietà. La scelta dei vini è rivolta alle etichette pugliesi.

I PIATTI Timballo di orecchiette infornate, ragù barese e canestrato di masseria, Spaghettone trafilato in bronzo con otto ingredienti poveri, Baccalà pastellato

CEGLIE MESSAPICA (BR)

CIBUS

Via Chianche di Scarano, 7 - Tel. 0831 388980
→ 400 m dalla stazione di Ceglie Messapica
🕐 Chiuso il martedì
Orario pranzo e cena Ferie 1-15 giugno
Prezzi: 30-35 euro vini esclusi
Carte di credito: AE, BM, CS, DC, MC, Visa

IN BREVE *Un monumento vivente della gastronomia pugliese: pochi ristoratori sono così coinvolti e rigorosi nella ricerca del meglio che questa regione sa produrre, come lo chef e patron Lillino Silibello.*

L'OSTERIA Il mitico Lillino Silibello è uno strenuo difensore delle produzioni che, secondo alcuni, sono fuori mercato. Nei suoi innumerevoli racconti di raccolte di erbe spontanee, di visite a piccoli allevatori, di degustazioni presso caseifici, si percepisce la sua **enorme passione e cultura gastronomica**. È inoltre un grande esperto di formaggi. In questa splendida avventura è accompagnato dalla moglie Angela.

LA CUCINA Attraverso l'assaggio di un piatto unico, è possibile conoscere una carrellata di antipasti del territorio. Molto bravo Lillino nel preparare ottime zuppe e paste fatte in casa. **Un must i secondi di carne**, una goduria anche per i palati più esigenti. Si conclude solitamente con una carrellata di formaggi o con dolci tipici della zona. Ottima e curata la carta dei vini.

I PIATTI Orecchie di prete con cacioricotta e pomodoro, Involtino di cavallo al ragù, Biscotto cegliese

CEGLIE MESSAPICA (BR)

DA GINO

Contrada Montevicoli, 57 - Tel. 0831 377916
🕐 Chiuso il venerdì Orario mezzogiorno e sera Ferie variabili
Prezzi: 30-32 euro vini esclusi
Carte di credito: AE, BM, CS, DC, MC, Visa

IN BREVE *Appassionato coltivatore di erbe spontanee, Gino cambia menù ogni giorno, dopo essersi recato nel suo campo "incontaminato", e arricchisce i suoi piatti con sapori originali.*

L'OSTERIA Non ci sembra casuale che il ristorante porti il nome del titolare. **Questo storico locale nelle colline di Ceglie Messapica**, attivo da diversi anni, è diretta emanazione del suo fondatore e patron, il signor Gino. E diremmo che l'identificazione è tale da rendere inscindibile il luogo dal personaggio, nel senso che non si va a trovare Gino solo per mangiare bene, ma anche per il piacere di incontrarlo. La caratteristica atmosfera degli interni non tradisce le origini rustiche del locale.

LA CUCINA Tutta la linea di cucina si misura con la tradizione per riproporla in una veste di sorprendente leggerezza. A iniziare dagli antipasti dove Gino propone diverse preparazioni con l'**utilizzo di tante erbe spontanee** da lui raccolte quotidianamente nel suo campo "incontaminato". Da non perdere la pasta fresca fatta in casa e l'immancabile arrosto misto di carni locali servito con patate cotte sotto la cenere.

I PIATTI Timballo di verdure spontanee con salsiccia, Coniglio alla cacciatora, Biscotto di Ceglie

CERIGNOLA (FG)

'U VULESCE

IN BREVE *Locale storico della città, propone con passione e cura per i dettagli una grandissima cucina, soprattutto di pesce, in un ambiente dal rilassante calore.*

Via Cesare Battisti, 3 - Tel. 0885 425798
→ 7,4 km dall'uscita A14 Cerignola Est
🕐 Chiuso dom sera e lun, in estate dom e lun a pranzo **Orario** mezzogiorno e sera
Ferie 15 giorni in agosto
Prezzi: 35-38 euro vini esclusi
Carte di credito: AE, BM, CS, DC, MC, Visa

L'OSTERIA Osteria dall'ambiente caldo e raffinato, rappresenta al meglio la cucina pugliese che punta a innovare la tradizione. Rosario Didonna è l'oste che vi accoglie in sala, **una garanzia per simpatia e competenza**, sempre disponibile a raccontare il segreto dietro ogni piatto. La carta dei vini propone una grande varietà di etichette, nazionali ed estere, oltre alle migliori del territorio.

LA CUCINA La cucina di tipo tradizionale è rappresentata con sapori netti, precisi, ben marcati, anche grazie all'utilizzo di **materie prime eccellenti provenienti dalla campagna o dal mare** circostanti, tra le quali alcuni Presìdi Slow Food. Le squisite portate sono frutto delle mani sapienti della mamma Giuseppina Falco e della sua brigata. Ricco il ventaglio di antipasti, buona anche la proposta di formaggi e dolci casalinghi.

I PIATTI Polpo alla plancia con soffice di fave di Carpino, Tubetti con cozze e pecorino di prima salatura, Diaframma di scottona murgese

CISTERNINO (BR)

IL CUCCO

IN BREVE *Un locale moderno, con adiacente enoteca, dove i piatti sono realizzati con ingredienti semplici e un tocco di raffinata modernità; diverse le proposte vegetariane.*

Corso Umberto I, 137 - Tel. 080 4449064
→ 950 m dalla stazione di Cisternino Città
🕐 Chiuso il martedì **Orario** sera, domenica e festivi anche pranzo **Ferie** variabili
Prezzi: 30-35 euro vini esclusi
Carte di credito: AE, BM, CS, MC, Visa

L'OSTERIA Nella splendida valle d'Itria, poco fuori le mura della zona storica di Cisternino, uno dei Borghi più belli d'Italia, troviamo questo **originale ristorante-enoteca** gestito dai fratelli Rubino, Giuseppe e Giorgio, appassionati sommelier. Qui la convivialità è di casa, il servizio cordiale e attento. Una **vastissima selezione di vini** è ben esposta nelle "salette-enoteca" dalle tipiche volte in pietra; tante anche le etichette al calice.

LA CUCINA Se alcuni classici sono sempre presenti, altre pietanze sono giustamente legate alla stagionalità. Ogni portata è ben raccontata sia sul menù sia dal qualificato personale. I piatti sono realizzati con ingredienti semplici e un tocco di raffinata modernità. Con verdure fresche e cereali si elaborano inoltre, diverse pietanze, gustose e mai banali, per chi abbraccia la dieta vegetariana. Consigliato lasciare spazio per un dolce.

I PIATTI Tortino con patate e cicoria di campo, Pappardelle al ragù di cinghiale, Marretto al forno con patate

CISTERNINO (BR)

TAVERNA DELLA TORRE

Via San Quirico, 3 - Tel. 080 4449264
→ 900 m dalla stazione di Cisternino Città
🕒 Chiuso il martedì, mai d'estate
Orario mezzogiorno e sera **Ferie** gennaio
Prezzi: 28-35 euro vini esclusi
Carte di credito: AE, BM, CS, DC, MC, Visa

IN BREVE *L'accogliente osteria è ubicata sotto la Torre Grande. Il menù tipico varia secondo stagione; da non perdere il coniglio della valle d'Itria con finocchietto e olive nere.*

L'OSTERIA Ci troviamo a ridosso delle mura di Cisternino, perla della valle d'Itria e uno dei Borghi più belli d'Italia. **Sotto la Torre Grande**, monumento risalente all'XI secolo, ha sede questa osteria con le **pareti in pietra viva**, dove si raccontano attraverso ottimi piatti **le migliori tradizioni culinarie del luogo**.

LA CUCINA Mario Lorusso e i suoi collaboratori, con estrema gentilezza, vi proporranno eccellenze del territorio, presenti in menù a rotazione secondo stagionalità. Si parte con una ricca serie di piccoli antipasti, quali sformati, frittate, salumi e formaggi, cornaletti e fave. A seguire, la cucina è soprattutto di terra ma non manca qualche proposta di pesce. In chiusura, da non perdere la coppa Taverna. Ottima carta dei vini, perlopiù regionale, con prezzi corretti. Disponibile un menù degustazione composto da antipasto, primo, secondo e dessert a 28 euro.

I PIATTI Orecchiette con ragù di braciola, Tagliolini ai funghi porcini e guanciale, Coniglio con finocchietto e olive nere

CORATO (BA)

LA BOTTEGA DELL'ALLEGRIA

Via Renato Imbriani, 49
Tel. 080 8722873-334 1137660
→ 8,3 km dall'uscita A14 Trani
🕒 Chiuso il lunedì
Orario pranzo e sera **Ferie** 15 giorni in luglio
Prezzi: 30-35 euro vini esclusi
Carte di credito: BM, CS, DC, MC, Visa

IN BREVE *Il locale, a gestione familiare, si trova nel centro storico e dispone di salette con un antico camino. La cucina è quella tipica murgiana, con un trionfo di carni alla brace.*

L'OSTERIA Da qualche lustro l'osteria interpreta con attenzione e sapienza la cucina territoriale dell'alta Murgia barese Ci si può accomodare in una delle due salette (una ha un antico camino e braciere a vista). La gestione del servizio e l'**accoglienza di stampo familiare** sono appannaggio di Savino Di Bartolomeo; in cucina, la moglie Cinzia Picarreta, con la sua buona conoscenza delle ricette locali, è esecutrice di piatti simbolo della tradizione.

LA CUCINA Nel ricco antipasto spiccano le frittelle di lampascioni che, insieme a formaggi e salumi locali, sono accompagnate da ottimo pane casereccio. Riguardo ai secondi, in questo locale **la brace la fa da padrone**, soprattutto nei mesi invernali: grazie a questa sapiente cottura, gli arrosti misti di bistecche e salsicce bovine, suine ed equine acquistano un sapore unico. L'ampia carta dei vini comprende una buona selezione di etichette pugliesi.

I PIATTI Bigoli con cardo spinoso, salsiccia e ricotta salata, Salsiccia con le striscette di cavallo, Crostata di ricotta

IL FORNELLO DELLA MURGIA

La storia dei fornelli inizia molto tempo fa. Era consuetudine per i contadini, al ritorno dai lavori in campagna, darsi appuntamento in macelleria. Proprio qui, il *cumpà* li aspettava e, mentre ascoltava i racconti della loro giornata lavorativa, si destreggiava nell'infilzare agli spiedi bocconi di carne ottenuti da frattaglie e scarti (ma non per questo meno nobili) di lavorazioni di pezzi più pregiati. Oggi la clientela è cambiata: oltrepassarono l'uscio di quelle macellerie con l'insegna "Fornello pronto", a indicare che all'interno è presente un piccolo forno a legna, dove cuocere le carni preparate ed esposte al banco, tutti coloro che, arrivando in valle d'Itria e nella Murgia, si lasciano ricondurre in questo mondo con una tradizione ancora salda e presente. Da provare gli *gnumarieddi* (involtini di interiora di agnello e capretto), le bombette (involtini di capocollo di maiale di cui ogni macellaio custodisce una personale ricetta), le zampine (salsicce di vitello e maiale), le salsicce a punta di coltello, le costolette di agnello, le patate e le cipolle cotte nel fornello o sotto la cenere. Macellerie di giorno, fornelli di sera, nel retrobottega d'inverno o per strada nella bella stagione: una tradizione che va vissuta.

Francesco Biasi

ACQUAVIVA DELLE FONTI (BA)
LA GRIGLIATA

Via Ciro Menotti, 57 - Tel. 080 757677-349 5607750
Chiuso domenica e lunedì

Appena accomodati nella saletta attigua alla macelleria, il proprietario vi accoglierà con fette di pane di Altamura arrostito, da condire con olio e pomodorini, e vi delizierà con carpaccio, brasciole, spezzatino, costate di maiale. Arriveranno anche le cipolle rosse locali le patate e le brasciolette di agnello.

MACELLERIA DELL'ARCO

Via Sant'Agostino, 3 - Tel. 080 767862
Chiuso domenica

Il bel bancone conquista l'avventore all'ingresso. Francesco, che ha ereditato alla perfezione la bravura di Vincenzo, vi metterà subito a vostro agio. Lasciatevi guidare nella scelta delle carni, delle bombette, delle salsicce, degli involtini di agnello. Gustose la cipolla rossa di Acquaviva e le patate cotte alla brace. Sottoli fatti in casa e formaggi locali in attesa delle cotture.

ALBEROBELLO (BA) - Coreggia
MACELLERIA LA FONTANA 1914 DA MIMINO [NOVITÀ]

Via Angelo Turi, 80 - Tel. 380 3696969

Trasferiti nella vicina Coreggia, i fratelli Bagnuolo hanno unito le forze e le conoscenze del mondo delle carni. Peppino sceglie le materie prime e crea preparazioni di prim'ordine, Mimino completa l'opera: bombette, costoline, *gnumarieddi* di agnello, salsicce a punta di coltello. Salumi e formaggi appagano l'attesa. Buona la proposta dei vini.

CASSANO DELLE MURGE (BA)
RIZZI

Via Toti, 33 - Tel. 080 764520-348 0572870
Chiuso giovedì e domenica

Da circa quarant'anni Giovanni ha dato vita a questo luogo di culto; il figlio Vito, ha portato freschezza ed entusiasmo. La scelta dei tagli, le frollature, le preparazioni: tutto è curato. Accanto a zampine e salsicce, da provare la cassanina (bistecca di circa un chilo) di manzo e, a volte, di scottona di podolica locale. Buona la selezione dei vini.

CASTELLANA GROTTE (BA)

CARLO PINTO

Via Mater Domini, 51 - Tel. 080 4961737
Aperto mercoledì, venerdì e sabato sera

Macelleria di giorno, dove Carlo individua e sceglie le carni migliori, osteria la sera, quando, nell'attigua saletta, la moglie Rossella serve ai tavoli. Olive, sottoli, salumi e formaggi locali anticipano spiedi di zampine e *gnumarieddi* di agnello. Servita su pietra lavica la gustosa costata di manzo con patate. Qualche bottiglia locale accompagna il pasto.

CISTERNINO (BR)

AL VECCHIO FORNELLO

Via Basiliani, 18 - Tel. 080 4446431
Chiuso il lunedì, mai d'estate

Il primo passaggio è in macelleria per la scelta del menù, poi, pochi passi per un bel vicoletto ed eccoci al tavolo in un ambiente accogliente. I sottoli sono venduti a peso (sinonimo di qualità); seguono bruschette e salumi locali prima di bombette impanate, costolette di agnello, salsicce con contorno di patate arrosto.

PIETRO DE MOLA

Via Duca d'Aosta, 3 - Tel. 080 4448300-340 5573597
Chiuso lunedì-giovedì, mai d'estate

Se il "fenomeno fornello" esiste in tutto il territorio, parte del merito va a Zi Pietro: produttore di salumi, soprattutto di capocollo, saggio selezionatore di carni, macellaio di giorno e faro la sera sul figlio Vincenzo, erede di questa tradizione. Da provare le bombette classiche, impanate e piccanti, l'agnello, le salsicce, le patate schiacciate come contorno. Buoni i vini.

ROSTICCERIA L'ANTICO BORGO

Via Tarantini, 48 - Tel. 080 4446400-346 1323000
Chiuso la domenica, mai d'estate

Accogliente macelleria del centro storico. Pietro al bancone suggerisce e e racconta le specialità. Si comincia con formaggi e salumi locali. Dalla cucina arriveranno, frutto di lente cotture, le brasciole di asino e gli *gnumarieddi* soffocati di trippa; dal fornello, invece, bombette impanate e classiche, costoline di agnello, salsiccia.

CRISPIANO (TA)

BELLO - CARNI, SALUMI E FORNELLO

Via Gravina, 40 - Tel. 339 1605900
Chiuso la domenica

Giunti qui, chiedete il pomodoro giallorosso Presidio Slow Food: vi serviranno, fresco, quello dell'anno precedente. Magia? No, tutto vero, provatelo con le bombette da consumare nella nuova saletta o sui gradini fuori dalla macelleria, le costolette di agnello, le salsicce a punta di coltello. Buona selezione di vini, salumi e formaggi locali.

GINOSA (TA)

FRANCO DRAGONE

Via Roma, 117 - Tel. 099 8245708
Chiuso la domenica

Si comincia con la focaccia locale, le polpette al sugo, gli involtini in umido serviti al tavolo da Valeria in attesa dei pezzi forti al fornello. Franco cuoce dopo un'attenta scelta delle materie prime le bombette, i fegatini, le animelle, le costolette di agnello. Ci si accomoda in veranda d'estate, nel piano interrato d'inverno.

VITO RIBECCO

Via Lucania, 43 - Tel. 099 8245731
Chiuso giovedì sera e domenica

Prima di accedere alla saletta, oltre il fornello, si sceglie al banco carni: non c'è che l'imbarazzo della scelta. La costata di scottona di podolica è sublime, così come le salsicce a punta di coltello e gli *gnumarieddi*. Altre specialità la pecora cotta nel coccio *a calared* (in estate), le brasciole con i fagioli, la trippa in umido. Vini regionali.

LATERZA (TA)

PERRONE

Via Bainsizza, 8 - Tel. 099 821 6270
Chiuso la domenica

Un fornello a conduzione familiare. Vito e Maria Perrone, insieme ai figli, saranno lieti di servire formaggi e salumi di propria produzione in attesa delle specialità al fornello: fegatini, costoline di agnello, straccetti con patate arrosto. Deliziose le polpette al sugo, servite nel pane dei forni a legna laertini. Un buon vino locale ed etichette regionali accompagnano il pasto.

RIZZI

Via Giannone, 45 - Tel. 099 8213917
Chiuso giovedì pomeriggio e la domenica

Elegante il banco delle carni, caldo l'ambiente: su una parete, una collezione di antiche chiavi ricorda una comunità contadina fiera del suo passato. Prima delle carni, Dino servirà la focaccia al pomodoro, i salumi, le olive e i formaggi locali. Seguono bombette, salsicce, *gnumarieddi*, fegatini e, in estate, lo spiedino di pecora con la cipolla.

TAMBORRINO

Via Roma, 58 - Tel. 099 8216192
Chiuso la domenica e giovedì pomeriggio

Suggestivo attraversare la zona dei fornelli per accedere alla saletta dopo aver scelto la carne al banco. Domenico vi spiegherà come si preparano un marretto d'agnello e gli ingredienti delle sue salsicce. Dal forno a legna arriva la pagnotta che, svuotata della mollica, si farcisce con salsiccia e polpette al sugo. Salumi e formaggi locali ingannano l'attesa delle cotture.

LATIANO (BR)
LA TAVERNA DI PASCALONE

Via Roma, 82 - Tel. 0831 726869
Chiuso il mercoledì

Una macelleria-osteria: un'annessa cucina permette cotture di succulenti piatti in attesa della carne alla brace. Ecco quindi brasciolette, polpette al sugo, stufato di manzo e verdure, trippa in umido, oltre a salumi e formaggi locali. Pascalone è famoso per le costate di manzo e scottona, fegatini e zampine come da tradizione. A fine pasto dolci fatti in casa, i rosoli e amari.

LOCOROTONDO (BA)
DA NICOLA SEMERARO

Contrada Lamie di Olimpia, 217 - Tel. 338 6477371
Chiuso il lunedì, mai d'estate

Da anni Nicola si dedica alla produzione di salumi (capocollo di Martina Franca, il prosciutto crudo, le salsicce e le soppresse) che, con i formaggi locali, ingannano l'attesa delle carni al fornello: bombette, agnello, costate di maiale, patate. Il vino della zona è proposto in caraffa.

GIANFRATE CARNI PREGIATE

Via Madonna della Catena, 171 - Tel. 080 4311765

Chiuso domenica e lunedì

Macellaio pignolo di giorno, oste con la moglie Giusy di sera, Gianni è fiero di accogliere i clienti per raccontare le sue preparazioni e cuocerle nel fornello alle spalle dell'assortito banco carni. Caciocavallo e ottimi salumi da lui stesso preparati fanno da entrée a bombette, salsicce e *gnumarieddi*.

I PIACERI DELLA CARNE

Traversa Maestro Curri, 68
Tel. 328 4680743-320 3875362-3403671651
Aperto mer, sab e dom, sempre da luglio a settembre

Nella bella stagione, i ragazzi di questa macelleria, capitanati da Francesco, norcino per passione e attento selezionatore di animali locali, esprimono le loro capacità lavorative. Nella terrazza esterna, le costolette di agnello, gli *gnumarieddi* e le bombette saranno servite insieme a taglieri di formaggi e salumi di propria produzione. Ottime le costate, ben frollate, di scottona di podolica. Buoni i vini.

MARTINA FRANCA (TA)
GRANALDI

Via Bellini, 108 - Tel. 080 6987892-328 3218371
Chiuso la domenica, mai d'estate

Accogliente e piccola macelleria a pochi passi dal Palazzo Ducale. Il rito è il solito: al banco si scelgono i tagli e le carni, e poi ci si accomoda al piano superiore. Olive, taralli e salumi per cominciare, quindi salsicce e zampine arrotolate, bombette e *gnumarieddi*, tagliata di manzo e i *gingumm*, piccoli involtini di polmone.

MACELLERIA PONTE DA RICCARDO [NOVITÀ]

Via Gioberti, 17 - Tel. 329 7249353

La saletta attigua alla macelleria è molto piccola, la prenotazione è necessaria per essere accolti da Riccardo che di sera utilizza anche uno spazio davanti al banco carni. In stile tradizionale le salsicce "a sigaretta", le bombette, gli *gnumarieddi*, il cosciotto di agnello, cotti perfettamente come le patate di contorno. Portate pure la vostra bottiglia di vino preferita e i calici per berla.

NOCI (BA)
DOMENICO SCARANO

Via Vittorio Emanuele, 15 - Tel. 080 4977315
Aperto mer e ven, su prenotazione mar, gio e sab

Sempre attento alla ricerca di allevamenti locali, da cui attingere le carni migliori per la sua macelleria, Mimmo da anni tiene viva la tradizione

del fornello con *gnumarieddi*, zampine, salsicce a punta di coltello, ottime bombette, uno squisito agnello locale. Prima, formaggi, salumi e focaccia cotta nel forno a legna. Qualche buon vino.

LO SFIZIETTO DA MATTEO

NOVITÀ

Via Togliatti, 19 - Tel. 080 4979360

Con gli allevatori locali Matteo condivide la crescita, l'alimentazione e il benessere degli animali. Tutto è tracciato e messo in evidenza: bombette, salsicce a punta di coltello, zampine, *gnumarieddi*, costate di podolica hanno una storia e dei volti. Le cotture sono perfette, il servizio impeccabile e giovane.

PALAGIANO (TA)
BRACERIA L'OROLOGIO

Vico Masella, 27 - Tel. 351 0084590
Chiuso la domenica

Il capello brizzolato di Franco è testimonianza di lunga esperienza, in parte vissuta proprio davanti al fornello. Poco distante dal municipio – d'estate anche in un'atrio padronale – questa macelleria propone gustose salsicce di maiale e vitello, *gnummarieddi* e bombette. Il pane di rimacinato di semola e il rosso della casa sono ottimi compagni, con salumi e mozzarelle, prima dei piatti forti.

L'AMICO ROSTICCIERE

Via Bernini, 29 - Tel. 099 8883123
Chiuso domenica e lunedì

Franco Lazzaro gestisce da anni questo luogo di culto della carne al fornello. Effettua la scelta delle materie prime selezionandola in allevamenti della Murgia. In attesa delle perfette cotture di salsicce, fegatini, *gnumarieddi* e bombette, gusterete taralli, sottoli e salumi locali con patate cotte sotto la cenere e condite con extravergine locale.

PUTIGNANO (BA)
MARCHIO MURGIA

Via Noci, 119 - Tel. 080 4055443
Chiuso domenica e lunedì

Dai propri allevamenti arrivano le carni, fonte quotidiana di clientela attenta ed esigente. La sera si apre il sipario sulle magistrali cotture di bombette, zampine e salsicce a punta di coltello. Il caciocavallo arrostito e le patate sono un'ottimo contorno. Buono il Primitivo sfuso.

SAMMICHELE DI BARI (BA)
LA TRADIZIONE

Via della Resistenza, 66-68
Tel. 080 8918467-338 8124818
Chiuso il lunedì

Non lasciatevi ingannare dall'aspetto patinato, si tratta di un classico fornello: si entra, ci si ferma al banco, si ordinano le specialità e ci si accomoda nelle sale al piano di sopra. Lorenzo vi descriverà tagli e specialità. Gli straccetti di vitello al forno, la zampina cruda e le polpette al sugo sono piatti validi in attesa di bombette classiche e ottime costate di scottona o podolica dalle lunghe frollature. Bella proposta di vini.

SANTERAMO IN COLLE (BA)
CASA DEL PULEDRO

Corso Roma, 142 - Tel. 080 3026224-388 7933196
Chiuso la domenica

Nella zona di Santeramo la tradizione della carne equina è storia, e questa macelleria la esprime bene. Oltre ai salumi d'asino, un ottimo assaggio della stessa carne cotta nel coccio in umido con erbette per ore. Alla brace costate, tagliata di cavallo, salsicce. Valido il Primitivo in caraffa.

DA MIMMO E VALERIA

Via Iacoviello, 41-47 - Tel. 080 3039636
Chiuso la domenica

Un gesto si ripete da più di trent'anni: Mimmo al banco presenta orgogliosamente tagli e preparazioni di carne equina, Valeria vi accoglie al piano superiore. Si segnalano le salsicce, le costate alla brace, lo spezzatino di cavallo o asino con erbe della Murgia cotto nel coccio. Il carpaccio di cavallo anticipa il tutto. Buoni i vini regionali.

VILLA CASTELLI (BR)
PIETRO ALÒ

Via San Carlo Borromeo, 71 - Tel. 0831 866058
Aperto su prenotazione

Bisogna sempre prenotare da Pietro: i suoi tavoli, appena tre davanti al bancone, ospitano pochi fortunati. Con carni di ottima qualità si preparano piatti da oste affermato: salsicce a punta di coltello, marretto, costolone di agnello. Nell'attesa, sottoli, formaggi e salumi propri e di produttori locali. Buono il pane del vicino forno a legna.

CORIGLIANO D'OTRANTO (LE)

OLO KALÒ

IN BREVE *Locale arredato in maniera sobria ma accogliente, propone cucina del territorio. Ottimi le carni e il pescato acquistato giornalmente nella vicina Gallipoli.*

Via Umberto I, 5
Tel. 0836 471004-333 8466367
→ 700 m dalla stazione di Corigliano d'Otranto
⏱ Chiuso il mar Orario mezzogiorno e sera
Ferie 2 settimane in maggio, 2 in novembre
Prezzi: 30-35 euro vini esclusi
Carte di credito: BM, CS, DC, MC, Visa

L'OSTERIA «Tutto bene»: questa la traduzione di Olo Kalò dal griko, idioma della Grecìa salentina che caratterizza ben nove comuni del Salento a sud di Lecce. Enzo Potenza e la moglie Anna Maria Avantaggiato hanno voluto dare questo nome ben augurante al loro locale, rispettando la tradizione fin dall'insegna. L'unica sala è arredata con gusto; d'estate è disponibile un **giardino interno** per pranzare all'aria aperta. Enzo si occupa della sala mentre Anna Maria gestisce la cucina. Disponibili **alcune camere** per chi abbia voglia di pernottare.

LA CUCINA La cucina è incentrata sulla qualità delle materie prime, acquistate da produttori locali e fidati che Enzo ha selezionato con scrupolosa attenzione nel corso degli anni. Nel menù non manca nessuno dei piatti tipici della cucina salentina: le paste fatte in casa, le **ottime carni** (in particolare quella di cavallo), il pescato acquistato giornalmente nella vicina Gallipoli. Buona la carta dei vini con valide proposte locali.

I PIATTI *Ciceri e tria*, Fave e cicorie, Pezzetti di cavallo al sugo

CRISPIANO (TA)

LA CUCCAGNA

IN BREVE *Un'autentica osteria pugliese che coniuga la tradizione del fornello a quella delle paste fresche. Un luogo di grande identità portato avanti, con forza, da un'intera famiglia.*

Corso Umberto, 168
Tel. 099 616087-349 5510998
→ 950 m dalla stazione di Crispiano
⏱ Chiuso il martedì
Orario sera, dom e festivi solo pranzo
Ferie 10 giorni in gennaio, 10 in giugno
Prezzi: 35-38 euro vini esclusi
Carte di credito: BM, CS, DC, MC, Visa

L'OSTERIA Da oltre cinquant'anni l'osteria è condotta magistralmente dalla famiglia Marsella. Entrando vi accolgono papà Martino al banco delle carni e sua figlia Rosanna, vera anima della sala; la cucina, tutta al femminile, è condotta da mamma Livia e da Paola Ortesta. Il **locale, risalente al XIX secolo**, è impreziosito dall'albero della cuccagna, antico gioco popolare che campeggia all'ingresso, e dal soffitto a volte. Nella bella stagione ci si può accomodare nell'attiguo dehors.

LA CUCINA Il menù, che propone una serie di piatti legati alla **tradizione delle Murge**, si è ampliato nel corso degli anni anche con proposte innovative, che strizzano sempre l'occhio al ricco patrimonio di biodiversità del territorio. Inoltre il **fornello** resta parte integrante della proposta. La vasta carta dei vini testimonia la ricerca tra le migliori etichette del territorio, italiane e del mondo, anche naturali.

I PIATTI Orecchiette con crema di melanzane, pomodorini canditi e stracciatella, Tiella di patate al forno con agnello, marretti e lampascioni, Briciole di mandorle al cacao amaro, fichi e gelato alle mandorle.

IL CORTILETTO

IN BREVE *Piccola osteria che deve il suo nome al raccolto dehors, propone piatti tradizionali rivisitati, conservando i sapori autentici, come le gustose orecchiette al ragù di brasciole e polpette.*

Via Lecce, 91
Tel. 080 4810758-349 1333785
Chiuso dom sera e lun, mai marzo-fine ottobre Orario mezzogiorno e sera
Ferie 7-31 gennaio
Prezzi: 35-40 euro vini esclusi
Carte di credito: AE, BM, CS, MC, Visa

L'OSTERIA In un piccolissimo borgo del Fasanese, a pochi chilometri da Ostuni, sorge una piccola chicca della gastronomia locale. **Un locale molto accogliente** d'inverno, **rilassante e romantico** d'estate quando si può fruire anche del cortiletto da cui prende il nome. Già entrando nel locale si ha la possibilità di conoscere ciò che la cucina propone leggendo il menù su una lavagnetta.

LA CUCINA Piatti tradizionali, ben rivisitati da Pasquale, oste e proprietario: qui si incontrano i gusti di un tempo con nuove costruzioni, che conservano **sapori autentici**. In apertura troverete sempre il pregiato capocollo di Martina Franca insieme a una ricca degustazione di antipasti, sufficiente per sfamare due persone. Quando è stagione, a seguire, non mancate gli spaghettoni con asparagi, tartufo nero e tuorlo d'uovo. Ottimi i dessert artigianali. Buona la varietà di vini pugliesi.

I PIATTI Polpette di pane, Orecchiette con brasciola e polpette, Pollo arrostito su brace viva

FOGGIA

DA POMPEO TRATTORIA GIORDANO

IN BREVE *Storica osteria con cucina a vista, propone un menù di stampo tradizionale, principalmente di mare. Da provare la pasta fresca e l'immancabile "sugo della domenica".*

Vico al Piano, 14 - Tel. 0881 724640
→ 4,6 km dall'uscita A14 Foggia
→ 750 m dalla stazione di Foggia
Chiuso la domenica
Orario mezzogiorno e sera Ferie in agosto
Prezzi: 30-35 euro vini esclusi
Carte di credito: BM, MC, Visa

L'OSTERIA Una certezza: Trattoria Giordano rappresenta da decenni un luogo sicuro, dove ritrovare una proposta gastronomica dallo standard qualitativo immutato. Ubicata in pieno centro, a pochi metri dall'omonimo teatro, è caratterizzata da una cucina a vista che si può ammirare in pieno accedendo alla sala. Il cliente può così constatare direttamente l'affascinante processo di elaborazione dei piatti e, sovente, assistere all'antica tradizione della produzione della pasta fresca fatta a mano. **La sala è sobria ed elegante**, seppure vagamente retrò.

LA CUCINA La proposta è di stampo tradizionale e poco elaborata, con lieve predilezione verso la **cucina di mare**. La materia prima è esaltata da cotture semplici e puntuali. Di ottima fattura gli antipasti misti, la pasta fresca con verdure e molluschi, il pesce cotto al forno, l'immancabile "**sugo della domenica**". Chiudono il pasto formaggi selezionati, frutta di stagione e dolci della casa.

I PIATTI Seppioline grigliate al limone, Linguine alle vongole, Involtini al sugo

PICCOLA OSTERIA KM ZERO

Via D'Addedda, 77 - Tel. 340 0526216
→ 8,6 km dall'uscita A14 Foggia
→ 1,2 km dalla stazione di Foggia
🕐 Chiuso domenica sera e lunedì
Orario pranzo e cena Ferie tra luglio e agosto
Prezzi: 25-30 euro vini esclusi
Carte di credito: BM, CS, MC, Visa

IN BREVE *Un locale raccolto e piacevolmente d'antan. Le ricette della tradizione, con qualche rivisitazione, sono frutto di materie prime del territorio.*

L'OSTERIA Da poco trasferitasi in una zona periferica della città, l'osteria ha mantenuta intatta la sua natura di locale accogliente che rimanda ad **atmosfere vintage**. Maura e Mario portano avanti una vera e propria missione: **valorizzare le piccole produzioni locali**, enfatizzandole in ogni pietanza a iniziare dalla narrazione del menù, che porta gli ospiti a partecipare a un racconto che ha per protagonisti contadini e allevatori. Perfetti il garbo e la cura dell'accoglienza.

LA CUCINA Qui si utilizzano materie prime di ogni angolo della provincia, dai salumi prodotti ad Apricena ai ceci di Lucera, dalle verdure degli orti locali alle carni del Gargano e dei Monti Dauni, ai formaggi di piccole aziende. Le zuppe di legumi, il sugo della domenica rinforzato dalla salsiccia di fegato o dalle puntine di maiale, le carni cotte al forno o in pentola, sono alla base di **un menù che ha radici antiche** ma che è sempre attuale. Buoni i dolci della casa.

I PIATTI Zuppa di fagioli alle sette spezie, Troccoli al sugo misto di carne con le puntarelle, Coratella di agnello al pomodoro piccante

TERRA ARSA

Via Manzoni, 144 - Tel. 0881 252678
→ 4,7 km dall'uscita A14 Foggia
→ 1,2 km dalla stazione di Foggia
🕐 Chiuso domenica sera e lunedì
Orario pranzo e cena Ferie variabili
Prezzi: 30-40 euro vini esclusi
Carte di credito: BM, CS, MC, Visa

IN BREVE *Affiancato da uno staff giovane e preparato, Lele Murani nel suo piccolo locale propone cucina tradizionale e interessanti variazioni, sia di carne sia di pesce.*

L'OSTERIA Lele Murani è uno **chef appassionato**: glielo si legge in faccia ogni volta che lo si incontra nel suo ristorante, **un luogo piacevolmente tranquillo** immerso nella zona più storica della città. Ha iniziato giovanissimo a macinare esperienze in giro per l'Italia prima di tornare qui e partire con una propria attività. Un'abilità innata per le cotture, sempre puntuali, e una conoscenza delle materie prime maturata grazie all'azienda agricola di famiglia, fanno di questo chef e del suo locale una delle più belle realtà della ristorazione pugliese.

LA CUCINA A discapito del nome, la proposta di Terra Arsa predilige portate di mare, con una forte inclinazione verso il **baccalà**, che Murani propone accostandolo a ogni tipo di accompagnamento. Grande la qualità delle verdure e degli ortaggi, sempre di stagione. Primi mai banali, buoni secondi di carne, soprattutto l'agnello. Di ottima fattura i dolci della casa. Cantina in continua crescita, con interessanti proposte di etichette emergenti.

I PIATTI Carciofo fritto con crema di pecorino, Orecchiette con baccalà e zucca, Baccalà in doppia cottura

TRATTORIA DEL CACCIATORE

Via Mascagni, 12 - Tel. 0881 771839
→ 5,4 km dall'uscita A14 Foggia
→ 950 m dalla stazione di Foggia
🕐 Chiuso la domenica
Orario solo la sera Ferie agosto
Prezzi: 30-40 euro vini esclusi
Carte di credito: BM, CS, MC, Visa

IN BREVE *Storico locale dall'arredo contemporaneo, propone, come da tradizione locale, una cucina dalla forte connotazione di terra, già a cominciare dal ricco antipasto misto.*

L'OSTERIA **Storica trattoria** nel cuore del centro storico della città. Quella del Cacciatore è una storia di famiglia, che oggi vede Francesca Pillo alla guida di un locale, che negli anni è diventato sinonimo di garanzia e qualità. **Ricavato in una vecchia stalla in pietra**, si presenta moderno negli arredi anche se sono messi in risalto piccoli interventi di valorizzazione sulle mura in pietra e sulle volte a botte.

LA CUCINA Ai fornelli, Francesca sa come esaltare **i sapori autentici della cucina popolare**, che si ritrovano sin da subito nella ricchissima offerta degli antipasti: sformati di ricotta, pettole, parmigiana, peperoni e zucchine fritte, frittate. I primi di pasta fresca trovano ideale condimento nelle cime di rape e nel sugo di carne. Tra i secondi spicca la *pidea*, una pancetta di agnello ripiena di uova, formaggio ed erbette. A chiudere i dolci della casa, tra cui prevalgono quelli a base di ricotta.

I PIATTI Pancotto alla foggiana, Baccalà in pastella, Crostata di ricotta

GALLIPOLI (LE)

GROTTA MARINARA

Via Cesare Battisti, 13 - Tel. 0833 264030
→ 1,4 km dalla stazione di Gallipoli
🕐 Chiuso il mar, mai d'estate Orario mezzogiorno e sera Ferie 15 giorni in novembre
Prezzi: 35-40 euro vini esclusi
Carte di credito: AE, BM, CS, DC, MC, Visa

IN BREVE *In una delle piccole vie che si snodano dal corso principale, i fratelli Corciulo hanno riaperto la vecchia locanda di famiglia con l'intento di offrire pesce fresco a prezzi onesti.*

L'OSTERIA In una delle stradine intorno alla cattedrale, troviamo la vecchia locanda di famiglia che i fratelli Corciulo, Antonello e Luciano, hanno riaperto da qualche tempo. Per accedervi si deve scendere qualche gradino perché l'osteria è **ubicata in uno dei tantissimi vecchi frantoi ipogei**, che caratterizzavano la cittadina di Gallipoli, porto fiorente fin dai tempi della Magna Grecia, che fino all'Ottocento ha mentenuto un importante commercio di olio e vino. Due le sale, una più ampia all'ingresso e una più piccola ricavata dalle cisterne scavate nella pietra leccese.

LA CUCINA Il menù varia in base alla disponibilità del mercato. Antonello e Luciano provengono da una **famiglia di pescatori** e continuano a reperire la migliore materia prima da parenti e amici fidati. I due, tra l'altro, hanno il merito di aver proposto per primi i piatti a base di **anemoni di mare**, *irdicule* nel dialetto locale, proposte fritte o come condimento per la pasta, da prenotare per tempo. Buoni i vini in abbinamento, proposti con il giusto ricarico.

I PIATTI Linguine alle anemoni, Tagliolini con la cernia, Frittura di paranza

GINOSA (TA) - Contrada Madonna Dattoli

IL PRAEDIO DELLA REALE

Via degli Ulivi - Tel. 348 7745463-339 6736864
🕐 Chiuso il lunedì
Orario mezzogiorno e sera Ferie non ne fa
Prezzi: 25-30 euro vini esclusi
Carte di credito: BM, CS, MC, Visa

IN BREVE *Agriturismo biologico a gestione familiare, utilizza molte materie prime proprie e carni di allevamenti locali per la preparazione dei piatti. Pane e pizza sono cotti nel forno a legna.*

L'OSTERIA Un casolare di campagna, quattro chilometri a sud del centro cittadino, sulla strada che porta al mare, è sede dell'**azienda agrituristica biologica** gestita dalla famiglia Castria. I prodotti dell'orto vengono trasformati da Domenico e dal fratello Vito con **maestria e semplicità**. Papà Vincenzo si prende cura dell'orto, del frutteto e degli animali, mentre Tiziana Latorre, moglie di Domenico, smessi i panni di architetto, si occupa dell'accoglienza.

LA CUCINA La **cucina, fedele espressione della tradizione** di terra e di mare, è impreziosita dall'extravergine di propria produzione ed esaltata dal pomodoro *scattrisciato* fritto, proposto con le orecchiette e con il polpo stracotto insieme alla cipolla rossa di Acquaviva. Pane e pizza sono cotti a legna. Carni, salumi e formaggi, quando non autoprodotti, vengono selezionati da piccoli artigiani locali. Da non sottovalutare i dolci con le confetture realizzate da mamma Anna. Oltre allo sfuso della casa, disponibili pochi ma interessanti vini pugliesi.

I PIATTI Orecchiette con pomodoro *scattrisciato*, *Callaredd'*, Torta di ricotta

GROTTAGLIE (TA)

LA LUNA NEL POZZO

Via Da Vinci, 4 - Tel. 373 7842289
🕐 Chiuso il martedì, domenica e lunedì sera
Orario mezzogiorno e sera Ferie novembre
Prezzi: 28-32 euro vini esclusi
Carte di credito: BM, CS, DC, MC, Visa, Satispay

IN BREVE *Piccola e accogliente osteria che propone semplici piatti ben preparati partendo dalle materie prime acquistate da alcuni dei produttori più significativi del territorio. Si mangiano carne, pesce e verdure.*

L'OSTERIA Appena finito il giro del quartiere delle ceramiche, a margine del centro storico, si incrocia questa **piccola e accogliente osteria**. Manolo si occupa della sala, la moglie Maria, di origini cetaresi, della cucina. La prima pagina del menù riporta tutte le materie prime, con i relativi, fidati produttori che le realizzano.

LA CUCINA Il ritmo delle stagioni e la disponibilità di tanti Presìdi Slow Food e di **piccole produzioni contadine** sanciscono il susseguirsi di piatti di prim'ordine preparati con attenzione. Dal vicino golfo di Taranto giungono le cozze, le seppie e i gamberi che condiscono le paste fatte in casa. La ricca biodiversità di piante e arbusti della Murgia è fonte di alimentazione per le vacche podoliche e gli agnelli, le cui carni sono cotte alla brace o al forno e che, nella stagione fredda, costituiscono la base per il **ragù cotto a lungo** e lentamente. Alcuni vini e birre artigianali regionali accompagnano bene il pasto.

I PIATTI Tagliolini limone e pepe con gamberi rossi, Cotoletta di funghi cardoncelli, Cannolo scomposto

NOVITÀ

63 OSTERIA CONTEMPORANEA

Viale dell'Università, 63 - Tel. 393 1333030
Chiuso il lunedì
Orario mezzogiorno e sera
Ferie una settimana in settembre
Prezzi: 25-35 euro vini esclusi
Carte di credito: AE, BM, MC, Visa

IN BREVE *Una osteria ospitale, arredata con gusto e semplicità, dove gustare una cucina incentrata sui sapori della vera tradizione. Grande l'attenzione per le materie prime reperite da produttori locali e regionali.*

L'OSTERIA Nei pressi di Porta Rudiae, Anna Cotardo e Anna Rita Invidia hanno aperto da poco questa ospitale osteria arredata con gusto e semplicità. **Ottima l'accoglienza** del collaboratore Francesco, che racconta con scrupolo il menù preparato da Anna. Arrivata alla ristorazione per vocazione, dopo un trascorso lavorativo in altro campo, Anna ha trasferito nella cucina tutta la sua passione.

LA CUCINA L'intento è proporre una cucina incentrata sui **sapori della vera tradizione**, con preparazioni fatte ogni giorno, come le orecchiette, che Anna ama impastare anche in sala nei giorni di poca affluenza, la pitta di patate, o le lunghe cotture delle zuppe di legumi o della carne in *pignatu*. Si percepisce l'**attenzione per le materie prime** reperite da produttori locali e regionali, come le patate di Alliste, la burrata di Andria, i salumi e le carni della valle d'Itria, le verdure biologiche scelte direttamente nell'orto di un contadino della vicina Nardò.

I PIATTI Cozze ripiene di patate e formaggio, Orecchiette con pomodorino giallo e stracciatella, Pezzetti di cavallo

LECCE

CUCINA CASERECCIA LE ZIE

Via Costadura, 19 - Tel. 0832 245178
Chiuso domenica sera e lunedì
Orario mezzogiorno e sera Ferie Pasqua, Natale, fine agosto-inizio settembre
Prezzi: 25-30 euro vini esclusi
Carte di credito: AE, BM, CS, MC, Visa

IN BREVE *Nella cucina a vista di questa trattoria casalinga si preparano tutti i classici locali come pittule e ciceri e tria.*

L'OSTERIA Dopo avere suonato il campanello e varcato la soglia di questa storica osteria leccese situata a pochi passi dal centro, ci si ritrova immersi in un **ambiente familiare** simile a quello di un'abitazione. L'arredamento è costituito da elementi essenziali che riportano alla memoria l'atmosfera dei tempi passati. La cucina a vista, che affaccia sulla sala principale, è interamente gestita da Anna Carmela Perrone.

LA CUCINA La proposta gastronomica è prevalentemente incentrata sulla caratteristica tradizione casereccia salentina e, pertanto, è dominata da un'**ampia presenza delle verdure** a cominciare dal ricco antipasto; antipasto che non manca mai di comprendere le *pittule* (bocconcini di pasta lievitata e fritta). Nel gustare le pietanze **si ha la sensazione di partecipare a un tipico pranzo domenicale** di una famiglia del posto. Buono il vino sfuso.

I PIATTI *Ciceri e tria*, Agnello al forno con le patate, Torta pasticciotto

LESINA (FG)

LE ANTICHE SERE

Via Micca, 22 - Tel. 0882 991942-347 3551079
→ 4,6 km dall'uscita A14 Poggio Imperiale-Lesina
🕐 Chiuso domenica sera e lunedì, mai in
agosto Orario mezzogiorno e sera
Ferie seconda metà di settembre
Prezzi: 35-40 euro vini esclusi
Carte di credito: BM, CS, DC, MC, Visa

IN BREVE *Un locale sobrio e romantico dove gustare specialità di lago, in primis anguilla e cefalo, cucinate seguendo la tradizione o con sorprendenti spunti creativi.*

L'OSTERIA **Affacciato sul lago** di Lesina, Le Antiche Sere ha provato in questi anni a rielaborare la propria attitudine alla cucina tradizionale con una proposta innovativa e vagamente gourmet. Lo chef e patron Nazario Biscotti, esperto conoscitore del territorio, in particolar modo dei **prodotti lacustri**, ha portato avanti la sua idea di ristorazione contemporanea senza però mai perdere di vista l'elemento territoriale e la qualità della materia prima.

LA CUCINA Anguilla, muggine, cefalo e salicornia sono i prodotti naturali del lago e Nazario li combina sapientemente **alternando cotture tradizionali alle più moderne tecniche** di cucina e a impiattamenti molto scenografici. Accanto alle proposte di lago, è possibile trovare valide alternative a base di verdure di stagione e di carni selezionate nelle aziende limitrofe. I dolci della casa sono di ottima fattura.

I PIATTI Carpaccio di anguilla allo zafferano su crema di pane e pomodoro, Maltagliati con cefalo e bottarga, Frittura di paranza

LOCOROTONDO (BA)

LA TAVERNA DEL DUCA

Via Papatodero, 3
Tel. 080 4313007-388 9408339
→ 800 m dalla stazione di Locorotondo
🕐 Chiuso dom e lun sera, mai d'estate
Orario mezzogiorno e sera Ferie in gennaio
Prezzi: 30-35 euro vini esclusi
Carte di credito: BM, CS, DC, MC, Visa

IN BREVE *Nell'accogliente osteria ubicata in un palazzotto del Trecento, Antonella prepara i piatti della tradizione con materie prime locali e una cura commovente.*

L'OSTERIA Nel centro storico di Locorotondo, questa accogliente osteria ubicata **in un palazzotto del Trecento** è gestita da Antonella Scatigna, **chef con una smisurata passione** per il suo lavoro. Il menù giornaliero è sempre ben esposto su una grande lavagna. Grazie a una cucina a vista è possibile seguire le diverse preparazioni dalle due salette separate da un bel bancone. Ma Antonella non è solo un'ottima cuoca, ha anche un grande cuore: da anni trascorre le sue vacanze cucinando per l'orfanotrofio di Katana in Congo.

LA CUCINA I piatti sono realizzati con freschissimi ingredienti reperiti giornalmente presso produttori locali. Si tratta di **pietanze di grande sostanza**, decise ed equilibrate; Antonella non disdegna, inoltre, tecniche di cottura moderne. Sostanzioso l'antipasto misto, ottimi i dolci fatti in casa. Carta dei vini regionale.

I PIATTI Cavatelli di grano senatore Cappelli con ceci neri, Troccoli con pomodorino fiaschetto di Torre Guaceto e stracciatella, Stracotto di asino al vino rosso

LUCERA (FG)

PALAZZO D'AURIA SECONDO

Piazza Oberdan, 3
Tel. 0881 530446-333 9188472

IN BREVE *In un palazzo nobiliare del XVI secolo, Alberto Trincucci propone una cucina radicata al territorio. Quando il tempo lo permette si può cenare nel bel cortile.*

🕐 Chiuso il lunedì Orario sera, su prenotazione anche pranzo Ferie in inverno
Prezzi: 28-35 euro vini esclusi
Carte di credito: AE, BM, CS, MC, Visa

L'OSTERIA Nel centro storico di Lucera, in **un palazzo nobiliare** risalente al XVI secolo, Alberto Trincucci porta avanti da anni la sua idea di ristorazione: un perfetto mix fra **cucina tradizionale ed eventi culturali**, diventato il tratto distintivo di Palazzo D'Auria Secondo. Una location suggestiva, sapientemente riqualificata, che accompagna i clienti a immergersi totalmente in contesto storico e architettonico di rara bellezza.

LA CUCINA Stagionalità e territorialità sono i due elementi su cui si fonda la proposta gastronomica. **Sapori schietti e decisi**, materie prime sapientemente ricercate tra le eccellenze della zona, elaborazioni semplici e mai banali compongono un menù in continua evoluzione, dove trovano sempre spazio gli "assaggi" composti da tortini, flan di verdure, formaggi e salumi locali. I primi sono di pasta fatta a mano, le carni hanno provenienza locale. I dolci sono preparati da una pasticceria di Troia.

I PIATTI Tortino di zucca, Ravioli con provola di bufala e capocollo, Arrosto porchettato

MANDURIA (TA)

ALL'HOSTARIA

Via Donno, 27 - Tel. 099 4004988
→ 800 m dalla stazione di Manduria
🕐 Chiuso il mercoledì
Orario mezzogiorno e sera, d'estate solo sera
Ferie 15 giorni in febbraio
Prezzi: 30-35 euro vini esclusi
Carte di credito: BM, CS, MC, Visa

IN BREVE *Preparazioni che sono il giusto connubio di tradizione, territorio e originalità, in questa osteria ubicata in un palazzo dalle volte a stella e a botte e una bellissima corte.*

L'OSTERIA Un antico palazzo del centro storico, caratterizzato da volte a stella al piano terra e da un'unica volta a botte nell'interrato, ospita l'osteria di Salvatore My. L'**arredo rustico ben curato** e le piacevoli note colore pastello delle sedie in legno rendono i locali molto accoglienti. Il resto lo fa Petra, con la gentilezza e competenza nel proporre i piatti e i vini dell'ampia carta, che riserva particolare attenzione alle piccole produzioni pugliesi. Nella bella stagione ci si può accomodare nell'attigua e **suggestiva corte cinquecentesca**.

LA CUCINA Un menù di mare e di terra che **reinterpreta meravigliosamente la tradizione**, attento alla stagione e ai prodotti del territorio, molti dei quali provenienti dall'orto di proprietà. Diversi i Presìdi Slow Food utilizzati. La pasta è fatta in casa. Disponibile un menù degustazione da 30 euro.

I PIATTI Orecchiette con pomodoro e fonduta di pallone di Gravina, Brasciola affumicata con ristretto di pomodoro e peperone friggitello, Mousse di ricotta, croccante alle mandorle ed elisir San Marzano

AL VICOLETTO

IN BREVE *Osteria a gestione familiare, utilizza materie prime attinte da pescatori locali e dalla campagna di proprietà. Provate le paste fresche e la frittura di seppie.*

Via I Marina, 30 - Tel. 328 2155668
Chiuso il martedì, mai d'estate
Orario mezzogiorno e sera
Ferie 15 giorni in gennaio
Prezzi: 35-38 euro vini esclusi
Carte di credito: BM, MC, Visa

L'OSTERIA Questa **osteria moderna a pochi passi dalla spiaggia**, nata da qualche anno a Margherita di Savoia, paese termale sul mare, si differenzia innanzitutto per la qualità delle materie prime: quelle di terra sono autoprodotte, quelle di mare fornite da piccoli pescatori appartenenti alla stessa famiglia dei gestori. Nicola, il titolare, vi accoglierà con garbo consigliandovi i piatti preparati dagli chef Daniele Damato e Davide Ricco.

LA CUCINA Il mare è presente fin dagli antipasti, particolarmente sfiziosi; quelli di terra comprendono una **buona selezione di salumi e formaggi pugliesi**, compresi alcuni Presìdi Slow Food. Seguono i primi di pasta fresca, quindi, secondo disponibilità, il pescato del giorno. Carta dei vini del territorio molto essenziale.

I PIATTI Troccoli con vellutata di zucca, guanciale e stracciatella, Mezze maniche rigate con vongole, pomodorino giallo e scorza di limone, Frittura di seppie

MARGHERITA DI SAVOIA (BT)

CANNETO BEACH 2

IN BREVE *Sempre attenta all'accoglienza, la famiglia Riontino offre piatti preparati con maestria che esaltano il vicinissimo mare.*

Via Amoroso, 11
Tel. 0883 651091-392 8944799
Chiuso il lun, mai da maggio a settembre
Orario mezzogiorno e sera Ferie non ne fa
Prezzi: 35-40 euro vini esclusi
Carte di credito: AE, BM, CS, DC, MC, Visa

L'OSTERIA **A pochi metri dalla spiaggia** ferrosa di Margherita di Savoia, la famiglia Riontino è riuscita a rendere il Canneto Beach 2 un elegante luogo, dove poter gustare le specialità locali con lo sguardo rivolto al mare. L'arredamento è sobrio ma al contempo sofisticato, la **mise en place impeccabile**, il servizio attento e curato.

LA CUCINA Tanta tecnica e una lunga esperienza hanno permesso allo chef Salvatore Riontino di rendersi protagonista di una proposta mai scontata, prediligendo cotture che mettono in risalto le consistenze naturali della materia prima. **I piatti della tradizione costiera vengono rielaborati in chiave moderna**. Gli antipasti misti costituiscono un'esauriente anticipazione di quanto vi aspetta per il resto del pasto. Mousse e sorbetti di produzione propria in chiusura. Carta dei vini ricca e dettagliata, carta delle birre artigianali e degli oli.

I PIATTI Polpo alla marinara con patate schiacciate e acqua di polpo, Mezzo pacchero di semola con vongole, pomodorino giallo, asparagi e mandorle tostate, Cassata del Canneto

MATTINATA (FG)

LA LOCANDA DEL MANISCALCO

Via Luigi Zuppetta, 12-14 - Tel. 348 7538161
🕐 Chiuso il lun solo in aprile-maggio e settembre Orario mezzogiorno e sera
Ferie variabili
Prezzi: 27-35 euro vini esclusi
Carte di credito: BM, CS, MC, Visa

IN BREVE *Trattoria del centro storico dall'ambiente rilassato, che mette subito a proprio agio, utilizza in cucina molte materie prime autoprodotte, in particolare le carni.*

L'OSTERIA Si ritorna sempre volentieri in questa **piccola e accogliente osteria a conduzione familiare** nel centro di Mattinata. L'ambiente è rilassato e cordiale anche grazie al servizio curato da Angelo, Marco e Matteo. In estate, oltre che nelle graziose salette interne, si può cenare sulla terrazza.

LA CUCINA In cucina, Luigi De Vita e Michele D'Apolito preparano piatti semplici dal sapore unico. È un trionfo di ottime carni **provenienti dagli allevamenti dell'azienda agricola di famiglia**: agnello, maialino, capra sono proposti sia in apertura sotto forma di squisiti carpacci sia in saporite grigliate miste. Anche molte altre materie prime sono autoprodotte. Com'è abitudine in buona parte della Puglia, l'antipasto misto è davvero ampio e variegato. Buona la carta dei vini.

I PIATTI Ziti spezzati al ragù mattinatese, Orecchiette con cacioricotta di capra garganica, Bombette di capocollo

MINERVINO MURGE (BT)

CANTINA BRANDI

Calata Brandi, 7 - Tel. 0883 693624
→ 650 m dalla stazione di Minervino Murge
🕐 Chiuso mar e dom sera Orario mezzogiorno e sera Ferie prime 2 settimane di luglio
Prezzi: 35-38 euro vini esclusi
Carte di credito: BM, CS, MC, Visa

IN BREVE *La leggiadria del cuoco Pietro Carlone contraddistingue anche le preparazioni, stagionali, scenografiche e gustose, ricercate e con punte piacevoli di estrosità.*

L'OSTERIA Ubicata su un terrazzamento digradante sulla valle dell'Ofanto, immersa in un paesaggio collinare, l'osteria offre, oltre al dehors, locali interni curati dal patron e cuoco Pietro Carlone, la cui leggiadria tra i fornelli e la sala contraddistingue anche le **preparazioni, scenografiche e gustose**. Da non perdere la visita all'antica **cantina ipogea**.

LA CUCINA La tradizione e l'approvvigionamento delle materie prime locali sono le basi portanti delle portate, con **un tocco innovativo di spessore**. Quando è stagione non perdete il tartufo nero estivo, lo scorzone. La presentazione dei piatti, oltre alla squisitezza, è un'altro fondamento del locale. Si segnala la grigliata mista di carni murgiane, quali marretti di vitellino, costolette di agnello, pancetta e salsiccia di maiale, filetto di diaframma d'asino. Dolci creativi da non perdere. Buona carta dei vini. La domenica, il menù è fisso a 40 euro.

I PIATTI Orecchiette con funghi cardoncelli e purè di fave, Stracotto d'asino con cicorielle selvatiche, Filetto di cinghiale alla brace

MINERVINO MURGE (BT)

LA TRADIZIONE
CUCINA CASALINGA

IN BREVE *Giacomo Di Noia, con i suoi fratelli, propone il meglio della cucina tradizionale locale fatta di antichi sapori.*

Via Imbriani, 11-13 - Tel. 0883 691690
→ 1,3 km dalla stazione di Minervino Murge
🕐 Chiuso il giovedì, la sera di domenica e dei festivi Orario mezzogiorno e sera
Ferie prima sett di luglio, 1-15 settembre
Prezzi: 25-35 euro vini esclusi
Carte di credito: AE, BM, CS, DC, MC, Visa

L'OSTERIA L'osteria, curata nel suo arredo che, già da solo, racconta l'attaccamento alla tradizione, è gestita da Giacomo di Noia con i suoi fratelli: tutti appassionati conoscitori della propria terra, sviluppano il loro sapere **per offrire il meglio della cucina tradizionale locale**. Fanno da cornice al contesto i vicoli del borgo antico e il panorama del Parco Nazionale dell'Alta Murgia.

LA CUCINA Le materie prime sono fornite da piccoli produttori o provengono dall'orto di proprietà. **Non manca niente dei piatti storici della Murgia**, dall'antipasto – ricco piatto unico di salumi e formaggi, cui si aggiungono, secondo stagione, funghi cardoncelli, lampascioni, lumache – ai più tipici formati di pasta fatta in casa. Tutte pietanze di terra, sostanziose e genuine. Il dessert si compone di dolci di ricotta e di mandorla e *sporcamussi* caldi. Buoni i vini locali.

I PIATTI Troccoli con funghi cardoncelli di bosco e salsiccia di maiale, Purè di fave e cicorie, *Cutturidd'* di agnello da latte e cime di rapa

MINERVINO MURGE (BT)

MASSERIA BARBERA

IN BREVE *Costruire il menù, partendo dai prodotti che la propria azienda mette a disposizione, è la sfida a cui, da tempo, la famiglia Barbera si dedica con grande successo.*

Strada Provinciale 230, km 5,850
Tel. 0883 692095-368 3705725
→ 14,4 km dall'uscita A14 Canosa
🕐 Chiuso domenica sera e lunedì
Orario pranzo e cena Ferie 1-20 novembre
💶 Prezzi: 38-42 euro vini esclusi
Carte di credito: AE, CS, MC, Visa

L'OSTERIA Dopo tanti anni, questa osteria continua a rappresentare una solida certezza e un assoluto riferimento regionale. Guidata con passione dal patron Riccardo Barbera, la masseria si presenta come un'oasi di pace **immersa nei boschi** di Minervino Murge. Consigliamo di fare un giro guidato nell'azienda agricola per poi godere dei tavoli all'esterno, quando la stagione lo consente.

LA CUCINA Quasi tutte le preparazioni si basano sulle **verdure e gli ortaggi coltivati in proprio**. Sarà il patron a raccontarvi il menù, saldamente legato al territorio ma anche capace di sorprendere con piatti personali ben eseguiti. Menzione speciale per la selezione delle carni locali, in particolare l'asino e la vacca podolica. **Carta dei vini esaustiva** e ricca di piccole produzioni, con una sezione dedicata ai vignaioli naturali. È presente anche una buona scelta di birre artigianali locali e nazionali.

I PIATTI Maritati con melanzane, pesto di basilico e cacioricotta, Spaghetti alla campagnola, Cosciotto di agnello al forno

MINERVINO MURGE (BT)

TAVERNA GARIBALDI

IN BREVE *Tornata al suo paese natio, Michela Barletta ha trasformato un antico locale di famiglia in un'osteria genuina e sincera, dove proporre i piatti della tradizione.*

Rampa II Incoronata, 5 - Tel. 0883 693121
→ 900 m dalla stazione di Minervino Murge
🕐 Chiuso martedì e domenica sera
Orario pranzo e sera, in inverno lun-ven solo pranzo Ferie seconda metà di giugno
Prezzi: 25-30 euro vini esclusi
Carte di credito: BM, CS, MC, Visa

L'OSTERIA L'ingresso della taverna affaccia su un piazzale tra le gradinate che caratterizzano Minervino, espressione di una realtà rurale dove il tempo sembra non essere passato. L'ambiente è piacevolmente **semplice ed essenziale**, arredato senza fronzoli. Ne è responsabile Michela Barletta, la quale, dopo diverse esperienze in cucine italiane ed estere, è tornata a casa e ha recuperato un **antico locale di famiglia** abbandonato, trasformandolo in osteria.

LA CUCINA Qui gusterete le specialità dell'**autentica cucina murgiana**. Ampio il repertorio degli antipasti legati, come il resto dei piatti, alla stagionalità e alla tradizione. Tra i primi segnaliamo quelli a base di erbe spontanee e funghi, quando è il periodo. Seguono principalmente carni di agnello, castrato, maiale e salsiccia a punta di coltello; molto buona la grigliata mista. Accanto ai vini di territorio è presente qualche etichetta lucana.

I PIATTI Frittelle di lampascioni, Ravioli ai formaggi con funghi cardoncelli e ricotta salata, Pizza di ricotta

MOLFETTA (BA)

LA VINERIA DI SAN DOMENICO

IN BREVE *In questo locale ubicato nella zona del porto, potreste ammirare i pescatori che entrano con il pesce appena catturato, così come gli agricoltori che portano quanto raccolto da poco.*

Via San Domenico, 35 - Tel. 080 3344510
→ 5,6 km dall'uscita A14 Molfetta
→ 1,1 km dalla stazione di Molfetta
🕐 Chiuso lun a pranzo e il mar Orario mezzogiorno e sera Ferie seconda metà di giugno
Prezzi: 30-35 euro vini esclusi
Carte di credito: BM, CS, MC, Visa

L'OSTERIA L'osteria è gestita dagli eclettici Agostino (in sala) e Antonella (in cucina), entrambi davvero piacevoli da ascoltare. Il locale si trova **di fronte al mare**, vicino al meraviglioso duomo, **a breve distanza dal porto** e dal mercato ittico. Durante il pasto è talvolta possibile ammirare contadini e pescatori che portano il frutto del loro lavoro.

LA CUCINA **Antonella mette l'anima in quello che fa**: si capisce dal piacere che prova quando condivide con i commensali la spiegazione relativa ai piatti e alle materie prime utilizzate. La cucina è prettamente locale; le portate, ben preparate e gustose, sono sia di mare sia di terra e si alternano secondo stagione. Un inizio imperdibile potrebbe essere costituito dai *cozzoli* (lumache di mare), dal calzone molfettese, dalle frittelle con gli sponsali e la ricotta *squant* (forte) oppure con le cime di rapa. La cantina è esemplare. È anche possibile gustare varie tipologie di olio extravergine di oliva.

I PIATTI Tubettini con le cicale di mare, Ragù di polpo, Frittura di mare

MONOPOLI (BA)

IL GUAZZETTO

Via dell'Erba, 39 - Tel. 080 4107175-320 5775590
→ 850 m dalla stazione di Monopoli
⏱ Chiuso il mercoledì, mai in agosto
Orario mezzogiorno e sera
Ferie 2 settimane in novembre, 2 in febbraio
Prezzi: 32-38 euro vini esclusi
Carte di credito: BM, CS, MC, Visa

IN BREVE *In un locale arredato con sobrietà e stile, Fabio e Gabriele propongono piatti della tradizione marinara, sapidi e freschi, rivisti in chiave moderna ma senza eccessi.*

L'OSTERIA Nel cuore del centro storico di questa bellissima cittadina adagiata sul mare, un locale arredato con sobrietà e stile, in cui vivere un viaggio sensoriale tra le specialità gastronomiche e i profumi unici del Mediterraneo. Sarete sorpresi per l'accoglienza e la professionalità di Fabio e Gabriele.

LA CUCINA «Le ricette di cucina sono un bene universale estremamente democratico, un tesoro che appartiene a tutti e che come le sette note può essere combinato in migliaia di modi e diventare personale, a volte unico»: questo è lo slogan che accompagna Francesco e Mario, insieme ai fornelli con la loro **cucina tradizionale, rivisitata ma non troppo**. Consigliato il ricco e sfizioso antipasto. **Generose le porzioni**. Buona e ben raccontata la carta dei vini. Pane e coperto non si pagano.

I PIATTI Spaghettoni con polpa di riccio, Grigliata mista, Frittura dell'Adriatico

NARDÒ (LE)  NOVITÀ

DA ROBERTO

Via Rosario, 7 - Tel. 333 1674187
⏱ Chiuso la domenica, mai d'estate
Orario mezzogiorno e sera Ferie variabili
Prezzi: 15-20 euro vini esclusi
Carte di credito: BM, CS, MC, Visa

IN BREVE *L'osteria è uno degli ultimi baluardi di quelle che erano popolari "cantine" salentine. La cucina di Roberto è sincera, senza fronzoli e legatissima alle vecchie tradizioni locali.*

L'OSTERIA Nel cuore del centro storico, l'osteria è uno degli ultimi baluardi di quelle che erano **le tradizionali e popolari "cantine" salentine**, luoghi di incontro in cui gli anziani amavano passare i pomeriggi tra un bicchiere di vino, spesso allungato con la gassosa, e una partita a carte. La saletta, molto informale, è ricavata da un unico ambiente con volte a stella. Oggi è gestita da Roberto Vernai e dalla moglie Claudia.

LA CUCINA La cucina di Roberto è sincera, senza fronzoli e legatissima alle vecchie tradizioni locali. **Impeccabili le fritture**, tra cui le polpette di carne, quelle di melanzane, i panzerotti di patate e un polpo davvero sensazionale. Se la stagione è quella giusta, è possibile trovare diverse **preparazioni a base di erbe di campo** come *paparine*, *sanapuddhi* e cicorie selvatiche. Ampia anche la scelta di panini per uno spuntino veloce ma gustoso. Limitata l'alternativa al vino sfuso.

I PIATTI Frittura di polpo, Pezzetti di carne al sugo, *Ciciri e tria*

NOCI (BA)

L'ANTICA LOCANDA

Via Spirito Santo, 49 - Tel. 080 4972460
→ 550 m dalla stazione di Noci
🕐 Chiuso domenica sera e martedì
Orario mezzogiorno e sera Ferie non ne fa
Prezzi: 32-35 euro vini esclusi
Carte di credito: AE, BM, CS, DC, MC, Visa

IN BREVE *In un ambiente di grande piacevolezza Pasquale Fatalino prepara il meglio che il territorio è in grado di fornirgli con grande rispetto per la tradizione.*

L'OSTERIA Le mura di quest'osteria parlano di storia, cultura e tradizioni popolari. Per quasi un secolo utilizzata come cantina, l'attuale enoteca, da tre generazioni di una famiglia nocese, è oggi **gestita da Pasquale Fatalino con grande attenzione alle preparazioni collegate al territorio**. Da sottolineare, nonostante oggi si assista a una forte emigrazione all'estero di molti giovani, la presenza dei figli Mario e Giuseppe, che dopo gli studi hanno deciso di intraprendere la stessa attività paterna.

LA CUCINA Il menù prevede svariate tipologie di antipasti quali taglieri di salumi, latticini e formaggi, verdure fritte, lampascioni al vincotto. Utilizzati per primi e secondi vari tipi di carne (compresa la cacciagione), verdure, legumi, ortaggi e baccalà. Dolcetti di mandorle, crostate di frutta e rosoli fatti in casa per concludere. La **considerevole cantina** è dedicata alle migliori etichette regionali.

I PIATTI Fricelli con funghi cardoncelli e ragù d'asino, Coniglio disossato alle erbe, Agnello in *pignata*

ORSARA DI PUGLIA (FG)

PEPPE ZULLO

Via Piano Paradiso, 11
Tel. 0881 964763-320 7470093
🕐 Chiuso il martedì
Orario solo a mezzogiorno Ferie novembre
Prezzi: 35 euro menù fisso vini esclusi
Carte di credito: AE, BM, CS, DC, MC, Visa

IN BREVE *La cucina di Peppe Zullo, tra i primi a credere che per fare grandi piatti servano innanzitutto grandi materie prime, racconta l'anima più profonda della cucina pugliese.*

L'OSTERIA Peppe Zullo rappresenta la perfetta incarnazione del **contadino divenuto chef**. Pur avendo raggiunto una fama nazionale, non ha mai lasciato la sua Orsara di Puglia, dove con incommensurabile passione e sacrificio ha dato vita a numerose attività, che vanno dalla produzione di ortaggi, carni, vini all'organizzazione di eventi, fino alla formazione di nuove leve. Ma il cuore è sempre lì, in quella piccola Sala Paradiso dove tutto è iniziato: un luogo che ne racconta la storia, dove i clienti possono osservare il lavoro dell'intera brigata grazie alla cucina a vista posta al centro del locale.

LA CUCINA Peppe è un punto di riferimento per chi sia alla ricerca di una **cucina sincera ed evocativa, realizzata con tecnica e professionalità**. Ortaggi ed erbe spontanee, carni e prodotti caseari provengono tutti dalla sua azienda, a certificazione di una **qualità di altissimo livello**. Tra i buoni vini prodotti in proprio è notevole il rosato.

I PIATTI Parmigiana di borragine, Troccoli con pomodorini, fave novelle, asparagi selvatici e cacioricotta, Ravioli di vitello ripieni di caciocavallo

OSTUNI (BR)

OSTERIA MONACELLE

Via Pietro Vincenti, 4-6 - Tel. 0831 334212
Non ha giorno di chiusura
Orario mezzogiorno e sera Ferie non ne fa
Prezzi: 32-35 euro vini esclusi
Carte di credito: BM, CS, DC, MC, Visa

IN BREVE *Ortaggi, grano, olio e vino, prodotti nell'azienda agricola di proprietà, sono largamente utilizzati in questo ristorante del centro storico, a conduzione familiare.*

L'OSTERIA Nel centro storico della bellissima Città Bianca, sorge, da qualche anno, un fiore all'occhiello della cultura del buon cibo. Profumi, **sapori e tradizioni mediterranee** espressi nel calore di **un'atmosfera assolutamente casalinga**.

LA CUCINA I piatti sono amorevolmente preparati da Melina, autentica regina dell'osteria, nella sua piccola cucina a vista. Il suo dolce sorriso racchiude tutta la passione condivisa con il figlio Dario che, con professionalità, illustra i piatti realizzati anche con ortaggi, grano, olio e vino dell'**azienda agricola di famiglia**. Accanto a pietanze più usali troverete anche più rare e antiche ricette, quali gli *scalfuni*, ravioloni di ricotta e cannella serviti con ragù di vitello, e per dessert le dita degli apostoli. Vini regionali oltre a quelli di propria produzione.

I PIATTI Purè di fave e cicoria con cornaletti dolci e pan fritto, Orecchiette con cime di rapa, Agnello al forno con carciofi

PATÙ (LE)

RUA DE LI TRAVAJ

Piazza Indipendenza - Tel. 349 0584531
Chiuso il mercoledì, mai d'estate
Orario sera, festivi novembre-giugno solo pranzo Ferie ottobre
Prezzi: 30-35 euro vini esclusi
Carte di credito: AE, BM, CS, DC, MC, Visa

IN BREVE *La cucina di questa osteria è ispirata alla tradizione contadina salentina. Molte e varie le pietanze di carne ma anche tanti cereali, legumi e verdure.*

L'OSTERIA Nel centro storico di Patù, a pochi passi dalla chiesa di San Michele Arcangelo e a pochi chilometri dal faro di Leuca, capo estremo della Puglia, si trova questa **tipica trattoria** gestita da Gino De Salvo e Annamaria Musso. Durante i mesi estivi, **i tavoli adornano il basolato della piazza** centrale del paese.

LA CUCINA L'offerta gastronomica della Rua è improntata sulla semplicità e sull'immediatezza dei piatti tipici della cucina salentina, basata su **tante verdure, cereali, legumi**: basti pensare alla classica *scurdijata* di piselli a pasta gialla, rape e pane raffermo fritto. Molte e varie anche le pietanze di carne, compresa quella di cavallo com'è tradizione da queste parti. Si segnala qualche piccola incursione nella cucina piemontese che tradisce le origini della cuoca. Gustosa la proposta dei dolci casalinghi e degli infusi.

I PIATTI Crema di fave e cicoria con pane fritto, Pezzetti di cavallo al sugo, Spumone

POGGIARDO (LE)

LA PIAZZA

Piazza Umberto I, 12
Tel. 0836 901925-339 7777073
→ 650 m dalla stazione di Poggiardo
⏱ Chiuso il lun, mai d'estate **Orario** sera,
dom e festivi anche pranzo **Ferie** novembre
Prezzi: 35-40 euro vini esclusi
Carte di credito: AE, BM, CS, DC, MC, Visa

IN BREVE *Un'esperienza gastronomica sempre entusiasmante grazie all'attenzione di Stefano per le specie ittiche locali e alla calorosa accoglienza di Klejda in sala.*

L'OSTERIA All'elegante sala interna si somma un **ampio e accogliente giardino**, ottimo per trovare refrigerio durante le calde serate estive. Klejda fa dell'ospitalità il suo cavallo di battaglia e si dedica meticolosamente alla ricerca di aziende del territorio, in grado di fornire quelle **ottime materie prime** che le sapienti mani di Stefano trasformano in piatti eccezionali.

LA CUCINA Il ricco antipasto della Piazza è un must, cui difficilmente si rinuncia; secondo disponibilità sono presenti anche i crudi di mare. **Ampia la scelta dei primi piatti**, in grado di soddisfare ogni tipo di palato. Soprattutto tra i secondi c'è spazio anche per qualche proposta di carne. I dolci sono casalinghi e di ottima qualità. La carta dei vini è ispirata soprattutto al territorio.

I PIATTI Fiori di zucca farciti con fior di latte, Tubetti al sugo di cernia, Agnello di masseria al forno con patate

PUTIGNANO (BA)

BOTTEGHE ANTICHE

Piazza Plebiscito, 8-10
Tel. 080 4911813-334 7915705
→ 1 km dalla stazione di Putignano
⏱ Chiuso domenica sera e mercoledì
Orario mezzogiorno e sera **Ferie** variabili
Prezzi: 30-35 euro vini esclusi
Carte di credito: AE, BM, CS, MC, Visa

IN BREVE *Un perfetto esempio di che cosa significhi fare un'osteria oggi. Si attinge a piene mani dalla cucina di terra.*

L'OSTERIA La sede dell'osteria era in passato un centro del commercio cittadino e sede della vecchia sede municipale. Lo chef Stefano D'Onghia e la moglie Valentina De Cataldo vi accolgono in un contesto dall'**atmosfera piacevole**, con una particolare cura per i dettagli d'arredo e per l'apparecchiatura dei tavoli. Il menù, elencato a voce, è anche presentato su una grande lavagna. Bella la soluzione della cucina a vista.

LA CUCINA L'obiettivo di Stefano e Valentina è sempre stato valorizzare **piatti e materie prime locali**. Si attinge a piene mani dalla cucina di terra dando alle pietanze un sapore verace, frutto dell'accurata scelta di prodotti di assoluta eccellenza regionale. Ottima la proposta dei dolci. La vasta carta dei vini dedica grande spazio alle etichette del territorio, oltre a quelle nazionali; **buona scelta di vini naturali**, ricarichi corretti.

I PIATTI Patata cotta sotto la cenere con fonduta di caciocavallo, Orecchiette con funghi, pancetta e pomodori infornati, Guancia di manzo brasata al Moscato

PUTIGNANO (BA)

SCINUÀ

Via Santa Lucia, 18 - Tel. 080 4058430
→ 900 m dalla stazione di Putignano
⏱ Chiuso sabato e domenica
Orario mezzogiorno e sera Ferie variabili
Prezzi: 30-35 euro vini esclusi
Carte di credito: AE, BM, CS, DC, MC, Visa

IN BREVE *Nell'accogliente saletta con volte in pietra di questa osteria del centro storico, gusterete lampascioni fritti, orecchiette al ragù con brasciola, pietanze a base di asino e cavallo.*

L'OSTERIA Siamo nel centro storico di Putignano, in una delle caratteristiche vie percorribili a piedi. Si accede al locale scendendo da una scalinata: la cucina è a vista, la saletta presenta volte in pietra. Gentile e professionale, lo chef-patron Gigi Pugliese propone piatti fortemente identitari. L'**ambiente informale, ben curato e accogliente** mette subito il cliente a proprio agio.

LA CUCINA Interamente dedicato al territorio ma con qualche spunto innovativo, il menù, frutto dell'elaborazione di **ottime carni e verdure locali**, prevede per cominciare una ricca serie di antipasti. Di grande bontà **il pane e la pasta fresca, entrambi fatti in casa**. Se disponibile, da provare *u'ndondr*, piatto di origine carnascialesca a base di ciaciocavallo grigliato, farinella, olio extravergine, fichi secchi, capocollo e granella di taralli. Dolci da non perdere. Buona la scelta dei vini, soprattutto naturali e regionali.

I PIATTI Strascinati con straccetti di diaframma di asino, funghi e cacioricotta di bufala, Midollo alla brace, Brasciole al sugo

RUVO DI PUGLIA (BA)

MEZZA PAGNOTTA
CUCINA ETNOBOTANICA

Via Rosario, 11 - Tel. 347 9996475
→ 11,2 km dall'uscita A14 Molfetta
⏱ Chiuso domenica sera e martedì
Orario mezzogiorno e sera Ferie luglio
Prezzi: 35 euro menù fisso vini esclusi
Carte di credito: BM, CS, MC, Visa

IN BREVE *I fratelli Montaruli propongono piatti a base di verdure spontanee di grande prelibatezza, frutto di una conoscenza che ha pochi eguali. Il menù cambia quotidianamente.*

L'OSTERIA L'osteria si trova in pieno centro storico. Una volta entrati si coglie il buon gusto di Francesco e Vincenzo Montaruli: la linearità degli arredi, **i tavoli in legno di ulivo**, la decorazione con mazzetti di erbe selvatiche. Proprio queste ultime costituiscono il leit motiv del locale: d'altra parte, i due fratelli hanno hanno avuto un grande maestro nel padre Giovanni, che ha insegnato loro ad amarle e a riconoscerle passeggiando per le campagne pugliesi.

LA CUCINA I piatti principali variano ogni giorno, ma sono di sicuro sempre gustosi. Niente carne, niente pesce, niente pasta ma **un ricco patrimonio di verdure ed erbe spontanee accostate con sapienza e innovazione** pur senza stravolgerne sapori, consistenze, utilizzo tradizionale. Pochi ma buoni i vini, tutti naturali.

I PIATTI Polpette di pomodoro, Hamburger di zucchine e fiori, Crema di latte al profumo di menta selvatica con fondente di carrube

ANTICA PIAZZETTA

Viale Aldo Moro, 161 - Tel. 0882 451920
🕐 Chiuso il mercoledì
Orario pranzo e cena Ferie 15 giorni in luglio
Prezzi: 30-35 euro vini esclusi
Carte di credito: AE, BM, CS, MC, Visa

IN BREVE *In una sala accogliente e arredata in stile moderno si può gustare una cucina principalmente ispirata alle materie prime del Gargano, con proposte di mare e di terra.*

L'OSTERIA Da più di vent'anni Michele e Teresa conducono questa moderna osteria poco distante dalla moderna chiesa di Renzo Piano dedicata a San Pio da Pietrelcina. La **sala, arredata in stile moderno e accogliente**, è circondata da ampie vetrate. Dal 2020 è disponibile uno spazio esterno, usufruibile d'estate, dove godere una piacevole frescura.

LA CUCINA La coppia non si è lasciata mai sedurre dalle sirene del turismo locale, fatto spesso di menù banali e di dubbia qualità. La cucina si basa su materie prime attentamente selezionate da produttori della zona ed è equamente divisa tra terra e mare. Il pesce proviene dal mercato della vicina Manfredonia. La proposta è lineare e trae **ispirazione dalla cultura locale, con qualche tocco innovativo**. Carta dei vini ben selezionata, ricarichi onesti.

I PIATTI Insalata di polpo su crema di verza e fagioli, Troccoli con funghi porcini e vongole, Baccalà arreganato

OPUS WINE

Traversa Castellana, 12
Tel. 0882 456413-333 6574496
🕐 Chiuso la domenica
Orario mezzogiorno e sera Ferie variabili
Prezzi: 30-40 euro vini esclusi
Carte di credito: AE, BM, CS, MC, Visa

IN BREVE *Raffinata enoteca con cucina ricavata in un'antica grotta, propone piatti della tradizione garganica, fatta di grandi arrosti, prodotti caseari e verdure.*

L'OSTERIA Elegante enoteca ricavata **in una grotta del borgo antico**, si presenta con volte a crociera in tufo e mura in pietra. Opus Wine mantiene fede al proprio nome e fa vivere un'esperienza enogastronomica ai suoi clienti letteralmente **circondati da bottiglie** di vino provenienti da ogni parte d'Italia. Il patron Pietro Placentino cura personalmente la selezione e, nel tempo, ha costruito un menù totalmente territoriale, avvalendosi di piccoli e grandi produttori locali e regionali, tutti segnalati sul menù.

LA CUCINA Le materie prime alla base della cucina di Opus Wine sono ottime quanto semplici: salumi dell'Appennino Dauno, carni e formaggi del Gargano, verdure, legumi e ortaggi da coltivatori locali. I primi sono perlopiù abbinati con i profumi dell'orto; tra i secondi spiccano le cotture alla griglia che esaltano la qualità delle carni. Molto apprezzato il **baccalà**, qui preparato in diversi modi. Numericamente corposa la proposta dei dessert, tutti davvero ben fatti.

I PIATTI Cavatelli murgiani alla matriciana garganica, Baccalà con i funghi cardoncelli, Crema di ricotta al cioccolato

SAN GIOVANNI ROTONDO (FG)

TENUTA CHIANCHITO

Strada Provinciale 45 bis, km 11+550
Tel. 0882 451944
⏱ Chiuso il mercoledì Orario mezzogiorno,
venerdi e sabato anche sera Ferie variabili
Prezzi: 30-35 euro vini esclusi
Carte di credito: BM, CS, MC, Visa

IN BREVE *Tradizione e creatività al servizio di materie prime genuine, alcune delle quali coltivate nell'orto di proprietà. Si segnalano le paste fresche e i tanti secondi di carne.*

L'OSTERIA La tenuta si trova a pochi chilometri da San Giovanni Rotondo, su un altopiano ai piedi del promontorio garganico, dove Massimo Di Maggio e la sua famiglia conducono con passione e professionalità l'azienda di famiglia. Da qualche anno Massimo cura **un orto di due ettari**, che gli fornisce tutte le verdure; in più **coltiva grano** per ottenere farine per il pane e la pasta. Attenta carta dei vini perlopiù regionali, bella selezione di distillati.

LA CUCINA Dopo un lungo percorso di sperimentazione ai fornelli, Massimo ha trovato la sua identità con **una cucina fortemente territoriale**, che si basa su materie prime di qualità, trasformate con perizia in piatti godibili e ben strutturati. La proposta si basa prevalentemente su ingredienti di terra, ma non mancano eccezioni che vedono protagonista il pesce. La sera è disponibile anche una buona pizza.

I PIATTI Uovo all'occhio di bue con tartufo del Gargano, Orecchiette di grano arso al pesto garganico, Maialino marinato con purea di fave e cicoria

SAN NICANDRO GARGANICO (FG)

LA COSTA

Via Magenta, 11-15
Tel. 0882 471768-329 2098139
⏱ Non ha giorno di chiusura
Orario mezzogiorno e sera Ferie non ne fa
Prezzi: 33-35 euro vini esclusi
Carte di credito: BM, CS, MC, Visa

IN BREVE *Terra, lago e mare si incrociano in questa osteria che propone piatti impeccabili dai sapori decisi e spesso dimenticati.*

L'OSTERIA Una cucina identitaria, che non si piega alle mode, sospesa **tra lago, mare e montagna**. La Costa rappresenta la sintesi di tre mondi apparentemente distanti, che qui si fondono per dare vita a un'esperienza unica e perfettamente definita. Il patron Franchino Sticozzi da anni porta avanti con determinazione e ostinazione la propria idea di ristorazione come elemento di valorizzazione del patrimonio naturale e umano della sua terra. **Il locale è semplice, a tratti spartano**, ma pregno di un vissuto che si respira appena varcata la soglia.

LA CUCINA La proposta è realizzata in base a quanto viene quotidianamente reperito da contadini e piccoli pescatori. **Terra e mare si combinano sempre con equilibrio**, come nelle fave e alici o nello sgombro abbinato alle lenticchie. I primi ricalcano la tradizione garganica, con la pasta fresca abbinata a pesce o ragù di carni locali. Anguille, cefali e seppie dominano seconde portate di grande livello. Carta dei vini regionali.

I PIATTI Cefalo con purè di fave e cicoria, Calamarata con rana pescatrice, Frittura di paranza

SAN SEVERO (FG)

LA FOSSA DEL GRANO

Via Minuziano, 63 - Tel. 0882 241122
→ 3,3 km dall'uscita A14 San Severo
→ 900 m dalla stazione di San Severo
🕐 Chiuso domenica sera e lunedì
Orario pranzo e cena
Ferie 15 gg in agosto, Natale, Capodanno
Prezzi: 35-40 euro vini esclusi
Carte di credito: BM, CS, DC, MC, Visa

IN BREVE *Nel suo piccolo locale la famiglia Stella propone una cucina saporita, semplice ed eseguita in modo impeccabile. L'antipasto misto della casa vale già da solo la visita.*

L'OSTERIA La Fossa del Grano ha da tempo marcato la differenza sul territorio con la sua **proposta di alta qualità**, attenta alla stagionalità e alle produzioni locali. Il locale, ricavato in una vecchia stalla, **arredato in maniera semplice e raffinata**, è impreziosito da quadri d'autore. La famiglia Stella porta avanti da anni e con successo l'attività, grazie anche all'affabilità e all'assoluta competenza dei fratelli Carlo, Gino e Giuseppe.

LA CUCINA L'antipasto misto della casa vale da solo la visita a questa osteria, sia per abbondanza sia per qualità: salumi, formaggi, sformati, insalate di mare esaltano quella che è la **tradizione gastronomica del Tavoliere**. La pasta fresca, tutta fatta in casa, si accompagna a verdure e carni – spesso ulteriormente valorizzate dal tartufo nero – o al pesce. I secondi privilegiano cotture lente e passaggi alla griglia. Si chiude con crostate e semifreddi. Consigliato il rosolio della casa.

I PIATTI Orecchiette al ragù di salsiccia, Tortelli ripieni di caciocavallo podolico, Cosciotto di agnello al coccio

SAN SEVERO (FG)

OSTERIA DEI SANTI

Via San Giuseppe, 16 - Tel. 0882 606030
→ 2,7 km dall'uscita A14 San Severo
→ 1,1 km dalla stazione di San Severo
🕐 Chiuso domenica sera e lunedì
Orario mezzogiorno e sera Ferie non ne fa
Prezzi: 25-33 euro vini esclusi
Carte di credito: BM, CS, MC, Visa

IN BREVE *Tonia si affida alla disponibilità del mercato per dare vita, con materie prime semplici, a preparazioni di grande qualità. Da non perdere il maialino nero marinato alle arance del Gargano.*

L'OSTERIA Nel centro storico di San Severo, non distante dal teatro comunale, troviamo questa **graziosa osteria**. Tonia Stella, dopo una lunga esperienza in compagnia della famiglia alla conduzione della Fossa del Grano, ha deciso di sperimentare una nuova avventura, fatta di semplicità e di ricerca del particolare. **L'ambiente è essenziale ed elegante**, con un riconoscibile tocco femminile. In sala, ad accogliervi e a guidarvi nel percorso gastronomico, c'è il nipote Nicola.

LA CUCINA Tonia ai fornelli è un talento naturale, che ha sviluppato sin da bambina attingendo alla cultura familiare. Riesce sempre a dare vita a piccole esperienze sensoriali, partendo da **materie prime semplici e di stagione**, rifornendosi giornalmente dal mercato locale. Poche ma buone le etichette di vini locali, anche al bicchiere; ottimo lo sfuso.

I PIATTI Pizza con caciocavallo podolico, Troccoli di senatore Cappelli ai tre pomodori, Maialino nero marinato alle arance del Gargano

LA LOCANDA
DI NONNA MENA

Via Edison, 30 - Tel. 349 6724204
Chiuso il mercoledì
Orario pranzo e cena Ferie 15 gg in novembre
Prezzi: 25-30 euro vini esclusi
Carte di credito: AE, BM, CS, DC, MC, Visa

IN BREVE *Accoglienza casalinga e cucina autentica sono i marchi di fabbrica dell'osteria della famiglia Errico. Un piccolo gioiello tra i vicoli di San Vito dei Normanni.*

L'OSTERIA Una piccola casa di proprietà, in una *stratodda* (stradina, in dialetto sanvitese) del centro storico, è stata trasformata dalla famiglia Errico in **una graziosa locanda**. La piccola sala è arredata con eleganza e quadri che testimoniano i ricordi di famiglia. Ad accogliervi, **con simpatia e un sorriso smagliante**, Luigi e Mariolina. In cucina, il fratello Tony dirige l'orchestra di pentole e fornelli.

LA CUCINA I piatti sono semplici, genuini, stagionali e spaziano dalla carne (anche equina) al pesce. Il menù varia secondo disponibilità giornaliera, le materie prime sono selezionate accuratamente da Luigi presso fidati produttori. Da non tralasciare i dolci fatti in casa e gli ottimi rosoli. La carta dei vini è ricca di etichette regionali.

I PIATTI Orecchiette con cime di rapa, Spezzatino di podolica, Fichi secchi mandorlati

SPINAZZOLA (BT)

IL GROTTINO

Corso Umberto I, 61 - Tel. 0883 681853
Chiuso il mercoledì
Orario mezzogiorno e sera Ferie 1-15 luglio
Prezzi: 28-30 euro vini esclusi
Carte di credito: AE, BM, CS, MC, Visa

IN BREVE *Un'osteria autentica nei sapori e nelle tradizioni tramandate nel tempo, dove gustare orecchiette alle cime di rape, salsiccia a punta di coltello, marro, spumone.*

L'OSTERIA Sull'altopiano carsico della Murgia, da cui si ammira la sagoma austera del Vulture, troviamo Spinazzola: una cittadina al confine tra Puglia e Basilicata, in un territorio ricco di antiche tradizioni gastronomiche contadine. Qui Rocco De Marinis conduce in maniera esemplare **un'autentica osteria**, rassicurante nella certezza di trovare piatti legati alla cultura del luogo. L'arredo rustico e l'**accoglienza informale** vi metteranno a vostro agio.

LA CUCINA Il menù comprende poche ma **sostanziose preparazioni classiche**, di cui sono protagonisti, fin dal corposo antipasto, erbe spontanee, funghi e carni, soprattutto ovine, selezionate con attenzione. Da provare la locale salsiccia a punta di coltello. Si chiude con dolci di fattura tradizionale. La cantina propone qualche buona etichetta del territorio.

I PIATTI Purè di fave con cicoriette selvatiche, Marro, Spumone

RISTÒ DEI FRATELLI PESCE

Via Porto, 18 - Tel. 099 4709000
→ 650 m dalla stazione di Taranto
⏲ Chiuso il lunedì Orario mezzogiorno e
sera Ferie 10 gg in novembre e in gennaio
Prezzi: 33-38 euro vini esclusi
Carte di credito: BM, CS, DC, MC, Visa

IN BREVE *L'osteria è un punto di riferimento della gastronomia locale. Tra le proposte dominano le cozze tarantine e il pescato del giorno.*

L'OSTERIA All'ingresso della città vecchia, superata piazza Fontana, di fronte al Molo Sant'Eligio troviamo questo locale. L'osteria, **un'unica sala con volta a botte** e spessi muri, è impreziosita da quadri ed effigi che ricordano la tradizione marinara della città. Dal 2012 la gestiscono con maestria Ivan, l'oste, e Adriano, il cuoco.

LA CUCINA Se siete alla ricerca dei sapori della **cucina tradizionale tarantina**, i fratelli Pesce sapranno guidarvi in questa esperienza attraverso piatti mai banali e con **un occhio all'innovazione**. Ovviamente, fra le proposte dominano le cozze tarantine e il pescato del giorno. Adriano è abile nella scelta delle materie prime provenienti dal vicino mercato ittico, Ivan vi saprà ben consigliare nella scelta. Al momento del dolce spicca la sbriciolata con ricotta e cioccolato. Le cantine pugliesi sono protagoniste di una coerente carta dei vini; poche le etichette nazionali.

I PIATTI Impepata di cozze tarantine, *Fr'scidd'* con cozze e vongole, Polpo alla griglia

---

TAVIANO (LE)

BISTROT CHEF GIANLUCA

Via Nizza, 5 - Tel. 392 2934575
⏲ Chiuso lunedì, martedì e mercoledì, mai
d'estate Orario sera, domenica solo pranzo;
estate solo sera Ferie tra settembre e ottobre
Prezzi: 25 euro menù fisso vini esclusi
Carte di credito: BM, CS, MC, Visa

IN BREVE *Il menù cambia quotidianamente in questa osteria personale e caratteristica che riesce, grazie alla felice mano del cuoco, ad esaltare i prodotti, soprattutto marini, che ogni giorno arrivano in cucina.*

L'OSTERIA Osteria del centro storico, si caratterizza per l'assenza di un classico menù. Gianluca Parata, chef e proprietario, preferisce infatti variare i propri piatti in base al pescato del giorno e al suo estro, proponendo un **interessante menù fisso** a 25 euro bevande escluse. Nei mesi estivi la stradina che costeggia il locale diventa **una sala a cielo aperto**, nel periodo invernale, invece, l'ambiente interno permette di ospitare circa 35 persone.

LA CUCINA La lista dei piatti presenti a rotazione nel menù subisce frequenti variazioni grazie all'inserimento di continue novità. **Il pesce, così come le altre materie prime, è reperito localmente.** Immancabili per iniziare gli antipasti misti, per concludere il sorbetto di limone fatto in casa. Discreta la carta dei vini, composta soprattutto da aziende salentine e da qualche etichetta extraregionale.

I PIATTI Paccheri con ricciola al sugo, Spaghettoni cacio, pepe e cozze, Frittura di gamberi e calamari

TORITTO (BA)

MASSERIA STORICA PILAPALUCCI

Contrada Pilapalucci
Tel. 080 5617833-349 4374955
🕐 Chiuso il lunedì Orario mezzogiorno e sera, su prenotazione Ferie 20 gg in febbraio
Prezzi: 30-35 euro vini esclusi
Carte di credito: BM, CS, MC, Visa

IN BREVE *Splendida masseria del XVI secolo, è un'oasi di pace immersa fra querceti e mandorleti, dove si esaltano con freschezza e novità alcuni capisaldi gastronomici territoriali.*

L'OSTERIA Questa **splendida masseria** del Cinquecento obbliga a una gustosa deviazione. Troverete, infatti, una struttura autentica, un'**oasi di pace** immersa fra querceti e mandorleti. Il merito va alla proprietaria Emilia D'Urso dedita alla promozione dei prodotti della sua azienda otre che dei Presìdi Slow Food. Tra questi la mandorla di Toritto, alla base del famoso biancomangiare.

LA CUCINA In cucina Francesco Paldera è dotato di una tecnica solida che gli consente di esaltare con **un tocco di freschezza** alcuni capisaldi gastronomici territoriali. I prodotti utilizzati (formaggio murgiano, tartufi, funghi), abbinati in maniera originale a carne, frutta, ortaggi ed erbe spontanee, rispettano l'autenticità del territorio. La cantina è limitata a qualche etichetta locale.

I PIATTI Pasta fresca con pesto di mandorle di Toritto al finocchietto selvatico, Stracotto di podolica del Gargano, Biancomangiare di mandorle

TORREMAGGIORE (FG)

LE TRE VOLTE

Via Bruno Buozzi, 4 - Tel. 0882 393557
→ 10,4 km dall'uscita A14 San Severo
🕐 Chiuso il martedì
Orario mezzogiorno e sera Ferie novembre
Prezzi: 30-35 euro vini esclusi
Carte di credito: AE, BM, CS, MC, Visa

IN BREVE *In un ex frantoio del centro, Cataldo Giaconella rielabora i piatti della tradizione di terra e di mare. Autentico punto di forza è il baccalà proposto in diverse cotture.*

L'OSTERIA All'interno di un vecchio frantoio, Le Tre Volte presenta un **arredamento sobrio e raffinato**. Le volte in pietra conferiscono un tono antico alla struttura senza contrastare con la semplice modernità del contesto. Anna Maria Vainella, insieme allo chef Cataldo Giaconella, porta avanti un'idea di **ristorazione interconnessa al territorio** e alla sua tradizione culinaria.

LA CUCINA Ampia la scelta degli antipasti, di terra e di mare, in cui risalta la stagionalità dei prodotti. I primi prediligono condimenti semplici di pesce e verdure, mentre tra i secondi si alternano preparazioni classiche alla griglia e al forno, e rivisitazioni in chiave contemporanea di piatti tradizionali. L'autentico punto di forza è rappresentato dal **baccalà, proposto in varie cotture** e accompagnato a diversi intingoli, tanto da aver portato Giaconella a vincere negli anni diverse competizioni nazionali.

I PIATTI Sformato di funghi cardoncelli e fonduta di caciocavallo podolico, Orecchiette con acciughe e marasciuoli, Baccalà su crema di fave e cicoria

FRANGIPANE

IN BREVE *Un locale piacevole e informale, in cui si propongono periodicamente piatti tradizionali con qualche spunto innovativo, realizzati con materie prime stagionali e di territorio.*

Via Maraldo da Trani, 5 - Tel. 349 6972155
→ 13,2 km dall'uscita A14 Andria-Barletta
🕐 Chiuso il lunedì
Orario mezzogiorno e sera **Ferie** variabili
€ Prezzi: 37-40 euro vini esclusi
Carte di credito: BM, CS, MC, Visa

L'OSTERIA A dieci minuti di passeggiata dalla splendida cattedrale troviamo il locale piacevole e informale gestito dai fratelli Lacalamita, Ivan e Sara, sempre presenti in sala con garbo e cortesia. Tra stagionalità e territorio, vengono proposti piatti tradizionali con qualche innovazione.

LA CUCINA Si sceglie alla carta o tra due menù degustazione, uno da cinque portate (37 euro) e uno da sette (48 euro). A farla da padrone è il pesce, anche in curiose forme e accostamenti (pensiamo ai bastoncini di merluzzo con seppie e fave di Carpino): ovviamente le proposte variano in base alla quotidiana disponibilità del mercato. In alternativa non manca qualche proposta di carne come l'ottima entrecôte di vacca podolica. Ampia la selezione di vini pugliesi e nazionali, buona la scelta di rosoli. Il costo del coperto è di 3 euro.

I PIATTI Spaghettoni con gamberi e bottarga di sgombro, Cefalo affumicato, Filetto di cavallino

---

TRICASE (LE) - Tricase Porto

ANIME SANTE ITTITURISMO

IN BREVE *Piccola osteria marinara a conduzione familiare. Il pesce che si prepara in cucina è catturato con l'imbarcazione di proprietà, da cui prende il nome lo stesso locale.*

Lungomare Colombo, 147
Tel. 0833 775213-339 7984291
🕐 Aperto sabato e domenica o su prenotazione, sempre da giugno a settembre
Orario mezzogiorno e sera **Ferie** variabili
Prezzi: 35-38 euro vini esclusi
Carte di credito: BM, MC, Visa

L'OSTERIA L'osteria si trova **a ridosso del molo di Tricase Porto**, uno dei più suggestivi della penisola salentina. Rocco, con il contributo di tutta la famiglia, ha saputo coniugare con merito la sua attività di pescatore a quella, altrettanto complessa, della ristorazione. Anime Sante è il nome dell'imbarcazione con cui viene pescata la maggior parte della materia prima utilizzata in cucina da Lucia e Donatella. La piccola sala è dominata dall'ampia vetrata che si affaccia direttamene sulla cucina. L'accoglienza in sala è riservata alla cura di Daniele e Francesco.

LA CUCINA **I piatti sono realizzati in maniera genuina** e autentica. L'offerta varia in base alla stagione e alla situazione meteorologica. Ricca la selezione degli antipasti. La pasta (*sagne 'ncannulate*, linguine, spaghettoni) è fatta in casa. Il vino è quello sfuso prodotto da un'azienda locale.

I PIATTI *Sagne 'ncannulate* con pesce misto, Triglia in guazzetto, Spumone

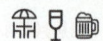

TAVERNA DEL PORTO

IN BREVE *Osteria di mare semplice, accogliente e arredata con gusto, propone piatti ben preparati e gustosi a base di pesce reperito ogni giorno da barche locali.*

Via Cristoforo Colombo, 121
Tel. 0833 775536
Non ha giorno di chiusura
Orario mezzogiorno e sera Ferie non ne fa
Prezzi: 32-38 euro vini esclusi
Carte di credito: BM, CS, MC, Visa

L'OSTERIA Semplice e accogliente, il locale gestito dalla famiglia Coppola si caratterizza per **un'atmosfera marinaresca** estremamente curata nei dettagli: i colori dominanti sono il bianco e il blu, i tavoli e le sedie sono vecchi mobili restaurati. La sala posta al pianterreno offre una scenografica vista del bancone del pesce, quella al primo piano, invece, regala uno dei più interessanti scorci del borgo che affaccia sull'Adriatico.

LA CUCINA Lo chef Giovanni Ingletti propone una cucina concreta ed essenziale dove **il pesce è il protagonista assoluto**; pesce scelto quotidianamente, in base a quello che offre il mare, dall'occhio esperto di Alessandro. Il ricco antipasto misto da cinque portate può anche essere servito come secondo. Validi i dolci. La carta dei vini è discretamente ampia e contiene una buona selezione di etichette del territorio.

I PIATTI Linguine con le cicale, Frittura di paranza, Pasta frolla con mascarpone e cioccolato fondente

TURI (BA)

L'AGRIBISTROT A MASSERIA PROCIDA

IN BREVE *Gestione giovane, informale, simpatica e grande attenzione alle materie prime del territorio. In menù strascinate con ragù e bombette di Martina Franca.*

Strada Provinciale 32 km 8,
Tel. 339 1476567
→ 400 m dalla stazione di Castellana Grotte
Chiuso domenica sera Orario mezzogiorno e sera Ferie variabili
Prezzi: 35-40 euro vini esclusi
Carte di credito: BM, CS, MC, Visa

L'OSTERIA Il Covid-19 ha portato molti ristoratori a prendere decisioni rapide e cariche di incognite. È quello che è successo ai titolari della Locanda Romanelli di Castellana Grotte che, disponendo di spazi limitati, hanno deciso di prendere in gestione una struttura più grande e confortevole, Masseria Procida, conservando comunque invariati menù, caratteristiche e personale. **La masseria è stata completamente restaurata** valorizzando i muretti a secco, le stalle, i cortili. Si producono ortaggi, grano, frutta, olive da mensa, mandorle, cereali e legumi, il tutto utilizzato magistralmente in cucina da Gaetano Servidio.

LA CUCINA Nell'attesa delle vostre scelte, vi saranno offerte polpette di pane fritte, una degustazione di extravergini con scaldatelli fatti in casa e l'ottimo pane di Laterza. Quando è stagione, non perdete le pietanze impreziosite dal tartufo nero. **Buona carta dei vini, con propensione ai naturali.**

I PIATTI Strascinati con ragù di braciola di cavallo, Uovo con tartufo nero e crema di patate, Bombette di Martina Franca

VERNOLE (LE)

RISTORANTE LILITH

IN BREVE *La spontanea e calorosa accoglienza che la famiglia Tramis riserva ai suoi ospiti fa da cornice a un'esperienza gastronomica davvero interessante e mai banale.*

Strada Provinciale Strudà-Vanze
Tel. 393 9962150-320 6982141
🕐 Chiuso il lunedì, mai d'estate
Orario mezzogiorno e sera Ferie variabili
Prezzi: 35-38 euro vini esclusi
Carte di credito: AE, BM, CS, MC, Visa

L'OSTERIA Ubicata all'interno di un'**antica masseria** salentina, l'osteria è gestita dalla famiglia Tramis. La pluriennale esperienza di Claudio e Miriana è stata con il tempo arricchita della professionalità di Giulia e Martina e dall'estro dei due rispettivi fidanzati Matteo e Francesco. Nel periodo estivo, un **ampio e accogliente giardino**, circondato da un antico muretto a secco, regala una cornice suggestiva. Nei mesi invernali, la grande sala con camino, recentemente riammodernata, offre una calorosa atmosfera.

LA CUCINA I piatti, curati e mai banali, sono eseguiti utilizzando **materie prime locali ben selezionate**. Oltre alla carta è disponibile un menù degustazione da cinque portate al costo di 40 euro vini esclusi. L'ampia selezione dei vini dedica particolare attenzione alle etichette locali. Di recente l'osteria ha iniziato a proporre anche un'interessante e variegata colazione.

I PIATTI Mezze maniche con verdure e fonduta di caprino, Maialino con le verdure, Millefoglie con crema di pistacchio

VICO DEL GARGANO (FG)

IL TRAPPETO

IN BREVE *Frantoio dei primi del Cinquecento ben restaurato, è un punto di riferimento per la ristorazione locale grazie a una proposta gastronomica coerente, con qualche digressione verso la Sicilia.*

Via Casale, 168 - Tel. 327 0069614
🕐 Chiuso lunedì-mercoledì, mai d'estate
Orario mezzogiorno e sera
Ferie 15 giorni in gennaio, 15 in novembre
Prezzi: 30-35 euro vini esclusi
Carte di credito: AE, BM, CS, DC, MC, Visa

L'OSTERIA Un antico trappeto ristrutturato, tavoli sospesi su vetrate a coprire gli ipogei, lo sguardo che si perde sugli architravi in legno a venti metri d'altezza. Il Trappeto incanta al primo colpo d'occhio e il merito è di una **location storica**, custodita con meticolosa cura da Edoardo e Mariella. Non meno affascinante, d'estate, l'Orto del Conte, un **terrazzo medievale** affacciato sulla valle, chiuso tra mura storiche e adornato dalla vegetazione spontanea.

LA CUCINA La proposta culinaria è quella tradizionale garganica, fatta di verdure ed erbe spontanee, formaggi stagionati, carni da allevamenti allo stato brado, funghi della Foresta Umbra. Il pesce arriva dalla costa, spesso consegnato a riva direttamente dai pescatori locali. Le preparazioni sono semplici e gustose, con **qualche rimando alla cucina siciliana** per celebrare le origini della signora Mariella. Da menzione i dolci fatti in casa.

I PIATTI Tortino di zucca e patate, Orecchiette vongole e noci, Gelato di pistacchio

VICO DEL GARGANO (FG)

 NOVITÀ

RADICI

Via Cilenti, 6 - Tel. 0884 663048
Chiuso il lunedì Orario mezzogiorno e sera Ferie 15 novembre-21 dicembre
Prezzi: 30-40 euro vini esclusi
Carte di credito: BM, CS, DC, MC, Visa

IN BREVE *Un locale del centro storico, informale e molto familiare, dove Martina e Leonardo rielaborano la tradizionale cucina locale di terra e di mare attraverso nuovi accostamenti.*

L'OSTERIA Nel centro storico di Vico del Gargano, a pochi passi dalla chiesa madre e da Palazzo Ducale, Martina e Leonardo hanno dato vita a un **locale informale e molto familiare**, dove rielaborano la tradizionale cucina locale attraverso nuove formule e presentazioni sperimentali. Il nome − Radici − è evocativo di un profondo attaccamento alla propria terra, un legame che seppur forte non impedisce di intraprendere coerentemente strade alternative. Ubicato sotto il piano strada, il ristorante si presenta con un arredamento semplice ma particolarmente curato.

LA CUCINA La proposta gastronomica è articolata e guarda soprattutto al mare. Notevoli gli **accostamenti tra pesce, verdure di stagione e legumi locali**. I primi piatti sono più lineari, mentre i secondi, sia quelli di terra sia quelli di mare, sono abilmente rielaborati in chiave moderna da Leonardo.

I PIATTI Polpo arrosto con crema di ceci, Impepata di cozze affumicata al carbone, Branzino in crosta con crema di datterini gialli

VIESTE (FG)

OSTERIA DEGLI ARCHI

Via Ripe, 2 - Tel. 0884 705199
Non ha giorno di chiusura Orario mezzogiorno e sera Ferie da dicembre a febbraio
Prezzi: 35-38 euro vini esclusi
Carte di credito: BM, CS, MC, Visa

IN BREVE *In questo ex frantoio del Cinquecento, con le pareti in pietra e tufo, si privilegiano sapori delicati ed equilibrati, con materie prime di ottima qualità, in particolare il pesce.*

L'OSTERIA All'apice del promontorio del Gargano, Vieste, specialmente d'estate, richiama un gran numero di turisti e, in alcuni casi, spesso la ristorazione si livella verso il basso. Da più di vent'anni Michele Vescera e la moglie Giovanna tengono invece la barra dritta sulla qualità e sulla proposta identitaria. Il bel locale si trova nel centro storico, in **un ex frantoio del Cinquecento** con le volte a botte e le pareti in pietra e tufo.

LA CUCINA La cultura gastronomica del Gargano è sì principalmente di mare, ma anche **legata a filo doppio con l'agricoltura e la pastorizia**: non a caso le materie prime provenienti da questi tre mondi talvolta si combinano, in grande armonia, nei piatti preparati da Michele. La pasta è fatta in casa così come i dolci. La buona carta dei vini comprende referenze quasi esclusivamente regionali.

I PIATTI Cefalo marinato su patate e vincotto, Troccoli con pescatrice e cannellini, Fritto di calamari e gamberi

ZOLLINO (LE)

RISTORANTINO DA FABIO

IN BREVE *Arredato con gusto ed eleganza, è diventato meta sicura per chi cerca cucina tradizionale (e non solo), soprattutto di mare, basata su materie prime locali.*

Piazza Pertini, 9 - Tel. 333 2042168
🕐 Chiuso lun, mar e dom a pranzo, giugno-settembre il lun **Orario** sera, dom e festivi, non d'estate, anche pranzo
Ferie 20 settembre-10 ottobre
Prezzi: 30-35 euro vini esclusi
Carte di credito: AE, BM, CS, MC, Visa

L'OSTERIA Zollino è un piccolo centro della Grecìa salentina con un'antica tradizione nella produzione dei legumi e, in particolare, del pisello nano. A due passi dal centro storico, all'interno di quello che era **un frantoio del Settecento**, Fabio Fanciullo ha realizzato un locale arredato con gusto ed eleganza. La struttura originaria del vecchio opificio non è stata stravolta e alcune lastre di vetro, incastonate nel pavimento, consentono di osservare le antiche vasche per la raccolta dell'olio. I tavoli sono disposti in una sala centrale dalle volte ampie, in un'altra più piccola e intima al piano rialzato e, d'estate, nel dehors.

LA CUCINA Giulia Santo realizza i piatti della tradizione aggiungendo un tocco di originalità. L'offerta gastronomica è improntata sulla semplicità e sull'uso di materie prime locali, fra le quali **il pesce è assoluto protagonista**. I dolci sono casalinghi. Valida la carta dei vini.

I PIATTI Antipasto di mare, Mezze maniche con il ragù di cernia, Gnocchi con la pescatrice

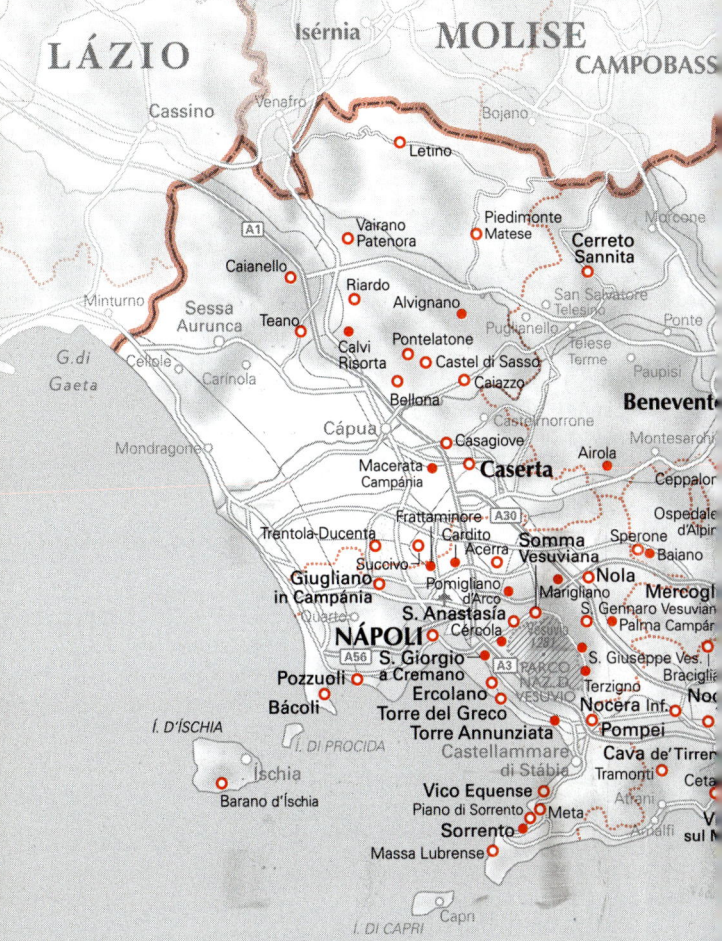

LÁZIO

Isérnia

MOLISE

CAMPOBASS

Cassino

Venafro

Bojano

Letino

Morcone

A1

Vairano
Patenora

Piedimonte
Matese

Cerreto
Sannita

Caianello

Riardo

San Salvatore
Telesino

Minturno

Cellole

Sessa
Aurunca

Teano

Alvignano

Pontelatone

Puglianello

Ponte

G. di
Gaeta

Carínola

Calvi
Risorta

Castel di Sassò

Telese
Terme

Paupisi

Bellona

Caiazzo

Benevent

Mondragone

Cápua

Casagiove

Castelmorrone

Montesarchio

Macerata
Campánia

Caserta

Airola

Ceppalor

Trentola-Ducenta

Frattaminore

A30

Sperone

Ospedale
d'Alpir

Cardito

Somma
Vesuviana

Giugliano
in Campánia

Succivo

Acerra

Baiano

Nola

Pomigliano
d'Arco

Quarto

S. Anastásia

Cércola

Marigliano

S. Gennaro Vesuvian

Mercogl

Palma Campár

NÁPOLI

A56

S. Giorgio
a Cremano

VESUVIO
1281

S. Giuseppe Ves.

Pozzuoli

Ercolano

A3

PARCO
NAZ.LE
VESUVIO

Terzigno

Braciglia

Bácoli

Torre del Greco

Nocera Inf.

Noc

Í. D'ÍSCHIA

Torre Annunziata

Pompei

Í. DI PROCIDA

Castellammare
di Stábia

Cava de' Tirren

Íschia

Tramonti

Ceta

Barano d'Íschia

Vico Equense

Átrani

V
sul M

Piano di Sorrento

Meta

Massa Lubrense

Sorrento

Amalfi

Í. DI CAPRI

Capri

MAR

TIRRENO

0   10   20 km

CAMPANIA

ALCUNI PIATTI DELLA TRADIZIONE

Cecatielli alla genovese
La genovese è uno dei piatti simbolo della Campania, un umido di manzo,
maiale e cipolle, cotto molto lungamente: consumato come secondo piatto,
è anche il condimento di diversi formati di pasta

Mezzanielli lardiati al ragù napoletano
Il ragù napoletano è un sugo ristretto di pomodoro cotto per molte ore con
sette tagli diversi di carne, che si usa per condire paste generalmente corte,
paccheri o mezzanielli

Ciambotta cilentana
Umido a base di peperoni, patate, melanzane e pomodori fritti in olio
extravergine di oliva

Coniglio all'ischitana
Tradizionalmente preparato con il coniglio di fossa di Ischia
(Presidio Slow Food), questo piatto prevede di cuocere le carni in un tegame
con pomodori e aromi

Mugliatielli
Interiora di agnello avvolte nelle budelline: aromatizzate con aglio,
prezzemolo, formaggio e peperoncino si possono arrostire oppure cucinare
in umido

Padellaccia di maiale, patate e peperoni
Maiale cotto in tegame con olio extravergine e vino, con papaccelle e patate
a spicchi

Torta caprese
Dolce della pasticceria sorrentina ideato negli anni Venti, a base di mandorle
sgusciate, cioccolato fondente, frollini o fette biscottate tritati, uova e
zucchero

ACERRA (NA)

LA LANTERNINA

Via Vittorio Veneto, 83 - Tel. 0815200413
→ 8 km dall'uscita A16 Pomigliano d'Arco
→ 1,5 km dalla stazione di Acerra
⏲ Chiuso il lunedì Orario mezzogiorno e
sera Ferie 10 gg nella seconda metà di luglio
Prezzi: 25-30 euro vini esclusi
Carte di credito: AE, BM, CS, MC, Visa

IN BREVE *Nell'ampia sala del suo locale, Enzo Feldi propone piatti in sintonia con le eccellenze produttive dell'Agro acerrano. Da provare salumi artigianali e latticini della penisola sorrentina.*

L'OSTERIA Recentemente ristrutturata, l'unica sala, ampia e moderna, consente il posizionamento di numerosi tavoli, posti tra loro alla giusta distanza al fine di garantire privacy e – in questo periodo – anche sicurezza. A guidare il locale il patron Enzo Feldi insieme a un **gruppo di giovani collaboratori** cortesi e competenti.

LA CUCINA Le materie prime di eccellenza dell'area acerrana in particolare (e campana in generale), compresi molti Presìdi Slow Food, vengono utilizzate con sapienza in una cucina che rimanda a **sapori schiettamente tradizionali**, con rari elementi di creatività soprattutto legati all'estetica dell'impiattamento. Gli antichi pomodori di Napoli (il tradizionale ecotipo di quelli di san Marzano) esaltano la qualità del **ragù** che, anche in virtù del lungo e paziente tempo di preparazione, rappresenta un **cibo simbolico dell'identità campana**.

I PIATTI Candele spezzate alla genovese, Zuppetta di fagioli cannellini dente di morto di Acerra, Baccalà con papaccella napoletana

ARIANO IRPINO (AV)

DUE NANI

Contrada Santa Barbara, 1
Tel. 0825 1853895-338 6415819
→ 13 km dall'uscita A16 Grottaminarda
⏲ Non ha giorno di chiusura Orario pranzo
e sera, domenica solo pranzo Ferie non ne fa
Prezzi: 25-30 euro vini esclusi
Carte di credito: BM, CS, DC, MC, Visa

IN BREVE *Tradizionale trattoria che offre ottimi piatti di carne, ben selezionata e cotta alla brace. Nei giorni di mercoledì e venerdì è possibile trovare anche dell'ottimo pescato.*

L'OSTERIA Trattoria-braceria che prende il nome da due nani da giardino, che si trovavano nel precedente ristorante appartenuto ai nonni di Flavio Rubino. È lui oggi a gestire, con maestria e coadiuvato da Maria Grazia, la **brace sempre ardente e alimentata con legno di quercia**. Locale intimo e confortevole, propone **squisite carni**, del territorio e non. Chiamando e prenotando, il mercoledì e il venerdì, è possibile trovare anche pesce fresco ben cucinato.

LA CUCINA I piatti del giorno sono basati sulla carne del famoso macellaio Mario Carrabs di Gesualdo. Agnelli di Carmasciano o di razza laticauda, verdure di campagna, caciocavallo podolico di Montella accompagnato da una composta di mela cotogna e contorni cotti sotto brace soddisferanno appieno i vostri palati. L'ottima scelta di vino irpino farà il resto.

I PIATTI Insalata di baccalà, Genovese con guance del vitello a braciole, Cremoso di bufala con ricotta, cioccolato fondente, sambuca e pistacchio salato

ARIANO IRPINO (AV)

LA PIGNATA

IN BREVE *Locale simbolo della più autentica cucina irpina offerta in un ambiente accogliente e caloroso. Agnello, verdure, baccalà, erbe spontanee sono la base di gran parte delle preparazioni.*

Viale dei Tigli, 7
Tel. 0825 872571-392 6546528
→ 15 km dall'uscita A16 Grottaminarda
→ 5 km dalla stazione di Ariano Irpino
Chiuso il martedì Orario mezzogiorno
e sera Ferie variabili
Prezzi: 33-38 euro vini esclusi
Carte di credito: AE, BM, CS, DC, MC, Visa

L'OSTERIA Nelle propaggini dell'Irpinia, che già annunciano la vicina terra pugliese, Ariano resta uno snodo di scambi comunicativi, commerciali e di trasporti di primaria importanza: La Pignata è un locale dove la gastronomia riassume in sé tale vocazione, giungendo a una **sintesi mirabile e appetitosa**, in un ambiente che si presenta caloroso e confortevole. Tale compendio si ritrova anche nell'offerta casearia ed enologica, che brilla per ricchezza e qualità.

LA CUCINA La famiglia Ventre da oltre quarant'anni ricerca il meglio delle produzioni agricole e zootecniche del territorio, proponendone nelle ricette **un'interpretazione che coniuga adeguatamente tradizione e radi elementi contemporanei** (in specie nei dolci), in compiuto equilibrio. Piatti soprattutto di carne o verdure con la sola eccezione del baccalà.

I PIATTI Paccheri di grani antichi con ragù di baccalà, datterino giallo, mollica di pane fritto, basilico, Agnello di laticauda all'arianese con erbe aromatiche, Pancotto con verdure di stagione, peperone crusco e lardo

ARIANO IRPINO (AV)

REGIO TRATTURO

IN BREVE *L'azienda agricola dei Di Rubbo produce varietà di grano antico, olio di Ravece, ortaggi e alleva maiali pezzati neri: tutte materie prime usate in cucina. Immancabile lo spezzatino all'arianese.*

Contrada Camporeale, 157
Tel. 0825 881407-380 3976433
Aperto da gio a dom a pranzo; altri giorni solo su prenotazione Ferie non ne fa
Prezzi: 25-30 euro
Carte di credito: BM, CS, DC, MC, Visa

L'OSTERIA La famiglia Di Rubbo dal 1911 conduce questa azienda agricola biologica, che dal 2002 è diventata un agriturismo con fattoria didattica pronto ad accogliere i propri ospiti in un luogo dove è presente anche un **museo di arte contadina**. La cucina di Ariano Irpino, storico crocevia della transumanza, è qui espressa in prodotti realizzati con grani tradizionali, olio extravergine di oliva di varietà ravece, ortaggi, miele e allevamenti di maiali, polli e tacchini. In loco vi è la possibilità di acquistare tutti i prodotti dell'azienda.

LA CUCINA Una cucina tipica contadina caratterizzata da verdure ed erbe officinali. I piatti sono raccontati a voce e **la maggior parte delle materie prime sono autoprodotte**: ortaggi e verdure di campo, gli immancabili salumi, le farine utilizzate sia per la pasta fatta a mano sia per le crostate con confettura di mele cotogne. **Il vino incluso è sfuso in brocca**, ma in carta si trovano alcune buone etichette irpine.

I PIATTI Salumi, Ravioli con ricotta e borragine, Spezzatino di vitello all'arianese

ASCEA (SA)

DIABASIS

IN BREVE *Piatti di mare e di terra in questa osteria che ha fatto della riscoperta dei prodotti e della tradizione contadina cilentana il cuore della propria proposta. Per chi volesse, buone anche le pizze.*

Via XXIV Maggio
Tel. 0974 977021-347 6451339
⏱ Chiuso lunedì-giovedì, mai d'estate
Orario solo la sera Ferie non ne fa
Prezzi: 25-30 euro vini esclusi
Carte di credito: BM, CS, DC, MC, Visa

L'OSTERIA Una splendida famiglia composta da quattro persone propone il meglio del territorio cilentano come un'opportunità per rivalutare la cultura e la civiltà contadine. Così, la cuoca Nella Vaccaro porta avanti l'idea di famiglia che è alla base della cucina di questo locale, situato **a poca distanza dalla meravigliosa Area Archeologica** di Elea-Velia.

LA CUCINA Le materie prime utilizzate sono reperite da piccole aziende del territorio e dalle vecchiette del Cilento. Tra i diversi prodotti, **mozzarella nella mortella**, salumi di Gioi, cicerchie, **farina di grano carosella per preparare la pasta** fatta a mano (fusilli, gnocchi, cavatelli e lagane). Il pesce, quasi esclusivamente azzurro, viene dal mare di Elea, incastonato tra Punta Licosa e Capo Palinuro. Nei piatti c'è un ritorno alla semplicità rurale, ma con un'originalità che mostra appieno la passione di Nella per la cucina e il suo territorio.

I PIATTI Raviolo con passata di pomodoro, salvia, burro di bufala e nocciole di Giffoni, Lagane, ceci e peperone crusco corno di capra, Mezzanelli con alici e pomodorini

ATENA LUCANA (SA)

LOCANDA SAN CIPRIANO

IN BREVE *Ampio casale su due piani, dagli arredi rustici, puliti, accoglienti e con un gradevole spazio esterno. In menù caciocavallino arrostito e fusilli fatti in casa con molliche di pane fritto e peperoni cruschi.*

Via Serrone - Tel. 0975 511447
→ 3,9 km dall'uscita A2 Atena Lucana
⏱ Chiuso il lunedì e martedì a pranzo
Orario mezzogiorno e sera
Ferie prima settimana di settembre
Prezzi: 25-30 euro vini esclusi
Carte di credito: BM, CS, Visa

L'OSTERIA Siamo ai confini della Campania, verso quella Basilicata che, anche gastronomicamente, riserva ancora molte piacevoli sorprese. È il caso di questo bel locale, a pochi chilometri dall'uscita autostradale. Nel casale rustico, arredato con semplicità informale, si apprezza **un'autentica atmosfera d'osteria d'altri tempi**. Buoni vini campani e lucani, e un'inaspettata **produzione di aceto balsamico tradizionale** arricchiranno gradevolmente il pasto.

LA CUCINA Il titolare Antonio Giordano e la sua famiglia hanno intrapreso il percorso professionale di ristorazione all'estero e in altre regioni italiane. Tornati nei luoghi d'origine, **le loro esperienze sono rimaste un richiamo stimolante e simbolico**, come piccole variazioni su uno spartito fortemente legato all'identità di cucina del territorio. Le preparazioni sono quelle tipiche di queste terre: carne, soprattutto ovina, formaggi, ortaggi, erbe e verdure.

I PIATTI Fusilli fatti in casa con molliche di pane fritto e pomodori cruschi, Agnello paesano alla brace, Tiramicrunch

ATRIPALDA (AV)

VALLEVERDE
ZI' PASQUALINA

IN BREVE *Vera e propria istituzione del territorio, è un locale semplice e curato dal servizio attento e informale. Dalla cucina giungono piatti di tradizionale semplicità elaborati con le migliori materie prime che l'Irpinia mette a disposizione.*

Località Pianodardine, 112 - Tel. 0825 626115
→ 3,4 km dall'uscita A16 Avellino Est
⊘ Chiuso domenica sera Orario mezzogiorno e sera Ferie ultime 2 settimane di agosto, Natale e Pasqua
Prezzi: 30-35 euro vini esclusi
Carte di credito: AE, BM, CS, DC, MC, Visa

L'OSTERIA Il locale è una vera e propria **istituzione della gastronomia irpina**. Da più generazioni è il riferimento assoluto non solo per gli abitanti delle aree limitrofe, ma anche per tutti coloro che siano di passaggio. Una recente ristrutturazione ne ha delimitato razionalmente gli ambiti di esercizio, con uno spazio dedicato alla cantina e alla degustazione. Un **servizio sempre attento e cortese**, ma al tempo stesso amichevole e informale, mette a proprio agio sin dall'inizio del pasto.

LA CUCINA L'impostazione culinaria è del tutto tradizionale: la **semplicità nell'elaborazione** e la qualità dei prodotti utilizzati – ortaggi, erbe, carni, formaggi – consentono la realizzazione di ricette che mantengono inalterato il loro appeal nel tempo, sfidando mode troppo spesso inopportune e avventate.

I PIATTI Zuppa di scarola e fagioli, Fusilli avellinesi al ragù antico con pecorino di Lioni, Salsiccia alla brace

BACOLI (NA) - Casevecchie

DA FEFÈ

IN BREVE *Una deliziosa osteria di mare situata sul porto di Bacoli. La cucina è basata sul pesce freschissimo, senza trascurare abbinamenti di mare e terra, grazie alle verdure provenienti dagli orti flegrei.*

Via della Shoah, 15
Tel. 081 5233011-331 9811174
⊘ Chiuso domenica sera e lunedì, mai d'estate Orario pranzo e sera, d'estate solo sera Ferie 10 giorni in gennaio
Prezzi: 33-38 euro vini esclusi
Carte di credito: AE, BM, CS, MC, Visa

L'OSTERIA Il panorama del piccolo borgo marinaro che si offre all'avventore di quest'osteria, situata proprio sul porto di Bacoli, seduce in ogni stagione. Questa **deliziosa location** e un servizio informale ma accurato consentono un autentico e piacevole relax. La scelta dei sapidi vini flegrei presenti in carta è un ulteriore elemento di vero piacere.

LA CUCINA La proposta ittica, in specie di mitili, e il pescato locale sono basilari nella cucina di Fefè, che peraltro utilizza a piene mani anche le **ricche produzioni di terra degli orti flegrei**, i cui panieri sono un ottimo esempio di consumo sostenibile di prossimità.

I PIATTI Genovese di polpessa, Caserecce con cozze e verdure di stagione, Spaghetti con alici fresche, pomodorino del piennolo o peperoncini verdi

IL FOCOLARE

Via Cretajo al Crocefisso, 3
Tel. 081 902944
Chiuso il mercoledì, mai d'estate
Orario sera, giovedì-domenica anche pranzo
Ferie tre giorni a Natale, febbraio
Prezzi: 35-38 euro vini esclusi
Carte di credito: BM, CS, MC, Visa

IN BREVE *Una famiglia impegnata a portare avanti i migliori prodotti campani, a partire dal coniglio di fossa, specialità dell'isola di Ischia.*

L'OSTERIA Fino a qualche mese fa, ad accoglierci era l'inesauribile verve di **Riccardo D'Ambra**, patron della ciurma familiare, re del Focolare. Riccardo, scomparso ad aprile scorso, lascia però un'eredità straordinaria. Oggi l'osteria, situata nella **parte alta dell'isola verde** e aperta tutto l'anno, è affidata per l'accoglienza a sua figlia Silvia.

LA CUCINA Francesco e Agostino D'Ambra amano sperimentare e innovare, ma alcuni elementi nella loro cucina restano immutabili. Tra questi, il **coniglio di fossa** del Presidio Slow Food, cotto nel tradizionale coccio di terracotta e così servito in tavola. Se però non avete prenotato per tempo, ripiegate felicemente sullo stinco d'agnello. La degustazione al Focolare si apre con il **ricco antipasto** che comprende, tra l'altro, la parmigiana di melanzane e il rotolo di zucchine. Eccellenti i dolci.

I PIATTI Mezzanelli selvatici, Gnocchi di melanzane, Coniglio di fossa

BELLONA (CE)

'A LUNA ROSSA

Via Vinciguerra, 106
Tel. 0823 966858-333 2561702
→ 6,5 km dall'uscita A1 Capua
Chiuso il lunedì Orario sera, domenica anche pranzo Ferie 10 giorni a luglio
Prezzi: 32-35 euro vini esclusi
Carte di credito: AE, BM, CS, MC, Visa

IN BREVE *In un ambiente familiare e caloroso la famiglia Pascarella propone la più classica cucina napoletana a base di verdure, carne e, ovviamente, pasta.*

L'OSTERIA In pieno centro a Bellona questo locale ha un **ambiente familiare, rustico, caldo e accogliente**. Qui si può gustare **la più classica cucina napoletana**. Lorenzo Pascarella, patron e sommelier, si dedica con passione e naturale empatia ai suoi ospiti. Da qualche anno ha anche ristrutturato una vicina masseria, Villa Cuccola, bella location soprattutto per eventi.

LA CUCINA Il cibo è sinonimo di freschezza. Prodotti tipici locali, e non solo, vengono esaltati dalle mani esperte e creative di Assunta Miele, moglie di Lorenzo, coadiuvata occasionalmente da Paolo di Martino, che si occupa stabilmente dell'altra struttura. Ai clienti il piacevole compito di assaggiare tutte le specialità: pizza, formaggi, piatti tipici della tradizione campana, dolci fatti in casa, birre artigianali e un'ampia selezione di vini.

I PIATTI Pancotto con broccoli e velo di provolone del monaco su passata di fagioli pezzella, Baccalà cotto a vapore in crosta di olive caiazzane, Mafaldelle con ragù di coniglio al vino bianco

NUNZIA

Via Annunziata, 152 - Tel. 0824 29431
🕐 Chiuso la domenica *Orario* mezzogiorno
e sera **Ferie** agosto
Prezzi: 30-35 euro vini esclusi
Carte di credito: AE, BM, CS, MC, Visa

IN BREVE *Pochi tavoli dove fare l'esperienza di una delle cucine più identitarie e autentiche della Campania. La cucina abbonda di piatti considerati poveri, che sono, invece, un tesoro di sapori.*

L'OSTERIA Annunziata Nazzaro, per tutti Nunzia, è la nonna del Sannio. Basta entrare una volta in questo piccolo locale, a pochi passi dalla casa comunale del capoluogo beneventano, per entrare subito a far parte della sua grande famiglia. Pochi tavoli, quasi sempre tutti occupati a pranzo e a cena, grazie non solo alla **qualità indiscussa dei piatti**, ma anche e soprattutto per la **straordinaria accoglienza riservata**.

LA CUCINA Sebbene sia Antonio Calleo, il figlio di Nunzia, ad accogliere gli ospiti e a consigliare i vini, è la grande madre che ancora oggi entra in sala, si accomoda al tavolo con gli avventori e decide con loro che cosa preparare in cucina. Le ricette hanno tutte il sapore della tradizione, ma vince il **cardone**, una zuppa con erbe del Sannio, disponibile su prenotazione e assolutamente da provare.

I PIATTI Cardone, Pasta e fagioli, Scamorza e salsiccia rossa di Castelpoto

BISACCIA (AV)

GRILLO D'ORO

Via Orto del Convento
Tel. 0827 89278-328 0256606
🕐 Chiuso la domenica e lunedì sera
Orario mezzogiorno e sera
Ferie una settimana in luglio
Prezzi: 30-35 euro vini esclusi
Carte di credito: BM, CS, DC, MC, Visa

IN BREVE *La cucina del Grillo d'Oro è quella che negli anni è stata tramandata con passione, per conservare il segno della tradizione locale. Primi di fattura domestica, buone braciole di carne o di cotiche.*

L'OSTERIA In quella parte di Campania che confina con Puglia e Basilicata, la famiglia Arminio gestisce questa vecchia osteria da **cinque generazioni**. Franco sta passando il testimone ai figli Luigi e Giovanni, e la tradizione gastronomica continua a essere tramandata in famiglia. Qui accoglienza e cordialità sono elargite a piene mani.

LA CUCINA Tutto quello che è servito in tavola viene dai contadini e dal territorio con prodotti strettamente locali. La pasta è fatta in casa, il macellaio e l'ortolano sono quelli di fiducia. La carne è padrona del menù e **l'agnello è il fiore all'occhiello**, cucinato in vari modi, a cominciare dalle interiora in umido presenti nell'antipasto. Telefonando, si può prenotare il **piccione** che Franco cerca coraggiosamente di riproporre e far riscoprire come piatto tipico. Da abbinare alle portate un buon vino sfuso prodotto per l'osteria da aziende locali, ma sono presenti in carta anche ottime etichette di vini irpini. Crostate concludono dolcemente il pasto.

I PIATTI Antipasto misto, Marcannali al sugo, Agnellino alla brace

BRACIGLIANO (SA)

LA PIGNATA

Via D'Amato, 58 - Tel. 081 969580
→ 8,9 km dall'uscita A30 Mercato San Severino
🕐 Chiuso il mercoledì Orario sera, festivi anche a pranzo Ferie seconda metà di luglio
Prezzi: 23-28 euro vini esclusi
Carte di credito: BM, CS, Visa

IN BREVE *Gerardo Figliolia e sua moglie Mafalda gestiscono da oltre quindici anni questo locale. Il piatto principe dell'osteria è il ragù della casa con cavatielli.*

L'OSTERIA Sul frontespizio del menù si legge: «Custodire le tradizioni di un luogo non vuol dire conservarne le ceneri ma alimentarne la fiamma». Lo spirito di questa osteria è tutto qua: **accoglienza semplice, cucina genuina, valorizzazione delle tipicità**. Con alcuni piatti che sono diventati veri evergreen.

LA CUCINA Il rapporto di fiducia con i fornitori dell'Agro nocerino-sarnese ha reso la cucina della Pignata un valido termometro per misurare l'attenzione costante del territorio verso l'agricoltura e la sostenibilità. **Luogo di confine tra le province di Napoli e Salerno**, l'osteria mescola al meglio le tradizioni dei due territori, come ben si evince nell'antipasto misto: un'accurata selezione di salumi e formaggi con qualche frittella di accompagnamento. Un must l'uovo al pomodoro (sciusciello).

I PIATTI Zuppa di fagioli, Cortecce con zucca, rucola e salsiccia, Maialata sfritta, Tracchie alla brace con patate e papaccelle

CAIANELLO (CE)

IL CONTADINO

Via Starze - Tel. 0823 922043-339 5928649
→ 2,2 km dall'uscita A1 Caianello
🕐 Chiuso domenica sera, mai d'estate
Orario mezzogiorno e sera Ferie non ne fa
Prezzi: 28-32 euro vini esclusi
Carte di credito: BM, CS, DC, MC, Visa

IN BREVE *Il Contadino è un agriturismo vero, con un'ampia area esterna e due sale interne dalle pareti in mattoni a vista. Imperdibili la caponata in estate, le minestre in inverno.*

L'OSTERIA A poche centinaia di metri dall'uscita autostradale di Caianello, Berardino Lombardo e la sua brigata ci accolgono in questo **tratto di terra tra Campania e Molise**. L'agriturismo è ubicato in una casa di campagna costruita in legno e mattoni. Un ampio patio esterno consente di godere appieno del luogo anche nelle torride estati.

LA CUCINA La cucina è fatta di ricette tradizionali, carni alla brace e una grande ricerca di **salumi, formaggi e verdure eccellenti**. Celebre la **stringata**, un salume fatto con lardo, lonza e pancetta di maiale nero allevato allo stato semibrado, disponibile solo qui. D'inverno l'uovo a susciello, tipico piatto della tavola contadina; d'estate i peperoni imbottiti. D'inverno il pane cotto con i broccoli, d'estate la zuppa di zucchine. Come si può facilmente comprendere, c'è sempre un motivo valido per una sosta dal Contadino.

I PIATTI Pasta all'ortolana, Carne alla brace, Sbriciolata di nocciole locali guarnita con crema pasticciera e amarene

CAIAZZO (CE)

IL GENERALE

Largo Plebiscito Veneto, 2
Tel. 0823 862606-335 6854394
→ 700 m dalla stazione di Caiazzo
Chiuso domenica-martedì
Orario sera, su prenotazione anche pranzo
Ferie 2 settimane fra luglio e agosto
Prezzi: 25-30 euro vini esclusi
Carte di credito: AE, BM, CS, DC, MC, Visa

IN BREVE *Accoglienza sorridente in questo locale dove potrete assaggiare una buonissima insalata di baccalà, paccheri con ragù di salsiccia di maiale nero casertano e coniglio alla cacciatora.*

L'OSTERIA Poco a nord di Caserta, in uno dei tanti palazzi storici del paese, chiamato La Fattoria, di proprietà della famiglia De Angelis, è allocato questo ristorante. Due piccole sale sono state ricavate **ristrutturando la vecchia cisterna in tufo giallo con le arcate a volta**. In un piccolo soppalco ci sono la dispensa e la cantinetta con una buona selezione di vini campani. Caratteristica anche la buca del vecchio pozzo.

LA CUCINA Stefano De Matteo, cuoco e sommelier, vi accoglierà con professionalità e simpatia, e vi guiderà nella scelta delle pietanze. Le proposte sono essenzialmente del territorio, **gran parte delle verdure e degli ortaggi proviene dall'attività agricola della famiglia** di Stefano. Il menù cambia seguendo le stagioni con piatti tradizionali ma anche innovativi.

I PIATTI Antipasto caldo, Genovese, Ravioli ripieni di patate con funghi porcini

CAMEROTA (SA) - Marina di Camerota

PROFUMI E SAPORI

Via Comite - Tel. 339 7710459
Non ha giorno di chiusura
Orario solo la sera Ferie febbraio
Prezzi: 30-35 euro vini esclusi
Carte di credito: AE, BM, CS, DC, MC, Visa

IN BREVE *La cucina si basa sulla scelta attentissima alle materie prime cilentane, manipolate con tecnica sicura. Oltre al menù fisso, in genere disponibili alcune scelte alla carta.*

L'OSTERIA Nel centro balneare di Marina di Camerota, Giuseppe e Maria Pia vi accoglieranno nella loro villa, sede di un'osteria di chiara impronta marinaresca. In **dodici anni di ricerca e studio sui prodotti tipici locali**, la coppia ha costruito la propria esperienza per poter servire i clienti con grande professionalità. I pochi posti a sedere, sia all'interno sia nel giardino esterno, **tra orto e piante di agrumi**, necessitano di prenotazione. Il menù è fisso ma vi è la possibilità di alcune scelte alla carta.

LA CUCINA Definita dai proprietari «**casalinga e di stagione**», la cucina propone quello che i pescatori e i contadini del luogo hanno raccolto. Le materie prime sono sapientemente cucinate: qui si troveranno specialità come la maracucciata (polenta di maracuoccio, legume locale, Presidio Slow Food), la mozzarella nella mortella e l'alalunga lavorata nei laboratori della villa. Crostate di frutta per dolce e vino sfuso, o alcune etichette del territorio, completano il servizio.

I PIATTI Paccheri con pancetta di spada, Spaghetti con polpettine di alici, Verdure imbottite

CASAGIOVE (CE)

LE QUATTRO FONTANE

IN BREVE *La sensazione è quella di entrare in casa della famiglia Russo, accolti da un delizioso banco con salumi e formaggi. Tra i piatti, da non perdere le pettole con i fagioli.*

Via Michele Fiano (ex via Quartiere Vecchio), 28 - Tel. 0823 468970
→ 500 m dall'uscita A1 Caserta Nord
🕐 Chiuso domenica sera e il lunedì
Orario mezzogiorno e sera Ferie variabili
Prezzi: 28-32 euro vini esclusi
Carte di credito: BM, CS, DC, MC, Visa

L'OSTERIA L'osteria, ubicata in un palazzo d'epoca, ha aperto i battenti negli anni Ottanta ma era soprattutto un locale per la mescita di vini. Facilmente raggiungibile, grazie alla vicinanza all'uscita autostradale di Caserta Nord, essa ricade nel comune di Casagiove, una cittadina che ospita il monumentale Quartiere Militare Borbonico. Il patron Michele Russo sta lasciando le redini del locale al figlio Michele, valente seppur giovane cuoco. Entrambi condividono con i commensali la **passione per la gastronomia tradizionale senza fronzoli o artifizi.**

LA CUCINA Nessun segreto in cucina: prodotti freschi e di qualità, materie prime a chilometro zero e passione per **un cibo che ricorda i pranzi familiari della domenica.** Queste la carte vincenti dell'osteria. Ottime le pettole (pasta fatta in casa) con i fagioli cerati di Alife.

I PIATTI Minestra di scarole e fagioli, Mezzi paccheri con genovese di baccalà, Coroniello di stoccafisso

CASAL VELINO (SA)

I MORESANI

IN BREVE *L'azienda agricola oggi produce ortaggi, olio, vino, alleva capre, bovini, suini, ha un laboratorio per conserve e confetture. Da provare il misto di carne alla brace.*

Località Moresani
Tel. 0974 902086-347 3605586
🕐 Non ha giorno di chiusura
Orario mezzogiorno e sera
Ferie novembre, gennaio-febbraio
Prezzi: 25-30 euro vini esclusi
Carte di credito: AE, BM, CS, DC, MC, Visa

L'OSTERIA Nel cuore del Parco del Cilento, a pochi passi dal mare incantato di Casal Velino, l'azienda agricola I Moresani è un luogo magico. Qui è possibile assistere dal vivo alla produzione di due Presìdi Slow Food: il cacioricotta di capra e l'**oliva salella ammaccata.** La struttura offre inoltre la possibilità di fare passeggiate a cavallo e seguire corsi di cucina.

LA CUCINA I piatti proposti dall'agriturismo sono chiaramente realizzati con i più tipici prodotti della dieta mediterranea: farine di grani locali, legumi, formaggi, carni di animali allevati con grande attenzione per il loro benessere e, ovviamente, **verdure, tante verdure.** Come si conviene a strutture di questo tipo, il menù cambia settimanalmente, secondo le disponibilità dell'orto e le volontà della cucina. Non mancano mai i **fusilli cilentani, fatti ancora come una volta con il ferretto.** In una parola: lasciatevi deliziare!

I PIATTI Fusilli con ragù di capra, Misto di carne alla brace, Torta cilentana con doppia farcitura

CASAL VELINO (SA)

TRE SORELLE

IN BREVE *In un ambiente di elegante sobrietà si possono gustare i sapori del mare che si ammira dalla terrazza del locale. Il freschissimo pescato e le verdure sono la base per gustosi piatti di tradizione e di fantasia.*

Via Roma, 48
Tel. 0974 902024-366 4802452
🕐 Aperto da venerdì a domenica, sempre d'estate Orario sera, festivi e prefestivi anche pranzo Ferie novembre-marzo
€ Prezzi: 38-43 euro vini esclusi
Carte di credito: AE, BM, CS, DC, MC, Visa

L'OSTERIA Franca Feola è una vera ambasciatrice del gusto. Qui, a Casal Velino, sulla collina dove spesso in estate si cerca ristoro dopo una calda giornata al mare, la locanda delle Tre Sorelle **accoglie i propri ospiti in un giardino di rara bellezza** che affaccia sul Parco del Cilento: un motivo in più per lasciarsi sedurre. Gustare qui il dessert più gettonato, ossia il cannolo cilentano, è un'esperienza indimenticabile.

LA CUCINA Bandiera del locale è la **cucina preparata con il pescato del giorno**. Per questo motivo, bisogna lasciarsi consigliare dalla chef sul percorso degustativo da compiere. Le ricette, tutte ispirate alla tradizione marinara (come le alici marinate e l'acquasale), sono **rielaborate con grande sapienza tecnica** e proposte con straordinaria cura dei dettagli. Nel corso del tempo, la bravura di Franca è, infatti, andata ben oltre il concetto di osteria, pur restando con le radici ben salde nella terra cilentana.

I PIATTI Polpette di alici alla cilentana, Risotto alle puntarelle con cozze e bottarga, Genovese di alalunga

CASELLE IN PITTARI (SA)

ZI' FILOMENA

IN BREVE *Un locale che offre una ristorazione qualitativa e territoriale. Protagonista nel menù il territorio; la pasta è fatta in casa così come i dolci.*

Viale Roma, 11
Tel. 0974 988024-393 8448370
🕐 Chiuso le sere di lun, mer e dom Orario mezzogiorno e sera Ferie variabili in inverno
Prezzi: 30-35 euro vini esclusi
Carte di credito: BM, CS, MC, Visa

L'OSTERIA A Caselle in Pittari, lungo il corso pedonale, questa osteria ristora i viaggiatori che si addentrano in un **Cilento fatto non solo di mare, anche di meravigliosi parchi**, grotte, cascate e riserve naturali. Qui si svolge annualmente il celebre Palio del Grano. Mario Pellegrino cucina e manda avanti con onore questa attività di famiglia arrivata ormai alla terza generazione e fondata da Filomena nel 1932. Qualità e accuratezza nella scelta dei fornitori locali caratterizzano l'osteria.

LA CUCINA Prodotti della terra e carni sono le basi della cucina che conserva ancora oggi **lente cotture al camino**. In tavola le stagioni si susseguono con ortaggi, verdure, fagioli di Controne, ceci di Cicerale conditi con i migliori oli del Cilento. La pasta è fatta in casa così come i dolci, che comprendono zeppoline e una **ricottina con cuore di fichi** chiamata Cilento. La scelta dei vini ricade tra buone etichette del territorio o sullo sfuso della casa che ben si abbina alle portate.

I PIATTI Antipasto cilentano di salumi e verdure, Fusillo al ragù di carne, Stracotto di manzo

DON LISANDRO

IN BREVE *Osteria moderna dove, in un ambiente minimale che mantiene traccia del proprio passato, gustare piatti che esaltano le materie prime, di mare e di terra, reperite da fornitori del territorio.*

Via Verdi, 86 - Tel. 0823 441473
→ 3 km dall'uscita A1 Caserta Nord
→ 350 m dalla stazione di Caserta
Ⓞ Chiuso il martedì Orario pranzo e sera, domenica solo pranzo Ferie non ne fa
Prezzi: 30-35 euro vini esclusi
Carte di credito: BM, CS, Visa

L'OSTERIA Osteria di recente fondazione, ispirata a un'antica taverna condotta da un antenato dei proprietari alle pendici di Caserta vecchia. La nuova gestione ha ristrutturato il locale in chiave moderna mantenendo qualche elemento del passato. L'ambiente, minimale e ben curato, lascia intravedere una **caratteristica cantina scavata nella pietra**, dove sono presenti varie etichette tra le quali quelle dell'azienda vinicola di proprietà. Interessante l'ampia proposta di vini del territorio.

LA CUCINA Si possono gustare piatti sapientemente elaborati che mostrano anche qualche elemento, equilibrato, di innovazione. I **prodotti utilizzati in cucina provengono perlopiù dal territorio** e sono **selezionati direttamente dal titolare** con particolare attenzione alla filiera sia di terra che di mare.

I PIATTI Crudité di gamberi su stracciata di bufala campana e maionese allo zafferano, Cappellacci farciti di bufalo con cremolata di vitello e salsa alla mozzarella di bufala, Trancio di ricciola su scarola croccante, olive nere di Caiazzo e salsa al pomodorino del piennolo

CASERTA - Casertavecchia

GLI SCACCHI

IN BREVE *Una moderna osteria che, in un ambiente piacevole e caloroso, propone i migliori prodotti di queste terre in piatti che, pur richiamandosi alla tradizione, la reinventano con freschezza e cura.*

Via Vitagliano Rossetti-Largo San Rocco, 3
Tel. 0823 371086-347 8260155
Ⓞ Chiuso lunedì e martedì
Orario mezzogiorno e sera Ferie in estate
Prezzi: 32-35 euro vini esclusi
Carte di credito: BM, CS, MC, Visa

L'OSTERIA Ai piedi del borgo medievale di Casertavecchia e a pochi passi dalla secentesca chiesetta di San Rocco, questa osteria moderna rappresenta un **punto fermo della ristorazione in Terra di Lavoro**. In un ambiente rustico, con un gradevole camino e le scansie che mettono in mostra le bottiglie del vino presenti in una bella carta, troverete ad accogliervi Gino Della Valle e la figlia Valentina. All'esterno un curato giardino e un ampio dehors per le cene a lume di candela.

LA CUCINA La passione di Marilena Giuliano si estrinseca in una serie di piatti frutto della territorialità e dell'estro di questa **cuoca, che coniuga la tradizione all'inventiva**. Una cucina attenta ed equilibrata che associa il buono, pulito e giusto ai prodotti del territorio. Particolare cura anche nell'assortimento di formaggi locali e campani.

I PIATTI Crostatina di frolla salata con borragine su crema di zucca, Raviolo di farina di castagne ripieno di salsiccia di maiale nero casertano su crema di patate, Tortino con ricotta di bufala e frutti di bosco

MORSI E RIMORSI

IN BREVE *Il servizio ai tavoli è accurato, con personale professionale. In tavola arrivano le eccellenze delle materie prime locali, ben combinate in preparazioni interessanti di terra e di mare.*

Via Giuseppe Maria Bosco, 132
Tel. 0823 320118
→ 4,3 km dall'uscita A1 Caserta Nord
⏱ Chiuso il lun Orario sera, sab e dom
anche pranzo Ferie 15 giorni in agosto
€ Prezzi: 45-55 euro vini esclusi
Carte di credito: BM, CS, MC, Visa

L'OSTERIA Moderna osteria realizzata con passione dai fratelli Capece, ormai **un punto di riferimento nella gastronomia della città della Reggia**. In questo **confortevole locale, curato nei minimi dettagli**, vi accoglierà l'accattivante sorriso di Alessia Molinari che si avvale di collaboratori assolutamente professionali. Bella la cantinetta che ospita l'eccellente assortimento dei vini seguito personalmente da Peppe Capece e saggiamente gestito dal sommelier e maître Antonio Galileo.

LA CUCINA Il giovane ma esperto cuoco Andrea Molinari si destreggia nella **cucina completamente a vista** con presentazioni di terra e di mare. La carta è varia e segue la stagionalità dei prodotti, tutti attentamente ricercati sul territorio e tra le eccellenze dei Presìdi Slow Food. Grande attenzione anche alla ricerca dei formaggi (Antonello Egizio) e all'assortimento degli oli.

I PIATTI Tortelli ripieni di genovese con tartare di manzo, spuma di parmigiano e gel di basilico, Linguine con fiori di zucca, piselli e tartare di gambero rosso, Scampo ripieno al pane profumato in guazzetto

CASTEL DI SASSO (CE) - Buonomini

LE CAMPESTRE

IN BREVE *L'agriturismo offre pietanze realizzate con i propri prodotti fra cui il conciato romano, formaggio di millenaria tradizione. In un ambiente rustico viene servito un menù fisso.*

Via Strangolagalli, 2
Tel. 0823 878277-347 0580014
⏱ Chiuso domenica sera e lunedì
Orario mezzogiorno e sera su prenotazione
Ferie 24, 25 e 31 dicembre
Prezzi: 35 euro menù fisso
Carte di credito: BM, CS, MC, Visa

L'OSTERIA In questo angolo della provincia di Caserta, alle falde dei Monti Trebulani, diversi anni or sono la famiglia Lombardi ha ridato vita a un antico formaggio locale, dimenticato e abbandonato: il conciato romano. In questo agriturismo la passione è di casa e, **oltre al formaggio si producono un ottimo olio e un vino**: il Casavecchia. L'anima dell'agriturismo è Liliana che, insieme al marito Franco e al figlio Manuel, gestisce la caratteristica sala con camino centrale e la splendida **terrazza che affaccia sulla vallata** con una vista mozzafiato.

LA CUCINA Ai fornelli Eulalia Parillo, agrichef della scuola Slow Food e moglie di Manuel, si destreggia con una **ricerca viscerale della cucina contadina**, autentica, stagionale, frutto dei prodotti della terra e delle carni provenienti da virtuosi allevamenti locali. La sua passione traspare nelle pietanze di un menù (fisso a 35 euro) che lascia il cliente sazio e soddisfatto: difficile non ritornarci.

I PIATTI Scialatielli fatti a mano con vellutata di zucchine e scaglie di conciato, Agnello profumato al mirto, Crostata con crema di limone, prugne gialle e ciliegie

CAVA DE' TIRRENI (SA)

NONNA NANNINA

Via Pietro Formosa, 14 - Tel. 089 341190
→ 2,3 km dall'uscita A3 Cava de' Tirreni
→ 900 m dalla stazione di Cava de' Tirreni
⏱ Chiuso il lunedì Orario mezzogiorno
e sera Ferie non ne fa
Prezzi: 25-28 euro vini esclusi
Carte di credito: BM, CS, DC, MC, Visa

IN BREVE *In questa trattoria-pizzeria, si cucinano pochi e semplici piatti che esaltano le materie prime del territorio senza disdegnare qualche omaggio alle aree limitrofe.*

L'OSTERIA Nausica Ronca e Pasquale Bisogno, coniugi nella vita e soci nel lavoro, sono i padroni di casa di questa osteria. Il nome è una dedica alla nonna di Pasquale, Nannina al secolo Anna Milillo. È lei, **grande interprete della civiltà contadina**, che ancora oggi custodisce ricette e tecniche di produzione agricola che trasmette ai suoi nipoti garantendo il successo di questo locale.

LA CUCINA La cucina di Nausica è fatta di **pochi piatti fortemente ancorati alla tradizione**, ma ancor più alla volontà di valorizzare i territori della Campania, specie di quel lembo di terra tra Napoli e Salerno in cui sorge l'osteria. Le verdure trovano spazio in tutti i piatti ma è nei contorni che il loro sapore si sublima, come nel caso dei broccoli *scupptiati* (saltati in padella). Da provare la quotidiana proposta di dolci. Inutile sottolineare la necessità di assaggiare almeno la **straordinaria pizza di Pasquale**.

I PIATTI Verza con patate, Pasta e fagioli, Polpette della nonna

CEPPALONI (BN) - San Giovanni

BUCA DEI LADRONI

Via Oliveira, 15 - Tel. 0824 46699
⏱ Chiuso domenica sera, lunedì e martedì
Orario sera, domenica a mezzogiorno
Ferie 10 gg nella seconda metà di luglio
Prezzi: 25-28 euro vini esclusi
Carte di credito: BM

IN BREVE *L'osteria, da poco trasferita in questa nuova sede, propone un ricco e abbondante antipasto di prodotti locali, ziti alla genovese, agnello al forno e carni miste alla griglia.*

L'OSTERIA Ceppaloni è un ridente borgo del Sannio a ridosso della provincia di Avellino. In una **villa del secolo scorso**, nella frazione di San Giovanni, Giuseppe Pugliesi porta avanti da circa vent'anni questa osteria. L'accoglienza è schietta, familiare, come il locale in stile classico-liberty, in inverno riscaldato dal confortevole camino. D'estate invece si mangia all'aperto con una bella **vista sulle montagne del Laceno**.

LA CUCINA Pino, ricercatore di prodotti del territorio, è sempre attento nel guidare gli ospiti nella scelta delle pietanze. Ai fornelli la figlia Maria Chiara, giovane ma esperta cuoca, trasforma con cura e passione i tanti prodotti di eccellenza e le materie prime di prossimità. Grande attenzione alla cottura delle carni con **tagli veramente eccellenti**. In cantina una buona scelta di vini campani, oltre a uno sfuso in caraffa di Castelvenere.

I PIATTI Rigatoni con pesto di rucola selvatica, pomodoro ciliegino, mozzarella di bufala e mandorle, Candele spezzate con la genovese, Pollo al Barbera

OSTERIA DEL NOTARO

IN BREVE *La tradizione cilentana di mare e di terra è il fulcro della proposta gastronomica di questa osteria, che comprende anche una buona pizza.*

Via Isca, 17 - Tel. 360 755755-0974 61294
🕐 Chiuso il martedì, mai d'estate
Orario mezzogiorno e sera **Ferie** novembre
Prezzi: 22-28 euro vini esclusi
Carte di credito: BM, CS, Visa

L'OSTERIA A dare il nome al paese sono gli alberi di ciliegie di alto fusto, certamente abbondanti al tempo della sua fondazione e ricercati dai primi coloni greci che da Velia risalivano dalla costa verso i monti. È in questo luogo che insiste quest'osteria dalle ampie sale interne e dal gradevole, fresco giardino esterno. Augusto Notarbartolo e i suoi familiari Francesca, Giuliana e Stefano accolgono gli avventori con cortese sollecitudine, introducendoli a una **ricca esperienza gastronomica sui sapori di territorio**, che si completa con la giusta attenzione enologica manifestata nell'adeguata carta dei vini.

LA CUCINA Il Cilento, nella sua misconosciuta identità montana e in quella, più nota, costiera, è presente in tutti i piatti proposti con le sue eccellenti materie prime. Le **elaborazioni sono semplici, tradizionali, casalinghe**.

I PIATTI Mozzarella nella mortella, Spaghetti con alici fresche, Sorbetto al limone

MASELLA

IN BREVE *I piatti proposti sono caratterizzati dai prodotti che provengono dall'orto e dall'allevamento suino di proprietà. Non perdete la selezione di salumi e le paste fresche preparate con farine di grani antichi.*

Contrada Pezzalonga, 41 B
Tel. 0824 861975-328 6630576-328 8726313
🕐 Aperto da venerdì a domenica, gli altri giorni su prenotazione Orario mezzogiorno e sera **Ferie** non ne fa
Prezzi: 23-27 euro vini esclusi
Carte di credito: BM, CS, DC, MC, Visa

L'OSTERIA Appena superato l'abitato di Cerreto Sannita, in un territorio abitato fin dalla preistoria, la famiglia Masella ha realizzato nel corso di tre generazioni un'azienda agricola, che continua a lavorare e a produrre con grande serietà e rispetto per la natura, nonostante le difficoltà cui sono esposte queste piccole realtà. Fiore all'occhiello della masseria è la trattoria, **un ambiente confortevole con un grande camino, dove gustare la cucina del territorio**. A disposizione degli ospiti anche qualche camera per trascorrere il weekend in zona.

LA CUCINA La particolarità di casa Masella è la **produzione in proprio di quasi tutto quello che viene portato in tavola**, dagli ortaggi ai legumi, ai salumi provenienti dal loro allevamento di suini. Il cuoco Dino è affiancato in cucina dal cognato Daniele e in sala dalla sorella Filomena. Il menù è settimanale, in relazione ai prodotti della terra e della dispensa.

I PIATTI Carriati con ragù, pecorino e noci, Zuppa di fagioli cerati e castagne, Pastarella della sposa con crema pasticciera e confettura

AL CONVENTO

IN BREVE *Ampio e accogliente locale a un minuto dalla spiaggia. La cucina è ben sintonizzata su una formula che coniuga tradizione pura e creatività, con protagonista il pesce azzurro.*

Piazza San Francesco, 16 - Tel. 089 261039
→ 6,5 km dall'uscita A3 Vietri sul Mare
⏰ Chiuso il mercoledì, mai d'estate
Orario mezzogiorno e sera **Ferie** in inverno
Prezzi: 35-40 euro vini esclusi
Carte di credito: AE, BM, CS, MC, Visa

L'OSTERIA Lui è l'uomo che sussurra alle alici. Così si presenta Pasquale Torrente in un libro recentemente pubblicato e già divenuto un cult. Pasquale è il patron del Convento di Cetara, **vero punto di attrazione della piccola località marinara** all'inizio della Costiera amalfitana.

LA CUCINA La cucina e l'amore per il territorio qui sono un tutt'uno. E sono i valori che Pasquale ha trasmesso a suo figlio, Gaetano, che oggi lo coadiuva in cucina. Al Convento si trovano **pochi piatti, semplici, nei quali si sente tutto il sapore del mare**, dall'antipasto al dolce, passando per sfizi e burger, nuova frontiera della ristorazione locale. Lo spaghetto alla colatura tradizionale e la genovese di tonno restano ovviamente tra gli evergreen del locale, così come fritto misto e grigliata.

I PIATTI Tris di polpette (baccalà, melanzane, totani e patate), Reale di alici (assaggi di alici cetaresi, calabresi e siciliane), Spaghetto alla colatura di alici, Genovese di tonno

SAN PIETRO

IN BREVE *Affacciato sul sagrato della chiesa di San Francesco, a 50 metri dal mare, il ristorante propone pesce fresco realizzando piatti di ricercata semplicità.*

Piazza San Francesco, 2
Tel. 089 261091-333 8296251
→ 6,5 km dall'uscita A3 Vietri sul Mare
⏰ Chiuso il martedì, mai in luglio e agosto
Orario mezzogiorno e sera **Ferie** non ne fa
Prezzi: 35-38 euro vini esclusi
Carte di credito: BM, CS, DC, MC, Visa

L'OSTERIA Nell'incantato borgo di Cetara, che si caratterizza ancora oggi per una **fervente attività marinara**, in piazza San Francesco, Bruno Milano e Francesco Tammaro sono a capo di questa osteria, che sa ben dosare le ricette tradizionali con tecniche innovative e gusto contemporaneo.

LA CUCINA In un borgo autentico di pescatori, è naturale che la **proposta del menù** sia **pressoché totalmente legata al mare**. Il pescato del giorno viene combinato in ricette intriganti che, come nella migliore tradizione campana, prevedono l'uso di ortaggi e legumi delle vicine campagne. Per questo motivo, il pomodoro di Sorrento con provola e bottarga è un ottimo antipasto ma il risotto alla pescatora che ci aspetta tra i primi è un grande e intramontabile classico. Una piacevole selezione di vini accompagna il pasto.

I PIATTI Spaghetto alla colatura di alici, Totanetti affumicati su vellutata di patate al profumo di limone, Cotoletta di alalunga con alghe e pomodorini

LA TAVERNA
DEGLI ANTICHI SAPORI

Corso Nazionale, 27 - Tel. 0828 772500
🕐 Chiuso il martedì **Orario** mezzogiorno
e sera **Ferie** non ne fa
Prezzi: 20-25 euro vini esclusi
Carte di credito: BM, CS, Visa

IN BREVE *Il fagiolo è il prodotto simbolo di questo piccolo paese che lo esalta praticamente in quasi ogni preparazione, dagli antipasti ai secondi.*

L'OSTERIA Il locale, situato nella piccola Controne, cui si arriva dopo aver percorso una serie di tornanti, è piuttosto raccolto. **Arredato con grande cura, mantiene un'atmosfera calda e familiare**. Il personale di sala, molto attento, competente e appassionato, vi guiderà tra i piatti presenti in carta caratterizzati da un unico grande protagonista locale: il fagiolo.

LA CUCINA La **cucina, semplice, robusta e popolare**, si propone l'obiettivo di far esprimere al meglio il prodotto cult locale: il fagiolo di Controne, Presidio Slow Food e presenza quasi fissa dagli antipasti ai secondi. Gli altri ingredienti, dalla pasta fresca artigianale all'ottimo extravergine cilentano, dai prodotti dell'orto alle carni, si associano secondo **ricette di antica e consolidata tradizione**. Ampia e ragionata la proposta di vini cilentani che completano degnamente la rappresentanza territoriale.

I PIATTI Pappardelle con i fagioli, Scarola con fagioli, Sfrionza (padellata di maiale con peperoni)

VICORUA

Vico I Rua, 14 - Tel. 347 8860916
→ 11,5 km dall'uscita A2 Eboli
🕐 Chiuso il lunedì **Orario** sera, la domenica
solo pranzo **Ferie** non ne fa
Prezzi: 20-25 euro vini esclusi
Carte di credito: nessuna

IN BREVE *Osteria raccolta, intima e accogliente, dove mangiare una cucina semplice preparata con i migliori prodotti ricercati sul territorio. Ottimo il pane.*

L'OSTERIA Carmelo Vignes **incarna l'oste ideale, simpatico, empatico, appassionato del suo lavoro**. Il locale rispecchia in pieno il suo titolare: caldo, intimo, accogliente. Siamo nel centro storico di Eboli: vicoli e giardini d'inverno che raccontano un passato glorioso.

LA CUCINA Carmelo fa una **ricerca attenta dei prodotti del territorio** ma è pronto a uscire dai confini se trova qualcosa che lo appassiona. Da plaudere la sua adesione al progetto sociale Il Forno di Vincenzo, che offre pane eccellente da grani antichi locali. Piatto simbolo il ciauliello, da poco diventato un Pat, preparato con una tradizionale tecnica che prevede di essiccare le verdure (così da averle disponibili tutto l'anno) per poi cucinarle, dopo averle reidratate, con pomodoro e olive. Ottima la pizza con grani antichi. Carta dei vini interessante, seppur non ampia.

I PIATTI Pasta e fagioli col peperone crusco, Trippa con le patate, Cannoli con ricotta di bufala

ERCOLANO (NA)

VIVA LO RE

IN BREVE *Tre salette, piene di bottiglie alle pareti, dove accomodarvi e trovare una lavagna che riporta il menù del giorno: proposte di pesce e di carne accompagnate da verdure stagionali.*

Corso Resina, 261 - Tel. 081 7390207
→ 10 km dall'uscita A3 Napoli Porto
→ 1 km dalla stazione di Ercolano Scavi
🕐 Chiuso dom sera e lun **Orario** mezzogiorno e sera **Ferie** ultime 3 settimane di agosto
€ Prezzi: 38-42 euro vini esclusi
Carte di credito: BM, CS, MC, Visa

L'OSTERIA A poche centinaia di metri dagli scavi archeologici di Ercolano, la resilienza del regno borbonico – ancora fortemente celebrato all'ombra del Vesuvio – è espressa nella cucina di Viva lo Re. **Osteria, b&b ed enoteca** si fondono in un locale che incarna l'anima contemporanea del Sud. Un'esperienza dei sensi da provare assolutamente.

LA CUCINA Il menù è **prevalentemente di pesce** e per questo motivo i prezzi sono leggermente oltre la norma di questa guida. Ciononostante, siamo in presenza di **una cucina da osteria moderna che merita grande attenzione**, soprattutto da parte di chi ama le piacevoli scoperte gastronomiche. La carta varia settimanalmente ma l'antipasto misto Viva Lo Re, tra terra e mare, è sempre presente. Imperdibile come dessert il lingotto di fondente e arancia.

I PIATTI Linguine con cicoria e gamberi, Mezzi paccheri con peperoncini verdi, pomodorini gialli e caciocavallo podolico, Calamaretti fritti su stracotto di cipolle

FELITTO (SA) - Difesa Lombi NOVITÀ

L'OCCHIANO

IN BREVE *Agriturismo sito nel comune famoso per la produzione di fusilli (Presidio Slow Food). La cucina è semplice e basata principalmente sui prodotti coltivati in azienda e trasformati in piatti di sostanza.*

Località Difesa Lombi - Tel. 338 7783092
🕐 Chiuso il martedì **Orario** mezzogiorno e sera **Ferie** variabili
Prezzi: 25-27 euro vini esclusi
Carte di credito: nessuna

L'OSTERIA Giunti a Felitto, paese cilentano famoso per le gole del Calore, su una collinetta immersa nel verde, troverete questo agriturismo nato nel 2009 dalla passione per la cucina di Angela, cuoca autodidatta, e della figlia Beatrice. Doveva essere una sartoria ma, all'ombra del secolare occhiano, acero campestre non più presente, hanno ritenuto più opportuno creare un'azienda agricola. La **sala interna è rustica ed essenziale** mentre in estate, dal portico esterno, potrete godere del meraviglioso paesaggio.

LA CUCINA L'offerta delle pietanze cambia in base alle stagioni ed è composta da ricette della **tradizione cilentana prettamente di verdure**: tra gli antipasti spiccano la parmigiana di borragine e la ciauredda, tra i primi è d'obbligo provare sua maestà il fusillo di Felitto, Presidio Slow Food. Buona la carne locale alla griglia e, per terminare, gli scauratielli e i vari liquori artigianali. La prenotazione è indispensabile.

I PIATTI Parmigiana di borragine, Fusillo al ragù di castrato, Salsiccia di cinghiale alla griglia

BARONE NEGRI

Via Subia, 5 - Tel. 089 958561
🕐 Non ha giorno di chiusura
Orario mezzogiorno e sera su prenotazione
Ferie gennaio-marzo
Prezzi 30 euro menù fisso
Carte di credito: BM, CS, MC, Visa

IN BREVE *Un agriturismo, la cui struttura risale alla fine Settecento, circondato dal silenzio e da alberi di nocciolo. Cucina realizzata con prodotti prevalentemente biologici e locali.*

L'OSTERIA In memoria del padre, il barone Antonio Negri, la figlia Monica ha trasformato la splendida tenuta di famiglia a Gaiano di Fisciano in un'**azienda agrituristica biologica di charme**. Ci troviamo in un paradiso incontaminato, dove è possibile soggiornare passeggiando tra i grandi boschi di nocciole, castagne, noci e la vecchia vigna.

LA CUCINA La **cucina è tradizionale, casalinga, fatta di sapori genuini e autentici**. Qui si esprime tutta la sapienza delle donne di terra che sapevano trasformare in eccellenti ricette i frutti del proprio orto. Secondo la più classica delle proposte agrituristiche, il **menù è a prezzo fisso**, distinto tra adulti e bambini, e cambia settimanalmente. La pasta fresca, condita quasi sempre con un ragù di carne o con verdure di stagione, è una garanzia.

I PIATTI Montanare (pizze fritte condite con sugo di pomodoro e formaggio grattugiato), Pasta fresca con verdure di stagione, Carni alla brace

FRIGENTO (AV)
Fontana Madonna

FONTANA MADONNA

Contrada Fontana Madonna
Tel. 0825 444647-333 7969793
🕐 Chiuso il martedì Orario mezzogiorno
e sera Ferie 1 settimana in luglio, a Natale
Prezzi 30-35 euro vini esclusi
Carte di credito: AE, BM, CS, DC, MC, Visa

IN BREVE *Immerso nel verde delle colline irpine, un agriturismo ben curato che realizza piatti con materie prime di produzione propria. Imperdibile il cosciotto di agnello al Fiano di Avellino.*

L'OSTERIA L'agriturismo si estende su spazi ampi nei dolci, verdi declivi di quest'angolo di Irpinia. Tutto, nei luoghi, predispone all'**abbandono al piacere sensoriale**. Anche all'interno del locale, Antonello, ospite garbato e acuto, ha realizzato un ambiente in cui il massimo comfort, ai vari livelli, è assicurato, con un servizio di pregio. Menzione speciale per l'Aglianico della casa ma nel complesso buona la scelta dei vini irpini in carta.

LA CUCINA Se l'**olio di Ravece** è la star indiscussa, da solo o come elemento base delle pietanze proposte, tutta la produzione dell'azienda è rimarchevole per genuina, affidabile, sicura qualità. Le ricette si elevano **oltre la traccia tradizionale**, verso una meta di sintesi completa e felice tra novità e classicità. Verdure selvatiche, noci, zafferano, mele cotogne, Fiano, alcuni degli ingredienti autoctoni che ritroviamo nei piatti, tutti di pregevole equilibrio.

I PIATTI Fagottino ripieno con manzo brasato, Faraona brasata all'Aglianico, Raviolo verde al tartufo

GESUALDO (AV) - Località Freda

LA PERGOLA

Via Freda - Tel. 0825 401435
🕐 Chiuso il mercoledì **Orario** sera, sabato
e domenica anche pranzo **Ferie** in inverno
Prezzi: 28-33 euro vini esclusi
Carte di credito: AE, BM, CS, DC, MC, Visa

IN BREVE *Elegante residenza di campagna dove antiche ricette irpine sono interpretate attraverso l'utilizzo di materie prime locali di assoluta eccellenza.*

L'OSTERIA Le vicende del principe Carlo Gesualdo da Venosa continuano a risuonare, quanto i suoi famosissimi e innovativi madrigali cinquecenteschi, nel castello e nel territorio di questo comune irpino. Ci piace pensare che l'armonia musicale sapientemente qui composta si sia trasfusa nell'arte culinaria, cui la famiglia Ferrante si dedica con schietta passione nell'ospitale luogo di lavoro, vero **regno e presidio a custodia dei sapori locali**.

LA CUCINA Prodotti di eccellenza di tutto il territorio irpino, compresi vini (in specie le somme espressioni dell'Aglianico dell'areale) e formaggi, rivelati anche nel **recupero di ricette storiche**, sono il leit motiv della linea di cucina scelta dai titolari per un'esperienza gastronomica che è fonte di appagamento sensoriale completo. Sebbene il menù cambi spesso a seconda della stagione, si possono trovare sempre preparazioni di agnello e di verdure coltivate in zona.

I PIATTI Coscotto di agnello al fieno maggengo, Purè di patate, magatello di vitello, stracciata, tartufo nero di Bagnoli Irpino, Maccaronata con pomodorini e cacioricotta

GIUGLIANO IN CAMPANIA (NA)

FENESTA VERDE

Vico Sorbo, 1 - Tel. 081 8941239
🕐 Chiuso domenica sera e il lunedì
Orario pranzo e sera, festivi solo pranzo
Ferie 2 settimane in agosto
Prezzi: 32-35 euro vini esclusi
Carte di credito: AE, BM, CS, MC, Visa

IN BREVE *Tappa imprescindibile per chi voglia scoprire i sapori della tradizione campana, l'osteria della famiglia Iodice propone una solida cucina di terra. Si dice che qui sia nato il fiore di zucca con ricotta pastellato.*

L'OSTERIA Nella piazza principale di Giugliano, terza città della Campania per numero di abitanti, l'osteria della famiglia Iodice è un **tempio del vino e della buona cucina dal 1948**. Oggi Luisa Iodice e Guido Cante sono a capo di questa **piccola trattoria a conduzione familiare** che, in estate, può contare su alcuni tavoli nella terrazza adagiata sul secentesco santuario dell'Annunziata progettato dall'architetto reale Domenico Antonio Vaccaro.

LA CUCINA Cucina di tradizione e imprinting familiare fanno del menù di Fenesta Verde una **tappa imprescindibile per la scoperta del buon cibo campano**. Un'ottima carta dei vini, con moltissimi riferimenti regionali, conferisce al luogo un'aura di eccellente bontà. Leggenda vuole che qui sia nato il fiore di zucca pastellato ripieno di ricotta, assolutamente da provare nel ricco antipasto.

I PIATTI Mezzanello lardiato (ragù arricchito con lardo), Minestra maritata con la 'nnoglia (salsiccia di interiora), Flan al cioccolato

GIUGLIANO IN CAMPANIA (NA)

LA MARCHESELLA

IN BREVE *La tradizione campana è splendidamente proposta, anche con qualche guizzo d'innovazione. Piatti soprattutto di terra – ma non manca qualche preparazione di mare – cucinati con attenzione e passione.*

Via Marchesella, 184 - Tel. 081 8945219
🕐 Chiuso domenica sera e il mercoledì
Orario mezzogiorno e sera Ferie agosto
Prezzi: 32-35 euro vini esclusi
Carte di credito: BM, CS, DC, MC, Visa

L'OSTERIA Appena fuori dal centro storico di Giugliano, a pochi metri dalla strada provinciale che collega l'area a nord di Napoli con il litorale domizio e flegreo, ha sede il tempio gastronomico di Gena Iodice e Tommaso Maglione. **Esponente di una grande tradizione familiare**, Gena accoglie i propri ospiti in sala affidandoli poi alla cura premurosa dei propri collaboratori.

LA CUCINA In cucina, Gena e Tommaso sono coadiuvati dai figli Francesco e Antonio. Con loro, **la tradizione preservata con forza dalla famiglia Iodice** ha aperto uno spiraglio a ricette più innovative ma sempre con i piedi ben piantati nel solco della qualità delle materie prime del territorio campano. Le proposte con il pescato del giorno non sono da sottovalutare. Imperdibile l'offerta di dolci. Grande attenzione alla **selezione di formaggi** e vini. Alcuni tra questi ultimi sono prodotti direttamente con il marchio della famiglia Maglione.

I PIATTI Gattò di patate con salsicce e friarielli, Mezzanello lardiato, Tortino di mele annurche

GROTTAMINARDA (AV)

BARRASSO

IN BREVE *Agriturismo dove gustare i sapori più autentici della cucina irpina, in particolare per quanto riguarda il baccalà, ampiamente rappresentato nel menù in diverse interpretazioni.*

Contrada Tremolizzi, 15 - Tel. 0825 426309
→ 2,3 km dall'uscita A16 Grottaminarda
🕐 Chiuso il lunedì solo d'inverno
Orario mezzogiorno e sera Ferie variabili
Prezzi: 28-30 euro vini esclusi
Carte di credito: BM, CS, MC, Visa

L'OSTERIA Se volete "addentare" un po' di Irpinia, questo è il posto che fa per voi: un'attività a gestione familiare dove si vive tutta la convivialità e la passione che lo chef Aurelio e il suo staff mettono nel proprio lavoro. Il retro della struttura nasconde diverse sorprese: un orto dove vengono coltivati gli ortaggi alternati a qualche filare di aglianico e **un laboratorio per la realizzazione di insaccati**, quali soppressate e capocolli.

LA CUCINA Il richiamo alla tradizione irpina invade il menù: l'uso sapiente delle materie prime e la loro trasformazione regalano una soddisfacente esperienza gastronomica. Da menzionare i **diversi formati di pasta realizzati a mano** come tagliatelle, gnocchi, ravioli e il saporitissimo pane. Peculiare l'utilizzo del **baccalà in diverse preparazioni** tipiche: alla perticaregna (con il peperone crusco) e alla ciambotta (con ortaggi di stagione). Ottima la carta dei vini che riflette la vitalità del territorio.

I PIATTI Ziti al ragù di carne, Baccalà alla perticaregna, Trippa a ciambottella

LE FOSSATE

IN BREVE *Ambiente semplice e familiare per questo agriturismo immerso nel verde. Sapori genuini e produzione propria di carni e formaggi sono il tratto distintivo del locale.*

Contrada Licia - Tel. 0823 949595
Aperto sab, dom e prefestivi, sempre in agosto **Orario** solo a mezzogiorno **Ferie** variabili
Prezzi: 20-25 euro vini esclusi
Carte di credito: AE, BM, CS, DC, MC, Visa

L'OSTERIA Siamo a 1100 metri di altezza, nel cuore del massiccio del Matese e a poca distanza dall'abitato di Letino, uno dei più affascinanti piccoli borghi di Terra di Lavoro, nel bel mezzo del Parco Regionale del Matese. Vanta un'esperienza oramai ventennale questo agriturismo **ricavato da un antico casolare in pietra** su una collina, da cui si gode una bella vista. Caratteristica la sala da pranzo interna con bel camino.

LA CUCINA Si mangia in una gustosa e particolare coreografia **tra i profumi dei prodotti aziendali in esposizione**: salsicce, prosciutti, pancetta e soppressata nei mesi invernali, caciocavalli, scamorze e pecorini in primavera-estate. Alle pareti sono appesi o appoggiati oggetti e attrezzi della civiltà contadina. Non molte le pietanze proposte ma nel complesso il menù è ben assortito e rigorosamente a base di prodotti freschi e genuini. Il **pane viene cotto nel forno a legna** e sfornato a vista.

I PIATTI Pasta fatta a mano e polenta da abbinare al sugo di salsiccia, castrato oppure funghi, Fagioli con cotiche, Agnello, salsiccia, pollo, filetto di maiale e scamorza alla brace

LIONI (AV)

LA PENTOLA D'ORO

IN BREVE *In questa osteria si sa bene come trasformare le ottime materie prime locali, reperite per conoscenza diretta dei produttori, in prelibatezze. Da provare la carne cotta alla brace.*

Via Torino, 17 - Tel. 0827 46102-347 8401675
Chiuso il martedì **Orario** mezzogiorno e sera **Ferie** in luglio e nel periodo natalizio
Prezzi: 28-30 euro vini esclusi
Carte di credito: BM, CS, DC, MC, Visa

L'OSTERIA L'accoglienza di Franco Di Sapio è un punto fermo del locale arredato come una tipica casa del luogo. A pochi passi dall'abbazia del Goleto, La Pentola d'Oro ristora i viandanti con calore e **sapiente uso della tradizione gastronomica.**

LA CUCINA Dalle eccellenti focacce alle minestre di legumi con la pasta fresca, **qui tutto ha il sapore di casa**. La cucina sembra narrare di un tempo che non c'è più che sopravvive grazie ai borghi dell'entroterra d'Italia, dove si ritorna per riscoprire le proprie radici. Per averne una valida testimonianza, basta chiedere l'**antipasto del contadino** e lasciarsi stupire dalla ricca selezione di formaggi, salumi e verdure del territorio, simboli immortali della grande sapienza artigianale del territorio. Il tutto da accompagnare con un ottimo Taurasi.

I PIATTI Tagliolini con lardo e tartufo, Carne di agnello di Carmasciano cotta alla brace, Biscotti di mandorle e nocciole

MASSA LUBRENSE (NA)
Santa Maria Annunziata

LA TORRE

IN BREVE *Sosta obbligata per chi voglia godere della gastronomia tradizionale, di carne e di pesce, in un luogo magico, sul promontorio all'estremità della penisola sorrentina.*

Piazzetta Annunziata, 7
Tel. 081 8089566-333 3966261-338 9438804
⏱ Chiuso il martedì, mai d'estate
Orario mezzogiorno e sera Ferie novembre
Prezzi: 35-38 euro vini esclusi
Carte di credito: AE, BM, CS, DC, MC, Visa

L'OSTERIA Lo spettacolo di Capri e del golfo di Sorrento è abbagliante. A pochi metri dalla villa che ospitò Gioacchino Murat, Maria e Tonino Mazzola, detto *one fire*, insieme alle figlie Amelia e Alessia, vi accolgono con sincera cordialità e con una **schietta cucina di mare e di terra** tipicamente mediterranea. Oltre alla sala interna, il locale offre una **bella terrazza** per godere del fresco venticello che da queste parti è sempre presente.

LA CUCINA Oltre al pescato locale, come i **gamberetti di nassa di Crapolla**, tanti Presìdi Slow Food e prodotti locali delle vicine colline e di questa costiera generosa ma difficile da percorrere. Tra le proposte i tipici ravioli capresi e la famosa parmigiana di melanzane di Maria. Ottimi la cantina come l'assortimento dei formaggi, soprattutto campani.

I PIATTI Spaghetti con alici di Cetara, capperi e pomodori datterini, Insalata di calamari con sedano e noci, Polpette di manzo con antichi pomodori di Napoli

MASSA LUBRENSE (NA)
Sant'Agata sui Due Golfi

LO STUZZICHINO

IN BREVE *La famiglia De Gregorio si è conquistata un posto d'onore in questo territorio. Tutto quello che troverete in carta dipende dalla disponibilità del giorno e da quanto viene raccolto nell'orto.*

Via Deserto, 3 - Tel. 081 5330010-333 3323189
⏱ Chiuso il mer, mai in agosto Orario mezzogiorno e sera Ferie 15 gennaio-15 febbraio
€ Prezzi: 38-40 euro vini esclusi
Carte di credito: AE, BM, CS, DC, MC, Visa

L'OSTERIA La famiglia De Gregorio si è conquistata un posto d'onore in questo territorio. Il motore dello Stuzzichino è Mimmo, che si avvale in sala della consorte Dora. Molti elementi strutturali della sala interna sono di origine strettamente territoriale, come le travi di castagno del soffitto, il legno di olivo dei tavoli, le **maioliche dipinte a mano**, le pietre di tufo, l'acciaio e il ferro naturale. Veramente bella la cantina recentemente realizzata dall'architetto Striano di Sorrento. All'esterno **una bella terrazza per il periodo estivo**.

LA CUCINA La mamma di Mimmo, Filomena, il papà Paolo e il fratello Giuseppe gestiscono la cucina. Tutto quello inserito in carta **dipende dalla disponibilità del giorno e da quanto viene raccolto nell'orto di famiglia**. Di fondamentale importanza il rapporto diretto con i fornitori alla ricerca dei prodotti del territorio, tra cui tanti Presìdi Slow Food, da far conoscere e assaporare agli affezionati avventori.

I PIATTI Gamberetti di Crapolla al salto, Ravioli al profumo di limone massese con vongole veraci, Pizza dolce con crema e amarene dei Colli di San Pietro

MELITO IRPINO (AV)

ANTICA TRATTORIA DI PIETRO

Corso Italia, 8
Tel. 0825 472010-333 7257273
→ 7,1 k dall'uscita A16 Grottaminarda
🕐 Chiuso il mercoledì Orario mezzogiorno
e sera Ferie in settembre
Prezzi: 33-35 euro vini esclusi
Carte di credito: AE, BM, CS, DC, MC, Visa

IN BREVE *Un'osteria vera, autentica, che utilizza nel migliore dei modi possibili la straordinaria biodiversità che l'Irpinia le mette a disposizione. Piatti semplici e memori della società rurale di queste terre.*

L'OSTERIA Una **tappa obbligata se ci si trova nell'alta Irpinia**. La valle dell'U-fita, terra dell'olio Ravece, è ricca di spazi verdi che nascondono una straordinaria biodiversità utilizzata dalla famiglia Di Pietro in cucina. **Preparazioni vere, semplici eppure sorprendenti** grazie all'utilizzo di erbe e verdure selvatiche. L'osteria ha una sala curata che mette in mostra, orgogliosamente, il proprio passato nelle foto alle pareti, così come nel ricettario di famiglia.

LA CUCINA Teresa e Anita trasformano le migliori materie prime irpine in **piatti succulenti e spesso dimenticati**, realizzati soprattutto con pasta fresca, legumi, ortaggi e carni locali. Ogni proposta è un tuffo nel passato, pienamente rispettosa degli ingredienti e di quella tradizione di fare cucina, che è il patrimonio di questa famiglia.

I PIATTI Cicatielli con talli di zucca, Zuppa di fagiolini, zucchine, patate e fiori di zucca, Agnello laticauda agli aromi

MERCOGLIANO (AV) - Capocastello

I SANTI

Via San Francesco, 17 - Tel. 0825 788776
→ 3 km dall'uscita A16 Avellino Ovest
🕐 Chiuso domenica sera e lunedì
Orario mezzogiorno e sera Ferie non ne fa
Prezzi: 28-32 euro vini esclusi
Carte di credito: BM, CS, DC, MC, Visa

IN BREVE *Osteria dall'atmosfera particolare, inserita in due grotte del VI secolo. La cucina propone i piatti tipici dell'Irpinia preparati nel rispetto della tradizione senza rinunciare a qualche innovazione.*

L'OSTERIA Ci si trova nel suggestivo borgo antico di Capocastello, nella parte alta di Mercogliano. Questo locale, **ricavato dall'unione di due grotte del VI secolo** e arredato con opere incise su legno, è divenuto nel tempo meta di pellegrinaggio gastronomico ma anche luogo di ristoro dei numerosi professionisti della zona nella pausa pranzo.

LA CUCINA Il cuoco Federico Grieco si contraddistingue per la capacità di affacciarsi al patrimonio tradizionale della cucina irpina con rispetto ma anche con sapiente fantasia. Per questo motivo, il menù offre **nuova forma a ricette consacrate dalla storia locale**. Oltre al ricco antipasto e agli ottimi primi, l'osteria propone, tra i secondi, **carni di maiale, cinghiale e agnello** in varie ricette e tecniche di cottura. Per finire il pasto eccellenti dolci e biscotti secchi.

I PIATTI Involtini di lardo con fagioli, Timballo di melanzane con formaggi e miele, Fusilli con porro e caciocavallo cotti nel Fiano

LA CONCA

Via del Mare, III traversa Alimuri
Tel. 081 5321495-331 7356726
🕐 Non ha giorno di chiusura Orario mezzo-
giorno e sera Ferie 3 settimane in gennaio
Prezzi: 32-35 euro vini esclusi
Carte di credito: AE, BM, CS, DC, MC, Visa

IN BREVE *Taverna di mare molto ca-rina, adagiata praticamente sugli sco-gli. Nella cucina a vista tutto si svolge sotto lo sguardo vigile di Salvatore, che con maestria lavora ottime paste e pesci freschissimi.*

L'OSTERIA Quasi una taverna di mare, questa osteria, annessa allo stabili-mento balneare e ubicata sotto un costone di roccia a Marina di Alimuri. Al timone Antonio Cafiero, figlio di un maestro d'ascia che realizzava i gozzi sor-rentini. L'incantevole scenario fa da cornice alla proposta culinaria che da tem-po si è conquistata il cuore di tanti affezionati clienti. Ai tavoli sarete accolti dalla gentilissima Lorena e dal fratello Mario, figli d'arte di Antonio. Il locale è dotato di un **ampio spazio all'aperto**, praticamente sugli scogli su cui si infrange il mare.

LA CUCINA Il menù è un viaggio nel gusto che spazia tra **proposte di mare, tradizionali e non, e qualche pietanza di terra**. Il tutto è realizzato con prodotti freschi e del territorio. La cucina, a vista, segue la stagionalità delle materie prime, anche perché l'osteria è aperta anche in pieno inverno.

I PIATTI Ravioli capresi con vongole, gamberi e pomodorini, Millefoglie di pesce bandiera, Spaghetti con pesto di agrumi, noci e gamberi

MOLINARA (BN)

AL BORGO

Corso Umberto I, 1 - Tel. 0824 994004
🕐 Chiuso il lunedì
Orario mezzogiorno e sera Ferie variabili
Prezzi: 20-25 euro vini esclusi
Carte di credito: BM, CS, MC, Visa

IN BREVE *Osteria che propone una cucina semplice ed essenziale, in un locale finemente ristrutturato. Degne di nota le paccozzelle con i broccoli e le interiora d'a-gnello cotte alla brace del forno a legna.*

L'OSTERIA Dall'incantevole centro storico di Molinara, borgo arroccato sulle colline del Sannio, si gode di un panorama mozzafiato sulla valle del Fortore. Di fronte ai resti di un antico edificio di culto, una storica pizzeria con ristorante accoglie gli ospiti alla ricerca della **cucina autentica e tradizionale**. Il locale è in zona a traffico limitato ma il parcheggio in piazza, a meno di 200 metri, ne soddisfa ampiamente le esigenze.

LA CUCINA I piatti sono quelli classici della **tradizione di montagna**: dalla polenta alla pasta fresca condita con erbe spontanee, verdure e funghi. L'uso dei legumi per accompagnare la pasta è un valore aggiunto che merita attenzione. Le pietanze di carne, proposte tra i secondi, sono quasi tutte alla brace: si va dal manzo al vitello, fino ovviamente all'**agnello** e al maiale, veri protagonisti della cultura alimentare di questo territorio.

I PIATTI Paccozzelle e broccoli, Quagliatelle e fagioli, Agnello alla brace

LA TANA DELLA SIRENA

Via San Nicola a Mare, 14
Tel. 320 1642666 - 328 3545348
🕐 Chiuso il lun **Orario** pranzo e sera
su prenotazione, luglio-agosto solo sera
Ferie variabili
Prezzi: 30-35 euro vini esclusi
Carte di credito: AE, BM, CS, DC, MC, Visa,
Satispay

IN BREVE *In quella che un tempo era la casa della cuoca oggi c'è un'accogliente osteria di mare, dove gustare il pescato che ogni giorno è acquistato nel vicino mercato. Sapori semplici e mai banali.*

L'OSTERIA Raffaella Gorga ha sempre amato cucinare e, dopo anni in altri locali, ha aperto le porte di quella che era casa sua a quanti vogliano provare una **cucina di mare autentica. In estate si mangia sul balcone che guarda il mare**, in inverno in quello che un tempo era il soggiorno. L'ambiente è caldo e accogliente, proprio come una casa.

LA CUCINA Giuseppe Lembo scende ogni giorno nel vicino porticciolo e compra il pesce, appena arrivano le barche: qui **si serve solo pescato locale** che Raffaella prepara in modo semplice ma mai banale, con un **gran uso di erbe spontanee**. Tra i secondi, il sauro alle more selvatiche e i bocconcini di ricciola all'arancia sono da preferirsi. Il pranzo si chiude sempre con dolcetti di carrube e cioccolato e un goccio di rosolio, entrambi fatti in casa.

I PIATTI Polpettine di totano con cipolla di Vatolla e ceci di Cicerale, Melanzana imbottita di sgombro e olive, Maccheroncelli di grano risciola con cernia e acetosella

PAISÀ

Via Marina Nuova, 82 - Tel. 329 9121204
🕐 Aperto sab e dom o su prenotazione,
sempre maggio-settembre
Ferie 7 gennaio-10 febbraio
Prezzi: 30-35 euro vini esclusi
Carte di credito: AE, BM, CS, DC, MC, Visa

IN BREVE *Da oltre quarant'anni si viene qui per mangiare il buon pescato senza manipolazioni: ottimi i gamberetti saltati con aglio, olio e prezzemolo, e i moscardini con pomodorini, capperi, olive e patate.*

L'OSTERIA Il Paisà di Pasquale Tarallo, oste impegnato anche nella vita politica locale, è il motore della ristorazione slow di Agnone Cilento, frazione marinara di Montecorice. Il locale sa raccontare tutta l'atmosfera di questa perla incastonata in una delle curve della strada che da Castellabate conduce ad Acciaroli.

LA CUCINA La **cucina è esclusivamente di mare**, combinata alla grande ricchezza di biodiversità offerta dal territorio cilentano, un paradiso tra mari e monti. L'antipasto perfetto per entrare subito nel clima del locale è rappresentato dai **gamberetti saltati** in aglio, olio e prezzemolo. Buonissima la **zuppa di pesce**. Il resto del menù è ottenuto sulla base del pescato del giorno ma la costante è rappresentata dalla rilettura piacevole e sempre oculata delle ricette tradizionali. Buona la selezione dei vini.

I PIATTI Spaghetti con alici e limone, Moscardini con capperi, olive, patate e pomodori, Mousse di ricotta

MONTEMARANO (AV) - Ponteromito

TRATTOVIA
IL GASTRONOMO

Via Nazionale, 77 A - Tel. 348 0604179
🕐 Chiuso il mercoledì Orario mezzogiorno
e sera Ferie 10 giorni in luglio
Prezzi: 25-30 euro vini esclusi
Carte di credito: AE, BM, CS, MC, Visa

IN BREVE *Questa osteria ha alle spalle una storia familiare di cuochi che inizia nei primi anni del Novecento. Imperdibili il flan di zucchine su salsa di caciocavallo podolico e i ravioli di ricotta e tartufo nero.*

L'OSTERIA A Montemarano, celebre per la tarantella e il Carnevale, in località Ponteromito c'è la Trattovia. In questo locale la famiglia Pisaniello porta avanti da generazioni la valorizzazione della cucina irpina avendo alle spalle **una lunga storia di cuochi, che ha le sue origini ai primi del Novecento**. Sono i fratelli Francesco, in sala, e Massimo, in cucina, che orgogliosamente continuano a garantire questa bella realtà culinaria.

LA CUCINA Castagne, tartufo nero, caciocavallo podolico, ricotta vaccina di Montella e pecorino bagnolese sono egregiamente esaltati nei piatti che raccontano quanto sia ricco e vario il territorio irpino. Le pietanze offerte **reinterpretano la tradizione con alcune note di sobria creatività**. Ottimo l'Aglianico in purezza della casa, ma la carta dei vini propone una buona selezione di eccellenze locali.

I PIATTI Antipasti stagionali (zuppa di castagne con carpaccio di porcini e tartufo nero o millefoglie di baccalà su letto di ceci e peperone crusco), Ravioli di ricotta vaccina di Montella e tartufo nero bagnolese, Brasato al Taurasi

MONTORO (AV) - Piano

LA CANTINA

Via Parrelle, 64 - Tel. 0825 502066
→ 3,2 km dall'uscita A2 Montoro Sud
🕐 Chiuso lun dom sera
Orario sera, dom a pranzo Ferie non ne fa
Prezzi: 27-30 euro vini esclusi
Carte di credito: AE, BM, CS, DC, MC, Visa

IN BREVE *All'interno di un casolare si trova questa accogliente osteria. Specialità della casa il mallone sciatizzo, piatto della cucina povera, accompagnato da pizza di granone cotta in padella di rame.*

L'OSTERIA Ciro Grimaldi ha recuperato l'antica cantina di famiglia, come da tradizione in pietra viva, e l'ha trasformata in un **luogo dalla vera anima irpina**. È nata così La Cantina di Montoro, in frazione Piano.

LA CUCINA Sono **i nonni che ancora oggi coltivano buona parte delle materie prime** adoperate da Antonella. La cucina, dalla forte impronta irpina, è prevalentemente di terra ma non manca il baccalà, unico pesce disponibile fino al Novecento nelle aree interne. Il *mallone sciatizzo* con pizza di granone, piatto della tradizione contadina, è sicuramente il cavallo di battaglia del menù. Iniziate però con il ricco antipasto da condividere. Regina indiscussa della tavola la cipolla ramata di Montoro, protagonista dell'imperdibile genovese del locale. Buona la carta dei vini.

I PIATTI Mallone sciatizzo con pizza di granone, Genovese con cipolla ramata di Montoro, Tegamino con patate, porcini, salsiccia e provola

MORIGERATI (SA)

OSTERIA DEI COMPARI

Via Granatelli - Tel. 339 7888670
🕐 Chiuso lun-mer, sempre aperto luglio-settembre Orario mezzogiorno e sera
Prezzi: 24-27 euro vini esclusi
Carte di credito: BM, CS, DC, Visa

IN BREVE *In questa piccola osteria sanno come tirare fuori il meglio dalle materie prime che provengono dall'orto di famiglia. Da non perdere il ricco antipasto.*

L'OSTERIA Questa piccola tipica osteria di paese, nata dieci anni fa grazie alla volontà dei gestori di **esaltare la tradizione culinaria di Morigerati**, è situata a poca distanza dalla splendida oasi del Wwf Grotte del Bussento. Pasqualino, insieme alla madre Rachelina – in cucina – e alla moglie Francesca – in sala – vi faranno apprezzare il meglio delle materie prime del territorio. È **gradita la prenotazione per assicurarsi un posto ed evitare sprechi di cibo**.

LA CUCINA Gli antipasti, il pezzo forte del locale, sono composti per la quasi totalità da verdure e ortaggi. Tutto proviene da un piccolo fornitore locale e dall'**orticello di proprietà** dove sono messe a coltivazione erbe e spezie. Cavatelli, fusilli, ravioli ripieni di ricotta e lagane sono rigorosamente fatti a mano e conditi con ragù, ortaggi o legumi. Troverete carne di vitello o di maiale arrosto e vino sfuso di una cantina cilentana. La sera si cucinano anche buone pizze.

I PIATTI Ciauredda (antipasto di melanzane e peperoni fritti, pomodorini appassiti nell'olio e basilico fresco), Lagane e ceci, Crostata di confettura di prugne

MORIGERATI (SA) - Sicilì

USTARIA ROSELLA

Piazza Umberto I - Tel. 333 4935467
🕐 Chiuso lunedì e martedì, mai d'estate
Orario sera, domenica e festivi solo pranzo
Ferie 2 settimane in novembre
Prezzi: 28-30 euro vini esclusi
Carte di credito: AE, BM, CS, DC, MC, Visa

IN BREVE *Il locale si trova in una zona di interesse paesistico e naturalistico lungo la valle del Bussento. La cucina è semplice, come fosse di casa, le paste sono fatte a mano con le farine dei grani recuperati.*

L'OSTERIA Nella piazzetta di Sicilì da qualche anno un gruppo di giovani, impegnati in progetti di agricoltura focalizzati sulla valorizzazione e sul recupero dei prodotti del territorio, si sono associati per dar vita a questa bella realtà. È in questa cucina, un po' laboratorio, che Ciro, Antonella, Antonio, Giuseppe, Maria, Giovanni, Biagio e Antonio mettono **in tavola il meglio di questa terra**.

LA CUCINA Il team dei custodi della tradizione che gestisce l'Ustaria la definisce forgia del gusto. Qui, infatti, i **piatti sono cucinati come un tempo**. Olio extravergine di oliva, verdure di stagione, pasta fatta in casa con farine di grano antico del mulino della cooperativa Terra di Resilienza, salumi del locale Salumificio Cellito sono i prodotti alla base delle preparazioni, appetitose ma sapientemente radicate alla cucina contadina. Buone anche le pizze. Vino sfuso e poche etichette cilentane.

I PIATTI Cavatelli al ragù, Baccalà alla griglia con peperone crusco, Pizza indigena con radicchio stufato in padella, caciocavallo a caglio di capretto, pancetta nostrana e burrata

A' TAVERNA DO' RE'

Via Fondo Supportico di Separazione, 2-3
Tel. 081 5522424
Chiuso domenica sera e il lunedì
Orario mezzogiorno e sera Ferie non ne fa
Prezzi: 33-35 euro vini esclusi
Carte di credito: BM, CS, DC, MC, Visa

IN BREVE *Un clima di gioviale cordialità, che mette a proprio agio, un ambiente rustico dal sapore di taverna e i piatti della tradizione sempre in carta. Imperdibile lo spezzatino alla genovese.*

L'OSTERIA Trattoria in pieno centro, vicinissima a piazza Municipio, attraente per turisti e napoletani. In un'**atmosfera cordiale e piacevole**, garantita anche dalla verve dello chef Francesco Parrella, di sua moglie Annalisa Capasso e dei collaboratori, si potrà godere di una full immersion nella **napoletanità più autentica**: nelle afose giornate estive, ai tavoli esterni, una gradevole brezza marina e il giusto e vario accompagnamento musicale vi predisporranno al pasto nella maniera più efficace.

LA CUCINA Tutta la **tradizione gastronomica napoletana**, sia nella proposta di mare sia in quella di terra, è qui espressa **in un'interpretazione attenta e rigorosa**. Le materie prime sono selezionate personalmente, non di rado con produzioni dedicate, come nel caso della gustosissima passata di pomodori del piennolo del Vesuvio, che esalta i sapori di diverse pietanze.

I PIATTI Polpette al ragù, Candele spezzate alla genovese, Pasta e fagioli con le cozze

CAP'ALICE

Via Giovani Bausan, 28 M/N
Tel. 081 19168992
→ 900 m dalla stazione di Napoli
   Piazza Amedeo
Chiuso sabato a pranzo e la domenica
Orario mezzogiorno e sera
Ferie 2 settimane in agosto
Prezzi: 33-35 euro vini esclusi
Carte di credito: BM, CS, MC, Visa

IN BREVE *Situata in una delle zone più vivaci della movida napoletana, è un'osteria che si è affermata con il tempo. Il pesce fresco prevale nel menù, ma l'offerta spazia anche altrove.*

L'OSTERIA Il quartiere Chiaia continua tuttora a presentarsi come uno dei luoghi di elezione della vita notturna napoletana, sempre frequentato da una gioventù briosa e vivace. Tra i numerosi localini presenti in zona, Cap'Alice si distingue per la **proposta gastronomica che rifugge dalle banalità alla moda** ed è accompagnata da un'**offerta di vini competente e qualificata**.

LA CUCINA La cucina guarda con un occhio preferenziale il mare, prevalentemente il **pescato locale e cosiddetto povero**; non manca, comunque, una buona proposta di terra che si declina nei piatti simbolici tradizionali. Le materie prime sono scelte dal patron Mario Lombardi che mostra passione e abilità.

I PIATTI Il Capafritto: alici panate agli agrumi, baccalà, gamberetti e calamari, Candele spezzate di Gragnano alla genovese con cipolla ramata di Montoro, Mussillo di baccalà su salsa di peperoncino verde del Vesuvio

DA DONATO

IN BREVE *In una zona ricca di diversi ristoranti, questa osteria resta un baluardo della tradizione più autentica. Ragù, genovese, pasta e fagioli, pastiera non mancano mai e sono preparati come in pochi altri indirizzi.*

Via Spaventa, 37-41 - Tel. 081 287828
→ 450 m dalla stazione di Napoli Centrale
🕐 Chiuso il lunedì Orario mezzogiorno e sera Ferie agosto, 25 e 26 dicembre, 1 gennaio
Prezzi: 25-30 euro vini esclusi
Carte di credito: AE, BM, CS, MC, Visa

L'OSTERIA A pochi passi dalla stazione ferroviaria di Napoli Centrale, dal 1956 la trattoria e pizzeria Da Donato è una garanzia di qualità. Un tempo questo luogo era meta di commessi viaggiatori e persone che partivano o arrivavano in città in treno. Oggi, grazie al lavoro svolto senza sosta, **è un porto sicuro** nel mare magnum della ristorazione della zona.

LA CUCINA Marilena Amoroso è la figlia di Donato, primo titolare dell'osteria. La sua **cucina rispecchia appieno stili e ritmi della tradizione**: dal ragù *pappuliato* (cotto a bassa temperatura) per molte ore alla genovese, ogni piatto è un vero assaggio della storica gastronomia partenopea. Chi vuole deliziarsi con il pescato del giorno può farlo scegliendo tra alici fritte, spaghetti ai frutti di mare e molto altro. Eccellenti i piatti con i legumi.

I PIATTI Genovese, Pasta e fagioli, Pastiera

DONNA TERESA

IN BREVE *Questa osteria è un baluardo di ristorazione urbana d'altri tempi: sempre presente qualche frittura, la genovese tra i primi e la minestra maritata nel periodo natalizio.*

Via Kerbaker, 58 - Tel. 081 5567070
🕐 Chiuso la domenica
Orario mezzogiorno e sera Ferie in agosto
Prezzi: 18-22 euro vini esclusi
Carte di credito: nessuna

L'OSTERIA Padre, madre e figlia: questo è il personale di Donna Teresa, l'osteria che **da oltre un secolo è ospitata in un piccolissimo locale del Vomero**, quartiere collinare di Napoli. Sarà per questo o forse per l'arredamento, che si ha subito l'idea di entrare in una vecchia abitazione napoletana, un **basso** dove il tempo sembra essersi fermato.

LA CUCINA La cucina è tradizionale, senza alcuna concessione a tecniche o ricette innovative. Qui tutto è come una volta: i tavoli, le tovaglie, i piatti e ovviamente le **porzioni abbondanti**, come si conviene a una classica osteria partenopea. Gli ziti alla genovese, rigorosamente lisci e cosparsi di tanto formaggio grattugiato, ricordano quelli delle nonne napoletane, al pari delle polpette al sugo o della provola impanata. Per farla breve: da Donna Teresa si ha la garanzia di mangiare sempre come a casa.

I PIATTI Provola impanata, Polpo all'insalata, Pastiera

LA CHITARRA

IN BREVE *Locale rustico, accogliente e familiare, con una proposta gastronomica basata su piatti partenopei: mezzanelli allardiati, polpette alla napoletana e un ottimo baccalà fritto.*

Rampe San Giovanni Maggiore, 1 Bis
Tel. 081 5529103-347 6740073
🕐 Chiuso la domenica Orario solo la sera
Ferie 2 settimane in settembre
Prezzi: 25-30 euro vini esclusi
Carte di credito: AE, BM, CS, DC, MC, Visa

L'OSTERIA A pochi passi dalle storiche università, dalle piazze, dalle chiese e da tutto quello che rende il centro di Napoli un museo a cielo aperto troviamo La Chitarra. Quello di Peppe Maiorano e di sua moglie, Anna Maria, è **un piccolo locale, accogliente e familiare**, dove ci si può fermare per gustare il sapore della tipica cucina partenopea circondati da caldi sorrisi.

LA CUCINA In cucina Peppe dimostra di portare impressa nel Dna la tradizione napoletana. Ad avergliela trasmessa pare sia stato un bisnonno *monsù*, figura quasi mitologica che lavorava presso famiglie aristocratiche e che unì, in un incastro perfetto, la cucina locale classica e le ricette d'Oltralpe. Questo è insomma **il posto giusto per "immergersi" nel ragù**, nella pasta patate e provola, nello scarpariello, nella salsiccia con provola e friarielli, così come in alcuni piatti di mare preparati con il pescato del giorno. **Ai dolci ci pensa Anna Maria**. Buono il vino sfuso della casa.

I PIATTI Mezzanelli allardiati, Genovese, Polpette alla napoletana con pinoli e uvetta

OSTERIA MEDITERRANEA

IN BREVE *Una piccola sala, dall'accoglienza giovanile e fresca, dove mangiare una buona cucina di pesce, che da un lato guarda alla tradizione e dall'altro strizza l'occhio a un'offerta più moderna.*

Via Mergellina, 16 - Tel. 338 5610124
→ 700 m dalla stazione di Napoli Mergellina
🕐 Chiuso il lunedì Orario mezzogiorno e sera Ferie prima settimana di settembre
Prezzi: 30-35 euro vini esclusi
Carte di credito: BM, CS, Visa

L'OSTERIA Una piccola sala, **di fronte al famosissimo lungomare di Mergellina**, con un occhio rivolto alla tradizione e uno alla modernità: i fratelli Tramontano hanno concepito il loro regno come un luogo accogliente, informale e giovanile dove gustare **una cucina di mare semplice ma solida e schietta**. Una lavagnetta all'esterno anticipa con chiarezza all'avventore le proposte del menù, comprese quelle variabili giorno dopo giorno.

LA CUCINA Il **pesce fresco, prevalentemente di prossimità**, non di rado quello impropriamente definito povero, la fa da padrone nei primi e nei secondi, sempre con cotture in grado di esaltarne i sapori. Il giovedì è disponibile una selezione di crudi. Simpatiche le *marenne* (merende) di mare: panini farciti con pesce e verdure. La carta dei vini è marcatamente territoriale.

I PIATTI Gnocchetti ai frutti di mare, Fish and chips, Paranza del giorno

SAN FERDINANDO

Via Nardones, 117-angolo piazza Trento e Trieste - Tel. 081 421964
🕐 Chiuso la domenica Orario pranzo e sera lunedì e sabato solo pranzo
Ferie ultime 3 settimane di agosto
Prezzi: 35-38 euro vini esclusi
Carte di credito: AE, BM, CS, DC, MC, Visa

IN BREVE *La famiglia Bruno da vent'anni accoglie calorosamente i clienti e continua a proporre la cucina partenopea. Oltre ai piatti classici, c'è sempre una proposta basata sul mercato del giorno.*

L'OSTERIA Prende il nome dal centralissimo quartiere in cui si trova: cuore pulsante della città e luogo dalle mille anime che si incontrano poi ai tavoli. La gestione è della famiglia Bruno, con Aldo in cucina, la moglie Lina specializzata nei dolci, i figli Marco e Daniela in sala ad accogliere i clienti con calore, simpatia e professionalità. **L'atmosfera è di un'informalità tutta partenopea**, cordiale e autentica, in grado di predisporre al meglio la clientela di qualsivoglia estrazione.

LA CUCINA **I piatti sono di fiero e vissuto stampo tradizionale**, con un'attenzione alle opportunità fornite dalle disponibilità del mercato. **Il mare e la terra sono entrambi presenti in menù**, trasformati nei relativi piatti di riferimento napoletani. Le cotture sono quelle tramandate da generazioni: semplici e dedite a esaltare i sapori delle materie prime.

I PIATTI Pasta e patate con la provola, Spaghetti alle vongole, Stoccafisso olive e capperi

SPERANZELLA

Via Speranzella, 82
🕐 Chiuso il mercoledì
Orario mezzogiorno e sera Ferie non ne fa
Prezzi: 25-28 euro vini esclusi
Carte di credito: AE, BM, CS, DC, MC, Visa

IN BREVE *Pochi tavoli e una piccola cucina gestita da una famiglia la cui passione per la ristorazione va avanti da tre generazioni. Splendida l'impepata di cozze.*

L'OSTERIA Siamo nei Quartieri Spagnoli, a pochi passi da via Toledo. In queste strade, **miseria e nobiltà camminano a braccetto senza mai fondersi**, fin da quando re Ferdinando di Borbone lasciava il palazzo reale vestito da lazzaro per raggiungere luoghi come questa osteria.

LA CUCINA Pur essendo nata da pochissimi anni, la trattoria porta con sé l'eredità di una storia secolare, quella della cucina dei Quartieri. È questo il motivo per il quale **qui è bandita l'innovazione in cucina**. Si è deciso, infatti, di **recuperare le ricette della domenica partenopea** per far scoprire a tutti, napoletani e turisti, il volto classico della città. Impepata di cozze, polpo alla luciana e parmigiana di melanzane sono gli antipasti più gettonati. Le carni al ragù e la frittura di pesce sono alternative tra le quali è difficile scegliere. E come chiudere il pasto senza avere gustato una fetta di pastiera?

I PIATTI Polpo alla luciana, Fusilli alla *mammà*, Pasta e fagioli alla pescatora

UN'IDENTITÀ IN EVOLUZIONE:
LA PIZZA TRA NAPOLI E LA CAMPANIA

Sarà per la difficile congiuntura economica, per quei corsi e ricorsi storici dall'andamento ciclico difficilmente interpretabile o, anche, per l'indubitabile effetto amplificatore dei social network, fatto sta che mai come in questi ultimi anni la pizza ha goduto di una esposizione informativa e mediatica che, a nostro avviso, rischia di distorcerne le caratteristiche di cibo prettamente popolare ed economicamente sostenibile. Se, infatti, non possiamo non guardare con favore alla ricerca di materie prime sempre più qualificate e garantite, in sintonia con le nostre impostazioni metodologiche e culturali, non possiamo tacere il fatto che esasperazioni e/o integralismi, spesso strumentali, relativi a ingredienti, provenienze, tempi di lavorazione... sembrano più spesso rispondere a logiche di spettacolo e da star system che a una autentica, consapevole ricerca della qualità, della immediata percezione gustativa. Rispetto a tale fenomeno la nostra associazione non può non porsi in maniera critica. Ma se fino al decennio scorso, d'altro canto, era difficile mangiare una pizza con tutte le caratteristiche della tipicità napoletana fuori dalle mura cittadine, negli ultimi anni sono sorti in Campania locali in cui i pizzaioli-titolari, in un processo di scambio ed emulazione virtuosa, replicano i migliori modelli del capoluogo non di rado arricchendoli e impreziosendoli con nuova vitalità. E allora questo inserto si propone a maggior ragione come una mappa orientativa di tutto un territorio che, dopo decenni di oscurità, si sta affermando prepotentemente sulla ribalta nazionale e internazionale con legittime, a nostro avviso, aspirazioni di guida del processo. Ci sembra doveroso, senza la pretesa di essere esaustivi e con le cautele dovute nell'osservazione e registrazione dei fenomeni di crescita, ricordare i principali protagonisti di questo impetuoso movimento.

Pino Mandarano e Vito Trotta

AIROLA (BN)
ANTOVIN

Via Caudisi, 11 - Tel. 0823 713970
Chiuso il martedì - Ferie: in giugno e in luglio
Orario: solo la sera

Bello il richiamo nella denominazione del locale di Alessandro Tirino ai genitori, Antonietta e Vincenzo. Insieme a Domenico Falzarano, Tirino omaggia e continua con rinnovato impegno l'attività di famiglia. Pizze anche con grani tradizionali e ingredienti di prossimità in accoppiamenti non di rado originali ma equilibrati e gustosi. Imperdibile la pizzeppola come dessert. Buoni anche i piatti.

ALVIGNANO (CE)
ELITE ROSSI

Corso Umberto I, 161 - Tel. 0823 869092
Chiuso il martedì - Ferie: variabili
Orario: solo la sera

Pasqualino Rossi, rinomato pizzaiolo, cura l'impasto delle sue pizze miscelando la farina tipo 0 con quella di grano risciola. La lievitazione è operata con lievito madre e, insieme alla maturazione, occupa tra le 18 e 26 ore, tempo che garantisce sapore e digeribilità. I condimenti provengono esclusivamente da produttori locali con l'aggiunta di qualche Presidio Slow Food. Fiore all'occhiello la pizza nel ruoto, poi c'è il calzone Nonna Rosa con scarola riccia e liscia, e la pizza in doppia cottura, leggermente fritta, poi ripassata in forno.

AVELLINO

DANIELE GOURMET

Viale Italia, 233 - Tel. 0825 33451
Non ha giorno di chiusura - Ferie: non ne fa
Orario: mezzogiorno e sera

Ogni anno riserva un successo in più a Giuseppe Maglione, il maestro pizzaiolo che accoglie gli ospiti nel suo locale del capoluogo irpino. In questi mesi il libro *L'estro del gusto*, da lui scritto con Marco Di Giandomenico, ha consentito a tutti di conoscere lo studio che si cela dietro gli impasti e le ricette del locale. Tra le pizze da non perdere la carmasciando con pecorino di Carmasciano e la rivisitazione della classica salsiccia e friarielli.

BAIANO (AV)

LA NAPOLETANA

Via Marconi, 27 - Tel. 0818243430
Chiuso il martedì - Ferie: variabili
Orario: solo la sera

Impasto di tipica scuola napoletana per questo locale dell'Avellinese che propone pizze di ottima fattura spaziando sapientemente, con attenta ricerca, tra gli ingredienti del territorio. Da segnalare, oltre alle classiche marinara e margherita, la montorina con cipolla ramata di Montoro provola di Agerola e ricotta salata all'uscita. In alternativa, optate per il ripieno con ricotta, cozze saltate in padella e provola: per veri intenditori!

BATTIPAGLIA (SA)

3 VOGLIE

Via Serroni, 10-14 - Tel. 0828 370533
Non ha giorno di chiusura
Ferie: Natale, Capodanno, Pasqua, Pasquetta
Orario: solo la sera

Molto più di una pizza. Quella di Valentino Tafuri è una straordinaria passione per le fermentazioni, che accompagna i clienti in un percorso degustativo da non perdere. Lunghe – se non lunghissime – lievitazioni, alleanze con i produttori del territorio cilentano e abbinamenti eccellenti fanno di 3Voglie un locale da visitare regolarmente. Anche per non lasciarsi scappare l'occasione di una piacevole chiacchierata con Valentino.

PIZZAART

Via Rosario, 14 - Tel. 0828 1844993
Chiuso il lunedì - Ferie: variabili
Orario: solo la sera

Vito De Vita ed Helga Liberto sono gli chef dei grani. Particolarmente appassionati di impasti realizzati con farine ottenute da grani tradizionali italiani, hanno in carta nel loro locale quattro diversi impasti, tutti da provare. Ottima in estate la pizza con fiori di zucca, squisita la gauguin con cicoria, fior di latte e patate. Ogni sera Helga sforna ottime ciambelle per chiudere il pasto mentre in inverno è d'obbligo assaggiare il suo panettone.

BENEVENTO

OASI DELL'ANTICA QUERCIA

Contrada Epitaffio, 13 - Tel. 0824 360108
Chiuso il lunedì - Ferie: variabili
Orario: solo la sera

Ernesto Varricchio, che nel corso della sua vita di mestieri ne ha cambiati tanti, ha trovato nel fare la pizza la sua grande passione. Lavora esclusivamente farine ottenute da grani macinati a pietra. I condimenti sono quasi tutti provenienti dal Sannio beneventano. Impossibile rinunciare a quella con porcini e salsiccia ma anche alla bagnoli, con fonduta di caciocavallo, lardo di suino nero casertano e tartufo nero di Bagnoli Irpino.

CAIAZZO (CE)

PEPE IN GRANI

Vicolo San Giovanni Battista, 3 - Tel. 0823 862718
Chiuso il lunedì - Ferie: variabili
Orario: sera, ottobre-maggio dom anche pranzo

Non ha bisogno di presentazioni il cavaliere Franco Pepe. Figlio di panettiere, ha rinnovato la sua Caiazzo grazie alla volontà di investire fortemente tra i vicoli del centro storico. Il merito è del suo impasto leggerissimo, ma anche della sua capacità di sapere celebrare il territorio dell'alto Casertano. Dalla margherita sbagliata alla crisommola, sono tante le sue creazioni che hanno ricevuto premi e apprezzamenti. Per chi voglia vivere un'esperienza unica, Franco ha dato vita anche ad Authentica, una pizzeria nella pizzeria per sole otto persone.

CALVI RISORTA (CE)
Calvi Vecchia

OLIO E BASILICO   NOVITÀ

Via Capitano Alberto Bizzarri - Tel. 0823 651288
Chiuso il mar, mai in estate - Ferie: non ne fa
Orario: solo la sera

Giacomo Garau è il giovane maestro pizzaiolo che da qualche anno ha dato vita all'esperienza di Olio e Basilico. A Calvi Risorta, a pochi passi

da ciò che resta dell'antica gloria di Cales, la sua pizza con cornicione alto e alveolato ha conquistato i palati. Da provare la stracciata di bufala e la norma sbagliata, una piacevole rilettura della classica pizza con le melanzane. Buone e ben lievitate anche le pizze fritte, sia ripiene sia montanare, ossia condite solo superficialmente.

CARDITO (NA)
LA BOTTEGA CREATIVA   NOVITÀ

Viale I Maggio, 11 - Tel. 081 8305289
Chiuso il lun - Ferie: due settimane in agosto
Orario: mezzogiorno e sera

A Cardito, in una deliziosa villetta, con spazi esterni e ben arredata, vi è la pizzeria di Alessandro Bruner, cuoco di scuola stellata. Le pizze, con impasto di farina macinata a pietra, seguono rigorosamente la stagionalità e sono tutte condite con creme di produzione propria e olio extravergine bio. Si consiglia di assaggiare la pizza scarolata, la scarpariello e la baccalà in festa, oltre alle tradizionali. La frittura è ottima. Buone le carte di birre e vini.

CASELLE IN PITTARI (SA)
LA PIETRA AZZURRA

Via Caporra, 64 - Tel. 339 2316342
Chiuso il lunedì, mai d'estate - Ferie: non ne fa
Orario: solo la sera

La bravura di Michele Croccia e la sua capacità di attrarre pubblico, pure in un piccolo centro della Campania, sono i punti di forza di questo locale che, da qualche mese, ha anche una seconda sede a Sala Consilina, guidata dalla bravissima Francesca Gerbasio. Gli impasti sono fatti prevalentemente con grani tradizionali del Cilento. I condimenti sono chiaramente quelli tipici dell'area: molti ortaggi e verdure, formaggi di capra e bufala, qualche salume.

CASERTA - Tuoro
CASA VITIELLO

Piazza Monsignor Nicola Suppa, 4 - Tel. 392 472 3240
Chiuso la domenica - Ferie: variabili
Orario: mezzogiorno e sera

In una cascina del Seicento a Tuoro, frazione di Caserta, Ciccio Vitiello propone molteplici impasti nati da studio e ricerca costanti. L'idea di consigliare quello più adatto a ciascuna pizza fa di Casa Vitiello un luogo dove l'alta cucina incontra il cibo pop, declinandolo secondo i gusti di ciascun avventore. Tra le pizze da non

perdere si segnalano la papaccella (con crema di papaccella napoletana) e al pascolo, uno straordinario esempio di quattro formaggi.

CASERTA
I MASANIELLI

Via Dohuet, 11 - Tel. 0823 1540786
Chiuso domenica a pranzo e lunedì
Ferie: due settimane in agosto
Orario: mezzogiorno e sera

Il locale di Francesco Martucci è comunemente appellato Martucciland a sottolinearne le caratteristiche di conformità assoluta al credo del suo gestore: rigore, estetico e operazionale, ricerca continua sul prodotto e sul comfort dei clienti. Pizze modello canotto, in stile casertano e accostamenti creativi: annurca, con purea di mela annurca, fior di latte, guanciale croccante, conciato romano è solo un goloso, riuscitissimo esempio tra i tanti.

CERCOLA (NA)
DEL PINO

Via Don Minzoni, 225 - Tel. 081 7331145-081 7333100
Non ha giorno di chiusura
Ferie: due settimane a Ferragosto
Orario: mezzogiorno e sera

Qualità, affidabilità, sicurezza anche in presenza di grandi numeri confermano questo locale nell'impegnativa mission del patron Mario Leonessa di una ristorazione capace di coniugare pregio e quantità. Le pizze mantengono tutte ottimi standard: continuiamo a preferire la storica lasagna con ricotta di fuscella e la margherita con bufala o provola affumicata. Buffet disponibile, servito, di estesa varietà.

ERCOLANO (NA)
LE PARÙLE   NOVITÀ

Via Cozzolino, 70 - Tel. 081 7396494
Non ha giorno di chiusura - Ferie: variabili
Orario: sera, sabato e domenica anche pranzo

A Ercolano, Giuseppe Pignalosa ha di recente rinnovato la sua storica sede lasciando però invariata l'altissima qualità delle pizze. La sua pizzeria con orto (le parule sono le paludi bonificate e messe a coltivazione dai contadini vesuviani) è il luogo in cui si trovano sia la pizza tradizionale dal cornicione che straborda sia quella più contemporanea con il cornicione alto e fragrante. Tra le pizze della bella stagione, da non perdere la cilentana con melanzane e cacioricotta. Ottima anche quella con capocollo di Martina Franca e pomodorino semisecco. Eccellente l'utilizzo dei Presìdi Slow Food.

FRATTAMINORE (NA)
EST OVEST

Via Roma, 167 - Tel. 371 1290260
Chiuso lunedì e martedì - Ferie: variabili
Orario: solo la sera

Pasquale e Luigi Serra, in un territorio ai confini con il Casertano, propongono ottime pizze in stile classico napoletano, dall'impasto leggero e ben lievitato, anche in versione vegana, utilizzando con sapienza molti Presìdi Slow Food. Simpatiche e intriganti quella con papaccella napoletana, ricotta, mozzarella di bufala, cicoli e granella di mandorle e la stagionale con polpette di melanzane.

GIUGLIANO
IN CAMPANIA (NA)
MIHOUSE
PIZZA E FRITTI

Piazza Antonio Gramsci, 23
Tel. 345 6548818-347 9093993
Chiuso domenica a pranzo - Ferie: in agosto
Orario: mezzogiorno e sera

La pizzeria di Emilio Poziello è diventata un punto di riferimento importante per la città di Giugliano e l'intero hinterland napoletano. Il suo eccellente impasto e la grande attenzione alle ricette proposte per condimenti e farciture hanno consentito al locale di raggiungere con velocità il successo. Da non perdere la poverella con pomodorino giallo, carciofi, provola e chips di zucchine. Buona anche la piccola proposta di cucina partenopea.

GROTTAMINARDA (AV)
GIOVANNI
GRIMALDI   NOVITÀ

Corso Vittorio Veneto, 183
Tel. 0825 445288
Chiuso il lunedì - Ferie: variabili
Orario: mezzogiorno e sera

Giovanni Grimaldi ha deciso di fermarsi nel cuore della verde Irpinia dopo una lunga gavetta tra Napoli e l'estero. Nasce così, a Grottaminarda, questa eccellente pizzeria. L'impasto è soffice e digeribile, merito sia delle 32 ore di lievitazione sia dei prodotti utilizzati per condirla: tutto di alta qualità, rigorosamente del territorio, con un occhio di riguardo ai numerosi Presìdi Slow Food campani. Da provare la pizza al drago; notevoli anche i fritti e i dolci.

MACERATA CAMPANIA (CE)
DORO GOURMET

Via Trieste, 52 - Tel. 0823 693157
Chiuso il martedì - Ferie: in agosto
Orario: solo la sera

Luca Doro non è solo l'anima di questa pizzeria sempre ben frequentata, ma anche il grande scopritore di nuovi ingredienti da porre in abbinamento su un impasto soffice e fragrante. Luca predilige un pre-fermento (biga) che consente tra l'altro di ottenere un prodotto dal cornicione alveolato. Da non perdere la tartufo nero con salsiccia e tartufo e la carmnella con alici fresche.

MARIGLIANO (NA)
'O SCIALATIELLO   NOVITÀ

Via Padre Pio, 55 - Tel. 081 8855193
Chiuso il mercoledì - Ferie: variabili
Orario: mezzogiorno e sera

La famiglia Granato, in un ambiente accogliente e ben curato, offre una pizza attenta alla stagionalità degli ingredienti e alla tradizione locale. Buono l'impasto e forte l'attenzione per le materie prime. Oltre alla pizza vi è però una interessante e varia selezione di antipasti che vedono protagonista il baccalà. Consigliato il carciofo mantecato (baccalà mantecato, provolone del monaco e polvere di peperone crusco). 'O Scialatiello è anche ristorante.

NAPOLI
1947 PIZZA FRITTA   NOVITÀ

Via Pietro Colletta, 29-31 - Tel. 333 4008562
Chiuso la domenica sera - Ferie: in agosto
Orario: 11.00-23.00, la dom fino alle 17.30

Vincenzo Durante è il maestro pizzaiolo che ha voluto portare a Forcella, popolare rione napoletano, la vision di Slow Food. In questo locale dalla prepotente anima partenopea si può degustare la pizza fritta classica, farcita con cicoli di maiale e ricotta di bufala, ma non mancano versioni del prodotto più elaborate che impiegano anche numerosi Presìdi Slow Food, primo tra tutti quello degli antichi pomodori di Napoli.

50 KALÒ DI CIRO SALVO

Piazza Sannazzaro, 201 B - Tel. 081 19204667
Non ha giorno di chiusura - Ferie: non ne fa
Orario: 12.30-16.00/19.30-00.30

Se piazza Sannazzaro oggi è un luogo affollatissimo a qualsiasi ora, il merito è anche (e

soprattutto) di Ciro Salvo che qualche anno fa ha aperto qui il suo locale. Tantissimi posti a sedere, file gestite con sapienza e grande attenzione alla qualità. I due forni della pizzeria sono sempre accesi per sfornare eccellenti margherite e straordinarie pizze di stagione, tra cui la 50 Kalò.

ACUNZO

Via Cimarosa, 60 - Tel. 081 5785362
Non ha giorno di chiusura
Ferie: qualche giorno a Ferragosto
Orario: mezzogiorno e sera

Una grande tradizione familiare che prosegue nel quartiere Vomero e si rinnova nella continuità: il ripieno pulcinella 1969 con mezzanelli, sugo di carne, fior di latte dei Monti Lattari, crema di ricotta, funghi, uova, prosciutto, parmigiano 24 mesi, pepe creolo, dopo oltre cinquant'anni continua a riscuotere il meritato successo da vero prodotto gourmet ante litteram! A degno contraltare una marinara classica da urlo.

CAFASSO

Via Giulio Cesare, 156-158 - Tel. 081 2395281
Chiuso la domenica - Ferie: agosto
Orario: 12.30-15.00/19.30-23.00

L'ingresso di questa pizzeria sembrerà proiettarvi in uno stargate spazio-temporale: all'interno si respira una calda atmosfera anni Settanta, con poche concessioni alla contemporaneità. Le pizze sono di assoluto impasto tradizionale, nella versione col diametro leggermente più piccolo, gli ingredienti scelti per qualità ed esperienza, senza griffe. Pizza margherita, salsiccia e friarielli, ai frutti di mare da preferire su tutte.

CARMNELLA

Via Cristoforo Marino, 22 - Tel. 081 5537425
Chiuso la domenica - Ferie: 15-31 agosto
Orario: mezzogiorno e sera

Vincenzo Esposito è il pizzaiolo #tropponapoletano (questo il suo claim) che, valorizzando l'impasto della tradizione verace, propone pizze che spaziano tra condimenti tradizionali e prelibate novità. Tra i grandi classici, da non perdere il munaciello, ripieno, cotto al forno e cosparso di formaggio. Imperdibile la Elena Ferrante, dedicata alla ignota scrittrice e preparata con salsa di ragù, polpettine e ricotta fresca.

CASA DE RINALDI

Via Sementini , 28-34 - Tel. 081 5466119
Non ha giorno di chiusura - Ferie: non ne fa
Orario: mezzogiorno e sera

La pizza di Salvatore De Rinaldi ha una marcia in più grazie ai tre tipi di impasti preparati con lievito madre per esaltare tutte le qualità delle farine. Vincitore delle ultime Olimpiadi della Vera pizza napoletana con la *mastunicola* (strutto, pecorino, parmigiano e basilico), Salvatore è maestro indiscusso nelle pizze di tradizione. Degne di nota anche quelle nate dai suoi numerosi viaggi in Italia e nel mondo. Tra queste, la focaccia con pata negra e la bacco con radicchio di Chioggia e pomodorini del Vesuvio.

CIARLY

Piazzale Tecchio, 33 - Tel. 081 2396137
Chiuso la domenica - Ferie: variabili
Orario: mezzogiorno e sera

Raffaele Bonetta è un ragazzo che cresce in fretta. In pochi anni, grazie allo studio sulle tecniche di impasto indiretto, è riuscito a innovare il mondo della pizza napoletana. Nel quartiere fieristico di Fuorigrotta, Raffaele propone una pizza dal cornicione alto e alveolato con condimenti molto equilibrati. Imperdibile la 3 consistenze di Parmigiano o quella freschissima con prosciutto crudo, bufala e pomodori secchi. Buonissime tutte le classiche.

DA ATTILIO

Via Pignasecca, 17 - Tel. 081 5520479
Chiuso la domenica - Ferie: agosto
Orario: mezzogiorno e sera

A pochi passi da piazza Carità, dove insiste il monumento a Salvo D'Acquisto, Attilio sforna pizze da generazioni, attraendo una vasta platea di avventori, locali e turisti. Oltre alle classiche margherita e marinara, dove rifulge per comune notazione la maestria del pizzaiolo, segnaliamo le variazioni riuscitissime: quella con il conciato romano, con la parmigiana di melanzane o ancora quella prettamente estiva con alici e limone. Cassata vesuviana artigianale come dessert.

DA CONCETTINA AI TRE SANTI

Via Arena alla Sanità, 7 Bis - Tel. 081 290037
Non ha giorno di chiusura - Ferie: non ne fa
Orario: 10.30-23.00, domenica 12.00-16.00

Ciro Oliva, giovane maestro pizzaiolo, ha allargato i suoi orizzonti sia in campo civile, contribuendo con fattivo sostegno alla crescita solidale del quartiere Sanità, sia in campo professionale,

promovuendo, con l'impeto che gli è proprio, una pizza moderna, che coniuga tradizione e ricerca in una sintesi tanto ardita quanto felice. Genovese caramellata, ragù, zucchine alla *scapece*, tonno di Carloforte sono alcuni degli ingredienti che non mancheranno di stupirvi.

FRESCO CARACCIOLO

Via Caracciolo, 14 B - Tel. 081 0511200
Non ha giorno di chiusura - Ferie: Natale
Orario: mezzogiorno e sera

Sullo splendido lungomare di Napoli, il maestro pizzaiolo Antonio Troncone accoglie gli ospiti in questo locale del gruppo Fresco. Le pizze sono realizzate anche con farina tipo 1. Oltre alle tradizionali, è possibile gustare le cartoline gourmet, tra cui spicca la ischia con tartufo nero, acciughe, pepe e fior di latte. Da provare il ripieno mergellina e la pizza montanara, prima fritta, poi infornata.

GINO SORBILLO

Via Tribunali, 32 - Tel. 081 446643
Chiuso la domenica, mai nel periodo natalizio
Ferie: in agosto
Orario: 12.30-15.30/19.00-23.30

Antesignano di tutti i pizzaioli mediatici, Gino Sorbillo conserva intatta la capacità di attrarre clienti soprattutto grazie alla sua ottima pizza. Realizzata secondo la tradizione verace del centro antico della città, la pizza di Sorbillo è un'istituzione. Ottima quella con il conciato romano, eccellenti le tradizionali, tra cui l'imperdibile margherita. Oggi Gino è patron di numerosi altri locali, tra cui quello di pizza fritta zia Esterina, sito di fianco alla storica sede di via dei Tribunali e assolutamente da provare.

GORIZIA 1916

Via Bernini, 29-31 - Tel. 081 5782248
Non ha giorno di chiusura - Ferie: non ne fa
Orario: mezzogiorno e sera

Da più di un secolo la pizzeria Gorizia 1916, a due passi da piazza Vanvitelli, è un'istituzione della zona collinare della città. Al Vomero, la pizza, le cui dimensioni non devono superare quelle del piatto, è preparata dal team guidato dalla famiglia Grasso ancora come un tempo. In questo locale dunque è d'obbligo degustare le pizze della tradizione. Ottima però anche l'offerta di buona cucina napoletana. Assolutamente da provare come dessert la zuppa inglese.

GORIZIA 1962

Via Cilea , 137 - Tel. 081 5604642
Non ha giorno di chiusura - Ferie: non ne fa
Orario: 10.30-16.00/18.30-21.30/21.30-24.00

Storico punto di riferimento per vomeresi Doc, per l'alta qualità della pizzeria e di tutta la proposta ristorativa, che guarda alla napoletanità più autentica, attrae anche una clientela cittadina e turistica. Antonio Grasso, nei due piani del suo locale, garantisce intense esperienze di gusto: da provare la pizza Gorizia (una marinara con carciofi) e la pescatora (con polpi, vongole, cozze). Nel complesso però l'intera proposta è fatta di pizze leggere, saporite e interessanti. È obbligatoria la prenotazione.

LA NOTIZIA

Via Caravaggio, 53-59 - Tel. 081 7142155
Non ha giorno di chiusura - Ferie: agosto
Orario: 19.30-00.30, ven e sab 19.30-01.00

Enzo Coccia si è caratterizzato, sin dai suoi inizi, per un approccio visionario e in grado di precorrere i tempi nel mondo della pizza: nella difficile fase attuale post-Covid intuisce l'esigenza diffusa di un ritorno alle certezza di sostanza e qualità, senza clamori ed eccessi modaioli. Ripropone, dunque, nel menù la classicità di margherita, marinara e ripieni agli alti, suoi consueti livelli espressivi, che ritornano così a essere il fulcro dell'offerta.

MASARDONA

Via Giulio Cesare Capaccio, 27 - Tel. 081 281057
Chiuso la domenica - Ferie: in agosto
Orario: 07.00-15.30, sabato anche 18.00-22.00

La pizza fritta è il cuore dello street food napoletano. La pizza fritta della Masardona è una storia d'amore con la città. La storica sede situata nei vicoli che da via Marina conducono verso l'Ospedale del Mare è stata il punto di partenza per Enzo Piccirillo che da qualche anno, insieme a suo figlio, ha conquistato anche la centralissima piazza Vittoria, sul lungomare nobile. Sia la pizza fritta tonda (oggi ritenuta troppo grande per una sola persona) sia il più contenuto (si fa per dire) battilocchio sono da gustare con cicoli, provola e ricotta. Lasciandosi però tentare anche da tutte le altre combinazioni proposte.

MATTOZZI A PIAZZA CARITÀ

Piazza D'Acquisto, 2 - Tel. 081 5524322
Non ha giorno di chiusura - Ferie: non ne fa
Orario: 12.30-15.00/19.30-24.00

Storica, colorita e vivace pizzeria in pieno centro storico. La sua clientela è cosmopolita, attirata non solo dalla location, anche dalla trascinante simpatia comunicativa del patron Paolo Surace (degno erede del compianto babbo Lello). Da preferire le pizze più classiche e tradizionali, i fritti e i piatti della cucina tipica partenopea, lasciandosi coinvolgere in una napoletanità genuina e autentica.

PELLONE

Via Nazionale, 93 - Tel. 081 5538614
Chiuso la dom e i festivi - Ferie: 15-31 agosto
Orario: 09.30-16.30/19.00-24.00

Vero esempio di pizzeria popolare, in una zona poco turistica ma brulicante di umanità, attività e vitalità: proprio per questo, le pizze dovevano (e debbono) essere delle dimensioni adeguate a sostenerne il dispendio energetico. Da questo locale uscirete satolli e compiaciuti, affidandovi sia ai mitici fritti sia alle pizze a *rot 'e carretta* (grandi come una ruota di carro), quali la superlativa margherita tracimante mozzarella, dall'intensità gustativa impareggiabile.

PIZZAGOURMET VESI

Viale Michelangelo, 77 - Tel. 081 229 2227
Non ha giorno di chiusura - Ferie: in agosto
Orario: mezzogiorno e sera

Giuseppe Vesi, in compagnia di suo figlio Simone, accoglie gli ospiti in questo ormai storico locale del Vomero. Tra i primi a usare i prodotti dei Presìdi Slow Food, le sue pizze sono tutte da provare anche grazie all'impasto realizzato solo con farine macinate a pietra, in parte provenienti dal Cilento. Gli evergreen del locale sono la pizza con le alici del Cantabrico e quella con provola, salsiccia di nero casertano e papaccella riccia napoletana. Da qualche tempo, di fianco al locale, è nata l'Accademia dei Maestri Pizzaioli Gourmet che Giuseppe dirige.

PIZZERIA AL 22

Via Pignasecca, 22 - Tel. 081 5522726
Chiuso la domenica - Ferie: agosto
Orario: mezzogiorno e sera

Il 22 nella smorfia è *'o pazzo* e un antico detto popolare recita «Pazzi e creaturi (bambini) Dio l'aiuta». Non mettiamo in dubbio l'aiuto divino ma, certo, la qualità e la professionalità hanno da sempre assistito questo locale nel raggiungere i meritati successi. Impasto scioglievole e saporito, accostamenti classici e insoliti sempre equilibrati. Buone anche le proposte di ristorazione tradizionale.

VINCENZO CAPUANO NOVITÀ

Piazza Vittoria, 8 - Tel. 081 18754037
Non ha giorno di chiusura - Ferie: non ne fa
Orario: mezzogiorno e sera

Vincenzo Capuano, una delle più affermate giovani leve dei pizzaioli napoletani, propone nei suoi locali una pizza che mostra profonda conoscenza delle tecniche d'impasto ed equilibrata scelta degli ingredienti. Il suo motto: «Vivere di pizza è meraviglioso» è suffragato ampiamente dalle creazioni, come la parmigiana carnale con pomodoro di san Marzano Dop, stracciatella e parmigiana di pomodoro o la vegan dream con vellutata di zucchine, sfoglie di carciofi, noci, polvere di olive nere. Eccellenti anche le proposte classiche.

PALMA CAMPANIA (NA)
JOLLY

Via Nuova Nola, 413 - Tel. 081 8242633
Chiuso la domenica a pranzo e il lunedì
Ferie: in agosto
Orario: mezzogiorno e sera

Gennaro Catapano, in arte 'o jolly, è il giovanissimo pizzaiolo che a Palma Campania sforna pizze di grande qualità a prezzi più che contenuti. Consigliatissime la scustumata, con patate al forno, provola e salsiccia, e la cafona con crema di patate, fior di latte, pancetta croccante e scarole. La ricerca dei prodotti locali e l'attenzione alla stagionalità si evidenzia poi nelle pizze di stagione, tutte da provare.

POMIGLIANO D'ARCO (NA)
450 GRADI

Via Giotto, 2 - Tel. 0818847592
Non ha giorno di chiusura
Ferie: 15 giorni in agosto
Orario: mezzogiorno e sera; dom solo sera

Gastronomia e musica: il binomio vincente su cui Gianfranco Iervolino, sincero cultore e amante appassionato di entrambe, ha costruito i suoi percorsi di vita. Se le pizze d'autore possiamo gustarle nel suo moderno e funzionale

locale di Pomigliano d'Arco, le frequenti apparizioni televisive ci renderanno partecipi anche delle doti canore. Al gusto la qualità superiore degli impasti e degli ingredienti scelti si apprezzano senza indugio alcuno.

FRONNA D'ESTÀ   NOVITÀ

Piazza Mercato, 7 - Tel. 081 8844173
Chiuso solo la domenica - Ferie: variabili
Orario: solo la sera

Nel centro storico di Pomigliano d'Arco è nata una pizzeria che guarda al futuro. Un connubio perfetto tra passato e presente portato avanti dalle mani di Alessandro e Vittorio, due giovani pizzaioli napoletani. Il sapiente utilizzo dei tanti Presìdi Slow Food, come l'antico pomodoro di Napoli, dà un valore aggiunto alla qualità del prodotto finale. Assolutamente da provare le pizze della tradizione eseguite magistralmente e gli originali fritti, magari accompagnati da una buona birra artigianale.

POZZUOLI (NA)
LA DEA BENDATA

Corso Umberto I, 93
Tel. 081 19189636-346 3003491
Chiuso il lunedì
Ferie: 1 settimana tra agosto e settembre
Orario: 19.30-24.00

Se l'omaggio alla fortuna è ricorrente nella storia della famiglia Coccia, la passione, l'impegno e l'abilità nel perseguire la propria arte di pizzaioli sono il vero motivo del loro successo. Non si smentisce Ciro, che nel suo locale esprime al meglio l'acquisita maestria. Pizze leggere pur con farcitura abbondante sono la specialità: cornucopia, pasta ripiena di gustosi fritti è un vero trionfo di sapori.

SALA CONSILINA (SA)
LA PIETRA AZZURRA
VALLO DI DIANO   NOVITÀ

Via Fonti, SS 19 delle Calabrie
Tel. 0975 45366
Non ha giorno di chiusura
Ferie: una settimana in autunno
Orario: solo la sera

La bravura di Michele Croccia e la determinazione di Francesca Gerbasio vanno al raddoppio. Così, dopo Caselle in Pittari, La Pietra Azzurra arriva nel Vallo di Diano e, per la precisione, a Sala Consilina. La pizza proposta

qui è ricca di prodotti dei Presìdi Slow Food, come la salsiccia e la soppressata del Vallo di Diano, il cacioricotta cilentano e molti altri. L'impasto è fragrante e ricco di profumi, grazie all'impiego di farine poco raffinate, realizzate anche con grani del fertile territorio al confine tra Campania e Basilicata.

SALERNO
LA PIZZA
DI VINCENZO MANSI

Via Vincenzo Bello, 45-47 - Tel. 089 722149
Sempre aperto, in luglio chiuso il martedì
Ferie: non ne fa
Orario: solo la sera

Vincenzo Mansi è il pluripremiato maestro pizzaiolo che ha fatto appassionare i salernitani alla scoperta degli impasti alternativi al verace napoletano. Ogni sera, infatti, si trovano nel suo locale anche il blend con farine tipo 1 e tipo 2 e quello realizzato con riso venere. Tra le pizze da non perdere la cetus con fior di latte, pomodori semisecchi, stracciata di bufala, colatura di alici di Cetara, granella di pistacchio siciliano e scaglie di limone.

RE DENARI

Via Pietro Del Pezzo, 60 - Tel. 345 7216743
Sempre aperto, gennaio-aprile chiuso il lunedì
Ferie: non ne fa
Orario: solo la sera

Re Denari, incarnando appieno nell'impasto la tradizione napoletana, si lascia tentare dall'innovazione nella ricerca di combinazioni che sanno davvero entusiasmare i clienti. Basti pensare alla fior di crusco, con provola di Agerola, salsiccia con peperone crusco e fiori di zucca, o alla nerano del re con fior di latte di Agerola, zucchine alla scapece, salsiccia rossa di Castelpoto e provolone del monaco. Necessaria la prenotazione.

RESILIENZA

Via Santa Teresa, 1 - Tel. 089 2853082
Chiuso dom a pranzo - Ferie: 1 settimana in agosto
Orario: mezzogiorno e sera

Ha di recente riaperto le porte al pubblico in una nuova location, con maggiore spazio all'aperto, il locale di Gennaro Coppeta nato proprio dall'ispirazione ai principi di Slow Food. Resilienza propone tutte le pizze della tradizione napoletana: dalla margherita alla salsiccia e friarielli. A queste si aggiungono alcune specialità come quella con mozzarella nella

mortella, pomodoro datterino di Paestum e 'nduja. Buona anche la proposta di cucina.

SAN CIPRIANO PICENTINO (SA)
LA LOCANDA DEI FEUDI

Via Vigna, 23 - Tel. 089881437
Chiuso il martedì - Ferie: variabili
Orario: solo la sera

La premiata pizzeria di Francesco Capece è un punto di riferimento per tutti i borghi dei Monti Picentini a ridosso di Salerno. Qui è possibile gustare un impasto ottimo, fatto con farine macinate a pietra e condito con ingredienti ricercati nell'intero territorio campano. Tra le pizze fritte, ottima la genovese napoletana (con cipolle e spezzatino) o quella con pestato e julienne di peperoncino verde di fiume arricchita dalla 'nduja.

SAN GIORGIO A CREMANO (NA)
FRANCESCO E SALVATORE SALVO

Via Largo Arso, 10-16 - Tel. 081 275306
Chiuso la dom - Ferie: 2 settimane in agosto
Orario: mezzogiorno e sera

La pizzeria dei fratelli Salvo a San Giorgio a Cremano è un vero tempio del gusto. Qui, al largo Arso, è possibile degustare la pizza napoletana fatta secondo tradizione e condita con i migliori ingredienti che la Campania offre. La pizza con papaccelle napoletane e conciato romano è un sogno gastronomico, così come la salsiccia, patate e menta, impossibile da richiedere senza menta, come intima il menù.

SAN GIUSEPPE VESUVIANO (NA)
LUIGI CIPPITELLI

Via Astalonga, 36-38 - Tel. 081 5295302
Chiuso il martedì - Ferie: variabili
Orario: mezzogiorno e sera

Grande energia e passione per il proprio lavoro e il territorio spingono Luigi Cippitelli verso affermazioni e riconoscimenti significativi: il suo locale è ormai un riferimento che si distingue per qualità nel territorio vesuviano; da provare la cosacca vesuviana, classica pizza del riuso, qui riprodotta come montanara ripassata al forno con pomodorini gialli e rossi,

formaggio di capre allevate sul vulcano, olio extravergine di oliva e basilico.

SORRENTO (NA)
ACQU'E SALE

Piazza Marinai d'Italia, 2 - Tel. 081 19005967
Chiuso il mercoledì - Ferie: variabili
Orario: mezzogiorno e sera

Dallo chef Antonino Esposito la proposta di una pizza che modifica la geometria classica ma conserva inalterati i gusti tradizionali: la frusta sorrentina, dalla tipica forma allungata, prevede un impasto leggero e saporito con ingredienti di alta qualità. Simpatica la versione calda e fredda con fior di latte, prosciutto crudo e, all'uscita, perline di melone cantalupo. Da non perdere neppure la caprese con pomodoro, mozzarella e basilico.

SUCCIVO (CE)
DA LIONELLO

Via Murelle, 1 - Tel. 349 5137045
Chiuso la domenica a pranzo
Ferie: 10 giorni a Ferragosto
Orario: mezzogiorno e sera

Il pizzaiolo col cappello (questo il soprannome di Salvatore Lioniello) è uno tra i più in vista del panorama della new pizza generation. A Succivo, a pochi metri dal Casale del Teverolaccio, il suo grande locale propone pizze della tradizione e straordinarie ricette, come la sogni di latte con crema di pecorino toscano e fior di latte, blu di bufala, caciocavallo di Agnone, anevato di capra, crema di limoni di Sorrento, erba cipollina e polvere di caffè.

TERZIGNO (NA)
HACCADEMIA

Via Panoramica, 8 - Tel. 081 5299131
Chiuso il lunedì - Ferie: variabili
Orario: mezzogiorno e sera

Il Vesuvio e le sue produzioni agricole, in un approccio convintamente e totalmente aderente alla filosofia territoriale di Slow Food, sono il mantra che ispira la proposta del simpaticissimo Aniello Falanga e del figlio Nicola. La pizza marinara ai due pomodori (di san Marzano Dop, pomodorini del piennolo, aglio, origano, olio extravergine vesuviano), come la margherita del Vesuvio (ombra di pomodori san Marzano Dop, fior di latte, pomodori del piennolo, basilico e olio extravergine vesuviano) ne sono riuscitissimi esempi.

TORRE ANNUNZIATA (NA)
CASA CAPONI

Corso Umberto I, 215 - Tel. 081 18635040
Chiuso il lunedì - Ferie: variabili
Orario: mezzogiorno e sera

Locale imperdibile per gli amanti di Totò, richiamato in ogni dettaglio dell'arredamento, simpatico e originale. Scelta di pizze veramente ampia e innovativa, tutte dall'impasto leggero e digeribile. Optare per la malafemmena con fior di latte di Agerola, pomodorino giallo del Vesuvio, stracciata di bufala, alici di Cetara, olio extravergine, basilico, è opzione irrinunciabile per coerenza e simbiosi filmica, affettiva e gustativa. Il locale offre anche una discreta proposta di cucina tradizionale partenopea.

TORRE DEL GRECO (NA)
MAGMA [NOVITÀ]

Via Enrico De Nicola, 28 - Tel. 081 18245652
Chiuso il lunedì, mai da giugno a settembre
Ferie: non ne fa
Orario: 11.00-15.00 e 19.00-24.00

Sulla strada che da Torre del Greco sale al Vulcano, troverete il locale di Claudio De Siena, ottimo pizzaiolo e bravo contadino, che cura personalmente l'orto da cui attinge per le sue preparazioni. Ampia la lista delle pizze con molti Presìdi Slow Food e prodotti dell'Arca del Gusto. Ottima la pizzariso con peperoncini verdi di fiume, provola e pomodorini del Vesuvio. Da provare anche il calzone con scarola, fior di latte di Agerola e capperi di Salina (Presidio Slow Food). Curata selezione di vini regionali e di birre artigianali.

TRAMONTI (SA) - Polvica
SAN FRANCISCO

Via Comunale Polvica Paterno , 7
Tel. 3394401041
Chiuso il mercoledì - Ferie: gennaio
Orario: mezzogiorno e sera

Farine poco raffinate e prodotti a chilometro contenuto sono i segreti della pizza di Francesco Maiorano che, con sua moglie Pamela, gestisce la trattoria e pizzeria San Francisco, nella splendida Tramonti. Da provare la cannopizza (una pizza cannolo) e – in estate – la nuovissima halley con provola di Tramonti, crema di datterino giallo, pomodori secchi e granella di noci di Sorrento. Davvero notevoli anche le focacce, da accompagnare con salumi e formaggi artigianali.

VAIRANO PATENORA (CE)
BINARIO 1 [NOVITÀ]

Via Stazione, 5 - Tel. 0823 988883
Non ha giorno di chiusura
Ferie: variabili
Orario: mezzogiorno e a sera

Pasquale e Salvatore hanno messo tanta passione ed energia nel loro progetto di pizzeria in cantina. Coniugando territorio e tradizione, Binario 1 riesce a sorprendere e a confortare con materie prime di qualità e accostamenti vivaci e riusciti. Da provare il crunch di scottona, una pizza condita con carne sfilacciata di vitello, scarola, olive nere, cipolla di Alife e cornicione ripieno di colatura di pomodoro. Altrettanto gustosa la pizza con la genovese preparata con cipollino nocerino. Il menù comprende inoltre focacce farcite, montanare in vari gusti e pizze dolci.

VALLO DELLA LUCANIA (SA)
DA ZERO PIZZA E TERRITORIO

Via Rubino, 1-13 - Tel. 0974 717387
Non ha giorno di chiusura - Ferie: non ne fa
Orario: pranzo e sera; sab, dom e agosto solo sera

Oggi è diffuso in tutta Italia ma la casa madre di Vallo della Lucania conserva intatta il suo fascino. Da Zero è uno dei primi locali del territorio cilentano ad avere fatto conoscere la sua pizza al di fuori dei confini. Si deve alla bravura di Paolo De Simone che cura con dedizione l'impasto e seleziona gli ingredienti da fornitori che sono appassionati ambasciatori della dieta mediterranea. Da provare le pizze con la mozzarella nella mortella, orgoglio di questa parte di Cilento.

PIZZERIA EDEN [NOVITÀ]

Via Curci, 2 - Tel. 329 9756501
Chiuso il lunedì - Ferie: in ottobre
Orario: mezzogiorno e sera

Particolarmente apprezzata dal pubblico locale, la pizzeria Eden di Vallo della Lucania è un baluardo della tradizione. Le pizze hanno un impasto maturato 24 ore con l'ausilio di pochissimi lievito. I prodotti usati per i condimenti sono tutti di prossimità e in buona parte provengono dall'orto di proprietà del locale. Irrinunciabile la pizza con salsiccia e peperone crusco o quella con crema di fiori di zucca, primo sale e alici di menaica. Consigliatissima, come antipasto, la frittatina di fusilli cilentani.

NAPOLI

TAVERNA A SANTA CHIARA

Via Santa Chiara, 6 - Tel. 081 0484908
🕐 Chiuso dom sera e mar a pranzo
Orario mezzogiorno e sera
Ferie 1 settimana in agosto
Prezzi: 28-32 euro vini esclusi
Carte di credito: BM, CS, DC, MC, Visa

IN BREVE *Un approdo sicuro per chi voglia provare piatti tradizionali della cucina napoletana. Maccheroncini alla brigante con crema di friarielli e conciato romano, una delle specialità della casa.*

L'OSTERIA Nel ventre del capoluogo partenopeo, Nives Monda e lo chef Potito Izzo sono i padroni di casa di un locale che ha **il sapore della Napoli di un tempo**. La Taverna a Santa Chiara, di fianco alla basilica e al celebre monastero cantato nella musica napoletana, è una tappa imperdibile per respirare i vicoli della città.

LA CUCINA Tradizione e novità si fondono nella cucina della taverna perché qui il menù non è un insieme di ricette ma **l'espressione di una ricerca appassionata e costante**. L'attenzione maniacale alla materie prime, il rapporto fiduciario con i fornitori, il sentirsi parte della filiera agroalimentare sono i segreti del successo di un locale dall'anima slow, che si ritrova sin dagli antipasti fatti di bruschette con pomodori e verdure o fritture classiche napoletane. Squisiti i primi piatti di pasta con i legumi da gustare in inverno. **Un plauso a parte meritano i dolci**.

I PIATTI Maccheroni alla re Ferdinando con pomodori e verdure, Baccalà fritto, Alici fritte

NAPOLI

UMBERTO

Via Alabardieri, 30-31 - Tel. 081 418555
🕐 Chiuso lunedì a pranzo
Orario mezzogiorno e sera Ferie non ne fa
Prezzi: 35-38 euro vini esclusi
Carte di credito: AE, BM, CS, MC, Visa

IN BREVE *Accoglienza calda e professionale, attenzione alle materie prime e sapiente dedizione ai piatti della tradizione sono i punti di forza di questo locale. Non perdetevi il tegamino di alici ammollicate.*

L'OSTERIA A pochi passi da piazza dei Martiri, anima nobile della città, vicinissima al lungomare, l'osteria Umberto da oltre cento anni è **un baluardo della resilienza gastronomica partenopea**. L'accoglienza di Massimo e Lorella Di Porzio, l'ottima cucina e una cantina eccellente sono i suoi punti di forza. Qui è possibile degustare **anche una buona pizza napoletana**, fatta secondo i dettami della tradizione.

LA CUCINA Il menù di Umberto è un **racconto dell'anima poliedrica di Napoli**. Carni a lunga cottura, pesce azzurro, legumi, ortaggi e verdure di stagione sono di casa ma si consiglia di iniziare il pranzo con un'ottima mozzarella di bufala campana, magari accompagnata da pomodori freschi in una insalata caprese. Le ricette, molte delle quali variabili secondo il pescato del giorno, sono prevalentemente tradizionali ma non mancano piacevoli spunti innovativi.

I PIATTI Manfredi con la ricotta e il ragù, Alici fritte, Tiramisud

NOCERA INFERIORE (SA) - Vescovado

CANTINA DEL VESCOVO

Via Casa Sasso, 13
Tel. 081 5170204-329 1385192
→ 1,7 km dall'uscita A3 Nocera Inferiore
   5,8 km dall'uscita A30 Castel San Giorgio
⏱ Chiuso domenica sera e il mercoledì
Orario mezzogiorno e sera
Ferie ultime 2 settimane di luglio
Prezzi: 28-32 euro vini esclusi
Carte di credito: AE, BM, CS, MC, Visa

IN BREVE *L'osteria è inserita in uno scenario incantevole. Qui si interpretano i piatti del territorio: parmigiana di melanzane o di finocchi, fusilli al ragù di capra, salsiccione e tracchiolelle al ragù.*

L'OSTERIA Si appresta a festeggiare il ventennale questa osteria nata nell'**antico borgo del Vescovado** di Nocera, a due passi dalla cattedrale dedicata a San Prisco. Il locale che la ospita risale al XVII secolo ed è un'antica cantina di cui ancora oggi si possono ammirare le fattezze.

LA CUCINA Nocera ha la particolarità di trovarsi a pochi passi dal fiume Sarno, dal Tirreno e dai Monti Lattari, ragion per cui i locali della zona possono approvvigionarsi con facilità di ogni bene. Il fritto misto dell'Agro nocerino è l'antipasto che fa conoscere al meglio le prelibatezze del territorio. In tutto il menù però Rosario, ai fornelli, e i fratelli Gianluca e Davide, in sala, restituiscono un **valido esempio della cucina campana**.

I PIATTI Carbonara di mare, Stoccafisso arraganato, Pizza di gallette (dolce preparato con biscotti locali)

NOCERA INFERIORE (SA)

O' CA BISTRÒ

Via Papa Giovanni XXIII, 16-18
Tel. 081 19659814
→ 2,2 km dall'uscita A3 Nocera Inferiore
→ 400 m dalla stazione di Nocera Inferiore
⏱ Chiuso domenica sera e il mercoledì
Orario mezzogiorno e sera Ferie in agosto
Prezzi: 30-35 euro vini esclusi
Carte di credito: BM, CS, DC, MC, Visa

IN BREVE *Giovanna si dedica con passione e cura dei dettagli alla cucina mentre in sala c'è il marito Antonio. Verdure fresche, tortelli di stracciata di bufala, baccalà e stoccafisso i piatti in carta.*

L'OSTERIA Percorrendo la zona pedonale del centro storico di Nocera, all'interno di un edificio del Settecento, si trova questo locale a conduzione familiare molto ben curato, con volte a botte e intime salette. Giovanna Farina si dedica alla cucina, mentre il marito Antonio gestisce la sala. Insieme hanno portato nel centro della cittadina **qualcosa della loro precedente esperienza culinaria di campagna**.

LA CUCINA La proposta del locale abbraccia la tradizione ma la rivisita con estro e fantasia. Il papà ortolano della cuoca fornisce **verdure fresche che sono alla base di tutte le portate**. Nei piatti ritroviamo altre eccellenze provinciali come la scamorza di bufala, il pomodoro corbarino, le nocciole di Giffoni e il provolone del monaco. Tutti i prodotti sono sapientemente lavorati e ben serviti. Selezione di vini in prevalenza regionali ad accompagnare le portate.

I PIATTI Spaghettoni con crema di broccoli, colatura di alici, nocciole di Giffoni e pecorino, Rollè di coniglio con lardo, mallone e peperone crusco, Babà caldo con crema agli agrumi e amarene

NOCERA SUPERIORE (SA)

FAMIGLIA PRINCIPE 1968

IN BREVE *I sapori di queste terre sono proposti in modo ineccepibile in questa accogliente osteria dove gustare piatti di terra e di mare preparati con la stessa, grandissima, attenzione.*

Via Santacroce, 87 - Tel. 081 19514979
→ 2,6 km dall'uscita A3 Nocera Inferiore
⊙ Chiuso il lunedì Orario mezzogiorno e sera Ferie 7-24 gennaio
Prezzi: 30-40 euro menù fisso vini esclusi
Carte di credito: AE, BM, CS, MC, Visa

L'OSTERIA Poco fuori dall'abitato di Nocera, questa osteria racconta il territorio e tutta la sua biodiversità. Lorenzo Principe è un esperto cuoco che, dopo aver onorato la promessa fatta ai nonni, che avevano iniziato questa attività nel 1968, ha realizzato di recente una bellissima sala, anche per eventi, con un piacevole esterno e una piscina, distante solo poche centinaia di metri dallo storico locale. **Attenta e cordiale l'ospitalità** in stile slow. Completa ed esaustiva la carta dei vini con ricarichi molto onesti.

LA CUCINA In cucina lo stesso Lorenzo, che **si definisce oste complicato**, si alterna con il cugino Agostino e la sorella Antonella. Sapori decisi che nascono dall'abbinamento dei prodotti dell'orto con quelli di mare e dalla interazione tra la **tradizione culinaria e qualche ponderata innovazione** in un equilibrio sensoriale che si esalta al palato.

I PIATTI Tagliatella Don Luigi tirata a mano con ragù di polpo, Rotolo di coniglio con chiodini e pomodoro, Baccalà con patate e papaccelle

NOLA (NA)

RAÙ

IN BREVE *Osteria con due piacevoli salette, senza fronzoli e con bottiglie di vino e prodotti esposti. Da non perdere i paccheri con pomodorino giallo, provolone del monaco e peperone di fiume.*

Piazza Giordano Bruno, 22
Tel. 081 3626500
→ 4 km dall'uscita A30 Nola
→ 500 m dalla stazione di Nola
⊙ Chiuso la dom sera e il lun Orario mezzogiorno e sera Ferie 2 settimane in agosto
Prezzi: 33-35 euro vini esclusi
Carte di credito: BM, CS, DC, MC, Visa

L'OSTERIA Nella piazza che Nola ha dedicato al suo cittadino più illustre, Giordano Bruno, arso vivo per eresia a Roma nel 1600, Raù ha conquistato il cuore del pubblico in meno di due anni. La sala, con pochi tavoli, è calda e accogliente, con muratura a vista e **una splendida piccola cantina** da cui scegliere il proprio vino.

LA CUCINA La **passione per la carne** è al centro del lavoro di questa osteria contemporanea. Carne cotta alla brace, certo, ma anche stracotta come esigono le ricette più classiche della tradizione partenopea, ovvero il ragù e la genovese. Il ricchissimo antipasto con formaggi e salumi selezionati dalla casa e alcune chicche della cucina fanno subito cogliere il clima festoso del locale. Tutti i piatti sono eseguiti egregiamente e Antonio Perna, in sala, saprà consigliarvi al meglio.

I PIATTI Ragù (da provare anche nell'antipasto con il pane), Carne alla brace, Cassata

NUSCO (AV)

ANIMA LA NUOVA OSTERIA

Piazza Sant'Eustachio, 27 - Tel. 0827 64294
🕐 Chiuso domenica sera e il lunedì
Orario mezzogiorno e sera Ferie variabili
Prezzi: 30-35 euro vini esclusi
Carte di credito: AE, BM, CS, DC, MC, Visa

IN BREVE *Il locale è raccolto, arredato con gusto, ben inserito nel contesto del borgo. La proposta va dalla scarola imbottita su fagioli quarantini di Volturara alle lagane e ceci, all'agnello su patate e cardoncelli.*

L'OSTERIA Localizzata nel pieno centro di Nusco, questa osteria moderna vi offrirà il piacere di assaporare la **cucina tipica irpina leggermente rivisitata**. In estate è possibile mangiare all'esterno nella bella piazzetta che affaccia sulla villa comunale. Con grande convivialità, le due proprietarie, Maria Lucia e Angela, vi accoglieranno per guidarvi alla scoperta dei migliori prodotti del territorio.

LA CUCINA La cucina del giovane chef Antonio Giarra è semplice, ancorata alla tradizione irpina ma riproposta con un tocco di innovazione. **Gli ingredienti utilizzati sono tutti eccellenze locali** come il fagiolo quarantino di Volturara. Le carni, tra cui l'ottimo agnello, la fanno da padrone nei secondi piatti. Incluso, nella proposta degustativa, il vino della casa, ma in carta vi è la presenza di alcune ottime etichette del territorio.

I PIATTI Baccalà alla pertecaregna con peperoni cruschi, Cecaluccoli con pomodoro fresco e ricotta secca di Montella, Delizia dell'anima (biscotto alle mandorle, crema di ricotta e frutta di stagione caramellata)

OLIVETO CITRA (SA)

I DUE CANNONI

Via Monumento, 1 - Tel. 335 6224261
→ 11 km dall'uscita A2 Contursi Terme-Postiglione
🕐 Chiuso il martedì, il mercoledì e la domenica sera Orario pranzo, venerdì e sabato anche sera Ferie 2 settimane in luglio
Prezzi: 23-25 euro vini esclusi
Carte di credito: AE, BM, CS, MC, Visa

IN BREVE *In questo locale, sito nel centro storico, si possono degustare piatti della tradizione contadina dell'alta valle del Sele. Pezzo forte le lagane e fagioli con l'occhietiello.*

L'OSTERIA Nata nel 1965, questa osteria con muri in pietra viva, situata nel centro storico di Oliveto Citra, continua a soddisfare i palati di chi cerca una cucina tipica. Oggi è Giuseppe Acquaviva, che ha ereditato dal nonno la tradizione culinaria, a gestire il locale. Da piccolo usciva da scuola e veniva ad aiutare servendo ai tavoli. Ora, coadiuvato in cucina dalla moglie Santina Fuoco, ci mostra, nella bella sala a volta che affaccia sulla piazza, **il meglio che questo territorio sa mettere in tavola**.

LA CUCINA La cucina è tradizionale, **radicata nella cultura contadina dell'alta valle del Sele**. Tutto è locale, a partire dalla soppressata, passando per i ravioli fatti a mano e il fianchetto di agnello ripieno, fino al vino sfuso. Qui troverete prodotti tipici di Oliveto Citra, come il **fagiolo occhionero** sapientemente cucinato e servito insieme alle lagane. Dolci e torte, ben preparate, concluderanno con piacere il pasto.

I PIATTI Lagane e fagioli, Ravioli di ricotta al pomodoro, Torta di Zia Mafalda

HOSTERIA DEL TRITONE

Piazza Demanio, 17
Tel. 338 4226074-0825 691334
→ 6 km dall'uscita A16 Avellino Ovest
🕐 Chiuso il mercoledì
Orario sera, festivi anche pranzo
Ferie 1-10 luglio, 24 dicembre-1 gennaio
Prezzi: 27-30 euro vini esclusi
Carte di credito: AE, BM, CS, DC, MC, Visa

IN BREVE *Ambiente caldo e familiare come si conviene alle osterie di montagna. Anche il menù è adatto all'alta quota con caciocavallo impiccato, ottime carni e primi piatti arricchiti, in stagione, da funghi e tartufi.*

L'OSTERIA Nella piazza centrale di Ospedaletto d'Alpinolo, di fianco alla fontana del Tritone – uno dei simboli della città – questo locale, arredato come una **tipica osteria di montagna**, incarna al meglio la tradizione. Con prezzi molto contenuti è possibile degustare la **vera cucina irpina** e godere, nelle sere d'estate, della frizzante aria del luogo.

LA CUCINA **La proposta è semplice, quasi spartana**, come si addice in alta quota. Un'accurata selezione di salumi e formaggi in bella vista ad accogliere il cliente fa subito comprendere l'anima del luogo. Capomastro è Tonino Iannaccone, vera anima del locale, il quale si divide tra le sue due passioni: la musica e la gastronomia. Il caciocavallo impiccato e la pasta e fagioli con cotica servita nel guscio del caciocavallo sono i piatti forti.

I PIATTI Pasta e fagioli con cotica, Agnello alla brace, Cotechino piccante al tartufo

OSTERIA DEL GALLO E DELLA VOLPE

Piazza Umberto I, 11-13
Tel. 0825 691225-328 0954246
→ 5 km dall'uscita A16 Avellino Ovest
🕐 Chiuso domenica sera e il lunedì
Orario sera, sab anche pranzo, dom e festivi solo pranzo Ferie variabili
Prezzi: 33-35 euro vini esclusi
Carte di credito: BM, CS, DC, MC, Visa

IN BREVE *Il territorio irpino è rappresentato con sapienza e gusto in questa bella osteria, dove i migliori prodotti irpini – ortaggi, carni, funghi – trovano ampio spazio in preparazioni tradizionali e innovative.*

L'OSTERIA Siamo nella parte dell'Irpinia più vicina al capoluogo: Ospedaletto D'Alpinolo è un bel paese, noto, tra l'altro, per la storica produzione di ottimo torrone e per la ricca presenza di **funghi porcini nei boschi limitrofi**. Il locale è posto nell'ameno centro storico, gestito dalla famiglia Silvestro, con il garbato patron Antonio in sala e la moglie Maria a cucinare i piatti, supervisionata dal figlio Davide, prevalentemente per conferire loro **un tocco di modernità espressiva**.

LA CUCINA Salumi di produzione propria, formaggi, carni, ortaggi, funghi sono ampiamente utilizzati nel menù, come da spiccata vocazione territoriale. Presente nelle ricette un moderato grado di originalità tecnica e di abbinamenti che non pregiudica l'impronta tradizionale, anzi la arricchisce.

I PIATTI Mugliatielli al forno con patate, Anatra ripiena, Ravioli con talli di zucchine

FATTORIA ALVANETA

Contrada Pantagnoni
Tel. 0975 77139-328 7046591
→ 7,5 km dall'uscita A3 Padula-Buonabitacolo
🕐 Chiuso il mar Orario pranzo e sera
d'inverno la sera solo su prenotazione
Ferie 1-10 luglio
Prezzi: 25-30 euro vini esclusi
Carte di credito: BM, MC, Visa

IN BREVE *Azienda che oltre all'allevamento di maiali e bovini, e alla coltivazione di grano, verdure, ortaggi, produce Presìdi Slow Food: salsiccia e soppressata del Vallo di Diano e fagioli di Casalbuono.*

L'OSTERIA Nel Vallo di Diano, a breve distanza dalla meravigliosa Certosa di San Lorenzo a Padula e dallo splendido centro storico di Teggiano, si trova la Fattoria Alvaneta, un luogo dove Francesco Barra insieme a moglie, cugina e collaboratori di famiglia porta avanti il progetto di questa azienda agricola con agriturismo. Qui, **oltre all'allevamento bovino, ci sono oliveti, castagneti e coltivazioni ortive** in agricoltura rigorosamente biologica.

LA CUCINA **La cucina di impronta tradizionale**, influenzata da quella tipica lucana, esprime al meglio le materie autoprodotte come la salsiccia e la soppressata del Vallo di Diano e i fagioli di Casalbuono. Anche per la pasta fatta a mano vengono utilizzate farine di produzione propria come quella di grano senatore Cappelli. Il tutto viene innaffiato da onesto vino locale servito in caraffa.

I PIATTI Fusilli fatti a mano al ragù di cinghiale, Ravioli con la pettola al ragù, Strascinato con peperoni cruschi e baccalà

MEGARON

Via Neviera, 11 - Tel. 0827 71588
🕐 Non ha giorno di chiusura
Orario mezzogiorno e sera
solo su prenotazione Ferie in inverno
Prezzi: 32-38 euro menù fisso vini esclusi
Carte di credito: BM, CS, MC, Visa

IN BREVE *Bisogna prenotare con un giorno di anticipo per mangiare in questo ottimo ristorante che utilizza prodotti di prossimità trasformati in piatti che ripensano con intelligenza la tradizione.*

L'OSTERIA Valentina Martone, regina illuminata del Megaron (nome che richiama gli ambienti più importanti degli antichi palazzi reali, destinati al precipuo uso conviviale) riesce a ricreare nel suo locale **atmosfere ed esperienze gastronomiche di nobilissima qualità**, attraverso percorsi che riconducono al territorio nelle sue produzioni più autentiche. Il locale è ampio e fornito di adeguati spazi esterni. La ricca e qualificata carta dei vini guarda all'areale con adeguata attenzione.

LA CUCINA Siamo a Paternopoli, dove la verde Irpinia si esalta non solo nelle eccellenze dell'olio di ravece e del vino Taurasi, ma anche del broccolo aprilatico (Presidio Slow Food) oltre che dei tartufi, delle carni e dei formaggi. La chef ne propone **una elaborazione sapiente e rispettosa**, in grado di distillarne ogni più nascosto sapore in due menù degustazione da 32 e 38 euro.

I PIATTI Stracotto al Taurasi, Fusilli con broccolo aprilatico, Zuppa di castagne, porcini e zucca gialla

NONNA LUISA

Via Cermenna, 45 - Tel. 081 8083462
🕐 Non ha giorno di chiusura **Orario** mezzogiorno e sera **Ferie** gennaio-fine marzo
Prezzi: 33 euro menù fisso
Carte di credito: AE, BM, CS, MC, Visa

IN BREVE *Il ristorante Nonna Luisa è ospitato nell'agriturismo Antico Casale dei Colli di San Pietro. Le materie prime provengono dai campi e dagli allevamenti di proprietà.*

L'OSTERIA Nella zona collinare di Piano di Sorrento, in una terrazza naturale che affaccia sulla penisola sorrentina e la Costiera amalfitana, il ristorante Nonna Luisa è ospitato nell'agriturismo Antico Casale dei Colli di San Pietro. Gli ospiti vengono accolti con cortesia e attenzione dalla famiglia Persico **nella bella sala e sotto l'ampio pergolato** esterno dalla vista meravigliosa. Ottima selezione di formaggi campani con particolare riferimento ai Monti Lattari, carta dei vini equilibrata e calibrata, olio extravergine di produzione propria. Anche le camere sono dotate di tutte le comodità.

LA CUCINA Un'**autentica cucina di territorio** nella quale la nonna Luisa, che dà il nome al locale detta le ricette della tradizione proposte in un menù fisso a 33 euro. Le **materie prime provengono dai campi e dagli allevamenti di proprietà** come anche alcuni Presìdi Slow Food. Il resto è ricercato nelle filiere delle carni e dei prodotti ittici più affidabili, oltre che presso il locale Mercato della Terra di Slow Food.

I PIATTI Spaghetti di Gragnano con alici e noci, Coniglio alla cacciatora, Delizia del Casale

KATAKRÌ

Via Vincenzo Di Matteo I traversa, 66
Tel. 349 7515147
→ 250 m dalla stazione di Piedimonte Matese
🕐 Chiuso lun-merì **Orario** sera, dom su prenotazione anche pranzo **Ferie** prima settimana di agosto
Prezzi: 28-33 euro vini esclusi
Carte di credito: BM, CS, DC, MC, Visa, Satispay

IN BREVE *Ristorante di territorio che sa interpretare con mano contemporanea e giovane i migliori prodotti del massiccio del Matese. Ottime e non scontate anche le pizze.*

L'OSTERIA Piedimonte Matese segna l'ingresso dal Casertano al massiccio del Matese, che si estende dal Sannio campano fino alle alture del Molise e al Parco Nazionale d'Abruzzo. Il ristorante è ubicato in una zona residenziale ed è **arredato in modo moderno con gusto e grande cura dei particolari**, anche per merito di Maria Giovanna, che ne cura l'immagine e le pubbliche relazioni. In sala, Americo vi guiderà nella scelta delle pietanze con un servizio discreto e attento.

LA CUCINA Danilo De Cristoforo è un giovane cuoco con esperienze di ristorazione sotto la guida di Peppe D'Addio. Ha inventiva, capacità e si dedica al suo locale con passione e amore utilizzando **materie prime dell'area matesina** e diversi Presìdi Slow Food. Oltre alle preparazioni classiche è **possibile gustare ottime pizze** spesso arricchite da prodotti tipici locali come la cipolla di Alife e il caciocavallo del Matese. Ottimo, come dessert, il tiramisù al limone.

I PIATTI Tortino di patate con caciocavallo, capocollo e porcini, Candele alla genovese barbecue, Pancia di maiale cotta a bassa temperatura

ANGIOLINA

IN BREVE *Rinaldo Merola, erede della signora Angiolina, in queste sale ha realizzato una vera trattoria marinara. Protagonista della tavola è il pesce azzurro pescato con la menaica.*

Via Passariello, 2
Tel. 0974 973188-333 1693993
Non ha giorno di chiusura, apr-mag aperto solo su prenotazione Orario mezzogiorno e sera Ferie ottobre-Pasqua
Prezzi: 38-42 euro vini esclusi
Carte di credito: AE, BM, CS, DC, MC, Visa

L'OSTERIA Brigida, Italo e Antonio sono gli eredi della tradizione inaugurata da Angiolina e Rinaldo (la loro nonna e il loro papà), che **hanno reso immortale nel tempo e nel cuore questa osteria cilentana**. Siamo su una splendida terrazza a Marina di Pisciotta, da cui è possibile conoscere il Cilento senza fronzoli.

LA CUCINA Il Cilento era – ed è ancora – un luogo autentico. Così lo presentano i nipoti di Angiolina, oggi in sala e ai fornelli del locale. Come **autentica è la loro cucina**, fatta di ricette vere, soprattutto di mare, preparate secondo tradizione ma arricchite da un piacevole gusto contemporaneo. L'antipasto Piacere, Cilento offre uno spaccato delle produzioni locali, tra olive ammaccate, cacioricotta, ricotta di bufala e alici di menaica. Consigliatissimo assaggiare, come dolci, una storica tradizione del luogo: la sfoglia con crema di melanzane e cioccolato.

I PIATTI Coppa di cozze con scarola e fagioli, Calamarata con crema di ceci di Cicerale, totanetti e rosmarino, Zuppa con moscardino, cozze, vongole, fagiolini, patate e pomodorini

 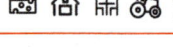
PERBACCO

IN BREVE *Una tappa imperdibile per scoprire la cucina cilentana e, più in generale, campana. Prodotti locali di terra e di mare trasformati con sapienza in un ambiente di rara piacevolezza.*

Contrada Marina Campagna, 5
Tel. 0974 973889
Non ha giorno di chiusura Orario mezzogiorno e sera Ferie novembre-Pasqua
Prezzi: 35-40 euro vini esclusi
Carte di credito: AE, BM, CS, DC, MC, Visa

L'OSTERIA Perbacco è uno dei luoghi dell'anima, un punto fermo in un tempo che muta troppo rapidamente. È **il tempio della gastronomia campana**. La straordinaria cucina, la cantina tra le migliori che esistano, l'identità che Vito Puglia ha saputo conferirgli sono i tratti che contraddistinguono questa osteria come un'esperienza imperdibile.

LA CUCINA La cucina è da oltre trent'anni il fiore all'occhiello della ristorazione campana. **Cucina di mare e cilentana**, ovviamente. Di un Cilento che si fa, attraverso la propria cultura incastonata tra mari e monti, porta e simbolo del mondo. I Principi, ossia gli antipasti, vanno dalla parmigiana di melanzane al fiore di zucca con ricotta di bufala e alici di menaica. Squisiti i gamberetti rossi gratinati sulle foglie di limone. Irrinunciabili i dolci, tutti semplicemente straordinari.

I PIATTI Fusilli al ferretto con ragù di carne e cacioricotta di capra, Vermicelli con alici, peperoncini verdi, finocchio selvatico e pomodorini ciliegini, Alici in tortiera

GARUM

Viale Mazzini, 63
Tel. 081 8501178-347 0104384
→ 1,7 km dall'uscita A3 Pompei Est-Scafati
→ 90 m dalla stazione di Pompei
⏰ Chiuso dom sera e il mer **Orario** mezzogiorno e sera **Ferie** 10-31 agosto e 24-31 dicembre
Prezzi: 28-32 euro vini esclusi
Carte di credito: AE, BM, CS, MC, Visa

IN BREVE *All'ingresso una bella veranda con pochi tavoli immette nelle due sale interne con ambienti informali e curati. Da provare il baccalà con porcini e provola fusa.*

L'OSTERIA A pochi passi dalla stazione ferroviaria di Pompei, tra gli scavi archeologici e il santuario della Vergine del Rosario, l'osteria accoglie gli ospiti in una piccola veranda che immette su due sale interne curate **con grande attenzione ai dettagli**. Garum è il nome di un prezioso liquido realizzato dai Romani con il pesce azzurro, antenato della colatura tradizionale di alici di Cetara.

LA CUCINA Fioravante Iovine è a capo della cucina che dirige insieme alla moglie Anna. Le pietanze raccontano la **grande tradizione di mare campana**, indugiando in **piatti di terra dalla sublime semplicità** e prestando grande attenzione alle ricette storiche. La zuppetta di fagioli dente di morto di Acerra è un inizio di altissimo godimento. Buona selezione di vini e formaggi, perlopiù locali.

I PIATTI Spaghetti alla Garum con pinoli, pomodorini e alici, Tonno con finocchi, Baccalà con porcini e provola

POMPEI (NA)

LA BETTOLA DEL GUSTO

Via Sacra, 48 - Tel. 081 8637811
→ 1,7 km dall'uscita A3 Pompei Est-Scafati
→ 50 m dalla stazione di Pompei
⏰ Chiuso il lunedì **Orario** mezzoggiorno e sera **Ferie** non ne fa
Prezzi: 32-35 euro vini esclusi
Carte di credito: AE, BM, CS, DC, MC, Visa

IN BREVE *L'ambiente è caldo, accogliente, ben curato, il servizio attento e puntuale. Gli scialatielli di pasta fresca, la frittura di paranza e il pescato di giornata sono alcune delle proposte.*

L'OSTERIA Arredata in pietra viva e legno e caratterizzata da luci soffuse, La Bettola del Gusto è **un'osteria contemporanea** che sorge sulla via Sacra di Pompei, ovvero quella che dalla stazione conduce al Santuario. A gestirla i gemelli Vincenzo e Bartolomeo Fortunato, uno in sala, l'altro ai fornelli.

LA CUCINA La cucina di Bartolomeo sa come rendere indimenticabile l'esperienza di avvicinamento alla **biodiversità vesuviana**: il pescato locale, le tante varietà di pomodori, gli ortaggi coltivati nella terra vulcanica sono le materie prime che fanno di ogni piatto una garanzia di qualità. L'antipasto con la parmigiana di melanzane ci immette subito nella dimensione del gusto. Tra i primi, i ravioli ripieni di ricotta e salsiccia con pistacchio e limone sono un must estivo. Il polpo scottato o il filetto di maiale con crema di peperoni sono ottimi secondi. Tutti da provare i dolci.

I PIATTI Parmigiana di melanzane, Ravioli ripieni di ricotta e salsiccia conditi con zucca e cacioricotta, Filetto di maiale con crema di peperoni

Sostenitore Ufficiale

Slow Food® Italia

Pensare insieme il futuro del cibo
www.slowfood.it

Buon Appetito!

CON LA PASTA DI GRAGNANO IGP

La nostra cornice è
il Garda Trentino.

Per saperne di più,
visita *store.agririva.it*.

● 1.200 mt

ARUNDA®

SEKTKELLEREI

La piú alta fra le cantine - Il più prezioso fra gli aromi

NOSIOLA CONZAL
QUALITÀ DA ESPOSIZIONE.

Vino dalla struttura delicata, sapido, piacevole ed elegante che nasce esclusivamente da uve Nosiola, vitigno autoctono a bacca bianca. Deve il suo nome al dialetto trentino: infatti il "conzal" è il recipiente in legno usato per trasportare a spalla l'uva durante la vendemmia, attraverso gli stretti sentieri che scendono dagli impervi vigneti di montagna.

PONTELATONE (CE)

LE FONTANELLE

IN BREVE *L'atmosfera è accogliente, il menù, che indica con precisione aziende fornitrici e rispettivi prodotti, varia secondo stagione ed è arricchito da proposte giornaliere.*

Via Salomoni Acquasanta - Tel. 347 2926204
→ 14 km dall'uscita A1 Santa Maria Capua Vetere
🕐 Chiuso lun-mer Orario pranzo e sera, festivi solo pranzo Ferie 1 settimana in agosto
Prezzi: 23-28 euro vini esclusi
Carte di credito: BM, CS, MC, Visa

L'OSTERIA Un agriturismo autentico sulla strada che da Pontelatone conduce a Formicola, in una vallata alle pendici dei monti Trebulani nota per la produzione del Casavecchia, vino ottenuto da un vitigno autoctono campano di lontane origini, di cui Pasquale e Francesco Izzo sono provetti produttori. Intorno all'ampio locale con una piacevole terrazza all'aperto, **vi sono l'orto e i campi coltivati** con le verdure e gli ortaggi utilizzati nella ristorazione.

LA CUCINA Una cucina che affonda le radici nella cultura contadina, con una finestra aperta alle tradizioni gastronomiche della Campania e a qualche riuscita innovazione. Tutte le proposte rivelano una **particolare attenzione ai prodotti locali e ai Presìdi Slow Food**, soprattutto campani. Buono anche il Casavecchia sfuso servito in caraffa o al bicchiere.

I PIATTI Zuppa delle Fontanelle con cipolla di Alife, Pappardelle al Casavecchia con maiale nero di razza casertana, Maiale alla griglia con crema di papaccelle napoletane

POZZUOLI (NA) - Lucrino

ABRAXAS

IN BREVE *Osteria contemporanea che propone una cucina fatta prevalentemente di ortaggi e carni provenienti dai vicini Campi Flegrei. Notevole la carta dei vini.*

Via Scalandrone, 15
Tel. 081 8549347-339 2236700
🕐 Chiuso il mar Orario sera, sab e dom anche pranzo Ferie una settimana a Natale
Prezzi: 30-35 euro vini esclusi
Carte di credito: BM, MC, Visa

L'OSTERIA In un luogo incantato, punto d'osservazione privilegiato del lago d'Averno, sorge Abraxas, un'**osteria contemporanea**, ormai parte integrante del panorama dell'entroterra napoletano, a nord del capoluogo. Nando Salemme e la sua famiglia dirigono il locale dai numerosi posti a sedere, sapientemente arredato, nel quale si esalta il senso del gusto e **si delizia la vista con scorci di paradiso**.

LA CUCINA Abraxas propone una **cucina fatta prevalentemente di ortaggi e carni**, nel rispetto della vocazione agricola dei Campi Flegrei. Non mancano eccellenti ricette di mare, soprattutto in estate. Semplicemente straordinaria la cantina.

I PIATTI Casatiello flegreo, Gnocchetti alla genovese di mare, Spezzatino all'Aglianico

RIARDO (CE)

MASSERIA DELLE SORGENTI

IN BREVE *Masseria delle Sorgenti è qui, nei 160 ettari del Parco delle Sorgenti Ferrarelle. Filomena trasforma in semplici ed esaltanti piatti la biodiversità degli orti dell'azienda.*

Contrada Ferrarelle - Tel. 0823 1683975
→ 8,9 dall'uscita A1 Caianello
🕐Chiuso il lun **Orario** pranzo, sab e dom anche sera **Ferie** 2 settimane in agosto
Prezzi: 23-28 euro vini esclusi
Carte di credito: AE, BM, CS, DC, MC, Visa

L'OSTERIA In un immenso parco verde, a metà strada tra le uscite autostradali di Capua e Caianello, si trovano le sorgenti dell'acqua effervescente naturale. Qui, una **bella cascina di campagna** sapientemente recuperata ospita la Masseria delle Sorgenti. In inverno si cena al piano superiore nelle piccole stanze della casa, in estate ai tavoli presenti nello spazio antistante.

LA CUCINA La **ricchissima tradizione gastronomica di Terra di Lavoro** è ben celebrata in questo luogo incantevole. In cucina una brigata al femminile varia con grande frequenza il **menù secondo le disponibilità del mercato**. L'unica costante è la semplicità delle ricette e la loro egregia esecuzione. L'antipasto della Masseria propone molte preparazione tipiche dell'alto Casertano. La pasta, invece, è condita con le verdure dei campi circostanti. I secondi sono esclusivamente di carne, anche i dolci eccellenti.

I PIATTI Tortino di zucchine, Minestra di legumi con verdure di stagione, Carne alla brace

ROCCA SAN FELICE (AV)

LA RIPA

IN BREVE *Una cucina di terra, con ampio uso di prodotti irpini, tradizionale ma alleggerita da qualche tocco di modernità. Questa la proposta dell'osteria La Ripa, nascosta tra i vicoli di una deliziosa cittadina.*

Via La Ripa, 2
Tel. 0827 215023-0827 223751-347 2389097
🕐Chiuso lunedì e martedì **Orario** sera, sabato e festivi anche pranzo **Ferie** non ne fa
Prezzi: 30-35 euro vini esclusi
Carte di credito: AE, BM, CS, DC, MC, Visa

L'OSTERIA Il comune di Rocca San Felice si presenta al visitatore come un angolo di Irpinia di rara bellezza: il tiglio ultrasecolare che troneggia nella piazza principale, simbolo di libertà, ne implementa la suggestione evocando momenti storici tumultuosi ma carichi di aspettative per il futuro. In un vicoletto limitrofo ci si imbatte nell'**osteria-museo**, dagli arredi informali e moderni in giusto contrasto con i vissuti richiamati dal contesto. La ricca produzione enoica irpina trova ampia e ragionata rappresentatività nella carta a disposizione dei clienti.

LA CUCINA Enza Perna, chef autodidatta, dottoressa nella sua seconda vita, propone una **cucina di terra con ampio uso di Presìdi Slow Food**, in specie di territorio, di netta ispirazione tradizionale, ingentilita da un **equilibrato tocco di leggerezza**. Spiccata l'attenzione alla stagionalità.

I PIATTI Agnello di Carnasciano alle erbe aromatiche, Ricotta di Montella cotta al vapore con asparagi e lardo, Timballino di verdure con crema di fagioli dente di morto di Acerra

HOSTARIA
IL BRIGANTE DAL 1985

IN BREVE *Osteria dove si servono piatti della tradizione contadina con qualche tocco di originalità: sangiovannara, capunti con baccalà e pesto di erba cipollina, cefalo con olive e capperi, polpette brasate.*

Via Fratelli Linguiti, 4
Tel. 389 2625756-366 9315733
→ 2,2 km dall'uscita A3 Salerno
⏱ Chiuso il lunedì **Orario** mezzogiorno e sera **Ferie** 15 giorni in agosto
Prezzi: 18-20 euro vini esclusi
Carte di credito: nessuna

L'OSTERIA Inutile disquisire se la bilancia penda più dal lato dei misfatti subiti o da quelli arrecati: gli uomini e le donne del Sud infatti hanno mitizzato il brigantaggio e ne hanno conservato intatte leggende e tradizioni... anche gastronomiche. In uno **splendido locale**, ricavato in una storica architettura alle spalle del duomo di Salerno, Sandro e Antonia propongono un **menù storico** che diventa una piacevolissima pagina di geografia delle tipicità dell'antico regno di Napoli.

LA CUCINA I tavoli e le panche arredano la sala in cui ci accolgono le foto dei più celebri briganti dell'Ottocento, che si ribellarono all'imposizione dell'Unità d'Italia. Il menù cambia con grande frequenza, quasi giornalmente, ed elenca **piatti soprattutto di pesce e verdure**, tradizionalissimi e saporiti.

I PIATTI Pasta alla sangiovannara, con peperoni, melanzane e mozzarella, Tortiera di riso con cozze, patate e zucchine, Polpi con peperoni cruschi

L'UNICO

IN BREVE *Il menù viene presentato su una lavagna, integrato continuamente secondo stagione e disponibilità del pescato, in buona parte proveniente dalla barca del titolare.*

Largo San Giorgio , 14
Tel. 089 2962671-392 5974996
→ 1,2 km dalla stazione di Salerno
⏱ Chiuso il lunedì **Orario** mezzogiorno e sera **Ferie** non ne fa
Prezzi: 30-35 euro vini esclusi
Carte di credito: BM, CS, DC, Visa

L'OSTERIA Di fianco alla chiesa di San Giorgio, tra i vicoli del centro antico di Salerno, a pochi passi dalla cattedrale, L'Unico si propone come **osteria e american bar**, offrendo ai propri avventori una formula contemporanea di ristorazione.

LA CUCINA Salerno è città di mare e terra di pescatori. Per questo motivo, **questa cucina si inserisce nel solco delle tradizionali ricette di pesce**, arricchendole però di un gusto moderno, che sa valorizzare appieno la biodiversità dell'entroterra. L'alice imbottita con scamorza di Agerola è un piacevole antipasto ma anche le seppioline con i carciofi non sono da meno. Tra i secondi, eccellente il piatto di totani e patate alla praianese (ossia secondo l'usanza del borgo di Praiano, in costa d'Amalfi). Imperdibile la crostata di limoni. Buono l'accompagnamento con vini e drink d'autore.

I PIATTI Zuppetta di totani con paccheri, Spaghettone con polpa di canocchia, Totani e patate alla praianese

VASILICÒ

IN BREVE *Locale nel centro storico di Salerno, dove nella bella stagione si può pranzare sotto gli ombrelloni, tra i vecchi stabili della prospiciente piazzetta.*

Vicolo Piantanova, 7 - Tel. 347 8860475
→ 1 km dalla stazione di Salerno
🕐 Chiuso dom sera e il lun Orario mezzogiorno e sera Ferie 1 settimana in febbraio
Prezzi: 28-32 euro vini esclusi
Carte di credito: BM, CS, MC, Visa

L'OSTERIA In un piccolo locale del centro storico di Salerno, che nella lunga estate campana consente di cenare anche all'aperto, Anna Clara Capacchione accoglie i suoi ospiti dal 2016. Le mura in pietra viva e i pochi tavoli restituiscono **un'atmosfera familiare**, che si ritrova nell'accoglienza riservata agli ospiti.

LA CUCINA **Terra e mare si fondono nelle proposte del menù.** Le ricette hanno tutte un **sapore tradizionale, anche quando nascono dall'inventiva e dall'esperienza della cuoca**, che sa trarre da ogni prodotto il meglio che esso possa offrire. Come antipasto, scegliete il polpo grigliato con crema di patate o il tortino di alici ma preparatevi a un'esplosione di sapori con i primi piatti, tra i quali in inverno si trovano ottime zuppe, sostituite dalla pasta fresca in estate. In chiusura, tradizione vuole che si accompagni il caffè con i fichi bianchi del Cilento.

I PIATTI Zuppa di ceci e castagne, *Ndunderi* al pesto cetarese, Tagliata di tonno con nocciole e arance

SAN GENNARO VESUVIANO (NA)

LE COSE BUONE DI NANNINA

IN BREVE *L'osteria, a gestione familiare, è vicinissima alla piazza centrale del paese. I piatti di terra e quelli di mare sono davvero tutti buoni, come pure i panini e le pizze al taglio.*

Via Ferrovia, 2 - Tel. 081 18769025
→ 3,7 km dall'uscita A30 Palma Campania
🕐 Non ha giorno di chiusura Orario mezzogiorno e sera Ferie 15 giorni in agosto
Prezzi: 25-28 euro vini esclusi
Carte di credito: BM, CS, DC, MC, Visa

L'OSTERIA Dal panino al gelato, le cose buone di Nannina sono davvero tante. Questa **bottega-osteria** è nata come una dedica dello chef Pietro Parisi a sua nonna Nannina, per l'appunto, ed è affidata alla gestione della sorella dello chef, Rachelina. Gli spazi sono stati recuperati **al piano terra di un secolare palazzo vesuviano** e consentono un tour tra le eccellenze enogastronomiche della terra vulcanica.

LA CUCINA Le idee che Rachelina porta in cucina sono tante ma tutte fortemente ancorate a **ricette storiche o comunque familiari**. Si spazia dalla carne al pesce, alle verdure. Tutto è rigorosamente selezionato e preparato secondo stagione. Essendo impossibile consigliare i piatti di un locale che cambia quasi quotidianamente il proprio menù, ci limitiamo a fare alcuni esempi.

I PIATTI Tagliatelle alla bolognese in sfoglia, Scialatielli con ricciola e pomodorini, Impepata di cozze

SAN GIORGIO DEL SANNIO (BN)

CENTOUNO

Piazza Risorgimento, 19 - Tel. 340 0822356
🕐 Chiuso il lun Orario sera, sab e dom anche pranzo Ferie 2 settimane in ottobre
Prezzi: 24-26 euro vini esclusi
Carte di credito: BM, CS, MC

IN BREVE *Osteria affacciata sulla piazza principale del paese, dove le materie prime del territorio sono coniugate secondo tradizione. Cucina di terra con baccalà e funghi in evidenza, e su ordinazione piatti di pesce.*

L'OSTERIA Siamo nella piazza principale di San Giorgio del Sannio, in provincia di Benevento, ma a pochi passi dal confine con quella di Avellino. Qui ha sede il locale nato dalla passione di Sergio Ruocco che, a due anni dall'apertura, si conferma **una delle novità più interessanti dell'area**.

LA CUCINA Sergio, che è anche lo chef dell'osteria, è un grande conoscitore delle migliori materie prime del Sannio e dell'intera Campania. Particolarmente esperto in tecniche di cottura innovative, si sa esprimere con sicurezza anche nella proposta di **ricette tradizionali**, alcune delle quali a rischio di estinzione. È con questa continua voglia di conoscenza che Sergio cambia menù con grande frequenza. La sua fantasia trova spazio anche nei dessert, tutti da provare.

I PIATTI Cardone (minestra di erbe tipica del luogo), Scarpariello (pasta con pomodorini e formaggio), Mogliatielli (involtini di interiora)

SAN GIORGIO DEL SANNIO (BN)

LA LOCANDA DELLA LUNA

Via delle Oche, 7 - Tel. 320 0478609
🕐 Chiuso lunedì e martedì Orario sera, domenica e festivi solo a pranzo Ferie una settimana in giugno, in luglio o in settembre
Prezzi: 30-35 euro vini esclusi
Carte di credito: BM, CS, MC, Visa

IN BREVE *Poco fuori dal centro, questo ristorante propone una cucina che sa coniugare ricerca costante e preciso riferimento territoriale. Ottimi i ravioli di bufala con porcini e tartufo nero del Taburno.*

L'OSTERIA A San Giorgio del Sannio, a pochi passi dal centro cittadino di Benevento, Daniele Luongo e Teresa Nardone sono gli osti della Locanda della Luna. Il locale, dal quale si gode una **vista meravigliosa sui boschi circostanti**, è una struttura con mura in mattoni e copertura lignea. Nella proposta di degustazione, si conferma **uno dei più riusciti esempi di osteria contemporanea**.

LA CUCINA La ricerca di Daniele Luongo è il punto di forza di questo locale. Partendo da **ricette tramandategli dalla madre**, Daniele ha saputo creare una ristorazione al passo con i tempi, in grado di soddisfare tanto i palati avvezzi alla tradizione quanto quelli alla ricerca di esperienze più ricercate. Oltre al menù alla carta, ogni mese è possibile avvicinarsi alla cucina della Locanda con due menù degustazione: uno a 25 euro, l'altro a 35.

I PIATTI Zeppola di patate e porcini su fonduta di caciocavallo allo zafferano, Spaghetto alla chitarra al baccalà con pomodoro secco, gocce di colatura di alici e briciole di pane, Stracotto di vitello con crema di patata al sedano

SAN MAURO CILENTO (SA) - Casal Sottano

AL FRANTOIO

Via Ortale, 31
Tel. 0974 903243-347 3091023
🕐 Non ha giorno di chiusura, ottobre-maggio aperto solo nel fine settimana Orario mezzogiorno e sera Ferie non ne fa
Prezzi: 25-30 euro vini esclusi
Carte di credito: AE, BM, CS, DC, MC, Visa

IN BREVE *L'osteria è frutto di un esperimento: una cooperativa di soci produttori agricoli nata oltre quarant'anni fa. Le materie prime, in gran parte prodotte dalla cooperativa, sono interpretate secondo tradizione.*

L'OSTERIA Nato come laboratorio di ricerca gastronomica, il ristorante Al Frantoio è **una perla della ristorazione tradizionale**. La proprietà è della cooperativa Nuovo Cilento, tra le più importanti del panorama olivicolo campano. A presiederla Giuseppe Cilento, indiscusso protagonista della cultura della dieta mediterranea.

LA CUCINA Il pranzo inizia sempre con una patata lessa, offerta per assaggiare i tre oli della cooperativa presentati da Serena, figlia di Giuseppe. La cucina a vista del locale consente di osservare (e apprendere) le tecniche di produzione della **pasta fresca, che le donne cilentane preparano a mano** per accompagnare i diversi sughi disponibili. Moltissime le verdure provenienti direttamente dagli orti dei soci. Stesso discorso per la pizza, realizzata con farina di grani cilentani prodotti e macinati dalla cooperativa.

I PIATTI Acquasale (pane integrale biscottato, olio, pomodoro e origano), Lagane e ceci, Melanzane *'mbuttunate*

SAN MICHELE DI SERINO (AV)

TAVERNETTA MARINELLA

Via Cotone, 3 - Tel. 0825 595128
→ 270 m dalla stazione di San Michele di Serino
🕐 Chiuso domenica sera e il lunedì Orario mezzogiorno e sera Ferie giugno-agosto
Prezzi: 30-32 euro vini esclusi
Carte di credito: BM, CS, MC, Visa

IN BREVE *Il menù di questa osteria racconta fedelmente l'Irpinia: salumi, formaggi, zuppe, fettuccelle fatte in casa con burro, olio di ravece e tartufo ner, pollo ruspante dai sapori decisi.*

L'OSTERIA La fornitura idrica napoletana era, in passato, in gran parte sostenuta dall'acquedotto augusteo del Serino; la sua indiscussa qualità ne alimentava una mitologia, forse eccessiva, circa l'imperativo utilizzo in molte **ricette**. San Michele di Serino è posta lungo il corso del fiume Sabato (un ramo del percorso). Qui il simpatico e poliedrico patron Giovanni Romano conduce la sua attività con **competente dedizione**, alternandosi anche nel ruolo di intrattenitore musicale. Se qui l'acqua è regina, la **proposta enologica di territorio**, espressa in carta, non ne è certamente da meno!

LA CUCINA Le **ricette** di Nonna Marina, omaggiata nella denominazione del locale, **fieramente irpine e tradizionali**, pervadono tutte le proposte del menù. Le materie prime utilizzate rimandano ai luoghi circostanti; la tecnica esecutiva è semplice ma collaudata, votata innanzitutto a estrarne i più intensi sapori.

I PIATTI Purè di patate con porcini, Fettuccelle con burro, olio di ravece e tartufo, Pollo ruspante con patate locali

SANTA MARINA (SA) - Policastro Bussentino

IL GHIOTTONE

Via Nazionale, 42
Tel. 0974 984186-333 1254038
→ 800 m dalla stazione di Policastro Bussentino
🕐 Chiuso a pranzo lunedì, martedì
e mercoledì Orario mezzogiorno e sera
Ferie novembre, 15 gg gennaio-febbraio
€ Prezzi: 38-42 euro vini esclusi
Carte di credito: AE, BM, CS, DC, MC, Visa

IN BREVE *Affermata osteria che offre un buona cucina prevalentemente di mare e alcuni piatti di terra, tutti tipicamente cilentani. Ottimi il baccalà con peperone crusco e il polpo grigliato con verdure.*

L'OSTERIA Lungo la strada che costeggia il golfo di Policastro, dal 1978, la patronne e cuoca Maria Rina delizia gli ospiti con piatti prevalentemente di mare in questo elegante ristorante. In estate, oltre al grande e confortevole spazio interno, i tavoli sono sistemati anche nell'ampia veranda fronte strada.

LA CUCINA Ricette del territorio cilentano a fianco di qualche proposta più innovativa. Un **piccolo orto di erbe aromatiche** viene usato per arricchire il pescato e la carne, sempre accompagnati da verdure e ortaggi locali. Spaghetto integrale con mozzarella di bufala, acciuga salata e peperone crusco, pesce azzurro e molluschi cucinati in svariati modi (dalle zuppe alla brace) e il fritto di triglie ben esprimono ciò che il mare ogni giorno dona e Maria prepara per i suoi ospiti. Cantina con **buona selezione di vini, liquori e distillati**, locali e non.

I PIATTI Antipasto mare orto con frutta, verdura e pesce, Spaghettino con vongole, peperoni verdi e molliche di pane fritto, Cannolo cilentano con ricottina di capra e fico bianco

SANT'ANASTASIA (NA)

'E CURTI

Via Padre Michele Abete, 6
Tel. 081 8972821-340 4651029
→ 650 m dalla stazione di Sant'Anastasia
🕐 Chiuso dom sera e il lun Orario mezzogiorno e sera Ferie 3 settimane in agosto
Prezzi: 30-35 euro vini esclusi
Carte di credito: AE, BM, CS, DC, MC, Visa

IN BREVE *Cucina tradizionale, fatta come un tempo, con ingredienti semplici o di recupero. Questa la proposta di 'E Curti, tappa fissa per chi voglia cogliere l'anima, anche gastronomica, di questa regione.*

L'OSTERIA La famiglia D'Alessandro è celebre per il nuciilo, un liquore tradizionalmente preparato da sole donne con le noci raccolte nella notte di San Giovanni che, partendo da Sant'Anastasia, ha conquistato i palati di tutto il mondo. Da quest'anno l'osteria si è spostata in un locale posto di fronte alla sede storica, **preservando però le immutabili e straordinarie caratteristiche che l'hanno resa una celebre tappa per buongustai.**

LA CUCINA La **cucina è tradizionale, popolare, fatta come un tempo**. Tutto questo grazie ad Angelina Ceriello, vera anima del locale. I piatti sono quelli della sapiente cucina vesuviana, fatta di recupero e inventiva. Qui le donne sapevano trasformare anche materie prime poverissime in piatti degni della tavola di un re.

I PIATTI *'O sicchio d'a munnezza* (spaghetti con pomodorini e frutta secca), Coniglio alla vesuviana, Baccalà alla vesuviana

SCAMPITELLA (AV)

LA VECCHIA SCALINATA

IN BREVE *Le proposte di questa osteria sono molto attente alla tradizione, con sapiente utilizzo dei prodotti locali. Imperdibili le zuppe, in particolare con fagioli, ceci e funghi porcini o con castagne e tartufo.*

Via Mazzini, 20
Tel. 0827 93656-347 6581686
→ 5,4 km dall'uscita A16 Vallata
🕐 Chiuso il martedì Orario mezzogiorno e sera Ferie una settimana a metà luglio
Prezzi: 35-38 euro vini esclusi
Carte di credito: BM, CS, DC, MC, Visa

L'OSTERIA Siamo in alta Irpinia, area di produzioni agricole e allevamenti di assoluta qualità, che ne fanno **un vero scrigno di prelibatezze**, dal quale tutta la gastronomia regionale attinge a piene mani: dal vino all'olio, alle carni, ai formaggi. Il piccolo, bel locale di Michele Flammia, recentemente ristrutturato con gusto valorizzandone la cantina a vista, vale decisamente la sosta.

LA CUCINA Il meglio delle produzioni irpine è **cucinato in maniera rispettosa della tradizione**, non disdegnando elementi di modernità e raffinatezza. Castagne, funghi, tartufi, legumi, formaggi, carni, quali il mitico agnello di Carnasciano, garantiscono nei piatti proposti una vera esplosione di sapori.

I PIATTI Zuppa di fagioli con porcini, Paccheri con baccalà e peperone crusco, Coniglio al vino bianco

SCAMPITELLA (AV)

OSTERIA DEI BRIGANTI

IN BREVE *L'osteria è un ottimo punto di osservazione della ristorazione tradizionale di questa parte del territorio. Ottime le paste, non mancano mai il baccalà e le carni arrosto.*

Via IV Novembre, 5
Tel. 0827 93572-340 1404682
→ 4,5 km dall'uscita A16 Vallata
🕐 Chiuso il lunedì
Orario mezzogiorno e sera Ferie variabili
Prezzi: 25-28 euro vini esclusi
Carte di credito: AE, BM, CS, DC, MC, Visa

L'OSTERIA Un piccolo locale posto **quasi sulla linea di confine tra Campania e Puglia**. Il nome sarebbe da ricondurre direttamente alle origini della famiglia che lo gestisce e si vanta di essere discendente da quei briganti che difesero il Regno delle due Sicilie dall'avanzata sabauda, ai tempi dell'unificazione nazionale.

LA CUCINA Non possiamo avere la certezza che i piatti proposti fossero quelli che i briganti cucinavano nei loro rifugi di montagna, ma di certo **la cucina di quest'osteria è squisitamente tradizionale**, di terra, con poche eccezioni di baccalà e alici sotto sale. Il vantaggio è quello di essere in una terra liminare, dove i pastori transumanti riuscivano a trasferire tra i due territori conoscenze e prodotti.Un antipasto di formaggi freschi e stagionati ci darà immediato riscontro di questa provvida realtà. Alla fine del pasto, lasciatevi tentare dagli ottimi e genuini dessert.

I PIATTI Ciambotta, Spaghetto del brigante con capperi, olive, alici di menaica e pomodorino del piennolo, Agnello alla brace con i lampascioni

SOMMA VESUVIANA (NA)

LA LANTERNA

IN BREVE *In una sala luminosa e affollata si possono gustare ottimi piatti di baccalà, stoccafisso, pesce e carne locali. La tradizione è il faro seguito da questa piacevolissima osteria.*

Via Colonnello Aliperta, 8
Tel. 081 8991843-333 2963740
→ 7,3 km dall'uscita A16 Pomigliano d'Arco
→ 1 km dalla stazione di Somma Vesuviana
⊙Chiuso domenica sera e il lunedì Orario mezzogiorno e sera Ferie 15 giorni in estate
Prezzi: 28-32 euro vini esclusi
Carte di credito: AE, BM, CS, DC, MC, Visa

L'OSTERIA Siamo nella patria del pesce di terra, come qui chiamano lo **stoccafisso**. Somma Vesuviana, alle pendici del Vesuvio, è infatti nota per aver ospitato, sin dal Seicento, il commercio del merluzzo essiccato. Qui Luigi e Consiglia Russo hanno fatto del loro ristorante un **riferimento nella gastronomia campana**. Bella e interessante la cantinetta che ospita i molti vini.

LA CUCINA La carta è anche simpatica (il che non guasta): un piccolo libretto con i disegni realizzati da Consiglia, che illustra al cliente i percorsi di degustazione e i piatti alla carta. Ai fornelli c'è Luigi mentre la moglie si dedica agli squisiti dessert, come il semifreddo di ricotta con vecchie varietà di albicocche del Vesuvio. Il risultato è una cucina frutto di un'attenta ricerca di equilibrio, tra **qualità e prodotti del territorio**, nel rispetto della tradizione ma con buone intuizioni innovative.

I PIATTI Insalata di rinforzo con papaccella, Ravioli ripieni di baccalà con pomodorini del Vesuvio, Baccalà su vellutata di agrumi con pistacchio e arancia candita

SOMMA VESUVIANA (NA)

SUMMA TERRA

IN BREVE *Osteria di recente ristrutturazione, ma ricca di esperienza, dove trovare piatti tradizionali, stagionali, con prodotti provenienti dal vicino orto di proprietà.*

Piazza Santa Maria del Pozzo, 116
Tel. 081 5318496
→ 4,6 km dall'uscita A16 Pomigliano d'Arco
→ 1,3 km dalla stazione di Somma Vesuviana
⊙Chiuso lun-mer Orario sera, sab anche pranzo, dom solo pranzo Ferie variabili
Prezzi: 30-40 euro vini esclusi
Carte di credito: BM, CS, Visa

L'OSTERIA L'area interna, cui appartiene il comune di Somma Vesuviana, si è sempre caratterizzata per la ricchezza delle produzioni agricole. Terra fertile, grazie ai Borbone divenne celebre per i depositi di stoccafisso importato dal Nord Europa, i quali hanno progressivamente determinato l'acquisizione di una specifica competenza nell'utilizzo. **Adiacente al museo della civiltà contadina**, questa osteria rispetta il *genius loci*: la gentile Camilla in sala vi proporrà pietanze che richiamano tale storicità.

LA CUCINA **La cucina è semplice, tradizionale**, con ampio e solido impiego stagionale di ingredienti dell'orto di proprietà e di prodotti locali imperdibili quali il pomodoro del piennolo del Vesuvio e l'albicocca pellecchiella.

I PIATTI Pacchero allo stoccafisso, Baccalà in olio cottura su scarola e fagioli dente di morto di Acerra, *Buccacciello* (barattolo) con mousse di ricotta, confettura di pellecchiella e granella di nocciole

HOSTERIA LE GOURMET

IN BREVE *Locale finemente arredato e affrescato, è un luogo di confine non solo geografico ma anche emozionale, che unisce proposte classiche e piacevoli riletture.*

Viale Ferrovia, 28 - Tel. 338 2154656
→ 2,9 km dall'uscita A16 Baiano
→ 65 m dalla stazione Avella
🕐 Chiuso il lun **Orario** sera, dom solo pranzo
Ferie 2 settimane centrali in agosto
Prezzi: 30-35 euro vini esclusi
Carte di credito: BM, CS, MC, Visa

L'OSTERIA Laddove la provincia di Napoli s'incontra con quella di Avellino, sorge il locale di Peppino Caramiello, storico volto della gastronomia di queste terre. **Peppino è soprattutto un ricercatore di materie prime eccellenti**, che sa proporre con grande maestria e dovizia di particolari al suo pubblico. Quest'osteria contemporanea è ospitata in un palazzo di inizio Novecento e, al suo interno, conserva gli affreschi di quando il luogo era sede della società elettrica locale.

LA CUCINA **La cucina è di confine**, non solo geografico. Qui infatti i prodotti della tradizione, le ricette più tipiche dell'Agro nolano s'incontrano con le moderne tecniche di cucina e le rielaborazioni di un'osteria contemporanea. **Il menù cambia con grande frequenza**: almeno due piatti nuovi fanno capolino nella carta una volta a settimana.

I PIATTI Genovese con cipolla di Montoro, Spaghettini con estratto di cipolle, anguilla e aneto, Faraona

SUCCIVO (CE)

LA TIPICHERIA

IN BREVE *Locale accogliente e originale. Il menù è fisso ma cambia ogni settimana; le verdure provengono dagli orti interni e da cooperative che gestiscono terreni confiscati alla camorra.*

Via XXIV Maggio, 2
Tel. 081 5011641-334 6075230
🕐 Aperto venerdì sera, prefestivi pranzo e cena, festivi solo a pranzo
Ferie in agosto, Natale e Capodanno
Prezzi: 25-30 euro menù fisso
Carte di credito: AE, BM, CS, DC, MC, Visa

L'OSTERIA Nell'antico Casale di Teverolaccio, complesso tardo-medievale parzialmente restaurato, questa osteria è il luogo ideale per trasformare la classica uscita domenicale fuori porta in un'esperienza che unisce sapori e saperi, naturalità, genuinità e sostenibilità. La **grande sala con arcate in tufo e soffitto in legno** è ariosa. L'atmosfera è piacevole e l'accoglienza cordiale. Buono l'assortimento dei vini, ottime le birre artigianali prodotte nel casale.

LA CUCINA Le pietanze, semplici, naturali ma non banali, sono proposte in un menù degustazione che può avere un prezzo che varia dai 25 ai 30 euro. Tutta l'offerta cambia settimanalmente e vi troverete ad assaporare gusti quasi dimenticati. Le materie prime provengono dalle **coltivazioni biologiche dell'interno del Casale** e da cooperative locali o da produttori dei Presìdi Slow Food. Particolare attenzione ai menù studiati per vegetariani, vegani e celiaci.

I PIATTI Chicche di patate con salsiccia e crema di zucca, Rotolo di verza su sformatino di patate e crema di fave, Caprese al limone

TEANO (CE)
Borgonuovo-Cipriani  NOVITÀ

I CACCIAGALLI

IN BREVE *Il luogo perfetto per trascorrere qualche ora di pace, gustando una cucina semplice, ben fatta e attenta alle materie prime. Valida la selezione di salumi e formaggi locali.*

SP 91 Borgonuovo-Cipriani
Tel. 0823 875216 -393 9253825-328 6179768
Aperto venerdì sera, sabato pranzo e sera, domenica a pranzo Ferie novembre
Prezzi: 25-30 euro vini esclusi
Carte di credito: AE, BM, CS, DC, MC, Visa, Satispay

L'OSTERIA I Cacciagalli è il **luogo perfetto per trascorrere qualche ora di relax** a contatto diretto con la natura. L'orto, la vigna, le camere, la piscina naturale, la cantina: Mario e Diana Basco, un enologo e un'agronoma, hanno pensato proprio a tutto per rendere perfetta l'occasione di un pasto nella loro tenuta.

LA CUCINA La **cucina è semplice e curata, con un'attenta selezione delle materie prime**. Vino, olio extravergine di oliva, legumi, ortaggi, nocciole, grano e altri straordinari prodotti sono ottenuti direttamente in loco e serviti nel pieno rispetto delle loro caratteristiche. Il menù varia settimanalmente e si adegua alla stagionalità. Una menzione speciale va alla carta dei vini: una ricca selezione di biodinamici, tra cui alcuni affinati in anfora, tutti da provare e riprovare.

I PIATTI Selezione di salumi e formaggi locali, Pasta fatta a mano con verdure di stagione, Carni autoctone cotte in salsa di vino

---

TEANO (CE)

LOCANDA DE FORIS

IN BREVE *Un piccolo locale nel cuore del centro storico della celebre città. Nel menù trovano spazio alcuni piatti simbolo della cucina di Pietro, come il carciofo capuanella in pasta croccante.*

Calata Santa Maria De Foris, 57
Tel. 0823 875571
→ 9 km dall'uscita A1 Caianello
Chiuso il lunedì Orario mezzogiorno e sera Ferie 1-10 luglio, 10-25 novembre
Prezzi: 33-35 euro vini esclusi
Carte di credito: BM, CS, DC, MC, Visa

L'OSTERIA L'Agro sidicino e la sua zona collinare sono prossimi al vulcano spento di Roccamonfina: **un contesto di tradizioni culinarie, terra fertile, allevamenti**, oliveti storici e noti produttori di vini. Questa osteria con ambienti a volta luminosi e arredi sobri è ospitata in una struttura che ha già avuto trascorsi con la ristorazione di qualità. Pietro Balletta, con il suo nuovo locale, ha saputo ridare vita e valorizzare gli spazi disponibili, tanto in sala quanto nel dehors.

LA CUCINA Originalità e fantasia non mancano a Pietro, che ha un notevole bagaglio di esperienza, oltre che una innata vicinanza a Slow Food. **Nella sua cucina si mescolano terra e mare** in un vortice di tipicità e gusto, per un menù in continuo aggiornamento con tante varianti stagionali. **Le proposte gastronomiche nascono talvolta anche all'ultimo momento**, dopo una chiacchierata con gli ospiti; l'obiettivo è però sempre lo stesso: valorizzare al meglio la ricchezza delle materie prime del territorio.

I PIATTI Zuppa di porcini e castagne, Vermicelli con patate, pomodorino del piennolo e alici di Cetara, Cacio e pepe al profumo di limone

CASA KBIRR

Corso Vittorio Emanuele, 53
Tel. 081 18361861
🕐 Non ha giorno di chiusura Orario sera
domenica anche pranzo Ferie variabili
Prezzi: 25-28 euro vini esclusi
Carte di credito: nessuna

IN BREVE *Osteria contemporanea di proprietà di un noto birrificio artigianale. Propone una cucina tradizionale che nulla concede all'innovazione. Da bere, accanto alle produzioni brassicole, qualche etichetta di vino.*

L'OSTERIA Fabio Ditto, già noto agli amanti del mondo brassicolo, è il patron di Casa KBirr, il locale di recente aperto sul cosiddetto Miglio d'oro per **esaltare la cucina** napoletana abbinandola a buone birre artigianali. Siamo a Torre del Greco, a pochi passi dagli scavi di Ercolano e da Villa Campolieto. Quella costruita da Fabio è una villa vesuviana in cui l'esplosione di stili nell'arredamento fa da preludio a una strepitosa varietà di sapori.

LA CUCINA Casa KBirr è un'osteria contemporanea ma la **cucina** di Antonio Alberti è **tipica, senza indulgenze**. Le materie prime provengono esclusivamente da fornitori campani e, in particolare, dagli orti vesuviani. Una parte del menù è dedicata alla tradizione estrema e comprende, tra l'altro, parmigiana di melanzane, braciola al ragù e baccalà mantecato. Da bere, oltre alle birre di casa, alcune proposte di altri produttori e anche qualche etichetta di vino.

I PIATTI Parmigiana di melanzane, Ragù napoletano, Cassata vesuviana

TORRE ORSAIA (SA)

DA ADDOLORATA

Via Pulsaria, 16 - Tel. 0974 985669
🕐 Non ha giorno di chiusura
Orario mezzogiorno e sera, d'estate solo sera
Ferie 15 giorni in ottobre
Prezzi: 20-22 euro vini esclusi
Carte di credito: nessuna

IN BREVE *In questa osteria non si può parlare di menù, qui non si può scegliere: da molti anni i piatti si ripetono, sempre uguali. La cucina di Addolorata è schietta, semplice e popolare.*

L'OSTERIA Lungo la strada per "le Calabrie" troviamo **un'autentica osteria** gestita da zia Addolorata che, da brava decima figlia, ha seguito la mamma in questa avventura avviata nel 1954. Di buon mattino la troverete con le mani nella farina mentre crea le lagane che saranno servite a cena d'estate. Gestione familiare per un'esperienza che vi trascinerà nella storia culinaria del Cilento.

LA CUCINA «Chi viene da me viene a mangiare!». È questo il principio su cui ruota la **cucina genuina e alla cilentana** di Addolorata. Non contraddritela, otterrete solamente più ravioli, fusilli, capretto e agnello al forno. La materia prima arriva tutta dai dintorni ed è prodotta con amore e onestà. Gli scauratielli, zeppoline di farina fritte e insaporite con miele, concluderanno l'esperienza.

I PIATTI Lagane e ceci, Cavatelli al sugo, Parmigiana e melanzane imbottite alla cilentana

OSTERIA REALE

IN BREVE *L'osteria è in frazione Gete, con i suoi locali rustici e confortevoli. La cucina utilizza materie prime di immediata prossimità, con un occhio alla vicina costa.*

Via Cardamone, 75
Tel. 089 856144-333 1783788
🕐 Chiuso il mer, mai in agosto
Orario mezzogiorno e sera
Ferie seconda metà di febbraio
Prezzi: 35-38 euro vini esclusi
Carte di credito: AE, BM, CS, DC, MC, Visa

L'OSTERIA Percorrendo la strada tortuosa che dal casello autostradale di Angri conduce al valico di Chiunzi e scende giù per raggiungere la Costiera amalfitana, si incontra il comune di Tramonti, dal quale generazioni di maestri pizzaioli sono partiti per esercitare la loro arte. In frazione Gete si trova questa osteria con annesso b&b, dagli **ambienti semplici e accoglienti**. I titolari, Luigi e Gaetano Reale, con la propria produzione vitivinicola, valorizzano opportunamente i vitigni autoctoni.

LA CUCINA Da orti, vigneti e dai piccoli allevamenti dei Monti Lattari, come dai locali pescatori provengono le materie prime, utilizzate in una **cucina semplice, tradizionale e di stampo contadino**.

I PIATTI Ndunderi con salsiccia al Tintore e formaggio erborinato, Pesce bandiera con fior di latte di Agerola e pomodorini, Frittatine con verdure degli orti e provola

TRENTOLA-DUCENTA (CE)

ANGELINA

IN BREVE *L'ambiente è spigliato, elegante ma informale. Un piccolo spazio all'aperto apre sull'orto con erbe aromatiche e limoni, usati in una cucina che sa tenersi in equilibrio tra innovazione e tradizione.*

Via Roma, 264 - Tel. 349 0884105
🕐 Chiuso il martedì
Orario mezzogiorno e sera Ferie variabili
Prezzi: 25-28 euro vini esclusi
Carte di credito: AE, BM, CS, DC, MC, Visa

L'OSTERIA Dal 1994 l'osteria Angelina è **uno dei luoghi più amati da chi cerca la ristorazione tradizionale** di questo tratto di Campania tra Napoli e Caserta, nell'Agro aversano-atellano. Dal 2018 una nuova sede è subentrata allo storico locale nato diversi decenni or sono per la vendita di vino sfuso. In cucina c'è Angelina Cervo, che dà il nome al locale, gestito insieme al figlio Emilio Di Matteo.

LA CUCINA La **cucina è quella della tradizione campana**, proposta anche attraverso variazioni sul tema. Piatto forte del locale è lo scarpariello, un primo piatto con pasta (fresca o secca), amato e diffuso in tutta la Campania, nato – secondo la versione che ne danno in questo territorio – per rifocillare i calzolai (*scarpari*) con pochi e semplici ingredienti: basilico, formaggio e ragù del giorno prima. Per chi preferisca il pesce sono imperdibili i polpetti alla luciana, polpi piccoli con ottimo sugo di pomodoro e origano.

I PIATTI Baccalà fritto, Scarpariello, Grigliata di carne

VAIRANO PATENORA (CE)

OSTERIA DEL BACCALÀ

Via Napoli, 220 - Tel. 0823 988240
→ 2 km dall'uscita A1 Caianello
→ 650 m dalla stazione di Vairano Patenora
🕐 Chiuso il martedì Orario mezzogiorno e
sera Ferie 20 luglio -1 agosto
Prezzi: 30-35 euro vini esclusi
Carte di credito: BM, CS, MC, Visa

IN BREVE *Osteria aperta nel 2010 a partire da un'idea di Antonio Ruggiero: il ricco menù ospita il baccalà praticamente in tutti i piatti.*

L'OSTERIA L'Osteria del Baccalà è l'ultimo progetto di Antonio Ruggiero, protagonista della cucina dell'alto Casertano. Il **professore è un vero istrione**: docente dell'Istituto alberghiero, sommelier, degustatore di oli e assaggiatore di formaggi. Il locale, a poche centinaia di metri dall'uscita dell'autostrada di Caianello, mostra nell'arredo la poliedricità del fondatore e riserva all'avventore un'accoglienza calorosa e familiare.

LA CUCINA **Il baccalà e lo stoccafisso sono proposti in tutte le salse**, con attenzione alla territorialità per ogni prodotto utilizzato per cucinarlo. Antonio inserisce nel menù esclusivamente piatti con quello che era l'unico prodotto ittico delle aree interne. Le preparazioni spaziano dalle più tradizionali (fritto e in cassuola) a numerose varianti, tra cui i tortelli con salsa al baccalà.

I PIATTI Rielaborazione del baccalà fritto dolce e piccante, Mussillo di baccalà con papaccella napoletana, Tortellone ripieno di burrata con salsa di baccalà

VALLE DELL'ANGELO (SA)

LA PIAZZETTA

Piazza Canonico Iannuzzi, 2
Tel. 0974 942008-320 1403016
🕐 Non ha giorno di chiusura Orario mezzogiorno e sera Ferie 1 settimana in ottobre
Prezzi: 35 euro menù fisso vini esclusi
Carte di credito: nessuna

IN BREVE *In uno spazio intimo o nella piazza del paese si può assaggiare una cucina esclusivamente di terra, che mette in risalto le materie prime locali con cotture semplici e tradizionali.*

L'OSTERIA Valle dell'Angelo è un piccolissimo borgo alle falde del Monte Cervati. Qui da oltre quindici anni Alì e Carmela gestiscono questa osteria con camere nella piazza principale del paese. **Lo spazio interno è intimo, confidenziale** mentre i tavoli all'esterno consentono di affacciarsi per qualche ora nella vita del paese. Una bella esperienza, non solo gastronomica.

LA CUCINA Siamo alle pendici del monte più alto della Campania (qui però siamo a 631 metri di altitudine) e **la cucina non può che essere squisitamente e straordinariamente di terra**. Le ricette afferiscono alla grande sapienza contadina, ma non si disdegna qualche nota innovativa, soprattutto nei dessert. Nel menù fisso a 35 euro, un'accurata selezione di salumi, formaggi e verdure accoglie il visitatore e fa da preludio alle paste fresche condite con sughi preparati con ortaggi di stagione o, quando disponibili, funghi locali.

I PIATTI Acquasale (pane bagnato condito con pomodori e spezie), Carni alla brace, Fior di fragola

VALLESACCARDA (AV)

MINICUCCIO

Via Santa Maria, 24-26 - Tel. 0827 97030
→ 7 km dall'uscita A16 Vallata
🕐 Chiuso il lunedì Orario mezzogiorno
e sera Ferie non ne fa
Prezzi: 28-35 euro vini esclusi
Carte di credito: AE, BM, CS, DC, MC, Visa

IN BREVE *Storico albergo-ristorante gestito da quattro generazioni dalla famiglia Pagliarulo. Tra le pietanze stagionali, la minestra maritata e il baccalà alla perticaregna.*

L'OSTERIA Negli anni Settanta e Ottanta, prima dell'affermazione di un'idea di cibo spesso più legata all'estetica e allo show che non alla sostanza, anche gli alberghi proponevano nelle loro sale una cucina che faceva dell'identità territoriale un proprio punto di forza. Fortunatamente esistono in Italia luoghi che hanno tuttora mantenuto questa impostazione. È il caso di Minicuccio, dove la famiglia Pagliarulo, da più generazioni, continua a realizzare **piatti semplici, robusti, gustosi, veri** *topoi* **della gastronomia irpina**, ben innaffiati da un più che dignitoso vino della casa.

LA CUCINA Marisa e Giannina Pagliarulo, con Franco in sala, presentano pietanze **di netta impronta casalinga, dai marcati sapori**, dove le materie prime di prossimità, acquistate da fornitori di comprovata fiducia, esprimono al meglio le proprie potenzialità.

I PIATTI Selezione di salumi irpini, Zuppa di fagioli nel *pignatiello*, Ravioloni artigianali di ricotta fresca di pecora al ragù

VALLO DELLA LUCANIA (SA)

LA CHIOCCIA D'ORO

Via Bivio Novi Velia
Tel. 0974 70004-338 2998069-320 7663689
🕐 Chiuso il ven Orario mezzogiorno e sera
Ferie 1 settimana in febbraio,
prime 2 di settembre
Prezzi: 25-28 euro vini esclusi
Carte di credito: AE, BM, CS, DC, MC, Visa

IN BREVE *Luogo di semplice e autentica convivialità dove gustare una cucina, prevalentemente terragna, preparata con carni e verdure di produttori locali.*

L'OSTERIA Un locale in cui si è **accolti sempre con il sorriso sulle labbra**: è questo il segreto del successo dell'osteria di Vallo della Lucania gestita dalla famiglia Positano. In sala, la figlia Rosa elenca il menù e consiglia i vini che esaltano al meglio le preparazioni dei genitori.

LA CUCINA Molti dei prodotti impiegati provengono **direttamente da fornitori del territorio**. Ecco il motivo per cui in inverno la zuppa di ceci e fagioli con funghi è un ottimo antipasto, mentre nella bella stagione le tante verdure cilentane la sostituiscono egregiamente. E non potrebbe che essere così, vista la volontà di **preservare la tradizione in tutte le sue espressioni**. Di recente, però, i Positano hanno deciso di rimescolare un po' le carte, lasciando aperta la porta a qualche ricetta più creativa.

I PIATTI Carratelli al tradizionale ragù del Cilento, Sartù di riso, Braciola di vitello cotta al ragù

VALLO DELLA LUCANIA (SA)

TAVERNA DEL PRINCIPE

Piazza Vittorio Emanuele, 62
Tel. 334 9575584
🕐 Chiuso il lunedì **Orario** mezzogiorno
e sera **Ferie** 2 settimane a metà settembre
Prezzi: 22-25 euro vini esclusi
Carte di credito: nessuna

IN BREVE *I piatti di questa osteria, schietti e autentici, raccontano il territorio e le stagioni con buona parte delle materie prime che provengono dall'azienda di famiglia.*

L'OSTERIA Giovanni e Annamaria Cetrangolo sono i padroni di casa di questo locale ospitato in uno storico palazzo. La Taverna ha consolidato, nel corso degli anni, il suo rapporto con il Cilento e le sue ricette, riuscendo a diventare **punto di riferimento per la scoperta della dieta mediterranea**.

LA CUCINA Grande varietà di verdure, legumi e ortaggi (alcuni dei quali provenienti dall'orto di proprietà), **sapiente scelta dei formaggi** (perlopiù caprini) e **pasta fatta in casa** sono i segreti del successo di questa osteria. Ricchissimo l'antipasto con molte verdure e qualche salume del territorio: tra i piatti proposti vi sono i peperoni di fiume ripieni, il gattò di patate, le melanzane al pomodoro e le crocchette cilentane. Ottime, in inverno, le minestre di legumi. Da non perdere i dolci.

I PIATTI Cipolle al forno, Cavatelli con fiori di zucca, Lagane e ceci

VICO EQUENSE (NA) - San Vito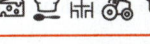

IL CELLAIO DI DON GENNARO

Via Raffaele Bosco, 92
Tel. 081 8798713-339 3529394
🕐 Chiuso il lun, d'inverno aperto solo
nel fine settimana **Orario** sera, sab e dom
anche pranzo **Ferie** 8 gennaio-13 febbraio
Prezzi: 33-38 euro vini esclusi
Carte di credito: BM, CS, DC, MC, Visa

IN BREVE *Cucina fortemente identitaria di questo straordinario territorio, soprattutto di mare, con qualche proposta di terra. L'ambiente è piacevole, la terrazza offre una vista incredibile.*

L'OSTERIA L'osteria, ubicata nella zona collinare della cittadina che funge da ingresso alla Costiera, è nata oltre dieci anni fa ristrutturando il vecchio cellaio, una cantina per la conservazione dei vini della famiglia Guida. Affascinante la sala interna, fresco e rilassante lo spazio esterno, anche con la **nuova terrazza panoramica**. Ottima selezione di formaggi campani con particolare riguardo a quelli dei Monti Lattari. La carta dei vini è completa e comprende il meglio della produzione campana e italiana, con qualche inserimento internazionale.

LA CUCINA Franca Di Mauro, coadiuvata dalla fidata Annamaria, valorizza le **eccellenti materie prime provenienti dall'orto e dal frutteto di proprietà e dal vicino mare**. Una cucina identitaria, attenta al territorio e alla sostenibilità degli ingredienti, a cominciare dall'utilizzo dei Presìdi Slow Food, che arricchiscono un ragionato menù non solo di mare.

I PIATTI Fusilli artigianali, palamita, pomodorini e frigitelli, Pesce bandiera con portulaca e pomodorini sorrentini, Tartelletta di frolla con albicocche pellacchielle e gelato alla vaniglia

SESTA STAZIONE

Piazza Ferrigno
Tel. 089 210833-339 3218764
→ 700 m dall'uscita A3 Vietri sul Mare
→ 1 km dalla stazione di Vietri Sul Mare-Amalfi
🕐 Chiuso il mar, mai d'estate Orario mezzogiorno e sera Ferie 15 giorni in novembre
Prezzi: 32-35 euro vini esclusi
Carte di credito: BM, CS, MC, Visa

IN BREVE *Osteria ubicata nei locali di una vecchia fornace; d'estate ci si può accomodare a uno dei piccoli tavoli all'esterno, con vista sul mare. I piatti sono ispirati dal mercato e dal pescato locale.*

L'OSTERIA Il paesaggio di Vietri sul Mare è una delle meraviglie della Campania: le maioliche, che riempiono le vie del centro, digradando verso il mare, ne fanno un luogo da sogno. La **cucina, di schietta ispirazione marinara**, ne è poi il coronamento. L'osteria Sesta Stazione è un ottimo **esempio della cultura del luogo**.

LA CUCINA La cucina è **semplice ma mai banale**. Piatti tradizionali come lo scammaro si accompagnano a ricette più elaborate come il tataki di tonno rosso del Mediterraneo, ossia marinato in colatura di alici, scottato e arricchito di erbe spontanee. La millefoglie scomposta con crema pasticcera e amarene è un dessert che chiude degnamente il pasto.

I PIATTI Pane cotto a legna con lievito madre, burro di mucca podolica dei Monti Lattari, alici salate in botti di castagno, Vermicelli allo scammaro, Totano alla *figl ì 'ndrocchia*

BASILICATA

ALCUNI PIATTI DELLA TRADIZIONE

Acquasale
Antipasto a base di pane raffermo ammollato con uovo, peperone crusco e salsiccia pezzente: ne esistono alcune varianti

Cicoria in brodo
Cicoria bollita, fatta saltare in padella con strutto e dadini di prosciutto, quindi cotta nel brodo di carne e servita con pecorino grattugiato

Ciauredda
Zuppa di cipolla e pomodoro con fave, lardo e cipolla

Mischiglio
Pasta fresca, diffusa nell'area del Pollino, spesso a forma di cavatello, confezionata con un miscuglio di farine di legumi e cereali – grano duro, orzo, ceci e fave –, condita in vari modi

Strascinati con cacioricotta, peperoni cruschi e mollica tostata
Pasta fresca casalinga condita con peperoni rossi lasciati essiccare al sole (detti cruschi)

Baccalà con peperoni cruschi
Il pesce, bollito, è condito con peperoni cruschi fritti in abbondante olio extravergine con aglio e prezzemolo

Cutturidd
Pezzi di agnello cotti lentamente con verdure, aromi (sedano, cipolla, rosmarino, alloro, peperoncino, pomodoro) e pecorino

Gnummridd
Involtini di interiora di agnello o di capretto racchiuse nell'omento

Pastorale
Stufato di agnello o capretto con verdure (patate, pomodori, sedano, carota), alloro e peperoncino

Sospiri aviglianesi
Dolci tipici con crema pasticciera, ricoperti di glassa

ACCETTURA (MT)

PEZZOLLA

Via Roma, 21 - Tel. 0835 675008
🕐 Chiuso il venerdì Orario mezzogiorno e sera Ferie una settimana a settembre
Prezzi: 20-35 euro vini esclusi
Carte di credito: AE, BM, CS, DC, MC, Visa

IN BREVE *Nella loro osteria accogliente e familiare Isa e Mario sono due colonne della cucina lucana.*

L'OSTERIA **Monumento della cucina lucana** e colonna portante di questa osteria con alloggio, Zia Isa, dall'alto dei suoi novantatré anni, è sempre disponibile a condividere con gli avventori le vicende del suo passato e presente gastronomico. Suo degno erede è il figlio Mario che, con sapienza, innova la cucina delle Dolomiti lucane.

LA CUCINA Gli antipasti ruotano soprattutto intorno ai fritti: verdure di stagione ma anche scamorza, funghi, persino soppressata. Il ragù misto di agnellone, salsiccia, involtini di vitello e maiale è un **tripudio di sapori**. La scamorza e il caciocavallo podolico alla piastra sono un'ottima alternativa ai secondi di carne. Su ordinazione, la sontuosa **pastorale**. Il dessert è abbinato a un casalingo limoncello alla grappa. Discreto il vino locale.

I PIATTI Manate alla sangiovannara, Noce di vitello all'arancia, Mousse di ricotta al vincotto

AVIGLIANO (PZ)

GAGLIARDI

Via Martiri Ungheresi, 18 - Tel. 0971 700743
🕐 Chiuso domenica sera Orario mezzogiorno e sera Ferie variabili
Prezzi: 30-35 euro vini esclusi
Carte di credito: AE, BM, CS, DC, MC, Visa

IN BREVE *Ambiente, sollecita cortesia, maestria e creatività nella preparazione del baccalà, ingrediente principe della cucina di Avigliano.*

L'OSTERIA L'osteria deve il suo nome al **palazzo padronale del XVII secolo** che la ospita. A gestirla, con autentica dedizione, è Stefano Errichetti. Lo aiutano in cucina Mario e Francesco, mentre in sala, con **garbo e competenza**, vi accoglie Lorenzo. Avigliano è famoso per la sagra del baccalà, che si tiene in agosto, e Stefano ha deciso di declinare nel menù questo prodotto della cucina povera ricco di sapore in tutte le sfumature possibili.

LA CUCINA Il ricco antipasto dell'osteria comprende sformatino, parmigiana, frittelline, carpaccio, insalata con i cruschi, **tutto a base di baccalà**. Stesso ingrediente principe per i primi come per i secondi: da provare il baccalà all'aviglianese con fave e cicoria. Se non amate il pesce veloce del Baltico, troverete ravioli di ricotta, agnello alla griglia, tagliata di vitello. Ottimi i dolci fatti in casa. Curata carta dei vini, con proposte adatte alle pietanze.

I PIATTI Ravioli di baccalà su vellutata di ceci, Baccalà arraganato, Tarallo aviglianese

AVIGLIANO (PZ) - Frusci Monte Carmine

PIETRA DEL SALE

IN BREVE *In un antico casone appartenuto ai Doria, i fratelli Samela propongono l'antica cucina contadina con qualche elemento innovativo. Ingrediente chiave: il baccalà.*

Contrada Pietra del Sale - Tel. 0971 87063
Chiuso il lunedì
Orario mezzogiorno e sera Ferie non ne fa
Prezzi: 25-30 euro vini esclusi
Carte di credito: AE, BM, CS, MC, Visa

L'OSTERIA Ci troviamo ai margini del bosco del Monte Carmelo, **a 1100 metri di quota**. Il locale, che prende il nome dalla contrada in cui si trova, è ospitato in **un antico casone appartenuto ai Doria**, oggi ben restaurato. Da una trentina d'anni i fratelli Samela propongono la classica cucina contadina con qualche elemento innovativo. Leonardo e Donata Maria si occupano della cucina, Vincenzo della sala.

LA CUCINA Grande protagonista della cucina locale (nonché di questo ristorante) è il baccalà, ingrediente chiave già tra gli antipasti: in pastella, in crosta di pane, sotto forma di carpaccio. Imperdibili l'acquasala del pastore (pane secco bagnato, uova in camicia, guanciale e cacioricotta), la polenta arrostita con pecorino di Filiano, il cinghiale ai profumi di bosco. Si chiude con i taralli locali ricoperti di glassa. Si beve scegliendo da una buona selezione di Aglianico del Vulture.

I PIATTI Orecchiette cacio, pepe e baccalà, Baccalà all'aviglianese, Mugnulatiedd di agnello al forno

CASTELMEZZANO (PZ)

AL BECCO DELLA CIVETTA

IN BREVE *Cucina attenta al meglio che il territorio mette a disposizione, sceglie prodotti e accostamenti con un occhio alla salute. Valide le paste fresche e i secondi di carne o di baccalà.*

Vico I Maglietta, 7
Tel. 0971 986249-392 6968164
Non ha giorno di chiusura
Orario pranzo e cena Ferie novembre-marzo
Prezzi: 28-35 euro vini esclusi
Carte di credito: AE, BM, CS, MC, Visa

L'OSTERIA Albergo-ristorante immerso nel magnifico panorama delle Dolomiti lucane. Mente del locale è Antonietta Santoro, **cuoca entusiasta e curiosa**, nonché molto attenta agli aspetti salutistici del cibo che prepara. Fatevi raccontare i piatti e le novità di una cucina in cui la tradizione va spesso a braccetto con **un intelligente tocco di innovazione**. La curata selezione dei vini è opera di Tonino.

LA CUCINA Le stagioni dettano l'alternarsi in carta delle pietanze. Nei mesi freddi, ad esempio, **funghi, castagne e tartufo lucano** la fanno da padroni. Ad aprire il pasto c'è il rappresentativo *Tant p' accummnzà* a base di formaggi, salumi e olive infornate di Ferrandina (Presidio Slow Food). Le paste fresche sono fatte a mano. Sostanziosi e curati i secondi di carne. In alternativa buoni formaggi locali. In chiusura spicca il "ricordo d'infanzia", un gelato ai fichi con mandorle e finocchietto.

I PIATTI Ravioli al tartufo lucano, Baccalà con i peperoni cruschi, Agnello alle erbe con patate al finocchietto

IRSINA (MT)

NUGENT

IN BREVE *La trattoria, ubicata al piano terra di un palazzo nobiliare, propone piatti sostanziosi come a scutedd, il pancotto con le rape, gli gnummaridd, la costata di podolica.*

Piazza Garibaldi, 6
Tel. 0835 628180-328 7768591-338 3741780
🕐Chiuso il martedì
Orario mezzogiorno e sera Ferie variabili
Prezzi: 25-30 euro vini esclusi
Carte di credito: AE, BM, CS, DC, MC, Visa

L'OSTERIA Quando si dice "fare di necessità virtù": i mesi di chiusura forzata causa lockdown hanno portato Mario e Gigia a rimboccarsi le maniche e a ripensare al loro locale che, dopo un'accurata ristrutturazione, è diventato più **luminoso ed essenziale**. Gli oggetti della civiltà contadina sono sempre presenti a ricordare le origini della cucina e delle materie prime, ma ora trovano posto in originali accostamenti alle pareti. Anche la carta dei vini è stata ripensata e ben studiata da una sommelier: etichette regionali e nazionali, con una bella percentuale di naturali.

LA CUCINA Le verdure provengono quasi esclusivamente dall'orto curato con grande passione da Mario. Ampia la scelta degli antipasti. La pasta è fatta a mano utilizzando farine di grano locale. I secondi sono di carne proveniente da **pascoli della zona**: eccellente la costata di podolica frollata 25 giorni, notevole la grigliata mista di agnello, maiale e salsiccia. Si chiude con dolcetti tipici.

I PIATTI *Scutedd*, Pancotto con le rape, *Gnummaridd*

LAGONEGRO (PZ) - Monte Sirino

VALSIRINO

IN BREVE *Azienda agrituristica a poca distanza dalle piste da sci, presenta tre formule di menù per ogni appetito: da provare la ciambotta, le polpette al sugo, i ravioli di ricotta, la carne alla brace.*

Contrada Ceraso, 4
Tel. 0973 41565-338 8158496
→ 5,7 km dall'uscita A2 Lagonegro Sud
🕐Chiuso il martedì
Orario mezzogiorno e sera Ferie non ne fa
Prezzi: 20-30 euro menù fisso vini esclusi
Carte di credito: BM, CS, DC, MC, Visa

L'OSTERIA La posizione è strategica: sul Monte Sirino, venti minuti dalle piste da sci, quaranta dalle spiagge di Maratea. Qui, **in un bosco di alberi ad alto fusto**, Mario Civale ha realizzato il suo sogno: un'azienda agrituristica completa di ristorante, camere, allevamento del maiale nero lucano, orto, frutteto e maneggio. Collaborano con lui le sorelle Verbicaro, Pina in sala, Lucia in cucina.

LA CUCINA **Tre i menù fissi** da scegliere: con 20 euro si gustano "soltanto" i circa venti antipasti, con 25 si sceglie anche il primo, con 30 si prova il menù completo. La ricchezza degli antipasti dà **un'idea chiara della cucina locale**: salumi, formaggi, ciambotta, patate e lampascioni, patate ripiene, zuppa di legumi, polpette di pane e carne al sugo, melanzane in zuppa. Ottima la pasta fresca che, secondo stagione, è impreziosita da noci, funghi, tartufo locale. Le carni di agnello, capretto, cinghiale, maialino nero lucano e vacca podolica sono preparate alla brace. Dolci casalinghi.

I PIATTI Ciambotta, Polpette di pane e carne al sugo, Ravioli di ricotta

LATRONICO (PZ)

LA TAVERNA DEI GESUITI

IN BREVE *Storico, accogliente locale in cui si propongono piatti della tradizione e rivisitazioni: mischiglio, soffritto e numerose pietanze di baccalà.*

Via Lacava, 6 - Tel. 0973 859108
Chiuso lun e mar, mai in agosto
Orario sera; sab, festivi e giugno-agosto anche pranzo Ferie 10 gg in novembre, 10 in febbraio
Prezzi: 25-35 euro vini esclusi
Carte di credito: AE, BM, CS, DC, MC, Visa

L'OSTERIA Con Francesca Bruno in sala e Francesco Tucci in cucina, Valerio Elefante è ormai una risorsa per il territorio lucano: ha portato **innovazione, entusiasmo** ma anche continuità in questo storico locale di Latronico. Memorabili la cordialità e l'**accoglienza**.

LA CUCINA Pezzente, caciocavallo podolico, pera signora sono i Presìdi Slow Food locali che, stagione permettendo, arricchiscono alcuni dei piatti proposti. Il **baccalà è protagonista di diverse pietanze**, dall'antipasto al secondo. Accanto ai primi "fondamentali" come lagane e ceci e trippa al pomodoro, si possono trovare periodicamente gli scialatielli con pesto lucano (a base di peperoni di Sinise e mandorle) e gli spaghettoni di un locale pastificio con burro, alici di menaica e la loro colatura. Classici i dessert. Discreta cantina con buona presenza di etichette lucane.

I PIATTI Mischiglio, Soffritto, Tris di baccalà

LAVELLO (PZ)

FORENTUM

IN BREVE *Elegantemente rivisitati con gusto e garbo, i piatti di Forentum raccontano la storia gastronomica lucana.*

Piazza Plebiscito, 11 - Tel. 0972 85147
Chiuso il lunedì Orario mezzogiorno e sera Ferie prima settimana di ottobre
Prezzi: 25-35 euro vini esclusi
Carte di credito: BM, CS, DC, MC, Visa

L'OSTERIA Un **palazzo elegantemente restaurato** del centro storico ospita questa struttura che, aperta nel 1986, oggi è **ristorante, pizzeria e albergo diffuso**. Savino Di Noia la gestisce con l'aiuto di mamma Maria Lucia, in cucina, e della gentile Aurora in sala.

LA CUCINA Tante le proposte comprese nell'antipasto della casa: fritto misto, polpette di pane, patate cotte sotto la cenere con peperoni cruschi, sformatino di baccalà e patate. Il *tumac me tulez*, la tagliatella riccia tipica di Barile, è condita con alici, filetti di pomodoro e mollica. Quando è stagione, da provare il tartufo locale. Interessanti i dolci così come la selezione dei formaggi lucani. Carta dei vini con una ricca selezione di Aglianico del Vulture.

I PIATTI Ravioli di ricotta con ragù di brasciola, Strascinati mollicati con baccalà e peperoni cruschi, Brasciola di carne

IL GIARDINO DI EPICURO

IN BREVE *Ammirando dall'alto il panorama di Maratea, mangerete pappardelle ai porcini o ai finferli, ravioli di ricotta al ragù, carni alla griglia con contorno di ciambotta.*

Località Massa - Tel. 0973 870130
🕐 Non ha giorno di chiusura
Orario mezzogiorno e sera Ferie non ne fa
Prezzi: 25-35 euro vini esclusi
Carte di credito: AE, BM, CS, DC, MC, Visa

L'OSTERIA Per arrivare fin qui si sale lungo i tornanti della costa: tra i profumi di ginestre, il Tirreno si mostra all'improvviso tra i promontori verdeggianti. La sosta in questo ristorante, **poco distante dall'imponente statua del Cristo**, vi ripagherà del lungo percorso fino a Massa. Antonio, con la sua consueta vivacità, vi farà accomodare in sala o, tempo permettendo, nella piacevole terrazza.

LA CUCINA L'anripasto, ricco e gustoso, comprende ricotta vaccina o ovina impreziosita dalla confettura di mirto, poi mozzarella, prosciutto, salami, 'nduja. Milena, mamma di Antonio, è autrice di **paste fresche eccellenti** nella loro semplicità: gnocchetti, pappardelle, ravioli di ricotta. Seguono varie carni alla griglia con contorno di ciambotta e non mancano possibili fuori menù. Su prenotazione si prepara la zuppa di pesce che fa da piatto unico. Buoni formaggi e dessert si abbinano bene ai rosoli preparati dalla sorella di Antonio, Annelia. Onesto il vino della casa.

I PIATTI Ravioli di ricotta al ragù, Pappardelle ai porcini, Ciambotta

MARSICO NUOVO (PZ)

VIGNOLA

IN BREVE *Menù fisso in questo agriturismo a gestione familiare immerso in 25 ettari di verde: da provare u' muss e gli arrosti cotti nel forno a legna.*

Contrada Capo d'Acqua
Tel. 0975 342511-388 1404154
🕐 Chiuso il mercoledì, mai d'estate
Orario mezzogiorno e sera Ferie variabili
Prezzi: 25 euro menù fisso
Carte di credito: AE, BM, CS, MC, Visa

L'OSTERIA Nel cuore del Parco Val d'Agri-Lagonegrese troviamo quest'**azienda agrituristica**, che è anche fattoria didattica e maneggio. La struttura, un **antico fabbricato rurale** che ospita anche due appartamenti e quattro camere, è circondata da 25 ettari di prati, boschi, pascoli, orti, frutteti, vigneti. Qui si producono grani antichi, olio, confetture e sottaceti, si allevano animali da cortile, pecore, capre, maiali, vitelli. Peppe Bruno si occupa della cucina con la figlia Manila, la moglie Antonietta e il figlio Francesco accolgono gli ospiti in sala.

LA CUCINA **L'abbondante menù**, la cui composizione varia secondo stagione, è fisso e costa 25 euro. Tanti gli antipasti tra i quali spiccano la gelatina di maiale, *u' muss* (muso di vitello bollito), i peperoni imbottiti. Da provare l'agnello e gli arrosti misti di animali allevati in azienda e cotti nel forno a legna. Buoni le crostate di confetture e il vino della casa.

I PIATTI Cuccìa, *Cozuni* alla marsicana, Strascinati con mollica di pane, noci e peperoni cruschi

MIGLIONICO (MT)

HOSTERIA DEL MALCONSIGLIO

IN BREVE *Attilio e Giulio propongono il meglio del loro territorio con tocchi di innovazione: frittelle di baccalà, maritati con crema di rapa rossa, costata di podolica, semifreddo al fico secco.*

Extramurale Castello, 32
Tel. 0835 559941-347 6707258
🕐 Chiuso lunedì e martedì Orario sera, mezzogiorno su prenotazione Ferie 1-15 luglio
Prezzi: 30-35 euro vini esclusi
Carte di credito: AE, BM, CS, DC, MC, Visa

L'OSTERIA Attilio e Giulio, fratelli e figli d'arte, propongono con **qualche tocco di innovazione** tutto ciò che Miglionico, piccolissimo centro del Materano, produce: buon pane, pregiati salumi di suino nero, pasta fresca e, soprattutto, il goloso **fico secco farcito**.

LA CUCINA La **ricca selezione di antipasti** esprime al meglio il territorio: frittelle di baccalà, salumi di suino nero lucano, tortino di pancotto e cime di rape con arance, lampascioni sott'olio. La pasta fresca è protagonista dei primi. I secondi – spicca senz'altro la costata di podolica – sono accompagnati da patate al finocchietto. Non abbiate timore di chiedere i fuori menù, perché potrebbero sorprendervi. Buona varietà di dolci: sarebbe un peccato finire il pasto senza avere assaggiato il semifreddo al fico secco. La carta dei vini è limitata ma realizzata con cura.

I PIATTI Maritati con rapa rossa, Salsiccia di suino nero, Baccalà al tegamino

RIVELLO (PZ)

COCCOVELLO

IN BREVE *Agriturismo a gestione familiare, dispone di un orto rappresentativo della biodiversità locale. Gustate la zuppa di fagioli di San Gaudioso.*

Contrada Carpuscino, 2
Tel. 329 2239318-333 8298646
→ 9 km dall'uscita A2 Lagonegro Sud
🕐 Chiuso il lunedì, mai in estate Orario mezzogiorno e sera Ferie 15 giorni in febbraio
Prezzi: 25-32 euro vini esclusi
Carte di credito: BM, CS, DC, MC, Visa

L'OSTERIA Lungo la statale 585 che conduce alla costa di Maratea troviamo l'azienda agrituristica che Maria Alice Da Silva Souza gestisce con il marito Giovanni Megale e i figli Domenico e Immacolata. **L'orto è curato con passione**, salvaguardando la biodiversità del territorio e merita una visita: tutto ciò che è coltivato, ovviamente, viene poi utilizzato in cucina.

LA CUCINA Si sceglie alla carta o si approfitta di un bel menù degustazione da 25 euro. Gli antipasti sono una decina: i tipici salumi di maiale nero lucano, tra i quali spicca la **soperzata di Rivello**, i formaggi ovicaprini, le "nuvole" (ortaggi fritti) servite con i peperoni cruschi, gli gnocchetti di patate e miele di castagno. I secondi sono tutti di carne alla brace. La focaccia è preparata da Giovanni con la farina carosella. I dolci sono opera di Alice: provate le crostate con le confetture di propria produzione.

I PIATTI Zuppa di fagioli di San Gaudioso ai funghi porcini, Lagane con i fagioli ziminelli, Cavatelli al sugo con ricotta fresca

ROTONDA (PZ)

DA PEPPE

IN BREVE *Coniugando saggiamente tradizione e novità, Flavia e Jean Claude sono degni eredi del patrimonio costruito con sapienza dai fondatori Peppe e Angela.*

Corso Garibaldi, 13
Tel. 0973 661251-349 0826542
🕐 Chiuso domenica sera e lunedì, mai in agosto Orario mezzogiorno e sera
Ferie in novembre e in febbraio
Prezzi: 30-35 euro vini esclusi
Carte di credito: AE, BM, CS, DC, MC, Visa

L'OSTERIA Da qualche tempo Flavia e Jean Claude, coniugando saggiamente **tradizione e novità**, hanno dato un nuovo, riuscito taglio al loro ristorante. **L'orto di casa** continua a essere un luogo fondamentale per il reperimento delle materie prime. Importante la selezione dei vini, così come la scelta delle birre artigianali locali.

LA CUCINA La cremosa ricottina con pancetta croccante è la gustosa entrée alle tante, buone pietanze di territorio. Quando è stagione, il tartufo lucano impreziosisce i tagliolini. Per secondo dominano le carni arrosto (coniglio, manzo, anatra); in alternativa non manca il baccalà. Il gran misto di formaggi lucani è una prelibatezza per veri intenditori. In chiusura consigliamo di provare il cioccolatino alla **melanzana rossa** di Rotonda e un sorso del distillato ricavato dal medesimo ortaggio.

I PIATTI Zuppa di fagioli poverelli e crusco, Ravioli di ricotta caprina alla salsa di ortiche, Capocollo di maiale

ROTONDELLA (MT)

LA MANGIATOIA

IN BREVE *In un ambiente rustico e raccolto, da 55 anni l'osteria propone piatti semplici e curati, realizzati con materie prime locali.*

Via Giotto, 23
Tel. 0835 504440-348 3820170
🕐 Chiuso il mercoledì Orario mezzogiorno e sera Ferie seconda settimana di settembre
Prezzi: 25-30 euro vini esclusi
Carte di credito: AE, BM, CS, DC, MC, Visa

L'OSTERIA Da 55 anni l'osteria propone **piatti semplici e curati**, con materie prime locali, spesso frutto di **coltivazioni e allevamenti propri**. Cosima cucina, Giuseppe e Felicetta si occupano della sala. Sarete accolti in un ambiente rustico e raccolto d'inverno, in estate su una **terrazza la cui vista spazia sullo Ionio** dal fiume Sinni fino al golfo di Taranto.

LA CUCINA Si inizia con salumi, formaggi, peperoni cruschi in pastella, il pane ripieno di sottoli, *u pastizz* e *u falagon*, ovvero i calzoni farciti di carne o verdure. La pasta fresca è fatta in casa: da provare i cavatelli con pesto di rucola e granella di pistacchio di Stigliano; buona anche la minestra di fave fresche e cime di cicoria. I secondi sono perlopiù di carni alla brace. Dolci tipici in chiusura. Cantina regionale, buono lo sfuso.

I PIATTI Frizzuli al ragù con mollica di pane, Lagane e ceci, *Pastizzott*

ROTONDELLA (MT)

LOCANDA PANE E LAVORO

Via Papa Giovanni XXIII, 28
Tel. 0835 504032
🕐 Chiuso il lun, mai d'estate Orario sera,
sab e dom anche pranzo Ferie non ne fa
Prezzi: 25-35 euro vini esclusi
Carte di credito: BM, CS, DC, MC, Visa

IN BREVE *L'osteria è rustica e moderna; la cucina, di tradizione con piccole rivisitazioni, fa tesoro dei prodotti e delle ricette della zona. La pasta, nei più tipici formati locali, è fatta in casa.*

L'OSTERIA Mimmo, in sala, e Simona, in cucina, sono i **giovani e preparati osti** di questo locale ubicato tra le viuzze del piccolo borgo di Rotondella, il noto "balcone sullo Ionio". Il nome sull'insegna evoca la rivolta del 1956, durante la quale un gruppo di operai, tra cui il nonno di Mimmo, invitò alla ribellione sociale urlando proprio «Pane e lavoro». L'ambiente è **rustico e moderno**.

LA CUCINA Materie prime e ricette sono locali, la cucina è di tradizione ma non mancano **piccole rivisitazioni**. Si comincia con una carrellata di specialità, fra le quali spiccano *pastizz* e *falagon*, i tipici panzerotti farciti di carne e verdure. La pasta è fatta in casa. Quando è stagione, il tartufo bianco può impreziosire la battuta di podolica o i *rashcati* con fonduta di caciocavallo. In chiusura, la delicata e gustosa "merenda della nonna". Anche la cantina privilegia il territorio.

I PIATTI Lagane con i ceci, Frizzuli *ca' muddic*, Brasciola d'asina

TERRANOVA DI POLLINO (PZ)

GIARDINI DEGLI DEI

Contrada Casa del Conte
Tel. 0973 93037-340 5593514
🕐 Chiuso il lunedì
Orario mezzogiorno e sera Ferie variabili
Prezzi: 25-30 euro vini esclusi
Carte di credito: BM, CS, DC, MC, Visa

IN BREVE *Un grazioso casolare immerso nel verde ospita questo agriturismo semplice e curato a 1200 metri di quota. La cucina, di tradizione, si basa su materie prime stagionali e locali.*

L'OSTERIA A 1200 metri di altitudine, sul versante lucano del Parco del Pollino, un **grazioso casolare** ben ristrutturato, circondato da alberi da frutto, dall'orto e da tanti fiori, ospita l'azienda agrituristica di Maria Cirigliano. Oltre al ristorante sono disponibili sei camere per il pernottamento. L'ambiente è **semplice e curato**. Ad accogliervi, la signora Maria.

LA CUCINA La cucina realizzata da Giuseppe Guarino, marito di Maria, è semplice e tradizionale; le materie prime sono perlopiù locali. Fra i **numerosi antipasti** spiccano i peperoni cruschi, le frittelle di baccalà, salvia o peperone, la polenta al sugo di salsiccia con ceci e funghi. La pasta è fatta in casa e comprende tutti i classici formati della zona come ferrazzuoli, rascatielli, cavatelli. I secondi sono prevalentemente di carne arrosto. In chiusura dolci con crema pasticciera e crostate di frutta. Piccola cantina, buono il vino sfuso.

I PIATTI Ferrazzuoli con mollica di pane e peperone crusco, Rascatielli con i funghi porcini, Agnello al forno con patate

TERRANOVA DI POLLINO (PZ)

LUNA ROSSA

IN BREVE *Federico Valicenti propone una cucina che affonda le radici nel territorio e nella tradizione locale, rivisitata con ricerca, fantasia e un pizzico di eleganza.*

Via Marconi, 18 - Tel. 0973 93254
⊙ Chiuso il mercoledì, mai d'estate
Orario mezzogiorno e sera Ferie variabili
Prezzi: 30-38 euro vini esclusi
Carte di credito: AE, BM, CS, DC, MC, Visa

L'OSTERIA Sono circa quarant'anni che Federico Valicenti propone la sua filosofia di cucina in quel di Terranova, considerata la porta di accesso del versante lucano del Parco Nazionale del Pollino. **Con ricerca, fantasia e un pizzico di eleganza**, Federico rivisita la tradizione locale senza mai tradirla.

LA CUCINA Si sceglie alla carta o fra due menù degustazione da 25 e 35 euro. **Cura e sostanza si notano già negli antipasti**, disponibili anche in un ricco piatto misto: irrinunciabile la ciambottella, un panino ripieno di verdure di campo. Tanti i formati tipici di pasta fatta in casa. I secondi sono a base di carni locali. Su prenotazione gusterete piatti storici come il grattonato (trippa tritata con uova, pepe, formaggio), la coscia della *zita* (a base di carne ovina), l'*oss' i puorc'* (stinco). Si chiude con ottimi dolci. La carta dei vini, in prevalenza lucana, è frutto di un'accurata selezione.

I PIATTI Ciambottella, Ferrazzuoli del brigante, Grattonato

BASILICATA

PARCO NAZ.
D'APPENNINO
LUCANO-
-VAL D'AGRI-
-LAGONEGRESE
A2

PARCO NAZ.

Rocca Imperiale

Marina di
Amendolara

Mormanno
Cívita
Trebisacce

Golfo di
Corigliano

DEL POLLINO
Castrovillari
Scalea
Saracena
Sibari

Belvedere
Maríttimo
S. Sosti

S. Marco
Argentano
Corigliano
-Rossano
Crosia
Cariati

Bonifati
Cerzeto
Longobucco
Crácoli

Acri
PARCO NAZ.
Cirò
Cirò
Marina

Páola
Rende
Mirto

Spezzano
della Sila
Savelli

Cosenza
DELLA
Strongoli

Fiumefreddo
Brúzio
Dipignano
Loriga
Cotronei
Crotone

Longobardi
A2
Sila
Petilia
Policastro
Cutro

Amantea
Soveria
Mannelli
Isola di Capo
Rizzuto

Conflenti
Albi
Cerva

Nocera
Terinese
Serrastretta
Sersale
Sellia
Marina

S. Eufémia
Lamézia
Lamézia
Terme
Símeri-
Crichi
Capo
Rizzuto

MAR
Caraffa
CATANZARO
Catanzaro Lido

TIRRENO
G. di S. Eufémia
Squillace
G. di Squillace

Pizzo
Gasperina
Soverato

Tropea
Petrizzi

Filandari
Vibo
Valéntia

Mileto
Serra S. Bruno
Badolato

Stilo

Rosarno
Mámmola
Grottería

Polistena
Caulónia

S. Giorgio Morgeto
Martone

Palmi
PARCO
Cittanova
Siderno

Antonimina
Locri

Scilla
NAZ. D.

A2
Villa S.Giovanni
ASPROMONTE

Campo Cálabro
A2Dir.
Santo Stefano
in Aspromonte

RA4
Cardeto

Réggio di Calábria

Motta S. Giovanni
Condofuri

Mélito
di Porto Salvo

MAR

IÓNIO

0   15   30 km

CALABRIA

ALCUNI PIATTI DELLA TRADIZIONE

Fileja
Pasta fresca calabrese di acqua e farina, dalla forma lunga e attorcigliata: si ottiene "filando" striscioline di impasto, che vengono spezzate a 20-30 centimetri di lunghezza e avvolte intorno a un bastoncino di legno

Lagane e ceci
Primo piatto di pasta fresca stesa in fogli rettangolari e sottili, condita con ceci e olio extravergine

Ragù di capra
Condimento ottenuto dalla lunga cottura di carne di capra a pezzi con passata di pomodoro e aromi

Stroncatura
Pasta povera tipica dei paesi aspromontani, che un tempo si preparava in casa con gli scarti di diverse farine recuperate da ciò che restava a terra dopo la molitura

Alici scattiate
Alici saltate in padella con aromi – spesso origano e peperoncino – e aceto

Morzello
Cibo di strada catanzarese a base di frattaglie dapprima bollite, quindi cotte con vino e salsa di pomodoro, olio extravergine, aglio, erbe aromatiche e peperoncino: si mangia tradizionalmente in un pane morbido detto pitta

Patate 'mpacchiuse
Contorno tipico cosentino a base di patate tagliate a fettine sottili e cotte in padella con olio extravergine e aglio: a fine cottura risultano croccanti all'esterno, morbide all'interno

Parmigiana di melanzane e zucchine
Sebbene l'origine di questa preparazione non sia calabrese, la parmigiana, nella versione con melanzane e zucchine, è molto diffusa in tutta la regione

Stocco alla trappitara
Secondo dai sapori intensi e decisi: lo stoccafisso è cotto in umido con abbondante olio extravergine e pomodoro

Bucconotti
Dolce di pasta frolla ripiena, ha la sua patria in provincia di Cosenza: qui viene preparato con mostarda, confettura d'uva e mandorle

ACRI (CS) - Cocozzello

IL CARPACCIO

Contrada Cocozzello, 197 A
Tel. 0984 949205-328 8429263
→ 12 km dall'uscita A2 Montalto Uffugo
🕐 Chiuso il lunedì
Orario mezzogiorno e sera Ferie non ne fa
Prezzi: 25-30 euro vini esclusi
Carte di credito: AE, BM, CS, MC, Visa

IN BREVE *Un locale sobrio dove provare una schietta cucina di tradizione, con ampi spazi a disposizione. Materie prime del territorio, primi di pasta fresca e secondi di carne.*

L'OSTERIA A pochi chilometri dal centro storico di Acri, affacciato sulla verde vallata del Mucone, Il Carpaccio costituisce da anni un punto di riferimento per gli amanti della buona cucina calabrese. Fondato nel 1994 da Ottavio Miceli, che tuttora lo gestisce insieme alla moglie Assunta e ai due figli – Gianluigi, impegnato in cucina e Alessandro, che con garbo e competenza racconta i piatti in sala –, si caratterizza anche per un'**ottima selezione di prodotti caseari** e un'articolata proposta dei vini del territorio.

LA CUCINA Il menù, strettamente stagionale, elenca i migliori piatti della tradizione culinaria calabrese sapientemente rivisitati. Pasta di casa (su tutti, i maccheroni con il ferretto conditi con sugo di capra e le lagane con i legumi cotti in *pignata*), **carne** proveniente **da allevamenti a chilometro zero** e verdure dell'orto di proprietà costituiscono i punti di forza del locale.

I PIATTI Maccheroni al ferretto con ragù di capra, Lagane e ceci, Pollo al coccio

ALBI (CZ) - Buturo

PECORA NERA

Strada Provinciale 20, km 14 - Tel. 339 4222531
🕐 Chiuso il lunedì, mai d'estate
Orario pranzo, la sera solo per chi alloggia
Ferie 13 dicembre-1 marzo
Prezzi: 25-30 euro vini esclusi
Carte di credito: BM

IN BREVE *Un locale unico per passione e anima veracemente calabrese. Piatti che alzano lo sguardo sul territorio nazionale pur restando legati ai prodotti locali in un equilibrio perfetto.*

L'OSTERIA Fare ristorazione a 1539 metri di altezza non è da tutti. Ma Stefano e Raffaella celebrano, in questo 2020, i dieci anni di un locale affascinante che ha sostenuto la riscoperta di uno dei luoghi più belli della Sila. Insieme a loro, la giovane Marcella Sirianni assicura un'accoglienza indimenticabile a chi voglia scoprire l'**anima montanara della Calabria**.

LA CUCINA La caratteristica principale della Pecora Nera è la ricerca continua di **ibridazione tra tradizione silana e nazionale**, declinata comunque in modo calabrese e con una cura maniacale dei prodotti del territorio. La selezione di formaggi e salumi è proposta tra gli antipasti con ortaggi stagionali quali i fiori di zucca, mentre tra i primi trovano posto formati classici come i fusilloni di Zagarise e paste ripiene, per esempio i ravioli. Carni di podolica fra i secondi, in lente e succulente cotture, e originalità fra i dolci, con l'uso frequente di castagne e birra.

I PIATTI Fiori di zucca con crema di pecorino del Monte Poro, Ossobuco di podolica con patate, Torta di birra 'A Magara

BADOLATO (CZ)

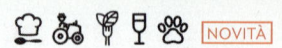

NOVITÀ

BACCO E STOCCO

IN BREVE *Una località di per sé suggestiva, e memore di un'antica abitudine all'accoglienza, è cornice a una cucina vera e preziosa nelle materie prime: qui tutto è a base di stocco.*

Vico Stella, 8 - Tel. 0967 225147-388 9733442
⏱ Aperto ven-dom e su prenotazione, sempre d'estate Orario solo pranzo, d'estate solo sera Ferie 15 dicembre-10 gennaio
Prezzi: 30-45 euro vini esclusi
Carte di credito: BM, CS, DC, MC, Visa, Satispay

L'OSTERIA Suggestivo come un presepe, Badolato si offre al visitatore in tutta la sua emozionante bellezza. Il locale è piccolo e con una **grande terrazza panoramica**. In cucina Anna, vero *genius loci*, prepara le sue ricette attingendo alla tradizione locale, mentre in sala Vincenzo e Pietro seguono con cura la clientela.

LA CUCINA Si può scegliere il menù degustazione o alla carta: tutto è a base di *stocco*. Il tradizionale consumo di questo pesce trova qui un'importante referenza, grazie all'abilità della cucina nel creare piatti sempre nuovi e delicati, che vedono nell'accostamento a **prodotti orticoli stagionali**, come pomodori, peperoni, sedano e cannellini, uno dei tratti più riusciti. Paste tradizionali e saporite cotture in umido fra i secondi, con un giusto spazio concesso alle verdure. Il vino è fatto in casa con uve coltivate a Riace, ma ci sono anche bottiglie di aziende calabresi.

I PIATTI Carbonara di stocco, Paccheri con stocco, cipolla rossa di Tropea, granella di pane, Stocco con patate e *'nduja*

BONIFATI (CS)

VILLA CIRIMARCO

IN BREVE *Un antico cascinale ben ristrutturato è oggi un piacevolissimo agriturismo, dove consumare piatti della tradizione preparati con ingredienti in gran parte prodotti all'interno dell'azienda biologica.*

Via Cirimarco, 29 - Tel. 0982 971918
⏱ Non ha giorno di chiusura
Orario mezzogiorno e sera Ferie variabili
Prezzi: 25-35 euro vini esclusi
Carte di credito: BM, CS, MC, Visa

L'OSTERIA Nel piccolo borgo di Cirimarco, sulla costa tirrenica, Loredana e Francesco hanno recuperato un **antico cascinale** trasformandolo in un agriturismo bello e funzionale. Siamo a 300 metri di quota, con intorno piccole case di pietra, un antico frantoio e una chiesetta. Dentro e fuori gli spazi sono ampi e gradevoli.

LA CUCINA Tutto ruota intorno alla stagionalità e ai **prodotti che provengono dall'azienda agricola bio**. L'antipasto è molto ricco, con frittelle di fiori, frittate con erbe aromatiche, salumi e formaggi accompagnati da confetture di produzione propria. Primi e secondi sono all'insegna delle verdure di stagione, declinati in lasagnette, parmigiana e tortini, ma c'è anche qualche piatto di carne come il filetto di maiale alle erbe aromatiche. Crostate di frutta e *buccunotti* per finire, accompagnati con liquore di cedro o di mandarino. Ottimo l'olio extravergine.

I PIATTI Frittata di borragine, Lasagnette di verdure, *Buccunotti*

CAMPO CALABRO (RC)

IL GIARDINO DEGLI ALLORI

Via Sant'Angelo, 1
Tel. 0965 757548-335 5367920
→ 4,2 km dall'uscita A2 Villa San Giovanni
🕐 Chiuso il lunedì
Orario sera, festivi e su prenotazione anche pranzo
Ferie dopo l'Epifania-fine gennaio
Prezzi: 30-35 euro vini esclusi
Carte di credito: AE, BM, CS, DC, MC, Visa

IN BREVE *Un'accogliente osteria circondata da un bellissimo giardino dove, in estate, è possibile pranzare. Piacevoli piatti della tradizione rivisti con un tocco creativo sono alla base del menù.*

L'OSTERIA Il locale prende il nome dallo **splendido giardino** che precede l'ingresso. Una volta entrati, la scelta migliore è quella di farsi guidare da Gabriella, che da diversi anni promuove la filosofia del buono, pulito e giusto in questo angolo che sovrasta Scilla e la vicina Sicilia.

LA CUCINA **Cucina di territorio** molto varia, che fa buon uso anche di prodotti ittici "minori" (come il pesce bandiera) e di alcune chicche dal sapore antico: le patate cotte sotto cenere, la prelibata ricotta d'Aspromonte, i piatti a base di suino nero e il sorbetto di bergamotto. Grande attenzione è riservata agli ortaggi di stagione, con un certo protagonismo concesso ai carciofi, esaltati in diversi modi: dal carpaccio al risotto, come ripieno per i ravioli, fino al delicato tortino con patate.

I PIATTI Risotto ai carciofi, Stinco di maiale con cipolla caramellata, Tortino di spatola

CARDETO (RC)

IL TIPICO CALABRESE

Via Torrente Sant'Agata, 53 B
Tel. 0965 343696-329 3436179
🕐 Chiuso il lunedì
Orario mezzogiorno e sera Ferie variabili
Prezzi: 25-30 euro vini esclusi
Carte di credito: BM, CS, MC, Visa

IN BREVE *Un locale esemplare per utilizzo di materie prime locali e consapevolezza di cucina: nessun artificio e molta sostanza per sapori netti, verdure e carni di assoluta eccellenza.*

L'OSTERIA In questa osteria non si fa solo ristorazione ma **valorizzazione del territorio e della sua cultura**. Promozione che passa anche attraverso gli oggetti e gli attrezzi appesi alle pareti e mostrati a tavola. La cordialità e la cortesia di Marcello Manti fanno subito dimenticare la strada stretta e tortuosa percorsa per raggiungere il locale.

LA CUCINA La cucina, rispettosa delle più antiche tradizioni della zona, presta particolare attenzione alla stagionalità e valorizza materie prime di ottima qualità **fornite da contadini, allevatori e artigiani locali**. Verdure e carni sono alla base dell'intero menù, che propone piatti semplici elaborati in una cucina tesa a esaltare con leggerezza il naturale sapore degli ingredienti, in parte provenienti anche dall'orto di proprietà. La variabilità dei piatti è tale che non è prevista una carta, ma un racconto del quotidiano.

I PIATTI Pasta e fagioli di Cardeto con erbe selvatiche e biscotto di segale, *Maccarruni* con sugo di carne di agnello e ricotta salata, Involtini di coscia di pecora con caciocavallo di Ciminà

LE DELIZIE DELLA CASCINA

Via Corace, 31 - Tel. 0961 33828
→ 350 metri dalla stazione di Catanzaro Lido
🕐 Chiuso la domenica Orario solo la sera
Ferie 10 giorni in settembre
Prezzi: 30-35 euro vini esclusi
Carte di credito: BM, CS, DC, MC, Visa

IN BREVE *Un'accoglienza calorosa è il grande valore aggiunto di questa bella osteria, dove mangiare piatti preparati con grande rispetto e attenzione verso le materie prime.*

L'OSTERIA C'è tanto impegno, passione e umiltà nel lungo percorso che ha condotto Tommaso Biamonte ad aprire questo locale e a renderlo un punto di ritrovo per tutti gli amanti del gusto. Una **vera osteria moderna**, calda e familiare, che si caratterizza per l'attenzione alle materie prime e una cantina con pochi uguali nella regione. In sala, la moglie Barbara e il figlio Saverio curano l'accoglienza.

LA CUCINA Il menù conta poche **portate, perlopiù di carne**, che sono espressione della più schietta impronta gastronomica calabrese: sapori franchi di **materie prime genuine** che trovano nei pascoli all'aperto, nel sole e nella cura degli orti il loro più alto requisito. Così la tartara di manzo si fonde con la dolcezza della burrata e delle mandorle, mentre la pasta al forno si arricchisce dei sapori decisi della provola e della *'nduja*. In stagione, anche il celebre tartufo del Pollino e un ottimo morzello.

I PIATTI Tartara di manzo con burrata e mandorle, Tagliolini al tartufo del Pollino, Filetto di manzo ai funghi

OSTERIA DEL MARE

Via Bausan, 1 - Tel. 0961 33254
→ 350 metri dalla stazione di Catanzaro Lido
🕐 Chiuso lunedì a pranzo Orario mezzogiorno e sera Ferie non ne fa
Prezzi: 30-35 euro vini esclusi
Carte di credito: AE, BM, CS, DC, MC, Visa

IN BREVE *Affacciata su una graziosa piazzetta, questa piccola e raffinata osteria propone una buona cucina di mare preparata con ciò che i pescherecci locali portano ogni giorno a riva.*

L'OSTERIA In una piazzetta proprio **all'ingresso del quartiere marinaro**, questa piacevole osteria si è imposta nel corso degli anni per la sua capacità di valorizzare con semplicità il pescato locale, e per la simpatia e la professionalità di Giuseppe, il vero motore del locale.

LA CUCINA Il pescato del giorno decide il menù, ma se si è fortunati si può scegliere tra **piatti che coniugano la costa con i prodotti dell'orto**, come i peperoni riggitani ripieni di baccalà mantecato, e le tante proposte a base di pesce azzurro o, ancora, polpo accompagnato alla burrata fresca. Tra i primi, spiccano i più tradizionali, pasta *ammullicata* con alici su tutte, mentre tra i secondi sono ben rappresentate le **varietà ittiche più tipiche** di questo tratto di Ionio, come surici e pesce spatola. Lista dei dolci e carta dei vini contenuta ma curata, prevalentemente a matrice locale.

I PIATTI Polpo arrosto su crema di patate e burrata, Linguine con alici, pomodori secchi e mollica di pane, Surici fritti

MORZELLO E PUTÌCHE

U morzeddu – italianizzato in morzello – già nelle primissime ore della mattina viene messo a cuocere in una grande pentola con un sugo molto piccante, che deve consumare lentamente. Entrano in esso, con l'origano e l'alloro, frattaglie di vitello – polmone, milza, fegato – e tutti i diversi pezzi della trippa. Tre ore di cottura e il morzello è servito nella caratteristica pitta, focaccia calabrese di pasta di pane lievitata, concepita apposta per ospitarlo. La *putìca* è la classica osteria catanzarese, in cui in passato si poteva consumare, con qualche altro piatto del giorno, bevendo il vino della casa non di rado mescolato con la gassosa. Oggi pochi locali possono essere considerati a tutti gli effetti delle *putìche*; è però possibile gustare un ottimo morzello in alcune trattorie a partire dalla mattina.

Nicola Fiorita

CATANZARO
ASSETTATI E MANGIA

Via Acri, 2 - Tel. 333 7591828
Non ha giorno di chiusura - Ferie: variabili
Orario: mezzogiorno e sera

Dopo un lungo peregrinare, Masino – una delle figure storiche della ristorazione catanzarese – sembra avere trovato un approdo definitivo. In questa nuova avventura, oltre ad avvalersi della storica collaborazione della moglie, ha coinvolto il figlio Armando. A farla da padrone, il morzello, proposto sia in pitta sia al piatto. Sempre presente anche il soffritto, mentre il morzello di baccalà è preparato il giovedì e il venerdì o su ordinazione.

C'ERA UNA VOLTA

Vicolo I Agricoltori, 34
Chiuso la domenica - Ferie: variabili
Orario: solo la sera

Nel cuore del vecchio centro storico questo locale vuole far rivivere la cucina tradizionale e rinnovare la tradizione del morzello. A guidarvi nell'ampia offerta di piatti e vini sarà Armando. Per nessuna ragione, però, fatevi sfuggire l'opportunità di scegliere tra il morzello tradizionale, quello di baccalà e il soffritto di maiale.

DA TALARICO SALVATORE

Via Turco, 16 - Tel. 0961 745179
Chiuso la domenica e i festivi - Ferie: non ne fa
Orario: solo a mezzogiorno

Salvatore Talarico e la moglie Maria Stella cucinano, dal 1972, il morzello: il locale è strategicamente vicino al Tribunale e a poche centinaia di metri dal nuovo Museo di Arte Moderna. La putìca di Salvatore rappresenta la continuità con l'antica tradizione catanzarese. Oggi il morzello è proposto in tutte le sue varianti all'interno di un menù molto ristretto, che cambia quotidianamente. Il locale è composto da due ampie sale, ma conviene arrivare per tempo per non trovare il pentolone svuotato dai tanti avventori.

CATANZARO - Lido
IN VINO VERITAS

Via delle Repubbliche Marinare, 34
Chiuso il lunedì - Ferie: variabili
Orario: la sera, domenica a pranzo

La trattoria è aperta da pochi anni, ma Alberto è già riuscito a vincere la sua scommessa: portare il morzello nel quartiere Marina e far diventare il proprio locale uno dei riferimenti per tutti i cultori di questo piatto. Questa specialità è preparata il giovedì e il venerdì; su prenotazione può essere gustata solo in pitta.

CAULONIA (RC) - Carrubara-Liserà

DA GIGLIO

Via Carrubara, 20
Tel. 0964 861572-338 5435762
🕐 Chiuso il lunedì, mai d'estate
Orario sera, domenica e su prenotazione
anche pranzo Ferie variabili
Prezzi: 30-35 euro vini esclusi
Carte di credito: BM, CS, MC, Visa

IN BREVE *Due piccole sale e una terrazza: è tutta qui questa bella osteria che propone cucina di terra preparata con grande attenzione e rispetto per le materie prime.*

L'OSTERIA Caulonia, nel cuore della Locride, come tanti altri centri calabresi ha una natura doppia: la parte marina, più recente, e il borgo antico, all'interno, che conserva a fatica identità e storia. A metà strada, la famiglia Giglio da sette anni porta avanti l'attività, nata nel 1959 come mescita di vino, oggi **riferimento della cucina di territorio**. Nella gradevole veranda, in estate, e nelle sale interne per il resto dell'anno ci si affida all'ospitalità di Ilario e alla sapienza gastronomica di mamma Lina.

LA CUCINA Un menù collaudato che si arricchisce ogni anno di **poche e misurate innovazioni**. Antipasto imperdibile per qualità e quantità dell'offerta stagionale, mentre tra i primi si registra qualche novità come gli gnocchi alla *'nduja* e i rigatoni salsiccia e melanzane. Tra i secondi trionfa la continuità con portate a base di carne, **stocco** e baccalà. Buoni dolci da accompagnare a liquori alle erbe. Si bevono lo sfuso della casa e qualche etichetta calabrese.

I PIATTI Stroncatura alla trappitara, *Fileja* con ragù di capretto, Stocco alla trappitara

CIRÒ (KR)

L'AQUILA D'ORO

Strada Provinciale 10 - Tel. 333 5893021
🕐 Chiuso il lunedì, mai d'estate
Orario mezzogiorno e sera
Ferie 15 gg tra ottobre e novembre
Prezzi: 25-35 euro vini esclusi
Carte di credito: BM, CS, MC, Visa

IN BREVE *Un locale moderno e dall'ampia sala, dove assaporare una cucina semplice e tradizionale fatta di pochi piatti preparati con grande cura.*

L'OSTERIA Elisabetta e la sua bella famiglia portano avanti il locale con l'entusiasmo di sempre, uniti nel garantire a chi sieda alla loro tavola un assaggio pieno e sincero di una terra ricca di tradizioni, di bellezza e di gusto. Il locale dispone anche di una **bellissima terrazza** che dalle colline crotonesi affaccia sullo Ionio: una risorsa preziosa, quest'anno più che mai.

LA CUCINA **La cucina è all'insegna della semplicità**, con l'impiego di materie prime variegate e selezionate nell'intento di garantire sempre il meglio di ciò che il mercato offre. Si spazia dai formaggi ai salumi e dalla carne al pesce: **pochi piatti ma preparati con grande cura** e radicamento nel territorio, testimoniato anche dalla scelta mai scontata degli extravergini, essi stessi ingrediente fondamentale della proposta gastronomica. Cantina giustamente centrata sulle belle proposte di Cirò.

I PIATTI *Maccarruni* al ferretto con ragù di cinghiale selvatico, Capretto lattante con patate, Cipollata

CIRÒ MARINA (KR)

A CASALURA

via Roma, 184 - Tel. 340 8617774
→ 950 metri dalla stazione di Cirò
🕐 Chiuso la dom, d'estate dom sera
Orario mezzogiorno e sera Ferie variabili
Prezzi: 12-20 euro
Carte di credito: AE, BM, CS, DC, MC, Visa

IN BREVE *Una piccola gastronomia che utilizza prodotti di grande qualità e li propone da asporto o da consumare sul luogo a uno dei pochi tavoli disposti nella sala.*

L'OSTERIA Il nuovo locale, ampliato nel 2018, ospita uno degli esperimenti più interessanti e riusciti della ristorazione calabrese. Una piccola **gastronomia che utilizza prodotti di qualità** e unisce l'offerta del banco alla preparazione di alcuni piatti espressi. Il servizio di qualità, la selezione delle migliori bottiglie di Cirò, anche al bicchiere, e i prezzi contenuti creano un'offerta senza eguali.

LA CUCINA La **cucina povera e stagionale** trova con lo chef Giuseppe Pucci una delle sue vesti più emozionanti. Pochi piatti, ma sempre in simbiosi con il territorio. Si può iniziare dall'arancino con salsiccia calabrese e proseguire con primi piatti perfetti, che sono il cuore della proposta. Imperdibili gli spaghetti con sarde salate, cui fa concorrenza la pasta *scilata* al ferretto, servita d'inverno con guanciale e pomodorini, d'estate con gamberi, mollica di pane e finocchietto. Da quest'anno in carta anche buoni dolci di produzione propria.

I PIATTI Spaghetti con sarde salate, Spaghetti con cuore di tonno, Stigghiole di capretto alla cirotana

CITTANOVA (RC)

LA MAMMA

Via San Giuseppe, 33
Tel. 0966 655849-347 0393017
🕐 Chiuso il martedì Orario mezzogiorno e sera Ferie 15-31 luglio, 15-30 settembre
Prezzi: 25-30 euro vini esclusi
Carte di credito: BM, CS, MC, Visa

IN BREVE *Lo stoccafisso è il grande protagonista di questa osteria composta da alcune salette e un bel giardino per l'estate: in insalata, a carpaccio, come sugo e in molti altri modi sfiziosi.*

L'OSTERIA La Mamma prosegue la sua attività a **conduzione familiare** e rappresenta da molti anni un solido punto di riferimento nella Piana di Gioia Tauro. Il locale si struttura in sale piccole e accoglienti, arredate con cura, cui fa da cornice un giardino piacevolissimo nella bella stagione.

LA CUCINA Il nome dell'osteria è di per sé esemplare delle scelte gastronomiche effettuate: una cucina che si prefigge la **semplicità e la piena valorizzazione della tradizione** e della genuinità, perseguite attraverso la ricerca di piatti appartenenti alla più tipica espressione calabrese, senza appiattimenti nel banale o nel troppo sfruttato. Pasta fresca fatta in casa e tante specialità a base di stocco restano la bandiera di preparazioni **curate negli accostamenti e dosate nei condimenti**, sempre in buon equilibrio. Ottimo anche il pane di sesamo fatto in casa e in netto ampliamento la cantina, con un'eccellente selezione di distillati.

I PIATTI Stroncatura con stocco e olive, Stocco alla ghiotta, Cannolo di ricotta

CIVITA (CS)

KAMASTRA

IN BREVE *Attenzione al cliente e cucina di antica tradizione arbëreshë sono i tratti distintivi di questa osteria semplice e autentica.*

Piazza Municipio, 3-6 - Tel. 0981 73387
Chiuso il mer, mai in agosto
Orario mezzogiorno e sera
Ferie 2 settimane dal 22 dicembre
Prezzi: 25-28 euro vini esclusi
Carte di credito: AE, BM, CS, DC, MC, Visa

L'OSTERIA Il ristorante, sito nel centro storico di Civita (grazioso paese compreso nel Parco del Pollino e inserito tra i Borghi più belli d'Italia), da venticinque anni si caratterizza per la piacevole atmosfera da locanda di un tempo. Qui, accanto ai piatti tipici della cucina calabrese, è possibile gustare quelli della **tradizione culinaria** arbëreshë, raccontati con passione e affabilità da Enzo Filardi, per tutti "l'avvocato", e da sua figlia Valentina.

LA CUCINA **Materie prime del territorio** e di grande qualità sono alla base dei piatti di cui si compone il menù. Tra le proposte che non mancano mai, la *drömsat*, tipico primo piatto della tradizione arbëreshë a base di semola cotta nel ragù di maiale o di capra, i **cavatelli fatti a mano** con erbe spontanee locali, come l'amaranto, e un tenerissimo capretto lungamente stufato e insaporito con i molti aromi di cui è ricchissima la zona.

I PIATTI *Drömsat*, Cavatelli del pastore, Capretto alla civitese

CONDOFURI (RC) - Amendolea

IL BERGAMOTTO

IN BREVE *Menù fisso e ricco con salumi, formaggi, verdure, paste e secondi di carne preparati in gran parte con ingredienti autoprodotti in un vecchio casolare nel Parco dell'Aspromonte.*

Contrada Amendolea
Tel. 0965 727213-347 6012338
Sempre aperto su prenotazione
Orario mezzogiorno e sera Ferie variabili
Prezzi: 25 euro menù fisso vini esclusi
Carte di credito: nessuna

L'OSTERIA In uno dei posti più affascinanti della Calabria, lungo la fiumara Amendolea – **nel cuore del Parco dell'Aspromonte** – Ugo Sergi ha anticipato (e in parte determinato) la riscoperta del bergamotto e dell'area grecanica. L'azienda agricola, che Ugo conduce con la moglie Tiziana, sorge a pochi chilometri dall'incantevole borgo di Pentedattilo. Per chi decida di soggiornare, il viaggio nel bergamotto passa attraverso la degustazione di tè, succhi e marmellate.

LA CUCINA Cucina di territorio, anzi **cucina di un territorio duro** e aspro che aspetta ancora di essere scoperto e valorizzato in tutti i suoi risvolti. Il menù fisso si articola su salumi locali, primi di **pasta fresca e secondi a base di carne**. Da non perdere la capra, utilizzata sia per un indimenticabile sugo, che accompagna i *maccarruni*, sia in bianco tra i secondi. Gradevole il vino della casa e ottimi i liquori che concludono il pasto (al bergamotto, al finocchietto, agli agrumi).

I PIATTI Tagliatelle al bergamotto con pesto e mandorle, *Maccaruni* con sugo di capra, Capra alla *pecurarisca*

CONFLENTI (CZ)

IL BRIGANTE

IN BREVE *In un ambiente informale e ospitale sarete accolti da una coppia divisa tra sala e cucina, e intenta a proporre piatti gustosi dell'entroterra calabrese.*

Via Marconi, 89 - Tel. 0968 664828
Chiuso il giovedì, mai d'estate
Orario mezzogiorno e sera
Ferie 1 settimana a ottobre
Prezzi: 25-30 euro
Carte di credito: nessuna

L'OSTERIA Trovate l'osteria nella fresca e bellissima cittadina di Conflenti: concedetevi una passeggiata prima di accomodarvi in questo **locale accogliente e curato** in ogni dettaglio, in cui è facile sentirsi subito a proprio agio. Luca e Valentina, gentili e appassionati, accolgono gli ospiti in sala guidandoli nella scelta del menù del giorno.

LA CUCINA La cucina è sicuramente territoriale: ingredienti e sapori, sebbene reinterpretati, richiamano alla mente **le cose buone delle nostre case**. Tutti i prodotti sono reperiti nel rispetto di una logica di prossimità, la selezione è fatta rivolgendosi esclusivamente a fornitori locali. Da assaggiare le tradizionali **preparazioni a base di quinto quarto**, come la trippa con le patate silane. Ottimo il ventaglio delle carni, dal suino nero al vitello podolico, con particolare menzione per i capretti e gli agnelli allevati nel territorio.

I PIATTI Tagliatelle porcini e salsiccia, Scilatelli con ragù di *'nduja* e ricotta, Capretto al forno

CONFLENTI (CZ) - Muraglie

LE MURAGLIE

IN BREVE *Osteria semplice e di sostanza gestita fin dagli anni Sessanta dalla stessa famiglia. Si inizia con i salumi prodotti in azienda e si prosegue con buone paste fresche e saporite carni.*

Contrada Muraglie, 4 - Tel. 0968 64367
→ 7 km dall'uscita A2 Altilia-Grimaldi
Chiuso il lunedì, mai in agosto
Orario mezzogiorno e sera Ferie non ne fa
Prezzi: 20-25 euro vini esclusi
Carte di credito: BM, CS, MC, Visa

L'OSTERIA Il locale è cambiato negli anni, è stato ampliato più volte e oggi vive senza la presenza in cucina di uno dei suoi fondatori. Ma dal 1966 Le Muraglie resta il **punto di riferimento della cucina del Reventino**, grazie alla passione di Massimiliano, della moglie Cristina e del fratello Daniele. In cucina la mamma di Massimiliano garantisce, come sempre, abbondanza e grande abilità gastronomica.

LA CUCINA La gran parte dei prodotti utilizzati proviene dall'**azienda agricola di famiglia**. L'osteria deve il suo successo agli ottimi primi di pasta fresca, alle zuppe di legumi e alla grande attenzione per le **gustose ricette domestiche** di carni locali, che sono diventate la vera specialità della casa, con un ottimo rapporto fra qualità e prezzo. Il pasto si chiude tassativamente con un'altra chicca: i **buccunotti** con mostrada d'uva. Da un paio di anni la produzione propria di vino contempla anche un interessante Zibibbo secco.

I PIATTI Pasta con la *suriaca janca* (fagioli), Strozzapreti con funghi porcini, Coniglio alla cacciatora

CORIGLIANO-ROSSANO (CS) - Rossano

AL CASELLO

IN BREVE *Una grande lavagna presenta i piatti dell'osteria preparati con materie prime locali, tratte dal mare come dagli allevamenti della zona e dalla campagna.*

Viale Sant'Angelo, 5 - Tel. 329 6129097
→ 220 m dalla stazione di Rossano
🕐 Chiuso il mer
Orario mezzogiorno e sera Ferie 1 settimana in novembre e 2 dopo l'Epifania
Prezzi: 25 euro vini esclusi
Carte di credito: BM, CS, DC, MC, Visa

L'OSTERIA Il locale, che prende il nome dalla sua vicinanza alla stazione ferroviaria, **ha aperto i battenti nell'ormai lontano 1916**, un piccolo record da difendere. Giovanni è un oste gentile e simpatico che della professione sintetizza il meglio: se passate da Rossano fermatevi, non ve ne pentirete.

LA CUCINA Giovanni e Maria puntano tutto sulla cucina tradizionale, privilegiando la territorialità e la stagionalità di quanto usato in cucina. Nell'antipasto troverete sempre un'ottima selezione di salumi elaborati da **piccoli salumifici locali**, vari prodotti dell'orto, come le polpette di melanzana e peperoni fritti con le patate, alcune zuppe di legumi. Il **pesce azzurro** delle alici *scattiate* è un esempio di secondi semplici e invitanti. Dolci di casa sempre diversi e buona carta dei vini, prevalentemente del territorio.

I PIATTI Spaghetti con le alici e il finocchietto, Ditalini con cozze e fagioli, *Fressurata* di carne di maiale

CORIGLIANO-ROSSANO (CS) - Corigliano

BISTROT LA CANTINA

IN BREVE *Domenica e Patrizia sono ostesse autentiche e capaci, in grado di trasformare le migliori materie prime del territorio in piatti di carne e verdure dai sapori intensi e diretti.*

Via Favella della Corte, 13 - Tel. 0983 808025
🕐 Chiuso la domenica Orario mezzogiorno e sera Ferie 1 settimana in settembre
Prezzi: 25-30 euro vini esclusi
Carte di credito: AE, BM, CS, DC, MC, Visa

L'OSTERIA A Corigliano, in località Cantinella, dal 1969 trovate questa storica osteria che oggi rappresenta un indiscusso punto di riferimento per abitanti del luogo, turisti e gente di passaggio. Patrizia Servidio, padrona di casa cordiale e appassionata, dispensa consigli sulle portate, descrivendo i piatti preparati dal compagno Beppe secondo i consigli di mamma Domenica, ancora oggi custode dei segreti della **cucina del territorio**, che risente dell'influenza delle tradizioni culinarie *arbëreshë* dei paesi limitrofi.

LA CUCINA Il menù cambia in funzione delle stagioni e in tutti i piatti si utilizzano materie prime selezionate fra i **produttori a chilometro zero**. La spesa è affidata a Patrizia, che giornalmente si rivolge a una fitta rete di contadini, allevatori e pescatori amici, ormai suoi storici fornitori. Ottime le **paste fatte a mano**, il punto di forza del locale, i secondi di carne e le conserve, ancora oggi preparate in casa.

I PIATTI *Tagliarielli* e *ciceri*, Capretto alla cacciatora, Filetto di vitello su cacio alla piastra

COSENZA

 NOVITÀ

A CANTINA COSENTINA

Corso Plebiscito, 12
Tel. 0984 21469-360 644519
🕐 Chiuso il lunedì, d'estate la domenica
giugno-settembre
Orario mezzogiorno e sera Ferie non ne fa
Prezzi: 20-30 euro
Carte di credito: AE, BM, CS, DC, MC, Visa,
Satispay

IN BREVE *Una cucina territoriale che non si discosta dai buon piatti della tradizione preparati con cura: molta carne di ottima qualità, anche in succulente cotture alla griglia.*

L'OSTERIA Nel cuore della vecchia Cosenza, da otto anni il professore Felice Giocondo, coadiuvato egregiamente dall'intera famiglia in sala e in cucina, manda avanti un locale che fa rivivere la **tradizione gastronomica cittadina** con passione, competenza e un senso altissimo di ospitalità. Nella bella stagione, quando è possibile sfruttare i tavolini esterni, e così in inverno, questo locale è un punto di riferimento per chi ami la convivialità e la cucina schietta.

LA CUCINA **Cucina di territorio** che ha i suoi punti di forza nei piatti della tradizione. Antipasto molto ricco, con una equilibrata alternanza di fritture, salumi, formaggi e verdure. Tra i primi spicca qualche **sagace rivisitazione degli storici** cosentini, mentre tra i secondi le preparazioni più classiche si alternano a specialità cucinate alla griglia. Sorprendente per qualità l'offerta dei dolci, pochi ma eseguiti a regola d'arte, buona la selezione dei vini locali.

I PIATTI Lagane e ceci, *Mazzacorde* (involtino di trippa di agnello con salsa di pomodoro), Patate *m'bacchiuse*

COTRONEI (KR)

LA TAVERNA DEI BRIGANTI

Contrada Difisella
Tel. 0962 491979-389 4547462
🕐 Chiuso martedì sera Orario mezzogiorno
e sera Ferie non ne fa
Prezzi: 20-28 euro vini esclusi
Carte di credito: AE, BM, CS, DC, MC, Visa

IN BREVE *Una fattoria didattica, un'osteria curata, un emblema di biodiversità: la Taverna dei Briganti è quanto di meglio la Sila offre per gustare i sapori e i prodotti di una tradizione antica.*

L'OSTERIA Nel cuore della Sila crotonese, si torna sempre con estremo piacere in questa **fattoria multifunzionale**, che ospita visite didattiche, un museo del brigantaggio e un'osteria familiare che ha incantato financo Steven Tyler, il cantante degli Aerosmith, che qui ha riscoperto i piatti delle sue origini italo americane. In cucina Teresa, in sala Andrea e Carmine: una squadra perfetta per cortesia, competenza ed efficienza.

LA CUCINA L'antipasto è già un pranzo completo e un viaggio nella **biodiversità calabrese**. Salumi e formaggi sono imperdibili, come le verdure al *salaturu*, le polpette di carne, i funghi proposti in diverse maniere, i fagioli in *pignata*. Tra i primi, cavatelli e scilatelle con sughi corposi di capra e suino nero, che tornano fra i secondi, accompagnati da patate locali e da **latticini di produzione propria** come la ricotta. Semplici ma ottimi i dolci. Buono il vino della casa così come la selezione di etichette calabresi.

I PIATTI Scilatelle al ragù di maiale nero, Ricotta di capra, Caciocavallo alla griglia

CONVIVIO

Largo Granatello-Via Ospedale
Tel. 0982 621023
Chiuso il lunedì
Orario pranzo e cena Ferie 10-20 ottobre
Prezzi: 25-30 euro vini esclusi
Carte di credito: AE, BM, CS, DC, MC, Visa

IN BREVE *Un locale semplice e informale dove assaporare una buona cucina fatta di prodotti del territorio scelti, anche fra quelli rappresentativi ma meno consueti, come il bergamotto.*

L'OSTERIA In uno dei borghi più belli della regione, all'ingresso di una graziosa piazzetta, il locale è perfettamente inserito nel contesto. Andrea Lenti e i suoi ragazzi mandano avanti il sogno del dottor Leuzzi, che si divide tra Roma e Fiumefreddo, di creare una osteria popolare e accogliente che contribuisca, attraverso il cibo genuino, a far vivere le aree interne della Calabria e con esse un **modello sostenibile di economia e socialità**.

LA CUCINA Semplicità, gusto e stagionalità stanno alla base della cucina. La frittata di patate senza uova, originaria proprio di Fiumefreddo, è uno dei piatti sempre presenti in menù. L'offerta tiene conto di tutti i **prodotti tipici di quest'area**, semplici ingredienti per una cucina verace: le *frese* con pomodorino di Belmonte e cipolla di Tropea, il riso di Sibari, il baccalà e le carni di suino nero ne sono un esempio. Curata la cantina, con tutte le etichette più interessanti della regione.

I PIATTI Frittata di patate senza uova, Riso al bergamotto, Baccalà con pomodori, capperi e olive

GASPERINA (CZ)

LA PALADINA

Via Pertini - Tel. 0967 48094-351 5240704
Chiuso il martedì, mai 15 luglio-10 settembre Orario sera, domenica e su prenotazione anche pranzo Ferie tra gennaio e aprile
Prezzi: 25-35 euro vini esclusi
Carte di credito: BM, CS, MC, Visa

IN BREVE *La calda atmosfera assicurata dal legno e dai mattoni è il giusto contorno a una cucina fatta di prodotti locali e piatti preparati con cura e generosità.*

L'OSTERIA Dopo un lungo girovagare tra l'Italia e l'estero, dieci anni fa Nicola Macrina è tornato nella sua Gasperina per aprire questo grazioso locale che si caratterizza per l'**atmosfera calda e familiare**. Grande attenzione è dedicata alle etichette enologiche locali e all'olio extravergine di oliva (che la famiglia produce dal 1842), con proposte di abbinamenti e di degustazione.

LA CUCINA La specialità del locale è il ricchissimo antipasto, che si articola in una lunga serie di portate variabili a seconda della stagione e comprende legumi, carni di podolica, frittelle e quanto di meglio il territorio sa offrire. Tra i primi, formati di **pasta artigianale**, come scilatelle e lasagnette, sposano condimenti di **selvaggina, tartufi o funghi** dei boschi circostanti, ma i simboli del locale restano lo stinco di maiale nero e il baccalà.

I PIATTI Fagioli di Cortale nella *pignata*, Stinco di maiale nero, Stoccafisso alla frantoiana

GROTTERIA (RC)

IL RITROVO DEI PICARI

Piazza Nicola Palermo, 13 - Tel. 329 7367850
🕐 Chiuso il martedì, mai d'estate
Orario sera, pranzo su prenotazione
Ferie 15 giorni in febbraio
Prezzi: 30-35 euro vini esclusi
Carte di credito: BM, CS, MC, Visa

IN BREVE *Un affresco sincero delle eccellenze calabresi: funghi, tartufi, carni succulente sono protagoniste di una cucina vivida e saporita di carattere familiare.*

L'OSTERIA Il locale racchiude **la storia di una famiglia**: Antonello è l'anima dell'osteria mentre il padre, maestro nella ricerca dei funghi, fornisce molte delle materie prime stagionali impiegate dalla madre e dallo zio, che danno vita a piatti sempre perfetti per armonia e freschezza della proposta.

LA CUCINA **Funghi e tartufi** (anche bianco) rendono preziosa la proposta dei primi piatti, che prevedono i più classici formati di **pasta casalinga**, ma il menù comprende anche variegati antipasti con frittate, frittelle e un'ottima selezione di formaggi e salumi locali. I secondi sono incentrati su selezionati tagli di carne, offerti in cotture semplici, perlopiù arrosto o in umido, in cui si ritrova l'uso dei pregiati funghi locali o delle ottime patate del territorio. I dolci sono quelli di una rinomata pasticceria di zona mentre la cantina garantisce tutte le principali referenze regionali.

I PIATTI Ravioli ripieni al tartufo bianco, Costoletta di agnello agli aromi mediterranei, Porcini ai ferri

LONGOBARDI (CS)

MAGNATUM
LA DEGUSTERIA

Via Indipendenza, 56 - Tel. 0982 75201
🕐 Chiuso domenica sera
Orario mezzogiorno e sera Ferie non ne fa
Prezzi: 25-30 euro vini esclusi
Carte di credito: AE, BM, CS, MC, Visa

IN BREVE *Un ex emporio trasformato in un'accogliente osteria con il meglio della Calabria gastronomica. Lasciatevi guidare in un percorso intelligente che non lascia nulla al caso.*

L'OSTERIA L'accogliente locale è nato come "allargamento" dello storico bar del paese. Coraggiosi e curiosi, Giovanna e Francesco si distinguono per la **ricerca continua sul territorio** e il desiderio di interpretare la tradizione senza immobilismo. Il garbo, la competenza, il racconto dei prodotti e delle pietanze che arrivano a tavola sono un invito a un percorso affidabile e mai ovvio. Tutto il meglio della gastronomia calabrese è qui.

LA CUCINA Percorsi sensoriali sempre nuovi e fondati sui prodotti del territorio sono l'anima dell'offerta. Francesco è stato fra i primi a proporre una **vasta selezione di extravergini** di qualità ben abbinati alle pietanze, con oltre quaranta etichette regionali e non. Dello stesso calibro la cantina che ne conta oltre trecento. La cucina è portavoce di **materie prime eccezionali**, salumi e formaggi locali, pani da farine selezionate e orticole di qualità, come la melanzana violetta di Longobardi.

I PIATTI Frittata di patate senza uova, Tortino di melanzane violette di Longobardi, Baccalà con olive, pomodori secchi e radicchio

A PIAZZETTA

Piazza Ferrari, 21 - Tel. 0964 414488
Chiuso il martedì
Orario mezzogiorno e sera Ferie variabili
Prezzi: 25-30 euro vini esclusi
Carte di credito: BM, CS, MC, Visa

IN BREVE *Un inno allo stoccafisso, ec-co la proposta di questa bella osteria di Mammola: il pesce secco del Nord pro-posto in ogni variante e impreziosito da vari prodotti locali.*

L'OSTERIA Si scrive Mammola, si legge stocco. Un piccolo comune dove lo stoccafisso è il "cittadino onorario". Tanti i locali in cui si può gustare, pre-parato in diversi modi dal momento che qui trova la sua patria d'elezione. 'A Piazzetta è un'**osteria familiare** gestita da Cosimo Bruzzese, chef con tanti anni di esperienza, e dalla moglie Francesca, regina di sala.

LA CUCINA La cucina è quella semplice basata su **materie prime del terri-torio** reperite secondo stagionalità. Lo stocco, ingrediente centrale per la mag-gioranza dei piatti proposti, è acquistato da un produttore locale che lo cura con l'acqua delle montagne di Mammola, che gli conferisce un sapore unico. Il menù ruota durante l'anno per garantire freschezza e stagionalità degli ingre-dienti, spesso provenienti dal proprio orto o da piccoli produttori locali, unico modo per far assaporare ai commensali il vero gusto di questi luoghi. Buona la proposta dei vini regionali.

I PIATTI Insalata di stocco alla calabrese, Ravioli con ripieno di stocco, Sciala-tielli al pesto di pistacchio e stocco

LA COLLINETTA

Contradà Colacà
Tel. 0964 51680-338 8550930
Chiuso il martedì
Orario mezzogiorno e sera Ferie variabili
Prezzi: 30-35 euro vini esclusi
Carte di credito: BM, MC, Visa

IN BREVE *Un locale che ha fatto della sostenibilità, della tradizione e della promozione del "metro zero", con tante specialità autoprodotte, una bandiera di gusto e di piena coerenza.*

L'OSTERIA Il pregio di questa osteria è rendere altamente professionale la **cuci-na di casa** e accogliere i clienti come ospiti di famiglia. Con questo intento è sta-to aperto il locale nel 1998 e ai fornelli, come prima cuoca, non poteva non esserci la mamma di Giuseppe, che nel tempo ha preso le redini della cucina apportando riuscite innovazioni senza mai snaturare le ricette tradizionali.

LA CUCINA Le **materie prime sono reperite prevalentemente dall'a-zienda agricola** di famiglia, dove si trasformano frutta e verdura realizzando marmellate e confetture, come quella richiestissima di peperoncino. Il vino, la birra e l'Amaro del Colle sono anch'essi di propria produzione, così come l'olio extravergine. I formaggi, i salumi, le carni e il pane sono reperiti da **piccole realtà locali**, e quest'ultimo è realizzato esclusivamente con farine artigianali macinate a pietra in un piccolo mulino ad acqua della vicina Fabrizia.

I PIATTI Antipasto della casa, Trofie San Rocco, Tagliata di maialino nero

MILETO (VV)

IL NORMANNO

IN BREVE *Un'osteria familiare dove sono proposti piatti della tradizione e della cultura gastronomica dell'entroterra: salumi, carni e paste fatte in casa i cavalli di battaglia.*

Via Duomo, 12 - Tel. 0963 336398-338 8576463
→ 9 km dall'uscita A2 Mileto
🕐 Chiuso il lunedì
Orario mezzogiorno e sera
Ferie 20 settembre-15 ottobre
Prezzi: 20-25 euro vini esclusi
Carte di credito: AE, BM, CS, DC, MC, Visa

L'OSTERIA La Calabria è piena di piccole località che riservano sorprese continue, come Mileto con la sua cattedrale normanna. Questo locale, allo stesso modo, **da trent'anni promuove la tradizione** attraverso una gestione familiare e semplice, non per questo priva di ricche prelibatezze.

LA CUCINA La tradizione è elemento centrale sin dagli antipasti con la ricchezza e la bontà di **salumi tipici**, come soppressata, *'nduja* e pancetta **di produzione propria**. I primi ruotano intorno alla pasta fresca (*fileja*) preparata da Clementina e condita secondo le veraci ricette calabresi. Tra i secondi, discreto spazio è concesso al baccalà ma resta centrale la proposta delle carni. Ottimo il pane di canapa e quello di segale. In cantina, piccola selezione di etichette calabresi e strepitosi amari, liquori e digestivi prodotti da Gianni, che insieme al figlio governa la sala.

I PIATTI Antipasto del Normanno, *Fileja* con ragù di capra, Trippa alla militese

---

MORMANNO (CS)

OSTERIA DEL VICOLO

IN BREVE *Bell'esempio di osteria contemporanea che sa proporre in modo moderno i sapori del territorio. Molto buoni i primi e di assoluto valore i secondi di carne. Valida la proposta dei vini.*

Vico I San Francesco, 5
Tel. 0981 80475-339 5844132
→ 750 m dall'uscita A2 Mormanno
🕐 Chiuso il mer Orario mezzogiorno e sera
Ferie seconda e terza settimana di settembre
Prezzi: 25-30 euro vini esclusi
Carte di credito: AE, BM, CS, DC, MC, Visa

L'OSTERIA Nel centro storico di Mormanno, nel cuore del Parco del Pollino, questa piccola ma deliziosa osteria si caratterizza per la **valorizzazione in chiave moderna dei tipici sapori calabresi**. In sala, Catia Corbelli mette a proprio agio gli ospiti e li fa sentire a casa, raccontando loro le pietanze preparate da Francesco e Vincenzo Armentano, e consigliando con professionalità i giusti abbinamenti con vini (oltre 50 le etichette calabresi) e birre artigianali.

LA CUCINA Cucina ispirata dalle ricette tipiche della regione, elaborate con ingredienti stagionali a chilometro zero e presentate con eleganza. Immancabili i piatti a base di legumi (soprattutto la lenticchia e il poverello – fagiolo bianco – di Mormanno, Presidio Slow Food) e di **tartufi**, che variano secondo il periodo. Ottime le carni e gli **ortaggi dell'orto di famiglia**, base per pietanze leggere e ben eseguite. Valida la selezione dei formaggi.

I PIATTI Zuppa di lenticchie, Tagliolini al tartufo, Filetto alla liquirizia e cipolla

MOTTA SAN GIOVANNI (RC)
Lazzaro-Contrada Fucilari

AGRIRIGGIO

Via Goffredo Mameli, 7
Tel. 0965 712304-345 0567144
→ 15 km dall'uscita A2 Reggio Calabria
→ 1,5 km dalla stazione Lazzaro-Motta S. Giovanni
🕐 Chiuso il lunedì
Orario mezzogiorno e sera Ferie variabili
Prezzi: 25-30 euro menù fisso
Carte di credito: nessuna

IN BREVE *Azienda agricola che produce gran parte delle materie prime utilizzate in cucina. Assaggiate la pasta fresca o la grigliata omerica, non ve ne pentirete.*

L'OSTERIA La terra, la storia, la mitologia: nella locanda dell'agriturismo i commensali, oltre ad assaporare pietanze preparate con i prodotti dell'azienda agricola di famiglia, assaporano **ricette riprese da antiche tradizioni**, di cui si trova traccia nell'Odissea. È il caso della grigliata ispirata dai versi di Omero: «Caldi, sui loro spiedi, li cosparse di bianca farina; poi nel boccale di legno versò il vino profumo di miele».

LA CUCINA La famiglia Riggio è erede di un profondo legame con queste terre che abita da sempre e che, da quasi vent'anni, ispirano piatti sobri cucinati per la quasi totalità con materie prime prodotte in azienda, fra le quali merita una nota di pregio il *capicoddho* (capicollo) azze anca grecanico del Presidio Slow Food. L'impronta della Magna Grecia è presente in una scelta gastronomica **improntata prevalentemente sulle carni**, fra le quali spicca la porchetta cotta nel forno a legna, e sulle varie paste artigianali tradizionali.

I PIATTI Grigliata omerica, Porchetta grecanica, Capicollo aromatizzato al bergamotto

NOCERA TERINESE (CZ)

CALABRIALCUBO

Contrada Pietra di Grotta
Tel. 0968 1903391-345 8924367
→ 10 km dall'uscita A2 San Mango d'Aquino
🕐 Chiuso il lunedì
Orario mezzogiorno e sera Ferie in gennaio
Prezzi: 30-35 euro vini esclusi
Carte di credito: BM, CS, DC, MC, Visa

IN BREVE *Un locale che è espressione della migliore sintesi fra tecnica, ricerca e produzione in proprio delle materie prime. Un'eccellenza gastronomica e della sostenibilità.*

L'OSTERIA Un fiore all'occhiello della ristorazione calabrese **tra natura e tecnica, tradizione e innovazione**, dove la cucina diviene un naturale prolungamento dell'impegno e della passione di Marco Ferrini e di sua moglie Asuncion. Accostata al fiume e aggrappata a uno sperone roccioso, noto come *'a petra da' magara*, la struttura è il frutto di un accurato recupero di un secolare mulino ad acqua trasformato in ecomuseo.

LA CUCINA Tradizione e modernità sono un tutt'uno in cucina, le pietanze esprimono una **continua ricerca di materie prime e rispetto verso il territorio**. Fragranza, semplicità ed esecuzione rispettosa si ritrovano in piatti della tradizione che mescolano prodotti dell'entroterra ad altri di provenienza marittima, in un continuo dialogo di esemplare equilibrio. Asuncion e Marco producono, oltre a piacevoli birre artigianali, quasi tutti gli ingredienti utilizzati in cucina.

I PIATTI Uovo con crema di zucchine, *'nduja* e pane croccante, Paccheri, baccalà, melanzane e pomodorini, Carré di maiale con salsa di kiwi

PETRIZZI (CZ)

LO SPEZIALE

IN BREVE *Due piccole sale ricavate in una vecchia spezieria del Settecento ospitano questa osteria, dove gustare buoni piatti tradizionali preparati con ingredienti locali.*

Via Regina Margherita, 1
Tel. 0967 94378-347 5056072
Chiuso il mercoledì, mai in estate
Orario solo la sera Ferie ottobre
Prezzi: 20-25 euro vini esclusi
Carte di credito: AE, BM, CS, DC, MC, Visa

L'OSTERIA A pochi passi dal pioppo secolare che riempie la piazza del paese, in un elegante palazzo rimasto a lungo abbandonato, Lisa e Domenico hanno costruito **un angolo di bellezza e ospitalità**. Due piccole sale interne e una sobria terrazza fanno da scenario a una cucina che resta fortemente legata al territorio ma si concede qualche interessante sperimentazione.

LA CUCINA Ricco l'antipasto, con verdure di stagione, salumi, fritti e zuppe di legumi. I primi sono espressione di artigianalità e **uso sapiente di erbe spontanee e frutti selvatici**: menta, porcini, carciofini selvatici, oltre a prodotti caseari come la ricotta affumicata, sono i cardini di una proposta fresca e stagionale, che accosta con equilibrio sapori e ingredienti diversi. Tra i secondi, tanta carne ma non mancano piatti tipici come le melanzane ripiene. Dolci di produzione propria di buona qualità.

I PIATTI Stroncatura con pomodori secchi, acciughe e pane tostato, Melanzane ripiene, Spezzatino di maiale con patate e semi di coriandolo

POLISTENA (RC)

DONNA NELA

IN BREVE *Cucina di territorio – stroncatura, salumi locali, carni allevate in regione – in questa calda osteria, che si distingue per un'amplissima selezione di vini calabresi e non solo.*

Corso Mazzini, 23
Tel. 0966 932943-333 6572020
Chiuso le sere di domenica e lunedì, d'estate domenica a pranzo
Orario pranzo e cena Ferie 1-15 settembre
Prezzi: 25-35 euro vini esclusi
Carte di credito: AE, BM, CS, DC, MC, Visa

L'OSTERIA L'atrio di un palazzo signorile del centro di Polistena è il dehors di questo **locale caratteristico e accogliente**, come lo sono Giampiero ed Erika che, in sala, coccolano la clientela con l'entusiasmo di chi ha scelto con determinazione questa professione, realizzando il sogno che Giampiero custodiva fin da ragazzo.

LA CUCINA Una **cucina attenta alle tradizioni**, resa possibile dall'attenzione rivolta alla selezione di materie prime, con le quali si possono comporre percorsi e menù diversi, seguendo i propri desideri. Ingredienti che variano in base alla stagionalità, grande artigianalità dei piatti, così come del vino e della birra, sono ispirazione della linea gastronomica del locale che ricerca l'abbinamento perfetto nella vasta cantina con il meglio delle etichette regionali. Cucina terragna, che concede grande **spazio alla carne e ai saporiti salumi** calabresi, è la direttrice principale dell'offerta.

I PIATTI Stroncatura, Tagliata di bovino adulto, Porcini della Sila

BAYLIK

IN BREVE *Locale curato, luminoso e familiare dove gustare una buona e talvolta creativa cucina di mare. Pescato giornaliero e prodotti locali danno vita a piatti curati e interessanti.*

Vico Leone, 1-3-5
Tel. 0965 48624-338 7876375
→ 2 km dall'uscita A2 Reggio Calabria
🕐 Non ha giorno di chiusura
Orario pranzo e cena Ferie 10 giorni in luglio
Prezzi: 30-45 euro vini esclusi
Carte di credito: AE, BM, CS, DC, MC, Visa

L'OSTERIA Dal 1950, il locale, a due passi dal lungomare di Reggio Calabria, è approdo sicuro per una variegata clientela, diventando poi, negli anni Sessanta, una delle più riuscite referenze per chi ricerchi **una cucina di mare sincera e autentica** che ha saputo rinnovarsi di anno in anno. Oggi, ad accogliervi e guidarvi in sala, troverete Fortunato Zappia.

LA CUCINA La linea di cucina tende a preservare la materia prima e a esaltarne il sapore autentico, facendo perno su un **pescato locale** scelto con cura e verdure che seguono la stagionalità e il mercato. Le **ricette familiari** sono il patrimonio attraverso cui sono custodite e tramandate le tradizioni, adattandole, ma senza stravolgimenti, agli anni che passano e ai gusti che cambiano. L'affumicatura del pesce spada e la bottarga sono realizzati in proprio e disponibili in diverse proposte del menù. La carta dei vini ha un ampio respiro, con numerose referenze da ogni regione.

I PIATTI Carbonara di pesce spada affumicato, Pasta alla bottarga, Grigliata mista

REGGIO DI CALABRIA

TIMO

IN BREVE *Un'osteria semplice dove viene valorizzato il territorio in piatti gustosi e invitanti. Grande attenzione alle materie prime, dai formaggi ai salumi, fino alle pregiate carni locali.*

Via San Francesco da Paola, 80
Tel. 375 5126488
→ 5,6 km dall'uscita A2 Reggio Calabria
→ 300 m dalla stazione
  di Reggio Calabria Centrale
🕐 Chiuso il lunedì
Orario mezzogiorno e sera Ferie variabili
Prezzi: 30-35 euro vini esclusi
Carte di credito: AE, BM, CS, DC, MC, Visa

L'OSTERIA Pietro Cartellà ha realizzato in questo locale un progetto non facile: riuscire a comunicare e a **promuovere un territorio** ricco di sfumature e sfaccettature, date dalla mescola di tante influenze mediterranee diverse, e farlo con cristallina schiettezza. **Materie prime eccellenti** (anche dei Presìdi Slow Food) sono il cuore della proposta.

LA CUCINA La cucina porta in tavola gusto e piacere grazie ad **accostamenti spesso originali, mai azzardati**. Formaggi e salumi, per iniziare, sono un bello spaccato delle produzioni artigianali locali, per poi proseguire con un ventaglio di carni fra cui spiccano quelle di suino nero di Calabria, che caratterizzano ragù saporiti e importanti secondi. Stesso spirito nei dolci – di cui si registrano la varietà e l'accuratezza – e per la cantina, incentrata principalmente su quanto di meglio la Calabria sa offrire.

I PIATTI Paccheri di grani antichi con ragù di maialino nero, Stracotto di manzo al vino Nerello, Filetto di maialino nero con riduzione di vino e cipolla in agrodolce

RENDE (CS)

TRE CIPOLLE SUL COMÒ

Via Vercillo, 13 - Tel. 349 3677253
🕐 Chiuso il mercoledì e domenica sera
Orario solo la sera Ferie in luglio
Prezzi: 27-30 euro vini esclusi
Carte di credito: BM, CS, MC, Visa

IN BREVE *Un'osteria giovane e dinamica dove, accanto a proposte che si rifanno alla tradizione, ci sono piatti che reinterpretano in modo fresco i prodotti locali.*

L'OSTERIA Moderna e accogliente osteria gestita con passione da uno staff giovane ma molto professionale. In cucina, lo chef Andrea Bruno si dedica alla realizzazione di piatti che declinano la cucina tradizionale calabrese con la ricerca di **nuovi accostamenti** e sapori. In sala, la compagna Carlotta dispensa consigli su pietanze e bottiglie da abbinare (ricca la selezione di vini naturali di piccoli produttori locali).

LA CUCINA La proposta culinaria si basa sull'uso intelligente di **ottime materie prime di stagione**. Nella preparazione dei primi, tutti di pasta fresca artigianale, e dei secondi, che ricercano la valorizzazione dei tagli di carne non blasonati – come diaframma, biancostato e guancia di vitello –, si segnala l'utilizzo di molti Presìdi Slow Food regionali, quali il poverello di Mormanno, il caciocavallo di Ciminà e il Moscato di Saracena.

I PIATTI Ravioli al cacao con caviale di melanzane e pomodorini, Coppa di suino su fonduta di cacio e guanciale croccante, Guancia di vitello al Magliocco con polentina fritta

ROCCA IMPERIALE (CS)

TRATTORIA DEI POETI

Corso Vittorio Emanuele, 17 - Tel. 320 7949693
🕐 Chiuso il martedì
Orario mezzogiorno e sera Ferie novembre
Prezzi: 27 euro
Carte di credito: AE, BM, CS, MC, Visa

IN BREVE *Proposta culinaria radicata nella tradizione ma resa contemporanea da accenni fantasiosi in una trattoria verace e vera. Ampio l'antipasto, buoni i primi e robusti i secondi di carne.*

L'OSTERIA Delizioso locale nel centro di Rocca Imperiale – caratteristico borgo ionico dominato dal castello federiciano e noto come il "paese della poesia" –, in cui è possibile riscoprire i **sapori di un tempo**. La trattoria, alle cui pareti campeggiano famosi versi poetici, è gestita con spontaneità da Silvana Faraldi, squisita padrona di casa, eccellente cuoca e impeccabile consigliera in sala.

LA CUCINA La proposta culinaria è marcatamente radicata nella tradizione, con i piatti tipici della regione, che variano a seconda della stagione, preparati con **prodotti del territorio**. I primi sono a base di **paste tirate a mano** (su tutte, i maccheroni col ferretto – detti *forzuli* – conditi con il ragù e i raschiatelli al sugo con ricotta fresca), mentre i secondi propongono ottime carni locali (eccezionale il coniglio) o, in alternativa, una buona selezione di formaggi. Il vino della casa è incluso nel prezzo.

I PIATTI *Forzuli* con ragù di maiale, Raschiatelli al pomodoro con basilico e ricotta, Coniglio alla cacciatora

SAN GIORGIO MORGETO (RC)  NOVITÀ

ALTANUM

Via Carmine , 8
Tel. 0966 472447-320 0743518
⏱ Chiuso il mer Orario mezzogiorno e sera
Ferie 1 settimana in settembre, 1 in febbraio
Prezzi: 30 euro vini esclusi
Carte di credito: BM, CS, MC, Visa

IN BREVE *una piccola osteria che dà voce alla tradizione più autentica: piatti semplici, stagionali, preparati esclusivamente con materie prime locali: qui si mangia e si beve solo calabrese.*

L'OSTERIA Altanum, cioè la "città alta" che domina San Giorgio, dà il nome all'osteria. Aperta due anni fa dal giovane Salvatore Raso, che vi accoglierà in sala, propone gli equilibrati piatti che lo chef Angelo Raso elabora utilizzando **materie prime del territorio**. Qui si beve solo vino calabrese, scelto dalla buona selezione della cantina, accomodati a uno dei tavoli dell'unica sala arredata con sobrietà. Siamo nella piazza principale del paese: una cornice antica e una spettacolare vista che si spinge fino al mare.

LA CUCINA Cucina legata ai prodotti del territorio, reperiti quotidianamente al mercato rionale o **direttamente dai contadini** della zona. Questo è il territorio dello stocco, uno dei prodotti di eccellenza, preparato in molte saporite varianti. Tra i **primi di pasta fresca**, le tagliatelle e i ravioli sono proposti con sughi di stagione. Da non perdere la stroncatura (di grano duro) con pomodori secchi, acciughe e mollica. Ottimo l'olio extravergine del posto.

I PIATTI Antipasto rustico, Stroncatura, *Stijjolata* arrosto

SAN MARCO ARGENTANO (CS)

LE BACCANTI

Via della Repubblica
Tel. 0984 1906595-393 1329885
→ 14,5 km dall'uscita A2 Tarsia Nord
⏱ Chiuso la dom Orario solo la sera
Ferie ultima sett di settembre-prima di ottobre
Prezzi: 25-30 euro vini esclusi
Carte di credito: BM, CS, MC, Visa

IN BREVE *Giovane osteria che negli anni si è fatta conoscere anche per la sua selezione di vini. Carta che cambia di frequente con ottimi primi di pasta fresca e secondi con carni di maiale e di manzo.*

L'OSTERIA Questo ristorante con enoteca si trova nel cuore dell'**antico borgo normanno** di San Marco Argentano. Nato nel 2009 dall'idea di Alessandro Brusco, che ha coinvolto tutta la famiglia nella gestione, il locale è una piacevole sorpresa: ambienti curati e accoglienti, cortesia e una **cucina semplice e saporita**, che ben si sposa con la ricchissima offerta enologica, prima passione dell'oste.

LA CUCINA La cucina è stagionale e gli ingredienti usati, dagli ortaggi ai salumi, dalla pasta fresca alla carne, sono di **produzione propria o provenienti da realtà locali** ben selezionate. I piatti traggono dalle ricette tipiche la loro ispirazione, proponendo una linea moderna e fresca con una grande attenzione concessa anche alla parte vegetale. L'importante selezione di etichette (calabresi e non) qualifica il locale anche come una delle migliori enoteche del territorio.

I PIATTI Antipasto della casa, Spaghetti trafilati al bronzo con 'nduja e pomodorini, Stinco di maiale aromatizzato con erbe di campo

SAN SOSTI (CS)

LA TANA DEL GHIRO

Via Santuario, 3 - Tel. 0981 60163
🕐 Chiuso il martedì
Orario mezzogiorno e sera Ferie variabili
Prezzi: 25-30 euro vini esclusi
Carte di credito: AE, BM, CS, MC, Visa

IN BREVE *Un locale che è sintesi delle tradizioni culinarie cosentine e reggine, elaborate con grande cura e attenzione alle materie prime, per una cucina equilibrata e senza sbavature.*

L'OSTERIA A due passi dal santuario della Madonna del Pettoruto, meta di pellegrinaggio dei calabresi, incastonata in una splendida vallata del Parco del Pollino, la Tana del Ghiro è un porto sicuro per chi voglia consumare un pasto ispirato alla filosofia di Slow Food. Fabio, proprietario e chef, insieme alla moglie Loredana, propone un menù in cui coniuga, con esiti eccezionali, le **tradizioni culinarie cosentine con quelle dell'area grecanica** del Reggino.

LA CUCINA Il punto di partenza delle pietanze, elaborate all'insegna di **stagionalità e territorialità**, è sempre la tradizione; il punto di arrivo parla anche di innovazione, con grande **attenzione alla presentazione**. Si va dai primi di pasta fresca ai secondi di carne (con l'abbinamento di contorni a base di ortaggi coltivati in proprio) fino ai dolci, fra cui spiccano i *buccunotti* di pasta frolla leggera e friabile ripieni di marmellata al bergamotto.

I PIATTI *Maccarruni* con porcini, guanciale e roggianese, Braciola di suino nero, *Buccunotto* con marmellata di bergamotto

SANTO STEFANO IN ASPROMONTE (RC) - Mannoli

LE FATE DEI FIORI

Via Nazionale, 55
Tel. 328 8103170-328 8103157
🕐 Aperto sab, dom e festivi, sempre in agosto Orario mezzogiorno e sera Ferie non ne fa
Prezzi: 25-35 euro vini esclusi
Carte di credito: BM, CS, MC, Visa

IN BREVE *Osteria che negli anni è diventata un vero regno dell'accoglienza. Prodotti locali tradotti in sfiziosi piatti sono le principali caratteristiche di questo bel locale.*

L'OSTERIA Il motore che ha spinto la famiglia Milasi a lasciare Reggio per aprire la locanda è quello di far **conoscere l'Aspromonte**, non soltanto i caratteri più severi e talvolta spigolosi, anche, e soprattutto, la parte più accogliente ed elegante, con il suo paesaggio unico di terrazzamenti.

LA CUCINA Un locale a conduzione familiare: Vincenzo ai fornelli, la figlia Martina alla pasticceria, la moglie Teresa e la figlia Carmen all'accoglienza. Lo spirito di valorizzazione del territorio si ritrova nei **piatti, sicuramente tradizionali ma rivisitati** e smussati negli accenti più duri, per renderli più delicati e apprezzabili, ben accompagnati a oli extravergini e vini autoctoni. Interessante la selezione di formaggi (principalmente dei Presìdi Slow Food) che strizza l'occhio anche ad altri importanti territori caseari.

I PIATTI Umido di castrato con porcini e crostino di *'nduja* di Spilinga, Tortino di melanzane, caciocavallo di Ciminà e salsiccia calabrese, Maccheroni con ragù di cinghiale

SCALEA (CS)

LA RONDINELLA

IN BREVE *Una piccola osteria dove la cucina tipica incontra la modernità. Piatti stagionali preparati con materie prime locali. Accurata la selezione dei formaggi.*

Via Vittorio Emanuele III, 22 - Tel. 0985 91360
Chiuso la dom, estate solo dom a pranzo
Orario mezzogiorno e sera Ferie non ne fa
Prezzi: 25-35 euro vini esclusi
Carte di credito: BM, DC, MC, Visa

L'OSTERIA Situata nel centro storico di Scalea, a due passi da palazzo Spinelli, la Rondinella è un'accogliente osteria che propone una cucina semplice, capace di far rivivere i sapori del passato e, al contempo, strizzare l'occhio alla modernità. Gestita con passione, affabilità e competenza dalla vulcanica Francesca Russo e dal carismatico marito Giovanni Perrotta, utilizza nelle preparazioni i **prodotti dell'omonima azienda agricola**.

LA CUCINA Oltre alla collaudata di alcuni piatti ormai diventati cavalli di battaglia del locale che rivisitano abilmente, in chiave calabrese, alcune preparazioni di tradizione nazionale – ricordiamo la carbonara con la *'nduja*, gli spaghetti alla scaleota (con alici salate, mollica e pomodoro) e la panna cotta ai *pipi cruschi* –, è sempre disponibile un menù degustazione che varia settimanalmente. Qui troverete il meglio della **cucina dell'entroterra**, che si arricchisce, il venerdì, di ottime portate a base di baccalà.

I PIATTI Spaghetti alla scaleota, Carbonara calabrese, Panna cotta ai *pipi cruschi* caramellati.

SERRASTRETTA (CZ)

IL VECCHIO CASTAGNO

IN BREVE *Una cucina esemplare per contenuti oltre che realizzazione: un borgo fascinoso e un'esperienza gastronomica indimenticabile, coerente con i sapori della montagna circostante.*

Via Alvaro, 1 - Tel. 0968 81071
Chiuso il martedì, mai d'estate
Orario mezzogiorno e sera Ferie non ne fa
Prezzi: 25-30 euro vini esclusi
Carte di credito: AE, BM, CS, MC, Visa

L'OSTERIA Il borgo di Serrastretta, con le sue botteghe artigiane strette tra le mura, è una cornice di per sé affascinante; trovare nel suo cuore un'osteria autentica, interprete di valori importanti quali la difesa del territorio e dei suoi operatori, tramite l'uso di materie prime sostenibili e locali, una **cucina composta ed elegante** e un'ospitalità spontanea e sincera, è un'emozione senza eguali.

LA CUCINA Delfino Muraca, con l'aiuto del figlio Mattia, dà vita a una esperienza gastronomica il cui fulcro è la tradizione. Oltre a **formaggi e salumi di produzione propria**, il centro dell'offerta è costituito dai tanti **frutti del sottobosco** che trovano interpretazione, in cucina, soli o in accompagnamento a verdure stagionali (note le patate di Decollatura) e alle carni di suino nero. Forte anche l'uso delle castagne, che rinnova una cultura secolare. La cantina raccoglie una vasta selezione di etichette regionali, infusi e rosoli.

I PIATTI Antipasto della casa, Gnocchi di castagne con ricotta e noci, Guanciale di vitello con riduzione di fagioli monachelle

SCACCO MATTO

IN BREVE *Osteria tutta sostanza e niente fronzoli. Ricchissimo antipasto, come da tradizione calabrese, ma è meglio non esagerare per lasciare spazio agli sfiziosi primi e ai secondi di carne.*

Via Salita De Seta, 29 - Tel. 333 7334160
🕐 Chiuso il lunedì, mai in agosto **Orario** mezzogiorno e sera **Ferie** 1-15 settembre
Prezzi: 22-30 euro
Carte di credito: AE, BM, CS, DC, MC, Visa

L'OSTERIA Il locale si trova a pochi chilometri dalla costa ionica, vicinissimo alle cascate e ai canyon delle Valli Cupe, che rappresentano uno dei siti naturalistici più sorprendenti della Calabria. L'osteria è accogliente, di piccole dimensioni e a **gestione strettamente familiare**. Mario e Raffaella, divisi tra cucina e sala, sono ospitali e gentilissimi.

LA CUCINA La cucina è quella mediterranea con un'ottima scelta di prodotti del territorio. Nei periodi di raccolta, si possono assaggiare sorprendenti **funghi** proposti in varie cotture, soli o come gustoso ingrediente delle varie pietanze. Come in tutte le buone osterie calabresi, l'antipasto non si può definire tale se non si compone di almeno quattro diversi assaggi: immancabile la pitta con i peperoni. **Pasta fatta in casa** nei primi e ampia scelta di carne nei secondi, sempre accompagnati da ortaggi e verdure provenienti da piccole produzioni locali. Vini prevalentemente del territorio.

I PIATTI Scilatelle ai porcini, Funghi arrosto, Pitta con i peperoni

SIDERNO (RC) - Siderno Marina

U RICRIJU

IN BREVE *Un percorso tra i prodotti della Calabria: questo l'obiettivo dell'osteria che propone piatti della tradizione ottenuti da ingredienti autoprodotti o elaborati da artigiani locali.*

Via Circonvallazione Nord, 173
Tel. 389 9687228
🕐 Chiuso la domenica
Orario mezzogiorno e sera **Ferie** variabili
Prezzi: 25-30 euro vini esclusi
Carte di credito: AE, BM, MC, Visa

L'OSTERIA Passione per la cucina calabrese e per l'originalità di **ricette da preservare e tramandare**: partendo da questi presupposti il passo successivo di Francesco Trichilo è stato quello di aprire un suo locale, dove tutto parla di Calabria e, in particolare, del territorio in cui nascono i prodotti alla base dei suoi piatti. Da dieci anni questo è un punto di riferimento per quanti apprezzano la cucina tradizionale e tutto quello che culturalmente la circonda, come la musica e i racconti. Consigliata la prenotazione.

LA CUCINA La famiglia ha una parte centrale in cucina: tutte le **materie prime sono scelte e seguite**, dall'inizio fino al completamento della loro lavorazione, grazie al supporto di aziende agricole con le quali si è instaurato un rapporto continuativo. Lo sforzo, anche etico, di **promuovere e sostenere tradizioni** che rischiavano di perdersi, si traduce nell'attenzione per la parte vegetale, fresca e in conserve tradizionali, e nella produzione di salumi, formaggi, paste artigianali.

I PIATTI Capra alla cardola, Polpette all'arancia

ZIO SALVATORE

IN BREVE *Il mare si vede dalla terrazza ma non si può gustare: una vera osterie di terra con tante squisite carni e ottimi maccarruni che ne hanno fatto la storia.*

Via Annunziata, 1 - Tel. 334 2438177
Chiuso il martedì Orario sera, mezzogiorno su prenotazione Ferie 1-15 settembre
Prezzi: 25-30 euro vini esclusi
Carte di credito: BM, CS, DC, MC, Visa

L'OSTERIA La famiglia Fragomeni gestisce, nella bella piazza di Siderno Superiore, questo locale nato come mescita di vino che dispone di due sale: una grande e una più piccola con accesso a una terrazza da cui si può godere di una bellissima vista. Da qualche anno, all'attività di ristorazione si è aggiunta quella di un **laboratorio per la preparazione di salumi** con carni selezionate del pregiato suino nero calabrese.

LA CUCINA **Cucina di tradizione ed esclusivamente di terra** per questo verace locale famoso in tutto il circondario per gli imperdibili *maccarruni* al sugo con polpette. I secondi offrono un bel ventaglio di salumi e di carni locali, ma qui si viene soprattutto per le portate a base di **capra**, ottime con i tradizionali peperoni, lo stocco e le zuppe di legumi. In carta, è riservata attenzione anche al comparto vegetale, ben rappresentato da ricette dal sapore familiare. Buone le crostate casalinghe e vino di produzione propria.

I PIATTI *Maccarruni* al sugo con polpette, Stocco alla truppitara, *Pipi* e *patati*

DA LUCREZIA

IN BREVE *Due salette accoglienti per questa osteria che continua a proporre ottimi piatti, semplici e a base di pesce. Se disponibile, non perdete l'aragosta con cipolla di Tropea.*

Via XXV Aprile, 46 - Tel. 0981 57431
Chiuso il martedì
Orario mezzogiorno e sera Ferie novembre
Prezzi: 35-40 euro vini esclusi
Carte di credito: BM, CS, MC, Visa

L'OSTERIA Osteria marinara con due salette sobrie e accoglienti, che ha dalla sua una cucina di sostanza, pochi fronzoli ma **tutto il buono del pescato giornaliero**. Mamma Lucrezia ha aperto il locale negli anni Novanta, dopo una lunga gavetta all'estero, e oggi con lei al timone ci sono il figlio Giuseppe e la compagna, Antonella, creatrice di tutte le specialità di pasticceria in carta.

LA CUCINA I piatti sono quelli della marineria ionica con più di un'influenza dalla vicina Puglia. La spesa giornaliera è fatta con attenzione all'eccellenza e alla stagionalità: scelta che non sempre si traduce nel pescato più noto e frequentato, ma nella giusta combinazione di richiesta e offerta, capace di adattare la cucina alla **straordinaria varietà ittica**. Ottima la seppia sporca, preparata secondo tradizione con il suo nero, e da non perdere, se disponibile, l'aragosta con cipolla rossa tropeana.

I PIATTI Lagane di ortica e farro con murici, Cavatelli con ragù di totani e *ammollicata*, Gamberi rossi con confettura di peperoncino

LA SIGNORA DEL VENTO

Via Lungomare Cenide, 69
Tel. 0965 617188-348 9793613
→ 5 km dall'uscita A2 Villa San Giovanni
⏱ Chiuso il mar, mai d'estate Orario mezzo-
giorno e sera Ferie prima settimana di ottobre
Prezzi: 30-35 euro vini esclusi
Carte di credito: AE, BM, CS, DC, MC, Visa,
Satispay

IN BREVE *Una piccola osteria affacciata sullo Stretto per una cucina semplice e gustosa: pescato del giorno, mano leggera, cotture perfette. Si può chiedere altro?*

L'OSTERIA L'osteria, aperta nel 2018 riconvertendo un circolo gestito dagli attuali proprietari, propone **piatti semplici e gustosi** che ben esaltano il pescato dello splendido mare antistante. In cucina c'è la signora Antonia Marcianò, mentre in sala il marito Renato Zito accoglie gli ospiti, proponendo i piatti del giorno in abbinamento a vini calabresi o allo sfuso della casa. Oltre alla veranda esterna affacciata sullo Stretto, potrete accomodarvi nella luminosa sala dipinta di bianco e azzurro.

LA CUCINA Qui il mare la fa da padrone. I piatti seguono il **ciclo stagionale del pescato** con portate fredde e calde, che non lasciano nulla al caso. Oltre agli antipasti, sono degne di nota le ricette più semplici eseguite magistralmente, dagli spaghetti con cozze e vongole ai risotti, fino alle orecchiette al nero. Una **cucina fresca e asciutta** che privilegia cotture brevi con fragranti fritture, arrosti in crosta di verdure e guazzetti.

I PIATTI Alici in agrodolce, Maltagliati alla Signora del Vento, Pesce in crosta

MAR TIRRENO
Í. DI ÚSTICA
Ústica
S. Vito
lo Capo
PALERMO
Monreale
Bagheria
S. Flávia
Castellammare
d. Golfo
Érice
Trápani
Valdérice
Paceco
Piana d.
Albanesi
Belmonte
Mezzagno
A19
Térm
Imere
Í. MARÉTTIMO
Maréttimo
ÍSOLE ÉGADI
Favignana
Í. FAVIGNANA
A29Dir./A
A29Dir.
A29
Álcamo
S. Giuseppe
Jato
Cáccamo
Villafrati
Corleone
Marsala
Capo Boeo
Castelvetrano
Partanna
Bélice
Chiusa
Scláfani
S. Giovar
Gémini
Mazara
d. Vallo
Caltabellotta
Bivona
S. Stéfano
Quisquina
Menfi
S. Angelo Muxaro
Sciacca
Plátani
Jóppolo
Giancáxio
Montallegro
Castrofili
Agrigento
Realmonte
Porto
Empédocle
MAR
MEDITERRÁNEO
Í. DI LINOSA
ÍSOLE PELÁGIE
Pantelleria
Í. DI PANTELLERIA
Í. DI LAMPIONE
Í. DI LAMPEDUSA
Lampedusa

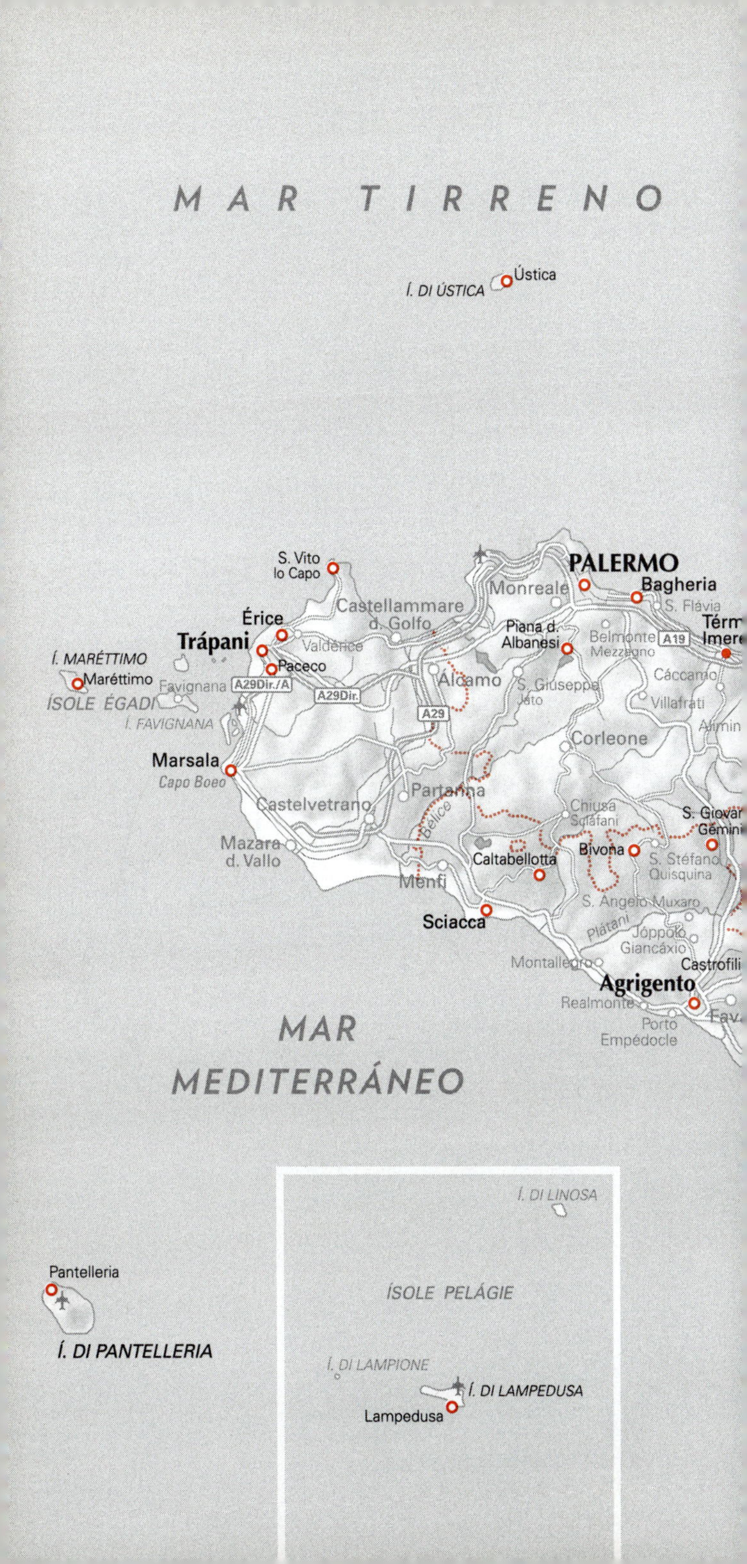

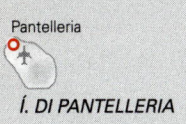

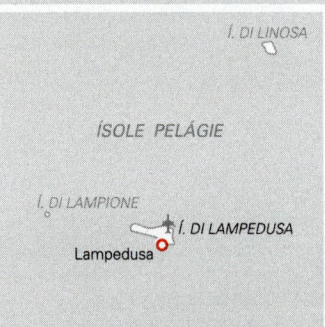

ÍSOLE EÓLIE O LÍPARI

Í. STRÓMBOLI

Í. PANAREA

Í. FILICUDI Í. SALINA S. Marina Salina

Í. ALICUDI Í. LÍPARI Lípari

Í. VULCANO

C. Peloro

Villafranca Tirrena

Milazzo Messina

Terme Vigliatore Barcellona-Pozzo di Gotto

Str. di Messina

Capo d'Orlando Patti Castroreale

Capri Léone Naso Sinagra S. Piero Patti Novara di Sicilia

Cefalù S. Ágata Militello S. Salvatore di Fitália

Pollina Longi Galati Mamertino Fondachelli-Fántina

asnello Tusa Caronia Randazzo Francavilla di Sicilia Taormina

esano Castelbuono Castiglione di Sicilia Graniti Giardini-Naxos

Petralia Sottana Petralia Soprana 3323 • M. Etna Milo Mascali

Polizzi enerosa Gangi Nicosia Adrano Giarre MAR

Castellana Sícula Aci Castello Acireale IÓNIO

Enna Paternò RA15 Catánia

Cataldo Caltanissetta Aidone A19 Golfo di Catánia

Barrafranca Piazza Armerina Augusta

Ganicatti Ravanusa Caltagirone Lentini

Campobello di Licata Niscemi Buccheri Siracusa

Licata Gela Monterosso Almo Palazzolo Acréide

Cómiso Chiaramonte Gulfi A18

Golfo di Gela Vittória Ragusa Noto Avola

S. Croce Camerina Módica Golfo di Noto

Scicli Rosolini

Pachino Portopalo di Capo Passero

Pozzallo C. Passero

0   15   30 km

SICILIA

ALCUNI PIATTI DELLA TRADIZIONE

Arancina o arancino
Sorta di polpetta di riso fritta, tradizionalmente ripiena di ragù o di prosciutto e mozzarella, di cui ormai esistono numerose varianti

Pane e panelle
Panino farcito con frittelle di ceci aromatizzate al prezzemolo, spesso accompagnate dalle crocchette di patate. Tipico cibo di strada palermitano

Caponata di melanzane
Ricco antipasto o contorno di melanzane, tagliate a dadini e fritte, poi mescolate a un sugo agrodolce a base di pomodoro, cipolle, olive, capperi, sedano

Pasta con le sarde e finocchietto
Pasta condita con sarde in un sugo bianco a base di finocchietto, zafferano, uvetta e pinoli

Pasta rotta ai tenerumi
È la tipica minestra estiva palermitana: gli spaghetti spezzati sono conditi con i germogli e le foglie tenere della zucchina lunga, quindi ripassati con il pomodoro fresco

Sarde a beccafico
Involtini di sarde aperte a libro, private della lisca e della testa: la ricetta varia secondo le zone

Stigghiola alla brace
Involtino di interiora di vitello o, meno tradizionalmente, di agnello, tipico della Sicilia occidentale

Stoccafisso alla ghiotta
Preparazione del Messinese, si tratta di pesce in umido con patate, olive, capperi e pomodoro

Biancomangiare alle mandorle
È una sorta di budino ottenuto con il latte di mandorla addensato con amido e zucchero

Cassata di ricotta
Dolce conventuale di derivazione araba, è una torta di pan di Spagna farcita con crema di ricotta e impreziosita da pasta reale, canditi e glassa bianca

ACI CASTELLO (CT) - Aci Trezza

GENTE DI MARE

IN BREVE *Piatti di mare preparati con pesci troppo spesso poco utilizzati dalla ristorazione, perché considerati poveri, in una bella osteria gestita da una cooperativa di pescatori.*

Via Dietro Chiesa, 22 - Tel. 095 8178781
→ 6 km dall'uscita A18 Acireale
🕐 Chiuso il lun Orario sera, dom anche pranzo d'estate anche sab a pranzo Ferie in novembre
€ Prezzi: 38-40 euro vini esclusi
Carte di credito: BM, CS, DC, MC, Visa

L'OSTERIA A poche centinaia di metri dal porticciolo del borgo di Aci Trezza e dagli spettacolari faraglioni al centro dell'Area Marina Protetta Isole Ciclopi, dietro la chiesa di San Giovanni, c'è questa **trattoria appartenente a una cooperativa di pescatori**. A gestirla, con qualche aiuto in sala, Rocco Petronio: cuoco, patron e, quando può, amabile narratore di storie. Ricordatevi che la prenotazione è obbligatoria.

LA CUCINA La filosofia di Slow Food del **Mangiamoli giusti**, con la valorizzazione delle specie ittiche neglette, qui trova piena applicazione grazie all'alternarsi di **piatti preparati con tipologie di pesci pressoché ignorate dalla ristorazione**, come il pesce pappagallo all'acqua di mare, il balestra in crosta di sale, la *tremula* o l'*ùgghiu* – entrambi della famiglia delle razze – alla contadina con patate e salsa verde. Interessante la varietà di erbe spontanee locali utilizzate.

I PIATTI Antipasto misto con pescato del giorno e verdure spontanee, Pasta con le *masculîne* (alici), Razza alla contadina

AGRIGENTO

AGUGLIA PERSA

IN BREVE *Piacevolissima osteria – il dehors è immerso in un giardino di rara bellezza – dove gustare il meglio della cucina girgentana di mare. Ottimi i piatti di pesce azzurro.*

Via Crispi, 34 - Tel. 0922 401337-340 8680560
→ 240 m dalla stazione di Agrigento Centrale
🕐 Chiuso il martedì Orario mezzogiorno e sera Ferie in febbraio
Prezzi: 35-40 euro vini esclusi
Carte di credito: BM, CS, MC, Visa

L'OSTERIA Nel pieno centro di Agrigento, a pochi passi da via Atenea, questa osteria si trova all'interno della storica Villa Catalasino, già residenza di Luigi Pirandello. Splendido il **dehors ricavato nel delizioso giardino aromatico**. La sala, giocata sui toni della pietra e del legno, è anch'essa immersa nel verde. Le materie prime, fra cui alcuni Presìdi Slow Food, sono scelte con cura e arrivano da fornitori locali.

LA CUCINA I fornelli sono diretti da Vincenzo Ravanà, la cui passione per la cucina si mostra in **numerose preparazioni di pesce**. Il menù è una sequenza di classiche **ricette della tradizione siciliana riviste in chiave moderna**, senza mai snaturarne l'origine. Ben fornita la carta dei vini che, accanto a una buona selezione locale, elenca qualche etichetta di Champagne.

I PIATTI Panino con *milinciani*, tonno marinato e burrata, Cuscus ai frutti di mare, Ghiotta di pesce in vasocottura

AGRIGENTO - San Leone

CAICO

IN BREVE *Ristorante che propone principalmente pescato locale, in un ambiente elegante. Oltre ai crudi, da provare i primi.*

Via Nettuno, 35 - Tel. 0922 464820
🕐 Chiuso il mar **Orario** mezzogiorno e sera
Ferie 2 settimane in gennaio, 2 in novembre
Prezzi: 33-37 euro vini esclusi
Carte di credito: AE, BM, CS, DC, MC, Visa

L'OSTERIA Caico nasce nel 1952, fondata da Umberto Caico e della moglie Concetta Fulco. Oggi Marco Maccarrone e sua moglie Patrizia Triassi continuano la tradizione con rinnovato spirito di crescita e con la consapevolezza che la **tradizione può essere rivisitata** e resa ancora più interessante. Ciò che conta è la qualità degli ingredienti in gran parte provenienti dalle immediate vicinanze. La **sala di sobria eleganza** può nella stagione calda aprirsi a un piacevolissimo dehors.

LA CUCINA La dispensa è una tavolozza di sapori trasformati in piatti ricchi di profumi che evocano il paesaggio circostante. La vicinanza con il mare favorisce una cucina che si fonda innanzitutto sul **pescato locale**. A tavola sovente si assaggia polpo grigliato e, in stagione, la caponata di tonno (sublime). La carta dei vini è imponente e spazia dalla regione verso etichette nazionali e internazionali. Valida anche la selezione di distillati.

I PIATTI Calamarata con triglie e finocchietto, Pescato del giorno all'acqua pazza o grigliato, Cestino di frolla con crema e fragoline di Ribera

---

AGRIGENTO

GINGER PEOPLE&FOOD

IN BREVE *Un bellissimo progetto di inclusione gestito dalla chef senegalese Mereme Cisse. Le preparazioni della tradizione girgentana si fondono con le spezie e i frutti del continente africano.*

Via Empedocle, 21 - Tel. 0922 596151
→ 700 m dalla stazione di Agrigento Centrale
🕐 Chiuso il lunedì, mai in agosto **Orario** sera, pranzo su prenotazione **Ferie** variabili
Prezzi: 28-35 euro vini esclusi
Carte di credito: BM, CS, MC, Visa

L'OSTERIA Il ristorante si trova nel centro storico di Agrigento. Il progetto nasce dalla cooperativa sociale Al Kharub, il cui obiettivo è quello di **creare inserimento lavorativo per persone con svantaggio sociale, migranti e rifugiati**. Il locale si compone di una piccola sala interna e di un dehors esterno.

LA CUCINA La cucina, che risente delle **tradizioni gastronomiche dell'Africa subsahariana e del Magreb** oltreché di quella siciliana, è diretta daMereme Cisse e si caratterizza per la presenza di ingredienti di stagione e Presìdi Slow Food. Presenza costante sono *fataya* (panzerotti di pasta fritta ripieni), *felafel* (polpette di ceci) e *samo* egiziano. Fra i primi è degna di nota la scelta dei **cuscusu** preparati secondo tradizione trapanese. Poche proposte di vino, soprattutto del territorio.

I PIATTI *Cuscusu* di Gorée, *Felafel*, *Fataya*

NOVITÀ

LE BOCCERIE

Via Atenea, 231 - Tel. 0922 627662
→ 700 m dalla stazione di Agrigento Centrale
Chiuso il martedì Orario mezzogiorno
e sera Ferie 15 giorni in gennaio
Prezzi: 25-30 euro vini esclusi
Carte di credito: AE, BM, CS, DC, MC, Visa, Satispay

IN BREVE *Un locale aperto dalla mattina presto sino a tarda notte, dove fermarsi per un piatto veloce o per acquistare uno dei buoni prodotti venduti nella bottega. Tra le proposte alcuni semplici cibi di strada e altre preparazioni più elaborate.*

L'OSTERIA Alessandro Ravanà cambia formula e si trasferisce in via Atenea, in pieno centro. Il nuovo progetto **inizia dalla colazione e finisce a tarda sera**. È uno spazio di ricerca con negozio dedicato a ingredienti semplici e ben presentati: la salumeria mette in luce le produzioni locali, che qui trovano una lettura trasparente e contemporanea.

LA CUCINA La **carta è pensata per qualsiasi tipo di fame o desiderio**. Formaggi, salumi, focacce, panini e pizze, sino ad arrivare alle ricette delle tradizione. La carta è essenziale: tre proposte per ogni sezione che cambiano frequentemente. Non mancano preparazioni che si rifanno al cibo di strada, come le panelle e l'arancina in bianco. Tra i primi la pasta secca è grande protagonista, mentre i secondi si dividono tra pesce e carne. Dolci classici eseguiti con bella mano. Buona carta dei vini. Per chi va di fretta, ci sono i **kit da asporto**.

I PIATTI Arancina di ragù bianco, Pasta *a milanisa*, Tubettoni al ragù di stracotto, Manzo brasato al Nero d'Avola

TERRACOTTA

Via Pirandello, 1 - Tel. 0922 29742
→ 260 m dalla stazione di Agrigento Centrale
Chiuso il lunedì in inverno
Orario mezzogiorno e sera Ferie variabili
Prezzi: 38-45 euro vini esclusi
Carte di credito: AE, BM, CS, MC, Visa

IN BREVE *Negli spazi che furono quelli di una chiesa settecentesca, un'elegante osteria dove si celebra la Sicilia con i suoi prodotti di orto e di mare.*

L'OSTERIA All'inizio di via Pirandello e del centro storico di Agrigento, Fabio Gulotta è l'anima e il motore di questo locale, gestito da una cooperativa culturale, ricavato negli **spazi ristrutturati della parte non più adibita al culto della settecentesca chiesa di San Pietro**.

LA CUCINA Davvero tanta l'attenzione che Fabio presta alla scelta dei prodotti (diversi i Presìdi Slow Food siciliani) che utilizza per le preparazioni da lui ideate in cucina: carni, pesci, **verdure**, fra cui quelle **coltivate all'interno della Valle dei Templi**. Secondo stagione e mercato potreste per esempio trovare pietanze come la zuppa di totani e biete selvatiche o lo sgombro a beccafico con la purea di fave. Fra i piatti con i legumi buona pure l'insalata di lenticchie di Villalba. Valida la proposta di formaggi; attenta la selezione di vini regionali, oltre a qualche birra artigianale.

I PIATTI Tagliatelle col pesce del giorno, Tartare di vacca cinisara, Insalata di lenticchie di Villalba

BUTTITTA

IN BREVE *Questa spartana osteria propone piatti semplici della tradizione siciliana. Molto buone le preparazioni di pesce fresco. In alternativa, qualche proposta di carne.*

Via Stazione, 8 - Tel. 091 934366
→ 3,3 km dall'uscita A19 Bagheria
→ 170 m dalla stazione di Bagheria
🕐 Chiuso dom sera e lun, d'estate dom e lun
Orario mezzogiorno e sera Ferie variabili
Prezzi: 25-30 euro vini esclusi
Carte di credito: nessuna

L'OSTERIA Una piccola trattoria, a pochi passi dalla stazione di Bagheria, presente sin dal 1979. La conducono Nino e Marianna, il primo nell'unica saletta a intrattenere i clienti e la seconda ai fornelli. La caratteristica insegna, con tutta probabilità risalente al momento dell'apertura, dà agli avventori una prima idea di quello che si devono aspettare varcando l'ingresso: **una cucina semplice e casalinga, gustosa e di tradizione**.

LA CUCINA Nella cucina a vista Marianna elabora piatti che rispettano le **ricette della tradizione bagherese**, seguendo l'andamento delle stagioni per esaltare i prodotti di un territorio ricco di sapori. Prevalgono le **preparazioni di pesce**, ma non mancano primi conditi con verdure e secondi di carne. Si può chiudere con i pochi ma buoni dessert. Vino della casa e alcune etichette regionali.

I PIATTI Pasta con le sarde, Involtini di carne, Calamaro arrosto

DON CICCIO

IN BREVE *La trattoria di un tempo, dall'atmosfera retrò e con piatti che non guardano alle mode. Caponata, pasta con diversi sughi tradizionali, sarde a beccafico e braciolone sono alcune delle proposte.*

Via del Cavaliere, 87 - Tel. 091 932442
→ 3,3 km dall'uscita A19 Bagheria
→ 1,2 km dalla stazione di Bagheria
🕐 Chiuso domenica sera e il mercoledì
Orario mezzogiorno e sera Ferie agosto
Prezzi: 30-35 euro vini esclusi
Carte di credito: AE, CS, DC, MC, Visa

L'OSTERIA Antica osteria bagherese fondata nel 1942 dalla famiglia Castronovo, prima il nonno, oggi il figlio Santo con Francesco e Santo. Locale rustico, arredato con semplicità; **immancabili alle pareti foto d'epoca e articoli di giornale**, che evocano il passato di questa osteria sempre sulla cresta dell'onda.

LA CUCINA Non c'è necessità di pensare a nuovi menù, la proposta che si ripete negli anni è il punto di forza di Don Ciccio. **La vera cucina tipica palermitana** che segue e insegue le stagioni. Immancabili i classici bucatini con le sarde, gli involtini alla palermitana, pesce di giornata e, tra maggio e giugno, il tonno rosso.

I PIATTI Zucca in agrodolce, Caponata *i milinciani*, *Sfiunciuni*

IL GELSO NERO

IN BREVE *Osteria moderna di cucina innovativa eppure legata al territorio e alle sue tradizioni. Proposte che spaziano tra la terra e il mare come nel caso del polpo grigliato con melanzane o del coniglio affumicato con verdure.*

Corso Garibaldi, 202 - Tel. 0934 464147
🕐 Chiuso mercoledì sera Orario mezzogiorno e sera Ferie novembre
Prezzi: 35-40 euro vini esclusi
Carte di credito: AE, BM, CS, DC, MC, Visa

L'OSTERIA Barrafranca è un paese a forte vocazione agricola immerso negli oliveti e la cucina del giovane cuoco Luigi Piazza ne trae grandi benefici. L'accoglienza è affidata alla sorella Ivana e al padre Antonio. La sala interna è preceduta da una prima saletta attrezzata a bar, dove è possibile degustare i vini della notevole cantina. **Nella bella stagione ci si può accomodare nell'ampio cortile.**

LA CUCINA L'estro e l'inventiva di Luigi si applicano su piatti che richiamano la tradizione utilizzando **materie prime del territorio**. Il menù, al quale si aggiungono alcune proposte annunciate su una lavagnetta, prevede anche piatti di terra e di mare con pesce proveniente dalla costiera ionica. Da sottolineare l'ampia scelta di olio portata a tavola. Ottimi i dolci come la stracciata di cannolo e il parfait di mandorla. La **carta dei vini è meritevole** di un attento esame: larga rappresentanza siciliana e parecchie etichette nazionali ed estere. Ben studiata anche la mescita al bicchiere.

I PIATTI Insalata di mare, Parmigiana 2020, Coniglio affumicato in agrodolce

DA CALOGERO

IN BREVE *Un luogo semplice dove la tradizione è proposta in modo rigoroso con attenzione per le materie prime e una discreta voglia di innovarsi per adeguare le pietanze più tipiche ai giorni nostri.*

Via San Pietro, 1
Tel. 328 7594429-328 5650324
🕐 Chiuso la domenica Orario mezzogiorno e sera Ferie 10-20 settembre
Prezzi: 20-25 euro vini esclusi
Carte di credito: nessuna

L'OSTERIA A pochi passi dalla bella piazza della Fiera, lungo il corso principale, troviamo questo ristorante gestito dalla famiglia Lo Presti. In cucina il patron e cuoco Calogero, in sala la moglie Patrizia che accoglie e introduce gli ospiti alle diverse proposte del menù.

LA CUCINA Materie prime del territorio, **tradizione e semplicità** sono le travi portanti di questa osteria. Il patron riesce a conquistare gli avventori con piatti che sanno immediatamente di Sicilia e che evocano un passato gastronomico mai stanco e sempre attuale. Preparazioni esclusivamente di terra che mettono **in risalto le verdure e le carni dell'Isola** in piatti ricchi di sapore, realizzati con autentica rusticità. Poche etichette locali nella selezione di vini.

I PIATTI Antipasto misto di terra, Busiate al ragù di maiale con finocchietto di montagna, Agnello al forno con patate, Pesca di Bivona ripiena di ricotta

BUCCHERI (SR)

U LOCALE

Via Dusmet, 14 - Tel. 0931 873923-334 1399451
⏱Chiuso il martedì Orario mezzogiorno
e sera Ferie fine giugno-fine luglio
Prezzi: 25-30 euro vini esclusi
Carte di credito: BM

IN BREVE *Una solida osteria di antica tradizione che continua imperterrita a proporre i grandi classici della cucina siciliana.*

L'OSTERIA Nel paesino di Buccheri, il comune più in alto dell'area dei Monti Iblei, da più di trent'anni i fratelli Formica – Sebastiano in cucina e Pippo in sala – conducono questa verace trattoria ricavata all'interno di un vecchio *dammusu* (termine siciliano che in questo caso sta per magazzino). Le due stanzette sono caratterizzate da arredi rustici e vari oggetti di provenienza casalinga-contadina. Dietro il piccolo bancone bar, la cantinetta con una trentina di vini siciliani.

LA CUCINA C'è **molta e reale stagionalità** nella scelta dei prodotti utilizzati, compresi quelli che Sebastiano coltiva nel suo orto. Secondo il periodo, per fare qualche esempio, si possono trovare fra i primi le tagliatelle con finocchietto e asparagi selvatici o la zuppa di funghi e fagioli; sempre disponibile l'aslan, una pasta piccante condita con aglio, rucola e olio extravergine. Sostanziosi i secondi come il cosciotto di maiale, l'agnello al forno ma pure la trippa e gli sfilacci di *lattuchedda* (muscolo addominale bovino).

I PIATTI Pasta aslan, *Lattuchedda*, Trippa

CALTABELLOTTA (AG)

M.A.T.E.S.

Vicolo Storto, 3
Tel. 0925 952327-338 2817862
⏱ Chiuso domenica sera Orario mezzogiorno e sera Ferie tra ottobre e novembre
Prezzi: 25-35 euro menù fisso vini esclusi
Carte di credito: AE, BM, CS, MC, Visa

IN BREVE *Un'osteria-museo dedicata all'antica civiltà contadina siciliana. All'interno di un menù fisso si possono assaggiare i tanti prodotti di queste terre trasformati in semplici piatti della tradizione.*

L'OSTERIA Dall'alto dei suoi mille metri di quota, Caltabellotta è rinomata per le acque sorgive, per i terreni fertili ricchi di agrumeti e oliveti secolari, per i siti archeologici e architettonici normanni e aragonesi. A sublimare questo capitale culturale si affianca M.A.T.E.S., **un'osteria-museo** governata amorevolmente dalla famiglia Augello, da qualche anno impegnata nella gestione delle camere della Locanda Sotto Le Stelle.

LA CUCINA Il primo **menù fisso** – proposto a 35 euro – comprende una ricca carrellata di **piatti soprattutto di verdure e di carne** così strutturata: antipasti stagionali, due primi, due secondi, contorno e dolce. La seconda opzione, a 25 euro, include antipasti, due primi e dessert. Una dozzina le etichette di vino in carta.

I PIATTI Raviolo con salsiccia e melanzane, Agnello arrosto, Cannolo siciliano

LA MADONNINA

Via Edison, 162
Tel. 0922 870177-338 8215830
🕐 Chiuso il martedì Orario mezzogiorno
e sera Ferie seconda metà di ottobre
Prezzi: 25-30 euro vini esclusi
Carte di credito: BM, CS, MC, Visa

IN BREVE *Nell'area nota per la capra girgentana una semplice osteria propone piatti della tradizione a base, in particolare, di suini e ovini. Valida la selezione di formaggi caprini.*

L'OSTERIA L'osteria si compone di due sale, una delle quali impreziosita da **un bel forno a legna**. Quando il clima lo consente i tavoli si spostano nel dehors. Il patron Gianni Gruttadauria si occupa con bravura delle preparazioni in cucina con la collaborazione della figlia Anastasia; la moglie Veronica Sanzone cura l'accoglienza e coordina il servizio.

LA CUCINA Fra i prodotti ci sono le **verdure del proprio orto** e alcuni Presìdi Slow Food siciliani, a cominciare dai formaggi ottenuti dal latte di capra girgentana da giovani casari di Campobello di Licata. Nel forno vengono cotti il pane, le pizze e l'appetitoso *'mpurnatu*: un timballo di pasta con carne di maiale, uovo, pecorino e cavolfiore. Da provare anche la pasta alla carrettiera. Altresì buoni i secondi come gli involtini (e i salumi) di suino nero dei Nebrodi e l'ottimo capretto al pistacchio. Un dessert da ricordare è il capris con robiola di girgentana, fragoline di Ribera e cialda di cannolo. Da abbinare al cibo vini siciliani, soprattutto dell'Agrigentino, e qualche birra artigianale.

I PIATTI Pasta alla carrettiera, *'Mpurnatu*, Capretto al pistacchio

IL VECCHIO CARRO

Contrada Badetta - Tel. 3332436783
🕐 Aperto sabato e domenica
o su prenotazione Orario mezzogiorno e
sera Ferie 15 giugno-15 luglio
Prezzi: 25 euro menù fisso vini esclusi
Carte di credito: AE, BM, CS, DC, MC, Visa

IN BREVE *Bellissimo agriturismo dove il maiale nero dei Nebrodi è il protagonista assoluto di un menù fisso, in cui trovare anche ottimi formaggi, salumi, paste fresche e vino della casa.*

L'OSTERIA Collocato **all'interno del Parco dei Nebrodi**, un agriturismo in cui è possibile soggiornare, fare escursioni e godere di una cucina che utilizza in massima parte materie prime provenienti dall'azienda agricola condotta da Pippo Oriti e dalla moglie Eliana Carroccetto. In azienda si alleva il suino nero dei Nebrodi, da cui si ricavano porchetta, prosciutti e salami.

LA CUCINA Il **menù fisso è incentrato sull'utilizzo delle carni del suino nero allevato allo stato semibrado**. Il ricco antipasto comprende diversi salumi, formaggi vari e tante piccole portate di verdure. La pasta, nei suoi diversi condimenti, è sempre fatta in casa. Il piatto forte è senz'altro la porchetta, ma si possono anche assaggiare il castrato e la salsiccia. Buono il vino sfuso della casa.

I PIATTI Antipasto di salumi e formaggi, Maccheroncini al sugo di suino nero, Porchetta con patate al forno

GIARDINO DI VENERE

Corso Umberto I, 42
Tel. 0921 671323-331 8480447
🕐 Chiuso il mercoledì
Orario mezzogiorno e sera Ferie variabili
Prezzi: 25 euro vini esclusi
Carte di credito: BM, CS, MC, Visa

IN BREVE *Una delle più antiche dimore del paese ospita questa elegante osteria: un approdo sicuro per assaggiare la cucina madonita, in particolare quando è stagione di funghi.*

L'OSTERIA Lungo la via principale del paese si trova, **nel bellissimo e antico Palazzo Mercanti**, il Giardino di Venere, osteria gestita dalla famiglia Baggese. Salvatore, cuoco e patron, è coadiuvato, in sala, dal giovane figlio Francesco.

LA CUCINA Le **materie prime del territorio** e la giusta esperienza fanno sì che Salvatore, facendo continuo riferimento alla tradizione della cucina madonita, prepari piatti succulenti dilettandosi tra pappardelle ai **funghi**, coniglio allo zafferano e mandorle, altre squisite prelibatezze. Troviamo interessante anche la testa di turco e le pizze. Carta dei vini non ampia, con etichette soprattutto dell'Isola.

I PIATTI Antipasto rustico, Caponata di mele, Cosciotto di maialino al forno

 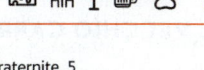

NANGALARRUNI

Via delle Confraternite, 5
Tel. 0921 671228-0921 671428
🕐 Chiuso il mercoledì Orario mezzogiorno e sera Ferie 20 gg tra gennaio e febbraio
Prezzi: 35-40 euro vini esclusi
Carte di credito: AE, BM, CS, MC, Visa

IN BREVE *Un indirizzo dove gustare il meglio che la cucina madonita sia in grado di offrire. Se siete appassionati di funghi non potete perderlo.*

L'OSTERIA Un **indirizzo ideale per gli amanti dei sapori di montagna**. La trattoria, nata grazie a Peppe Carollo, da oltre trent'anni propone una cucina saldamente legata alle produzioni locali. Da quest'anno il testimone passerà interamente nelle mani della figlia Francesca. Poi, da gennaio, la sede verrà spostata presso un antico palazzetto nel vicino Cortile Ventimiglia; l'attuale locale sarà invece adibito a enoteca. Consigliamo di telefonare per verificare la nuova apertura.

LA CUCINA Le **ricette hanno una matrice madonita**; inoltre questo è un **indirizzo per gli appassionati di funghi** freschi e tartufi. La pasta, da farine locali, è fatta in casa. Ampia la carta dei vini con etichette nazionali e internazionali.

I PIATTI Funghi gratinati con ricotta, biete e caciocavallo affumicato, Zuppa di legumi e verdure di campo, Stinco in salsa di agrumi e miele di ape nera

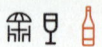
CAVE OX

Via Nazionale, 159
Tel. 0942 986171-328 1349683
🕐 Chiuso lunedì e martedì
Orario mezzogiorno e sera Ferie non ne fa
Prezzi: 27-34 euro vini esclusi
Carte di credito: AE, BM, CS, DC, MC, Visa

IN BREVE *Ambiente rustico e accogliente per questa osteria di montagna, dove provare semplici piatti della tradizione siciliana, soprattutto di verdure e carne.*

L'OSTERIA Il locale si trova nella frazione di Solicchiata, nel cuore del versante nord della Doc Etna. Qui Sandro Di Bella propone **piatti prettamente territoriali** preparati in cucina dalla moglie Lucia Rampello. L'ambiente è semplice e accogliente. Sandro accompagna i suo ospiti nella scelta dei piatti e, soprattutto, aiuta a districarsi nella scelta dei vini che si leggono nel tablet portato a tavola.

LA CUCINA Cucina di territorio – con rigorosa osservanza della stagionalità – articolata in un menù che spazia tra verdure, carni, salumi e formaggi forniti da produttori locali. A tavola viene servito un **ottimo pane di propria produzione**. Le pizze sono oggetto di una lunga lievitazione, segreto di fragranza e digeribilità. Nella sconfinata carta dei vini predominano le aziende etnee accanto a notevoli escursioni tra i vini italiani e francesi.

I PIATTI Zuppa primavera, Pennette integrali al finocchietto e sardine affumicate, Melanzana alla pizzaiola

OSTERIA DEL CACCIATORE

Via Puglia - Tel. 0922 829824-347 6800918
🕐 Chiuso il mercoledì
Orario la sera, domenica anche pranzo
Ferie prime 2 settimane di luglio
Prezzi: 20-25 euro vini esclusi
Carte di credito: AE, BM, CS, DC, MC, Visa

IN BREVE *Baluardo della cucina tradizionale che si esprime in piatti di carni e verdure. Ampia la proposta vegetariana; a cena presente anche la pizza cotta nel forno a legna.*

L'OSTERIA Alla guida della vecchia osteria dei genitori, ci sono oggi le cinque sorelle Alessi, una gestione tutta al femminile. La **sala interna, luminosa e accogliente**, è stata rinnovata lo scorso dicembre, senza perdere l'atmosfera casalinga. In ricordo del padre Salvatore (il cacciatore da cui prende il nome la trattoria), c'è adesso una bella foto all'ingresso, che lo ritrae durante una battuta di caccia.

LA CUCINA Siamo nelle terre del Nero d'Avola, dove batte il cuore della millenaria tradizione contadina. I piatti rispecchiano l'identità culinaria di quest'angolo di Sicilia: ci sono le classiche scacciate farcite, i cavati alla Norma, la *stigghiola* e il baccalà al cartoccio. **Ampia scelta di pietanze vegetariane**, come i buonissimi antipasti con le verdure di stagione. A cena è possibile ordinare la pizza cotta nel forno a legna.

I PIATTI Scacciate, Coniglio alla cacciatora, Stinco di maiale con patate al forno

MÉ CUMPARI TURIDDU

Piazza Turi Ferro, 36-38 - Tel. 095 7150142
→ 1 km dalla stazione di Catania Centrale
🕐 Non ha giorno di chiusura Orario sera
sabato e festivi anche pranzo Ferie non ne fa
€ Prezzi: 38-45 euro vini esclusi
Carte di credito: AE, BM, CS, DC, MC, Visa

IN BREVE *Un locale pieno di sicilianità, dall'arredamento (elegante) ai prodotti in vendita, dai piatti alla carta dei vini. Buone le pietanze di carne e di pesce, cucinate con sapienza e la giusta dose di modernità.*

L'OSTERIA In un angolo del centro storico catanese Roberta Capizzi **gestisce con garbo e competenza il suo locale**. Tutti i tavoli, all'interno e all'esterno, sono separati da piacevoli spalliere di edera. Il sommelier Giovanni La Rosa si occupa della cantina, che annovera circa 200 vini siciliani oltre a una sessantina di distillati.

LA CUCINA Gianluca Leocata dirige il lavoro in cucina dove si preparano – in un **mix di tradizione e modernità** – piatti di terra e di mare di assodata matrice siciliana, soprattutto di quella orientale, tipo gli spaghetti alla Turiddu con alici e mollica tostata, i maccheroncini alla Norma, le braciole di carne alla messinese o l'alalunga *cà cipuddata*. Buona la presenza di formaggi siciliani. Materie prime di eccellente qualità e diversi Presìdi Slow Food; dal proprio orto arrivano molte delle verdure utilizzate e gli agrumi da cui Roberta ricava deliziose confetture.

I PIATTI Spaghetti alla Turiddu, Pescestocco dell'*ugghiatùri*, Braciole alla messinese

CEFALÙ (PA)

LE CHAT NOIR
(U JATTU NIURU)

Via XXV Novembre, 17 - Tel. 0921 420697
→ 850 m dalla stazione di Cefalù
🕐 Chiuso il mercoledì Orario mezzogiorno
e sera Ferie gennaio-febbraio
Prezzi: 35-38 euro vini esclusi
Carte di credito: BM, CS, DC, MC, Visa

IN BREVE *Nel centro di Cefalù un bel ristorante che propone cucina locale preparata nel rispetto delle materie prime. Piatti soprattutto di pesce della zona.*

L'OSTERIA A pochissimi passi dal Duomo si trova l'accogliente trattoria della famiglia Natoli. Gli **ambienti sono informali** ma molto curati, dalla mise en place agli arredi interni: ritempranti nelle giornate estive i due dehors del locale.

LA CUCINA A gestire abilmente la cucina è Fabio assieme al papà Lillo, mentre la **calorosa accoglienza** in sala è diretta da mamma Francesca e dal figlio Marco. Ampia scelta fra i **piatti che cavalcano i precetti della gastronomia siciliana**. Si comincia con parmigiana di melanzane e ricotta salata, per proseguire con gli spaghetti con acciughe, pangrattato e pistacchio del Presidio Slow Food. Fra i secondi, pesce spada con capperi di Pantelleria, olive e salsa di pomodoro. In chiusura, cassata siciliana moderna o semifreddo alla mandorla pizzuta.

I PIATTI Antipasto *ru viddanu* (ricotta fresca, pomodorini di Pachino Igp, prosciutto crudo di suino nero dei Nebrodi), Pasta con le sarde alla cefaludese, Involtini di manzo con mortadella cinisara

CHIARAMONTE GULFI (RG)

U DAMMUSU

Via Martiri Ungheresi, 9 - Tel. 0932 927506
⏰ Chiuso il martedì Orario mezzogiorno e
sera Ferie 3 settimane in luglio
Prezzi: 22-25 euro vini esclusi
Carte di credito: AE, BM, CS, DC, MC, Visa

IN BREVE *Ospitata da una tradizionale casa iblea questa osteria propone piatti soprattutto a base di maiale: salumi, sughi per paste fresche, carni cotte alla griglia in preparazioni tipiche.*

L'OSTERIA Il balcone di Sicilia, così è definita Chiaramonte Gulfi. In paese, alla fine di corso Umberto si entra nel giardino comunale e qui, da un terrazzamento che affaccia lungo il versante sud dell'isola, **si ammira un panorama mozzafiato**. La famiglia Molè, piuttosto che stare a guardare, si divide i compiti nel dammuso al cui interno nasce l'osteria. Tre salette interne e, d'estate, una esterna. Giuseppe, Lucia, le figlie Sofia e Martina, tutti ai fornelli.

LA CUCINA La **tradizione vuole che si debba magnificare il maiale e in questa osteria quasi ogni portata lo nobilita**. La scelta varia dalla classica gelatina di maiale agli strepitosi salumi di produzione propria. Gli abbinamenti continuano con sughi di maiale e funghi o maiale e caciocavallo. Anche se la razza è diversa, la radice no, ed è facile lasciarsi tentare dalle gustose pappardelle al sugo di cinghiale. Annaffiate il pasto scegliendo, in carta, un buon vino tra etichette siciliane, nazionali ed estere.

I PIATTI Risotto U Dammusu con caciocavallo, Costata di maiale ripiena, Gelo di mandorle

COLLESANO (PA)

CASALE DRINZI

Contrada Drinzi - Tel. 0921 664027
→ 13 km dall'uscita A19 Scillato
⏰ Non ha giorno di chiusura
Orario mezzogiorno e sera Ferie vVariabili
Prezzi: 27-35 euro vini esclusi
Carte di credito: BM, CS, MC, Visa

IN BREVE *Osteria dagli arredi rustici e dall'accoglienza calorosa. Piatti tipici della cucina madonita tra i quali spiccano ottimi primi e tante proposte di suino nero dei Nebrodi.*

L'OSTERIA Immerso nello splendido contesto delle Madonie trovate questo **grazioso e rustico agriturismo** dove Gianluca Gulino vi saprà accogliere nel migliore dei modi e racconterà i segreti della vera cucina madonita.

LA CUCINA Partendo dai **prodotti provenienti dall'orto** dell'agriturismo, dai buoni formaggi e dalle carni degli allevamenti della zona, in cucina, il cuoco Antonio Di Gaudio prepara **piatti rustici, tipici e ricchi di sapore**. Il menù, ampio e dalle moltiplici proposte, prevede pietanze di verdure e imponenti portate di carne.

I PIATTI Cacio all'argentiera, Pappardelle al sugo di cinghiale e funghi, Coniglio alla cacciatora

LA RUSTICA

IN BREVE *Una ruspante osteria posta al piano terra di un condominio nel cuore di Enna alta. Piatti della tradizione siciliana, economici e preparati con attenzione e buone materie prime.*

Via Gagliano Castelferrato
Tel. 0935 25522-334 1221577
→ 5,7 km dall'uscita A19 Enna
⏱ Chiuso la domenica
Orario mezzogiorno e sera Ferie in agosto
Prezzi: 20-22 euro vini esclusi
Carte di credito: BM, CS, MC, Visa

L'OSTERIA Nella zona alta di Enna, nei pressi del tribunale, all'interno di una palazzina, da parecchi anni c'è questa **trattoria di cucina casalinga** realizzata dall'esperta cuoca Carmela Messina. A gestire assieme a lei l'attività il marito Gaetano Tilaro, che accoglie i clienti e si occupa del servizio nella saletta arredata con semplicità.

LA CUCINA Ogni tanto compare qualche pietanza di pesce come il baccalà fritto, ma **gran parte dei piatti è di verdure e carni**. Il repertorio vede avvicendarsi parecchie ricette della tradizione siciliana come l'immancabile caponata, il *maccu* di fave, le zuppe di legumi o la pasta alla Rustica (pomodoro a pezzetti, olive nere, basilico, aglio e peperoncino). Robusti e saporiti i secondi: la stigghiola con le patate, il coniglio alla cacciatora, il polpettone con la salsa ripieno di uovo, formaggio e cipolla. Per dessert, se ci sono, provate le cassatelle di Agira.

I PIATTI Caponata, Pasta alla Rustica, Polpettone ripieno

ERICE (TP)

GLI ARCHI DI SAN CARLO

IN BREVE *Nel centro di Erice un bel ristorante a conduzione familiare. Piatti di terra e di mare si alternano in una carta che valorizza il territorio e i suoi prodotti.*

Via San Carlo, 10 - Tel. 339 2346579
→ 9 km dall'uscita A19 di Trapani
⏱ Chiuso il mercoledì, mai in agosto
Orario mezzogiorno e sera Ferie variabili
Prezzi: 30-35 euro vini esclusi
Carte di credito: BM, CS, DC, MC, Visa

L'OSTERIA Nel pieno centro della città medievale, dietro la chiesa di San Carlo, si trova il ristorante di Vito Lamia, **ricavato all'interno di un'antica casa ericina**, ristrutturata con cura e attenzione. Il locale si compone di diverse sale interne e di un cortile esterno. Discreta la scelta dei vini, quasi tutti della provincia di Trapani.

LA CUCINA La **cucina** diretta da Vito è quella **tipica dell'Agro ericino**. **Piatti semplici di mare e di terra** che pescano dalla tradizione più rigorosa o sono nuove creazioni. In ogni caso è grande l'attenzione prestata alla stagionalità e all'origine delle materie prime, spesso autoprodotte.

I PIATTI Caponata, Busiate San Carlo con ricotta di pecora, Agnello alla brace con *ammogghiu*

FONDACHELLI-FANTINA (ME)

L'USIGNOLO

IN BREVE *Punto fermo della ristorazione di territorio: si tratta di una rustica osteria con menù fisso dove provare ottime paste fatte in casa, verdure e carni arrosto. In autunno, ampia proposta di funghi.*

Via XX Giugno 1950, 2 - Tel. 0941 651356
Chiuso il mercoledì Orario mezzogiorno e sera Ferie in novembre
Prezzi: 25 euro menù fisso
Carte di credito: BM, Visa

L'OSTERIA La trattoria si trova nel comune sparso di Fondachelli-Fantina, precisamente tra le frazioni Evangelisti e Rubino, tra i monti Peloritani e Nebrodi. In un autentico locale rustico con un arredo essenziale Francesco Campo e la moglie Silvana agiscono ai fornelli, mentre la discreta accoglienza è affidata al figlio Gabriele.

LA CUCINA Una **cucina genuina** che utilizza le **tante verdure di stagione** provenienti da un territorio ricco di biodiversità. A un prezzo molto contenuto il **menù fisso** comprende paste fatte in casa, precedute da una degustazione di antipasti, rivelatori della bontà dell'offerta gastronomica della tradizione dei Peloritani. Fra i secondi di carne mista spicca quella di agnello. In stagione il menù tutto funghi vi ricompenserà del viaggio fra i tornanti. Buono il vino sfuso.

I PIATTI Pasta al ragù di agnello in bianco, Tagliolini ai funghi porcini crudi, Agnello arrosto

GALATI MAMERTINO (ME)

FATTORIA FABIO

IN BREVE *Un'osteria di campagna che propone piatti della tradizione in gran parte preparati con ingredienti che provengono dall'orto e dagli allevamenti di famiglia.*

Contrada Sciara Baccì
Tel. 0941 434042-389 1628966
Chiuso il giovedì e domenica sera
Orario mezzogiorno e sera Ferie variabili
Prezzi: 27-30 euro vini esclusi
Carte di credito: BM, CS, MC, Visa

L'OSTERIA Una **trattoria di campagna** situata in una vallata in cui affacciano alcuni paesini dei Peloritani occidentali. Un'autentica gestione familiare così dislocata: l'accoglienza è riservata a Giacomo e al figlio Francesco, mentre ai fornelli si dedicano la moglie Salvatrice e gli altri due figli Marco e Simone. Nella fattoria vi sono **un orto, alberi da frutta e si allevano suini neri, pecore di razza galatina e pollame**.

LA CUCINA Si può dire che tutti i piatti siano fatti con **prodotti provenienti dall'orto e dal proprio allevamento**. Le pietanze sono preparate con bravura secondo stagionalità e rispetto delle tradizioni, con l'aggiunta di qualche garbata innovazione. Come nelle migliori trattorie di campagna si devono assaggiare le numerose portate dell'antipasto. La pasta è fatta in casa e le ordinazioni oscilleranno fra piatti vegetariani e arrosti di suino nero, castrato e capretto.

I PIATTI Antipasto della fattoria, Tagliolini ai funghi porcini, Costicine di suino nero alla griglia

SANT'ANNA

Via Sant'Anna, 2 - Tel. 0921 602422
🕐 Chiuso il mercoledì, mai in agosto
Orario mezzogiorno e sera Ferie variabili
Prezzi: 27-35 euro vini esclusi
Carte di credito: BM, CS, MC, Visa

IN BREVE *Osteria dalla suggestiva atmosfera impreziosita da una splendida terrazza per i mesi estivi. Dalla cucina arrivano piatti semplici della tradizione, tra cui buoni primi con verdure e secondi di carne.*

L'OSTERIA Secondo i due soci proprietari – Santo Spitale in sala e Antonio Mocciaro in cucina – è stata la prima trattoria di Gangi, il borgo gioiello delle Madonie. L'atmosfera della sala interna è resa unica dall'effetto creato dalle pareti di pietra, mentre nella bella stagione ci si accomoda nella **terrazza esterna**.

LA CUCINA Le proposte del menù offrono una panoramica dei **sapori autentici del comprensorio madonita**. Per iniziare, l'antipasto Sant'Anna con una selezione di formaggi, salumi, conserve e miele. La pasta è fatta in casa: da non perdere i maccheroni alla pastorella con pomodoro fresco, finocchietto, salsiccia e ricotta e, quando è stagione, le gustosissime zuppe di legumi. Per secondo i **piatti di carne da allevamenti locali** e in chiusura l'ottima crema di latte alla gangitana.

I PIATTI Maccheroni alla pastorella, Spezzatino di manzo, Crema alla gangitana

VILLA RAINÒ

Contrada Rainò - Tel. 0921 644680
🕐 Non ha giorno di chiusura
Orario mezzogiorno e sera Ferie non ne fa
Prezzi: 25 euro menù fisso
Carte di credito: AE, BM, CS, MC, Visa

IN BREVE *Il menù è fisso e cambia a seconda delle materie prime disponibili: dopo un ricco antipasto, sempre presenti primi con verdure e secondi di carne. È compreso un ottimo vino locale.*

L'OSTERIA Immerso nel Parco delle Madonie, a due passi dal centro di Gangi, si trova questo antico casale nobiliare, oggi gestito dalla famiglia Conte. Aldo e i suoi familiari vi faranno subito sentire a casa. Molto curata la **materia prima, locale e spesso autoprodotta**. Presenti fra gli ingredienti alcuni Presìdi Slow Food. Buono il vino locale offerto nel menù fisso.

LA CUCINA Lo stile di cucina riprende le **ricette tipiche del territorio** e risente molto della stagionalità. I funghi sono spesso presenti, come anche la ricotta fresca e i formaggi locali. L'appassionato racconto di Aldo vi farà vivere la zona attraverso i piatti.

I PIATTI Bruschette della nonna, Pane fritto con le uova al sugo, Pasta con pancetta di maialino nero ricotta e mandorle tostate, Polpette di carne in agrodolce

PARADISE

Via Nazionale, 6 - Tel. 0942 47400
→ 9,4 km dall'uscita A18 Lentini-Carlentini
🕐 Chiuso il lunedì *Orario* mezzogiorno
e sera *Ferie* in gennaio
Prezzi: 35-40 euro vini esclusi
Carte di credito: AE, BM, CS, DC, MC, Visa

IN BREVE *Piatti che esaltano i prodotti di questo territorio appoggiato tra il vulcano e i Nebrodi: maiale nero, coniglio, funghi (in stagione) e verdure.*

L'OSTERIA I fratelli Antonio e Rosario sono i **custodi dell'identità enogastronomica di un territorio incontaminato** e ricco di verde come l'Appennino siculo, compreso tra i Nebrodi, i Peloritani e l'Etna. L'accoglienza in sala è invece garantita dall'esperienza e dall'affabilità di papà Umberto.

LA CUCINA I piatti sono tutti realizzati con il meglio delle produzioni locali: imperdibili le proposte di **suino nero dei Nebrodi**, come il prosciutto servito tra gli antipasti. Ottima la selezione di primi con la pasta fatta in casa, mentre tra i secondi meritano un assaggio il coniglio alla cacciatora, lo stinco di maiale al finocchietto e le polpette di vitello in foglie di limone.

I PIATTI Caponata, Maccheroni al sugo di maialino, Stinco di maiale al finocchietto

LA BRACE

Via Monsignor Romero, 16
Tel. 0921 662810-328 9096457
🕐 Chiuso il lunedì, mai in agosto *Orario*
mezzogiorno e sera *Ferie* a metà novembre
Prezzi: 25-30 euro vini esclusi
Carte di credito: BM, CS, MC, Visa

IN BREVE *Tutto è preparato nel forno a legna in questa osteria nei pressi del Parco delle Madonie. Se è stagione non perdete i piatti di funghi, altrimenti sono buonissime le carni e le paste fresche.*

L'OSTERIA Nel comune di Isnello, sede dell'importante Centro internazionale per le scienze astronomiche Gal Hassin, La Brace è **una delle mete imprescindibili** del tour tra le caratteristiche trattorie del comprensorio madonita. Negli ambienti smaccatamente rustici, Santino Cordone si aggira fra i tavoli declinando i piatti della giornata presenti nel menù.

LA CUCINA La gestione dei fuochi è interamente affidata a Giuseppe Capuana, chef coscienzioso e profondo conoscitore delle materie prime del territorio, nonché inossidabile fautore della **cottura in forno a legna**, da lui considerato una valida risorsa nell'esaltazione dell'espressività di ogni portata. Varia la scelta fra i piatti di stagione, a partire dalla caponata di melanzane, di carciofi o di funghi, e dalla tartare di maialino locale con tartufi e pepe verde. Le paste, quanto le pizze, sono ottenute da farine di grani antichi siciliani, lasagne e maccheroncini al ragù inclusi.

I PIATTI Caponata di melanzane, Stinco di maialino locale cotto a legna con contorno di patate, Cannolo di ricotta, Testa di turco

ISOLA DI PANTELLERIA (TP) - Pantelleria

IL PRINCIPE E IL PIRATA

Località Punta Karace - Tel. 0923 691108
🕐 Chiuso il martedì, mai d'estate Orario
mezzogiorno e sera Ferie novembre-marzo
💶 Prezzi: 40-45 euro vini esclusi
Carte di credito: AE, BM, CS, DC, MC, Visa

IN BREVE *Un ristorante di mare in una delle isole più belle del Paese. Piatti che cercano l'essenza dei sapori che il mare e la terra mettono a disposizione.*

L'OSTERIA Per raggiungere questo bel locale dovete lasciare la perimetrale e scendere verso Punta Karace. Qui, su una **splendida terrazza potrete godere di una vista mozzafiato**. Il locale, elegante e sobrio, è gestito dalla famiglia Casano, con Franca in cucina e Luciano e Marco in sala.

LA CUCINA **Cucina di mare pantesca** eccellente con pescato del giorno abbinato ai profumi e ai prodotti dell'orto, con un occhio verso l'innovazione. Impossibile quindi elencare le diverse preparazioni che cambiano ogni giorno a seconda di quello che il mercato e i pescherecci mettono a disposizione. Molto valida anche la selezione dei vini, che conta etichette perlopiù siciliane e nazionali.

I PIATTI Spaghetti con i ricci di mare e polvere di caffè, Calamaro alla piastra su crema di cicerchie e pomodoro secco, Cuscus pantesco

ISOLA DI USTICA (PA) - Ustica

CARRUBA

Via Tre Mulini - Tel. 389 6306378
🕐 Chiuso il martedì, mai in giugno-ottobre
Orario solo la sera Ferie novembre-marzo
Prezzi: 35-45 euro vini esclusi
Carte di credito: BM, CS, DC, MC, Visa

IN BREVE *Pesce locale e verdure costituiscono la base dei gustosi piatti di questo bel locale nato come take away. Macco di fave e mostella arrosto tra le proposte più interessanti.*

L'OSTERIA La famiglia Natale porta avanti questa osteria dal 2013: Martina accoglie gli ospiti in sala mentre Mirella, la madre, è la regina della cucina. Al padre Carlo è invece affidata la gestione dell'**orto, dal quale provengono gran parte delle materie prime utilizzate** in cucina insieme al pescato locale, altra colonna di questo bel locale. Da bere qualche etichetta regionale.

LA CUCINA La proposta si compone soprattutto di **tipici piatti isolani** di verdure e pesce, con particolare attenzione alle regole che Slow Food da anni cataloga con il motto **mangiamoli giusti**: utilizzo di specie ittiche diverse da quelle più comuni, rispetto della stagionalità e delle dimensioni del pescato.

I PIATTI Zucca arreganata, Calamarata con barracuda, finocchietto e pomodoro secco, Tasca di pesce spada, Soufflé di ricotta e marmellata di arance amare

IL VELIERO

Via Umberto, 22 - Tel. 0923 923274
🕐 Non ha giorno di chiusura Orario mezzogiorno e sera Ferie novembre-febbraio
💶 Prezzi: 38-40 euro vini esclusi
Carte di credito: AE, BM, CS, DC, MC, Visa

IN BREVE *Il tonno e, più in generale, lo straordinario pesce proveniente dalle acque che circondano l'isola di Favignana, sono i protagonisti dei piatti di questa spartana osteria affacciata sul mare.*

L'OSTERIA Nella splendida isola di Marettimo, l'antica Hierà Nésos, a poco più di due ore di navigazione da Trapani troviamo Il Veliero. Il locale non potrebbe avere nome più azzeccato visto che, **mangiando ai tavoli all'esterno, sembra davvero di essere su una barca**. A gestirlo la famiglia Bevilacqua, pescatori e cuochi. In cucina Anna si dedica ai primi mentre il padre Giuseppe e il genero Roberto ai secondi. In sala Alina, Alberto e Enrico.

LA CUCINA **Qui si magnifica il tonno** attraverso piatti tipici di una cucina semplice. Non mancano però proposte di pesce, perlopiù azzurro, come le sarde o gli sgombri e i classici siciliani che mettono al centro le verdure. Essenziale la carta dei vini.

I PIATTI Carpaccio di tonno, Spaghetti ai sapori dell'isola, Caponata, Parmigiana di melanzane

---

ISOLE EOLIE (ME) - Santa Marina Salina-Lingua

'A CANNATA

Via Umberto I, 13 - Tel. 090 9843161
🕐 Non ha giorno di chiusura Orario mezzogiorno e sera Ferie in gennaio
Prezzi: 35-40 euro vini esclusi
Carte di credito: BM, CS, DC, MC, Visa

IN BREVE *Ristorante molto frequentato, dalla bellissima vista sul mare. La carta è a base di pescato e verdure locali preparate in vari modi. Molto valido l'antipasto con diversi assaggi e la tagliata di alalunga.*

L'OSTERIA Il ristorante si trova nei pressi del porticciolo di Lingua, frazione di Santa Marina di Salina, uno dei tre comuni dell'isola. È gestito sin dal 1980 dalla famiglia Ruggera, con il patron Santino, che si occupa dell'accoglienza indirizzando con grande cordialità nella scelta dei piatti preparati in cucina dalle sorelle Angela e Franca. Accomodandosi ai tavoli dell'**ampia terrazza,** si resta incantati per la **magnifica vista sul mare delle Eolie**.

LA CUCINA **Menù di mare** che si avvale dello straordinario pescato locale, con l'aggiunta delle verdure dell'orto di proprietà, fortemente ispirato ai piatti della tradizione eoliana, pur non rinunciando a qualche innovazione. Iniziare dagli antipasti è già un gustoso avvio per poi lasciarsi guidare da Santino. Si chiude con pochi, ma buoni, dessert. Discreta scelta di vini eoliani e siciliani.

I PIATTI Pasta all'eoliana, Calamaretti ripieni alla Malvasia, Sugarelli alla Basiluzzo

ISOLE EOLIE (ME) - Santa Marina Salina-Malfa

A QUADARA

IN BREVE *Trattoria in classico stile eoliano dall'ambiente familiare. Piatti di verdure e pescato che cambiano spesso a seconda della disponibilità del mercato. Sempre presente qualche preparazione di carne.*

Via Roma, 88
Tel. 090 9844000-389 1519650
⏱ Non ha giorno di chiusura Orario solo la sera Ferie da metà ottobre a inizio aprile
Prezzi: 35-40 euro vini esclusi
Carte di credito: BM, CS, MC, Visa

L'OSTERIA La trattoria si trova nel centro di Malfa, uno dei tre comuni dell'isola di Salina. In un ambiente curato nel rispetto dello stile eoliano, ci si può accomodare sia all'interno che all'esterno. Le sorelle Paola e Giulia sono le giovani titolari che accolgono i clienti cercando di creare un **atmosfera familiare**. Si consiglia di prenotare.

LA CUCINA I **piatti sono prevalentemente di pesce**, accompagnati da verdure che cambiano secondo stagione. Essendo correttamente legato al pescato del giorno, il menù varia spesso. Si può iniziare con l'antipasto casereccio, che unisce terra e mare, per proseguire con gustosi primi e pietanze di carne, sempre presenti nel menù, come il coniglio a modo mio. Da assaggiare anche i dolci. Discreta selezione di vini territoriali, qualcuno anche al calice.

I PIATTI Insalata di capperi con patate, Pasta *chi ciciri*, Polpette di pesce in agrodolce

ISOLE EOLIE (ME) - Santa Marina Salina

NNI LAUSTA

IN BREVE *Ospitato in una bellissima casa ottocentesca con una loggia esterna, dove cenare in estate, questo ristorante propone il meglio del pescato locale in piatti gustosi di tradizione o di fantasia.*

Via Risorgimento, 188 - Tel. 090 9843486
→ 230 m dal Porto di Santa Maria Salina
⏱ Non ha giorno di chiusura Orario mezzogiorno e sera Ferie novembre-31 marzo
Prezzi: 35-40 euro vini esclusi
Carte di credito: AE, BM, CS, MC, Visa

L'OSTERIA Fabio Giuffré è un interprete molto autorevole della perla verde delle Eolie. Come selezionatore, come custode delle ricette isolane, come cuoco e come coltivatore dei suoi orti. **A pochi metri dal porto** e dietro la chiesa di Maria Santissima, il suo locale è ideale per chi deve partire o arrivare. I tavoli si trovano su due livelli, sul piano della strada e al primo piano in un grande giardino.

LA CUCINA **Legato alla cucina di tradizionale**, Fabio ama spesso reinventare. Sprazzi di fantasia valorizzano il pescato e le verdure appena raccolte: rilevante la differenza.

I PIATTI Alalunga e limone, Sugarello marinato e affumicato alla lavanda, Spaghetti al pesto salinaro (finocchietto) o all'eoliana, con capperi, melanzane e tonno sott'olio, Filetto di lampuga panato

ISOLE EOLIE (ME) - Vulcano

TRATTORIA DA PINA

Strada Provinciale, 179 - Tel. 368 668555
Non ha giorno di chiusura Orario mezzo-
giorno e sera Ferie novembre-marzo
Prezzi: 35-45 euro vini esclusi
Carte di credito: nessuna

IN BREVE *Un'osteria tutta sostanza: arredamento spartano ma ottimo pesce accompagnato da verdure di stagione. Alici, moscardini, totani e pesci alla griglia compongono un menù che cambia ogni giorno.*

L'OSTERIA La trattoria della famiglia Maniaci si trova nel piccolo borgo di Gelso, un paesino di pescatori caratterizzato dalla vegetazione mediterranea e da una baia di spiaggia nera. Aperto da aprile a ottobre, il locale dispone di **una decina di tavoli, apparecchiati in modo semplice e con vista mare**.

LA CUCINA In cucina e in sala, insieme a Franco ci sono la moglie Cristina e i figli Daniele e Claudio. Le ricette sono quelle tramandate da mamma e zie. **I piatti esaltano i prodotti della terra fertile dell'arcipelago e del suo pescoso mare**. Tra le specialità da provare, il misto di alici marinate e il cuscus con moscardini; come primo, gli spaghetti con uova di tonno e la pasta con le sarde, per secondo il trancio di ricciola e, quando è stagione, il tonno con cipollata. Molto buoni i dolci della casa, come il cannolo con la ricotta di Vulcano.

I PIATTI Pasta con ragù di ricciola, Pasta con il nero di totano, Involtini di spatola

ISOLE PELAGIE (AG) - Lampedusa

TERRANOVA DA BERNARDO

Via Terranova, 5
Tel. 0922 971925-339 3592140
Chiuso il martedì, mai d'estate
Orario sera, d'estate anche a pranzo
Ferie in gennaio e febbraio
Prezzi: 35-40 euro vini esclusi
Carte di credito: AE, BM, CS, DC, MC, Visa

IN BREVE *Osteria marinara che utilizza pescato di piccole barche locali. Ampia la scelta degli antipasti a base soprattutto di pesce azzurro. Molto buoni il cuscus di pesce e la frittura mista.*

L'OSTERIA Fuori dal centro della bella Lampedusa, in contrada Terranova raggiungete il locale, **semplice ed essenziale negli arredi**, della famiglia Luca, in attività da parecchi anni. Con il patron e cuoco Bernardo collaborano i figli Fiorenza e Gianni e la nuora Debora, oltre a personale in cucina e in sala nei periodi di maggiore lavoro.

LA CUCINA Il **pescato è di provenienza locale** e la proposta gastronomica è tutt'altro che improntata sulle solite specie note: **qui la varietà è di casa** e, fra l'altro, include piatti rari da trovare altrove, tipo il lattume di luccio di mare e la trippa di cernia. Naturalmente bisogna tenere conto di quello che arriva dal mare, anche in base alla stagione. Buone le conserve di pesce fatte in casa come l'alaccia, il tonno sott'olio e lo zero essiccato. Per accompagnare il cibo, qualche valida bottiglia di vini siciliani.

I PIATTI Zerro essiccato con misticanza, Pasta con le sarde, Pesce del giorno al forno

A MAIDDA

IN BREVE *Due piccole sale dove gustare una cucina ricca di prodotti del territorio, principalmente erbe spontanee e verdure, che si rifà con intelligenza alla tradizione.*

Via Alfieri, 2 - Tel. 095 941537-339 7760134
→ 9,6 km dall'uscita A18 Lentini-Carlentini
🕐 Chiuso il mer Orario sera, dom su prenotazione anche pranzo Ferie in agosto
Prezzi: 30-40 euro vini esclusi
Carte di credito: BM, CS, DC, MC, Visa

L'OSTERIA Vicino a piazza Duomo si trova questo locale con **forno a legna all'ingresso**, seguito da due stanzette e da una terza sala più grande, una vera e propria grotta scavata nella roccia. Il patron e cuoco Salvo Bordonaro si destreggia ai fornelli, con la collaborazione di personale ai tavoli e della moglie Mariella alla cassa.

LA CUCINA Salvo mostra **sincera attenzione all'utilizzo di materie prime di stagione**, soprattutto verdure. Non potrebbe essere altrimenti per le **erbe spontanee** raccolte nel circondario che, nei periodi giusti, caratterizzano gustose preparazioni quali il risotto o le polpette di borragine, la pasta con gli asparagi selvatici o con la crema di di *amareddi*, le polpettine di finocchietto. Nel forno è cotta l'immancabile *facci i vecchia*, tipica focaccia del territorio condita con olio e spezie. Nel menù compaiono anche ricette di personale elaborazione, tipo il filetto di suino nero con crema di melanzane e menta o di altre verdure. Si beve scegliendo fra una cinquantina di vini siciliani.

I PIATTI *Facci i vecchia*, Strozzapreti al pistacchio, Filetto di suino nero con crema di verdure

LICATA (AG)

OASI OSTERIA DEL MARE

IN BREVE *Osteria di mare che, oltre a offrire piatti di straordinari sapore e freschezza – imperdibili i crudi –, gode di una vista impareggiabile sul mare.*

Via Tenente Pardini - Tel. 0922 803494
🕐 Chiuso il lunedì, d'estate solo a pranzo
Orario mezzogiorno e sera Ferie in novembre
€ Prezzi: 40-50 euro vini esclusi
Carte di credito: AE, BM, CS, DC, MC, Visa

L'OSTERIA Si tratta di uno quei rari e privilegiati esempi di ristorante di pesce in cui è possibile pranzare e cenare al coperto o in **modalità** *pieds dans l'eau* (piedi in acqua). La sala, grazie alle panoramiche vetrate, consente di fruire di un pasto vista mare durante tutto l'arco dell'anno, mentre il **dehors, allestito sulla spiaggia,** permette convivi freschi e informali davanti a un pescato del giorno e a miglio zero.

LA CUCINA Meriti pieni alle antiche tradizioni marinare della famiglia Morello che, da oltre vent'anni, gestisce questo ristorante sulla Playa di Licata. **Qui dei crudi non si può fare a meno**: gamberi, scampi, ricci o frutti di mare che siano. Valida la carta dei vini quanto la selezione di bollicine.

I PIATTI Linguine alle aragostelle locali, Grigliate miste, Seppia ripiena alla griglia, Granite

LE MACINE

Via Stradale, 9 - Tel. 090 9822387
🕐 Chiuso il martedì, mai d'estate Orario
mezzogiorno e sera Ferie in febbraio
€ Prezzi: 38-55 euro vini esclusi
Carte di credito: AE, CS, DC, MC, Visa

IN BREVE *Un ristorantino che, in un ambiente rustico ma elegante, propone piatti di cucina sobriamente creativa, dove a essere esaltato è il pesce freschissimo.*

L'OSTERIA L'attività della famiglia Cipicchia è una singolarità. Ci troviamo a Lipari, immersi nel blu dell'arcipelago delle Eolie. In questo ventoso fazzoletto di terra, in contrada Pianoconte, si coltivano grani quali maiorca, russello e timilia. Il **grano è molito in proprio** per il pane, la pasta e la pizza, c'è un grande orto, frutteti e un oliveto.

LA CUCINA Mentre Giovanni e Tina si occupano della campagna e della sala, i figli Emiliano e Duilio preparano deliziosi piatti. La **cucina è fresca, eoliana, golosa, bilanciata tra prodotti di mare e terra**, e c'è a anche la pizza.

I PIATTI Caponata di melanzane con miele millefiori di Vulcano, Panelle con tentacoli di polpo e cipolla all'aceto, Fettuccine di russello con ricciola, capperi e mollica tostata, Tartara di alalunga e fichi

LONGI (ME)

LA PETRUSA

Contrada Petrusa
Tel. 0941 485377-333 7406425
🕐 Chiuso il lunedì, mai in estate Orario
mezzogiorno e sera Ferie non ne fa
Prezzi: 25-30 euro vini esclusi
Carte di credito: AE, BM, CS, DC, MC, Visa

IN BREVE *Uno dei migliori indirizzi per cogliere il sapore più autentico delle carni del suino nero dei Nebrodi, che viene allevato nell'azienda annessa all'osteria. Dalla cucina piatti semplici ma di grande gusto.*

L'OSTERIA Poco distante dal comune di Longi, circondata dalla ricca vegetazione del Parco dei Nebrodi, La Petrusa è la **destinazione ideale per gli amanti della cucina tipica di montagna**. L'atmosfera, in linea con le peculiarità della trattoria montana, è campagnola ma confortevole.

LA CUCINA Il merito va a Nino Lazzara, cuoco titolare e **allevatore di suino nero**, nonché esperto conoscitore dei prodotti del territorio e dei piatti legati alla tradizione nebrodense, fondata su carni e verdure locali. Premesse più che soddisfacenti, che non deludono già dagli antipasti. Di buona compagnia il vino della casa.

I PIATTI Taglieri misti di salumi, verdure sott'olio e formaggi, Parmigiana di melanzane, Maccheroni della casa al ragù di suino nero dei Nebrodi, Arrosti misti di carni locali con contorni di verdure e patate

MARSALA (TP)

ANTICA TRATTORIA DA PINO

IN BREVE *Osteria dedita da più di 50 anni al miglior pescato. La famiglia Filosa, in un ambiente semplice e accogliente, lo propone in diverse preparazioni. Da prenotare gli spaghetti rotti in zuppa di aragosta.*

Via San Lorenzo, 27 - Tel. 0923 715652
→ 1,3 km dalla stazione di Marsala
🕐 Chiuso dom sera **Orario** mezzogiorno e sera **Ferie** seconda metà di settembre
Prezzi: 35-40 euro vini esclusi
Carte di credito: AE, BM, CS, MC, Visa

L'OSTERIA La famiglia Filosa gestisce con **fare attento e sorridente** questa osteria situata a pochi passi da Porta Garibaldi. **Arredamenti semplici e accoglienza calorosa** contraddistinguono l'atmosfera del locale portato avanti in modo magistrale da Antonio Filosa, in cucina, e dal genero Michele in sala.

LA CUCINA Una vetrina con il **pescato del giorno**, scelto ogni mattina al vicino mercato, dà il benvenuto agli ospiti e garantisce la freschezza della materia prima impiegata in cucina in piatti gustosi, che non hanno bisogno di particolari svolazzi per farsi ricordare. Se i primi di pasta sono ottimi è certo la mitica zuppa di aragoste a meritare una citazione (ricordate che va prenotata almeno un giorno prima). Tra i secondi, i pesci ammirati in vetrina possono essere cucinati in umido o arrosto, a seconda dei gusti dei clienti.

I PIATTI Zuppa di aragosta con spaghetto spezzato, Pescato del giorno, Cassata siciliana

MARSALA (TP)

ASSUD, MORSI & SORSI

IN BREVE *In quello che fu il magazzino di uno storico palazzo dall'arredamento rustico, una lavagna indica le migliori proposte provenienti dai pescherecci della locale marineria. Ottimi la caponata con melanzane e sgombro e gli spaghetti al pesce azzurro.*

Via Diaz, 66 - Tel. 0923 716652
→ 1,4 km dalla stazione di Marsala
🕐 Chiuso il lunedì
Orario mezzogiorno e sera **Ferie** variabili
Prezzi: 28-32 euro vini esclusi
Carte di credito: BM, CS, MC, Visa

L'OSTERIA La tradizione vuole che il centro storico di ogni città sia il luogo di incontro per parlare di lavoro, politica o piacere. Nei pressi di Porta Nuova questa osteria favorisce le chiacchiere seduti ai **pochi posti disponibili**. Caratteristica del locale è la **proposta contenuta, garanzia di freschezza**, che non conta mai più di quattro antipasti e lo stesso numero di secondi e di primi, giornalmente indicati su una lavagna, poi illustrati al tavolo.

LA CUCINA La cucina è quella tipica del territorio. Secondo stagionalità vengono eseguite le ricette della tradizione di mare e di terra, a cominciare dalle strepitose arancine, anche in alcune versioni inedite con pesce povero. Tutto è preparato con cura e attenzione, anche se non manca qualche spunto di sapiente innovazione.

I PIATTI Arancine, Caponata, *Cuscusu* di pesce, Pescato locale del giorno

CIACCO

Via Sebastiano Cammareri Scurti, 3
Tel. 0923 711160
→ 1,2 km dalla stazione di Marsala
⊙ Chiuso la dom, mai d'estate Orario mezzogiorno e sera, luglio e agosto solo sera Ferie gennaio-febbraio e 2 settimane in novembre
Prezzi: 25-35 euro vini esclusi
Carte di credito: BM, CS, DC, MC, Visa

IN BREVE *Un locale dedicato al Marsala, protagonista di alcuni percorsi di degustazione. Per il resto, un'osteria semplice e accogliente. In estate pochi tavolini sulla bellissima piazza.*

L'OSTERIA La volontà di Francesco Alagna di **valorizzare il Marsala e la sua storia** è la fondamentale caratteristica di questa bella osteria in centro città. A questo scopo è dedicato il Marsala Wine Experience, un percorso composto da tre Marsala abbinati a tre arancine, un'imperdibile occasione per scoprire uno dei vini più conosciuti al mondo.

LA CUCINA Base della cucina proposta da Francesco è la **stagionalità delle materie prime**, fra cui alcuni Presìdi Slow Food, di provenienza locale. Non solo prodotti a chilometro zero ma anche eccellenze provenienti da altri territori per completare una proposta gastronomica di autentica qualità. Ottime le zuppe di stagione, regolarmente proposte per buona parte dell'anno.

I PIATTI Ciacco burger, Busiate con bottarga di tonno e fichi confit, *Cappidduzzo* di ricotta

IL GALLO E L'INNAMORATA

Via Stefano Bilardello, 18 - Tel. 0923 1954446-329 2918503
→ 800 m dalla stazione di Marsala
⊙ Chiuso il lunedì, d'estate solo a pranzo
Orario mezzogiorno e sera Ferie variabili
Prezzi: 30-35 euro vini esclusi
Carte di credito: AE, BM, CS, MC, Visa

IN BREVE *Un'osteria di mare dall'ambiente raffinato nel centro di questa bella cittadina. Gusterete i piatti più autentici della tradizione trapanese, dalle busiate con i gamberi agli involtini di spada, fino ai tipici dolci siciliani.*

L'OSTERIA In pieno centro a Marsala, a due passi dalla centrale via Roma, questa trattoria è composta da un'unica piccola sala arredata con cura, dall'**atmosfera informale e rilassata**. Danno il benvenuto Dario e Manuela, mentre in cucina troviamo il patron Gabriele. Discreta la cantina di cui dispone il locale, composta da una cinquantina di etichette siciliane.

LA CUCINA Attento alla stagionalità, Gabriele propone una **cucina casereccia, perlopiù di mare**, caratterizzata da un'attenta scelta delle materie prime. I piatti sono quelli della tradizione trapanese, tutti pensati per mettere in risalto il sapore e il profumo dei pesci selezionati con cura al locale mercato ittico. In stagione da provare il tonno in una delle tante varianti.

I PIATTI Arancinette con pesce affumicato, Spaghetti con tartare di gambero e bottarga, Tonno in agrodolce

LA VECCHIA POSTA

IN BREVE *Un bel giardino per l'estate e un'accogliente sala per l'inverno, dove consumare buoni e semplici piatti a base di pescato locale. Dalle cotture sulla pietra lavica alle fritture, tutto è cucinato con cura.*

Via Spiaggia, 307 D
Tel. 095 971240-331 8554579
→ 9,8 km dall'uscita A18 Giarre
⏱ Chiuso il mer, mai in estate
Orario sera, domenica e festivi anche pranzo
Ferie in novembre
Prezzi: 35-45 euro vini esclusi
Carte di credito: BM, CS, DC, MC, Visa

L'OSTERIA Nella frazione di Sant'Anna di Mascali (vicinissima anche a Riposto) trovate facilmente questo locale a gestione famigliare, che all'unica saletta aggiunge il **gradevole dehors**, quando il clima lo permette. Il patron e cuoco Giovanni Savia governa la cucina, la figlia Paola coordina il servizio.

LA CUCINA **Molto pesce azzurro** e altre varietà ittiche presenti nelle acque dello Ionio sono la materia prima essenziale per i piatti preparati da Giovanni. Tra i primi spiccano i paccheri di pasta fresca con lo scorfano, oppure con la ricciola o altro pesce del giorno. Buone anche le linguine con le *masculine* (alici), finocchietto e *muddica atturrata* (mollica tostata). A comporre la frittura di paranza possono esserci alici, *ope* (boghe), seppioline o quant'altro sia arrivato dal mare, tipo aguglie o sarde. In stagione sono da provare l'alalunga con la cipollata e, fra giugno e agosto, le cozze col *mauro* (un'alga tipica del litorale).

I PIATTI Paccheri freschi con pescato del giorno, Pasta con le *masculine*, Frittura di paranza

MESSINA

AL PADRINO

IN BREVE *Popolare e verace osteria nella zona portuale di Messina. Piatti quasi esclusivamente di pesce, tra cui spicca un buonissimo stoccafisso alla ghiotta.*

Via Santa Cecilia, 54-56
Tel. 090 2921000-349 1148198
→ 800 m dalla stazione di Messina Centrale
⏱ Chiuso sabato sera, domenica e i festivi
Orario mezzogiorno e sera Ferie in agosto
Prezzi: 28-32 euro vini esclusi
Carte di credito: BM, MC, Visa

L'OSTERIA Una **verace trattoria** situata nella zona portuale, condotta da tempo dalla famiglia Denaro. L'informale e calorosa accoglienza è affidata al patron Ugo, mentre ai fornelli si cimenta una brigata di sole donne, Marinella, Sara e Lucia. L'unica **sala, dall'atmosfera popolare, è arredata con semplicità**.

LA CUCINA **Predomina il pesce**, dall'antipasto, con la frittura di paranza, ai primi e ai secondi. Seguendo la tradizione messinese questo locale offre un buon numero di piatti di pescestocco, venduto nelle botteghe tipiche dei *piscistoccari*, con la preparazione alla ghiotta o alla messinese in primo piano. Pochi ma buoni i dessert. Accettabile il vino sfuso della casa.

I PIATTI Pasta margherita alla ghiotta, Bollito *ammuddicatu*, Stoccafisso alla ghiotta

CASA & PUTIA

IN BREVE *Locale moderno dove, oltre a comprare ottimi prodotti di artigiani locali, si può gustare una cucina che propone piatti della tradizione resi contemporanei da cotture e condimenti leggeri.*

Via San Camillo, 14 - Tel. 090 2402887
→ 1,3 km dalla stazione di Messina Centrale
🕐 Chiuso le sere di domenica e lunedì
Orario mezzogiorno e sera Ferie variabili
€ Prezzi: 40-42 euro vini esclusi
Carte di credito: BM, CS, MC, Visa

L'OSTERIA Nelle vicinanze di Palazzo Zanca, sede del Comune, questo **grazioso locale** unisce all'attività di ristorazione la vendita di oli extravergine, marmellate, pasta artigianale e altri prodotti di aziende siciliane esposti nell'angolo *putìa* (bottega). A gestirlo è un quartetto ben affiatato di amici: Adriana, Nino, Andrea e Marcello, i primi due quasi sempre presenti anche nell'impostazione del lavoro in cucina.

LA CUCINA Oltre alla scelta alla carta c'è un menù degustazione di quattro portate a 30 euro e, a pranzo, la possibilità di consumare spuntini più semplici. Presenti diversi Presìdi Slow Food siciliani, fra cui quasi tutti i formaggi dell'invitante tagliere. L'offerta del pesce vede avvicendarsi piatti di palamita, sgombro, alalunga, alici e altro; alcune di queste tipologie si possono per esempio trovare nella calamarata (intesa come tipo di pasta). Sempre gustosi il **pescestocco alla messinese** e il polpettone di carne ripieno con mortadella d'asina e vastedda della valle del Belìce.

I PIATTI Calamarata con pesce azzurro, Stocco arrosto, Polpettone ripieno

MORELLO

IN BREVE *Piccola trattoria nel centro della città dove provare una schietta cucina di mare o dell'orto, preparata con materie prime locali. Buone le frittelle di gamberi e fiori di zucca o lo spatola alla palermitana.*

Via XXIV Maggio, 10-12
Tel. 090 6409811-334 1058860
→ 1,1 km dalla stazione di Messina Centrale
🕐 Chiuso la domenica, in luglio anche il sabato Orario pranzo e sera, da metà maggio a settembre solo pranzo Ferie in agosto
Prezzi: 30-35 euro vini esclusi
Carte di credito: AE, BM, CS, DC, MC, Visa

L'OSTERIA Piccolo locale del centro storico di Messina a gestione familiare, con la signora Maria in sala che, con simpatico garbo, consiglia i piatti del giorno. In cucina opera il figlio Michele. La sala è arredata con gusto rustico: pesanti tavoli di legno apparecchiati con piatti di ceramica locale. L'atmosfera è quella di una **trattoria volutamente retrò dove predomina la convivialità**.

LA CUCINA Piatti tipici della **tradizione messinese** aggiornati secondo stagione e utilizzo di materie prime locali. La caratterizzano i **piatti di pesce proveniente dalla marineria siciliana**. Un segno positivo viene dal menù che varia quasi quotidianamente, per cui è consigliabile farsi guidare nella scelta. A Messina non si può fare a meno di gustare la specialità cittadina, il pescestocco cucinato in diversi modi con predominanza di quello alla ghiotta. Poche le etichette di vino.

I PIATTI Frittelle di gamberi e fiori di zucca, Paccheri con menta, Pesce spada e melanzana, Spatola alla palermitana

AL BAGATTO

IN BREVE *Osteria (con camere) dall'atmosfera informale che, seppur a pochi metri dal mare, ha una proposta quasi esclusivamente di terra. Molto buoni i primi e le carni che dominano i secondi.*

Via Regis, 11 - Tel. 090 9224212
→ 8,2 km dall'uscita A20 Milazzo
Chiuso la domenica
Orario solo la sera Ferie in inverno
Prezzi: 35-40 euro vini esclusi
Carte di credito: AE, BM, CS, DC, MC, Visa

L'OSTERIA Nel centro storico di Milazzo, vicino all'imbarco per le Eolie, si trova questa trattoria dall'arredo informale ma accogliente, che dispone anche di alcune camere. La particolarità consiste nel fatto che, pur trovandosi a pochi passi dal mare, **l'impronta della cucina è prettamente terragna**. Il patron Raffaele Esposito cura personalmente l'accoglienza, fornendo misurati consigli, ai fornelli si dedica la moglie Chiara.

LA CUCINA I piatti preparati da Chiara seguono l'alternarsi delle stagioni con **grande attenzione alla selezione delle materie prime**. Avrete l'imbarazzo della scelta fra i gustosi primi, cui segue un'offerta davvero ampia di secondi di carni suine e bovine. Più limitata l'offerta dei dolci. La cantina ha un vasto assortimento di vini siciliani e nazionali.

I PIATTI Insalata di coniglio con i pomodori secchi, Paccheri con ragù bianco di suino nero, Battuta di razza modicana

4 ARCHI

IN BREVE *Un'accogliente osteria è il luogo giusto dove assaporare i tanti sapori custoditi dall'Etna: che si tratti di erbe spontanee, carni, funghi, vini, tutto è selezionato (e cucinato) con la massima cura.*

Via Crispi, 9 - Tel. 095 955566
→ 10 km dall'uscita A18 Giarre
Chiuso il mercoledì Orario sera, sabato e festivi anche a pranzo Ferie in novembre
Prezzi: 32-38 euro vini esclusi
Carte di credito: AE, CS, DC, MC, Visa

L'OSTERIA La gentilezza, la simpatia e l'humor di Saro Grasso, ben coadiuvato dal personale di sala, contribuiscono all'immagine accogliente del locale. Distribuito su due piani connotati dai toni caldi degli arredi in legno, è vivacizzato da un'infinità di oggetti vari, che ne accrescono l'**atmosfera informale**. Alla valida proposta culinaria si aggiunge un'ampia carta dei vini, particolarmente attenta alle **produzioni enologiche del territorio etneo**.

LA CUCINA Al talento della cuoca Lina Castorina si deve innanzitutto la realizzazione di gustosi piatti che si avvalgono di materie prime selezionate con cura, fra cui diversi Presìdi Slow Food siciliani. In stagione non mancano alcuni classici a base di **funghi ed erbe spontanee** tipici dell'Etna. Ottimi l'assortimento di antipasti, i primi e i secondi con il suino nero e altre carni. Immancabile l'arancino con il cavolo trunzu di Acireale, che Saro coltiva nel suo orto.

I PIATTI Arancino con il cavolo trunzu, Maccheroni al ragù di suino nero dei Nebrodi, Brasato di vitello

LA RUSTICANA

Viale Medaglie d'Oro, 34
Tel. 0932 942950-392 4026613
→ 500 m dalla stazione di Modica
⏱ Chiuso dom sera, d'estate anche pranzo
Orario mezzogiorno e sera Ferie non ne fa
Prezzi: 25-28 euro vini esclusi
Carte di credito: BM, CS, DC, MC, Visa

IN BREVE *Un'accogliente osteria, dall'atmosfera calda e d'altri tempi, dove provare la più autentica cucina di tradizione locale a base di verdure, legumi e carne di maiale.*

L'OSTERIA A due passi dall'ufficio delle Poste, questo locale, a gestione familiare, dispone di un unico ambiente dall'atmosfera di **trattoria d'altri tempi**: le tovagliette sui tavoli, un bel bancone bar con esposte bottiglie di vini siciliani e di liquori, la lavagnetta a vista con elencati i piatti del giorno. Francesco Giannone, in sala, e la signora Maria Teresa, in cucina, gestiscono da molti anni l'attività. Ogni tanto collaborano anche i due figli.

LA CUCINA Da sempre il menù della Rusticana propone **piatti della tradizione locale e regionale** connotati da una forte impronta casalinga. Così, di volta in volta, non è raro trovare minestroni di verdure fresche, zuppe di legumi, qualche pasta tirata a mano, tipo i lolli conditi con le fave secche, semplici e saporite frittate. Fra i sostanziosi secondi: salsiccia al sugo, bollito di manzo e il gustoso agnello a spezzatino.

I PIATTI Lolli con le fave secche, Ravioli al sugo di maiale, Agnello a spezzatino

MODICA (RG) - Frigintini

MARIA FIDONE

Via Gianforma, 6 - Tel. 0932 901135
⏱ Chiuso il lun Orario sera; dom e festivi, tranne agosto, solo pranzo Ferie variabili
Prezzi: 20-24 euro vini esclusi
Carte di credito: BM

IN BREVE *Semplicità e sostanza sono le travi di questa ruspante osteria pochi chilometri fuori dal centro di Modica. Per una cifra popolare si possono mangiare buonissime preparazioni della più autentica tradizione.*

L'OSTERIA La signora Maria Fidone – che con i suoi manicaretti ha fatto conoscere questa **trattoria casalinga in attività da alcuni decenni** – ogni tanto continua a dare una mano in cucina dove operano il figlio Emanuele e Antonio, uno dei nipoti. Altri familiari curano il servizio nell'ampia e semplicissima sala e nel dehors estivo accanto al giardino e all'orto.

LA CUCINA Buona parte dei clienti si affida ai menù a prezzo fisso (da 20, 22 e 24 euro) dal rapporto fra qualità e spesa decisamente conveniente. Da segnalare pure il menù per i bambini a 12 euro. Nell'abbondante antipasto spiccano **specialità tipiche modicane** quali il tomasino di ricotta e salsiccia e le scacce (focacce) di patate, cipolla e prezzemolo, di melanzana e pomodoro o altro. Immancabili i saporiti ravioli di ricotta aromatizzata con la maggiorana e conditi con denso sugo di maiale, e il gustoso coniglio in agrodolce detto alla stimparita. Fra gli altri possibili piatti: lolli con le fave e costata di maiale ripiena.

I PIATTI Tomasino di ricotta e salsiccia e scacce, Ravioli di ricotta col sugo di maiale, Coniglio alla stimparita

TAVERNA NICASTRO

Via Sant'Antonino, 28
Tel. 0932 945884-333 9184650
Chiuso domenica e lunedì Orario solo
la sera Ferie Ferragosto, variabili in inverno
Prezzi: 23-26 euro vini esclusi
Carte di credito: BM, CS, DC, MC, Visa

IN BREVE *Piacevolissima osteria nella parte alta di Modica. Piatti tradizionali preparati con cura e attenzione per le materie prime. Ottimi i ravioli e molto valide le proposte di carne.*

L'OSTERIA A Modica Alta, Salvatore Nicastro, patron e chef, conduce l'attività di famiglia in questa **verace osteria** con salette interne d'ambientazione rustica e tavoli all'aperto in cima a una panoramica scalinata, cui sono stati aggiunti quelli ricavati dentro l'adiacente e grazioso cortiletto. A gestire il servizio provvedono Nunzia Ruberti e Pierloreto Arena.

LA CUCINA Ritmi e modalità di lavoro in cucina sono quelli consolidati da decenni di esperienza, che Salvatore ha maturato prima a fianco della madre, poi proseguendo da solo con qualche collaborazione ai fornelli. Al mattino si tirano a mano le paste per i primi e per le gustosissime focacce (scacce) della locale tradizione – immancabili negli antipasti – e si avvia la preparazione delle **carni**, di maiale in primis, **protagoniste di saporiti sughi e sostanziosi secondi**. Disponibili qualche buona alternativa vegetariana e squisiti dolci come i geli di mandorla e cannella.

I PIATTI Scacce modicane, Ravioli di ricotta al sugo di maiale, Coniglio alla Nicastro

LOCANDA ANGELICA LE DUE PALME

Parco Calaforno
Tel. 0932 976815-340 9636444
Chiuso il lunedì Orario sera, domenica
e festivi a pranzo Ferie novembre
Prezzi: 22-27 euro vini esclusi
Carte di credito: BM, CS, MC, Visa

IN BREVE *L'orto di proprietà fornisce gran parte delle verdure utilizzate nella preparazione dei tanti piatti, che compongono il menù di questa rustica osteria. Da provare i secondi di carne.*

L'OSTERIA Il carattere agreste e confortevole di questa **struttura rurale datata 1725** ne fa il luogo più appropriato nel quale trascorrere una silenziosa giornata immersi nella natura delle campagne di Giarratana.

LA CUCINA Qui Gaetano Angelica, patron e cuoco, esalata i prodotti del territorio grazie anche all'ausilio delle **verdure provenienti dal suo orto**, presenti anche nelle pizze ottenute da farine di grani antichi. Qualche etichetta di cantine siciliane. Possibilità di soggiorno nelle stanze della locanda.

I PIATTI Taglieri di salumi e formaggi del luogo, Pappardelle ai funghi, Sfilacci di cavallo con pepata di cipolla di Giarratana

DAMMUSO

IN BREVE *In una bella sala dominata dai toni della pietra e del bianco la famiglia Baglieri propone piatti della tradizione, di carne e di pesce, resi contemporanei da precise cotture e delicati condimenti.*

Via Rocco Pirri, 10-12 - Tel. 0931 835786
→ 5 km dall'uscita A18 di Noto
🕐 Chiuso il martedì, mai luglio e agosto
Orario solo la sera Ferie gennaio-marzo
Prezzi: 40-45 euro vini esclusi
Carte di credito: AE, BM, CS, DC, MC, Visa

L'OSTERIA La cattedrale del Barocco, così viene definita la cittadina di Noto. Inoltrarsi tra i vicoli è d'ispirazione per molti artisti. Tra questi, N'Tina Baglieri, ai fornelli del Dammuso, tramanda alla nuova generazione di cuochi i segreti di una **cucina popolare da rivisitare**, ma senza farle perdere identità. Il figlio Giorgio segue con determinazione i ragazzi in sala.

LA CUCINA La scelta puntuale delle materie prime, soprattutto di **pesce**, da trasformare in succulente preparazioni gastronomiche, è il principale compito che ogni giorno s'impone la cucina. Non c'è immobilismo ma dinamismo continuo: sovente capita d'incontrare Corradina nelle campagne circostanti alla ricerca di aromi da diffondere sui piatti.

I PIATTI Antipasto rustico, Pasta di casa Baglieri, Tonno in crosta di pistacchio

IL PICCOLO BORGO

IN BREVE *Piacevolissimo indirizzo dove assaporare ottimi piatti di mare, preparati con il pescato del giorno o con i prodotti provenienti dalla tonnara.*

Via Principe Tommaso, 2
Tel. 0923 861132-320 0276757
→ 3,9 km dall'uscita A29 Trapani
→ 1,5 km dalla stazione di Paceco
🕐 Non ha giorno di chiusura
Orario mezzogiorno e sera Ferie in inverno
Prezzi: 33-38 euro vini esclusi
Carte di credito: BM, CS, DC, MC, Visa

L'OSTERIA Paceco, nota soprattutto per la produzione di squisiti meloni gialli, ospita nella piazza vicino al comune questa bella osteria, che di recente si è arricchita di una **terrazza con vista su Erice e Trapani**. Gestita da Maurizio Bono, che cura personalmente l'acquisto delle materie prime e la cucina, ha anche sale al piano terra arredate con gusto.

LA CUCINA La proposta gastronomica affronta i classici della cucina siciliana ed è **fortemente influenzata dagli intensi profumi e sapori del mare**. L'approvvigionamento ittico proviene dalla vicina tonnara. Interessanti anche le proposte di carne.

I PIATTI Trenette scampi e tartufo, Zuppa del pescato di giornata, Cannolo siciliano al pistacchio

ANDREA

IN BREVE *Carni e verdure, coltivate o spontanee, trovano nelle mani del cuoco Andrea Alì un fedele alleato: le trasforma in piatti saporiti, che si rifanno con sguardo libero e fresco alla tradizione.*

Via Judica, 4 - Tel. 0931 881488
🕐 Chiuso il mar Orario mezzogiorno e sera
Ferie 15 giorni a gennaio, dopo l'Epifania
Prezzi: 30-40 euro vini esclusi
Carte di credito: BM, CS, MC, Visa

L'OSTERIA Il locale si sviluppa in due piacevoli salette comunicanti e in un terrazzino per mangiare all'aperto nelle serate estive. A governare la cucina è il patron e chef Andrea Alì; la moglie Lucia Gionfriddo cura l'accoglienza e il servizio con la collaborazione di personale e, ogni tanto, della figlia Chiara.

LA CUCINA Andrea continua ad arricchire la propria esperienza di cuoco e di conoscitore di prodotti e produttori, aggiungendo fra le **materie prime** che utilizza anche quelle **che coltiva nella sua campagna**. La proposta culinaria mostra **empatia con le stagioni**, valorizzando fra l'altro molte verdure spontanee: da provare quelle che compongono il *cazzamarru*, un cartoccio di origine contadina. Altresì sapiente l'impiego delle carni – in primis la salsiccia di Palazzolo – usando anche tagli e parti di solito trascurate, tipo la *friscina* (diaframma di vitello) condita con la salsa *mataroccu* o con la passata di zucca. Bel plateau di formaggi, ottima cantina e attenta selezione degli oli extravergine.

I PIATTI Pasta col tartufo ibleo, Tris di salsiccia di Palazzolo, Maialino al pistacchio

  NOVITÀ

GIANNAVÌ

IN BREVE *Un agriturismo posto su una collina all'interno di una vallata. Molte delle materie prime sono prodotte nell'annessa azienda agricola. I piatti si rifanno alla tradizione locale.*

Contrada Giannavì , Km 8 SP 23
Palazzolo-Giarratan
Tel. 0931 881776 - 338 4941105
🕐 Non ha giorno di chiusura
Orario mezzogiorno e sera Ferie non ne fa
Prezzi: 20-32 euro vini esclusi
Carte di credito: BM, CS, MC, Visa

L'OSTERIA Su una collina all'interno di una vallata, la trattoria presenta un'ampia sala e un **panoramico dehors**. L'agriturismo – che dispone di camere per l'alloggio – è stato ricavato dal restauro di alcuni caseggiati, in parte secolari. Il tutto è gestito dai fratelli Amedeo e Calogero Maltese con l'aiuto di familiari. La moglie di Calogero Marinella e il figlio Flavio cucinano, mentre Lorenzo, l'altro figlio, cura il servizio.

LA CUCINA **Molte le materie prime prodotte nell'annessa azienda agricola**, che coltiva grano russello ibleo, alleva suini neri siciliani (fa parte del Presidio Slow Food della salsiccia di Palazzolo) e bovini dal latte dei quali si ricavano caciotte e altri formaggi. Con questi prodotti si cucinano piatti che si rifanno alla **tradizione locale**, tra i quali spiccano primi di pasta fresca, scacce (focacce) con pomodoro e cipolla o pomodoro e melanzane, salsiccia locale proposta al sugo, al forno o grigliata. Molto consigliabili i due menù a 23 e 28 euro.

I PIATTI Scacce, Ravioli di ricotta al sugo, Costata di suino nero al gratin

PALAZZOLO ACREIDE (SR)

LO SCRIGNO DEI SAPORI

Via Maddalena, 50 - Tel. 0931 882941
🕐 Chiuso il lunedì Orario mezzogiorno
e sera Ferie in novembre
Prezzi: 25-30 euro vini esclusi
Carte di credito: BM, CS, MC, Visa

IN BREVE *Accogliente locale disposto su due piani dove mangiare una validissima interpretazione della cucina tradizionale di terra, con qualche saltuaria concessione a pietanze di pesce.*

L'OSTERIA In una traversa di corso Vittorio Emanuele, questo **accogliente locale** dispone di una sala al piano terra e di una più piccola a quello superiore. A fare gli onori di casa, Lidia Cannata che coordina il servizio e illustra i piatti e i vini della cantina fornita di circa 250 etichette di aziende siciliane ben selezionate. A occuparsi della cucina è, come sempre, il marito Paolo Didomenico.

LA CUCINA A parte qualche saltuaria concessione a pietanze di pesce, i piatti ideati e realizzati dallo chef e patron offrono un interessante **repertorio di sapori dell'entroterra ibleo**. Le basi di Paolo affondano nella cucina della tradizione, a volte interpretata in modo sapiente e ponderato. Immancabili i ravioli al sugo di maiale e l'appetitosa salsiccia locale (aromatizzata con peperoncino e finocchietto) valorizzata dal Presidio Slow Food. Se disponibili, sono da provare anche la pasta con il pesto di mandorla di Noto e il coniglio farcito al tartufo di Palazzolo.

I PIATTI Maccheroncini con stracotto di vitello, Ravioli di ricotta al sugo di maiale, Salsiccia arrosto e contorno di stagione

PALAZZOLO ACREIDE (SR)

TRATTORIA DEL GALLO

Via Roma, 228 - Tel. 0931 881334
🕐 Chiuso il mer Orario sera, dom e festivi
solo pranzo Ferie 3 settimane in luglio
Prezzi: 25-27 euro vini esclusi
Carte di credito: BM, CS, DC, MC, Visa

IN BREVE *Verace trattoria aperta sin dal pomeriggio inoltrato come tavola calda. Se prima dell'orario di cena è possibile consumare arancine, focacce, polpette, la sera la carta si anima di pietanze tradizionali, soprattutto a base di carne di maiale.*

L'OSTERIA Nel popolare quartiere San Paolo questa **verace trattoria** funziona pure da tavola calda. Dalle 17 si possono gustare arancine, focacce, polpettine e l'uovo sodo, come da tradizione delle *putìe* del vino di una volta. E a proposito del bere, non mancano buone bottiglie di cantine siciliane. Terza generazione di gestori sono l'esperto chef Gianni Savasta e il socio Heros Rizza, che si occupa con garbo del servizio.

LA CUCINA Il menù include **classiche preparazioni della cucina locale** e, più in generale, dell'area iblea. Dalla lavorazione delle carni di maiale nascono sapidi sughi per condimenti di primi e sostanziosi secondi, alcuni dei quali disponibili tutto l'anno. Da provare la salsiccia del locale Presidio Slow Food e la gelatina di propria produzione (anche da asporto), senza dimenticare la trippa con le patate e il coniglio alla stimparata.

I PIATTI Ravioli di ricotta col sugo di maiale, Agnello al forno, Stinco di maiale

A'NICA

Via Alloro, 135 - Tel. 091 9826011
→ 750 m dalla stazione di Palermo Centrale
Chiuso il lunedì solo d'inverno **Orario** mezzogiorno e sera **Ferie** non ne fa
Prezzi: 38-45 euro vini esclusi
Carte di credito: AE, BM, CS, DC, MC, Visa

IN BREVE *Ambienti moderni ed essenziali all'interno e fuori qualche tavolo che affaccia sul giardino dei Giusti. In menù proposte di carne, di pesce e vegane provenienti dalla tradizione o dalla fantasia del cuoco.*

L'OSTERIA Un delizioso posticino per trascorrere un po' di tempo in città, in pieno centro. **Ambienti accoglienti e dal taglio moderno** non nascondono l'identità dell'osteria, che propone senza indugio piatti della tradizione palermitana. Oltre che nella sala interna è possibile accomodarsi all'esterno.

LA CUCINA La volontà di rispettare il susseguirsi delle stagioni e la grande varietà di prodotti, messi a disposizione dal territorio siciliano, fa sì che **i piatti risentano fortemente della pesca locale** e degli orti biologici, dai quali la cucina si rifornisce. La caponata, tipico piatto estivo, può essere consumata in inverno, basta sostituire le melanzane con le mele e il gioco è fatto. Oppure una buona vellutata di pomodoro secco, olive, polvere di capperi e mandorle: anche questo piatto si ripropone fuori stagione, senza perdere gusto. Provate le pizze, non sono da meno. Qualche buona etichetta di vino e birra completa l'offerta.

I PIATTI Ravioli ripieni di cernia e pomodoro fresco, Paccheri all'ortolana, Spalla di maialino sfilacciato con mele in agrodolce

AI CASCINARI

Via D'Ossuna, 43-45 - Tel. 091 6519804
Chiuso il lunedì, martedì e domenica sera
Orario mezzogiorno e sera **Ferie** in agosto
Prezzi: 20-30 euro vini esclusi
Carte di credito: AE, BM, CS, DC, MC, Visa

IN BREVE *Antica trattoria di famiglia dove si tramanda la tradizione gastronomica palermitana da oltre sessant'anni. Il menù è un susseguirsi di preparazioni semplici e saporite che guardano alla terra e al mare.*

L'OSTERIA Nel centro storico di Palermo, passeggiare ammirando la storia tra i palazzi antichi conduce inesorabilmente alla visita della cattedrale. Non lontano da lì i fratelli Riccobono gestiscono questa tipica osteria, aperta da oltre sessant'anni. Si tratta di un **luogo della memoria**, simbolo di come erano un tempo le osterie della città. Grazie a un'**atmosfera d'antan** la cena qui è un'esperienza assolutamente affascinante.

LA CUCINA La cucina è **quella di casa**, riconoscibile dagli odori che in passato venivano percepiti tra i vicoli dei quartieri più poveri della città. Il cuoco ha la naturale capacità di esaltare i piatti di mare e di terra della tradizione palermitana utilizzando solo materia prima semplice. Le preparazioni sono curate e i piatti generosi, come l'accoglienza. È richiesta la prenotazione.

I PIATTI Polpette in tutte le versioni, Timballo di pasta, Falso magro con piselli, Involtini di carne al cartoccio con patate

BUATTA

Corso Vittorio Emanuele, 176
Tel. 091 322378
→ 1 km dalla stazione di Palermo Centrale
🕐 Non ha giorno di chiusura
Orario mezzogiorno e sera Ferie non ne fa
Prezzi: 25-32 euro vini esclusi
Carte di credito: BM, CS, MC, Visa

IN BREVE *Locale moderno e informale dove sono proposti i migliori piatti della tradizione siciliana, solo un poco ripensati e alleggeriti.*

L'OSTERIA Nel pieno centro di Palermo, sull'antico Cassaro, oggi corso Vittorio Emanuele, si trova l'osteria moderna pensata da Franco Virga. Ricavato dalla ristrutturazione di uno storico negozio palermitano, si compone di un'**ampia sala moderna e accogliente**, con ampie vetrate sulla strada, da cui si scorge la bella cucina a vista. La scelta della materia prima è attenta, come la **carta dei vini composta da sole etichette siciliane**, selezionate con cura.

LA CUCINA Fabio Cardilio, cuoco di notevole esperienza, dirige la cucina proponendo i **piatti della tradizione palermitana, arricchiti da sapiente innovazione**. Umberto De Simone indirizza una squadra giovane e dinamica che si muove tra i tavoli. Fra i secondi, ottimo il baccalà in olio cottura alla pantesca.

I PIATTI *Sfinciuni*, Sarde a beccafico, Bucatini con le sarde, Minestra di tenerumi

CICALA

Via Sant'Alessandro, 29 - Tel. 0917782543
→ 1,5 km dalla stazione di Palermo Centrale
🕐 Chiuso il martedì, mai d'estate Orario sera, sabato e domenica anche pranzo Ferie 2 settimane a fine gennaio
Prezzi: 35-40 euro vini esclusi
Carte di credito: BM, CS, MC, Visa

IN BREVE *Un locale dove andare a bere, potendo scegliere da una lista di oltre 600 etichette in gran parte naturali, e mangiare ottimi piatti della tradizione soprattutto di pesce fresco locale.*

L'OSTERIA Ci si deve avvicinare all'area portuale di Palermo per raggiungere questa **moderna osteria** gestita da Filippo Cosentino, grande esperto di vini. La cantina raccoglie, infatti, circa seicento etichette con una particolare attenzione alle produzioni biologiche e biodinamiche. Interessante anche la proposta di birre artigianali.

LA CUCINA La cucina è il regno di Fabio Mancuso, che prepara **piatti della tradizione palermitana alleggeriti**. Grande attenzione alla scelta delle materie che si tratti di verdure, di pesci o di carne. La sera buone pizze.

I PIATTI Crocchette di latte, Spaghetto aglio, olio e peperoncino con tartara di gambero rosso, Cernia bruna grigliata con salicornia e patate al forno

MANGIARI DI STRADA

Un vecchio detto dice che *i balati ra Vucciria 'un s'asciucanu mai*. I mercati di Palermo ne costituiscono la sintesi storico-gastronomica. Voci, colori, profumi e delizie si diffondono nell'aria, ora come mille anni fa, quando gli arabi disegnarono i giardini della città. *'U lippu* – il sottile strato insidioso d'acqua misto a fango e grasso provocato da chi rinfresca le verdure e il pesce – bagna le *balate*, i blocchi di pietra della pavimentazione, ormai lisci per l'usura; è il dettaglio che mostra l'attività incessante del mercato, notte e giorno. Piccoli banchi si susseguono serrati. Tra cataste di broccoli tasterete arance, fichi freschi e uva, babbaluci, alici salate, annuserete origano, comprerete mazzi di basilico, morderete succose olive *cunzate*, patate bollite e carne *arrustuta*. Studiando

i mercati, tutti nel centro storico e raggiungibili a piedi, è possibile realizzare un itinerario alla scoperta di Palermo. Tre i principali: la Vucciria, il Capo e Ballarò. Il cibo di strada è tra le unicità, Palermo una capitale del mondo. Pane e panelle, arancine, sfincione, frittole, quarume, rizzuole, spitini, pollanche, muccuna, babbaluci, musso e carcagnolo, rascature, calzoni fritti e al forno, ravazzate e rollò costituiscono di fatto dei pranzi. Il solo pane *ca' meusa*, il tipico panino con la milza, è un universo. Va servito caldissimo, la milza è affettata e cotta nella sugna in un pentolone di lamiera inclinato. In uscita, si bagna con uno spruzzo di limone o si aggiunge una grattugiata di ricotta salata.

Francesco Pensovecchio

PALERMO

ANTICA PANELLERIA DA NINO

Via Oreto, 289 A - Tel. 091 6163232
Non ha giorno di chiusura
Orario: 08.00-21.00

Sono passati 120 anni da quando ebbe inizio l'avventura di questa panelleria. Oggi la tradizione continua con le proposte della consuetudine popolare. Consumare sul posto o portare via, ecco come mangiare arancine, panini con panelle, verdure in pastella, sarde a beccafico, anelletti al forno e parmigiana. Certamente dopo il salato si deve cedere alla lussuria del dolce: sfince di San Giuseppe, ovvero maxi bignè fritto stracolmo di ricotta di pecora dolce.

BAR VABRES

Via Michele Cipolla, 83 - Tel. 091 6172014
Non ha giorno di chiusura
Orario: 06.30-20.30, sabato 07.00-14.00;
domenica d'estate 07.00-14.00, inverno anche
16.30-20.30

La famiglia Vabres gestisce da anni questo piccolo bar con laboratorio annesso. La particolarità è l'intenso profumo di caffè che si sprigiona nell'aria passando nelle vicinanze dell'esercizio. Le miscele sono studiate e selezionate da Alessio. La pasticceria sforna pezzi salati e dolci: arancine, spiedini, pizzette, cornetti da farcire, iris e un buon pane. Non dimenticate il cannolo!

CHILUZZO

Piazza Kalsa, 11 - Tel. 329 0615929
Non ha giorno di chiusura

Lo street food Palermitano in pieno centro da oltre quarant'anni. Un marciapiede, alcuni tavolini e la magia del mangiare di strada è fatta. In effetti non serve molto per essere felici mentre si addenta un ricco panino con crocchè, rascatura o si trasporta in bocca una forchettata di anelletti al forno, caponata, verdure in pastella, arancine o ancora si fa farcire un'altro panino con filetti di sgombro o tonno sott'olio, il tutto sorseggiando una birra o un bicchiere di vino sfuso. In questi posti basta guardare il banco e scatta una fame insaziabile.

DAINOTTI'S DA ARIANNA

Via Porta Carini, 51
Tel. 340 8703497-327 3875890
Chiuso la domenica - Ferie: variabili
Orario: 09.00-18.00

Il centro di Palermo è ricco di negozietti, trattorie e bar, uno affiancato all'altro. Tra questi spicca Dainotti's, friggitoria, macelleria, nei pressi di Porta Carini. Le proposte variano dagli involtini di carne alle salsicce. La scelta continua di giorno con i piatti pronti da consumere sul posto o take away. Al tramonto il locale cambia, per modo di dire, veste e diventa una vera friggitoria palermitana. Accomodatevi e lasciatevi trasportare dalle papille gustative, scegliendo tra pane e panelle e croccanti fritti di verdura in pastella.

IL PANELLARO DI BALLARÒ

Piazza del Carmine-angolo via Giovanni Grasso

Ballarò è uno dei mercati più importanti di Palermo. Passeggiando tra le bancarelle ci si può sentire attratti da un odore inconfondibile di panelle fritte. Girato l'angolo con via Grasso il Panellaro di Ballarò è lì ad attendervi per offrirvi, prima alla vista e poi al palato, succulenti panini con panelle fritte e con farcitura a moffolette o gli altrettanto gustosi sempre freschi.

PANIFICIO GUCCIONE

Via Pipitone Federico, 61-63
Tel. 091 346030-345 9883250
Chiuso la domenica
Ferie: una settimana a Ferragosto
Orario: 07.30-14.00/16.00-20.30

Nonostante il panificio Guccione abbia oggi sede a Palermo, fra la centralissima via Libertà e la splendida Villa Sperlinga, resta la migliore location dove acquistare il pane nero di Castelvetrano, grazie alla passione per la panificazione del patron Ottavio Guccione. Ottavio non ha mai smesso di sperimentare con le farine di grani antichi siciliani; se a ciò aggiungiamo il sapiente utilizzo della lievitazione naturale e l'attenta selezione delle materie prime, abbiamo come risultato una proposta unica, sia per varietà che per qualità. Il pane nero di Castelvetrano, preparato come da tradizione, è un must; non mancano poi grissini, biscotti, pizze, focacce e sfincione.

TERMINI IMERESE (PA) DONNA SASÀ   NOVITÀ

Via Salemi Oddo, 132
Tel. 389 5075813-329 3235009
Chiuso la domenica
Orario: 07.30-13.30

Una tradizione che, dal 1920, si tramanda da quattro generazioni. Donna Sasà è uno dei riferimenti inossidabili per l'intera cittadina di Termini Imerese. La sue panelle sono solo di farina di ceci, acqua e sale: tonde, sottili, fritte in olio di semi di arachide, e pronte (appena calde) a guarnire gli adeguati panini siciliani, come le mafalde o i sempre freschi tondi. Possibilità di asporto o di consumazione al momento.

CORONA

Via Marconi, 9 - Tel. 091 335139
Chiuso a pranzo dom e lun, in inverno dom sera e il lun Orario mezzogiorno e sera Ferie 2 settimane in agosto
Prezzi: 25-35 euro vini esclusi
Carte di credito: AE, BM, CS, DC, MC, Visa

IN BREVE *Il locale ha uno stile curato ed essenziale, caratterizzato da grande attenzione per ogni dettaglio. La cucina di pesce tipica di Palermo caratterizza la proposta gastronomica.*

L'OSTERIA Si trova a due passi da piazza Politeama, in via Marconi. Il locale ha uno stile curato ed essenziale, caratterizzato da grande attenzione per ogni dettaglio. Nella gestione, fra sala e cucina, è coinvolta tutta la famiglia Corona, Gianni, la moglie Angela, i figli Alessandro e Orazio. **Degna di nota la cantina**: sono presenti numerose etichette siciliane selezionate con grande attenzione e birre artigianali.

LA CUCINA La **cucina di pesce tipica di Palermo** caratterizza la proposta gastronomica. Il pesce arriva da fidati pescatori locali ed è trasformato in **semplici e golose preparazioni** spesso arricchite da un utilizzo sapiente delle verdure. Certamente da provare le sarde a beccafico e la zuppa di pesce. Veramente interessante anche il misto caldo con panelle, carciofi, cardi e broccoletti.

I PIATTI Insalata di mare, Pasta triglie e finocchietto, Involtino di pesce spatola e spiedini di pesce alla brace, Sarde a beccafico

DISPENSA

Via Isidoro La Lumia, 30 - Tel. 091 8248750
Chiuso la domenica Orario mezzogiorno e sera Ferie 3 settimane in agosto
Prezzi: 25-40 euro vini esclusi
Carte di credito: AE, BM, CS, MC, Visa
Satispay

IN BREVE *Locale polifunzionale – negozio, osteria, griglieria – dove mangiare ottime carni cotte sulle braci e grandi classici della cucina palermitana.*

L'OSTERIA In centro, a pochi metri dai negozi di via Libertà e dal Teatro Politeama, nasce l'osteria, griglieria, salumeria e punto vendita di Giuseppe Costa. Dispensa offre un'avventura dove la **selezione di prodotti di qualità è il cuore stesso dell'esperienza**: pasta, oli, carne, salumi e vino. Al centro un bancone con scaffali mette in mostra i prodotti. Qui è possibile scegliere un po' tutto, soprattutto la carne per la griglieria. L'**ambiente è moderno, confortevole**, tanto legno e colori caldi. Tavolini con sgabelli, tavoli più ampi o un'area all'aperto sono disponibili per gli avventori.

LA CUCINA La cucina offre diverse proposte, tra cui il ricco pranzo al tagliere con un calice di vino o un panino ben condito; non da meno i piatti della tradizione palermitana come le stigghiole di agnello, la caponata o gli immancabili spaghetti estivi con i tenerumi.

I PIATTI Timballo di pasta con le sarde, Coniglio alla stimpirata, Spatola a sfincione

LE ANGELICHE

Vicolo Abbadia, 10 - Tel. 091 6157095
🕒 Chiuso dom e lun Orario solo la sera
Ferie 24-25 dicembre, Pasqua e Pasquetta
Prezzi: 30-37 euro vini esclusi
Carte di credito: BM, CS, DC, MC, Visa

IN BREVE *Un moderno bistrot dove una squadra tutta al femminile propone buoni piatti, spesso difficili da trovare altrove, di lontana memoria, ripescati dai ricettari di famiglia.*

L'OSTERIA Un **bistrot moderno ma dai sapori antichi**, nato dalla risolutezza di Chiara, Veronica, Barbara, Floriana, e situato a ridosso dello storico mercato del Capo. Il nome rende omaggio all'affascinante figura di Angelica dei poemi cavallereschi di Boiardo e Ariosto.

LA CUCINA La cucina, al contempo, fa onore alla **memoria dei piatti della tradizione siciliana**, portati alla luce dai ricettari di famiglia. Un susseguirsi di pietanze che, dal pane fatto in casa alla pasta tirata a mano (entrambi con farine di grani antichi), rispettano l'andamento delle stagioni. Carta dei vini con etichette prevalentemente locali, molte delle quali naturali. **Ineccepibile il servizio**.

I PIATTI Millefoglie di parmigiana al forno con pomodoro confit e fonduta di caciocavallo, Ravioli di ricciola agli agrumi con crema di ricotta e kumquat canditi, Bacio pantesco con gelato di ricotta, Gelo di mellone

PICCOLO NAPOLI

Piazzetta Mulino a Vento, 4 (corso Scinà)
Tel. 091 320431-328 6044380
🕒 Chiuso la domenica Orario mezzogiorno e sera Ferie 15-18 agosto e in novembre
Prezzi: 32-36 euro vini esclusi
Carte di credito: AE, BM, CS, DC, MC, Visa

IN BREVE *Un'unica e accogliente sala dove, scegliendo da una vetrina, mangiare buoni piatti preparati con il pescato locale. In estate qualche tavolo nel cortile adiacente.*

L'OSTERIA Trattoria a conduzione familiare, che ha fatto la storia della ristorazione palermitana. Oggi alla guida del locale, ubicato nel quartiere di Borgo Vecchio, ci sono Giuseppe e Davide Corona, rispettivamente padre e figlio.

LA CUCINA I piatti sono quelli della **tradizione popolare palermitana**. Si inizia con la classica caponata siciliana. A seguire alcune ricette cult come la pasta con le sarde e il finocchietto, la margherita con *anciova* e i bucatini con i broccoli *arriminati*. Per secondo, invece, si opta per il **pesce fresco del giorno, da scegliere nella vetrinetta all'ingresso** della sala. In chiusura una fetta di cassata siciliana o un rinfrescante sorbetto al limone.

I PIATTI Pasta con sarde e finocchietto, Spaghetti al Piccolo Napoli, Fritto misto

DA SALVATORE

IN BREVE *Trattoria familiare e semplice dove è possibile mangiare buoni piatti preparati con materie prime scelte e diversi Presìdi Slow Food. Prenotate con anticipo per essere sicuri di trovare posto.*

Piazza San Michele, 3 - Tel. 0921 680169
🕐 Chiuso il martedì, mai d'estate **Orario** mezzogiorno e sera **Ferie** variabili
Prezzi: 25-30 euro vini esclusi
Carte di credito: BM, CS, DC, MC, Visa

L'OSTERIA In questo borgo medievale delle Madonie la famiglia Ruvutuso apre ai propri ospiti le porte della trattoria ormai da anni gestita con passione e competenza da Davide e Giusi, eredi del lavoro e delle ricette dei genitori Maria e Salvatore.

LA CUCINA La cucina, che può contare anche sulla presenza di un **grande forno a legna**, sforna manicaretti nel pieno rispetto della **tradizione culinaria delle Petralie**. La scelta di ingredienti di qualità, tra cui alcuni Presìdi Slow Food, garantisce un'ottima riuscita dei piatti. Tra le proposte in carta, spaghetti al ragù, zuppe di legumi e di verdure. Pietanze dai **sapori antichi** che rendono giustizia alla tradizione di questo angolo di Sicilia.

I PIATTI Antipasto rustico, Zuppa di ceci e fagiolo badda, Carni locali miste alla griglia

PIANA DEGLI ALBANESI (PA)

ANTICA TRATTORIA SAN GIOVANNI

IN BREVE *La carne comanda nel menù della famiglia Salemi. Ottimi i formaggi prodotti in casa e ampia la varietà di tagli cotti arrosto o alla brace.*

Via Matteotti, 34 - Tel. 091 8561025
🕐 Chiuso martedì sera **Orario** mezzogiorno e sera **Ferie** 1 luglio-15 luglio
Prezzi: 25-28 euro vini esclusi
Carte di credito: AE, BM, CS, DC, MC, Visa

L'OSTERIA Un villaggio di montagna, a una trentina di minuti da Palermo, che ospita la più numerosa comunità albanese presente in Sicilia. Qui la famiglia Salemi gestisce ormai da molti anni la sua trattoria. L'accoglienza è il punto di forza, le sale sono arredate con semplicità per favorire ai commensali **momenti di relax nell'attesa di assaggiare le pietanze che escono dalla cucina**.

LA CUCINA Il territorio montano favorisce soprattutto in inverno le **preparazioni a base di carne**, accompagnate da verdure spontanee e dell'orto. Gli allevamenti di zona sono tra i migliori fornitori e i tagli vengono scelti con cura dalla cucina, che li elabora in modo semplice e gustoso. La vicinanza a qualche città di mare garantisce, durante la stagione estiva, anche alcune divagazioni ittiche.

I PIATTI Tagliere misto di salumi, Caserecce con funghi, Arrosto panato della tradizione palermitana

POLLINA (PA) - Finale

ARRHAIS

IN BREVE *Locale accogliente con una terrazza affacciata sul mare dal quale proviene gran parte della materia prima necessaria a creare piatti semplici e gustosi. Imperdibile l'antipasto di pesce crudo e cotto.*

Corso Sicilia, 2
Tel. 0921 426328-366 5491323
→ 8,6 km dall'uscita A20 Pollina-Castelbuono
🕑 Chiuso il martedì, mai aprile-ottobre
Orario mezzogiorno e sera Ferie non ne fa
€ Prezzi: 38-55 euro vini esclusi
Carte di credito: AE, BM, CS, DC, MC, Visa

L'OSTERIA La missione di Giovanni Tarantino è **portare in tavola ogni giorno il meglio che il mare mette a sua disposizione.** Che vi accomodiate nella bella sala o sulla **terrazza affacciata sulle Eolie,** sarete accolti e serviti con attenzione e competenza. La carta dei vini, fornita e non banale, offre etichette nazionali e non, servite anche al bicchiere.

LA CUCINA Ogni mattina le cassette colme di pesce appena catturato giungono sul banco della cucina per essere trasformate dalle mani sapienti di Giovanni. **Preparazioni piuttosto semplici** che hanno il compito di esaltare il gusto di questa straordinaria materia prima, come nel caso del ricco antipasto di pesce cotto e crudo o della frittura di paranza. Per chi non apprezzasse le proposte ittiche in carta c'è sempre qualche preparazione di carne. Due i menù degustazione: quello di pesce a 25 euro e quello di carne a 22.

I PIATTI Polpette di acciughe in salsa di pomodoro e menta, Spaghetti alle sarde, Grigliata di pesce misto

PORTOPALO DI CAPO PASSERO (SR)

SCALA

IN BREVE *Un riferimento per la cucina di pesce. Materie prime scelte con cura – il pescato è locale e le verdure dell'azienda biologica di famiglia – e cucinate con mano sicura.*

Via Carducci, 8 - Tel. 0931 842701
🕑 Non ha giorno di chiusura
Orario mezzogiorno e sera Ferie variabili
Prezzi: 25-35 euro vini esclusi
Carte di credito: BM, CS, MC, Visa

L'OSTERIA La famiglia Scala, che gestisce anche un vicino alberghetto, in questa trattoria offre una **buona cucina di mare,** facendo leva sul pescato fresco garantito dai pescherecci del luogo. Ad accogliere i clienti, e curare il servizio nelle salette e nel dehors, i fratelli Andrea e Gabriele, che ai fornelli possono contare su un ben rodato staff di cuochi.

LA CUCINA L'andamento variabile delle attività di pesca si riflette sul menù. Per esempio, fra i molto apprezzati crudi, in base alla disponibilità del periodo, si possono trovare la tartare di ricciola, di tonno o di lampuga, il carpaccio di seppia o di sarago. Sempre validi gli spaghetti al nero di seppia e ricotta; gustosissima la zuppa con la *cipuddazza* (lo scorfano rosso), in mancanza della quale si usa la cernia o altra specie dalle carni adatte. Da segnalare pure l'utilizzo di **ortaggi biologici di propria produzione**. Non mancano vini adeguati ad accompagnare il cibo. Interessanti le soluzioni proposte dai menù degustazione a 22, 25 e 35 euro.

I PIATTI Crudi, Pasta con gamberi rossi e pistacchio, Zuppa di pesce

A RUSTICANA

IN BREVE *Osteria familiare, composta da due sale luminose e semplici. Cucina tradizionale o leggermente rivisitata come nel caso degli arancini ai sapori di Sicilia.*

Vico Domenico Morelli, 4 - Tel. 0932 227981
Chiuso il martedì Orario mezzogiorno e sera Ferie in febbraio
Prezzi: 26-35 euro vini esclusi
Carte di credito: BM, CS, MC, Visa

L'OSTERIA Nel cuore di Ibla, fra il giardino ibleo e piazza Pola si trova questa **trattoria dagli ambienti accoglienti e luminosi**, preceduta da un cortile che funge da dehors. Qui, già da qualche anno, Arianna Veninata – che gestisce il locale e cura il servizio in sala – ha spostato A Rusticana dalla vicina sede originaria, dove nel 1975 il padre Giorgio avviò l'attività ristorativa.

LA CUCINA Il menù è in gran parte improntato su classici piatti della **cucina ragusana e regionale**. Una delle specialità è la pasta col pomodoro arrosto, semplice quanto saporita, affiancata dai cavati al sugo di maiale. Le carni sono perlopiù cotte alla brace, con le valide alternative dell'agnello con le patate (quando disponibile) e della bistecca alla palermitana. Secondo mercato e stagione si trovano anche pietanze di pesce, come i bucatini con le sarde e il tonno con la cipolla. Tra i vini proposti, alcune buone bottiglie di aziende del territorio.

I PIATTI Cavati al sugo di maiale, Spaghetti col pomodoro arrosto, Bistecca panata alla palermitana

RAGUSA - Ibla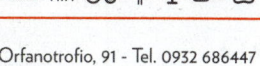

CUCINA E VINO

IN BREVE *Piatti tipici ragusani rispettosi della tradizione con qualche garbato e abile ritocco del giovane chef Giovanni Cilia. Si può optare per preparazioni di carne o scegliere di gustare il pescato locale.*

Via Orfanotrofio, 91 - Tel. 0932 686447
Chiuso il lunedì Orario mezzogiorno e sera Ferie in febbraio
Prezzi: 33-35 euro vini esclusi
Carte di credito: AE, BM, CS, DC, MC, Visa

L'OSTERIA Nello slargo a lato della chiesa dell'Annunziata, è ubicata la trattoria della famiglia Cilia: lo chef Giovanni, in cucina, ottiene il massimo grazie al prezioso aiuto della madre Mimma, mentre il padre Salvatore gestisce, con la collaborazione di personale, il servizio nelle graziose salette e nel dehors.

LA CUCINA L'offerta culinaria comprende **pietanze sia di terra sia di mare**, raccolte anche in due distinti menù degustazione a 33 e 38 euro, in alternativa alla carta. Fra i piatti di pesce buone le proposte arrosto accompagnate da verdure o di pasta secca. Passando invece alle carni è apprezzato e pressoché sempre disponibile lo stinco di maiale. Valido il **tagliere di formaggi e salumi siciliani**. E per condire a crudo non manca qualche discreto extravergine di oliva. Giovanni, che utilizza anche diverse verdure dell'orto di casa, mostra la giusta attenzione alle produzioni di territorio, compresi i vini e qualche birra artigianale.

I PIATTI Calamarata di pesce, Stinco di maiale, Biancomangiare di mandorle

LA TAVERNA DEL LUPO

Piazza Cappuccini, 22 - Tel. 0932 765280
→ 450 m dalla stazione di Ragusa
◷ Chiuso la domenica Orario pranzo e sera
sabato solo la sera Ferie in ottobre
Prezzi: 27-35 euro vini esclusi
Carte di credito: BM, CS, DC, MC, Visa

IN BREVE *Trattoria luminosa e dal sapore antico, dove recarsi per mangiare buoni e semplici piatti di terra e di mare attingendo da un menù ampio in grado di accontentare tutti i palati.*

L'OSTERIA È una trattoria a conduzione familiare che si trova in un angolo di piazza dei Cappuccini. Il **locale ricorda a grandi linee i bistrot parigini**: complici gli affreschi delle pareti, le stampe, gli specchi incastonati nel legno e i libri inframmezzati alle bottiglie di vino.

LA CUCINA La gestione è affidata alla vigile presenza di Pippo Vayola e della figlia Laura, ben coadiuvati da un attento personale di sala. Le proposte della cucina vedono come **protagonisti i piatti di terra e di mare della tradizione siciliana**. L'ouverture è affidata alle caponate e alle olive fritte. Notevoli per porzioni e quantità i primi, fra i quali risaltano i ravioli al sugo di maiale e gli spaghetti con i tenerumi. Corposi i secondi di carne, semplici quelli di pesce. Apprezzabile la carta dei vini con qualche proposta al bicchiere.

I PIATTI Provola alla piastra, Ditali *scamuzza* e ricotta, Bollito di vitello

---

RAGUSA

TABERNA DEI CINQUE SENSI

Via San Sebastiano, 47
Tel. 0932 626725-331 3825765
→ 850 m dalla stazione di Ragusa
◷ Chiuso il mar, d'estate sab e dom a pranzo
Orario mezzogiorno e sera Ferie variabili
Prezzi: 30-35 euro vini esclusi
Carte di credito: CS, DC, MC, Visa

IN BREVE *Stile moderno e fresco quello scelto per arredare questa osteria semplice e curata. Piatti che spaziano nella cucina locale: è possibile avere proposte di verdure, pesce o carne.*

L'OSTERIA Ottimo esempio di **trattoria contemporanea**. Il locale è sito nella parte alta della città, tra i suggestivi vicoli che si sviluppano attorno alla cattedrale di San Giovanni. La sala interna è arredata con gusto e semplicità.

LA CUCINA Alessandro Cappellani, patron e cuoco con solida esperienza alle spalle, ama alternare i **piatti della tradizione**, fedeli ai sapori di una volta, con **nuove e originali creazioni**, come la millefoglie di panelle, guanciale di suino, miele di ape nera sicula e crema di zucchine. In cucina predilige materie prime di qualità e diversi Presìdi Slow Food, tra cui la cipolla di Giarratana. Punto di forza della trattoria le ottime selezioni dei vini e dei formaggi, con un'offerta delle migliori produzioni enologiche e casearie della Sicilia. In chiusura il delicatissimo gelo alla carruba.

I PIATTI Millefoglie di panelle, Ravioli di ricotta con sugo di maialino nero dei Nebrodi, Tagliata di manzo

RAGUSA NOVITÀ

TIPICO

IN BREVE *Una trattoria moderna e familiare dove gustare una cucina di terra, con alcune incursioni ittiche, gustosa e sincera: piatti che valorizzano il territorio in preparazioni di sobria creatività.*

Piazza San Giovanni, 41-45
Tel. 0932 247105
⏰ Chiuso domenica sera e il lunedì
Orario mezzogiorno e sera
Ferie 8-23 febbraio
Prezzi: 32-35 euro vini esclusi
Carte di credito: AE, BM, CS, MC, Visa
Satispay

L'OSTERIA Sono svariate le ragioni che portano a scegliere questa giovane **trattoria familiare**: la posizione ai piedi del duomo di San Giovanni a Ragusa, la cura dei dettagli negli arredi e nella mise en place. Infine, la freschezza dei prodotti, molti dei quali biologici e Presìdi Slow Food, una **carta dei vini (alcuni naturali) e delle birre artigianali ampia** e particolarmente dettagliata.

LA CUCINA Ammirevole la cortesia e la professionalità con le quali Giancarlo Gurrieri accoglie gli ospiti in sala, coadiuvato in cucina dalla maestria di Grazia Sulstenti. Dal menù un occhio di riguardo va al tagliere misto di formaggi, salumi locali e scacce, per proseguire con uova bio e insalatina croccante. Considerevoli le costolette di agnello a scottadito e le proposte, curiose, di pesce. Si consiglia in chiusura la mousse di yogurt e panna con tartara di frutta fresca e crumble di frutta secca.

I PIATTI Tartare di manzo modicano, Cappellacci ripieni di borragine e burrata con speck di suino nero e burro salato, Caponata

RANDAZZO (CT)

SAN GIORGIO E IL DRAGO

IN BREVE *Osteria calda e ospitale con un grande camino e i soffitti in legno. Valida proposta soprattutto di antipasti e primi, perlopiù conditi con verdure. Secondi di carne.*

Piazza San Giorgio, 28 - Tel. 095 923972
⏰ Chiuso il martedì Orario mezzogiorno e sera Ferie 7-28 gennaio
Prezzi: 30-35 euro vini esclusi
Carte di credito: AE, CS, DC, MC, Visa

L'OSTERIA Siamo sull'Etna, esattamente lungo il versante nord. A Randazzo sorge un monastero dei Benedettini e l'osteria prende il nome dal santo che lo identifica. **L'ambiente è decisamente caldo** e non perché ci sia un camino all'ingresso, grazie alla capacità dei gestori di fare sentire gli ospiti a proprio agio. La sala è nelle mani di mamma Paolina, Flavia e Matteo.

LA CUCINA La fortuna di questi posti è che, essendo immersi in un paesaggio montano che dista, tra l'altro, pochi chilometri dal mare, le **materie prime a disposizione della cucina sono estremamente varie**. Viene l'acquolina in bocca al solo pensiero degli abbondanti taglieri di salumi e formaggi locali, dei primi di pasta fresca con succulenti sughi di carne, funghi o verdure, per non parlare degli arrosti di carne.

I PIATTI Selezione di formaggi locali, Tonnacchioli con sparagone (verdura dell'Etna), Coniglio alla Paolina

ROSOLINI (SR)

REAL

Via Calatafimi, 13 - Tel. 0931 857604
→1,5 km dall'uscita A18 Rosolini
⊙Chiuso la domenica Orario pranzo, sera
solo su prenotazione Ferie variabili
Prezzi: 12-15 euro vini esclusi
Carte di credito: nessuna

IN BREVE *Un'osteria d'altri tempi, di spartana semplicità, con il bancone all'ingresso e qualche posto a sedere. Prezzi popolari e cucina di sostanza.*

L'OSTERIA Piccola osteria, prima bottega di vino dagli arredi veramente semplici e funzionali. Il patron insieme alla madre Rosa Lorefice porta avanti l'attività di famiglia iniziata dalla volontà di Sarino Ciccazzo. **Non fronzoli ma autentica cucina casalinga** da accompagnare con un buon vino della casa.

LA CUCINA La proposta gastronomica è pensata per un pubblico che apprezza **una cucina decisa e vera**. I menù sono principalmente due, uno a 8 euro, che prevede un secondo a scelta tra trippa, carne al sugo, spezzatino o salsiccia, un contorno, acqua e vino, e uno a 12 euro. Quest'ultimo aggiunge un primo piatto.

I PIATTI Bollito di manzo, Legumi, Alici marinate

ROSOLINI (SR)

U SULICCE'NTI

Via Aprile Madre, 3
Tel. 0931 859935-339 3143724
→2,7 km dall'uscita A18 Rosolini
⊙Chiuso il mar e dom sera, mai d'estate
Orario mezzogiorno e sera Ferie variabili
Prezzi: 25-28 euro vini esclusi
Carte di credito: BM, CS, MC, Visa

IN BREVE *Piccola osteria nel centro del paese. Ampia la proposta degli antipasti con tutti i grandi classici, primi di pasta secca, tra cui ne spicca una straordinaria condita con il sugo.*

L'OSTERIA Nel cuore del paese, accanto a piazza Garibaldi, questa **graziosa osteria è arredata in modo informale**, con mobili e oggetti in parte di provenienza casalinga (compresa una collezione di fumetti all'ingresso) e sugli scaffali anche un po' di bottiglie di vino: la cantina ne include circa 200 quasi tutte siciliane. A occuparsi della cucina l'esperta Graziella Cataldi con la collaborazione del marito Santino Baglieri e della figlia Martina. Le altre due figlie, Antonietta e Caterina, curano il servizio ai tavoli disposti nella saletta e, d'estate, pure all'aperto.

LA CUCINA Nel menù le **saporite pietanze di carne** – di maiale in particolare, come le polpette e la salsiccia cucinata alla maniera locale – convivono con **diversi piatti vegetariani**, quali *u piscirovu* (una frittata tipica), la classica caponatina di melanzane, le polpette di porri o la pasta di farina di carrubo condita con ricotta e pistacchio. Buona presenza di **formaggi siciliani**, ben selezionati come il resto.

I PIATTI Ravioloni di carrubo con ricotta e pistacchio, Bigoli al Nero d'Avola, Salsiccia alla *rusalinara*

SAN CATALDO (CL)

ANZALONE

IN BREVE *Riferimento per la città e per la tradizione gastronomica, questa osteria dagli ambienti moderni e confortevoli offre una cucina di grande sostanza con stigghiole, spaghetti al pesce, secondi di carne e pesce.*

Piazza Crispi, 4 - Tel. 0934 586624
🕐 Chiuso la domenica sera
Orario mezzogiorno e sera Ferie agosto
Prezzi: 22-30 euro vini esclusi
Carte di credito: BM, CS, DC, MC, Visa

L'OSTERIA In pieno centro a San Cataldo, questo locale accogliente e curato è gestito dal cordiale Claudio Rizzo. La cucina è organizzata dalla moglie Filomena. Oltre alla sala del primo piano, in estate, **l'osteria dispone di un comodo dehors**, che permette privacy e distanziamento. Carta dei vini basata su una discreta scelta di cantine siciliane, di buon livello il vino della casa.

LA CUCINA Lo stile di cucina è quello della **tradizione nissena**: piatti semplici e genuini che valorizzano i prodotti del territorio. A seconda della stagione si possono trovare gustose zuppe di verdure e legumi e pietanze di **carne, soprattutto ovina**. Come spesso accade in queste trattorie tipiche, sono molto valide le preparazioni di interiora. Unica concessione ittica il baccalà.

I PIATTI Stigghiola, Minestra di legumi, Agnello al forno, Baccalà fritto con olive nere

SAN GIOVANNI GEMINI (AG)

LA TAVERNETTA DA ROSARIO

IN BREVE *Una grande sala interna arredata in modo semplice, qualche tavolo esterno, sotto il porticato d'ingresso e la brace a vista: ecco l'ambiente nel quale provare piatti di rustica bontà, soprattutto di carne e verdure.*

Via Vittorio Veneto, 103
Tel. 0922 903702-328 6512307
🕐 Chiuso il martedì
Orario mezzogiorno e sera Ferie variabili
Prezzi: 20-25 euro vini esclusi
Carte di credito: BM, CS, DC, MC, Visa

L'OSTERIA Seguire il profumo di **brace** conduce inevitabilmente da Rosario, sui colli Sicani, dove da più di trent'anni la famiglia Tortorici delizia i suoi ospiti con calda accoglienza e **piatti semplici e unici**. In cucina e in sala si alternano Vincenzo e la sua compagna.

LA CUCINA Ricette **del territorio** per valorizzare le ottime materie prime scelte da Vincenzo in particolar modo le carni provenienti dagli allevamenti locali e maestralmente cotte sui carboni ardenti. Non da meno le verdure raccolte negli orti che orbitano nelle immediate vicinanze.

I PIATTI Antipasto misto con salumi, formaggi e caponata di melanzane, Zuppa di legumi, Grigliata mista di carni locali, Cannolo siciliano

SAN PIERO PATTI (ME) - Sambuco

DA LUCIANA

IN BREVE *Indirizzo che propone la cucina tradizionale sampietrina in un ambiente caloroso ed estremamente piacevole. I prodotti dell'orto e del bosco dominano il menù.*

Contrada Sambuco, 1
Tel. 0941 660309-0941 661049-328 0565762
🕐 Chiuso domenica sera e il lunedì
Orario mezzogiorno e sera Ferie non ne fa
Prezzi: 25-30 euro vini esclusi
Carte di credito: AE, CS, DC, MC, Visa

L'OSTERIA Bisogna andarci nelle campagne di Sambuco, frazione del comune di San Piero Patti. Il viaggio sarà premiato per l'accoglienza che riceverete e la bontà dei piatti che gusterete. La trattoria è gestita da Luciana Bovaro, ai fornelli, mentre il marito Giancarlo opera nella sala situata al primo piano. Vi è inoltre una **piccola bottega dove si possono acquistare specialità del territorio** e conserve preparate con materie prime dell'orto di famiglia.

LA CUCINA In cucina Luciana prepara piatti gustosi con materie prime del territorio, molte **provenienti dal proprio orto**, rispettando la stagionalità e la **tradizione sampietrina**. Non si può rinunciare alla degustazione dei numerosi antipasti, che anticipano quanto di buono seguirà. Pasta fatta in casa, funghi porcini, le carni di vitellina, suino nero e agnello sono le basi di piatti dal sapore deciso che rimarranno a lungo fra i più bei ricordi gastronomici.

I PIATTI Maccheroni al sugo di suino nero, Pappardelle ai funghi porcini, Agnello aromatizzato al forno a legna

SAN SALVATORE DI FITALIA (ME)

LA VEDETTA DEI NEBRODI

IN BREVE *Una struttura che offre ai propri ospiti la possibilità di godere appieno della bellezza dei Nebrodi. Ampia la presenza di carne di maiale nero locale e, in stagione, piatti con porcini.*

Contrada Bufana Alta, 101
Tel. 0941 421977-329 0841911
🕐 Non ha giorno di chiusura
Orario mezzogiorno e sera Ferie non ne fa
Prezzi: 25-30 euro vini esclusi
Carte di credito: BM, Visa

L'OSTERIA Fra boschi di castagni, querce e noccioli, la famiglia Armeli gestisce questo **suggestivo agriturismo-azienda agricola** immerso nel verde rigoglioso dei Monti Nebrodi, a pochi passi dal lago Maulazzo e dalla cascata di Catafurco. Una struttura in cui il cliente non è solo un "ospite passivo", ma una parte attiva dell'azienda, con la possibilità di assistere alla caseificazione, alla gestione dell'orto, degli allevamenti o alla preparazione di pane casereccio e conserve biologiche.

LA CUCINA I fornelli sono affidati a Nuccia Armeli, maestra nell'elaborazione di ogni prodotto dell'azienda. Ricchi antipasti: carpaccio di porcini, salumi di suino nero, formaggi e sformati di verdure. Chi riesce, può proseguire con la **porchetta di suino infornata**. La crostata di frutta e il semifreddo di nocciole chiudono le danze. Carta dei vini con etichette prevalentemente siciliane.

I PIATTI Tagliatelle con salsiccia di suino nero, Ravioli al pesto di noci, Grigliata mista

SAN VITO LO CAPO (TP) - Castelluzzo

AL RITROVO

IN BREVE *Un buon indirizzo dove provare la cucina di pesce della locale marineria in un ambiente sobriamente elegante e caloroso.*

Viale Cristoforo Colombo, 314
Tel. 0923 975656
⊙Chiuso il mar, mai d'estate Orario mezzogiorno e sera Ferie novembre e febbraio
Prezzi: 30-35 euro vini esclusi
Carte di credito: BM, CS, DC, MC, Visa

L'OSTERIA Nella splendida località di Castelluzzo, a pochi chilometri da San Vito Lo Capo, troviamo questo **locale accogliente**, ritrovo di appassionati del buon mangiare. Sala elegante e sobria, gestita amabilmente da Chiara, figlia del patron Peppe Buffa, che cura la cucina dall'acquisto delle materie prime, tra cui molti Presìdi Slow Food, sino alla realizzazione di **piatti moderni ma legati alla tradizione**.

LA CUCINA I piatti classici del territorio vengono alleggeriti ed elegantemente presentati. Ottimo il **pescato di giornata della vicina marineria sanvitese** e i prodotti dell'orto acquistati da piccoli produttori locali.

I PIATTI Risotto vegetale con salicornia e gamberi, Ombrina gratinata con patate viola dolci, Gambero alla griglia

SANTA CROCE CAMERINA (RG) - Punta Secca

CUCINA COSTIERA BY SCJABICA

IN BREVE *Una moderna osteria, sorella minore di un noto ristorante di pesce. Piccola lista di piatti che cambiano quotidianamente a seconda del pescato. Grande attenzione alle cotture e alla materia prima.*

Corso Giuseppe Verdi-angolo Piazza Faro, 3 A - Tel. 0932 916034
⊙Chiuso il lun e mar a pranzo, mai in luglio e agosto Orario mezzogiorno e sera Ferie novembre
Prezzi: 35-40 euro vini esclusi
Carte di credito: AE, BM, CS, DC, MC, Visa

L'OSTERIA Joseph Micieli ha voluto affiancare al suo ristorante La Scjabica questa **trattoria** sempre improntata a una **pesca sostenibile**. Si trova nel piccolo borgo marinaro di Punta Secca, frazione di Santa Croce Camerina, arcinoto per la serie televisiva del commissario Montalbano. Il piccolo dehors consente di respirare l'aria del vicino mare.

LA CUCINA I piatti si ispirano a un consumo sostenibile di specie ittiche siciliane. Preparati con pesci erroneamente considerati di minor pregio portano a un'offerta in grado di perseguire il piacere del gusto, rifuggendo dalle mode alimentari che indirizzano verso le varietà più blasonate. Le pietanze sono elencate in una **lista che non fa distinzione fra antipasti, primi e secondi**. In chiusura non rinunciate agli ottimi dessert. Buona selezione di vini con qualche possibilità al bicchiere.

I PIATTI Alici in tegame, Pasta con le sarde, Pesce a stimpirata

CAPPELLINO

Vicolo Cappellino, 24 - Tel. 347 8436140
🕐Chiuso la domenica, mai d'estate Orario
mezzogiorno e sera Ferie in novembre
Prezzi: 30-35 euro vini esclusi
Carte di credito: AE, BM, CS, DC, Visa

IN BREVE *Trattoria a conduzione familiare con cucina prevalentemente di pesce. Tre menù a prezzo fisso e la carta dalla quale scegliere pietanze ben cucinate come le polpette di sarde.*

L'OSTERIA In pieno centro storico troviamo questa **rustica trattoria**, gestita con passione dal patron Salvino Cottone, coadiuvato con altrettanta affezione dalla sua famiglia. Il locale si presenta con arredi semplici, che danno il giusto valore alle bellissime e tipiche volte a botte e ai piatti di ceramica appesi lungo le pareti.

LA CUCINA La cucina è gestita dal cuoco Accursio Diecidue che, grazie alla ricca e attenta spesa fatta da Salvino, propone piatti della tradizione, riuscendo anche a elaborare gustosissime pietanze connotate da un valido **connubio tra i sapori iodati del mare e quelli della terra**. Per chi volesse, è disponibile un validissimo menù degustazione a 30 euro.

I PIATTI Antipasto misto di pesce, Busiate di russello con gambero rosso di Mazara del Vallo, Gambero rosa di Sciacca e bottarga di tonno, Spatola al limone

LA GROTTA

Via Dolomiti, 62
Tel. 0932 931363-338 6555152
🕐Chiuso il lunedì, mai in agosto Orario
mezzogiorno e sera Ferie 2 settimane in novembre, 2 in gennaio
Prezzi: 30-35 euro vini esclusi
Carte di credito: AE, BM, CS, MC, Visa

IN BREVE *Suggestiva location dentro le grotte del Parco di Chiafura per questa osteria che propone cucina di terra e di mare classica di territorio leggermente rivisitata e ingentilita.*

L'OSTERIA Il ristorante si trova **all'interno di una grotta** posta nella bellissima cava di Santa Maria la Nova, a pochi passi del centro storico di Scicli, città barocca e patrimonio Unesco. Il locale è gestito dalla famiglia Di Tommasi, con il padre Angelo e il figlio Enrico in cucina, la moglie Claudia che cura l'accoglienza. Nella bella stagione si preferisce utilizzare la **spaziosa veranda**.

LA CUCINA Lo chef Angelo privilegia i piatti classici iblei con misurata e originale personalizzazione. Le materie prime provengono dal territorio circostante e il **pescato** del giorno **dalle vicine marinerie**. Una menzione meritano i primi fatti con pasta fresca e il pane di grani siciliani con lievito madre. Stessi ingredienti per le pizze con impasto a lunga lievitazione.

I PIATTI Colazione *ro massaru*, Pasta *co fumu*, Polpo arrosto con fonduta di caciocavallo

SINAGRA (ME)

FRATELLI BORRELLO

Contrada Forte, 7
Tel. 0941 594436-594844
🕐 Chiuso il mer, mai in agosto
Orario mezzogiorno e sera
Ferie 7 gennaio-primi di aprile
Prezzi: 30 euro menù fisso vini esclusi
Carte di credito: AE, BM, CS, DC, MC, Visa

IN BREVE *Un abbondante menù a prezzo fisso nel quale sono utilizzate le tantissime materie prime autoprodotte da questa bella realtà agricola. Menzione speciale per salumi e formaggi.*

L'OSTERIA A gestire la trattoria, con incluso punto vendita, Pippo Borrello che cura il servizio assieme ai figli Fabio e Dario. La cucina è invece nelle mani della sorella Graziella. **L'abbondante menù a prezzo fisso** prevede il discreto vino della casa, ma si può bere anche scegliendo fra una trentina di etichette siciliane e le birre artigianali del locale birrificio Epica.

LA CUCINA **Tutto proviene dall'azienda agricola di famiglia.** Fanno parte dei Presìdi Slow Food la provola dei Nebrodi, il suino nero e l'olio di oliva minuta. Mucche, capre e pecore sono allevate allo stato semibrado e usate per la produzione dei **formaggi** nell'annesso caseificio, ottimi come il prosciutto e gli altri salumi prodotti in proprio. Nei periodi giusti meritano l'assaggio i **funghi** e la frittata di asparagi. Immancabili le pietanze di carne, in particolare quelle di suino nero, con il sugo delle quali si condiscono i maccheroni fatti in casa.

I PIATTI Maccheroni freschi con sugo di suino nero, Tagliata di vitello, Costata di suino nero alla griglia

SIRACUSA - Contrada Damma

CASE DAMMA

Via per Canicattini, 28
Tel. 0931 717405-335 8086513
→ 3 km dall'uscita A18 Canicattini Bagni
🕐 Non ha giorno di chiusura Orario mezzogiorno e sera Ferie Variabili
Prezzi: 27-32 euro menù fisso vini esclusi
Carte di credito: BM, CS, DC, MC, Visa

IN BREVE *Agriturismo di grande qualità dove oltre a mangiare ottimi piatti della tradizione è anche possibile passare la notte. Piati dalle porzioni abbondanti preparati con ottime materie prime.*

L'OSTERIA A pochi chilometri da Siracusa e a pochissimi dallo svincolo autostradale, questo antico caseggiato rurale presenta ampi spazi dedicati alla ristorazione sia all'interno sia all'esterno. Emilia Chimirri, attiva in cucina, e il marito Carmelo Conigliaro gestiscono l'agriturismo che dispone anche di **dieci stanze per gli ospiti**.

LA CUCINA Negli orti e nelle altre porzioni di terreno coltivate nell'annessa azienda agricola, **Carmelo produce ortaggi, alcune varietà di frutta e grano** di *tumminìa*. L'offerta gastronomica è imperniata su **due menù a prezzo fisso** (27 e 32 euro) con pietanze della **tradizione siciliana**, principalmente a base di carne – tipo la salsiccia al sugo e il coniglio alla *stimpirata* – e di verdure di stagione per piatti come la caponata e le lasagne con zucca e noci. Tra le ricette di famiglia proposte da Emilia, gustose le granatine: grossi involtini di carne ripieni di salumi, formaggio e altro. È necessario prenotare.

I PIATTI Pasta fresca con ragù di salsiccia, Granatine della nonna Maria, Biancomangiare di mandorle

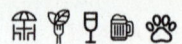

MAMMA IABICA

Via Perasso, 13
Tel. 333 1893176-339 4531731
→ 650 dalla stazione di Siracusa
Chiuso il lunedì Orario la sera, domenica
solo a pranzo Ferie tra ottobre e novembre
Prezzi: 35-40 euro vini esclusi
Carte di credito: BM, CS, DC, MC, Visa

IN BREVE *Una vecchia officina trasformata in un'osteria informale e contemporanea. Menù ricco e appetitoso legato soprattutto a ciò che il mare mette a disposizione. Alcuni piatti di carne per chi non amasse il pesce.*

L'OSTERIA Vicino al parcheggio del molo Sant'Antonio, Gianni Cavallaro e Laura Foti, che dirige il servizio ai tavoli, conducono questa moderna osteria con cucina a vista ricavata dalla trasformazione di una vecchia officina. Nelle due salette arredate con un tocco di originalità, si notano il piccolo bancone-bar e gli scaffali con esposte bottiglie di vini e alcune birre artigianali siciliane.

LA CUCINA A destreggiarsi ai fornelli è il patron con alcuni aiutanti. A monte c'è una **meticolosa ricerca di buone materie prime** per la preparazione di piatti che hanno il merito di valorizzarle, tipo gli gnocchetti di fiore di broccolo e il macco di fave di Leonforte con finocchietto e ricotta. L'offerta, stagionale, vede avvicendarsi **pietanze di carne e di pesce in gran parte di provenienza locale**, come nel filetto di sgombro alle erbe e nelle alici allingate.

I PIATTI Burrata con *ficazza* di tonno, Polpo in umido alla Camilleri, Lolli con ragù bianco del pesce del giorno

OSTERIA SVEVA

Piazza Federico di Svevia, 1
Tel. 0931 24663
Chiuso il giovedì, mai d'estate
Orario mezzogiorno e sera
d'estate solo sera Ferie variabili
Prezzi: 35-40 euro vini esclusi
Carte di credito: BM, MC, Visa

IN BREVE *Una piccola osteria a due passi dal castello svevo dove provare una cucina di tradizione, improntata in particolare sul pescato locale e su verdure di stagione.*

L'OSTERIA Il castello Maniace di epoca sveva è la punta estrema dell'isola di **Ortigia, il quartiere più antico di Siracusa**. Nella piazzetta antistante c'è questa trattoria, che alle due raccolte salette aggiunge il dehors, dove si concentra l'attività estiva. Il patron Marco Crescimone coordina il servizio; a dirigere il lavoro in cucina è lo chef Antonio Galfo.

LA CUCINA Fatta eccezione, di solito nel periodo invernale, per qualche pietanza di carne, il menù propone **classici antipasti siciliani e piatti di pesce** sia della tradizione locale e regionale di propria elaborazione. Parte delle materie prime di terra e pressoché tutto il pescato tengono conto della stagionalità; pertanto in base al periodo potete gustare la *bobbia* (con peperoni, patate, cipolla e pomodoro) e la lampuga in agrodolce, mentre sono abitualmente preparate la pasta *c'anciova* (acciughe) e mollica tostata.

I PIATTI Parmigiana, Pasta alla siracusana *c'anciova* e *muddica atturrata*, Pesce in crosta di patate

AL SOLITO POSTO

Via Orlandini, 30 A - Tel. 0923 24545
→ 650 m dalla stazione di Trapani
⏲ Chiuso la domenica
Orario mezzogiorno e sera Ferie variabili
Prezzi: 30-35 euro vini esclusi
Carte di credito: AE, BM, CS, DC, MC, Visa

IN BREVE *Atmosfera intima e rilassata in questa osteria nel pieno centro dove mangiare buoni piatti di terra e di mare. Ottima, quando disponibile, la cernia alla matalotta e, tra i primi, da provare le busiate.*

L'OSTERIA A pochi passi dal centro storico e **a pochi metri dalla spiaggia di Trapani**, si trova questa osteria gestita dai fratelli Basciano, Vito e Rudy. Il locale è sobrio e intimo con le pareti arricchite da foto e cimeli sportivi.

LA CUCINA Vito si occupa della spesa e cura la sala, Rudy, in cucina, realizza preparazioni di mare in perfetto stile trapanese. Il **miglior pescato della marineria e gli eccellenti prodotti degli orti che circondano la città**, vengono elaborati in piatti che sanno valorizzare la ricca tradizione trapanese, senza rinunciare a qualche creazione più contemporanea e fresca. Non bisogna perdere le busiate proposte con diversi condimenti a seconda della stagione. Solo se è il periodo giusto assaggiate il tonno. La carta dei vini è piccola e regionale.

I PIATTI Timballo di triglie, Cernia a matalotta, Cannolo siciliano

CANTINA SICILIANA

Via Giudecca, 36
Tel. 0923 28673-347 6901010
→ 500 m dalla stazione di Trapani
⏲ Chiuso il mercoledì, mai d'estate Orario mezzogiorno e sera Ferie in novembre
Prezzi: 25-35 euro vini esclusi
Carte di credito: AE, BM, CS, DC, MC, Visa

IN BREVE *L'Osteria di Pino Maggiore è un pezzo di storia della città di Trapani. Lo stile di cucina è semplice ed esalta i piatti tipici della cucina di mare, realizzata con pesce povero.*

L'OSTERIA L'osteria di Pino Maggiore è un pezzo di storia della città di Trapani,: da decenni **racconta il territorio attraverso i piatti della tradizionale cucina di pesce trapanese**. Pino è anche un ottimo sommelier: la ricca cantina di cui dispone il locale gli permette di soddisfare anche i clienti più esigenti.

LA CUCINA Lo stile di cucina è semplice ed esalta **i piatti tipici della cucina di mare**, realizzata con pesce povero e ingredienti del territorio selezionati secondo stagionalità, fra cui numerosi Presìdi Slow Food. Il piatto simbolo della città e dell'osteria è il *cuscusu*, ovviamente incocciato e preparato a mano; altro primo della tradizione le frascatole cotte in brodo di pesce.

I PIATTI Bruschette di pane nero bottarga di tonno e insalata di polpo, Sgombro allardiato, Cassatelle di ricotta

CAUPONA TAVERNA DI SICILIA

Via San Francesco d'Assisi, 32
Tel. 0923 546618-340 3421335
→ 1,2 km dalla stazione di Trapani
🕐 Chiuso il martedì, mai d'estate Orario mezzogiorno e sera Ferie in febbraio
Prezzi: 28-35 euro vini esclusi
Carte di credito: AE, BM, CS, DC, MC, Visa

IN BREVE *Locale semplice e accogliente nel centro della città, dove assaporare le ricette della tradizione marinara trapanese con sobrie e ben riuscite rivisitazioni.*

L'OSTERIA Nel centro di Trapani, a pochi passi dalla cattedrale e dal porto, si trova l'osteria di Claudio e Rosi. Il **locale è semplice e trasmette calore**, come l'attitudine a ricevere gli ospiti da parte del patron. Caupona dispone di un'unica sala interna e di un piacevole spazio esterno. Claudio è un appassionato di vino ed è riuscito a realizzare una discreta cantina composta da numerose etichette siciliane e non solo.

LA CUCINA La cucina di Rosi è quella **tipica della tradizione marinara trapanese**, arricchita da sapienti e riuscite rivisitazione che esaltano le ricette più classiche. Materia prima locale e Presìdi Slow Food sono accuratamente selezionati. Prodotti di ottimo livello interpretati con maestria da Rosi e la calda e competente accoglienza di Claudio fanno di questa osteria una tappa irrinunciabile.

I PIATTI Crudo di pesce, Spaghetti alla chitarra con tartare di gambero rosso, *Cuscusu* trapanese incocciato a mano

---

LA DOLCE VITA

Via Egadi, 27 - Tel. 0923 871423
🕐 Chiuso la domenica, in dicembre solo la sera Orario mezzogiorno e sera Ferie 1 settimana in agosto, 1 in gennaio
Prezzi: 25-30 euro vini esclusi
Carte di credito: AE, BM, CS, DC, MC, Visa

IN BREVE *Cucina tipica del territorio di pesce e verdure in questa piccola e accogliente osteria. Ottimi la frittura di paranza e la pasta in brodo di aragosta.*

L'OSTERIA Un piccolo locale, arredato con semplicità, diviso in due sale, a due passi dalla centrale via Fardella. In questa osteria è **facile sentirsi come a casa**. Michele in sala è un oste appassionato ben coadiuvato dallo storico collaboratore Gianni, mentre in cucina troviamo Cristina, la figlia di Michele. A disposizione dei clienti una piccola selezione di vini siciliani e alcune birre artigianali.

LA CUCINA Cristina propone principalmente i **grandi classici della cucina trapanese di mare**, fra cui alcune piatti dimenticati. In inverno non mancano mai minestre, zuppe e alcuni piatti di terra realizzati con la solita cura. L'offerta risente molto della stagionalità della materia prima, che è locale e di prima scelta.

I PIATTI Spaghetti con le uova di pesce, Sgombro allardiato, Busiate con pesto trapanese

TRATTORIA DEL CORSO

IN BREVE *Piccola e accogliente osteria vicino al porto con qualche tavolo all'esterno per l'estate. La carta punta sulla stagionalità di verdure e soprattutto pesce. Imperdibile il cuscus.*

Corso Italia, 51
Tel. 0923 23475-335 1974576
→ 600 m dalla stazione di Trapani
🕐 Chiuso la domenica **Orario** mezzogiorno e sera **Ferie** gennaio e novembre
Prezzi: 30-35 euro vini esclusi
Carte di credito: BM, CS, DC, MC, Visa

L'OSTERIA Locale storico del centro di Trapani gestito da oltre trent'anni da Maria Letizia Lazzara. **A due passi dal porto** e dal salotto buono della città, si compone di una piccola sala con cucina a vista e, in estate, dispone di un piccolo dehors sull'adiacente piazzetta Carrara. La cantina ospita una piccola scelta di etichette siciliane, principalmente selezionate fra le aziende che hanno sede in provincia di Trapani.

LA CUCINA **Piatti identitari della cucina di mare trapanese**, non senza alcune curate rivisitazioni. Stagionalità e disponibilità della materia prima influenzano la proposta, caratterizzata dall'**utilizzo dei pesci ritenuti meno pregiati**, oggi molto rivalutati e base di ricette particolarmente apprezzate.

I PIATTI Insalata di polpo e fagioli, Fettuccine con uovo di pesce e vongole, Frittura di paranza

TRAPANI - Guarrato

VULTAGGIO

IN BREVE *Agriturismo che pone moltissima attenzione alle materie prime prodotte in azienda e non. La carta pesca dal meglio della tradizione trapanese, a cominciare dal cuscus proposto in vari modi a seconda della stagione.*

Contrada Misiliscemi
Tel. 0923 864261-347 6696059
🕐 Non ha giorno di chiusura **Orario** mezzogiorno e sera **Ferie** 15 giorni in gennaio
Prezzi: 25-35 euro vini esclusi
Carte di credito: AE, BM, CS, DC, MC, Visa

L'OSTERIA L'agriturismo, sito fra Trapani e Marsala, dispone di un'ampia sala interna e di un'accogliente e **largo spazio esterno con vista sulle Egadi**. In sala ci accolgono Peppe Vultaggio e la moglie Giovanna Tranchida che, oltre a essere appassionati padroni di casa, sono entrambi sommelier, come ben si può notare guardando la cantina con la bella selezione di etichette e una piccola scelta di birre artigianali.

LA CUCINA La **materia prima è locale e per la maggior parte autoprodotta** nella tenuta di famiglia. In cucina Nino D'Ambrogio e Nino Buscaino, mentre il forno della pizza è affidato a Francesco Mannina. Lo stile è quello della tradizione trapanese di terra, con ampio utilizzo di verdure e proposta di piatti meno noti. Davvero validissimo il tradizionale *cuscusu*.

I PIATTI Busiate con lo stufato di maiale funghi e cotenna, *Cuscusu* con maiale e verdure, Maialino nero dei Nebrodi alla brace

TUSA (ME)

LE GIARE

IN BREVE *Semplice osteria familiare che utilizza materie prime acquistate da fornitori locali. Cucina soprattutto di carne con ottimi secondi di maiale e vitello.*

Piazza Trento e Trieste, 9
Tel. 0921 330132-339 7272753
Chiuso il venerdì
Orario mezzogiorno e sera Ferie in inverno
Prezzi: 25-30 euro vini esclusi
Carte di credito: BM, CS, MC, Visa

L'OSTERIA Nella piazza principale del comune che fa da trait d'union fra le catene montuose dei Nebrodi e delle Madonie, si trova questa **trattoria a conduzione familiare** che Vincenzo Sambataro (patron e oste per vocazione) ama definire la sua "clinica del gusto". Fermamente consapevole della correlazione fra cibo e salute, Vincenzo non accetta compromessi.

LA CUCINA La gran parte delle materie prime utilizzate provengono dal suo orto o dagli allevatori e dai coltivatori scientemente valutati. Le portate, da lui abilmente descritte con fare parodistico, si articolano fra i **baluardi della cucina siciliana**. Servizio attento e professionale.

I PIATTI Verdure in pastella, Polpette della nonna, Involtini di maccheroni, Cosciotto al forno con patate

VITTORIA (RG) - Scoglitti

FICHERA

IN BREVE *Osteria familiare a pochi passi dal porto divenuta un punto di riferimento per il pesce. La carta cambia a seconda del mercato e del pescato, e nel weekend si limita a due menù degustazione.*

Via Napoli, 124 - Tel. 0932 980000
Non ha giorno di chiusura
Orario mezzogiorno e sera
Ferie 2 settimane fra ottobre e novembre
Prezzi: 38-45 euro vini esclusi
Carte di credito: BM, CS, DC, MC, Visa

L'OSTERIA Situata **vicino al porticciolo**, la trattoria presenta un piccolo dehors all'ingresso e una sala spaziosa. Sul bancone-bar sono esposti alcuni vini siciliani (la carta ne elenca un centinaio). Il patron Giovanni Fichera cura l'accoglienza e il servizio assieme al figlio Rosario; in cucina operano la moglie Mariella, l'altro figlio Samuele e il cuoco Daniele.

LA CUCINA Giovanni si approvvigiona da **fornitori di fiducia**, fra cui pescatori del luogo, e va da sé che l'**offerta tiene conto di ciò che le barche portano a riva ogni giorno** e del periodo dell'anno. Tra i primi, oltre agli immancabili ravioli al nero di seppia, si possono assaggiare la pasta con le sarde e le caserecce col ragù di triglie. Nei secondi prevalgono cotture arrosto e all'acquapazza, nonché il classico fritto di paranza. Ogni tanto si prepara un buon cuscus sufficiente come piatto unico. Da ricordare che sabato, domenica e festivi si può scegliere solo fra tre menù degustazione da 30, 40 e 50 euro.

I PIATTI Sarda a beccafico, Ravioli al nero di seppia, Frittura di paranza

SARDEGNA

ALCUNI PIATTI DELLA TRADIZIONE

Frittelle di orziadas
Antipasto composto da anemoni di mare passati in semola di grano duro e fritti

Culurgiones
Ravioli, tipici dell'Ogliastra ma diffusi in tutta la regione, principalmente ripieni di patate, formaggio e menta: solitamente si condiscono con pomodoro e pecorino

Fregola
Pasta a forma di piccole sfere irregolari (ricordano il cuscus), che si può condire in svariati modi: è tradizionale *incasada*, ovvero con pomodoro fresco e pecorino grattugiato

Burrida
Tranci di pesce lessati in acqua salata, poi ricoperti con una salsa a base di aglio soffritto in olio extravergine, aceto, noci e pinoli pestati

Cordedda o cordula
Treccia di budello di capretto o agnello, che può essere cotta alla griglia, allo spiedo, in forno con le patate oppure in umido con un sugo di pomodoro

Muggini sa merca
Muggine lessato, poi avvolto nelle foglie di zibba (salicornia) e conservato in salamoia per tre o quattro giorni

Pane frattau
Una preparazione a strati a base di pane carasau (sfoglie di pane di semola di grano duro) immerso brevemente in acqua e brodo di carne, poi coperto con salsa di pomodoro, pecorino grattugiato ed, eventualmente, un uovo in camicia

Porcetto
Maialino da latte arrostito allo spiedo o in forno, insaporito con gocce di lardo e sale

Seadas
Grossi ravioli dolci, farciti con formaggio fresco leggermente acidulo e fritti: si servono caldi, cosparsi di miele di corbezzolo

AGGIUS (SS)

IL MOSTO

IN BREVE *La trattoria, ospitata in un edificio in granito, ha piccole sale arredate con gusto. È gestita dai giovani fratelli Solinas, che propongono una cucina legata al territorio.*

Via del Mosto, 13
Tel. 079 620303-340 9217057-348 7920350
⏱Chiuso il mercoledì Orario mezzogiorno e sera Ferie 15 novembre-5 dicembre
Prezzi: 30-35 euro vini esclusi
Carte di credito: BM, CS, MC, Visa

L'OSTERIA Siamo in Gallura, ad Aggius. Nel centro del paese questa **bella trattoria è gestita dai fratelli Solinas**: Gian Mario, che si occupa della sala e dei vini, Andrea, che sta in cucina. Ampia la carta dei vini che, oltre a una vasta selezioni di etichette regionali e nazionali, comprende qualche interessante vino naturale. Le birre sono artigianali e sarde.

LA CUCINA I piatti sono quelli della tradizione, la cucina è casereccia e parte da **una grande ricerca degli ingredienti del territorio**. Il menù è alla carta, e un paio di volte a settimana cambiano i piatti del giorno. Qui troverete carne locale, verdure dell'orto, pasta fatta in casa, salumi e formaggi della zona. Immancabili i *chjusoni* – preparati con la farina che arriva da un vicino mulino – conditi, secondo stagione con sugo di carne, pancetta e ricotta affumicata, carciofi o pomodoro. Come entrée si servono le olive di Seneghe, il pane è fatto in casa.

I PIATTI Salumi e formaggi locali, *Chjusoni*, Entrecôte di vitellone locale, *Seadas* con formaggio vaccino

ALGHERO (SS)

LO ROMANÌ

IN BREVE *Trattoria nel centro storico della città con un menù attento a tutti i gusti. Molto buone le paste fresche e secche, da non perdere il porcetto.*

Via Principe Umberto , 29
Tel. 079 9738479-347 0103069
⏱Chiuso lun, d'estate anche mar a pranzo
Orario mezzogiorno e sera Ferie gennaio
Prezzi: 32-38 euro vini esclusi
Carte di credito: BM, CS, MC, Visa

L'OSTERIA Tra le viuzze del **centro storico algherese**, all'interno di un palazzo d'epoca, in questo bel locale con le volte in pietra sarete accolti con piacevole cordialità. Potrete gustare il vostro pasto godendovi l'atmosfera serena e informale, che ricorda quella dei pranzi in famiglia. I tavoli sono disposti all'interno del locale organizzato in due piccole sale, accoglienti e curate. Consigliata la prenotazione perché i posti sono limitati.

LA CUCINA Il menù di Vittoria e Gigi, i gestori del locale, **coniuga tradizione e innovazione**. I piatti, sia di terra sia di mare, sono preparati con prodotti freschi e genuini. Grande l'attenzione alla qualità delle materie prime e al rispetto della stagionalità. Le porzioni sono abbondanti. Tra i primi, degni di nota i *culurgiones* di Tonara, ripieni di patate e menta. Da provare il porcetto, tenero dentro e croccante fuori. Una vera delizia!

I PIATTI Guazzetto di cozze e vongole, *Culurgiones* di Tonara, Porcetto

ARZANA (NU)

LA PINETA

IN BREVE *Nel cuore dell'Ogliastra, un approdo sicuro dove trovare buon cibo con un eccellente rapporto tra qualità e prezzo. Da non perdere i salumi e le carni.*

Vico I Don Orione, 5 - Tel. 328 3205386
🕐 Chiuso il martedì Orario mezzogiorno e sera Ferie 2 settimane in ottobre
Prezzi: 30-35 euro
Carte di credito: AE, BM, CS, DC, MC, Visa

L'OSTERIA Cesare Nieddu e la moglie Lina conducono con grande passione questa osteria, **sita nel cuore dell'Ogliastra**: dalla terrazza alle pendici di Monte Idolo si può ammirare il mare. La cucina della Pineta prende a piene mani dai prodotti del territorio e regala piatti di terra dai sapori veraci, dove la fanno da padrone, in stagione, i porcini.

LA CUCINA I piatti sono riportati su una carta oppure si può scegliere tra i due menù degustazione, che ben rappresentano la cucina della casa. Tra le varie proposte sempre presenti, consigliamo l'assaggio del prosciutto crudo e dei *culurgiones*, **vera specialità ogliastrina**, che secondo stagione si troveranno serviti con asparagi, con timo o finocchietto, con sugo di pomodoro o con i porcini. E ancora, tantissimi piatti con i porcini – dal tortino alla zuppa –, formaggi e latticini locali. Su prenotazione, è possibile trovare il porcetto. Il tutto accompagnato dal vino della casa o da qualche etichetta di piccole cantine della zona.

I PIATTI *Culurgiones*, Fregola con ragù di capra e porcini, Cinghialino con porcini

BOSA (OR)

BORGO SANT'IGNAZIO

IN BREVE *Nell'incantevole centro storico di Bosa, un'osteria dove provare salumi e formaggi locali, petza imbinada, spaghetti ai granchi e stufato di agnello con olive.*

Via Sant'Ignazio, 33
Tel. 0785 374129-348 2367170
🕐 Non ha giorno di chiusura Orario mezzogiorno e sera Ferie 1 novembre-Carnevale
Prezzi: 34-37 euro vini esclusi
Carte di credito: BM, CS, MC, Visa

L'OSTERIA Una piccola osteria – che dovrete cercate nei vicoletti del bel centro storico di Bosa – **ospitata in un edificio storico** con volte a botte e tavoli ben apparecchiati; d'estate una trentina di coperti occupano la bella piazzetta di fonte al locale. Qui, Antonio Barraccu propone una cucina sia di terra sia di mare.

LA CUCINA Nella carta sono elencate le diverse portate, che variano in base alla disponibilità di mercato. Sempre presente una selezione di **salumi e formaggi locali**, buoni i primi piatti con paste fatte in casa, come i ravioli verdi. Tra le proposte di pesce ci sono il polpo, l'aragosta e la frittura mista, in quelle di carne c'è un ottimo brasato di cinghiale. Oltre al vino della casa, alcune bottiglie di malvasia, tipico vitigno di questo territorio.

I PIATTI Razza in agliata, Ravioli verdi con ricotta e melanzane, Brasato di cinghiale

IL CAMINETTO

IN BREVE *Nel centro di Cabras, questo ristorante da trent'anni offre una cucina basata sul pescato locale. Da non perdere la burrida cabrarese.*

Via Cesare Battisti, 8 - Tel. 0783 391139
🕐 Chiuso il lunedì Orario mezzogiorno e sera Ferie 15 gennaio-15 marzo
Prezzi: 32-35 euro vini esclusi
Carte di credito: AE, BM, CS, MC, Visa

L'OSTERIA Lo stagno di Cabras, importante area umida della penisola del Sinis, alimenta da tempo l'economia locale. A bordo di piccole imbarcazioni di erba palustre intrecciata (*is fassonis*), generazioni di pescatori hanno tratto sostentamento da acque ricche di pesci, in particolare i muggini, dai quali si estrae la preziosa bottarga. Da più di trent'anni, nelle sale dal classico arredo, il Caminetto **riserva ad affezionati clienti una cucina tradizionale** contrassegnata dalla freschezza del pescato locale.

LA CUCINA La qualità della materia prima è il tratto distintivo di una cucina fondata sul mare. **Le preparazioni lasciano poco spazio all'innovazione**, nella certezza che solo la cucina della tradizione valorizzi al meglio i pregiati prodotti della pesca. Tra antipasti, primi e secondi si ripercorrono decenni di una cucina territoriale dalle solide radici, che mostra di avere ancora ampio gradimento. La carta dei vini spazia dal territorio alla regione.

I PIATTI Burrida cabrarese, Spaghetti alla bottarga, Muggine arrosto

SA BELL'E CABRASA

IN BREVE *Un accogliente locale che propone piatti di pesce provenienti dallo stagno di Cabras o dalle vicine coste. Da non perdere il paté di bottarga e la carbonara di mare.*

Piazza Principe di Piemonte, 2
Tel. 328 654 9725
🕐 Chiuso il lunedì, in agosto solo lunedì a pranzo Orario mezzogiorno e sera Ferie non ne fa
Prezzi: 30-35 euro vini esclusi
Carte di credito: BM, CS, DC, MC, Visa

L'OSTERIA Nel centro storico di Cabras, località famosa per la pescosità del suo stagno, dal 2015 ha sede questo piccolo ristorante dedito alla cucina di mare, ma non solo. Il locale è diviso su due piani, le pareti sono bianche con belle nicchie in arenaria, il soffitto ha travi e doghe in legno chiaro. L'**ambiente confortevole ed elegante** predispone favorevolmente al pasto e alla convivialità.

LA CUCINA La cucina è principalmente legata alle materie prime, che arrivano dal vicino mare e dalle peschiere dello stagno, quindi **pesce e frutti di mare freschissimi** con elaborazioni tradizionali o rivisitate, quali ad esempio la bottarga utilizzata, non solo stagionata ma anche fresca, nella carbonara di mare. Nel segno della tradizione, l'osteria propone anche ricette antiche, probabilmente risalenti al periodo fenicio, quale *sa merca* (muggine bollito e avvolto nell'erba palustre, la salicornia). I vini sono principalmente delle cantine locali.

I PIATTI *Sa merca*, *Sa burrida*, Anguille in umido con pecorino, Grigliata di pesce

SA PISCHERA 'E MAR' E PONTIS

Strada Provinciale 6 km 1,200
Tel. 0783 391774-335 7497626
🕐 Sempre aperto pranzo e sera; ottobre-marzo pranzo, fine settimana anche sera Ferie Natale
Prezzi: 28-33 euro
Carte di credito: AE, BM, CS, DC, MC, Visa

IN BREVE *Il ristorante propone due menù a prezzo fisso, nel fine settimana solo quello più ricco. Sempre presente la griglia.*

L'OSTERIA Situata nelle vecchie strutture del compendio lagunare di Cabras, l'osteria è immersa in una natura affascinante e unica, dove è possibile leggere le tracce dell'antico rapporto tra l'uomo e lo stagno. La laguna di Cabras ha infatti una storia che testimonia sin dall'epoca feudale **un'economia fondata sulla pesca**, che solo nella seconda metà del Novecento ha visto la comunità locale riappropriarsi della risorsa. La gestione dell'osteria è a cura degli stessi pescatori del Nuovo consorzio cooperative Pontis.

LA CUCINA La cucina è basata su ricette semplici e poco elaborate, che rimandano alla **tradizione culinaria dei pescatori**. Vengono proposti due menù degustazione: il primo, dal lunedì al venerdì, è meno ricco mentre quello del fine settimana è più elaborato. I piatti sono caratterizzati dal pescato locale. Polpi in insalata, muggini arrosto o *sa merca* (secondo la tradizionale ricetta), spigole e orate, cucinate sia in umido che grigliate, e la bottarga locale sono i veri protagonisti della tavola.

I PIATTI Burrida, Fregola ai frutti di mare, Grigliata mista

CAGLIARI

BISTROT DI POMATA

Via Vittorio Porcile, 23 - Tel. 070 672058
→ 800 m dalla stazione di Cagliari
🕐 Chiuso la domenica e lunedì a pranzo
Orario mezzogiorno e sera
Ferie 25 e 26 dicembre e 1 gennaio
Prezzi: 27-44 euro vini esclusi
Carte di credito: AE, BM, CS, DC, MC, Visa

IN BREVE *Celato dietro un anonimo portone in ferro, il bistrot annesso al ristorante di Luigi Pomata propone piatti realizzati principalmente con pesce fresco locale.*

L'OSTERIA Il Bistrot di Pomata, adiacente agli altri due locali del proprietario Luigi – il ristorante e la Lounge con pizze gourmet –, si trova a pochi passi dal porto e **affaccia sul vivace quartiere Marina**. Intimo e vivacizzato dai tanti quadri colorati, risulta un rifugio accogliente: l'indirizzo giusto per rivivere la tipicità del tonno di Carloforte senza spostarsi dal capoluogo.

LA CUCINA Il menù offre costanti **richiami alla cucina dell'isola di San Pietro**, e in particolare del tonno, materia prima ben conosciuta e selezionata attentamente per tradizione familiare. Tra le proposte più tipiche, a parte il tonno, il cuscus di verdure, i cassulli di pasta fresca con pesto alla carlofortina e, tra i dolci, la cassata. Non mancano piatti di terra come la guancia di maiale. Assai articolata la carta dei vini, in cui le cantine locali si affiancano a quelle delle altre regioni, lasciando anche grande spazio alle birre artigianali.

I PIATTI Cuscus alla carlofortina, Spaghetto alla bottarga, Ventresca di tonno con pomodorini infornati

CAGLIARI

CHIAROSCURO

Corso Vittorio Emanuele II, 380
Tel. 070 4593798-347 9630924
→ 1 km dalla stazione di Cagliari
⊘ Chiuso domenica sera e il lunedì Orario
mezzogiorno e sera Ferie non ne fa
Prezzi: 35-42 euro vini esclusi
Carte di credito: BM, MC, Visa

IN BREVE *Locale dove si interpretano con originalità le ricette della tradizione culinaria della Barbagia. I piatti incentrati sulla carne sono cucinati secondo tradizione.*

L'OSTERIA La sensazione che si prova in questo delizioso ristorante nel centro di Cagliari, è quella di fare **un bellissimo, piccolo viaggio gastronomico in Barbagia**, terra della cuoca Marina Ravarotto. Artista talentuosa, rivisita con creatività i piatti tipici della cucina tradizionale, mostrando estro e attenzione alle materie prime, e ai dettagli, regalando emozioni difficili da dimenticare. Accurata selezione di vini del territorio e di piccole cantine che vantano eccellenze.

LA CUCINA La semola senator Cappelli viene impiegata per la produzione quotidiana del pane e della pasta fresca, che richiede notevoli abilità manuali, soprattutto per alcune tipologie le cui lavorazioni hanno origine millenaria. I piatti incentrati sulla carne, ben rappresentata da diverse specie, vengono cucinati secondo tradizione e in alcuni casi **con utilizzo di più moderni metodi di cottura**. In menù anche zuppe di legumi e creme di verdure. Assortimento di piccola pasticceria di produzione propria.

I PIATTI *Filindeu* in brodo di pecora, *Pani frattau*, *Lorighittas*

CAGLIARI

IL FANÀ

Corso Vittorio Emanuele, 99 - Tel. 070 680326
→ 500 m dalla stazione di Cagliari
⊘ Chiuso il lunedì
Orario mezzogiorno e sera Ferie variabili
Prezzi: 32-37 euro vini esclusi
Carte di credito: AE, BM, CS, MC, Visa

IN BREVE *Situata nel cuore pulsante della città e della movida cagliaritana, questa osteria propone solo piatti di mare: razza alla catalana, linguine all'astice e gamberi alla Vernaccia.*

L'OSTERIA Il locale è ubicato in una via centralissima, poco distante dalla vita notturna della città. La gestione è a conduzione familiare: il marito si occupa della cucina e la moglie, con garbo e competenza, della sala. Dopo varie esperienze di lavoro all'estero e in Italia, i coniugi hanno deciso di aprire un loro ristorante, **specializzato nei piatti di pesce**. La carta dei vini presenta una piccola selezione di etichette regionali.

LA CUCINA Il pescato viene fornito dal mercato locale e proposto in svariate ricette, **preparate rispettando le stagioni in un'alternanza di tipologie e sapori**. Numerosi gli antipasti, frutto della combinazione del pescato con ortaggi e verdure. I primi piatti sono realizzati esclusivamente con la pasta fresca – impastata con verdure ed erbe, che le conferiscono un particolare sapore – abbinata con pesci, molluschi o crostacei.

I PIATTI Pappardelle con asparagi di mare e frutti di mare in bianco, Ravioli di polpo con pomodoro fresco, Razza alla catalana

ID.3
100% Elettrica

Ricarica veloce e fino a 540 chilometri di autonomia, verso le emissioni zero.

Scoprila in Concessionaria

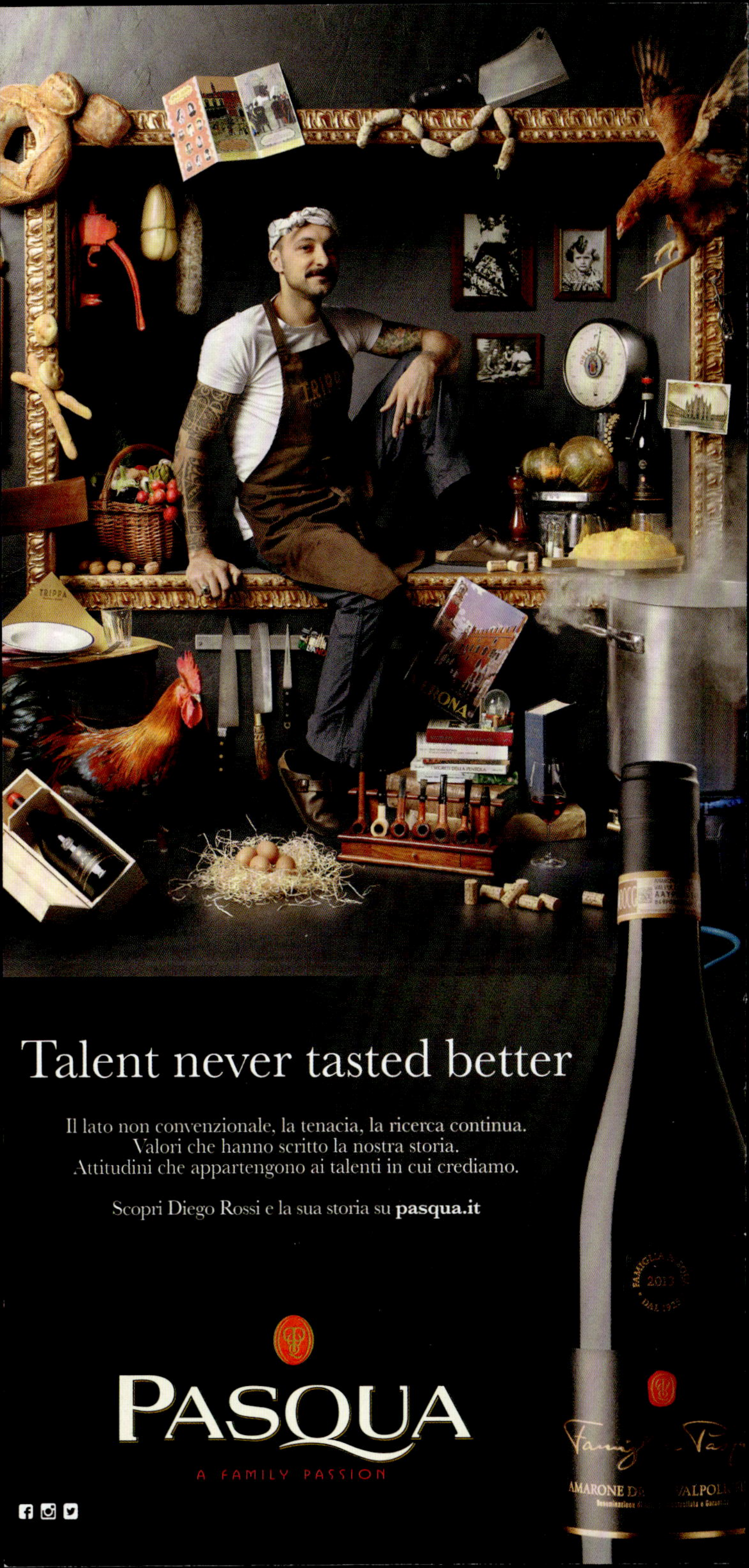

Talent never tasted better

Il lato non convenzionale, la tenacia, la ricerca continua.
Valori che hanno scritto la nostra storia.
Attitudini che appartengono ai talenti in cui crediamo.

Scopri Diego Rossi e la sua storia su **pasqua.it**

PASQUA
A FAMILY PASSION

RIPARTIAMO DALLA TERRA

Slow Food®
Alleanza dei Cuochi

Ogni giorno i cuochi dell'Alleanza Slow Food raccontano il territorio
e custodiscono la sua biodiversità, sostenendo contadini,
allevatori, pescatori, casari, viticoltori,
che producono con passione e rispetto per la terra

Cercali su www.fondazioneslowfood.it

LA LOCANDA DEI BUONI E CATTIVI

Via Vittorio Veneto, 96 - Tel. 070 7345223
🕐 Chiuso sabato a pranzo e domenica sera
Orario mezzogiorno e sera Ferie agosto
Prezzi: 32-38 euro vini esclusi
Carte di credito: BM, MC, Visa

IN BREVE *A pochi passi dal centro della città, partendo dalle materie prime del territorio si preparano piatti di impronta regionale spesso rivisitati.*

L'OSTERIA Nata da un progetto della fondazione Domus de Luna onlus, la **Locanda dei Buoni e Cattivi favorisce l'integrazione sociale**, offrendo a ragazzi e a mamme in situazioni di svantaggio la possibilità di lavoro in questa attività, che dispone anche di alcune comode e accoglienti camere, a pochi passi dal centro della città. Nell'osteria, partendo dalle materie prime del territorio – spesso provenienti da altre comunità sociali –, si preparano piatti di impronta regionale spesso rivisitati.

LA CUCINA **Il menù del giorno**, riportato sulla lavagna che si trova nella sala, **cambia con l'incedere delle stagioni** e in base alla proposta di mercato. Sempre presenti il tagliere di salumi e formaggi biologici, le buone paste artigianali (come la fregola) e quelle fresche tirate a mano. I secondi prevedono piatti di terra e di mare, vegetariani e alcuni vegani. Per i vini ci si affida a una bella selezione di bottiglie locali e regionali.

I PIATTI Tortino di pecorino, Fregola di terra o di mare, Carciofo sardo con cuore di uovo morbido

CAGLIARI - Giorgino

LO ZENIT

Viale Pula, 2 - Villaggio dei pescatori
Tel. 070 250009-333 4750100
🕐 Chiuso il lunedì
Orario mezzogiorno e sera Ferie 3 settimane in novembre, 10-30 gennaio
Prezzi: 35-40 euro vini esclusi
Carte di credito: AE, BM, CS, DC, MC, Visa

IN BREVE *Locale ubicato sulla spiaggia del villaggio di Giorgino, cucina solo il pesce proveniente del golfo di Cagliari e della laguna di Santa Gilla.*

L'OSTERIA Siamo sulla spiaggia di Giorgino, nel pittoresco villaggio storico dei pescatori, a pochi chilometri dal centro di Cagliari, in una splendida posizione che regala una gradevole vista sulla città. Gli interni marinareschi fanno intendere che qui la cucina si concentra esclusivamente sul pesce, principalmente su quello proveniente dal golfo di Cagliari e dalla laguna di Santa Gilla.

LA CUCINA Ecco che, in base alle stagioni e al pescato, dalla cucina escono i piatti tipici del Cagliaritano. Tra gli antipasti in carta (solitamente sei o sette) non mancano mai la burrida e il pesce in *scabecciu* (fritto e marinato). Sempre presente la fregola con le arselle e una pasta fresca del giorno con diversi condimenti di pesce. Tra i secondi, fritto misto, grigliata, astici, aragoste e tanto pescato locale. A voce vi verranno elencati i piatti del giorno. Dolci tipici e una bella carta dei vini regionali e non.

I PIATTI Burrida alla cagliaritana, Fregola con le arselle, Cappone in umido con patate e zafferano

PINTADERA

IN BREVE *Un'osteria informale – a pochi minuti dal centro storico – e accogliente con piatti realizzati con il pescato del giorno e carni provenienti da allevamenti propri.*

Viale Trieste, 98
Tel. 070 3321050-346 6770183
→ 850 km dalla stazione di Cagliari
🕐 Chiuso dom sera e il mar **Orario** mezzogiorno e sera **Ferie** 20 giorni in settembre
Prezzi: 33-38 euro vini esclusi
Carte di credito: BM, CS, MC, Visa

L'OSTERIA Siamo a pochi passi dal centro storico, **in un accogliente locale** gestito dall'oste-cuoco Pietro Vivarelli, che propone piatti di terra e di mare, realizzati con carni provenienti dall'allevamento della propria azienda agricola (Demetra), pesci e frutti di mare che arrivano dal golfo di Cagliari. Da giugno a settembre, lo staff si sposta al Pintadera Beach, a Punta Asfodeli di Porto Rotondo.

LA CUCINA La proposta è di stampo tradizionale, l'attenta scelta delle materie prime garantisce freschezza e stagionalità. In menù sono sempre presenti il tagliere di salumi della casa, la carne salata di bue rosso, il raviolo con sfoglia al mirto ripieno di brasato di porcetto da latte con finocchio selvatico e Vernaccia (una gustosa creazione di Pietro). Ottimi le carni arrosto e **il pescato fresco**, cucinato in diversi modi. Oltre allo sfuso della casa, valide etichette regionali, anche di piccole cantine locali.

I PIATTI Carne salata di bue rosso, Raviolo con sfoglia al mirto ripieno di brasato di porcetto da latte con finocchio selvatico e Vernaccia, Carni alla griglia

SA DOMU SARDA

IN BREVE *Osteria che propone cucina sarda con un servizio curato e competente. È presente un ricco menù con tanti antipasti e carne in numerose varianti.*

Via Sassari, 51 - Tel. 070 653400
→ 350 m dalla stazione di Cagliari
🕐 Non ha giorno di chiusura
Orario mezzogiorno e sera **Ferie** non ne fa
Prezzi: 32-37 euro vini esclusi
Carte di credito: BM, CS, MC, Visa

L'OSTERIA In pieno centro, poco distante dal porto e dalla stazione ferroviaria, l'osteria si presenta con una bella vetrina sulla strada. **Locale per gli amanti della buona cucina di terra**, fortemente caratterizzata dalla stagionalità e dalla ricerca delle materie prime del territorio, con filiere alimentari rigorosamente controllate. Innovazione e tradizione si intrecciano nei piatti preparati e presentati con cura, in una continua ricerca di sapori che si fondono tra loro e stupiscono.

LA CUCINA La carne viene offerta in numerose varianti, legate alla cucina tipica locale con nuove e recenti proposte, studiate per incontrare anche il gusto dei palati più giovani, che prediligono sempre più frequentemente le tartare. Numerosi i Presìdi Slow Food e una **buona selezione di formaggi** di varie stagionature. I vini in carta sono scelti con cura e particolare attenzione verso le cantine biodinamiche o che utilizzano prodotti da agricoltura sinergica.

I PIATTI *Pani frattau*, Brasato di bue rosso del Montiferru, Stufato di capra con zafferano di San Gavino

CAGLIARI

SA PIOLA DELLA VECCHIA TRATTORIA

Vico Santa Margherita, 3 - Tel. 070 666714
→ 800 m dalla stazione di Cagliari
Non ha giorno di chiusura
Orario mezzogiorno e sera Ferie variabili
Prezzi: 40-48 euro vini esclusi
Carte di credito: BM, MC, Visa

IN BREVE *Un rifugio sicuro per il buon cibo, di terra e di mare. Materie prime di qualità e una cucina di tradizione. Da non perdere le paste e la bella selezione di formaggi.*

L'OSTERIA In pieno centro, in un vicolo ai piedi del quartiere Castello, si apre uno spazio accogliente e di buoni profumi, in cui gli oggetti delle case campidanesi degli avi concorrono all'arredo e creano una piacevole atmosfera. Per il suo locale Giuseppe Vinci **sceglie con cura le materie prime in base alle stagioni**, e propone una buona scelta di Presìdi Slow Food e una valida cantina completata da liquori locali.

LA CUCINA A tavola si servono **i grandi classici della tradizione cittadina** come la fregola alla cagliaritana o la burrida *a sa casteddaia* (gattuccio di mare con aceto e noci), oltre a uno dei migliori fritti del capoluogo isolano. Alla carta o nel menù settimanale ci si può far guidare dallo staff, gentile e attento, tra **le paste regionali** e il pescato fresco. La cucina di terra propone ottime carni. In chiusura da provare i formaggi o, tra i dolci, la panna cotta di capra.

I PIATTI Burrida, *Ciccioneddos* (gnocchetti di semola) al ragù di bue rosso, Fregola alla cagliaritana

CAGLIARI

SU TZILLERI

Corso Vittorio Emanuele, 57
Tel. 327 1542216
→ 500 m dalla stazione di Cagliari
Non ha giorno di chiusura
Orario mezzogiorno e sera Ferie variabili
Prezzi: 38-48 euro vini esclusi
Carte di credito: BM, CS, DC, MC, Visa

IN BREVE *Anche dopo essersi trasferito in una nuova sede, Claudio Ara continua a deliziare i propri ospiti con piatti che si rifanno alla tradizione, di terra e di mare, realizzati con le migliori materie prime disponibili sul mercato.*

L'OSTERIA Approfittando del lungo periodo di stop imposto dall'emergenza sanitaria, l'osteria si è spostata. Dalla fine di ottobre Claudio Ara è infatti in una nuova sede proprio in centro alla città. Due salette molto piccole accolgono pochi tavoli all'interno, ma nell'ampio dehors lo spazio per godersi il clima mite della città e **la cucina di questo incontenibile cuoco** non mancano.

LA CUCINA **Solo il miglior pescato locale** viene cucinato dalle sapienti mani di Claudio, instancabile ricercatore di prelibatezze. I piatti, cucinati con cura per ogni dettaglio e ingrediente – a cominciare dall'olio extravergine – esaltano le caratteristiche delle diverse specie ittiche che trovano spazio in cucina. Limitarsi al pesce sarebbe però un errore; la carta, infatti, elenca ottime preparazioni di terra: salumi, formaggi, sughi e secondi di carne. **Ampia e completa la selezione dei vini**, che è un compendio della produzione sarda.

I PIATTI Polpo con patate e ceci, *Natali* al ragù di selvaggina, Pescato del giorno allo zafferano e patate

DESOGOS

IN BREVE *L'osteria si trova al piano rialzato di un vecchio stabile, in un ambiente informale con tovaglie colorate. Qui propone piatti di tradizione prevalentemente di carne.*

Vico II Cugia, 6 - Tel. 0785 39660
🕐 Chiuso il lunedì **Orario** mezzogiorno; sab, dom e d'estate anche sera **Ferie** non ne fa
Prezzi: 30-35 euro vini esclusi
Carte di credito: BM, CS, DC, MC, Visa

L'OSTERIA Al locale nel bel centro storico di Cuglieri si arriva **percorrendo una scala a gradoni in acciottolato** di pietra locale. All'interno del ristorante le pareti sono adornate con oggetti della tradizione contadina, all'esterno lungo la scalinata, su pedane in legno, sono stai allestiti alcuni tavoli, per una ventina di coperti, creando un ambiente ottimale per gustare i piatti di questo storico ristorante.

LA CUCINA La cucina è **strettamente legata alle tradizioni del Montiferru**, quindi all'ambiente agro-pastorale del territorio. In cucina Andreina e Checco propongono principalmente la carne, allevata e di cacciagione, dai condimenti per i primi piatti agli arrosti e agli umidi. Ottimi gli antipasti con salumi locali e verdure proposte sott'olio e in agrodolce. Tra i dolci sempre presenti le classiche *seadas*.

I PIATTI *Malloreddus* alla salsiccia, *Petza imbinada*, *Panadas*

MERIDIANA

IN BREVE *Nicoletta Acca accoglie i suoi ospiti in un ambiente intimo e confortevole. Non perdete il fritto croccante di verdure e gamberi e la fregola ai crostacei e frutti di mare.*

Via G.M. Angioy, 11 - Tel. 0785 39501
🕐 Chiuso il mercoledì
Orario mezzogiorno e sera **Ferie** gennaio
€ Prezzi: 38-40 euro vini esclusi
Carte di credito: BM, CS, MC, Visa

L'OSTERIA Incastonato tra mare e montagna – a pochi chilometri dalla costa ma alle pendici del massiccio vulcanico del Montiferru – c'è il paese di Cuglieri. Qui, Nicoletta Acca **vi accoglierà nel suo suggestivo locale** dove, accomodati nelle tre stanzette, con pareti in pietra, potrete provare la cucina di Angela Idili, mamma di Nicoletta.

LA CUCINA Partendo dalla tradizione, si realizzano piatti di mare, dagli **abbinamenti innovativi**, presentati in modo elegante. Tra la **pasta fresca fatta in casa**, pappardelle che in base alla stagione possono essere condite con asparagi, vongole e bottarga oppure con cardoncelli e vongole. Come secondi tanto pescato locale, cotto in vari modi, e tra i dolci da provare il semifreddo al torrone di Tonara con il caramello. Alcune selezionate etichette di vini regionali.

I PIATTI Fritto croccante di verdure e gamberi, Insalata di calamari, sedano, bottarga e frutti acerbi, Pescato del giorno alla Vernaccia con patate e olive o patate e cardoncelli

ISPINIGOLI

IN BREVE *Al ristorante dell'hotel della famiglia Mula, si trovano piatti realizzati con verdure dell'orto di proprietà, formaggi, vini, paste caserecce, carni, pesci e dolci irripetibili.*

Strada Statale 125, km 210
Tel. 0784 95268-94293-347 0514846
Non ha giorno di chiusura Orario mezzogiorno e sera Ferie novembre-metà marzo
Prezzi: 38-42 euro vini esclusi
Carte di credito: AE, BM, CS, MC, Visa

L'OSTERIA Il ristorante è racchiuso in un hotel posizionato davanti all'ingresso della grotta di Ispinigoli, custode di una maestosa concrezione calcarea e **ricca di reperti nuragici**. Siamo nel cuore del Supramonte di Dorgali, a pochi chilometri dal centro abitato, in una posizione che domina il territorio, e dove la vista si spinge fino al mare. La gestione della struttura è familiare.

LA CUCINA È una cucina che stupisce per varietà, con **utilizzo di verdure spontanee e ortaggi di produzione propria**, carni provenienti da allevamenti di famiglia e pescato del mare poco distante. Si può scegliere tra piatti di terra e di mare, con tradizionali paste fresche fatte in casa e ricette antiche a tratti rivisitate e proposte in abbinamenti inusuali. Importante selezioni di formaggi locali e straordinaria carta di vini che comprende circa 700 etichette.

I PIATTI Pistizzone (fregola) al ragù di agnello, Ravioli verdi ripieni di cernia con vongole e bottarga, Polpo grigliato al vincotto di fichi con spuma di patate

GAVOI (NU)

BORELLO

IN BREVE *Un ristorantino nel cuore della Barbagia, dove i fratelli Soru propongono piatti della tradizione con materie prime di territorio. In stagione non perdete le tagliatelle al tartufo di Nurallao.*

Viale Repubblica, 104 - Tel. 0784 53741
Chiuso il lun Orario mezzogiorno e sera
Ferie un mese dopo la dom di Carnevale
Prezzi: 29-36 euro vini esclusi
Carte di credito: AE, BM, CS, DC, MC, Visa

L'OSTERIA I fratelli Soru, Pier Rossano in sala e Paolo in cucina, gestiscono dal 1997 questo caratteristico ristorantino, nel cuore della Barbagia. In un ambiente caldo e accogliente sarete conquistati dalla simpatia del personale in sala, che saprà indirizzarvi su una **proposta basata sulla stagionalità dei prodotti** impiegati in cucina.

LA CUCINA La cucina è esclusivamente di terra e realizzata con materie prime del territorio, la cui ricerca si estende oltre i confini della Barbagia. Le verdure provengono dall'orto di famiglia e da una costante attività di raccolta di erbe spontanee. La pasta fresca, i salumi e le carni rosse sono i punti di forza di **una proposta semplice ma di grande sostanza**. In stagione non manca la cacciagione, cinghiale in particolare. Buoni i dolci tra cui la tradizionale *aranzada*.

I PIATTI Crema di ricotta alle erbe di montagna, Tagliatelle al tartufo di Nurallao, Cinghiale in umido al vino rosso con pere e castagne

GAVOI (NU)

SANTA RUGHE

Via Carlo Felice, 2
Tel. 0784 53774-349 5422288
🕐 Chiuso il mercoledì, mai d'estate
Orario mezzogiorno e sera
Ferie in febbraio dopo il Carnevale
Prezzi: 34-38 euro vini esclusi
Carte di credito: BM, CS, DC, MC, Visa

IN BREVE *Il locale ha sede in un'antica dimora ristrutturata, nel centro del paese. La cucina tradizionale ripropone ricette stagionali quali le zuppe con erbe selvatiche.*

L'OSTERIA Gavoi è nel cuore della barbagia di Ollolai: già dal dopoguerra qui era conosciuta l'attività degli *zillonarzos*, ambulanti che vendevano tra l'altro il prelibato formaggio dei pastori, il fiore sardo oggi Presidio Slow Food. Il locale ha sede **in un'antica dimora ristrutturata**, nel centro del paese; le due sale con belle pareti in pietra di granito rendono l'ambiente rilassante e predispongono piacevolmente il visitatore.

LA CUCINA Il Santa Rughe è sinonimo di qualità, a cominciare dalla competenza con cui i camerieri raccontano i piatti. È una cucina tradizionale che **ripropone ricette stagionali quali le zuppe con erbe selvatiche**, favette o, in autunno, prelibati porcini. Ottimi i salumi e i derivati del latte, come ricotta e cagliata. Le carni, sono proposte non solo nei tagli più comuni, ma anche utilizzando parti più popolari come la trippa e le animelle. Grande attenzione all'extravergine e **vino della casa** eccellente.

I PIATTI Favette con latte, menta e pancetta, Gnocchetti con ricotta, zafferano e menta, *S'erbuzzu*

GIBA (SU)

LOCANDA ROSELLA

Via Principe di Piemonte, 135
Tel. 0781 964029-340 3134476
🕐 Chiuso il lunedì, mai d'estate
Orario mezzogiorno e sera Ferie qualche giorno tra Natale e Capodanno
Prezzi: 30-40 euro vini esclusi
Carte di credito: AE, BM, CS, DC, MC, Visa

IN BREVE *Locanda Rosella propone – da oltre settant'anni – in un ambiente informale una buona cucina sia di terra sia di mare, in porzioni generose.*

L'OSTERIA In altre epoche, quando viaggiare era certo meno agevole, le locande consentivano ai viandanti ristoro e riposo. Nel Sulcis, tra dolci colline che degradano verso il golfo di Palmas, **in una pregevole area vocata all'agricoltura e alla pastorizia**, da decenni la Locanda Rosella offre ristorazione e alloggio. Nelle sue ampie sale, gli ospiti vengono accolti in una piacevole atmosfera informale, dove la qualità delle preparazioni e la generosità delle porzioni sorprendono i nuovi ospiti e soddisfano le aspettative di clienti fedeli.

LA CUCINA **La proposta è improntata alla qualità dei prodotti** di un territorio che consente di spaziare in maniera valida dalla terra al mare. La carta e i menù degustazione, per almeno due persone, variano a seconda di quanto di meglio offra la stagione. I diversi tipi di pasta sono tutti fatti a mano. Interessante carta dei vini, su scala territoriale e regionale, con possibilità di degustazione al calice.

I PIATTI Tagliolini bianchi e neri allo scoglio, Ravioli con fiori di zucca e gamberi, Capra in tegame

S'ANNINNIA

IN BREVE *Nella locanda della famiglia Vinci, le materie prime che compongono il menù arrivano da pescosi porti del Sulcis, dagli allevamenti e dalle produzioni locali.*

Via Iglesias, 107 - Tel. 0781 45132
Chiuso lunedì a pranzo
Orario mezzogiorno e sera Ferie variabili
Prezzi: 30-40 euro vini esclusi
Carte di credito: AE, BM, MC, Visa

L'OSTERIA Il ristorante è parte della bella locanda gestita dalla famiglia Vinci. **Nella calda e accogliente sala in stile rustico**, sarete accolti con gentilezza da Marcella, che vi saprà ben consigliare anche sui vini da scegliere, per accompagnare degnamente il menù proposto.

LA CUCINA Qui si cucinano il pesce che proviene dalle vicine coste del Sulcis, le verdure, la carne, i formaggi e le paste selezionate principalmente da produttori locali, **per garantire il più possibile materie prime a chilometro zero.** Sono tanti i piatti, tutti ispirati alla cucina sarda della tradizione, dalle polpette di pesce a quelle di ricotta al sugo, dalla fregola allo scoglio alla frittura mista e al brasato di bue rosso al Carignano del Sulcis. Oltre alla bella selezione di vini regionali, sono presenti tutte le etichette di un birrificio locale (Barley).

I PIATTI Lumache al sughetto piccante, Burrida *a sa casteddaia*, *Culurgiones* all'ogliastrina con pomodoro

L'ULIVO

IN BREVE *Un accogliente ristorante che propone piatti della tradizione, rivisitati e di pesce proveniente dalla laguna oristanese. D'estate si può pranzare nel bel cortile.*

Piazza Atzeni 6-angolo Via Marconi
Tel. 324 832 0940
Chiuso il lunedì
Orario mezzogiorno e sera, d'estate solo sera Ferie 2 settimane in gennaio
Prezzi: 30-35 euro vini esclusi
Carte di credito: BM, MC, Visa

L'OSTERIA Un piccolo borgo ai piedi del Monte Linas, a soli trenta chilometri dalle coste, ospita questo bel locale, dove i due giovani proprietari, con passione e competenza propongono **una cucina ispirata alla tradizione**: Maria Carla Pani, responsabile della sala, vi farà accomandare ai tavoli, mentre Daniele Pusceddu, lo chef, vi delizierà con i suoi piatti.

LA CUCINA Si parte da **materie prime esclusivamente stagionali e di territorio**: nel periodo della mattanza si troveranno tante pietanze di tonno, in primavera gli asparagi selvatici e in autunno i funghi. Sempre presenti diversi Presìdi Slow Food come casizolu, pompìa, zafferano di San Gavino. Si mangia alla carta, ma a pranzo, nei giorni feriali, vengono offerti quattro menù di lavoro: dagli 11 euro per una portata con contorno ai 24 euro con tre portate.

I PIATTI Polpo con crema di patate e zafferano di San Gavino, *Lorighittas* con muggine, erbette e bottarga di muggine, Gallina farcita con *supreimentu* della domenica, Parfait al mostacciolo

S'ARRAGATTERI

IN BREVE *Osteria a conduzione fami-liare, poco distante dal paese. Il menù segue l'offerta del mare e delle stagioni: un ampio antipasto, tanti primi e come secondo il pescato del giorno.*

Strada Provinciale 85, km 3
Tel. 340 5691246-331 4381947
⏱ Chiuso il lunedì Orario pranzo e sera,
luglio-agosto pranzo su prenotazione
Ferie variabili
Prezzi: 35-38 euro vini esclusi
Carte di credito: BM, CS, MC, Visa

L'OSTERIA Immerso nella campagna alla periferia di Iglesias, il locale non si rivela subito. Circondato dal verde e da un loggiato che nelle serate estive e nelle belle giornate accoglie i clienti, da numerosi anni **costituisce una tappa per gli amanti della cucina marinara**. L'ampia sala interna rivela la sua vera essenza: campeggiano reti da pesca, timoni e barche a vela in miniatura, e il profumo che si coglie è un chiaro richiamo al mare e al suo mondo.

LA CUCINA Gianfranco che, con la moglie e i due figli, gestisce il ristorante, nasce come pescivendolo. **Si rifornisce da barche di piccola pesca** e utilizza per la sua cucina esclusivamente prodotto fresco di mare. Ricca la varietà di antipasti che si alternano nelle stagioni, condizionati dal pescato del giorno e con un'offerta di crudi sempre più apprezzata. Tra i primi piatti le linguine, declinate in svariate ricette, hanno un posto di rilievo. Selezione di vini del territorio.

I PIATTI Antipasto di mare, Linguine allo scoglio, Frittura mista

ISOLA DI SAN PIETRO (SU) - Carloforte

DA ANDREA AL CAVALLERA

IN BREVE *Una nuova sede per questo storico indirizzo carlofortino: atmo-sfera marittima e minimale. I piatti sono di mare e non manca mai il tonno: il pesce arriva da pescatori di fiducia. Presenti alcuni piatti di terra.*

Corso Battellieri, 25 - Tel. 0781 855734
⏱ Chiuso il martedì, nov-dic aperto solo
da gio a dom Orario pranzo e sera; marzo
pranzo gio-ven-sab-dom anche sera
Ferie gennaio e febbraio
Prezzi: 35-40 euro vini esclusi
Carte di credito: AE, BM, CS, MC, Visa

L'OSTERIA Il Cavallera è un grande palazzo posto tra le saline e il lungomare di Carloforte, cittadina nota soprattutto per la tonnara e la lunga tradizione di trasformazione del tonno rosso. *U Palassiu*, come lo chiamano i carlofortini nel loro dialetto pegliese – una delle peculiarità dell'isola è che ancora oggi si parla il dialetto ligure, portato dai primi abitanti –, ospita da quest'anno un'**accogliente e moderna osteria, impreziosita da una veranda che affaccia sulle saline.**

LA CUCINA La cucina è affidata alle sapienti mani di Andrea Rosso che riesce a trasformare il **pescato locale** a sua disposizione in ottimi piatti, sia quando si rifanno alla **tradizione tabarchina** sia quando sono frutto della sua inventiva. Protagonista di diverse preparazioni è, non c'è quasi bisogno di dirlo, il tonno rosso fresco o conservato sott'olio. Ben costruita la carta dei vini con buone proposte regionali e altre nazionali.

I PIATTI Lasagna al tonno con pesto, Bobba di fave, Frittura di paranza

ISOLA DI SANT'ANTIOCO (SU)
Calasetta

OASI BLU

IN BREVE *Nella zona interna di Calasetta, Oasi Blu produce vini, olio, verdure e ortaggi per una cucina di terra stagionale. Ottimi i salumi, il porcetto arrosto, i raviolini di ricotta fritti e i liquori fatti in casa.*

Località Vigna Grande
Tel. 328 4850668-348 7771734
Chiuso il mar, autunno-inverno aperto sab sera e dom pranzo Orario solo la sera
Ferie gennaio-marzo
Prezzi: 35 euro menù fisso
Carte di credito: BM, MC, Visa

L'OSTERIA A Calasetta, nell'isola di Sant'Antioco, in un posto tranquillo, circondato dal verde della campagna, non distante dal mare, c'è l'Oasi Blu, un agriturismo che produce verdure, olio e vino, offre ospitalità in cinque eleganti camere, con arredi tipici, e la possibilità di cenare assaporando i **piatti tipici della tradizione sarda**.

LA CUCINA Quello che non arriva dall'azienda di proprietà viene acquistato da selezionati produttori locali. Il menù è fisso, e **in base alle stagioni cambiano gli antipasti di verdure**, mentre sono sempre presenti i salumi sardi tra i quali spiccano il prosciutto di pecora, una specialità della casa, la salsiccia e la coppa. Le paste sono fatte a mano e tra i secondi è sempre presente il maialino allo spiedo. Ottimi i contorni di verdure e, oltre al buon vino della casa, proposto con il pasto a prezzo fisso, si trovano alcune bottiglie locali.

I PIATTI Ravioli di formaggio con extravergine di propria produzione o con pomodoro, Maialino allo spiedo, Raviolini fritti con scorza d'arancia e miele

ITTIRI (SS) - Butios

SU RECREU

IN BREVE *Un'oasi di pace in mezzo alla natura, un agriturismo dove si mangia bene e ci si rigenera. I piatti del menù sono il connubio di tradizione e innovazione.*

Regione Camedda, Strada Provinciale 28
Tel. 079 442456-335 6529746
Chiuso il lunedì Orario mezzogiorno e sera Ferie non ne fa
Prezzi: 27-38 euro
Carte di credito: AE, BM, CS, DC, MC, Visa

L'OSTERIA Su Recreu, che in sardo vuol dire "il ristoro", è un'oasi di pace in mezzo alla natura. Un agriturismo dove si mangia bene e ci si rigenera tra le querce e gli olivi delle campagne ittiresi. I pasti vengono serviti all'interno di un **antico casolare ristrutturato**, che conserva nello stile e nel decoro calore e ospitalità. All'interno della struttura sono presenti una fattoria didattica – per scoprire più da vicino i passaggi principali della preparazione dei cibi –, e le *domittas*, casette in pietra in stile sardo in cui è possibile alloggiare.

LA CUCINA La cucina di Piera, Gavino e Antonio ha una missione, **far vivere a ogni visitatore una vera e propria esperienza**. I piatti del menù sono il connubio di tradizione e innovazione, cui si unisce una costante ricerca della freschezza e della stagionalità dei prodotti. Due i menù fissi, dove non mancano i *ciccioneddos* (gnocchetti) conditi con ragù e pecorino e il porcetto accompagnato dal contorno di patate.

I PIATTI Formaggi con marmellate, *Mariposas*, Porcetto

MAMOIADA (NU)

SA ROSADA

IN BREVE *Una piacevole osteria con una bella corte interna. Dal menù fisso, che varia quotidianamente, ottimi salumi e formaggi locali, e carni saporitissime. Da assaggiare il liquore di carrube.*

Piazza Europa, 2
Tel. 0784 56713-320 2306462
⊙ Chiuso il mercoledì Orario mezzogiorno e sera Ferie 15 giorni in novembre
Prezzi: 35-38 euro vini esclusi
Carte di credito: BM, CS, MC, Visa

L'OSTERIA A Mamoiada, il centro barbaricino celebre per le maschere, un antico edificio con corte interna e pergolato vitato è sede di una locanda nota per la buona cucina. Sopra le camere, sotto, in sala, Augusto sa accogliere chi si ferma a gustare **una tradizione culinaria scandita dal susseguirsi delle stagioni** e accompagnata da un robusto Cannonau, vino per cui il paese si è conquistato una posizione lucente nel panorama enologico isolano.

LA CUCINA Il menù giornaliero propone esclusivamente prodotti locali. Solo l'olio (di Seneghe) fa più strada ed è servito a crudo sul *carasau*, fatto in casa come i salumi degli antipasti. Tra i primi, *maharrones de busa* con *purpuzza* e melanzane o altri ortaggi. Dal **floridissimo orto di casa** giunge anche la rucola usata per un pesto che, sposato alla ricotta mustia, avvolge i *culurgiones*. Tanta la carne: vacchetta di montagna, maiale, pecora in umido e cordula. In chiusura *sebadas* colme di miele o cheesecake al mirto.

I PIATTI *Culurgiones* al pesto di rucola e ricotta mustia, Gnocchetti con *purpuzza* e finocchietto, Cheesecake al mirto

NUORO

IL PORTICO

IN BREVE *Un bel locale, sobrio e accogliente, all'interno di un palazzo d'epoca, da molti anni punto di riferimento in città. Il menù è tradizionale e prevede piatti di carne e di pesce.*

Via Monsignor Bua, 13
Tel. 0784 217641-232909-331 9294119
⊙ Chiuso il lun Orario mezzogiorno e sera
Ferie 2 settimane a fine luglio, 2 a fine gennaio
€ Prezzi: 38-40 euro vini esclusi
Carte di credito: BM, CS, MC, Visa

L'OSTERIA Nel centro della città di Grazia Deledda, scrittrice premio Nobel per la letteratura, lungo la strada che conduce alla cattedrale di Santa Maria della Neve, troverete questo bel locale sobrio e accogliente, all'interno di un palazzo d'epoca. Nel ristorante, **da molti anni punto di riferimento in città**, ogni ospite viene accolto in modo caloroso. I tavoli sono disposti all'interno del locale dove i vari spazi sono divisi da colonne in granito.

LA CUCINA La proposta gastronomica del Portico comprende **piatti semplici e gustosi preparati con materie prime di alta qualità**. Un menù tradizionale e ricco che va incontro alle esigenze di tutti i palati. Diversi i piatti a cui non si può resistere, dagli antipasti, tra cui spiccano le cervelline dorate, ai primi dove ci si può deliziare con gli gnocchi di patate con code di gambero, calamaro e melanzane. Tra i secondi fatevi tentare dalla spigola in crosta di patate.

I PIATTI *Lados* (pasta tradizionale) con amatriciana di tonno, rucola e scaglie di pecorino, Agnellone, Semifreddo alla pompìa

IL RIFUGIO

Via Antonio Mereu, 28-36
Tel. 0784 232355
Chiuso il mercoledì Orario mezzogiorno
e sera Ferie non ne fa
Prezzi: 35-40 euro vini esclusi
Carte di credito: AE, BM, CS, MC, Visa

IN BREVE *Il ristorante ospita gli avventori in un ambiente familiare. Specializzato soprattutto nella cucina di terra con le carni che vengono elaborate in svariati modi.*

L'OSTERIA Posizionato nel centro di Nuoro, vicino al Museo etnografico e alla dimora di Grazia Deledda, il ristorante ospita gli avventori in una sala accogliente, con arredi semplici, in un ambiente familiare. Il titolare Saverio, che gestisce il locale da numerosi anni, ha trasmesso la passione per la cucina al figlio **Francesco che ha portato innovazione** grazie alle contaminazioni, subite in giro per il mondo, durante i viaggi di lavoro. I piatti della cucina tradizionale vengono costantemente proposti e apprezzati, e rispettano l'alternanza delle stagioni.

LA CUCINA Il locale è specializzato soprattutto nella cucina di terra con **le carni che vengono elaborate in svariati modi**. Il porchetto, l'agnello, la pecora, il bue rosso, provenienti tutti da allevamenti locali, sono cucinati con metodi tipici che salvaguardano i sapori di un tempo. Anche il pesce è presente in menù, e proviene dalle vicine coste della Caletta e Santa Lucia, ricche di numerose varietà. Ottima selezione di vini in carta con 120 etichette regionali e nazionali.

I PIATTI *Filindeu*, Pecora in *cassolla*, *Cordedda* di agnello

PANELENTU

Via delle Grazie, 20 - Tel. 392 978 1617
Chiuso il lunedì
Orario mezzogiorno e sera Ferie gennaio
Prezzi: 20-30 euro vini esclusi
Carte di credito: BM, CS, MC, Visa

IN BREVE *Arredo minimal, atmosfera cordiale, cucina della tradizione, prezzi onesti: d'obbligo l'assaggio del panelentu e della buona pasta fatta in casa.*

L'OSTERIA Seguendo gli imprevedibili percorsi della vita, dopo anni di lavoro in una biblioteca e in un quotidiano, Luca Cossu ha scelto di misurarsi con la sua passione per la cucina. Una sfida vinta con il sostegno della moglie Meica, assieme alla quale conduce nel centro di Nuoro **questo piccolo e accogliente locale** che si è velocemente affermato, e non solo tra le generazioni più giovani, per la qualità delle proposte gastronomiche dai costi contenuti, in un ambiente accogliente e informale.

LA CUCINA **Cucina prettamente di terra**, che esalta la qualità di materie prime scelte con cura. Pasta fresca fatta in casa, salumi, formaggi, carni di animali da pascolo e verdure di produttori locali compongono un'offerta che spazia tra tipicità gastronomiche del Nord dell'isola, a cominciare dal **panelentu**, sfoglia di prima cottura del pane carasau farcita. Carta dei vini su base locale, con possibilità di degustazione al calice, e interessante scelta di birre artigianali da piccoli produttori regionali.

I PIATTI *Panelentu* variamente farcito, Pane *frattau*, Arrosticini di pecora

RUSTICO

IN BREVE *Trattoria dedicata alla cucina terragna, con un piccolo spazio per scelti piatti di pesce. Ottime le carni di manzo e di maiale in varie cotture.*

Viale della Costituzione, 71/73
Tel. 0784 200904
🕐 Chiuso il lun Orario mezzogiorno e sera
Ferie Natale, S. Stefano, 1 gennaio e Pasqua
Prezzi: 25-30 euro
Carte di credito: BM, CS, MC, Visa

L'OSTERIA Il Rustico è un'osteria giovane, nata nel 2005, che cerca di offrire al cliente **storie di cucina che rimandano alla tradizione**. Le sale interne sono due, una delle quali con la vista sulla cucina. Le pareti bianche, interrotte da archi di mattoni, sono arredate con le tipiche credenze in legno. Il soffitto, con grosse travi è in *orriu*, una tessitura di canne, tipica delle case di una volta. C'è ancora una veranda, adiacente la strada, che in estate diventa uno spazio all'aperto.

LA CUCINA La cucina del Rustico è figlia della tradizione con la riproposizione di piatti che stanno scomparendo dalle nostre tavole. Nè è un esempio il *su sambeneddu*, sanguinaccio di pecora con menta e timo, da un'antichissima ricetta. Tipicità anche per i primi piatti, buona la carne, e **su ordinazione** è possibile assaggiare **il rinomato maialetto arrosto**. Porzioni abbondanti e menù di lavoro, a costi contenuti, per il pranzo fanno del Rustico un ristorante molto invitante per il rapporto tra qualità e prezzo.

I PIATTI *Sambeneddu*, *Malloreddus*, Ravioli di ricotta, Carni alla brace

NUXIS (SU)

LETIZIA

IN BREVE *Rinomato ristorante del Sulcis con un'ampia sala e un grazioso dehors. I funghi, declinati in svariate ricette a seconda della tipologia, costituiscono la vera essenza del locale.*

Via San Pietro, 12-14 - Tel. 0781 957021
🕐 Chiuso il martedì
Orario mezzogiorno e sera Ferie non ne fa
Prezzi: 35-40 euro vini esclusi
Carte di credito: BM, CS, MC, Visa

L'OSTERIA Il percorso che conduce da Letizia, rinomato ristorante del Sulcis, si snoda in una serie di tornanti che attraversano un bosco secolare di lecci. Il locale si presenta con un'ampia sala e un grazioso dehors, dove pranzare nelle giornate buone e nel periodo più caldo. La gestione è della famiglia Fanutza: il padre **esperto micologo, conoscitore di erbe aromatiche e di fiori eduli**, ha trasmesso al figlio Manuel la stessa passione. Buona selezione di vini del territorio con deliziose eccellenze.

LA CUCINA I funghi, declinati in svariate ricette a seconda della tipologia, costituiscono la vera essenza del locale, unitamente alle piante aromatiche su cui la cucina è basata. L'olio di lentischio, emblema della terra sarda, viene utilizzato per la frittura dei funghi, ai quali conferisce un aroma e un sapore unici, e il timo serpillo caratterizza tantissimi piatti. **La cucina, prevalentemente di terra con qualche incursione marinaresca**, ben rappresenta i sapori della tradizione.

I PIATTI Frittura di funghi all'olio di lentischio, Ravioli di ricotta, malva e ortica, Stufato di capra al timo serpillo

OLIENA (NU)

GICAPPA

IN BREVE *Ristorante con una cucina terragna dai sapori decisi. Le materie prime isolane sono alla base di preparazioni tipiche.*

Corso Martin Luther King, 4
Tel. 0784 288024-347 7947858
🕐 Chiuso il martedì
Orario mezzogiorno e sera **Ferie** non ne fa
Prezzi: 25-35 euro vini esclusi
Carte di credito: BM, CS, MC, Visa

L'OSTERIA Oliena, paese del Nuorese famoso per il vino e l'olio, custodisce uno dei ristoranti storici della Barbagia, il Gicappa. Il locale è disposto su due sale, una adiacente l'ingresso e una più esterna, che rimane sopraelevata, sull'altro lato; da questa, attraverso le ampie vetrate, **si può ammirare il panorama selvaggio della Barbagia**.

LA CUCINA La cucina, legata indissolubilmente al territorio e alle stagioni, ha il marchio di fabbrica della famiglia Palimodde. Ci accolgono Katia e Grazia che **spiegano i piatti proposti con grande passione e competenza**. C'è molta attenzione alle materie prime, la pasta di grano duro è lavorata a mano, le carni sono arrosto o in umido, per la selvaggina e la rielaborazioni di antichi piatti sono utilizzate molte erbe spontanee.

I PIATTI *Maharrones de busa* con sugo di lepre, Capretto in umido, *Su prattu de cassa*

ORISTANO NOVITÀ

CRAF DA BANANA

IN BREVE *Osteria arredata in modo semplice ed elegante, propone una cucina legata alla tradizione della regione con piatti di terra e di mare che seguono l'andamento delle stagioni.*

Via De Castro, 34 - Tel. 0783 70669
→ circa 1 km dalla stazione
🕐 Non ha giorno di chiusura
Orario mezzogiorno e sera **Ferie** non ne fa
Prezzi: 35-45 euro vini esclusi
Carte di credito: BM, CS, MC, Visa

L'OSTERIA Nel centro storico di Oristano, a pochi passi da piazza Roma con la sua torre medievale, **in un vecchio magazzino ristrutturato**, con bellissime volte a crociera e mattoni a vista, trova sede l'osteria Craf da Banana. Le sale sono arredate in modo semplice ma elegante e l'atmosfera che si respira è rilassante.

LA CUCINA La proposta di Craf, legata alla tradizione sarda, è espressione della creatività del suo ideatore Salvatore detto "Banana", che ha lasciato ai figli questa bella eredità. **I menù, di mare e di terra**, seguono l'andamento delle stagioni, quindi possiamo trovare i prelibati funghi antunna e porcini in autunno, asparagi selvatici in primavera e altre ottime materie prime. Come carni il bue rosso, Presidio Slow Food, e l'asino, una delle specialità della casa. Tra le recenti novità, crudità di mare con il pescato del giorno.

I PIATTI Fregola al casizolu, Bue rosso e antunna, Asino al vermentino e funghi porcini, Filetto di pesce spada alla Vernaccia con pomodorini e basilico

DA GINO

Via Tirso, 13 - Tel. 0783 71428
🕐 Chiuso la domenica
Orario mezzogiorno e sera Ferie variabili
Prezzi: 32-36 euro vini esclusi
Carte di credito: BM, CS, MC, Visa

IN BREVE *Una tradizione culinaria semplice, realizzata con i prodotti ittici del golfo, per una trattoria che è giunta alla terza generazione.*

L'OSTERIA Nel cuore storico di Oristano, a un minuto a piedi dalla duecentesca torre di Mariano IV, la piccola e informale trattoria accoglie chi ama **una cucina semplice di pesce.** Nazzaro Pusceddu, forte della tradizione familiare ormai alla terza generazione, continua a puntare sulla qualità del pescato.

LA CUCINA La carta serve i **prodotti ittici del golfo di Oristano,** spesso unendo la locale Vernaccia nelle preparazioni. L'oste mostra la molteplicità di scelta già negli antipasti. La carne è presente in menù ma il piatto di punta, durante la stagione, resta l'aragosta alla Gino. Accanto ai classici, come gli spaghetti alle arselle e le fettuccine carciofi e bottarga, appare una novità: i ravioli di pasta fresca con crema di crostaceo. Il pasto, che può essere accompagnato dal vino della casa o scegliendo una bottiglia di cantine regionali, si può concludere con caratteristici ravioli alla mandorla.

I PIATTI Aragosta alla Gino, Fettuccine carciofi e bottarga, Frittura mista

ORISTANO - Massama

IL GIGLIO

Strada Provinciale 9 - Tel. 347 3483744
🕐 Aperto nel fine settimana e su prenotazione Orario mezzogiorno e sera
Ferie non ne fa
Prezzi: 35 euro menù fisso vini esclusi
Carte di credito: BM, CS, DC, MC, Visa

IN BREVE *La famiglia Orrù da alcuni anni ha realizzato questo agriturismo, dove sono proposti piatti della tradizione locale, perlopiù realizzati con i prodotti dell'azienda.*

L'OSTERIA Nella fertile campagna alle porte di Oristano, **in un bel casolare** un tempo asservito alle attività nei campi, una ventina di anni fa la famiglia Orrù, sulla scorta delle competenze in agricoltura e allevamento sviluppate nel tempo dalle generazioni, ebbe la felice idea di avviare un accogliente agriturismo. Tra campi coltivati, agrumeti e fiori, è possibile **degustare quanto di meglio la campagna offra stagionalmente,** nonché acquistare prodotti eccellenti, come il pluripremiato olio biologico Treslizos.

LA CUCINA Il menù fisso consente di **apprezzare la qualità delle materie prime dell'azienda,** abilmente elaborati dalla chef Annamaria Orrù, sotto lo sguardo vigile di mamma Marisa. Gli amanti della carne potranno gustare la pregiata razza charolaise, vegani e vegetariani troveranno piena soddisfazione nelle diverse stagioni dell'anno. Piccola carta dei vini, con etichette regionali, alcune degustabili anche al calice.

I PIATTI Fregola con carciofi, Ravioli con crema di casizolu e pancetta croccante, Agnello al forno lardellato

LI LIONI

IN BREVE *Selezione di prodotti locali nel rispetto della stagionalità e cucina legata ai piatti della tradizione: questa la filosofia della famiglia Pintus.*

Località Li Lioni ex Strada Statale 131 km 224,4
Tel. 079 502286-340 5226468
Chiuso il mercoledì
Orario mezzogiorno e sera Ferie non ne fa
Prezzi: 32-38 euro vini esclusi
Carte di credito: BM, CS, MC, Visa

L'OSTERIA Troverete il ristorante all'ingresso di Porto Torres, nell'omonima località da cui il locale prende il nome. Percorrendo la Statale 131 arriverete in questa **piccola oasi alberata**, con un casale arredato in stile sardo immerso tra i profumi della macchia mediterranea. L'interno dispone di ampi spazi, curati in tutti i particolari dove sarà possibile gustare il proprio pasto in un'atmosfera rilassata. Nelle sere d'estate è si cena all'esterno sotto il fresco porticato.

LA CUCINA La filosofia della famiglia Pintus, che gestisce il ristorante dal 1975, si basa su tre principi fondamentali: materia prima, preparazione e presentazione. Una cucina tradizionale con molte pietanze preparate in casa, come i sottoli che seguono la stagionalità. Tra le varie tipologie di pasta fatta a mano spiccano i *culurgiones* ogliastrini di patate ma è degno di nota anche il porcetto cotto sulla brace nel caminetto in terracotta.

I PIATTI *Culurgiones* ogliastrini, Pane *frattau* (pane carasau inzuppato nel brodo), Porcetto

QUARTU SANT'ELENA (CA)

PANI E CASU

IN BREVE *Un ristorante che ben rappresenta la cucina campidanese: legumi, salumi, formaggi, paste tipiche e carni arrosto, come nella tradizione contadina.*

Via Eligio Porcu, 53 - Tel. 070 8675032
Chiuso domenica sera e lunedì a pranzo
Orario mezzogiorno e sera Ferie non ne fa
Prezzi: 35 euro vini esclusi
Carte di credito: AE, BM, CS, MC, Visa

L'OSTERIA Nel centro storico della cittadina, in due accoglienti sale dal soffitto in legno, da anni Efisio Mameli **celebra le lodi della tradizionale cucina campidanese**, e più in generale sarda, riscuotendo un apprezzamento assai diffuso. In sala, suo figlio Pierpaolo illustra le caratteristiche di pietanze riportate nel menù in sardo, italiano e inglese. In un ambiente piacevolmente informale, l'offerta si caratterizza per la qualità.

LA CUCINA La cucina è prettamente di terra e segue i ritmi delle stagioni. Pani e paste fresche, salumi e formaggi lavorati con cura, tenere e gustose carni in cui si ritrova la qualità dei pascoli locali. L'elaborazione delle portate segue con scrupolo la tradizione, a cominciare dai tempi di preparazione; **ogni piatto che giunge in tavola rievoca così la storia dei territori e delle sue genti.** Un taglio prettamente territoriale, con qualche etichetta nazionale, si ritrova nella carta dei vini, alcuni dei quali disponibili al calice.

I PIATTI Fave lesse con cotiche, Gnocchetti alla campidanese, Capra in umido

SAN SPERATE (SU)

ADA

IN BREVE *Un menù tutto basato sulla stagionalità dei prodotti, ricercati con cura in tutta la Sardegna. Piatti di mare e di terra, e bella scelta di extravergini. In stagione anche funghi e tartufi.*

Via Cagliari, 21 - Tel. 070 9600972
⏲ Chiuso la domenica e i festivi
Orario mezzogiorno e sera
Ferie 15 agosto-primi di settembre
€ Prezzi: 38-45 euro vini esclusi
Carte di credito: BM, CS, MC, Visa

L'OSTERIA È ospitata nel suggestivo centro agricolo di San Sperate, reso celebre dall'attività artistica del maestro Pinuccio Sciola, che ne ha fatto un museo all'aperto. Avviata nel 1989 da Ada Pinna, l'osteria prosegue ora l'attività sotto la supervisione del figlio Andrea che, con cura quasi maniacale, **ricerca in tutto il territorio regionale le migliori materie prime**. In stagione è possibile trovare in abbondanza funghi e tartufi, di cui Andrea stesso è appassionato raccoglitore.

LA CUCINA La gestione della cucina è ora affidata alle collaboratrici di Ada. Il menù è sempre studiato sulla base della stagionalità delle materie prime e comprende una **buona scelta di pietanze di mare e di terra**. Particolare attenzione viene dedicata alla valorizzazione dei prodotti locali: gamberi di Villasimius, tartufo sardo e agrumi di San Sperate, oltre alle carni bovine rigorosamente di melina. Grande attenzione alla selezione degli oli extravergini.

I PIATTI Uova di quaglia su nido di bietola e tartufo, Ravioli della casa all'arancia di San Sperate, Gamberi crudi di Villasimius in salsa

SANTU LUSSURGIU (OR)

ANTICA DIMORA DEL GRUCCIONE

IN BREVE *Nella dimora di famiglia sapientemente ristrutturata, inserita in un sistema di albergo diffuso, questa osteria rivisita con originalità la tradizione.*

Via Obinu, 31 - Tel. 0783 552035-550300
⏲ Sempre aperto, 15 febbraio-primi di giugno solo nei fine settimana **Ferie** novembre-15 febbraio eccetto Natale-Epifania
Prezzi: 35 euro menù fisso vini esclusi
Carte di credito: BM, CS, MC, Visa

L'OSTERIA Immerso tra fitti boschi, Santu Lussurgiu stupisce per le facciate delle antiche case e le anguste vie acciottolate. Nella dimora di famiglia sapientemente ristrutturata, **inserita in un sistema di albergo diffuso**, Gabriella Belloni e sua figlia Lucilla si prendono cura degli ospiti, sostenute dalla valida chef Sara Congiu, dal puntuale servizio di sala di Angelo Grandi, dalla passione dei sommelier Marco Delugas e Alessia Concas.

LA CUCINA Da un'attenta selezione di materie prime locali, con ortive di propria produzione, **viene giornalmente articolato un menù degustazione** di cinque portate che rivisita con originalità la tradizione. Su richiesta, la cucina può soddisfare le diverse esigenze alimentari (intolleranze, vegetariane e vegane). Valida carta dei vini, che dalla regione si apre a una selezione nazionale e alla Borgogna, con proposte anche al calice.

I PIATTI Zucca con castagne arrosto e casizolu stagionato, Risotto alla mela verde e fiore sardo, Battuta di sardo modicana scottata

SANTU LUSSURGIU (OR) 🏠

SAS BENAS

IN BREVE *Il ristorante è collegato a un sistema di accoglienza diffusa. Sono offerti tre tipi di menù, dove risaltano i salumi locali, i piatti realizzati con il bue rosso o con le verdure di stagione.*

Via Cambosu, 6
Tel. 0783 550870-338 2912204
🕐 Aperto nei fine settimana da novembre a giugno; sempre nel resto dell'anno, tranne il lunedì **Orario** mezzogiorno e sera
Prezzi: 25-35 euro vini esclusi
Carte di credito: BM, CS, DC, MC, Visa

L'OSTERIA Tra le prime esperienze di albergo diffuso dell'isola, Sas Benas consente di soggiornare in residenze ristrutturate con cura **nel delizioso paesino medievale di Santu Lussurgiu**, nel cuore del Montiferru. In una delle dimore del sistema di accoglienza è sito il ristorante, con spazi distribuiti su vari livelli che consentono di consumare i pasti in apprezzabile tranquillità. Le strette vie del paese, le belle facciate, le architetture degli interni e gli arredi creano nel visitatore la piacevole illusione che vi siano luoghi dove il tempo scorra più lento.

LA CUCINA Cucina esclusivamente di terra, che segue la stagionalità muovendosi tra le eccellenze di un territorio che, grazie alla salubrità dei luoghi e alla qualità dei pascoli, **vanta pregevoli carni e formaggi**. L'offerta prevede tre diversi tipi di menù (antipasti e primi; antipasti e secondi; completo) che consentono di apprezzare le tipicità gastronomiche locali e la qualità delle materie prime. Vino di produzione propria.

I PIATTI Tagliata di bue rosso, Ravioli cinghiale e noci, Insalata di porcini

SASSARI 🍷

IL VECCHIO MULINO

IN BREVE *La struttura che anticamente ospitava un mulino ora è osteria e centro culturale. Nel menù paste ripiene, carni di bue rosso e verdure di stagione.*

Via Frigaglia, 5 - Tel. 079 4920324
→ 500 m dalla stazione di Sassari
🕐 Chiuso la domenica e lunedì a pranzo
Orario mezzogiorno e sera
Ferie la settimana di Ferragosto
Prezzi: 28-34 euro
Carte di credito: BM, MC, Visa

L'OSTERIA Tra i vicoli della Sassari vecchia, **all'interno di un antico mulino del Seicento**, troverete questo locale accogliente e familiare. Un luogo dove è possibile mettersi a proprio agio e gustare un buon pasto. L'interno, disposto su due livelli sfalsati, è semplice, curato e informale. Consigliata la visita delle cantine ricavate nel seminterrato. Nel corso dell'anno vengono organizzati diversi eventi culturali.

LA CUCINA La proposta di Anna e Andrea, i due gestori, è orientata alla scelta di piatti realizzati con materie prime della zona che seguono l'andamento delle stagioni. Ricca la proposta di antipasti in cui primeggia il carpaccio di bue rosso. **I primi sono un trionfo di sapori**, così i ravioli di ricotta e finocchietto con fiori di zucca, pecorino dolce e scorza di limone. Non si può andare via senza aver provato le *tabaccheras*, un dolce tipico algherese. Alcune specialità stagionali vengono presentate a voce.

I PIATTI Carpaccio di bue rosso, Raviolini di ricotta, Filetto di bue rosso

L'ASSASSINO

Via Pettenadu, 19
Tel. 079 233463-333 6284903
→ 700 m dalla stazione di Sassari
⏱Chiuso dom a pranzo e lun, mai d'estate
Orario mezzogiorno e sera Ferie non ne fa
Prezzi: 27-35 euro vini esclusi
Carte di credito: BM, CS, MC, Visa

IN BREVE *Nel centro storico della città, un'osteria che realizza piatti della tradizione sassarese e gallurese. Da provare le ottime melanzane alla sassarese.*

L'OSTERIA L'Assassino, nel cuore del centro storico, è uno dei locali più caratteristici della città. Passeggiando per i vicoli troverete questa osteria **all'interno di una suggestiva corte**. Indubbiamente il posto ideale per una cena con amici. I posti a sedere all'interno sono organizzati in uno spazio abbastanza ampio. Nelle serate estive, invece, sarà possibile cenare nell'affascinante cortile interno.

LA CUCINA Un buon indirizzo per chi abbia voglia di gustare i **piatti tipici della tradizione sassarese**. Il punto di forza della cucina sono le materie prime che Carmelo, il gestore, sceglie tra selezionati produttori locali e della Gallura. Da provare le melanzane alla sassarese e le lumache in bianco, condite con aglio e prezzemolo. La novità di quest'anno sono i primi di pasta fresca fatta in loco ogni mattina. Da condividere la grigliata di carni miste accompagnata dal contorno di patate.

I PIATTI Melanzane alla sassarese cotte al forno, Ravioli di ricotta con pasta fresca preparata a mano, Grigliata mista

SEDILO (OR) - Talasai

DA ARMANDO

Strada Statale 131 bis, km 13
Tel. 0785 568043-328 3847607
⏱Chiuso il lun Orario pranzo e sera, nov-apr mar mer gio solo pranzo Ferie non ne fa
Prezzi: 30-40 euro vini esclusi
Carte di credito: BM, CS, MC, Visa

IN BREVE *Nel ristorante si utilizzano ortaggi, carne, formaggi, uova dell'azienda agricola di famiglia. Il menù è proposto a voce; sono presenti anche piatti di pesce proveniente dai porti dell'Oristanese.*

L'OSTERIA Nel 1983 Armando Bertin ha realizzato il suo ristorante a Sedilo, in un luogo in cui non si può che rimanere incantati dalla **suggestiva vista sul lago Omodeo** e sulla circostante campagna. Ora il figlio Roberto, chef con importanti trascorsi nella città di Milano, prosegue l'attività con l'aiuto della madre, coniugando la passione ai fornelli con la gestione dell'azienda agricola, che fornisce gran parte della materia prima.

LA CUCINA Non è possibile mangiare alla carta, il **menù varia continuamente secondo la reperibilità giornaliera** delle materie prime. Vengono proposti sia un menù di terra sia uno di mare, a prezzo fisso. Le uova, la carne di melina (incrocio industriale della razza bruno sarda), gli ortaggi estivi ma anche il vino, l'olio e i formaggi provengono in gran parte dall'azienda familiare. Il pesce proviene dai non distanti borghi di pescatori di Marceddì e Su Pallosu. Buona la selezione di salumi e formaggi.

I PIATTI Uovo in camicia su crostino di pane con guanciale e porri, Ravioli di formaggio al ristretto di magro, Linguine con muggine, bottarga e arancia

LA ROSA DEI VENTI

IN BREVE *Il locale è posto su un'altura con una vista panoramica che spazia sulle località costiere. In menù salumi, verdure sott'olio, pasta fresca e porcetto arrosto.*

Località Santa Vittoria
Tel. 349 0683862-340 2722713
🕐 Chiuso il lunedì Orario mezzogiorno e sera Ferie variabili in inverno
Prezzi: 35-38 euro vini esclusi
Carte di credito: BM, CS, DC, MC, Visa

L'OSTERIA Nelle campagne del minuscolo paese di Sennariolo La rosa dei venti **gode di una posizione privilegiata**: l'occhio spazia lungo un panorama generoso e le narici si riempiono di profumi. L'accoglienza calorosa è garantita da Gianluca, l'oste, e da Patrizia, che si occupa con garbo della bella sala e dei dessert. Nella piccola bottega si possono acquistare olio biologico, miele locale e croccante pane pistoccu.

LA CUCINA Stagione e territorio entrano rigorosi nei menù giornalieri, a partire dai tanti antipasti realizzati con le verdure dell'orto. **L'oste prepara a mano le paste** e le condisce in base al periodo. I caratteristici *sos pizos* possono essere serviti, per esempio, con melanzane fritte o con il ragù. Declinata in vari modi, spesso al barbecue, la carne suina, quella bovina e la pecora, ottima proposta nel brodo con il pane zichi di Sindia. Le stagioni ritornano nella frutta adoperata per i dolci, che sia un semifreddo al corbezzolo o un tiramisù ai fichi. Vini regionali.

I PIATTI Pane *Zichi* di Sindia in brodo di pecora, Zuppa di finocchietto, *Sos pizos* al ragù

KENT'ANNOS

IN BREVE *È il ristorante agricolo delle Tenute Dettori. Il menù è fisso e stagionale, i salumi, il pane e la pasta fresca sono fatti in casa. Da non perdere la zuppa gallurese e la pecora in umido.*

Strada provinciale 29, km 10
Tel. 079 512772-348 3330900
🕐 Aperto sabato sera e domenica a pranzo d'estate tutte le sere Ferie novembre
Prezzi: 40 euro menù fisso
Carte di credito: AE, BM, CS, DC, MC, Visa

L'OSTERIA Accogliente locale all'interno delle Tenute Dettori, azienda vinicola biodinamica che preserva i tradizionali processi dei vignaioli. Gli appassionati possono prenotare una visita in cantina con degustazione. Le sale dalle ampie pareti vetrate consentono di apprezzare un incantevole panorama che dalla collina spazia sino al mare. Con la bella stagione, la terrazza che affaccia sulla valle offre agli ospiti l'emozione di **suggestivi tramonti sul golfo dell'Asinara**.

LA CUCINA Stagionalità e tradizione sono i principi che guidano la composizione di un menù fisso, nelle cui materie prime si ritrova il rifiuto della chimica che caratterizza l'azienda. Nell'offerta spiccano **carni, formaggi e salumi per la gran parte di produzione propria**, come il pane o la pasta; su richiesta è possibile soddisfare anche esigenze di vegetariani e celiaci. Tra i vini, il menù include il Renosu bianco e rosso, ma è possibile optare per etichette al calice o abbinare un percorso di degustazione.

I PIATTI Zuppa gallurese, Maialetto sardo al forno a legna, Pecora a *scabecciu*

TEMPIO PAUSANIA (SS)

LA GALLURESE

IN BREVE *La trattoria storica, a conduzione familiare, è situata nel pieno centro. La cucina, semplice ma curata, prevede piatti di pesce e di carne. Da assaggiare la zuppa gallurese.*

Via Novara, 2 - Tel. 079 6393012
🕐 Chiuso il lunedì Orario mezzogiorno e sera Ferie tra dicembre e gennaio
Prezzi: 25-35 euro
Carte di credito: BM, MC, Visa

L'OSTERIA Nel centro di Tempio Pausania, a pochi passi dalla piazza intitolata a Fabrizio De André, che fuori dal paese aveva una casa, si trova questa **storica osteria** gestita da Angelo Bianchi, che si occupa anche della cucina. **Atmosfera e arredamenti d'antan**, accoglienza cordiale e grande disponibilità a raccontare i piatti e gli ingredienti che li compongono.

LA CUCINA La **cucina è quella più profondamente tradizionale**, semplice nelle tecniche, intensa nei sapori, ricca nei condimenti, memore di una cultura contadina ormai, troppo spesso, dimenticata. I piatti, tutti di terra, esaltano materie prime spesso povere come i formaggi, le verdure o la carne di pecora, strepitosa nella sua versione cotta nel Vermentino con le olive. Da provare anche la zuppa gallurese, una ricca preparazione di pane carasau, formaggio e brodo. La carta dei vini è minima ma sufficiente ad accompagnare il pasto.

I PIATTI Zuppa gallurese, *Chjusoni impilchjati*, Lumache in salsa piccante, Pecora al Vermentino con olive

TERRALBA (OR) - Marceddì

DA LUCIO

IN BREVE *Il ristorante utilizza il pescato che arriva dagli stagni e dalla laguna su cui affaccia Marceddì. Da provare la polentina ai frutti di mare, la fregola con arselle nere e l'orata alla Vernaccia.*

Via Lungomare (Sardus Pater), 40
Tel. 0783 867130-328 4047208/9
🕐 Chiuso il giovedì Orario pranzo, aprile-ottobre anche sera Ferie novembre
Prezzi: 35-42 euro vini esclusi
Carte di credito: AE, BM, CS, DC, MC, Visa

L'OSTERIA Dal 1971 il ristorante Da Lucio opera nel caratteristico villaggio di pescatori di Marceddì, situato a sud del golfo di Oristano e prossimo alla omonima laguna, dove il tempo sembra essersi fermato. Il locale è situato sul lungomare, **proprio di fronte al piccolo porticciolo, che ospita la flotta delle imbarcazioni dei pescatori**. Una sala accogliente e un servizio affabile e cortese vi metteranno immediatamente a vostro agio.

LA CUCINA La cucina è incentrata sulla lavorazione del pesce locale, **sia di mare sia pescato in laguna**, caratterizzato da freschezza e qualità. Le preparazioni sono semplici e legate alla tradizione. Ricca la proposta degli antipasti. Imperdibili le arselle e le cozze in zuppa e come condimento per i classici spaghetti. Su prenotazione è possibile consumare la zuppa di pesce.

I PIATTI Pesce a *scabecciu*, Burrida di razza in bianco, Zuppa di pesce, Anguille in umido

TETI (NU)

L'OASI

IN BREVE *Un approdo affidabile, a prova degli appetiti più robusti. Il menù è fisso e comprende polpettine di capra con funghi, trippa piccante, salumi e formaggi accompagnati da croccante pane carasau.*

Viale Trento, 10 - Tel. 0784 68211
Chiuso il lunedì, Orario mezzogiorno sera su prenotazione Ferie variabili
Prezzi: 35 euro menù fisso
Carte di credito: BM, MC, Visa

L'OSTERIA Teti è un piccolo borgo non distante dalla montagna, in una zona frequentata soprattutto per le gite domenicali. Nel locale di Annamaria e Luigi – con una veranda che permette di ammirare il bel panorama circostante – potrete apprezzare una cucina di terra semplice, robusta e ricca di materie prime che Luigi cerca, e trova, nei boschi circostanti.

LA CUCINA Il menù è fisso, e comprende un assaggio di venti antipasti che variano in base alle stagioni. Nel periodo giusto, troverete tante varietà di funghi che Annamaria prepara sott'olio, fritti o arrosto, poi *frue* (latte cagliato), trippa piccante, coniglio al mirto e cinghiale con olive. Le paste sono fatte in casa e, se volete il *porceddu*, ricordatevi di prenotarlo. Un buon vino della casa accompagnerà tutto il pasto.

I PIATTI *Culurgiones* con sugo di lepre o di cinghiale, Tagliatelle allo zafferano con funghi e tartufo, Puntine di maiale con castagne

TONARA (NU)

LOCANDA DEL MUGGIANEDDU

IN BREVE *La locanda è un approdo storico per gli amanti della buona cucina: Molti piatti con erbe spontanee e funghi, deliziosi ravioli di semola di grano duro con ortica e ricotta.*

Via Monsignor Tore, 10 - Tel. 0784 63885
Chiuso il lunedì, mai in luglio e agosto
Orario solo a mezzogiorno
Ferie tra gennaio e marzo
Prezzi: 25-35 euro vini esclusi
Carte di credito: AE, BM, CS, MC, Visa

L'OSTERIA Nel paese di Tonara, famoso per la produzione artigianale di torrone e dei campanacci, Tina e Mauro Zuddas dal 1965 portano avanti la tradizione familiare con un approccio appassionato e sinceramente slow. **Il locale, accogliente e familiare**, d'inverno è riscaldato da una caratteristica stufa a legna. La cucina è aperta solo a pranzo.

LA CUCINA Il menù è creato a partire dalle materie prime locali selezionate con cura nel territorio. **Grande attenzione viene data all'utilizzo di erbe selvatiche e funghi**, raccolti perlopiù dagli stessi titolari. Ottimi i salumi artigianali: prosciutto, salsiccia e guanciale. Nel giusto periodo è possibile assaporare le squisite animelle di agnello sardo. I ravioli sono preparati utilizzando la semola di grano senatore Cappelli. Particolari le zuppe cucinate con le erbe spontanee, tra cui la *suppa 'e lampatzu*. Immancabili le carni in umido di agnello e cinghiale.

I PIATTI Polpettine al sugo, Ravioli di ortica e ricotta, *Arrubiolos*

SU BULLICCIU

IN BREVE *Un locale situato tra i selvaggi paesaggi ogliastrini. Piatti tipici, salumi e formaggi locali, grande cura delle paste e carni del luogo cotte allo spiedo.*

Località Su Marmuri
Tel. 0782 79859-329 2268188
Non ha giorno di chiusura Orario solo a mezzogiorno Ferie da novembre a Pasqua
Prezzi: 30-35 euro vini esclusi
Carte di credito: BM, CS, DC, MC, Visa

L'OSTERIA Nel paesaggio calcareo ogliastrino, a poca distanza da Ulassai, Su Bullicciu è la giusta ricompensa dopo una **visita alla meravigliosa grotta di Su Marmuri** o un trekking impegnativo sui monti circostanti. Nei locali interni, sobri ma spaziosi, e nella veranda si muove un servizio rapido e cortese, che consegna piatti copiosi e a forte vocazione territoriale.

LA CUCINA Grandi protagonisti i *culurgiones* ulassesi, espressione più autentica del territorio al pari del maialetto allo spiedo. Alla carta come nel menù fisso **spiccano le paste ripiene**, tutte fatte in casa. Sono locali i salumi e i formaggi (da provare anche il casagedu) che, insieme a sottoli e a verdure, compongono gli antipasti. E sono di zona le carni tra cui, a seconda del periodo, la capra e la pecora, da accompagnare con un rosso possibilmente di Ogliastra. Nelle terre dei centenari il Cannonau è di casa.

I PIATTI *Culurgiones* con pomodoro e pecorino, *Malloreddus* salsiccia e sugo, Maialetto allo spiedo

INDICE DEI LOCALI

Da Afro 322
Da Alvise 323
Da Andrea al Cavallera 858
Da Angelino e Peppa 490
Da Armando 868
Da Armando al Pantheon 564
Da Attilio 716
Da Badò 465
Da Bortolino 193
Da Bule 455
Da Burde 418
Da Calogero 795
Da Carmelo 313
Da Cesare 565
Da Concettina ai Tre Santi 716
Da Condo 259
Da CosìMino 638
Da Donato 709
Da Doro 284
Da Drin 146
Da Enzo al 29 565
Da Fabio, Ristorantino 676
Da Faccini 347
Da Fagiolino 395
Da Fausto 59
Da Febo 324
Da Fefè 684
Da Ferri 617
Da Filomena 621
Da Fiorella 136
Da Gagliano 456
Da Gaspar 323
Da Gemma 91
Da Geremia 347
Da Gigi 432
Da Giglio 767
Da Gino 642
Da Gino 864
Da Giocondo 607
Da Giovanni 280
Da Giovanni al Belvedere 361
da Giovanni, Vini e Cucina 581
Da Giuli e Pundor 369
Da Giuseppe 80
Da Guido al Passo San Leonardo 604
Da Lincosta 600
Da Lionello 720
Da Luciana 835
Da Luciano 122
Da Luciano 381
Da Lucio 870
Da Lucrezia 785
Da Marco Osteria del Trentino 373
Da Maria 110
Da Maria 510
Da Maria 514
Da Maria Fontana 561
Da Martino 173
Da Mimmo e Valeria 648
Da Nadae 297
Da Nalin 248
Da Nando 30
Da Nicola Semeraro 647
Da Ninetta 243
Da Nino, Antica Panelleria 824
Da Noemi 357
Da Nonna Peppina 635
Da Nonna Rosa 623
Da Ö Colla 126
Da Oreste 144
Da Paeto 271
Da Paolino 434
Da Pepi 327
Da Peppe 756
Da Peppone 590
Da Pippi 137
Da Pippo 126
Da Pippo e Gabriella 531
Da Politano 50
Da Pompeo Trattoria Giordano 650
Da Pozzo 331
Da Probo 339
Da Renata 274
Da Rita 528
Da Roberto 661
Da Roberto Taverna in Montisi 436
da Roby, Buffet 327
Da Roverino 509
Da Salvatore 828
Da Sapì 166
Da Sara 482
Da Savino 352
Da Silvana 580
Da Siora Rosa 327
Da Talarico Salvatore 766
Da Taschet 90
Da Trombicche 458
Da Tullio 286
Da Vasco e Giulia 352
Da Vigion 353
Da Virginia 123
Da Vittorio 122

INDICE DELLE LOCALITÀ

OSTERIE VICINE ALLE USCITE AUTOSTRADALI

OSTERIE VICINE
ALLE STAZIONI FERROVIARIE

928

LA STORIA DELLE CHIOCCIOLE:
1993-2020

VALLE D'AOSTA

Lo Ratelè - Allein (AO) **1994-1999**
Café du Bourg - Arvier (AO) **1994-1995**
La Clusaz - Gignod (AO) **1993-2013**
Les Écureuils - Saint-Pierre (AO) **1994-1999**
La Vrille - Verrayes (AO) **2014-2018**

PIEMONTE

Lalibera - Alba (CN) **2007-2010**
Osteria del Vicoletto - Alba (CN) **2018-2020**
Osteria dell'Arco - Alba (CN) **1993-2020**
Campagna - Arona (NO) **1995-1996**
Da Dirce - Asti **1994-2002**
L Bunet - Bergolo (CN) **1999-2012**
Ori Pari - Boca (NO) **1997**
Locanda dell'Olmo - Bosco Marengo (AL) **2002-2020**
Battaglino - Bra (CN) **2015-2020**
Boccondivino - Bra (CN) **1997-2020**
Marsupino - Briaglia (CN) **1999-2017**
La Torre - Brondello (CN) **2005**
Sottosopra - Buttigliera Alta (TO) **2000**
Bianca Lancia dal Bàron - Calamandrana (CN) **2009-2016**
Violetta - Calamandrana (CN) **2005-2020**
Il Moro - Capriata d'Orba (AL) **2009-2020**
Cacciatori - Cartosio (AL) **2019-2020**
La Casa del Bosco - Cassinasco (AT) **2016-2017**
Ostu di Djun - Castagnito (CN) **1997-1998**
Da Marisa al Castello (ex Dirce) Castell'Alfero (AT) **2005-2016**
Roma - Castelletto Stura/Cuneo (CN) **2010-2016**
Antica Corona Reale Da Renzo - Cervere (CN) **1994-1999**
Madonna della Neve - Cessole (AT) **2003-2020**
La Torre - Cherasco (CN) **2007-2020**
Osteria della Rosa Rossa - Cherasco (CN) **1997-1998; 2002-2003**
Nuovo Carretto - Ciriè (TO) **2001-2003**
Locanda dell'Arco - Cissone (CN) **1998-1999; 2015-2020**

Della Posta da Camulin - Cossano Belbo (CN) **1993-2006**
Ristorante del Mercato da Maurizio Cravanzana (CN) **1994-2019**
Osteria della Chiocciola - Cuneo **1993-1999**
Rosso Rubino - Dronero (CN) **2010-2016**
La Speranza - Farigliano (CN) **2017-2020**
Reis Cibo Libero di Montagna - Frassino (CN) **2019-2020**
Fratelli Revello - La Morra (CN) **2000-2001**
Veglio - La Morra (CN) **2002-2006**
Lou Pitavin - Marmora (CN) **2019-2020**
La Taverna di Fra Fiusch - Moncalieri (TO) **2003-2017**
Della Posta - Monforte d'Alba (CN) **1993-1994; 2000-2002**
Repubblica di Perno - Monforte d'Alba (CN) **2019-2020**
Vecchia Langa - Montelupo Albese (CN) **2000**
Da Elvira - Montegrosso d'Asti (AT) **1993-1995**
Cantina dei Cacciatori - Monteu Roero (CN) **2009-2020**
La Cantina del Rondò - Neive (CN) **2003-2008**
Vineria della Signora in Rosso - Nizza Monferrato (AT) **2003-2005**
Il Gatto e La Volpe - Oleggio (NO) **1995-2003**
Il Borgo - Ormea (CN) **1998-1999**
Osteria Alpino - Paesana (CN) **2013-2019**
Il Centro - Priocca (CN) **1993-2002**
I Bologna - Rocchetta Tanaro (AT) **1996-2003**
Corona di Ferro - Saluzzo (CN) **2015-2020**
L'Ostü dij Baloss - Saluzzo (CN) **1997-2002**
Osteria della Pace - Sambuco (CN) **2002-2020**
Meira Garneri - Sampeyre (CN) **2015-2017**
Del Belbo da Bardon San Marzano Oliveto (AT) **1993-2020**
La Coccinella - Serravalle Langhe (CN) **2000-2020**
Impero - Sizzano (NO) **2016-2020**
Lou Sarvanot - Stroppo (CN) **1993-2016**

Antiche Sere - Torino **1993-2020**
Consorzio - Torino **2011-2020**
Sotto la Mole - Torino **2010-2013**
Osteria dell'Unione - Treiso (CN) **1993-1998**
Lago Laux - Usseaux (TO) **1993-1994**
Locanda del Falco - Valdieri (CN) **2019-2020**
Osteria del Muntisel - Varallo Sesia (VC)
1996-1997
Ca' del Re - Verduno (CN) **2006-2010**
Nazionale - Vernante (CN) **2010**
San Bernardo - Verzuolo (CN) **2008-2014**
Perbacco - Villa San Secondo (AT) **2002-2009**

LOMBARDIA
Al Ponte - Acquanegra sul Chiese (MN)
2004-2019
Dispensa Pane e Vini - Adro (BS) **2012-2016**
Della Civetta - Albino (BG) **1993-2001**
Visconti - Ambivere (BG)
2010-2014; 2020
Le Frise - Artogne (BS) **2003-2020**
La Cantina - Bergamo **1996-1998**
Tre Torri - Bergamo **1993-1994**
Altavilla - Bianzone (SO) **2006-2020**
Dentella - Bracca (BG) **2011-2018**
Al Bianchi - Brescia **2008-2014**
La Grotta - Brescia **2011**
La Madia - Brione (BS) **2011-2020**
Locanda degli Artisti
Cappella de' Picenardi (CR) **2018-2020**
La Piana - Carate Brianza (MI) **2012-2017**
Hostaria Viola - Castiglione delle Stiviere (MN)
2008-2019
Osteria de l'Umbreleèr - Cicognolo (CR)
1993-2012
Il Gabbiano - Corte de' Cortesi (CR)
1998-2002; 2006-2019
La Sosta - Cremona **1994-2012**
Mellini - Cremona **1993-1997**
Porta Mosa - Cremona **2006-2011**
Locanda delle Grazie - Curtatone (MN)
2011-2019
Da Sapì - Esine (BS) **2020**
Locanda degli Angeli - Gardone Riviera (BS)
2006-2009
L'Artigliere - Gussago (BS) **1997-2002**
Il Volto - Iseo (BS) **1993-1997; 1999-2002**
Caffè La Crepa - Isola Dovarese (CR)
2005-2020
Antica Osteria Casa di Lucia - Lecco
1997-1998
Al Resù - Lozio (BS) **2019-2020**
L'Ochina Bianca - Mantova **1993-2001**
Ancilla - Marmirolo (MN) **2005**
Grand Hotel - Milano **1997-2001**
L'Osteria del Treno - Milano **1997-2001**

Mirta - Milano **2013-2020**
Ponte Rosso - Milano **1994**
Ratanà - Milano **2017-2020**
Trippa - Milano **2018-2020**
Prato Gaio - Montecalvo Versiggia (PV)
1996-2009; 2017-2020
La Dispensa - Monzambano (MN) **1998-2001**
Osteria del Crotto - Morbegno (SO)
1993-2020
Guallina - Mortara (PV) **2017-2020**
Burligo - Palazzago (BG)
1997-2008; 2015-2020
Osteria della Villetta - Palazzolo sull'Oglio (BS)
1993-2011; 2016-2020
Antica Osteria dei Previ - Pavia **1995-1996**
Trattoria dell'Alba - Piadena Drizzona (CR)
1993-2020
Da Giusy - Ponte di Legno (BS) **2002-2009**
Osteria dei Pescatori - Portalbera (PV)
1996-1998
Inarca - Proserpio (CO) **2005-2013**
Via Vai Fratelli Fagioli
Ripalta Cremasca (CR) **1994-2015**
La Campagnola - Salò (BS) **1993-2000**
Trattoria alle Rose - Salò (BS)
1993-1998; 2001-2006
Le Caselle - San Giacomo delle Segnate (MN)
2013-2018
Opera Ghiotta - San Giorgio di Mantova (MN)
2013
Castello - Serle (BS) **1996-2011**
Lago Scuro - Stagno Lombardo (CR)
2018-2020
Conca Verde - Trescore Balneario (BG)
1993-2009
Bistek - Trescore Cremasco (BG) **1995-2008**
L'Usteria - Treviglio (BG) **1994**
La Marta - Treviso Bresciano (BS)
2004-2011; 2018-2020
Cavallino - Vione (BS) **2008-2011**

TRENTINO
Maso Santa Romina - Canal San Bovo (TN)
2020
Maso Cantanghel - Civezzano (TN)
1997-2016
Osteria della Locanda Fiore - Comano
Terme (TN) **2020**
Maso Nello - Faedo (TN) **1993-2002**
Locanda Tre Chiavi - Isera (TN) **2006-2020**
Boivin - Levico Terme (TN) **2011-2020**
Le Strie - Nogaredo (TN) **1995-1999**
Pont - Pejo (TN) **2003**
Osteria Storica Morelli - Pergine Valsugana
(TN) **2013-2020**
La Berlocca - Predazzo (TN) **2010-2014**

Cant del Gal - Primiero di San Martino
  di Castrozza (TN) **2017-2019**
Nerina - Romeno (TN) **2001-2020**
Fuciade - Soraga (TN) **1995-2016**
Mezzosoldo - Spiazzo (TN) **1993-2011**

ALTO ADIGE
Krone - Aldino-Aldein (BZ) **1998-2006**
Kürbishof - Anterivo-Altrei (BZ) **2009-2020**
Gostner Flora's Bistro - Bolzano **1993-1996**
Oberraut - Brunico (BZ) **1993-2014**
Schlosswirt Juval - Castelbello Ciardes
  Kastelbell Tschars (BZ) **2000-2002**
Alter Fausthof - Fiè allo Sciliar - Voels am
  Schlern (BZ) **2018-2020**
Pitzock - Funes (BZ) **2019-2020**
Garsun - Marebbe-Enneberg (BZ) **2003-2012**
Dorfnerhof - Montagna (BZ) **1993-2012**
Signaterhof - Renon-Ritten (BZ)
  2001-2003; 2006; 2008-2019
Lanzerschuster
  San Genesio Atesino-Jenesien (BZ) **2020**
Jägerhof - San Leonardo in Passiria
  Sankt Leonard in Passeier (BZ)
  1997-2002; 2005-2017
Lamm Mitterwirt - San Martino in Passiria-
  Sankt Martin in Passeier (BZ) **2009-2020**
Waldruhe - Sesto-Sexten (BZ) **2018-2020**
Durnwald - Valle di Casies-Gsies (BZ)
  1997-2001; 2003-2020
Steinbock - Villandro (BZ) **1993-1997**

TIROLO
Gasthof Herrnhaus - Brixlegg **2001-2004**
Landgasthof Wilder Mann - Lans **2001-2004**
Landgasthof Zur Linde - Stumm **2004**

CANTON TICINO
Ul Furmighin - Breggia **2002-2016**
Agorà - Brissago **1993**
Ristorante del Sole - Ghirone **1993-1995**
Canvetto Luganese - Lugano **2005**
Morchino - Lugano **2012-2016**
Grotto dell'Ortiga - Manno
  2000-2009; 2011-2015
Grotto del Giuvan - Mendrisio **2005-2016**
Antico Grotto Fossati - Meride **1995-2003**

VENETO
Alla Rosa - Adria (RO) **2013-2019**
Zamboni - Arcugnano (VI) **1999-2020**
Ca' Derton - Asolo (TV) **2002-2008**
La Trave - Asolo (TV) **1997**
Locanda Baggio - Asolo (TV) **2017-2019**
Alle Codole - Canale d'Agordo (BL)
  2004-2020

Alla Pasina - Casier (TV) **2014**
Al Sole - Castegnero (VI) **2002-2003**
Pironetomosca - Castelfranco Veneto (TV)
  2013-2020
Al Portico - Cona (VE)
  2006-2014; 2017-2019
Al Caminetto/Dai Mazzeri - Follina (TV)
  1999-2014; 2017-2019
Enoteca della Valpolicella - Fumane (VR)
  2001-2003; 2006; 2017-2020
Isetta - Grancona / Val Liona-Grancona (VI)
  2012-2020
Il Busolo - Lavagno (VR) **2000-2002**
Al Peden - Limana (BL) **2008-2011**
Locanda Aurilia - Loreggia (PD)
  1993-1997; 2009-2014
Al Ponte - Lusia (PD) **1994-1995; 2012-2020**
Madonnetta - Marostica (VI) **2011-2020**
Da Conte - Mira (VE) **1996-2012**
Il Sogno - Mirano (VE) **2016-2020**
La Ragnatela - Mirano (VE) **1994-2015**
Alpone - Montecchia di Crosara (VR)
  1998-2000; 2011
Da Mario - Montegrotto Terme (PD)
  1998-2003
La Stella - Negrar (VR) **1993-1994**
Le Rive - Pederobba (TV) **1995-1997**
Da Paeto - Pianiga (VE) **2009-2020**
La Vecia - Pontevecchio Polesine (RO)
  1996-1997
Arcadia - Porto Tolle (RO) **2015-2020**
Ombre Rosse - Preganziol (TV) **1995-2001**
Locanda Solagna - Quero Vas (BL)
  2012-2020
Al Forno - Refrontolo (TV) **2010-2020**
Al Monte - Rosolina (RO) **2010-2012**
Da Procida - San Biagio di Callata (TV)
  1993-1997
Antica Trattoria da Nicola
  San Donà di Piave (VE) **2012-2018**
Taverna Kus - San Zeno di Montagna (VR)
  2006-2013
Zolin Luigi Cibo - Sandrigo (VI) **2017-2020**
Antica Trattoria Al Bosco - Saonara (PD)
  2002-2015; 2017-2020
All'Antenna - Schio (VI) **1993-2000**
San Martino - Scorzè (VE) **1999**
San Siro - Seren del Grappa (BL) **2016-2020**
Dalla Libera - Sernaglia della Battaglia (TV)
  2012-2019
Da Doro - Solagna (VI) **1998-2020**
Al Ponte - Sommacampagna (VR) **1993-1998**
Al Sasso - Teolo (PD) **1993-2008**
Alla Sorgente - Torrebelvicino (VI) **1993-2014**
La Tavolozza - Torreglia (PD) **2012-2019**
Il Basilisco - Treviso **2015-2018**

Hostaria A le Bele - Valdagno (VI) 1995-2011
Al Mascaron - Venezia 1993-1995
La Mascareta - Venezia 1998-2002
Osteria Da Mariano - Venezia 2002-2018
Al Bersagliere - Verona 2006-2020
Locanda di Castelvecchio - Verona 1994-1996
Alla Cerva - Vittorio Veneto (TV) 1993-1994

FRIULI VENEZIA GIULIA

Ponte Molassa - Andreis (PN)
1993-1994; 1995
Dal Cico - Castelnuovo del Friuli (PN)
2012-2013
Ai Cacciatori - Cavasso Nuovo (PN)
2005-2020
Borgo Poscolle - Cavazzo Carnico (UD)
2012-2020
Al Castello - Fagagna (UD)
1999-2002; 2019-2020
Borgo Colmello - Farra d'Isonzo (GO)
2013-2019
Rosenbar - Gorizia
2002-2007; 2017-2020
Ai Ciodi - Grado (GO) 2012-2019
Vecchia Maniago - Maniago (PN)
1999-2014
Al Tiglio - Moruzzo (UD) 2004-2008
Blanch - Mossa (GO) 1994-2001
Ivana & Secondo - Pinzano al Tagliamento (PN)
2014-2020
La Vecia Osteria del Moro - Pordenone
1995-2002
Antica Bettola da Marisa - Rive d'Arcano (UD)
1993-2008
Altran - Ruda (UD) 2002-2005
Il Favri - San Giorgio della Richinvelda (PN)
1999-2014
Alle Nazioni - San Quirico (PN) 2004-2014
Devetak - Savogna d'Isonzo (GO)
1993-2020
Da Afro - Spilimbergo (PN) 1993-2020
Sale e Pepe - Stregna (UD) 1996-2020
Da Alvise - Sutrio (UD) 2013-2020
Da Gaspar - Tarcento (UD)
1994-1996; 1999-2011
Da Giovanni - Trieste 1995-2000
Re di Coppe - Trieste 1995-2000
Al Passeggio - Udine 1996-1998
Stella d'Oro - Verzegnis (UD) 2010-2020

SLOVENIA

Gostilna Pri Lojzetu
Dronberk-Montespino 1997
Franko - Kobarid-Caporetto 1998-2000
Pri Lojzetu - Vipava 1999-2000

LIGURIA

Dai Pironcelli - Ameglia (SP) 1993-2020
Cian de Bià - Badalucco (IM) 2018-2020
Armonia - Bajardo (IM) 2003-2006
Magiargè Vini e Cucina - Bordighera (IM)
2002-2006; 2011-2020
La Baita - Borghetto d'Arroscia (IM)
2010-2012
Dâ Casetta - Borgio Verezzi (SV) 1999-2016
Mse Tutta - Calizzano (SV)
2000-2001; 2017-2020
Osteria del Portico - Castel Vittorio (IM)
1994-1999
Armanda - Castelnuovo Magra (SP)
1996-2002; 2010-2020
Luchin - Chiavari (GE) 1993-1996
A Viassa - Dolceacqua (IM) 2016-2020
Antica Osteria del Gaia - Genova 1994-1996
Da Ö Colla - Genova 2017-2019
La Berlocca - Genova 2002
Luigina - Genova 2009
Ostaia da U Santu - Genova 2012-2018
Convivium - Imperia 1993-1995
Degli Amici - Isolabona (IM) 1993-1994
La Molinella - Isolabona (IM) 2010-2019
Raieü - Lavagna (GE) 2020
Dar Magasin - Lerici (SP) 2001
Da Fiorella - Luni (SP) 2015-2020
Baccicin du Caru - Mele (GE) 2020
Osteria dell'Acquasanta - Mele (GE)
1995-2001; 2003-2012
Antica Osteria dei Mosto - Ne (GE)
2002-2015
Garibaldi - Ne (GE) 1994-1998; 2002
La Brinca - Ne (GE) 1998-2020
U Giancu - Rapallo (GE) 2013-2020
Antica Trattoria Cerretti
Riccò del Golfo (SP) 2001-2005
Cappun Magru in Casa di Marin
Riomaggiore (SP) 2000-2002
Germinal - Taggia (IM) 2007-2008
Gli Amici - Varese Ligure (SP)
2004; 2008-2019

EMILIA ROMAGNA

Al Gambero Rosso
Bagno di Romagna (FC) 2000-2014
San Nicola - Bobbio (PC) 1993-2004
Osteria Bottega - Bologna 2009-2020
Trattoria di Via Serra - Bologna 2017-2020
La Lanterna di Diogene - Bomporto (MO)
2015-2020
Trattoria di Strada Casale - Brisighella (RA)
1995-2002
Campanini - Busseto (PR) 2003-2020
Locanda Mariella - Calestano (PR) 1994-2020

Il Capolinea - Castelnovo ne' Monti (RE) 2003-2007

Laghi - Campogalliano (MO) 2018-2020

Badessa - Casalgrande (RE) 2018-2020

Da Willy - Castel San Pietro Terme (BO) 1997-1999

La Baita - Faenza (RA) 2010-2020

L'Oca Giuliva - Ferrara 1999-2005; 2007-2009

Entrà - Finale Emilia (MO) 2012-2020

La Campanara - Galeata (FC) 2010-2020

Antica Locanda del Falco - Gazzola (PC) 2005-2020

Osteria Vecchia/Da Giovanni al Belvedere Guiglia (MO) 2011-2016

Osteria del Vicolo Nuovo da Rosa e Ambra Imola (BO) 1993-2019

La Francescana - Modena 1993-1995

Antica Trattoria Cattivelli - Monticelli d'Ongina (PC) 2017-2020

Osteria di Rubbiara - Nonantola (MO) 1993-2020

Ai Due Platani - Parma 2010-2020

Antichi Sapori - Parma 2014-2019

Porta Bologna Da Buriani Pieve di Cento (BO) 1994-1996

Santo Stefano - Piacenza 2018-2020

Ostreria Pavesi - Podenzano (PC) 2017-2020

Ca' de' Vén - Ravenna 1998-2001

Capannetti - Ravenna 1997-2000

Il Mago del Pesce - Ravenna 2010-2011

Oblomov - Ravenna 1999-2001

Caffè Grande - Rivergaro (PC) 1993-1997

Hostaria Da Ivan - Roccabianca (PR) 1997-2001

Osteria dei Frati - Roncofreddo (FC) 2018-2020

Bistrò - San Prospero (MO) 1993-2004

Da Ottavio - Sogliano al Rubicone (FC) 2011-2017

Da Cesare - Spilamberto (MO) 2015

Antica Osteria Ardenga - Soragna (PR) 2000

Osteria del Povero Diavolo - Torriana (FC) 1993-2001

Alla Luna Piena - Traversetolo (PR) 1993-1997

Amerigo dal 1934 - Valsamoggia (BO) 1994-2010; 2017-2020

Trattoria del Borgo - Valsamoggia (BO) 2017-2020

TOSCANA

Ovidio - Agliana (PT) 1995-1996

Aiuole - Arcidosso (GR) 2015-2020

La Lina - Bagnone (MS) 2017-2020

Il Tirabusciò - Bibbiena (AR) 2012-2020

Mulin del Rancone - Camporgiano (LU) 1997-2001

I Diavoletti - Capannori (LU) 2014-2020

Osteria da Mi Pa' - Capannori (LU) 2020

Pasta è Vino - Cascina (PI) 2018-2019

Antica Fattoria del Grottaione - Castel del Piano (GR) 2006-2020

Il Cantuccio - Castiglione della Pescaia (GR) 2009-2014

La Taverna del Pian delle Mura Castiglione d'Orcia (SI) 2012-2020

Il Grillo è Buoncantore - Chiusi (SI) 2015-2020

La Solita Zuppa - Chiusi (SI) 1995-1997; 2003-2012; 2017-2020

Sbarbacipolla Biosteria - Colle Val d'Elsa (SI) 2019-2020

Osteria del Teatro - Cortona (AR) 2013-2020

Da Burde - Firenze 2008-2012; 2017-2020

Da Sergio - Firenze 1993-1999

Il Cibreo Trattoria - Firenze 1993-2010; 2014-2020

Mario - Firenze 1999-2009

La Burlanda - Fosdinovo (MS) 2020

Locanda Borgo Antico - Greve in Chianti (FI) 2007-2011

Mangiando Mangiando - Greve in Chianti (FI) 2008-2020

Il Canto del Gallo - Grosseto 1998-2002

Oste Scuro - Grosseto 2010-2016; 2020

Summertime - Isola d'Elba (LI) 2009-2014

La Paloma - Isola del Giglio (GR) 2013-2020

Buatino - Lucca 2019-2020

Il Mecenate - Lucca 2012-2019

Hosteria La Vecchia Rota - Marciano della Chiana (AR) 2006-2016

Da Tronca - Massa Marittima (GR) 2004-2006

La Tana dei Brilli - Massa Marittima (GR) 2017-2020

Al Giardino - Montalcino (SI) 2008

Da Roberto Taverna in Montisi Montalcino (SI) 2018-2020

Osteria Bonanni - Montelupo Fiorentino (FI) 2005-2009

Belvedere - Monte San Savino (AR) 2020

Il Frantoio - Montescudaio (PI) 2006-2017

Trattoria dell'Orcio Interrato Montopoli in Val d'Arno (PI) 1997-2004

L'Oste Dispensa - Orbetello (GR) 2015-2020

La Bottega dei Portici
Palazzuolo sul Senio (FI) **1999-2003**
Il Pozzo - Pieve Fosciana (LU) **2002-2016**
Il Garibaldi Innamorato - Piombino (LI)
2006-2015
La Mescita - Pisa **1999**
Osteria dei Cavalieri - Pisa **2000-2003**
Re di Puglia - Pisa **2000-2011**
Taverna Kostas - Pisa **1993**
La Bottegaia - Pistoia **2012-2016**
Il Tufo Allegro - Pitigliano (GR)
2001; 2003
Antica Osteria da Bazzino - Poggibonsi (SI)
1993-1994
Antica Trattoria Pelliccia - Pontremoli (MS)
2012-2015
Caveau del Teatro - Pontremoli (MS) **2020**
Da Bussè - Pontremoli (MS) **1993-2016**
La Tana degli Orsi - Pratovecchio
1999-2011; 2013-2020
Le Panzanelle - Radda in Chianti (SI)
2012-2018
Boscaglia Opificio del Bosco
Radicondoli (SI) **2006-2010**
Caciosteria dei Due Ponti
Sambuca Pistoiese (PT) **2018-2020**
Matteuzzi - San Casciano Val di Pesa (FI)
1993-1994
Osteria del Carcere - San Gimignano (FI)
2007-2012
Osteria delle Catene - San Gimignano (SI)
1994-1995
Da Roberto Taverna in Montisi
San Giovanni d'Asso (SI) **2017**
La Vecchia Cantina
San Marcello Pistoiese (PT) **2005-2009**
Antico Ristoro Le Colombaie
San Miniato (PI) **2015-2019**
Osteria di San Piero - San Piero a Sieve (FI)
2015-2017
Da Gagliano - Sarteano (SI) **2006-2019**
Bistrot del Mondo da Bobo all'Acciaiolo
Scandicci (FI) **2012-2017**
Hosteria Il Carroccio - Siena **2003-2012**
Da Ghigo - Suvereto/Campiglia Marittima (LI)
2007, 2018-2019
Costachiara - Terranuova Bracciolini (AR)
1998-2001; 2003-2007
Il Canto del Maggio
Terranuova Bracciolini (AR) **2015-2018**
L'Acquolina - Terranuova Bracciolini (AR)
2006-2009
La Botte Piena - Torrita di Siena (SI)
2012-2019
Piccola Trattoria Guastini
Torrita di Siena (SI) **2019-2020**

Il Conte Matto - Trequanda (SI)
2010-2020
Hostaria del Buongustaio - Da Fabio
Tresana (MS) **1993-1995**
Buonumore - Viareggio (LU) **2020**
La Darsena - Viareggio (LU) **2000-2002**

UMBRIA
La Posta - Avigliano Umbro (TR) **1999-2003**
Perbacco - Cannara (PG) **2001-2004**
L'Acquario - Castiglione del Lago (PG)
2002-2020
Il Casaletto - Cerreto di Spoleto (PG) **2020**
La Miniera di Galparino
Città di Castello (PG) **2011-2020**
Piermarini - Ferentillo (TR) **2015-2018**
Il Bacco Felice - Foligno (PG) **2003-2008**
Rosso di Sera - Magione (PG) **2004-2011**
Tipico Osteria dei Sensi - Montone (PG)
2020
La Cantina della Villa - Nocera Umbra (PG)
2010-2014
La Costa - Nocera Umbra (PG) **2001**
I Sette Consoli - Orvieto (TR) **1997-1999**
Lillo Tatini - Panicale (PG) **2003-2005**
I Birbi - Perugia **2019-2020**
Stella - Perugia **2010-2020**
La Locanda di Colle Ombroso
Porano (TR) **2018-2020**
Baciafemmine - Scheggino (PG) **2017-2019**
Il Capanno - Spoleto (PG) **2020**
Taverna del Pescatore - Trevi (PG)
1994-2001; 2020

MARCHE
Al Mandracchio - Ancona **2012-2013**
Il Laghetto - Ancona **2002-2005**
Osteria del Castello
Arquata del Tronto (AP) **2020**
Guazza - Cagli (PU) **2015**
Il Giardino degli Ulivi - Castelraimondo (MC)
1994-1995; 2000-2016
Maiale Volante - Cingoli (MC) **2014**
Chalet Galileo - Civitanova Marche (MC)
2008-2017
Agra Mater - Colmurano (MC) **2016-2020**
Oasi degli Angeli - Cupra Marittima (AP)
1998-2012
Da Maria - Fano (PU) **2003-2020**
Gallo Rosso - Filottrano (AN) **2018-2020**
Zanchetti - Fossombrone (PU) **2020**
Locanda Borgo Antico - Grottammare (AP)
1998
Osteria dell'Arancio - Grottammare (AP)
1993-2001; 2004-2005
La Gatta - Lunano (PU) **1998-2001**

Osteria dell'Arco - Magliano di Tenna (AP) 2004-2008; 2017-2020
Tullio - Maiolati Spontini (AN) 1996
Maria - Mondavio (PU) 2002-2011
Da Quintillia Mercuri - Montefalco Appennino (AP) 1993-2010
Ponterosa - Morrovalle (MC) 2016-2019
Ophis - Offida (AP) 2017-2020
Daniela e Umberto - Pesaro 1993-1995
La Canonica - Pesaro 2002-2008
Damiani e Rossi - Porto San Giorgio (AP)* 1996-2010
Il Baccaro - Porto Sant'Elpidio (AP) 2002
Da Rolando - San Costanzo (PU) 2003
San Pacifico Da Fiorina - San Severino Marche (MC) 1993-1995
Cucinamariano - Senigallia (AN) 2000-2001
Vino e Cibo - Senigallia (AN) 2017-2020
Coquus Fornacis - Serra de Conti (AN) 2008-2019
La Pianella - Serra San Quirico (AN) 1999-2013
Grotta del Frate - Staffolo (AN) 1993
Osteria del Cucco - Urbania (PU) 1997-2005

LAZIO
Nu' Trattoria Italiana dal 1960 - Acuto (FR) 2019-2020
Lo Schiaffo - Anagni (FR) 2005-2007
Le Delizie di Maria - Arpino (FR) 2016-2017
Vino e Camino - Bracciano (RM) 2001-2007
Iotto - Campagnano di Roma (RM) 2011-2016
Lo Stuzzichino - Campodimiele (LT) 2011; 2014-2020
Trattoria del Cimino - Caprarola (VT) 2019-2020
Osteria del Tempo Perso - Casalvieri (FR) 2006-2019
L'Angoletto - Civitavecchia (RM) 1996-2000
La Bomboniera - Civitavecchia (RM) 1997-2001
Il Bersagliere - Colonna (RM) 2008-2012
Osteria del Contadino - Cori (LT) 2013-2014
La Piazzetta del Sole - Farnese (VT) 2020
N'Dino - Fondi (LT) 1994-1995
Sirio - Formia (LT) 2002-2010
Enoteca Frascati - Frascati (RM) 1999-2001
Zarazà - Frascati (RM) 1993-2002; 2005-2018
Pane e Vino - Frosinone 2001-2002
La Briciola di Adriana - Grottaferrata (RM) 2000-2016
L'Oste della Bon'Ora - Grottaferrata (RM) 2010-2020

Ranuccio II - Ischia di Castro (VT) 1994-2002
A Casa di Assunta - Isola di Ponza (LT) 2014-2019
Punta Incenso - Isola di Ponza (LT) 1994-1996
Ristorante degli Angeli - Magliano Sabina (RI) 2008-2009
La Credenza - Marino (RM) 2008
Cantina Colonna-Taverna Mari Marino-Grottaferrata (RM) 2009-2019
Il Monticello Monte Porzio Catone (RM) 2011
Hostaria della Piazzetta - Monte San Biagio (LT) 2002-2015
Sora Maria e Arcangelo - Olevano Romano (RM) 2000-2004; 2013-2020
La Polledrara - Paliano (FR) 2013-2020
Taverna Colonna - Paliano (FR) 2005-2011
Osteria del Vicolo Fatato - Piglio (FR) 2017-2019
Antica Osteria Fanti - Priverno (LT) 1999-2013
Il Bistrot - Rieti 1997-2003
Da Armando al Pantheon - Roma 2014-2020
Da Cesare - Roma 2012-2020
Grappolo d'Oro - Roma 2016-2020
Il Dito e la Luna - Roma 1996-2000
Il Quinto Quarto - Roma 2009-2011
L'Asino d'Oro - Roma 2014-2016
Osteria del Borgo - Roma 2015-2018
Osteria dell'Angelo - Roma 1998-2000
Osteria del Velodromo Vecchio - Roma 2003-2008; 2011-2018
Palatium - Roma 2009-2013
Pro Loco D.O.L. - Roma 2018-2020
Trattoria Monti - Roma 2006-2010
Trattoria Popolare l'Avvolgibile - Roma 2020
Uno e Bino - Roma 2000-2002
Osteria di San Cesario - San Cesareo (RM) 2004-2006
Borgo Pio - Terracina (LT) 2015-2017
La Goletta - Terracina (LT) 1996
Saint Patrick - Terracina (LT) 2007-2016
Antico Belvedere - Trevigiano Romano (RM) 1994-1995
Il Casaletto - Viterbo 2019-2020
La Torre - Viterbo 1999-2007
Sale e Pepe - Viterbo 2005
Tredici Gradi - Viterbo 2013-2018

ABRUZZO
Casale - Bellante (TE) 2002-2003
Locanda del Pompa - Campli (TE) 2001-2009

PerVoglia - Castellalto (TE) 2017-2020
La Bandiera - Civitella Casanova (PE)
1996-2004
Zenobi - Colonnella (TE) 2000-2020
Villa Maiella - Guardiagrele (CH)
1996-2007; 2009-2011
Il Mandrone - Isola del Gran Sasso d'Italia (TE)
1993-2002
La Bilancia - Loreto Aprutino (PE)
2017-2020
Borgo Spoltino - Mosciano Sant'Angelo (TE)
2016-2020
Sapori di Campagna - Ofena (AQ)
2012-2020
Taverna de li Caldora - Pacentro (AQ)
2002-2020
La Cantina di Jozz - Pescara 1995-2001
La Lumaca - Pescara 1999-2001
Locanda Manthoné - Pescara 2003-2010
Taverna 58 - Pescara 1993-2020
Plistia - Pescasseroli (AQ) 1996-2000
Font'Artana - Picciano (PE) 2007-2020
Al Bacucco d'Oro - Pineto (TE) 1999-2000
Vecchia Marina - Roseto degli Abruzzi (TE)
2008-2014; 2016-2020
Osteria delle Spezie - San Salvo (CH)
2002-2003
La Corte - Spoltore (PE) 2017-2020
Cibo Matto - Vasto (CH) 2019-2020

MOLISE
Locanda Mammì - Agnone (IS) 2019-2020
La Grotta da Concetta - Campobasso
2010-2020
Ribo - Guglionesi (CB) 1993-2004
Osteria Dentro le Mura - Termoli (CB)
2012-2018
Moriello 2.0 - Termoli (CB) 2019-2020

PUGLIA
L'Aratro - Alberobello (BA)
2009-2015; 2017-2020
La Cucina dei Trulli - Alberobello (BA) 1997
Le Macare - Alezio (LE) 2018-2020
Antichi Sapori - Andria 1997-2020
Perbacco - Bari 2013-2020
Terranima - Bari 1996-2006
Antica Trattoria La Sciabica - Brindisi 2020
Pantagruele - Brindisi 1997-2011
Casale Ferrovia - Carovigno (BR)
2015-2020
Già Sotto l'Arco - Carovigno (BR)
1996-2002
Il Castelletto - Carovigno (BR) 2012-2013
Cibus - Ceglie Messapica (BR)
1998-2011; 2016-2020

U Vulesce - Cerignola (FG) 2015-2020
Il Mulino - Corato (BA) 1996; 1998
La Cuccagna - Crispiano (TA) 2016-2020
Chacaito L'Osteria di Zio Aldo - Foggia
2000-2008
Da Pompeo - Foggia 2005-2012
Osteria di Salvatore Cucco
Gravina in Puglia (BA) 2004-2010
Cucina Casereccia - Le Zie - Lecce
2006-2016
Centro Storico - Locorotondo (BA) 1995
La Taverna del Duca - Locorotondo (BA)
2020
Canneto Beach 2 - Margherita di Savoia (BT)
2019-2020
Al Ritrovo degli Amici - Martina Franca (TA)
2000-2003
Falsopepe - Massafra (TA) 2012-2017
Masseria Barbera - Minervino Murge (BT)
2010-2020
Medioevo - Monte Sant'Angelo (FG)
1999-2003; 2018-2020
Taverna Li Jalantuùmene
Monte Sant'Angelo (FG) 2003-2004
La Barchetta - Nardò (LE) 2003-2005
L'Antico Locanda - Noci (BA)
1997-2020
Peppe Zullo - Orsara di Puglia (FG)
1997-2020
Osteria del Tempo Perso - Ostuni (BR)
1996-1999
Masseria Petrino - Palagianello (TA)
2009-2010
La Piazza - Poggiardo (LE) 2012-2020
Botteghe Antiche - Putignano (BA)
2017-2020
Ristor - Ruvo di Puglia (BA) 2000-2003
Da Bruna - San Donato di Lecce (LE) 1999
La Costa - San Nicardo Garganico (FG)
2018-2020
La Fossa del Grano - San Severo (FG)
2007-2020
La Locanda di Nonna Mena
San Vito dei Normanni (BR) 2017-2020
A Casa tu Martinu - Taviano (LE) 2001-2011
Lilith - Vernole (LE) 2017-2020
Locanda del Gallo - Vernole (LE)
1993-1994; 2003

CAMPANIA
Da Gemma - Amalfi (SA) 1993-2001
La Pignata - Ariano Irpino (AV) 2012-2020
A Paranza - Atrani (SA)
1997-2007; 2009-2011
Valleverde Zi' Pasqualina - Atripalda (AV)
1999-2020

Antica Trattoria Martella - Avellino
1994-2008
Lo Spiedo - Bagnoli Irpino (AV) 1999-2008
A Luna Rossa - Bellona (CE) 2014; 2020
Nunzia - Benevento 2003-2007; 2010-2020
Grillo d'Oro - Bisaccia (AV) 2002-2013
La Pergola - Capaccio (SA) 1998-2007
Le Quattro Fontane - Casagiove (CE)
2006-2012
Tre Sorelle - Casal Velino (SA) 2015-2019
Gli Scacchi - Caserta 2012-2020
Il Frantoio Ducale - Castel Morrone (CE)
2009-2010
Taverna Scacciaventi - Cava de' Tirreni (SA)
2001-2004
Al Convento - Cetara (SA) 2012-2016
Viva Lo Re - Ercolano (NA) 2005-2010
La Pergola - Gesualdo (AV) 2008-2020
Il Brigante - Giffoni Sei Casali (SA) 2009
Fenesta Verde - Giugliano in Campania (NA)
2004-2020
La Marchesella - Giugliano in Campania
(NA) 2006-2009; 2019-2020
Il Focolare - Isola di Ischia-Barano (NA)
2003; 2006-2020
La Torre - Massa Lubrense (NA) 2003-2012
Lo Stuzzichino - Massa Lubrense (NA)
2008-2020
Di Pietro - Melito Irpino (AV) 1993-2020
I Santi - Mercogliano (AV) 2020
Il Gastronomo - Montemarano (AV)
2003-2004
Mastrofrancesco - Morcone (BN) 2019
Da Donato - Napoli 2020
Da Sica - Napoli 1993-1994
Il Pozzo - Napoli 1993-1997
La Taverna dell'Arte - Napoli 2008-2014
Umberto - Napoli 2016-2019
Vadinchenia - Napoli 2000-2003
Luna Galante/Famiglia Principe 1968
Nocera Superiore (SA) 2015-2020
Terra Santa - Nocera Superiore (SA) 2005-2007
Osteria del Gallo e della Volpe
Ospedaletto d'Alpinolo (AV) 2000-2020
Alvaneta - Padula (SA) 2011
La Caveja - Pietravairano (CA) 1999-2006
Angiolina - Pisciotta (SA) 2005-2019
Perbacco - Pisciotta (SA)
1993-2002; 2008-2020
Abraxas - Pozzuoli (NA) 2008-2020
La Ripa - Rocca San Felice (AV) 2013-2020
La Botte Piccola - Salerno 1994-1998
La Locanda della Luna
San Giorgio del Sannio (BN) 2015-2017
E Curti - Sant'Anastasia (NA) 1993-2020
O Romano - Sarno (SA) 2015-2020

Summa Villa - Somma Vesuviana (NA)
1995-1997
La Piazzetta - Valle dell'Angelo (SA)
2009-2020
La Chioccia d'Oro - Vallo della Lucania (SA)
2018
Il Cellaio di Don Gennaro - Vico Equense (NA)
2017-2020

BASILICATA
Pezzolla - Accettura (MT)
1994; 2005-2011; 2017-2020
Gagliardi - Avigliano (PZ) 2018-2020
Vecchio Lume - Avigliano (PZ) 1997-1998
Al Becco della Civetta - Castelmezzano (PZ)
2001-2019
La Fontana del Tasso - Francavilla in Sinni (PZ)
2000-2011
Valsirino - Lagonegro (PZ) 2013-2014
Forentum - Lavello (PZ) 2020
Il Giardino di Epicuro - Maratea (PZ)
2005; 2007-2011
Le Botteghe - Matera 2010-2011
Lucanerie - Matera 2009-2012
Antica Osteria Marconi - Potenza
1998-2003; 2006
Da Peppe - Rotonda (PZ)
1998-2000; 2003-2020
La Mangiatoia - Rotondella (MT)
2011-2020
Luna Rossa - Terranova di Pollino (PZ)
1993-2019

CALABRIA
Pecora Nera - Albi (CZ) 2015-2020
Sabbia d'Oro - Belvedere Marittimo (CS)
2001-2011
Il Tipico Calabrese - Cardeto (RC)
2018-2020
L'Aquila d'Oro - Cirò (KR) 2015-2019
Max - Cirò Marina (KR) 2004-2017
La Taverna dei Briganti - Cotronei (KR)
2016-2019
Il Ritrovo dei Picari - Grotteria (RC) 2020
La Collinetta - Martone (RC) 2018-2020
Casina dei Mille - Melito di Porto Salvo (RC)
1995-1997
Da Vittoria - Nicotera (CZ) 1993-1997
Calabrialcubo - Nocera Terinese (CZ)
2013-2020
Il Setaccio - Osteria del Tempo Antico
Rende (CS) 1995-1998
La Tana del Ghiro - San Sosti (CS) 2020
Le Fate dei Fiori
Santo Stefano in Aspromonte (RC) 2019
La Rondinella - Scalea (CS) 1998-2011

Parco Pingitore/Il Vecchio Castagno
Serrastretta (CZ) 2006-2020
Zio Salvatore - Siderno (RC) 2012-2013
Ristorante dell'Hotel Riviera - Soverato (CZ)
1995-2000
La Tavernetta - Spezzano della Sila (CS)
2001-2011

SICILIA
Gente di Mare - Aci Castello (CT)
2018-2020
Terracotta - Agrigento 2018-2020
Don Ciccio - Bagheria (PA) 2000-2014
U Locale - Buccheri (SR) 2004-2020
Il Giardino di Venere - Castelbuono (PA)
2018-2019
Nangalarruni - Castelbuono (PA)
1998; 2001-2009; 2015-2020
Ristorante del Golfo
Castellammare del Golfo (TP) 2005-2008
Cantine del Cugno Mezzano - Catania
2000-2002
Monte San Giuliano - Erice (TP)
2000-2003
Antica Filanda - Galati Mamertino
Capri Leone (ME) 2002-2003
Da Bernardo - Lampedusa (AG) 2016-2019
Oasi Osteria del Mare - Licata (AG) 2020
La Ginestra - Lipari (ME) 1998-1999
Le Lumie - Marsala (TP) 2013-2016
Piero - Messina (ME) 1993-1994
4 Archi - Milo (CT) 2014-2020
Fattoria delle Torri - Modica (RG)
1993-1999
La Locanda del Colonnello - Modica (RG)
2013
La Rusticana - Modica (RG) 2015-2020
Taverna Nicastro - Modica (RG)
2003-2007
Monte d'Oro - Montelepre (PA) 1993-1995
La Perla - Naso (ME) 2013-2017
Trattoria del Crocifisso da Baglieri - Noto (SR)
2010-2016
Andrea - Palazzolo Acreide (SR)
2008-2009; 2014-2020
Lo Scrigno dei Sapori
Palazzolo Acreide (SR) 2020
Trattoria del Gallo - Palazzolo Acreide (SR)
2011-2020
Ai Cascinari - Palermo 2015-2019
Bye Bye Blues - Palermo 1998-2000

Capricci di Sicilia - Palermo 1994
Corona - Palermo 2020
Osteria Paradiso - Palermo 1998-2012
Piccolo Napoli - Palermo 2009-2016
Da Salvatore - Petralia Soprana (PA)
2008-2018
U Sulicce'nti - Rosolini (SR) 2017-2019
Da Luciana - San Piero Patti (ME)
2009-2010; 2016-2020
Al Ritrovo - San Vito Lo Capo (TP)
2016-2020
Acquarius - Santo Stefano Quisquina (AG)
2014-2019
Hostaria del Vicolo - Sciacca (AG)
2000-2004
Fratelli Borrello - Sinagra (ME) 2007-2020
Vite e Vitello - Siracusa 2010-2011
Tischi Toschi - Taormina (ME) 2015-2018
Cantina Siciliana - Trapani
2003-2009; 2017-2020
Caupona Taverna di Sicilia - Trapani
2018-2020
Vultaggio - Trapani 2006-2007; 2012-2014
Mulinazzo - Villafrati (PA) 1995-1999

SARDEGNA
Su Carduleu - Abbasanta (OR) 2017-2020
Su Pausu - Bauladu (OR) 1993-1995
La Locanda dei Buoni e dei Cattivi
Cagliari 2018-2020
Sa Piola della Vecchia Trattoria - Cagliari
2008; 2012; 2015-2018
Su Tzilleri e su Doge - Cagliari 2017-2020
Desogos - Cuglieri (OR) 1993-1998
Da Riccardo - Flussio/Magomadas (OR)
1993-2006
Santa Rughe - Gavoi (NU) 2006-2020
Monti Paulis - Genoni (SU) 2015
La Rosella - Giba (CI) 2000-2001; 2013
Pintadera - Iglesias 2013-2016
Su Recreu - Ittiri (SS) 2011-2020
Il Portico - Nuoro 2017-2020
Il Rifugio - Nuoro 2015-2020
Letizia - Nuxis (CI) 2001; 2004-2009; 2020
Antica Dimora del Gruccione
Santu Lussurgiu (OR) 2017-2020
Sas Benas - Santu Lussurgiu (OR) 2011-2019
Antica Trattoria del Vico - Teulada (SU)
2000-2002
Paolo Petrella - Villasalto (SU) 2005-2011

BIRRIFICI SUDTIROLESI

BIRRIFICI ARTIGIANALI

11 luoghi in Alto Adige dove gustare una birra alla spina fatta in casa accompagnata da un buon piatto.

Batzen Häusel, Brückenwirt Gasselbräu, Hopfen&Co. Hubenbauer, Köstlan, Martinerhof Monpier, Pfefferlechner Rienzbräu, Sachsenklemme

www.birrificisudtirolesi.it

VERY ITALIAN, VERY FRANCIACORTA

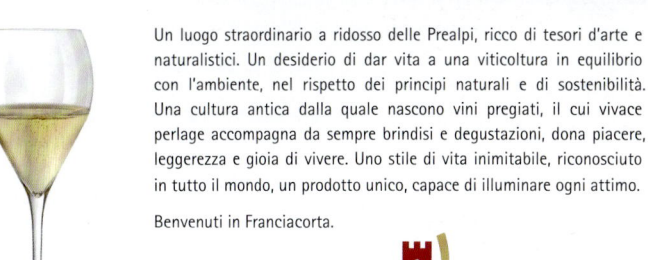

Un luogo straordinario a ridosso delle Prealpi, ricco di tesori d'arte e naturalistici. Un desiderio di dar vita a una viticoltura in equilibrio con l'ambiente, nel rispetto dei principi naturali e di sostenibilità. Una cultura antica dalla quale nascono vini pregiati, il cui vivace perlage accompagna da sempre brindisi e degustazioni, dona piacere, leggerezza e gioia di vivere. Uno stile di vita inimitabile, riconosciuto in tutto il mondo, un prodotto unico, capace di illuminare ogni attimo.

Benvenuti in Franciacorta.

Franciacorta

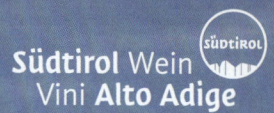

Südtirol Wein
Vini **Alto Adige**

Tra influssi alpini e mediterranei.

L'Alto Adige è una terra di forti contrasti.
I vigneti si trovano ad un'altitudine tra i 200 e
i 1.000 metri, baciati dal sole mediterraneo,
cresciuti nel territorio alpino.

vinialtoadige.com